D1573727

DIE ERINNERUNG BLEIBT

DIE ERINNERUNG BLEIBT

DONAUSCHWÄBISCHE LITERATUR SEIT 1945
EINE ANTHOLOGIE
BAND 2
E - G

HERAUSGEGEBEN
UND MIT EINEM VORWORT
VON
STEFAN TEPPERT

HARTMANN VERLAG
SERSHEIM

Dieser Band erscheint im „Donauschwäbischen Archiv" der „Donauschwäbischen Kulturstiftung", München-Sindelfingen, Reihe III: „Beiträge zur Volks- und Heimatgeschichtsforschung, Schulgeschichte", Band 75, ISSN 0172-5165-75; zugleich als Band 5 in der „Donauschwäbischen Kunst- und Geschichtsreihe" des Hartmann Verlags, Sersheim.

Die Deutsche Bibliothek - CIP-Einheitsaufnahme

Die **Erinnerung bleibt** : donauschwäbische Literatur seit 1945 ;
eine Anthologie / hrsg. und mit einem Vorw. von Stefan Teppert.
- Sersheim : Hartmann.
   ISBN 3-925921-23-0
NE: Teppert, Stefan [Hrsg.]

Bd. 2. E - G. - 2000
   (Donauschwäbisches Archiv : Reihe 3, Beiträge zur Volks- und
   Heimatgeschichtsforschung, Schulgeschichte; Bd. 75)
   (Donauschwäbische Kunst- und Geschichtsreihe; Bd. 5)
   ISBN 3-925921-25-7
NE: Donauschwäbisches Archiv / 03; 2. GT

Copyright © 2000 by Hartmann Verlag, Sersheim

Alle Rechte,
auch das der photomechanischen Wiedergabe,
vorbehalten.
Umschlaggestaltung: unter Verwendung des Triptychons
   „Die Einwanderung der Schwaben", Mittelteil, von Stefan Jäger
Vignette auf dem Leineneinband von Josef de Ponte
Gesetzt aus der CG TIMES
Satz: Gertrud Solbeck, Mühlheim a. d. D.
Druck und Buchbinderarbeiten: Weihert-Druck, Darmstadt
Printed in Germany 2000
Gesamtwerk (10 Bände): ISBN 3-925921-23-0
Gedruckt auf säurefreiem, alterungsbeständigem Papier
Band 2: ISBN 3-925921-25-7

INHALT

Vorwort des Herausgebers   9

Danksagung   13

Die Autoren und ihre Texte   15

Ebner Maria	17
Egger Leopold	31
Eipert Gretl	45
Eisele Andreas	61
Engelmann Manfred	77
Engelmann Nikolaus	97
Engelmann Uwe Erwin	119
Englert Adam	135
Erk Heinrich	151
Erwert Helmut	165
Färber Walter	181
Faltum Wendelin	197
Fassel Horst	213
Fath Georg	229
Fickinger Gerlinde	245
Filip Wilma	261

Filippi Jakob	277
Fink Hans	293
Fischer Ludwig	305
Flander Gustav	327
Flassak Elisabeth	341
Frach-Fischler Eva	355
Franz Johann	373
Franzen Nikolaus	387
Frauendorfer Helmuth	401
Freihoffer Heinrich	417
Friedrich Georg	435
ombach Franz	451
hs Joseph	467
Gabriel Johann Josef	485
iaenger Peter	495
Gagesch Erich Georg	517
Garoescu Alfred	531
Gaubatz Franz	545
Gauß Adalbert Karl	559
Gauß Karl-Markus	583
Geiser Josef	601
Gerescher Konrad	619
Gerhardt Gerd	635
Gerhardt Horst	653
Glatt Robert	669
Göttel Heinrich	681
Götz Karl	699
Goschy Josef	721
Graf Franziska	733

Graß Jakob	747
Greffner Otto	759
Gregetz Luise	777
Gregor Gertrud	795
Gross Karl-Hans	815
Grosskopf Catherine	829
Grosz Peter	843
Gruber Ferdinand Ernst	863
Gruber Wendelin	879
Grün Margarete	901
Günther Klaus	917
Gutwein-Metschar Elisabeth	941

ANHANG:

Verzeichnis der Autoren mit ihren Texten, deren Entstehungsjahre oder Quellen und Lizenzgeber	961
Veröffentlichungen der Autoren	995
Anthologien und Sekundärliteratur (Nachtrag)	1021

Vorwort des Herausgebers

Nach einer mehrjährigen Unterbrechung kann nun endlich der zweite Band der Anthologie „Die Erinnerung bleibt" erscheinen, nachdem die meiste Zeit davon in Frage gestanden hatte, ob das begonnene Projekt – dem Ausmaß nach ein Lebenswerk – überhaupt weitergeführt werden könne. Die Verzögerung lag am Absatz des ersten Bandes, der leider weit hinter den vielleicht zu kühnen Erwartungen des Verlegers zurückgeblieben ist. Bis heute haben sich nicht einmal annähernd die reinen Auslagen eingespielt, obwohl solche lediglich für Satz und Druck, Verwaltung und Versand angefallen sind, nicht also für Herausgeber- oder Autorenhonorare, und obwohl dieser Band durch Spender und Förderer finanziell gestützt wurde, wenn auch in recht bescheidener Höhe.

Es zeugt daher von Weitsicht oder zumindest Mut, daß der Hartmann Verlag dem Herausgeber im April des vergangenen Jahres trotz des schlechten, sicherlich auch von einer unzulänglichen Werbung herrührenden Verkaufs signalisierte, den zweiten Band in Arbeit nehmen zu können. Das Ergebnis dieser Arbeit und jenes Risikos liegt Ihnen, geneigter Leser, nun vor. Und diese Tatsache macht es wahrscheinlich, daß Sie manches aus der donauschwäbischen Literatur der Zeit nach dem Zweiten Weltkrieg und manches aus der donauschwäbischen Geschichte überhaupt wieder oder neu entdecken könnten.

Im Geleitwort ist im ersten Band das Wesentliche zu Absicht und Konzeption dieses Sammelwerkes gesagt worden. Hier sind aber ein paar ergänzende Bemerkungen vielleicht nicht fehl am Platze. So ist leider von seiten der Landsmannschaft der Donauschwaben jeder ernsthafte Beistand ausgeblieben, was nicht eben zur Beachtung dieser Publikation unter den Landsleuten beitragen konnte. Bei aller erfreulichen Resonanz, nicht zuletzt von Literaten und Germanisten, hat mich zudem die vorgetragene Kritik am Sinn des ganzen mühevollen Unternehmens zweifeln lassen. Dreierlei Vorschläge zu Änderungen in Konzeption und Erscheinungsbild sind durchaus wohlmeinend an mich herangetragen worden: Erstens sollte auf die weniger bedeutenden Schriftsteller verzichtet, zweitens sollte der Titel geändert werden, weil er in die Irre führe, und drittens könnte man den Umschlag besser gestalten. Alle drei Verbesserungsvorschläge habe ich eingehend überdacht und bin zu folgendem Ergebnis gekommen:

Es ist selbstverständlich angebracht, nicht jeden Autor aufzunehmen, der dies weder mit Qualität noch mit Quantität seiner Arbeiten in einer einigermaßen beachtenswerten Dimension rechtfertigen kann. In diesem Sinne bin ich hier verfahren, habe also strengere Maßstäbe angelegt, ohne allerdings grundsätzlich von der ursprünglichen Konzeption abzuweichen. Ich halte es demnach weiterhin für richtig, auch solche Autoren zu präsentieren, die in ihren Werken eher Eigenheiten einer Mundart oder ethnographische Substanz überliefern als vielleicht gültige Prosa oder Lyrik nach binnendeutscher Meßlatte oder gar nach der Beliebtheitsskala von Bestsellerlisten. Selbstverständlich gibt es auch hier bedeutende Unterschiede in Ausdruckskraft und gestalterischen Mitteln, die keineswegs geleugnet werden sollen. Dennoch wurden wieder einige Texte hereingenommen, die bestimmt nicht zur Parade der handverlesenen Elite zählen, aber doch einen nicht zu verschmähenden Beitrag zur Kenntnis des Wesens und der Lebensart der Donauschwaben in einem multiethnischen Umfeld liefern, selbst wenn oder gerade weil sie der derben Sphäre des Volkstümlichen entspringen. Auch solche Niederlegungen fangen Wirklichkeit ein, auch sie wahren allein schon durch ihre Verfaßtheit in Sprache, was verständnisoffen bleibt an einer real schon im Verschwinden begriffenen Welt. Wieviel davon, künstlerisch gesehen, lediglich dem Gebliebenen angehört und was die Zeit als Bleibendes überdauern wird, darüber möge der Leser sich ein Urteil bilden und die Nachwelt entscheiden, wenngleich auch sie, wie wir wissen, die Koordinaten ihrer Perzeption verschiebt, um endlich zu würdigen, was lange unbeachtet im Dunkel geblieben war.

Ähnlich unverzichtbar ist für mich weiterhin die vielleicht literarisch nicht allzu hoch angesiedelte, aber authentische Zeugenschaft der vielen Leidgeprüften, die Flucht und Vertreibung, Verschleppung und die Qualen der Gefangenschaft in Titos oder Stalins Lagern durchgemacht und überlebt haben. Diese Aufzeichnungen gehören freilich zunächst nicht der hohen Literatur an, sie sind aber erschütternde, aus dem wirklich Geschehenen heraus dramatisch und tragisch gewordene Lebensgeschichten, darüber hinaus unentbehrlich, unser Bild einer lange noch nicht ausgeloteten Epoche zu ergänzen und zu berichtigen. Sie verdienen es, wahrgenommen zu werden, besonders wenn wir uns vor Augen halten, wie vereinzelt diese Botschaften aus einer kaum bekannten Welt des Leidens in der Summe sind – und was demgegenüber alles ungeschrieben blieb und in kein Archiv der Welt je Eingang finden wird.

Möglicherweise ist die Bezeichnung „Anthologie" für diese Sammlung etwas irritierend, weil man unter einer Anthologie eine Blütenlese, also eine Auswahl des Höchstrangigen zu verstehen pflegt, was aber die neutralere Bedeutung des Wortes einengt. Mein Verständnis hat sich jedenfalls nicht auf diese engere Auslegung beschränkt, ich habe das Wort einfach als „Sammlung von Gedichten und Prosastücken" oder als „ausgewählte Sammlung" verstanden, man könnte stattdessen auch Lesebuch oder Geschichtskompendium, Nachschlagewerk, Literatenlexikon oder Autorengalerie formulieren, was in gewissem Sinn gleichermaßen zutrifft, je nachdem, welcher Aspekt in den Vordergrund gestellt wird. Die mehrdimensionale Anlage dieser Anthologie läßt auch historische, soziologische, ethnologische oder mundartliche Aspekte neben den literarästhetischen dominieren.

Der Titel „Die Erinnerung bleibt" kann schwerlich durch einen treffenderen ersetzt werden, weil er für diese Anthologie in mehrfachem Sinn programmatisch ist. Zunächst kommt die Bedeutungsebene in Betracht, daß vom einstigen Leben der Donauschwaben, ihrer Kultur und ihrem materiellen Besitz nach Exodus und Zerstreuung nicht viel geblieben ist, immerhin aber die Erinnerung daran. Daß sie geblieben ist, kann als Tatsache betrachtet werden. Die zweite Ebene hat affirmativen Charakter und behauptet, daß die subjektive, persönliche Erinnerung an ein übergreifendes Geschehen bleibt – auch trotz und entgegen einer offiziell womöglich ganz anders suggerierten Erinnerungspolitik – und nicht zuletzt durch die Existenz dieser Anthologie bleibt. Auf einer dritten Ebene kommt die erschließende Kraft des Mythos ins Spiel, nämlich die Titanin der griechischen Mythologie Mnemosyne als Personifikation des Gedächtnisses und der Erinnerung sowie als Mutter der neun Musen. Ohne sie würde alle Poesie, Dichtkunst und Literatur gar nicht erst ins Dasein treten. Die ersten und kunstlosesten ihrer Erzeugnisse sind Chroniken, Tagebuchaufzeichnungen, Autobiographien, Memoiren, alles also, was man als Erinnerungsliteratur bezeichnen könnte, und erst unter Hinzutritt der ihr entstammenden Musen entstehen kunstvollere Gebilde. Was aber bleibet, stiften die Dichter, wie Hölderlin sagt. Unsere Betitelung wird also ebenfalls bleiben, weil sie nicht vom Dichterischen weg und in die Irre, sondern an den Anfang aller Dichtung führt.

Was den dritten Punkt der Kritik betrifft, so habe ich mich trotz Experimentierfreude nicht durchringen können, den Schutzumschlag anders zu gestalten. Jeder neue Band soll weiterhin – wie von Anfang an geplant – vorn das Bild eines anderen donauschwäbischen Künstlers in einem Kranz von musterhaften Szenen tragen.

Bezüglich der Rechtschreibung ist nach Erscheinen des ersten Bandes ein neues Regelwerk in Geltung gesetzt worden. Ich habe mich aber entschlossen, durchgängig noch die alte Rechtschreibung anzuwenden, denn was vor der Reform verfaßt wurde, soll nicht nach Regeln manipuliert werden, die zur fraglichen Zeit noch keine Beachtung finden mußten. Für die nachreformatorische Rechtscheibungszeit werden allerdings, soweit die Autoren ohnehin so verfahren, die alte sowohl wie die neue Rechtschreibung gleichberechtigt, wenn in sich konsequent angewandt, wiedergegeben. Schwieriger ist die Rechtschreibung bei mundartlichen Texten. Hier wurden Abweichungen von vielleicht korrekteren Formen belassen, wenn sie der Lesbarkeit dienen oder eine Eigenheit des Dialekts erfassen und wiederum einheitlich angewandt worden sind. Dieses Vorwort übrigens richtet sich gleichfalls nach der für mich sensibleren alten Rechtschreibung.

Gegenüber dem ersten Band haben die meisten Autoren hier im zweiten mehr Platz gefunden. Dafür gibt es keine generelle Begründung, höchstens daß aus der Fülle des Interessanten keine noch knappere Auswahl geboten schien, daß eben ein geistiges Profil deutlicher hervortritt und ein in sich reiches mehr Raum beanspruchen darf als ein ärmeres. Ein anderer Grund konnte durch die Textart (Roman, Schauspiel, Tagebuch) vorliegen, wo eine

Verständnis und Neugier weckende Sinneinheit erst mit dem beanspruchten Raum erlangt werden konnte.

Es ist noch der Fall anzusprechen, daß ein Autor donauschwäbischer Herkunft in einer anderen als der deutschen Sprache geschrieben hat. Solche Fälle gibt es nach meiner Kenntnis in der ungarischen, serbischen, kroatischen und amerikanischen Sprache. Erwähnt sei nur der weltweit erfolgreiche Autor Ferenc Herczeg (1863-1954), der eigentlich Franz Herzog hieß, aus einer Werschetzer donauschwäbischen Familie stammte und deutschsprachig aufwuchs, aber durch den Mißerfolg seines ersten deutschsprachigen Bühnenwerks dem Madjarentum in die Arme getrieben und erst als ungarisch schreibender Romancier zum bekanntesten und volkstümlichsten Schriftsteller der Horthy-Ära wurde. Für diese Anthologie sind solche vielleicht bedeutenden Autoren verloren, wenn sie nicht auch geeignete deutschsprachige Texte geschrieben haben.

Fürs erste erschienen mir sechs Bände auszureichen, um alle Autoren zu erfassen, auf die ich vorläufig aufmerksam geworden war. Inzwischen jedoch hat sich das Projekt auf möglicherweise zehn Bände ausgeweitet, zumindest sind Dossiers für insgesamt nahezu 550 Autoren angelegt, wenn auch so manche davon nur auf Verdacht hin, die sich bei näherem Zusehen als hinfällig herausstellen können. Weil sich die Reihen der älteren Autoren, zu denen hier die meisten gehören, immer mehr lichten, werden auch meine Recherchen mit den Jahren aufwendiger. Dennoch bin ich bestrebt, möglichst ergiebige Beiträge vorzulegen. Daß aber nur die Edition dieses Werks durch ungünstige Umstände ins Stocken geraten ist, während ich für diesen und alle weiteren Bände schon ausgedehnte Nachforschungen anstellen konnte, möge dieses neue Buch erkennen lassen. Von seiner Aufnahme wiederum wird das künftige Fortschreiten abhängen.

Den Umschlag jedes Bandes schmückt jeweils ein besonders relevanter, symptomatischer, schöner Text. Für den Umschlag dieses Bandes habe ich Klaus Günthers Gedicht „Adam Müller-Guttenbrunn" ausgelesen, weil es mir umfassend und paradigmatisch erscheint. Mit der Anrufung des „Erzschwaben" und der Wiedererweckung seines Genius schlägt der Dichter den Bogen vom Beginn donauschwäbischer Geschichte über den herben Verlust der Heimat bis in die ungewisse Gegenwart und das, was die Volksgemeinschaft auch künftig erhalten kann. Und damit gleicht der Anspruch dieses Gedichts dem dieser Anthologie: ein Vermächtnis zu sein.

Stefan Teppert
Tübingen, im Januar 2000

DANKSAGUNG DES HERAUSGEBERS

Meinen Dank möchte ich allen Autoren aussprechen,
die in diesem Band vertreten sind, ob verstorben oder lebend.
Allen Nachfahren oder Angehörigen der Verstorbenen,
die mir Auskunft gaben und deren Werke anvertraut haben.
Den nicht mehr unter uns Weilenden, die ich selbst noch gekannt habe.
Den Toten, wo weder dies noch jenes zutrifft.
Den mir nur brieflich und telefonisch bekannt gewordenen Autoren,
deren Stimme aber und deren Werk und Vita mich berührt haben.
Denen, die ich im persönlichen Gespräch kennenlernen konnte.
Gelernt habe ich von allen.

Danken möchte ich allen, die mich freundlich unterstützt haben,
wenn auch nicht alle mir noch gegenwärtig sein mögen.

Dem Bundesministerium des Innern sei für den Ankauf
von 120 Exemplaren des ersten Bandes
zum Herstellungspreis gedankt,
die an ausgewählte Institutionen und Personen
in Südosteuropa, Österreich und Deutschland verschickt wurden.

Hans Sonnleitner, dem Vorsitzenden der Donauschwäbischen
Kulturstiftung in München, sind der Verlag und ich dankbar,
daß er uns wieder spürbar fördert.

Erwähnt seien auch der verstorbene Prof. Dr. Anton Peter Petri
mit seinem hilfreichen Lexikon des Banater Deutschtums,
Prof. Dr. Anton Scherer mit seiner Donauschwäbischen Bibliographie
und seinem Ortsnamenbuch
– auf diese Werke konnte ich vielfach zurückgreifen.

Ottmar Maier, der als Bibliothekar des Hauses der Donauschwaben
in Sindelfingen kundig und hilfsbereit war.

Dr. Horst Fassel, der mit Einwilligung des Institutsleiters
Prof. Dr. Horst Förster meinem Projekt
im Tübinger Institut für donauschwäbische Geschichte und Landeskunde
eine neue Unterkunft gewährt hat.
Susanne Munz, die mir als Bibliothekarin des Instituts,
und Dr. Mathias Beer, der mir als Verwalter der Nachlässe behilflich war.

Meiner Schwester Gertrud Solbeck danke ich wieder
für den Satz und ihre aufmerksame Begleitung.
Meinem Bruder Edmund für seine Beratung in Fragen der EDV.
Meine Frau Isabela hat die zeitaufwendige Arbeit an diesem Projekt nicht
allein geduldet, sondern auch tatkräftig unterstützt.
Dafür danke ich ihr und meiner kleinen Tochter Larissa,
die solche Geschäftigkeit ohnehin nicht ausufern ließ.

Auch den hier nicht namentlich genannten
Helfern und Informanten, Fürsprechern, Ermunterern und Rezensenten
sei nicht weniger herzlich gedankt.

DIE AUTOREN
UND IHRE TEXTE

Maria Ebner
Jahrmarkt – Crailsheim

Maria Ebner (geb. Linz) wurde am 5. Mai 1920 in Jahrmarkt (Banat/Rumänien) geboren. Sie besuchte sieben Jahre die Volksschule, dann arbeitete sie in der elterlichen Landwirtschaft. 1941 Heirat mit Kaspar Ebner, aus dieser Ehe stammen drei Söhne. 1945 wurde sie nach Rußland verschleppt, zwei Jahre Arbeitslager. Daheim in Jahrmarkt wartete ein hartes Leben. Sie fand Arbeit bei Vitikol, Staatswirtschaft. Februar 1983 Übersiedlung mit der ganzen Familie in die Bundesrepublik Deutschland. Schon im Schulalter verfaßte sie kleine Gedichte. Von ihr stammen drei lustige Einakter, die in den späten vierziger Jahren in Jahrmarkt und Schöndorf bei Hochzeiten zur Aufführung kamen: „Dumplatz", „De stottriche Sepp", „Die Dorftratsch". Ferner schreibt sie Gedichte für jede Gelegenheit: Hochzeit, Kirchweih, Fasching, die seit 1970 in der Beilage „Pipatsch" der Neuen Banater Zeitung (NBZ) erschienen. Sechs Gedichte in der Anthologie „Fechsung", Auftritt in der „Deutschen Stunde" im rumänischen Fernsehen. Seit 1983 wurden ihre Gedichte und Liedertexte auch ins „Donautal Magazin" übernommen. Maria Ebner sammelt Liedertexte, überlieferte Volksmärchen und Aufzählreime. Sie lebt heute in Crailsheim.

De Hanfbrecher

Wie oft han in dr Hanfrätz ich doch gspielt,
wann se mit Hanf war ganz iwerfillt.
Wie is es oft so scheen gang dort,
drum denk ich dran aach immerfort.
Alle Nochbre, une, owe,
tun aus dr Rätz de Hanf hole.
Die Männer lade ne uf de Waan,
gfiehrt werd in de Schopp er haam.
Die Hanfbrech, die steht do schun,
die Hechl aach, noch vor dr Sunn,
do kloppts un rappelts schun in alle Ecke,
wie brauch de Hanf mer for Leintiecher un Säcke.
Die Mannsleit alli helfe mit,
die Weibsleit aach, es is jo Hanfschnitt.
Doch heit is Ruh in dem Betrieb,
was is vun all dem mir geblieb?
Beim Brennholz steht die Hanfbrech,
mer brauch se net mehr, werft se wech.
Es kummt mer vor, als hätt se Aue
un tät ganz traurich uf mich schaue.
Wu sein die all, die gearweit han mit mir,
geblieb sin ich allaan mit dir.
Am Holzhaufe steh ich un kann's net phacke,
de alte Hanfbrecher zu verhacke.
Drum traa ich zruck ne uf de Bode nuf
un heb, so lang ich leb, ne uf.

Es täglich Brot

Herbstnewl, Krake krächse schwer,
dr Baur hinrm Pluch geht her.
Die Frucht muß in die Erd jetz nin,
muß keime, eh es windrt inn.
Es Bauregsicht leicht wie die Frühlingssunn,
de ganze Ackr grien is schun.
Gar schnell is ach die Schnittzeit do,
es Brot zu fexe nochmol Ploo.
Täglich bete mr zu Gott,
geb uns unsr täglich Brot.
Es Brot mr soll in Ehre halle,
Leib un Seel tots doch erhalle.
Wie is die Bäurin stolz dodruf,
froh zeigt se zur Brothang nuf.
Dr Hausfrau Lob die Brothang is,
wie alt se is, waas konr gwiß.
Wo unsr Brot, vor Hungr krank,
in Lagre gschmocht, sie ware gfang.
De Bode hot mr leer gemacht,
es Brot ne gholl, e grosi Schmach.
Viel Mensche sin vrhungrt do,
unmenschlich gfoltrt, bis es End war do.
Vun Üwrlebte werd es Brot vrehrt,
sie wisse, was e Stück Brot is wert.
Des Lied dorch March un Poon getrung,
des unsr Ahne so oft hun gsung:
„Höre gnädig unsre Bitten,
wende ab von unsren Hütten
Krankheit, Krieg und Hungersnot,
gib uns unser täglich Brot."
De Herrgott hots ne reichlich gewe,
es war genuch vor all zu lewe.
De Pluch aus Schwowehand geriß,
ins Elend do viel Mensche gschmiß.
Krankheit, Krich un Hungrsnot,
un mr schlat gar viel ach tot.
Hun des Unschuldiche vrdient?
Zum Schluß hot mr se noch vrtrieb.
Doch bete mr wie in dr Not,
Herrgott, geb uns es täglich Brot.

Weihnachtslied

(Melodie: Ihr Kinderlein kommet)

Es leuchtet hoch oben ein Sternlein so hell,
vom Himmel die Englein, sie sind auch zur Stell.
Die Hirten, sie hören den lieblichen Schall
auf Bethlehems Fluren im ärmlichen Stall.

Ein Kindlein geboren, so zart und so fein,
Maria, sie legt es ins Kripplein hinein.
O kommet doch alle ganz leise und sacht
und grüßet das Christkind in heiliger Nacht.

Das Christkind, vom Vater uns allen gesandt,
ist König des Himmels, der Meere und Land,
hat Frieden uns Menschen auf Erden gebracht,
o segne uns alle, du heilige Nacht.

Heimatland

Heimatland, Banaterland,
wo ich so viel des Glückes fand,
wo roter Mohn das Kornfeld ziert,
der Schnitter froh zur Ernte zieht,
wo die stolzen Erntewagen
schwer mit Garben vollbeladen
und die rauhen Bauernhände
winden froh die Schnitterkränze.
Mutter buk ein gutes Brot
schon beim frühen Morgenrot.
Auf der Bank vorm Elternhaus
ruht das alte Paar sich aus.
Sitzen hier in stiller Ruh,
schau'n verträumt den Enkeln zu,
die spielend um den Baum sich drehn,
Hühner gackern, Hähne krähn,
Hunde bellen so vertraut,

nirgendwo man Böses schaut.
Jeder freudig grüßt dich hier,
nirgendwo versperrt die Tür,
einer für den andern lebt,
nach Arbeit, Fleiß und Frohsinn strebt.
In des Winters kalten Tagen
hat man vieles sich zu sagen,
freute sich bei Tanz, Gesang,
das war einmal, es ist schon lang.
Es ging zu Ende, was war schön,
es kam das Auseinandergehn.
Neue Heimat, neues Hoffen,
alle Tore stehn dir offen.
Doch sind wir zerstreut umher,
manchen Freund siehst nimmermehr.
So nahm das Schicksal seinen Lauf,
Schicksal, ja wer hält dich auf?
Eins nur, die Erinnrung bleibt,
sie umhüllt uns alle Zeit.
Irgendwo, da trifft man sich:
Ach, mein Gott, schön grüß ich dich!
Und der Augen trüber Blick
dreht sich wie ein Rad zurück.
Heimatland, Banaterland,
auch hier grünt es am Donaustrand.
Vaterland, auf Wiedersehn,
dein roter Mohn ist am Vergehn.

De Freind

Denk an mei Vatr oft, er hat e Freind,
ich gsieh ne noch so zottlich un gebreint.
Hun de Mann ach gut gekennt,
Zigeinr Gosta hot mr ne genennt.
Hot arich unsr Hund gegautzt,
steht er am Tor mit Pfeif un spautzt.
Mei Mottr hot sich do net gfreit,
es spotte schun die Nochbrsleit.
Mei Vatr doch war arich froh,

sei bestr Freind war wiedr do.
E Säckche Tuwak un e Flasch mit Wein
em Gosta gebt, dr steckts gleich ein.
Am Owed oft mei Vatr geht
ans Dorfend, wo sei Hitt dort steht.
Dem Gosta un e Zigeinrschwarm,
sie lewe dort so froh un arm.
Mei Vatr uf em Stühlche vor dr Hitt,
de Gosta newr ihm so vollr Glick.
Rauche un vrzähle, wie se mitnannr
als Kinr gspielt, destwe oft gegniet in dr Kammr.
Sie ware groß, es Spiele hot e End,
e jedr geht sei Weg, sie sein getrennt.
De Krich war do, sie sein an dr Front,
e jedr for sich, werd konr vrschont.
Ob es Zufall wohl iss, es war awr so,
vrwund mei Vatr, leit im Schnee un jammrt do.
Schau mol her, wer kummt do uf ne zu?
Sei Freind, mit dem er gspielt als klonr Buu.
De Gosta do, ich war net vrlor,
dorch Schnee mich schleppt, schun halb vrfrohr.
Un darum er zum Gosta geht,
er hot mr doch mei Lewe grett.
Un iss es ach Zigeinrblut,
er bleibt mei Freind, er war so gut.
Schlachte mr im Wintr Schwein,
do holt de Vatr Worscht un Wein,
traat em Gosta in sei Hitt,
die esse do mit Appetit.
Viel Kinr hot de Gosta, er is arm,
in seinr kalte Hitt, do werds mr immr warm.
Tref mr uns, kummt die Erinnerung,
uf dem Stühlche vor dr Hitt, do wer ich wiedr jung.

Was fehlt em Schwob?

Sein hergezoh ins Muttrland
weit fort vun dir, lieb Heimatland.
Es geht uns gut, mer müßt grad lieje,
vun Esse tot de Tisch sich bieje.
Doch fehlt em Schwob etwas, des kann mr soon,
was em so fehlt halt vun drhoom.
Ka Kokosch kräht, es kruzt ka Schwein,
de Kellr fehlt mim Raki Wein.
Vun sießem Most de Wein so echt,
vum Äplwein, do werds em Schwob nor schlecht.
Die Pferd, de Woon, wo mr is gfahr,
die Krotte in dr Loomkaul gar,
wie war des hoomlich, wann im Chor,
die hun gegwackt wie e Traktor.
De Schoksi, dr hot in dr Nacht,
wie ach beim Tach es Haus bewacht.
Hot dr gebellt, do war mr froh,
mr hot gewißt, es is wer do.
De Trummlmann in allr Fruh
ruft jedm e Gutmorjet zu.
De Nochbr schun, wann er ufsteht,
Gut Morjet! Wie host gschlof, wie geht's?
Am Owed, wann mr geht zur Ruh,
gut Nacht e jedr ruft dr zu.
De Sunntachtanz, die Kartereih,
jung un alt war do drbei.
De Schlachttach un de Sautanz noch,
des is nimmer, es bleibt des Loch.
Weit vun dem mr fort jetz sin,
Hoomweh bleibt, es her, es hin.
Un so fehlt halt zum große Glick
uns all do vun drhom e Stick.
Nor uns behaupte mr un bleiwe stramm,
em echte alte Schwowestamm.
Halle zam, un sein mr weit
in alle Ecke rumm vrstreut,
rufes laut in alle Welt do naus,
daß mr Schwowe bleiwe
wie drhom im Schwowehaus!

Die Obota

Eine Kindheitserinnerung

Denk oft an mei Kindheit, vor allem an die Obota. Do ware im Saal rundum klone Stühlchr. Glei newr dr Tür an dr Maur e langes Brett mit ganz lange tike Nägl, do droon hot mr die Jausesäckle ghong. Des war so e Art Zappebrett. Es meist ware des große Sacktichr, owe zammegebun, un drin war zamgebiktes Leckwarbrot, Kersche, Äppl, Trauwe, was grad an Obst do war. Es waren ka Milchschnitte, ka Kindschokoladi, un was es do alles gebt.

Die Kinr hun im Kreis gsitzt, gesung: Hänschen klein, graues Mäuschen, on Faust uf die anr, un wir stoßen Zimt un Zucker. Ja, des war jo for die Kinr e Qual, die wollte doch liewr uf dr Gass, im Tenn un so rumspringe. Do is oft vorkum mit dr Jause an de große Brunne, dr war in Johrmark mitte im Dorf.

In dr Hitlrzeit hot mr ne de Prinz-Eugen-Brunne genennt. Weil dr hot angeblich ka Wassr ghat vor die Arme. Do hot dr gebet. Im Troom is em die Einweisung kumm, er soll sei Schwert in e Boom haue, tatsächlich is Wassr kumm. Do war for die Kinr im Summr immer es scheenste Spielplatz. Es Wassr fließt aus zwaa Rohre, es beste Wassr, was im ganze Dorf war.

Awr ob des jemand glabt oder net, die deitsche Leit sin fort vun Johrmark, un dr Brunne is still, kaa Wassr, er is grad wie tot. So wie die Leit weg sein, is des Wassr immr spärlichr gerunn; wie es Dorf leer war, war de Brunne still. Wie ware mr so stolz uf unser Brunne! Ach unser großi Glock im Durm hot dorch die Mitt e Sprung, die leit so erbärmlich, mr moont, es is ihr Herz abgriß, des is ka Witz, des is e wohri Gschicht. Sie leite jo jetz sowieso nimmer.

Des sein alles ganz schwere Erinnerunge an die Heimat, un die Kindheit war doch so scheen. Es war ka Kinrzimmr, do war alles frei, ka Auto hot mr Angst ghat, daß was passiere könnt. Do gehn die Kinr ach net geere in de Kinrgarte, brille wie am Spieß, wolle die Pipi Langstrump schaue, un die greßliche Tiere, die egliche, ja, wann ich se widr nenne kennt, ich sa immer die „Sautiarabia", do saat mei Urenklche, nicht so, Oma, un die waas, wie's genennt were.

So, mei Vrzähles tet ka End fine. Kinr sein Kinr, spille mit was se kenne. Mr is halt nor onmol Kind. Awr ons muß ich noch soon, es fehlt die Christkind-Rutt un de Schlappe. Es hot koom geschaat, wanns als gerapplt hot: „Soll der Weinstock Trauben tragen, muß das Messer schneiden ein, darst nicht nach den Tränen fragen, erst das Wasser, dann der Wein."

Heimat

Fern im Banat ein Dörflein klein,
wollt ewig dort zuhause sein,
doch nahm das Schicksal seinen Lauf,
mir ist, ich hör zu leben auf.

Zieht mich zur Heimat wieder hin,
wenn am Hang die Reben blühn
und die Bäume vor dem Haus,
doch gehen Fremde ein und aus.

Fremde Sprache man hier spricht,
die Menschen hier, ich kenn sie nicht.
Wollt in des Hauses Stube gehn,
wollt Mutters altes Spinnrad sehn.

Hör noch selig dieses Summen
und ein Liedchen fröhlich brummen,
wenn Mütterlein am Spinnrad saß,
wiegt uns Kinder in den Schlaf.

Doch ging dies in die Ewigkeit,
die Erinnerung allein mir bleibt.
Doch des Spinnrads Melodie
steht still. – Vergessen kann ich nie.

Glocken der Heimat

Glocken der Heimat, wie klingt ihr so traut
vom Kirchlein der Ahnen, das sie uns gebaut.
Und kommst du von ferne, sie rufen dir zu:
Oh komme mein Kind nur, hier findest du Ruh,
oh komme mein Kind nur, hier findest du Ruh.

Läuten die Glocken, in Freud und in Schmerz,
sie rufen, sie locken das sehnende Herz.
Oh Glocken der Heimat, ihr bleibt mir im Sinn,
wo immer im Leben mich ziehet's auch hin,
wo immer im Leben mich ziehet's auch hin.

Sehnsucht im Herzen, die ist oft so schwer.
Oh komm in die Heimat, drückt Heimweh dich sehr.
Das Kirchlein allein nur bleibt Heimat für dich,
hier bist du geborgen, verzage nur nicht,
hier bist du geborgen, verzage nur nicht.

Kirchlein der Ahnen, hier bist du zu Haus.
Oh Mensch, komm und raste und ruhe dich aus.
Die Glocken der Heimat, voll Trauer, voll Freud
beim Abschied, beim Kommen sind stets dein Geleit,
beim Abschied, beim Kommen sind stets dein Geleit.

Heimweh

Unruhig ist und schwer mein Herz,
ich fühl ihn gut, den Heimwehschmerz.
Mächtig zieht es mich dorthin,
es liegt vor mir das Kinderspiel.
Kann all das Schöne nicht vergessen,
gibt es ein Maß, um das zu messen?
Konnt schlafen nicht die ganze Nacht,
still gelegen – nachgedacht.
Gedanken ziehen leise fort,
ganz still in meinen Heimatort.
Durch all die Gassen ging ich dann –
sie waren leer, unendlich lang.
Fremde gehen ein und aus,
wo einmal war mein Elternhaus.
Nichts mehr ist hier schön und lieb;
am Dorfend ich jetzt stehen blieb.
Hier liegt der Acker, von dem ich oft geträumt,
wie ihn uns're Väter einst eingezäunt.
Wie ein Gefängnis, so kommt es mir vor,
doch ist nicht versperret das Tor.
Dieser Acker ist uns noch geblieben,
die Besitzer hier hat man nicht vertrieben.
Friedlich still in Grab und Gruft,
verzeihen sie uns je die Flucht?
Ums Herz uns wird ganz bang und schwer,
als frügen sie: Kommt ihr denn nie mehr her?
Wie denn, nicht? All Hab und Gut
doch nur noch hier im Acker ruht.
Die Mutter, die mich reden lehrte,
sie ruht so weit in der Heimaterde.
Der Vater, der mit schwieliger Hand
hat dich bebaut, Banater Land.
Bruder, Schwester, auch mancher Freund,
um den mein Herz so einsam weint.
Verlaß den Acker still, den ich im Geist geseh'n,
auf einem Grabstein steht: Auf Wiedersehn!
Hoffnung meine Seele durchrinnt,
wartet nur, ihr Lieben, ich komme ganz bestimmt.
So zieht meine Sehnsucht mit Gedanken fort,
ich war jetzt zuhause und war doch gar nicht dort.

Im Hai

Dr Sepp un sei Liesl,
die kumme, Juhei,
grat gfarn vun dr Wiesn,
de Wage voll Hai.
Ei Seppl, ei Seppl,
dei Peitsch, wie die knallt,
so daß jo vor Schrecke
de Gaasbock umfallt.

Tausch net mit em Keenich
um nix in dr Welt,
brauch ka Schloß net,
ka Kutschn
un brauch a ka Geld.
Mei Glick sein mei Rappe,
mei Liesl drbei,
vor mich gibt's nix Schenres
als e Wage voll Hai.

Meim Liesl sei Mäulche
des is jo so süß,
leg schnell hin mei Peitschen,
wann ich es mol küß.
De Haiwage schauklt,
so voll un so schwer,
Liesl, mei Mädche,
geb 's Mäulche nor her.

Schmeiß 'n Wan mir a um,
was is schun drbei?
Do liege mir beide
gemütlich im Hai.
Ich küß fest sei Mäulche,
es schauklt des Hai,
eh die Rappe es gfresse,
do sein mir schun drei.

De Prophet

A Bauer in eem Dorf mol wor
vor so a fufzehn, zwanzich Johr,
wollt gscheiter sin wie anri Leit
un alles wisse vor der Zeit.

Hat sich in allem ausgekennt,
drum hat 'Prophet' ne jeder gnennt.
Die Schnittzeit hat er vorausgsaat,
wann Hai zu mähe, akkurat,

wann Reen, wann Sturm, wann Schloße gar,
wann Hochwasser zu ferchte war.
So is er mol in aller Ruh
zum Dorf naus gang schun morjets fruh.

Trefft uf 'm Wech a Mann, un dr
zieht hinter sich a Esl her.
Dr Esel, stutzich, will net gehn.
Sei Herr schlaat druf un flucht aach scheen.

De Bauer froot: „Was is passiert,
daß Ihr den Esl so traktiert?"
„A Reen kummt gleich, drum laaf ich so",
ment druf dr Mann, „er is bal do."

De Bauer lacht: „Wie kann des sin?
Am Himml is ke Wolk zu gsihn!"
Doch schun noh zwei-, dreihundert Schritt
hats fescht gereent un nor so gschitt.

„Wie habt Ihr des so gnau gerot?"
hat gleich den Mann de Bauer gfroot.
„Vun wu? Vum Esl. Weil wann dr
so faul sich ziehe loßt derher,

dann reents in korzer Zeit gewiß."
„Ja, liewer Mann, wann des so is,
daß so a Esl des versteht,
dann dank ich ab jetz als Prophet."

Vum Zahnarzt kummt es Nochbrsch Lis,
hot griet e funklnei Gebiß,
un weil es net soll holle raus,
halt's Maul johrin, johraus.
Nor alle Johr zur Kerweihzeit,
ihr wird's nett glawe liewe Leit,
do steht es dann am Nudlbrett
un Linzetach macht on es Gret.
Un weil es gar so sparsam is,
stecht den aus mit seim Gebiß.

De Hans trefft uf em Wech de Matz,
dr hot e Aue bloo un schwarz.
Ei Matz, was host dann du am Aue,
is zugschwoll, kannst bal raus nett schaue?
Ei am Sunntach in dr Kerch
sitzt in dr Bank vor mir es Sus vom Jerch.
Un wies zum Bete uf do steht,
de Rock net aus dr Furch raus geht.
Aus de hinre Backe kennst es jo,
ich zieh ne raus, un es Maleer war do.
Am anre Sunntach nochmol dann,
wie 's zum Bete uf is gstann,
do war net ich's, war es Bomches Lis
de Rock dann aus dr Fuhr geriß.
Ich frschrock un stechne schnell dann wiedr nin
un flatsch ins anre Aue haut 's mr nin.
Do willst du wisse, was mit meine Aue is,
froh nor mol es Bomches Lis.
Un wann em Sus sei Rock halt soll so sin,
dann loss ich ne zum Teiwl drin.

Leopold Egger †
Franztal – Stuttgart

Jakob Bohn

Leopold Egger wurde am 12. September 1906 als Bauernsohn in Franztal (Stadtteil von Belgrad/Jugoslawien) geboren. In Franztal und Semlin Volksschule, Gymnasium und Handelsakademie. Beruflich zunächst im Bankwesen in Belgrad und Pantschowa, später im Verband deutscher landwirtschaftlicher Genossenschaften in Neusatz tätig. In Neusatz übernahm er 1940 auch die Geschäftsführung des Hauptamtes für Volkswirtschaft im Schwäbisch-Deutschen Kulturbund. Ab 1941 leitete er das Hauptamt für das gesamte Finanzwesen der Deutschen Volksgruppe im Banat und in Serbien und die Geschäftsführung des Hauptamtes für Volkswirtschaft. In dieser Zeit war er Direktionsmitglied der Pantschowaer Volksbank, der Werschetzer Volksbank, der Agrarprodukt-AG und Aufsichtsratsmitglied im Verband der deutschen landwirtschaftlichen Genossenschaften im Banat sowie der Groß-Betschkereker Zuckerfabrik-AG. 1953 zum Leiter der Heimatauskunftsstelle Jugoslawien beim Landesausgleichsamt Baden-Württemberg im Ministerium für Vertriebene, Flüchtlinge und Kriegsgeschädigte, später im Innenministerium Baden-Württemberg, Stuttgart, berufen. Aufgabe: Begutachtung und Bewertung aller Vertreibungsschäden der Deutschen aus Jugoslawien im Rahmen der Entschädigungsgesetzgebung in der Bundesrepublik Deutschland – Lastenausgleich. In dieser Zeit leitete er auch den Arbeitskreis Dokumentation für Jugoslawien, Ungarn und Rumänien im Auftrag des Bundesausgleichsamts. Nach Erreichung des Rentenalters widmete er sich der Dokumentationsarbeit und der Beratung und Betreuung vermögensgeschädigter Landsleute. Seit 1952 in den landsmannschaftlichen Verbänden der Donauschwaben aus Jugoslawien sowie im Rat der Südostdeutschen tätig, insbesondere mit Aufklärungsarbeiten durch Vorträge und in der Heimatpresse, zuletzt im Amt des Landeskassiers. Als Erzähler von kleinen Dorfgeschichten, Landschaftsbildern aus der Heimat und aus der Geschichte der Donauschwaben trat er zwischen 1932 und 1955 hervor. Leopold Egger starb am 30. März 1993 in Stuttgart.

Die Suche nach einer neuen Heimat

In München, in der Wagmüllerstraße, im Hause des Bayerischen Roten Kreuzes, wurde auch eine Abteilung für deutsche Flüchtlinge aus dem Südosten, also eine Stelle für die sogenannten „Donauschwaben", der Sammelbegriff für Deutsche aus Ungarn, Jugoslawien und Rumänien, eingerichtet. Diese Betreuungs-, Auskunfts- und Beratungsstelle hatte kaum ihre Fensterscheibenlöcher mit Pappe und Brettern vernagelt (um Kälte und Flugsand aus der umliegenden Kraterlandschaft abzuhalten und den Gesprächslärm draußen auf der Straße von dem der Parteien einigermaßen auseinanderzuhalten), als auch schon ein beachtlicher Strom donauschwäbischer Besucher einsetzte. Kein Wunder. Der Nachrichtendienst unter den Flüchtlingen, Evakuierten, Ausgewiesenen, Heimatlosen, Staatenlosen, Heimgekehrten, Heimgeführten, Rückgeführten – ich glaube es sind noch nicht alle Fachausdrücke –, jetzt Neubürger (die Betonung liegt auf „Neu", „Bürger" ist neben-, ja man darf sagen unbetont), also die Verständigung innerhalb dieses über ganz Süddeutschland und Österreich zerstreuten armseligen Häufleins der Donauschwaben funktioniert bewunderungswürdig. Wie auch nicht! Die Donauschwaben haben in ihrem Leben nie so viel geschrieben als jetzt in den letzten zwei Jahren, seit der Heimkehr ins „Mutterland" (wo so mancher in seiner Armseligkeit vergeblich nach den Beweisen für Gefühle Umschau hält, die mit dem anheimelnden Wort „Mutter" des Menschen Brust bewegen). Die deutsche Post und Eisenbahn haben viel mit den Donauschwaben zu tun. Jeder sucht jemanden oder etwas: Verwandte, Bekannte, Kriegsgefangene, Landsleute, Paprika, Auswanderungsmöglichkeiten, verlorenes Gepäck, Unterkunftswechsel von Bayern nach Württemberg, von Österreich nach Bayern, aus der USA-Zone in die französische und umgekehrt, von der Insel Rügen nach Süddeutschland (ja sogar dort im Norden sitzen welche, die das salzige Wasser der Ostsee im Vergleich zur Donau abscheulich finden), sie kämpfen, um ihre letzte Habe, Wagen und Pferde, zu erhalten. Kurz, die ruhigen, schollentreuen Bauern und biederen Handwerker sind ein unruhiges Völklein geworden, auf der Suche nach einer neuen Heimat.

Daß sich also in München die Schalter eines Büros für Südostdeutsche aufgetan hatten, hat sich ebenso schnell herumgesprochen wie etwa die Nachricht, wo schwarz-roter Paprika zu haben ist, oder daß Argentinien Heimatlose ansiedeln will. Man hat es ja auch leicht, Landsleute zu treffen. Auf Bahnhöfen, in den Zügen, im Gewimmel der städtischen Straßen sind sie unter Tausenden anderer Menschen sofort zu erkennen: die Frauen mit ihren breiten, langen Faltenröcken, Kopftüchern, wie sie sonst nirgends getragen werden, das unentbehrliche „Kerwl" (Körbchen) am Arm; die Männer mit ihren bekannten Pelzmützen und Fellkragen im Winter. Und nicht zuletzt erkennt man sie an den Gesichtern. Die 200 Jahre Kolonistendasein im Südosten, inmitten der buntesten Völkerverzahnung und kuriosen Sprachenvielfalt, hat einen besonderen Menschentyp hervorgebracht.

Ich hänge mich also auch vor dem Schwabenbüro an die Schlange. Nichts zu suchen und viel zu hören, das war mein Sinn. Ich gucke den Fragestellern über die Schulter, beobachte die Beamten, die in speckigen Karteiblättern suchen. Man hat seine Freude, so viele Landsleute zu sehen, doch ihr Aussehen, ihre Hilflosigkeit und Armseligkeit läßt einen erschauern. Man schließt unwillkürlich die Augen und läßt die vertrauten Mundarten ins Ohr klingen. In das geistige Bild schiebt sich die breite Donau, weite, lispelnde Kukuruzfelder, wogende Ährenfluren, behäbige, saubere Dörfer, darin ein fleißiges, lebensfrohes Volk, und ...

Das Bild zerreißt jäh, die Wirklichkeit des Jetzt ist anders. Zu leicht verfällt der Heimatlose in Heimatträume. Es ist aber nicht gut.

Wir wollen lieber mal hören, was da eine Frau mit ihrer Tochter dem Beamten zu sagen hat. Die Frau hat einen Rucksack auf dem Rücken. Komisch anzusehen. Eine schwäbische Bäuerin mit einem Rucksack auf dem Rücken ist so, wie wenn ein Tiroler zu Kniélederhose, grüner Trachtenjoppe und Wadenstrümpfen einen Fez tragen würde. Aber die Zeiten sind eben anders geworden. Man muß sich wohl auch an eine Rucksack tragende Schwäbin aus dem Südosten gewöhnen.

Der Beamte ist geduldig. Die Schwäbin holt weit aus in ihrem Vortrag. Es ist einstweilen noch nicht abzusehen, was sie eigentlich will. Na ja, man wird ja draufkommen. Sie läßt sich von dem Beamten, der durch geschickte Zwischenfragen einige Kapitel ihres Lebensromanes mit ihr überspringen will, nicht beirren.

Endlich ist es doch so weit: Sie will für sich und die Tochter einen Rotkreuz-Ausweis für Flüchtlinge.

Einer sagte mal, daß deutsche Verwaltungsbeamten grundsätzlich in jeder vorgetragenen Sache Bedenken hätten. Ich kann das aus eigener Erfahrung nicht beurteilen. Bei der Schwäbin stimmte es. Der Herr Beamte hatte Bedenken.

Was sie sich denn von einem solchen Ausweis verspräche, wollte der Beamte wissen.

Na so halt, meinte die Frau. Andere Landsleute hätten doch auch solche Ausweise bekommen.

Hm. Und ob sie denn sonstwo registriert wäre und einen Ausweis dadurch erhalten hätte, forschte der Beamte weiter.

Was solche Schreiber alles wissen wollen, denkt sich die Frau und wechselt einen Blick mit ihrer Tochter. Die offensichtlich Bedrängte bringt dann umständlich ein Büchlein aus den Falten ihres Rockes zum Vorschein.

Im jugoslawischen königlichen „Gumidee" (Komitee) wäre sie halt auch Mitglied, gab sie zu, als „Displazet Berson", und die Tochter wäre auch so eine „Berson". Ja, und sie wären halt königstreu, weil sie wieder in die alte Heimat zurück wollten.

Hm. Hm. Eigentlich wären die Rotkreuz-Flüchtlingsausweise nicht für Displaced Persons, belehrte der Beamte und betrachtete die Ausweiskarte des königlichen Komitees. Ob sie denn wirklich eine Verschleppte, also eine Displaced Person sei?

Was war nun das wieder für eine ekelhafte Frage? Es ist wirklich ein Kreuz in dem Roten Kreuz. Ja natürlich, da steht es doch gedruckt und abgestempelt. Und warum er denn so frage. Na ja, also so richtig weggeschleppt hätte man sie ja nicht. Sie wäre halt fort, als der Krieg zu nahe kam, mit der Halt, mit dem ganzen Dorf. Ja, so war das halt.

Ja, wenn sie als DP geführt wird, wäre sie gar auch Mitglied der IRO, lauerte der Beamte.

Selbstverständlich wäre das so. Sie zeigte einen anderen Ausweis. Das Gesicht der Frau überflog ein Freudenschimmer. Sie hatte einen guten Einfall. Sie bot dem hartnäckigen Schreiber eine Ami-Zigarette an.

Der Beamte rückte sich zu einer Haltung in seinem Stuhle zurecht, die erkennen ließ, daß er die Materie nun wohlwollender zu bearbeiten gedächte.

So so! Sie wolle also wieder zurück in die alte Heimat?

Ja, aber nur mit dem König. Ohne den auf keinen Fall!

Und auswandern wolle sie nicht? Die anderen Landsleute wollten das doch alle.

Ja natürlich. Nach Frankreich, weil die Ahnen doch aus Elsaß stammen und Frankreich seine verlorenen Kinder wieder zurückholen will.

Aha. Ob sie denn französisch spräche?

Die Frau lächelte verlegen. Aber jedenfalls wäre sie auch in dem französischen „Gumidee" Mitglied. Der Ausweis wird stolz gezeigt, französisch und englisch geschrieben. Ob er davon was halte, von der französischen Sache, der Herr Beamte.

Hm ... Viele Landsleute wollen aber nach Südamerika auswandern. Man wüßte halt nie, wo es besser ist oder sein wird und wo es eher klappen wird mit dem Auswandern.

Ach, da wäre sie vollkommen im Bilde, mit dem Südamerika. Das ist doch die Papst-Argentinien-Aktion. Jaja, da hätte sie sich schon lange gemeldet. Auch einen Ausweis hat sie bekommen. Wäre alles in Ordnung. Der Ausweis kann vorgelegt werden, spanisch, englisch.

Vor dem Beamten wächst das Ausweispapier. Verschiedenfarbig, groß, klein, bebildert, alles gestempelt, alles in Ordnung.

So wäre das also. Die Ami-Zigarette duftet. Und man muß sich doch auch nach dem Wohlergehen der Partei erkundigen. Und wie sie denn untergebracht sei, fragte wohlwollend der Rotkreuzmann. Denn es wäre jetzt eben eine Aktion im Gange, schlecht untergebrachte Südostdeutsche nach Württemberg zu übersiedeln. Zu den Nachkommen der Urahnen, also gewissermaßen in die engere alte Heimat. Die Anmeldungen würden hier beim Roten Kreuz entgegengenommen werden.

Das hätte sie schon im Kreisamt erledigt, die fürsorgliche Frau. Sie zeigte die Anmeldebescheinigung.

Der Beamte wurde etwas blasser im Gesicht. Dieser Ami-Tabak! Er wirkt auch erschlaffend.

Und ob sie nun den verlangten Rotkreuz-Flüchtlingsausweis bekäme, wollte die Frau nun wissen, weil der Beamte so ruhig dasaß.

Natürlich, natürlich! Wie hätte auch das Bayerische Rote Kreuz bei dieser Sammlung von Ausweisen fehlen dürfen. Wäre ja gewissermaßen Prestigeverlust.

Dieser Ansicht war auch die Frau und meinte so nebenbei, daß doch das Rotkreuz zumindest eine so wichtige „Kanzlei" sei wie der staatliche Flüchtlingskommissar beim Landratsamt, und sogar der hätte mit einem staatlichen Flüchtlingsausweis nicht geknausert. Sie konnte es beweisen und den Ausweis vorlegen.

So so. Ja und ob sie mit ihrer Tochter nicht Mitglied des Bayerischen Roten Kreuzes werden möchte. Der Monatsbeitrag wäre gering.

Lieber nicht, meinte sie, denn diese vielen Fragebogen, und überall wollen sie wissen, ob man irgendwo dabei war. Nein lieber nicht. Man kann nie wissen. Ja und außerdem würde sie ja doch auswandern mit oder ohne König. Wie es halt kommt.

Und als dann alles fertig war und eine zweite Ami-Zigarette den Besitzer wechselte, erkundigte sich der Vertreter des Roten Kreuzes noch freundlich nach dem Mann der tapferen, umsichtigen und vielerfahrenen Frau.

Die Frau sah sich prüfend um und neigte sich etwas vor, als sie sagte, daß er als SS-Mann in Gefangenschaft wäre. Man müßte es halt nicht an die große Glocke der Münchner Frauenkirche hängen, das mit ihrem Mann und der SS.

Der Beamte war in seinen Sessel zurückgesunken und meinte zu wissen, daß die große Glocke der Frauenkirche ohnehin nicht mehr oder noch nicht wieder im Turm hinge und daß die deutschen Männer aus dem Südosten ebensowenig zur SS zu zählen wären als sie, die Frau, zu den Verschleppten. Die Worte „verschleppt" und „freiwillig" müßten bloß umgesetzt werden, dann wäre alles am richtigen Platze bei ihr und ihrem Manne.

Das mit dem Wortumsetzen hatte die Frau nicht so richtig mitgekriegt. Aber sie nickte, verstaute sorgfältig die Ausweise, mit dem neuen obenauf und sagte „Atjes!"

Sie hatte Eile, weil sie auf das brasilianische Konsulat wollte ...

„Der nächste, bitte ..."

Das war eine Einkehr auf dem Wege, den die Südostdeutschen gehen auf der Suche nach einer neuen Heimat.

Der böse Besenbinder

Wenn die Bäume, durch den ersten Frost erschauernd, ihr buntes Herbstkleid dem Winde zu seinem lustigen Reigen überließen, dann kam die Zeit des Besenbinderschorsch: Birkenruten schneiden. Die Waldbauern guckten dem Schorsch mißtrauisch nach, wenn er um diese Zeit in den Wäldern umherschweifte. War doch keine der zarten, weißleuchtenden Jungbirken vor dem Beil des Besenbinders sicher. Er war schon wiederholt wegen Waldfrevels angezeigt, aber man konnte ihm nie etwas Sicheres nachweisen. Er war auf der Hut, der Schorsch, und behauptete immer, er schneide seine Ruten von den Baumauswüchsen, aus dem Straßengebüsch und so. Jungbirken würde er nie anrühren, behauptete er.

An einem nebeligen Spätherbsttag zog er nun wieder mal aus, um Birkenruten zu schneiden. Er liebte unfreundliche Tage zu diesem Geschäft, weil da Förster und Bauern selten im Walde anzutreffen waren. Auf Umwegen schlich er dem Birkenranger zu. Er trat, scharf Umschau haltend, unter die ersten Bäume und verweilte dann lauschend hinter einem dicken Tannenstamm. Nichts rührte sich, kein Beilschlag, kein Rascheln von Schritten im Laub. Der Nebel zog seine milchigen Schleier zwischen den Bäumen dahin. Hie und da fielen dicke Tropfen von den Bäumen auf das welke Laub, und es roch nach nassem Holz.

Die gierigen Augen des Schorsch tasteten die umstehenden Baumstämme ab. Seine zahnlosen Kiefer mahlten grimmig. Er zog ein scharfes Beil aus dem Rucksack, war mit einem Satz bei einer jungen Birke. Schadenfroh guckte er an dem zarten, weißen Stämmchen hoch, umfaßte es mit den klauenartigen Fingern seiner Linken, und zischend fuhr das scharfe Beil durch die Luft. Die junge Birke erzitterte jäh, wie ein Sprühregen tropfte es aus den Zweigen, als hätte jedes Rütlein eine Träne vergossen, und dann sank die Birke, so jung, so schön, auf den Waldboden nieder. Dort wo sie stand, ragte nur mehr ein Stumpf aus der Erde. Der Schorsch zückte sein krummes Rutenmesser, und im Nu hatte er die zarten, biegsamen Zweige abgeschnitten und gebündelt. Schon hielt er nach einem weiteren Opfer Ausschau.

Aber durch den herbstlichen Wald ging ein Raunen des Entsetzens, das jedoch der Besenbinder nicht hören konnte.

Eine große, alte Birke, die eine ganze Schar junger Birken um sich hatte, neigte sich tief erschüttert, mit zitternden Ästen zu der alten Nachbareiche und sagte:

„Eiche, sieh mal, der furchtbare Besenbinder geht wieder um im Walde. Soeben hat er eines der schönsten Stämmchen unseres Birkennachwuchses umgehackt, den hoffnungsvollen Sonnenliebling am Waldesrand, an dem ungeteilt alle Birken, Eichen, Espen, Buchen, Tannen, Fichten, Kiefern und sonstigen Verwandten und Bekannten im Walde ihre Freude hatten; umgehackt, um aus seinen sonnenfrohen Ästen einen Stallbesen zu machen. Du, liebe Eiche, bist der älteste Baum auf dem Birkenranger. Rufe alle Bäume, alte und junge, Sträucher, Stauden und Getier auf, den bösen Besenbinder zu vertreiben, die ruchlose Freveltat zu rächen."

Die alte Eiche rauschte grimmig mit ihren alten, knorrigen Ästen, daß es alle Bäume hören konnten. Ein Raunen und Neigen von Baum zu Baum belebte den Birkenranger. Alles ward aufgerufen von der Eiche, die da sagte:

„Ihr Bäume all und Sträucher, Stauden und Tiere des Waldes, seht, der böse Besenbinder geht wieder mit scharfem Beil im Walde um. Wehrt euch, wendet jede Waffe an, die euch zu Gebote steht. Vertreibt ihn vom Birkenranger, ehe er die Jugend unserer lieben Birkenfamilie ausgerottet hat."

Wieder ging ein Rauschen, Ächzen, Rascheln und Fauchen über die Wipfel hin. Alle hatten den Aufruf der Alteiche gehört und alle wollten getreu zusammenstehen gegen den Bösewicht.

Der Besenbinder wollte soeben die zweite Jungbirke fällen, als dieses geheimnisvolle Raunen von Baum zu Baum huschte. Er trat unter eine Fichte und hielt scharf Ausschau. Komisch, dachte er. Der Wald ist plötzlich wie lebendig geworden. Verwundert und doch ärgerlich über seine dummen Gedanken sah er am Stamm der Fichte empor.

Die Fichte aber hatte auf diesen Augenblick gewartet. „Ich werde dir, du Bösewicht ...!" sagte sie und schüttelte ihm einen ganzen Haufen ihrer dürren Nadeln ins Gesicht.

Der Besenbinder stieß einen Fluch aus, warf das Beil von sich und drückte die Fäuste in die schmerzenden Augen. Einige der scharfen Nadeln waren ihm in die Augen gefallen. Die Tränen flossen ihm über die Finger. Er versuchte mit einer Taschentuchspitze, die Augen zu reinigen. Lange stand er so schimpfend und die Augen reibend da.

Endlich ließ das Brennen in den Augen nach. Er sah, seine Sehkraft prüfend, durch einen Tränenschleier umher. Grimmig mahlten wieder die zahnlosen Kiefer. Mit einem wilden Gesicht bückte er sich neuerdings nach dem Beil, um die nächstbeste Jungbirke mit wuchtigem Schlag zu fällen und so seinem Zorn Luft zu machen. Aufmerksam beobachteten die umstehenden Bäume jede seiner Bewegungen.

Als er gerade, in seiner Wut, mit tränenverschleierten Augen vorwärts stürmte, hob eine Buche eine ihrer knorrigen Wurzeln aus dem Erdreich ein wenig empor. Der Besenbinder blieb mit einem Fuß an der Wurzel hängen, strauchelte, fiel und schlug mit aller Wucht seinen Kopf gegen den Stamm der Buche.

Die Buche sagte, es durchriesle sie ein Freudengefühl von der kleinsten Wurzel bis zum höchsten Ästchen.

Der Schorsch befühlte mit zitternder Hand die Beule, die ihm aus der Stirne wuchs. Erschöpft lehnte er sich an den Baumstamm. „Ein schlechter Tag heute", murmelte er verdrossen. „Wie wenn sich der ganze Wald gegen mich verschworen hätte." Mit dem kalten Eisen des Beils kühlte er sich dabei die brennende Beule.

Die Bäume ringsum winkten sich freudig zu und sahen mit Genugtuung auf den Wüterich nieder, der keuchend und verbittert dasaß.

Mit Ärger betrachtete der Besenbinder das dünne Rutenbündel. Das langte kaum zu einem ordentlichen Stallbesen, und er wollte doch heute Ruten für wenigstens fünfzig Besen schneiden. „Wenn das so weitergeht!" dachte er und betastete die schmerzende Stirne. Das geht nicht mehr mit richtigen Dingen zu, grollte er. Mißtrauisch betrachtete er die Bäume. „Ach was", versuchte er zu lachen, „ich will doch mal sehen, ob ich heute nicht eine tüchtige Last Ruten zusammenkriege!" Er raffte sich auf und griff wieder nach dem Beil. Die Augen schmerzten noch immer. Immer wieder mußte er sie schließen und mit den Fingern reiben. Blinzelnd suchte er nach einer rutenreichen Birkenkrone.

Um an das Opfer, das er ausgemacht hatte, heranzukommen, mußte er sich durch ein Unterholzdickicht zwängen. Er bahnte sich mit dem Beil einen Weg, hieb drauflos, daß der Jungwuchs krachend den Durchlaß freigab.

Aber ein Dornenstrauch holte mit seiner längsten Rute, die die wehrhaftesten Dornen hatte, pfeifend aus, schlug dem Schorsch klatschend ins Gesicht. Der Mann schrie verzweifelt auf und fuhr zurück. Die Dornen rissen ihm dabei Wunden ins Gesicht, die von der Schläfe bis zum Kinn reichten. Das Blut floß.

Erschrocken wischte sich der Besenbinder mit dem Handrücken über die Wange. Die Hand war blutüberströmt. So etwas hatte er noch nie erlebt, der Schorsch. Er ließ fluchend das Beil fallen und verband sich mit dem Taschentuch die Wange. Er fing an, an böse Geister zu glauben, die mit ihm ihr Spiel trieben. In jedem Baum scheint heute so ein Teufel zu stecken, brummte er, mit haßerfüllten Blicken die weißen Birkenstämme musternd.

„Ach, Larifari!" schrie er plötzlich in Wut ausbrechend und versetzte mit dem Stiefelabsatz einer nahestehenden Birke einen Tritt.

Diese Birke reichte mit ihrer Krone unter die Alteiche. „So, bist du Waldschänder endlich in meine Nähe gekommen", rauschte die Eiche zornig und löste einen starken ihrer unteren dürren Äste.

Ein unterdrückter Aufschrei ließ alle Bäume sich neugierig hin- und herwiegen. Der schwere Ast war dem Besenbinder auf den Arm herabgesaust. Der Waldfrevler wand sich im Schmerze auf dem Waldboden.

„So geschieht es dir recht, du alter Missetäter", nickte die Eiche mit ihren alten Ästen. „Tue keinen Frevel, und wir alle, die Bäume jung und alt, werden deine Freunde sein." Die übrigen Bäume bestätigten das mit winkenden Kronen.

Der Besenbinder hatte sich kaum von seinen Schmerzen erholt und prüfte das anschwellende Handgelenk, als er, wie von einer Schlange gebissen, aufsprang und rasend umhertanzte.

Er hatte sich in einen Ameisenhaufen gesetzt, und die Ameisen, die mit den Bäumen gegen den Besenbinder gemeinsame Sache machten, überfielen ihn zu Hunderten, bissen sich an jeder freien Stelle seines Körpers fest, schlüpften unter Jacke und Hemd.

Der Schorsch langte nach seinem Beil, vergaß das Rutenbündel und rannte, wie nicht gescheit um sich schlagend, zwischen den Bäumen davon.

So mancher Strauch schlug ihm noch mal mit zischenden Ruten ins Gesicht, so mancher Dorn kratzte ihm noch über sein Gesicht, riß an den Kleidern, so mancher Baum stellte ihm noch Fuß mit den Wurzeln, Pilze legten ihm die verfaulten Stengel und Hauben ihrer Vorfahren unter die Stiefel, damit er ausgleite und stürze.

So hinkte, stürzte, fiel und raste der Besenbinder mit einer Beule auf der Stirn, blutüberströmter Wange, steifem Arm, tränenden Augen, zerrissenen Kleidern und völlig von den Ameisenstichen aufgedunsenem Gesicht aus dem Walde hinaus.

Und die Bäume freuten sich. Ein befreites Aufatmen rauschte durch die Kronen, ein nimmer enden wollendes Wiegen und Winken der Äste, ein Neigen und Nicken von Zweig zu Zweig, von Stamm zu Stamm erfüllte den Birkenranger, wo sich der böse Besenbinder niemals wieder sehen ließ.

Und die jungen Birken wuchsen ungestört immer höher der Sonne entgegen, zur Freude aller Bäume, Sträucher und Stauden, auch zum Wohlgefallen der Menschen.

Ich habe meinen Vater wiedergesehen

Ich erwarte meinen Vater. Vielleicht auch meinen Bruder und meine Schwester. Ich weiß noch nicht genau, wer kommen wird. Jedenfalls wird mein Vater kommen. Es stehen viele Leute auf dem Rathausplatz zu Passau und schauen hinaus auf die Donau, donauabwärts. Von dort, von Linz her, aus Österreich, soll das Schiff kommen mit den vielen, vielen Menschen, die sich nach langen Jahren wiedersehen wollen. Mein Vater wird auch dabei sein.

Wenn man lange auf die Donau hinausschaut, auf ein Schiff wartet, dann sind die Gedanken viel schneller als das Schiff. Viel schneller. Ich sehe noch kein Schiff, aber ich sehe schon meinen Vater. Eigenartig. Er geht mit etwas nach rechts geneigtem Kopf hinter einem Pflug einher, auf der Donau, vor dem Rathausplatz zu Passau. Und die Pferde nicken im schweren Zug, und das Sielenleder ächzt, und dunkle Erde rauscht über das blanke Schar. Es riecht nach frischer Erde und nach Schweiß. Nicht weit hinter Vaters Füßen stelzt ein Rabe und pickt nach den Würmern. Waldi, unser Hund, wendet sich immer wieder um und knurrt den Raben an. Das wiederholt sich jedesmal, wenn der Rabe zu nahe kommt. Mein Vater ist nicht musikalisch; ich habe ihn nie singen gehört. Aber wenn er ackert, dann pfeift er; keine bestimmte Weise, so halt, wie es Wetter und Arbeit, Gedanken und Sinnen gestalten. Und dann ist die Donau vor Passau gar nicht die Donau, sondern ein weites Feld, oh wie weit, und am Horizont sieht man den Kirchturm unseres Heimatdorfes. Mein Vater zieht endlose Furchen, schnurgerade Furchen in das Land, immer den Kopf etwas nach rechts geneigt.

Alle, die vielen Menschen um mich herum, schauen meinem Vater zu, alle schauen sie auf die Donau. Aber mein Vater kümmert sich nicht viel um die vielen Leute ...

Dann kommt das Schiff langsam aus weiter Ferne, wo das Ackergespann meines Vaters gerade in einer leichten Erdsenke verschwunden ist.

Wer kann wen erkennen? Es sind Hunderte Gesichter; eines neben und über dem anderen, die alle vom Schiff auf den Rathausplatz starren. Und fünf, sechs, acht, zehn Jahre der Not, des Elends, der Sehnsucht haben ihre Spuren in diese Gesichter gegraben. Viele, viele Tränen, Entsetzen und Grauen, Hoffnung und Verzweiflung haben an diesen Gesichtern geformt. Wer kann noch wen erkennen? Alle winken, keiner weiß, wem. Aber alle winken und rufen.

Das Schiff schiebt sich ganz nahe an die Kaimauer heran, und immer mehr und mehr werden die Gesichter erkennbar. Jetzt erkennen sich die einzelnen, schreien auf, jubeln, schluchzen hüben und drüben. Eine Musikkapelle auf dem Schiff spielt den Prinz-Eugen-Marsch ...

Aber wer denkt jetzt an Prinz Eugen, den edlen Ritter und das Vorrücken der Steppe in unseren Lebensraum? Hände recken sich im Freudenkrampf entgegen. Die Leute auf dem Schiff und die auf der Kaimauer rufen sich entgegen, und die Tränen rinnen Männern, Frauen und Kindern über die Gesichter.

Ich habe meinen Vater in der Masse der Gesichter gefunden. Er sucht verzweifelt nach mir. Mein Bruder steht auch neben meinem Vater und meine Schwester auch. Noch jemand steht neben meinem Vater ... Gott, wer ist denn das? Das ist doch ...! Ja, ja, ich erkenne ihn, er ist mein ältester Bruder; er hält, wie er es immer tut, wenn er aufmerksam lauscht, den Kopf etwas schief. Gott ja, es ist mein ältester Bruder, aber seine Augenhöhlen sind leer, sein Gesicht ist fahl. Er ist mit dabei ... es ist mein toter Bruder. Er wurde irgendwo, mit vielen anderen, in einer Schlucht erschossen, liquidiert. Und nun ist er mitgekommen zum Wiedersehen. Er hat viel und gerne Ziehharmonika gespielt. Er lauscht wohl dem Prinz-Eugen-Marsch, weil er den Kopf etwas schief hält ... Ich schrecke zusammen: Neben jedem Gesicht auf dem Schiff sind viele mit leeren Augenhöhlen, viele Tote, die alle mitgekommen sind zu diesem Wiedersehen. Oh, es sind tote Kinder, ganze Scharen um die Mütter, alle verhungert in den Lagern, erschlagen, massakriert, und nun blicken sie stumm in die Menge, den Vater zu sehen, die Großmutter zu finden, die Mutter zu erkennen. Es sind Hunderte Lebende und Tausende Tote, die zu ihnen gehören und mitgekommen sind, Gesicht bei Gesicht, familienweise beisammen.

Endlich kommen die Leute über den Steg. Auch mein Vater kommt. Er hat einen Stock in der Hand und stützt sich beim Gehen. Wie ist er doch alt geworden, wie weint er, als er mir die Hand drückt. Nie habe ich meinen Vater weinen gesehen. Doch ja, als er 1914 als k. u. k. Artillerie-Zugführer einrückte, damals weinte er, als er uns kleine Kinder an sich drückte. Damals sangen sie: „Wenn die Blümlein draußen zittern ..." Ja, damals sah ich meinen Vater zum ersten Mal weinen. Für Österreich kämpfte er damals, wurde verwundet. Heute ist er in Österreich ein Ausländer. Eben. Man hat große Politik gemacht; die Menschen aber, die Menschen hat man dabei vergessen.

Das Schiff ist schon leer. Viele schauen unwillkürlich hinauf, als erwarteten sie noch welche. Wer sie sehen kann, der sieht sie, die Toten, die unverwandt auf das Getriebe auf dem Rathausplatz starren. Viele Kinderaugen suchen vergeblich ihre Mütter, die noch in irgendwelchen Bergwerken arbeiten. Keine Charta holt sie dort heraus.

Aber wen interessiert denn das alles? Hat doch jeder seine eigenen Sorgen. Außerhalb des abgesperrten Platzes stehen viele Spaziergänger. Aber sie sehen die vielen Toten nicht, die mitgekommen sind; sie sehen die Felder und sauberen Dörfer nicht, die Weinberge und Kirchtürme können sie nicht erkennen, das Rauschen der unendlichen Maisfelder nicht hören. Alles das war einst Heimat. Jetzt ist es vorbei damit. So ist unsere Zeit. Angeblich hat uns eine Charta die Heimat genommen. Wer gibt sie uns wieder? Aber in Passau stehen die Häuser und der Dom und die schönen alten Gassen, wie einst. Und die Passauer kehren zum Frühschoppen ein. Alles wie einst; hat sich nicht viel geändert. Für die Passauer. Nur der Schoppen kostet jetzt mehr, und mehr Menschen sind jetzt da, heute besonders. Gehört halt zu der jetzigen Zeit, denken sie und spazieren heimwärts. Aber es ist doch auch ein Tag des Wiedersehens, der Freude! Die Tränen hängen noch in schon wieder lachenden Augen. Und es wird erzählt und gefragt, berichtet: Leider ist keine Studiengruppe des UN-Ausschusses für Menschenrechte dabei – ich glaube doch, daß es so etwas gibt.

Mein Vater ist über siebzig Jahre alt. Er arbeitet in Österreich als Bauhilfsarbeiter. Er schleppt Ziegel, Mörtel, Balken, gräbt, schaufelt ... und denkt an sein großes, lichtes Bauernhaus, an sein Feld und an seinen Weingarten, drunten im südöstlichen Donauraum. Es gibt nichts Erschütterndes, als einen Bauern zu sehen, der Handlanger bei den Maurern werden mußte. Ob das mal anders werden kann, fragte mein Vater; ob wir wieder zurück dürfen in die Heimat? Ich kann leider auf keine Charta verweisen, die diese Fragen bejaht. Ja, wo denn die Gerechtigkeit auf der Welt geblieben sei, wollte mein Vater noch wissen. Ich wußte keine Antwort. Mein

Vater hat mich in die Schule geschickt, und nun kann ihm auch sein gelernter Sohn keine Antwort geben. Stumm und verzweifelt schaut er mich an. Mir tut sein Blick weh.

Nur vier Stunden dauert die Wiedersehensfreude. So haben es die Behörden bemessen. Die Polizei ist wachsam. Die Donauschwaben haben da unten so viel Grenzberichtigungen in einer Generation miterlebt, daß sie heute die paneuropäischen Konzepte in die Tat umsetzen: Sie wandern unentwegt, ohne Rücksicht auf Grenzen.

Das schöne Donauschiff ruft. Man muß sich wieder trennen. Wieder steht auf dem Schiff eine Wand von Gesichtern. Die Musikkapelle spielt: „Muß ich denn, muß ich denn ..." Und kein Auge bleibt trocken. Nur langsam kann sich das Schiff lösen, als hielten es die tausend Blicke der Liebe und des Schmerzes an der Kaimauer fest.

Und als das Schiff schon ganz weit draußen auf der Donau schwimmt und das alte Lied nur mehr wie ein schwaches Echo herüberklingt, sehe ich meinen Vater wieder. Aber er ackert nicht mehr, er schleppt mit gekrümmtem Rücken, mühsam auf einen Stock gestützt, Ziegel. Ein riesiger Turm ist es, der da gebaut wird, und viele Tausende schleppen Ziegel, es soll die Burg der Gerechtigkeit werden. Die Bauherren stehen ringsumher und besprechen die Pläne, aber sie können sich nicht verstehen, sie sprechen jeder unentwegt in verschiedenen Sprachen, einer am anderen vorbei. Und sie können sich nicht verstehen.

Aber mein Vater wartet mit vielen Tausenden, vielen Hunderttausenden, vielen Millionen darauf, daß sich die Bauherren verstehen. Er trägt Ziegel und hofft, das Richtfest der Burg der Gerechtigkeit noch zu erleben.

„Es war in Rosenheim ..."

Ich will über Rosenheim aus der Perspektive des Landsmannes berichten, der irgendwo am beweglichen Rande der Festversammlung stand, irgendwo im Festzug mitging, an irgendeinem Tisch bei den Veranstaltungen saß und ohne Programmbindung, ohne Zeittafel in den Straßen der schönen Stadt während des Bundestreffens bummelte. Es war aus dieser Perspektive viel zu sehen und zu hören.

Die Rosenheimer

Die Rosenheimer sind an den Fremdenverkehr gewöhnt und auf ihn eingestellt. Es ist für sie nichts Ungewöhnliches, Reisende, Kurgäste, Sommerfrischler und Weltbummler unter den Laubengängen ihrer Straßen wandeln zu sehen. Diesmal aber schien es sich ihnen doch zu lohnen, in aller Frühe des Sonntags die Fenster weit zu öffnen und das wundervolle Bild des donauschwäbischen Trachtenzuges auf sich wirken zu lassen.

Die oberbayrische Trachten-Musikkapelle schritt mit sichtlichem Vergnügen diesem seltenen Zug voran. Oberbayern, das sah man deutlich, sind Sachverständige für Trachten. In anerkennenden fachkundigen Gesprächen wurden Trachtendetails beurteilt und Vergleiche angestellt. Aus den Fenstern flatterten grüßend Taschentücher, die Trachtenpaare jauchzten. Es war ein schönes Bild voll sinnvoller Zusammenhänge, werbend für die Erkenntnis, daß die Größe unseres Volkes im harmonischen Zusammenklang der Vielfalt seiner Stämme und Lebensäußerungen ruht, werbend für unser Bestreben, andere Stämme erkennen zu lassen, daß wir, die Donauschwaben, dazugehören, der jüngste Sproß wohl an diesem immer grünenden Baume sind. Über das donauschwäbische Detail aus dieser Vielfalt waren die Rosenheimer angenehm und sichtlich freudig überrascht. Es war ein Tag, an dem man in Rosenheim nicht von Flüchtlingen, sondern von Donauschwaben sprach. Es war für uns ein schöner Tag.

Donauschwaben am Fuße der bayrischen Alpen, das ist ein eigenartiges Bild. Von den Alpen haben unsere Landsleute aber nicht viel gesehen. Für sie gab es keine Berge, keine Laubengänge, kein Oberbayern. Für sie gab es nur Landsleute, viele Landsleute, von denen man mindestens alle Bekannten und Verwandten, Freunde und Dorfgenossen sehen und sprechen wollte.

Wenn sich Nord und Süd, Ost und West unserer alten Heimat auf einem Platz zusammenfinden, dann weichen die Alpen in nebelhafte Fernen zurück, und der Inn ist gar nicht mehr der Inn, sondern er ist die Donau, ist die Theiß, die Drau und die Sawe, es kann auch die Kriwaja sein oder die Temesch; Rosenheim ist gar nicht mehr Rosenheim, sondern ist dies und jenes Dorf, diese und jene Stadt aus der Heimat: Gedanken der Sehnsucht und des Erinnerns verwandelt alles in Heimat, lauter Heimat. Die Gräser und Halme unserer heimatlichen Ebene müssen sich wohl wie im leichten Wind neigen und die Bäume unserer heimatlichen Dörfer in ihren Kronen erschauern vom Flug all dieser vielen sehnsuchtsvollen Gedanken. Und diese Gassen der Heimat sind belebt, die Türen gehen und die Schwengelbrunnen kreischen, denn alle, die da in Rosenheim beisammen sind, gehen in Gedanken heim, gehen aus und ein, schlendern durch die Gassen, sitzen blinzelnd in der Sonne auf der Bank vor dem Haus, reden vom Schnitt und Wetter.

Die Jugend

Bei unserer Jugend vermischen sich die Bilder der Vergangenheit und jene der Gegenwart. In ihr haben die Farben der Heimatbilder nicht mehr die Kraft, in den Stunden des Erinnerns alles zu verdecken. Wenn sie oft auch als Trachtenträger und Trachtenträgerinnen auftritt, wer genau hinsieht, kann beobachten, daß eine neue Generation vor uns steht, die gewillt ist, einen festen Standort zu suchen und zu finden. Bei dieser Jugend sind die Berge eben die Alpen, und der Inn wird von keinem heimatlichen Fluß verdrängt. So ist es wohl. Es ist der Lauf der Dinge.

(...)

Wenn so ein Treffen zu Ende geht, dann habe ich immer jenes Gefühl, das ich als Kind hatte, wenn der Sonntag zur Neige ging und meine Mutter zur Heimkehr aus schönstem Spiel rief. Aber wie die schönen Stunden der Kindheit stets in Erinnerung bleiben, so sind auch die Treffen Tage, bei denen wir im Kalender eine zarte Bume einlegen. Ein Zeichen des Erinnerns, des Nichtvergessens.

Gretl Eipert
Orzydorf – Ingolstadt

Franz Xaver Hücherig

Margaretha Eipert wurde am 17. März 1919 in Orzydorf (Banat/Rumänien) geboren. Vater: Landwirt Georg Krepil; Mutter: Elisabeth, geborene Eipert. Nach der Volksschule 1930-1934 vier Klassen Gymnasium und ein Jahr hauswirtschaftliche Fortbildungsschule bei den Notre-Dame-Klosterschwestern in Temeswar-Josefstadt. 1972, ermuntert durch den Aufruf der Bukarester Tageszeitung „Neuer Weg", besann sie sich auf die in der Familie gelernten Reime, Rätsel, Redensarten, Sprichwörter, Märchen, Sagen, Schwänke, auf Lieder und Spiele aus der Kindergarten- und Schulzeit, sammelte alles, was die ältesten Leute noch wußten, und brachte 300 handgeschriebene Seiten „Banater Volksgut" zusammen. Dadurch geistig angeregt, schrieb sie eigene „Reimereien" – auch in Mundart –, welche sie auf gefährlichem, weil streng verbotenem Weg an den „Donauschwaben" in Aalen, die Märchen und das Brauchtum an die „Forschungsstelle für Volkskunde" in Bremen sandte für die Bände: „Donauschwaben erzählen" und „Ungarndeutsche Volkserzählungen". Der Herausgeber Alfred Cammann schlug sie – nachdem sie und ihr Mann 1979 nach 16 Jahren Wartezeit endlich in die Bundesrepublik Deutschland ausreisen durften – der „Europäischen Märchengesellschaft" als Erzählerin vor, wo sie bis heute erfolgreich mitwirkt. Die Gesellschaft hat ihre Märchen aus dem Banat auf einer Musikkassette herausgebracht. Das von ihr gesammelte volks- und mundartkundliche Material ist zum Großteil noch unveröffentlicht. Ihre Gedichte, Tiergeschichten, Schwänke veröffentlichten „Der Donauschwabe", „Donauschwaben Kalender", „Banater Post", „Halbjahresschrift für südosteuropäische Geschichte, Literatur und Politik" und „Heimatbote" in Kanada/USA. Veröffentlichte Gedichtbände „Was bleibt, wenn wir gehen?" und in Mundart: „Schwowisch is mei Muttersproch". Derzeit sind zwei weitere Bände in Arbeit. Bundespräsident Roman Herzog verlieh Gretl Eipert die Verdienstmedaille des Verdienstordens der Bundesrepublik Deutschland, die Oberbürgermeister Peter Schnell am 8. Februar 1999 im Alten Rathaus Ingolstadts festlich überreichte.

Igle un Schwowe verliere ihre Heim

Wann mer grossi Fred hat am Garte, am letschte Stickl Heimaterd, des em verblieb is vun allem, no begent mer efter de Igle, g'sieht se rumschlure un kann se belausche.

Emol han ich zug'schaut, wie sich e fremder Igl uner unsrem Tor ringezwängt hat. Kurz druf hat sich ener aus 'm eigene Hof mit Feixe un Knurwle entgejegstellt, mit de Vorderbeen han se sich verkloppt, naner wille verdränge, aus 'm „Revier" treiwe. Es muß ihre Paarungszeit gewen sin, standhaft un hartnäckich war de Kampf, kener hat wille waiche.

So siewe Wuche derno geh ich um de Appelbam rumundum, wollt schaue, ob Ruppe dran sin, ob viel vun de klene, griene Äppl wurmich sin. Bei em Schritt tret ich in lockeri Erd, ich bick mich un fin gut verdeckt e warmes Nescht mit fünf klene Igle, rosichi Haut, bliehweiße, waiche Stachle, die Aue noch zu. Ich verdeck 's Nescht nochmal so wie's war un g'frei mich uf die Meglichkeit, tagtäglich ihre Wachstum weiternaus zu beowachte.

Awer am anre Ta schun, wie ich noschaue will, hat mer die Iglmutter 's hinerscht Tirl ufstehn geloßt: Es Nescht war leer! Sie hat se wuanerscht hin verschleppt. Nix meh zu g'siehn, nix meh zu here, wie wann die Erd se g'schlickt hätt.

Bis ich mol in aller Frieh will Praume raffe gehn. Ich han mer richtsich misse uf die Zung beiße, daß ich nit rausplatz un schallend lach: Fünf kinerfauschtgroße braun-groe junge Igle, hinenaner im schmale Wech in de Reih, quieckse un wille an die Praume, was die vorauswatschlndi Mutter mit Knurre un Risslstuppser verhinre, abwehre will. Wees se, daß Praume ihre „Owodakiner" Phansweh mache täte? – Ich wees es nit! Sie entdeckt mich, en Warnlaut, wie e Spuck sin se alli zwischer de Krumbiresteck verschwun.

Am e Spotherbschtowed limml ich mol so zwischer Ta un Nacht uf de Bruschtmauer, ke Taub hat meh gegurrt, 's G'fligl war schun schlofe gang, die Schwalme furt, 's war so still wie in de leeri Kirch. Mei Aue weide sich an de Spaliertrauwe, die schun bräunliche Backe krien. „Hascht du die do drangebun, do hängt jo en Hängl newrem anre?" so frot mich mei Freindin aus Deitschland. Die Winteräpl reife, die Kathreinerose bliehn in bunter Pracht. Vor mir die vier bal haushoche Feiebäm mit lila-braune zeidiche un griene halbzeidiche Feie, ufmol her ich dedruner was schmatze un ruschple. Ang'spannt schau ich un trau meine Aue nit: Die Iglfamilie loßt's sich schmecke!

Aha: No Mais, Insekte un Wirm schmaust mer Feie als Leckerbisse! „Ihr borschtiche, stachliche Kugle sin gar nit so dumm, wie ner watschlich un schepp lafe, jetz freß ner eich fett, no kugl ner eich zamm un hale Winterschlof!" Alle Owed han no mei Mann un ich uns e Zeitlang vum Gang owe am Gewusl un de Schmatzerei une verluschtiert. Bevor mer unser schenes

Heim mit schwerem Herz verloß han, is de Schweinstall abgeriß wor, de Auslaf hat als Fuderkammer far die Geiß „Ricke" gedient. Dart im Eck uner Lab un Haireschtle han mer 's leeri Iglnescht g'fun.

Gleichzeitich mit uns han a die Igle ihre warmes „Hem" verlor.

Wie mer no zwei Johr nomol hinkumm sin, war aus unsrem klene, gepflegte Paradies e Wüste wor, die schene, edle Obstbäm, Feiebäm un Rewe abg'hackt, G'stripp ausg'schla aus de Wurzle, alles mit Stump un Stiel vernicht. Militär hat im Maneever monatelang dart „g'haust", dart logiert iwrem Kukruzbreche. Ich han gement, mei Herz mißt verreiße: Ke Taub hat meh gegurrt, ke Blum meh geblieht, nimol vun unser Igle war meh e G'spur zu finne!

Der Tag

Die Nacht ist am schönsten,
Wenn Arme des Morgens
Sie schieben ins Dunkel
Mit rotgoldnem Licht!

Der Morgen ist lieblich,
Wenn strahlender Mittag
Ihn einholt und aufnimmt
In sonnigen Glanz!

Der Mittag ist herrlich,
Sobald leis der Abend
Vorausgreifend kündet:
Der Tag geht zu End!

Wie schön ist der Abend,
Wenn goldene Sterne
Erblinken zum Abschied
Bei seinem Verglüh'n!

Die Tage des Lebens
Sind kostbar und wertvoll,
Des Morgens und mittags,
Am Abend und nachts!

Die Königin der Federwolken

Es war einmal eine weißgesprenkelte Wildente, die suchte sich zur Frühlingszeit einen duftenden Heuhaufen aus, um sich ein Nest zu bauen. Für das Brutgeschäft und die Nestwärme wollte sie die Kinderstube mollig und weich auspolstern. Ohne viel Federlesens zu machen, rupfte und zupfte sie sich mit dem breiten Schnabel ein Häufchen Flaumfedern aus. Alle schmiegten sich bereitwillig in die Nestmulde, nur ein vorwitziges Fläumchen schwebte keck davon. „Hui, hui" riß es ein Windhauch mit fort, trieb es federleicht über die blumige Wiese, schwang es – hoppla – über ein munteres Bächlein und ließ es sanft auf einer roten Rose landen. Die wiegte sich stolz auf ihrem Stiel und schimpfte: „Du Frechdachs, geh weg von mir, du stinkst nach Federvieh. Riechst du nicht meinen wundersam süßen Duft? Ich bin die Königin der Blumen!" – „Bist mir als Thron gerade gut genug!" trumpfte das Fläumchen auf. „Schau hinauf zum blauen Himmelszelt, siehst du die vielen schneeweißen Federwolken? Ich bin ihre federweiße Königin und ziehe mit ihnen weit über Land und Meer!"

Diese himmelhohe Überheblichkeit des Winzlings entlockte der Rose ein schallendes „Hahaha", welches die „Federwolkenkönigin" davonplusterte. „Hochmut kommt vor dem Fall", witzelte die Rose ihr nach, doch aufgebauscht spöttelte die Flaumfeder von oben herab: „Hurra, hurra, ich fliege hinauf zu meinen Untertanen!"

Der Sturmwind schaukelte sie hin und her, trug sie höher, immer höher, jubelnd warf sie sich dem Wirbelwind in die Arme, der drehte und schwenkte sie schneller, noch schneller im Kreise. Von Ehrgeiz getrieben, aller Erdenschwere enthoben, schwebte sie glückstrunken auf Windesflügeln empor.

Die Erinnerung an die federweiche Geborgenheit bei der Entenmutter schlug sie lachend in den Wind. Tanzen, ganz toll tanzen wollte sie, hineintanzen in ihr Luftschloß in Wolkenkuckucksheim, wie es der Federwolkenkönigin gebührte. Niemand und nichts konnte sie daran hindern! – Oder doch? Dem Ziel schon greifbar nahe, hatte sie die mächtige, nachtdunkle Wolke übersehen, in deren plötzlichem Blitzeschleudern und Donnergrollen sie jäh aus ihrem Freudentaumel erwachte.

Schreckenslahm, gejagt von Angst, wollte sie in Windeseile den Höhenflug zur Notlandung wenden, doch zornige Himmelstränen aus den wütenden Wolkenschwaden peitschten und prasselten mit Schauern dicker Tropfen das triefende Nichts tiefer, unaufhaltsam tiefer hinab.

„Hilfe! Hilfe! Ich bin eure Königin!" schrie sie bettelnd und bebend zu den Wolken hinauf. Als Echo kam ein Donnerkrach, daß der Himmel zu bersten schien.

Zappelnd vor Angst schwamm sie im Taumel, nach Halt suchend, noch einen Augenblick patschnaß auf einer schlammigen Pfütze, bis sie sang- und klanglos als dreckiger Wicht absackte.

Die Entenmutter kuschelte ihr erstes Ei sorgfältig unter die folgsamen Flaumfedern, legte den Kopf schief und blinzelte mit einem Auge in das gewittergraue, tobende Unwetter. Dann schwamm und gründelte sie, sich plusternd, daß es stiebte und stäubte, das hurtige Bächlein hinab. Sollten wir ihr mal mit vier, sechs oder gar acht goldigen, putzmunteren Entenkindern begegnen, wollen wir sie beschützen und recht lieb haben.

Donauschwabenschicksal

Aus alli deutschi Länder do
Sin unser Ahne ausgezo
Vor zwei Jahrhundert donauab
Mit Ulmer Schachtle ins Banat.

E sumpfich Land hat se erwart,
Vun Kriech veröd war 's ganz Banat,
Nur hie un do e armes Nescht,
Verschiedner Völker klener Rescht.

Wer löst die Aufgab groß un schwer?
Deutsche Siedler han misse her,
Plane, rode, ackre, schaffe,
Um de Sumpf urbar zu mache.

Anfangs wär mancher zruckgeloff
De Wech ins deutschi Heimatdorf.
Erscht in de Fremd mer's g'spiert, erkennt,
Was Heimat is, wie Heimweh brennt.

No Not un Tod is g'waxt erscht 's Brot.
Die Mühe, Fleiß un Gnad vun Gott
Han ball verwandlt es Banat
Zur Kornkammer – reich, schen un satt.

Die Kirch der Seele Heimat war,
Spend Sakramente vum Altar.
Bei fromme Lieder Gottes Wort
Blieb Stab un Stütze immerfort.

Meist no der Ernt, zur Herbschteszeit
Han Kirweih g'feiert Schwoweleit.
Mit Blechmusich beim Faß in Tracht
Mit 'm Strauß, vor Fred hat 's Herz gelacht.

Der letschti Kriech hat's umgewand,
Hat Baure g'macht uns ohne Land,
Enteignet uns vun Hab un Gut,
Als Erbteil blieb uns deutscher Mut.

Mit 'm Koffer donauaufwärts sin
Alti, Jungi mit Weib un Kind
Ins teuri Mutterland zurück
Zu unser Wurzle – Hoffnungsblick.

Mit aller Kraft, mit Herz un Sinn
Setz mer Wisse, Könne, Arweit in,
Daß Einigkeit un Recht un Freiheit
Blüh in Deutschland allezeit.

Uns Schwowe trieb de Schicksalslauf
De Donaustrom hinab – hinauf.
Die Muttersproch is uns geblieb.
Dran hal mer fescht, sie is uns lieb!

Mutter, hole mich mit hem ...

Zum Schmunzle un Lache

Mit jedem Johr, wu er de vierte Volksschulklass nägschter kumm is, hat de Adam mit greßre Aue uf die Studente g'schaut. Vun Stund an, wie am 29. August 1926 die Banatia ingeweiht wor is, hat er die Zeit bal nimme erwarte kinne, e „Rotkäppler" zu were.

Iwer de Summer hat's g'heescht fleißich mithelfe, uf de Abmachmaschin oder uf em Pherdsreche sitze, helfe Linse lecke, mit 'm Bizikl manches ausrichte, seine Leit Zeit un Weche erspare.

Ens war er ledich un's hat ne gekriwlt, wann sei Mutter ne iwer de ganze Hof stipperlich g'schaßt un gejischt hat Kolwe hole lafe, juschtament grad no wann sei Kumrade gezwizert un triwliert han un alli mitnaner ingsprengt ware far in die Lick zwischer 'm G'schirrkämmerle un em Schweinstall e „Gol" schieße, oft mit so me Rucker, daß de Fodballe bis in die Kreizgass g'saust is. No hat's pressiert, je „ho ruck" wie e Fitschefeil iwer de Zaun krawle un ne glei rinsure, wann a derbei die Hosenoht gepatscht is oder de Himetsarm gekracht hat, daß de Elleboe rausgeguckslt hat.

Drum hat de Adam sich oft ohne zu hanackre liewer teerisch g'stellt, vum Kolwehole losg'schraubt, weil's Fodballspiele war sei Lewe, dart hat er sich abgezowlt un abgejaat bis ultima. De uffeni Schopp hätt ne a gut gepaßt un zu Aue g'stan far „Tor", awer dart im Eck war de groß Backowe far zwelf Leeb Brot, dart han seiner Lebta Wän un Maschine g'stan. Zwiwle, Bohne, Krumbire, Kukruz oder anres „Kramudl" gelee, iwerhaupts bei de Lees un beim Schlachte han se de doch in Arenda g'hat.

Am e schene Septemberta war's no soweit, 's Bettsach, die „Naturalien", 's G'wand un die Wäsch, alles is uf de Waan gephackt wor, es Hutschl „Fuxi" hat zu de owerscht Stalltir rausg'schaut un sich nomol schmaichle gelosst, die zwei Loopes Lordi un Waldi han gebellt, wie de Vater un de Adam zum Hof nausg'fahr sin, noch e Bussl vun de Mutter un: „Bleib g'sund, mei Knecht!"

In de Banatia war alles nei, alles fremd außer drei bis vier Kumrade aus 'm Darf, nit mol die nei grien Uniform, die ersehnt rot Kapp han em Adam so richtsich Fred gemacht, uf de lange Gäng war's em direkt ellrich, do is er sich wie verlor vorkumm, etwas hat gedrickt im Herz, hat em g'fehlt. Wie a nit, wu's doch derhem im Hof iwerall gewusslt un gewuwlt hat: Pheer un Hutschle, Kieh un Kälwer, Schwein vum klenschte bis zum greschte, Schäf, Hingle, Ente, Puickle, Tauwe, sogar zwei Pfaue sin rumstolziert, un jeder Jastl hat sich als Indianerhäuptling g'fiehlt, wann er e Schwanzfeder g'schenkt kriet hat. Des alles is em Adam allerit durch de Kopp gang.

No zwei Wuche is die Mutter in Eklischee mit me Paket vun derhem schaun kumm, was ihre Bu macht. Der hat bissl taasich – weder aleeger noch alärt – dorumgedrickt, war nar verpicht zu here, was alli derhem noch mache, wie's geht un steht. Im Nu ware die anderthalb Stund Sprechzeit rum, un sie hat sich tapper verabschied: „Bleib schen brav, mei Kind!"

Do hat de Adam se fescht um de Hals g'hol, g'schnupst un sich bekhärmst. „Mutter, hole mich mit hem, ich geh eich sogar Kolwe hole!"

Das Schultertuch

Sie hörte noch die letzten Hahnenschreie hinter sich, als sie vor Tau und Tag die Landstraße unter die Füße nahm. Nach jedem Kilometer mußte sie die zwei schweren Körbe abstellen, eine Verschnaufpause halten, derweil sie die ruppigen Rillen, von den weidenumwundenen Henkeln rot in die Unterarme gepreßt, rieb und rieb, was sie konnte. Ruckzuck riß sie beide gleichzeitig hoch, um schneller weiterzukommen. Vor ihr kreuzten sich zwei Wege, querfeldein abkürzend ließ sie die „Spitz" links liegen. „In welche Dummheit hast du dich eingelassen, Ileana", fragte sie sich ärgerlich, als sie endlich am borstigen Weggras die hinderlichen Erdpatzen, die ihr der taufeuchte Acker von Schritt zu Schritt angehängt hatte, mühsam von den blauen Patschen abschlurfen konnte. Tapp, tapp, überließ sie sich gefügig dem staubigen Weg, geradewegs dem Ziel entgegen. Rechterhand stob schwirrend ein aufgeschreckter Starenflug auf, ließ sich gleich – hoppla – nur einen Steinwurf feldeinwärts in die herbstdürr rispelnden Weinstöcke naschend einfallen. „Wie reich euch kecken Dieben der Tisch jetzt gedeckt ist", dachte sie ärgerlich. Leises Frösteln kroch ihr über den Rücken, der aufkommende scharfe „Ungarische Wind" zwang sie, das alte, fadenscheinige Schultertuch fester um sich zu ziehen; die frohe Erwartung des neuen – heute, endlich heute – half ihr über die letzte Wegstrecke. Ausschau haltend, stiegen verschwommen aus Dämmerung und leichtem Nebelgespinst die beiden hohen, schlanken Türme aus dem Häusergewirr des Vingaer Marktfleckens. Schreck durchfuhr sie angesichts der Kirche, rasch beugte sie den Kopf zu der korbbeschwerten Rechten, sich im Gehen bekreuzigend und sich erinnernd, in der halbverschlafenen Eile des Aufbruchs daheim dieses von der mahnenden Mutter empfohlene Zeichen vergessen zu haben. „Ja gewiß, nur eine Kaiserin konnte soviel Geld haben, um einst diese schöne Kirche für die frommen bulgarischen Ansiedler zu stiften – erzählte mir die Großmutter –, und man schenkte ihnen soviel Feld, wie ein guter Reiter in einem Tag umreiten konnte. Aber heutzutage – wer verschenkt etwas?"

Diese Gedanken erwägend, traf sie durch die langgestreckte Hauptgasse auf dem Marktplatz ein. Mit einem Griff der Linken hob sie die vier fetten Enten aus dem einen Korb, stülpte das Stroh heraus und breitete es handtuchgroß vor sich aus, Platz genug für sie und die vier Backhendl aus dem zweiten Korb, darunter reihenweise bruchsicher in Weizenspreu verstaut rosige Hühnereier, die wie Kulleraugen hervorlugten. Hier, wo alle Hast und Eile endeten, drang ihr die Kälte bis auf die Haut, so stapfte und trippelte sie hin und her auf den klammen Füßen, hauchte in die gerötete hohle Hand, die kalte Nasenspitze miteinbezogen. Kaum hatte sie ihr Kopftuch fester geknüpft, den reichgerafften, buntgeblümten Rock zurechtgestrichen, kam unversehens Leben und Treiben auf diesen Treffpunkt der verschiedensten Nationalitäten aus den umliegenden Nordbanater Dörfern. Bulgaren mit schwarzen kleinkrempigen Hüten, ihre Töchter trugen reihenweise Golddukaten um den Hals, die Frauen knöchellange schwarze Wollröcke, rot-weiß gestreift, lange Schürzen, worüber sie schon spötteln hörte: Um den Glanz der Neuheit zu behalten, würden sie nie gewaschen. „Ob das wahr ist?" dachte sie. Wahrhaftig konnten sie dem Vergleich mit den sauberen Schürzen, Röcken, Blusen und Kopftüchern der Schwäbinnen – auf dunklem Grund meist weiß getüpfelt oder geblümt – nicht standhalten. Allen Frauen – auch rumänischen oder serbischen – gemeinsam waren die gestrickten oder gehäkelten Patschen und Schultertücher aus selbstgesponnener Schafwolle, je nach Ort, Nation und Alter verschieden in Farbe und Form. Den auf Jahrmärkten unvermeidlichen Zigeunerinnen wippten die rumpligen, grellbunten Röcke auf den nackten Füßen. Mit der Linken den verschlissenen Sack auf dem Buckel festhaltend, boten sie mit der anderen Hand Kochlöffel und Geschirr an mit zudringlichem, marktschreierischem „Tellere, Schüssle, Reine". Von den Gebieten nördlich der Marosch waren Rumänen in schafwollgewebten Kleidern und Mänteln mit Bottichen, Schaffeln, Birkenbesen, Körben und Töpferwaren gekommen, andere lockten mit „Hai la mere" zu Äpfeln, Birnen oder Zwetschgen aus ihren von hänfenen Tüchern überspannten Wägen, von kleinen Gebirgspferden mühselig herangekarrt. Weitergekommene Szekler Ungarn wollten glänzende, handgeschnitzte Holzkassetten, Spazierstöcke, Tischchen, Hocker oder Blumenständer absetzen. Schnauzbärtige Zigeuner suchten mehr schlecht als recht aus Abfallblech gehämmerte Mist- und Glutschaufeln aufzudrängen und streunten feilschend und fluchend um den Pferdemarkt. Dicke Köchinnen musterten reihauf, reihab mit Kennerblick das unruhige Federvieh, griffen mit beringten Fingern unter die Flügel des schmutzig-schmierigen Mastgeflügels, suchten dort das kleine Fettpölsterchen betastend abzugreifen, kritisierten: „So teier, die Bachhendl sein ihne ja am Mist aufg'wachsn!" Oder den Korb durchfingernd: „Das sind ja Taubeneier!" Bei dem großen Angebot an Gänsen und Puten wirkten die Enten unscheinbar, obzwar Ileana sie drei Wochen lang gut gestopft und zur besseren Verdauung des Maises jeder noch einen alten Kupferkreuzer dazugab. Das Pech der Mutter fiel ihr ein, die mal in Temeswar drei unverkäufliche Zöpfe Knoblauch in die Bega werfen mußte. Langsam schmolz ihre Zuversicht, mit kleinlauter Stimme schraubte sie den erhofften Preis herunter, sah verlegen auf ihre rissigen Hände, in die man ihr nach langem Feilschen endlich das bißchen Geld drückte, ein karges Entgelt für Müh und Plag. Mit leeren Körben, halbleerer Brieftasche und knurrendem Magen kaufte sie zwei Kipfl und bei der Noranéni ein Häppchen Liptai, ein nach einem Baron gleichen Namens genanntes Gemisch aus Kuh- und Schafskäse. „Verkauft ihr die Blumen?" interessierte sie sich bei der alleinstehenden Frau, die ihr gütig antwortete: „Nein, Mädchen, morgen bin ich 75, da will ich mich mit diesen rosa Zyklamen selbst überraschen."

Unwiderstehlich zog es sie zum Stand mit Wollsachen, das orangefarbige Schultertuch fiel ihr ins Auge, schon legte sie es um den Hals, ein Sonntagsstück, seit Wochen erträumt – wonnig weich, warm, anschmiegsam. Doch ein Blick auf den Preiszettel, höhnisch an einem Zipfel baumelnd, ließ schlagartig ihre Freude wie ein Kartenhaus in sich zusammenfallen: Ihr Geld reichte nicht! Im Lärm, Gedränge und Probieren um sie herum raunte der Teufel ihr lockend ins Ohr: „Verschwinde schnell, keiner bemerkt's!" Sie schaute sich um, niemand achtete auf sie, nur die Kirchtürme reckten sich wie gewaltige Finger drohend zum Himmel. Mit einem Ruck riß sie Hals über Kopf die Versuchung vom Nacken, hängte sie zurück, wohin sie gehörte, und flüchtete erschrocken zwischen die schwatzende Menge. „Gott sei Dank", entquoll es der angstverschnürten, verklemmten Brust, dann erleichtertes Aufatmen. Nuss-, Kartoffel-, rot-gelben Stangenzucker erstand sie als Mitbringsel, ansonsten schwieg sie zu Hause mäuschenstill.

Nur der schwäbischen Frau, welcher sie zwei Wochen lang beim Maisbrechen und Laubschneiden half, öffnete sie zutraulich das Herz, beichtete die Enttäuschung, Teufelsversuchung, Fingerzeig Gottes. Am Zahltag legte ihr diese außer dem wohlverdienten Lohn noch freundlich ein Schultertuch über, da riß Ileana staunend Mund und Augen auf, denn so was Schönes hatte noch kein Mädchen in ihrem Dorf: lindgrüner, seidig schimmernder Samt mit eingepreßten Blütenzweigen, rundherum samtig-flauschige Fransen, spannenlang. Fast andächtig strichen die rauhen Hände darüber, die bange Frage kam: „Für mich?" – „Freilich, es wird dich immer erinnern." „... Ja", fiel sie dankend ein, „auch mich hätten die Gendarmen erwischen können wie die Baba Anna, die wegen sowas fünf Wochen Arrest bekam und dort Setzzwiebeln stecken mußte." Und fast übermütig fügte sie hinzu: „Aber auch ich hätte, genau wie sie, alle mit den Wurzeln nach oben gesetzt aus purer Bosheit." – „Ach, Ileana", dachte die Frau, „du bist zu unerfahren, um zu wissen, das größte Schultertuch der Welt wäre zu winzig, um deine lebenslange Schande in deinem kleinen Dorf zu bedecken." Zu guter Letzt reichten sie sich verständnisvoll die Hand und lachten herzhaft, lachten, lachten ...

Uralti Uhr im Banat

Vun unser Ahne mitgebrung
War a e alti Uhr.
Vum Zifferblatt war schun abg'sprung
Die Farb, kaum meh e G'spur.

Grundiert war se mol bliedlweiß,
Des hat mer noch rausg'fun,
Druf rosarote Blumesträuß,
Verblich stark vun de Sunn.

Un weil die G'wichter schwer schun han
Es Gleichgewicht meh g'fun,
Hat de Urle als alter Mann
E Schraub ans een gebun.

De Perpendikl war verbeilt
In fascht zweihunert Johr
Un hat sich trotzdem flink geeilt
Zu gehn nit no, nit vor.

Hat vun Geburt an bis zum Tod
Jed'r Generation
E jede Taa vun frieh bis spot
Gedient, Vater wie Sohn.

Als Kiner han mer oft gephaßt,
Bis ausg'hob se far schlan,
No is es G'wicht runergerast,
Mir han uns'r Fred g'hat dran.

Han nit gewißt, daß zamt der Zeit
Die Jugend flieht dervun,
Wie jedes schene, frohe Heut
Versinkt mit jeder Stunn.

Uf Deitschland is die Uhr z'ruckgang,
Hin, wu se her is kumm.
Es wär mei Wunsch, sie schla noch lang
Schwowe e guti Stunn!

Unser Kirweihtracht

Es Kirweihmädl, jung an Johr,
Is wie e Phupp so schen, 's is wohr.
Es Ufbinhimet steht so gut,
Umfasse 's Sammetleiwl 's tut.

Vier Unerreck, g'stärkt, bliedlweiß,
De Owerrock der Schenheit Preis,
Die Falte reihn sich gleichling uf,
E schwarzes Spitzefirtuch druf.

Es allerschenscht es Tiechl steht,
Die Franzle lang, die Flitsche breet,
Die Farwe zart, mit Blume drin,
E Band noch vorne – hinehin.

Des schwarzi Samtband mit me Kreiz
De Hals noch ziert mit eignem Reiz.
Es Sacktiechl mit Spitze drum
G'hert in die rechti Hand genomm.

Die links em Kirweihbu, der fiehrt,
Sei schwarzer Hut is schen geziert,
Mit Blumesträußle, buntem Band,
Die Weinflasch hängt an seiner Hand.

Viel Silwerknepp am Leiwl schwarz
Sin Zierde, glanze wie e Schatz.
Es Himet weiß, de Rosmarein,
So war's an Kirweih, so soll's sein.

Schwenglbrunne

Ember owe – Ember une,
Ruf un runer – hoch un tief,
Wasser wille – Mensch un Viech,
Planze, Garte – alli warte!

G'schliwert voll – nochemol,
Schleppe, scheppe – Stang mol heppe,
Tief im Brunne – ganz weit drune,
Phaßt dann und wann – de Hogemann.

Geg'ng'wicht – Leichtgewicht
Hängt e Kind – mit sich schwingt
Uf un ab – g'schwind un stat,
Owe, une – Schwenglbrunne.

Versetzter Bam

E alter Bam versetzt mer schwer,
Des tut em arich weh.
Bleibt nit em Mensch a 's Herz oft leer,
Der hat ke Heimat meh?

Es Wichtischt sin die Wurzle, g'wiß,
Selbscht in der beschti Erd,
Des g'sieht mer, wann se rausgeriss,
Wie lepsch der Bam no werd.

Loßt alli Blätter hänge matt
Un kann sich nit erkrien,
Gibscht ihm a Wasser, satt un satt,
Un Erd, far Wurzle ziehn.

No brauch er langi Zeit derfar,
Un's g'lingt doch selte nur,
Daß er ganz werd, wie er mol war:
E frohes Stick Natur!

Doch nachts, wann alles dunkl, still,
No träumt der alti Greis:
In Heimaterd er wieder will
Als zartes, klenes Reis!

Die Donau

Breiter Strom – bei deiner Mündung,
Wenn du dich ergießt ins Meer,
Bleibt nur wenig aus der Gründung
Deiner Quelle bis hierher.

Viele Flüsse – dich zu nähren –
Flossen unterwegs herbei,
Brachten Fluten, dich zu mehren,
Du umschlangst sie ganz dabei.

Ihres Namens Klang verschlungen
Hat des Bettes breit Gestalt,
Rauschender hat dann geklungen
Deiner Wellen Allgewalt.

Jeder Woge wohnt noch inne
Ein klein Tröpflein silberhell
Dort vom Anfang, vom Beginne
– Kleinen Ursprungs – deiner Quell!

Viele Länder, Völker, Sprachen
Rühmen dich im Lied und Ton,
Sagen und Legenden machen
Deinem Namen Ehre schon.

Berge, Täler, Dome, Städte,
Wiesen, Wälder, Felder, Auen
Schmücken deinen Weg, als hätte
Nirgends Schönres man zu schauen!

Mög das Band der Donau bauen
Brücken zwischen Ost und West!
Freundschaft knüpfen und Vertrauen:
Mensch zu Mensch! Wir hoffen's fest!

Die Entelewer

Oder: 's is wuscht e schnasser „Hebfescht" zu sin,
anstatt giblgewich zu teele mit seine Mitmensche

Wem, der se so arich gern verzehrt hat wie ich, laaft nit 's Wasser im Maul zamm, wann 'r an die zarte, hellgele Lewre denkt? Die Ente ware leicht ufzuziehn, sin so schnell gewaxt wie die Trischlinge. Ja die Katschle – patschierlich un flink – hat mer „Lilli" genennt. Sie sin meischt vun re Stiefmutter – der Hinglsgluck – rausgebrieht wor, goldgel, flaumich, mit Aue wie Grelle. Sie ware far uns Schwowekiner, ob arm, ob reich, e lewendiches Spielzeich far Schmaichle un Bussle. Awer do hat's g'hescht owacht gin, alärt un wusslich han se em mit 'm Schnawl an de Leschper oder am Piwizl verwischt un dran g'schnattert.

Die arm Gluck hat wenich Dank vun der Brut g'hat, de dritte Taa sin se schun dervungerennt un sie hat 's Nolafe g'hat, war awer standipedi gut far se hutschle, wann se vum Bade phätschwäschlnaß ware un nachts iwrem Schlofe far Wärme.

Mit Käs, Salat, Linse aus 'm Phoschtalgrawe, Kleie un Kukruzschrot – als iwrichi Schmurre oder Nudle – sin se g'siehner Au gewaxt, mocklich wor, han bal die Fedre g'stoßt. Mit drei Monat hat mer se schun schlachte kinne. Im e Ställche, mit Stroh g'straut, e Wasserträchl drin, sin se marjets un oweds zwei, drei Wuche lang mit ingewaichtem neiem Kukruz g'stoppt wor, de mer extra mit de Händ abgerippelt hat, bißl Salz un Fett dran, daß er beim Stoppe besser ritscht un e kupferner Kreizer wegr em Verdaue. Mit de links Hand hat mer ihre Schnawl aussenaner g'hal, mit 'm rechte Zeigefinger se g'stoppt, no mit Hilf vum Daume de Kukruz geger de Kropp gezo.

Heit tät mer san: „Tierquälerei!" Awer frieher war de Usus Haus vor Haus, gebrotene Ente oder Gäns es Kirweihbratl. Viel Leit, de wu 's Schmalz schun ausgang war, han sich mit dem Fett bis an de Schlacht durchg'schla, anri e Geißeschmier dermit gemacht, Salz un Paprika dedriwert g'straut, oder mit Gemies „Falschi Supp" gekocht. Vum „G'flitschts" – Hals, Kopp, Maa un Flitsche –, ja die Supp is em bis in die Groß-Zeb geloff zammt Lewer- oder Griesknedle, Nudle oder Schneckle. Die Ent is kirschtlich gebrot wor, g'fillt oder en bis zwei Äppl drin. In gereschte Zwiwle: „Lewer un Blut" mit de Griewe. Far kalter esse is die Lewer in Fett un bißl Milich gedinscht wor.

So eni hat mei guti Mutter mer mol vun derhem mitgebrung ins „Sprechzimmer" bei der „Pforte" im Josefstädtler Kloschter in Temeschwar, wu ich finf Johr Zögling war mit siewe Mitschülerinne, jedes Mädl aus me anre Dorf. Ich han g'wißt, daß uns verbot war, Fleisch vun derhem zu verzehre. Awer mei Mama war extra um halwer Nacht ufg'stan, hat sich abgejat un abgezawlt far mer e Fred mache, hat die zart Lewer in Pergament gewicklt, daß se sich nit verdrickt: „Hol se nar, mei Mad, du escht se doch so gern, mei spirenzliches Mutterhitschl!" – Wer hätt's iwer 's Herz gebrung far: „Nee" san, un ich tät lieje, wann ich's nit tät zugin, daß ich richtsich druf verpicht war. Hin un her geriss zwischer: Gehorsam, Mutterlieb un Guste – han ich se verstohl mitg'hol.

Im „Refektorium" ware schun in weiße Weidekerb die große, ovale Semmle far die „Jause" g'stan, g'schwind wie e Fitschefeil eni durchg'schnitt, die Lewer detto un dezwischer, uf 'm Absatz rumgedreht un je naus – hascht mich g'siehn.

Alaa! Jo, jo, schun hat mich unser Pfäfektin, die Schweschter Chrysosta aus Marienfeld, derwischt, is mer beim dritte Bisse vraschement begent, der mich verhinert hat, wie sich's g'hert hat mit „Gelobt sei Jesus Christus" sie zu grieße. An meim verleene G'sicht hat die erfahreni Pädagogin gleich bemerkt, daß ich de Buße nit sauwer han un weegr em volle Maul han ich 'r erscht no re Weil antworte kinne: „Meine Mama hat mir eine Entenleber gebracht!" – „Wenn deine Mutter dir eine Freude machen wollte, so hättest du sie mit deinen Mitschülerinnen teilen sollen!" sat's un loßt mich verduzt stehn.

Nie im Lewe noher hat mer Lewer so schlecht g'schmeckt wie die Urbs im Semml. Aus der Lehr han ich de Nutze gezo, wie wuscht's is, e schnasser „Hebfescht" zu sin, anstatt giblgewich zu teele mit seine Mitmensche.

Es Schlußwort soll e Sprichwort sin: Vum Hawersäe bis zum Hawermäe muß e jedi Ent e Viertl Aier leje!

Andreas Eisele †
Saderlach – Neuarad

Andreas Eisele wurde am 15. Oktober 1903 in Saderlach (Banat/Rumänien) als Sohn eines Schmiedes geboren. Von 1915-19 besuchte er das Piaristengymnasium Szegedin, absolvierte ein Handelspraktikum als Vorbereitung für die Höhere Gewerbeschule. Die Umwälzung nach dem Ersten Weltkrieg und der Anschluß an Rumänien führten ihn schließlich in die Deutsche Lehrerbildungsanstalt Temeswar. Kurzzeitig als Vertreter in Kalatscha tätig, wurde er 1925 von der Saderlacher Kirchengemeinde zum Kantorlehrer berufen. Aus einem angeborenen Fortbildungsdrang heraus nahm er 1928 an einem internationalen Sprachkurs der Universität Marburg a. d. Lahn teil, knüpfte erste freundschaftliche Bande zur Urheimat. In den dreißiger Jahren wuchs er zum geistigen Führer seiner Heimatgemeinde, wurde Schuldirektor und Koordinator der gesamten Jugendtätigkeit. 1937 wurde Andreas Eisele zum verantwortlichen Organisator der 200-Jahr-Feier. Im Namen Saderlachs richtete er einen Aufruf an die Schwarzwälder Heimat, dem dann tatsächlich vier Reisegruppen Folge leisteten. In dieser Zeit wurde er auch zum engsten Mitarbeiter Prof. Künzigs und Mitautor der volkskundlichen Dokumentarfilme, die über Saderlach entstanden – die ersten ihrer Art im Banat. Die Rußlandverschleppung (1945-47) ging auch an ihm nicht vorbei, mit angeschlagener Gesundheit kehrte er heim. Einige Jahre lebte er in Saderlach, doch schon 1951 erfolgte seine Berufung nach Neuarad an die neugegründete Pädagogische Lehrerbildungsanstalt. Hier unterrichtete er Pädagogik und Naturkunde, seine praktischen Lehrgänge prägten Generationen von Lehrern. 1963 trat Eisele in den verdienten Ruhestand und widmete sich nun seiner alten Leidenschaft, der Volkskunde. 1972 erhielt er bei einem Landeswettbewerb zur „Sammlung deutschen Volksgutes" in Rumänien den 1. Preis für seine in alemannischer Mundart verfaßten Saderlacher Dorfgeschichten. Am 17. Juli 1980 starb Andreas Eisele in Neuarad. Als **„Iseli vo Saderlach"** *kannte man ihn nicht nur im Banat, sondern auch in der Schwarzwälder Heimat.*

Erlebnisse und gesammelte Dorfgeschichten aus Saderlach

(in alemannischer Mundart)

Mier Saderlacher stamme vom Hotzewald im Schwarzwald ab. Unsi Vorfahre sin also Hotzwälder gsi. Des Wort „Hotze" därf mer aber nitt mit 'm rumänische Wort verwechsle! Mier redet d' alemannisch Mundart. Unsi Nochbre säget, sii chennet is nitt vestoh. Es isch aber nitt so arig. Wenn mer a wengeli ufpaßt, vestoht mer's ganz guet.

Unsi ditsche Sproch het viil scheni Mundarte; sii isch ebe en Schtruuß, mit viil scheni Bliemli drin, ains schener wie 's andere. Un alli zämme erfraiet unse Herz.

D' Saderlacher esset gern Suurchrutt mit Wurscht oder Speck un Schunkeflaisch, aber au Turnand mit suuri Milech. Wenn d' Schlachtete aagoht, nom goht's luschtig zue. D' Soue mien schen fett un d' Fässer im Cheller voll Wii si. Nochdemeter chemmet z' Obed d' Nochberchinder zuem Wirschtlisinge:

> „Tripplis träpplis hindrem Huus,
> streck mer e guedi Wurscht ruus!
> Eji Sou het en Zapfe:
> Gen mer au e Krapfe!
> Eji Sou het en dicke Chopf:
> Gen mer au en Wiitopf!
> Eji Sou het e dicki Nas':
> Gen mer au e Wiiglas!
> Eji Sou het e Niere:
> Lenn mi nitt am Fenschter friere!"

In Saderlach sin au scheni Maidli, – un d' Buebe machet's wie iberall:

> „Gerschteschtrauh un Haberschtrauh
> sin im Roß sii Fueter.
> Wenn de Bue zum Maidli goht,
> frogt er nitt sii Mueter."

Ibeerall, wo d' Männer oder d' Wiiber, d' Buebe un d' Maidli zämme chemmet, weret G'schichte vezällt:
bim „z'Dorf goh", bi de Namestäg, bim Kugruzliische, bim Tuwakbischle, bi de Chartebransch, bim Kollektiv, überall wo halt meh Litt zämme chemmet – frijer au im Wirtshuus un bim Schmiid in de Werchstatt. Es sin luschtigi Stickli zum Lache, aber au ernschti, die ans Herz griffet. –

Iech bin ammig debii gsi wie sii vezällt wore sin, han mer ainigi gmerkt – un will vo dene Sache e paar do vezälle.

Erinnerungen

Bim Schmiid

Min Vatter isch Schmiid gsi. 's Iise isch aber hart, un wer mit Iise umgoht, werd au hart.

Min Vatter isch en harte un strenge Maa gsi. Mier sin zu finft Gschwistre gsi. 's jingscht Schwesterli isch als ganz chlai Chindli gstorbe; die andre vieri lebet noch.

Weh uns Chinder oder de Lehrbuebe, wenn mier eppis bosget hen!

Unser Vatter isch iberuus fliißig un gschickt bi de Arbet gsi. Es isch nije vorchoo, daß ai Arbet, wa 'd Buure z' mache broocht hen, iber Nacht ungmacht liege bliebe isch.

Drum isch au sii Werchstatt guet gange, un er het guet vedient. Er het is au alli ger gha; frillig, no sine Art.

In de Ackerzit, im Frijehjohr, im Struuche (Stoppelschäle) oder im Spootjohr (Herbst) hen d' Buure immigsmool z' Nacht um zehni oder elfi ehri Schare fir Schärfe broocht – un hens wiider de Morge um vieri abgholt. In selle Zit isch viilmool bis zwelfi g'arbet wore. De Morge aber sin d' Schare de Raihe no in de Werchstatt glege, uf jede isch mit Chriide d' Huusnummer drufgschriibe gsi.

Im Winter, wenn d' Buure wenig Arbet broocht hen, isch uf Vorrot garbait wore: Hufiise, Nunägel, Bandnägel, Schruube, Pfluegring, Pfluegputzer un allerlai Bstandtail fir d' Wäge un Ackerziig. Die sin guet choo im Summer, wenn alli Händ voll Arbet gsi sin.

Wenn mier Chinder de Morge noch im Bett glege sin, het nebe dra de Amboß schoo sii Lied gsunge – un z' Obed sin mier schoo wieder im Bett gsi, un in de Werchstatt het's noch aibil dinglet: dingeling, dingeling! Es klingt au hit noch viilmol in mine Ohre – un mini Gedanke gehn zuruck ins seelig Chinderland.

Zu selle Zit hen d' Buure fir 's Scharschärfe noch in Natura zahlt: ai Moß Frucht fir ain viertel Grund, zwai Moß fir en halbe usw. Im Herbscht isch de Schmiid mit em Waage durs Dorf gfahre un het sii Frucht iizooge. Iech han dailsmool mitfahre därfe. Debii het unse Vatter manche Ärger un Vedruß gha, wenn gitzigi Buure (zmaischt d' Riiche) zwaiti Klass Frucht gäh hen. Säge het er jo nit chenne, sunscht wäret sii zu de Konkurrenz mit ehre Arbet gange. Mit de Scharfrucht het de Schmiid de Vortail gha, daß d' Schare, die zum Schärfe broocht wore sin, nit so arig stumpf gsi sin un sii mit aim Fiir wieder scharf gsi sin.

D' Werchstatt isch viilmol de Treffpunkt vo de Nochbersmänner gsi, z'maischt wenn Regewetter gsi isch. Sie hen plaudret un allerlai vezällt, aber d' Schmiid hen fliißig witter garbait.

Wenn viil Arbet gsi isch, hen mier Chinder in de Werchstatt is nit sehne lo därfe. Aber sunscht sin mier gern uf de Ess neben Fiir ghockt, hen in d' tanzende Flamme gschaut un hen is gfrait, wenn d' Funke gspritzt sin, wenn d' Schmiid im Takt 's Iise ghämmret hen. Debii hen mer gern zueghorcht, wenn d' Männer vezällt hen. Stammgascht in de Werchstatt isch 's Jakobe Hans un de Maxhänsli Matz gsi. Un wenn di do gsi sin, nom hen mier uf de Ess d' Ohre gspitzt, denn die zwee hen arig schen un spannend vezälle chenne. Uf manchi Stickli chann iech mi noch erinnre un will's ei witer vezälle. Unse Vatter aber isch als LPG-Schmiid 87 Johr alt in 1968 gstorbe.

Di chlaine Studente vo Saderlach

Frijeher sin in Saderlach un in andre Derfer viel Chinder gsi. Es isch nit gar so selte gsi, daß in e Familie 9-10, jo sogar 12-13 Chinder gsi sin. Alli hän nit chenne Buure were. Viel hän e Handwerk glehrt un sin in fremde Derfer un Schtädte zoge. Vor achtzig, ninzig Johr hän d' Buure, aber au d' Chleihiesler aagfange, wenigschtens ein Bue – seltener ai Maidli – in d' Schuele z' schicke un z' studiere. Damit's nit so viel koschtet, hät mer d' Chinder in Tausch ge. Viel Chinder sin in Vásárhely in Tausch gsi.

Des Chind vo Vásárhely isch uf Saderlach choo un hät in de Familje ditsch glehrt, de Saderlacher Bue (oder Maidli) hät in Vásárhely ungarisch glehrt un isch in d' Mittelschuel gange. Später sin d' Chinder in Koschthiiser gee wore, un mer hät fir Koscht un Quartier zahlt. Er hät mii, de Ältscht, zum Studiere bstimmt, obwohl iech lieber in de Werchstatt garbeit hätt.

So sin also Aafang September 1915 unsi Mieter (Mütter), s' Tonis Mareibäsli mit ehrem Josep un mii Mueter mit mir uf Szegedin gfahre. Mit enre ungarische Familje is scho uusgmacht gsi, daß si uns in Koscht un Quartier nemmet. Z' Obed spoot sin mer aachoo, aber die Familje isch nitt dehaim gsi. Mier hän uns nom under 'm Toriigang uf unsi Holzchupfer gsetzt un hän e weng so duuslet, will's lang duurt hät, bis die Huuslitt haimchoo sin. Selmols sin viel Schwobebuebe vo de Banater Derfer in Szegedin gsi. Au viel schwobische Aagstelle (Beamte, Professore u. a.) hen dort glebt. No eme Rung goht en Herr voriber, es isch sicher en Schwob gsi, denn er hät unsi Mieter ditsch aagredt un gsait: „Aber Frauen, warum verbringen Sie die Nacht mit ihren Kindern hier auf den Koffern? Ihr habt das ganze Jahr hindurch schwer gearbeitet, geht doch in ein Hotel und schlaft dort!" „Nai, nai", hän unsi Mieter gsait, „wo cheme mer denn hii, wenn mier so 's Geld ussewerfet. Mier bliibet scho do; do isch scho gut fier uns." Un mier sin bliibe. De Herr hät is noch guet zugredt, aber es hät niit gnutzt. Spoot noo Mitternacht sin unsi Huuslitt haimcho un hän uns mit in d' Wohnung gno. Am andre Tag sin unsi Mieter haimgfahre.

Unsi Wohnung isch an de Theiß glege. De grescht Tail vo dem Huus isch abgrisse gsi, nuer unsi Wohnung ufem „Stock" isch noch ibrig gsi un under uns im Hof hät ai Familje ime Elendsquartier gwohnt. De Hof isch tief uneglege, wil d' Hiiser hindrem starch hoche Damm gsi sin. Noo de große Iberschwemmung im März 1879, wo die ganz Stadt vernichtet wore isch, hät mer die ganz Stadt zwei Meter (un meh) ufgfillt un en feschte Schutzdamm baut. In de Schuele isch de Tag im Johr mit Rede un em Programm gfiirt wore. Fir uns Schieler isch aber 's Wichtigscht gsi, daß an dem Tag kchai Schuel gsi isch.

Zwische dem Damm un de Theiß isch en 20-30 Meter braite Streife gsi, wo die Schinägel Sand, Schotter u. a. usglade hän. Doppelti Stegi us Stai hän aber zum Poort (Ufer) gfiehrt. Die Abschlußmuure sin unsi Rutschbahne gsi. Vo obe, vom Damm sin mier abegummpt uf d' Sandhiife. Do une im ibrigbliibene Cheller vo de Ruine im Hof, in dem es ganz dunkel gsi isch un stellewiis chniihoch 's Wasser gstande isch, sin unsi liebschte Spielplätz gsi.

Unsi Huuslitt hen kchai Wort ditsch chenne, un au in de Schuel isch nur ungarisch glehrt wore. Mier aber hän nur e paar Werter ungrisch chenne un sin dailsmool ganz verzwiiblet gsi, wenn mer unsi Huuslitt un d' Professore nit verstande hän. Iech chann mi erinnre, daß mier in de erschte Täg de Inhalt vum e Lesestickli verzälle hän misse. Mier sin also hergange un hän des ganz Stickli Wort fir Wort iibifflet. Mier hän aber schnell ungrisch glehrt. Es isch wohl alle Schwobechinder so gange. Am Aafang sin mier in de Schuel schwer mitchoo, aber in de andre Klasse sin die ungrische Schieler wit hinder uns zurückbliibe. Mier hän liicht glehrt un hän später viil freije Zit gha. Nom sin mier am liebschte in de Umgebung umeflangiert. So sin mir bis uf Tápé cho (8-10 km vo Szegedin), dort wo d' Maarscht in d' Theiß fließt. Des isch unse liebscht Platz gsi! s' Wasser in de Maarscht isch uf ehrem witte Weg ziimlig schmutzig gsi, aber mier hän debi an die schene Stunde un Täg denkt, wo mier dehaim bi de Maarscht verbrocht hän. Mier hän uns an die Uusfliig mit em Schinagel erinnret, die mir in de selige Summertäg bis uf die Dreijer Insel bi Arad gmacht hän, die selmols noch ganz wie en Urwald gsi sin. Mier hän nom vo dehaim verzällt, wa mier alles erlebt hän, un wa wohl unsi Litt jetz machet, un tief drin im Herz hän mier ai starchi Sehnsucht gschpiert no unsem Dorf, no unse Kumrade daheim, no unse Eltre un Gschwistrige, no em Baranja, uf de Holzbirlibaum, wo mier so gern gspiilt hän, no unse chlaine Haimat.

Un mier hän uns em Poort hereglait un hän vo dem triebe Wasser vo de Maarscht trunke, vo dem Wasser, was vo dehaim cho isch! Haimweh!

s' alt Bild

Bi uns in de Stube hängt ai alt Bild. Es isch vo lutter gschnitzti, aagmolti Holzfigure zämmegsetzt; 's ganz Laiden Christi stellt's dar. – Des Bild han iech vo unsre Großmueter kriegt – die aber het's vo ehre Großeltre g'erbt. Es isch scho iber 150 Johr alt. Unsi Großmueter het aibil gsait, daß drej sonnigi Bilder im Dorf gsi seget, aber d' Litt haiget die Figure de Chinder zum Spiele gee, so daß jetz nummi unses bliibe isch.

Ame Regetag isch wiider de Jakobe Hans, de Maxhänsli Matz un andri Männer in de Werchstatt gsi. D' Schmiid hen g'arbait und de Maxhänsli Matz het vezällt:

„Schmiid, bi ej in de Stube han iech e alt Bild gsehne. Wie iech noch en chlaine Bue gsi bin, hen mier au so ai Bild gha. Mier hen aibil mit den Figure gspiilt un ball sin alli vebroche gsi. Iech chann mii aber noch guet erinnre, daß mii Großmueter vezällt het, wie die Bilder ins Dorf cho seget. Zu selle Zit soll e Maa im Dorf ummegange si, de het sonnigi Bilder un noch e ganzi Tasche voll gschnitzti hailige Figure, zmaischt Herrgottsfigure, großi un chlaini zum Vechaufe gha. Er isch mit ne vo Huus zu Huus gange, daß er s' los kriegt. Z' Obed isch er bi uns aachoo un het min Urgroßvatter gfrogt, ob er nitt chennt binem iber Nacht bliibe. Unse Huus isch aber voll Litt gsi, un so het min Urgroßvatter gsait, im Huus isch kchain Platz, aber in de Schiire uf 'm Hai chann er schlofe, wenn er obacht gitt, daß niit passiert. S isch de Maa also in d' Schiire gange, isch uf 's Hai gchroblet, het sii Tasche nebe si glait un het si komod gmacht un het guet gschlofe.

De Morge aber goht ehre chlai Bue, de Matzi, Hai hole fir sii Kinigshase. Do rutschet vo obe, vom Haistoß zwoo großi un finf chlaini Herrgottsfigure abe. Dem Matzi hen sii guet gfalle – er het 's gholt un het denkt, mit dene werd er no de Schuel spiile. Er het im Hai e Nescht gmacht un het ali schen drii glait. Nom isch er in d' Schuel gange. An sellem Tag han sii Religionsstund gha, un de Gaischlig het gfrogt: „Na Kinder, wer kann sagen, wieviel Götter gibt es?" – De chlai Matzi streckt sofort d' Fingre un sait: „Zwee großi un finf chleini, Herr Gaischlig – un bi uns in de Schiire hen sii 's Nescht."

D' Saderlacher uf 'm Märkt

D' Saderlacher Buure sin noch aibil fliißigi Liit gsi. Sie hen einfach g'lebt, wie alli Buure, un hen sie gfrait, wenn de Sunndig cho isch. Es git e Sprichli bi uns, des haißt:

> Am Mendig isch de Afang,
> am Ziischtig isch de Tag lang,
> am Mittwuche isch z' Mitte in de Wuche,

> am Dunschtig isch de Tellerlitag (Fleischtag),
> am Fritig isch den Leb-übel (Fasttag),
> am Samschtig isch de frai dii wohl,
> am Sunndig isch Juchhe!

Nom strecket alli fuuli Lit d' Bai in d' Heh. Die ganze Wuche arbaitet sie schwer, aber am Sunndig ruieht sii alle uus un unterhaltet sii.

En wichtige Tag sin frijeher au de Ziischtig gsi, wenn de Buur un d' Buurin uf de Wuchemärkt uf Nej-Arad gfahre sin. Scho am Mendig hen d' Wiiber gmärktet. Sie hen Butter gstoße, Chäs gmacht, d' Aier in de Chorb mit Giisel iipackt un d' Hiehner gfange. De Buur het d' Säck mit Frucht, Kugurutz un Gerschte gfillt. Z' Obed isch alles fertig gsi, un am Ziischtig in aller Hergottsfrijeh, wenn noch finschter gsi isch, sin sie losgfahre.

In Nej-Arad in de Frankegass het sii e langi Wagereihe aagsammlet. Sie sin nur langsam vorwärts cho, will de Zäddelmann alli ufghalte het. En jeder het fir de Wage zahle miesse, un nom het de Zäddelmann jedem en Zäddel uf d' Lundsperi pickt. Mit dem isch aber nit gnug gsi. Uf em Märktplatz hen d' Wiiber nomol zahlt, un wenn einer uf Alt-Arad gange isch, het er bi de Bruck nomol blecht. So sin d' Buurslit frijeher ordentlig gstrippt wore. D' Männer sin nom uf de Fruchtmärkt bi de Dreifaltigkeit gfahre, un d' Wiiber uf de Chiehmärkt gange, de bi de Baronin uf de Gass, nebe de Chirche gsi isch.

Wenn e Kchundschaft cho isch, so het sie kriegt, wa sie bruucht het. Dezwische hen d' Wiiber e Tratschpartie gmacht.

Iech bin emol so dur d' Raihe gange, wo d' Märktwiiber gstande sin – un bin neijgiirig gsi, wa do wohl plaudret werd. In ainre Raihe isch 's Wabibäsli, 's Rosibäsli, 's Kchadibäsli un noch viil andri Wiiber stande un hen dischkuriert. Do sait 's Wabibäsli zum Rosibäsli, die deheim au Nochbre sin: „Iech han geschtert zueghorcht, wie Eje Evi unse Marej gfrogt het: 'Kchennsch du des Sprichli vom Chäs?' – 's Marej sait: 'Nai, säg mer's doch!' – 'So horch:

> Marianneli, Marianneli,
> wie macht mer denn de Chäs?
> Mer tuet en in ai Chiibeli
> un druckt en mit 'em Fiideli,
> drum isch er an so räs.'

Druf sait 's Marej: 'Iech will der mol des Sprichli vo de Gäns säge:

> Anneli, Susanneli,
> wa machet eji Gäns?
> Sie sudlet,
> sie pudlet,
> sie wäschet ihre Schwänz.'„

Vo do bin iech wittergange un bin im Weil sim Wirtshuus iikchehrt.

Dort isch de Treffpunkt vo de Männer gsi. Wenn sii ehri Frucht los gha hen, so hen sii sich a paar angenehmi Stunde bim Weil gmacht. De Weil isch bekannt gsi fir sin guede Wii un fir si chräftige „Perkelt". 's „Perkelt" het e guedi Grundlage gmacht, un de Wii het d' Zunge gleest, un im Plaudre sin d' Stunde schnell vegange. Wie iech aachoo bin, isch d' Stube voll Saderlacher gsi. Alles het gesse, trunke, graucht un plaudret. Iberhaupt an aim Tisch isch es schen zuegange. Kchai Wunder, dort isch de Vetter Matz ghockt, de wa so spannend un lebendig vezälle het chenne. Au de Vetter Hans, de Vetter Andres un andri Männer sin an dem Tisch gsi. Alli hen e gued Muhlstuck gha un hen sii gern unterhalte. Wie iech inne cho bin, hen sii grad so starch glacht, daß d' Wänd zittret hen. De Vetter Matz het ebe ains vo sine Gschichtli vezällt. Iech bin au zue ne ghockt un han zueghorcht.

Ainigi Gschichtli, wa iech dort im Wirtshuus gheert han, wil iech jetz do vezälle.

Iise brecht nitt

In Saderlach gits viil Eisele. In de Iiwanderungszit – un au frijeher, het mer zu alle Eisele „Iseli" gsait, denn de Name stammt vo „Iise" ab. – Im Mittelalter scho isch „Iseli" de Ibername vo de Schmiid gsi, wil sii mit Iise garbait hen – des de Professor Dr. Edmund Nied in sim Buech „Südwestdeutsche Familiennamen" schriibt. Hitt haißet nuer e paar Familie mit ehrem Ibername „S Iselis".

Ame Ziischtig vezällt de Vetter Franz ('s Wiischopfe Franz-Müller) bim Weil:

«De Vetter Andres isch au en Iseli gsi. Er isch en guede Musigand gsi un het mit sine Banda an de Sunndige nomidag un z' Nacht im Große Wirtshuus Tanzmusig gspiilt. – Des Blose macht aber e trocheni Gurgle, – un so, wie mer uhni gschmiert nitt fahre chann, chennet au d' Musigante uhne Trinke nitt d' ganz Nacht blose. De Vetter Andres het aber jedesmol uusgiibig d' Gurgle gschmiert. Wenn er nochdemeder am Morge haimtaumlet isch, het er si us eme innere Drang uus verpflichtet gfühlt, de ganze Welt mitzutaile: „'s Iise brecht nitt! – 's Iise brecht nije!"

Jedem Mensch, jedem Chind, wa er uf de Gass aatroffe het, jedem Baum, jedem Huus, jedem Stickli Vieh het er sin Spruch zuegruefe, daß di ganz Gass gschallt het: „'s Iise brecht nitt! – 's Iise brecht nije!"

Am Nejjohrsmorge wankt unse Andres Vetter vum Nejjohrsspiile haimwärts. Un wenn em au d' Baim un d' Hiiser aiwil in de Weg gloffe sin, so het er doch dem Neje Johr zuegruefe: „'s Iise brecht nitt! – 's Iise brecht nijeh!"

Mit große Mih het er 's Gätterli vo sim Huus gfunde. Im dicke Nebel aber, de vor sine Auge gsi isch, het er d' Stubetiire mit d' Schtaaltiire vewechslet. Er torklet in de Schtaal iine – un so wie er gsi isch, mitsamt em Gwand, isch er in d' Chripf gfalle un isch grad iigschlofe. Dere Chue aber mueß es de Alkoholduft aatue haa, denn sii het em ständig 's Gsicht abgschleckt. Er het aber im Traum gmaint, er litt in sim Bett, nebe sim Bäsli, un die schmutzt en un schtraichlet en mit ehre ruuchigi Händ.

Am Morge chunnt 's Resibäsli in de Schtaal, d' Chue melche. Kaum het sii aber agfange, do heert sii uf aimol e chratzigi Schtimm us de Chripf. De Andres Vetter sait in sim Duusel zu de Chue: „O mii liebs Resi, gell du hesch mii doch gern!" – Uf des hi isch 's Resibäsli so veschrocke, daß sii de Chiibel falle loo het un selber bal von Stiehli abechejt isch. Sii isch ufkummpt, het d' Händ iber em Chopf zämme gschlage un het gschroue: „Jessismariaandjosep, jetz litt de bsoffe Chaib do bi de Chue in de Chripf!" Un noch e ganz Dunnerwetter isch iber de Andres Vetter losgange. Sii het en us de Chripf zoge, het en uf d' Fieß gstellt un het en suber abputzt. Er aber seit mit sinre zittrige Schtimm: „Aber Resi, gell – 's Iise brecht nitt! – 's Iise brecht nijeh!"»

De Iisstoß

Frijeher sin in Saderlach uf de Maarscht viile Wassermihli gsi. Vor etwa 150 Johr hen si d' Wassermiller zämmegschlosse, daß sii si besser wehre chennet, wenn Gfohr gsi isch – un hen im Johr 1843 en Zunftdiplom kriegt. Sii hen in 1880 sogenannte „Wohngemainschafte" (Molae ad Marusiam) grindet, dia in Saderlach 81 Iiwohner gha het.

Wie nom später d' Dampfmaschine un d' Motore ufchoo sin, sin aiwil weniger Wassermihline wore. D' Wingamer Mihli unan en Bodrog hen si am längschte ghalte. D' Chinder vo de Wingamer Wassermiller sin selmol mit uns in d' Schuel gange: de Bachmann, de Breznai, de Mark, de Laub un noch andri – lutter ditschi Chinder. Sii sin täglig de drej Kilometer lange Weg bis ins Dorf marschiert, Winter wie Summer. Ehre Esse hen sii mitbroocht un hen in de Schuel z' Midag gesse, denn selmol sin mer vormidag un nomidag in d' Schuel gange. Wie iech noch en chlaine Schuelbue gsi bin, sin bi Saderlach noch e paar Mihli gstande. Die letscht Wassermihli in Saderlach het dem Mühlbach Peter ghert. Er het vier Buebe gha. De ältscht, de Peter, isch min Schuelkumrad gsi.

Mier Chinder sin gern zu de Wassermihli gange, hen zuegschaut, wie des groß Rad si draiht un wie d' Welle in de Maarscht useander laufet. – Wenn em Peter sin Vatter nitt dehaim gsi isch, hen mier au in d' Mihli därfe, un sin im Summer, bim Bade, vom Wadschiff in 's Waser gumpt. Am kuraschierteschte aber sin d' Millergselle un d' Lehrbuebe gsi. Mier hen 's mengmol bewundret, wie sii si am große Schuuflerad aakchlammret hen un mit em Rad umundum gange sin, wie mit dem Riiserad im Wiener Prater.

D' Wassermihleri, em Peter sii Mueter, het guet Harmonii spiile chenne –
un het viilmol dene Chinder zum chlaine Tanz ufgspiilt. Schlimm isch es fir
d' Wassermihline im Winter gsi, wenn d' Maarscht iigfrore isch. Jede Miller
het fir sii Mihli am Poort en Spore (Schutzstelle) vorberaitet, wo er sii Mihli
iigstellt het, daß d' Iisscholle ehre niit aatue chennet.

Weh dem Miller, de vom Iis iberrascht wore isch, bevor er sii Mihli in Sicherhait hindre de Spore broocht het. Ammingsmol hen d' Iisscholle e Mihli
losgrisse u mitgno geg Szegedin zue – oder es isch aini bschädigt wore – jo
es seg sogar vorchoo si, daß e Mihli undergange isch. Am gfährligschte isch
de Iisstoß gsi. – Ime Spruch haißt's:

> Matthis, brech Iis,
> hesch kchains – mach ains!

Un tatsächlig, gege Uusgang Feber fangt maischtens de Schnee un 's Iis aa
z' lahne, d' Maarscht gschwellt aa – un wenn 's Wasser kchain Platz meh
undre de Iisdecki het, so sprengt de riisig Druck 's Iis uf de Maarscht. Mit
eme große Chrach un Getees springt d' Iisdecki, un d' Iisscholle weret wasserab gschwemmt un zertrimmret un zersteeret alles, was ne in de Weg
chunnt. Es isch e gruusig Schauspiil fir d' Zueschauer – fir d' Miller aber
großi Sorge un Chummer gsi. Wenn de Iisstoß gange isch, isch 's ganz Dorf
alarmiert wore, denn viilmol hen d' Miller Hilf bruucht. – So schrecklig un
tschudrig wie de Ruef: „Fiirjooh!" – het au de Ruef: „De Iistoß goht!" dur 's
Dorf gschallt – un alles isch zu de Maarscht grennt, so gschnell wie jeder
het chenne. Au mier Chinder sin allimol debii gsi un hen is tschuudret, wenn
si d' Iischolle iberainandergschobe hen un wenn sii ans Poort gworfe wore
sin – oder wenn sii an ere Mihli aagstotzt sin.

Hittzutag git's kchaini Wassermihline meh, un d' Maarscht isch in e andri
Richtung abglaitet wore, so daß ganz nebem Dorf nuer meh en tote Wasserarm bliibe isch. De Iisstoß het fir d' Litt kchai Beditting meh, un die Ufregung un Sorge, was er frijeher gmacht het, sin hitt unbikannt.

Mii Malibäsli

Am Ziischtig bim „z' Dorf goh" het 's Rosibäsli e Gschichtli vom Iisstoß
vezällt. Alles isch still gsi, un sii het aagfange:

Iehr alli hen mii Malibäsli kchennt. Sii isch mim Vatter sii Schweschter
gsi. Es sin scho zeh Johr, daß sii gstorbe isch. Sii het mii un min Brieder ufzoge, denn unse Vatter isch im Chrieg bliibe, un unsi Mueter isch an de
„Spanisch" gstorbe. – Iech han mii nije trout froge, wurum sii allai bliibe
isch, wurum sii nitt ghiirotet het, denn iech han mengmol g'merkt, daß sii,
wenn mier luschtig gsi sin, truurig wore isch; sii het sicher an ehri Jugendzit
denkt. Aber churz bevor sii gstorbe isch, het sii vo selber aagfange un het

mer iehr Lebe vezällt. – Ame Sunndig Nomidag sin mier zwai allai dehaim gsi. Unsi Litt sin alli furt gsi. Mier hen iber allerlai plaudret – au iber die juge Litt – un iber d' Hochzite, was in Uussicht sin. – Do sait sii uf aimol:

„Rosi, du hesch mii nije gfrogt, wurum iech nitt ghiirotet han, wurum iech ledig bliibe bin. – Iech weiß, du hesch mer nitt weh mache welle. Aber jetz, wil mier zwai allai sin, will iech dier doch säge, wie des gange isch. In mine Jugendzit bin iech e suber luschtig Maidli gsi. Han gern gsunge un tanzt – aber au d' Arbet isch mier aiwil guet vo de Hand gange. Wie iech nom groß Maidli wore bin, isch mii Mueter gstorbe.

De Wassermiller Laub het en Sohn gha, de het Hans ghaiße. Er isch en brave, fliißige un luschtige Bue gsi. Er het gern un schen gsunge. Sogar jodle het er chenne. Scho als Schuelmaidli han iech gern mit dem Hansi gschpiilt. Mier sin guedi Kumrade gsi. Wie mer aber greßer wore sin, hen mier zwai is aiwil lieber kriegt. Churz un guet: Mier hen hiirote welle. Iech bin ninzeh Johr alt gsi, de Hans dreijezwanzig; es wär di bescht Zit gsi. Er het aber vo dehaim kchai Feld kriegt, will sin Vatter nuer a Wassermihli gha het, min Vatter isch aber en guetbstellte Buur gsi un het en ganze Grund gha (32 Joch). Iech hätt also en halbe Grund kriegt un min Brieder – din Vatter – de ander halb.

Mim Vatter hätt de Hans guet gfalle, wil er aber kchai Feld kriegt het, het er vom Hiirote niit wisse welle. Er het mer andri Buebe grote, tichtige, ehrlige un bravi Buebe, die au Feld vo dehaim kriegt hättet. Iech han aber kchainer aagschaut un han vo mim Hans nitt loo. Min Vater het des a Zitlang zuegschaut, wie er aber gsehne het, daß iech vom Hans nitt loß, het er staad un staad noogloo, un iech han Hoffnung gha, daß noch alles guet werd. Nochdemeder isch des Johr 1912 cho. Aafang Dezember het's zuegmacht. Es het viil gschneijt, isch aarig chalt wore – un d' Wassermiller hen nitt mol meh Zit gha, en richtige Spoore fir d' Mihline z' richte. D' Maarscht isch schnell iigfrore, un d' Mihline – au em Hans sini – sin nitt recht vesorgt gsi.

Gege Matthis (25. Feber) het's gäch z' lahne aagfange, un alli Miller hen zittret, denn sii hen gwißt, daß fir ehri Mihline e gfährligi Zit chunnt. Uf aimol schallt's ganz gruusig un schrecklig dur d' Nacht: „De Iisstoß goht! – De Iisstoß goht!" 's ganz Dorf isch ufgschiicht gsi. Ainer het's em andre zuegschroue. Die entsetzlig Nacht han iech min Lebtag nitt vegesse. Alli Männer sin zu de Maarscht grennt, daß sii helfet, wo Not isch. Bim Laub hen d' Iisscholle de Spoore wegdruckt – un hen jede Minute d' Mihli wegriiße chenne. De Hans isch uf em Wadschiff gstande un het d' Iisplatte mit enre Stange wegschirge welle. Des isch em e Zitlang au glunge. 's Wasser isch riisig schnell gange, het gurglet und d' Iisscholle gwirblet. Do schießt e großi Iisplatte uf 's Wadschiff zue. De Hans het si wegschirge welle, sii het em aber d' Stange us de Hand grisse – un er isch chopfiber ins Wasser kchejt, isch undre ai große Iisplatte choo – un chai Mensch het en meh gsehne. – 's Wadschiff het e groß Loch kriegt, isch under gange un het di ganz Mihli abezoge. D' Männer hen de Hans sueche welle, aber kchainer het mit em Schinagel fahre chenne, denn d' Iisscholle hättet en sofort umgworfe.

Im Frijehjohr hen sii de Hans bi Sampeter us de Maarscht gfischt. – Iech bin selmol vor Laid un Chummer so chrank wore, daß min Vatter kchai Hoffnung gha het, daß iech nomol devo chumm.

Aber d' Zit heilt alli Wunde, alli Schmerze un alle Chummer!

Iech bin wiider gsund wore, aber froh han iech nimmer chenne si.

Min Vatter hätt mi später gern vehiirotet, aber iech han's nit iber 's Herz brocht, daß iech zueneme andre Maa gang.

Nom isch de groß Chrieg choo. D' Männer sin in de Chrieg zoge un viil sin nimmer haimchoo. Au din Vatter isch gfalle, di Mueter aber isch an de „Spanisch" in 18 gstorbe. Du un din Brieder sin jetz allei do in de Welt gstande. – Iech han ej zu mir gno un han mer vorgno, ej e guedi Mueter z' si. – Iech han ej groß zoge, han viil Arbet un Sorge mit ej gha, aber iehr hen mier au viil Fraid gmacht, iehr un eji Chinder. – Un – iech bin dankbar em Herrgott, daß mii Lebe doch noch en Sinn gha het!"

Sowitt het 's Malibäsli mier selmol vezällt. In ehre alte Auge isch debii en Schii gsi, de mi ganz ergriffe het.

Churzi Zit druf isch 's Malibäsli chrank wore un isch schnell gstorbe. Sii isch e Wibb mit eme geduldige Herze gsi, so guet wis e Stickli Brot! Ai echte Mueter hätt nitt so lieb si chenne wie sii zu mier un zu mim Brieder gsi isch!"

De Oschtreschunke

Frijeher isch in Saderlach in de ganz Kcharwuche streng gfaschtet wore. In dere Zit, wo de „Schmalhans" Chuchimaischter gsi isch, hen si d' Männer mit em Raki un mit em Wii treschtet. Sii hen alli Zit eppis im Cheller z' tue gha: mol hen sii misse nooschaue, ob d' leere Fässer schweblet wäre misset, mol, ob d' Pippe am Wiifaß nitt am End tropft – un so hen sii aiwil e Uusred gfunde fir in de Cheller goo.

Am beschte hen's aber d' Faijerlesch gmacht. Die sin am Kcharfritig un am Kcharsamschtig im Dienscht gsi, denn sii hen d' Eherewache am Heilige Grab ghalte. Vier Faijerleschmänner sin abwechselnd bim Heilige Grab gstande. Ehre Lager hen sii in ainre Schuelklass gha. Vo dort isch d' Wache noo jede zwoo Stund abgleest wore. D' Männer, die wo nitt grad Wache gstande sin, die hen dort Kcharte gspiilt, vezällt un trunke. Wii hen sii gnug gha, denn d' unterstitzende Mitgliider hen ai Kchante voll Wii um die ander broocht, un de isch uf kchain Fall in d' Schue gschittet wore. Debii isch de Durscht aiwil greßer un d' Reed aiwil lutter wore, so daß de Lehrer, de wa si Wohnung nebe de Schuel gha het, si in sii letscht Stube zuruckzoge het un gmaint het, er erlebt's nimm, daß d' Oschtre chunt un die „Ehrenwache" en End nemmt.

D' Faijerleschmänner hättet bim Heilige Grab zwoo Stunde lang ganz stramm stoh selle; des isch aber nitt aiwil glunge. Es isch so manchem tapfere Faijerleschmaa gsi, wie wenn 's ganz Heilig Grab, mitsamt em Herrgott, de dort uf em Chritz glege isch, umundum gange isch un alles underobsi gstande isch. D' Wiiber, die wa Herrgott schmutze choo sin un vorem Herrgott kchnejt sin, hen Ängschtre gha, wenn immigsmool en Faijerleschmaa gar so aarig hinunher gwacklet isch wie ai Rohr im Wind, so daß mer gmaint het, jetz un jetz kchajt er uff aim.

In dere Zit hen d' Wiiber dehaim de Schunke kchocht. Denn es isch bi uns en alte Bruuch gsi, daß mer am Kcharsamschtig s' Obed noo de Ufferstehungsprozession gchochte Schunke gesse het. Noo dem lange Faschte isch aim scho 's Wasser im Muul zämmegloffe, wenn mer nuer dran denkt het.

's Rosibäsli, em Andres Vetter sii Wiib, het au de Schunke heregstellt un e guet Fiir im Sparhet aagmacht. Wil sii aber in d' Chirche het misse goo, Herrgott schmutze, het sii zum Andres Vetter gsait: „Iech gang jetz in d' Chirche. De Schunke stoht uff em Fiir, de mueß guet choche, daß er waich werd. Leg uff, daß 's Fiir guet brennt! – Hesch jo niit anders z' tue. Un suuf niit so viil! Hesch gheert?!" – „Jo, jo", het de Andres Vetter brummt, „iech wer schon mache" un isch fro gsi, daß sii mol furt gooht. Endlig isch er allai gsi! Er het guet uffs Fiir uffglait un isch mol in de Cheller gange, schaue, ob nitt am End d' Pippe tropft. Sie het nitt tropft. Aber nom het er si denkt: „E paar Trepfli Wii chennet jo jetz nitt schade! 's Fiir brennt un de Schunke werd scho waich were!"

In dere Zit isch de Nochber, de Josep Vetter, choo un het de Andres Vetter froge welle, wo denn am andre Sunndig d' Kchartebransch si werd. Wil aber niemet do gsi isch un er d' Raine uff em Fiir gsehne het, het er, witzig wie er gsi isch, denkt, er werd dene mol en Straich spiile. Er het de Schunke mit de Gable us de Raine gnoo un en Batschker, wa grad nebe de Tiire glege isch, in d' Raine gworfe, het de Deckel druff tue un isch mim Schunke haimgange.

De Andres Vetter het sin Duurscht glescht gha un isch vom Cheller uffechoo. Im e Rung isch au s' Rosibäsle vo de Chirche haimchoo un het de Andres Vetter gfroogt, ob er guet uffglait het. „Jo, jo", het er gsait, „'s Wasser strudlet di ganz Zit. Er mueß jo scho bal waich si!" 's Rosibäsli nemmt e Gable un stecht in de Schunke, probiere, ob er scho gar isch. Er isch aber noch staihart gsi. Sii macht fescht Fiir, 's Wasser chocht obe usse – stundelang –, aber de Schunke werd un werd nitt waich. Endlig will sii en usse neh – un do seht sii, daß en alte Batschker in de Raine isch. Jetz isch sii aber fuchtig wore. „Du alte Suufbrieder", schrejt sii, „du bisch sicher di ganz Zit im Cheller ghockt un hesch gsoffe! Under dere Zit isch einer choo un het is die Schand aatue." De Andres Vetter het e schlecht Gwisse gha, het sie schnell us em Staub gmacht un het si de ganz Tag immer sehne gloo.

Bi de Chertepartii am Oschtresunndig nomidag, wie d' Männer scho gnung trunke cha hen, het de Josep Vetter gsait: „Jetz wenn mer mol e wengeli esse, daß is de Wii widder besser schmeckt! – Iech bring jetz em Andres Vetter sin Schunke, iech denk, er werd jo guet waich si un uns schmecke!"

Sii hen mit großem Appetet gesse – au de Andres Vetter – un hen alli fescht vesproche, daß sii vo dem Schunke sim Wiib, em Rosibäsli, niit säge weret.

Un so hen sii's ghalte. 's Rosibäsli isch noo viile Johre ruijig gstorbe un het nijeh erfahre, wo de Schunke hiichoo isch.

Am Martinitag

Aimol het 's Schniiders Andres-Vetter vom Martinitag vezällt. – Am Martinitag (11. November) sin d' Männer vo derselbe Gass z' Obed vo Huus zu Huus gange, jede Tag en en andre Cheller, denn sii hen miesse noschaue goh, ob de Wii scho klar isch un ob d' Fässer scho zuegschlage were chennet. Es sin aber in de Chellre viil Fässer gsi, un d' Männer hen uusgiibig kchoschtet, so daß zmaischt d' Schtimmung hohi Welle gschlage het. Vo so ain Martinitag het de Andres Vetter vezällt.

„Ame Sunndig nomidag isch d' Chartebransch bim Sepp in de undre Herrgass gsi. Sii hen Glaubrias mit Kugruzcherne gschpiilt. De Rampasch het scho drejmol midaglitte ghert, so daß er scho gchratzt het. Iehr wisset jo, de Vetter Sepp isch en große Spaßmacher gsi un het gern gwettet. 'Wett mer', het er gsait, – 'daß iech em Nodari d' Chnepf vom Tschope abschniid un daß er gar niit degege het?' Sin Nochber, de Hans, het aber gmaint: 'Iech trou dir jo allerhand zue, Sepp, aber des werd nije wohr!' – Un sii wettet um ai Fäßli Bier.

De Saderlacher Nodari isch zu selle Zit en luschtige Maa gsi un het gern mitghalte, wo e luschtigi Gsellschaft bi me guede Tropfe „g'arbait" het. Er isch au bim Martinitrinke debii gsi. Au bim Sepp im Cheller, wie d' Fässer zugschlage wore sin.

Wie alli scho in guede Schtimmung gsi sin, sait de Sepp zum Nodari: 'Wett mr, Herr Nodari, iech schniid ej d' Chnepf alle vo ejem Tschope ab, un wenn iech pfiif, nom sin si alli in dem Moment wiider draa.' – De Nodari aber sait: 'Das kann ich nicht glauben, sie sind doch kein Zauberer!' Un sii wettet, wer verliert, mueß e Litre Wii in aim Zug uustrinke. De Sepp goht un schniit 'm d' Chnepf vom Tschope alli ab. Wie er fertig gsi isch, sait nom de Nodari: 'So, jetzt wollen wir mal sehen! Na, pfeifen Sie jetzt einmal!' Druf sait de Sepp: 'Iech han jetz kchai Luscht zum Pfiife.' De Nodari wartet noch hitt ufs Pfiife. D' Chnepf aber het sii Schweschter, die em de Huushalt gfijehrt het, aagnaiht. De Sepp het de Litre Wii in aim Zug uustrunke, het aber bi de Chartebransch d' Lacher uf sine Sitte ghaa.

Des Fäßli Bier aber bi de Chartebransch het er gwunne. Bi de nächscht Chartepartii hen sii em de Bode iigschlage."

„Bim z' Dorf goh"

's Schnupftiechli

In de Herrgass isch ai Churzwaregschäft gsi. Aimol isch de Vetter Hans voriber gange, un de Gschäfter, de gern Spaß gmacht het, het zu em gsait: „Hans, du hesch 's Schnupftiechli velore." – De schaut sii um, un seht ai große Chuedaische liige. „Wart nuer, du Chaib, iech wer der's scho noch zuruckzahle!" bruttlet er fir sii un goht witter. Er chunnt aber nomol zuruck un sait zum Gschäfter, er mecht ai Zigari chaufe un goht ins Gschäft. Er zindet sii Zigari grad aa un sii plaudret noch en Rung, do will er endlich furt goh. De Gschäfter sait em aber: „Hans, du hesch 's Zigari nonitt zahlt!" De draijt sii under de Tiire nomol um un sait: „Channsch 's Schnupftiechli defir behalte!"

De Buur un de Professor

De Vetter Joschka isch uf em Acker gsi. Nebe sim ältere Roß het er e jungs 's erscht Mool iigspanne, daß es sii gwehnt. Wils aber nonitt zähmt gsi isch, gumpts ibermietig umenander, ziejeht bal rechts un bal links, so wie's ihm grad iischißt. De Vetter Joschka ärgret si arig, er schwitzt scho, fluecht un schlat druf mit de Paitsche, aber es nutzt niit, jo es werd noch aibil schlimmer. Grad wie's am ärgschte zuegoht, chunnt de Professor dazue, de sini Ferien uf em Land vebringt un en Spaziergang macht. Er frogt de Buur, wurum er denn so bees isch. De sait: „Iehr sehnet doch, de vedammt Chaib von em Krampe ärgret mi noch z' Tod!" „Aber, aber", sait de Professor, „do mueß mer doch a wengeli Geduld haa, nom goht's bestimmt besser."

De Vetter Joschka chrazt sii e bizeli hindre de Ohre, nom antwortet er: „Iehr hen ganz recht, Herr Professor, en manch Mensch studiert viili Johre, bis er gschejd werd, un mii jung Reßli soll's in aim Tag were?"

De Professor sait niit me un goht witter.

D' Schtaalfliege

De Groß Wirt isch en grobe Chlotz gsi, aber ufrichtig un graduus het er jedem sii Mainung gsait. Aimol isch en noble Herr uus de Stadt in sim Wirtshuus ghockt un het Bier trunke. Er het sii arig iber die viile Fliege gärgret, die em kchai Rujih gloo hen. Endlig sait er zum Wirt: „Du chennscht dine Fliege eppis z' Esse geh oder aabinde, die fresset aim jo uf!"

Druf sait ganz ruijhig de Wirt: „Des sin jo bloß Schtaalfliege, die genn jo nur uf Rindviicher!"

D' Hiehnerzucht

Bi uns isch en Lehrer gsi, de het Vorträg ghalte iber d' Hiehnerzucht un het debii dene Litt vorgrechnet, was sii allerhand vediene chenntet, wenn sii Rassehiehner haltet. Er selbscht het e scheni Hiehnerzucht gha un het guedi Iinahme vo de Hiehner un vo de Ajer gha. De Vetter Andres hett's em haimlig noomache welle. Er het si zwoo Rassehiehner aagschafft, un wie sii gnung Ajer glait hen, het er ai Huehn aagsetzt. Er wartet un wartet un frait si scho uf die chlaine Hiehnli. Aber d' Gluckri goht no drej Wuche vom Nescht abe, un niit isch wore. Es bliibt em niit anders iibrig, wie zum Lehrer z' goh un mit ihm de Fall bespreche. Selle denkt hin un her, iberlait sii ruijhig – un sait zum Schluß: „Soll villaicht de Gickel schuld sii?"

„Nai, nai", sait de Vetter Andres, „des chann nitt si, denn iech han no kchai Gickel debii gha!"

Unse luschtig Dokter

Die ältere Litt vo Saderlach chennet si bestimmt noch an de Dokter Holinek erinnre. Er isch viile Johr lang Gmaindearzt gsi. Er het e luschtigi, fideli Natur gha un het si gern underhalte. Aimol no eme Baal hen mier Studente un e paar Herrischi, drunter au de Doktor Holinek, uns mit de Musigante underhalte.

Es isch gsunge un trunke wore, Witze hen mer vezällt, un allerlai Unsinn isch triibe wore, wie's scho goht, wenn alli in Stimmung sin. D' Musigante sin au e luschtigi Banda gsi un hen, wie aibil um so Zit, ziimlig glade gha. Nuer de Tiini Matz, de Klarinettischt, het aibil gschwullene Backe ghebt, denn er het arig Zahweh gha.

Endlig sait de Dokter: „Aber Vetter Matz, de mueß usse! Sofort gehn mer zu mier, un iech wer dem Iibel abhelfe." Nom sin mier alli mit eme flotte Marsch zum Dokter gange. De het de Vetter Matz in de groß Stuehl gsetzt, het sini Zange gholt – d' Musing het en Truurmarsch spiile miesse –, un de chrank Zah isch bal duß gsi. (...)

Manfred Engelmann
Perjamosch – Bonn

*Manfred Johann Engelmann (Pseudonym: **Marasch Phat**) wurde am 2. Juli 1956 in Perjamosch (Banat/Rumänien) geboren. Vater: Pädagoge Franz Engelmann; Mutter: Anna, geborene Krummenacker; Lehrerin. 1963-70 Volksschule Perjamosch, 1970-73 Lenaulyzeum Temeswar; 1973 mit den Eltern Übersiedlung in die Bundesrepublik Deutschland; 1973-76 Stadtgymnasium Siegen, Mai 1976 Abitur; 1977-83 Studium der Germanistik, Geographie und Pädagogik an der Universität Bonn; Staatsexamen und Magisterabschluß; arbeitete 1992-97 an Promotion über den alemannischen Dialekt der Banater Gemeinde Saderlach; Abbruch durch den Tod des „Doktorvaters" Prof. Dr. Hugo Moser. 1979-82 studentische, 1983-87 wissenschaftliche Hilfskraft am Institut für Erziehungswissenschaft der Universität Bonn; 1978-81 an der Aktion „Hilfe für Psychischkranke" beteiligt; November 1987 bis 1992 Bundeskulturreferent der „Landsmannschaft der Banater Schwaben aus Rumänien in Deutschland e. V.", seit 1998 freiberuflich als Übersetzer und Berater tätig. Manfred Engelmann ist einer von drei gewählten Sprechern der „Institutsgemeinschaft der Jugendvereine der deutschen Minderheit in Europa", Projektleiter zur Grenzüberschreitenden Kulturarbeit Rumänien beim West-Ost-Kulturwerk e. V., Bonn. Gründer und Vorsitzender des Arbeitskreises junger Banater Akademiker und Banatfreunde „Banat-JA" Bonn/ Temeswar e. V. Lebt in Bonn.*

500 Kilometer Gänsehaut –
erst ausgesiedelt, dann übersiedelt

Es sollte eine Hochzeit werden, wie sie früher im Banat, wo ich herstamme, gefeiert wurde. Tief in der ungarischen Pußta wollte das junge Paar, er Banater, in München lebend, sie Ungarndeutsche, sich das Jawort geben und als junges Paar an dem Haus Europa basteln, von dem wir alle träumen.

Tage zuvor war das ganze Dorf schon auf den Beinen, Hühner wurden geschlachtet, ein gemästetes Schwein mußte dran glauben, der Wein sollte abgezogen werden und selbstverständlich der Hochzeitspalinka abgefüllt sein. Als samstags in der Früh die letzten Gäste aus München ankamen, war selbstverständlich das große Zelt im Hof aufgebaut, und der Hochzeitskuchen stand auch parat. Es wurde eine lange Hochzeitsfeier, die Musik tat mit ihren wehmütigen ungarischen Klängen das ihrige dazu, das Fest zu einem unvergeßlichen Erlebnis zu gestalten. Momente der Hochstimmung wechselten mit Augenblicken der Ernüchterung, waren es doch nur einige Kilometer bis zur rumänischen Grenze, wo früher solche Hochzeitsfeiern gang und gäbe waren. Ich gestehe, ich hatte Heimweh, allzugern hätte ich vorbeigeschaut, gesehen, was sich verändert hat, ein bißchen Heimat geschnuppert. Doch die Leistungsgesellschaft fordert ihr Recht, Gefühle sollten schon am Dienstag gegen Termine ausgetauscht werden ...

Montag. Das Auto ist gepackt. Mein Beifahrer hat Wein und Barack verstaut. Für Proviant ist gesorgt, die Leute sind besorgt, man hat die Nachrichten gehört: Ungarn hat die Grenzen „aufgemacht". Unbeeindruckt fahren wir los, bis Budapest sind es knapp über hundert Kilometer. Die Stadt wirkt wie immer faszinierend auf mich. Vieles erinnert an Temeswar, wo ich einst die Schulbank drückte. Als wir die Donau überqueren, ändern sich auch die Verkehrsverhältnisse. Dichter Verkehr fordert Konzentration und Aufmerksamkeit, die Autobahn Richtung Österreich und Balaton ist schnell erreicht. Schon bei der Ausfahrt aus Budapest fallen mir eine große Anzahl Trabis, Wartburgs und Ladas auf, die Kennzeichen weisen auf DDR-Fahrzeuge hin. Auf einmal bekomme ich Gänsehaut. Erst jetzt merke ich, was hier vor sich geht. Einige Fahrer haben ein D und das R mit schwarzen Klebestreifen auf ihrem Kennzeichen überklebt. Vor Tatabanya zähle ich auf der Gegenfahrbahn über 50 leere Reisebusse, die Richtung Budapest fahren. Wieder habe ich Gänsehaut, mein Nebenmann fährt scheinbar regungslos mit. Vor Györ stehen wir zum ersten Mal im Stau. Nichts geht mehr. Ich steige aus, schnappe Wortfetzen auf. Es sind deutsche Worte, die mir da entgegenfliegen. Angst liegt in ihnen, aber auch Panik. Das Gerücht geht um, alles wäre nur Gerede gewesen, die DDR-Fahrzeuge würden Richtung Tschechoslowakei zwangsumgeleitet. Schon wieder habe ich Gänsehaut. Es geht nur langsam voran, das Gefühl der Ungewißheit liegt in der Luft.

Ich fühle plötzlich, wie ich seinerzeit in Bukarest am Flughafen zitterte, ob bei der Aussiedlung nicht im letzten Moment doch noch was schiefgehen könnte. Erst beim Ausstieg in Frankfurt, als ich wieder festen Boden unter den Füßen hatte, war ich mir gewiß, daß ich in der Freiheit war. Nun siedle ich also mit über. Gleich hundertfach und schon wieder (oder noch immer?) habe ich Gänsehaut. Endlich geht es zügig weiter. Die Zwangsumleitung erwies sich als Tagesbaustelle, Erleichterung ist in den Mienen vieler zu lesen. An der Abzweigung Richtung Preßburg biegen nur vereinzelt Fahrzeuge ab. Einer tut es anscheinend aus Gewohnheit, steigt aus, bekommt einen Lachkrampf, wendet und reiht sich in die Kolonne Richtung Wien ein. Vor der Grenze machen wir noch einmal halt. Wir gehen essen. Die ungarische Küche ist gut, das Personal höflich, jedoch anscheinend überfordert. Als ein Gast fragt, was denn heute los sei, antwortet der Kellner: „Die Deutschen fahren nach Hause!" Mein Gegenüber schweigt, scheint nachdenklich. Auf einmal bricht er sein Schweigen: „Sag' mal, bekommst du auch die ganze Zeit Gänsehaut?" Das ist die Frage, auf die ich eigentlich schon lange warte. Endlich kann ich darüber sprechen, endlich kann ich mich mitteilen, muß feststellen, daß auch er seine Aussiedlung, die noch nicht lange zurückliegt, nachlebt.

Wir brechen auf; die Kolonne kommt nur mühsam voran. V-Zeichen werden vereinzelt gezeigt, dennoch liegt eine unheimliche Spannung in der ungarischen Mittagsluft. Wir nähern uns dem Grenzübergang, überholen Fußgänger und Radfahrer, mit Rucksäcken bepackt. Dann werden wir geteilt: auf der einen Spur die „Westdeutschen", auf der nächsten die „Ostdeutschen". Wir warten auf unser Visum und schielen „nach drübn". Es läuft tatsächlich. Sie kommen bzw. gehen! Wir fahren los. Ganz langsam, die Gänsehaut muß genossen werden. Was sich dann abspielt, ist unbeschreiblich: Wildfremde Menschen fallen sich in die Arme. Überall Schluchzen, neben uns bricht eine junge Frau zusammen.

Am österreichischen Grenzübergang stehen Kameras, Journalisten warten. Sensationslüsternheit paart sich mit menschlicher Anteilnahme. Es geht weiter. Zügiger, wir nähern uns Wien in einem einzigen Hupkonzert. Wildfremde Menschen winken. Zwischen Wien und Linz machen wir Pause. Der Parkplatz ist fest in „Trabi-Hand". Erfahrungen werden ausgetauscht, Fragen nach der Fahrtstrecke gestellt. Ängste machen sich breit, ob man seinen Platz im neuen Deutschland finden wird.

Im Rasthof sehe ich Leute unschlüssig herumstehen. Ich weiß, wie das ist, wenn man „angekommen und nicht da ist". Ich wollte noch ein Mitbringsel für meine Tochter kaufen. Spontan entschließe ich mich, nichts zu kaufen, dafür aber eine Familie zu einem Drink einzuladen. Die großen dankbaren Augen von Karin und Sabine, die zum ersten Mal in ihrem Leben Grapefruit-Saft trinken, sagen mir, daß ich richtig gehandelt habe. Schon wieder habe ich Gänsehaut ...

Es geht weiter. Am Knoten Linz biegt ein Großteil der Kolonne Richtung Passau ab, vereinzelt fährt ein Trabi Richtung Salzburg. Wir fahren über die Grenze. Auch hier ist alles „auf gut deutsch" vorbereitet. Die Hilfsdienste stehen mit Tee bereit. Allgemein wird man willkommen geheißen. Am ersten Rasthof biegen wir ab zum Tanken. Ich gehe zur Kasse. Während ich bezahle, lausche ich einem Gespräch. „Do kommens mit eana Zwoatakta und hoaltn unsern goanzen Verkehr auf", höre ich. Zum letzten Mal bekomme ich Gänsehaut und weiß, ich bin wieder daheim.

Wer weiß

wer weiß schon wie groß
die welt ist, in der wir leben
wer weiß schon wo
die nöte derer sind
die kein brot haben
wer weiß schon
was das tägliche brot
bedeutet.

Ossi und ich, ich und Ossi

Für einen Freund

Ich kannte Dich (noch) nicht.
Du kanntest mich nicht.
Dafür war ich noch viel zu klein im Dorf.
Ich kannte Dich doch! Deine Mutter erzählte viel von Dir, wenn sie bei uns war. Und: Ich kannte Dein Fahrrad! Eines der schönsten Räder im Dorf. Meins war Marke „Vaterland", Deines ein „Holland" – Uraltstück. Sehr oft sah ich es im Dorf oder beim Gillich an der Marosch alleine stehn.

Dein Fahrrad kannte ich. Dich kannte ich nicht.
Du nahmst mich nicht wahr. Man schaute nicht auf kleine Jungs im Dorf.
Wir wurden älter.
Du wurdest mein Lehrer. Wir lernten uns kennen. Wir wurden Freunde, obwohl du älter warst.
Du wurdest mein Lehrer und Lehrmeister.
Ich gehorchte und lernte. Fürs Leben.
Wir lernten uns kennen und schätzen ...
Erinnerst Dich an „die Physikolympiade" in Temeswar? Deine Dorftrottel hatten gewonnen. Dafür ludst Du uns in die „Flora" ein.
Gut gemacht. „Plata vă rog!" ...
Plötzlich durfte ich mit den Alten „fuxen", obwohl ich nicht dazugehörte.
Wir wurden Freunde. Du, mein großer Freund. Ich wollte alles von Dir lernen, nur Physik nicht. Das war mehr ein Freundschaftsdienst.
Es kam der Ausflug. Wir unter uns. Du der Begleiter, der Lehrmeister, ich der Dreikäsehoch, der Zauberlehrling.
Weißt Du noch, den Abend, als Du mir die Augen zum ersten Mal geöffnet hast oder öffnen hast lassen? Damals am See. Du hast SIE bei mir sitzen lassen, hast SIE mir zugespielt – und bist gegangen.
Das Kaminfeuer brannte noch, als wir Hand in Hand den Raum betraten.
Wir glühten. Und keiner, außer Dir, wußte, daß drei Feuer brannten.
Von da an verstand ich.
Weißt du noch, als Du mir Dein Fahrrad gabst und mich mit einem Brief an den Dorfrand schicktest? Ich wußte, es war heikel. Das Fahrrad habe ich wohlbehalten zurückgebracht. Und den Fotoapparat.
Von Dir habe ich gelernt zu sehen. Von Dir habe ich die Linse schätzen gelernt. Nicht nur im Dorf.
Du vertrautest mir. Ich vertraute Dir. Wir vertrauten den Linsen.
Du wolltest heiraten. Du wolltest weg, wie es Deine Freunde taten.
Zum Glück warst Du verliebt.
Eure Hochzeit.
Der Bürgermeister: Lächerlich.
Die Mutter sprach von einem anderen Dorf, vom Bahnhof. Von der Verbundenheit.
Vom Kommen und Gehen.
Vom Bleiben.
Vom Standhalten.
Die Wege trennten sich. Wir fanden dennoch (wieder) zueinander.
So ist das halt bei Maroschkindern. Wenn es nun auch Neckar und Sieg waren.
Du reichtest mir die Hand, ich nahm sie dankbar entgegen. Wir sah'n uns wieder. In einem fremden Land und ohne die Marosch.
Die Fahrräder hatten wir in der Zwischenzeit für Vierräder eingetauscht.
Nun waren wir auf die Distanz vereint.

Was soll's; Geschichte einer Minderheit.
Du warst immer da, wenn ich Dich brauchte.
Ich hörte zu, wenn Du verzweifelt warst.
Du warst nicht glücklich am Anfang, dort im Ländle. Die wußten ja auch nicht, was der „Gillich" an der Marosch heißt.
Du wurdest jünger, ich wurde älter.
Wir blieben Freunde.
Und Sie war auch noch da.
Weißt Du noch Silvester?
Da hätt' ich Dich zum ersten Mal zusammenstauchen können.
Du mit Deinem schwäbischen Starrkopf, Deinem Maroschdickschädel ...
Die Wege trennten sich, die Entfernungen wurden größer.
Wir sahen uns seltener, jedoch intensiver. Dein Schädel wurde härter, meine Schale weicher.
Beim „Fuxe" waren wir unschlagbar. Beim Fotografieren (fast) auch ...
Wir hatten uns noch so viel vorgenommen!
Nun stehe ich alleine da.
Du willst nicht mit, Du hast es satt, sagst Du.
Du weinst. Ich weine innerlich.
Wir wissen, daß der Gillich nicht mehr ist.
Nun stehe ich mit meiner Freundschaft und Deinen Plänen da.
Geht man so mit Freunden um?
Du hast Recht! Ich war feige.
Ich hätte Deine Hand halten sollen, als Du schwach wurdest.
Du warst stark, Du brauchtest nicht meine Hand, dafür waren andere da.
Nun greife ich ins Leere, fahre allein zum Gillich, werde beim „Fuxe" an Dich denken.
Und ich werde da sein, wenn Du mich brauchst.
Oder auch nicht.
Weißt Du, wir machen die Ausstellung doch!
Im Dorf. Irgendwann. Wir machen sie.
Du und ich, ich und Du, in unserem Dorf.
Dem Gillich und den andern zuliebe.
Die Fahrräder können wir jedoch leider nicht exponieren.
Höchstens die Marosch, und den „Fux"!
Das war's! Bis irgendwann! Beim „Fuxe"!
Beim Gillich ...

Traum

Du meine 5-Sterne-Gagica
aus dem Bereich VSOP
bist heut ganz schön schwach
auf der Brust.
Nicht mal Deine 38 Vol sind
mit 75 B vergleichbar
geschweige denn mit 80 C

Merke:
Lieber 40 Vol auf der Leber
als 70 A im Traum

Christian und ich, ich und Christian

Christian heißt Müller.
Ich heiße auch Müller,
Christian lebt heute in dem Ort, in dem ich einst geboren wurde.
Christian stammt nicht aus dem Ort, aus dem ich stamme. Er lebt nur dort.
Er lebt – ob man das Leben nennen kann? – im Kinder- oder Waisenhaus.
Ich lebe in einem anderen Ort, in einem anderen Land.
Schon lange.
Ich besuche Christian, nicht weil er Müller heißt, nein, wegen der Hilfe, allgemein. Waisenhaus, Schule, Ort, Banat und so.
Christian ist immer da, wenn ich da bin. Wo ich bin, ist auch Christian. Er ist mein Schatten. Manchmal nervt er mich, obwohl ich das nicht sagen darf. Dann habe ich ein schlechtes Gewissen.
Christian hat seit Februar immer die gleichen Schuhe an. Das fällt mir auf. Ich frage ihn danach: „Es ist das Paar, das Du mir damals geschenkt hast!" Betreten schweige ich. Christian ist 14. Er ist jetzt Glaubensbruder geworden, was mir nicht gefällt. Ich sage ihm das. Er ist irritiert, hat er mir das doch voller Stolz verkündet. „Glaube ja, aber bitte keine Extreme", sage ich. „Was sind Extreme?" fragt er ...

Christian fragt nach einem Koffer. Man stiehlt ihm schon mal Sachen, um sie gegen Zigaretten oder Alkohol zu verhökern. So ist das im Waisenhaus bei 150 Jungs.
Ich finde einen Koffer, fülle ihn mit Sachen, die passen könnten.
Christian ist überrascht, ich bestürzt. Warum habe ich nicht an ihn gedacht? Ich bin nicht sein Vater und nicht sein Onkel. Ich heiße Müller. Ich wühle in Kartons, ich suche und werde fündig: ein paar Schlittschuhe ... ein paar Rollschuhe ... aus dem Sportgeschäft.
Bevorzuge ich Christian?
Nein, Christian heißt doch Müller.
Ich heiße auch Müller.
Wir Müllers müssen zusammenhalten.
Christian ist immer da, wenn ich da bin. Er hütet mein Auto. Er sitzt still da. Er läßt sich Prügel androhen, weil er keine Hilfsgüter rausrückt.
Christian ist mein Schatten, doch auch Schatten brauchen Licht. Auch im Dunkeln. Ich gebe Christian meine Taschenlampe, an der ich selber hänge. 42mal war sie dabei, 42mal hat sie geleuchtet, wenn ich benebelt durch die dunklen Straßen stapfte.
Christian wird ruhiger.
Ich werde hektischer.
Viel zu tun.
Er ahnt, daß es bald vorbei ist.
Der letzte Besuch. Ein Schiff. Mit Motor und Fernbedienung. Michael hat es ihm gegeben.
Ich habe nichts damit zu tun.
Ich heiße Müller.
Christian heißt auch Müller.
Der letzte Tag.
Christian ist da.
Ich mag ihn heute nicht.
Ein letztes Gespräch mit dem Direktor. Keine Schuhe. Danke.
Kein Papier. Keine Stifte. Danke.
Und die Küche ist noch die von Tante Margret, Tante Ilse und Onkel Jenö. Ich kenne sie gut. Es ist das Haus, in dem ich geboren wurde. Der Zufall will es, daß Christian heute dort lebt.
Christian heißt Müller.
Ich heiße auch Müller. Ich muß los.
Danke. Und Papier ... Und Luftballons ... und Schokolade.
Bitte!!!
Ich wende mich ab, muß noch jemand besuchen. Stumm umarme ich Christian. Er muß schnell gehen.
Wir schweigen.
Eine Stunde später am Ortsausgang. Meine Laterne.
Christian wartet. Es ist spät.

Ich bin geschockt. Mit ihm hatte ich nicht gerechnet. Es ist spät und so. Fürsorge, Zigeuner. Schöne Taschenlampe ... Plötzlich merke ich, Christian weint!
Christian weint stumm.
Christian weint so, wie ich noch nie einen Menschen weinen gesehen habe.
Es sind stumme Tränen. Tränen, die anklagen. Tränen, die man nie vergißt.
Ich umarme Christian.
Christian weint. Christian weint stumm.
Ich kann nicht weinen.
Christian heißt Müller.
Ich heiße auch Müller.
Er weint stumm, ich kann nicht weinen.
Abrupt wende ich mich aus der Umklammerung. Steige in den Bus und fahre los. Ich weine, schluchze, heule. Im Rückspiegel sehe ich den Schein meiner Taschenlampe. Jetzt weiß ich, daß ich ihn nicht zum letzten Mal gesehen habe. Das stille Weinen verfolgt mich bis heute.
Christian heißt Müller.
Ich heiße auch Müller.
Müller heißen viele.

Christian II und ich, ich und Christian II

Eigentlich mochte ich Dich nicht,
Du mich vielleicht auch nicht.
Du wurdest mir auferlegt.
Du warst hilflos.
Ich sollte Dir auch Hilfe geben.
Wir lernten uns durch ein Video kennen.
Schreckliche Bilder.
Ich lehnte Dich noch mehr ab.
Man ließ nicht locker.
Wir haben versucht, Dir wieder Hoffnung zu geben.
Wir haben zueinandergefunden,
obwohl wir uns nie kennenlernten.
Ich wurde Dein Freund.
Du wurdest mein Freund.
Du hast wieder laufen gelernt.
Du hast wieder leben gelernt.

Du hast mir Hoffnung gegeben.
Und was machst Du Sack?
Du nimmst mir die Hoffnung.
Steigst in ein fremdes Auto
Und kommst nicht wieder.
Neue Hoffnungslosigkeit.
Freundschaftsverlust.

Wahrheit?!

Wahrheit gesagt
Nestbeschmutzer
Wahrheit vertagt
Nestbeschmutzer
Wahrheit gesagt
Fensterputzer

Ausgesiedelt

für Jean

ausgesiedelt
sitze ich am Rande
der Gesellschaft
und warte
warte
warte
nicht abzustürzen

Ein Letztes

Nicht jeder,
der trinkt,
muß Alkoholiker sein.
Nicht jeder,
der liebt,
muß glücklich sein.
Trinker sind einsam,
Liebende manchmal auch.
Mit einem Unterschied:
Trinker sind immer glücklich.

Vernissage

Nun,
wir stehen alle da.
Bla, bla, bla ...
Wir stehen da
volle Gläser
Bla, bla, bla ...
Aha!
Wer kommt denn da?
Der Künstler!
Ach ja?!
Wieder
Bla, bla, bla ...
Na ja.

Verkehrte Welt

Dort schreit das Baby
Hier weint das Kind
Dort wird der Erwachsene
zum Baby
Hier wird der Erwachsene
zum Kind
Dort
sind wir Kinder!

Es „moderni" schwowische Bad

Jedes Johr, wann die Urlaubszeit nechster rickt, heeßt es vor mei Nantschi un mich: Fahre mer hem ins Banat oder schaue mer uns mol e anre Ecke vun de Welt an? Na, solang unser ganz Verwandtschaft (Sippschaft) noch dort trunne wohnt, saan mer uns halt immer: „Des Johr noch, awer dann fahr mer nemi!"

So is des a in dem Johr passeert. Unser Auto wor vollgepackt bis owe nuff, wie mer wegergfahr sin, die Stimmung wor gut, die Dollars getauscht, do kann joo nix mee schief gehn. Oweds spot sin mer dann los. Morjets wor mer schon an de Grenz, to sin die Nerve es erschte Mol uf die Prob gstellt genn: Han mer doch so lang an tere Grenz kstann, wie mer kfahr sin. Dann erschtmol zahle gehn, die Kupfre raus an die frisch Luft uf die Bank, alles, was in dem Auto wor, ternewe. Die Zellnerin hot ehr Freed. Mir hodde se erscht speeder, wie mer gheert han, was mer for de Kaffee, de Butter un des aner gut Sach zahle han selle: Uf eemol han die mee welle, wie mer tohie dervor gezahlt han. Ich han nor de Kopp gschiddelt, awer brav mei Dollars hingeleet, weil wann mer mol to is, dann well mer aa bis uf Pakatz bei sei Leit.

Es wor geger Owed, wie mer in de Hof ningfahr sin, die Freed wor groß, mir han uns erscht mol welle wesche, vun de Schwitzerei, vun de Fahrt un vun de Grenz. Wie des jo bekannt is, han ich mer erscht des Lawor in de Hof gstellt, sin an de Bronne, han mer e gut Portion frisches Wasser ghol un je an die „Körperkultur". Mei Nantschi hat erscht große Aue grit, awer dann hat 's sich aa entschloß, de Staab un de Schweeß uf die nei/alt Methode abzuwesche. Oweds im Bett hat 's mer dann kee Ruh geloss: „Menst net, mir kennte morje in die Stadt fahre un bei deim Bruder dusche?" Na joo, han ich so beileifig gsaat, un nächste Morjet sin mer dann los in die Stadt. Die Oma hat schief gschaut, weil mir uf „Kirie" sin, awer mir hodde jo die Ausred, daß de Bruder jo aa warte tot.

Wie mer uf des Temeschwar komm sin, han mr erscht mol großer Aue krit, wie die Stadt sich weder veränert hat: To e neie Block, dort e neii Strooß, nor meim Bruder sei Block han ich nemi gfun. Dann han ich erscht mol so e neie Inwohner gfroot, wo de Block XLZ is, awer der hat's a net gewißt. Uf eemol heer ich meim Bruder sei Bu schreie: „Phat, Phat, too her, mir warte schon paar Tach uf eich!" Na, die Freed wor groß, un des Problem hat sich schnell gelest. Es Auto han mer schnell leergemach, un dann hann ich mei Bruder so beileifig gfroot: „Saa mol, menst, mir zwaa kenne bei eich dusche?" „Dir kennt schon", hat de Hantsi geantwort, „awer heit is Tunnerschtach, heit han mer kee Wasser!" Mei Weib un ich han uns angschaut un han uns halt entschloß, bis de nexte Taach zu bleiwe. Die Zeit is schnell vergang, for Verzehle hat's joo genuch genn, de Kaffee hat uf eemol aa sei Wirkung geton: Ich ufs Klo, awer wie ich an de Schnur zieh: Nix. „Newer de Badwann is e Eemer", hat mei Bruder gschrie; des wor halt dann die Rettung.

Wie mer so spoot ins Bett gang sin, hat mei Bruder dann gsaat: „Dir mißt awer frih ufstehn, weil warmes Wasser is nor vun sechs bis siwe!" „Dann breiche mer jo gar nemi schlofe gehn", hat mei Weib druf gement. Na, mir sin dann doch bisje ingekummt, un um sechs Uhr dann uf.

Ich uner die Dusch, de Hahn ufgedreht: Nix! „Na, vielleicht is es noch zu frieh!" han ich mer gedenkt. E veertl Stun speeder is mei Nantschi uf. Je ins Bad: Weder: Nix! Des Kumedi is bis um acht Uhr so gang, do hat mei Bruder aus em anre Zimmer geruf: „Wann bis jetz kee Wasser is, kommts heit aa nemi!"

Weil mer jo noch am Anfang vum Urlaub wore, han mer die Nerve net verlor un han erscht mol gfruhstuckt. Ternoo des alltäglich Gscheft! Routinemäßig an de Schnur gezoo: Nix! De Eemer khol, awer to wor nix mee dein! Was jetz? Weder de Bruder geruf. „Wart, ich schau mol, ob de Nochber noch Wasser in seim Eemer hat", hat er gement. Glick han mer ghat, daß des „Paket" doch noch de richtige Wech gfun hat.

Dann sin mer halt weder uf Pakatz, die Oma hat schon gewaart, die Hingle wore gschlacht for des Paprikasch, mir sin awer erscht mol an de Bronne ...

Am Sunndach sin mer dann uf die Marasch gfaar un han uns erscht mol gut gebaad. Awer so des Richtich wor des a net mit de Marasch. Am Dinstach hat mei Weib gement: „Menst net, mir sellde in die Stadt fahre un dusche? Heit mißt jo warmes Wasser sin." Mir ins Auto un je weder in die Stadt. Mei Bruder han graat welle uf Pakatz komme, di Freed wor groß, daß mir schon weder too sin. Diplomatisch han ich mei Bruder gfroot: „Menst, heit kenne mer dusche?" „Heit kennts sin", hat er gement. Ich in des Badezimmer, de Hahn ufgedreet: „Gluck, gluck", hat's erscht paarmol gemach, dann is wirklich Wasser gelaaf. Heflich, wie ich sin, han ich erscht mei Nantschi geruf un em die Freed gezeigt. Mir uns schnell ausgezoo, uner die Dusch, uf eemol gluck, gluck, kee Wasser mee. Rumänisch, ungarisch, schwowisch, hochdeitsch ... kee Fluch hat mee gholf. Kee enziche Troppe is mee aus dem Hahn rausgelaaf. Wie mer so nackich un hilflos too gstan han, hat mei Bruder uf eemol geruf: „Wart, ich laaf schnell roner ins Parter, di han bestimmt noch Druck!"

Na wirklich, mei Bruder is mit zwaa Eemre Wasser ankomm, is noch mol roner un hat noch zwaa Eemre gebrong. De große Tippe uf de Aragas un di Flamm angeworf: Weder Pech, kee Druck uf 'm Gas, di Flamm wor wie e Kerzescheïn. „Heit owed is Druck", hat mei Schwägerin gement. Na, wirklich, am Owed hat uf eemol di Flamm ausgeschlaa, un es Wasser hat angfang zu koche. So han mer dann fenf, sechs Tippe warm gemach un in die Badwann ninkschitt. Wie mei Weib hat welle in die Wann ninsteie, hat 's uf eemol gschrie: „Des is jo vill zu heiß!" Han mer uns halt weder an de Tisch ghockt und mi 'm Raki vun inwendzich warm ghall. Wie des Wasser dann sei richtich Temperatur hot, is mei Nantschi stolz in die Wann. „Und was is mit mir?" han ich 's gfroot. „Du kannst, wie frieher di Alde, noo mir, oder, wie heit di Junge, mit mir mitnaner bade!"

Ich saan eich, ich han mer Witz ghaaf. De nechste Tach han ich mer scheen di Molter ghol, Reenwasser warmgemach und mich scheen in de Summerkich vun meine Leit in Pakatz gebad. Und mei Nantschi ... ja so: entweder mim Lawor oder in de Molter in de Summerkich gepanscht un Riwelcher gezählt. Und mir han uns bis heit net e bisje gscheemt weger tem traditionelle, moderne schwowische Bad!

Flußauf – flußab

für Richard

Nun hab ich dir den Provinzstab übergeben!
Du, der frotzelnd mir die Provinz und Provinienz
provinzialisch, theatralisch, literarisch überließest.

Du, der literarisch, theatralisch
dich nunmehr provinzialisch
mit dem ganzen Pack umgeben siehst.

Ich bin nunmehr allein in dem Provinztheater.
Habe aber kein Vereinsamungssyndrom.
Ich bin Provinz und Provinzieller.
Und wenn es sein muß, fahr ich schnell
nach Köln zum Dom.

Was wirst du tun,
mit deinem morschen Kahn und
deiner abgesoffnen Fähre?

Du fährst zur Mutter ...

Und läßt die ganz Bande
Unter den Linden alleine
dort zurück.

gehen

für einen Freund

an der wegkreuzung
blieben Berühmtere stehen.
An der Wegkreuzung
mußt du weitergehen

an der wegkreuzung
hast du grünes Licht.
an der wegkreuzung
mußt du aufpassen ...
daß du nicht zusammenbrichst.

an der wegkreuzung
mußt du weitergehen
gehen
gehen
und
sehen!

Grußwort

für Freddy und Konsorten

Vom Fremden zum Freund
Vom Schweigen zum Äußern
Vom blinden Verständnis
Zur offenen Gemeinschaft
Vom Singen zum Tun
Dies alles
Unrasiert und fern der Heimat
Weil
Wir sind Freunde auf
Drumurile noastre toate
Se vor întîlni ...
Vreodatâ.

Pardon

für Vermißte und Herrn Wittke

Nun seid ihr alle weg.
Wir haben euch noch nicht vermißt!
Wenngleich ein wenig Wehmut
Durch die Altstadtstraßen fegt.

Ihr werdet (wohl) so schnell nicht wiederkommen.
Wir werden bleiben.
Ob der Klimawechsel wohl bekommt?

Uns Verbliebnen geht es „Danke!"
Der neue Nachbar hustet,
und seine Frau ist schwanger.

Aber der Rudolf wird doch bleiben,
weil ihr dort keine Berge habt.
Höchstens den Prenzlauer ...
Und der ist mehr verbaut.

Ansonsten keine Neuigkeiten!

Das Parlament steht leer,
der Eugen wird wohl nicht verblöden.
Der Ludwig bleibt ja sowieso.

Der Zaun ist auch noch da ...
Und keiner schreit:
„Wolle mer ne reinlosse?!"

Nächste Woche ist es mit der Ruhe dann vorbei.
Da kommen de Bläck Föss, de Höhner,
de Zimmermänn un de Paveier!
Un di sin (zumindest)
Genausogut wie IHR!

Pardon.

Tratscherei

Servus, Hans.

Sorgaja, Niklos.

Na, wie stehn mer?

Na, wie sell mr stehn: Uf zwaa Fiess!

Ich men, was machst noch? Bist noch in de Hutfawrik?

Na sicher!

Un sunst, was machst dort?

Na, greva generala

Ja, von was lebst dann?

Na, Import-Export; is jetz modern.
Kikinda – hin un zurück. Han ich mei 150 bis 200 Mark netto pro Tura. E Monatsgehalt an eem Tasch un noch de Lohn un di asigurare derzu ...
Un wann kommst raus uf Deitschland?

Mennst du dann, ich sin pleed???
Dort muß mer hart arweide for sei Lohn!!!

Un chefs geft's dort aa vill zu weenich!

Zur Erläuterung:

greva generala = Generalstreik
chef = Fete, Feier
asigurare = Versicherung

Wo is di Plett?

Doo neilich wor ich mol weder an de Marasch.
　Weil scheenes Wedder wor, han ich a wie seinerzeit a bißje im Wasser pantsche welle.
　Traditionsgemeeß han ich uf de Semleker Seit „beim Gillich" bade welle, weil es Wasser dort jo am beste un aa de schenste Sand is.
Na, ich saan eich, wie ich an de Marasch ankomm sin, wor di Plett weg. Eenfach verschwun! Nemi doo!
　Ich han meine Aue net getraut, han erscht gement, ich hätt Hallunki-nazione. Han mich zammgeriss, un uf de Weech gemach, for Rescherscheere, wo di Plett geland sin kennt. Were doch net di Semleker odr gar di Ungare di Plett gstohl han, was fast hunert Johr iwer di Marasch gfahr is un Prjamosch mi'm Rest der Welt verbun hat.
　Erscht sin ich je ins Restaurant, weil dort grit mer jo bekanntermoße di beste Informatione. Zwaa, drei Spritzer han schnell gholf, mit der Neijichkeit, daß di Plett uf dr Semleker Seit uf Grund leit. Ich han's net glaawe welle, un sin standepeet zum Varga Ötschi, weil wann eener heit uf Periam Port (Hafen!) Auskunft gen kann, dann nor de Ötschi. No de ieblich Begrie-

ßung un zwaa guude Stample Raki han ich angfang, de Ötschi auszufroe, was dann jetz mit dere Plett is.

De Ötschi hat erscht mol angfang zu lache, un ich han Aue und Ohre immer meeh ufgsperrt.

„Also, des wor so", hat de Ötschi angfang zu vrzehle:

„An eem Morjet sin ich an di Marasch kumm for Fische, un sin vrschrock: Di Plett wor vrschwun! Ich han mich in de Schinachl gsitzt un sin di Marasch hoch un nunner. Weil es Wasser zimlich groß wor, han ich se aa net glei gfun. Noo han ich mer a große Stecke ghol un sin Stick for Stick am Plettseil langgfahr. Mich hat pall e Schlaach gerehrt, wie ich uf de Semleker Seit uf eemol Widerstand gespiert han. Was hat uf Grund gelee: Unser Plett! Eenfach unergang!

Paar Taach speder, wie's Wasser kleener wor, han ich mich nochmol uf de Weech gemach, un je an di Marasch schaue, was mit unser Plett is.

Wie ich am Restaurant wor, han ich's Wechterheisje schon vun weidem aus 'm Wasser schaue gsiehn. Na jetz han mer de Potka: uf de Prjamoscher Seit em Borlea sei Bagger mitte im Wasser, uf de Semleker unser Plett aa uner Wasser. Ich han mich wedder in de Schinachl gsitzt un sin niwergfaar schaue, wo's Maleer is. Han di Prieder di Plett eenfach vrsenkt. Drei große Lecher han ich an de Seit gfun, was in des dick Plech ningschlaa wore ...", hat de Ötschi mir vrzehlt.

Mit dee Informatione sin ich je ins Torf, for de Birgermeister froe, was an dee Neiichkeite traan is. Unser teitsche Primar, de Edgar, hat mer vrsproch, daß er di Schuldiche ausfindich mache werd, di Plett pal weder ghob wird un de regelmäßiche Linienverkehr zwische Prjamosch un dem restliche Europa wedder ufghol gen werd ...

De Ötschi hat vrsproch, daß er alles proweere werd, for di Plett weder tichtich mache. Ich sin uf Temeschwar un Arad gfahr, mit de Präsese rede, daß se halt aa helfe, wie se kenne. De Veder Coifan un de Vedder Ivan, was a akkurade Semlekr is, han em Marasch Phatt sofort di Unerstitzung zugsat. De Vedder Ivan hat glei di Armata angeruf, un e Katastroofe-Iewung ufm Semleker Ufer befohl, daß di Plett an Land gezoh ken soll ...

Paar Wuche speder wor ich weder im Banat un han mich umgschaut, ob „mei" Plett weder fahre tot. Nix tralala, di russische Panzer han des Ding net aus de Marasch krit, weil's in de Zwischezeit voll vun Sant wor. De Ötschi hat mit seine Kumpane aa alles proweert, for de Sant rausmache. All Mieh aa for di Katz!

Di Plett pleibt for eewich uner Wasser.

Jetz han de Vedder Ivan un de Vedder Coifan mer vrsproch, daß sie for di Finanzeerung vun eener nei Plett sorche were, daß Prjamosch nemi fun Europa abgschniet is. Weil des ansteendiche Schwowefreind sin, glawe mer gere, daß im neije Jahrtausend di Plett wedder fahre werd un di Prjamoscher wedder peim Gillich uf de Semleker Seit paade were kenne.

Unser Primar vun Prjamosch, Periam-Port un vun Pesak werd aa tann noch mit seine Militze noo de Täter suche un se net finne un fange ...

Awer wie gsaat: De Ötschi un de Marasch Phat han se noch net gfroot, wer's wor! Mir kennte es ne saan, awer froot jemand heitzutach noch rechtschaffene Leit?

Plett = Fähre

Nikolaus Engelmann
Warjasch – Pinsdorf

Foto Gross, Gmunden

Nikolaus Engelmann wurde am 10. August 1908 in Warjasch (Banat/Rumänien) geboren. Vater: Friseur Michael Engelmann (lebte bis 1918 mit Familie in Wien); Mutter: Anna, geborene Wolf. 1920-24 Deutsches Realgymnasium, 1924-28 besuchte und absolvierte er die deutsche katholische Lehrerbildungsanstalt. Anschließend zweijähriges Studium am deutschen Institut für wissenschaftliche Pädagogik in Münster/Westfalen. Ab September 1930 bis zum Jahr 1942 Übungsschullehrer an der deutschen katholischen Lehrerbildungsanstalt in Temeswar. 1942-44 Unterricht an der deutschen Volksschule Temeswar Fabrikstadt, wohin er aus politischen Gründen zwangsversetzt wurde. Nach der Flucht im September 1944 zwei Jahre Flüchtlingslehrer in Oberösterreich. Anschließend in den ordentlichen Schuldienst übernommen. Erhielt 1968 seine Berufung an die pädagogische Akademie der Diözese Linz, wo er bis zu seiner Pensionierung 1976 unterrichtete. Schon in der alten Heimat vielseitig publizistisch und kulturell tätig, war er von 1935-44 Schriftleiter der Wochenzeitung „Der Ruf", Mitarbeiter im „Banater Schulboten", Verfasser von Lehrbüchern u. a. m. In Österreich war Engelmann von Anfang an wieder publizistisch tätig, lange Zeit hindurch stellvertretender Schriftleiter und 1968-80 Hauptschriftleiter der donauschwäbischen Zeitung „Neuland". Engelmann schrieb Beiträge für Zeitungen, Zeitschriften und Kalender, ferner Arbeiten im Bereich der Pädagogik und zur Kirchengeschichte. Monographien von bleibendem Wert über das Banat und die Banater Schwaben, ihre Literatur und ihr mundartliches Schrifttum. Zahlreiche Ehrungen und Preise wurden dem „Jahrhundertmann" zuteil: 1966 das Goldene Verdienstzeichen der Republik Österreich; 1970 der große Donauschwäbische Kulturpreis des Landes Baden-Württemberg; 1980 die Prinz-Eugen-Medaille des Wiener Schwabenvereins; 1985 wird er als zweiter Träger des Adam-Müller-Guttenbrunn-Preises geehrt; 1988 erfolgte die Verleihung des Ehrenringes seiner Heimatgemeinde Pinsdorf/Österreich. Seit 1994 ist Engelmann Ehrenobmann des Verbandes der Banater Schwaben in Österreich.

Der Gruß über die Gasse

„Die müßten doch schon kommen", sagte Frau Heimfellner, eine immer neugierige Mittfünfzigerin, zu ihrer Schwiegertochter, der quicklebendigen, noch sehr mädchenhaften Frau. Sie beobachtete nämlich Tag für Tag die beiden Pfarrer des Dorfes, wenn die nachmittags in der Großen Gasse ihre Spaziergänge machten, als wären sie seit langem verabredet, zur selben Zeit ihre Pfarrhäuser zu verlassen, um eine Stunde lang die Gasse auf- und abzugehen, wie man im Dorfe sagte: frische Luft zu schnappen.

Frau Heimfellner nahm seit langem an der Gewohnheit der Herren Anteil. Es kam selten vor, daß sie sich davon abhalten ließ, kurz vor vier Uhr den Stuhl ans Fenster zu rücken und auf die beiden Spaziergänger zu warten. Wenn sie dort saß, hatte sie die Brille auf der Nasenspitze, klapperte emsig mit den Stricknadeln, behielt aber über Brille und Strickstrumpf hinweg die Gasse scharf im Auge.

Wie sie es selten versäumte, diesen Beobachtungsposten zu beziehen, kam es auch selten vor, daß sie vergeblich warten mußte. Zumeist hatte sie kaum ihren Platz eingenommen, erschien auch schon auf der Sommerseite der Großen Gasse der katholische Pfarrer des Dorfes, Adalbert Straßgartner – der Bela-Bacsi, der Onkel Bela, wie man ihn hinter vorgehaltener Hand seiner Leutseligkeit und seines humorigen Wesens wegen gern nannte. Er kam die Gasse „herauf", wie das Frau Heimfellner bezeichnete, und ging im Bratenrock und mit breitrandigem schwarzem Schlapphut auf dem Kopf. Da er sonst nur in sorgfältig gepflegter Soutane anzutreffen war, begriff jedermann, daß er für die Dauer des Spazierganges eine mehr private Sphäre vorzog. Auch schien er dabei gleichsam ausgewechselt. War er zu anderer Stunde gesprächsfreudig, so liebte er es, jetzt zwar freundlich zu grüßen, doch nicht stehenzubleiben und sich nach Sorgen oder Freuden vorübergehender Pfarrkinder zu erkundigen. Seine Schritte setzte er bedächtig, und wer ihn näher kannte, wußte, er hing während dieses einstündigen Auf- und Abs allerlei Gedanken nach, die ihm die Welt in ein helleres Licht tauchten. Um seine „gottähnlichere Welt", wie er selbst sagte, nicht trüben zu lassen, hatte er sich eine ganz eigenartige Grußform für die zurechtgelegt, die er hier antraf; er deutete nur mit dem rechten Zeigefinger nach der breiten Hutkrempe.

„Er könnte schon stehenbleiben und mit den Leuten ein paar Worte wechseln", meinte etwas tadelnd Frau Heimfellner; es blieb ihr nicht viel Zeit, den Tadel auszuspinnen, denn auf der Winterseite kam bereits der serbisch-orthodoxe Pfarrer Swetozar Dobrimovici „herunter". Er trug ein bedeutend stolzeres Gehabe zur Schau als sein katholischer Amtskollege, ging mit weit ausholenden Schritten und schien mit sich selber in einen Disput verstrickt zu sein.

„Die leben wie die Uhr", meinte die Beobachterin. „Ich wär' neugierig, ob sie in derselben Sekunde aus den Gassentürchen ihrer Pfarrhäuser treten?"

Aufregender für sie war das nächste: Nur wenige Schritte vor ihrem Fenster – manchmal etwas später – begegneten die beiden einander. Zwischen ihnen lag jedoch die ganze Gassenbreite eines Banater Dorfes. Was sie bei der ersten Begegnung – während ihres Auf- und Abs kamen sie ja mehrmals aneinander vorbei – taten, war fast ein Ritus. Pfarrer Straßgartner griff nach dem Kniff seines Hutes, hob diesen hoch vom Kopf und zog ihn dann weit ausholend bis zur Hüfthöhe herab und verneigte sich fast mit untertäniger Geste über die Gasse hin zum andersgläubigen Amtsbruder.

Swetozar Dobrimovici dagegen hatte eine völlig andere Art, den Kollegen zu grüßen. Bei ihm glaubte die alte Heimfellner zu bemerken, daß er sehr darauf bedacht sei, vom katholischen Pfarrer nicht zuerst gegrüßt zu werden. Daher faßte er jedesmal mit hastiger Bewegung nach dem Hut, wendete auf fast soldatische Art den Kopf hinüber, legte viel Freundlichkeit in seine Züge, kam aber gewöhnlich einige Sekunden zu spät mit dieser Zeremonie.

„Warum zwischen den beiden immer die Gassenbreite liegen muß?" fragte die Frau Heimfellner und bekam zur Antwort: „Weil jeder auf seiner Seite bleiben will!"

Und in der Tat, das katholische Pfarrhaus stand auf der Sommer-, das andere inmitten behäbiger serbischer Bauernhäuser auf der Winterseite der Gasse.

„Sie könnten sich's trotzdem so einrichten, daß sie auf derselben Seite spazierengehen, wenn sie's nur wollten", grübelte die Frau. „Ob sie sich wohl gar nichts zu sagen haben?" spann sie ihren Gedanken laut fort und wurde von der Schwiegertochter belehrt: „Bei denen wird's wie bei schlechten Eheleuten sein. Müssen die miteinander reden, so kommt's schnell zum Streit; sie haben mehr Frieden, wenn sie stumm nebeneinander herleben; für Pfarrer ist's da bestimmt noch leichter als für Mann und Frau. Du siehst, sie kommen gut mitsammen aus, weil sie sich höchstens einmal am Tag zu grüßen brauchen!"

„Zweimal", berichtigte die Frau, „denn wenn sich zum letzten Mal ihr Weg über die Gasse hinweg kreuzt, bieten sie sich noch 'Gute Nacht', das kann ich aber nicht immer sehen, weil der Pope viel schneller geht als unser Herr Pfarrer. Ich glaube, zum letzten Mal trifft dieser erst am Gassenende ein, wenn der Pope schon auf halbem Weg zurück ist."

„Sollte es gar keine Freundschaft zwischen ihnen geben?" fragte die junge Frau und fügte hinzu: „Eigentlich gab es schon schlimmere Zeiten, nicht zwischen den beiden, aber wegen des vielen, was sie trennt. Wie mag's wohl werden, wenn Gott ihre christliche Brüderlichkeit auf die Waage legt?"

„Ach Kind, du hast Sorgen!" versetzte die Mutter. „Wenn nur alle Leute so gut miteinander auskämen wie die Pfarrer! Der liebe Gott könnte viele andere tadeln: Schaut euch den Bela-Bacsi und den Swetko an, die sind wie Brüder. Könnt ihr's ihnen denn nicht nachmachen?"

Nun war keine Muße mehr, den theologischen Disput fortzusetzen. Die Dämmerung sank ins Dorf und mahnte an die notwendigen Arbeiten in Hof und Stall. Die Frauen vergaßen im Nu, was sie eben beschäftigt hatte. Erst als sie um den Abendtisch saßen, spottete der junge Bauer mit schelmischem Augenzwinkern: „Na, Mutter, hast du die Pfarrer auch heute beobachtet?"

Einige Jahre danach ereignete es sich aber, was wirklich auf die Waage christlicher Brüderlichkeit fällt.

Spät an einem sehr kalten Winterabend des Jahres 1951 klopfte es ans beleuchtete Kanzleifenster im serbischen Pfarrhaus. Der Pope saß noch über einigen Eintragungen ins Tagebuch. Da diese nächtlichen Stunden im ganzen Dorf gefürchtet waren als die Zeit der Verhaftungen, erschrak er heftig. Seine Frau, die im Wohnzimmer Näharbeiten besorgt hatte, stand in wenigen Sekunden mit angstgeweiteten Augen auf der Schwelle des Raumes.

„Swetko!" stieß sie hervor, „geh nicht hin!"

Der Pope hatte sich schon erhoben, seine Aufregung niedergerungen und öffnete das Fenster, um sein Unheil hereinzulassen, wie er meinte.

„Vater Dobrimovici, erschrecken Sie nicht, ich bin's, Oltenescu. Es betrifft nicht Sie. Ich weiß, den Popen geht's jetzt allen schlecht, doch nicht einmal der Teufel möchte heute meinen Dienst tun! Ich muß mit Ihnen etwas besprechen!"

Und Vasilie Oltenescu, Ortskommandant der Sicherheitsbehörde, betrat die Kanzlei.

„Sie werden beide schweigen", befahl er barsch, „die Welt ist verrückt, aber warum sage ich das? Damit wir angeblich einmal besser leben sollen, stellt man sie auf den Kopf, und ich muß beim Umstülpen Handlanger sein! Unser Wechsel auf die Zukunft hat böse Unterschriften! Vor zwei Stunden empfing ich so ein Schriftstück. Möge Gott es in die unterste Hölle werfen! Heute nacht um zwei Uhr habe ich den katholischen Popen zu verhaften und in die Stadt zu eskortieren. Sabotage und Spionage sei ihm nachgewiesen! Der Teufel soll mich holen, wenn ich etwas davon wüßte! Fragt man mich aber, ob er ein Volksschädling übelster Sorte sei – soll ich für ihn meinen Kragen riskieren? Soll ich es bezahlen, wenn die oben stinkende Lügen erfinden? Gut, der Pope hat den Papst über sich, und das gefällt uns nicht! Hält man mich für so dumm zu glauben, der Papst kümmere sich um den Pfarrer dieses Nestes? Vater Dobrimovici, ich habe nie etwas mit diesem Popen zu tun gehabt, und er nichts mit mir, ich weiß jedoch, daß nichts davon wahr ist, was ich ihm – heut noch – unter die Nase halten muß! Gehen Sie hinüber und geben Sie ihm einen Wink! Wenn man ihn in einem Nachbardorf schnappt, soll's mir recht sein; dann habe ich nichts damit zu tun!"

Nun war eisige Stille im Raum. Nur abgründige Blicke kreuzten sich.

Während der Pfarrer noch mit sich rang, hatte die Frau ihren Schrecken bezwungen. Mit beherrschter Stimme, dennoch unüberhörbar vorwurfsvoll fragte sie: „Herr Oltenescu, warum kommen Sie ausgerechnet zu uns? Was haben wir mit dem katholischen Pfarrer zu tun?"

Swetko Dobrimovici winkte sofort ab. „Wohin hätte er gehen sollen, wenn nicht zu mir. Er hat damit schon sehr viel gewagt!"

„Du aber wirst nichts wagen!" fuhr ihm die Frau dazwischen. „Was hast Du mit ihm gemein? Jahrelang habt ihr euch nur über die Gasse gegrüßt. Vielleicht seid ihr einmal im Jahr an einem langen Tisch gesessen! Du an einem und er am anderen Ende!"

„Entschuldigen Sie bitte, Frau Pfarrer, ich habe mir gedacht, Popen müssen im Namen Gottes Brüder sein und daß Ihr Mann ihm vielleicht einen brüderlichen Wink geben könnte. Vater Dobrimovici, Sie gehen doch auch sonst zu Sterbenden!"

Die Frau ließ ihren Mann nicht zu Wort kommen. Am ganzen Leibe bebend und in einem einzigen Atemzug klagte sie: „Warum wollen Sie aus einem Unglück zwei machen? Mein Mann kann nicht wissen, was wahr und was gelogen ist. Pfarrer Straßgartner ist dazu Deutscher. Ich habe nie gehört, daß er gegen Hitler gepredigt hätte. Wenn die Deutschen jetzt bezahlen müssen, was sie der Welt angetan haben, weshalb sollen wir's mitbezahlen! Swetko, du gehst nicht!"

Oltenescu sagte etwas verbittert: „Ich habe nicht an die Politik gedacht. Mir ging's um einen Menschen. Soviel ich weiß, sogar um einen guten Menschen! Er hat Kinder getauft, Leute verheiratet und begraben, Gottesdienste abgehalten und Sünden vergeben – wenn das ein Mensch kann, bitte, das ist meine Meinung, warum soll er auf einmal ein Schädling und Gauner sein. Davonkommen wird er so und so nicht. Aber wir ..., Frau Pfarrer, wir könnten ein wenig besser dastehen!"

Abermals lag eisige Stille im Raum. Pfarrer Dobrimovici befand sich in einem einzigen inneren Aufruhr. Das Wort von der christlichen Brüderlichkeit brannte ihn wie Feuer.

Dann erhob sich Oltenescu, entschuldigte sich wegen der späten Störung und äußerte: „Wissen Sie, es war mir nur – ich will nicht unmenschlich sein! Selber kann ich ihm den Wink nicht geben. Sie würden es aus ihm herausprügeln, daß ich's war, der ihn warnte. Herr Pfarrer, aber bei Ihnen wäre es ja genau so! Eigentlich wäre es dasselbe!"

Als Oltenescu längst fort war, rang der Pfarrer immer noch mit seinem Gewissen. Die Frau hatte er mit für sie ungewohnt harten Worten aus der Stube gewiesen; er müsse allein sein.

Wie ein Gehetzter durchmaß er das Zimmer. Am Fenster starrte er in die helle, klare Winternacht. Das wirre Geäst des Maulbeerbaumes hob sich wie mit bösen Krallen vor der Mondscheibe ab und vertiefte seine Wirrnis. Dann stand er vor der Tür, die in den Flur des Hauses führte, es trieb ihn, zum Amtsbruder anderen Glaubens zu eilen, um ihm zu sagen: „Gott prüft unser beider Ohnmacht! Er legt das Wort von unserer Brüderlichkeit auf die Waage! Auch wenn ich jetzt an dein Fenster klopfe, es wäre dir nicht geholfen!"

Da erklangen von den zwei Kirchtürmen zwei Glockenschläge in die Nacht. Swetozar Dobrimovici brauchte sich nicht mehr zu entscheiden.

Pfarrer Straßgartner war, in einem kleinen Handköfferchen seine notwendigsten Habseligkeiten, bereits unterwegs.

In jenen Tagen, da der Mensch ...

Eine Erzählung nach aufgezeichneten Begebenheiten

Der Kommandant des Lagers X, Zarko Kocevic, betrat mit einem Fluch zwischen den Zähnen sein Büro. Es war in der Sommerküche eines Banater schwäbischen Hauses eingerichtet worden. Die Möbelstücke darin waren aus allen Himmelsrichtungen zusammengeschleppt. Der Raum war vollgepfercht. Es bedurfte besonderer Geschicklichkeit, die engen Durchgänge zwischen den einzelnen Stücken zu bezwingen. In der Mitte stand der große Wohnzimmertisch mit den Ausziehplatten aus dem Hause des Apothekers und um ihn Polstersessel aus der Wohnung des Pfarrers. Vor dem Fenster, das den Blick auf das gegenüberliegende Vorgärtlein freigab, war der Schreibtisch des ehemaligen Arztes hingestellt und zwischen dem und dem Gassenfenster der Toilettentisch mit dem hohen Spiegel, der zur Aussteuer einer jungen Lehrerin gehörte. Links von der Eingangstür war ein alter hochlehniger Plüschdiwan zu sehen, der sich seiner Quasten und Kordeln wegen die besondere Liebe des Kommandanten errungen hatte und der verträumten Behausung einer pensionierten Kindergärtnerin entstammte.

Auf den einzelnen Möbelstücken und rings um den Schreibtisch lagen nach ihren Einbänden und Bebilderungen ausgewählte Bücher und ein Wust von papierenem Zeug. Nur Weniges davon hatte mit den Aufgaben des Genossen Kocevic zu tun. Alles andere sollte nur seinen Rang hervorkehren und ihm die Macht des Bücherwissens bestätigen.

Die rechte Ecke der Eingangsseite gehörte übrigens seiner persönlichen Sekretärin, der Genossin Militza. Sie war aber nur selten an dem Rauchtischchen aus irgendeinem Herrenzimmer anzutreffen. Dort lagen ein paar zerfetzte Mappen und ein Stoß von Namensverzeichnissen. Über ihrem Arbeitsplatz an der Wand hing ungerahmt ein schlechter Farbdruck mit dem

Bildnis Titos und ebenfalls ungerahmt die Titelseite einer russischen Illustrierten mit dem Kopfe Stalins.

Kaum hatte Zarko Kocevic seine schweißfleckige Mütze auf den Schreibtisch geworfen und sein Gefluche um einige kräftige Sätze verlängert, betrat auch Militza das Büro.

Sie war ein derbknochiges, breithüftiges Frauenzimmer mit Spuren einer einstigen Anmut im Gesicht. Ihr Äußeres war halb Soldat, halb Flintenweib. Den Kragen ihrer Bluse hatte sie weit zurückgeschlagen, als wollte sie ihre Weiblichkeit mit dem fast zur Hälfte enthüllten Busen hervorkehren.

Während sie ihre „Maschinka" ablegte, hatte Zarko Kocevic nach seinem Ochsenziemer gegriffen. Mit ihm durchschnitt er einige Male die Luft, wobei er Militza ansah, als gälte es, einen Leckerbissen zu erwarten. Diese warf herausfordernd den Kopf in den Nacken, setzte sich auf den Stuhl vor ihr Tischchen und begann in den Namenslisten zu kramen. Sie hatte noch nicht gefunden, was sie suchte, als Kocevic schon hinter ihr stand und ihr über ihre Schulter hinweg in den Ausschnitt ihrer Bluse griff. Während sie noch quietschte, sagte Kocevic: „Der Teufel soll ihn holen, Genossin, aber in unserem Lager muß sich ein Pfaffe herumtreiben! Wenn ich den Kuttenhengst ausheben kann, bekommst du ihn ins Bett! Du wirst ihm dann deinen Himmel zeigen, und nachher werde ich ihn zu seinem Vater schicken, dieses Aas von einem Weihrauchbruder!"

„Woher, Genosse Kommandant, willst du wissen, daß unter den Schwabas in unserem Lager auch einer von dieser Sorte ist? In meinen Namensverzeichnissen ist kein Pope angeführt, oder glaubst du vielleicht, daß die Brüder lügen, wenn sie um ihren Beruf gefragt werden?"

Kocevic lachte laut auf und sagte: „Ja, meinst du, der vatikanische Papst sagt seinen geliebten Söhnen, sie sollen sich wegen uns erschießen lassen? Du hättest doch auch einem Hitler-Leutnantchen eher ein Schläfchen angeboten, als ihm einbekannt, die gesuchte Militza Debronovici zu sein!"

Nun lachte sie auf und gab zurück: „Sicher, aber ich hätte ihm auch im Bett den Hals umgedreht!"

„Gut, dann sind wir einig", sagte Kocevic, „und es bleibt uns nur übrig, herauszufinden, ob wir ein Pfäfflein hier haben oder nicht!"

„Aber was, Genosse Kommandant, läßt dich vermuten, daß sich einer hier im Lager umtreibt?" wollte noch Militza wissen.

„Was?" sagte der, „im Keller der Dampfmühle sind einige der faschistischen Schweine so sanft krepiert, daß etwas dahinterstecken muß! Wenn wir ihnen den Herrgott auch noch nicht austreiben gekonnt haben, so muß ihnen doch jemand versichert haben, daß dieser sie *nie* verlassen wird! Und wer versteht das zu machen, ha? Popen, Pfaffen und sonstiges Kuttengesindel! An den Hitler glauben die doch nicht mehr!"

Zarko Kocevic hatte dann nach der Schnapsflasche gegriffen, den Mund voll gluckern lassen, sich die Zähne gespült, einen Teil verschluckt und den Rest in einem dünnen Strahl auf Militza gezischt. Sie sprang kreischend auf, stieß ihm vor die Brust, daß er rücklings auf den Tisch zu liegen kam. Einen Augenblick später wälzten sich beide mit Gekicher und unflätigen Erklärungen zwischen den Möbeln.

Noch am Abend desselben Tages hatten sich die männlichen Jugendlichen und Männer jeden Alters auf dem Platz vor der katholischen Kirche einfinden müssen. Sie waren in vier Reihen zu je achtundzwanzig Mann angetreten und mußten lange warten, bis Kocevic endlich über den Platz geschritten kam. Er war sichtlich angetrunken, hatte den Ochsenziemer unter den Arm geklemmt und ging dann die vier Reihen entlang. Fast jedem der Angetretenen stach abgrundtiefer Haß aus seinen Augen entgegen. Jedesmal, wenn er vor einem stehen blieb, durchfuhr den Todesangst.

Als er genug Schrecken verbreitet hatte, trat er vor die Männer und begann mit einer sich überschlagenden Stimme zu brüllen: „Unter euch ist ein Pfaffe! Wenn ich jetzt einem von euch befehle, mir zu sagen, wo er steckt, und es wird mir nicht gesagt, lasse ich hier an Ort und Stelle zehn von euch Schweinen erschießen!" Eisige Stille lag über dem Platz. „Und jetzt werden wir die zehn heraussuchen!"

Dann brüllte er noch zu Militza, die in einiger Entfernung von einem der letzten Lichtbündel der untergehenden Sonne getroffen unter der Linde neben dem umgestürzten Kreuz vor der Kirche stand, „Meine Maschinka!"

Sie kam mit hastigen Schritten auf ihn zu und überreichte ihm die Maschinenpistole, die er sogleich entsicherte und in Anschlag brachte. In den Reihen der Männer erstarb selbst das Atemholen. Von einem Blatt Papier schrie er dann lauthals den Namen „Petar Faiknäckt" – es sollte Peter Feinknecht heißen – „vorkommen!"

Dieser Peter Feinknecht, ein kaum fünfzehn Jahre alter, zur Mannshöhe emporgeschossener, hohlwangiger, ausgemergelter Bub mit nur noch wenig Funken Lebenswillen, trat vor und wurde angeschrien: „Kennst du die Männer aus deinem Dorfe?"

„Ja, Genosse Kommandant!"

„Wenn ich dir jetzt befehle, mir jeden einzelnen zu zeigen, damit ich zehn von ihnen erschießen kann, was wirst du machen?"

Peter Feinknecht schwieg. Seine Augen weiteten sich. Ihr Blick ließ das grenzenlose Entsetzen erkennen. Es vermochte nicht in sein Denken einzudringen. Eine kurze Weile schüttelte es seinen Körper.

„Was du machen wirst, will ich wissen?" stand von Geifer und Zorn übermannt Kocevic vor ihm. Und weil der Bub weiter schwieg, schlug er ihm in blinder Raserei die Faust in das Gesicht. „Du gehst jetzt durch die vier Reihen" – seine Stimme überschlug sich – „und nennst mir jeden Mann aus deinem Dorf mit vollem Namen!"

Ohne einen Tropfen Blut im Gesicht ging dann Peter Feinknecht die Reihen entlang. Hinter ihm schritt Militza mit einem Bogen Papier auf einem Brettchen als Schreibunterlage. Seit Jahren empfand sie wieder so etwas wie Mitleid. Am liebsten hätte sie den Kommandanten zurückgerissen. Sie kannte aber seine Unbeherrschtheit. Mit einem einzigen Wort hätte sie die Lage nur verschlimmern gekonnt. Irgendwie war sie von der Hoffnung auf einen guten Ausgang bewegt. Sie verfolgte jeden Schritt des vor ihr gehenden Feinknecht. Sie glaubte, ihm zurufen zu müssen: „Nenn einen, sonst bist du verloren!"

Die Ängste zu beschreiben, die zwischen den Angetretenen und dem Jungen hin- und herliefen, wenn er vor dem einen oder anderen der Männer stehen blieb, als müßte er sich vergewissern, ob er ihn kenne oder nicht, dafür gibt es keine Worte.

„Los, nenn diese Hitlerbanditen endlich!" schrie Kocevic über die Reihen hinweg. „Es müssen welche aus euerem dreckigen Faschistennest darunter sein!"

Peter Feinknecht aber, nachdem er die vier Reihen abgegangen war, trat die sechs vorgeschriebenen Schritte vor den Kommandanten und meldete: „Genosse Kommandant, aus unserem Dorf ist keiner unter den Männern!"

Einen kurzen Augenblick später brach er zusammen. „Schau dir das junge deutsche Schwein an!" schrie Zarko Kocevic zu Militza, die neben ihm stand. „Der Hund lügt und macht dabei die Hosen voll!"

„Vortreten, die aus seinem Dorfe sind!" gellte es über den Platz. Doch wie auf ein geheimes Kommando traten alle einhundertelf drei Schritte vor!

„So, ihr Verfluchten, dann nicht!" schrie er in die schon eingefallene Dunkelheit. Sie wurde durch das Aufflackern einer Geschoßgarbe aus der Maschinenpistole, die das Leben des Peter Feinknecht löschte, für Sekundendauer aufgehellt.

*

Schon kurz nach vier Uhr morgens, nach einer Nacht, die Kocevic in einem tiefen Schnapsrausch verbrachte, trommelte er einige seiner Leute zusammen, unter ihnen auch Militza.

Als sie in dem mit Schnapsfusel angefüllten Büro beisammen waren, Kocevic sie der Reihe nach mit verquollenen Augen anblickte und die rauschschwere Zunge noch nicht richtig in Gewalt hatte, lallte er mehr, als er klar sprechen konnte: „Gestern abend, das hätte eigentlich gar nicht einem Rotzbengel von einem Schwaben gelten sollen. Den Hurenknecht von einem Pfaffen wollte ich ausheben, aber der Teufel soll den Schnaps holen."

Jozo Kulevac, einer der willfährigsten Genossen des Kommandanten, begann zu grinsen und fragte: „Na und, tut es dir vielleicht weh, wenn ein Schwabe weniger ist? Es gibt noch viel zu viele Deutsche! Ich weiß nur nicht, weshalb du nur den einen umgelegt hast. Die anderen waren doch auch alle vor deiner Maschinka!"

Kocevic ging aber nicht auf dieses Gerede ein. Nochmals sagte er: „Der Teufel soll den Schnaps holen! Statt nach dem 'Hochwürdigen' zu fragen, kam mir die Geschichte mit dem Scheißkerl Faiknäckt hinter die Stirne.

Warum ich auf diesem blöden Umweg von dem Lauser den geweihten Volksschädling erfahren wollte, geht mir noch immer nicht in den Kopf!"

Mit Ausnahme von Militza ließ sich aber keiner der im Büro befindlichen Genossen berühren. Sie jedoch hatte sich ganz dem Fenster zugekehrt. Sie beobachtete die sich lichtenden Morgennebel, die über die Bäume hinweg aufwärts zu schwimmen begannen. Angespannt verfolgte sie, wie sich der Tag aus der Nacht schälte und wie der Tau an den Gräsern und Unkräutern in dem ungepflegten Vorgarten zu funkelnden Kügelchen zusammenrann. Ihr Blick blieb dann an diesen Kügelchen hängen. In ihnen genoß sie das aufkeimende Sonnenlicht, das sich in Tausenden winzigen Regenbogen versprühte.

Erst als Kocevic sie alle anfuhr: „Wenn heute nicht einige von euch den Hintern mit fünfundzwanzig versohlt haben wollen, weiß ich bis zum Abend, wo dieser Pfaffe steckt", schreckte sie aus ihrer Versunkenheit auf.

Sie hätte sagen gekonnt: „Lohnt sich nicht mehr; ist alles schon vorüber", aber sie schwieg und verließ den Raum, bevor Kocevic das Zeichen dazu gegeben hatte.

„Paßt dem Dreckmensch vielleicht etwas nicht?" wollte er wissen und fügte grinsend hinzu:" Oder glaubt sie gar, ihr könnte ich die Hinterbacken nicht auch mit schönen rosa Striemen zieren?"

Er konnte nicht ahnen, daß Militza eine schwere Nacht hinter sich hatte.

Kurz nachdem Peter Feinknecht erschossen worden war, mußte sie an sich merken, wie der Tod des Jungen Macht über sie gewann. Sie fühlte, wie ihr die gewohnte Gleichgültigkeit den Toten und Sterbenden gegenüber verloren ging.

„Schließlich war dieser Feinknecht ein Kind", sagte sie sich. Sie sträubte sich dabei innerlich, ihn mit dem Wort „Held" zu bezeichnen, mußte sich aber gestehen: „Wenn es Helden gibt, dann muß Feinknecht gewiß einer gewesen sein."

Ein mütterliches Gefühl kannte sie bisher nicht, wie sie sich auch nicht einem einzigen Manne verbunden denken konnte. Als sie noch in Bosnien stündlich hinter allen Hecken und hinter den Krümmungen der Wege die Gefahren lauernd wußte, nahm jeder und jede vom Leben, was der Leib an Lust zu bieten vermochte. Sie schlief mit Männern, deren Namen sie sich nicht einmal bemühte, im Gedächtnis zu behalten.

Nun war auf einmal alles in ihr in Aufruhr.

„Dieser Bub – weiß Gott" – (Sie konnte sich nicht entsinnen, dieses „weiß Gott" in den letzten Jahren auch nur ein einziges Mal gesagt zu haben) – „dieser Bub, der keinen der Männer verraten wollte, dieser hochgeschossene, ausgehungerte Bub mit den Augen aus einer anderen Welt ..., den Kocevic ganz gemein abgeknallt hat, dieser Bub ..."

Er ließ sie nicht los.

Sie vermutete richtig, daß sein Tod nicht einfach in der Nacht untergehen konnte wie all das andere Sterben im Lager.

Kurz nach Mitternacht schlug sie ein Schultertuch um sich und begab sich zum Keller in der Mühle.

Dort lagen auf zerkrümeltem, verfaultem Stroh die, die auf ihr letztes Stündlein warteten. Sie war auch schon einmal als Betrunkene hingegangen. Damals wollte sie, daß der alte Lehrer Steinbacher noch kurz vor seinem Tode ihr die Tanzschritte des Kolo vorzeige. Sie hatte ihm, weil er zusammenbrach, ins Gesicht gespuckt.

Diesmal wollte sie es anders machen.

„Vielleicht kann ich jemanden zurücknehmen; austauschen für den Peter Feinknecht, anderen noch Tage schenken", ging es ihr durch den Kopf.

Als sie die Stahltüre zum Kellerabgang geöffnet hatte, klickte sie ihre Stablampe an, um eine rückwärtige Ecke auszuleuchten. Von dort fiel ihr ein Lichtschimmer in die Augen. Er kam von einem Kerzenstummel. Sie erblickte auch drei, vier auseinanderhuschende Gestalten und neben einer Kranken kniend einen Mann. Ihre vorgefaßte Frage: „Kann ich hier etwas helfen?" erstarb ihr auf den Lippen. Es war ihr sofort klar: „Das ist der, den Zarko sucht! Armer Hund, vielleicht siehst du noch die Sonne aufgehen, ihr Abendrot wird dir aber nicht mehr leuchten!"

Sie fuhr langsam mit dem Lichtstrahl sein Gesicht ab, dann seine Gestalt und zuletzt schien es, als wollte sie auch sein Innerstes aushellen.

„Da, komm her!" fand sie zu ihrem Kommandoton zurück.

Der Mann gehorchte. Als er wenige Schritte vor ihr stand, überragte er sie um Kopfeslänge. Noch einmal nahm sie sein Gesicht unter den Lichtstrahl. Es war eingefallen und außer dem Kinn und den Wangen, die von einem ungepflegten Bart verdeckt waren, durchscheinend. Sein fester Blick machte sie etwa unsicher, doch belustigte sie sich an seiner Kleidung. Der Mann trug eine viel zu weite Hose und über dem zerschlissenen Hemd eine Fellweste, wie sie in den bosnischen Bergen getragen wird.

Als er sich verlegen durch die Haare fuhr, blieben ihre Augen an seinen Fingern und feingliedrigen Händen hängen.

„Du bist der Pfarrer? Ja? ... Wer bist du? ... Woher? ... Seit wann bist du hier?"

Obwohl sie ihrer Stimme abweisende Härte geben wollte, konnte sie eine Art Wärme im Ton nicht bezwingen. Seit gestern abend, seit der Geschichte mit dem Peter Feinknecht, schleppte sie die mit sich herum.

Der Mann verspürte ebenfalls diesen Ton und gewann so einige Festigkeit.

„Ich bin Kaplan ..., Georg Ehwanger ..., ich komme aus dem Lager G... Unsere Menschen wollen in Gott sterben. Ich habe ihn heute zum viertenmal nachts hierher gebracht."

„Und wo hast du diesen Gott?" wollte sie wissen.

„Diesen dort in der Ecke habe ich IHN gegeben", antwortete er.

„Und im Lager G.? Wieso bist du nicht erschossen worden?" forschte sie weiter.

„Das weiß ich nicht", antwortete der Kaplan. „An die Wand gestellt war ich schon zweimal und einmal mit auf den Rücken gebundenen Händen auf der Schinderwiese vor einer offenen Grube gekniet. Vorgestern wurde ich mit einem Strick um den Hals vor den dortigen Lagerkommandanten geschleppt. Mit diesem Strick um den Hals mußte ich eine Stunde lang je zehn Minuten wie ein Hahn krähen und dazwischen 'Živeo Tito' und 'Živeo Stalin' rufen. 'Wir spielen Litanei' hat er gesagt."

Militza hatte ihre Lampe abgeblendet. Das Licht warf nur noch einen matten bräunlichen Kreis vor ihre Füße.

„Komm mit", sagte sie nach langer Stille.

„Geh drei Schritte vor mir! Du schlägst die Richtung ein, die ich dir sage, sonst brauchst du keine Schritte mehr zu machen!"

Militza hatte den Kaplan Georg Ehwanger solcherart auf einem Umweg aus dem Lager geführt.

Vereinzelt begannen schon Sterne zu verlöschen. Im Osten bündelten sich die ersten Lichtgarben. Sie leuchteten den Saum zwischen Himmel und Erde rot an. In der Ferne schien es, als wollte tiefliegender Nebel zu brennen anfangen.

In einer flachen Mulde, weit außerhalb der Lagerumzäunung, befahl Militza dem Kaplan stehen zu bleiben.

„Du verschwindest jetzt!" sagte sie. „Hier aus diesem Lager und aus dem Lager G. Zurück kannst du nicht mehr! Das nähme ein schlimmes Ende für uns beide!"

Als der Kaplan sich umgewandt hatte, um einem schützenden Wäldchen zuzueilen, rief sie: „Halt!"

Sie schritt ganz nahe an ihn heran, hob den Kopf, um seinen Blick voll fassen zu können und fragte nach einer langen Pause:

„Kaplan, gibt es einen Gott? Antworte!"

Die Frage hatte ihn tief getroffen.

„Es gibt ihn, für uns alle", sagte er.

„Und du kannst an ihn glauben?" wollte sie noch wissen.

Er antwortete darauf: „Ich glaube ... ich glaube ... ich glaube an ihn!"

„Dann soll er dir helfen!" waren ihre nächsten Worte und noch einmal gab sie ihm den Befehl: „Verschwinde jetzt!"

Die Johre falle ...

Die Johre falle wie die Äppl vun de Bääm.
Im Friehjohr bliehe se, senn voll vun Trääm.
Im Summer no wart' alles uff de Schnitt.
E Weil nor noch, geht 's Johr, hollt alles mit.

Un wie des Johr, so is 's Lewe aa:
Grad mennst, 's hätt' geblieht, getraa,
Fallt dr Herbst ins Haus, die kaldi Zeit,
Un aus de Wolke schaut die Ewichkeit.

Wie 's Johr, so is no 's Lewe romm,
Un Freed und Leed, un was dr unnerkomm,
Hast gfechst. Des kommt no vor 's G'richt.
Un nor was zeidich is, des hat G'wicht!

Vergessene und doch aufbewahrte Geschichte

Seinerzeit, als wir noch die Schulbank drückten, hatten wir auf die Frage unseres Geschichtsprofessors: „Was ist die Geschichte?" zu antworten: „Geschichte ist die niedergeschriebene Erinnerung der Menschheit!"

So weit, so gut, aber schon damals ist dem einen oder anderen dieser Satz, zum Entsetzen des Herrn Professors, allzu rasch dem Gedächtnis entfallen, und wen sollte es da wundern, daß auch sonstige geschichtliche Erinnerungen entfallen und absinken können, und zwar so weit und tief, daß sie nur noch in einer Redewendung, oft auch nur in einem einzigen Wort entdeckt werden können.

Diese Einsicht blitzte mir zum ersten Mal auf, als wir in einer Geschichtsstunde von den Raubkriegen des pracht- und prunkliebenden französischen Sonnenkönigs Ludwigs XIV. und von einem seiner gefürchtetsten Haudegen und Mordbrenner, seinem General *Mélac* zu hören bekamen. Kaum war dieser Name gefallen, sah ich mitten in der Geschichtsstunde meine Großmutter hinter mir herlaufen, um mich am Schlawittchen zu erwischen. Sie wollte mir eine Lausbüberei heimzahlen, wozu sie allen Grund hatte, aber meine Füße waren schneller als die ihrigen und so blieb ihr nichts anderes übrig, als mir eines ihrer Schimpfwörter nachzurufen, an welchen sie an sich einen recht kleinen Vorrat hatte. „Komm mr nor wedder unner, du Melak, du schlechter!" hörte ich – bereits in sicherer Entfernung –, wußte aber mit dem Wort nichts Rechtes anzufangen. Weshalb ausgerechnet ein schlechter Melak?! Mir ging wohl durch den Kopf, daß bei unserem Nachbarn über die Gasse der Hund „Melak" hieß und ich überlegte eine Weile, ob es die Großmutter vielleicht nicht über die Zunge gebracht hatte, mir „Du Hund, du schlechter!" nachzurufen. Ich fand daher den „Melak" doch etwas freundlicher, wie es mir auch lieber war, daß sie mir nicht den „Betyar, du schlechter!" an den Kopf geworfen hatte, denn von den Betyaren wußte ich bereits, daß sie als die Schlechtesten unter den Bösewichtern galten.

Als ich dann wußte, was es mit dem „Melak" auf sich hatte, setzte ich mich in den Ferien eines Abends zur Großmutter auf die Bank „unner 'm Gang", um ihr etwas hintenherum die Frage zu stellen: „Großmotter, was is 'n e Melak?" Sicher erinnerte sie sich gleich an ihr seinerzeitiges Nachlaufen, lachte verschmitzt und sagte: „Na, was wird 'r dann senn? E schlechter Kerl, wie du eener worst!"

Dann aber erzählte ich ihr, nicht ohne einen gewissen Stolz auf mein Wissen, daß es sich bei dem „Melak" um den Ezechiel Graf von Mélac handelt, der im Auftrag seines Königs im Jahre 1689 die Pfalz verwüstete. Mit Rauben, Morden und Niederbrennen sollte er seinem König zu weiterem Landbesitz verhelfen, wobei Dörfer und Städte und das Schloß Heidelberg in Flammen aufgingen. Einen gefürchteteren Namen als „Mélac" hat es damals nicht gegeben.

Als dann ein halbes Jahrhundert später aus dieser Ecke des Reiches sich viele Auswanderer auf den Weg nach Ungarn und ins Banat gemacht haben, hatten sie bestimmt neben ihren Habseligkeiten auch die Erinnerungen an die Not und das Elend als Hinterlassenschaft der Raubzüge Mélacs in ihrem Auswanderergepäck. Not und Elend sind dann mit der Zeit vergessen worden, der böse Name aber ist geblieben bis auf den heutigen Tag.

Zur Problematik der donauschwäbischen Intelligenz

Was wir an einzelnen Zeiten Großes und Unverständliches beobachten, ist im Grunde immer das Werk entweder einer überragenden geistigen Persönlichkeit oder einer ganzen Generation von Intelligenzlern. Sie prägen ihren Jahren die Zeichen ihrer Intelligenz auf und machen sie auch durch ihre

Deutung dem gemeinen Manne verständlich. Jegliches Bauen am geistigen Gebäude unseres Erdteils ist somit das Werk der Intelligenz der Völker. Nicht immer aber war das Bauen eines oder vieler intelligenten Menschen Neubau oder Weiterbau. Die Geistesgeschichte kennt derer nicht wenige, die durch ihren Ungeist das geistige Gebäude unserer Welt schwer bedroht haben und die Intelligenz ganzer Generationen herausforderten, um den völligen Zusammenbruch aufzuhalten. Also nicht bloß Bauherr allein durfte der europäische Intelligenzler sein, sondern oft mußte er auch das Gestein des Bauwerkes auf seine Tragfähigkeit hin abklopfen und, wenn es zu gegebenen Zeiten nottat, den bröckelnden Quader ausbrechen und den besseren einfügen.

Diese kurzen Überlegungen seien vorausgeschickt, wenn wir die Intelligenz des donauschwäbischen Raumes auf ihre geistige Leistung hin als Bauherr, Deuter und Mahner einer Betrachtung unterwerfen. Dieses Unterfangen ist ein Gebot der Stunde, vermag doch gerade der donauschwäbische Intelligenzler auf dieser Grundlage viele seiner Probleme, die ihn heute beschäftigen, aufzuhellen. Darüber hinaus gibt ihm solches Vorgehen Klarheit über wirkliche Schuld, über Unterlassung, aber auch über die Unterschiebung und die Lüge, mit welchen er heute so oft belastet wird. Wie wichtig dies für uns ist, wird jeder ermessen, der es miterlebt, wie man von hüben und drüben die Intelligenz für die in der Geschichte beispiellose Katastrophe eines Kolonistenvolkes verantwortlich machen will. Nichts ist billiger als dies.

Als Erst- oder Letztverantwortliche gelten immer die Bauherren. Da ist es nicht uninteressant, zu untersuchen, ob unter den Bauherren Donauuschwäbische Intelligenzler zu finden sind. Die Kenner der Geistesgeschichte dieses Raumes wissen es, daß sie nie vorhanden waren. Nicht, weil der Donauschwabe die nötige Intelligenz nicht besessen hätte – das Schwabentum hat ja den Donauvölkern in vielen Fällen erst die geistige Prominenz gestellt –, sondern weil auch in der Donauschwäbischen Intelligenz immer eine Haltung lebendig war, die wir am besten als Kolonistenhaltung bezeichnen. Ihr besonderes Kennzeichen ist die gewissenhafte, dienende Funktion. Die Verdächtigung, in dem Donauuschwäbischen Intelligenzler einen Erstverantwortlichen zu sehen, fällt in sich zusammen. Das Problem allerdings, wie es zu solcher Verdächtigung kommen kann und wie diese mit aller Beharrlichkeit weiter verfochten wird, bleibt.

Daß es sich dabei nicht um ein Gerede handelt, sei an einem kleinen Streifzug durch die donauschwäbische Geschichte erwiesen. Beginnen wir mit der Zeit der Kolonisierung. Vergeblich suchen wir den Intelligenzler unter den Kolonisten. In nur ganz vereinzelten Fällen kam ein Priester mit. Vom Schulmeister an bis zu Verwaltungsbeamten: alles hat Wien gestellt. Was es an Geist zur Planung und orgnisatorischen Durchführung der Kolonisation bedurft hat, zur Bewältigung sozialer, hygienischer Probleme und zur Bereinigung siedlungspolitischer Fragen wurde, wie schon hervorgehoben, beigestellt. Es hat fast zwei Generationen gedauert, bis die Kolonisten ihre im Dorfe benötigte Intelligenz selbst hervorgebracht haben. Es wäre verwegen, behaupten zu wollen, daß diese Intelligenz eine eigenständige gewesen sei. Nicht im geringsten. Ihr Bildungsweg war in nichts von dem abweichend, den ein österreichischer Intelligenzler durchlaufen mußte. Jede Reform der Verwaltung, der Politik, des Unterrichts und alle anderen Reformen fanden selbstverständlich auch ihren Niederschlag im Siedlungsraume der Donauschwaben. Wien blieb die Dominante, solange sie es bleiben wollte, vielleicht auch konnte.

Als sie ausklang, hat sie sich wieder nicht auf die donauschwäbische Intelligenz übertragen, sondern bloß bis nach Budapest verlagert. Daß es bei dieser Verlagerung im Grunde genommen ohne Reaktion von seiten der Donauschwaben ausgegangen ist, bestätigt wieder nur, was eingangs als Kolonistenhaltung bezeichnet wurde. Allerdings hatte in diesem Raume der nationalistische Funke schon längst gezündet. Wenn sich daher heute der donauschwäbische Intelligenzler mit dem Problem herumschlägt, ob er dem überspitzten Nationalismus Auftrieb gegeben hat – wenn er z. B. versucht, die unmenschlichen Haßausbrüche seiner andersnationalen Mitbewohner psychologisch zu begründen –, so sucht er schon dort Wurzeln. Er findet keine.

Diese Behauptung wollen wir aber nicht bloß aussprechen. Wir führen aus zwei Richtungen die Beweise an. Auf dem politischen Sektor sind wir nicht einmal eines Tadels würdig.

Die erste bedeutende politische Manifestation der Donauschwaben fällt in das Jahr 1848. In der berühmten Bogaroscher Schwabenpetition wird der **Drang nach Gleichberechtigung** mit den übrigen Nationen des Vaterlandes erwähnt. Nachdem die anderen Nationen ihnen gegenüber schon viel voraus hatten, weil sie in den gewitterschwülen Zeiten dieses Zeitabschnittes schon das eine und das andere dem Kaiser abgetrotzt hatten, erheben auch sie ihre Stimme. Ein dem „Erlauchten Kaiserhause" in „Sprache und Abstammung verwandter Stamm" bittet um Gleichberechtigung. Kann es eine bescheidenere Kundgebung des politischen Willens geben als diese, zumal, wenn sie damit schließt: „Das einzige Ziel, nach dem wir gemeinschaftlich strebten: fleißige Bauern und treugehorsame Untertanen zu sein." Mit solchen Worten nationalen Haß zu schüren, geht wohl doch nicht! Aber weiter. Die Wünsche dieser Petition bleiben bei all ihrer Bescheidenheit unerfüllt. Und doch blieb es still in den Dörfern. Diese Stille nimmt sich noch eigenartiger aus, wenn wir den Lärm um dieselben Belange hören wollen, der zu gleicher Zeit von den anderen Völkern dieses Raumes geschlagen wurde.

In gleichem Rahmen verlief auch der österreichisch-ungarische Ausgleich. Wieder blieb es still, obwohl jetzt die Besorgnisse um den Bestand des Volkstums schon bedeutend ernster waren. Wir wissen, daß nach dem Ausgleich der Sprachenkampf mit aller Vehemenz einsetzte und um die letzte Jahrhundertwende seinem Höhepunkt zutrieb. Kann da aber dem donauschwäbischen Intelligenzler ein Vorwurf erhoben werden, wie es leider heute geschieht, daß er sich auch auf das Naturrecht berief, das ihm den Gebrauch der Muttersprache zur Pflicht macht. Warum sollte er weniger sein als die anderen Menschen seiner Umwelt? Übrigens hat man ihn gerade von Wien aus in diesem Bestreben voll und ganz unterstützt, wohl aus politischer Strategie heraus, aber sicher auch des Rechtes wegen. Adam Müller-Guttenbrunn ist dafür der Kronzeuge. Kann sich also der donauschwäbische Intelligenzler der Gewissensnot entledigen, den Nationalitätenhaß gezüchtet und gesteigert haben? Ja, er kann es. Wie aufschlußreich wäre es doch, z. B. eine objektive ungarische Stimme über die Rolle der Donauschwaben im Sprachenkampfe im Vergleich zu den anderen Völkern dieses Landes zu hören! Es sei aber gern noch die geistige Seite dieser Frage angeschnitten.

Jeder Einsichtige weiß bereits heute, daß die Aufsplitterung des einst universalen Abendlandes in die so auseinanderstrebenden Nationen in allererster Reihe ein philosophisches Unglück ist. Die Denksysteme des 17., 18. und 19. Jahrhunderts haben diese Auswüchse erst begründet. Die Urheber dieser Systeme sind ja bekanntlich bei allen bedeutenden europäischen Kulturvölkern zu finden, die gefährlichsten Epigonen bei den weniger bedeutenden. Aber weder ein Urheber noch ein Epigone von Format bei den Donauschwaben. Käme also auch keine Schuld zutage, so wollen wir doch nicht gleichgültig darüber hinweggehen. Mitschuldig ist auch der donauschwäbische Intelligenzler. Auch er hat sein einfaches, bäuerlich-frommes Erbe abgetan und für philosophisches Blendwerk eingetauscht, für Blendwerk, das die unglückselige Situation unserer Tage mitbedingt. Hat nicht auch er sich in der Sicherheit gewiegt, daß dem von Gott abgelösten Geiste keinerlei Gefahr mehr drohen könne! Existentielle Besorgnisse hat er mit spöttelnder Aufgeklärtheit abgetan. Humanität, Toleranz, Persönlichkeit waren doch die Modebegriffe und das Allheilmittel für geistige Not. Auf Grund seines schlichten geistigen Erbes hätte er jedoch erkennen können, was aus diesen Begriffen werden kann, wenn sie bar ihres Urgrundes sind. Und was sind sie geworden, da sie die einzige geistige Wirklichkeit des Abendlandes verlassen haben – Gott? Bestialität, Haß und Kollektiv!

Hier tut sich die Tragik des donauschwäbischen Intelligenzlers auf. Aber es ist nicht nur seine Tragik, es ist die Tragik der europäischen Intelligenz schlechthin. Und so wie alle miteinander heute darauf hinweisen, daß diese Irrungen des Geistes zeitbedingt waren und im Rausche über die Errungenschaften des menschlichen Intellekts begründet lagen, muß auch der donauschwäbische Intelligenzler darauf hinweisen, daß er ein Kind seiner Zeit gewesen ist, ein Kind, das gläubig hingenommen hat, was die Universität lehrte, was ihm Buch und Presse eingab, und dabei doch nicht das enfant terrible war.

Gertrud von Le Fort hat ja die schmerzlichste Klage des europäischen Intelligenzlers ausgesprochen, wenn sie nun Gott den Vorwurf macht, daß der

Mensch zum Leben, zum Sterben und zu allem, was dazwischen liegt, gezwungen wurde, nur zu Gott selber nicht. Ihm gegenüber blieb das Ja und das Nein frei. Und weil die Entscheidung offen blieb, wurde gefehlt. Hier hat auch der donauschwäbische Intelligenzler gefehlt. Seine alleinige Schuld ist es aber nicht. Und wenn es überhaupt eine Kollektivschuld gibt, dann nur in diesem Punkte, und sie trifft den Intelligenzler aller Völker.

So wäre auch von der geistigen Seite her das Problem der Mitschuld an dem Nationenhaß aufgezeigt.

Um aber nicht dem Verdachte ausgesetzt zu sein, nur den dem donauschwäbischen Intelligenzler günstigen Abschnitt schwäbischer Geschichte darzulegen, sei die Untersuchung weitergeführt.

Nach dem Sprachenkampf, der ja noch nicht zu Ende war, kam das Jahr 1918. Wie wenig da die Intelligenz des Schwabentums zu reden hatte, beweist am besten der politische Kaiserschnitt mitten durch das schwäbische Siedlungsgebiet des Banates. Zu reden hatte sie wirklich nichts, aber sehr bald wahrzuhaben, daß sie dennoch Verrat betrieben hätte, weil nicht das ganze Gebiet nach rechts oder links zugeteilt wurde. Diese an grenzenlose Dummheit heranreichenden Behauptungen sind aber jetzt mitverwendet worden, als es hieß, Hunderttausende ihrer Heimat zu berauben. Es wird niemand zu beschönigen suchen, daß Trianon mit seinen Verträgen nicht auch die Fragen der Nationen wieder brennender gemacht hat. Selbstverständlich war auch die donauschwäbische Intelligenz von diesen Problemen berührt und betroffen. Auch für sie hatte die Proklamation des „Jahrhunderts der Minderheitenrechte" etwas Bestrickendes. Es ist auch klar, daß sie diese feierlich proklamierten Rechte für sich in Anspruch nahm. Daß um diese Rechte gerade in den Nachfolgestaaten gekämpft werden mußte, nimmt sich sonderbar genug aus. Es war anzunehmen, daß diese Staaten, die Jahrhunderte hindurch mit allen Mitteln um ihre Volkstumsrechte gekämpft haben, diese nun ihren Minderheiten großzügig zubilligen. Leider war dem nicht so. Im Kampfe jedoch um diese Rechte hat sich das Donauschwabentum nie auch nur eines einzigen unfairen Mittels bedient. Wir verweisen dabei nicht mit Unrecht auf die vorbildlichen Volkstumspolitiker unseres Raumes wie Jakob Bleyer, Dr. Graßl, Prälat Blaskowits, Dr. Muth, Nischbach, Dr. Kraft u. a. m. Ihre Vorbildlichkeit ist nicht ein Prädikat, das wir ihnen zulegen, sondern auch eine mehrmals zugestandene Anerkennung vieler Politiker der Mehrheitsnationen, allerdings nicht unserer Tage. Wenn nun die donauschwäbische Intelligenz von diesen Männern, wie es auch der Fall war, die Richtlinien für die Haltung in volkstumspolitischen Fragen bezog, so kann doch von daher keinerlei Schatten zurückfallen.

Bleibt demnach noch das allerletzte Kapitel donauschwäbischer Politik zu überprüfen und die Rolle, die der Intelligenzler dabei gespielt hat. Dabei muß von der Tatsache ausgegangen werden, daß die übliche europäische Minderheitenpolitik ein Ende erfuhr, als Berlin die Kommandosprache in die Diplomatie der Südoststaaten einführte. Sie widersprach allen bisherigen

Gepflogenheiten, hatte aber zunächst verblüffende Erfolge gezeitigt. Worum früher jahrelang gefeilscht wurde, das wurde jetzt über Nacht gewährt. Die psychologische Wirkung auf die donauschwäbische Intelligenz ist unbestreitbar. Unbestreitbar ist aber auch die sehr bald einsetzende Dämmerung, daß für die Erfolge in der Minderheitenpolitik Gegenrechnungen aufgelegt werden. Gegen diese Rechnungen haben sich gerade unsere Volkstumspolitiker aufgelehnt. Was den Berlinern ganz und gar abging – völkerpsychologisches Verständnis –, das war diesen Männern aus einer reichen Lebenserfahrung zu eigen. Was hat es aber genutzt, wenn sie ihre Bedenken vorbringen wollten und nicht mehr vorgelassen wurden! Ein neuer Kurs war im Gange mit neuen Spielregeln. Also ist hier der schwäbische Intelligenzler schuldig geworden? Diese Frage dürfen wir reinen Gewissens entschieden verneinen, wenn wir an die mittleren und älteren Jahrgänge denken. Aber auch jene Gruppe der jüngeren Generation, der man „Bedingungslosigkeit" vorwirft, hat oft nur im besten Glauben gehandelt; sie ist einer gewissen Zeitströmung nicht mehr anheimgefallen als beispielsweise Vertreter älterer Generationen der Aufklärung und dem Liberalismus. Außerdem wird die Radikalisierung des nationalen Lebens, ausgelöst durch einen fortgesetzten Kampf um die grundlegendsten Minderheitenrechte, von Außenstehenden irrtümlicherweise oft als Hörigkeit der Weltanschauung gegenüber gedeutet. Wer wagt es, seine Hände in Unschuld zu waschen und scheinheilig die ganze Last der Verantwortung allein auf die Jüngeren abzuwälzen, die meist das größte Opfer tragen mußten und oft genug um alles betrogen worden sind?

Aber auch wenn das strukturelle Bild der donauschwäbischen Intelligenz nach einer schematischen Gliederung in drei Gruppen gerechtfertigt sein sollte (die religiös und bekenntnismäßig aktiven Menschen, die in passiver Resistenz verharrten – jene, die in allem Kompromisse suchten und fanden – und schließlich die radikaleren jüngeren Jahrgänge, die der Bedingungslosigkeit bezichtigt werden), so blieb das breite Volk von dieser Gruppierung in seiner ihm eigenartigen bäuerlichen Lebens- und Gefühlshaltung so gut wie unberührt. Als wichtigster Beweis sei angeführt, daß es Kirchenaustritte keine gegeben hat, auch unter den Intelligenzlern nicht.

In dieser Verfassung wurde dann die Intelligenz und das Volk von dem bitteren Ende einer zweihundertjährigen Kultur- und Pionierarbeit überrascht. Die Bilder des Grauens hier festzuhalten, sprengte den Rahmen. Das grenzenlose Leid traf alle. Besonders hart traf es den Intelligenzler, der, wie bereits ausgeführt wurde, auch die geistige Problematik dieser Katastrophe zu durchleiden hatte. Aber nicht nur die Katastrophe, sondern auch die Mittel und Wege, alles Elend zu steuern, quälten und hießen ihn, dergestalt eine zweite Hölle zu durchschreiten.

Nichts war selbstverständlicher, als daß man bei ihm Trost und Rettung suchte. Plötzlich sah er sich wieder inmitten seines Volkes, das ihn, den „Herrischen", jetzt wieder ganz ansprach.

Es erübrigt sich, hinzuweisen, daß man gerade von jenen die Linderung der Not erwartete, die daheim durch ihre passive Resistenz aufgefallen waren. Sie hatten sich doch die Berechtigung bewahrt, das Wort für alle einzusetzen.

Für sie alle ergab sich wieder eine Vielfalt der Probleme. Himmelschreiendes Unrecht sollen sie in Recht, furchtbarste Elendszustände in Erträglichkeit verwandeln, Mißtrauen verscheuchen, Haß abbauen, Familien zusammenführen und vielerlei Dinge mehr. Nicht zuletzt den Verirrten wieder den Platz in der Gemeinschaft der Vertriebenen zu sichern. Probleme, die heute noch so lebendig sind wie am Tage der Vertreibung.

Eines der Probleme sei hier noch besonders herausgegriffen: die Volkstumsnot.

Es gibt kaum Schmerzlicheres, als heute in einer österreichischen Zeitschrift lesen zu müssen, daß wir unser Unglück verdient hätten, da wir uns als „unassimilierbar" erwiesen. Dieser Vorwurf trifft den Intelligenzler und nur ihn. Ist er aber berechtigt? Steht er nicht zur europäischen Gepflogenheit in krassem Widerspruch? Wir wollen nicht noch einmal die Geschichte der Minderheitenpolitik beschwören, aber doch anführen, daß es uns nie einsichtig werden wird, warum gerade der donauschwäbische Mensch sein Volkstum, seine Sprache und Religion – das wäre in manchem Falle zur vollen Assimilation notwendig gewesen – hätte aufgeben sollen. Der oder die Erheber des Vorwurfes scheinen nie gewußt zu haben, daß der Donauschwabe gerade mit den Kräften seiner Eigenart durch sein Volkstum, sein Beten und Sterben einem unwirtlichen Landstrich Gesicht und Gestalt gegeben hat: nicht zuletzt im Auftrage eines Reiches, dessen Herzstück Österreich war.

War somit die Wahrung der Eigenart die Voraussetzung der Leistungen, so besteht auch heute kein Grund, sie über Bord zu werfen, zumal wir gerade durch diese Eigenart anderen Völkern nie etwas genommen, aber viel gegeben haben. Mag es noch so bitter sein, die Werte schwäbischer Eigenart durch die Schlacke der letzten Vergangenheit überdeckt zu wissen, unseren Glauben an ihre Wertbeständigkeit wollen wir uns nicht nehmen lassen. In unserem Falle heißen sie, wie in der Schwabenpetition: fleißige Bauern und treugehorsame Untertanen zu sein. Das hier und überall in der Welt, wo man uns aufnehmen wird, und das solange, als wir aus unserer Eigenart heraus leben und schaffen dürfen.

Damit wären wohl die allgemeinen Probleme unserer Intelligenz aufgezeigt. Nicht berührt sind aber die Probleme des einzelnen Intelligenzlers: Fragen der nackten Existenz, der Berufsausübung, Sorgen um die Zukunft usw. Wieviele unserer wertvollsten Intelligenzler finden wir als Hilfsarbeiter auf dem Baugerüst, im Steinbruch und beim Straßenbau. Das Volk, das ja auch so mustergültig zupackt, für und ohne Dank, rechnet diese Haltung hoch an. Der „Herrische" arbeitet mit seinen Händen um das Brot für sich und die Seinen. Daß er sich dabei noch um die Zukunft aller müht, gibt vielen eine gewisse Beruhigung. Helfen allerdings vermag er nichts. Und das ist eines der schwersten Probleme, die auf ihm lasten. So schwer wie die Frage, die ihm unzählige Male gestellt wird: **warum diese Heimsuchung?** Soll er sich da den Ausspruch einer schwäbischen Mutter zu eigen machen, die Mann, Kinder und Eigentum verloren und in ihrer Art des Rätsels Lösung gefunden hat: „Es ist diesmal Aug um Aug gegangen, und wir haben unser Augenlicht opfern müssen, damit andere sehend bleiben."

Nein, diese seelische Verkrampftheit würde mit Intelligenz nicht mehr zu vereinen sein. Der donauschwäbische Intelligenzler versucht gerade in der Kenntnis des geistigen Irrweges auch in den Fragen des Warum zu den letzten Problemen unseres Seins vorzustoßen. Jetzt, wo alle Beziehungen zu materiellem Besitz abgebrochen sind, kommt das einzige fruchtbare Gespräch in Gang, das Gespräch mit Gott. In ihm glätten sich die schier unüberbrückbaren Gegensätze und in ihm vernarben alle Wunden schneller. Von ihm auch kommt der alte donauschwäbische Volkstrost, den der schwäbische Intelligenzler mit Zuversicht weitergeben wird: Wann uns Gott will erhalle, loßt er uns net vrfalle!

Drhemm wär Kerweih heit ...!

Drhemm wär Kerweih heit, vill Freed,
Die Mädcher wie die Blumme in dr Sunn.
E jeds ums Faß jetz tanze geht,
Nor ich do in dr Fremd hann nix drvunn!

Mir hucke do so arm vrloß
Un träume nor vom Rosmarein,
E manchi Trän wird heit vrgoß
Wie frieher mol der Kerweihwein.

Des Johr hat uns nor krank g'mach,
E Leed g'brong, wer weeß, wann's heelt!
Des is 's Schwerst vom Ung'mach!
Ihr wißt jo net, wie 's Hemmweh quält!

Oweds

Dr Tach is rom, dr Mond kommt gang.
Mei Mottr jetz vorm Gewl ruht,
Meim Vattr newedran tuts Stillsen gut,
So wor's for sie 's Lewe lang.

Vom Dorfend nor, wo Frosch un Grill
Die Feierowedmusich macht,
Kommt Lewe her – un wann e Hund noch wacht,
Doch sunst is 's ganzi Dorf schon still.

Doch still is net. Die Herze kummervoll
Gehn mit 'm Mond de Sterne zu.
Die Alde finne jetz schon lang khe Ruh,
Die Fremd hat ihre Kinner gholl.

Mei Motter kreischt. S is zuvill vum Leed:
Die Kinner sen vrjaat, un Elend nor un Not,
Sie selwer sen bal ohni Krimche Brot,
Un Distle wachse uf dr Heed.

Un do bei uns drselwi Mond
Un, wie drhem, die Herze ohni Ruh.
'S Hemweh ploot se immerzu,
Weil's in dr Fremd so schwer sich wohnt.

Uwe Erwin Engelmann
Neusiedel – Siegen

Björn Hadem

Uwe Erwin Engelmann wurde am 19. Juli 1951 in Neusiedel (Banat/Rumänien) geboren. 1969 erste Gedichte in deutschen Zeitungen in Rumänien. 1970 bis 1974 Studium der Germanistik und Anglistik in Bukarest. 1974 hörte Engelmann wegen der Zensur auf, in Rumänien zu veröffentlichen. 1976 Übersiedlung nach Siegen. Seit 1980 Studienrat am Friedrich-Flick-Gymnasium, Kreuztal. Er veröffentlichte diverse Beiträge für Zeitungen, Zeitschriften, Bücher und Lyrikanthologien. Seit 1991 außer Lyrik auch Kurzgeschichten und Kurzprosa. Außerdem Übersetzungen ins Italienische, Rumänische, Französische und Englische. Uwe Erwin Engelmann ist Mitglied der Künstlergilde Esslingen (Vorsitz Literatur NRW), bei GEDOK-Rhein-Main-Taunus, beim Freien Deutschen Autorenverband und im Internationalen PEN Club.

am bahnhof von bukarest

am bahnhof von bukarest
liegen noch ein paar
erinnerungen von mir

am bahnhof von bukarest
spielen heut kinder
mit meinen erinnerungen

vergessen zerlumpt krank
von ihren eltern verstoßen
von den behörden im stich gelassen
fristen sie
streunenden hunden gleich
ihre kleinen leben

es schmerzt
ohnmächtig zusehen zu müssen
wie sie in verrosteten schließfächern
mit traurigen augen
ihre hoffnungslose zukunft erschnüffeln
und mit meinen erinnerungen
langsam schwinden

heute
an einem strahlenden tag im april
am bahnhof von bukarest

Schicksalsschlag I

ein Leben lang
Zuversicht gehegt

unser Schicksal
in Gottes Hand gelegt

und nun ...
enttäuscht wie ein Kind

weil die Wege des Herrn
unergründbar
und unsere Leben
in seinen Händen sind

Schicksalsschlag II

nach den Sternen gegriffen
die Finger verbrannt

dem Glück nachgelaufen
gegen Wände gerannt

in der letzten Umarmung
sogar den Herrn beschworen

kaputtgegangen dabei
den Glauben an mich selber verloren

Elternhaus

Kahlen Hauptes
bietet es immer noch
den Wettern seine Stirn

In seinen Zimmern
hat sich ein Hauch
von Leere eingenistet

Zwischen bröckelndem Mörtel
wohnen noch die Erinnerungen
ungetrübter Kinderjahre

Ein altersschwacher Fensterladen
klimpert standhaft
gegen den Wind

Die Zeit
hat Hunden gleich
meinem Elternhaus
ans Bein gepinkelt

Aussiedler

Die Schar der Entwurzelten schwillt an

Ghettobildung

Schulterschluß zum Wiederfinden
des gewohnten Stallgeruchs

Ängste des Alltags sind so
besser zu ertragen

Man hat nie so anonym gelebt
wie heute

Manche zerbrechen daran
Andere bauen ein Haus

vergessend verdrängend nicht wahrhaben wollend
daß Entwurzelte heimatlos sind

ein Leben lang

Was bleibt

für Christa Wolf

Was bleibt,
ist fassungsloses Achselzucken,
sind Worte, die man nicht gesagt,
– verhängnisvolles Mißverständnis –
sind Fragen, die man nie gefragt.

Was bleibt,
ist gegenseit'ge Schuldzuweisung,
sind Narben, die man sich geschlagen,
– verhängnisvolles Miteinandersprechen –
sind Phrasen, die im Endeffekt nichts sagen.

Was bleibt,
ist schicksalhaftes Lügen,
sind Positionen, die man mal gezeigt,
– verhängnisvolles Durcheinander –
sind Ziele, die man nicht erreicht.

Was bleibt,
ist dieser junge Morgen,
sind Menschen, die man nun vermißt,
– verhängnisvolles Schattendasein –
sind Freunde, die man nicht vergißt.

Sprachhemmung

Mit starren Augen
und offenem Mund
dümple ich in meiner
Sprache daher

die Angst im Nacken
bringt mich zu Ufern
an denen die Worte
im Stacheldraht hängen

wortlos schlägt mein Echo
auf das vernarbte Trommelfell
und ich erahne
daß die Mauer des Schweigens bröckelt

Akzente

Ich hab noch etwas Erde
von DAHEIM an meinen Schuhn
Die wasch ich morgen ab

Ich habe noch ein Bild
von meinem ELTERNHAUS an einer Wand
Das häng ich morgen ab

Ich habe Stücke der Erinnerung
an ZUHAUSE noch in mir
Mit ihnen läßt's sich leben

Ich spreche zwar die Sprache
meiner neueren UMGEBUNG
doch ecke ich mit der Betonung
meiner Wörter täglich an
Deshalb verstumme ich mitunter
und schreibe Gedichte
Da meine Sprache in ihnen
AKZENTFREI ist

Lenz

Der bittere Beigeschmack
unserer letzten Begegnung
liegt mir noch auf der Zunge

Haß und Liebe
Anfang und Ende
fallen zusammen

In jedem Wiedersehen
liegt der Beigeschmack
der ersten Begegnung

zungenlos lallend
knüpfen wir
die zartesten Bande

Sonnenblicke schlafen
geschmacklos

hinter den traurigsten Wolken
liebt die Versuchung

Schlangen
Kaltblütler fußlos

mir selbst kurz nach vierzig

aus meiner schweigsamkeit wieder worte gefunden
flecken in meinem gewissen mit weiß übertüncht
mit judassen an selben tischen gesessen
und die leeren sektkübel vor übelkeit vollgekotzt
weil die produkte dieser umarmungen gedruckt wurden

aus unserer mitte huldigte manch einer mißgeburten
die noch zur maifeier wollten obzwar es september schon war
verdammt windig und kalt und naß und betröppelt
steht ihr nun da mit euren liedern die keiner mehr singt
weil die genossen eurer partei mit der zensur fremdgegangen

aus meiner schweigsamkeit breche ich aus
schreib mir den menschen der liebe der menschen mit worten vom leibe
sprache gewordenes röcheln ziert meine unbeschriebenen seiten
ich lebe noch ich bin noch ich will noch
weil ich nun weiß daß ich mein gehirn auch zur faust ballen kann

Müde Jahre

für stephanie maus

ich habe heute morgen
die Träume der lezten
NACHT begraben

stephanie
den KUPFERKOPF
gibt es nicht mehr

die ZEIT wird abgehakt
das BUCH noch ungelesen
zugeklappt

und DU

    DU hast

    den Fuß zwischen Tür und Angel
    nimmst TRÄUME mit dir
    die NIE Wirklichkeit werden konnten

hast du denn nie gesehn
daß die WAAGE DER GERECHTIGKEIT schief hängt
und die jungen Jahre müde sind

Robinson

Seit Jahren schon
Robinson

An einem Freitag
Marlene begegnet

Gemeinsam
Wege auf die Insel geebnet

Den Himmel bestaunt
Der Zweisamkeit segnet

Die rosarote Zukunft
Im Knopfloch getragen

Gemeinsam
Dem Schicksal manch einen Haken geschlagen

Bis Wolken
Dein Gesicht bedeckten

Und in mir
Alte Sehnsucht erweckten

Wie das Wandeln
auf vormaligem Pfade

und die Schönheit
einer Robinsonade

dorfleben in südosteuropa (vormals)

wir hatten
zigeuner im dorf
keine sintis
keine romas
zigeuner

wir hatten
keine vorurteile im dorf
nicht gegen zigeuner
nicht gegen die anderen

wir hatten probleme im dorf
nicht wegen der anderen
nicht wegen der zigeuner
ganz einfach alltägliche probleme

wir waren
eine einheit
das dorf

deutsche zigeuner rumänen ungarn
juden serben türken kroaten

wir waren
in unserem dorf
schon damals
E U R O P A

100prozentige identifikation

mitglied im kollektiv
alleinsein in gruppen
verantwortung
auf den schultern all derer ...
die größer gewachsen sind
als man selbst

IN MEMORIAM PAUL CELAN

für Alfred Kittner

Das trübe Wasser der Seine
fließt dem Meer zu

Menschen starren
über Brücken gebeugt in die Fluten

Das trübe Wasser der Seine
fließt dem Meer zu
es starrt zu den Menschen am Brückengeländer
     ATEMWENDE
und fließt weiter

Von oben
blickt ein Mensch in die Seine
er starrt schon lange hinab
VON SCHWELLE ZU SCHWELLE
ging er dann tiefer
und suchte
DAS AUGE DER ZEIT
in der Seine

Ob er es fand
     ATEMWENDE

Er weiß es
doch sagt er's uns nicht mehr

Das Wasser der Seine
fließt dem Meer zu

Dort an der Seine stand auch Paul ...
neben und mit ihm und in ihm
Sulamith ... Margarethe ...
     ATEMWENDE

Am Ufer suchen NIEMANDSROSEN
in der FADENSONNE
nach einem winzigen ATEMKRISTALL

Sie suchen und suchen und suchen
Paul ...
ein hoffnungsloser unglücklicher Fall

Am Ufer Paul ...
suchen NIEMANDSROSEN
dein ATEMKRISTALL

Das trübe Wasser der Seine
fließt immer noch dem Meer zu
in ihm eine NIEMANDSROSE
und ein ATEMKRISTALL

    ATEMWENDE

und ...

Banater Idylle 1992

Die Strahlen der Herbstsonne
schimmern durch die Kronen
der alten Baumriesen

Am Rande des Dorfes
döst ein Ziehbrunnen vor sich hin
Schnurgerade führt die Straße
durch das Dorf in die Ferne

Viele Häuser stehn leer
der Hausrat wurde verscheuert
auch die umliegenden Gärten
zeugen unabgeerntet vom plötzlichen Aufbruch

Das alte Dorf
hat in den letzten Tagen
viele Freunde verloren

Sprachheimat

Denn
Heimat blieb mir nur
die Sprache

Zwischen
Wünschen und Tasten

Solchem und Jenem

Zwischen
Heute und Morgen und Hier

Zwischen
Dort und Drüben

Zwischen
Schreiben und Schweigen

stehe ich
und hoffe
bleiben zu können

in ihr
mit ihr

meiner Sprache

Sehnsucht

Sehnsucht
habe ich nach dir
Vater Sohn Bruder Gatte Geliebter

nach dem Geruch von
Wermut und Kamille
nach Seife und Frische
nach trivialem rotem Mohn
und im Juni blühenden Linden
nach dem Duft der frisch umworfenen Scholle
nach dem Stück Erde
mit dem sie die Väter genarrt

Damals
als das Jahr noch recht jung
und der Tag noch zu früh war
als dass man lassen sollte sein Leben
                      auf dem Feld der Ehre

Schafgarben und Disteln
Brennnessel und Hederich
schmücken ein Grab nun

Fern
von davon
wo es dir nicht gelang

*– obzwar Wurzeln im Erdreich
der Vorväter habend –*

eigene Vergangenheit zu schaffen

Nun
Geliebter Vater Sohn Bruder Gatte
weint kaum einer
dir eine Träne noch nach

Nicu

Der Alte hatte seine knorrigen Hände auf die Lehne seines Stuhles gelegt. Die Alte saß stumm in der Ecke.

Vor ihnen stand Nicu, der Junge des Nachbarn. Dieser, der Jonje, war kurz nach dem Krieg ins Haus der Müllers nebenan eingezogen, der für die SS im Feld stand und dessen Familie sich mit den sich zurückziehenden deutschen Truppen damals auf der Flucht befand. Das leerstehende Haus wurde Jonje zugewiesen, der mit seiner Frau aus der Moldau vertrieben worden war.

Jakob, der Alte, hatte es nie so richtig verkraften können, daß er, der Krüppel, dem beim Bau der neuen Fabrik der Fuß zwischen zwei Bohlen eingequetscht worden war und der seither lahmte, nicht wie alle anderen Deutschen im Dorf sein Leben fürs „Vaterland" opfern durfte.

Kinder hatten sie keine, und so fühle sich Jakob kurz nach dem Krieg als Hüter aller Häuser der Deutschen, die im Dorf leerstanden. Nach und nach kamen die alten Eigentümer auch Ende der 40er, Anfang der 50er wieder ins Dorf zurück und waren froh, daß der Jakob und die Wess Liss auf ihr Hab und Gut ein Auge geworfen hatten, auch wenn sie nicht verhindern konnten, daß die Leute aus dem Volksrat ausgesiedelten, vertriebenen Rumänen, Kolonisten, das eine oder andere Haus zugewiesen hatten.

Meist einigte man sich recht schnell mit den Neubesitzern, wenn man von der Flucht in die alte Heimat wieder zurück kam und ins eigene Haus wollte. Diesen wurde dann ein anderes leerstehendes Haus zugewiesen, denn viele fanden den Weg nicht mehr zurück ins Dorf und kamen erst in den 60er Jahren wieder aus Deutschland angereist, als man das unbehelligt durfte.

Die gleich nach dem Krieg oder kurz danach wieder ins Dorf zurückgekehrt waren und da wohnten, wo sich bald ein neuer Wohlstand und ein Hauch von „Früher" breitgemacht hatten, waren in den 70er und 80er Jahren bis auf einige wenige nach und nach nach Deutschland übergesiedelt und regelmäßig Jahr für Jahr wie die Kraniche im Herbst im Dorf zu Besuch gewesen.

In den letzten Jahren kamen immer weniger, da kaum noch Deutsche im Dorf wohnten und man zu den anderen kaum Beziehungen hatte.

Jakob hatte aber über all die Jahre hinweg wie ein Friedhofswärter auf alles aufgepaßt, und wenn manchmal keine eigenen Verwandten mehr im Ort lebten, so war er es und die Wess Liss, die immer eine willkommene Anlaufstelle für all die Entwurzelten aus dem „Reich", die auf mehr oder weniger angenehme Weise Ahnenforschung trieben, waren.

Die Wess Liss hatte immer etwas anzubieten, auch wenn sie es heute mit ihren 80 nicht mehr so leicht hatte wie früher. Der Hühnerhof bestand noch aus sechs Hennen, einem Hahn und acht, neun Augusthähnchen, die man zur Not immer noch schlachten konnte, wenn jemand unverhofft kam. Aus der Hälfte Garten hatte sie noch das Gemüse und die Kartoffeln. Den Rest hatten sie dem Jonje verpachtet, der Pferde hatte, ein kleines Fuhrunternehmen betrieb und im Restgarten Mais um die Hälfte angebaut hatte.

Erst vor kurzem hatte Jakob mit ihm heftigen Streit, da der Jonje den von ihm vormals aufgestellten Zaun, ohne zu fragen, eingerissen hatte, weil er, wie er sagt, so leichter pflügen könne. „Die machen sich hier breit wie die Wanzen auf unserem Stück Garten, als ob man nicht mehr da wäre und die Radieschen schon von unten wachsen sehen würde", hatte er noch damals zur Wess Liss gesagt und sich fürchterlich darüber aufgeregt.

Und nun steht der Nicu vor ihm und sagt, daß er Holz gebracht habe für sie für den Winter, für die zwei Alten, damit sie nicht frieren, wo doch die anderen in Deutschland wären, wo es halt anders ist als hier und wo man kein Holz brauche, damit es im Haus warm wäre und die Winter nicht so lange und kalt wie hier.

Irgendwie hatte es Jakob die Sprache verschlagen.

War es Frechheit, Mitleid, Übermut oder nur gutgemeinte Nachbarschaftshilfe, die dem Nicu da aus den Augen guckte? „Sowas ist man von denen doch nicht gewöhnt", dachte der Alte und hielt sich mit seinen knorrigen Händen an den Lehnen seines Schaukelstuhles fest.

„Willst du ihm nicht sagen, wo das Holz hinkommt?" fragte Wess Liss aus der Ecke.

Der Alte schaute sie kurz an, erhob sich, mit seinen knorrigen Händen sich vom Stuhl abstoßend, und brummte ins Leere starrend vor sich hin: „Ich geh ja schon, Lissi."

Adam Englert
Kleinnahring – Wißmar

Adam Englert wurde am 27. Februar 1921 als einziges Kind der Eheleute Stefan Englert und Katharina Englert (geb. Gaßler) in Kleinnahring/Kisnyárád (Baranya/Ungarn) geboren. Besuchte 1927-33 die röm.-kath. Elementar-Volksschule mit größtenteils ungarischem Unterricht. Lernte die deutsche Rechtschreibung aus dem „Sonntagsblatt". Heirat 1940, daraus ein Sohn. Bis zum freiwilligen Eintritt in die Waffen-SS 1942 Tagelöhner und Knecht. 1942 Dienstunfall: weitgehende Zerstörung der linken Hand. Bei Kriegsende freiwillig in US-Gefangenschaft, woraus er als Schwerkriegsbeschädigter nach drei Monaten entlassen wurde. Landete mit Frau und Kind 1946 in Fulda, von wo die Ahnen 1732 ausgewandert waren. Die Familie wurde im Rahmen des „Hessenplanes" mit 20 weiteren Schwerkriegsbeschädigten in Wißmar, Kreis Wetzlar, angesiedelt. Nach anderen Anstellungen wurde Englert Lohnbuchhalter. Beteiligte sich 1953 an den „Geistigen Wettbewerben" und erhielt von der Zeitung „Unsere Post" den ersten Preis für eine Erzählung. Wurde als Rosenzüchter auch von der Stadt Wißmar ausgezeichnet. Engagierte sich über Jahrzehnte bei der Organisation der Gießener Schwabenbälle. Erlitt 1973 einen schweren Fahrradunfall, der eine rechtsseitige Lähmung nach sich zog und ihn an den Rollstuhl fesselt. Seine literarischen Äußerungen tippt er seither mit dem linken Daumen. Englerts Erzählungen, Kurzgeschichten und Gedichte sind in vier Bänden im Eigenverlag unter dem Titel „Ihr Herz schlägt im Süden" erschienen.

Der Findling im Schnee

Unweit der Donau, im Donau-Drau-Dreieck, liegt die alte Bischofsstadt Fünfkirchen, am südlichen Hang des reichlich mit Wald bedeckten Mecsek-(Mergel-)Gebirges. Da hängen die Häuser und Villen wie leuchtende Kristalle, die sich dem Auge bis zu den Baner Bergen auftun. Um diese Stadt, um ihren wuchtigen Dom mit vier Türmen liegen friedliche Dörfer, die zum Teil ganz von Deutschen oder von Südslawen, Kroaten und Magyaren gemischt oder auch nur von Magyaren (Madjaren) bewohnt werden.

„Schwäbische Türkei" heißt dieses Stückchen fruchtbarer Erde in Gottes großem Garten. Hier wohnt arm neben reich und welche, die ihr Brot mit ihren zehn Fingern verdienen müssen: Knechte, Mägde, man nannte sie kurzweg Dienstboten. Einer von den reichen Bauersleuten war auch der „Einsiedelbauer" Amrein im Dorfe Hird. Das Dorf – mehr eine Streusiedlung – lag nahe Fünfkirchen, eine Viertelstunde Gehzeit entfernt.

Der Bauer, wie auch seine Vorfahren, waren gottesfürchtige, ehrbare Leute. Kein Bettler wurde jemals vom Hofe gewiesen ohne ein Almosen.

Es war an einem Winterabend. Draußen lag hoher Schnee. Eisige Kälte herrschte. Sogar die Vögel des Himmels erfroren in den Lüften. Auch die Bewohner des Einsiedelhofes suchten Wärme um die Ofenbank. Die Kartoffeln in der Ofenröhre verrieten durch ihren Duft, daß es Zeit war zum Abendessen. Die Bäuerin wischte unentwegt ihre Tränen aus den Augen. Es war kein Weinen. Mit dem Einsalzen der Zwiebeln war sie beschäftigt. Ein Stampfen im „Viergang" – das ist der lange, offene Flur vor dem Haupteingang – ließ erkennen, daß der Bauer aus dem Keller, von wo er Wein geholt hatte, heimgekehrt war. Die Hofhunde sprangen an ihm hoch und begrüßten ihn durch ihr Gebelle. Nachdem der Bauer den Schnee von seinen Schuhen gestampft hatte, brummte er etwas in seinen Bart, und zu den Hunden gewandt sagte er: „Gosch! Ihr dummen Viecher! Ihr seid zwar treu und wachsam, aber wozu jetzt dieses Gebelle? Es ist doch niemand im Hof." Aber sie schlugen von neuem an. Er schlug die Flurtüre zu, daß es nur so knarzte. Darauf wurden die Hunde wieder still. Der Schnee fiel in großen Flocken.

Während man sich in der Küche anschickte, zu Tisch zu gehen, schlich eine verschneite Gestalt, die schon lange Zeit hinter dem Reisighaufen kauerte, langsam und vorsichtig am Brunnenhaus vorbei, um sich noch einmal zu vergewissern, ob es die richtige Zeit sei, das Vorhaben unauffällig durchführen zu können. Es war für die Frau ein schwerer Gang. Hinter der Viehtränke, dem hölzernen Trog, suchte sie Deckung. Die Hunde zogen sich in ihre Hütten zurück und warteten auf ihre Schüsseln, welche die Bäuerin auch schon brachte. „Was haben sie heute, daß sie so feindselig sind?" sagte die Bäuerin zu sich selbst, nachdem beide Hunde über die Schüsseln herfielen. Ab und zu knurrten sie noch in die Schüsseln hinein ...

Es schneite weiter, so daß die hinterlassenen Menschenspuren im Nu zugeschneit waren. Vom hohen Kirchturm schlug es die siebente Stunde. Kaum waren die Schläge, die ehernen Stimmen, in der Dunkelheit verklungen, zog der Kirchendiener, der alte Merks-Vetter, die große Glocke, die dem Heiligen Johannes dem Täufer geweiht war. Eine feierliche, andächtige Stille herrschte in den Gassen. Bis hinaus zu dem Einsiedelhof drangen die Glockentöne. In den finsteren Winternächten wiesen sie gar oft den Wanderern oder den Verirrten den Weg in ein Dorf.

In der Küche betete man „... und in der Stunde unseres Todes, Amen." Dann setzten sich alle zu Tisch. Die Stunde der armen Dienstmagd war gekommen, um ihr kleines, unschuldiges Büblein einer Familie anzuvertrauen, wo sie es in sicherer Obhut und guter Pflege wußte. Denn aussetzen und verstoßen wollte sie es nicht. Sie wußte genau, daß der Bauer noch nach dem Vieh sehen oder aber die Bäuerin die leeren Hundeschüsseln in die Kammer tragen würde. Solange wollte sie noch warten und wachen hinter ihrem Versteck, wo sie niemand sehen konnte.

Es mag noch eine halbe Stunde vergangen sein, dann hallte ein tiefer Seufzer durch die Nacht, und die junge Mutter ging eilends von dannen, als sie durch die Vorhänge den Schatten des Bauern gewahr wurde. Nun stieg in ihr die Spannung. Teils war es die Aufregung, teils die Kälte, weswegen sie am ganzen Körper zitterte.

Drinnen stritt der Jungbauer mit seinem Söhnlein, dem Hansi, der noch nicht zu Bett gehen wollte. Vor dem Bett floh er in die Küche, oder wollte er gar hinaus in den Schnee? Er stolperte an der Türstufe über einen Korb, voll mit Heu, darin ein wimmerndes, jammerndes Kindlein. „O weh, Mutter!" schrie er. Ohne sich lange zu besinnen, wollte er es aus dem Korb nehmen und in die warme Stube tragen. Da konnten sich die alten und jungen Hausleute vor Staunen kaum fassen. Wie kommt dieses kleine Menschenkind bei Nacht und Schneegestöber hierher?

Draußen huschte die Gestalt einer Frau durch den Hof. Ihre Spuren waren schnell verweht. Es war ihr leichter geworden.

Wie ein Lauffeuer verbreitete sich die Neuigkeit im Dorf, daß nämlich beim Einsiedelbauern in der Nacht ein Korb mit einem kleinen Kind abgestellt wurde. Es war ein Findelkind. Böse Zungen, alte Tratschfrauen, im Dorf als „Tageblätter" bekannt, wußten noch mehr zu erzählen. Sie wollten sogar wissen, woher der „Findling im Schnee" sei. Die eine Klatschbase schob dem Einsiedelbauern eine Mitwisserschaft zu, denn gerade er habe das Kind gefunden. Das sei gewiß kein Zufall. Andere alte Weiber wiederum, die sich um die Sorgen der anderen Leute mehr kümmerten als um die eigenen, wußten, daß ... Das waren die, die schon immer alles eher und besser wußten.

Die Vernünftigen des Dorfes aber meinten, warum sollte es nicht erlaubt sein, daß Menschen von Menschen aufgenommen werden? Sogar bei den Tieren und Vögeln käme es vor, daß sie Fremde aufnehmen, im Nest dulden, ernähren, bis sie flügge geworden sind. Warum sollte das nicht viel mehr bei den Menschen der Fall sein?

Ob der alte Nachtwächter, der Straubs-Gretti ihr Mann, die Rabenmutter nicht gesehen hätte? Es sei doch seine Aufgabe und Pflicht, verdächtige Personen zu stellen und was in der Nacht im Dorfe vor sich gehe zu beobachten und überhaupt über das ganze Dorf zu wachen.

„Ja, wißt ihr denn", meinte ein Bauer, wie er wacht? Der sitzt bei so einem Schneetreiben irgendwo in einem Kuhstall, das Licht nicht eingeschaltet, und schlummert vor sich hin. Er ist vorsichtig, damit ihn niemand sieht, wie er von Stall zu Stall wetzt und prüft, wo im Weinkeller irgendwo ein Licht brennt.

„Ich hätte viel zu tun, wenn ich auch noch die Frauen zu beobachten hätte, wo diese sich in der Dunkelheit herumtreiben", soll der alte Nachtwächter schlagfertig geantwortet haben, als man ihn zur Rede stellte. „Genug, wenn ich ab und zu einen Dieb verscheuche, den ich nicht kennen will. Den Bauern kann es nur recht sein, wenn ich die Kuhställe aufsuche. Schon oft konnte ich Hilfe herbeirufen, wenn eine Kuh gerade beim Kalben war. In die Weinkeller schaue ich nur hinein, um zu sehen, ob sich nicht etwa Unberufene dort zu schaffen machen. Man sieht mich, man ruft mich, dann gehe ich halt rein. Wenn jemand dem Einsiedelbauern etwas bringt, geht das mich ebensowenig an wie euch. Was ist ein größeres Verbrechen, Menschen in die Welt zu setzen oder sie aus dem Wege zu räumen? Ganz gleich, ob jung oder alt, groß oder klein. Wegzuräumen war und bleibt ein Verbrechen", donnerte der Alte.

Bei den Amreins war der Kleine in guten Händen, das wußte die junge Mutter genau. Eine schon immer gehässige alte Frau meinte, beim Einsiedelbauern gehe es nicht mit rechten Dingen zu, da tanzten die Heinzelmännchen um Mitternacht. Die Dreschflegel vermehrten sich auf dem Heuboden, und auch andere wundersame Dinge ereigneten sich in seinem Hause. „Und jetzt bringt man ihm die Arbeitskräfte schon vor die Tür", rief die Frau unter dem Gelächter der Umstehenden aus.

Wie die Wogen im Meer sich nach dem Sturm glätten, so legte sich auch die Unruhe unter den Dorfbewohnern von Hird. Der alte Amrein kümmerte sich von Anfang an nicht um das Gerede der Leute. Mit einer vielsagenden Handbewegung hielt er sich diejenigen vom Leibe, die ihnen ständig das „Neueste" zutragen wollten.

Die Zeit blieb nicht stehen und schritt unaufhaltsam weiter. Einige Jahre vergingen. Noch fand niemand einen Anhaltspunkt – oder wollte es auch nicht – für die Herkunft des Knaben, der auf den Namen Alois getauft wurde.

Auf dem Hof hat sich währenddessen wenig geändert. Die Magd, die schon seit ihrer Kindheit zur Familie gehörte, ist im Herrn verschieden. Das war alles. Diese Lücke mußte geschlossen werden. Die Dienstboten wechselten zwischen Weihnachten und Neujahr ihre Dienstherren. Einige waren froh, daß das Jahr wieder einmal zur Neige ging, um sich einen besseren Platz aussuchen zu können. Alle, die sich auf der Wanderschaft befanden, hatten irgendeinen Grund, Abschied von der alten Stelle zu nehmen. Die meisten kamen in dieses von der Natur reich gesegnete Gebiet aus kleinen Dörfern in einer bewaldeten Gegend. Es waren Kinder armer Eltern. Armut ist ja keine Schande, und die Reichen wollen bekanntlich auch immer mehr. Die Faulen aber sollten sich schämen. Aber wie oft bleiben die Dienstboten bei ihren Arbeitgebern ein Leben lang nur die „Fremden"? Diese sehen in sich nur den Edelmann und in dem anderen einen Tunichtgut.

Es ist der zweite Weihnachtstag. Nebel liegt über den Dorfwiesen und Gärten. Der Westhang des Schneeberges ist wie mit einem weißen Tuch bedeckt. Nur dort, wo die Kapelle steht, vermutet man einen dunklen Fleck. In der Niederung ist der Schnee zum Teil wieder aufgetaut, so daß die Saat im pechschwarzen Boden steht und mit ihrem frischen Grün hervorlugt. Durch dieses winterliche Feld führt ein schmaler Fußweg. Darauf schreitet gelassen eine Frau noch jugendlichen Alters einher. Ihre wenigen Habseligkeiten trägt sie auf dem Rücken. Ihr Blick ist hoffnungsvoll, wenn auch der Gang müde erscheint. Sie kommt von weit her und ist schon lange unterwegs. Vor dem Dorfe biegt sie ab und lenkt ihre Schritte auf ein einzeln stehendes Gehöft zu, welches hinter dem kleinen Akazienwäldchen liegt.

Eine merkwürdige Unruhe geht jetzt in ihr vor, je näher sie dem Anwesen kommt. Wie ein Märchen dünkt es ihr, und doch ist es rauhe Wirklichkeit. Der helle Klang einer Glocke durchdringt die winterliche Stille. „Es läutet zur Wandlung", denkt sie und setzt nach einer kleinen Weile ihren Weg fort. Rechts des schmalen Weges klopft ein Specht emsig im Geäst, als hänge von ihm das weitere Wachstum des Baumes ab.

Ja, sichtbare Wunden sind manchmal noch zu heilen, aber unsichtbare seelische Wunden, wie heilen die? Je näher sie dem Gehöft kommt, desto ruhiger und zufriedener wird sie. Sieben Jahre lang hat sie den Kleinen nicht mehr gesehen. Ach, könnte sie ihm doch gleich sagen: „Ja, ich bin deine Mutter, zürne mir nicht, ich konnte nicht anders."

Wehmut ergriff ihr Herz, als sie zwei Jungen gleichen Alters vor dem Hofeingang sah. Tränen rollten ihr über die Wangen. Da meinte Hans, Sohn des Jungbauern, zu Alois: „Glaubst du, die bleibt lange hier? Die weint ja jetzt schon." – „Sie wird Heimweh haben", erwiderte Alois. „Sie werden es schon gut haben bei uns", tröstete sie der Einsiedelbauer, nachdem er sich nach ihrer Gesundheit, dem weiten Weg und anderem mehr erkundigt hatte. Dabei erfuhr er auch, daß sie jetzt, nach dem Tode ihrer Mutter, allein sei.

Wie aller Anfang schwer ist, so erging es auch ihr. Doch in der Nähe ihres Jungen zu sein, half ihr über alles Schwere hinweg.

Tage vergingen, Wochen vergingen, die Zeit verrann bei ihr jetzt wie im Fluge, nachdem sie das ersehnte Ziel erreicht hatte.

Auf den Feldern regte sich wieder neues Leben, und die Menschen am Fuße des Mecsekgebirges zog es schon im März hinaus auf die weiten Fluren. Langsam begann die Arbeit in den Weingärten. Bald schon standen die Rebstöcke ohne Reben da. In den Lüften trillerten die ersten Haubenlerchen ihr morgendliches Gebet gen Himmel. Räder ratterten des Weges daher, und die Jugend tollte auf den Matten der Hutweide.

Auch der Pfarrer des Ortes lenkte seine Schritte hinaus in die freie Natur. So ergab es sich, daß er auch dem Einödhof der Familie Amrein auf dem Nachhauseweg einen Besuch abstattete. Ein Wort wechselte mit dem anderen, und bald war ein Gesprächsstoff gesponnen. „Ich sage euch, laßt diesen Aloisius", wie er ihn nannte, „studieren. Der Junge ist talentiert, folgsam ... und wenn Gott will, wird er Geistlicher. Das nötige Geld zum Studieren habt ihr doch!" Die Bäuerin stimmte sofort mit Überzeugung zu. Doch war dies nur ein Plan. Ihn zu verwirklichen, bedurfte es noch einiger Jahre.

Im Dorf sprach niemand mehr von dem „Findling", der bei Nacht und Schneetreiben in einem Korb, verpackt in Heu, vor die Tür fremder Leute gestellt worden war. Alois war eines ihrer Dorfkinder geworden. Längst lieferten die Geschehnisse des Alltags neuen Gesprächsstoff für die Menschen, die von eigenen Sorgen wenig oder noch nicht geplagt wurden. Ein Jahr folgte dem anderen, die Dienstboten wechselten wie üblich, nur die Stallmagd der Amreins blieb. Sie sprach nie vom Lohn, auch nicht vom Gehen.

Als die großen Schulferien zu Ende waren und der letzte Tag im Monat August sich näherte, kam für Alois der Abschied. Es fiel den Eltern schwer, ihn in die Obhut fremder Menschen zu geben, wenn es auch nur in dem nahe gelegenen Fünfkirchen war. Auch die Magd konnte es nicht verbergen, daß es ihr schwer ums Herz war. „Sie fand immer Gefallen an dem Jungen und steckt ihm heimlich leckere Sachen – aus ihren Ersparnissen – zu", sagte der Jungbauer. „Man sollte meinen, sie wüßte, daß er keine Mutter hat." Betrübt ging sie in den ersten Wochen einher. Sobald von ihm Post kam, war sie hocherfreut, auch wenn sie im Brief nicht erwähnt wurde.

Die Ferien verbrachte Alois immer bei seinen Eltern, d. h. Pflegeeltern. Bei der Ernte half er mit, soweit man seine Person gebrauchen konnte. Er holte für die Schnitter frisches Wasser vom „Bründl", machte die Stohbänder naß und legte sie vor den „Rafflern" aus. Oft und gerne verweilte er längere Zeit beim „Bründl", hierorts nach der „Stiffoler" (Stift Fuldaer) Mundart „Prenje" genannt. Dies war schon lange Zeit sein Lieblingsspielplatz geworden. Nach den Erntewochen sah er den Leuten zu, wie sie den Hanf aus dem Wasser wuschen. Dumpf klang der Schlag ins dreckige Wasser. Ein sonderbarer Geruch erfüllte zu dieser Zeit das Tal. Den quakenden Fröschen zuzuhören, die zu Hunderten auf dem Lehm saßen, war ihm stets ein Vergnügen. Der Duft vom Wiesenheu, dem „Grohmet", der zweiten Mahd, war dem jetzt zum „Stadtjungen" gewordenen Gymnasialschüler ein Stück Heimat. Auch mit der Froschjagd seines Freundes Adebar, des Storches, wurde er vertraut, bis nach einigen Wochen wieder all das Schöne vorbei war.

Dort, wo vor kurzem noch Weizen und Roggen im Winde wogten, sind jetzt Stoppeln zu sehen, in die der Pflug flache Furchen ziehen und wo bald darauf „Futtermais" grünen wird.

Dies ist die Zeit, wo der Bauer sagen kann: Das Schwerste ist vorbei. Unser täglich Brot ist unter Dach und Fach.

Aber die schönste Zeit, die schönste Arbeit war immer schon die Weinlese. Fröhlich ging es in den Weinbergen, fröhlich in den Preßhäusern zu, wo der Rebensaft in die Schaffeln und Bottiche floß.

Die Jahre kommen, die Jahre vergehen. Ob sie für den einen gut oder nur schlecht waren, das auszusuchen war nicht möglich. So ist es auch mit den Ernten. Einer Ernte geht immer die Saat voraus.

Auch auf dem Hofe des Einsiedelbauern trafen sich eines Tages wieder die Schnitter. Aber einer, der jedes Jahr mit dabei war, fehlte: Aloisius. Als die Tage an der mittleren Donau heiß und schwül waren, sollte er am Tage der Apostelfürsten, zu Peter und Paul, im Hohen Dom zu Fünfkirchen zum Priester geweiht werden. Er war an seinem Lebensziel angelangt. Sein Studium war zu Ende. Das Dorf rüstete sich. Viele machten sich auf die Beine, um nach Fünfkirchen zu kommen. Wem es nicht möglich war, war im Geiste dabei. Auch ihre, der Stallmagd Gedanken waren dabei. Sie hörte im Geiste das Glockengeläut, das an jenem Tage freudiger klang, da im Dome eine solche heilige Handlung vollzogen wurde. Sie hörte, wie die Orgel zu einem Jubelklang anhub gleich tausend Stimmen, die den Hohen Dom erfüllten. Sie sah, wie die Menge sich von ihren Sitzen erhob und wie aus weiter Ferne „Großer Gott, wir loben Dich" erklang. Dann war alles still um sie. Sie erwachte aus einem schönen Traum. „Nein!" schrie sie mit erstickter Stimme, „ich kann nicht mehr länger schweigen! Er soll es wissen." Ein innerer Kampf tobte in ihr, der nicht enden wollte.

Eine Woche war vergangen. Strahlender Sonnenschein am Sonntagmorgen. Das Dorf Hird legte festlichen Schmuck an. Schon am Samstag wurden die Straßen gekehrt und mit Astwedeln geschmückt. Die Häuser wurden geschmückt. Die päpstlichen Farben, die Fahnen in Weiß-Gelb, leuchteten weithin. Die kleinen Mädchen gingen in weißen Kleidchen, in der Rechten ein Körbchen mit Blumen gefüllt.

Die Magd vom Einsiedelhof sollte auch an diesem Tage zu Hause bleiben, um Haus und Hof vor unliebsamem Gesindel zu schützen. Auch das Klein- und Großvieh war zu versorgen. „Bleib nur schön daheim, versorge alles, wie es sich gehört, nachher wirst auch du mit uns und den Gästen der Primizfeier einen schönen Tag verbringen", sagte der Senior-Bauer zu ihr. Halblaut, schon im Gehen, meinte er noch: Was will sie denn dort? Erstens. Und zweitens: Ach, ich weiß selbst nicht, wo mir der Kopf steht.

Die Leute vom Dorf und aus der Umgebung kamen scharenweise den Wiesenweg entlang und gruppierten sich vor dem Hofeingang, der mit frischem Grün geschmückt war. Unter dem mächtigen Maulbeerbaum, der mitten im Hofe stand, nahm eine Musikkapelle eine kreisförmige Aufstellung. Die Instrumente blinkten golden in der Sonne. Noch war der Primiziant nicht zu sehen, auf den alle ungeduldig warteten. Es war ein schwerer Gang für ihn, der Anfang seines Lebenszieles, welches er sich gesetzt hatte. Er verließ sein Elternhaus, um in die Welt hinauszuziehen, um den Menschen das Seelenheil zu verkünden. „Endlich!" ging ein Raunen durch die Reihen. Der junge Geistliche erschien in der Türschwelle, schritt die Stufen hinab, wo er von einem kleinen weißbekleideten Mädchen begrüßt wurde. Sichtbar wirkten die kurzen Verslein auf die Anwesenden. Dann setzte sich die Prozession in Bewegung, voran die Jugend, die Kreuz- und Fahnenträger. Unter den Klängen der Musik und dem Läuten aller Glocken erreichte der lange Zug die Kirche. Auf den Stufen zur Kirche ein Blumenteppich aus blauen Kornblumen, duftenden Rosenblüten, Jasmin und Wiesenblüten.

Das feierliche Hochamt begann. Aus Kindermund erklang das „Gloria ... adoramus te, glorificamus te, ... propter magnam gloriam tuam ..."

Still und unbewegt stand die Stallmagd vom Einsiedelhof zwischen Hird und Fünfkirchen, abseits der Straßen gelegen, faltete die Hände, den Blick zur Kirche gerichtet. Es läutete zum „Offertorium". „Sein erstes heiliges Meßopfer", denkt sie. Sein erster Opfergang. Nun faßt es sie. Sie geht. Sie läuft ... vor dem „Deo gratias" erreicht sie noch die Sakristei. Die Eingangstüre steht offen. Viele Leute haben keinen Einlaß mehr bekommen, da das Kirchenschiff überfüllt ist. So kniet auch sie sich im Freien nieder, um den Primizsegen zu empfangen.

Dann drängten sich viele Leute auf den freien Kirchplatz, um die Eltern zu beglückwünschen. Aus der Hand des Primizianten empfingen alle ein Andenkenbildchen.

Die Umstehenden sahen einander an, sie standen wie erstarrt da, als sie die Magd in Arbeitskleidung sahen. Sie umschlang den jungen Geistlichen mit beiden Armen, brach in Tränen aus und stammelte leise die Worte: „Mein Sohn, mein Sohn."

Er stand wie gelähmt da und konnte es nicht fassen. Schweigen lag auf beider Lippen. Nach einiger Zeit flüsterte er: „Mutter, Mutter!"

Wortlos schritten sie die Kirchenstufen zum Weg hinab, einem neuen Leben entgegen.

Jetzt erst wußte ein jeder von dem Geheimnis, welches jahrelang von der Frau allein getragen wurde.

Die Jahre kamen, die Jahre vergingen, aber bei dem Einsiedelbauern hatte sich nichts geändert. Sie konnten es lange nicht fassen, was sich in ihrem Hause in jener Winternacht vor 25 Jahren zugetragen hatte.

Aber das Dorf sprach jetzt wieder viel von den Amreins, die sich nicht hatten beirren lassen, und vor allem auch von der Magd, die ihnen auch weiterhin noch ein Leben lang diente.

Denn, wie hat es der alte Goethe gesagt? – „Durch Dienen allein gelangt man endlich zum Herrschen."

Die Rache des Blaumichls

Stiller Sommerabend! Ein kühler Hauch, der von den kleinen Hügeln weht, wirkt wohltuend auf Menschen und Tiere, die nach getaner Arbeit dem Dorfe Großnahring zueilen. Wie ein Saphir in der Krone der Natur schmiegt sich dieses an eine Berglehne. Die schlanken Pappelbäume, die vereinzelt in der Niederung stehen, werfen lange Schatten in das satte Grün der Wiesen, aus denen das Abendlied der zirpenden Grillen anhebt. Eine Weile werden sie vom Rattern eines Zügleins, das dem Bahnhof Deutschbol zustrebt, übertönt. Ihm entsteigen einige Reisende, die sich schnellen Schrittes nach allen Richtungen entfernen. Nur einer scheint es nicht eilig zu haben. Er wendet seinen Blick umher, schaut sich das Stationsgebäude an, als ob er es noch nie gesehen hätte.

Dann lenkt er seine müden Schritte der vom Staub bedeckten Straße zu, die nur einige Kilometer lang nach Deutschbol führt. Auf seinem von tiefen Narben gezeichneten Antlitz ruht ein zufriedenes Lächeln. Nach langer Zeit wieder heimatlichen Boden unter den Füßen! Bald fühlt er sich heimisch. Sein Blick gleitet über die weite Ebene hinweg, zu den Weinbergen, „Tuka" genannt, wo die Umrisse der Reihen-Preßhäuser in der Abenddämmerung nur undeutlich zu erkennen sind. Von Werschend her hört er den Klang einer Abendglocke. Ist es ein Traum nach einer ruhelosen Zeit oder ist es Wirklichkeit? Er kann es noch nicht fassen. Entblößten Hauptes nimmt er seinen Weg weiter, wie es hier christlicher Brauch war. Innerlich verwandelt, umflutet von den Düften der Heimat, bewegt er sich dem Dorfe zu. Von da aus wollte er noch weiter bis nach Seika, wo er daheim war.

Früher brauchte man den Weg von der Bahnstation bis zum Dorf nicht zu Fuß zurückzulegen. Für einige Heller beförderte der Hannes-Vetter die Reisenden gerne in seinem „Kalest", einem leichten vierrädrigen Kutschwagen, bis vor die Haustüre. Vielleicht ist er schon hinübergefahren ins Jenseits, wo es keine Stationen, kein Kommen und Gehen mehr gibt. Hätten die Bauern von Deutschbol dem Bau der Eisenbahnlinie der „Donaudampfschiffahrtsgesellschaft" am Rande des Dorfes zugestimmt, wären viele unnötige Schritte gespart geblieben. Sie fürchteten den „Funkenflug" über ihren Getreidefeldern. Wer hätte damals gedacht, daß dem nicht so sein würde.

Unterwegs im Lande hat er schon von der endgültigen Lösung der „Schwabenfrage" gehört, aber die Zusammenhänge waren ihm dabei nicht klar geworden, und fragen wollte er selbstverständlich auch nicht, um keinen Verdacht zu erregen. Josef war zuversichtlich. Ob wohl noch jemand an sein Kommen denkt? Oder steht der Name Josef Pfilf schon eingemeißelt am Ehrenmal der gefallenen Krieger? Das Feldkreuz hinter sich lassend, bog er in die Nußbaumallee ein, und schon waren die ersten Häuser sichtbar. Sein Vaterhaus stand ganz am Ende der Straße, wo die Eisgrube des römisch-katholischen Leservereins war.

Fahles Licht leuchtete durch die Küchenfenster. „Sie sen noch auf", dachte Josef bei sich und beschleunigte seine Schritte. Das Lispeln der Blätter in den weitverzweigten Kronen der alten Nußbäume kam ihm noch sehr vertraut vor. Die „Bänklrje" standen noch da, auf welchen die Nachbarn sich sonn- und werktäglich zu einem Plauderstündchen eingefunden hatten. Auf einmal aber wurde ihm bange. Zaghaft betrat er die Schwelle seines Vaterhauses. Ob Mutter ihm öffnen würde? Er klopfte an die Tür, Einlaß bittend. Darauf erschien eine junge Frau und fragte ihn: „Mit akar?" (Was wollen Sie?) „Das mag wohl die Magd sein", dachte Josef, denn ungarische Dienstboten hatte es schon öfters in der Gemeinde gegeben.

Er fragte auf ungarisch sogleich nach seinem Vater. „Der Vater?" Die Frau verzog das Gesicht. „Woher kommen sie denn? Wer sind sie nun?" – Josef stellte sich als Sohn des „Gazda" (des Besitzers) vor. Nun wußte auch die Frau, woran sie war. Sie erzählte dem „verspäteten Heimkehrer", daß auch er hätte mitfahren können bzw. müssen, wenn er schon im vorigen Jahr heimgekommen wäre. „Ja, die Eltern sind schon lange fort, wer weiß, wo sie sind, vielleicht in einem Lager?" Es hörte sich halb mitleidig, halb spöttisch an. „Na, und der Besitz?" – „Der Besitz gehört jetzt uns Telepeschen (Neusiedlern)."

Das waren die ersten Grüße der Heimat. Josef stand wie angenagelt da. Die Neusiedlerfrau schlug vor seiner Nase seine eigene Türe zu.

Von der Straße her wurde der Lärm einiger Männer hörbar, die offenbar nicht mehr ganz Herr ihrer Sinne waren. Immer näher kam die johlende Gruppe. Die Frau öffnete noch einmal die Türe und rief: „Gehen Sie jetzt! Gehen Sie doch, sonst ..." Für Josef war die Lage nun ganz klar, auch seine Eltern hatten Haus und Hof verlassen müssen und waren verladen worden, aber wohin? In Gedanken versunken hörte er nicht die schlürfenden Schritte hinter sich. „Was suchen Sie in so später Stunde in meinem Hof? Wen suchen Sie?" torkelte ihn der neue Besitzer, der „Telepesch", an. Statt sich gegenseitig vorzustellen, gerieten sie in einen heftigen Wortwechsel.

Inzwischen drängten sich einige Leute durch das kleine Hoftor, um ihre Neugierde zu stillen. Unter ihnen befand sich auch der sogenannte „Blaumichl", der es immer und auch bei der Aussiedlung meisterhaft verstand, den „gerechten" Mann zu spielen und somit in der Heimat zu verbleiben. Er wechselte die Farben, seine Gesinnung öfter als seine Hemden oder Unterhosen. Seine Habe hatte er schon längst seinem Verbündeten, dem Alkohol, vermacht, der diese weggespült hat. Der Wortstreit, der entbrannt war, wollte nicht enden. Da trat „Blaumichl" mit geballter Faust vor Josef und schrie ihn an: „Du Faschist, du, ich kenne dich schon, mach, daß du aus unserer friedlichen Gemeinschaft fortkommst, sonst gebe ich Anweisung an die Ordnungshüter." – „Was heißt 'sonst', Michl? Kennst mich doch?" Aber der Michl wollte den Helden spielen, natürlich vor den „neuen" Besitzern, und wollte sich an Josef vergreifen, besser gesagt hätte sich vergriffen, wenn dieser den total Besoffenen mit einer leichten Handbewegung nicht zu Boden geschleudert hätte. Als er sich mit Hilfe der Umstehenden wieder aufgerafft hatte, schrie er mit heiserer Stimme: „Werft ihn hinaus, den Faschisten, hetzt den Hund auf ihn!" Und schon rasselte es an der Kette, es war der alte Hofhund, der nicht „gesiedelt" wurde. An der Leine hetzte man ihn gegen den nächtlichen Störer, aber Josef wich keinen Schritt von der Stelle.

Plötzlich hörte das schaurige Gebelle auf, und der Hund sprang an ihm hoch, indem er die Vorderfüße an seine Brust stemmte. „Argo, Argo", streichelte er ihn, aber die Kehle war ihm wie zugeschnürt. Den Freund wollte man gegen den Freund hetzen, aber vergeblich. Argo hörte nicht auf die Hetzrufe der neuen Besitzer. Da schauten sie alle verdutzt drein. Auf einen Wink von Josef kroch Argo wieder in seine Hütte zurück. Dann löste sich nach einem kurzen Geplänkel diese gemischte Gesellschaft wieder auf.

Josef fand bei einer alten Verwandten Unterschlupf, die mit anderen zu den wenigen „Enthobenen" gehörte. Aber er fand sich in seinem Heimatdorf nicht mehr zurecht. An ein Verbleiben war nicht mehr zu denken. Wozu und an was hätte er Hand anlegen sollen? Es war kein Geheimnis mehr, daß er sich früher oder später aus dem Staub machen würde, den er durch seine Heimkehr aufgewirbelt hatte. Besonders dem „Blaumichl" war er ein Dorn im Auge, kannte er doch zu gut dessen Vergangenheit. Somit trachtete jener wie ein vom Teufel Besessener danach, Josef zu vernichten oder aus dem Ort zu treiben.

So vergingen Tage und Wochen, gut und schlecht. Josef schaffte bald bei diesem, bald bei jenem alten Verbliebenen mit, weil er ja leben mußte und die Leute nicht sagen sollten, er lebe nur so in den Tag hinein, lasse den lieben Herrgott einen guten Mann sein.

An einem späten Sommerabend schleppte er sich müden Schrittes nach Hause. Sengende Hitze lastete an jenem Tag auf Menschen und Tieren. Die Blumen neigten schlaff ihre Kelche und lechzten nach Wasser wie der Boden selbst. Kein Wölkchen war am weiten Himmel zu sehen. Die Halme brachen wie Glas unter den Sensenhieben der Schnitter. Der Abendstern zeigte sich, wenn auch noch matt, am abendlichen Firmament. Wie oft hatte er ihn in der Gefangenschaft betrachtet und dabei an die Heimat gedacht.

Da drangen auf einmal laute Hilferufe an seine Ohren: „Hilfe! Feuer! Feuer!" Und er starrte in die Richtung, aus welcher sie kamen. – „Ist das nicht das Haus meines Vaters, aus dem Rauchpilze aufsteigen?" – Er warf die Sense ins Schlehengebüsch, damit sich niemand an der Schneide verletzen konnte, um besser laufen zu können. Schon hörte er beim Dorfeingang, wie die Leute immer noch schrien: „Eimer! Eimer! Beim ... brennt's!"

Josef fing an zu laufen, er riß einem Buben den Eimer aus der Hand und raste damit zur Brandstätte, wo es infolge der gemischten Zusammensetzung der Dorfbewohner mehr Geschrei als rührige Hände und tätige Zusammenarbeit gab. Nach einer halben Stunde, als Stallungen und Scheune schon lichterloh brannten, organisierte man eine Eimerkette vom Dorfbach, der durch die Zwetschgengärten floß, bis zum brennenden Haus.

Aber wie das schon immer so war, begannen die Leute schon bei den Löscharbeiten, über den mutmaßlichen Täter zu lispeln und zu flüstern. Man wußte auch aus Erfahrung, daß es Brandstifter gab, aus Lust oder Rache, die sich dann gerne unter die Leute mischten und wie verrückt „löschten", als ob ihnen am Löschen des Brandes am meisten gelegen wäre. War es dann ein Wunder, daß der erste Verdacht auf Josef fiel? Seine Emsigkeit und Hastigkeit mußte auch denjenigen auffallen, die von dem schmählichen Streit im Hofe seines Vaterhauses bei seiner Ankunft in der Heimat nichts wußten. Das Geflüster ging solange hin und her, bis einige „Ordnungshüter" der Neusiedler ihn aus der Reihe rissen und unter Fluchworten in Richtung Gemeindehaus vor sich her stießen. „Haut ihn! Schlagt ihn tot! Er hat das Haus in Brand gesteckt, weil man ihn daraus geschmissen hat. Schlagt ihm den Schädel ein!"

Die „Hüter" hatten alle Hände voll zu tun, um die johlende und geifernde Menge zurückzuhalten und Josef vor der Lynchjustiz der aufgebrachten Masse zu schützen. Sie brachten ihn in den Arrestraum des Gemeindehauses. Nun konnte er wiederum nachdenken und nachsinnen, was alles so im Leben eines Menschen sich zuträgt. Aber nicht lange, denn es stellte sich alsbald heraus, daß er zur Zeit des beginnenden Brandes, als die ersten Rauchwolken aufstiegen, noch auf dem Felde arbeitete, somit unmöglich als Brandstifter in Frage kommen könne.

Sein erster Weg, als er frei gelassen wurde, führte ihn wieder zur Brandstätte, wo es zwischen den Balken noch qualmte und knisterte.

Scheu wichen die Leute ihm aus. Ja, warum noch die Menschenmenge? Wo es doch nichts mehr zu löschen gab? Hat ein Funke Luft gekriegt und hochgeschlagen? Ein Gejohle und Geschreie! Neues Anlaufen? Solche und ähnliche Gedanken durchdachte Josef beim Betreten des Hofes seines Vaters.

„Armer, Armer, szegény, szegény", jammerten die Telepeschfrauen, er habe draufgezahlt auf seinen „Einsatz" bei den Löscharbeiten gestern abend. „Wer wohl? Wem wohl? Wem ist etwas passiert?" Er war neugierig. Einige zeigten mit den Fingern auf eine verkohlte Leiche, die man bei den Aufräumungsarbeiten aus den verkohlten Balken herauszog. Ihm kam sofort ein Gedanke. Dies war der „Blaumichl". Jetzt erst ging bei ihm ein Licht auf. Ist er wirklich ein Opfer des Brandes, seines „Einsatzes" bei den Löscharbeiten geworden, wie die Umstehenden zunächst meinten? – Ganz anders, denn alsbald meldete sich ein „Spießgeselle" des Verkohlten und sagte aus, daß sein „Schpezi", der „Blaumichl", ihm in letzter Zeit schon immer wieder gesagt habe, „den" (nämlich den Josef) werde er aus dem Dorfe jagen, damit der neue „Herr" in Josefs Vaterhaus endlich seine Ruhe habe. Dabei dachte aber der „Blaumichl" mehr an seine eigene Ruhe und Sicherheit, aus Angst vor eventuellen Aussagen Josefs.

Darum schlich er gegen Abend in die Scheune, zündete das dort lagernde Heu an, aber die rasch sich entwickelnden Rauchschwaden verwehrten ihm anscheinend die Sicht, so daß er nicht mehr den schmalen Ausgang fand und ein Raub der Flammen wurde. Allerdings hatte er erreicht, daß Josef sein Heimatdorf verließ und über Nacht verschwunden war. Nichts band ihn mehr an seine Heimatstätte. Sein Vaterhaus war in Schutt und Asche gesunken.

Wer könnte all die Geschichten, nein: menschlichen Tragödien beschreiben, die sich in jenen Tagen der „neuen" und „endgültigen Landnahme", wie die literarische Linke versicherte, in unseren Dörfern abspielten?

Langsam sinken auch diese Erinnerungen in Schutt und Asche. Vergessen sollte man sie nicht.

Als die Schwalben sich auf den Telegrafendrähten sammelten, ward Josef zum letzten Mal gesehen.

Rosenblüten

Es blühte einst ein Rosenstrauch
in einem lieblichen Tal.
Die Blüten weiß, zart wie Hauch,
unendlich an der Zahl.

Ich flocht ein Kränzlein von den Zweigen
und schenkte es der Liebsten mein.
Oft verweilten wir im Schweigen
unter Blüten ganz allein.

Die Zeit verging, ist längst entschwunden,
der Strauch steht morsch und kahl.
Denke oft der frohen Stunden,
ach, kämen sie doch noch einmal.

Sollte einst ich nicht mehr sein
und Du gehst allein umher,
so denke an das Kränzelein,
auch wenn's schon lange her.

Herbst am Plattensee

Über Gras und Laub schreit' ich zum Strande,
es grüßt der Herbst vom Rebenhain.
Mein Blick führt über weißem Sande,
am Berghang reift der neue Wein.

Hör' von Tihany Widerlaute,
Wildgäns' schrei'n im dichten Rohr.
Und ein Lüftlein bringt viel traute
Stimmen an mein waches Ohr.

Seh' die Sonne blutrot sinken,
still ist's wieder um den See.
von dem nahen Hügel winken,
Winzerinnen froh ade.

Leise rauscht's in Weinberglauben,
langsam sinkt herab die Nacht.
Ringsum hängen reif die Trauben
wie jedes Jahr in voller Pracht.

Was einmal war, kommt niemals wieder!
Vergessen aber werd' ich's nie.
Denn es ist ein Auf und Nieder!
Sinnend meinen Weg ich zieh.

Abschied

Lebet wohl ihr stillen Gassen,
du mein liebes Dörflein mein.
Rebenumrankte „Sonn'-Terassen",
wo jedes Jahr blüht neu der Wein.

Ein Ästlein streift mir sanft die Wange,
mein Wagen rollt zum Tor hinaus.
Soll's ein Wink sein? – Es wird mir bange,
„Du siehst nicht mehr Dein Vaterhaus".

Habe gebetet, wie Mutter es mir lehrte,
gesungen, wie es mir Freude macht.
Meine Sprache ich über alles ehrte,
mit Stolz ich heute noch sie acht'.

Dort wo ich einstens lebte in Frieden,
den Menschen ich nie ein Leid getan.
Warum ist es mir beschieden?
Fremde sehen mein Vaterhaus als das „ihre" an.

Warum mußten wir büßen

Hinter hoher Gefängnismauer,
wankt er umher – fahl sein Gesicht.
Einst war er Bauer,
mehr nicht.

Ratternde Räder im eisigen Wind.
Nur fort, geschwind, geschwind!
Warum wir? fragt sich ein jeder,
ob Greis oder Kind.

Kollektivschuld:
Schlüssel zu den Waben.
Rechtlos – vogelfrei.
Die Zeit wird kommen,
von jeder Schuld wir frei!

Heinrich Erk †
Liebling – Gräfelfing

photo-grammes, Berlin

Heinrich Erk wurde am 1. Januar 1895 in Liebling (Banat/Rumänien) geboren. Vater: Landwirt Heinrich Erk; Mutter: Maria, geborene Walter. Er entstammte einer angesehenen Lieblinger Familie, in der die Beteiligung an gemeindepolitischen Aufgaben schon zur Tradition geworden war. Besonders in der Verwaltung der Kirchengemeinde hat Erk mitgewirkt und war von 1938 bis 1943 als Gemeindekurator, von 1946 bis 1953 als Kurator des evangelischen Kirchenbezirks im Südbanat tätig. Heinrich Erk war Kaufmann und Landwirt in Liebling; Herbst 1944 Flucht, kehrte 1945 nach Liebling zurück; kam 1962 zum Sohn Heinrich Erk nach Berlin. In seinen letzten Lebensjahren, besonders in Gräfelfing, war er unermüdlich bestrebt, die Verbindung zu den in alle Welt verstreuten Lieblingern nicht abreißen zu lassen und in der nachwachsenden Generation, die er auch in seinen Enkeln verkörpert sah, die Verbundenheit mit der alten Heimat lebendig zu erhalten. Die Erzählung „Noom Dresche is nimmi lang bis Kerwei" von der Lieblinger Ernte, so schreibt Dr. Heinrich Erk, der Sohn, im Nachwort, „ist im Sommer 1964 entstanden, im 69. Lebensjahr meines Vaters. (...) Die Leser, an die er dabei gedacht hat – abgesehen von seinen Enkelkindern, denen er abends vorlas, was er tagsüber geschrieben hatte –, waren seine Freunde und Generationsgenossen, die in alle Weltgegenden verstreuten ehemaligen Lieblinger." Heinrich Erk starb am 6. April 1970 in Gräfelfing bei München.

Noom Dresche is nimmi lang bis Kerwei
A Vrzählung vun dr Lieblingr Ähn

So Lott, saat dr Schmidt Josepp am Tisch noom Nachtesse zu seinr Fraa, midm Fruchtabmache weere mr fertich. S war a harti Ähn, mr kennen awr a zufriede sei. Vun sechzich Joch sitzn tausndachthunrtfufzich Kreiz. Un die Frucht gebt desjohr gut aus. Jetz haaßts die drei Weeje in die Rai mache un schaue daß mr des viele Sach uf de Stock un uf de Bodm grien.

Un Lott, vormjohr iwrm Beifehre hun ich mr gedenkt, s werd s letschtmol sei, daßt helfe gawle muscht. Un ich sieh jetzt, du bischt widr in dr Zahl for helfe. S sein halt doch immr um sechs Kreiz meh, un drbei schaane mr doch aa noch die Kinn. Un a ontlichr Baur fahrt doch mit drei Weeje.

So weers jetz alles eigetaalt. Vonne midm eerschte Waa selln die Kinn fahre, dr Filipp un s Lottche midm vierjehriche Rapphengscht un dr vierjehriche Rappstut, mit dem neie Waa un dem neie Schlisslgscherr. Dr Filipp is jetz dreiunzwanzich, un s Lottche achtzeh Johr alt.

Dr Janosch dr Knecht un s Rees die Kleckrn halln alle zwaa aa, daß dr Schmidt Josepp ehne die zwaa Fimfjehriche, a Stut un a Pallach, alle zwaa schwarzbraa, gebt. – Na gut, saat dr Schmidt Josepp, ehr sellt aa stolz sei, ehr griet aa den geele Waa un des Gscherr mit denne dicke Siele. Jetz schaut nor aa un richt eich alles ontlich her.

Do siehscht jetz Lott, saddr, for uns zwaa bleiwn die zwaa Zuchtstude mit de Fillr un dr Waa mit denne braatschwingiche Laadre. Was willt dann mache, Lott, die junge Leit wolln stolz sei, loßmrn ehre Fraad.

Der alt tiefbucklich Bleß bleibt aa iwrs Beifehre, wie in dr Ähn, m Großvattr sei Gaul, for Kleehole un s Esse nausbringe an de Stock mit dem korze leichte Aaspännrwaa. Un die Großmottr muß weidr for se all koche, wie in dr Ähn.

S Lott saat: Ehr wißt gannet was die zwaa alde Leit dehaam alles tun, was do Arwet is. Meer fahrn morjets all naus un iwrloßn alles denne zwaa Leit. Un sie machn alles so schee minanr un sein zufriede.

Die Großmottr: Zufriede? Des kamr net grad saae. Oweds sorcht eire Großvattr, daß alles, bistr haamkummt, fertich is. Un wannr mol froh werd, noo willr mr immr vrzehle, wie er frihr gewertschaft hot, als wann ich gaanet drbei gewest weer, bis ichn steere muß un saa: Ludwich, du hoscht halt aamol eftr ka Ruh, bist a Schwips hoscht. Die Rakiflasch hodr ufm Stallefenschtr steje un so oft daßr vrbeigeht pippltr bisr se leer hot.

Dr Großvattr: Horcht mol ehr Kinn, jetz werr ich eich awr mol was saae. Die Großmottr vrzehlt mr zehmol im Tag, wies bei uns im Haus mol sei werd, wann ich mit meine sibzich Johr mol nimmi sein. Wann ich ehre awr noo saa, wies in unsrm Haus sei werd, wann du Tilli mit deine fimfunsechzich aa mol ruhich sei muscht, isses Kumedi for den Tag fertich im Haus.

Die Großmottr: Ludwich, s weer awr grad genung, jetz halscht mol dei Maul. Ich muß eich doch mol vrzehle, wies bei uns zugeht, wamr allaa dehaam sein. Morjets wann dehaam alles fertich is, fahrt eire Großvattr Klee hole. Wier s eerschtemol gfahr is, woltr hun ich soll aa mitfahre, un maant, do kennt mr nochamol so newrnanrsitze wie in unsrer junge Zeit. Un do kannr so schee plaudre, nor daß ich mitfahr. Wu kann ich dann bei der viele Arwet im Haus noch mit dem fahre, un s Haus allaa steje losse.

Am Mantagmorjet hodr de Waa gericht, tut awr zwaa Gawle uf de Waa, s Schlockrfaß hedr schier leije geloß. Kaam daßr fort war, rangst dr Bleß am Tor. Wie ich vrschrock war! Ich laaf naus, un dr Bleß is allaa do, unich Peitsch, sitz un Deck. Gott, denk ich mr, was werd dann do passiert sei mit dem alde Mann. Jetz steh ich mottrseeleallaa dehaam, bei dem Unglick. Der Gaul is sichr durichgang, un der alt Mann is unr de Waa kumm un leit tot ufm Weg.

Ich hun schnell alles zugschloß, sein uf de Waa un tje naus, den alde Mann suche un haambringe, wies halt schun is. Gott, denk ich, mr hun jo aa schun ball fufzich Johr minanr gelebt. Wie halt Gott will, wannrn liewr hot wie ich, noo sollrn halt hun. Wie ich awr mit dem alde Bleß im Trapp fahre will, schidlt der de Kopp. Noo sein ich halt gfahr, wies dr Bleß wollt. Um so a Zeit, do kummn am doch allrhand Gedange, beim Bleß seim Tempo kanns doch ka Unglick gewe, denk ich mr. Un wie ich neegschtr gees Kleestick kumm, sieh ich, daß mei aldr Ludwich doch net vrunglickt is un fleißich Klee meht. Ich hunnem vun weidm zugeruf: Ja was is dann passiert, Ludwich? Der Alt: Du siehscht doch, dr Bleß is durichgang. Na sowas, saat ich, was dem alde Narr noch eifallt. Na Tilli, saat eire Großvattr, fahr nor rum un helf mr a bisje uflade.

Wer dengt dann glei soweit, daß die zwaa Alde mich hinrgang hun? Wie mr fertich warn mit uflade, hun ich de Sitz vonne, for zwaa newrnanrsitze, gericht. Naa, naa Tilli, des mache mr net, mr sein doch ka junge Leit meh, du setscht dich hinne hie, ruft eire Großvattr. So, saat ich, s Rees kannt du ganz gut newr dr leide, newr dem bischt du gaanet zu alt. Hett ich nor des gewißt!

Am anre Tag widr desselwe, kaam is der Alt fort, rangst dr Bleß am Tor. Ich hun schnell widr alles zugschloß, vrschrock sein ich desmol nimmi un sein midm Bleß widr nausgfahr un hun uhne a Wort gsaat de Waa widr ufgelad un hun geeilt, daß mr haamkummn.

De anre Tag, wie schun zwaamol, rangst dr Bleß widr. Aha, denk ich mr, heit geh ich mol durich. Der Alt rangst wie vruckt un tret ans Tor. Ich sein als weer nix meinr Arwet noogang. Noo aanr Stunn ism Bleß sei Kumrad, eire Großvattr, do un fangt mit meer aa zu prozesse, werum ich den arme Gaul so lang allaa uf dr Gaß steje loß. Na saat ich, Ludwich, schau nor jetzt, daßt weidr kummscht! Zwaamol hoscht mich vrwischt, aa drittesmol nimmi. Dr Schwindl is aus. Brauchscht de Bleß nimmi haamschicke mich abhole for deer de Klee uflade, du aldr Spitzbu. Do siehtr ehr Kinn, was der alt Mann mit meer do dehaam alles uffehrt.

All lachn se iwr die drei. Un am anre Tag sein die zwaa alde Leit aanich un froh minanr un machn ehre Arwet.

Noo zwaa Tag hadn se alles fertich gericht, un dr Schmidt Josepp is morjets zeitlich mit drei Weeje ausm Hof gfahr. Beim Nausfahre im Flur saats Lott: Josepp, ich sein so froh un stolz mit unsrer scheene Wertschaft. Un dr Josepp maant druf, er hot sich aa grad gedenkt, wanns nor immr so bleiwe teet.

S Grossumpstick is weit, in dr Foljer Stroß is a neier Damm ufgschmiß, un uf alle zwaa Seide is a glattgfahrner Weg. Vun de Weigäärtr bis an de Maulbeerebaam is a langr Weg. Un was uf dem Weg alles gfehrt werd! Do is mol dr Schewelr Hottar, wu die Lieblingr sechstausndfimhunrt Joch hun. In Schipet, uf denne drei Puste un ufm Hottar seins dreitausnd Joch. In Folje raffn sich aa tausnd Joch zamme. Noo is nochs Lieblingr Hottarfeld. Un wanns Beifehre do aageht, noo muß nauszus newe, s meenscht im Trapp gfahr were.

Die junge Leit sein iwrm Beifehre schenr aagezoo wie schunscht. Die Buwe hun ehre Owedsgwand aa, die Buwe und die junge Männr hun weiße Strohiet uf. Die Äldre hun schwarze Strohiet uf. Die Meed un die junge Weiwr hun weiße Kopptichr un braade Strohiet, die iwr die Schildre raichn. Mr kann saae, iwrs Beifehre un iwrs Dresche is alles a bisje feierlichr wie schunscht. Wann sich Buwe und Meed nanr begegnen, rufn se sich nanr zu un sein froh minanr. Ja manche sein arich froh minanr. Wie s halt schun is.

S Lott hot die Aae uf un gebt uf alles gut acht. S hot doch aa a Bu un a Medde zu vrheirade. Un do schauts sich die Buwe und die Meed all gut aa. Grad ruftm Gottschaal Franz sei Bu m Lottche zu, un s Lottche ruft froh zurrick. S Lott stupptm Josepp aans nei un saat:

Hoscht des bemerkt?

Dr Josepp saat: Dei Pleen kannt dr spare. Soweit seimr noch net. Ich hun for mei zwaa Kinn neinzich Joch Feld, drbei a ganze Grund ufm Hottar. Feld hot dr Gottschaal in Joch aa so viel, awr er is a klaanr Hottarbaur, mit seim halwe Grund. Un noo hot dr Gottschaal doch die vier Kinn, des sein for mit meer Hochzich mache um zwaa zuviel.

S Lott: Awr Josepp, ich maan des werd nimmi leicht sei. Der jung Gottschaal is a sauwrer Bu, un ich maan er gfallt m Lottche schun lengr. Ich teet saa, loßmr denne Kinn ehre Wille.

Dr Josepp: Horch mol Lott, ich maan, mr hun vun dem Gottschaal schun zuviel gered. Daßts waascht, des werd net, for des sein ich noch do. Un ich will ka Wort meh heere drvun. Hoscht mich vrstann? Ka Wort meh.

S Lott dengt sich: Mei liewr Josepp, du bischt jo m Lottche sei Vattr, awr ich sein aa sei Mottr, un do werr ich noch arich viel, ich denk aa s letscht Wort neirede. Un wer nooloßt, des werscht du sei.

(...)

Am Samschtag sein se im Ackr im Unipr Stick. Mittag ruft dr Schmidt Josepp zu seine Leit: Filipp un Janosch, haarum an de Waa, ausgspannt werd. Mr fahrn haam, uf die Kerwei. Nor alles ufraame un schaue, daß mr weidr kummn. Gess werd dehaam. Un dort is a Zeit for Fiedre.

Des war was for die junge Leit. Im Nu warn die Pherd eigspannt, alles ufgeraamt, un hoi uf haam zu. Wie se am Gewl aakumm sein, hot dr Josepp wie immr gephiff. Wie sich nimand meld, hodr durch die Fingre gephiff, un wie noch immr nimand ufmacht, is dr Janosch nunrghupst un hot ufgemach. S Lottche is glei nunrghupst un is zu seinr Mottr gsprung. Dr Josepp macht Krawaal un schimt: Fimf Weiwr im Haus un kaani machts Tor uf! – Uf aamol merkt dr Josepp, daß do gar ka Mensch uf ehn horcht. A jedi hatt ehre Arwet, un kaani schaudn aa.

Noom Ausspanne hun se de Pherd geb. Na, saat dr Josepp zum Filipp un zum Janosch, jetz gehmr esse.

Alle drei sitzn am Tisch un waartn. Noo froot dr Josepp: Lott, was griemr dann zu esse? Un alle drei kreischn se uf aamol.

– Bleibt nor solang sitze un waart, saats Lott, s werd schun was kumme.
– So schauts do heit aus? Un dr Josepp ruft: Unich eich is die Kerich gebaut wor! Er geht aa schun in die Speis, un wier midm Schwartemaa rauskummt, hots Lott m aa schun de Schwartemaa aus dr Hand geriß, un beim Renne rufts zurrick: Wann die Kerweigäscht morje owed kummn, stell ich ne truckns Brot vor un mach meine Kinn a Schann! Un wie dr Filipp un dr Janosch lachn, hot dr Josepp aa misse lache. Er dreht sich rum un geht zurrick in die Speis un hot a Lewrworscht gholt. Die lossnse sich gut schmecke, un dr Josepp geht aa schun un holt a Litr Wei. Un desto meh die Weiwr schimpn, desto bessr schmeckts denne drei. Is des awr a freches Weibsbagaasch, saat dr Josepp. Un uhne daß die drei midm Esse un Tringe satt warn, war ehre Tisch aa schun abgeraamt, un die drei warn aa schun aus dr Kich draus. Un s Liss ruftn noo:

Daßtr mr heit kaanr meh reikummt!

Un denne Weiwr ehre Arwet fliet nor so. Aani tut Straaf zieje, die anr tut de Gewl noch schnell herrichte, die anr hengt sauwre Vorheng uf, die anr is am Bigle, un die anre bringn Tellre, Schißle, Eßgscherr, Tisch un Stiehl aus dr Nochbrschaft. Dr Josepp muß ins Gscheft, Flasche un Trinkgleßr hole. Die zwaa Buwe machn de Hof, de Schoppe un de Gaarte sauwr. Dr nei Traktor werd in de Maschinschoppe eingschloß. Un wie se fertich warn, saat dr Josepp:

So, ehr Buwe, jetz noch de Stall fertich mache, noo esse, aazieje, un schaut daßtr zu dr Mussik kummt. Bis de Dinschtagowed hettr Urlaab. Bis dann kimmrt sich dr Almedingrs Henrichvettr un die Hanniwees um alles, was im Haus zu tue is. Un du, Janosch, ziehscht dich aa aa un gehscht ins groß Wertshaus tanze.

S Nachtesse is widr normal, die Weiwr sein fertich. Noom Esse ziehn sich die Buwe aa, un s Lottche aa, for ins Wertshaus.

Ums Lottche stehn sei Mottr, s Liss, s Kalin un s Dorte. Die Falde sein net gut gebiglt. S Halstuch und dr Schorz aa net. Dr Zopp kennt aa bessr glenze. Noo aanr halwe Stunn wars endlich fertich.

Un s Kalin phischprt m Lottche ins Ohr, morje owed soll dr Franz for des a scheene Walzr mit ehm tanze. – Was is dann schun widr, rufts Lott. – Nix for dich, saats Kalin. – O Kalinwees, saats Lottche, na gut.

Dr Filipp is in fimf Minute fertich, bis ufs Geld. Sei Vattr schaudn vun owe bis unne hie aa, noo schitltr de Kopp un saat: Filipp, so gehscht mr net ausm Haus. Entwedr du ziehscht dei scheenes bloo Kammgarngwand aa odr bleibscht dehaam. – Un dr Filip geht un zieht sich rum aa.

Dr Josepp is stolz mit seine Kinn. So, saadr, Filipp, do sein 200 Lei, weg-schmeiße brauchschts net, awr hinne finne brauchscht dich aa net losse. Zahle losse brauchscht dr vun nimand. Du bischt in denne Johre, wu mr sich nix aasieje losse derf. Un Filipp, Gott bhiet dich vor am Rausch. Des merk dr.

Un du, Janosch, bringscht mr die Berscht, daß ich dich ausputz. So, jetz bischt du aa fertich. Da hoscht 100 Lei, die schenk ich dr, bischt a bravr Bu. Un wann ich vum Filipp heer, daß du tanscht, griescht noch 100 vun meer. Awr achtgewe, Janosch, net bsaufe.

S Lottche is fertich, jetz noch s Rees, die Kleckrn, zieht sich aa ins Schmidts aa. M Lott sei Gwand is noch wie nei, un des griet s Rees for iwr die Kerwei. Un alle zwaa, s Lottche un s Rees, warn gleich aagezoo. Endlich wern die Weiwr mit denne Meed fertich, jedes hot sei Rosimrei, un sie gehn fort.

Die Weiwr setzn sich un majn noch. S Kalin, m Josepp sei Schweschtr, saat: Horchmol Brudr, ich mecht dr mol was saae.

– Na was is dann? Paßt dr dei Diewus nimmi?

S Kalin: Meer paßt mei Balzr schun ganz gut, awrm Lott paßt sei Josepp nimmi. Was muß ich do alles heere iwr mei Brudr? Hoscht 90 Joch Feld, wiefl wilt dann noch, daß du aa mol Feld satt werscht? Hoscht die zwaa Kinn zu vrheirade un willt a Gscheft draus mache. Du schauscht nor uf de Leit ehre Grundbuch, die Leit koschtn bei deer gaanix. Un ich saa drs heit owed, do hun ich aa was neizurede, ich sein dei Schweschtr. Dr Gottschaal Franz is a aagsiehner Mann im Dorf, un welr vier Kinn hott, machscht du ka Hochzich mit denne Leit? Scheem dich! S Lott un s Lottche hun heit mittag alle zwaa gheilt, weilt net noogebscht.

– Horchmol, Kalin, saat dr Josepp, hoscht mol genung gered. Ich will net saae, daß du des net sollt, for des bischt jo mei Schweschtr, un do hoscht a Recht for neirede. Awr desmol mach ich Hochzich. Die Kinn sein jo in dem Aldr. Awr daßts waascht, midm Gottschaal Franz mach ich ka Hochzich, do schafft mrs Lott net, un du aa net.

S Kalin: Geh scheem dich, so zu rede.

– Des is aa schee, saats Liss, m Lott sei Schweschtr, wamr nix neirede dirfn, alles muß noo deim Kopp geje! Wann du so redscht, noo brauchn mr aa gaanimmi herkumme.

– Des hettr alles heit mittag ausgebrieht, ehr drei, gee mich, saat dr Josepp. Un net bees sei, jetz mache mr Kerwei, un ka Hochzich.

Mit dem war die Maj aus, un die Weiwr sein haamgang. Uf dr Gaß saat noch s Lott: Morje mittag kummtr widr. Dr. Josepp: Un die Männr aa mitbringe.

Uf Kerweisunntagmorjet bleibt alles, was tanze war, im Bett bis halwr neine. Dr Almedingrs Henrichvettr un die Hanniwees machn alles fertich. S Lott stellts Esse uf un iwrloßt des anr dr Hanniwees. Un bis nein Uhr sein se all fertich aagezoo. Dr Filipp is aa fertich, un außrm Janosch gehnse all in die Kerich.

Ja, die Kerich. Mr maant, die alde Leit hedn im tausndachthunrtdreiunzwanzich schun gewißt, daß die Kerchegmaa uf viertausnd Seele kummt. Sie hun doomol die Kerich glei groß gebaut. Sie is eiwennich neinzeh Kloftr lang, siweahalwe Kloftr braat un sechsahalb Kloftr hoch. Wie mr sieht, gheert die Lieblingr evangelisch Kerich zu de greeschte Keriche im Banat. Un unsr Kerich hot die Ordnung: Wann unsr Leit all neigehn, gehn se net all nei, wann se awr net all nei gehn, noo gehn se all nei.

Wie s Schmidts Leit in die Kerich kummn, is schun alles voll.

Rechts hinne sitzn die große Meed, vonne die greeßre un hinne die klenre. Vun de Meed vorzus sitzn die Männr, awr aa noom Aldr. In dr eerschte Bank sitzn die Grichtsherre, s'eerscht dr Vorstand, noo dr Notär, dr Mani, dr Waasevattr, dr Kassier, dr Kirsch un die vier Gschworner. Die Weiwr sitzn uf dr lingse Seit. In dr eerschte Bank s'eerscht sitzt die Pharresn, un noo die Lehrersweiwr. Alle iwriche Weiwr sitzn noom Aldr. Owe sitzn die junge Männr, die große Buwe un die Schulkinn.

Dort owe hot dr alt Kurz, dr Glecknr, sei schenschti Arwet. Sei Stecke is so dick wie a Männrdaame, un so 80 Zendimetr lang. Die große Buwe sein doch so schlimm, un die Schulkinn, na mr wissns jo noch vun uns. Un der alt Mann geht währnt m Gottesdinscht nor uf un ab, un uhne a Wort zu rede, rappln die Kepp. Un wann dr Pharre m a beeses Gsicht vun dr Kanzl macht, isr mit seim Stecke fleißichr. Oft vrwischtr aa a Unschulliche.

Um zeh Uhr leits zamme, noo kummt dr Pharre nei. Alles steit uf, un dr Pharre vrneigt sich noo rechts un links un grießt alle Leit. Un wie dr Pharre sitzt, heerts uf zu leide.

S'eerscht Lied is: Lobe den Herren, drei Verscht. Noo geht dr Pharre ufs Altar. S'eerscht kummt a Gbet, s Vattrunsr, am Schluß de Seje, noo wern noch zwaa Verscht „Großer Gott wir loben dich" gsung, un die Kerich is aus. Jedr macht beim Ufsteije a klaanes Gbet, un alles geht m Ausgang zu, wu rechts un links a Opprbicks steht. Beim Nausgeje opprt a jedr wier will, manchr wicklt hunrt Lei in a Papier un schreibt sei Name druf. Die menschte schmeißn aa Lei nei, die Buwe schmeißn Knepp nei, die rappln aa.

Beim Haamweg redn die Weiwr nor vun denne scheene un stolze Meed, wem seins am schenschte aagezoo war. Die Männr redn iwrs Aabaue, iwr die Frucht- und Kleepreise.

Dr Rotklee koscht in dr Stadt um fimf bis sechs Lei pro Kilo meh wie bei uns, maant dr Gillmann Kaschpr.

– Soll aa Mensch aaschaue, saat dr alt Hildebrandt, unvrscheemt, wie unsr Händlr uns ausziehn. – Wanns Johr rum is, hun die de Nutze, un meer, die was die Arwet hun, die Krutze, saat dr Wolf Josepp. – Was ich do jetz erlebt hun, saat dr Susmi Gottfrid, do kungeriern se minanr un schaun sich nemol nanr aa. Vor aanr Woch war ich in Temeschwar, um die Mittagszeit sein ich zum Potje gang, was esse un a Glas Bier tringe. Wen treff ich dort? Sitzn net alle Fruchthändler an aam Tisch un sein froh minanr? Un hettr mol gsieh, wie se den Tisch voll mit Bierflasche hadn!

Dr Nagelbach Lorenz maant: Do hun se grad iwr uns dumme Esl glacht. – Maant mr aa, saat dr Schitz Phedr. Un dr Hersch Phedr saat: Machn se was se machn, awr die wenischte Fruchthändlr sein reich gstorb.

Die Buwe hun sich iwr den alde Glecknr unrhall un hun sich aans glacht. Dr jung Tindorf, m Gustl seinr, hebt sei Hut un zeigt sei gschwollne Kopp. M Diewus seine hadr liewr, der hot zwaa Knepp ufm Kopp.

S Schmidts Leit sein drweil haam kumm. M Lottche sei Mottr lacht un saat: Hoscht dich doch noch in die eerscht Bank gschafft, daß die Leit dich aa gsieh hun.

S Rees is haam gang esse. Die Hanniwees hatts Esse soweit fertich gmach. S Lott geht glei aarichte. Dr Josepp holt a Flasch Prunjeraki, un die Mannsleit tringn jedr zwaamol. Drweil is s Esse ufm Tisch, un s Lott ruft aa schun: Esse kumme. Dr Janosch hot aa ausgschloof un macht sich bei.

S Esse is a richtiches Kerweiesse, a gudi Rindsupp, noo Rindfleisch mit Merretich, dann Schweinsbradl, zwaa gbroodne Ende mit Gwetsche, un s Lott vrschneit grad Tortn.

Dr Josepp un dr Filipp redn iwr die Predich, un dr Josepp maant, sie war zu korz, er hett den Pharre noch geen gheert. Mr missn aa mol ufheere, saa-dr, sunntags zu schaffe, un eftr in die Kerich geje. Unsr alde Leit sein meh in die Kerich gang wie meer. Aus jedm Haus is friehr sunntags aanr odr aans in die Kerich gang. In dr Kerich hot noch nimand was vrseimt. Mr kennen saae, meer hadn bis jetz Glick. Mr sein jetz in dr schenschte Zeit, dies im Lewe gebt. Un ich maan, mr mißtn aa mol eftr an de Herrgott denge un eftr saae: Gott sei Dank! Un vun heit aa, saat dr Josepp, werd bei jedm Esse gebet. Un des werr ich mache, so beim Aafang wie bei Ufheere. Un wann ich net dosein, macht des dr Filipp in meim Platz. Mr mißn achtgewe, daß mr net vum Herrgott uf aamol vrloß wern.

Un wie se all satt warn, is dr Josepp ufgschtie un saat: Jetz leetr all die Hänn zamme. Un er bet: Herr mein Gott, für deinen Speis und Trank hab Dank, Amen.

– Des hoscht mol richtich gemach, Josepp, saat dr Henrichvettr, well des war bis jetz a leere Stuhl im Haus. Eerscht jetz hettr alles genung, wanndr aa de Herrgott im Haus hett. Uhne Glaawe is ka Gedeije.

Mit dem scheene Mittag is es 12 Uhr wor. Un um aan Uhr geht die Mussik aa, un do tanzt a jedr Bu mit seim Kerweimeede vun dr Gaß ins Tanzsaal nei. Un do muß mr pinglich dort sei, des is dr schenscht Mument vun dr ganze Kerwei.

Drweil sein die junge Weiwr aa so staat beikumm, for die zwaa Meed, s Lottche un s Rees, aazieje helfe. Heit war des a großi Sach. A scheenr glänzichr Zopp, s stehärmlich Hemmet, s grieseidne Halstuch, dr grieseidne Rock midm blooseidnem Schorz un neie Sammetschuh. Un rode Backe.

Dr Filipp zieht heit sei schwarzes Kammgarngwand aa, noo kummtr zu seim Vattr un froodn, obsm so recht is. Dr Josepp: So is mers recht, so sein ich aa immr gang. Noo nemmtrs Beesmche un putzn aus, noo gebtrm zwaahunrt Lei un saat: Waart noch. Noo ruftrm Janosch, der aa schun aagezoo war, hot den aa ausgeputzt un em aa hunrt Lei geb. So, saadr, des schenk ich dr widr, du vrdienschts. Jetz geht alle zwaa minanr, un alle zwaa achtgewe, daßtr net zuviel tringt. Wanns sei muß, zahlt de anre, awr bleibt nichtrn. Nor jetz weidr un unrhalt eich gut.

Un wie se gang sein, dengt sich dr Josepp: Is des Jungsei doch schee! S is doch s schenscht uf dr Welt, im ganze Lewe.

Die Meed schaun uf die Uhr, s is dreivertl uf aans, awr die Weiwr wern net fertich. Endlich saats Liss: Lottche, du bischt fertich. Aachs Rees is fertich, noch de Rosimrei, noo sein se gang.

Die Gaß laaft vol Meed, Buwe, junge Männr un junge Weiwr. Die Äldre sitzn am Gewl ufm Bänglche. Die Männr redn vum Aabaue un vum Wedr. Die Weiwr schaun nor uf die große Meed, un do werd kritisiert. Do siehn se mol a scheenes Meedche. Na, saat die Burkat Krischtin, is des a sauwres Meede, wem is dann nor des? – Na, saat die Fauscht Liss, des is doch m Kaadl Phedr sei Meede. – Dem wieschte Krischtin seins? froots Becks Susan. – Ja kennscht du net die Lena, dem Meedche sei Großmottr? froots Schatz Rosin. – Naja, die Lena is heit noch schee, saats Geisheimr Wawi.

Die Männr, die Weiwr un die Buwe gehn ins Wertshaus. Die Meed bleiwn vor dr Wertshausteer uf dr Gaß steje.

S Lott, s Kalin un s Liss sein aa ins Wertshaus gang. Dr Josepp wollts net hun un saat: Geh Lott, des is doch nix for dich, un bleib dehaam. S Lott is awr gang un saat: Ich will mei Kinn sieje tanze. – Dr Josepp: Na geh nor, wann dich nor aa aanr hole teet for tanze, daß die Leit was zu lache hedn. – S Lott: Un wan aanr kummt, der griet ka Korb, noo tanz ich halt. Un daß ich tanze kann un geen tanz, des waascht jo. Un fort seinse. Sie sein awr vun hinne neigang, daß die Meed se net gsieh hun.

Um Punkt aans spielt die Mussik a scheene Straußwalzr. Jetz is for die Weiwr dr Mument, all streckn se sich, um daß se siehn, wer mit wem reitanzt. Mr siehtsm Lottche aa, s werd nervees. S tanzn schun so viel, un eens steht noch immr uf dr Gaß unr de Kalichkratzr.

Endlich kummt dr Gottschaal Franz un sucht un schaut vun owe uf de Treppe. S Lottche is weit hinne, wells speedr kumm is. Endlich hodrs doch gfunn, un er is aa schun nunr un ruft vun weidm: Lott! Noo sein se minanr gang bis an die Teer. Un wie se neitanzn, stuppt aani die anr: Na, is des a schee Phaar, weer des net schad, wann dr Schmidt Josepp sich net eiwilliche teet? – Naa, saatm Hersch sei Rosin, un recht laut, ich glaab net, ich kenn de Schmidt Josepp, wann der mol was saat, bei dem bleibtr. Ehr wert sieje, der macht midm Gottschaal Franz ka Hochzich.

Drweil lachn die zwaa, sie siehn, daß alles uf sie schaut. Wie s Kalin die zwaa gsieh hot, stuppts m Lott aans nei un saat: Do schau dr zwaa scheene junge Leit aa. S schenscht Phaar im ganze Wertshaus. Ich kennt meim Brudr phaar Watsche gewe. Na des muß werre, do steh ich gut drvor. – Un s Liss saat: For des wern mr jo noch do sei. Was maant dann der, daßr grad mache kann, wie er will? – Un s Lott griet se alle zwaa an de Hänn un saat: Helft mr nor, er werd schun noolosse, s muß werre.

Drweil geht aa dr Filipp mol uf die Gaß un schaut, ob for ehn aa noch aans is. Un er schaut, als teedr jemand suche, un uf aamol hupstr zu de Treppe nunr un bleibt korz vor am Meede steje un saat: Na Kalin, kumm.

S Kalin is s'eerscht vrschrock, s schaudn aa, als hedr sich vrerrt. Un wie dr Filipp doch ufs Kalin waart, lächlts Kalin un geht midm Filipp bis an die Teer, un sie tanzn aa nei ins Wertshaus.

– Do schau mol do aa, saats Ulrich Gret, dr Schmidt Filipp hot jo s Gottschaal Kalin rei gholt. Na sowas, do kamr sich was aaschaue. Des Kalin is es schenscht Meede im Dorf. Un schaut mol, wie die zwaa lachn. Wertr sieje, des gebt a Phaar. Un schaut mol, wie die zwaa tanzn! Ja du Luwis, die tanzn ja in ehre Glick.

Iwrdem stoßt s Liss m Lott aans in die Rippe, daß es a Kraasch auslößt. – Willt mich umbringe? saats Lott. – Do schau dr dei vier Kinn aa. Des sein die zwaa schenschte Phaar im Wertshaus.

Un dr Filipp froots Kalin: Wie gfallt dr der Tanz? – S Kalin: Er is jo schee. – Dr Filipp: Der daurt solang, wie unsr Lewe daurt. Un willt mit meer den lange Tanz mittanze? Ich loß dich eh nimmi aus. – Awr Filipp, des is doch net meglich, des is doch alles zu korz, was soll ich dr dann do jetz saae? – Ich hun drs gsaat, un so bleibts. – Geh tanz doch a bißje ruhichr, meer is schun so warm. So is schee, ich fiehl mich so glicklich.

– Un du muscht mr awr doch aa a Antwort gewe. Waascht, wie ich druf waart? – Na gut Filipp, jetz tanz halt, wie's dr gfallt un's gern hoscht. Na sowas, a Mensch so iwrrumple, un's muß alles so schnell geje, wie dus grad hun willt. – Loß nor jetz, Kalinche, s is schun gang. Seimr alle zwaa froh.

S Lott schaut, noo schaun sich die drei Weiwr nanr aa.

– Werscht sieje Lott, die zwaa sein aanich. Un die kummn zamme. Na Lott, du kannt stolz sei mit deine Kinn. So schad, daß dr Josepp net aa do is un sich die Viere aaschaue kann, mit seim Dickschedl.

S'eerscht Stick is aus, un's kummt glei a Polka. Dr Filipp holts Lottche un dr Franz s Kalin. S Lott steht gee de Hof, im Eck. Uf aamol merkts Lott, daß im anre Eck die Gottschaaln steht. Un alle zwaa nuckn sich nanr zu. S Kalin saat: Schau mol Lott, ins Eck do niwr, dort is die Gottschaaln mit ehre Freind. – Hun se schun gsieh, saats Lott.

Un wie s Stick aus war, is s Lottche zum Kalin gang un hots in de Aarm genumm un saat: Meer bleiwn beinanr, wanns dr recht is. Ich maan, ich hun recht gschaut, Kalin, daß mr Freind wern. – Na des ist doch nix Neies, daß du de Franz heiratscht. – Daß du awr de Filipp heiratscht? – Ja Lottche, des is was Neies. Ich sein mr wie im Traam. – Na bischt dann net glicklich? – Wu werr ich dann net Lottche? – Un heit owed kummscht mit, in unsr Haus. – Des aa noch? – Loß nor, Kalin, dr Filipp werds dr schun leicht mache.

Un's werd widr a Walzr gspielt. Dr Filipp holt sei Mottr un dr Franz sei Mottr. M Filipp sei Mottr war a bißje vrschrock, awr s hot sich geb.

– Awr Mottr, wie ehr gut tanze kennt! – Na, so gut wie dei Braut kann ich net. – Was wißt ehr Mottr? – Was ich waaß? Aa Mottr waaß alles. – Un gfallt eich mei Braut? – Ja, die is richtich for dich. Un wanns Stick aus is, die Lisswees un die Kalinwees aa hole. Un die vum anre Eck aa hole. – Gut Mottr, des gfreit mich.

Un die zwaa, dr Filipp un dr Franz, hun die Weiwr fleißich gholt. Un dr Filipp hot aa die ausm anre Eck gholt. Un all hun se gsieh, die Hochzich is die eerscht, was uf dere Kerwei fertich wor is.

Die Weiwr wunrn sich nor, wie s Lott so gut tanze kann. Die aa saat: Schau, wie die mit ehre verzich Johr noch schee is. – Ja, saats Schlorp Filpin, die Lott war in ehre Zeit s schenscht Meede im Dorf. Uf aamol hot misse gheirat werre, sie hot de Schmidt Josepp gheirat, un noo sechs Manat war dr klaa Filipp zu frieh do, odr war die Hochzich zu spoot. – Na awr dr Filipp is doch sei zwattr Vattr, saats Ohlheislr Gret. – Die sein doch schun lengr zamme gang, saats Handit Lena. – Na, wann se zamme gang sein, is doch gaanix drbei! Was is do noch zu rede? saat m Gies sei Gret. – Awr dr Schmidt Josepp kann heit noch stolz sei mit seinr Lott, saats Mewius Mrie.

S Saal is voll mit junge Leit, un s Lott wischt sich midm Schnupptuch de Schwaaß ausm Gsicht. Wie dr Tanz aus war, saats Lott: Filipp, hol nor aa die Lisswees. Un wie dr Polka aus war, saats Liss: Lott ich sein durich un durich naß gschwitzt. – Jetz gehmr haam Liss, mr hun viel vor heit owed.

Wie se haam kumm sein, is dr Josepp am Flasche fille. Die Rakiglesr wern voll gemach un uf de Tisch gstellt. S Dorte, die Nochbrn, is midm Kaschpr aa schun do.

Na Lott, saat dr Josepp, hoscht getanzt? – Sichr, saats Lott, mit meim Sah hun ich getanzt, un's war so schee. – Na do tanzt dr Filipp aa mol? Odr nor mit seinr Mottr? saat dr Josepp. – Dr Filipp is grad so wie sei Vattr aanr war. – Na wie war dann sei Vattr? froot dr Josepp. – Na der hot aa nor die schenschte Meed gsieh.

– Dr Josepp: Ja, ich humr jo aa s schenscht gheirat. – S Lott: Du aldr Spitzbu! Na, mache mr nor jetz, daß mr fertich wern, des anr kummt heit owed.

– Wern viel junge Leit kumme? froot dr Josepp.

– Unsr junge Freind kummn die meenschte. Die Nochbrsleit, die junge Männr, die Buwe un die Meed kummn aa die meenschte. S Kalin is aa schun do midm Kunrad. S werd schun duschtr, jetz dauerts nimmi lang, bis se kummn.

Dr Janosch kummt gsprung un ruft: Joseppvettr un Lottwees, sie kummn. S Lott froodn: Seins viel? Dr Janosch: Breits all, was im Wertshaus warn. – Na macht nix, saat dr Josepp, des geht aa rum.

Mr heert schun die Mussik, sie spieln grad a Tschardasch am Eck. Noo tanzn se a Stick, un die Mussik spielt widr a Marsch.

Dr Josepp macht alle zwaa Teerche uf un waart. Dr Janosch un dr Henrichvettr mißn hinne acht gewe. Alle Stell sein zugschloß, Bodm un Kellr aa, daß nix fortkummt odr Dummheide gmach wern.

Un die eerschte sein aa schun do. Sie wern glei an die Tisch gfehrt. Jedr Bu hot sei Meede im Aarm. Un so sitzn se aa am Tisch, a Bu, a Meede un so weidr. Dr Franz un s Lott sein aa schun do. Dr Schmidt Josepp hot an seinr Schweschtr ehre Wort gedengt, wie se saat: Geh scheem dich, un war recht freindlich, aa zum Franz un zum Lottche.

Un bei de letschte is aa dr Filipp un s Kalin kumm. Sei Vattr schaut mol un dengt: Herrgott nochamol nei.

Un dr Filipp ruft a schun sei Vattr uf die Seit, daß se allaa warn. – Gunowed, Vattr, saat dr Filipp, un glei druff saat aa s Kalin: Gunowed Joseppvettr. – Gunowed, saat aa dr Josepp, awr werum gehtr dann net nei, ehr zwaa?

– Ich mecht eich was saae Vattr, saat dr Filipp. Ich hun heit mittag am große Wertshaus uf dr Gaß was gfunn, un des mecht ich eich weise.

– Na was kannt dann du gfunn hun? saat dr Josepp. Mach schnell, ich muß doch do nei. – Un s Lott war aa schun do.

Un dr Filipp zeigt uf s Kalin: Do schaut Vattr, des hun ich gfunn, un des geb ich nimmi her. Un ich mecht hun, daßtr des vun heit aa grad so sieht wie eire Kinn, so wie s Lottche.

Noo schaut dr Josepp mol sich den Fund durich un durich aa. Noo saadr: Filipp, ich sieh schun, do drgeh kann ich, wann ich aa wollt, nix mache. Meer solls recht sei. Un ich winsch dr Glick, Filipp. Un deer, Kalin, du bischt jetz aa unsr Kind, winsch ich aa viel Glick, newr meim Filipp.

S Kalin zidrt am ganze Leib un saat: Awr Filipp, ich hun jo mit meine Leit noch net gered.

– Horch mol Kalinche: Is es dr recht? Machs korz.

– Meer weers schun recht, awr ich muß doch mei Vattr un mei Mottr frooe, sie hun mich doch großgezoo. Des gheert sich doch.

S Lottche war aa schun do. Un dr Filipp griets Kalin un gebtm vor all seine Leit a langes Schmetzje. So, Kalin, des anr macht mr ka Sorje meh, saat dr Filipp.

– Gut gemach, Filipp, saat sei Vattr. Hall nor jetz dei Fund un geb acht druf. So machts a richtichr Schmidt.

S alt Lott gebtm aa a Schmetzje, un noo is es Lottche an s gschprung un hots aa vrschmetzt. Na so was, saats Kalin.

Un dr Filipp nemmts aa schun an dr Hand un tje, newr de Franz un s Lottche.

– Was war dann do in dr Kich? froot dr Franz s Lottche. – Do war viel, Franz, s Kalin is Braut un heirat de Filipp. – Ich humrs doch glei gedengt im Wertshaus, die zwaa warn mr zu froh minanr, saat dr Franz.

– Ja, maants Kalin, Franz, wanns nor aa m Vattr un dr Mottr recht is? – Wanns an dem fehlt, saat dr Franz, noo is alles fertich, des sein mei Sorje. Siehscht Kalinche, nie war dr aanr gut genung, un jetz, was soll mr doo saae? – S Kalin: S is mr aa noch kaanr so kumm. Er hot mr jo ka Zeit geloß for denge. – Na wanns dr nor aa recht is, Kalin, saat dr Franz, uhne dei gude Wille derfs net sei, s is jo fors ganze Lewe.

Noo hots Kalin sei Kopp ufm Filipp sei Schildr geleet un saat: Ich sein jo so glicklich.

Drweil werd fleißich ufgetraa. S'eerscht Rindsupp. Dr Josepp winscht dr Mussik un alle anre junge Leit a gude Appetit. Noo is es Fleisch an dr Rai un s Bradl. Die junge Leit traan fleißich uf. Dr Filipp un dr Franz sein nor um ehre Tischnochbre bsorcht, un sie missn aa vum Beschte hun.

Wie se all satt warn, is abgeraamt wor. Tisch un Stiehl hun se nausgeraamt, noo saat dr Josepp zum Almedingr Martin: Kenntr des Lied: Am Brunnen vor dem Tore? – Na, saat dr Almedingr, mr wern doch? S Lottche un sei Kumrade kennens aa all singe. Noo is dr Josepp zum Almedingr gang un hodm zwaahunrt Lei in de Sack gsteckt. Dr Filipp saat: Awr Martinvettr, piano, daß mr aa de Gsang heert. Noo isr ufgschtie un ruft: Achtung! Aans, zwaa, drei! Un all singn se mit, am schenschte awr die zwaa neigebackne Brautleit. M Lott kummn die Treene, so schee hun se gsung. Dr Filipp fehrt de Gsang un die Mussik.

Wie's aus war, froot dr Almedingr: Na Josepp, was mechscht noch geen gsung hun? Na, saadr, wann ich mr vrlange kann: Es blühen Rosen, es blühen Nelken. Un widr fehrt dr Filipp des schee Lied vun dr ewiche Jugnd.

Un wie's aus war, saat dr Josepp: Jetz tanzt dr mol. – Na Josepp, aaschaffe, saat dr Almedingr. – Na spielt mol den Straußwalzr: An der schönen blauen Donau. Un sie spieln aa schun, un a jedr Bu tanzt mit seim Tanzphaar.

Noo geht dr Josepp zum Lott un saat: Kumm, ich mecht aa nochmol mit meim Kerweiphaar tanze. Des is doch unsr Lieblingswalzr, waascht noch? –

Un die zwaa tanzn wie die Junge, daß es Lott aahalt: Tu nor a bißje staadr, Josepp. – Des fallt mr doch gaanet ei, saat dr Josepp, des is nochamol mei Kerwei. Un er fehrts Lott wie vor zwanzich Johr.

Awr die beschte Tänzr sein doch dr Filipp un s Kalin. – Filipp, saats Kalin, tanz doch noch amol mit deinr Mottr. – Werum nor? froot dr Filipp. – Ich mechts hun. Un noo aa mit de anre Weiwr. For mit de Meed is Zeit im Wertshaus. – Gut, Kalin. Den Owed vrgesse mr in unsrm Lewe eh net.

Un wie se noch zwaa Stick getanzt hun, is es Heidnröslein gsung wor. Un s Kalin hot a Stimm wie sei Gsicht un singt nor for sei Filipp. Un dr Filipp is stolz mit seinr Braut.

Awr aa dr Schmidt Josepp halt die zwaa in de Aa un saat zu seim Lott: Siehscht, grad so glicklich warmr vor zwanzich Johr aa. – Du Dummrche, saats Lott, ich sein heit noch glicklich mit meim Josepp, awr aa mit meine Kinn.

– Un jetz? froot dr Almedingr. – Mei Lied aus meinr Jugnd: An der Quelle saß der Knabe, vrlangt dr Josepp. – S geht, wann's die Jugnd kann, saat dr Almedingr. Un all rufn se: Des geht, Joseppvettr! Un dr Josepp un s Lott singn wie aamol aus ehrer Jugndzeit, un all sein se froh.

So, saat dr Almedingr, des is jetz es letscht. S is alles schee, awr mr missn fort.

Helmut Erwert
Weißkirchen – Bogen

Fotostudio Bosl, Bogen

Helmut Erwert wurde am 11. August 1933 in Weißkirchen (Banat/Jugoslawien) geboren. Seine Großeltern stammten aus Handwerker- und Weinbauernkreisen, seine Eltern waren Kaufleute. Nach dem Besuch der Jugoslawischen Staatlichen Volksschule, dann der Privaten Deutschen Volksschule riß ihn die Flucht vor der anrückenden russischen Front aus seiner multikulturell geprägten Heimatstadt. Ein langer Fluchtweg über das Sudetenland, die Tschechoslowakei – mit Internierung – brachte ihn nach Bayern. Hier konnte er zu Beginn der Nachkriegszeit seine Ausbildung und sein Studium aufnehmen. Er studierte Germanistik, Anglistik und Geschichte an der Ludwig-Maximilian-Universität in München und machte später Straubing/Donau zum Mittelpunkt seiner gymnasialen Unterrichtstätigkeit. Ein Fulbright-Stipendium ermöglichte ihm einen einjährigen Gastaufenthalt in den USA, einige Zeit später ging er als vermittelte Lehrkraft für fünf Jahre an das Colegio Aleman – Deutsche Schule Barcelona. Während seiner Lehrtätigkeit beteiligte er sich als Mitarbeiter und Herausgeber an mehreren Unterrichtswerken für die gymnasiale Oberstufe und resümierte seine Erfahrungen in bikultureller Erziehung in Fachzeitschriften. Später widmete er sich stärker literaturkritischen und volkskundlich-historischen Arbeiten. Hier versuchte er die Kenntnis südostdeutscher Literatur und Geschichte im deutschen Binnenland zu fördern. Aus der Hinwendung zur Lokalgeschichte seiner Wahlheimat resultierte ein umfangreiches Geschichtsbuch, das die Turbulenzen der Nachkriegsgeschichte u. a. mit dem schwierigen Problem der Bewältigung des Flüchtlingszuzuges und der Integration nachzeichnet. Gegenwärtig arbeitet der Autor an belletristischen Texten, die Polaritäten und Brüche seines biographischen Weges verarbeiten. Helmut Erwert lebt in Bogen bei Straubing.

Zeitgespür

Hoch und weit
in den Vogelflug
sich legen.

Aus den Türritzen
spüren
den fauchenden Wind.

Aus den Rändern
des tauenden Eises
weinen.

Die Welt
in mir
einen.

Auge und Gedächtnis

Du bist mein Kind,
und doch so anders!

Die Zeit vor uns
wirft ihren Blick
durch dich und mich

im Fluchtpunkt
aller Erdzeitalter.
Geht ein in die Pupillen.

Durch sie hindurch.
Die Wirklichkeit
verlängert sich

ins Ungeahnte,
Urgebor'ne.

Gewinn und Verlust

Aus der Tiefe
deiner Augen
unter blonden Bögen

sieht mich
die runde Kindheit an.
Schau' ich

dein langes Staunen
der offenen Pupillen,
spür' ich den ruhenden Gewinn,

den ich mit dir
jetzt neu
verliere.

Kindheit und Erinnerung

Seit Jahren
belagert:
die Veste Erinnerung.

Wo sie gefangen
im Dunkel
kauert.

Ich warte
und hoffe
ein Leben lang.

Wann
kommt
der Ausfall,
der sie
befreit?

Und endlich
einigt:
sie und mich!

Verzweifelte Wahrheit

Geschäftig sind wir hier auf Erden
und werden vordergründig blind.
Gib, daß wir niemals sehend werden,
bis Erde wir geworden sind.

Abend in Barcelona

Mehr und mehr
Gevierte,
Block an Block,
treten an
zur Trauerfeier
des abgelebten Tages;

zur Front
geschlossen,
schon vermummt
mit dem Bartuch
der Nacht.

Aus den dunklen Schultern
heben sich mählich
tausend Augen,
gelb erwacht.

Die Lider eckig aufgetan,
schau'n sie
aus trübem Weiß.

Und stünde nicht fern noch
der silbrig-stählerne Sphärenglanz
im tiefen Horizont,

in schwarzem Gemäuer
verlöre sich ungetröstet
die Augenschwinge.

Gebet

Gib mir ein Auge
zu vergießen:
– ein Meer von Salz und Bitterkeit.

Und einen Mund
zu trinken:
– den Ozean voller Schlaf.

Gib mir ein Herz
zu pochen:
– ans Tor der Ewigkeit.

Dazwischen
– Südöstliche Biographie –

Unter den Augen
vieler Völker
geboren.

In Vielfalt
Freud und Leid
vervielfachten sich.

Bis auf einmal
der Angstschweiß
nicht mehr trocknet.

Die Kugelakazien
steh'n arg gestutzt
vor den Schaufenstern,

die blind geworden
beim Namenswechsel.
Nur im Strohschober

der Erinnerung
nisten weich
die Spatzen.

Älter werden

Du hörst,
wie sie aufrauscht,
die Zeit,
am Bug des Schiffes.

Der Kiel
pflügt tief
und tiefer
in dunkle Gründe ein.

Und weit
und länger
bleibt hinter dir
die abgelebte Wirbelspur.

Die Zeit einer verschatteten Sonnenuhr

Im Warten
verweilt
der rostige Zeiger.

Verstellt
vom Schatten.
Verharrend das Zifferngesicht:

Es lauscht
mit taubem Ohr
der abgelaufenen Zeit,

blind
für das lichte Spiel
im grünen Kastaniengefieder.

Sinnt und träumt
von verstrichener Zeit,

die das Sonnenlicht
hat mitgenommen.

Randvoll

Gib der Klage
einen Mund,
sonst bricht
die Flut
nach innen
los.

Die Quellen
der Trauer
sind nie versiegt!

Sie werden gespeist
aus alten Klüften,
die der Schutt und das Geschiebe

einer schalen Zeit
nicht füllen kann.
Die tägliche Flucht

ins Morgen
hat nichts bewirkt.
Verborgen

ist der Pegel
der Flut gestiegen.
Unrund

dreht sich das Rad
der Zeit.
Gebt uns

die kleine Rücksicht,
laßt uns doch etwas Weniges
noch sagen.

Die Anpassung
hat Kraft gekostet.
Und doch nur

Schlimmeres bewirkt.

In Hieroglyphen verwahrt

In die Gänge verbannt
einer großen Pyramide,

bin ich hinabgestiegen
voll schlafloser Finsternis
in die innerste Kammer

zum Schrein
der Mumie
Erinnerung. –

Da, wo du warst,
hebt jetzt ein Pharao
sein weit geöffnetes Auge

ins Goldgeschmeide
der Leichenkammer.
Das große Rund

der fragenden Pupille
in die Bögen der Zeit
gespannt.

Versammelte Trauer
sinkt seinen Blick hinunter.
Geht in die Hieroglyphen

ein
und bleibt verwahrt.
Für immer.

Wirbelsturm und Windauge

(Fragmente künftiger Prosatexte)

Mitten im Felsengewirr der Küstenzone schmiegt sich mein Rücken in eine Nische. Rundum – ein Wirrwarr im steinernen Trümmerfeld; spitz, scharfkantig wie Marmorbruch, rissig wie grobe Eisenfeile.

Notizblock und Kugelschreiber in dieser steinigen Welt sind die Anker der Zivilisation. Und das eigene Leben, das man hat; das hinwegreicht über Fels und Meer.

Sich einwiegen in den Pendelschlag der Weltuhr, in den Pulsschlag der Wellen. Einschaukeln in das Gewoge schwankender Segelmasten vor der Hafenmole, hingegeben dem Fächeln des Windes, dem Ziehen der Wolken. In ihrem Überfluß verschwendet sich die Zeit in wiegendem Takt.

Die Zeit des Morgens war früh durch die Zeltwand gedrungen. Die Grillen wurden leiser, der summende Faden der Landstraße weit oben spannte sich wieder aus. In das Tuckern der Fischerboote fädelten die Hähne des angrenzenden Dorfes ihre krähenden Schreie.

Und im Hahnenschrei kehrt sie zurück, die abgelegte Zeit. Eine Kindheit – weggegeben oder weggenommen in diesem großen Land. Diesem Land voller Ebenen und Berge, voller Fruchtbarkeit und Kargheit, voller Lieblichkeit und Grauen. Diesem Land voller Stille und voller Sprachen, voller Kirchen und Moscheen.

Aber kann man jetzt bleiben, da man anderswo schon so lange geblieben war? Wohin soll ich mich wenden? Der Fuchs hat seine Höhle und in der Höhle einen Platz, wo er auf seinem Pelz nach dem Schnüren Ruhe hält. Wohin gehören wir?

Dort, wo der Frost die Steine bersten läßt, da fallen die Vögel aus ihrem Flug und schlagen tot auf die Erde.

Der Frost streckte überall seine kalte Hand aus, auch über meiner Stadt hielt er die Häuser am Schopf ihrer Rauchsäulen fest. Über den Schornsteinen zog und raufte er die rauchweißen Bärte hoch in die kalte Bläue. Die Elster ritt dann auf steifem, langem Schwanz in Wellen über die weißen Dächer, wie überall in den kalten Ländern. Unter dem Schellenklang schoben vor den Schlitten die Roßbollen dampfend aus dem runden Pferdeafter, fielen bogenweise, wie achtlos weggeschenkt, zu Boden. Und nach dem kurzen Flug schlugen sie auf, glasig gefroren, hüpften noch einmal hoch, wie Tennisbälle.

Einer meiner Ahnherrn tastete sich in solcher Kälte jeden Wintertag im Nirgendwo der Schneestürme an einem Drahtseil von seinem Farmhaus zum

Holzschuppen, um nicht im Schneegestöber die Richtung zu verlieren. In der Grenzenlosigkeit der Plains war schon mancher Kolonist erfroren.
Eines Morgens ging er wieder seinen drahtgelenkten Sicherheitsweg. Die Stalltüre knarrte. Vor ihm im Bretterverschlag die Kühe lagen tot auf dem Boden. Wie Ungetüme. Die steifgefrorenen Beine ragten in die Luft.

Es gibt nichts Beständiges in den Ebenen des Übergangs

Besuche in Karlsdorf bei Verwandten waren selten. Sie hatten eine Ziegelei gepachtet.
Brennziegelhersteller gab es um jeden pannonischen Marktflecken herum. Sie erzeugten Hartgebranntes, das einzig Beständige in den Ebenen des Übergangs: in den Weiten wechselnder Winde, streunender Stromläufe, in den Dünungen des Flugsands und der Menschenleben.
Die Ziegel-Beständigkeit, ja, die gab es, aber auch nur auf kürzere oder längere Zeit. Es war alles nur auf Abruf beständig.

Die Gleise einer Kleinbahn vernetzten das Vorfeld vor den hohen Ziegeldächern der Trockenschuppen und den noch höheren roten Schutzdächern oberhalb der Ringöfen, jener gewaltigen überdachten Steinkörper. Von unten fiel der Blick auf das mächtige, ausgreifende hölzerne Ineinander des Dachgebälks, das sich weit hinüberbreitete über die Längsseiten und die halbrunden Querseiten jener großen Öfen.
In gleichen Abständen voneinander führten tiefe Nischen in die Steinkolosse der Ringöfen; sie schnitten Rundbogentore in die massiven Körper, hielten vor dem Anheizen die Zugänge ins Innere frei. Wenn eine Ofenkammer vollgefahren war mit grauen Lehmquadern, warf sich das Feuer hinein in das bald zugemauerte Verlies. Die wabernde, gleißende Feuerhölle, die innen tobte, versenkte die hohen Stapel der Ziegelrohlinge in ein Flammenmeer. Die Steingewölbe darüber glühten auf in der Hitze. Ihr steinerner Widerstand schmolz in kleine Tropfen zusammen, die später beim Abkühlen starr von der Decke hingen. Man hörte die armen Seelen seufzen in der ummauerten Glut dieses Feuers. Es war die Inszenierung der Hölle.
Oben auf der Schürebene fischte der Brandmeister mit langen Eisenhaken den eisernen Deckel aus dem Schüttloch. Schwarzer Kohlenstaub rieselte dann durch die Öffnung hinunter. Die Hölle schickte Funken hoch, ein fauchendes Stieben schoß aus dem runden Loch, der höllische Vulkan spuckte heißen Glutatem. Hephaistos. Er hatte sich schwerfällig gereckt, ein Stoßfeuer schickte er in die Höhe und glimmenden Staubflitter als Nachfeuer hinterher.

In die herabgebrannten Steinkammern hinein, in die ausgeglühten Gewölberäume durchstießen die Arbeiter die Abmauerung der Rundbogentore und standen vor Ziegelfronten, die, schon abgekühlt, die Brandmale der Feuerhitze, das Spiel der Glutwellen von feuerrot bis dunkelviolett auf ihren Quaderflächen trugen. Die Kammern wurden leergefahren.

Widerwillig ließen die Ziegelarbeiter uns in die Nähe der Öfen. Das Gaffen steht immer im Wege, wo anzupacken die einzige zulässige Regel ist. Idi dole, jebemti matr! Nicht immer war das ein Bannspruch, der uns vertrieb.

Draußen, das weite Feld bis zu den Lehmgruben, zusammengefädelt mit Gleissträngen, das war unser eigentliches Revier. Die rostigen Loren ächzten und quietschten, ratterten, holperten über die Weichen, stießen hart auf die Anschlußstücke der Schienen. Welch herrliche Spielstatt!
    An den Trockenschuppen vorbei, mit ihren unzähligen Stockwerken voller feuchter Rohlinge. Graue Ziegelquader in exakter Abstandsdisziplin. Zu Kompanien gestapelt, beschwerten sie die Lattenroste, drückten ihr Gewicht in die Schmalseite, schrumpften in frei dahinstreichender Luft ins Blau des Sommertages hinein – in steter Angst vor den Glutkammern.
    Vorbei an dem viereckigen, langen Lehmstrang, feucht-glänzend und hervorquellend aus einem rechteckigen Mundstück. Vorbei auch an dem ruckartigen Hacken des Abschneidbogens, der den herausgetriebenen Tonstrang in Quaderstücke zerteilte. Das ruckende Rauf und Runter der stupiden Mechanik mit ihrer dünnen Drahtschneide unter dem Metallbogen. Die Technik hat tausend ruckende, nickende, schlingende, drehende Arme.
    Jetzt lagen sie da, die feuchten Backsteinrohlinge, nackt, vereinzelt und ratlos – wie steife Frischlinge nach soeben erfolgter Geburt. Hinter dem Zerteiler fuhren sie auf dem Förderband in eine streng abgemessene Zukunft. Ganze Armeen: geordnet, gruppiert, in Wartestellung, in Unterkünften, auf Transport, im Feuer der Härtung.

All dies hat die Zeit niedergelegt. In den Ebenen stehen heute da und dort die Ruinen der massiven Backsteingemäuer, überwuchert von Brennessel- und Brombeergestrüpp. Vielleicht auch ein Maulbeerbaum und eine Ziege, wo das Gerippe eines ausladenden Dachgebälks den Himmel einst aussperrte. Aus der Mitte ragt ein windschiefer, abgebrochener Schornstein auf in die mitleidlos blaue pannonische Weite. Seine schwindelige Ohnmacht wird in kurzer Zeit auf den staubigen Boden des Vergessen niedersinken, wie alles, was früher um ihn her war.

So hat die Ebene immer schon alles niedergelegt. Sie verlangt nach Weite, nichts darf ihr auf Dauer entgegenwachsen. Die Pappelreihen, die Akazienhaine werden Jahr für Jahr irgendwo in breiten Schneisen eingeschlagen. Die Kahlschläge wandern. Hie und da reißen sie Menschen mit.

Meine bukolische Stadt

Die aufgeklärte Ingenieurskunst in der Anlage der Stadt konnte lange Zeiten überdauern. Auf geneigter Ebene, vom Bergfuß des Sieglbergs hin bis zu den Weiten der Nera-Auen in sanfter Schräge abfallend, schaffte sie alle Regen- und Hausabwässer aus den Wohngevierten fort und führte sie – bei Gewittern zuweilen in stürmischem Drang – den Nera-Niederungen zu. Auf dem Wege versickerte vieles im flachen Boden der Hutweide oder rauschte schließlich in den reißenden Fluß hinein, der, aus den rumänischen Bergen kommend, alle Wasser forttrug in den nahen, großen Strom, der alle Gewässer der Ebenen nach und nach einfängt und dem östlichen Meere zuträgt.

Wenn der Regen fiel, bildeten sich Rinnsale am höher gelegenen Bergfuß, in der Werschetzergass'n, gewannen an Größe und an Fahrt in der Goethe-, in der Haupt- und Berggass'n; die Zuflüsse aus den Seitengassen ließen sie anschwellen, dann schossen sie zwischen den Kasernen, am Dampfbad und am katholischen Friedhof vorbei in tiefen Gräben in die Ebene hinaus.

Den gleichen Weg nahmen jeden Morgen die Rinnsale, Bachläufe und Flußströme der Haustierherden. Es war eine bäuerliche Komposition, jener vielstimmige Kanon von Einsätzen. Er begann erst mit einer Schar von wenigen schwankenden Rücken oben am Bergfuß. Die ersten und zweiten Einsätze stießen aus der Wendelini- und aus der Bahnhofgass'n dazu, und bald entstand ein breiter Strom von dahintrottenden Kuhleibern und Jungrindern; etwas abseits die niedrigeren Linien von Schweinerücken, die genauso dem einheitlichen Willen hinunter in die flußnahen Weideflächen folgten.

Hin und wieder akzentuierte Živo, der Halter, mit einem Peitschenknall seiner Korbatsch'n den Rhythmus der getragenen Weise. Aus den unteren Gassen drängten neue Seitenstränge in den Hauptstrom, vereinigten sich mit der schon breit ausufernden Flut, die eine leichte Staubfahne hinter sich herzog – eine dahintreibende Silhouette aus Viehrücken. Sanfte Linien schwankten dahin in stetigem Auf und Ab; die Köpfe, tief dazwischen, pendelten in immerwährendem Takt. Sie nickten geduldig dem Schicksal zu, das einen neuen Tagesring in die Kette ihres Haustierlebens fügte. Die langen Leiberrücken fluteten vorwärts im Strom, drängten aneinander, schoben vor, blieben wieder zurück.

Am Abend zog die lange Staubwolke in entgegengesetzter Richtung wieder hinauf, von der Hutweide wieder der Stadtgrenze zu. Sie wälzte sich auf dem sommerlich trockenen Boden dahin, wob lange Schleier, die durch die klaren Lüfte hochfilterten. Mittendrin im Staubgewölk kamen die Tiere, kamen zurück aus der flirrenden Unsichtbarkeit des Tages, der wieder blauend heiß über der Ebene gebrütet hatte.

Pannonische Räume und Dörfer

Die himmelwärts gerichteten Zeigefinger der Pußtabrunnen. Soviel Himmelsraum für die Vögel gibt es nirgend sonst. Auch die Wolken haben sich seiner bemächtigt, sie ziehen wie Lämmer im blauen Äther.

Die Entfernungen verbergen sich hinter den Baumgruppen, spielen Fangen miteinander, doch nie erreichen sie sich. Die Schwertpappeln züngeln ihre Ausrufezeichen in das Land. Sie gebieten Achtung vor solcher Ferne.

Und hie und da ein fest zusammengerücktes Dorf. Die Giebel- und die Querhäuser lehnten im Sommer ihre Schatten eng an die Wände, ihre Körper schmolzen in die flimmernde Mittagsglut ein. Heißer, blendender Glast schwang das Szepter in den menschenleeren Gassen.

Die Weizenähren reiften der Sense entgegen. Mit harter Brotgeduld ertrugen sie den Sommertag. Wellen von Korngeruch wogten über die Getreidefelder.

Nach dem frühen Morgenlicht führte der Tag die Sonne steil in die Höhe. Aus den Wagenspuren der Dorfstraßen, aus dem niedrigen Blätterwerk der Vorgärten stiegen die letzten kühlen Schatten auf und flüchteten in die offenen Hausgänge, in die jalousien- und vorhangverdunkelten Wohn- und Schlafräume der langgezogenen Hauskörper. Aus ihnen blieben die heißen Sommertage verbannt.

Grell blendete der Widerschein des Sonnenlichts von den weißen Häuserwänden, von den staubhellen Böden der Wirtschaftshöfe.

Jeder Hochsommertag entfaltete ein Festgepränge der Vogelwelt. Die Häuser und Höfe umhüllt in Spatzengezwitscher: vom Strohschober im Hinterhof, von den Traufen der dicken Rohrdächer, von den Dachrinnen, von den Baumkronen der Straßenpappeln, von überall das freche, wichtigtuerische Tschilpen, das die blaue Luft erfüllte. Selbst aus der Kühle der tiefen Röhrengänge in den Strohschobern, aus den ausgebrochenen Hohlnischen der morschen Röhrichtlagen auf Kolonistenhäusern drang gedämpftes Getschilpe.

Um die Strohschober der Hinterhöfe kreiste der nachmittägliche Singsang der Hühner mitten im Zwitschel-zwatschel der Schwalben und dem Tschilptschilp-tschilp aus den Dachrinnen und unter den Traufen. Ein Huhn gackerte heiser seinen Hymnus in den Tag, leierte einen zufriedenen Gesang in den Geflügelhof. Niemals und nimmer kam so tiefe Zufriedenheit aus so rostiger Kehle. Die domestizierte Zeitlosigkeit zählte nicht nach Stunden.

Befreit aus der Nestenge, stolzierten immer wieder neue Verkündigungen über den Hühnerhof. Mächtig stieg es auf – das Kokokokodaaa der hühnerischen Erfolgsmeldung.

Ein Code für die Vogelwelt

Im Frühjahr setzte überall in den Ebenen das Wachstum ein. Das Dorf versank dann in den grünen Fluren, die Fluren ertranken in den Weiten der wogenden Getreidefelder, der aufragenden Maisstaudenwälder. Die Natur biederte sich an, sie zog die Menschen in ihre Fülle, die Lebenskreise von Tier und Mensch überschnitten sich.

Kaum hatten Krähen, Elstern, Spatzen, Finken ihre Eier in die Nester gelegt, begann das Baumkraxeln. Die Häufigkeit der Vogelnester, die Schwierigkeit der Bergung bestimmte den Tauschwert eines Vogeleies für die Sammlung. Krähennester waren häufig, doch die Majestät der hohen Pappelbäume machte den Erfolg eines Eierdiebes riskant. Die verborgenen Nester der Rohrsänger im Schilf- und Binsengürtel des Grundlochs waren schwer zugänglich, wegen der unbekannten Wassertiefen, auch wegen der Steilwände.

Beim Ortseingang führte ein Fahrweg am Grundloch vorbei hinaus in die Felder. Wir ratterten öfter mit dem Pferdegespann auf diesem Weg dahin. Ein scheuer Blick fiel auf das schwankende Röhricht, in dem die Einsamkeit brütete. Versunken im Grundwasserteich inmitten seiner lehmigen Steilwände warteten dunkle Geheimnisse.

So unheimlich war es nur noch in der Kapellengruft am Friedhof, wenn die untersten Stufen in klarem Grundwasser standen, der Wasserspiegel seine schmale Randschnur über die Schrift der Grabtafel zog. Auch in den zugemauerten Grüften unter den schweren Marmordeckeln draußen im Friedhof mußte jetzt das Grundwasser gestiegen sein. Die Metallsärge am Boden konnte der Wasserauftrieb wohl nicht bewegen, doch die sonntäglich bekleideten Leichen würden aufschwimmen und in waagrechter Starre von unten an die Sargdeckel drücken!

Der Birk's Kloos war in den letzten Sommerferien auf dem Dorf schon ein größerer Bub und hatte sein Augenmerk mehr den Mädchenröcken zugewandt als den Vogelnestern. Doch kam er eines Sonntags zu uns herüber mit einer Zigarrenschachtel in seinen Händen. Die Goldmedaillen und Palmenwedel auf den Papierstreifen des Sperrholzdeckels hoben sich langsam und gaben den Blick frei ins Innere der Schachtel, auf zwei lückenlose Reihen von Vogeleiern, behutsam in feinen Sand gebettet. Je ein Paar von einer Sorte, gesprenkelte und weiße, längliche, gedrungene, alle der Größe nach geordnet. Die kleineren locker auf der Oberfläche im Sandbett, die größeren bis zur Hälfte des Umfangs eingesackt.

Da stand der Kloos, auf den sonnigen roten Kacheln des Pfeilerganges, hoch aufgewachsen, mit strähnigem Blondhaar, und er lächelte mir entgegen, wobei er die offene Zigarrenschachtel mir entgegenhielt. „Des isch' für dich!" Ich war überglücklich über das unerwartete Geschenk.

Nur wenige der leichtgewichtigen, ausgeblasenen Vogeleier konnte der Städter gleich zuordnen. Es fehlte auf alle Fälle das tiefrote Gesprenkel der Schwalbeneier, so wie sie jeder Bub aus den hingeklebten Nestern auf den

Kuhstallbalken kannte. Das war mein erster Gedanke beim Mustern des großen Reichtums. Doch zugleich war mir der Grund für das Fehlen gleich bewußt. Schwalben waren heilige Vögel: die gabelschwänzigen Uit-uit-Schwalben mit dem rauchroten Hals ebenso wie die kehligen Mehlschwalben mit dem weißen Hals. Schwalbennester auszuheben wäre leicht gewesen, die kleinen Lehmkanzeln schmiegten sich zu Dutzenden in jedem Stall an Balken und unter Decken, doch sie auszunehmen galt als Sakrileg, daher fehlten Schwalbeneier in jeder Sammlung. Storcheneier waren zu groß für die Maße einer Zigarrenschachtel, ihre Nester fast unzugänglich. Dazu waren die hohen Langbeiner auch noch freundliche Geburtsboten.

Die ornithologischen Kollektionen waren unser Code für die einheimische Vogelwelt, der Zugriff auf sie lag in einer Zigarrenschachtel. Diese barg das Ergebnis von verschwenderischer Hingabe an die Muße vieler sonniger Sommernachmittage, sie war auch der Beweis von Anstrengung, Wagnis und Abenteuer.

Im Herbst ließen die Bäume ihr Kleid fallen und entblößten die dunklen Geheimnisse in ihrem Astwerk. Das kahle aufragende Gezweig trug schwer an dem stumpfen Himmel darüber. Der suchende Blick glitt jetzt leicht über die Baumwipfel, wurde gleich fündig: Die schwankenden Nester in den Baumkronen fielen weithin ins Auge. In den Gabeln des Geästes schaukelten die verratenen Brutplätze durch den herbstlichen Wind. Wir beachteten sie nicht mehr. Wir wußten, sie waren leer.

Das Zuschlagen einer Tür kann Abschied verheißen

Der frühe Morgen roch noch nach kalter Nacht. Das mächtige Laubwerk der Linden in der Fürst-Blücher-Straße beschattete sonst die Ziegelwege entlang der Häuserzeilen, jetzt hoben sie sich noch nicht vom dunklen Himmel ab. Pero auf dem Kutschersitz ließ eine Spur von Hufschlägen in diese Dunkelheit legen, sie klapperten auf das Steinpflaster, hallten wider von dem reichen Zierat der Häuserfassaden. Unter den mächtigen Linden rollte der Fiaker dahin, schaukelte nach jedem Schlagloch. Dies half dem Kind, das neben dem Uniformierten saß, immer wieder ins Wachsein zurückzukehren; jetzt durfte man doch nicht schlafen, wenn der Vater wieder irgendwohin auf den Balkan zurück mußte. Oder würde er an die Küste der Adria kommen, tief ins blauklare Wasser schauen, da wo man sehr tief den Grund noch sah, wie er es dem Kind erzählt hatte. Sein Mitbringsel aus dem Soldatenleben, ein Granatapfel, lag auf dem Schrankgesims in unserem weißen Zimmer. Die Qitten um ihn herum, die seit letztem Herbst von dort oben heruntersschauten, dufteten um die Wette.

Dann zog Pero plötzlich beide Zügel scharf an, der Fiaker hielt. Der Uniformierte im Soldatenloden nahm sein Militärgepäck, küßte schnell und verlegen das Kind. Pero sprang vom Kutschbock, wollte ihm den Kleidersack tragen, doch er lehnte ab. Dann war er schon durch den Bogen der Bahnhofstür verschwunden. Die Schwingtüre schlug scheppernd in den Rahmen zurück.

Wir wußten beide nicht, weder der Mann im Soldatenrock noch das Kind mit dem Granatapfel, daß dies unsere letzte Begegnung war. Das Scheppern einer Türverglasung wurde das Zeichen, daß ein Vater eine Kluft aufriß, die nie mit Tränen gefüllt und nie mit Trauer überbrückt werden konnte.

Auch das Gartenmesser des Jungen war ein letztes Andenken eines Verlustes geworden! Mit elf war der Besitz eines Gartenmessers, das seine ausschwingende Schneide wie von selbst um einen Ast legte, ein Grund zu einem Hochgefühl!

Der Junge wurde sich einen Tag vor seiner eigenen, überstürzten Abfahrt gewiß, daß das Messer nicht mehr da war, wogegen alles andere noch der Hoffnung anheimgegeben werden konnte.

Der Schmerz über den Verlust breitete sich über alle anderen Gefühle aus. Das Übermächtige, Unbegreifliche, hier hatte es sich manifestiert; auch alle anderen Varianten möglicher Verluste waren so gewaltig, daß nur die Hoffnung retten konnte: eine Hoffnung, die die Vergeblichkeit nicht anerkennt!

Walter Färber
Johannisfeld – München

*Walter Färber wurde am 31. Mai 1953 in Johannisfeld (Banat/Rumänien) geboren. Von 1960 bis 1968 besuchte er die Grundschule in seinem Heimatdorf. Von 1968 bis 1972 war er Schüler des Lyzeums von Hatzfeld (Jimbolia). Anschließend studierte er am Politechnikum in Temeswar (Timişoara) Von Mai 1976 bis März 1990 arbeitete er als Betriebsingenieur (subinginer) bei „Electrotimis" Temeswar. Seit Mai 1990 ist er in Deutschland und wohnt seit 1992 in München. Er ist verheiratet und hat einen Sohn. Sein literarisches Talent entdeckte er in der siebten Klasse bei einem Literaturwettbewerb, bei dem er einen Preis erhielt. Seine ersten Gedichte hat er 1970 in der Sonderseite „Hatzfelder Schulecho" der Neuen Banater Zeitung veröffentlicht. Im Jahre 1974 hat er angefangen, in banatschwäbischer Mundart Gedichte zu schreiben. Noch in diesem Jahr sind die ersten Gedichte in der Beilage der Neuen Banater Zeitung „Pipatsch" erschienen (auch unter den Pseudonymen **hans mahler** und **hans dörner**). Im Januar 1978 folgte eine Lesung von banatschwäbischen Gedichten im deutschen Literaturkreis „Adam Müller-Guttenbrunn" in Temeswar. In den Zeitschriften „Volk und Kultur" (Heft 4/78, 5/78 und 10/79), „Neue Literatur" (Heft 5/78 und 12/80) und in den Broschüren „im brennpunkt stehn" und „pflastersteine" sind auch Gedichte von ihm erschienen.*

De Wetter-Esl

A Denkmal gsetzt eem Esl hat
do neilich mer in eener Stadt.
De Esl is, mer weess, gar gscheit,
behaupte in der Stadt die Leit.
Un iwerhaupt im Wetter gut
de Esl sich auskenne tut.
A Schwanz is an dem Esl dran,
der zeigt ganz gnau es Wetter an.
Bewecht er sich mol staat, mol gschwind,
blost schwach oder ganz stark de Wind.
Wanns reent, dann gibt der Schwanz halt nass,
bei Newl gsieht mer ne nor blass.
Wanns schneet, is er gewiss ganz weiss
un wann die Sunn scheint, werd er heiss.
Un kummt a Erdbewe mol vor,
brecht ab der Schwanz, des is jo klor.
Saat selwer jetz, ihr liewi Leit,
is so a Esl net doch gscheit?

So was!

Zwaa Kieh gehn voller Freed
spaziere uf der Weed.
Do dreht die eeni Kuh
zur anri sich, macht „muh".
Die anri druf net faul:
„Holschts Wort mer ausm Maul."

Maleer

A Reenworm grabt sich dorch die Erd,
schaut raus, schaut hin un her.
Uf eemol er was ruschple heert:
A Reenworm war's wie er.

„Kulleger, serwus!" ruft er glei,
wars satt gween alleen.
„Jetz kann mer doch – wie ich mich gfrei! –
zu zwett spaziere gehn!"

„Du bischt net richtich! Saascht zu zwett?
Schau her, des stimmt net ganz",
saat druf der anre. „Gsiehscht du net,
ich sin dei eigne Schwanz!"

Zirkus

A Mann brauch notwendich mol Geld,
hat drum beim Zirkus sich angstellt –
un is dann dort als Aff verkleed
aach jede Owed ufgetret.
Bis an eem scheene Tach er mol
a neiches Kunschtstick mache soll:
A Käfich mit eem Leewe drin
is in dem Zirkus ufgstellt gin,
a Strick dertriwert is gebun,
druf treibt de „Mensch-Aff" mer aach schun!
Er soll derdriwert paarmol gehn,
doch bleibt vor Ängschter er glei stehn.
Bleibt stehn un schaut aach ziemlich schiech
dort une uf des wildi Viech.
Doch pletzlich kummt vun dort a Stimm:
„Kurasch! Kurasch! Des is net schlimm.
So wie mer dich for Aff anschaut,
steck ich in eener Leewehaut ..."

Gsichter

Ich kenn jemand, der hat verschiedni Gsichter,
for jede Tach a anres, siewe Stick.
Am Sunntach schaut er aus so wie a Dichter,
mit hoher Stern un arich gscheitem Blick.

For samschtachs hat er ens, bal net zu kenne,
mit dicki, rundi Auegläser un
a spitzich-langi Nas – mer solls net mene –
a Schnauzer, an die Ohre ufgebun.

Sei Freitachsgsicht, des is mol ens for lache,
mit roti Backe, glanzich-helli Aue.
Am Dunnerschtach so ens for Faxe mache,
mit Krumbiernas, doch is dem net zu traue.

Dann mittwuchs gsieht mer ne dorchs Dorf spaziere
dorch alli Gasse uf der Summerseit.
A Wuner gschiet, er tut sich net maskiere
un gleicht uf die Art bal die anri Leit.

Sei Dienschtachsgsicht, des is dann erscht a Wuner,
gemolt hat er paar dicki Träne druf.
Am Montach dann kummt alles wiedrum runer,
dann setzt der Mann sei Blechgfries uf.

A Kunschtstick

A Schiff uf eener weiti Fahrt
muss lang im Meer oft bleiwe.
De Kapitän will uf a Art
die Leit die Zeit vertreiwe.

Als Zauwerkinschtler angezoo
gsiehn ne die Paschaschiere.
Mit eem Zylinder will er noh
paar Kunschtsticker prowiere.

Er holt ne runer, in die Hand
un muxe tut sich kener.
Dann ruft a Stimm: „Des is bekannt,
ihr zieht dort raus paar Bänner ..."

De Zauwerkinschtlerkapitän
prahlt sich mit neichi Sache:
„Was jetz kummt, war noch nie geween!
Un alli were lache."

Er schaut des Schiff sich ganz gut on
un dann – passiert es Wuner:
A Kracher un a Explosion,
a Schrei: „Es Schiff geht uner!"

A Brett schwimmt noh dem Aktschident,
a Mann tut sich dran hale.
Was is awer am anre End?
A Papagei, un der tut lalle:

„Des war a Kunschtstick, Kapitän,
noch nie uf dere Welt geween!
Jetz sin ich neigierich noch druf,
wie kriet des Schiff Ihr widrum ruf?"

Kannscht dich noch erinnre ...

... Vergang is Johr um Johr.
Was frieher war, heut kummts em artlich vor.
Als Kind, was net alles mer getrieb.
Un for a jedes Stickl kriet sei Hieb.

... Als Buwe Kersche gstohl
gar oft vum Baam de Hemedbuse voll.
Un in der Kaul im Summer Fisch aach gfang,
mim Stuppkorb Hechte, ware armeslang.

... Wie uf die Beem mir sin
vor Neigier: Was is in dem Nescht dort drin?
Han mim Kiehhalter seiner Peitsch geknallt,
die Kraake ufgetrieb im Kraakewald.

... Weit draus dort an der Kaul
in eener Hitt mer gspielt han, mied un faul.
Die Rohrhitt war als voll vun Thuwakraach ...
un wies dann „gstaabt" hat oft am selwe Tach.

... Es is bal nimmer wohr.
Nor in Gedanke gsieh ichs heit noch klor,
wie scheen des war, es Lewe noch als Kind.
So scheen, dass mer des heit bal nimmer find.

Emol ums Dorf rum

a mann kiehrt de winter
vum verkrimmlte brennstehnplaschter
zieglsticker kurgle im staab
am toreklowe hängt
a abgegriffne gun-tach-stecker

a weib hackts gärtl uf
vor em zugschwemmtem grawe
rechlt vum ghackti
vertrucklte reiser
in a traktorklees
am lattezaun hängt
a schwarzes umhängtiechl

gut morjet
ruft die sunn
a schwache wind
treibt de gruss
emol ums dorf rum

ich froo mich
ob ne jemand heert

a hund kummt uf drei fiess
dorchs gässl ghopst
de vierte
is uf der hundshochzeit
blutich gebiss gin
am schwanz hat er
an ener manilaschnur
a konservedosn rapple
er woicht mer aus
ob er ment dass ich schun mol
hundsfleisch gess han

hunde die schlä gewehnt sin
han ke ängschtre

in em frischgeackerte garte
is die pluchschor
noch uf de scholle abgezeichlt
zwischn de beem
stehn em vergangne herbscht sei storze

am eckhaus
fallt de kalich vun der mauer
git ufm plaschter zammgedreht
des vum wind verbrochni gassefinschter
is inwenzich
mit abgschossnem papier verhängt
dorch de rumgebrochne zaun
gsieht mer de zammgfallne hambar

ich han ke kurosch ghat
for alli leere heiser zähle

a grienes luxusauto
bleibt am ecke stehn
a horiche mannskerl
mit blue jeans
un kariertem himet
steit aus
kann ke schritt mehr weiter gehn
putzt sich mit der flachi hand
etwas aus de aue

ich war zu weit weg
for gsiehn was es war

a gstrigltes pherd
zieht a verspäte mischtwaan
dorch die scholle
de kutscher
halt de zaam in der linksi
die peitsch in der rechtsi hand
un etwas mischt fallt runer

am dorfend
bleiwe mei aue
an em kranz picke
vun verroschtnem blech
vun geelem papier
vun anrem wese

im kaulewasser
wu ich mit scholle
mol uhre gschlaa han
gsieht mer
dass de wind geht

gut morjet
ruft die sunn
un de wind
treibt de gruss
emol ums dorf rum

ich froo mich
ob ne jemand gheert hat

Fruhjohrsnewl

De Schnee aus meim Wintergedicht is verschmolz
un trippst mit meim Schweess jetz ufs Feier.
Es Grieni wachst aus der Erd, ausm Holz
un Hinglche schluppe aus die Aier.

Die Mittachssunn lockts Lewe zum Finschter naus,
die Pozemänner spiele Fangches im Garte.
Zwaa Storke mache a Lebtach ufm Haus
un die Obstbeem tun uf die Biene warte.

De Wind treibt Maiblumebliehe dorch die Luft
un picke se am Nochber sei Gewl,
„Gut Morjet!" jemand ausm Garte ruft,
doch gsieht mer ne net, so dick is de Newl.

Owed im Dorf

Die Sunn geht uner iwrem Dorf,
de Owed hat sei Schlaier gworf,
un in der Kaul es Spiegelbild
mim Owedswind im Wasser spielt.

De Owedshimmel, rot wie Glut,
der dunkli Nacht schun blinke tut.
Un bal kumme die Stern, de Mond,
des Sach, wu halt dort owe wohnt.

De Wind singt noh sei Owedslied
un holt aach mei Gedanke mit.
Dann awer werd die Ruh stark gsteert,
die Krotte mache fescht Konzert.

Gelsekriech

Im Zimmer is es dunkel gin,
ich zieh mich aus un lee mich hin.
Uf eemol summt un brummt was rum,
a Gels war in mei Zimmer kumm.

Mim Schlappe geh ich glei uf Jacht
un han a Mordskrawall gemacht,
doch wars ke Gels, was ich derwisch –
a Blumevasn flieht vum Tisch.

Die Erd hat voller Scherwe glee.
Die Gels kummt jetz mehr in die Heeh.
Ans Hänglicht flieht mei Schlappe jetz.
Es Licht geht an, aus is die Hetz ...

reentroppe

aus der dachrinn
trippse reentroppe
es schlimmschti is rum
a reenboo am himml saat
alles is gut
die sunn soll sich zeige
soll die erd truckle
a wetter is manchsmol
doch was wert
aus der dachrinn
trippse reentroppe
die sunn is heraus

altweiwersummer

wann de „altweiwersummer"
sich hängt zwische die näscht
is die frucht schun längscht gedrescht
es gras for hoi is abgemäht

wann de „altweiwersummer"
getrieb git vun em wind
die summersunn verschwind
de himml git a sieb es reent

wann de „altweiwersummer"
sich pickt ins gsicht dir noch
git de kukruz schun gebroch
die trauwe schun im fass drin sin

wann de „altweiwersummer"
sich wicklt in die hoor
vergang is noch a johr
un gspierscht: bischt älter gin

zwischen

winter un summer
    is friehjohr
zwischen
summer un winter
    is herbscht
zwischen
himml un erd
    sin ich un du
zwischen
gischter un morje
    is heit

in der summerkuchl

im alte dreckofe
git brot geback
uf die spinnradspindl
klinglt sich de fade
uf der haschpl
hängt a strängl woll
de alte kredenz
hat noch gedrechslti fiess
derhiner hängt a paar
alti patschkre
zammgebun an em nagl
uf a fingerhut
mit eem stick speck drin
steibt sich a milichschal
for mausefall
im alte kanebett
krächse die fedre
am plafon a hänglicht
mit lichtblooe krelle runderum
mit eem schneeweisse schirm
un eem gusseisene tschutre
dort brennt
a elektrischi bier
em tach die aue raus

banater herbscht

Vum Aschplbaam die gehle Blätter falle,
es Schnelzernescht in seiner Spitz is leer,
a Kraak halt sich am Nascht mit ihre Kralle
un losst vum Wind sich treiwe hin un her.

De Schlewebusch is voll mit blooe Schlewe,
vum Fahrwechstaab sin se ganz dreckich gin,
un an de Brombierrute in de Gräwer
die Brombiere schun iwerzeitich sin.

Es Feld wu gischter Sunneblume ware,
wart heit mit Storze voll schun uf de Pluch.
Am Himml owe fliehe Starlschare.
– De Herbscht is do un Zaiche sin genuch ...

horch

   horch die owedsglocke
   leite zum gebeet
   gsiehscht die sunn am himml
   wie se unergeht

   schau die geele blätter
   falle vun de beem
   weit paar hunde belle
   kumm mir fahre hem

   denk es git bal winter
   heng de jangl um
   noch bleibt uns e bissl
   un es johr is rum

spotherbscht

   aschplbaam dei blätter falle
   dorch de herbscht dorch reen un wind
   kannscht net an der bruscht se halle
   wie a motter ihre kind

   schau es sin genuch im grawe
   loss paar hänge noch am nascht
   dascht wanns gfriehrt un schneet vun owe
   for die kält a gwand anhascht

schun zu spot ... die wolke laafe
ufgelaad mit schnee un eis
kannscht jetz bis im friehjohr schlofe
zugedeckt mit kält un weiss

Wintermorjet

A Licht brennt dorch de Morjetsnewl
mit Reenboofarwe aus der Nacht,
de Himml losst sei Fedre falle
un so de Winter Winter macht.

Zwaa Trappe gehn schun dorch die Gasse,
es knerscht de Neischnee unrem Schuh,
un die Gedanke bal em gfriehre,
vun Schnee un Kält un Winterruh.

Mer hert de Zug vun weit schun blosse,
die Schiene schlofe unrem Schnee,
de Zug bleibt stehn un fahrt gleich weiter,
un dort hat vorher Schnee gelee.

Schwowewinter

Die Dächer, Gärte sin voll Schnee
un ruhich leije draus die Felder.
De Raach steit gradaus in die Heeh,
die Täch gin immer kälter.

De Laabschower for Kuh un Rind
im Hof is längscht schun angeriss.
Die Schwein mer jetz im Raachfang find,
ke Gänsegschrei zu heere is.

Gebrotne Krumb're in der Platt
gin gess un Bohnesupp mit Worscht.
Aach Zeit for Ruhe mer jetz hat
un efter aach als grosse Dorscht.

Die Trimp gin uf de Tisch geknallt,
verzählt werd, glacht aach viel.
A dicki Tuchet for die Nacht
is, was de Schwob vum Winter will.

Wann die Zeit zuruckgehn meecht

Wann die Zeit zuruckzusich meecht gehn,
was wär dann? is mei Froo.
Dann wär es Lewe nimmer scheen.
Denkt mol derdriwer noh.

Dann meecht mer morjets schlofe gehn,
meecht morje gischter sin
un in die Wolke gehn de Reen
un Hingle in die Aier nin.

Die Uhre meechte linksrum gehn,
die Kugle fliehn zuruck ins Gwehr,
die Toti meechte auferstehn,
die Gräwer wäre dann bal leer.

Uns Lewe, Leit, wär nimmer scheen,
de Mensch meecht immer jinger gin,
un in de Milichbrunne gehn ...
Nor gut, des kann net sin.

hoffnung

ich han
uf eener motorisierti
howlbank
aus kerngsundem holz
a blumevasn gedrechslt
a loch owe ningebohrt
a blum nufgemolt
lackiert

ich stell
die vasn
mit bissl hoffnung drin
ins fenschter
zwischn kalt un warm
dass die eisblume
sich iwer winter
hale

Wendelin Faltum †
Gakowa – Buenos Aires

Wendelin (Wendel) Faltum wurde am 8. April 1905 in Gakowa (Batschka/Jugoslawien) geboren. Von Beruf Damenschneider. Wanderte 1930 nach Argentinien aus. Seine Frau Juliana und Sohn Sebastian kamen später nach. In Argentinien wird die Tochter Maria Teresa geboren. 1960 erschien im Holzner-Verlag in Würzburg Wendel Faltums einziger Roman „Die Batschkaprinzessin. Ein Heimatroman zwischen Theiß und Donau". Im November 1959 schreibt Faltum an die Zeitung „Der Donauschwabe": „Als Verfasser der 'Batschkaprinzessin' möchte ich gerne ein paar Worte an meine Landsleute in aller Welt richten. Ein Sprichwort sagt: 'Je weiter man entfernt ist von der Heimat, desto näher ist man ihr.' Ja, ich glaube, darin steckt viel Wahrheit. Mein Leben lang war ich ein großer Leser und ein genauer Beobachter sowohl meiner alten als auch meiner neuen Heimat. Ich bin kein großer Philosoph, und doch hatte ich mir vorgenommen, meine Meinung und meine Beobachtungen so gut wie möglich festzuhalten. Was ich nun in der 'Batschkaprinzessin' zeige, das ist das Leben, Streben und Wirken unseres fleißigen Volksstammes am Donaustrom. Es kommt ganz aus dem Herzen eines echten Batschkaers." In den Südostdeutschen Vierteljahresblättern schrieb Wilhelm Kronfuss 1960 in einer Rezension zum Roman: „Ein in seiner aufrichtigen Naivität echtes Zeitdokument für die Nichtbewährung eines nur in der Arbeit, nicht aber in der seelischen Meisterung des Lebens tiefen Menschentyps in seiner historischen Stunde." Von der Tochter Maria Teresa in Argentinien war zu erfahren, daß ihr Vater für seine zwölf Enkelkinder gerne dichtete und Märchen schrieb und ein Fachbuch zum Zuschneiden verfaßte. Im Sommer 1964 unternahm der Autor mit seiner Frau per Schiff eine Deutschlandreise, um nach fast drei Jahrzehnten die Verwandten wiederzusehen. Wendelin Faltum starb am 11. Juni 1991 in Buenos Aires.

Die Batschkaprinzessin

Frau Richter lag noch wach im Bett. Sie fand keinen Schlaf, wo sie doch sonst immer leicht einschlief. Sie dachte an die Zeit, als ihr Man noch lebte. Damals war sie nicht so allein. Jetzt fühlte sie erst, wie gut er zu ihr und zu dem Kinde war. Und er hatte immer so schön verdient; an Geld hatte es ihnen nie gefehlt.

Er hatte viel vorgehabt mit seinem Sohn – was er alles werden und lernen sollte! Doktor, Advokat oder Notar, irgend etwas Besonderes!

Frau Richter denkt, ich habe oft gewünscht, daß er Pfarrer werden sollte. Ich glaube, das ist für eine Mutter das Schönste, was es gibt, wenn sie am Sonntag ihren Sohn die Heilige Messe zelebrieren, auf der Kanzel die Predigt halten und den Gläubigen den Segen spenden sieht.

Ja, das wäre alles gut und schön, aber wer wird uns, wenn wir einmal alt sind und nicht mehr arbeiten können, erhalten? Der Mann wollte davon nie etwas wissen, vom Pfarrerwerden. Er sagte, du bist verrückt! Das einzige Kind in den schwarzen Rock stecken, für das ganze Leben?

Aber nun hat der Junge es grade bis zum zweiten Jahr im Gymnasium bringen können, dann war alles aus. Ich sage, das war die Strafe Gottes, weil mein Mann nicht haben wollte, daß der Junge Pfarrer wird. Und jetzt ist er nur ein Tagelöhner. Ich habe immer gesagt, nimm den Jungen in die Kürschnerei und bringe ihm dein Handwerk bei, Handwerk hat goldenen Boden! Er sagte aber immer, mein Junge soll was Besseres werden, nicht sein ganzes Leben lang mit den schäbigen Fellen herumarbeiten und sich vielleicht noch eine Krankheit zuziehen.

Nun will ich ihm ja keine Vorwürfe machen, er ist tot, nun soll er in Frieden ruhen. Er meinte es doch immer gut mit uns.

Es ist besser, nicht daran zu denken! Wir sind halt zwei verlassene Menschenkinder. Mein Bub sitzt am liebsten über seinen Büchern, wenn er Zeit hat, und liest ganze Nächte hindurch. Er ist ganz anders als die Leute hier im Dorf. Er weiß von allem, wonach man ihn fragt. Mein Mann sagte immer, alles was wir sind und haben, verdanken wir nur den Büchern.

Der Sohn ist nicht viel anders geworden. Er macht auch alles so wie sein gottseliger Vater.

Ja, der Vater, für alles hatte er einen richtigen Spruch gewußt, er war auch der beste Kürschner weit und breit. Im Winter mußten wir Tag und Nacht arbeiten, jeder wollte was von ihm haben. Er war in seiner Gesellenzeit in ganz Europa gewesen, und ich kann mich noch erinnern, wie er immer während der Arbeit gesungen hat; seine Wanderlieder, die waren immer so lustig und schön.

Mein Junge ist auch so ein lustiger Kerl, der kann einen auch stundenlang unterhalten.

Jetzt ist der Bub schon über zwanzig, und ich werde langsam alt. Manchmal denke ich, ich hätte noch einmal heiraten sollen. Aber es kam nie der Richtige, der mir gefallen hätte. Ich wollte es auch dem Kind nicht antun, in seinen jungen Jahren einen Stiefvater zu haben. Wer weiß, wie er zu ihm gewesen wäre. Wenn der Junge einmal versorgt ist, dann habe ich nichts dagegen, dann kann der Adrian Sepp kommen, der war schon ein paarmal hier. Bei dem könnte ich mich gut reinsetzen und wäre versorgt fürs ganze Leben. Der hat ein schönes Haus, auch viel Feld und keine Kinder. Schließlich muß ich auch an mich denken – wenn der Junge mal heiratet, dann bleibe ich ganz allein.

Der Junge will nicht, daß ich ihn nehme, den Adrian Sepp, weil er gehört hat, daß er seine erste Frau so oft geschlagen hat. Da unten in der Kreuzgasse hat mir auch jemand gesagt, der Adrian Sepp hat seine Frau halb totgeschlagen. Manchmal sind die Frauen selber schuld. Die Männer kann man doch drehen und führen wie man will. Ich habe keine Angst, ich werde schon fertig werden mit ihm, er war schon öfters hier, wegen der Heiratsgeschichte, das letzte Mal versprach er mir die Hälfte von seinem Vermögen, und daß er sein Haus gleich auf mich schreiben läßt, wenn ich ihn heirate.

Weißt, sagte er, wir zwei passen gut zusammen, wir könnten leben wie zwei Tauben. Wir sind auch noch nicht so alt und können noch ein Kind haben. Ein Kind würde mir noch grade fehlen, habe ich zu ihm gesagt, wo mein Junge schon über zwanzig Jahre alt ist.

Schau Resi, sagte er, ich liebe dich schon lange Zeit, wie du noch ein Mädchen warst, hast du mir am besten gefallen von allen. Aber du weißt ja, die Eltern machen bei uns immer aus, wen man heiraten muß. Meine erste Frau hatte genau soviel Geld wie ich, und so hat man uns zusammengetan.

Kinder haben wir leider nie bekommen. Vielleicht weil unsere Liebe zu schwach war. Sie sagte, sie wäre noch zu jung und möchte noch leben und nicht mit Kindern rumlaufen. Weißt Resi, ich liebe Kinder sehr, deshalb würde mich dein Sohn gar nicht stören. Wo zwei essen, können auch drei essen. Ich träume so oft von dir, Resi, ich werde auf dich warten, und wenn es bis zu meinem Tode dauert.

Das hat er mir alles gesagt, als wir am Sonntagabend durch die untere Kreuzgasse gegangen sind. Ich weiß nicht, ob ich ihn liebe, aber ich würde ihm gern die Liebe ersetzen, die er schon ein Leben lang sucht.

Ich glaube, ich habe Schritte gehört, draußen im Hof. Ist es vielleicht schon der Bub? Ist es schon so spät?

Na Mutter, du bist noch wach, und du bist im Finstern? Ja Kind, ich konnte nicht einschlafen, es geht mir so viel durch den Kopf, weil ich fast immer allein bin. Immer bist du unterwegs, tagsüber in der Arbeit, und abends bist du auch nicht bei mir. Wenn du einmal heiratest, dann weiß ich nicht, was aus mir werden soll. Immer allein sein, das ist kein Leben.

Schau Mutter, mir wäre es auch recht, wenn du dich versorgen könntest, du bist ja noch jung.

Der Adrian Sepp hat mich schon wieder gefragt, ob ich seine Frau werden will, weil ihm doch die Seinige gestorben und sein schönes Haus ohne Hausfrau ist. Bei dem könnte ich mich halt gut versorgen. Dann würde ich dir nicht zur Last fallen, wenn du heiraten willst.

Aber Mutter, eine Last wirst du mir nie sein, solange ich lebe.

Das kann man nicht wissen, Kind. Wie deine zukünftige Frau denkt, weißt du nicht.

Aber der Mann, Mutter, den du heiraten willst, gefällt mir nicht.

Er ist sehr gut, Kind, ich kenne ihn schon von der Schulzeit her, er liebt mich sehr, das hat er mir schon so oft gesagt. Er könnte ja Frauen genug haben mit seinem Vermögen. Aber weil er bei der ersten Heirat so hineingefallen ist, so will er jetzt vorsichtig sein. Und ich muß auch an mich denken, wenn du einmal versorgt bist. Ich will nicht gleich mit der Schwiegertochter zusammensein, weil das selten guttut. Junge Leute müssen allein sein, wenigstens die ersten paar Jahre, bis sie sich aneinander gewöhnt haben. Jetzt glaube ich aber, es ist die höchste Zeit, daß wir das Licht ausmachen und einschlafen. Du mußt morgen früh auf. Der Hieselbauer steht schon in der Früh um vier auf, damit er ja nichts verliert vom Tag.

Ja Mutter, morgen ist der letzte Tag, daß ich dort arbeite, dann sind wir fertig mit der Arbeit beim Hieselbauer.

Am Abend sollst du dann zum Sallerbauern kommen.

Ja Mutter, ich habe schon gesprochen mit ihm. Der zahlt auch besser und pünktlicher, und ein Essen haben die Leute, da freue ich mich schon immer darauf. Dann sitzt auch die Margaret bei uns am Tisch, gerade mir gegenüber. Ich glaube, Mutter, das ist das schönste Mädchen im ganzen Dorf. Wenn ich mich nicht schämen würde, könnte ich sie immerzu anschaun. Ich denke manchmal, wie ist es nur möglich, daß es so etwas Schönes gibt. Es ist eine Freude, bei Sallers zu arbeiten. Die Leute sind sehr reich und behandeln die Arbeiter wie ihresgleichen. Die Margaret hat ein Leben wie eine Prinzessin, steht um die Frühstückszeit auf und richtet dann den Tisch, aber fein wie in der Stadt bei den besseren Leuten. Weißt Mutter, dann sag ich: Guten Morgen, Prinzessin.

Guten Morgen, Martin, ich hab noch nicht ganz ausgeschlafen, sagt sie dann, weil ich gestern abends bis zwölf Uhr Radio gehört habe. Die „Unvollendete" von Schubert.

Ja, die Sallers sind glückliche Leut', weil sie das Geld nicht nur verdienen, sondern auch richtig verwenden können. Schau, Mutter, in der ganzen Zeit, während ich schon zu den Bauern in Taglohn arbeiten gehe, hab ich oft und oft gesehen, daß nicht alles Gold ist, was glänzt – wie das Sprichwort sagt. Manche kenn ich, die sind reich und leben schlechter als die Ärmsten, nur weil sie zu geizig sind. Arbeiten Tag und Nacht und gönnen sich überhaupt nichts, sparen ihr ganzes Leben lang und wissen oft überhaupt nicht, für wen. Es ist wohl ein Ehrgeiz vieler Menschen, immer noch mehr haben zu wollen als andere. Vielleicht ist es gut für die Welt oder für ein Land, daß es auch Sparer gibt, Sparer, die beischaffen, was andere mit Gewalt loshauen. Weißt, Mutter, es gibt ja viele Dumme, die oft im Leben draufzahlen, und viele, die meinen gescheit zu sein, weil sie die andern ausnützen oder auch anschmieren. Zu dieser Art von Gescheiten möchte ich grad auch nicht gehören! Dann schon lieber arm, aber angesehen im ganzen Dorf. Weißt, Mutter, ich glaube, anständig, gesund und zufrieden sein, das ist wohl der größte Reichtum im Leben!

Während Frau Richter noch über seine Worte nachdachte, schlief Martin schon ein.

Kind, du mußt aufstehn! Es ist schon höchste Zeit! Um fünf sollst du beim Hieselbauern sein, und bis in die Kreuzgasse ist ein schönes Stück zu laufen! Schau auch, daß du dein Geld bekommst. Ich hab schon überall kleine Schulden zu zahlen.

Wie der Martin beim Hieselbauern ankommt, hört er ihn schon rufen: Nur schnell, Buben, rauf auf den Wagen. Heut fahren wir das letzte Mal raus. Alles Heu muß weg, bevor es regnet.

Die Sonne war im Ansteigen, als sie zum Dorf hinausfuhren. Mit rotgoldenen Strahlen kam sie über den Horizont. Wie ein Traum, dachte Martin. Und wie es duftet nach tausend Blüten und Erde. Wie schön ist doch die Welt am Morgen, wenn die Sonne aufsteht von ihrem Schlaf, die Lerche hochsteigt und mit Hunderten anderen Vöglein tiriliert. Ja, so herrlich wird der Bauer begrüßt, wenn er morgens aufs Feld fährt. Davon wissen die Langschläfer nichts.

Sie schafften die Arbeit bis zum Abend. Dann verlangte Martin sein verdientes Geld. Dem Hieselbauer war das grade recht so, weil jetzt nicht mehr viel zu tun war, daß er noch zusätzlich Tagelöhner brauchte. In einem Bauernhaus gibt es natürlich immer zu tun, sogar im Winter, aber am meisten ist freilich dann zu tun, wenn auch die Natur zu arbeiten beginnt nach dem langen Winterschlaf. Der Bauer ist ganz mit der Natur verbunden; wenn sie arbeitet, muß auch er arbeiten, sonst kommt er ihr nicht nach, und das Unkraut verdirbt ihm die Ernte. Auch mit dem Schlaf muß sich der Bauer ganz nach der Natur richten. Wenn sie wach ist, darf er sich jeden Tag nur wenige Stunden Schlaf gönnen, und wenn die Felder ihren Winterschlaf halten, dann kann auch der Bauer nachholen und lange im Bett bleiben. Ja, der Städter ist ein anderer Mensch, mehr ein mechanisierter Mensch: der schläft seine acht Stunden, arbeitet acht Stunden und hat acht Stunden Freizeit. Vielleicht ist es schöner, ein Bauer zu sein.

Na, Mutter?! Da hast das Geld vom Hieselbauern. Zahl alles aus, was du schuldig bist. Dann werden wir sehn, was übrig bleibt. Ich hab doch noch für meinen Anzug und die Schuhe einen Rest zu bezahlen. – Morgen geh ich ja zu Sallers, ich freu' mich schon drauf. Dort ist's schön zu arbeiten, und besonders schön ist's am Abend. Da sitzen wir alle nach dem Essen eine Weile beisammen und erzählen die Neuigkeiten von der ganzen Welt.

Alle Müdigkeit vergeht einem dann ganz schnell. Vetter Franz holt auch manchmal eine Flasche Wein, oft sogar von seinem besten. Auch politisiert wird dann meistens. Wenn's dabei zu bunt wird, dann geht die Margaret, die Prinzessin – wie ich sie immer rufe – an ihr Radio und sucht eine schöne Musik für uns, aus Budapest, oder auch aus Wien. Manchmal versucht sie es auch mit Amerika. Kannst du dich noch erinnern, Mutter, dort wollte ich immer einmal hin, nach Buenos Aires, dort ist doch ein Schulfreund von mir. Es soll ihm sehr gut gehen drüben. Unlängst schrieb er, ob ich nicht auch hin möchte. Aber ich bin für die Stadt nicht geboren. Ich bin am liebsten auf dem Feld, in der Luft, in der Sonne, in der Natur! Ja, Mutter, aber jetzt muß ich schnell weg. Mein Freund, der Pleli Kasper, wartet auf mich an der oberen Kreuzgasse. Wir müssen in den Kulturbund, wegen einer Besprechung.

Beinah hätt' ich vergessen, Kind! Da ist ein kleines Paket von der Post. Ich weiß nicht, was es ist.

Ach ja! Das sind meine Briefmarken, die ich in Belgrad bestellt habe. Ganz billig, Mutter. Stell dir vor, tausend Stück aus verschiedenen Ländern für fünfundsiebzig Dinar und fünfzig Para. Was sagst, Mutter?

Kind, da mußt du schon zwei Tage dafür arbeiten, für die paar alten Stempel.

Weißt, Mutter, wenn eine darunter ist, die ich noch nicht hab, würde ich gern acht Tage dafür arbeiten. Was habe ich nicht schon alles gelernt durch diese Briefmarken. Die Länder der ganzen Welt lernt man kennen, sogar die allerkleinsten: San Marino, Liechtenstein, Honduras, Vatikan ...

Vatinkan-Marken dürftest du eigentlich nicht sammeln, Kind! So ein schlechter Christ, wie du bist! Gehst ja nie in die Kirche! Und wann wirst du endlich fertig werden mit diesem Stempelmarkenbuch? Und dann möchte ich wissen, was du dafür bekommst, wenn du es mal verkaufen wirst.

Mutter, also daß du es nur weißt, das wird nicht verkauft. Das mache ich schon für meinen zukünftigen Sohn, der wird viel Freud damit haben. Ich weiß ja, wie's bei mir war. Mit zwölf hab ich angefangen, damals hat mir der Vater das Album geschenkt. Ich glaub zu Weihnachten war es.

Nein, Kind, es war zu Martini, zu deinem Namenstag. Ich weiß es noch, als wäre es gestern gewesen. Du hast dich ja so riesig g'freut damals.

Ja, Mutter, hast recht. Zu meinem Namenstag war es, an Martini hab ich's bekommen von unserem gottseligen Vater. Ach war das schön im Gymnasium damals, da konnte man so viele, viele Marken tauschen! Jetzt, hier im Dorf ist ja leider niemand da, der sich dafür interessiert. Weißt noch, Vater hat doch auch so gern gesammelt. Er war genau so wild drauf wie ich.

Ja, ja! Dein Vater war wie du! Der hat auch alles zu sammeln angefangen. Wir hatten das Haus immer voll mit altem Kramzeug! Weiß der Herrgott, was er alles herbeigeschleppt hat!

Am nächsten Morgen um sechs stand Martin im Hof vom Sallerbauer.

Der Knecht, der Janus, putzte gerade noch die Pferde. Martin half ihm dabei, damit sie schneller wegkamen. Dann spannten sie zusammen den Wagen ein.

Im Haus von Sallers aber war noch alles still, wie ausgestorben. Nur das Dienstmädchen war aufgestanden und packte den Leuten die Sachen fürs Feld zum Mitnehmen ein.

Die Prinzessin schläft noch fest, denkt Martin. Wozu soll sie auch schon aufstehen, dazu sind ja genug andere da.

Der Vetter Franz, wie der Sallerbauer sich nennen läßt, füllte noch einen großen Weinkrug. Bei der Arbeit braucht man das, so ein Schluck Wein löscht den Durst und gibt neue Kraft bei der Arbeit, er stärkt einen gewaltig. Wasser macht einen nur schlapp und matt.

Nun ist fertig eingespannt, und endlich geht es los. Die Sonne steht schon ziemlich hoch. Beim Hieselbauern sind sie um diese Zeit schon müde gewesen und haben ihre erste Rast abgehalten. Aber beim Sallerbauer geht alles gemütlich, ohne Hast. Die Leute sind nicht so verhungerte Bauern wie manche andere und sie kommen auch dorthin, wo die anderen sind – oder noch weiter. Der Vetter Franz sagt immer: Die Arbeit springt uns nicht davon, was wir heute nicht machen, das machen wir halt morgen; morgen ist auch noch ein Tag. Wochenlang geht jetzt die Arbeit schon, jeden Tag. In die „Teletschka" auf den Salasch dauert die Fahrt mit Roß und Wagen beinahe eine Stunde. Auf dem Wege dorthin erzählen Vetter Franz und Martin immer von diesem und jenem, von den Weltneuigkeiten und von den Dorfneuigkeiten. O, der Sallerbauer ist sehr intelligent und belesen. Er war auch schon zweimal Richter in der Gemeinde. Drei Sprachen spricht er, deutsch, ungarisch und slowenisch.

Heute, beim Rausfahren in die Teletschka, kamen sie auf Pferde zu sprechen. Der Vetter Franz hatte nämlich vor kurzem zwei Vollblutpferde gekauft, echte belgische, aber nicht zum Arbeiten, nur zum Spazierenfahren mit dem leichten, gelben Wagen in die Stadt zum Wochenmarkt. Wenn er die eingespannt hat, kann ihm keiner vorfahren. Aber die zwei da vorn, den Sultan und die Wilma hier vor unserem Wagen, sagt Vetter Franz, die würde ich nicht vertauschen gegen die Belgier. Man könnt ihnen ein ganzes Haus aufladen, sie würden's bestimmt wegziehen. Ja, die haben steirisches Blut in sich. Und gescheiter sind sie als manche Menschen. Alle Wege kennen sie bis hinaus zu den äußersten Feldern und Wiesen. Ja, paß nur auf Martin, was ich dir jetzt erzähle: Wir hatten da mal einen Mann zum Mistfahren. Er war noch nicht lange bei uns und kannte die Wege noch nicht. Es war gerade im Winter, und alles war verschneit. Keine Spur von den Feldwegen war zu sehen. Ja, sagte der Mann, wie soll ich denn jetzt die äußere Wiese finden, wo doch alles meterhoch verschneit ist? Fahr nur zu, sagte ich beruhigend, fahr bis zum zweiten Bahnübergang, dann bieg rechts ab und sag dem Sultan und der Wilma nur Äußere Wiese. Dann laß die Pferde frei laufen. Dort wo sie nachher stehen bleiben, kannst du abladen. Wirst sehen, im Frühjahr, wenn er Schnee weg ist, daß der Mist mitten auf unserer Wiese liegt. – Ja, und so war's dann auch. Ich sag immer, ein Vieh kann oft mehr fühlen als ein Mensch sehen, das kannst mir glauben, Martin! Auf dem Salasch hatte der Sallerbauer noch sechs Pferde stehen, aber sie wurden halt nicht so gut gepflegt wie die auf dem Hof im Dorf. Vier Arbeitspferde waren es und zwei Reitpferde, der Haras und der Jantschi, wie die Margaret sie getauft hatte. Wenn sie auf dem Salasch ist, die Prinzessin, sitzt sie den ganzen Tag auf ihrem Jantschi. Ja, sie ist eine gute Reiterin und hat schon einige Preise gewonnen, bei Veranstaltungen. Aber wenn ein anderer aufsitzen will, auf den Jantschi, dann geht er immer im Kreis herum, bäumt sich auf und versucht, den Reiter abzuwerfen. Unlängst hatten wir Treibjagd auf Hasen und Füchse, und da wollte so ein Städter, ein angeblich guter Reiter, den Jantschi besteigen, doch kaum war er oben, lag der arme Teufel schon wieder unten am Boden. Er versuchte es aber nochmal. Und der Jantschi ging wieder im Kreis rum und stieg mit den Vorderbeinen hoch und gab keine Ruh, bis er den Reiter los war. Bis dann die Margaret aufstieg. Da hob er den Kopf stolz in die Höhe und tänzelte wie ein Rennpferd.

So konnte Vetter Franz dem Martin erzählen, und oft wunderten sie sich beide, wie schnell so eine Stunde verging.

Sie waren inzwischen gute Freunde geworden, wie sie so jeden Tag beisammen waren, miteinander arbeiteten, vom frühen Morgen bis in die Nacht hinein. Martin stellte Vergleiche an: Was doch für ein Unterschied ist zwischen den Menschen! Mit dem Hieselbauer war er noch nie in ein Gespräch gekommen. Und er hatte doch auch dort das seine getan, Woche für Woche. Aber der Hieselbauer kehrte gern den Herrn heraus. War denn nicht der Sallerbauer noch mal so reich wie der andere!? Und ist ganz einfach der „Vetter Franz". Dabei ist er gescheit und weiß sich überall richtig zu benehmen. Wenn er mit seinen Arbeitern beisammen ist, dann redet er einfach und kräftig, genau so, wie sie selber sind, die Arbeiter, so ist der Sallerbauer. Aber wenn er dagegen mit feinen Leuten zu tun hat, wie so oft im Gemeindehaus, dann ist er wie diese. Genau so fein. Und kann intelligente Reden führen, wie diese. Ja, er paßt sich überall gut an, drum haben sie ihn alle gern in der ganzen Gemeinde. Ja, so gute, verständige Leute wie die Sallers gibt's wenig!

Hoo-ha, hoo-ha! Auf einmal werden die Pferde scheu. Was ist los, Janusch?

Da liegt was im Weg.

Steig mal ab, Martin! Ich glaub, es ist eine Pferdedecke, die hat jemand verloren.

Ja, ruft Martin zurück. Die ist noch fast neu.

Leg sie dort neben den Weg. Der wird schon kommen, dem sie gehört.

Wieder einmal, als sie zum Salasch hinausfuhren, schilderte der Sallerbauer die Besitzer der umliegenden Anwesen: Das da drüben ist der Salasch vom Stewo Strilič. Damals, als ich Richter war im Dorf, da war der Stewo

Strilič Vizerichter. Er wollte immer, daß unsere Gemeinde aus der Agraria-Genossenschaft austreten soll. Durch die Agraria hatten wir Bauern aber sehr viele Erleichterungen beim Einkauf landwirtschaftlicher Maschinen oder von Kunstdünger usw.

Aus Deutschland und Frankreich konnten wir vieles billiger und besser durch sie bekommen, und auch Kredite. Der Strilič stand aber immer auf dem Standpunkt: Solange unser eigener Staat nicht landwirtschaftliche Maschinen bauen kann, sollen die Leute mit den Ochsen ackern, wie's bisher war! Es war schon gut, daß der Stewo Strilič statt über mir unter mir zu stehen kam! Sonst würden wir heut alle noch mit den Ochsen ackern und gar nicht wissen, was ein Traktor ist. Ein Glück auch, daß wir den Kunstdünger haben und so manche andere moderne Einrichtung. Wir Schwaben haben damit unsere Fechsung verdoppelt. Schau doch mal rundherum, du kannst genau feststellen, welcher Boden Kunstdünger bekommen hat und welcher nicht. Oder welcher Weingarten gut mit Blaustein gespritzt ist. Kennst schon den Witz vom Pfarrer sein Weingarten?

Guten Morge, Herr Geistlicher! Ihr hätt aber sicher gut gebet' des Johr? Ihr kriegt viel Wei, wie ich seh. Gebet'? sagt der Herr Geistliche. Na, gespritzt häb ich gut!

Da kamen sie wieder auf dem Salasch an.

Na endlich, da sind wir wieder. Gute Morg', Kati, hätt Ihr ausg'schlofa? Gibt's was Neues bei Euch?

Vetter Franz, wißt 'r was passiert is heit Nacht? Da drüwe beim ungarische Salasch han se Roß g'stohln. Ich hab die ganze Nacht net schlofe kennen und hab d'r hl. Antoni paarmal ang'rufa, daß er uns beisteht bis Tag wird. Und die Hund hen gebellt wie wahnsinnig. Ich glaub immer, die hen bei uns reinwolle, aber die Hund hen zu arg getobt. Die losse niemand in die Näh. Und mit der Roßstehlerei hen wir ganz auf die Kuh vergessen, die zum Kalben war. Erst in der Fruh hen wir's g'merkt, da is ein Kalb mehr gestanden im Stall. Aber es ist alles gut gangen.

Wenn man die Kati was fragt, dann hört sie immer auf zum Erzählen. Aber wir können hier nicht stehen und so lange zuhören. Vetter Franz sagt auch, wir müßten schnell rausfahren, das letzte Heu einbringen, bevor's zum Regen kommt. Sie arbeiteten rascher als sonst, um die Zeit, die mit dem Getratsch von der Kati vergangen war, wieder aufzuholen. Bevor die Sonne unterging, war dann auch alles fertig. Aber um ins Dorf zurückzufahren, war es heute zu spät. So übernachteten sie alle auf dem Salasch. Es war auch wegen dem Roßdiebstahl von nebenan gut so. Und dann waren ja alle Bequemlichkeiten da in der angebauten Villa auf dem Salasch. Sogar ein Radio war auf Margarets Zimmer. So mancher in der Stadt könnte froh sein, so eine Wohnung zu haben! (...)

Zu Hause in der Batschka kamen die Russen. Es wurde nicht viel geschossen, ein paar Flugzeuge überflogen das Dorf, aber Bomben wurden keine geworfen. Alles vergrub sich in die Hauskeller, weil man ja nicht wissen konnte, was kam. Nach zwei Tagen war es ganz still.

Da kam der Befehl heraus: Alle Deutschsprechenden müssen sich in einer Stunde vor dem Gemeindehaus versammeln. Wer nicht kommt, wird erschossen. Wer auf der Flucht angetroffen wird, wird erschossen. Die Häuser dürfen nicht abgeschlossen werden. Wer sein Haus abschließt, wird erschossen.

Die Leute standen schon über eine Stunde vor dem Gemeindehaus, da kam der russische Kommandant mit ein paar Rotarmisten und Partisanen, auch Frauen dabei, mit Maschinenpistolen vor der Brust. In serbisch und deutsch wurde ausgerufen: Geld, Ringe, Uhren oder sonstiger Schmuck sind sofort abzuliefern. Jeder wird nachher durchsucht, ob sich noch etwas bei ihm befindet.

Jeder gab sein Hab und Gut her, um sein Leben zu retten. Dann wurden alle durchsucht. Bei einer Frau fanden sie eine Fotografie von ihrem Mann in SS-Uniform. Die Frau wurde von einem Partisanenweib sofort erschossen. Sie hatte ein Kind auf dem Arm gehabt, das fiel zu Boden. Eine andere Frau hob es auf und nahm es mit sich, aber nach einem Monat ist es gestorben, denn es hatte von dem Sturz Verletzungen davongetragen.

Als die Leute nach Hause kamen, waren die Häuser geplündert, alle Wertsachen fehlten, auch die Kleider. Es hieß, daß den Deutschen alles enteignet sei, sie mußten also ganz still sein, jeder konnte froh sein, wenn ihm nicht mehr passierte. Sie konnten in ihren Häusern noch bleiben, bis sie abtransportiert wurden in das große Sammellager, aber jeden Morgen um sechs mußten alle vor dem Gemeindehaus antreten zur Arbeit. (...)

Einige Monate vergingen so. Da kam eines Tages der Befehl zum Abmarsch ins große Lager nach Gakowa. Hunderte Männer, Frauen, Kinder, zu Fuß, ohne Essen und Trinken. Immer wieder stießen neue Kolonnen zu ihnen und zogen mit. Wer zurückblieb, dem half die Peitsche nach, aber manche fielen um vor Hunger und Durst, konnten nicht mehr weiter.

Am Tage wurde schwer gearbeitet bei Wassersuppe und Polenta, nachts konnten sie oft nicht schlafen, die Kinder schrien immerzu, es gab für sie so gut wie gar nichts zu essen. Die Männer waren wütend, weil sie von dem Geschrei nicht schlafen konnten und früh morgens wieder raus mußten zum Robotten. Nicht weit von Vetter Franz lag eine Frau auf dem Stroh, sie hatte ein ganz kleines Kind im Arm. Die Mutter hatte keine Milch, weil sie selbst halb verhungert war. Das Kleine schrie fürchterlich. Ein Mann brüllte hinüber, sie solle das Fratzenbalg endlich zur Ruhe bringen, sonst würde noch was passieren. Die Frau war so elend, sie wollte am liebsten nicht mehr sein. Ihren Mann hat sie im Krieg verloren, die Eltern sind umgebracht worden, und nun muß sie zusehen, wie ihr Kind langsam verhungerte. Soll sie ihm die Gurgel zudrücken? Dann hätte das arme Wurm alles überstanden. Hier wird niemand danach fragen, wie es gestorben ist.

Die Frau fantasierte Tag und Nacht und redete laut mit dem Kind. Soll ich dir zur Mörderin werden? Kind, ich hab dir das Leben gegeben, soll ich es dir wieder nehmen? Schau, die Leute wollen schlafen, sie wollen ihre Ruhe. Sie wollen, daß ich zur Verbrecherin werde!

Es war ein Jammer zum Herzzerreißen.

Vetter Franz stand auf, er nahm die Frau beim Arm und sagte ihr, daß sie aufstehen solle, er werde dem Kind was zu essen geben. Sie weinte und ging mit ihm. Vetter Franz führte sie zwischen den Liegenden durch zum anderen Ende des Lagers, wo ein Kuhstall war. Sie hatten Glück, niemand war in der Nähe. Vetter Franz nahm das Kind, hielt es unter das Gemelk einer Kuh und gab ihm eine Stiche in das Mündchen. Das Kind fing gleich an zu saugen und trank sich voll. Auch die Mutter machte es so – beide waren gerettet. Jede Nacht ging dann die Frau mit dem Kind hinüber in den Stall.

Bald danach kam Vetter Franz mit einer Gruppe von hundert Mann zum Kanal- und Straßenbau in ein anderes Lager. Bäsl Sali blieb zurück in Gakowa. Gerade als er abtransportiert werden sollte, kam ein neuer Trupp ins Lager. Er sah noch, daß der Adrian Sepp und die Bäsl Resi dabei waren. Es gab ihm einen Stich ins Herz, wenn er die beiden anschaute. Sie waren ganz heruntergekommen, die Kleider waren nur noch Fetzen und voller Dreck. Er rief noch hinüber zu ihnen, aber sie hörten ihn nicht in dem Durcheinander, das dort herrschte. Man hat später herumgeforscht und nach ihnen gesucht, aber niemand wußte was über sie.

Im neuen Lager ging es noch härter zu als in Gakowa. Jeden Morgen, wenn sie aufgerufen wurden, fehlten ein paar. Sie hatten sich zum Sterben hingelegt oder waren schon hinüber. Die Fehlenden wurden von der Liste gestrichen. Der Vermerk lautete gewöhnlich: Gestorben an Herzschlag, oder gestorben an Altersschwäche.

Eines Morgens, als sie wieder Aufstellung genommen hatten, ging der Lagerkommandant mit einigen Leuten in Zivil, die anscheinend bei ihm zu Besuch waren, vorbei. Plötzlich blieb einer stehen und rief auf serbisch: Ah, der Herr Richter! Schau an! Wie geht's denn immer? Siehst aus wie der letzte Bettler, der feine Herr Richter!

Er kam näher, packte Vetter Franz und zog ihn aus der Reihe. Dann fing er an zu lachen und versetzte Vetter Franz ein paar schallende Ohrfeigen. Dabei drehte er sich zum Lagerkommandanten und sagte über die Achsel: Nur eine kleine Revanche. Dann gab er Vetter Franz mit der Faust einen Schlag in die Rippen, daß dieser nur so taumelte. Hätten seine Kameraden ihn nicht aufgefangen, wäre er noch in den Dreck gefallen.

Es war für ihn die größte Demütigung, die er hatte einstecken müssen. Als er Richter war im Dorf, hatte er diesen Ratzen – oder Zigeuner, der er war – zu einer kleinen Geldstrafe verurteilt, weil der Kerl ein paarmal Hühner gestohlen hatte. Nun hat er sich an ihm gerächt. Man hat ihn verprügelt und verspottet, den Herrn Saller, der so vielen Gutes getan und immer gerecht und milde geurteilt hatte. Umsonst, ganz umsonst hatte er immer gearbeitet für das Dorf, viele Jahre hindurch, hauptsächlich für die Serben, und jetzt bekam er seinen Lohn. Es war nicht mehr zum Aushalten, was sie mit den Leuten aufführten. Sie waren ja ohnehin nur noch Skelette mit Haut überzogen und besaßen keinen lumpigen Heller, aber man mußte sie noch obendrein verprügeln, ja oft sogar mit Peitsche und Gewehrkolben auf sie losgehen. (...)

Der Schneider-Detektiv

Eine wahre Geschichte

Es war im Spätherbst 1929, als sich diese Geschichte zugetragen hat:
   Ich fuhr wegen der Papiere, die ich zur Auswanderung nach Amerika benötigte, in die Stadt Sombor. Im Abteil des Zuges wurde viel erzählt, man sprach wie üblich vom Wetter, von den schlechten Zeiten und von den zu hohen Steuern, die schon keiner mehr bezahlen konnte.
   Der Tag war eben am Kommen, die Sonne schlüpfte gerade am Horizont hoch und schien über die kahlen Felder des Spätjahres hin. Kaum einer sah hinaus auf die vorüberziehende Landschaft, denn sie war jetzt nicht reizvoll wie im Frühling oder zu Sommerszeiten. Vor mir saß mein alter Freund Danilo und neben mir Stevo, ein Bekannter aus unserem Dorf, der mir früher einmal viele Fuhren gemacht hatte, als ich noch kreuz und quer durch die Batschka auf die verschiedenen Jahrmärkte mit Konfektionsartikeln zog.
   „Ja", sagte er, „du hast es gut, Schneider! Du kannst auswandern, wenn es Dir daheim nicht mehr gefällt, aber ich als Serbe muß schon hier bleiben in meinem Land."
   „Na ja", meinte ich halb im Scherz und halb im Spott, „Ihr Serben seid ja auch die Glücklichmacher in diesem Land und wir Deutsche nur die Stiefkinder und geduldete Arbeitssklaven. Und ist es ein Wunder, daß manch einer fort möchte von hier, von seinem Zuhause!? Bei diesen verflucht hohen Steuern!? Lieber fort ins Ungewisse, ins Unbekannte, als sich hier schinden und nichts davon übrig haben!"
   „Aber sag mal, Schneider, Dir geht es doch gar nicht so schlecht! Du arbeitest als Meister mit einem Haufen Leute, und da muß doch auch was hängen bleiben. Möchte gern wissen, was dich eigentlich forttreibt", mischte sich auch Danilo ins Gespräch.

„Schau mal, Danilo, es ist schon richtig, ich beschäftige fünf, sechs Gehilfen. Aber die Leute müssen jeden Samstag bezahlt werden, und ich bekomme das Geld immer nur mühsam und spät herein; meine Kundschaft besteht meistens aus Bauern, und wenn ich den Bauern was liefere, dann muß ich oft ungeheuer lang warten, bis sie mich bezahlen, denn der Bauer muß immer erst zuwarten, bis er selbst wieder was verkauft. So was kann vom Frühjahr bis zum Herbst dauern. Und wo nehme ich inzwischen die Löhne her!? So kann einem die Lust zur Arbeit und zum Leben mit der Zeit vergehen."

Gerade als Stevo was erwidern wollte, kam der Bartlvetter, mein Gässler, ins Abteil und sagte ziemlich aufgeregt:

„Du, Schneider, kannst mal einen Moment herauskommen, ich möchte Dich was fragen."

Draußen auf dem Gang fragte er: „Hast ein Taschenmesser bei Dir? Ein feines, scharfes?"

„Ja, hab ich, hier in meiner Westentasche."

„Bitte mach mir mal diesen Briefumschlag ganz sorgfältig auf, dort wo er zugeklebt ist. Aber sei vorsichtig, daß Du das Kuvert nicht verletzt! Du als Schneider hast ja sicher eine sehr leichte Hand – wie eine Hebamme!"

Nun, es war keine Kleinigkeit, was der Bartlvetter da von mir verlangte – bei dem ratternden Zug! Und ohne Unterlage! Aber schließlich gelang es mir doch. Und mein Gässler zieht aus dem Umschlag fünf Papierschnitzel! Ich schau verwundert zu ihm hin und sehe, wie er zuerst weiß und dann rot anläuft im Gesicht und vor Wut mit den Armen herumfuchtelt in der Luft. Endlich fing er an zu erzählen, und die Räder des Zuges schlugen den Takt dazu:

„Zu mir kam gestern abends ein Herr aus Sombor. Er suchte einen Weinzettler oder einen Vertreter für eine große Weinfirma, die im ganzen Land bekannt ist und in Sombor eine Niederlassung machen will. Na, und Du weißt ja, Schneider, ich bin doch kein richtiger Bauer und kein Tagelöhner und auch kein Handwerker wie Du. Und da dachte ich so bei mir – wie der Kerl so schön dahergeredet hat von dem guten Weingeschäft und von dem schönen Fixum neben der Provision –, das wär so das Richtige für mich! Man braucht sich nicht gar so zu plagen und zu rackern, kommt im ganzen Land herum und kann dabei schön verdienen. Allerdings sollte ich eine Kaution von 5 000 Dinar erlegen, die in Sombor deponiert werden sollte. Der Kerl sagte noch, ich müßte das Geld vor seinen Augen in ein Kuvert geben und zukleben. Ich holte also meine mühsam ersparten 5 000 Dinar und sagte zu, mit ihm morgen nach Sombor zu fahren. Wir haben dann noch zusammen gegessen, und ich habe ihn eingeladen, bei uns zu schlafen. Vor dem Zubettgehen meinte er noch, ich könne mir die Sache ja bis morgen gründlich überlegen. Ich weiß ja nicht, wie er es fertiggebracht hat, den Umschlag mit dem Geld gegen diesen mit den Papierschnitzeln zu vertauschen, aber es steht jedenfalls fest, daß er die 5 000 Dinar bei sich hat und mich in

Sombor wahrscheinlich irgendwo im Gewühl verlieren will. Jetzt sag mir, Schneider, was mach ich nur mit diesem Satan, diesem niederträchtigen?! Er sitzt da drinnen im nächsten Waggon. Am liebsten tät ich ihn aus dem Zug schmeißen, den Schuft! Mehr ist er nicht wert!"

„Nein", sagte ich, „Bartlvetter, das laß lieber sein. Geh jetzt zurück und setz dich wieder zu ihm. Mach, wie wenn nichts geschehen wäre und erzähl weiter vom guten Weingeschäft. Ich werde die Sache in die Hand nehmen."

Als mein Gässler in sein Abteil zurückging, zündete ich mir eine Zigarette an und schlenderte gelassen und unauffällig wie Sherlock Holmes persönlich hinter ihm her, um mir den Hochstapler einmal näher anzusehen. Kaum war ich am Ende des Waggons angelangt, verminderte der Zug die Geschwindigkeit und fuhr langsam in eine größere Station ein. Bevor wir noch hielten, erspähte ich auf dem Bahnsteig zwei Gendarmen. Die Räder fingen an zu kreischen und zu quietschen, und als der Zug stand, war ich schon draußen bei den Gendarmen und berichtete ihnen kurz von den Ereignissen. Ich zeigte ihnen noch das Kuvert mit den fünf Papierschnitzeln und bat sie, mitzukommen. Und dann ging es aber los! An jedem Ende des Waggons stieg einer von den beiden Gendarmen ein, mit dem Revolver in der Hand. Es ging alles sehr schnell, der Hochstapler leistete gar keinen Widerstand, ohne große Aufregung wurde er geschnappt und abgeführt. Mein Gässler bekam sofort sein Geld zurück und ging damit auf Ridica zu.

Die Leute im Zug hatten einen Gesprächsstoff. Nicht nur bis Sombor, sondern auch noch zurück und für lange Zeit noch daheim. Mir haben sie alle gratuliert zu meiner Tapferkeit und zu meinem Scharfsinn, und viele meinten, ich sei der beste Detektiv in der Batschka, ja vielleicht sogar in ganz Jugoslawien. Von dann ab nannten sie mich nur den „Schneider-Detektiv".

Das Ende des Schneider-Detektivs

2. Teil

Es war wenige Wochen, nachdem ich meinem Gässler Bartlvetter aus der Patsche geholfen hatte – damals, als er, wie Sie wissen, einem Betrüger in die Hände gefallen war und beinah um seine sauer ersparten 5 000 Dinar gekommen wäre –, da erhielt ich die Nachricht, daß ich meine Papiere für die Reise nach Amerika in Sombor abholen könne. Ich setzte mich gleich in den

Zug und fuhr in die Stadt, die Taschen voll mit dem seit Jahren ersparten Geld. Als wir in die Station einfuhren, wo ich seinerzeit den Schwindler an die Gendarmen ausgeliefert hatte, ging mir alles wieder so durch den Kopf, und ich erzählte die Geschichte meinem Nachbarn, der auch schon davon gehört hatte, aber jetzt alles ganz genau wissen wollte.

„Ja, ja", sagte ich dann noch, als wir am Bahnhof Sombor auseinandergingen, „der sitzt jetzt schön hinter Schloß und Riegel und wird lange warten, bis er wieder seine feinen Geschäftchen machen kann."

Die Erledigung meiner Angelegenheit zog sich ziemlich lange hin. Ich mußte nicht nur zum Norddeutschen Lloyd (wegen der Reisebillets und der Devisen) und auf einige Ämter gehen, sondern auch zum Stuhlrichter, wo ich meinen Paß bekommen sollte. Aber der gute war gerade nicht in seinem Amt – wie fast immer (weil er ja so ein hohes Tier war, konnte er eben machen, was er wollte!), und da noch seine Unterschrift fehlte, sollte ich am Nachmittag noch einmal vorbeischauen. Das tat ich auch, aber leider mußte ich dann noch so lange warten, daß ich den Zug retour nicht mehr erreichen konnte und mich gezwungen sah, in Sombor zu übernachten. Aber zum Schlafengehen war es noch viel zu zeitig, und so schlenderte ich also ein bißchen durch die Stadt und ging dann noch in ein Kino, wo gerade ein Film mit Harry Peil als Sherlock Holmes lief, der mich sehr interessierte. Gutgelaunt eilte ich danach durch Wind und Schnee zum Bahnhof, um dort im Restaurant einmal ordentlich zu essen und zu trinken. Ich entschloß mich für die erste Klasse, weil man dort gut bedient wurde und bequem am Tisch sitzen konnte, wohingegen man in der dritten Klasse alles am Pult stehend zu sich nehmen mußte. Ja, ja, der Klassenunterschied machte sich damals noch stark bemerkbar! Ich sehe noch heute vor mir den Wartesaal dritter Klasse. Dort saßen oder lagen viele auf den hölzernen Bänken, müde und wahrscheinlich auch hungrig, viele, viele, die nicht einmal ins Restaurant dritter Klasse gehen konnten, weil sie so bettelarm waren. Ja, dort hatte ich in meiner Gesellenzeit auch oft geschlafen, wenn ich auf Arbeitssuche war und keinen Dinar in der Tasche hatte.

Der Kellner brachte mir das bestellte Glas Wein. Ich wollte eben einen kräftigen Zug machen – da blieb mir der Mund offenstehen, und das schon erhobene Glas fiel mir fast vor Schreck aus der Hand. Sitzt da nicht schräg gegenüber in der anderen Ecke mein alter Bekannter, der Hochstapler!? Also wenn man mir jetzt ein Messer in den Leib gerannt hätte, es wäre bestimmt kein Tropfen Blut herausgekommen – so versteinert war ich. Gleich darauf trat mir kalter Schweiß auf die Stirn, weil mir einfiel, was für ein Vermögen an Fahrkarten und Bargeld ich bei mir trug. Ein schöner Fang für diesen Gangster! Da! Schaut er nicht grade herüber? Natürlich, der hat mich doch bestimmt schon den ganzen Tag über verfolgt und alles beobachtet! Alle Heiligen, helft mir! Nur weg von hier! Ich schlich mich möglichst unauffällig zur Theke und zahlte schnell dem Kellner alles, was ich bestellt und noch gar nicht verzehrt hatte. Dann entwischte ich eiligst durch eine

Seitentür. Ein paar hundert Meter weiter, wußte ich, war ein kleiner Gasthof, wo man übernachten konnte. Ich habe bestimmt einen Weltrekord aufgestellt, als ich dort hinüberrannte.

Im ersten Stock bekam ich ein kleines Zimmer, und als der Wirt gegangen war, sperrte ich sofort die Tür fest zu und verriegelte die Fensterläden. Ich lag fast bis zum Morgen wach und horchte gespannt auf alle Geräusche. Hundertmal bin ich aufgefahren, zitternd vor Angst. Und ab und zu dachte ich voller Bewunderung an den Helden, der ich vor kurzem war, als ich den Kerl so meisterhaft detektivisch der Polizei in die Hände gespielt hatte.

Gott sei Lob und Dank, die Nacht ging vorüber, ohne daß meine Befürchtungen eintrafen.

Aber bis heute kann ich nicht verstehen, wieso man den Gauner damals so schnell wieder hat laufen lassen, damit er seine Bauernfängereien weitermachen konnte. Meinten die Richter vielleicht gar: „Die Dummen sollen eben gescheiter werden und nicht auf alle Tricks hereinfallen!"? Ich jedenfalls hatte was gelernt bei der Sache: Kümmere dich nicht zuviel um anderer Leute Angelegenheiten und spiel nie wieder im Leben Detektiv. Jeder für sich und Gott für alle!

Kurze Zeit nach dieser aufregendsten Nacht meines Lebens verließ ich aufatmend das Land, in dem – meiner Überzeugung nach – soo wenig Gerechtigkeit und Sicherheit herrschte.

Horst Fassel
Temeswar – Tübingen

Horst Helge Fassel wurde am 15. August 1942 in Temeswar (Banat/Rumänien) geboren. Vater: Pädagoge Stefan Fassel, Mutter: Irene, geborene Albert (Dichtername: Irene Mokka). Pseudonym bzw. Namenskürzel: *„Temeschburger", „H", „HF"*. 1955-59 Lenaugymnasium Temeswar, Juni 1959 Abitur; 1958-60 Mitarbeiter der dortigen Zeitung „Die Wahrheit"; 1960-65 Studium der Germanistik und Rumänistik an der Universität Klausenburg; 1965 Staatsexamen als Landeserster; 1965-71 wissenschaftlicher Assistent am Germanistiklehrstuhl der Universität Jassy; 1971-82 Dozent für neuere deutsche Literatur Jassy; 1978 zum Dr. phil. promoviert; 1982-83 wissenschaftlicher Mitarbeiter am Institut für Sprachwissenschaften und Literaturgeschichte in Jassy. Nachdem er einen Ausreiseantrag gestellt hatte, wurde ihm die Ernennung zum Professor trotz Befürwortung durch den Professorenrat versagt. Am 18. Oktober 1983 Aussiedlung in die Bundesrepublik Deutschland. Ab 1984 Mitherausgeber bzw. Herausgeber der Zeitschrift „Beiträge zur Deutschen Kultur. Banatica" in Freiburg/Breisgau; 1985-87 Redakteur der „Banater Post" in München; ab 1987 am „Institut für donauschwäbische Geschichte und Landeskunde" in Tübingen, ab 1989 Geschäftsführer. Seine wissenschaftliche Tätigkeit findet Ausdruck in der Veröffentlichung von bisher 15 Büchern, unzähligen Aufsätzen, Artikeln, Buchrezensionen und Übersetzungen. Seit 1968 tritt er bei wissenschaftlichen Tagungen als Referent auf. Er wirkt als Mitherausgeber des „Südostdeutschen Archivs", ist Redaktionsmitglied der „Südostdeutschen Vierteljahresblätter", Vorstandsmitglied im Südostdeutschen Kulturwerk, in der Südostdeutschen Historischen Kommission, Vorsitzender der Adam Müller-Guttenbrunn-Gesellschaft, Initiator von verschiedenen Veranstaltungen der Landsmannschaft der Banater Schwaben, wie z. B. 1991 einer Vortragsreihe mit Autoren und Wissenschaftlern aus den Herkunftsländern der Donauschwaben. Als Lehrer hat Fassel in Rumänien und Deutschland Hunderte von Studenten ausgebildet. Sein Einsatz für die Donauschwaben und ihre Belange ist vielfältig.

Das Ding an sich

Er machte sich gut.
　Vor allem war er der Erste. Glauben ist Glauben. Bald hatte er eine Haupt-Stadt, eine Haupt-Versammlung, eine Haupt-Kirche ...
　Geduld bringt Rosen. Man wußte von ihm. Am Morgen betete *Er* um 5, um 8 brach *Er* das Morgenbrot, um 10 vervielfältigte *Er* Seelenheil, um 12 ... um 14 Uhr ... Sein Name kam zu allen. Sein Wort wurde geglaubt, seine Hände ...
　Die Anlage lief auf Hochtouren. Selbst Träume wurden zu Gesichten umgehandelt, Augenzwinkern mit höherer Funktion und die Bartfäden waren gezählt ...
　Petrus traf Mimi, und der Herr ließ ihn sie erkennen. Und sie ward gebenedeit ... Vorschriften rückten sobald ins Treffen: der Erste, nein, der Erste durfte sich das nicht leisten. Nie und nimmer! Wenn das die Gemeinde erfährt ...
　Er aber zog es vor, Hauptstadt-versammlung-kirche, eins zu pfeifen. Es war hauptsächlich Bequemlichkeit. Sie hatte ein Haus. Einen Hof. Seinen Sohn. In ihrem Dorf lebte es sich gut. Es war Winter. Volle Scheunen und eine warme Stube und ein heißes Weibchen umstanden ihn. Am Sonntag wurde in der Messe über ihn gesprochen. Pssst. Über den heiligen Petrus. (Gnade seiner Seele, die erhoben wurde in den Himmel.)
　Seelenlos und zufrieden genoß er den Glanz ...
　Dann ging die Rechnung nicht mehr auf. Es galt zu ackern. Es hieß säen. Immer wieder war es Hab und Gut. Nein, gut war diese Zeit nicht. Da war auch das Kind. Da war ein Kleid nicht mehr modisch genug, da bot man (wie oft?) ein Salböl preisgünstig an. Die Nachbarin feierte die Befreiung vom ehelichen Joch, der Küster hatte Namenstag, dem Heldengedenken waren fünf Groschen darzubringen ...
　Und Mimi keifte ...
　Du knolliger Maulwurf, du stinkendes Aas, weg da, in die Scheune, das nennt sich Vater, du impotenter Duckmäuser ...
　Der heilige Petrus dagegen. Das war ein Kerl. Und ein schöner Mann! Wenn er predigte, wenn er im Paradewagen einherprunkte. Seine himmlische Stimme, sein Blick. Welche Ausstrahlung. Und dabei so unirdisch, so erhaben. Marsch, scher dich weg, Dreckfink ...
　Die Gemeinde weihte den Verein „Zum heiligen Petrus". Mimi stand ihm vor. Ihr zur Seite sorgten begeisterte Vorkämpfer für die Rechte des wahren Glaubens. Woche für Woche wurde statutengerecht gefeiert, gelobt und geheiligt. Einer für alle, eine für alle, alle für einen. Berufsredner taten sich hervor, Anekdoten wurden geboren, ein Pfeifenkopf mit der Initiale P konnte hinter Glas als Reliquie bewundert werden. Petruslieder kamen in Umlauf mit Verzückung und Komminmeinherz. Wissenschaftliche Beiträge über

Leben und Werk entstanden. Die Nützlichkeit der Petrusaussprüche wurde in Manufaktur und Technik erprobt ...

Das neue Oberhaupt der Hauptstadt-kirche-versammlung sandte eine Grußbotschaft. Mimi, einer Audienz gewürdigt, kehrte aus der Metropole nie wieder. Sie wurde zuguterletzt einem weltlichen Würdenträger angetraut. Petrus, der im Dorf als Lazar bekannt war, erfuhr bloß: es seien höhere Interessen im Spiel ...

Davon aber wollte er nichts wissen. Er verlangte nach seinem Weib, drohte, unternahm Schritte, fuhr in die Haupt-Stadt, wurde vorstellig, gab zu bedenken. Nichts. (Alte Liebe rostet nicht.)

Dann stellte er sich der Menge. Petrus, das sei er. Er habe nur, um den Glauben auf die Probe zu stellen, einige Jährchen zurückgezogen gelebt. Vom Himmel gesandt, müsse er nun Böses abwenden. Unlautere Sitten hätten sich breitgemacht. Sand in die Augen gestreut. Er warne (worauf beifällig genickt wird). Die Versorgung der Bevölkerung sei schlecht, die Oberen ruchlos, überall erhebe sich Unfriede. Er, Petrus, werde diesem ein Ende setzen.

Dann trat der Schweinehirt auf. Wo er denn seinen Sohn gelassen habe? Das ganze Dorf zeige mit dem Finger auf ihn, und Lazar heiße er, nicht Petrus. Ein armseliges Haus besitze er, die Wirtschaft sei in wenigen Jahren ruiniert gewesen, seine Frau sei ihm davongelaufen ...

Nach der Prügel kam die Nacht, und Lazar fand sich allein. Er suchte den Sohn, auch den alten Petrus; der aber sollte im Himmel sein.

Er hatte sich gut gemacht. Er war der Erste.

jassy – der vorstoss der rückschau

da geht es hinab, nachher versucht man, geradeaus weiterzukommen. den sarmatischen meerbusen, die kalkmuscheln, das karge gras, die relaisstation, wir lassen sie in der sonne, wir halten auf die stadt zu, die schnell die lücken füllt mit „trei sarmale", mit dacia-service, wo dann eine überführung gewagt wird, bevor mit vollen händen weißere und grauere wohnkisten, links und rechts, ausgeteilt werden, schon haben wir uns damit von der manta roşie entfernt, dem älteren aufenthalt des henkers, der vor seiner zeit kein auge zudrückte, rotbemäntelt, nicht verzeichnet in schulbüchern, der aber schuld trägt an den vielen herrenlosen köpfen, die ihr unwesen trieben. zurück hängt auch der affengarten mit dem menschlich-mürrischen mandrill, mit dem andenken an den strauß, der es nicht aushielt zwischen engen gittern. vorbei sind auch die riesensträuße der unpaarzahligen pappeln: pe lîngă plopii fără soț: es ist nichts mehr nachgewachsen, die bäume haben ringe angesetzt, blätter in den wind gestreckt, dabei ist es geblieben.

und weiter holen wir aus, geradewegs, die rote brücke, schon mit spezialampeln, fußgängerzone flankiert von dem betonskelett einer ameisenmegalitin. telefonkabel, fernsehgabelbestecke binden worte an diesen ort, die post trägt die wechselkurse des alltäglichen podu roșu ins blaue, die brücke über den komplexierten bahlui hat seit dem sommer einen breiten rücken. links im grünen trapez thront im häkelmuster der türme ein armenisches gotteshaus, froschgrün und kalkneu, mit einem anhängeschloß. bewegter sind gras und staub, die sporthallen über dem weg, der strand, der manchmal frischen muts sich zu erkennen gibt. und der kulturpalast, ein alter justitiar, dazumal mit großen gesten, mit urteilslabyrinthen, mit dem fürstensaal, dessen goldene häupter und wohlklingende namen beigesetzt waren den händeln und schuldbriefen. jetzt aber haben wir ihn als ansichtskarte, in der philatelie, in werbeanzeigen: kultur. und nur wenig abseits liegt die zeit des junimea-verlages, der „cronica", die hier eingesessen waren. für eminescu kam er zu spät, dosoftei, heute in bronze gesetzt und nachbarlich, gab ehedem sein haus in kost und quartier bei gemüsehändlern, der weitere nachbar asachi lehnt sich in seinen marmor zurück, er durfte die volksschule seit längerem aufschließen, aber zum palast hat er es nicht gebracht, der aga. noch weiter sind schon die nicolina werke, schwere industrie, die nur noch das echo von streiks und kampfansagen kennt, als großvatersage. und das haus von ilie pintilie, eine braungebeizte baracke, blumenlos, aufgehoben für das register bedenksamer besucher: darüber im hang, hinter akazien und haseln die kupferteller des cetățuia-klosters, das kreuz des söldners franz papp fiel noch vor die tore, war noch zu sehen unter dem südwestturm, wo es hinabging zum see frumoasa und wo heute sich springreiter tummeln. im kloster fielen andere, der stifter, fürst ghika der dritte und so weiter und so weiter, die der kapidschi-pascha besuchte (den unterirdischen fluchtweg gab es wohl nur für träume und gute wünsche). heute grüßen uns noch die nußbäume, die kantigen einstubenhäuser, ein paar schritte in den herbst des schitu hlincea, der alte, gedunkelt, fettumsäumte mönch. eine runde flasche greift man sich hier, einen schluck sonne. und liest nichts auf, läßt alles fallen und folgen.

Die hauptrichtung aus dem kulturpalast abgezweigt: stefan der große, vor dem ausgang, unter der spieluhr, die ihre hora unirii stundet (der sohn des kronstädter juristen flechtenmacher ließ sie aufsteigen), vor der kitschgotik, den ansammlungen von ethnographie, alten musikinstrumenten, wassermühlen sitzt stefan auf dem hohen roß des franzosen frémiet, umflankt von zwei kruppkanonen, gartenblumen, dem kaufhaus „moldova". und weil wir beim namen sind, ergreifen wir auch das alexandru-cel-bun-, das mircea-cel-bătrîn-viertel, die weit vorgeschobenen, die decebalstraße, das cantemirlyzeum, die tudor-vladimiresculinie mit studentenlärm, mit heimen, mit der mensa, mit werkstätten. chemie und bautechnik erstrecken sich in projekten und anfängen, auf einem kinderspielplatz macht dann und wann ein rosa elefant sich breit. oder aus dem befriedeten tatarenosten, dem tătăreşti-viertel: vasile lupu, ion creangă, nicoriţa, und nicht mehr die folge von straßen: des glücks (wo im „glück" geld und sinnesverwitterungen ein freudendasein führen wollten), der bekömmlichkeit, der hoffnung und darauf die kneipe und der friedhof eternitatea. das schon sehr weit zurück, mein freund sorin hört zeitweilig noch die beschwingte abschiedsmusik mit fell und blech, aber er sitzt in einem gefestigten hochbau, rot und beige.

weiter der straße nach. es folgt noch immer der unirii-platz mit dem cuza-denkmal, der erste vereinigungsfürst aber schied in heidelberg aus dem leben. das neue hotel ist ihm in den rücken gefallen, das sadoveanu-lyzeum drückt sich rechts unter ihm. hier, im ersten nationalgymnasium kamen seit eh und je deutschkenntisse zur verteilung, seit zaharia kolumb. dann, noch immer hinter unserem jahrhundert versteckt, karl fieweger, karl meißner und schließlich traian bratu. aus răşinari, aus dem banat, aus berlin kamen sie mit ihrer sprache daher. sie fanden sich schüler wie jakob negruzzi, titu maiorescu ... der erste schrieb sich seine berliner tage hinters ohr, der andere begann seine ambitionen und verfaßte sein deutsches erstlingsdrama „die blödsinnige". und heute lehrerinnen aus mediasch, aus roman, aus groß-schenk, in ihrer nähe der kindergarten 13, der lieder und verse lehrt: hänschen klein, abc, die katze ...

zur universitätsbibliothek, einem hauptgebäude mit einem blechschädel, säulenrippen und fensterbrillen, der atem wird hier beengt von der last der millionen bücher, titel, namen. wir lassen es beiseite, es ist zu viel, das neue heim der bukowinahandschriften, des ironisch verwinkelten ritterschauspiels von 1825, der reime von theodor und iancu lupul, des ersten rumänisch-deutschen wörterverzeichnisses. oder die lutherbibel im ersten gesamtdruck, mit anmerkungen eines lesers aus dem 16. jahrhundert, auch eminescuautographen, byzantinische notenmanuskripte, das führt immer weiter. vielleicht auf die spuren von k. k. klein, der hier die moderne bücherinstitution organisierte. ein paar schritte abseits sein haus und das von bratu, höher schon george călinescu ...

ahornbäume und krähen verkürzen den weg bis zur uni, deren neubarock ist gestirnt mit vier arbeiterstatuen aus beton. unter den neueren lassen sich xenopol und kogălniceanu nicht kleinkriegen, treten auch nicht in den schatten der alten laternenpfähle. vorüber sind wir schon früher an weiteren gehöften und häusern: vasile pogor, junimist und politiker, wortstark auch als bürgermeister, herr über den stadtsäckel zur zeit von hellmer und fellmer, die vor der jahrhundertwende in der josephsstadt, in odessa, in jassy bühnen hinbauten. so wurden rokokorosa, nacktes englisches, auch matei millo seßhaft, ließen viel kotzebue, viel schiller, viel grillparzer aufgehen, dazu altheidelberg von förster, ohne cuza. zurück zum pogor-haus: geräumige auffahrt, säulenvorbau, weiß und windelfrisch, inmitten der steifen geometrie des gartens. in engbrüstiger zimmeratmosphäre (nur hier) wird gelesen: literaturmuseum mit wilhelm von kotzebues moldauischen sittenbildern, die es mit sarmale halten, mit mamaliga, jagd und gesellschaftsabenden. von dem wahlmoldauer kotzebue blieb ein hügel „la koțub" zurück, auf dem kühe weiden. im hintergrund von pogor ein wildwilder garten, struppige zweige, schnecken und regenwürmer: das klima des chemieprimus petru poni und seiner musischen gattin mathilde kugler. an der schwelle wurde viel poesie aufgebraucht, viel sprachloses, man versuchte, darüber hinwegzukommen.

die lindenallee aufwärts, es ist hier zu viel an weite, an offenheit: studentenheime, eine insel konservatorium (mit den ouvertüren von herffner im ohr), der park mit lockeren bewegungen. gewürzt ist er mit geschulterten häuptern, mit negruzzi, aman, creangă, spiru haret, mit veronica micle, die starr die linde im visier hat, die eminescu zugedacht ist. noch zentraler die löwen, einen obelisk auf dem rücken, einen amor mit brunnenwasser davor und den biergarten zum roßmaul dabei (das roß trägt über dem parkplatz einen ulanen des 2. regiments und seine blitzenden gedanken an mărășești). während vom fallschirmturm manches herabstürzt, drückt man bei der dichterlinde händchen und worte aus.

dann zu den soldaten, die durch die stadt marschieren. ihr regiment sitzt oben, wo karl kugler aus wama es hinplaziert hat: dem pfauenpaar gegenüber, von linden umfächelt und eifrigen dienstmädchen. weiter hinauf das stadion, man betritt es mit wein und mut, ohne zu wissen, was da herauskommt (nicht viel), aneinandergereiht die kleinen villen mit scheinheiliger zufriedenheit durch äpfel, georginen und haushunde. der botanische garten stützt sich auf die klausenburger erinnerungen seines direktors und auf die alten ponis, hertz, bachmeyer, die es schon auf die palme gebracht hatten, sich aber darüber nicht weiter verbreiteten. mit siebzig hektar sind störtebekerrosen, steinkakteen, carnivora wohleingesessen.

so sind wir schon bei den viehzüchtern, den landwirten, die ihre wissenschaft wie es im buch steht betreiben. und drainierung, sie tut not, weil die sieben hügel (rom fühlt sich im blut) in jassy an den zipfeln ausfransen, zu gleiten beginnen. vorher noch kurz zurück zum dimitrov-spital, das mit seinem ersten oberarzt daniel roth aufwarten sollte, aber er operierte, schrieb und verschwand auf nimmerwiedersehn. und in der schmalen spitalgasse wirft noch immer der brotladen seine angeln aus, die semmeln, die brötchen sind knusperfrisch wie eh und je „la klein". danach noch die straße hinauf, an schwanken zäunen entlang. wir finden zu den männern mit den geschwärzten gesichtern, den geröteten nackten oberkörpern, die eine zigarettenpause einlegen und dann wieder in ihrer werkstatt schmoren, unverdrossen, flicken einsetzend, die hieb- und stichwunden der vollen straßen mit pflastern heilen. dazu wird gesprochen über die zufälle, über die vorfälle, über leichtere und schwerere fälle, man gibt sich zufrieden.

bevor wir wieder ganz oben sind und hinweg, das sadoveanu-haus mit der vorschau auf weinhügel, die von dem wohlsein des erzählers erzählen, stellen wir fest: es geht höher und weiter, die obstbaumschule bietet sich an, in breazu stößt man nicht mehr auf die ominösen insekten, die linné nicht verzeichnete, dafür aber auf bier und würstchen, auf das wäldchen, wo man aufeinander stößt unter ahorn und schafgarbe. und schon wieder ist es hinter uns.

so daß man es mit kirchen, mit der produktion von gebeten und ikonen wieder aufnimmt, mit historischen gräbern (in der golia-kirche sind die eingeweide potemkins verscharrt, der zeit seines lebens der günstling der zarin war, der aber hier, in ungnade gefallen, nicht mehr wegkam). und hinzu nimmt man das wärmekraftwerk, die spinnerei, die drahtspanner, die plastikproduzenten und die wäscherei alias buchholtzer. hier kann man dabei sein, wenn die schmutzige wäsche weißgesprochen wird, wenn der staub sich zu erkennen gibt als überzieher aus der garderobe der stadt, die aus dem țicău-viertel aufsteigt, aus der hütte des märchenerzählers creangă, der nach seinem tod viele besuche empfängt und einen nachbarn hatte an „garibaldi", der seine schweine großzog in einer mauerbresche und kirchensänger war. die kirchen haben wir uns aufgespart, allen voran die eulenhöhle sf. sava, betäfelt 1333, als es das fürstentum moldau noch nicht gab, jetzt mit neuem bewurf und frischem dach, so daß die alten ziegelmauern begraben sind und der dreimännerchor, der vielstimmiger distonierte. akustisch eingefriedet wird auch trei ierarhi, innen muffig, außen benetzt von orientalischer ornamentik, verschlungen und betörend, mit cantemir und cuza im grab, spät gekommen, aber noch später purpur und gold, aufgetragen als ob der stein allein nichts mehr zu sagen hätte. hieroglyphisch und versponnen ist dagegen golia nicht, das kirchenschiff, das in wilden stein wuchs und verschanzt ist hinter mauern und einem turm, der früher aussicht bot und neuerdings an betonbauten aufschaut, auch sonst nie vor eindringlingen bewahrte und nun mit schimmelpilz und aktenbündeln vollgeladen ist. ebenfalls hinter den mauern wieder einmal eine hinterlassenschaft creangăs, ein blockhaus (aber die krähen wurden bei den „vierzig heiligen" geschossen). oder die synagoge am tîrgul cucului und der zeigefinger des nun gereckten obelisken: pogrom, 1941. judenfriedhof auf dem berg, eternitatea vor dem waldsee auf steinen, auf holz, auf metall wegweiser für unsere vergeßlichkeit. dazu auch die poetenhäuser: alecsandri, topîrceanu, d. anghel oder der blind sonnettierende mihai codreanu (den schwarze metallhunde bewachen, während ihm gegenüber unterirdisch, in den gewölben der „bolta rece" der cotnari geschenkt wird und haiduckenspieße). aber nicht mehr die apotheke des finkelsteiners, der in wiener blättern pharmazeutisches reimte und über ruth und über den henker von der manta roșie. keine spur davon, die alte einrichtung mit ihren emailleschildchen, den alabastergriffen, dem dunkelbraunen nußholz mußte daran glauben, linoleum, preßplatten u. a. funktionalität verwischte die umrisse des alten. und auch nichts häusliches von „de iassy", dem neuschotzischen, der zigeunerliedchen sang. oder von daniel roth ...

keine einbahnstraße, hinab und hinauf, dafür kreuz und quer. z. b. die salzstraße, gewunden und durchlöchert, über den țicău hängend, die aegtram schaukelt hier über beide weltkriege hinweg bis zur ausfahrt aus der stadt, wo man sitzt und schlürft, die türken kommen nicht mehr, man bewegt sich rhythmisch hin und her. eingehen sollte man auch zu den bortschtöpfen, den konfitüren aus nüssen und bitterkirschen, der pastrama und den rollknödeln aus rebengeblätter, zur malzzuckertorte, vor allem aber zum weißwein aus bucium, dem höheren vorort ... aber so weit gelangen wir nicht hinab in die phantasie, in das klatschmühlchen, das hier tag und nacht geht. wir sind wieder auf der höhe, bei breazu, 259 m über dem meeresspiegel, im kampfgebiet von 1944 (im militärverlag berlin hieß es: der teufel von jassy).

wie ich so weit gekommen bin? ich müßte weit zurückblicken, während es weitergeht und weiter. ich hole die geschichten ein, und in ihrer gesellschaft muß ich wohl noch glauben an den geraden weg und an die arbeit des zurechtkommens.

die stute gazbal. mangalia

hinter gittern
kaut sie
hinter gekalkten holzplanken
stroh

ihre teueren Kinder
traben wer weiß
wo in der weiten welt

sie frißt jedem
aus der hand
würfelzucker
weiß
wie ihre blaugeäderte
haut

baja und was von einer hauptstadt bleibt

I.

gestempelt mit dem kreuz
von stefan, von rares und
von alexander dem guten
steht es als dorf heute:

ein alter bauer humpelt
am kriegerdenkmal vorbei,
über ihn ist so wenig zu sagen
wie über die schöpfkelle am brunnen,
über die krähen in gotischen gebetscharten,
über den knarrenden ochsenkarren oder das kind,
das in der nase bohrt

die post trägt neue wertzeichen in die genossenschaft,
nur noch der raps schießt hell in die höhe,
während der moldauische ur seine hörner
nicht mehr feilhält, rot und schwarz, während die rechnungen
nicht einfach aufgehen mit 1410, 1532 ...

II.

da wird scharf
gebremst
da krümmt sich weg
und wort
da steht das rotweiße dreieck
der dreieinigkeit
wo verkehrt wird

dort ist die freundschaft
turmlos
dort sieht niemand aus
nach fernerem
dort sieht man ein
und dunkelt
unter der eigenen klingenden zunge

hier versteht sich der bilder
reich
hier sieht man hängen
die sprache der feuerglocken
hier beugt man vor den kopf
ohne widerspruch

III.

weiß wird die margaretenruine sein
weiß das tor zu den ruhenden fahnen
weiß ich doch auch

über die weißen zebrastreifen
gackert auch das huhn in die richtige richtung
und die weißhaarige spinnt weiter

mitten im alltag werden sie jünger
wenn sie wie ihre hellen krüge
vor fülle nicht mehr aus noch ein wissen

weiß wird die apfelblüte niedergehn
weiß das papier weiß wenn die geschichte
zu ende sein wird

IV.

das böse kann man gut träumen:
das zeitlose verschlingend
in der schwemme zeitloser untiere –
ein(heits)horn, todgrauenauge, reverenzdrache ...

und ich stelle mir da die liebe vor:
heißhungrig, mörderisch, unerbittlich,
die dann ein gottseidank aufhebt
und das gebimmel einer lämmchenikone ...

und so bauen wir auf
dem nicht ganz aufgezehrten,
bauen so auf unsere bedenkenlose
ewigkeit des zuendegegangenen

systematisierung

während ein haus
abgetragen
wird ein anderes
daneben renoviert
ungeniert
gehe ich
in ein altes haus
die schule.

mahnmal

ein altes abzeichen aus blech,
geschrieben stand: egal.. frater..
mein Sohn spielt damit
räuber und gendarm,
mit einer blutenden nase
ist er diesmal
gut weggekommen.

verkehrter komparativ

nach einer schwitzkur in der zelle in einem berühmten bad

es schadet am wenigsten
wenn ich weniger rede
und wenig zeit habe

ich tue unaufhörlich mein bestes:
es wird nicht besser dadurch
von gut ist keine rede

unruhe

I.

der druck der gedanken
ist unerträglich für raubtiere,
besser ist schon fleisch,
ist hetzen, ist gebrüll;
vermengt mit Blut zuckt die zerfetzte zeit
in gebrochenen augen,
ein nichts unter allem;
und wir ruhen sanft
und bauen der unruhe
käfige;

II.

die wasserpest wird
besorgniserregend,
zwischen den netzen
werden schlupfwinkel rar,
man kommt zu keinem
guten bissen;
und schwimmen mußt du,
schwimmen und schwimmen;
da sind die frösche glücklich
und die menschen

wir fallen und liegen und fallen

Paul Celan

die linie zwischen den haaren
spaltet das dunkel vom dunkel
mit dem mut der verzweiflung;
der punkt am scheitel
auf der geraden gerechtigkeit

sticht in die augen
den farbblinden;
die ellipse der erbsen,
haltbar und trocken,
hat noch die letzte dimension
gesetzt;
wir warten und warten,
es wird schon die rechnung
unserer irrtümer
etwas einbringen

freiluftgehege

für Mihai Ursachi

auf einer insel liegt ein see mit einer insel
mit einem see mit einer insel ...
die letzte insel ist so groß daß
alle herrenlosen hunde aus aller herren länder
darauf platz haben
die erste insel ist so winzig daß jeder
freizeitbiertrinker in seinem breiten boot
daran vorbeifährt und nichts merkt
als ein luftbläschen oder die Spur eines
ausgespuckten aprikosenkerns oder
noch weniger kopfzerbrechliches

aquaforte

immer noch
stranden wir immer noch
an unserer haut

darüber hinaus lecken
dünne schweißzungen
die unsere mühe mit uns
darüber hinaus ins gesicht
zeichnen

dagegen aber haben wir
immer noch etwas
aber dagegen wächst und darüber hinaus
kein kraut außer uns

beschreibung eines bildes

für J. Bobrowski

der teich hinter dem abend,
die fische darin, weiter saßen
im geäder des traums die quellen,
blau und noch niedlich

aber der fischer ging
mit leeren taschen, die sohle
rieb noch ein stück hoffnung
auf, weiter das lied
vom dahingehn

und die halme lasten mit zungen
auf den ohren des schweigens,
stiller sind ihre gesten aufwärts ins licht, ein-
wärts ins wurzelreich

im spiegel wird gespalten
die wärme, das holz
der strandenden wellen,
ich sage: nicken
und gehen

7 präliminarien für ein denkmal
über den kirchenmaler ferdinand albert

wenn er den himmel malte,
lag mein großvater immer
auf dem rücken,
so stand er
nicht dagegen

mein großvater war am liebsten
im freien;
ich kannte ihn
im gerüst
mit seinen engeln und teufeln

zu hause malte mein großvater blumen,
auch trocknete er windeln,
schmierte klinken,
das war
seine freude

mein großvater traute
den ärzten nicht
und vielen anderen,
so starb er auch

mein großvater beschlagnahmte
alle meine buntstifte,
mein großvater hat die
abstrakte kunst
erfunden

in den kirchen stehen hölzern
die leute, engel und heiligen;
himmlisch war
bei meinem großvater
nur das ornament, das nebenstehende

mein großvater stellte
alles an die wand,
die schlange,
die ersten menschen,
den ölzweig;
nichts wurde unbesehen
erledigt.

einhörniges von cantemir

der weg der instanzen
wird auch an mir nicht gespart
als ausweis gilt mir mein
ungetrübtes latein
meinen jägern voraus:
hoc virtutis amor

mein treue ist mächtig
das wilde tier zu zwingen
das uns auflauert
an den grenzen die uns
gesetzt sind

so stehe ich hier
vor den gerichten
und lerne den vers
vom rückzug der hoffnung
vom eingeborenen unfrieden

da bin ich dagegen
mit hufschlag und horn

Georg Fath †
Bischofsmark – Fünfkirchen

Georg Fath wurde am 6. Januar 1910 als drittes von fünf Kindern in dem ungarndeutschen Bauerndorf Bischofsmark/Erdösmárok (Baranya/Ungarn) geboren. Nur sechs Volksschulklassen konnte er besuchen, dann war er bis zu seinem 35. Lebensjahr Landwirt. Von der Großmutter lernte er deutsche Lieder und Märchen, die er später zur Einübung von Reim und Rhythmus zu Balladen umdichtete. Heirat 1931. Mußte 1933 zum ungarischen Militär. Vom 1. Juli 1945 bis 30. September 1948 war er mit vielen anderen Dorfbewohnern in Püspökmárok (Name von Bischofsmark bis 1950) interniert, wurde dann von einem Volksgericht zu weiteren zwei Jahren Kerkerhaft verurteilt. Amnestie am 5. August 1948. Zu diesem Zeitpunkt waren seine Eltern schon gestorben, die Frau mit zwei Kindern und die Schwiegereltern waren enteignet und vertrieben. Fand Arbeit als Bergmann in den Pécser Kohlengruben, später Arbeiter im Elektrizitäts- bzw. Wasserwerk, seit 1972 Rentner in Fünfkirchen/Pécs. Erst nach 1956 wurde der Gebrauch der deutschen Sprache wieder zugelassen. Fath begann wieder zu veröffentlichen. Erste Veröffentlichung 1929 im „Sonntagsblatt"; fortan dichterische Betätigung, in den 60er Jahren Dichterlesungen in den deutschsprachigen Sendungen von Studio Fünfkirchen; seit 1973 veröffentlichte er in der „Neuen Zeitung", im „Deutschen Kalender" und in „Der Ungarndeutsche" (München) Gedichte, u. a. in der Anthologie „Zwischen Weiden und Akazien" (München 1980). Erster ungarndeutscher Autor nach 1945 mit eigenem Lyrikband („Stockbrünnlein", 1976), mit dem der Budapester Lehrbuchverlag sein ungarndeutsches Buchprogramm startete. Als einen „sanften, ruhigen, liebenswürdigen Menschen" bezeichnete die Dichterin Valeria Koch den „Doyen" der ungarndeutschen Literatur in der Nachkriegszeit, der in seinem Schaffen ein Jahrhundert verspätet die Romantik noch einmal auferstehen läßt. Georg Fath starb am 2. Februar 1999 in Fünfkirchen.

Nach der Enteignung 1946-47

Ihr seid so wohlauf, feiert Jubelfeste,
doch uns triebt ihr aus Hab und Gut hinaus.
Von uns habt ihr geraubt die letzte Weste,
vergnügt euch wohlgemut bei Tanz und Schmaus.

Ihr legt ein jedes Unheil uns zu Schulden,
seid noch so wohlauf, weil der Schwabe trägt.
Doch auch der Schwabe wird nicht ewig dulden,
noch kommt die Zeit, daß er auch einmal schlägt.

Dann sollt ihr auch die harten Fäuste spüren,
die hier gepreßte Wut schon lang geballt.
Dann werden noch einmal all die Gebühren,
die ihr dem Volk erteilt, zurückgezahlt.

Leicht kommt auch noch die Zeit für euch, ihr Diebe,
daß hier das Volk auch einmal hält Gericht.
Und was erhofft ihr Schergen dann als Hiebe,
das Volk weiß dann gewiß auch seine Pflicht.

Dann sollt ihr's wissen, ihr gemeinen Räuber,
noch wuchs bisher kein Baum den Himmel an.
Das Volk geht dann euch Schergen an die Leiber,
zahlt bar zurück, was ihr an ihm getan.

Im Internierungslager 1947

Weihnachten, im Gefängnis

So festlich erschallen die Glocken,
verkünden den Frieden der Welt.
Drauß' wirbeln und tanzen die Flocken,
verklären das himmlische Zelt.

Drauß' eilen die Christen in Scharen
zur Krippe, zum Jesukind hin,
vergessen dort alle Gefahren,
so frei ist dort heut jeder Sinn.

Doch ich bin so grausam gefangen
hier in dieser Zelle allein.
Ich hätte heut' nur das Verlangen
sehr weit bei den Meinen zu sein.

Hier schimmern zum Fest keine Kerzen,
auch ziert mir am Tische kein Baum.
Ich kenn nur den Kummer im Herzen,
seh' nur meine Lieben im Traum.

Und so in mein Elend versunken,
wiegt endlich der Traumgott mich ein.
Bald hat mir die Freiheit gewunken,
ich war manche Stunden daheim.

In Wacz, im Kerker, 1948

Die Muttersprache

Ich habe alles Hab und Gut verloren
und mußt' verachtet aus dem Dorf hinaus.
Darum nur, weil als Deutscher ich geboren,
steh ich verachtet und hab kein Zuhaus.

Nachher, was alles mußte ich ertragen,
wie oft hat so ein Pöbel mich verhöhnt.
Das Elend trieb mich oft bis zum Verzagen.
Wie schmerzte mich auch, daß man dich verpönt.

Auch zwang die Not und hat mich oft betrübet,
oft schien es mir, der letzte Stab zerbricht.
Trotz alldem habe ich dich geliebet,
fand einen Trost noch und verzagte nicht.

Selbst damals noch, in harten schweren Tagen,
als mich verließ der letzte Freund,
hab' ich die Schmach, das Leid ertragen,
daß mir die Welt so hoffnungslos erscheint.

Auch dann, als ich mich kaum mehr konnt' bewegen,
verschlossen schmachtet' hinter Kerkerwand,
fühlte ich doch, es floß von dir noch Segen,
und streckt' um Hilfe aus nach dir die Hand.

Ja, du bist es, du meine Muttersprache,
um dich die Schergen mich so oft gequält.
Dich preis ich doch, als meine höchste Sache,
verkenn dich nicht, um keinen Preis der Welt.

In Wacz, im Kerker, 1949

Verlorene Heimat

Ihr Wiesen, Wälder, Tal und Hügelland,
du Spielplatz meiner Jugendzeit,
wo ich doch einst das Glück, die Liebe fand,
von dir trieb mich das Los so weit.

Für mich war es doch dort so wunderschön,
hab' jung und alt im Dorf gekannt.
Die Heide, Wiese, Täler und die Höh'n
beim Namen alle noch genannt.

Das Wasser rauscht gewiß noch dort im Bach
so weiter fort als wie zuvor,
erweckt in mir die ferne Kindheit wach
und alles, was ich dort verlor.

In diesem Tale stand mein Elternhaus,
noch von meinem Elternpaar erbaut.
Nach dem ich, als ich mußt zum Dorf hinaus,
so schwer und trüb zurückgeschaut.

Dies Dorf war mir vom Los zum Heim bestellt
und war für mich so wunderschön.
Es war doch einmal meine kleine Welt,
für mich so hart, daß ich mußt geh'n.

Heimlos 1950

Heimkehr

Ich zog zur stillen Weihnachtszeit
allein am Weg daher.
Mein Ziel, das war so ziemlich weit,
drum zog ich kreuz und quer.

Der Schnee bedeckt die Spur, das Gleis
mit frischem Flaume zu.
So weit ich seh, ist alles weiß,
der Wind heult laut dazu.

Mir schwebt der Sinn schon weit voran,
der Schnee schon lauter kracht,
der Sturm beginnt zu brausen an,
und näher rückt die Nacht.

Ich hör vom Dorf den Glockenschall,
der Weg liegt tief verschneit.
Ich zieh so freudig dieses Mal,
nach Haus, zur Weihnachtszeit.

Ich hatte mich schon fast verirrt,
wie ich so einsam geh'.
Der Weg, der nach meim' Dorfe führt,
liegt tief verweht im Schnee.

Ich fühlt', wie mich die Liebe trug,
durch Schneegestöber fort.
Mein Herz schon immer wärmer schlug,
sucht es doch Ruhe dort.

Auf dem Heimweg 1953

Mahnruf!

Hört Brüder! Zieht nicht in die Fremde,
verlaßt nur nicht den Donaustrand!
Reicht uns aus Leichtsinn nicht die Hände
und suchet euer Glück in fremdem Land.

Bleibt nur bei uns im Vaterlande,
wohin auch euch das Los gestellt.
Weil hier bei uns am Donaustrande
ist's doch am schönsten auf der Welt.

Es ist der Ort, wo ihr geboren,
das Haus, drin eure Wiege stand.
Euch auch vom Schicksal auserkoren
auf dieser Welt zum Vaterland.

So schön gedeihen hier die Saaten,
ein jeder Baum ist euch bekannt.
Umkränzt von Hügeln der Karpaten,
dies ist auch euer Vaterland.

Hier lachen Trauben von den Reben,
die Mädchen aus den Fensterlein.
Hier ist's so wohl und gut zum Leben,
zum Lieben und zum Glücklichsein.

Wo findet ihr sonst in der Ferne
solch' Mädchen wie im Vaterland?
Denn solche Augen gleich wie Sterne
gedeihen nur am Donaustrand.

Brot trägt auch noch der Heimatboden,
auch euch ernährt das Vaterland.
Ihr braucht das Unkraut nur zu roden,
das wuchert schon am Donaustrand.

Der Boden spendet reichen Segen,
bekannt ist euch hier jeder Ort.
Ein jeder Baum winkt euch entgegen;
bleibt hier, geht nur so leicht nicht fort.

So wunderbar sind hier die Wälder,
in stillem Tal, auf steilen Höh'n.
Dem Meer gleich wogen Weizenfelder,
so weit nur hier die Augen seh'n.

Wie manche, die einst fortgezogen
und haben fern das Glück gesucht,
die fühlten sich zu bald betrogen
und irren heimlos auf der Flucht.

Sie fühlen sich so weltverlassen,
die Seele schwebt unendlich weit,
passieren unbekannte Straßen
und denken oft vergangner Zeit.

Sie möchten gern bald wiedersehen
die Berge, Flüsse und das Tal,
all das, was sie beim Weitergehen
so leicht gegrüßt, zum letzten Mal.

Horcht auf den Ton der Heimatglocken,
der doch so sanft und mahnend klingt.
Hört nur, wie sie so freundlich locken,
wie alles nur zu Herzen dringt.

Bleibt doch zurück im Vaterlande,
wenn euch auch manches nicht gefällt.
Denn hier am stillen Donaustrande
ist's doch am schönsten auf der Welt.

Reicht uns aus Leichtsinn nicht die Hände,
horcht auf, so lang noch alles fleht.
Sucht nur das Glück nicht in der Fremde,
bedenkt, bevor es wird zu spät.

Fünfkirchen, im November 1956, nach dem Blutbad

Heimat

Du bist das schönste Land auf Erden
an Helden-, Ruhmestaten reich.
Ich werde dir nicht untreu werden,
dir kommt auf Erden keines gleich.
Dein Volk war niemals feig gewesen,
es war stets nur das Mißgeschick,
hat dich zum Sieg nicht auserlesen,
vergönnte dir nicht dieses Glück.

Wo's gilt zu schützen Ehr' und Tugend,
dich immer auch ein Feind bedroht.
Sind einig Alter und die Jugend,
sie wählen selbst für dich den Tod.
Bin auch bereit für dich zu leiden,
wenn du befiehlst, so manche Not.
Ich werde niemals von dir scheiden,
verbleib dir treu bis in den Tod.

Will dich nicht nur mit Worten preisen,
nicht nur allein mit meinem Lied,
sondern mit Taten auch beweisen,
daß dir mein Herz voll Liebe glüht.
Du bist für mich die schönste Habe,
drum bleib' ich dir auch bis zum Grabe
mit Herz und Sinn auf immer treu,
was immer auch mein Schicksal sei.

Fünfkirchen 1969

Schlangen-Prinzessin

In Diósviszló gab's vor alten Zeiten
unweit des Dorfes einst ein Fürstenschloß.
Es wissen noch so manche alte Leute,
daß es einst mächtig war und riesengroß.
Es soll dort noch den alten Tunnel geben,
verschüttet schon von altem Schlamm und Schutt,
dort ließ so mancher Kühne schon das Leben,
weil er zu nahe trat der Wasserflut.

So manche Leute wollen es noch wissen,
noch rumort es so manchsmal im Tunnel.
Manch scharfes Ohr, das hört noch heute fließen
das Wasser aus der nahen Silli-Quell'.
Vom Schloß verblieben nur so manche Steine
und der Tunnel aus dieser grauen Zeit.
Als Schlange doch schleicht dort beim Dämmerscheine
des reichen Burgherrn einst so stolze Maid.

Wie konnte doch all dies einmal so geschehen?
Sie war doch einst so hold und wunderschön!
Der Jüngling, der sie einst bekam zu sehen,
nach einem Blick war es um ihn gescheh'n.
Das Mädchen doch spielt so mit allen Freiern
wie eine junge Katze mit der Maus.
Sie ließ sie eine Zeitlang um sich leiern
und schickt' sie dann am End beschämt nach Haus.

So hat sie lange noch ihr Spiel getrieben,
ließ sich von einem nach dem andren frei'n.
Doch keinen konnte sie vom Herzen lieben
und nicht wie andre Mädchen glücklich sein.
Sie konnte voll Hochmut sich kein Kleid erwählen,
es war, daß sie sich nie das rechte fand.
Fühlt immer etwas sich im Busen quälen,
doch nur die Ursach hat sie nie erkannt.

Es kam, daß sie die Mutter ständig quälte,
weshalb sie sich doch noch kein' Mann erwählt.
Dann log sie ihr, daß sie sich einen wählte,
daß von den vielen einer ihr gefällt.
Es kam zu ihr erneut ein hübscher Freier,
nun schien's schon so, daß es bald Hochzeit gibt.
Doch nur zu bald dreht sich die alte Leier,
beweist voll Stolz, daß sie auch den nicht liebt.

Die Weiber aus dem Dorfe wollten wissen,
daß sie ganz heimlich diesen auch betrügt.
So manche sah sie gar ein' andren küssen,
das Flattern wieder nur bei ihr gesiegt.
Zu bald hat's auch ihr Bräutigam erfahren,
daß sie auch ihn ganz heimlich hintergeht.
Er stellte ihr deshalb auch manche Fragen
und wollte prüfen, wie sie sie besteht.

Die Eigensinnige doch leugnet lange,
am End hob sie sogar die Hand zum Schwur:
„So dies nicht wahr ist, werde ich zur Schlange,
verbleibe immerfort die Kreatur!"
Doch kaum, daß sie die Worte ausgesprochen,
da dröhnt' und zischte etwas um sie her.
Als Schlange ist sie fort von ihm gekrochen,
verschwand sogleich und zeigte sich nicht mehr.

Der Jüngling doch fing eilend an zu rennen,
es war für ihn auch schon die höchste Zeit,
denn gleich darauf begann das Schloß zu brennen,
daß ringsum Qualm und Rauch sich ausgebreit't.
Die starken Mauern fingen an zu beben,
er sah noch, wie um 's Schloß der Boden sprang,
sah eine wilde Wasserflut sich heben,
die nachher Schloß samt Schätzen mit verschlang.

Nur unten tief, dort schmachtet nun als Schlange
des Burgherrn eigensinnig stolze Maid.
Zur Geisterstund schluchzt sie so trüb und bange,
doch keiner findet sich, der sie befreit.

Letztes Blatt

Noch wiegt sich müd' ein welkes Blatt
im Sturmwind hin und her,
doch nur zu bald wird es auch matt,
wehrt sich nicht weiter mehr.
Wie alles hier so schnell vergeht,
wird es auch schon vom Sturm verweht.
Leer steht nun auch der schönste Baum,
auch ihn erkennet man jetzt kaum.

Die schönsten Rosen auch sind blaß,
die hier so schön geblüht,
sie liegen all' verwirrt im Gras,
erschöpft und lebensmüd.
Noch eine letzte Traube lockt
mich hin zu einem Rebenstock,
sie hatte sich dort so versteckt,
daß sie der Winzer nicht entdeckt'.

Fünfkirchen 1975

Dichterberuf

Zu schreiben, dichten und verkünden,
das ist des Dichters Arbeitsfeld,
und Blumen zu ein' Kranz zu winden,
zu dem hat ihn das Los erwählt,
in Versen dicht zusammenfassen
die Funken, die sein Herz durchsprühn,
sie laut und hell ertönen lassen,
daß sie als Flamme fortan glühn.

Schöpft Perlen aus der Weisheit Quelle,
blickt ein ins Gottesheiligtum,
enthüllt der Menschheit ihre Seele,
doch sucht kein' Reichtum weder Ruhm.
Erfüllt, zu dem ihn Gott berufen,
ein Priester seinem Volk zu sein,
selbst Freude dort noch wachzurufen,
wo sich schon Kummer stellte ein.

Er führt die Feder statt den Säbel,
mit ihr betreut er sein Feld
und ficht mutig durch Nacht und Nebel
für Freiheit, Recht und Ehr der Welt.
Um alle Menschen zu beglücken,
so zieht er in die Welt hinaus.
Wem doch wird er die Blumen pflücken,
für wen doch bindet er sein' Strauß?

Ihm hat das Los die Kraft gegeben,
durch die er manch Geheimnis sieht,
läßt ihn im Geist gen Himmel schweben,
wo nur das Glück, die Wonne blüht.
Er dicht't von Lenz und von der Liebe
des Lebens höchster Wonn' und Lust,
auch über die geheimsten Triebe,
die schlummern in der Menschenbrust.

Er ist bestrebt, das frei zu schreiben,
was manchesmal die Brust durchbebt,
von Hoffen, Lieben, Freud und Leiden,
von allem, was auf Erden lebt.
Er schreibt von Tiefen und von Höhen,
deckt seine Seele offen auf,
wer doch wird einmal ihn verstehen,
setzt ihm dafür die Krone auf?

Er gönnt sich selten Zeit zum Rasten,
hat oft so manche lange Nacht,
nach eines Tages Müh und Lasten
bei seinem Arbeitstisch verbracht.
Er hat gar oftmals hart zu tragen,
und dennoch wankt er niemals nicht,
er ist bestrebt, das frei zu sagen,
wovon ein andrer selten spricht.

Er wird bei seinem Ziel bestehen,
wenn ihn so mancher auch mißacht',
bis alle ihn einst recht verstehen
und nehmen seine Müh in acht.
Gott hat den Garten ihm gegeben,
er bestellt ihn auch mit ganzem Fleiß,
für wen gilt einmal doch sein Streben,
was wird wohl einst dafür der Preis?

Darum, erkennt sein karges Leben,
schätzt nur, was er der Welt getan,
das Gute, was er uns all gegeben,
was er allein nur geben kann.
Doch um die Menschen zu beglücken,
zieht er in die Welt hinaus.
Doch wem wird er die Blumen pflücken,
wem bindet er den Blütenstrauß?

Fünfkirchen 1981

Frühling

Wer ist's, der dich nicht liebt und preist,
den du noch nicht erfreut?
Der dich jetzt nicht willkommen heißt,
du wunderschöne Zeit?!

Wer schätzt nicht deine Zaubermacht,
auf Heide, Wald und Flur,
wo du den Winter fortgeschafft,
bis auf die letzte Spur.

Gelockt hast du die Vogelschar
zurück in unseren Wald,
wo wieder hell und wunderbar
ihr altes Lied erschallt.

So weit du ziehst, wird alles laut,
die Heide grünt und blüht,
der Zeisig wirbt um seine Braut,
stimmt an das Hochzeitslied.

Nun Menschen auf, im Lenz hinaus,
säumt nicht, macht euch bereit,
bleibt nur nicht länger mehr zuhaus,
denn schnell verweht die Zeit.

Fünfkirchen 1982

Sarajevo

Am Balkan, wo noch die Geschütze dröhnen,
dort tobt jetzt immer noch die wilde Schlacht.
Trotz vielen Müh'n, die Menschen zu versöhnen,
hat nichts bisher kein' Frieden nicht gebracht.

Nur immer wilder wird das Völkerringen,
und weiter tobt noch dort der Bruderstreit.
Auch diese Schlacht, sie wird nichts weiter bringen
als nur Verwüstung und viel Not und Leid.

Die junge Kraft, sie wird im Kampf verbluten,
das Vaterland wird dann zum Tränental.
Und aus dem Leid, den bitt'ren Tränenfluten,
verbleibt auch weiter nichts zurück als Qual.

Nun ist es höchste Zeit, im Ernst zu fragen:
„Was hat ein Krieg bisher seim' Volk gebracht?"
Es mußte immer seine Lasten tragen
und nur sein Blut vergießen in der Schlacht.

Nur jene, die im Krieg noch nichts vermißten,
noch niemals an dem Hungertuch genagt,
die möchten leicht aus Übermut verwüsten,
wofür ein anderer sich einst geplagt.

Tilgt doch das Blutbad, lindert nur die Tränen,
horcht auf das Volk, das nur nach Frieden fleht.
Schon höchste Zeit, noch könnt ihr euch versöhnen,
doch nur wer weiß, ob's morgen nicht zu spät.

Fünfkirchen 1992

Wie lange noch?

Wie lange tobt wohl noch dies sinnlos Ringen
und stiftet weiterfort nur Not und Leid.
Wo weilt die Zeit, wird noch den Frieden bringen
und dem geprüften Volk Barmherzigkeit.

Wie lang' kann noch ein Volk die Schmach ertragen,
die ihm ein Pöbel auf die Schulter legt.
Schon spürt es klar, es muß schon bald versagen,
weil es die Lasten nicht mehr weiter trägt.

Was Großes hat dies Volk doch nur verschuldet?
Wenn auf der Welt doch so viel Leid getan?
Für das es so viel Not und Leid erduldet,
fast mehr, als was ein Mensch ertragen kann.

Wer dacht' schon damals all der großen Leiden,
die diese Menschen seither durchgemacht.
Daß wieder nur ein Blutbad muß entscheiden
nach einer wilden großen Völkerschlacht.

Ein trautes Heim, das je dies Volk besessen,
liegt fast zertrümmert schon in Asch' und Schutt.
Kein Mensch vermag das große Leid ermessen,
und die so schrecklich bitt're Tränenflut.

Wann wird es hier genug von Blut und Tränen?
Es ist das Volk, welches nach Frieden fleht.
Noch ist es Zeit, ihr könnt euch noch versöhnen,
doch nur, wer weiß, ob es nicht bald zu spät.

Fünfkirchen 1993

Bosnier

Aus ihrem Heim vertrieben und verlassen,
das ganze Hab und Gut fast in der Hand.
So flüchten sie, auf weiten, harten Straßen,
aus ihrem trauten, lieben Heim verbannt.

In Bosnien, dort toben die Gefechte,
dort hält noch immer Schnitt das Mörderblei.
Die Menschen wachen zitternd durch die Nächte,
und alles ist noch laut von Wehgeschrei.

Die Mütter schleppen schluchzend ihre Kinder,
so manche Greise flehen um das Brot.
Sind all' verfolgt, gehetzt, gleich größte Sünder,
sehr viele schweben vor dem Hungertod.

Wer würde sie wohl um ihr hartes Los beneiden,
ist weiter nichts als Elend, Weh und Leid.
Um was sie flehen, ist nur ganz bescheiden
ein Obdach und ein wenig Menschlichkeit.

Noch immer kommen Menschen zu uns flehen,
noch weiter quillt das Leiden und die Not.
Wir lassen sie nicht vor der Türe stehen,
wir schenken ihnen Obdach hier und Brot.

Wir haben noch ein Heim, auch noch zum Leben,
und schlafen heut noch ruhig in der Nacht.
Noch haben wir das Glück und können geben,
doch keiner weiß, wo morgen er erwacht.

Gerlinde Fickinger
Groß-Scham – München

Gerlinde Fickinger wurde am 6. August 1955 in Groß-Scham (Banat/Rumänien) geboren. Sie besuchte die Volksschule in ihrem Heimatort. Abitur am Lyzeum für Allgemeinbildung in Detta. Anschließend Studium an der Universität Temeswar. 1975-85 Lehrerin an der Schule in Groß-Scham. 1985 reiste Gerlinde Fickinger in die Bundesrepublik ein. 1987-91 Studium der Religionspädagogik in München. Seit 1991 Gemeindereferentin in der Diözese München und Freising, seit 1996 in der Pfarrgemeinde St. Georg in München. Veröffentlichungen in „Neue Banater Zeitung", „Romania Literară, „Neuer Weg", in der Anthologie „im brennpunkt stehn" sowie im Groß-Schamer Heimatbuch. Daneben hat sie korrekturlesend Gerhard Ludwig Müllers „Katholische Dogmatik" und „Typologie, Allegorie, geistiger Sinn" von Henri de Lubac begleitet.

Manchmal

manchmal sehe ich dich nicht
manchmal sehe ich dich
manchmal sehe ich
manchmal sehe ...
manchmal

manchmal höre ich dich nicht
manchmal höre ich dich
manchmal höre ich
manchmal höre ...
manchmal

doch immer gilt dein Wort
und immer bist du da
und immer bist du nah
Immer

Wörter

Aus dem Knäul der Wörter
Habe ich
Einen Pullover gestrickt
Einen dunkelgrünen.

Gern trage ich ihn.
Wenn es kalt ist
Fühlen sich
die Wörter in mir
Besonders warm an.

Nur wenn ich reden will
Muß ich sie
Aus den Maschen lösen
Zwei links, zwei rechts
Und manchmal
Bügeln.

Tagebuch

Gestern die Bücherregale durchsucht
Die Pendeluhr abgestaubt
Die trockenen Knospen des vorigen Frühlings
Gezählt
Aus Papier Heinzelmännchen geschnitzelt
Mit der Vten Klasse Schneeball gespielt
Heute, Plan angefertigt
(Zwecks besserer Zeiteinteilung)
Drei Stunden lateinische Zitate
Gelernt
In den Garten gegangen
Und Schwertlilien im Schnee gesehen

Frühlingsmorgen

Mit der Stirn
Auf den Schultern des Morgens
Habe ich deine Strahlen gewartet
Am Tage
Da über mir
Sich die Kruste gespaltet
Und ich den Wind fühlte
In meinen violetten Schwingen
Die noch nach Hauch
Und Schnee dufteten

Du gabst mir Augen
/Zwei ausgeschnittene Strophen
aus einem Liebesgedicht/
Damit ich sehen kann
Wenn das Gras grünt
Und ich
Bin die erste Frühlingsblume

Für M.

Noch immer blüht der Mohn
Wie Morgenrot
Und Worte sind noch immer
Eingemauert
Auf deinem Tisch
Von vorgestern das Brot
Hat die Libellenflügel
Überdauert

Das weiße Brennen
Bringt das Blühenmüssen
Es schmelzt
Den Märchenstaub
Aus meinem Sieb mit Spreu
Sind unsere Heckenwege
Auch zerrissen
Und meine Hände leer
Ich blieb mir treu.

Einen Eimer Freude schöpfen

Unter kahlen Bäumen
Mit noch ungeformten Blätterseelen
Ziehe ich hinaus
Zu den verschneiten Apfelbäumen
Die rote Früchte träumen
Zum Weidenbrunnen
Einen Eimer Freude schöpfen

Für den Purpurmohn
Meiner Hoffnungen
Die im Wind läuten
Über werdenden Weizenfeldern
Und ungeborenen Sommernächten

Berührung

Du hast von IHM gehört
seine Heilsbotschaft ist bis zu dir gedrungen.
In deiner Verzweiflung
beginnt Hoffnung zu keimen
in deiner Not
Vertrauen.
Dein Mut ist stärker
als die Angst.
Du fragst dich:
Wo kann ich ihn finden?
Wie komme ich an ihn heran?
Und dann erfährst du
daß er kommt.
Du gehst hin
Menschen umringen ihn.
Ein Vordringen durch die Menschenmenge
ist mühsam.
Du gibst es nicht auf!
Du glaubst an die heilende Kraft
der Berührung
denn nach Berührung
sehnst du dich
schon zwölf Jahre lang.
Du schaffst es
in seine Nähe zu kommen
nahe genug um von hinten
sein Gewand zu berühren.
Und du erlebst
Heilung.

Meine Tür

Meine Tür
Schließt sich stufenweise
Und verdunkelt Bilder
Verjährte
Die sich wiederholen
Ich rufe durch den Spalt
In das Frührot
Und frage
Nach dem schweigenden Feuer
In dir
Zu der Stunde
Da der Wald
Nach Blüten greift
Die durch Äste flüchten
Bis zur Tür

Wenn du einen starken Arm hast
Fasse sie
Für den weißen Halbkreis
der Kerzen
Die der letzte Hauch
Verlöscht

Sonne reift in den Trauben

Der Morgen tönt in Glaskugeln
Auf den Weinbergen
Und in den Herzen der Menschen
Weckt Ahnungen die zur Gewißheit werden

Sonne reift in den Trauben
Und in uns

Still liegen die Wiesen im Tal
Noch träumend den letzten Sommertraum
Der in den Stoppeln schlummert
Als Gleichnis

Die Möwen

Aus dem Sternbild der Töne
Steigen die weißen Flügel
Über das blaue Wesen der Wellen
Tragen sie Erinnerungen
An Wiesenhaine
Mit grünendem Gras
Und Stimmen
Die dort wehten

Ich höre sie rauschen
Die Flügel der Möwen
Spüre den Kuß
Der Meereslippen
Und werfe Gedankennetze
Über die Vögel
Die vom Liebesfest ermüdet
Im Abendrot verbrennen

Für dich

Ich möchte gern
meine Schwester
meine Freundin
zu dir sagen
und dich bitten:
Begleite mich
ein Stück des
Weges!

Mein Schritt
ist noch wankend
und meine Füße
sind unsicher
meine Hände
zittern.

Ich brauche
deine Hand
die greifbar ist
und deinen
geübten Schritt.
Ich brauche
dein Ohr
und dein tröstendes
aufmunterndes Wort.

Ich bitte dich:
Begleite mich
ein Stück des Weges!

Ich reiße meinen Körper

Ich reiße meinen Körper
Aus der Müdigkeit
Des verwelkten Grases
Mit der Stirn im Sand
Um die Gedanken
Loszuwerden.
Ich atme die Luft
Des Farbenkarussels
Und verscheuche
die Schmetterlinge
Die mich umfassen
Und alle Gefühle auslöschen
Daß sich dein Klopfen
An meinem Herz
Wie Erde auf einem Sarg
Anhört.
Ich möchte schlafen
doch die Stimmen sind da
Und die Farben
Die ich vergessen will
Am Ufer.
Ich höre deine Schritte
Über den Wellen
Und reiße meinen Körper
Aus der Müdigkeit
Des verwelkten Grases.

Über
Die Erinnerungen
Grauer Wände

Blühen
Rot
Die Heckenrosen
Vergessene Hände
Suchende Hände
Sprießen
Aus dem
Unruhigen Samen
Stimmlos
Zeitlos
Versteckte
Flammen

Große blaue Vögel

Lange vor unserer Geburt
Waren wir Vögel
Große blaue Vögel
Wandervögel
Mit durchsichtigem Gefieder

Sie sind gestorben die Vögel
Nur manchmal
Wenn es still ist
Und Gedanken auf Reisen gehn
Hören wir
Flügel schlagen

Nicht immer ...

Nicht immer habe ich
Unter den Füßen die Erde
Ich erinnere mich nicht
An Wege die ich ging
Und an Lieder
Die mir gehörten

Nur abends
Wenn deine Blicke sagen
Daß Bilder verlöschen
Bringt mir der Wind
Frühlingstöne
Die Gedichte sind

Wiese

Unendlich tief in mir
Trag ich dich noch heute
Mit den Butterblumen
Hinter dem Brunnenrad
Meiner Kinderträume
Goldene Frühlingsschrift
Die dem Licht zudrängt
Dein Lächeln schleicht sich
Schüchtern in mich
Und meine Wünsche
Stehen in seinem Leuchten

Abendgedanken 1

Zwischen dir und mir
Schließt sich der Ring
Und meine Augen
Finden Kindheitsträume
Wieder
Rauchkreise
In denen ungeborene Freude
Schläft

Abendgedanken 2

Aus dem Abendduft
Der das Leben
Meiner Jahre
In sich trägt
Als Pfand
Aus den kleinen Ringen
Der Sehnsucht
Die zerschmelzen
Klingen
Totgesagte Lieder

Jeden Tag

Höre ich
Das Klipp Klapp
Der Absätze
Ansätze
Sätze
Mit kleingschriebenen
Hauptwörtern
Ohne Bestimmungen
Ordnungswidrig
Auf unlinierten
Blauen Blättern
Und tätowierten
Schulbänken
Sie verlieren sich
Auf der Straße
In dunklen
Korridoren
Rufen uns an
Ohne Interpunktion
Geöffnete Lippen
Erdgrau
Verwestes Liebeswort
Ungehörter Fluch
Zwischen dem Klipp Klapp
Der Absätze
Ansätze
Sätze

Wunsch

Verstecke meine Hände
Hinter dem Lächeln
Der Schneeglöckchen
Aus der Tonvase
Kühle sie
Im Wasser deines Brunnens
Trübe es nicht
Meine Hände schöpfen
Das Licht daraus
Den morgigen Himmel

Verzweiflung

Herr
ich hab keine Tränen mehr
ich durchquere die Wüste
die Wüste der Trauer
des Nicht-verstanden-werdens
der Angst.

Herr
ich hab
keine Tränen mehr
mein Inneres
ist zerrissen
meine Wunden
bluten
tun weh.

Herr
ich hab
keine Tränen mehr
keinen Platz
wo ich hingehöre ...

Traum

Nachts gehe ich
durch die Gassen
vorüber an Toren
blinden Fenstern.
Nur manchmal
bellt noch
ein Hund.
Doch die Dämonen
sind noch da
sind wach
in der Finsternis
sie treiben mich
barfuß
durch Windböen
die nicht mehr sind.
Vorbei am Weingarten
mit reifen Trauben,
die bittersüß schmecken.
Sie zergehen wie Schnee
und brechen die Strahlen
des Mondes.

Das Klingeln des Weckers
bringt mich
nach München zurück.

Erwachen

Totgesagte Lieder
werden wach
unbeholfene Hände
werden zärtlich
unfruchtbare Lippen
erglühen
wie Morgenrot
das Leben bringt.

Nimm mich mit
wenn du gehst
im Oktober
hinaus in den Regen
der Nacht.

Nimm mich mit
wenn du gehst
denn ich fürchte
das Schwere
der herbstbunten Pracht.

Am Straßenrand wartet
der Winter.
Die Gedanken
erfrieren schon bald.
Nimm mich mit
auf den Weg
in die Freiheit.
Nimm mich mit
auf den Weg
der uralt.

Nimm mich mit
wenn du gehst
im Oktober.
Nimm mich mit
einen Herzschlag lang.
Nimm mich mit
wenn du gehst
im Oktober.
Nimm mich mit
eine Ewigkeit lang.

Laß mich schlafen
bei dir
im Oktober.
Laß mich schlafen
bei dir
eine Nacht.

Ich hab Hunger
nach dem Duft
deiner Lippen
schon vergessen
wie es ist
wenn man lacht.

Zünd ein Licht
für uns an
im Oktober
eine Kerze
die flackernd verbrennt
stell den Mais
auf den Ofen
und bete
daß nichts
unsre Herzen trennt.

Bring mich heim
einen Tag
im Oktober
wenn es duftet
nach Äpfeln und Heu
wenn Vater und Mutter
noch schlafen
und der Mond am Himmel
noch neu.

Nimm mich mit
wenn du gehst
im Oktober ...

Du
schenkst mir
Zärtlichkeit.
Läßt Worte der Liebe
in mir wachsen.

Du hast Ja
zu mir gesagt
und läßt
mein Ja
erklingen.

Du
vierhäuptiger Quell
meines Lebens
brennender Dornbusch
auf meinem
Weg.

Du
Baum der Mitte
der meine Früchte
reifen läßt

Du ...

Du gibst mir
den zerbrochenen Krug.
Scherben bringen Glück
sagt man.
Und ich habe die Splitter
barfuß gesammelt.

Ich werde dir
eine reife Quitte
schenken
die nach Großmutters
Schrank duftet
und von einem
Rosmarin
am Kirchweihsonnntag
durchbohrt wird.

Nächtliche Fahrt
mit dem Zug
durch den
Stacheldraht

auf der Suche
nach einem Ort
der Heimat sein könnte
auf der Suche
nach einem
Traum.

Allein
in einem verschlossenen Turm.
Wartend auf das Läuten
von Stunde zu Stunde
von Tag zu Tag
von Anfang
bis jetzt.

Ja sagen
müssen
und vergessen wollen
daß es Herbst
ist.

Oft fällt mir das Hören
schwer
und meine Ohren
sind verschlossen
wie taub

ich rede lieber
laut
lärmend
überhöre Menschen
und überhöre dich

Hören
ist nicht gleich
Hören

manchmal höre ich
Laute
aber mein Herz
hört nicht den Sinn

und manchmal
wünsche ich mir
Dich zu hören
deutlich und klar
und ich warte
ich warte ...

manchmal bin ich
enttäuscht
und dann höre ich
noch weniger

doch manchmal
sind meine Ohren
offen
und mein Herz ist weit
und ich höre
ganz laut
das Lachen der Kinder
den Hilferuf das Weinen
das gute Wort
das Jubilieren der Vögel
am Morgen
den Zug der vorbeifährt

und ich höre
den Wind in den Kastanien
vor meinem Fenster
und die Regentropfen
auf dem Dach

und manchmal
ganz leise (in allem)
Deine Stimme ...

Nach Waldkraiburg

Noch riecht meine Haut nach dem Wasser des Inn, morgens um sieben Uhr, und ich eile in die Bahnhofshalle in Salzburg. Zum ersten Mal, 16 DM die Fahrkarte nach Waldkraiburg. Das große, blaue Schild „nach Deutschland" ist kaum zu übersehen, und daneben spielen noch immer die Wellen des Flusses und der dünne Strich deiner Lippen, die mich nie geküßt; die Sirene der Feuerwehr heult plötzlich auf.

Die Gedanken abschalten und die Butterblumen, die meine Augen satt machen, wegwischen!

Ich stolpere treppauf, und eine Tür öffnet sich, aber meine Tür ist geschlossen, es ist dunkel, „Ihr Reisepaß, bitte". Verzweifelt suche ich den Ausweis in der Handtasche zwischen vergilbten Ansichtskarten und Fahrkarten aus Rumänien und den Fotos eines kleinen Mädchens mit schulterlangen, blonden Zöpfen, durch eine Zahnlücke lächelnd – endlich, grau ist der Ausweis, da, nur einen Augenblick, und es ist vorbei.

Ich frage einen herumstehenden Bahnarbeiter nach dem Zug, der nach Waldkraiburg fährt. Gehe in die verkehrte Richtung, deshalb sehe ich dich nicht, nur der Traum von den vielen bunten Kartoffelkäfern bleibt gegenwärtig und verfolgt mich.

Meine Mutter steht im Hof mit einer Wunderkerze in der Hand, aber es ist noch lange bis Weihnachten. Eine Stimme ruft nach mir, und der Bahnangestellte winkt aufgeregt. Drüben steht der 8-Uhr-Zug nach Freilassing. Meinen Regenschirm, fällt mir ein, habe ich am Schalter in der Bahnhofshalle vergessen, ich renne zurück. Die Glastür öffnet sich nicht auf dieser Seite. Ein Türke führt mich zurück vor den Bahnhof. Ich merke inzwischen, daß ich meine Fahrkarte nicht genommen habe.

Der freundliche Beamte hinter dem Schalter schüttelt nun vorwurfsvoll den Kopf, ich nehme die Karte.

Gott sei Dank, der Regenschirm liegt auch noch da. Ich komme wieder am Zoll vorbei, diesmal bleibe ich unbehelligt. Auch finde ich diesmal das Gleis 26, ein Zug steht schon da. Eine alte Dame mit weißem, breitkrempigem Hut sitzt in einem Abteil: „Entschuldigen Sie, ist dies der Zug nach Freilassing?" Sie springt auf: „Ich werde die Bahnhofspolizei rufen", tatsächlich reißt sie schon das Fenster auf, überlegt es sich aber noch in letzter Minute, weil außer dem schläfrigen Angestellten kein Mensch zu sehen ist.

Ich laufe davon und wünsche, ich wäre irgendwo, wo keine Züge fahren. Der Zug, in dem die Dame mit dem Hut sitzt, fährt tatsächlich nach Feilassing, und ich steige wieder ein, ich habe noch Zeit, viel Zeit, und ich habe Heimweh. Trauben reifen fern und in mir kleine Glasperlen, durchsichtig und zerbrechlich. Der Schaffner öffnet die Tür, er zertritt meine Glasperlen. „Ihre Fahrkarte, bitte!" Die Splitter tanzen wie Staubfäden im Sonnenlicht, färben sich rot und brennen leise knisternd. Ich halte mir die Ohren zu und schließe die Augen.

Gleich muß ich aussteigen. Ich will das gefährliche Spiel vergessen. Wie durch ein Wunder sind deine Augen wieder da, im Nahverkehrszug nach Mühldorf. Zwei Mädchen sitzen vor mir: „Genies sind aktiv." „Aktiv?" „Ja, willensstark und aktiv." „Willensstark schon, aber aktiv?" „Kannst du dir Goethe joggend vorstellen?"

Der Johanniskrauttee tut seine Wirkung, ich schlafe ein, nur unklar zieht das Maigrün am Fenster vorbei. Die Stunde bis Mühldorf scheint endlos. Die Stimme des Schaffners weckt mich und wieder steige ich aus einem Zug in den anderen ein. Rosa kommt der alte Bahnhof von Waldkraiburg in Sicht.

Wilma Filip
Soltur – Kirchheim/Teck

Foto Baumann Schicht, Bad Reichenhall

Wilma Filip, geb. Laub, wurde am 21. November 1927 in Soltur (Banat/Jugoslawien) geboren. Schulbesuch von 1934-44 im Heimatort, in Betschkerek und Kikinda. Die erste Klasse der Deutschen Lehrerbildungsanstalt schloß sie ab, mußte die Ausbildung jedoch wegen Vertreibung abbrechen. Nicht evakuiert, daher Internierung in verschiedenen Lagern Jugoslawiens von 1945-48. Danach zur Zwangsarbeit in Kikinda verpflichtet. Heirat am 21. November 1948 in Kikinda, zwei Kinder. Einreise in die BRD erst am 1. März 1956 möglich geworden. Berufstätig in der Fabrik, im Verkauf etc. Von 1969-87 als Angestellte beim Fernmeldeamt I in Stuttgart, Fernsprechauskunft. Seit November 1987 im Ruhestand. Sie begann Anfang der achtziger Jahre, einzelne Gedichte und Kurzgeschichten in der Heimatpresse (Der Donauschwabe, Donauschwaben Kalender) zu veröffentlichen, zunächst unter ihrem Mädchennamen, seit 1994 unter Wilma Filip. Beiträge erschienen von ihr in den Heimatbüchern von Sigmundfeld, Ruskodorf und Kikinda. 1988 erschien ein Gedichtband im Selbstverlag, 1996 Erzählungen und Gedichte, noch unveröffentlicht ist ihr soeben fertiggestellter Band „Tränen statt Brot. Erlebnisse einer Siebzehnjährigen 1944-1948".

Schulzeit, ach du liebe Zeit!

Sie begann für mich an einem sonnigen Septembertag im Jahre 1934. Großmutter hatte mir noch einmal ein hübsches Sommerkleid angezogen, dann brachte sie mich zur Schule. Nur dieses eine Mal, später war das nie wieder nötig gewesen, denn ich ging sehr gerne hin. Damals hörte ich, wie Großmutter im Gespräch mit der Lehrerin die Worte gebrauchte „lebhaft, kein Sitzfleisch, zappelig". Die Lehrerin lächelte und sagte freundlich: „Sie kann aber sehr schön grüßen!" Wie sie das sagte, ließ mich hoffen, daß wir gut miteinander auskommen würden.

Bei jedem Buchstaben, den wir kennenlernten, erzählte uns diese Lehrerin eine dazu passende Geschichte. Am liebsten hätte ich das ganze Alphabet sofort durchgenommen. Wegen der Geschichten natürlich. Schreiben dagegen fiel mir nicht leicht: schief hinaus, grad herunter, schief hinauf, Pünktchen drauf: Das sollte ein *i* sein. Die Geschichte der kleinen Ida fand ich aber sehr nett: Beim Schneeballspielen im Schulhof war eine Fensterscheibe kaputtgegangen. Der gestrenge Lehrer fragte: „Wer war das?" Ida hatte Angst vor der Strafe, sie zeigte aber tapfer auf ihre Brust und stotterte: „I, I, ich!" Das gefiel mir, und ich hätte gerne diese Geschichte aufgeschrieben, aber wie? Erst mal üben: schief hinauf, grad herunter usw. Ich malte meine neue Schiefertafel voll mit krummen Haken.

Beim Lesenlernen erging es mir wesentlich besser. Kaum daß ich begriffen hatte, daß die Buchstaben m, a, m, a zusammengelesen ein mir längst vertrautes Wort ergaben, hatte ich auch schon die größte Hürde genommen. Ich liebte meine Fibel. Damals schon hatte meine große Vorliebe für Bücher begonnen, und bis zum heutigen Tag habe ich immer leidenschaftlich gerne gelesen.

In den ersten Klassen der „Elementarschule", wie unsere deutsche Volksschule damals genannt wurde, nahm mich die Lehrerin des öfteren mit zum „Nachsitzen" in ihren Garten. Zur Strafe für irgendeine Ungezogenheit mußte ich Unkraut zupfen zwischen den Pflastersteinen am Weg. Es gab nie Ärger wegen der Hausaufgaben oder des Lernens selbst. Meistens waren es Händel, die ich mit der Griffelschachtel in der Hand auf meine Weise zu lösen versucht hatte. Als ich einmal kurzerhand die Schiefertafel meinem Gegner über den Kopf schlug, so daß ihm der Rahmen am Halse hängen blieb, da war meine Mutter schrecklich ärgerlich. Großmutter jedoch verteidigte mich: „Was hätte sie denn tun sollen? Sich schlagen lassen von dem Kerl? Das braucht sie nicht." Und ich bekam von ihr eine neue Tafel.

Mein erstes Schuljahr hatte mit einem Trauergottesdienst begonnen: König Alexander I. von Jugoslawien war bei einem Staatsbesuch in Marseille von politischen Gegnern erschossen worden. Er hatte als Nachfolger seines Vaters, Peter I., das neue Königreich der Serben, Kroaten und Slowenen (später Jugoslawien) vereint und jetzt war er tot. Die Lehrerin erzählte uns dann vom neuen, jungen König, Petar II. Er war erst elf Jahre alt, nicht viel älter als wir, und er hatte schon eine schwere Last der Verantwortung zu tragen. Sein Onkel, Prinz Pawle, und die Minister würden ihm beim Regieren helfen. Regieren? Ich hätte gerne gewußt, was er da machte. Nun, was auch immer, lernen mußte er das erst mal auch.

Wenn der serbische Schulinspektor bei uns erwartet wurde, schmückten wir unser Klassenzimmer mit Blumen. Er war ein ziemlich dicker, kurzatmiger Herr mit einer Glatze; er sprach nur serbisch, und wir verstanden kein Wort. Die Lehrerin übersetzte alle seine Fragen und unsere Antworten, darüber war er sehr ungehalten.

Ab der dritten Klasse lernten wir das kyrillische Alphabet sowie auch serbisch lesen und schreiben. Es war eine Plage. Geschichten wurden dabei keine mehr erzählt; was mir sehr deutlich in Erinnerung geblieben ist, das war ein Bild im serbischen Lesebuch, bei dem Großbuchstaben „F". Da gab es einen dicken Pfosten zu sehen, an dem auf jeder Seite eine Katze hochgeklettert war. Beide machten einen Buckel, und sie fauchten sich gegenseitig an: ff ff ff. Genau so wie dieser Pfosten mit den buckligen Katzen wurde das große kyrillische Ф geschrieben. Wir Kinder gaben uns redlich Mühe, diese fremde Sprache zu begreifen, doch es war nicht leicht. Von unseren Eltern konnten wir keine Hilfe bekommen, sie hatten nämlich in ihrer Schulzeit ungarisch lernen müssen.

In unserem Dorf gab es nur zwei serbische Mädchen, die mit uns zur Schule gingen: Miriana, die Tochter des Finanzbeamten, und Tasika, die jüngste Tochter des Kuhhirten. Während der Besuchsstunden des Schulinspektors vollbrachten sie wahre Glanzleistungen. Es war ganz einfach für sie, denn sie verstanden seine Fragen. Sie wurden natürlich gelobt, und wir anderen schauten dumm aus der Wäsche. Trotzdem waren wir den beiden Mitschülerinnen dankbar, wenn sie den gestrengen Herrn bei guter Laune hielten. Wir kicherten alle gemeinsam, wenn er jedesmal die gleiche Frage stellte: „Ginder, wivill is agd mal agd?" Natürlich trauten wir es uns vorsichtshalber erst dann, wenn er die Klassenzimmertür von außen geschlossen hatte.

An jedem „Vidovdan", dem serbischen Nationalfeiertag am 28. Juni, war unsere Schulschlußfeier. Zur Eröffnung der Veranstaltung sangen wir Schüler die jugoslawische Nationalhymne. Alle standen stramm, auch das Publikum, obwohl kaum einer darunter den Text verstehen konnte. Zumindest uns, den Kindern, hatte man die Worte übersetzt: „Boze pravde – Gott, der Gerechte" usw. So vieles, was wir in dieser fremden Sprache erlernen mußten, konnten wir nicht verstehen. Wir schrieben ab aus den Büchern, konnten auch lesen, lernten Gedichte auswendig, sangen Lieder, ohne den Sinn zu begreifen.

Beim Aufmarsch am Vidovdan trugen die Turner eine Art „Sokolisten"-Uniform (Soko = Falke, serbische Jugendorganisation). Die Buben: schwarze Turnhose, beiges Leinenhemd mit rotem Besatz, die Mädchen: ein Leinenkleid mit rotem Besatz und roter Kordel. Alle hatten ein schwarzrotes rundes Käppi auf, einem Fez nicht unähnlich. Man sagte, unser junger König sei auch ein „Sokolist", und er hätte eben so eine Uniform.

Dann, im Herbst 1937, ich war im vierten Schuljahr, bekamen wir einen neuen Lehrer. Mit viel Schwung trat er seine erste Stelle bei uns im Dorf an. Er stammte aus einer schwäbischen Gemeinde im mittleren Banat. Nach seiner Auffassung sollten wir alle erst mal richtig deutsch lernen. Rechtschreibung, Diktat, Aufsatz! An jedem Tag ein Übungsdiktat. Nach drei Jahren Unterricht bei ihm konnten wir fast alle fehlerfrei schreiben. Die Schule wurde ab jetzt für mich jeden Tag interessanter. Sie war nie langweilig. Wir lasen „Reineke Fuchs" mit verteilten Rollen, lernten das „Lied von der Glocke" von „Festgemauert in der Erde" bis „Friede sei ihr erst Geläute" auswendig. Das „Riesenspielzeug", der „Postillion", der „Erlkönig", der „Zauberlehrling" bezauberten uns sprachlich und inhaltlich. Sprechchöre, Lieder, Kanons, Laienspiele und vieles andere mehr lernten wir spielend und mit viel Hingabe kennen und vortragen. Sport, vor allem „Völkerball", fand ich besonders herrlich.

Der altbekannte Schulinspektor besuchte uns noch immer. Wir hatten jedoch kaum noch Angst vor ihm. Wir waren größer und etwas selbstbewußter geworden. Außerdem hatten wir die Geschichte der alten Römer, Griechen, Karthager und Germanen sowie die Geschichte des serbischen Volkes bis in die Gegenwart zweisprachig durchgenommen. In Mathe ließen wir den Jungs schon immer gerne den Vortritt, so lief alles immer zur Zufriedenheit ab. Vergessen war für mich die Zeit des Unkrautzupfens, ich entwickelte einen kolossalen Ehrgeiz, wollte nur noch gute Noten haben und bei jedem Fest das längste Gedicht vortragen. Dann saß Großmutter in den vorderen Reihen der Zuschauer und war mächtig stolz auf mich. Mutter arbeitete viel und schwer. Um mich und die Schule brauchte sie sich keine Sorgen zu machen. Sogar die Zeit, die ich mit Vorliebe im Trog des artesischen Brunnens verplanscht habe, war seit diesem denkwürdigen Tag, den ich noch erwähnen möchte, vorbei. Damals hatte mich Großmutter dreimal in trockene Kleider gesteckt, nachdem ich dreimal nacheinander in diesen bewußten Trog gefallen war. Selbst ihr war damals der Geduldsfaden gerissen, und nachdem ich dann auch noch Mutters Kochlöffel zu spüren bekommen hatte, war ich zu dem Entschluß gekommen, dieses feuchte Vergnügen fortan zu meiden.

Schulferien auf dem Dorf waren nie langweilig. Selbst Gänsehüten machte noch Spaß, wenn man das richtige Geschichtenbuch dabei hatte. Vom Maulbeerbaum gezielt ins Regenwasserfaß springen, junge Katzen verstecken und füttern, damit sie nicht ertränkt werden sollten, selbst kleine Dienste wie den Hof kehren und Wasser holen waren leicht zu erledigen, denn Großmutter ließ dann den „Sladoled Mann" (Eismann) nicht vorbeifahren, ohne uns ein Eis zu spendieren.

Einmal hatten wir einen jungen Hund. Mit seinen vier kurzen krummen Beinen brauchte er nur selten zu laufen, weil ich ihn immer auf den Armen herumtrug. Er wurde dick und fett dabei und zerfledderte mir zum Dank dafür meine liebste Puppe. Aber wir blieben immer die besten Freunde, teilten sozusagen auch noch die letzte Kartoffel, die vom Mittagessen übrig geblieben war.

Inzwischen war mein Bruder Lehrling geworden, und er hatte ein Fahrrad bekommen. Immer, wenn dieses chromblitzende Ding zu Hause war, versuchte ich, mit zäher Ausdauer fahren zu lernen. Der stolze Besitzer war schrecklich penibel mit seinen Sachen, dem Fahrrad durfte nichts passieren. Dafür trug ich dann reichlich blaue Flecken und Schrammen davon. Einmal schickte mich Großmutter zum Kaufmann an der Ecke Zucker einkaufen. Ich wollte natürlich nicht zu Fuß gehen, sondern fahren, obwohl es bis zum Laden gar nicht weit war. Alles wäre gut gegangen, wenn ich nicht zum Auf- und Absteigen beide Hände benötigt hätte. Bei meiner überstürzten Abfahrt hatte ich an keine Einkaufstasche gedacht. Also nahm ich dann beim Aufsteigen die Tüte mit einem Kilogramm Zucker, klemmte mir einen Zipfel des Papiers zwischen die Zähne und fuhr los. Beim Absteigen vor dem Hoftor versuchte ich dasselbe noch mal, aber das Papier war inzwischen durchgeweicht, und die ganze süße Bescherung landete im Staub, direkt vor Großmutters Füßen. Sie schimpfte wie ein Rohrspatz, und ich mußte nochmals zum Kaufmann gehen, diesmal aber zu Fuß.

Ich bedauerte niemals, daß die Ferien zu Ende waren, endlich durften wir wieder zur Schule, der nach wie vor immer noch mein größtes Interesse galt. Meinem verehrten Lehrer von damals wollte es in keiner Weise gelingen, mir „Schönschreiben" beizubringen. Beim Aufsatz sowie auch beim Diktat war Inhalt und Rechtschreibung in Ordnung, aber die Schrift war eine Katastrophe. Ich hatte einfach keine Zeit, schöne Buchstaben zu malen, in meinem Kopf wirbelten zu viele Ideen durcheinander, die ich so schnell wie möglich zu Papier bringen wollte. Von allen Mitschülern war ich die einzige, die zur Übung ein Schönschreibheft hatte anlegen müssen. An jedem Morgen hatte ich eine sauber geschriebene Seite vorzuzeigen. Manchmal hörte ich schon die Schritte des Lehrers im Flur des Schulhauses und ich war immer noch mit Schreiben beschäftigt. Erst wenn er die Klasse betrat und zu meiner Bank kam, machte ich eiligst Schluß, stand auf und zeigte ihm mein Heft. Für so manche viel zu breit und flüchtig vollgeschriebene Seite bekam ich seinen Rohrstock über meine tintebekleckstesten Finger gezogen. Meine Schrift wurde jedoch davon auch nicht schöner. Im Gegenteil, ich fühlte mich gedemütigt, weil verschiedene Mitschüler schadenfroh grinsten, die ich in anderen Fächern mit Leichtigkeit in die Tasche stecken konnte. Einmal versuchte ich es, mit meiner Mutter über diese „Sonderbehandlung" zu reden. Sie sagte dazu nur einen Satz: „Er wird schon wissen, warum." Nun ja, ich war damals in der vierten Klasse und ich wußte es noch nicht. Erst später, als wir aus verschiedenen Schulen an einer weiterführenden deutschen Schule in der Stadt zusammentrafen, ging mir ein Licht auf. Wir hatten bei diesem Lehrer vieles gelernt, wovon viele unserer Altersgenossen noch nicht einmal gehört hatten. Er war es auch, der als erster ein großes Interesse für die deutsche Literatur in mir geweckt hatte und seltsamerweise auch eine besondere Vorliebe für das geschriebene Wort.

Von einer Nachbarin, sie war sehr belesen, bekam ich viele gute Bücher in die Hand. Mit elf Jahren las ich Schillers „Räuber" zum ersten Mal, dann folgte „Minna von Barnhelm" und verschiedene andere Stücke mehr. Am liebsten waren mir Gedichte, Balladen vor allem, bei denen man so schön weinen konnte. Als ich für meinen Bruder in die Ortsbücherei einige Karl-May-Bücher und verschiedene Krimis zurücktragen durfte, entdeckte ich die ersten Hedwig-Courts-Mahler-Romane. Ich nahm gleich einige davon mit und las sie abwechselnd mit Sherlock Holmes und sonstiger leichter Unterhaltungslektüre. Klammheimlich schlang ich alles, was ich kriegen konnte, in mich hinein.

In den Ferien kam ein Gymnasiast aus der Nachbarschaft des öfteren zu meinem Bruder zum Musizieren. Er stand schon kurz vor der Matura. Als er sah, was ich las, nahm er mir kurzentschlossen die Romane weg und brachte mir dafür einen Band Novellen von Theodor Storm. Danach lasen wir gemeinsam Goethes „Wilhelm Meister" und „Die Leiden des jungen Werther" sowie einige andere Werke der deutschen Klassiker. So lernte ich dann spielend gute Literatur von leichter zu unterscheiden. Ich fand die großen deutschen Dichter hinreißend, ebenso ihre Helden und nicht zuletzt meinen jungen eifrigen Mentor, der viele Stunden seiner Freizeit mir und meinem Lesehunger opferte. Damals war ich zwölf Jahre alt, ich wollte lernen, lernen, lernen. Und dann kam der Krieg.

Bei all seinen negativen Begleiterscheinungen war für mich nur eines von Bedeutung geworden: Ich konnte jetzt eine weiterführende deutsche Schule besuchen, mit dem Berufsziel einer Lehrerin vor Augen. Alles lief bestens. Ich fühlte mich wohl im Kreise meiner Altersgenossen. Die Schule war mir so wichtig wie mein Zuhause, ein zweites Nest der Geborgenheit und eine stille Herausforderung zugleich. War ich auch an manchen Fächern, wie z. B. Physik und Mathematik, kaum interessiert, so tat ich doch alles, was nötig war, um gut über die Runden zu kommen. Im letzten Schuljahr 1943/44 hatten wir einen Lehrer, der Musik, Mathematik und Zeichnen bei uns unterrichtete. Er behandelte uns manchmal recht unverdient großzügig, weil er selbst ein großer Literaturfan war und unsere guten und schwachen Seiten bestens kannte. Ich sang sehr gerne im Schülerchor, Musikgeschichte interessierte mich sehr, aber zum Geigespielen waren meine Finger ganz einfach zu kurz. Das sah er natürlich ein, denn ich malträtierte das Instrument und vor allem seine und auch meine Ohren. Zeichnen machte mir Spaß, aber in richtige Arbeit sollte es nie ausarten. Algebra war für mich eine Plage. Ich hatte von Anfang an nicht richtig zuhören können und wollte es einfach nicht begreifen. Meine Gedanken waren irgendwie immer mit Versen und

Reimen beschäftigt. Auch das wußte er. „Schreib doch mal wieder was für die Schülerzeitung", sagte er, und ich tat ihm nur zu gerne den Gefallen. Viele Jahre später hörte ich, er sei nach dem Krieg Professor in Wien geworden und Vorsitzender des Internationalen Lenauvereins. Doch noch ehe ich an ihn schreiben konnte, war er gestorben.

Unsere junge Klassenlehrerin in diesem letzten Schuljahr ließ jede Deutschstunde zum Erlebnis werden. Während in Scharen Bomber über das Schulgebäude hinwegflogen, lagen wir draußen in den provisorisch ausgehobenen Schützengräben der Gärten und warteten auf die „Entwarnung", um in unsere Klassenzimmer zurückkehren zu dürfen. Diese Lehrerin kam sogar in ihrer Freizeit zur Schule und hielt Literaturstunden für interessierte Schüler ab. Sie tat es für uns, und wir verehrten sie alle. Sie war unser Vorbild; so eine Lehrerin wollte ich auch einmal werden, jedoch es kam alles ganz anders.

Das letzte Schulfest im Juni 1944 sollte ein Abschiedsfest für immer werden, wir wußten es nur damals noch nicht. Die Front rückte näher und näher. Soldatentrecks auf dem Rückzug, Kanonendonner bei Tag und Nacht, und wir warteten auf einen Schülerzug, der uns evakuieren sollte, der aber nicht kam. Nur wer damals aus eigener Initiative die Flucht ergriff, konnte sich nach Deutschland retten, das, von Bomben zerstört, Millionen von Flüchtlingen aus dem Osten und Südosten aufnehmen mußte. Wir, die „Daheimgebliebenen", erlebten ein Chaos, das sich niemals jemand so hätte vorstellen können. Unsere Heimatdörfer sind von der Roten Armee überrollt worden, die Russen übergaben die Macht an die serbischen, kommunistischen Partisanen. Die Vernichtung der deutschen Minderheit in Jugoslawien war damit eine beschlossene Sache. Es folgten Entrechtung, Enteignung, Massenliquidierungen, Vertreibung von Haus und Hof, Massensterben in den Lagern an Seuchen und Hungersnot. Als dieses Elend begann, war ich 17 Jahre alt, drei Jahre später war ich alleine übriggeblieben. Großmutter und Mutter hatten diese Lager nicht überlebt, Vater und Bruder befanden sich, wie ich damals hoffte, im Ausland. 1948 wurde ich, wie der Rest der Überlebenden, zu weiteren drei Jahren Zwangsarbeit verpflichtet. Wie ein Sturm hat der Krieg und der Terror der Nachkriegszeit alles, was ich geliebt habe, hinweggefegt: mein Zuhause, die Träume meiner Kindheit, die Ideale meiner Jugendzeit. Geblieben sind nur die Erinnerungen an das, was einmal gut und schön gewesen ist.

Unser Nachbar und sein Hund

Es war damals, in den dreißiger Jahren, ich war eben erst eingeschult worden, da hatte unser Nachbar einen jungen Hund geschenkt bekommen. Dieser Nachbar, ein schon älterer Mann, war ein Spaßvogel. Von sich selbst erzählte er, daß er in seiner Jugend ganz außergewöhnlich schön gewesen sei. Alle Mädchen des Dorfes hätten ihn verfolgt; er wäre oft auf die Bäume geklettert, nur um vor ihnen sicher zu sein! Solche und ähnliche Geschichten erzählte er uns oft.

Seinem kleinen Hund hatte er damals den bei uns ganz unüblichen Namen „Adolf" gegeben. Als ich ihn fragte, warum der kleine Kerl keinen richtigen Hundenamen bekommt, antwortete er: „In Deitschland gibt's jetz e ganz großes Tier mit 'm Name Adolf Hitler. Mei Hund is a' was B'sonderes, drum soll 'r aa so heesche!" Er erklärte mir außerdem, daß er aus diesem Hund einen vornehmen Rassehund machen würde, dazu müßte er ihm nur den Schwanz koupieren (kürzen). Als ich wissen wollte, wie er das machen wollte, sagte er: „Na, abhacke." Ich schrie: „Was? Mit 'm Hackl? Awer, Vedder Toni, des tut doch weh!" „Nee, nee", tröstete er mich, „ich hack 'm doch jede Tag nor e kleenes Stickl ab, no tut's nit so weh!"

Natürlich hatte er mich mit diesen Worten nicht überzeugen können. Mir dämmerte schon so allmählich, daß man ihm nicht alles glauben durfte.

Im April 1941, als die deutschen Truppen bei uns einmarschiert sind, hat unser Nachbar seinen Hund umbenannt. Endlich durfte er „Foxi" heißen wie so viele andere Hunde auch. Ich aber sollte mich später noch oft daran erinnern, in welchem Zusammenhang ich diesen berühmt-berüchtigten Namen zum ersten Mal gehört hatte.

Die Pistole

Es war an einem sonnigen Wintertag. Mein Tante sagte sich, Arbeit hilft über trübe Gedanken hinweg. Haus und Hof aufräumen, das Vieh füttern, sonst gab es nicht viel zu tun. Sie nahm den Rechen und harkte im Hof Laub und Stroh zusammen.

Zwischen dem Gartenzaun und dem Strohhaufen, da klirrte etwas an die Zinken der eisernen Harke. Sie bückte sich und hielt eine Pistole in der

Hand. Wie von einer Schlange gebissen, ließ sie das Ding wieder fallen. Sie wußte sofort Bescheid.

Ihr Mann war kriegsuntauglich gewesen, aber in der „Deutschen Mannschaft" mußte er Dienst tun: Versammlungen besuchen, an Übungen teilnehmen, Streife gehen – Affentheater, wie er sagte. Recht war ihm nur, daß man danach immer im Wirtshaus beisammen saß. Er war ein großer Trinker vor dem Herrn. Von so einer Übung nach Hause kommend, machte er noch eine Runde im Hof. Total benebelt, wie er war, legte er sich samt der Uniform in seine Werkstatt und schlief ein. Als er am Morgen aufwachte, merkte er sofort, daß die Pistole weg war. Große Suchaktion, Schreck und Aufregung, die Pistole blieb verschwunden. Er mußte wohl oder übel bei seinem Mannschaftsführer Meldung machen. „Saufkopp, wenn du sie nicht findest, sind wir beide dran", sagte der.

Die Ereignisse überstürzten sich. Die Pistole wurde vergessen. Jetzt war er mit dem Transport auf dem Weg nach Rußland, die Tante stand aber vor einem Problem. Wohin mit der Waffe? Abliefern? Der Termin war schon längst vorbei, keiner würde ihr die Wahrheit abnehmen. Man könnte sie an die Wand stellen (Waffenbesitz, Todesstrafe). Was sollte sie tun?

Sie steckte die Pistole in den Ausschnitt ihres Kleides, zog einen Mantel an und band ein großes Tuch darüber. Dann nahm sie ein Körbchen und ein Messer, schwitzend vor Angst ging sie durch das ganze Dorf in Richtung Weingarten. „Wenn mich einer fragt, wohin ich gehe, sage ich, Petersilienblätter holen", dachte sie. Sonst fiel ihr nichts ein, außer: Petersilienblätter, im Weingarten, im Winter, unter dem Schnee.

Sie hatte Glück, kein Wachposten hielt sie an. Im Weingarten warf sie die Waffe in den Brunnen, dort liegt sie wohl noch heute. Was sie erst viele Jahre später erfuhr: Die Pistole war geladen! Sie hatte sie ungeschickt in den Händen gehalten und ganz nahe am Körper getragen! Noch nachträglich bekam sie jedesmal eine Gänsehaut, wenn sie nur an dieses Erlebnis dachte.

Russen im Nachtquartier I (Januar 1945)

Der alte Wagnermeister in unserer Straße hatte in seinem Keller einige Fässer mit ausgezeichnetem Wein gelagert. In diesem Haus wohnte nur noch ein altes Ehepaar, zwei Söhne waren schon in den ersten Novembertagen nach Kikinda in die Milchhalle gebracht worden, dort hatte man sie, zusammen mit den anderen Männern aus unseren Dörfern, erschossen. Der jüngere der beiden war zeit seines Lebens gehbehindert gewesen, doch das hatte ihn nicht vor dem Zugriff der Rache nehmenden Partisanen retten können.

Drei russische Soldaten und eine Frau in Uniform kamen zum Hoftor herein. Sie durchsuchten das Haus vom Keller bis zum Dachboden, dann blieben sie in der Werkstatt am Tisch sitzen. Sie verlangten Brot, Schinken und Wein. Die alte Frau deckte den Tisch und bediente die „Gäste", danach schickte man sie schlafen. Der alte Meister mußte mit ihnen trinken. Die drei Soldaten verließen ziemlich angetrunken das gastliche Haus, sie zogen singend durch das Dorf und suchten „Djewuschkas" (Mädchen).

Die Frau in Uniform blieb allein zurück; der starke Wein war ihr schon gewaltig zu Kopf gestiegen. In einer Ecke der Werkstatt stand ein primitives Ruhebett, das erregte nun ihre Aufmerksamkeit. Sie trank und redete und trank, dabei machte sie dem alten Mann (er war nahe an die Siebzig) ein unzweideutiges Angebot. In seiner Überraschung war er völlig sprachlos. Was sollte er tun? Die Dame war eine richtige Walküre von Gestalt, außerdem: Sie war bewaffnet.

Er griff nach der leeren Weinflasche und ging erst mal wieder in den Keller. Diesmal nahm er vom besten Jahrgang und er hoffte, daß der Geist des Weines seine Schuldigkeit tun würde. Unermüdlich goß er die Gläser immer von neuem voll. Er war daran gewöhnt und konnte etwas davon vertragen, er trank die Heldin der Roten Armee buchstäblich unter den Tisch. Am Morgen fand ihn seine Frau schlafend am Tisch sitzen. Die Russin lag schnarchend in der Ecke auf dem alten Ruhebett, ihr „Mitreljes" (Gewehr) hatte sie im Arm.

Schmunzelnd erzählte er uns sein Erlebnis und lobte seinen einzigen Verbündeten in dieser Nacht: seinen guten Wein.

Flucht und Vertreibung

vor 50 Jahren 1944/45

Wohin soll ich mich wenden,
wohin in dieser Not?
Nur Du kannst Hilfe senden,
so flehten wir zu Gott.
Damals, vor fünfzig Jahren,
wer kannte unser Leid?
Als wir die Opfer waren
einer haßerfüllten Zeit.

Krieg, Panzer und Kanonen,
wir ahnten die Gefahr.
Bald sollten wir erfahren,
was Haß, Vergeltung war.
Würden sie uns vertreiben?
Es gab nur eine Wahl,
flüchten oder bleiben.
Fremde war überall.

Herbstregen – bald ist Winter.
Weh dem, der auf der Flucht
für sich und seine Kinder
Rettung und Hilfe sucht.
Und die daheim geblieben,
erlitten größte Not:
gehaßt, verschleppt, vertrieben,
dann Lager, Hunger, Tod.

Wir alle, die noch leben,
erinnern uns an sie.
Was geschehen, sei vergeben,
vergessen wird es nie.
Und konnten wir auch wählen,
das Land, den Kontinent –
es gibt nichts, was die Seelen
von der alten Heimat trennt.

Ferne Hügel

Dort, wo seit alten Zeiten
Die Theiß zur Donau fließt,
Dort war ein großes Lager,
Wie bald man das vergißt ...

Am Fluß steh'n alte Weiden,
Sie neigen sich im Wind.
Der helle Tag muß scheiden,
Die Sommernacht beginnt.

Da liegt ein Dorf verlassen,
Die Häuser grau und leer.
Kein Leben in den Straßen,
Die Kirche steht nicht mehr.

Nur auf dem Damm des Flusses
Schwebt lautlos, dunkel, still
Das große Heer der Schatten,
Das keiner kennen will.

In Decken eingehüllet
Zieht Kopf an Kopf die Schar –
Nicht jung, nicht alt, nur elend,
Wie sie im Leben war.

Vom Hügel her zum Lager –
Sie alle suchen Brot.
Gestalten hohl und mager.
Sind sie denn nicht schon tot?

Vergeblich war ihr Suchen,
Das Dorf ist öd und leer.
Sie geh'n zurück zum Hügel,
Dort wogt ein Weizenmeer.

Der Mond scheint auf die Felder,
Die Ähren rauschen sacht –
Zehntausend Tote wandern
In dieser Sommernacht.

Man hat sie dort begraben.
Nur eins ist ungewiß:
Warum in Gottes Namen
Man sie verhungern ließ?!

Auf jenem fernen Hügel
Kein Kreuz, kein Denkmal steht.
Die Gräber sind vergessen –
Die Spuren sind verweht ...

Gedenkfeier 1991
Sindelfingen – im Haus der Donauschwaben

Der Toten wollen wir gedenken,
hier, fern vom alten Heimatort.
Gott möge allen Frieden schenken,
die Zeit nimmt Leid und Tränen fort.

Wir trauern heut' um unsere Lieben,
sie wurden Opfer der Gewalt.
Die Zahl, die hier auf Stein geschrieben,
sei stille Mahnung an die Welt.

Unsagbar haben sie gelitten:
Vertreibung, Hunger, Krankheit, Not.
Es gab nur Stroh statt warme Betten,
nur harte Arbeit und kein Brot.

Von guten Freunden, Kameraden,
die irgendwo gefallen sind,
will dieser Stein auch sprechen, zeugen,
ihre Gräber kennt nur noch der Wind.

Sie sollen nicht vergessen werden!
Den Nachkommen kann so ein Stein,
wo immer sie auch sind auf Erden,
ein Stück verlorener Heimat sein!

Nikolaus Lenau zum Gedenken

Seine Gedichte, seine Lieder
kannte ich schon vor langer Zeit.
Heute erinnern sie mich wieder
an Träume der Vergangenheit.

Damals fuhr mich sein Postillon
bei Mondschein über die Heide.
Die drei Zigeuner warteten schon,
sie lagen an einer Weide.

Dort hört' ich ihre Geigen singen,
in wildromantischer Weise,
sah Burschen stampfen, jauchzen, springen,
die Mädchen tanzten im Kreise.

Durch das Schilf erklang ein Liebeslied,
vom See her, so traurig schön.
Die welken Blätter säuselten müd:
„Alles ist nur Kommen und Geh'n!"

Dann schlief die Heide, so still, so leer,
die tiefe Nacht war sternenklar,
da brauste ein Wirbelsturm daher,
im Galopp eine Reiterschar.

Räuber, Rebellen, schöne Frauen
kehrten „Zur Heideschenke" ein.
Dort gab es noch im Morgengrauen
heiße Musik und roten Wein.

Und wo war Er, der das geschrieben?
Es zog ihn ruhelos umher.
Ihn hat die Sehnsucht fortgetrieben,
weit in die Welt, bis übers Meer.

Enttäuscht kehrte er schon bald zurück,
die Fremde lockte ihn nicht mehr.
Doch er suchte weiter nach dem Glück,
rastlos wandernd wie Ahasver.

Im Walde ward er noch oft geseh'n,
allein am Schilf und Rohr.
Den einsamsten Weg mußte er geh'n,
bis sich alles im Nebel verlor.

Doch seine Verse, seine Lieder,
die gab er uns für alle Zeit.
Sie spiegeln seine Sehnsucht wider
nach Liebe, Glück, Unsterblichkeit.

Abschied im Herbst

Sie hatten sich verabredet. Hier im Park, auf einer Bank unter dem Kastanienbaum, wollten sie sich treffen. In den letzten Wochen hatte es anhaltend geregnet. Doch an jenem letzten Tag im September schien plötzlich die Sonne. Sie hatte die graue Wolkendecke durchbrochen, als wollte sie den Menschen ein wenig Trost und Wärme schenken.
    Er war als erster da. Er wartete. Die Füße in den ungewohnten Kommißschuhen scharrten welkes Laub auf einen Haufen zusammen. Der regenfeuchte Rasen glänzte in der Sonne. Da und dort hingen einzelne Wasserperlen an den Gräsern. Sie sahen aus wie Tränen in den Wimpern eines Kindes.
    Jetzt hatten sie ihn und seinen Jahrgang auch in diese Uniform gesteckt. Einfach so, von der Schulbank weg, wo doch jeder gehofft hatte, daß der Krieg bald zu Ende sein wird. Die meisten hörten schon lange nicht mehr auf die Phrasen vom Endsieg, die immer noch verbreitet wurden. Er wollte nicht fort, weil er fühlte, daß er dem, was jetzt auf ihn zukam, noch nicht gewachsen war. Sein Transport würde schon morgen abgehen, nach Rußland wahrscheinlich, was sollte er dort? „Krieg und Frieden", „Schuld und Sühne", Tolstoi, Puschkin, Dostojewski. All das ergab ein Durcheinander in seinem Kopf. Schließlich schien ihm nur noch eine Frage wichtig zu sein: Ob es dort jetzt im Oktober schon schneit?
    Seine Blicke durchwanderten den Park. Die blätterarmen Bäume konnten seiner Stimmung auch keinen Aufschwung geben. Endlich sah er sie. Die Schultasche unter den Arm geklemmt, lief sie quer durch die Anlagen direkt auf ihn zu. Atemlos, mit lachenden Augen stand sie dann vor ihm. Er wußte nicht, hatte sie die Uniform noch nicht wahrgenommen, oder wollte sie die-

se Tatsache nicht sofort zur Kenntnis nehmen. Sie sah nur seine Augen, und als er die Arme öffnete, flog sie hinein. Bei dieser stürmischen Begrüßung war ihm das „Käppi" in den Nacken gerutscht und ihr die Brille auf die Nase. Mit unsicheren Händen rückte sie alles zurecht, dabei stellte sie fest, daß es eine Soldatenmütze war, die er jetzt trug. Dann sah sie die dazu passende Jacke, es war alles komplett. Sie hatte endlich begriffen.

In ihrem Gesicht begann es zu zucken. Er wollte sie nicht weinen sehen. Seine Worte klangen weder fest noch überzeugend, als er sagte: „Ist ja weiter nicht schlimm. Ich muß da einfach durch. Du wirst sehen, ich bin bald wieder da. Zu Weihnachten, das geht wohl noch nicht, aber im Frühjahr ist gewiß alles vorbei!" Er redete von Prüfungen, die er nachholen konnte, von einem Berufsziel, das sie beide erreichen wollten, von einer gemeinsamen Zukunft, die es allem Anschein nach nie geben würde. „Wir müssen nur fest daran glauben, dann wird alles gut." Worte, nichts als leere Worte. Er wußte das, doch es fiel ihm nichts Besseres ein.

Sie standen engumschlungen in der herbstlichen Sonne. Die wenigen Passanten nickten verständnisvoll: Milchgesichter, man läßt ihnen keine Zeit, erwachsen zu werden. Sie wollen mit beiden Händen nach dem Leben greifen. Es war doch ihr Leben, aber sie konnten nicht selbst darüber bestimmen.

„Ich komme wieder. Hier werden wir uns treffen, wenn der Krieg vorbei ist. Wenn ich heimkomme, will ich dich hier wiederfinden", das waren seine Abschiedsworte gewesen. Im Frühjahr war alles zu Ende, aber er ist nicht gekommen. Anfangs wollte sie nicht glauben, daß er die letzte Phase des Krieges nicht überlebt hat. Sie ist oft hier gewesen und hat auf ihn gewartet. Seine Eltern waren weggezogen, wahrscheinlich nach Übersee. Sie hörte nie wieder etwas von ihm. Sie lebte ihr Leben allein, wie viele Frauen ihrer Generation. Wenn sie die jungen Mütter mit kleinen Kindern hier im Park spazieren sah, identifizierte sie sich manchmal mit ihnen. Es tat weh, auch wenn sie einen Beruf ausübte, der nur mit Kindern zu tun hatte. Als sie älter wurde, beobachtete sie mit Vorliebe ältere Herrschaften: So oder so hätte er, hätten wir in diesem Alter aussehen können!

Dann kam sie immer seltener. Wenn der letzte Tag im Oktober schön sonnig war, konnten Spaziergänger eine Frau hier auf dieser Bank sitzen sehen. Sie war nicht mehr jung, auch noch nicht alt, aber sie war immer allein. Sie schien in Gedanken weit fort zu sein, sie dachte mit großer Wahrscheinlichkeit an jenen Abschied im Herbst vor vielen Jahren. Viel öfter kam sie jedoch im Frühjahr vorbei, sie wollte anscheinend nie aufhören zu hoffen und zu warten.

Jakob Filippi †
Torschau – Richwood

Jakob Filippi wurde 1912 in Torschau (Batschka/Jugoslawien) geboren. Er arbeitete zunächst im landwirtschaftlichen Betrieb des Vaters, später war er Halbscheid-Bauer für den evangelischen Pfarrer des Ortes, mußte also für das gepachtete Land die Hälfte des Ertrages abliefern. 1941-45 war er Gebietslandesbauernführer im Hapag-Haus in Neusatz, dem Sitz der Volksgruppenführung und der Zentralgenossenschaft. Kurz vor Kriegsende wurde er noch vom ungarischen Staat zum Militär eingezogen, um der Waffen-SS überstellt zu werden. Nach dem Krieg finden wir ihn wieder bei der Firma Hengstenberg in Esslingen, wo er etwa von 1951-53 als Hilfsarbeiter angestellt war. Um 1954 ist er in die Vereinigten Staaten ausgewandert, zunächst lebte er drei bis vier Jahre in Cleveland, wo er seinen alten Vater pflegte und sich für die Landsleute engagierte, auch literarisch tätig war. Mehrere Theaterstücke müssen in dieser Zeit entstanden sein, von denen das hier abgedruckte das einzige überlieferte darstellt. Wie Franz Sayer aus New York mitteilt, dem letzten Wohnsitz Filippis, habe dieser nur wenige schriftliche Erzeugnisse in Mundart oder auch Hochsprache hinterlassen. Was von seinem spärlichen Nachlaß übrigblieb, habe Filippis Vetter „als wertloses Zeug hinausgeschmissen", zumindest ist es verschollen. Filippi blieb zeitlebens unverheiratet. Wohl 1967 erlitt er in New York als Fußgänger einen schweren Verkehrsunfall, der einen achtmonatigen Klinikaufenthalt nach sich zog. Wahrscheinlich 1972 starb Jakob Filippi in der Nervenheilanstalt Credmore in Richwood, New York.

GRAD SO WIE D'HEEM

Stammtischdiskussion als Schauspiel in einem Akt

* * *

Personen:

Wirtin	nahe 30
Sayer	nahe 40
Herr Lehrer	nahe 50
Haller	nahe 50
Hetzel	nahe 50
Korell	nahe 50
Diener	nahe 50
Krämer	nahe 50
Marie (Dienstmädchen)	nahe 18
Frau Krämer	nahe 40
Frau Diener	nahe 40

* * *

Ort der Handlung: Wirtsstube mit zwei Ausgängen (einer zur Straße, einer zur Küche), Wandsprüche, Bild „Der große Schwabenzug", Zeitungen an der Wand hängend: „Der Donauschwabe", „Nachrichten", „Wächter und Anzeiger", eine englische Zeitung. Da das Stück in der Gegenwart spielt, sind Darsteller gekleidet wie bei Vereinssitzungen oder zum Stammtischabend. Wirtin in weißer Bluse mit Puffärmeln, dunklem Leibchen, weißer Schürze und dunklem Rock. Kleidung des Dienstmädchens: einfaches Hauskleid mit Schürze. Sayer mit Handkoffer. Beim Aufgehen des Vorhanges liest der Lehrer im „Donauschwaben".

* * *

Marie: *(kommt mit Tischtüchern herein und deckt dieselben auf Tische)* Gunow't, Herr Lehrer.
Lehrer: Guten Abend, Marie. Wie geht's?
Marie: Danke gut, un Eich?
Lehrer: Danke, auch gut, Sie wissen ja, wenn ich hier bin, fühl' ich mich immer wohl! Sie sind jetzt schon bald ein halbes Jahr hier in Amerika? Jetzt gefällt's Ihnen aber schon besser als am Anfang, oder nicht?
Marie: Mer sin schun siebe Monat do. Jetz gfallt's m'r schun gut. Jetz will ich nimmi zurick, wie die erschte Monate.
Lehrer: Auf einmal? Da haben Sie bestimmt einen Boyfriend!

Marie: *(nickt lächelnd)* E he! Er heest Peter un hat a e Auto. Er holt mich als ab, no fahre m'r ins deitsche Mozi.
Lehrer: Wohin?
Marie: Ach, ich han ja net dro g'denkt, daß n'r norre Reichsdeitscher sin un nix ungrisch v'stehn, Mozi heest Kino! De Pet'r is aus 'm Onyaorzsag, aus Altungarn, un g'braucht allz'mol ungrische Worte. Jetz han ich m'r des a schun ongewehnt.
Sayer: *(erscheint schon, während Lehrer fragt „Wohin", und hört in der Tür stehend zu)* Gunowet mitnanner! Des trefft sich aw'r gut. Ich kumm aus Chicago, geh in Cleveland mitte in d' Großstadt ins erscht bescht Wertshaus un her glei mei heimatlicher Dialekt.
Marie: Kunschtschtick, wann 'r grad in d' Banater Club, was 's Heim vun d' Donauschwowe is, kumm sin.
Sayer: Du bisch aus d' Mittelbatschka?
Marie: Schunn bal g'rot. Ich sin aus Titl.
Sayer: Kann ich do iwernacht?
Marie: Uns'r Fremdezimmer sin noch frei. In zehn Minute kummt die Wirtin. Wan'r so lang wart' woll'. *(deutet an den Tisch, an welchem der Lehrer sitzt)*
Marie: Derf ich Eich was s' Trinke bringe?
Sayer: Klar, was kann m'r han?
Marie: Mer han importierter Wei. Fruschkogorski Riesling, Badacsonyi Szuerkebarrat Gumbolskirchner, Zeller Schwarzi Katz, Niersteiner Domthal, Heuholzer Dachsteiger ...
Sayer: *(lachend)* Her uff, her uff. Mer tut jetz schun die Wahl weh. Bring m'r e Fruschkogorski Riesling.
Marie: Was N'r wolle. *(ab)*
Sayer: *(zum Lehrer)* Kann ich mich zu Euch setze, Landsmann?
Lehrer: Aber selbstverständlich bitte, bitte.
Sayer: Sayer, mein Name.
Lehrer: Brinkmann.
Sayer: Brinkmann, Brinkmann – diesen Namen kenne ich von daheim nicht.
Lehrer: Ich bin auch kein Donauschwabe. Ich bin aus dem Rheinland und war als Lehrer während der letzten Jahre des Krieges im Zuge der Kinderlandverschickung in der Batschka. Ich kenne die Orte Torschau, Kisker, Ujwerbas. Auch war ich einige Male in Neusatz und Zombor bei Lehrer-Konferenzen. Aus welchem Ort stammen denn Sie?
Sayer: Ich bin aus Apatin.
Lehrer: Apatin, das liegt an der Donau. Das war der größte, sogenannte rein deutsche Ort dort unten.
Sayer: Wie hat's Ihnen denn gefallen bei uns unten?
Lehrer: *(nachdenklich)* Wie es mir gefallen hat? Stellen Sie sich vor: im Rheinland, eine Großstadt, 1943, Tag und Nacht Fliegeralarm. Lebensmittel

auf Karten, das bedeutet immer Nahrungsmittelknappheit. Kriegsbedingte Verhältnisse! Dann kommen wir plötzlich in Ihre Heimat. Zuerst war ich mit meiner Klasse in Torschau. Die Verhältnisse, welche ich nun kennenlernte, gelten ja für das ganze Gebiet, für alle anderen Gemeinden auch, in welchen wir mit den Kindern untergebracht waren.
Ein ländliches Idyll, Ruhe, zu essen, was wir uns nur wünschten! Die Kinder fühlten sich buchstäblich in eine andere Welt versetzt. Es war auch eine andere Welt! Auch für mich! Im Umgang mit den Menschen wie auch landschaftlich. Ich habe mich als Binnendeutscher immer mit Stolz zu meinem angestammten Volkstum bekannt. Das war selbstverständlich. Aber was mir in bezug auf Stolz auf die eigene Art, auf Tradition und Opferwilligkeit für die Gemeinschaft in der breiten Masse bei Euch begegnet ist, hätte ich nicht für möglich gehalten.
Ich habe später dann das vollkommen verstanden. Im Zusammenleben mit anderen Völkern bildet sich natürlich im Laufe der Jahrhunderte so etwas wie ein Wettbewerb dieser Völker untereinander heraus, ausgelöst und hervorgerufen durch die Andersartigkeit, die in Sprache, Sitten und Gebräuchen ihren sichtbarsten Ausdruck findet. Daher, durch diesen Wettbewerb oder mit anderen Worten, durch die nie aufhörenden Schwierigkeiten, welche mit der Erhaltung der eigenen Art verbunden sind, resultiert der größere Stolz der sogenannten Volksdeutschen auf ihr Volkstum im Vergleich mit uns, von Euch gesehen, den Reichsdeutschen. Trotzdem habt Ihr mit diesen Völkern vorbildlich neben- und miteinander gelebt.
Ich habe die Entwicklung von der Ansiedlung bis dahin genau studiert. Man kann ohne Übertreibung oder Überheblichkeit sagen, daß das, was durch diese Ansiedler, Eure Vorfahren, geschaffen wurde, einmalig war; insbesondere die kurze Zeitspanne von kaum 200 Jahren in Betracht gezogen.
Diese unermeßliche Weite, die reicht, soweit das Auge sah, bis der Himmel mit der Erde in eins verschmolz. Die Mais-, Weizen- und Rübenfelder, die von einem seltenen Wohlstand kündeten und zusammen mit den Kuh- und Schweineherden die sichtliche – für die Kinder nie geahnte gute Basis unseres Lebens darstellten. Es kommt mir vor wie in einem Märchen, die geschlossenen Siedlungen mit den von weitem sichtbaren Kirchtürmen. Die Bauernhöfe auf dem Hotter – Sallasche genannt –, die langen, mit Mais gefüllten Scheunen – Csardake, glaube ich, heißt das –, dann die großen, im Freien aufgerichteten Strohtristen, die großen und tiefen Brunnen mit den hohen Schöpfvorrichtungen ... eh ... wie ist das genannt worden?
Sayer: Brunnenschwengel ...
Lehrer: Ja, ja Brunnenschwengel ... Besonders interessant war für mich die Feststellung, daß die Menschen alle – besonders die Jungen – in Wort und Schrift zwei oder drei Sprachen beherrschten. Dann die Bemühungen der Lehrer und Eltern, den Kindern beizubringen, daß dieselben dem Staate geben, was des Staates ist, und dem Volk, was des Volkes ist.

Jetzt habe ich auf Ihre einfache Frage, wie es mir dort unten gefallen hat, einen ganzen Vortrag gehalten und Sie vielleicht gelangweilt. Verzeihen Sie!
Sayer: *(nachdenklich)* Gelangweilt? Verzeihen? Ich danke Ihnen, daß Sie so von uns sprechen. Man findet selten Menschen, die unsere Verhältnisse so gut kennen und uns als Gesamtheit so positiv beurteilen.
Wirtin: *(erscheint aus Küche, als Sayer seinen letzten Satz beginnt und wartet, bis er endet)* Guten Abend, Herr Lehrer! *(zu Sayer)* Sind Sie der Herr, der übernachten will?
Sayer: *(die Wirtin wohlwollend betrachtend)* Jawohl!
Lehrer: *(während die Wirtin sich umdreht und das Fremdenbuch von Marie verlangt und sagt:* Reich mir doch einmal das Fremdenbuch, Marie.*)* Ein ausgesprochenes Sonntagskind, unsere Wirtin.
Sayer: *(spontan)* Das kann man wohl sagen.
Wirtin: *(zu Sayer)* Wollen Sie sich bitte eintragen!
Lehrer: *(während Sayer sich einträgt)* Wie geht es unserer Wirtin?
Wirtin: Danke, man lebt und wartet auf bessere Zeiten.
Lehrer: Ich würde Sie als arme, alleinstehende Witwe ja bedauern, doch so nach Bedauertwerden sehen Sie gar nicht aus.
(Während die Worte „alleinstehende Witwe" fallen, schaut Sayer kurz auf und schreibt dann lächelnd weiter.)
Wirtin: Ich weiß nicht recht, Herr Lehrer, soll ich Sie rügen oder Danke sagen. Auf alle Fälle wissen Sie, daß ich großen Wert darauf lege, nicht in den Ruf einer lustigen Witwe zu kommen.
Sayer: Wollen Sie bitte nachsehen, Frau Wirtin, ob jedes i seine Tupfen hat.
Wirtin: *(liest laut)* Sayer, Josef, Apatin. – No sinn m'r jo Landsleit, no muß ich Eich jo extra begrieße. *(reicht ihm die Hand)* Ich sinn aus Schowe, Hilde Reitenbach is mei Nome.
Sayer: *(überrascht aufspringend)* Josef Sayer aus Apatin ...
Wirtin: *(überlegen und spöttelnd)* Des wees ich schun, des han ich jo do schriftlich.
Sayer: *(ist noch mehr verlegen als vorher)* Ich war dorch Eier freindliche Begrießung so iwerrascht, daß ich wirklich nix anderes ...
Wirtin: *(fällt schon bei den Worten „freindliche Begrießung" ihm ins Wort)* Un ledig sinner, ledig, nadirlich ... Die Männer sin doch all gleich ... Er wären jo d' erscht, der wu do iwernacht un net ledig oder alleinstehend wär'.
Lehrer: *(der die ganze Szene belustigt beobachtet hat)* Die wären auch schön dumm bei so einer Wirtin ...
Wirtin: *(gereizt)* Aber, Herr Lehrer, so kenne ich Sie ja gar nicht.
Sayer: *(hat sich gefaßt, lachend)* Ja, Frau Wirtin, schau ich denn so dämlich aus, daß ich unbedingt verheiratet sein muß?
Wirtin: *(lachend)* Verheirat' oder net, besonders geistreich hanner vort awer net ausg'schaut ...

Sayer: Zugeb, Ehr han mich tatsächlich in Verlegenheit gebrung. Awer die Scharte wetz ich heit owed noch aus, des garandeer ich Eich. Kann ich jetz mei Zimmer sieh. Ich will mich e bißche kummod mache ... spätr kumm ich runner etwas essen.
Wirtin: Selbstverständlich. Wann wollner geweckt werre?
Sayer: Na, sa m'r um siwe, womeglich mit em Kuß.
Wirtin: *(zur Küche)* Marie!
Marie: *(von draußen)* Jaaa!
Wirtin: Fehr d' Herr Sayer uff Zimmer Nr. 2. Er winscht um siebe Uhr geweckt se werre ... mit em Kuß ...
Sayer: Um Himmels Wille, vun Eich wollt ich gweckt werre ...
Wirtin: Des tät Eich so passe.
Marie: *(erscheint mit einem Besen)* Mit em Kuß will 'r gweckt werre? Mit em Besenstiel werr ich Eich wecke. – Mit dem klopp ich an die Teer.
(Sayer und Marie lachend ab)
Korell, Diener, Krämer *(erscheinen auf das Stichwort „Um Himmels Wille" und hören stehend erstaunt zu. Als Sayer und Marie weg sind, begrüßt Krämer den Lehrer als erster.)*
Krämer: Grüß Gott, Herr Lehrer.
(Zu gleicher Zeit sagen Diener und Korell zur Wirtin):
Diener: Was is dann los.
Korell: Do geht's jo schun ganz schee lustig zu, am friehe Owed. *(begrüßen dann nacheinander auch den Lehrer mit Handschlag und „Grieß Gott")*
Wirtin: *(wenn die Angekommenen sitzen)* De Herr Lehrer wert Eich schun erkläre ... Was soll ich Eich bringe?
Diener: Mer e rote Spritzer.
Korell: Mer aa.
Krämer: Mer e weißer.
Lehrer: Warten Sie. *(trinkt aus)* Mir auch weiß.
Wirtin: Also zweemal rot, zweemol weiß ... *(ab)*
Krämer: Na, was war dann los?
Lehrer: Vor einer halben Stunde ist ein Fremder hier hereingekommen und fragte wegen Übernachtung. Es hat sich herausgestellt, daß er ein Apatiner Landsmann von Euch ist. Als die Wirtin im Fremdenbuch sah, daß er ledig ist, ist sie ganz schön nervös geworden und hat ihn auch in Verlegenheit gebracht. Da scheint sich was zu tun ...
Wirtin: *(bringt die Gläser. Während sie dieselben auf den Tisch stellt, hört man draußen eine aufgeregte Stimme)* So dumm kann eener leenich gar net sin, des war sicher e Mehrheitsbeschluß vun sticker finf oder sechs ...
(Haller und Hetzerl erscheinen, während Haller obigen Satz sagt.)
Diener: *(nach gegenseitiger Begrüßung „Gunowed" und „Grieß Gott" durcheinander zu Haller)* Na, Philipp, was hot dich dann wieder in die

Rasch gebrung, daß d' denne fundamendale Satz vum 'Mehrheitsbeschluß' un 'eener leenich kann gar net so dumm sen' losgeloss hosch.
Haller: Plän hot dr Fritz manchmol, die freßt ke Hund. Er soll's Eich selwert saa, schunsch sad 'r widr, ich verdreh's.
Hetzel: Vor zwee oder drei Monat is e Schulkumerad vun mer uff Amerika kumm un hot vom erschte Tag, wie 'r in Arwet gang is, vier Dollar sechzig verdient, ohne e Wort Englisch zu könne. Ich un mei Nochbersleit ...
Haller: *(fällt ihm ins Wort, gereizt und spöttisch)* Sei Nochbersleit; wann 'r nr een Stund bei dene is, han ich drei Taa zu tu, bis sei verdrehtes Hirnkaschtel wider gradgebo is.
Hetzel: Du wesch jo immer alles besser.
Haller: Das d' des nrre insiehscht.
(Während dieses Wortgeplänkels bringt die Wirtin Haller und Hetzel einen Spritzer, die anderen lächeln, weil sie die zwei Streithähne schon kennen.)
Korell: Er sin doch zwee komische Kauze. Immer heng nr onaner un nie sieht mr eener ohne de annre. Jetz bemieh dich mol, Phillip, un sei ruich un loß de Fritz ausrede. Was war mit deine Nochbrsleit?
Hetzel: Ich un mei Nochbrsleit waren d' Auffassung, daß es ungerecht is: Mer sin schun acht Johr odr länger do, verdiene kaum zwee Dollar, un der is erscht drei oder vier Monat do un verdient schun vier Dollar sechzig ...
Haller *(will auffahren)*.
Korell: *(hält ihn zurück und sagt)* Du sollsch ruhig sin, is ausgemach. *(zu Hetzel)* Was is der Mann vun Beruf?
Hetzel: Steinmetz. Er hot in Stuttgart 's Rathaus un in Bonn e Ministerium gmacht; des heest d' Fassade, was so in sei Fach halt gehört; jetz macht 'r dieselb Arwet an em neie große Gebeide in New York.
Haller: Also e hochqualifizierter Fachmann! Er un sei Nochbersleit regen sich als Hilfsarbeiter uf, weil der meh verdient ... Sie sin schun acht Johr un länger do ... als ob's do druf onkumme tät ... *(sagt jetzt lachend)* Wann zum Beispiel e Esel dreißig Johr alt wird, bleibt 'r immer noch e Esel un's werd nie e Rennroß aus 'm. Oder stimmt's vielleicht net?
(Alles lacht herzlich. „Hochqualifizierter Fachmann" ist das Stichwort für Sayer, der in der Tür von der Küche her erscheint und mitlacht. Derselbe ist sorgfältig gekämmt, sichtlich frisches Hemd mit Krawatte und dunklem Rock.)
Lehrer: Das ist der Apatiner Landsmann.
Sayer: *(sagt an alle gewandt)* Sayer ist mein Name. *(reicht der Reihe nach allen die Hand)*
Diener: Diener, aus Scherwinke.
Sayer: In Scherwinke waren a die Lellbacher d'heem.
Krämer: Krämer, Veprovac. *(Veprovac sprechen Krämer und Sayer zugleich aus, lachend)*
Korell: Korell, Torschauer.
Sayer: Verwandt mit em Korell aus 'm Volksblatt?

Korell: Jo, weitleifich, unsre Großmutter han in eenre Sunn Wäsch g'tricklt.
Wirtin: *(auf Haller und Hetzel zeigend)* De sin mei Landsleit.
Sayer: *(schaut Wirtin lachend an und sagt)* Ach, Schowener!
Haller: Haller.
Hetzel: Hetzel.
Korell: *(sagt lachend)* Unbedingt glaubhaft.
(Zustimmung von allen Seiten)
Sayer: Ich darf mich doch zu Eich setzen?
Alle durcheinander: Na freilich – selbstverständlich.
Diener: *(hebt sein Glas)* Uff e herzliches Willkomme in unsrer Gesellschaft.
Sayer: Danke, danke, awer ich han ja nix. Frau Wirtin. *(hebt sein leeres Glas von vorhin, das noch da ist, singt)*

> Keinen Tropfen im Becher mehr
> Und der Beutel schlaff und leer,
> Lechzend Herz und Zunge.
> Angetan hat's mir der Wein,
> Deiner Äuglein heller Schein,
> Lindenwirtin, du junge!

(Von „Angetan hat's mir der Wein" summen die anderen mit, auch während die Wirtin singt)

> Angekreidet wird hier nicht,
> Weil's an Kreide uns gebricht,
> Spricht die Wirtin heiter.

(Diese Zeile singt Wirtin nicht, nur die anderen summen.)
Wirtin: *(weitersingend)*

> Hast du keinen Heller mehr,
> Gib zum Pfand dein Ränzel her,
> Aber trinke weiter.

(Wirtin hat gleich Sayers Glas in Empfang genommen und während der Zeile, während der sie nicht singt, noch einige leere Gläser vom Tisch genommen. – Nach dem Singen klatscht alles Beifall: Bravo – bravo.*)*
Sayer: Trinken aus. Ich geb' e Runde als Einstand.
Alle: *(durcheinander)* Des lost sich here, des is e Wort. So is.
Wirtin: Also sieben Spritzer, dreimal rot und viermal weiß. *(ab)*
Sayer: Awer d' Herr Lehrer kennt gut unsre Verhältnisse d'heem.
Korell: Ach, Ehr hann Euch schun mitnander unnerhall?
Sayer: Jo, so zehn Minute lang ...

Korell: Hot 'r a verzehlt, wie's em gang is am erschte Owed bei uns, wie mr Fischpaprikasch gess han? Die Herren Gäste han gemeent, daß mer se vergifte wollten ... trinke hot mer misse uff des scharf Zeich ... Un de Katzejammer is net ausgeblieb ... *(alle lachen)*

Lehrer: *(etwas ärgerlich)* Darüber habe ich nicht gesprochen, weil wir uns mehr allgemein und ernst über Eure Heimat unterhielten. Vorhin wollte ich noch erwähnen, daß ich dann seit 1945 genau Euer unverdientes schweres Schicksal verfolgt habe; da ich bis 1950 in Deutschland war, habe ich viele von Euch in den ersten Jahren nach dem Krieg gesehen – bettelarm, niedergeschlagen, von vielen Einheimischen mit scheelen Augen angesehen, Zugraste, Ausländer, öfter sogar Zigeuner genannt. Das tut mir heute noch sehr leid. Wenn die große Masse Euch in Eurer Heimat so kennengelernt und erlebt hätte wie ich, dann wären solche Dinge nicht vorgekommen. Ich kann verstehen, wenn heute von einzelnen von Euch mit gewissen Reminiszenzen der Bitterkeit und des Unmutes von den Binnendeutschen gesprochen wird.

Sayer: Schlimm ist das weiter nicht, da die Leute ja wissen, daß die erwähnten bedauernswerten Vorkommnisse durch die Umstände bedingt und Einzelerscheinungen waren.

(Wirtin kommt mit den Gläsern, verteilt dieselben und setzt sich in Sayers Nähe, hört interessiert zu.)

Lehrer: Allerdings, allerdings. Ich erwähnte das ja auch nur, um zu betonen, daß ich es bedaure. Aber eine andere Frage beschäftigt mich. Worauf führen Sie zurück, daß die Leute, die doch daheim ausgesprochene Gemeinschaftsmenschen waren, da sie vorwiegend aus dörflichen, organisch gewachsenen Gemeinschaften kommen, heute so wenig für die Schaffung einer Organisation oder Vereinigung übrig haben, wo sie sich treffen und ihre Freizeit so gestalten, wie sie es selber wünschen, wie sie es „d'heem" gewohnt waren?

Sayer: *(lächelt)* Das ist eine Frage, die leichter gestellt als beantwortet ist.

Lehrer: *(lachend)* Das ohne Zweifel.

Sayer: Erstens *(mit den Fingern rechnend)* das, was wir so die Jagd nach dem Dollar nennen. Da Amerika zweifellos das Land auf der ganzen Welt ist, in welchem sich der Arbeiter auf Grund der Kaufkraft des Dollars einen Lebensstandard leisten kann, der nirgendwo anders erreicht wird, so fühlten wir uns alle angetrieben, wieder in die gutsituierte Verhältnisse zu kommen, aus denen wir fast alle ...e... herstammen. Man hat zur Freizeitgestaltung einfach vor lauter Arbeit keine Zeit. *(Zustimmung)*

Zweitens: Keine Zeit haben viele Leute auch deshalb nicht, weil sie zufrieden sind, wenn sie daheim im schönen Clubsessel stundenlang die stories am Fernsehgerät bewundern können; den Wert oder Unwert dieser Gewohnheit abzuschätzen, ist nicht jedermanns Sache. *(Zustimmung)*

Drittens: Weil wir nicht geschlossen wohnen. Doch dieser Umstand ist bei etwas gutem Willen durch Telefon und Auto leicht zu überwinden.

Viertens: ein anderes Hindernis sind die zu Dutzenden bestehenden Vereine, die noch aus der Denkweise des vorigen Jahrhunderts stammen und weiter nichts zum Ziele haben, als Tanzveranstaltungen für ihre Mitglieder und Geld für ihren Verein zu machen. Essen, Trinken, Tanzen, im besten Falle Singen – weiter kennt man nichts. Von einer erzieherischen, richtungweisend in die Zukunft gesteckten Zielsetzung ist keine Rede. Viele von unseren Leuten gehören dann trotz der vorhin angeführten Punkte solchen Vereinen an; hat man's dort dann bis in den Vorstand oder gar zum Vizepräsidenten gebracht, so kann man doch wahrlich nicht verlangen, daß man bei den Donauschwaben als einfaches Mitglied mitmacht. Außerdem sehen viele unsere Vereinigung auch als nichts anderes an.
Fünftens: Trotz all der aufgezählten Umstände ist es doch eine bei der großen Masse herrschende Gleichgültigkeit und Interesselosigkeit, die meiner Ansicht nach als Verrat an unserer Vergangenheit, Tradition und an den eigenen Kindern bezeichnet werden muß; es ist ein Überbordwerfen von allem, was uns früher lieb und teuer war; es ist ein Ausverkauf unserer Seelen schlechthin.
Diener: So wohr un interessant des alles is, ännre kenne mer do dro nichts; wann mer zehn Prozent vun unsre Landsleit erfasse kenne, ham 'r schun viel erreecht. Awer uffs Trinke derf mer trotzdem nit vergesse. Prost uff e bessre Zukunft.
Alle durcheinander: Prosit, Gesundheit.
Diener: *(zur Wirtin)* Hilde, du kennsch emahl was singe.
Wirtin: Vun mer aus. Was soll ich singe?
Diener: 'Ich habe den Frühling gesehen'.
Wirtin: *(singt)*

>Ich habe den Frühling gesehen,
>Ich habe die Rosen gepflückt,
>Der Nachtigall Stimme gelauschet,
>Ein himmlisches Mädchen geküßt.
>
>Du himmlischer Vater dort oben,
>Du hast mir entrissen die Braut,
>Es gibt ja der Mädchen so viele,
>Doch keine wie sie mir vertraut.

(Bei der ersten Strophe, zweite Zeile, singt Sayer die zweite Stimme während des ganzen Liedes mit. Wirtin und Sayer schauen sich während des Singens lächelnd an.)
Wirtin: *(dreht sich nach der zweiten Strophe um und sagt lächelnd zu Diener)* Zufrieden?
(Alles klatscht Beifall.)

Sayer: *(applaudiert ebenfalls. Während er die Wirtin freundschaftlich umarmt, sagt er zu ihr):* Er sin werklich e Sonntagskind. *(will ihr einen Kuß auf die Stirn geben)*
Wirtin: *(wehrt ab, gibt ihm eine Ohrfeige und sagt erregt)* Was fallt Eich dann inn? So nekscht freind simm 'r lang noch net. *(läuft in die Küche. Alles lacht recht herzlich.)*
Krämer: *(zu Sayer, der sich lachend setzt)* Des nenn ich e Tempo. Ehr gehn awer ro. Grad so wie ich vor 25 Johr. Jetz loßt es schun etwas no.
Hetzel: Na, so schlimm werd's ja a net gewest sin; mer wer' mol Dei Fraa froh, wann se vum Nähkränzche dich abhole kummt.
Krämer: Des kannsch. *(Zu Sayer)* Na, Draufgänger-Kamerad, trinke mr mol een uff die Schmerze; die näkscht Runding gew ich. *(Alles trinkt aus.)* Wirtin, willd uns verdurschtre losse?
Sayer: *(reibt sich lachend die Backe)* Eire Wirtin hut awer e feschte Handschrift.
Wirtin: *(kommt herein, geht auf Sayer zu)*
Sayer: *(springt auf, geht auf Wirtin zu)*
Beide: *(zugleich)* Ehr missn mer entschuldigen. / Ich muß mich entschuldigen. *(Alles lacht)*
Sayer: Awer Frau Wirtin, e Kuß in Ehre kann doch niemand wehre, han ich gedenkt.
Wirtin: *(etwas verlegen)* Na ja, awer doch net do vor alle Leit. *(zeigt ins Publikum)* Wann's in d' Kich gewest wer ...
Sayer: *(lachend)* Do druff e Versöhnungswalzer.
Krämer: Hoj, langsam, es erscht e Runding.
Wirtin: *(ruft)* Marie, bring mol drei weiße un vier rote Spritzer. *(Sayer und Wirtin tanzen singend)*

   Dort drunne in d' Kleeheislergass,
   Dort wohnt mei allerliebster Schatz,
   Hot Aue wie Kohleschtee,
   Gell, Mamma, ich darf mr's hole geeh,
   Gell, Mamma, ich sin a so scheen schwarz.

   Ach, woart noch e bißche, mei Kind,
   Du brauchsch noch net freie so gschwind,
   Denn was mr übereile tut,
   Des tut doch gemeener Hand net gut,
   Drum wart noch e bißche, mei Kind.

(Nach der zweiten Strophe will Sayer ihr wieder einen Kuß geben, sie wehrt lachend ab und deutet in Richtung Küche, wohin beide verschwinden. Alles lacht und klatscht Beifall.)

Diener: Do kenne mr uns jo noch uff allerhand Üwerraschunge gfaßt mache da Owet. Prost mitnanner.
Hetzel: *(zu Korell)* Johann, wo is dann heit dei Landsmann, dr Biermann, un d' Banater, d' Koch? Die hann jo allerhand versäumt.
Hetzel: Die sin bei Biermann seim Schwoger un helfen sei Haus in die Reih mache, der hot vor acht Taa eens kaaft.
Haller: Vor paar Taa han ich em Biermann sei Schwoger getroff, no hot 'r mr verzehlt: Endlich hann ich jetz kaaft ... Sticker zwanzig Heiser ham 'r ongschaut, bis mei Fraa ens geglich hot ... jetz ham 'r noch allerhand Trabl (Mühe*)* in Keller mit de Peips un mit de Weirs (Röhren und Drähten*)*, zwee Ruhms miss mr noch pepre un eene päntre (zwei Räume tapezieren und streichen*)*, no kenne mr ninmuffe (einziehen*)*.
Diener: Was quasselsch dann du uff eemohl zusamme?
Haller: No so red em Biermann sei Schwoger. Ich wees gar net, wie er heest un wo er her iss?
Krämer: Des werd a so eener sin, wie's noch gibt. Der meent, er kann Englisch, wann 'r so Kauderwelsch zammered.
Diener: *(hebt sein Glas)* Na, muff mr mal de Wein aus em Glas an sei Endstation, prosit!
Hetzel: Wertshaus! Jetz kauf ich ee Runding.
(Marie erscheint): Wer hot geruf?
Hetzel: Ich, bring noch siewe Hebche voll.
Haller: Wo is dann die Wirtin?
Marie: Die sitzt do in de Kich mit em Herr Sayer, sie verhandle etwas Wichtiges. Ehr soll 'n entschuldigen, in zehn Minute sin se wieder do.
Haller: Na, die sin jo alle zwee alt genug, um zu wisse, was se wolle.
Hetzel: Awer, Herr Lehrer, Ehr han jo schun e halwie Stund nix meh gred, was is dann los?
Lehrer: Das macht nichts. Ich freue mich, daß Ihr es fertiggebracht habt, in kleinem Kreise eine für Euch heimatliche Atmosphäre zu schaffen, in welcher Ihr Euch wohlfühlt.
Hetzel: Ich sin deshalb jedes Mol do, wann ich a net viel red, weil's immer grad so is wie d'heem! Wann's a Leit gebt, die meene, mer were schlechtere Amerikaner, weil mr uns norre dann richtig wohl un zufriede fühle, wann mr etwas mit d'heem kenne in Verbindung bringe, wann uns etwas an d'heem erinnert.
Haller: *(etwas erregt)* Das is nadierlich d' reinscht Unsinn, wam 'r uns deswegen als schlechte Amerikaner hinstellt. Wann mr do zamme komme, uns wohl un zfriede fiehle un mitnanner froh sin, so is dieses Zufriden- un Frohsein die erschte Wurzel, die uns mit unsrer neie Heimat, mit Amerika innerlich näherbringt, die uns Amerika wirklich zur Heimat were loßt.
Alle: So is – richtig.
Hetzel: Beim fünfte Spritzer kummt em Philipp sei Redertalent immer zum Vorschein.

Haller: *(zu Hetzel, mit entsprechender Handbewegung)* Quatsch net so dußlig herum. Ganz abgsehn davon, daß 95 Prozent vun d' Neieinwanderer net do sin, weil daheem ne etwas net gfalle hot, sondern weil se dort net sei kenne. Irgendwo missn mir jo sinn. Mer sin in Amerika, andre in Deitschland, in Canada, in Österreich. Un jeder vun dene Staate – in unsrem Fall Amerika – hott Interesse dron, daß mr uns so schnell wie meglich dort wo mr sin dheem fühle. Is also an zufriedene, geschlossene Gruppe mehner interessiert als an Hunderte oder Tausende ewig unzufriedene Einzelpersonen.
Nadierlich verstehn des nurre Leit, die imstand sin, Staatszugehörigkeit un Volkszugehörigkeit auseinanner zu halte. Es gebt Leit, den' ehr Muttersproch die deitsche is un gar kee annri Sproch rede kenne un doch kee Deitsche sin wolle. Des kummt mr grad so vor, als wann e Ochs behaupt, er is kee Rindsviech ... Mer bekenne uns als Donauschwowe zum Gesamtdeutschtum, kulturell un sprachlich nadierlich; zu Goethe, Schiller, Mozart, Anzengruber, Lenau, Adam Müller aus Guttenbrunn; höcher als es Bekenntnis zum Gesamtdeutschtum stehen uns nadierlich unser Pflichte zu dem Staat, in dem mr lebe, also in unsrem Fall Amerika. Des ist doch klar.
Alle: Bravo, sehr gut.
Krämer: *(zu Haller)* Stärk Eich! Prosit! Du unlängst hat ich e intressanti Diskussion mit meim Nochber, der ewe dene Standpunkt vertret hat, mer sin in Amerika un sin jetz Amerikaner, mer brauch' ke Landsmannschaft. D'bei beklagt er sich: ke Gemütlichkeit, ke Gsellschaft, mehr hot ke Kreis, in dem m'r sich wohlfiehlt, norr' em Daler noja usw. Ewig Television schaue, kummt em a schun am Hals raus ... Ich hann versucht, ihm d' Unterschied zwischen Staatszugehörigkeit un Volkszugehörigkeit klarzumache ... Seit er Staatsbürger is, is er d' gleich Mensch geblieb. Es hot sich an ihm nix geännert. Hot 'r zugeb ... In unsrer Nochbrschaft wohne neiingewanderte Ungre un Italiener. Dene ere Kinn sin do gebor, wie unsre. Sin also geborne Amerikaner, un doch besteht zwische den'e Unerschied. Unsri redn außer englisch deitsch, die Ungre ungrisch un die Italiener außer englisch italienisch. Des hot 'r alles zugeb. Jetz war e schun im Rickzug. No han ich em folgende Frage gstellt un e ganz kurze Antwort v'langt: 'Wann e Hund im Saustall Junge griet, sin des Hundche oder Seicher?' No hot 'r gelach un gsat: 'Jetz geht's mer so wie em kleene Fritz in de erste Klass. Fritz, froht de Lehrer: Wieviel is die Hälft vun vier? Zwee, saht stolz de Fritz. Wieviel is die Hälft vun sechs? Drei, saht de Fritz. Wieviel is die Hälft vun fünf? Saat de Fritz: Herr Lehrer, jetz hanner mich, zwei is zu wenich, drei is zuviel.' Damit war sei Theorie zammegebroch un er will sich mol näher mit uns beschäftige.
Korell: *(lachend)* Prosit, du Schweinezichter im Hundstall oder umgekehrt.
Frau Krämer und Frau Diener: *(erscheinen, während Krämer erzählt. Stichwort „wieviel die Hälft von vier")* Gunowet, Grüß Gott. *(durcheinander)*
Frau Diener: Do geht's awer lustig zu d'owed. Was is dann los?

Diener: Aldie, do kumm her un setz dich. Es is grad so schee do owed wie als d'heem.
Frau Diener: *(nickt und sagt)* Jo, jo, wann du sticker zehn Spritzer getrunk hosch, no filsch du dich immer wie d'heem, ganz egal wo d' bisch.
Sayer und Wirtin *(erscheinen, Wirtin begrüßt freudig erregt beide Frauen durch Umarmung.)*
Frau Krämer: Was is dann los Hilde? Du strahlst ja iwers ganz G'sicht. Du bisch jo ganz nerves.
(Wirtin zeigt als Antwort auf Sayer.)
Sayer: *(sagt zu gleicher Zeit)* Eir Wirtin un ich, mer han uns verlobt. *(Hilde kommt zu Sayer.)*
Alle durcheinander: Wirklich? Is woahr? Stimmt's? *(Drängen sich alle, um zu gratulieren)* ... Alles Gute ... usw.
Wirtin: Ich dank Eich all mitnandr nochmol for die Glickwünsch; for heit sperr m'r jetz offiziell die Bude ab un feiern Verlobung. Ehr sin all mei Gäscht; was getrunk werd, is nadierlich frei. Marie, bring ee Flasch Roter un ee Flasch Weißer.
Alle: Bravo, bravo!
Diener: *(mit schwerer Zunge)* Was hann ich do davon? Wann ich schun vierzehn Spritzer getrunk han?
Wirtin: Ah was schun getrunk is, is frei. Na des wer ich doch meine Stammgäst gegeniewer m'r leischte kenne.
Diener: *(lebhaft)* To ti je drugo nesto! Zivio! Na zdravlje, zemljaci! *(Nimmt sein Glas, trinkt)*
Hetzel: *(lachend)* Wann d' Diener e gewisses Quantum hot un innerlich bewegt is, no muß er immer bezselni oder divani.
(Marie bringt den Wein.)
Haller: Musik spielen mol d' Polka zum Zelleriesalat. *(zu Marie)* Kumm Marie.
Diener zu Hetzel: Fritz, tanz du mit meiner Fraa, ich hann gestern mein Fuß verstaucht.
Hetzel: *(während er Frau Diener auffordert)* Des is zu v'steh bei vierzehn Spritzer.
(Es tanzen weiter Sayer mit Hilde und Krämer mit seiner Frau. Musik beginnt zu spielen nach Aufforderung von Haller, und alle singen.)

    Zum Zellerie, zum Zellerie, zum Zelleriesalat,
    Und wann ich net die Tochter krien, heirat ich die Mahd.
    Dreh dich emol rum, sei doch net so dumm,
    Dreh dich emol rum, sei doch net so dumm.

    Verlowungszeit, Verlowungszeit, des is die schönste Zeit,
    Weil d' Hochzeitstag, d' Hochzeitstag, der is no nimmi weit.
    Dreh dich emol rum ...

V'heirat sin, v'heirat sin, des is e scheeni Sach,
Wann's a ab un zu un dann un wann gebt e bißchen Krach.
Dreh dich emol rum ...

Frau Krämer: Ja wie is denn des uff eemol kumm, Hilde? Kenn 'r Eich schun von ehnder?
Wirtin: *(lachend)* Nee, mer kenne uns erscht ordlich zwee Stunde; des war ewe Liebe uf d' erschte Blick. Na awer schenke Eich norr' in un trinken. *(Alle tun dies.)*
Korell: Des war Sputnik-Tempo. Iwrigens, mei liewer Freind un Volksgenosse Krämer, du hosch doch gsat, daß es bei der a vor fünfunzwanzich Johr so schnell gang is. So im Sputnik-Tempo. Stimmt des, Frau Krämer?
Frau Krämer: Was? Bei dem im Sputnik-Tempo? Net emol im Mischtwa-Tempo is es bei dem gang! Er is mer zwei Johr nogelaaf, un wie's ans Heirate kumm is, hot er sei Katigot froo g'lass, ob ich sei Fraa were will, weil er net froo g'traut hot!
(Alle lachen Krämer aus.) Angeber, Maulmacher.
Krämer: *(zerknirscht)* Na, weil's halt so Sitte war ... daß m'r die Tante geschickt hat.
Lehrer: *(klopft an sein Glas)* Meine lieben Freunde und Landsleute, Landsleute in dem Sinne, weil wir Deutsch-Amerikaner sind ...
Alle: So is ... Richtig ...
Lehrer: *(fortfahrend)* Ich freue mich mit Euch, daß Ihr nach Eurer heimatlichen Sitte so froh, zufrieden und lustig beieinander seid, und wünsche, daß dies noch oftmals und in größerem Kreise der Fall sein wird. Desgleichen wünsche ich unserem lieben Brautpaar nochmals alles Gute, und somit wollen wir nach den Worten der Wirtin die Bude offiziell schließen und mit der Verlobungsfeier beginnen mit dem Lied:

Mädle ruck, ruck, ruck an meine grüne Seite,
i hab di gar so gern, i kann die leide.
Mädle ruck, ruck, ruck an meine grüne Seite,
i han di gar so gern, i kann di leide. –
Bist so lieb und gut, schön wie Milch und Blut:
du mußt bei mir bleibe, mußt mir d' Zeit vertreibe.
Mädle ruck, ruck, ruck an meine grüne Seite,
i hab di gar so gern, i kann di leide.

Mädle du, du, du mußt mir den Trauring gebe,
denn sonst liegt mir ja nix mehr an meim Lebe.
Mädle du, du, du mußt mir den Trauring gebe,
denn sonst liegt mir ja nix mehr an meim Lebe. –
Wenn i di net krieg, gang i fort in Krieg,
wenn i di net hab, ist mir d' Welt a Grab!

Mädle du, du, du mußt mir den Trauring gebe,
denn sonst liegt mir ja nix mehr an meim Lebe.

(Während des Liedes formieren sich die Paare wie beim vorigen Tanz, bilden einen Halbkreis, liebäugeln miteinander. Nach Beginn der zweiten Strophe geht der Vorhang langsam zu.)

ENDE

Hans Fink
Temeswar – Gießen

Hans Fink (Pseudonym: **„Peter Schmidt"**) wurde am 2. Mai 1942 in Temeswar (Banat/Rumänien) geboren. Er besuchte das dortige Nikolaus-Lenau-Lyzeum, anschließend studierte er Germanistik und Rumänistik an der Universität Temeswar, Abschluß mit Staatsexamen. Von Dezember 1965 bis September 1991 arbeitete er als Redakteur bei der in Bukarest erscheinenden deutschsprachigen Tageszeitung „Neuer Weg" und lebte in Bukarest. Er war zuständig für Schul- und Erziehungsprobleme. Zu diesem Themenkreis veröffentlichte der „Neue Weg" sehr viel Material, ungewöhnlich viel für eine Tageszeitung. Das hängt damit zusammen, daß zahlreiche Schulen mit deutschen Abteilungen existierten, noch in den siebziger Jahren waren in diesen Abteilungen von der I. bis zur XII. Klasse mehr als 45 000 Schüler eingeschrieben. Die Redaktion betrachtete den Unterricht in der Muttersprache als eine Garantie für den Fortbestand der deutschen Minderheit. 1991 übersiedelte Hans Fink mit seiner Familie nach Deutschland. Er wohnt in Gießen und ist als Erzieher in einem Jugendheim tätig. Um den Deutschlehrern entgegenzukommen, die sich um den Aufsatzunterricht bemühten, regte Hans Fink die Herausgabe einer Anthologie mit Schüleraufsätzen an. Auf sein Betreiben ist 1989 ein Buch mit 150 deutschen Schüleraufsätzen erschienen, in Rumänien die einzige Sammlung dieser Art. Sie wurde von Ute Rill herausgegeben. Die Anthologie erhielt den Titel „Mein Haus, mein Land, mein Himmel", der die Zensur glatt passierte. Zur Zeit schreibt Hans Fink ein Buch über das Märchen und die Initiation.

„Die Märchenmühle. Ein Roman für Kinder"

Im ersten Halbjahr 1983, als diese Geschichte sich zugetragen hat, ging Paula Stein in die fünfte Klasse und ihr Bruder Kai, der zu seinem Verdruß volle vierzehn Monate jünger war, noch in die vierte. Sie beide sind die Haupthelden unserer Geschichte. Im Mittelpunkt steht eine uralte Spieldose. Die Stein-Großeltern, der Stein-Oti und die Stein-Omi, hatten sie ein paar Jahre vorher mit etwas Glück auf dem Dachboden gefunden.

Alle meine Kollegen wissen, wie gern ich mich als Handlanger anbiete, sooft man irgendwo einen Dachboden oder eine Rumpelkammer ausräumt. Dann kommen nämlich altmodische Gegenstände zum Vorschein, die vor fünfzig, vor achtzig, vor hundert und vor mehr als hundert Jahren benützt worden sind. Kennt ihr den Fregolli? Na also. Das ist ein Wäschetrockner in Form eines Holzrahmens mit parallel gespannten Drähten, der an zwei Rollen vom Küchenplafond hängt. In meiner Kindheit war der Fregolli noch weit verbreitet. Bei anderen kuriosen Dingen weiß ich weder Zweck noch Namen und lasse sie mir von alten Leuten erklären.

Ich genieße das Entrümpeln als eine Gratisreise in die Vergangenheit, und anschließend bedanke ich mich für die Verständigung. Ihr könnt euch denken, mit welcher Anteilnahme ich alle Nachrichten über die Spieldose zur Kenntnis nahm.

Auf jeden Fall gehören die Umstände, unter denen sie auftauchte, mit zur Geschichte.

I. Kapitel
Was in der Seemannskiste war

Als die Stein-Großeltern aus dem Familienhaus in der Mondscheingasse in ein Haus der Inneren Stadt umziehen sollten, überlegten sie lange Zeit hin und her, was in die kleinere Wohnung mitzunehmen sei. Sie dachten jedesmal mit Beklemmung an den Dachboden, wo sich in fünf Jahrzehnten wahre Berge von altem Hausrat angesammelt hatten. Ihre Kinder, nach und nach selbständig geworden, brauchten ihn nicht mehr.

Was konnte man verschenken? Wieviel konnte man verkaufen? Wieviel mußte man letzten Endes doch ins Feuer werfen? Auf manchen Dachböden ist kaum etwas zu finden außer Wespennestern und Spinnweben. Ich weiß nicht, was für Dachböden ihr schon gesehen habt, bei dem Haus aber, von dem hier die Rede ist, war es ganz anders. Deshalb verschob der Großvater das Ausräumen von Tag zu Tag.

Die Stein-Großeltern tauschten mit einem Zuckerbäcker, der das nötige Kleingeld besaß, um ein altes Stadtrandhaus bequem einzurichten. Er überließ ihnen dafür ein Appartement im zweiten Stock. Die Vorteile dort waren fließendes warmes Wasser, Zentralheizung und ein richtiges gekacheltes Badezimmer mit eingebautem Klo. So ein Badezimmer wünschten sich die Großeltern schon lange, trotzdem fiel ihnen der Abschied schwer aufs Herz.

Dem Großvater tat es um seinen Garten leid. Spät abends, wenn niemand zuschauen konnte, schlich er über die schmalen Pfade zwischen den Gemüsebeeten und berührte jeden Baum. Der Großmutter schnürte die Trennung von den guten Nachbarn die Kehle zu – so freundliche Mitmenschen gab es bestimmt nicht mehr. Übrigens hatte sie längst erfahren: Je mehr Leute in einem Haus wohnen, um so weniger kümmern sie sich umeinander.

Schließlich kam die Reihe auch an den Dachboden. Tagelang schleppte der Großvater den alten Hausrat Stück für Stück in den Hof: ein zerbeultes Ofenrohr, wackelige Stühle, einen Waschtisch, von dem die Farbe abblätterte, Bündel von Kalendern, vergilbt und ausgefranst, drei zerschlissene Roßhaarmatratzen, eine Petroleumlampe mit Spiegel, ein wurmstichiges altes Krautfaß und einen nie gebrauchten Weinheber. Nachmittags schickten die Nachbarn reihum ihre Söhne und Enkel zu Hilfe, damit sie bei den schweren Stücken mit Hand anlegen. Tatsächlich mußten vier Mann stemmen und heben, um den rostzerfressenen Küchenherd, der eigentlich längst zum Alteisen gehörte, über die steile Bodentreppe zu schaffen.

Wäre kein Zaun gewesen, hätten sich sehr bald alle Kinder des Viertels versammelt, um die verstaubten Sachen zu beäugen, zu betasten und nach eigenen Wertvorstellungen zu taxieren. Die Kinder hätten den Haufen untersucht wie Archäologen ein Hünengrab oder die Cheopspyramide. Wäre kein Zaun gewesen, hätten die Kinder einen Teil des ausrangierten Hausrats weggeschleppt und in Spielzeug umfunktioniert. Aus den seltsam geformten Flaschen wäre im Handumdrehen eine Apotheke entstanden; das verbogene Fahrrad hätte mit dem Waschtisch, dem Korbstuhl, den Messing-Vorhangstangen und dem Krautfaß ein Motorboot ergeben. Gewiß eignete sich die altmodische Nähmaschine als Antrieb, um den rätselhaften Holzrahmen mit Drähten wie eine riesige Käfigtür am Nußbaum in die Höhe zu manövrieren.

Nach spätestens einer Woche freilich wären die meisten Fundstücke in den Mülleimern der Nachbarhöfe gelandet, der Rest in Holzkammern, in baufälligen Lauben, in leeren Schweinekoben und vielleicht sogar auf anderen Dachböden.

Der Haufen wurde so groß, daß man ein Pferd in ihm hätte verstecken können. Endlich sagte der Großvater: „Na, heit' is Schluß mit tem Kraffl." Er machte eine letzte Runde und wollte schon aufatmen, als er zu seiner Verwunderung im hintersten Winkel noch eine Kiste entdeckte. Diese Kiste hatte er bis dahin nicht bemerken können, weil sie von allerlei Gerümpel umstellt gewesen war.

Der Großvater stellte die Kiste probeweise auf einen Dachbalken. Sie hatte die Ausmaße eines großen Koffers, war aber nicht schwer. Ihre festgefügten Bretter wurden zusätzlich von eisernen Bändern zusammengehalten. Sie war nicht verschlossen. Als der Großvater den Deckel aufhob, fand er, daß die Kiste fast leer war; den Inhalt hatte man durch ein Wachstuch gegen Staub und Nässe geschützt. Umständlich, weil allein, bugsierte er den Fund über die Bodentreppe. Er fragte die Großmutter, ob sie vielleicht wisse, was in der Kiste steckt, aber die Großmutter schüttelte den Kopf. Obwohl in jenem Hause aufgewachsen, hatte sie das klobige Ding nie gesehen. Wahrscheinlich stammte es noch aus Urgroßvaters Jugendzeit.

Die Großeltern wurden neugierig. Weil es schon dunkelte, ließen sie die Arbeit genug sein, wuschen sich und aßen ihr Nachtmahl. Dann stellten sie die Kiste im großen Zimmer auf den Tisch, um ihren Inhalt in Ruhe zu betrachten.

Vorsichtig entfernte die Großmutter das Wachstuch. „Ja", sagte sie sofort, „das stammt von meinem Vater, aus seiner Matrosenzeit." Man sah mehrere Päckchen Postkarten und Briefe, eine Seemannsmütze, einen zusammengerollten Gürtel, dessen Metallknöpfe Grünspan angesetzt hatten, und eine Kaffeemühle. Aus der Kiste kamen ferner zum Vorschein: ein Fläschchen mit Rosenöl, eine riesige Vogelfeder, vielleicht von einem Raubvogel, der kunstvoll aus Horn geschnitzte Griff eines Spazierstocks und ein riesiges Taschenmesser. Zuunterst lag ein alter Atlas. Zwischen dessen Blättern steckten verblaßte Fotos und zum Teil mit gotischer Schrift ausgestellte Schulzeugnisse.

„Dann war also diese Kiste sein Koffer, seine Seemannskiste."

„Komisch, er hat nie ein Wort über diese Dinge fallen lassen. Das einzige, was mir bekannt vorkommt, sind die Postkarten und Briefe, weil ein gleiches Päckchen in der Kredenzlade liegt und weil meine Mutter sie manchmal erwähnt hat."

Daraufhin sprachen die Großeltern noch lange über den Urgroßvater, der jenes Haus in der späteren Mondscheingasse gebaut hatte, als sich dort noch Kukuruzfelder ausbreiteten, und der seit schon zwanzig Jahren im Friedhof ruhte.

Der Urgroßvater war als junger Mann zur See gefahren und hatte fremde Länder gesehen. Aus jedem Hafen schickte er seiner Braut bunte Ansichtskarten. Seine Braut numerierte die Ansichtskarten und band je fünfundzwanzig zu einem Päckchen zusammen. Die fünf Päckchen ließen sich betrachten wie ein Bilderbuch vom Mittelmeer. Wie oft hat die Urgroßmutter in ihrem Bilderbuch geblättert!

Aber dann brach der Krieg aus, den man später den Ersten Weltkrieg nannte. Der Urgroßvater mußte auf einem Kriegsschiff Dienst tun, und auf einmal kamen die Ansichtskarten viel seltener und mit großer Verspätung. Sie waren auch nicht mehr bunt, sondern grau, dazu trugen alle die Stempel von Militärbehörden. Anfang des dritten Kriegsjahrs blieben sie ganz aus. Was war geschehen? Wo befand sich der Bräutigam? War ihm etwas zugestoßen? Lebte er noch? Niemand konnte es sagen.

Irgendwo in der Adria, in der Nähe der italienischen Küste, war das Kriegsschiff „Magnet" bei starkem Wellengang auf eine Mine gelaufen, und infolge der Explosion war der Urgroßvater ins Meer gestürzt. Da hat er um sein Leben schwimmen müssen, er ist von den Wellen hin und her geworfen worden wer weiß wie lange. Bewußtlos wurde er ans Ufer geschwemmt. Unbekannte Menschen haben ihn gefunden und haben sich seiner angenommen. Dann lag er zeitweilig in einem Spital. Von der Überanstrengung hatte der Urgroßvater einen Herzfehler bekommen und war nun kriegsuntauglich. Durch Vermittlung des Roten Kreuzes gelangte er endlich nach Hause.

Nach der Hochzeit fand der Urgroßvater Arbeit in der Temeswarer Bonbon- und Schokoladenfabrik „Kandia" und begann sofort für ein Haus zu sparen. Was er von seinen Reisen mitgebracht hatte, lag in der Seemannskiste verstaut in einem Winkel. Er sprach nie darüber. Vielleicht hatten die Explosion, der Sturz in das tückische Meer, der schreckliche Kampf mit den Wellenbergen ihm die Erinnerung getrübt. Seine Seemannskiste wurde als erstes Stück auf den Dachboden des neuen Hauses gestellt, als das Haus noch ein Rohbau war. Dann hat man sie vergessen.

Natürlich berichtete die Stein-Großmutter den Verwandten bei nächster Gelegenheit über ihren Fund. Da kein Erwachsener Anspruch auf den Inhalt der Seemannskiste erhob und der Großvater den Griff des Spazierstocks lächelnd ablehnte – er und ein Spazierstock? „Kommt nicht in Frage!" –, verteilte sie die meisten Sachen nach Gutdünken unter ihre Enkelkinder. Sie behielt nur die Briefschaften, die Fotos und die Schulzeugnisse. Auf diese Weise gelangten Kaffeemühle, Horngriff und Vogelfeder von Temeswar nach Lugosch in das neue Wohnviertel Mikro 2 und in den Besitz der Hauptelden unserer Geschichte – des Mädchens Paula und ihres Bruders Kai. Übrigens schien die Kaffeemühle ein echtes Spielzeug zu sein, denn sie hatte kein Mahlwerk. Die Feder, sagte später ein Kenner, stamme aus einem Adlerflügel.

Nach dem Umzug betrachtete die Großmutter in ruhigen Stunden gern die in der Seemannskiste gefundenen Papiere. Die vergilbten Zeugnisse gaben Aufschluß über Urgroßvaters Leistungen in der Volksschule, die er in Orschowa besucht hatte. Seine Leistungen waren sehr ungleich. Im Zeugnis der fünften Klasse beispielsweise stand vermerkt: Schönschreiben – mäßig, Rechtschreiben – mäßig, Aufsatz – gut, Rechnen – gut, Geschichte – gut, Geographie – gut, Zeichnen – sehr gut, Handarbeit – sehr gut, Turnen – sehr gut. Dann stand aber noch: Fleiß – schwankend, Betragen – mangelhaft, Religion – besorgniserregend. Die Großmutter wußte warum. In seiner Kindheit galt der Urgroßvater als unverbesserlicher Galgenstrick. Von den Streichen, die bekannt geworden sind, wirbelte der mit dem Weihwasser besonders viel Staub auf. Damals hatte der Junge zu Silvester einen Liter Tinte ins Weihwasserbecken der römisch-katholischen Kirche von Orschowa gegossen. Am Neujahrsmorgen 1906 zeichneten sich die frommen Gläubigen im

Dunkel des Kirchenschiffs ahnungslos jeder ein tintenschwarzes Kreuz auf die Stirn.

Wenn lieber Besuch kam, zeigte die Großmutter zuweilen die alten Fotos und die Ansichtskarten, zögerte aber, den Umschlag mit den Zeugnissen aus der Schachtel zu nehmen. Eines Tages verbrannte sie dessen Inhalt im Aschenbecher. Denn seht ihr, die Stein-Großmutter hatte in ihrem Leben wenige Menschen kennengelernt, die so arbeitsam, herzensgut und aufrichtig waren wie der Urgroßvater.

IX. Kapitel
Bei der Hochzeitsköchin

Kai befand sich oft genug auf der Suche nach irgendeinem Kleidungsstück. „Da hab' ich's hingetan", erklärte er, „und jetzt ist es verschwunden. Wer hat's mir weggenommen?" Das mit dem Wegnehmen war nur eine Hypothese.

Am häufigsten verschwanden seine Pantoffel. „Mutti, hast du sie nicht gesehen?" Die Mutter sagte dann nur: „Jaa, ta hucke sse!" und setzte ihre Arbeit fort, denn sie war an derlei Zwischenfälle gewöhnt.

Obwohl Paula gar keinen Grund hatte, sich zu loben, kramte sie geschwind alle neckischen Antworten hervor, die sie von den Großeltern wußte: „Ssi ssin peim Ssuch in der Findgassn! Zwei Männer ham ssi getragn af einer langen Stangen! Ter eine hat krufn: 'Pantoffl, Pantoffl, fimf Lei tes Stick!' Krat ssin ssi um ti Eckn."

Der Vater schließlich erzählte hilfsbereit, er habe soeben mit einem Pantoffel Schach gespielt und sei von ihm fast matt gesetzt worden. Der Pantoffel räume jetzt das Schachbrett weg; sein Paar werde bestimmt in der Nähe sein.

Doch an dem Nachmittag, an dem der Besuch bei der Hochzeitsköchin geplant war, fehlte kein Hemd, keine Jacke, keine Hose, kein Strumpf, kein Schuh, keine Mütze, kein Kopftuch, noch sonst etwas; als der Vater eintraf, hatten Paula und Kai längst gegessen und waren fix und fertig zum Gehen. Auch die Märchenmühle wartete in einer etwas zu großen Reisetasche verpackt, und Kai bot sich an, sie zu tragen.

„Wann fährt der Zug ab?"

„Um 14 Uhr 19 Minuten."

„Wie lange fahren wir?"

„Bis Busiasch 50 Minuten, dann sind es noch vier Kilometer zu Fuß."

„Oh! Hat Bakowa keinen Bahnhof?"
„Können wir keinen Bus nehmen?"
„Um diese Zeit verkehrt keiner. Übrigens haben wir das schönste Wetter."
„Kommen wir auch mit dem Zug zurück?"
„Nein. Mein Kollege Mihnea muß zufällig etwas in Bakowa erledigen und bringt uns mit seinem Wagen nach Haus'. Sind die Wasserhähne zugedreht? Ist der Gasherd abgestellt? Los!"
Aus dem Abteilfenster guckte der Vater vergnügt in die Landschaft, die für ihn aus dieser Perspektive ungewohnt war. Die Landstraße verlief zeitweilig parallel zum Geleise. Dann zog sie weiter weg wie ein dunkelgrüner Strich waagerecht über den Hang, und schließlich bog sie hinter Sinia nach links in den Wald ein. Über dem Wald wurde ein kleiner Kegel sichtbar – die Spitze des berühmten Silascher Bergs.
„Vati", sprach Paula ihn an, „woher kennt die Kasper-Omi die Hochzeitsköchin?"
„Sie waren zusammen in einer Kerweigesellschaft."
„Sind sie dann zusammen als Kerweimädl aufmarschiert?"
„Ja."
„Ist das sehr schön?"
„Es ist eine Erinnerung fürs ganze Leben."
„In welchem Jahr war das?"
„1936."
„War das noch vor dem Krieg?"
„Ja, es war vorher."
Kai meldete sich: „Aber Vati, waren damals nicht Olympische Spiele?"
„Schau, Kind: Für Kerweibuben und Kerweimädl sind Olympische Spiele nur halb so wichtig. Für sie zählt die Kerwei, weil sie vor dem ganzen Dorf auftreten, das ist auch jetzt noch so."
Kai verstand den Satz falsch und fragte: „Gibt es diese Gesellschaft heut' noch?"
„Welche? Die Gesellschaft der Kasper-Omi und der Heller-Neni? Nein."
„Warum nicht?"
„Wegen dem Krieg. Einige Mitglieder sind im Krieg gestorben, andere nachher in der Gefangenschaft, andere sind ausgewandert. Es sind zu wenige übrig geblieben. Du mußt die Omi fragen, sie sagt es dir genau."
„Warst du im Krieg?"
„Du meinst, ob ich an den Kämpfen teilgenommen hab'? Nein, ich war ja damals ein Kind. Ich bin mitten im Krieg geboren."
„Wenn heut' Krieg wär', müßtest du teilnehmen?"
„Ja."
„Braucht man Schofföre im Krieg?"
„Denk einmal an die Filme vom Zweiten Weltkrieg."
„Also ja. Aber ich will nicht, daß du gehst."

„Ich möcht' eigentlich auch nicht."
Kai schmiegte sich eng an den Vater und gab ihm einen Kuß.
Inzwischen gingen Paulas Gedanken einen anderen Weg: „Sag, sind die Kerweimädl großjährig?"
„Nicht unbedingt. Ich glaub', heutzutag' sind die meisten jünger als achtzehn."
„Kann ich ... Könnt' ich auch einmal Kerweimädl sein?"
„Ich denk' schon. Wir suchen uns eine schöne Kerwei aus. Aber bis dahin wird noch viel Wasser durch die Temesch fließen."
Paula seufzte. „Noch fünf Jahre."
Franz Stein biß sich auf die Lippen. Er hatte keine nahen Verwandten auf dem Lande. Wohl kannte er viele Personen, die in einem Dorf lebten, das Verhältnis zu ihnen war freundschaftlich und sogar herzlich, aber bis zur Einladung, an einer Kerwei teilzunehmen, reichte es nicht. Wir sind zu Stadtschwaben geworden, sinnierte er. Zwar schmeckt uns die Blutwurst gut, wir verstehen einen schwäbischen Witz, doch unsre Speisekammer ist winzig, wir besitzen weder Keller noch Selchkammer noch Küchengarten, die Vorratswirtschaft der Ahnen haben wir aufgegeben, und wenn unsre Kinder eine Kerwei miterleben möchten, dann kauen wir verlegen am Schnurrbart.

Als sie über die Landstraße nach Bakowa marschierten, hielt Paula bereits beim nächsten Thema: Wie es bei seiner Hochzeit gewesen sei, und wer damals für die Gäste gekocht habe.

Das Dorf Bakowa ist am besten durch seine Rebenpflanzungen bekannt – viele Menschen loben den Wein, der auf dem Silascher Berg gedeiht. Nur wenige, sehr wenige Menschen wissen Bescheid, wie die schwäbischen Weinbauern dort den Boden mit ihrem Schweiß düngten: Jahr für Jahr schaufelten Vater und Sohn, Großvater und Enkelkind die vom Regenwasser weggespülte Erde in Buckelkörbe und schleppten sie wieder ein Stückchen den Berg hinauf.

Auch in den Hausgärten wachsen auf Spalier gezogen die schönsten Reben. Aber da gibt es noch mehr schöne Sachen.

In einer von den breiten Straßen laufen seit Menschengedenken immer so viele Gänse herum, daß man sie die Gänsegass' heißt. In diesem Jahr führten die guten Tiere wahrhaftig schon in der ersten Aprilhälfte Gänschen aus; alle paar Schritt wurden der Vater, Paula und Kai von einem der großen Vögel angezischt, der damit seine flaumige Brut zu verteidigen glaubte.

In Bakowa finden oft Feste statt: Hochzeiten und Kindschenken, Schwabenbälle, Faschingsumzüge und die Kerwei. Bei jedem Fest wird gegessen und getrunken, dazu erzählt und gesungen, zwischendurch musiziert und zuletzt auch getanzt. Einmal steckten sich lustige Hochzeiter aus der Gänsegass' neben das schwäbische Rosmareinsträußchen eine Gansfeder in den Rockaufschlag.

Zu den Hochzeiten laden die Eltern des Brautpaars mindestens 100 Personen ein – manchmal sogar 400 oder 500. Dann kommt sehr viel drauf an, wie das Essen für groß und klein vorbereitet wird: die Suppen und die Soßen, das Gebackene und das Gebratene, die Salate, die Kuchen, die Torten und die Kompotte. Ein kluger Kopf muß die Aufsicht führen, damit in der Küche alles zur rechten Zeit geschieht – vom Kartoffelschälen und Ausschmieren der Backbleche über das Aufwärmen und Auftragen bis zum Abwaschen. Der kluge Kopf, das ist die Hochzeitsköchin. Gewöhnlich beginnen die Zurüstungen schon eine Woche vor dem Stichtag, und zwar mit dem Herstellen von Kleingebäck. Zuerst werden die Honigbusserln gemacht, weil die sich am längsten halten.

Die Heller-Neni oder Hellersch-Leni-Basl, wie man die Hochzeitsköchin von Bakowa nannte, führte selbst keine große Wirtschaft. Sie fütterte ein paar Hühner und begoß ihre Blumen, das war alles. „Mer kann net gleichzeitig af zwei Hochzeite tanze", pflegte sie zu sagen. Sie meinte damit, daß ihr neben dem Kochen keine Zeit bleibe, sich regelmäßig um anspruchsvolle Haustiere zu kümmern.

Die Heller-Neni wohnte für sich allein. Ihr Mann war im Krieg verschollen. Ihre Tochter war weggezogen. Ihr Bruder lebte in der Stadt, und dessen Söhne, ihre Neffen, kamen nur im Sommer für jeweils ein paar Tage mit Frau und Kindern zu Besuch. Dann sonnten sie sich im Garten, pflückten Maulbeeren, Kirschen und Ribiseln, nach der Hacke aber griffen sie nur zum Spaß. Ihr Auto mußten die Neffen bei Nachbarn unterbringen, weil im Hof Blumenbeete den ganzen Platz einnahmen.

Das Haus war lang und schmal und bestand eigentlich nur aus einer Reihe von Zimmern, untereinander verbunden wie die Abteile eines altmodischen Eisenbahnwagens: die gute Stube, deren zwei Fenster auf die Gasse schauten, das Vorzimmer mit dem kleinen Zimmer, dann das Schlafzimmer, dann das Tageszimmer (im Winter als Küche benützt), dann die Vorratskammer und zuletzt die Sommerküche. Im Sommer war das Haus angenehm kühl, im Winter jedoch war es kalt; die Heller-Neni wünschte oft, man könnte das Gebäude wie ein Schnappmesser einknicken, damit es die Wärme besser behalte.

Im kleinen Zimmer befanden sich einige bemalte Bauernmöbel, ihr Mann hatte sie als junger Lehrer gesammelt. Vergilbte Fotos in ovalen Metallrahmen zeigten ihren Mann und ihre Eltern, so wie sie vor vielen Jahren als junge, gesunde Menschen ausgesehen hatten. In diesem Raum saß die Heller-Neni an freien Nachmittagen mit ihren Bekannten, wenn es draußen noch zu kalt war, und hier erwartete sie auch diesmal die Gäste. Der Vater kannte die Hochzeitsköchin vom Sehen. Er grüßte und stellte ihr Paula und Kai vor. Dann machte die Hausfrau ihre Besucher aus der Stadt mit zwei Nachbarinnen bekannt. Sie war ganz in Schwarz gekleidet, hatte ein seidenes Kopftuch umgebunden und trug eine Brille mit großen, dunkelbraunen, fast viereckigen Rahmen, so daß sie ziemlich streng aussah.

Während der Vater ausrichtete, was ihm die Kasper-Omi aufgetragen, und während Kai die Märchenmühle aus der Reisetasche packte, schaute Paula sich im Zimmer um. Drei Vasen mit ausgewählt großen, gelben Narzissen wirkten im Gegensatz zur dunklen Tracht der Bäuerinnen freundlich-anheimelnd. Der Kachelofen war angeheizt. Solche Fotos mit Brautpaaren in ovalen Metallrahmen gab es auch bei der Kasper-Omi. Auf einem Schubladkasten entdeckte das Mädchen eine Schüssel mit Honigkuchen.

Es wurde still, als Kai das Kästchen mit der Kurbel in die Mitte des Tisches rückte. Die Augen der Bäuerinnen wanderten von der Spieldose zum Schubladkasten, vom Schubladkasten zum Kleiderschrank und vom Kleiderschrank zurück zur Spieldose. Auch der Vater, Paula und Kai blickten verwundert drein: Die Verwandtschaft der Malereien war unverkennbar. Auf einmal vermochten sie die halbverwischten Figuren auf der Mühle deutlich zu sehen, denn ein Muster mit denselben Motiven, Hahn und Lebensbaum, zierte das gestickte Tischtuch. Die Märchenmühle paßte in dieses Zimmer.

Wären die Kinder nach Bakowa gekommen, nur um die Hochzeitsköchin zu besuchen, dann hätte Paula wohl schon nach einem Stück Honigkuchen gegriffen; Kai wieder hätte sich nicht davon abhalten lassen, den rückwärtigen Teil des Hofs zu erforschen. Wäre nicht der besondere Anlaß gewesen, dann hätte sich der Vater die Blumenbeete mit Stiefmütterchen, Hyazinthen, Narzissen und Tulpen angeschaut; die Heller-Neni hätte sich ausführlich nach der Kasper-Omi erkundigt; der Vater hätte die Bäuerinnen nach Gänsen und Hühnern, nach Gemüse und Getreide gefragt; die Bäuerinnen hätten sich beim Vater nach den neuen Kohlengruben interessiert. Nun war aber die Märchenmühle etwas Außergewöhnliches – über andere Sachen konnte man ja später auch sprechen.

Die Stille wurde jäh durch schnelle, sich nähernde Schritte unterbrochen. Das Gassentürl schlug zu, gleichzeitig machte sich ein hastiges Keuchen vernehmbar. Die Heller-Neni zuckte zusammen: Der Vetter Jakob! Auf den hatte sie wahrhaftig vergessen. Der Vetter Jakob mußte Kühe versorgen und hatte sich offenbar im Stall verspätet. Es klopfte; die Tür wurde vorsichtig aufgemacht, und ein kleiner, dicker, rotgeschwitzter Mann trat herein. Man winkte ihm heftig, sich auf den Stuhl neben dem Fenster zu setzen, der noch frei war, doch der Vetter Jakob wehrte mit der Mütze in der Hand ab, blieb einen Schritt vor der Tür stehen und keuchte auf einmal nicht mehr – wie er das fertigbrachte, das ist sein Geheimnis.

Im Zimmer war es nunmehr still wie auf einem Feld, wenn es schneit. Nur der bemalte Kleiderschrank, der schon sehr alt war, 120 oder so, krachte vor Aufregung in den Fugen, bis ihm der Kachelofen heimlich mit dem Ellbogen einen Rippenstoß gab. Daraufhin beruhigte er sich.

Summ, summ, summ,
Bienlein, summ herum.

Ihr hert hiatz tas Marl von den sechs Dienern.

Vor langer Zeit lebte eine alte Königin, die konnte hexen, und ihre Tochter war das schönste Mädl unter der Sonne. Die Alte dachte aber auf nichts, als wie sie die Menschen ins Verderben locken könnte. Wenn ein Freier gekommen ist, hat sie gesagt, wer ihre Tochter haben will, der muß zuvor eine Aufgabe lösen, oder er muß sterben. Viele junge Burschen, arm und reich, wurden von der Schönheit der Jungfrau ganz krank. Sie meldeten sich mit Courage, aber sie konnten nicht vollbringen, was die Alte von ihnen verlangt hatte, und dann war kein Erbarmen, man hat ihnen den Kopf abgeschlagen.

Die Kinder lächelten vergnügt. Sie kannten auch dieses Märchen, doch sie hörten es gern noch einmal in einer neuen Variante an. Sie guckten verstohlen nach links und rechts, um die Wirkung zu beobachten. Da sahen sie, daß die Erwachsenen ebenfalls lächelten. Der Vetter Jakob, der die Bewegung wahrnahm, legte schnell einen Finger auf den Mund, und in dieser Stellung verharrte er neben der Tür bis zum Ende des Märchens, steif wie ein Zinnsoldat.

Als die Stimme der Erzählerin verklungen war, sagte zunächst keiner ein Wort. Der Vetter Jakob atmete tief ein und setzte sich endlich auf den angebotenen Stuhl. Die eine Nachbarin wischte sich mit dem Taschentuch übers Gesicht und zupfte ihr Kopftuch zurecht.

Kai sprach als erster, an die Hochzeitsköchin gewandt: „Hast du ... also haben Sie alles verstanden?"

Die Heller-Neni begriff nicht gleich, sie nickte mechanisch.

„Und was heißt: 'Hiatz geih hoam'?"

Daraufhin fiel der Heller-Neni der Zweck des Besuchs ein: Sie sollte den Kindern unverstandene Wörter erklären. Ihr waren etliche Wörter aufgefallen: Rant, gleim, derch, letz, einlafi und andere.

„'Garch',," mischte sich der Vetter Jakob ins Gespräch, der inzwischen Vater Stein die Hand gegeben und sich vorgestellt hatte. „Mir scheint, am End hat sse 'garch' ksaat. Tes wert ja 'aus' oder 'fertich' bedeite."

„Was heißt 'muag'?" fragte Paula.

Die Heller-Neni meinte, der Dialekt müsse böhmisch sein wie die Sprache der Bergbauern aus den Semenik-Dörfern.

„Hast du ... also haben Sie schon einmal dort gekocht?"

„Tort gekocht net, awer ich war als Madl in Ssadowa, tort rede ti Leit aach sso. Und jetzt is mer tes alles wieder einkfall, wie im Herbscht ti Hochzeit vun aam Bakuwarer Pu mit aam Madl von Wolfsberg war. Ter war als Luftschnapper efter tort owe und hat ssich tie kfun. Frieher han ssich ti Leit aus teni zwei Terfer jo net gekennt und nix khat mitenaner. Ti zwei jungi Leit ssein zammkumm ssowie Perich und Tal, wie mer ssaat." Sie begann zu erzählen – aber das ist eine Geschichte für sich.

Kai erwachte von einem Knarren. Er hob den Kopf und sah sich verwundert im Zimmer um: Es war das kleine Zimmer der Hochzeitsköchin. Die Tür des bemalten Schrankes hatte geknarrt. Aus dem Schrank trat der Vetter Jakob und nickte Kai aufmunternd zu. Er lehnte seinen langen, geschnitzten Stock an den Tisch, da war der Stock mit einem Mal eine lange, schmale Treppe, über die man zur Tischfläche hinaufsteigen konnte wie auf ein Dach.

„Das ist eine Gangway", sagte der Vetter Jakob.

Auf dem Tisch oben stand die Märchenmühle. Über Nacht war eine Veränderung mit ihr vorgegangen: Statt eines Griffs hatte sie nun vier, ähnlich den Flügeln einer Windmühle. Der schwarze Knopf des Lädchens hatte sich in einen Türgriff verwandelt, und in drei Seiten waren Fenster eingebaut.

„Sie ist ein Hubschrauber", sagte der Vetter Jakob. „Du kannst mit ihr fliegen." Er zeigte zum offenen Fenster.

Lautlos schwebte Kai in den sonnigen Garten hinaus. Er erkannte die Bohnenbeete seiner Großmutter. Hinter dem Misthaufen in der Gartenecke, von den riesigen Blättern verdeckt, lag ein schöner gestreifter Kürbis. Die Omi wird sich freuen, wenn ich es ihr melde, dachte Kai. Dann nahm er Kurs auf den Taubenschlag.

Ludwig Fischer
Karanac – Szekszárd

Ludwig Fischer wurde am 2. Juli 1929 in Karanac/Karantsch (Baranya/Jugoslawien) geboren. Das Dorf liegt im Donau-Drau-Winkel und war die Heimat von Schwaben, Ungarn und Serben. Nach der Volksschule besuchte er die ungarische Bürgerschule in Siklós. Im März 1945 kam er ins Lager. Die Flucht nach Ungarn gelang ihm im November 1945. Ab September 1947 besuchte er das katholische Gymnasium in Fünfkirchen/Pécs. Nach dem Abitur Hilfsarbeiter in einer Ziegelei, 1957 Studium an der Hochschule für Lehrerbildung. Ab 1960 Deutschlehrer in Nemesnádudvar bei Baja. 1969 bekam er in Szekszárd eine Stelle an einer Mittelschule. Seine literarische Tätigkeit begann 1962 mit Erzählungen, die an die Kindheit erinnern, dann folgten Stimmungsbilder, kurze Geschichten, das waren eigentlich Vorbereitungen auf die nach 1990 geschriebenen Lagergeschichten, zu einer Zeit, als schon zu hoffen stand, daß sie auch erscheinen würden. Es sind dies Texte, die Passionswege der Deutschen in Jugoslawien festhalten. Längst schon hätte ein Band mit diesen Geschichten erscheinen können, leider findet Ludwig Fischer in Ungarn keinen Verleger. Aber auch heitere Geschichten hat der produktive Autor geschrieben, die wohl den reichsten Teil seiner Arbeit bilden. Auch sie böten Stoff für einen eigenen Band, nimmt man allein die über 30 in der Budapester „Neuen Zeitung" erschienenen „Telefonate". Zahlreiche Veröffentlichungen in deutsch und ungarisch, auch im Rundfunk, eine Buchveröffentlichung.

Preisgegeben

1

Die Männer gönnten sich eine kleine Verschnaufpause auf dem Schulboden. Sie saßen auf dem großen Maishaufen, von der Gasse kam monotoner Lärm hoch, ab und zu auch derbe serbische Flüche.

„Alles still auf dem Hof", meinte Rudi nach einer Weile. Er stand an der kleinen Lichtung und guckte auf den Hof hinab. Er wendete sein Gesicht der Sonne zu. Kleiner Schnurrbart im jungen Gesicht, Wohlgefühl in den Augen.

„Das schönste Geschenk am heutigen Tag!"

„Bitt schö, jetzt haben wir aber schon genug geruht, machen wir uns wieder ans Kukuruzrebeln."

„Nur nicht übertreiben!" meinte ein kleiner Mann. Rötliches Haar, grauer Anzug.

„Aber bitt schö", meinte die rostige Stimme wieder, „die Leut haben uns diese Arbeit anvertraut."

„Sie sind der Mutschler, wenn ich mich nicht irre."

„Ja, bitt schö, Mutschler Hannes."

„Schön. Ich heiße Hänsler. Ich bin Großgrundbesitzer."

„Sie waren", lächelte Rudi.

„Dann kann ich auch Herr Hänsler sagen. Bitt schö, wir Mutschlers wissen, was sich gebührt. Und mit den Leuten meinte ich die Partisanen, die uns auf den Schulboden führten. Sie haben sich auf uns verlassen."

Herr Hänsler stand auf, staubte sich seinen grauen Anzug ab und ging zu Mutschler.

„Sie sind ein sehr ehrlicher Mensch, Herr Mutschler."

Mutschler erhob sich. Große Kulleraugen, breites Gesicht, ungeschicktes Lächeln.

„Bitt schö, Herr Hänsler, das mit der Ehrlichkeit haben Sie schön gesagt." Er wischte sich die Hände in seiner blauen Schürze.

„Sie verstehen mich bestimmt, Herr Hänsler. Diese Leute brachten uns auf diesen ruhigen Platz und meinen, sie können sich auf uns verlassen. Der schwäbische Bauersmann hatte es immer mit der Ehrlichkeit zu tun."

„Nur diese Burschen nicht!"

„Bitt schö."

Rudi drehte sich um.

„Nicht so laut!"

Hänsler setzte sich wieder auf den Maishaufen zurück.

„Berghof war ein reiches Dorf."

„Kennen Sie sich hier aus?" fragte Rudi nachsinnend.

„Ja."

Der Mann hatte einen kleinen Kopf, große Ohren und große, tränenfeuchte Augen.

„Ich bin Michelberger aus dem Nachbardorf."

„Ist die ungarische Grenze weit?" fragte Rudi nach einer Weile.

„Weit ist sie nicht. Vielleicht zwei Kilometer. Hinter dem Weinberg."

„Also hinter dem Berg."

„Ja."

Von der Gasse kam Lärm und Geschrei hoch.

„Wie das Vieh treiben sie die Leute auf der Straße."

„Und wir passen auf ihre Befehle wie Hunde auf und führen sie wie Schafe aus. Wie eine dämliche Schafherde!"

Rudi schaute wieder zum Hof hinab. In seinen braunen Augen brannten Zorn und Wut.

Hänsler ging zu Rudi.

„Man soll nicht so reden, junger Mann, besonders, wenn man so jung ist."

„Jung, jung! Hat das überhaupt was mit jung zu tun? Ich war Frontsoldat. Drei Jahre Frontsoldat. Ostfront."

„Bitt schö, Rudi, Herr Hänsler meint es ja nicht so."

„Wie das Schlachtvieh auf die Schlachtbrücke hetzen sie Tausende ins Todeslager Gakowo. Weil wir alles hinnehmen."

„Wissen Sie, junger Mann ..."

„Sagen Sie doch Rudi!"

„Danke! Wissen Sie, ich studierte in Paris an der Universität. Machte den Doktor der Philosophie."

„Sind Sie also Arzt?"

„Nein, Michelberger. Arzt bin ich nicht. Ich mußte das väterliche Gut verwalten. Neunhundert Joch an der Drau."

Rudi guckte auf den Schulhof hinab.

„Sie hätten schon längst fliehen müssen, Herr Hänsler!"

„Alles lassen? Vielleicht gibt's doch einen Ausweg."

„Herr Hänsler hat recht. Wir werden doch nicht alles diesen Lümmeln vermachen!"

„Wieviel Feld hatten Sie, Michelberger?"

„Nicht viel, es war aber mein Feld. Drei Joch. Nebenbei war ich auch noch Barbier."

„Sind die Barbiere alle so dürr?"

„Wenn diese Burschen es herauskriegen, daß Sie, Herr Hänsler, Großgrundbesitzer waren, dazu Doktor der Philosophie, Gnade Ihnen Gott!"

„Meine Brille hat schon einer zertrampelt."

„Sie hatten Glück, daß er nur auf Ihre Brille aus war."

„Bitt schö, wenn unsere Partisanen zurückkommen, gibt's einen Mordsskandal!"

„Das braucht Zeit."

„Wie meinen Sie das, Michelberger?"

Michelberger flüsterte wichtigtuerisch.

„In der Nähe gibt's eine Schnapsbrennerei."

„Dann sitzen die Burschen in der Schnapsbrennerei."

„Die Bauern von Berghof waren sehr wohlhabend. Ein schönes Dorf. Große Bauernhäuser. Eine Augenweide, als die Prozession der Berghofer am Wallfahrtsort erschien. Die bunte Volkstracht, die Bläser aus Berghof."

„Und was blieb aus diesem Leben? Alles weggeschafft, zerschlagen, zerrissen. Findest nur noch Gebetbücher. Deutsche Gebetbücher, die Gebetbücher unserer Mütter und Großmütter."

„Wir müssen abwarten!"

„Was? Was denn?"

„Kommt Zeit, kommt Rat."

„Bitt schö, wir werden wieder tüchtig zugreifen."

„Zugreifen?"

„Bestimmt werden wir das!"

„Also meinen Sie alle, daß man uns Haus und Hof zurückerstatten wird? Meinen Sie das? Auch Sie, Herr Hänsler?"

„Wir haben keine andere Alternative."

„O Mann! Wißt Ihr, was für Greueltaten sie in der Batschka verübten? Zu ihren schrecklichen Orgien trieben sie schwäbische Mädchen und junge Frauen, rissen ihnen die Kleider vom Leibe, vergewaltigten sie, dann töteten sie diese Unglücklichen. Bestialisch."

„Nein!"

„Doch!"

„Das kann doch nicht sein!"

„Und niemand sagt ihnen, daß sie die Finger von uns lassen sollen. Man hat uns diesen Verbrechern preisgegeben."

„Meinst du das, Rudi?"

Mutschlers Stimme klang rauh, wie Hundebellen. Er ging zur Lichtung. Er stand still, dann hörte man wieder die rauhe Stimme.

„Herr Hänsler, Sie sind doch ein Doktor, sind wir wirklich so elend dran?"

„Leider."

Rudi guckte in den Hof hinab.

„Die Flucht ist unsere einzige Möglichkeit, aus dieser Hölle zu entkommen. Machen sie auch die ungarische Grenze dicht, sind wir voll und ganz ihrer Willkür ausgeliefert. Zwei Kilometer hinter den Hügeln verläuft die Grenze."

„Vielleicht auch näher. Vielleicht", meinte Michelberger halblaut.

Von der Gasse kam wieder Stimmengewirr hoch, verzweifelte Rufe, serbische Flüche.

„Es wird sich schon alles regeln."

„Meinen Sie, Herr Hänsler?"

„Man kann doch nicht auf und davon gehen. Man muß abwarten."

„Dabei klappt die Grenze zu", sagte Rudi etwas enttäuscht.

<h2 style="text-align:center">2</h2>

Der Sonnenschein fiel schon auf den Maishaufen. Der Mais leuchtete gelb auf dem düsteren Schulboden.
„Wenn unsere Herren ankommen, werden sie sehen, daß wir gearbeitet haben."
„Während sie ihr Schnäpschen tranken."
„Sie dachten an alles, Mutschler."
„Sie meinen, Herr Hänsler?"
„Die Zeughose, der alte Hut, die blaue Schürze."
„Das weiß man doch, daß die uns nicht zur Hochzeitsreise geladen haben. Übrigens wird Ihnen Ihr Anzug noch viel Ärger ins Haus bringen. Die Leute haben für noble Sachen nicht viel übrig."
Rudi eilte zur Lichtung.
„Still! Bleibt still!"
Michelberger sagte mit zittriger Stimme:
„Bekommen wir Ärger?"
„Still! Partisanen. Fünf."
„Fünf?"
„Bleibt still!"
Ihr Gelächter, Wiehern und Johlen hörte man bis auf den Boden. Einer stimmte ein Partisanenlied an.
„Sind sie bewaffnet?"
„Ja. Maschinenpistolen."
„Zum Teufel! Was sie nur wollen?"
„Horcht mal, wir werden's bald herauskriegen!"
Alle standen an der Lichtung.
„Die haben keine Ahnung, daß wir sie beobachten."
„Die nicht."
„Sind gut aufgelegt!"
„Ja."
„Haben Sie das gehört, Herr Hänsler? Bitt schö, diese miesen Schweinehunde wollen Mädchen aus dem Lager vergewaltigen!"
„Lieber Gott!"
„Guckt mal, guckt mal!"
Die Partisanen hüpften vor Freude wie giererfüllte Ziegenböcke auf dem Schulhof herum. Die Maschinenpistolen und Handgranaten legten sie unter den Maulbeerbaum, dann auch ihre Feldblusen, Mützen, Hosen. Einer war schon splitternackt.
„Gledajte, ovamo gledajte (Schaut, schaut her)", schrie er den anderen zu.
„Bitt schö, diesen Nackten erwürge ich mit dieser Hand!"

Mutschler streckte seine schwere, borstige Hand hoch.
„Ein Druck, und der Bursche zappelt nicht mehr."
„Eindeutig, was sich hier abspielen soll", meinte Rudi still.
„Bitt schö, der Nackte gehört mir!"
„Helfen Sie uns, Herr Hänsler und Michelberger! Wir müssen's versuchen."
„Rudi, zwei lege ich schon um, den Nackten und den Vollbart."
„Na schön. Mutschler, waren Sie Soldat?"
„Ja."
„Wo?"
„Bei den Ungarn. Panzerabwehr."
„Herr Hänsler?"
„Noch im ersten Krieg. Leutnant."
„Michelberger?"
„Untauglich. Ich habe aber etliche Erfahrungen, was Wirtshausschlägereien betrifft."
„Gut. Auch etwas. Also machen wir alle mit?"
Stille. Nur die Augen trafen sich. Traurig.
„Natürlich nur dann, wenn sie die Mädchen bringen", meinte Herr Hänsler.
„Schön. Und noch etwas. Wenn wir eingreifen, bleibt uns nur noch die Flucht nach Ungarn."
„Bitt schö, unsere Frauen und Kinder hat man auch in Lagern."
„Ich weiß. Wenn sie's erfahren werden, daß wir über Berg und Tal sind, werden sie's auch versuchen."
„Meine Alte bestimmt. Die tut das schon."
„Das war ein rascher Entschluß. Da kann auch so manches schief gehen."
„Ganz richtig. Aber könnten wir in dieser Elendslage anders handeln?"
„Schon gut."
„Wie ich sehe, haben die Kerle von unserer Gegenwart noch immer keine Ahnung."
„Der Nackte gehört mir. Dem will ich noch einen Klaps versetzen. Aber nicht auf seinen Schafskopf, sondern auf seinen dicken Arsch."
„Also herhören! Wenn sie die Frauen auf den Hof bringen, gibt's bestimmt ein Durcheinander. Die Burschen haben es sich schon schlau ausgeklügelt. Das neue Hauptgebäude geht auf die Gasse hinaus. So ist der Hof völlig geschlossen. Sie werden nur noch den Ausgang schließen müssen. Die Mädchen werden bestimmt einen mächtigen Rummel machen, dann schleichen wir die Treppe hinab, unter den Bodentreppen habe ich Stampfen gesehen. Jeder nimmt sich eine, dort warten wir ab, und wenn auf dem Hof alles drunter und drüber geht, greifen wir ein. Eins mit der Stampfe auf den Kopf. Aber nur betäuben! Nicht erschlagen, nur betäuben! Mit Maß und Ziel. Danach wollen wir uns nach dem Keller umsehen, binden diesen Herren Hände und Füße und legen sie auf's Eis. Wir ziehen ihre Feldblusen an,

setzen ihre Mützen auf, nehmen Ihre Waffen an uns und ziehen mit den Mädchen Richtung ungarische Grenze. Ihr sprecht ja alle serbisch."

„Jawohl."

„Gut. Mutschler, Sie haben dann den Nackten und den Vollbart."

„Jawohl."

„Ich mache mich über den roten Burschen und den Klapperdürren her. Da bleibt uns der kleine Dachsbeinige."

„Den werde ich mit den Schrecken der Wirtshausschlägerei bekannt machen", lächelte Michelberger sauer.

„Gut. Herr Hänsler, Sie laufen gleich zum Maulbeerbaum, nehmen eine Maschinenpistole in die Hand."

„So ein Zeug hatte ich noch nie in der Hand."

„Schon gut. Wir wollen auch nicht schießen, nur diese Kerle von den Waffen fernhalten. Aha!"

„Mein Gott!"

„Zehn Mädchen!"

„Nein, nein!"

„Schaut mal, die Fini, die Waldmann Fini. Die Fini aus unserem Dorf!"

„Nicht so laut, Mutschler!"

„Fini wird ihnen die Suppe schon ganz schön versalzen. Die können was erleben."

„Vielleicht werden auch die anderen Mut fassen!"

„Mein Gott!"

„Der Nackte winkt Fini zu sich."

„Der wird bald sein blaues Wunder erleben!"

Der Nackte näherte sich mit lautem Gejohle den Mädchen.

„Lepa švabica! Vidi, šta te čeke (Schöne Schwäbin, guck mal, was dich erwartet)!"

Er wollte sie umarmen, Fini spuckte ihm aber ins verschwitzte Gesicht, verpaßte ihm dann eine mächtige Ohrfeige. Von ihrem Fußtritt fiel er heulend ins Gras.

Rudi drehte sich um.

„Jetzt sind wir dran!"

Die Partisanen waren im Handumdrehen erledigt. Mutschler versetzte dem Nackten einen klatschenden Schlag auf den Arsch.

„Du verdammtes Arschloch!"

Dann tupfte er ihm mit der Stampfe auf den Kopf. Damit hörte der Nackte auch auf zu heulen.

„Mädels! Kommt alle her! Hoffentlich ist euer Schreck vorbei. Ich bin Rudi, wir sind aus dem Lager."

„Das ist ja Onkel Mutschler", lief Fini zu Mutschler.

„Gut, gut. Herhören! Es geht jetzt nicht um Bohnen! Daß Ihr's wißt, diesen Kerlen ist nichts passiert, sie haben nur die Besinnung verloren. Wir binden ihnen Hände und Füße zusammen, stopfen ihnen Fetzen in den

Mund und schließen sie nackt in den Keller, ihre Kleider werfen wir in den Brunnen. Wir müssen jetzt nach Ungarn flüchten. Eine andere Wahl haben wir nicht. Ihre Waffen nehmen wir mit. Gott helfe uns, daß wir die Grenze erreichen! Sollte man uns aufhalten, sind wir vier Partisanen. Onkel Mutschler ist kein Onkel mehr, sondern ein derber Wachsoldat, der Leute aus dem Lager in den Weingarten zur Arbeit bringt. Alles klar?"

3

Michelberger und Herr Hänsler führten die kleine Schar durch abgelegene Gassen aus Berghof hinaus. Verwahrloste leere Häuser, zerschlagene Fensterscheiben, zerschlagene Türen auf den Höfen, hohes Gras, Unkraut, hie und da huschte eine Katze vorbei, magere Hunde folgten ihnen aus der Ferne, Hunde mager und voller Furcht. Sie waren noch immer auf der Suche nach ihrem Bauern, nach der Bäuerin.

Rudi und Mutschler kamen hinterher. Partisanenmützen mit dem roten Stern, Maschinenpistolen, Handgranaten. Mutschler machte ab und zu Lärm.

„Hajde, hajde! Nemoj spavat! Brže! (Schneller, los, nicht schlafen!)"

Dann und wann schrie er den Mädchen auch verwegene serbische Flüche zu. Michelberger erinnerte sich noch an eine verwahrloste Berglandschaft, wo es schon lange keine Weingärten mehr gab, keine Obstbäume, nur Gras, Hecken und Sträucher, knorrige Bäume, Heckenrosen, Feldblumen, felsigen Boden. Stille.

„Sie hatten recht, Michelberger. Guckt mal, Mädchen, dort unten verläuft die Grenze. Vielleicht zwei Kilometer. Es wäre aber sehr waghalsig, wenn wir's jetzt bei Tag versuchen wollten. Die Grenze läuft auf der Wiese, man könnte uns schon von weitem bemerken. Wir müssen bis zum Abend warten. Wenn sie uns am Nachmittag nicht auffinden, kommen wir durch. Guckt mal, dort in der nebligen Ferne. Ungarische Dörfer."

Die Mädchen schauten verzagt in die graublaue Ferne.

„Und wenn sie uns noch hier treffen?"

„Dann? Na ja. Wir werden schon sehen."

Die Sonne schien warm. Der Duft der bunten Feldblumen wurde zur Stille. Es schien, als liege unendlicher Friede auf der Landschaft. Dann wehte die warme Brise fernes Geläut herbei.

„Es ist Mittag."

„Ja."

„Am Abend sind wir vielleicht schon dort, wo es läutet."

„Vielleicht."

„Sollten wir nicht beten? Es wäre so schön!"

„Tun wir's!"

Sie standen auf. Die Männer legten ihre Maschinenpistolen ins Gras. Eine sanfte Frauenstimme erklang voller Zuversicht, voller Demut, voller Flehen.

„Der Engel des Herrn brachte Maria die Botschaft, und sie empfing vom Heiligen Geist.

Gegrüßet seist du, Maria ...

Maria sprach: Siehe, ich bin die Magd des Herrn, mir geschehe nach deinem Wort.

Gegrüßet seist du, Maria ..."

Stille. Hie und da stilles Weinen, Tränen in den Augen.

„Dein Wille geschehe", sagte dann nach einer Weile Mutschler.

Später setzte sich Herr Hänsler zu Rudi.

„Zeig mir mal, wie man mit dieser Knarre umgeht. Im ersten Krieg kannte man das Zeug noch nicht."

„Es wird nur dann geschossen, wenn diese Kerle das Feuer auf uns eröffnen."

„Ich weiß."

„So einen langen Nachmittag habe ich noch nicht erlebt", meinte Michelberger später.

„Ich auch nicht."

„Es wird schon werden", meinte Hänsler.

Alles war ruhig. Nur der sanfte Wind rüttelte an den Ästen. Die Schatten wurden allmählich länger, verwischter.

Der erste Schuß knallte wie ein harter Schlag.

„Zu Boden! Werft euch zu Boden! Und nicht schießen! Sie kommen von unten."

Rudi stellte sich auf.

„Nemojte pucati! Ne pucajte! (Nicht schießen!)"

Grell und scharf pfiffen die Kugeln an ihnen vorbei.

„Lassen wir sie etwas näher! Mädchen, bleibt auf dem Boden!"

Sie mußten nicht lange warten. Die Waffen knatterten und ratterten bald aus der Nähe. Mutschlers Maschinenpistole hämmerte dumpf. Schlag auf Schlag. Er zersägte, zerfetzte fünf, sechs Angreifer. Bald hämmerte auch Rudis Waffe. Männer sackten zusammen, manche warfen ihr Gewehr weit weg, andere fielen auf ihre Waffe.

„Majko! Majko! (Mutter!)"

„Nicht locker lassen! Wenn alles klappt, kommen wir durch. Herrn Hänsler hat's erwischt."

„Monika auch!"

„Nicht locker lassen! Sie ziehen sich zurück!"

„Meinst?"

„Michelberger! Durchhalten!"

„Schon gut."

Rauch und süßlicher Geruch von Pulver. Stille.

„Die wollen uns reinlegen."

„Meinst?"

Der zweite Angriff erfolgte nach zwei langen Stunden. Es tobte und donnerte, knatterte, knallte von allen Seiten. Handgranaten gingen hoch, Jammergeschrei, Hilferufe, Wehklagen.

Gegen Abend war's dann wieder still. Eine leichte Brise wehte frische Bergluft durch Gräser, Büsche und Hecken. Grillen zirpten ihr Schlummerlied, dann hörte man auch die Abendglocken aus den nahen ungarischen Dörfern. Die vier Männer und zehn Mädchen hörten den Ruf der Glocken nicht mehr. Tot lagen sie im feuchten Gras. Ab und zu hörte man den Ruf eines einsamen Nachtvogels, einen Ruf hoch in der Nacht.

Weit oben zitterten Sterne, Sterne in der kühlen Nacht.

Ausstellung mit Führung

Reiner Zufall, daß ich im Winter auf der Durchreise die Ausstellung von Maximilian Schmalz miterleben konnte. Eisig fegten die Winde durch die engen Gassen, nur das vergrößerte Farbfoto von Maximilian Schmalz an den Plakaten erinnerte noch an Wärme und Geborgenheit in jener sibirischen Kälte. Der schelmische Blick, der kleine witzige Schnurrbart brachten mich in die Kunsthalle der Kleinstadt zur Ausstellung.

In der Halle war's angenehm warm. Der Ausstellungsraum war hell, weiße Wände, feierliche Stille, es kam mir ein hagerer Mann entgegen. Dürres Gesicht, glänzende Glatze. Am Eingang saß ein haariger Wüstling.

„Ich bin der Direktor der städtischen Kunsthalle. Es freut mich, daß Sie sich für das Lebenswerk unseres geehrten Meisters Maximilian Schmalz interessieren."

Als ich zu dem Mann auf dem Stuhl blickte, meinte der Direktor:

„Nein, nein, der Mann dort auf dem Stuhl ist nicht der Meister. Es ist nur ein Verehrer des geliebten Meisters. Er äußert sich gern über Maximilian Schmalz. Er ist sehr ausdauernd, sitzt jeden Tag hier. Herr Hinkebein, erzählen Sie mal unserem Besucher, was Maximilian Schmalz und seine Kunst, seine Malerei für Sie bedeutet."

„Na ja, na ja", sagte er mit knorriger Stimme. „Na ja."

Er streckte seine Beine aus und lächelte.

„Aber Herr Hinkebein, Sie sitzen doch jeden Tag wie gefesselt hier, gefesselt von der Malerei unseres Meisters."

„Obdachlos. Verstehen Sie? Ich bin obdachlos. Draußen ist es kalt, hier wohlig warm. Na ja."

„Aber Sie warten doch schon seit Tagen auf unseren Maximilian Schmalz. Sie wollen mit ihm reden."

„Das will ich auch. Vielleicht zahlt er mir ein warmes Süppchen."

„O Mann, o Mann! Kommen Sie, lieber Herr ..."

„Hafersack. Paul Hafersack."

„Danke. Also werde ich Sie jetzt mit der wunderbaren Welt unseres Malers bekannt machen. Maximilian Schmalz erschließt durch Farben und Formen, besonders aber durch Flächen eine Welt, die wir uns vielleicht erträumen, die wir uns wünschten, aber nie erfassen konnten. Sehen Sie, Herr Hafersack, diese blauen Flächen? Drei riesige Flächen. Was sehen Sie, wenn Sie diese Flächen länger betrachten?"

„Blau."

„Nein, nein. Wenn Sie diese blauen Flächen länger betrachten, wird es auch ihnen auffallen, daß Maximilian Schmalz uns alle anspricht. Diese blauen Flächen wollen uns an das Blau des Himmels erinnern. An die unendliche Ferne, unendliche, grenzenlose Weite. Maximilian Schmalz will mit diesen leeren, blauen Flächen die Sehnsucht in uns wecken, die Sehnsucht nach der Ferne. Maximilian Schmalz pinselt nicht nur so herum, gucken Sie mal, hier fehlt es an jeglicher Alltäglichkeit. Ja, ja. Diesen Höhen ist der Mensch von heute nicht gewachsen. Das ist Maximilian Schmalz und seine Kunst! Denken Sie mal an das Übliche an der Malerei! Was bietet uns die Landschaftsmalerei an? Bäume, Büsche, Häuser. Die Porträtmalerei? Nur Äußerlichkeiten. Gesichter mit Bart oder ohne Bart. Das Wesentliche treffen wir aber im Meisterwerk „Blau" an. Oder sehen Sie mal das nächste Gemälde. Eine weiße Fläche mit diesen dunklen Strichen, dunklen Parallelen, die diese weiße Fläche durchqueren.

Ja, ja, die dunklen Striche sind die Wege, die ewigen Wege, auf denen wir immer und ewig unterwegs sind, auf denen wir auf der Suche sind. Was ist das, Herr Hafersack? Reine Philosophie, lieber Freund! Oder das nächste Werk.

Zwei schwarze Striche ziehen in die Weite, verschwinden in der Ferne.

Eigentlich sehen wir Gleise. Sehen Sie? Hier das Werk, mit dem sich Maximilian Schmalz einen Namen machte. Betitelt „Das Rasen". Sehen Sie, die Gleise ziehen in die Weite, aber der Zug, sehen Sie auch den Zug?"

„Nein. Sollte ich?"

„Sehen Sie, da haben wir's wieder mit der Einmaligkeit des Meisters zu tun. Der Zug zischte schon vorbei, darum sehen wir ihn nicht."

„O Mann!"

„So, so."

In der Ecke sind mir zusammengebrannte Ziegel aufgefallen.

„Ja, ja. Sie haben recht, Maximilian Schmalz versuchte es nicht nur mit Pinsel und Leinwand, die Skulptur hat ihn auch angezogen. Sie meinten also, das wären hier ganz gewöhnliche Ziegel. Nein, nein. Diese Ziegel wurden zu einem festen Klumpen gebrannt."

„Aber Herr Direktor, das ist ja Ramschzeug aus einer Ziegelei. Das Zeug bringt man spottbillig an den Kunden. Diese verpfuschten, zusammengebrannten Ziegel verkauft man einfach so."

„Sehen Sie, Herr Hafersack, so verstehen sie auch des Meisters Absicht. Was sie hier sehen, verkörpert die untrennbare, ewige Liebe einer Frau und eines Mannes. Dazu der expressive Titel: 'Die ewige Liebe'."

„Die kommen richtig nicht mehr los."

Hinkebein saß noch immer auf seinem Stuhl.

„Chef, muß ich noch lange warten? Wann ist Schmalz zu erwarten?"

„Lohnt es sich überhaupt, hier zu warten?"

„Eine warme Bohnensuppe mit Wurst und Paprika ist die Mühe wert."

Ich kaufte mir noch ein Album mit den Werken von Maximilian Schmalz.

Mit dem Gedankengut des Meisters wollte ich meine geistige Trägheit verdrängen.

Die Katze und der alte Mann

Die scheckige Katze schlummert auf dem dürren Laub im Haselnußstrauch vor dem kleinen Kellerhaus. Aus den Weingärten wehen kalte Winterlüfte, dann und wann rütteln sie am Haselnußstrauch, auf dem trockenen Laub ist's aber schön warm. Sie hat die Augen zu, nur die samtweichen Ohren zucken kaum merkbar zu jedem fernen Geräusch; Geräusche haben immer etwas mit Gefahr zu tun, Geräusche erinnern an Hunde, die herrenlos in den Weingärten herumschnuppern, herumjagen, wild bellen, große und kleine, manche wollen nur spielen, wollen nur spielerisch herumtollen, die meisten sind aber bissige, grausam die Zähne fletschende Bluthunde. Ab und zu schaut sie zum Fahrweg hinüber. Weit unten in der Ferne die Stadt im blauen Dunst. Dann und wann quält sich ein Auto hoch, dann ist's wieder still. Vom Berge fegt kalte Luft durch die Weingärten. Die scheckige Katze horchte in die Stille. Die eisigen Lüfte säuseln durch den Haselnußstrauch, als wäre es fernes Katzengeschrei, schmerzhaftes Jammern einer Katze. War es die alte Katze, waren es vielleicht die Kleinen? Zuerst waren sie alle im weichen Nest dort in der Ecke in der verlassenen, morschen Bretterbude auf der alten Spritzhose, Maisschäle und Zeitungspapier. Dort hatten sie es schön. Es war immer still, manchmal klopfte der Regen auf das rostige

Blechdach, sonst war alles still. Die alte Katze war schwarz und warm, und ihr einschläferndes Schnurren erfüllte die Bude mit süßer Ruhe und Wärme. Da wurde gezitzt, geschnurrt, voller Glück und Stolz leckte die alte Katze ihre Jungen, die zwei schwarzen, die semmelbraune, die scheckige. Ab und zu verschwand sie durch den Riß am Blechdach, kam dann wieder mit ängstlichem Rufen. Nach einigen Wochen brachte sie ihnen winzige Mäuse, dann schleppte sie die Kleinen durch den Riß vor die Bude hinaus. Da strahlte alles, die Frühlingssonne war schimmernd hell und warm, der verwilderte Weingarten grün, und die Feldblumen lockten die Kätzchen mit ihrem Weiß und Rot ins Gras. Sie bemerkten bald die Käfer, das rege Hin und Her der Ameisen, tuppten mit ihren weichen Pfötchen auf die Ameisen, die alte Katze saß in der warmen Frühlingssonne und schaute ihnen zufrieden zu. Die Kleinen balgten sich aber herum, später legten sie sich wieder zu der alten Katze. Ein Bausch schnurrender weicher Watte, ein Bausch schnurrender Glückseligkeit. Nach einigen Tagen lockte sie ihre Jungen zu einem alten, knorrigen Pfirsichbaum. Mit einem Satz war sie auf dem Baum, bald baumelten, taumelten und schaukelten sich auch die Jungen hoch. Später brachte die alte Katze immer mehr lebende Mäuse. Sie setzte sich dann in die Sonne und schaute den Kätzchen zu, wie sie mit der Maus herumtollten. Als Sommerhitze in den Weingärten lag, trauten sie sich schon in andere Weingärten. Sie guckten neugierig zu den Leuten hinüber, die in den Weingärten arbeiteten. Näher wagten sie sich aber nicht. Den schmerzhaft verzweifelten Katzenschrei hörten sie an einem warmen Nachmittag. Erschrocken liefen sie in die Bude zurück, alle fühlten sie, daß es der Schrei der alten Katze war. Lange warteten sie auf ihr Kommen, sie kam aber nicht mehr durch den Riß, dann blieb auch die Semmelbraune weg, später auch die beiden Schwarzen. Die scheckige Katze war immer auf der Hut. Besonders als man sie mit Steinen und wildem Geschrei bewarf, als man ihr Hunde nachhetzte. Als die Leute weg waren, suchte sie nach Knochen, Brot, Kartoffeln, nach Speiseresten vor den Kellerhäusern und in den Weingärten. Den alten Mann hat sie in einem entfernt liegenden Weingarten gesehen. Groß war er, ein hagerer alter Mann mit langen Beinen, langen Armen, er trug einen großen, weißen Strohhut. Sie setzte sich unter einen Baum und schaute ihm zu. Der alte Mann war nicht laut wie die anderen mit ihrer grellen Stimme, er war allein in der Weingartenreihe. Nur das monotone Geräusch seiner Hacke war zu hören.

„Guck mal, guck mal, ich habe Besuch!"
Er hatte eine volle, warme Stimme.
„Nicht fürchten! Miez, Miez!"
Er lehnte die Hacke an einen Weinstock.
„So eine schöne Katze! Komm schön Miez, Miez! Jetzt halten wir eine kurze Pause, ich habe eine feine Wurst im Kellerhaus. Ein Würstchen für unsere Katze. Ich komme jetzt hinab zum Kellerhaus, dann halten wir eine kleine Verschnaufpause."

In der Katze wurden Stimmen wach, sie hörte wieder das Geschrei und Gebrüll der Leute, als sie ihren Hunden zuriefen: Packt sie, packt das Luder! Sie hörte das Schreckensgeschrei der alten Katze und lief aus dem Weingarten des alten Mannes, lief, bis sie die alte Bude erreichte.

Nach einigen Tagen kam sie wieder am Weingarten vorbei. Der alte Mann arbeitete wieder allein. Alles war ruhig und still. Nur das Geräusch der Hacke. Ein warmer Sommertag.

„Da bist du ja schon wieder! Komm, Miezekatze, ich habe schon auf deinen Besuch gewartet. Gewiß habe ich das. Guck mal, was ich in meiner Tasche für meine Katze aufgehoben habe. Ja, ja. Ich habe auf dich gewartet, Miezekatze."

Seinen großen Strohhut stülpte er auf einen Pfahl.

„Guck mal, Miezekatze, was ich für dich in meiner Tasche aufbewahrt habe."

Er packte Papier aus seiner Tasche.

„So. Hühnerfleisch, Miezekatze. Ein richtiger Schlegelbraten. Na? Komm schön! Keine Knochen. Nein, nein. Hühnerfleisch für meine Katze. Traust dich nicht? Ich tue dir nichts. Komm schön!"

Er warf das Fleisch zur Katze, doch war es gerade diese Bewegung, die sie an Steine und Pfähle erinnerte, die man ihr nachgeworfen hatte.

„Nicht fürchten, Miezekatze, ich tu dir ja nichts. Komm schön, ich gehe zurück zu meiner Arbeit, damit du dich an deinen feinen Braten machen kannst."

Es brauchte schon Zeit, bis sich die Katze näher traute. Viel Zeit.

Der Schrei der alten Katze schauderte ihr noch immer durch die Seele.

Der alte Mann lächelte ihr zu.

„Schön, Miezekatze! Komm nur, jetzt muß ich in die nächste Reihe."

Sie folgte ihm den ganzen Tag. Als er morgens aus der Stadt kam, wartete sie schon vor dem Kellerhaus.

„Bist schon da, Miezekatze? Siehst du, ich bin nicht so geschickt und flink wie du. Ich bin schon alt, Miezekatze."

Er wollte sie streicheln, er wollte sie an sich drücken.

„Komm doch, Miezekatze! Guck mal, was ich dir gekauft habe. Einen richtigen Teller. Ein wahres Schüsselchen. Ich werde es immer abwaschen. Ich habe dir eine Delikatesse mitgebracht. Ja, ja. Feine Salami. Noch nie gegessen, was? Und hier in diesem Plastikbeutelchen Milch. Kennst du auch nicht? Das kann ich dir schon glauben. Zuerst etwas Salami. So."

Er setzte sich auf einen Klotz, zündete sich eine Zigarette an.

„Fein, Miezekatze? Kriegst auch noch Milch."

Später setzte sie sich an die Sonne, putzte sich gemütlich und schnurrte wohlig vor sich hin.

„Schon gut, Miezekatze, es freut mich, daß du da bist."

Er stand auf, näherte sich langsam der Katze. Schritt für Schritt.

„Mieze, Mieze!"

Sie wollte weg, blieb dann doch. Er streichelte sie, zärtlich streichelte er sie.

„Schön, Miezekatze, sehr schön!"

Sie begann leise zu schnurren, schnurrte immer lauter, immer glücklicher, schmiegte sich an ihn, leckte ihm mit ihrer kleinen rauhen Zunge die Hand, das Gesicht.

„Schon gut, Miezekatze. Schon gut."

Morgens wartete sie schon vor dem Kellerhaus auf den alten Mann, und abends dachte der alte Mann oft in seiner Zweizimmerwohnung im Hochhaus: Wo mag sie wohl sein, die Miezekatze? Wenn ihr nur nichts passiert! Allein in der finsteren Nacht. Hunde, vielleicht auch Füchse!

Bis zur letzten Haltestelle fuhr er immer mit dem Bus, von dort ging's dann zu Fuß bergauf. Der ermüdende Hohlweg. Weingärten, Obstbäume, Kellerhäuser. Früher brachte er den Hunden Knochen mit, jetzt verscheuchte er sie. Er warf ihnen Steine nach.

„Verschwindet, ihr Bestien, ihr alle! Daß ihr mir die Miezekatze in Ruhe laßt!"

Es machte ihn froh, wenn in der Nähe seines Weingartens die scheckige Katze unerwartet aus einem Busch sprang!

„Das ist aber eine Überraschung, Miezekatze! Eine ganz tolle Überraschung! Alles in Ordnung, Miezekatze? Schönes Wetter heute, schön warm."

Sie gingen ins Kellerhaus. Er suchte die kleine Schüssel.

„Guck mal! So ein feiner Happen. Na? Heute lassen wir uns Zeit. Den Weingarten habe ich bestellt. Alles fix und fertig! Hier haben wir's schon schön. Weit und breit ist alles still, Sonnenschein, reine Luft. In der Stadt sitze ich nur in meiner Wohnung. Seit meine Lene dahinschied, sitze ich allein dort unten im Hochhaus. Ab und zu kommt es zu einem guten Tag im Treppenhaus."

Dann reifte auch das Obst. Weintrauben sonnten sich, bald zog die Mattheit des Spätsommers durch die Landschaft.

Jetzt, ja, jetzt ist es aber kalt. Kalte Winterlüfte wehen aus dem kahlen Weingarten. Die scheckige Katze schlummert auf dem dürren Laub im Haselnußstrauch. Ab und zu schaut sie zum Weg hinüber. Der alte Mann! Langsam kommt er. Graue Pelzmütze, langer Wintermantel, ein Deckelkorb in der Hand.

Die Katze kuschelt sich ganz klein zusammen, dann springt sie mit einem Satz aus dem Strauch.

„Willst mich doch nicht erschrecken, Miezekatze? Hast lange auf mich gewartet! Und kalt ist's! Ich habe dir warme Milch mitgebracht. Ja, ja. Und warme Gulaschsuppe. Etwas Wärme tut gut. Komm schön, Miezekatze! Ich wollte schon am Vormittag heraus, mußte aber meine Rente von der Post holen."

Sie begleitet ihn mit glücklichem Schnurren.

„So. Beginnen wir mit dem warmen Gulasch. So. Na, Miezekatze? Fein, was? Das glaube ich dir. Und dazu schön warm."
Er schaut ihr zu.
„Ein prächtiger Schmaus! Jawohl! Saftige Kartoffeln, auch Schweinefleisch. Jetzt die Milch, Miezekatze."
Von den Bergen rieselt naßkalter Nebel in die Weingärten. Still und kalt. Weit und breit kein Laut, kein Mensch, nur naßkalter Nebel in den Weingärten. Still und kalt. Nur die fröstelige Einsamkeit und Verlassenheit.
„Da ist man aber allein, Miezekatze, verdammt allein! Und wenn ich jetzt weggehe, bist du's noch mehr."
Er sucht seine Schlüssel in der Manteltasche.
„Komm, Mieze, wir gehen hoch in die Dachstube."
Im kleinen Raum ist es schon ziemlich dunkel.
„Da machen wir es uns etwas bequem."
Er zieht den Mantel und die Schuhe aus. Den Mantel breitet er auf der Pritsche aus.
„Und jetzt, husch unter die Kotze!"
Das stille Schnurren hat anheimelnde Wärme an sich.
„Jetzt haben wir's aber schön! Sehr schön."
Er streichelt sie zärtlich.
„Wunderbar, Miezekatze! Wie schön hätten wir's aber, wenn ich dich in meine Wohnung mitnehmen könnte. In die Stadt hinab, Miezekatze. Das wäre wunderbar! Aber das Ungeheuer, dieser Herr Baum, würde auch dich erschlagen. Mit allen Katzen tut er das im Treppenhaus. Das Ungeheuer mit seiner schwarzen Brille!"
Er horcht in die Stille.
„Jetzt sollte ich mich schon auf den Weg machen, Miezekatze. Es wird finster. Wir haben's aber jetzt so schön. Wer weiß, was uns die Nacht vorbehält. Du bleibst allein hier in der Nacht, ich bin alt, jetzt haben wir's aber noch schön, sehr schön. Meinst du auch?" Ein zufriedenes Schnurren ist die Antwort. Später meint er doch:
„Und jetzt suchst dir deinen Schlupfwinkel, Miezekatze, wo der auch sein mag, und machst ein Nickerchen. Komm schön, wir schließen den Laden, ich muß mich auf die Socken machen, sonst verpasse ich den letzten Bus."
Durch die Weingärten weht es eisig kalt. Weit unten sieht man die fahlen Lichter der Stadt.

Die Stadt

Damals, nach dem Krieg, war es noch unsere Stadt, Fünfkirchen, die Stadt dort am Berge, die Stadt mit der romanischen Kathedrale, vier festen Türmen, schweren Glocken, hinter der Stadt das Dunkelgrün des Gebirges. Tannen und Fichten und unter der Kühle der Bäume Fußpfade, Waldblumen. Weit unten die bunten Dächer der Stadt, und dort oben auf dem Berge machten wir jeden zweiten Nachmittag unsere Wanderungen. Kühler Fichtenduft, Gras und Waldblumen auf den Lichtungen. Blumenduft und Sonnenschein, Bienen und Schmetterlinge, Eidechsen sonnten sich auf den warmen Steinen. Für uns Gymnasiasten aus dem Schülerheim war das eine wundersame Welt dort oben. Still war es damals noch, ab und zu kam ein Fußgänger vorbei, dann und wann ein Pferdewagen, weit unten die Stadt im Sonnenschein, oben auf dem Berge schien es aber, als hörte man das Rinnen der Zeit in der duftigen Stille.

Unten in der Stadt holperten Pferdewagen durch die engen Gassen. Kopfsteinpflaster, hart, rutschig und abgewetzt war es. Die zu Tode gequälten Pferde rutschen mit ihren schwer knarrenden Kohlenwagen durch die steilen Gassen. Kohlenschwarze Burschen schrien derbe Flüche von Wagen herab, ihre Lederpeitschen knallten auf die Pferde nieder, Schreie, Angst, Blut und Schweiß, und die engen Gassen schienen immer steiler zu werden. Wir stellten uns oft zu den Kohlenwagen, bald waren wir schwarz wie die Kohlenmänner, Schweiß bedeckte unsere Stirn, wir wollten aber nicht locker lassen, es sollte den armen Kleppern geholfen werden. Es war ja unsere Stadt, hier gehörten auch diese grausam verprügelten Pferde zu uns, auch die Hunde, die uns aus den Gärten und Höfen nachschauten, die Katzen, die gelbe Straßenbahn, die sich quietschend durch die engen Gassen schlängelte, die alten, schattigen Kastanienbäume vor der Kathedrale, die Bänke unter den Bäumen. Zu uns gehörte die Klosterschule mit all ihren Schülern und Lehrern, mit Onkel Martin, dem korpulenten Pförtner, zu uns gehörte der Laden, wo wir unsere Brötchen kauften, die kleine Buchhandlung mit den schönen Büchern im Schaufenster, zu uns gehörte der Hauptbahnhof und die Obsthändler an der Ecke, der Klang der Glocken von den Kirchtürmen, die am Abend zur Maiandacht riefen. Auch die Promenade vor der Kathedrale hatte damals noch ihren Reiz. Stille, Schatten, ab und zu der Schlag der großen Uhr von der Kathedrale her. Auf den Bänken haben alte Leute gesessen, manche fütterten Tauben, junge Paare spazierten auf den Fußwegen, die Herren in Anzügen, die Frauen heiter bunt gekleidet. Aus der Kathedrale hörte man den Knabenchor. Bekannte Gassen, bekannte Gebäude. Das Gelb der Barockhäuser aus dem 18. Jahrhundert ...

Nach langer Zeit komme ich wieder durch die Stadt, durch die Stadt dort am Berge. Weit oben das dunkelgrün des Berges, ganz hoch der Fernsehturm, die Türme der Kathedrale sieht man auch noch, und ich finde mich doch kaum zurecht. Mein Gott! Da hat man ganze Gassen abgetragen. Überall neue Wohnblocks, Wohnviertel, Hochhaus an Hochhaus. Hotels, Warenhäuser. Ich gehe auch ins Gymnasium, in unsere alte Klosterschule. Der Pförtner ist eben dabei, seine Jause zu verzehren. Er ist auch korpulent, wie Onkel Martin war, aber viel jünger. Er säbelt an einer dicken Blutwurst herum. Blutwurst, Brot und Tomaten auf seinem Schreibtisch.

„Fehlgegangen, Opa! Ganz schön irregegangen! Das ist nicht die Promenade. He-he. Kein Tummelplatz für Opas. Das ist ein Gymnasium, Opa. Jawohl."

„Ich weiß. Ich will mir nur die alte Schule anschauen."

„Verboten! Übrigens bin ich eben dabei, meine Jause zu verzehren."

„Ich kenne mich schon aus. Ich war acht Jahre Schüler des Gymnasiums."

„Acht Jahre, sagen Sie, Opa? Eine verdammt lange Zeit! Ich bin seit zwei Monaten hier, habe aber die Nase voll. Man hat mir goldene Berge versprochen ... Na und wann war das mit der Schule?"

„Vor vierzig Jahren."

„Oh Mann, oh Mann! Vor vierzig Jahren? Vielleicht haben Sie am letzten Schultag etwas in der Bank liegenlassen und wollen jetzt das Zeug abholen? Schon gut, Opa, machen sie eine Runde. Hoffentlich muß ich nicht so lange in diesem Verein weilen. Ich habe die Nase voll. Jawohl."

Er ruft mir noch etwas nach, ich verstehe ihn aber nicht mehr. Ich komme an den Klassenzimmern vorbei. Hier haben wir Horatius, Cicero, Vergilius, Ovidius, Tacitus gelesen, aber auch Klopstock, Lessing, Schiller, Goethe, Kleist, Chamisso und Heine. Als hörte ich wieder das traute deutsche Volkslied:

Wenn ich ein Vöglein wär
und auch zwei Flüglein hätt,
flög ich zu dir ...

Ja. Ja. Wo seid ihr denn alle geblieben? Ihr alle, die ihr einst das Lied gesungen habt. Ich horche in die Stille, dann singe ich still vor mich hin:

Weil's aber nicht kann sein,
weil's aber nicht kann sein,
bleib ich allhier.

Überall das Gedränge in der Stadt. Alles laut, grelle Farben, amerikanische Tanzmusik. Wer versteht das englische Getöse und Geschrei? Oder soll's nur Lärm sein?

„Ein Mensch mit Kultur schreit nicht auf der Straße", sagte unser Klassenlehrer in der Klosterschule.

Die Hauptstraße und Franziskanerstraße haben sie zu Fußgängerzonen umgebaut. Cafés, kleine Restaurants, Eisdielen, Musik und Kaffee, Würstchen und Bier. Feine Düfte, teures Zeug in den Schaufenstern und überall nur fremde Gesichter. Alles so fremd!

Ich sitze noch eine Weile an einem Tisch. Fußgängerzone. Weiße Tische, weiße Stühle, alles neu, alles laut. Ich trinke meinen Kaffee, Kaffee mit

Sahne. Ich sitze traurig und erbärmlich allein im Gedränge. Die Stadt dort am Berge ist nicht mehr meine Stadt. Unsere Stadt lebt nur noch in meinen Erinnerungen.

Alles wird bleiben

Alles wird bleiben. Von den Bergen werden große Schneeflecken herüberschimmern, große weiße Flecken werden auf den weiten Hügeln hinter der Stadt liegen, mit braunen und schwarzen Rissen durchzogen. Man wird auf unserem Balkon stehen, wird zu den Berge hinübergucken.
 – Seht ihr? Der letzte Schnee!
 Man wird auf dem Balkon stehen, wird nach den weißen und dunklen Flecken sehen, wird es an den milden Lüften ermessen, daß der Frühling mal wieder durch Stadt und Land zieht.
 Vom Berge herab werden wieder Gräser wachsen. Am Wegrand, in den Gräben, überall werden Gräser wachsen. Man wird die dicken Wintermäntel zu Hause lassen, am Béla-Platz werden alte Leute auf den Bänken sitzen. Sonnenschein, behutsam wachsendes Gras am Rande der Pflastersteine. Alte Leut! Bei uns wird man wieder die Fenster offenlassen.
 Die Fenster!
 Das war schon immer unsere größte Freude, wenn wir die Fenster nicht mehr geschlossen halten mußten.
 Bald werden auch die Kastanienbäume blühen. Vom Berge wird die leichte Brise schwere Akaziendüfte in unsere Wohnung wehen. Im Frühling hat man immer den süßlichen Akazienduft da und auch die stillen Träume der Linden aus der Nachbargasse.
 Man wird die Wohnung aufräumen.
 Alles kommt hinaus. Auch die großen Teppiche kommen hinaus.
 Und dann werden auch unsere Freunde zu Besuch kommen. Wieder ein herrlicher Sonntag! Da wird geplaudert, gelacht! Eine Gaudi. Bier. Eine prima Fleischsuppe. Brathähnchen, Kuchen. Alte Erinnerungen werden neu gewürzt. Man wird noch lange an der Ecke stehen und ihnen nachwinken. Als hätten sie wieder mal etwas aus unseren jungen Jahren mitgebracht.
 Die Tage werden aber auch diese Erinnerungen verdrängen, wie schon so oft. Heiße Tage, lange Nächte, schlaflose Nächte. Man wird vor dem Bildschirm sitzen, wird sich ein gutes Buch vom Regal nehmen, und manche Nächte wird man schlaflos in die finstere Stille starren. Der Nachtregen

wird an den Fensterscheiben prasseln, man wird an unserem Fenster vorbeieilen, Autos werden in den Pfützen dahinschnelzen. Sie werden es.

Im September, wenn das Grün der Kastanien vor unserem Fenster rostig wird, wenn die Kinder wieder zur Schule gehen, wird man wieder lange auf unserem Balkon stehen.

Man wird an so manchem spätsommerlichen Sonntag wieder einen Ausflug in die Berge machen.

„Guckt mal! Diese Farbenpracht!"

Die Farbenpracht wird alle in Erstaunen setzen, das Schöne, das Einmalige der Natur wird wieder an den Saiten der Seele rühren, sie werden es ... Doch wird sich dazu die stille Trauer gesellen, der Herbst, das stille Dahinscheiden der Natur stimmt ja immer etwas traurig. Und die Tage und die Nächte werden immer mehr zu Erinnerungen. Man wird vom Regal ein gutes Buch suchen, doch werden mit der Zeit auch die besten Bücher unerträglich ... alles wird zur Langeweile. Die Tage, die unendlichen Nächte, die sich dahinschleppende Zeit.

Am Fenster wird man das Grün unserer Topfblumen haben. Das sanfte Grün, auch Rot und Gelb dabei. Unsere Wohnung. Die Sessel, die Couch, Schränke, der Schreibtisch. Immer mehr wird alles zu Erinnerungen. Man wird sich an die Jahre erinnern ... Alles wird da noch an Zeiten erinnern, an die düsteren Morgen und die Abende, an die stille Freude des Zusammenseins an den Abenden. Die Vasen, Bücher, meine Bücher, in den Büchern meine Aufzeichnungen. Wer wird noch in diesen Büchern herumblättern? Wer?

Ich weiß, daß da alles zu Erinnerungen wird.

Nach jenem Tag.

Am Morgen werde ich noch alles in meine alte Tasche packen. Etwas Brot, auch Obst, Käse, Salami. Das werde ich an jenem Tag tun. Ich werde mich flüchtig im Zimmer umsehen, wie schon immer, als hätte man noch was zu sagen. Aber was?

„Na, habe ich alles?"

Am Fenster das Grün unserer Topfblumen. Das sanfte Grün, auch Rot und Gelb dabei. Die Sessel, die Schränke, mein Schreibtisch.

Sprechen werden wir nicht. Man hat's ja am Morgen immer eilig.

„Laß es gut sein!"

Die alte Tasche in der Hand.

Ich werde mit der alten Tasche in der Hand weggehen. „Laß es gut sein!"

Alles wird bleiben. Von den Bergen werden große Schneeflecken herüberschimmern, vom Berge herab werden wieder Gräser wachsen, am Béla-Platz werden alte Leute auf den Bänken sitzen. Sonnenschein, behutsam wachsendes Gras am Rande der Pflastersteine.

Und am Nachmittag werden dort oben am Bergweg Leute nach Hause eilen. Mit ihren kleinen Kindern werden sie dort oben vorbeikommen, froh, daß sie wieder nach Hause kommen, daß sie den Tag wieder erledigt haben.

Sie werden in die Stadt hinunterblicken.
Unten liegt die Stadt.
Szekszárd!
Sie werden noch die bekannten Straßen sehen ... Ich werde aber nicht mehr vorbeikommen.
Alles wird zu Erinnerungen.
Auch der Morgen, als ich mit meiner alten Tasche zum letzten Male zur Arbeit ging.

Gustav Flander
Mokrin – Donaueschingen

Fotostudio Grill, Donaueschingen

Gustav Josef Flander (Pseudonym: **De Schwowegustl***) wurde am 17. März 1927 in Mokrin (Banat/Jugoslawien) geboren. Aufgewachsen und Besuch der deutschen Volksschule in Botschar, staatliches Gymnasium in Großkikinda, Lehrerbildungsanstalt Werschetz. 1944-50 Verschleppung nach Rußland. Nach der Entlassung Studium an der Ingenieurschule in Mönchengladbach mit IHK-Abschluß. 1973 Studium an der Akademie für Wirtschaft mit IHK-Abschluß in Regensburg. Schreibt seit 1963 in donauschwäbischer Mundart. Neben vielen Veröffentlichungen von Gedichten und Erzählungen in Zeitschriften und Heimatblättern ist im Eigenverlag 1991 erschienen: „Dehaam war dehaam. Gedichte; Die Schongauer. Die Geschichte einer donauschwäbischen Familie, erzählt in donauschwäbischer Mundart". Zahlreiche Auftritte bei Veranstaltungen, zuerst solo, dann mit seinem Freund Georg Weiner aus Putinci als „Schwoowe-Duo".*

Haamweh

Wann iwer mir die Wolke flieje
un alli siedwerts – haamwerts zieje
werd's um mich so leer
um's Herz so schweer.

Khennd ich doch wie ich leb un bin
a klaani Wolk nor aamol sin
mecht flieje ich rasant
ins Heimatland.

Mit Träne in die Aue
mecht ich noo ksien – mecht schaue
iwer 's Feld un weidr naus
zum Eldrhaus.

Mecht aamol noch die Trauwe moschte
a gude Troppe Wein v'rkoschte
noch aamol schnuppre selle Duft
die Heimatluft.

Weil's mol awer net khann sin
das ich a klaani Wolk mol bin
bleiw ich in dr Welt halt blooß
heimatlos.

Heimatglocke

Wann am Sunnda in dr Fruh
vum Kherchtorm Glocke klinge
mach ich schnell die Aue zu
un heer a Lied noo singe
a Lied so scheen un aach so klar
a herrlich Melodie
oh Gott wie is es wunnerbar
ich v'rgess es nie.

Ich heer de Ton vun weit weit her
von Donau, Theiß un Beggaschtrand
die Welt um mich die werd so leer
mich zieht's noo fort in jenes Land
weil dort die richtich Heimat is
for jedes Schwooweherz
trotz neijer Heimat – neijem Glick
wie groß bleibt doch de Schmerz.

Noo rollt a Trän mer iwer's G'sicht
ich dank dr drum oh Herr
daß ich bei hellem Sunnelicht
un war's aach noch so schweer
im Traam hann kheert de Glockeklang
aus weidem Heimatland
es war zuglei a Loobgesang
fors G'schenk aus deiner Hand.

Drum bitt ich dich aach weider noch
gib mir die Kraft d'zu
loß mich so manches Schtindle noch
in alder Heimat ruhn
loß schlaan mei echtes Schwooweherz
im Takt recht inniglich
aldes scheenes Heimatland
oh wie lieb ich dich.

Im Himmlreich

Wann ich e'mol zum Petrus khumm
ans großi Himmlstoor
die Feschtrklapp sich uftun werd
mer frood wer schteht devor
noo saa ich halt mei Name glei
un schtell ne uf die Proob
geh Petrus mach dei Himml frei
jetz khummt a Donauschwoob.

Will er mer noo als Dank drfor
zwei Englfligle ginn
noo lehn ich ab un saa v'rschämt
daß ich kha Engl bin
gid er mer noo a Wunsch druf frei
to werd mei Au glei naß
ich winsch mich in die Kellerei
zum allergreschte Faß.

Un frood er mich noo ganz erschtaunt
warum ich's winsche tu
saa ich mit heller Schwooweschtimm
die Antwort ihm im Nu
weil ich mit echtem Rislingwein
getaaft mol worre bin
zieht's mich sogar im Himmlreich
nor noch zum Weinfaß hin.

V'rloregang

Ich froo de Vedr Toni
wie is es meglich heit
ich froo die Besl Vroni
wu sin die Schwooweleit.

V'rwunnert sin die Aldi
daß ich als Jingre froo
geh zu mei Buu un such se
die sin halt nimmi to.

Jetz renn ich ruf un runner
von Schtadt zu Schtadt – dorch 's Land
un such die treiji Schwoowe
die mir so gut bekannt.

Ich treff so manche Landsmann
ich deng glei an dehaam
er schaud mich aan – nor flichtich
un had mer niks zu saan.

Ich waaß net soll ich lache
odr traurich sin
ich glaab mei liewe Landsmann
der hat mich gaarnet g'sien.

Ich g'schpier im Au die Träne
ich menn ich hann's v'rschtann
des ware mol die Schwoowe
sie sin halt unnergang.

V'rwachs mit fremdem Brauchtum
sin ingebirgert heit
so is es halt im Lewe
so änre sich die Leit.

Warum schreib ich noch schwoowisch
wer will des heit noch g'sien?
ich saa's dir liewe Landsmann
„weil ich a Schwoob halt bin".

Schwoowe dr heidich Zeit

Vun Haus un Scholl had mer uns v'rtrieb
uns is niks g'schenkt noch iwrich geblieb
vun vore hald ang'fang – es war net leicht
die meischti hann's g'schafft un aach erreicht
a Dach iwerem Khop ihr eige zu nenne
sin schtolz d'ruf – mer khennt's doch so menne.
Als gudi Birger im Schtaat heit zu lewe
des is es Khunschtschtick – des nennt mer ewe
v'rgewe v'rzeije zum Friede bereit
des sin mir Schwoowe dr heidich Zeit.

Mir hann gelernt vum Pluch uns zu trenne
die neiji Heimat – Heimat zu nenne
mit schtark vill Geduld uns anzupasse
mer wollt's net glaawe – mer khonnt's net fasse
doch wohr bleibt was wohr is – in jedem Land
sin unser Schwoowe heit gut bekannt
in mancher Fabrik sin se ganz groß im Renne
un zeije voll Schtolz was se wisse un khenne
sin braf un ehrlich un schaffe voll Freid
des sin die Schwoowe dr heidich Zeit.

Drum bitt mer um aans – blooß kha Unnerschied mache
loßt uns nor wuhle lewe un lache
v'rgunnd mol ihr anri uns aach bißl Glick
schaud uns doch an mit ehrlichem Blick
loßt in dr Bruscht uns a Funge ganz klaan
loßt uns doch trääme vun dort – vun dehaam
mir reiche aus Freindschaft eich alli die Hand
mir sin doch kha Fremdi im deitsche Land
hold uns doch hin – wie mer sin ihr Leit
mir sin hald die Schwoowe dr heidich Zeit.

Es taamisch Leiwl

De Matz geht heit zum Tanze aus
mit frisch gewiksti Schlappe
doch mit dem Leiwl is's a Graus
des will un will net klappe.

Do owe is a Knopp zu vill
un unne bleibt a Loch noch leer
zum Dunner-Teiwl-Heksegschpill
zum Knopp muß doch es Knopploch heer.

Do helft kha Zieje un kha Zerre
kha Ärchre un kha Toowe
kha Fluche un kha Närrischwerre
des Leiwl is v'rschoowe.

Do denkt de Matz – zum Kukuk ninn
wie soll dan des blooß schtimme
ja had mer sowas schun mol g'sien
des Teel is v'leicht von hinne.

Doch halt – bevor ich's ausziehn tu
saad er voll Wut v'rbisse
jetz bleibt des taamisch Leiwl zu
de Knopp werd abgerisse.

Un mit dem Zippl un dem Loch
des mißt doch aach noch klappe
die Scheer tut noo es iwrich noch
v'rschwunne is de Lappe.

Jetz is de Matz soweit paraat
was hadr misse schwitze
a neijes Leiwl akurat
des muß halt richtich sitze.

Kherwei

Jedes Johr um die gleichi Zeit
hann die Buwe un Mädle sich aarich g'freit
es ganzi Dorf hat g'schuft un g'schafft
sich for die Kherwei scheen gemacht.

Die Modr had de Khuche gebackt
die Hingle geroppt un sauwer gemacht
de Vadr had es Geld gezählt
un Owacht ginn daß jo niks fehlt.

Die Mädle hann die Hiet geputzt
die Buwe ihre Schnauzer g'schtutzt
die Weinflasch g'filld die Musik b'schtellt
die Kroon geputzt un de Kherweibaam g'schtellt.

Die Reck ware g'schtärkt – hann richtich g'schtann
bevor mer noo in die Kherch is gang
de Pharre had sei Seeje ginn
gebitt un gebett daß es Fescht geling.

Un noo dr Mess – de Tanz ums Faß
des macht doch jedem richtich G'schpaß
die Musich war gut – had richtich g'schpilld
de Bu had sei Mädl zum Tanz gedrillt.

Die Vortänzer hann ihre G'setzl g'saad
a langes Schtick recht scheen und braad
de Rosmarein voll Bandle g'schwung
un rechti Schtimmung ins Fescht gebrung.

Drei Tää un drei Nächt is des soo gang
a jede had zum V'rschpreche g'schtann
nor net bremse – wedr nochlosse noch
bis daß die scheen Kherwei had a Loch.

Wann du des herscht werd's dir noo kloor
wie scheen des war vor villi Johr
de Tanz die Kherwei de Kherweibaam
noo bischt du glicklich un denkscht an dehaam.

De Leweslaaf

Ich hann mer's khorz mol iwerleed
wie's aam im Lewe so schun geht
mer werd gebore – es war a Freid
mer werd bewunnert von die Leit.

Mer werd noo greßr – a echte Fratz
werd aus dem klaane Hosematz
mer khummt zur Schul – de Lehrer mennd
aus unseraam was werre khennt.

Mit fufzehn mecht mer neinzehn sin
die Zeit geht aam zu schtaad dahin
mit siebzehn fiehlt mer sich als Mann
weil mer a Mensch sich leischte khann.

Mit zwanzich werd mer noo Rekrut
die Freiheit is jetz zwar kaput
doch khummt mer haam noo langer Zeit
werd kheirat ganz mit Sicherheit.

Als junger Mann werd g'schafft un g'rung
bis mer's zu etwas hat gebrung
un eh mer denkt – jetzt khennt's mol gehn
g'sied mer die Verzich vor sich schtehn.

Die Johr v'rgehn noo immer schneller
die Haut werd runzlich – es Hoor werd heller
die eig'ni Khinner werre groß
a Englkhind sitzt ball uf 'm Schooß.

Mit sechzig mennt mer immer doch
nor net ufginn – es geht schunn noch
bis mer noo Jingri sage heert
er khann's doch nimmi – es is zu schweer.

Mit siebzich schmeckt nor noch de Troppe
vum Rewesaft beim Morjetsschoppe
des war a Lewe in dr Taat
bis noo de Pharre Amen saat.

Was blieb ...?

Oh Heimat ...
wir segnen dich, auf daß dich Gott behüte,
wir stehn getreu zu dir in Not und Tod.

Was einst ein Müller-Guttenbrunn geschrieben,
was damals er für uns erdacht,
sag mir – was ist davon geblieben,
was hast du heut' daraus gemacht?

Hörst du denn noch die Heimatglocken läuten?
Hörst du der Toten Jammerschrei?
Statt ewig trauriges Begleiten
ist es dir nun doch einerlei.

Wo Tausende so schwer gelitten
auf jener Insel weit im Völkermeer,
wo einst der Schwabenpflug das Land durchschnitten,
es war einmal, es ist nicht mehr.

Verklungen sind der Ahnen große Worte,
der Schwur aus jener großen Zeit,
verloren gingen Namen jener Orte,
vergessen sind heut Not und Leid.

Wach auf – du Donauschwabe,
denk an die Heimat dein,
im Herzen sollst du sie tragen,
mit Stolz ein Donauschwabe sein.

Dehaam ...!

Weid war es Feld – ganz flach un eewe
goldgeel die Frucht – un grien die Rewe
schtolz uf sei Acker – de Bauer – mei Ahn
dort war ich glicklich – dort ganz allaan.

Groß die Familje – ufrecht de Mann
ehrlich un fleißich de Schwooweschtamm
graad un sauwer – es Dorf – jedes Haus
des war dehaam – dort musst mer raus.

Weid in dr Welt sin mir v'rschtraud.
Khaaner so recht in die Heimat sich traud
d'rum liewe Herrgott loß mich's doch saan
am schenschte war's dort – dehaam war dehaam.

Mir lewe modern ...!

Schun villi Johr – a langi Zeit
wie's domols war – wie is es heit
manches is schun v'rloregang
vum scheene Brauchtum im Schwooweschtamm.

Mer lebt heit nor uf großem Fuß
mit dem un jenem im Iwerfluß
mer schaud net hü – mer schaud net hott
weil heit werd ganz was an'res gebott.

Mit dr Khandl brauchscht nimmi zum Brunne gehn
es werd ganz enfach de Hahn ufgedreht
brauchscht nimmi mit Schtorze un Schtroh
des macht die Heizung heit enfach so.

Du brauchscht heit kha Khu wegr dr Milch melke
des g'sied mer jo sowiso nor noch selde
entrahmt un frisch – ob khald, ob heiß
kriescht du alles zum Sonderpreis.

Mer lebt heit modern – frisch aus dr Doss
es Fleisch is fertich – un aach die Sooß
du khauscht halt alles – so recht jede Bisse
nor was do drinn is khanscht du net wisse.

Ja hascht mol v'rkoscht die Saarme aus dr Piks
die sin bisl sauer – un schmecke noo niks
es Gulasch des is doch nor a Prie
a G'schmack – un a Kraft bleibt Fantasie.

Un not in dr Kiehltruh – ganz famos
in scheeni Schachtle aarich groß
sie nenne es Kuche – des is zum Lache
a echte Ziehschtrudl khenne se doch net mache.

Ein gnadenloses Christkind

Aus dem jugoslawischen KZ Groß-Kikinda

„Du Schwein." – Mit seiner Lederpeitsche zeigte der Lagerkommandant auf eines der angetretenen Opfer. „Herkommen. Du SS?" – Anwort: „Nein." – „Du Wehrmacht?" – „Nein." – „Du deutsche Mannschaft?" – „Ja." – „Aha, also auch gegen Partisanen kämpfen – erschießen!"
„Du Nazisau – herkommen. Du SS-Helferin?" – „Nein." – „Du deutsche Frauenschaft?" – „Nein." – „Ja was, du keine deutsche Frau, vielleicht deutsche Oma?" Zitternd ein schweigsames Kopfnicken. „Ja, deutsche Oma." – „Erschießen, weil deutsches Kind geboren."
„Du vorkommen. Du SS?" – „Nein." – „Du Wehrmacht?" – „Nein." – „Du deutsche Mannschaft?" – „Nein." – „Du aber sicher HJ?" – „Nein." – „Oh, du schlechte deutsche Kamerad, nix schade – erschießen."
So ging es stundenlang, bis die erforderliche Zahl von 125 Personen der heutigen Erschießung ausgesucht waren. Zufrieden mit sich selbst, den schriftlichen Befehl des Kreiskommandos ausgeführt zu haben, verschwand der Lagerkommandant in sein geheiztes Büro. Zitternd vor Kälte und Angst standen die gequälten Kreaturen des Lagers noch im Hof, bis einer der wachhabenden Zigeuner das Kommando zum Verschwinden in die Unterkunftsräume gab. Nur die ausgesuchten 125 Opfer blieben bei klirrender Kälte im Hof stehen. Sie hatten in den Unterkünften nichts mehr verloren – sie waren zum Tode verurteilt. Was in den nächsten Stunden geschah, kann nicht mit einigen Worten geschildert werden. Höchstens 20 bis 25 Schüsse befreiten einige der Gemarterten von ihren Qualen – die anderen waren zu Tode gefoltert worden.
Nur 125 an einem Tag – in einem KZ für den so stolzen Volksstamm der Donauschwaben – waren ausgelöscht.
Scharf wie eine Dolchklinge zerschnitt der schrille Ton einer Trillerpfeife die Stille eines anbrechenden Wintertages. Gebrüllte Fluch- und Kommandoworte trieben die Insassen des Lagers aus ihren Unterkünften in den Hof zum Appell. Nur widerwillig und murrend schoben sich die bis zur Unkenntlichkeit in Lumpen verhüllten Gestalten durch den engen Türspalt und nahmen in gewohnter Viererreihe im Hof Aufstellung. Kalt und verächtlich blickten die Wachposten auf die bedauernswerten Geschöpfe. Als der Lagerkommandant in seinem protzigen Pelzmantel im Hof erschien, verstummte jedes Geflüster zu einer Totenstille, und jeder der hier angetretenen Personen hatte nur einen Gedanken, eine bange Frage – „Wer ist heute an der Reihe?"
Schon wochenlang fand diese schreckliche Morgenzeremonie statt, und jedesmal wurden einige ausgewählt, die dann – wie sich der Kommandant grinsend auszudrücken pflegte – „den Heldentod für Führer, Volk und Va-

terland sterben" durften. Daß unter den Ausgewählten ein großer Teil Frauen waren, störte ihn kaum

Heute aber begann der Morgenappell mit einer Ansprache des Kommandanten, einem Loblied über den glorreichen Sieg der Partisanen. Da es ihm selbst anscheinend zu kalt wurde, beendete er die Rede mit den Worten: „Wir haben euch besiegt und dürfen feiern. Als Zeichen unserer Güte dürft ihr jetzt noch einige Stunden die frische Luft atmen."

Was sollte das nun wieder bedeuten? Abgestumpft und gleichgültig blieb man also – wie befohlen – in eisiger Kälte in Reih und Glied stehen. Stunde um Stunde verrann. Es war schon längst Mittagszeit, und zu dem quälenden Gefühl des Hungers gesellte sich die Angst vor dem Zusammenbrechen. Da, ein kaum hörbarer Seufzer, und in seltsamer Verkrümmung lag der Körper einer älteren Frau im schmutzigen Schnee. Grinsend trat einer der Zigeuner an die zusammengebrochene Gestalt, trat mit schmutzigem Stiefel nach ihrem Kopf und brüllte: „Aufstehen!"

Vergeblich versuchte die alte Frau, sich mit letzter Kraft aufzurichten. Da lachte der Zigeuner und meinte: „Wenn du meine Stiefel küßt, dürfen die anderen dir helfen." Halb wahnsinnig vor Angst, erschossen zu werden, küßte die arme Frau die schmutzigen Stiefel des Wachpostens. Ein widerliches Lachen: „Brav so, ja schön. – Und nun noch einmal, aber recht lange, damit die anderen es sehen können." Dann durften die Leidensgefährten der alten Frau helfen, sich zu erheben.

Fürwahr – dachte sich so mancher der Umherstehenden –, wenn es noch einen Gott im Himmel gibt, kann er nicht ungestraft solches Unrecht dulden. Und grinsend wartete der Wachposten auf das nächste Opfer.

Gegen 15 Uhr erschien dann die sogenannte Kommission, und es begann die Musterung. Wie ein Stück Vieh wurde jeder einzelne von Kopf bis Fuß begutachtet und zu der rechten oder der linken Gruppe getrieben. In der einen Gruppe waren nur junge Personen, etwa zwischen 17 und 40 Jahren, die Auserwählten. Die andere Gruppe, alles ältere Personen, wurde gleich zurück in die Unterkünfte gebracht. Als man an dem im Hof stehenden offenen Bauernbrunnen vorbeikam, geschah das Unfaßbare. Die zuvor so gedemütigte alte Frau spuckte dem neben ihr gehenden Zigeuner ins Gesicht und stürzte sich mit einem herzzerreißenden Schrei kopfüber in den Brunnenschacht. Lieber sterben, als mit solcher Schande weiterleben!

Die noch im Hof verbliebene Gruppe der jüngeren Lagerinsassen wurde nach diesem grausigen Zwischenfall schleunigst in ein abseits liegendes Gebäude des Konzentrationslagers gebracht. Am nächsten Tage wurde diese Gruppe ihrer Lumpen entledigt und mit noch tragbarer Kleidung ausstaffiert, wobei man nicht besonders auf männliches oder weibliches Geschlecht achtete. Die Kleidungsstücke mußten nachher eben untereinander ausgetauscht werden. Am Nachmittag bekamen sie eine größere Verpflegungsration, und man machte ihnen klar, daß sie dieselbe einzuteilen hätten, weil es sich um eine Transportration handelte.

Am nächsten Tage, es war der 24. Dezember 1944, Heiligabend also, wurden sie wie eine Viehherde unter großem Gejohle der Partisanen zum Bahnhof getrieben und ebenso wie Vieh in die bereitstehenden Viehwaggons gepfercht. Es begann ein Leidensweg der Mädchen und Frauen, der Jünglinge und Männer, der so schnell nicht enden sollte. Sooft der Zug mit seiner Elendsfracht anhielt, wurden neue Wagen angehängt und unschuldige Menschen verfrachtet wie Sklaven, die nach gefälltem Urteil zum Wiederaufbau der Sowjetunion den Russen ausgeliefert wurden.

Die Weihnachtstage, an die höchstens im stillen mancher dachte, waren um. Neujahr stand vor der Tür – vor welcher Tür? Man war noch immer auf Fahrt. Immer weiter, in das aus Büchern und Erzählungen bekannte und doch so unbekannte, unendlich weite und grausige Rußland.

Am 21. Januar 1945 war die Fahrt zu Ende, und man wurde wieder in ein Lager gebracht. Schon nach einigen Tagen merkte man, daß es hier keine Erschießungen gab und man nur auf die Ausbeutung der Arbeitskraft bedacht war. Nun wenn schon, man blieb aber wenigstens am Leben.

Am Leben – wie lange? Schon schnitt der Tod mit seiner unbarmherzigen Sense Zacken in die Reihen der Internierten – so wurden sie nun genannt –, und mit dem Gedanken, daß man namenlos und nur noch eine Nummer war, hatte man sich abgefunden. Ja, man gewöhnte sich schnell an so manches, man hatte schon Schlimmeres erlebt, als seinen Namen zu verlieren. So verging ein Jahr nach dem anderen, und ein Großteil der Internierten mußte wegen Krankheit und Unterernährung frühzeitig entlassen werden.

Es war im November 1949, da schlug auch für den Rest der noch im Lager Verbliebenen die glückliche Stunde der Entlassung. Nach zweiwöchiger Fahrt stand man am Bahnhof eines fremden Landes, einer fremden Welt. Nach einem für alle unbegreiflichen Beschluß wurde die Bundesrepublik Deutschland als Entlassungsland bestimmt. Warum nicht das alte Heimatland? Man sollte es später schon noch erfahren, daß man vogelfrei und heimatlos war. Die Hauptsache aber, man war wieder frei – und so mancher stellte sich die Frage: „War es damals, 1944, wirklich ein gnadenloses Christkind? Es war vielleicht die Rettung, da du noch am Leben bist!"

Elisabeth Flassak
Ernsthausen – Rastatt

Katharina Elisabeth Flassak wurde am 4. Oktober 1923 in Ernsthausen (Banat/ Jugoslawien) geboren. Vater: Ladislaus Schag, Beruf: Kaufmann, Gemeindeschreiber; Mutter: Katharina, geborene Neidenbach, Beruf: Bäuerin, Gastwirtin. Ausbildung: Volksschule von 1929-36, 1936-41 Gymnasium in Groß-Betschkerek und Neu-Werbaß, 1941-44 Lehrerbildungsanstalt in Werschetz mit einem anschließenden Praktikum in Sakule. Mit dem Einmarsch der Russen wird das Studium bis 1947 unterbrochen. Ab Herbst 1944 Internierung durch die Titopartisanen. Im März 1945 Strafversetzung in das Sterbelager für Alte und Kranke nach Kathreinfeld. Mitte April Internierung mit der Bevölkerung Kathreinfelds. Im Sommer 1945 Überweisung in das Internierungslager Ernsthausen. Dort als Schreibkraft in der Kommandantur tätig. 1946 Flucht nach Rumänien. 1947 Flucht über Ungarn nach Nieder- und Oberösterreich. 1947 Lehrerdiplom in Eferding. 1963 zweite Lehrerbefähigunsprüfung und Missio canonica (kirchliche Sendung zur Religionslehrerin) an der Universität Freiburg. 1957 Heirat mit Günther Flassak und Übersiedlung in die Bundesrepublik, Baden-Württemberg. Bis zur Pensionierung 1982 Lehrerin in ihrer Wahlheimat Rastatt. Werke: 1983 „Ernsthausen. Das Schicksal eines deutschen Dorfes im Banat" und 1994 „Fegefeuer Balkan. Weg eines donauschwäbischen Kindes". Aktuelle Berichte über donauschwäbische Ereignisse in allen donauschwäbischen Zeitungen sowie seit fünf Jahren die Redaktion von „Ernsthausen", selbständige Zeitschrift der donauschwäbischen Gemeinde Ernsthausen, die im Rahmen des „Donautal Magazins" erscheint.

FEGEFEUER BALKAN
Weg eines donauschwäbischen Kindes *(Auszüge)*

1. Das Jahr 1923

In jenem Sommer 1923, einem typisch pannonischen Sommer, der glutheiße Tage bescherte, die durch plötzlich auftretende Gewitter mit ihren heftigen Regengüssen ebenso schnell für einige Stunden Abkühlung brachten, war die Ernte bereits eingebracht. Große Haufen Getreide lagen auf den Dachböden, die später, in Säcken abgefüllt, gewinnbringend verkauft wurden. Etwa sechs Wochen lang zischte und dampfte die „Dresch" (Dreschmaschine) von Hof zu Hof, bis eines Tages ihr inzwischen vertrautes, monotones Summen verklungen war. Nun ruhte sie im „Maschinenschopp" (Geräteschuppen), um im nächsten Jahr wieder zum Einsatz zu kommen. Die Arbeiter bei der „Dresch" – es waren viele Frauen darunter – verdienten sich in dieser Zeit nicht nur das Mehl für das Brot, sondern auch für die gerne gegessenen Mehlspeisen, die sich täglich mit den Fleischspeisen abwechselten.

Später, als schon der Altweibersommer mit seinen Silberfäden ins Land zog, wurde auf den Feldern „Kukuruz" (Mais) gebrochen. Fuhre um Fuhre wurden die Kolben mitsamt den „Lieschen" (die trockenen Hüllblätter der Maiskolben) in den Hinterhof zum „Lieschen" (Entfernen der Blätter) gefahren. In den meist zur Straße stehenden luftigen „Hambaren" (überdachte Hochspeicher aus Lattenrosten) wurden die Kolben getrocknet, davon ein Teil verfüttert und der Rest dem meistbietenden Händler verkauft. Jetzt war auch die Zeit der Tabakernte, wo die noch saftigen grünen Blätter, auf Schnüren aufgefädelt, zum Trocknen aufgehängt wurden. Es stand nur noch die Sonnenblumen- und Rübenernte aus. Beide großen Arbeiten fielen meist schon in den Spätherbst, der in jenem Gebiet viele Regentage brachte und den Bauern große Mühe und Beschwernis verursachte.

Die Hausfrauen hatten gerade jetzt alle Hände voll zu tun. Eigentlich sollten sie aufs Feld fahren, aber das viele Obst, das in jedem Garten an den Bäumen hing, mußte, um es nicht verderben zu lassen, zum „Dunschtobscht" (eingewecktes Obst) oder zur „Lekwar" (Marmelade) für den Winter eingekocht werden. Die „Speis" (Speisekammer), der Stolz jeder Hausfrau, wo alle diese süßen Köstlichkeiten für den Winter aufbewahrt wurden, glänzte vor Sauberkeit. Die gestickten oder gehäkelten Kastenstreifen lagen steif gestärkt auf den Regalbrettern, und man hatte den Eindruck, sie warteten schon auf die gefüllten Gläser oder „Milichtippe" (Milchtöpfe), die dann mit allen Obstsorten, die der Garten zu bieten hatte, gefüllt und sauber aneinandergereiht in Zweierreihen dastanden. Auch die Wintergurken, der eingelegte Paprika und die Tomaten in Flaschen hatten dort ihren Platz. Im Winter hingen an der Decke die geselchten Brat- und Leberwürste, die dicken Schwartenmagen, die Speckseiten und die köstlichen Schinken.

Schmalz und Grieben standen in Ständern (große Dosen) auf dem Boden. Ja, Ordnung mußte sein, das gehörte zum Leben der Nachkommen der deutschen Siedler hier im Banat.

Während also die Frauen an jenem 6. September ihren anstehenden Arbeiten mit Bienenfleiß nachgingen, vernahmen sie plötzlich zu einer ungewöhnlichen Zeit den Trommler, der eine Verlautbarung der Gemeinde ausrief. Die Frauen verließen ihre Arbeit so, wie sie waren, jedoch nicht, bevor sie sich versichert hatten, daß nichts anbrennen konnte. Mit geröteten Wangen und in ihrem sommerlichen Arbeitsgewand, das aus einem zartgeblümten Hemd mit kurzen Ärmeln, einem wadenlangen Rock, kurzer Schürze und nur einem Unterrock bestand, liefen sie auf die „Gass". Das Kopftuch, ein Zeichen des Frauenstandes, band man im Sommer „schicksslich" im Nacken, im Gegensatz zum Winter, wo es unter dem Kinn gebunden wurde. Dann waren auch die Röcke länger und wirkten durch die größere Anzahl der Unterröcke fülliger. So hatte man die Tracht, die außer den wenigen „Herrischen" alle trugen, der heißen Sommerzeit einfach angepaßt, sehr zum Vorteil der Frauen, denn es war alles anständig bedeckt und dennoch merklich hervorgehoben.

Die barfüßigen, kurzgeschorenen Buben hatten schon den Trommler umlagert, während die Frauen nur so weit gingen, daß sie die Verlautbarung verstehen konnten. Die Mädchen ließen sich beim Spiel mit den „Kukuruzpuppen" in den leerstehenden „Hambaren" nicht stören.

Der Trommler schien es nicht eilig zu haben, denn er wartete ab, bis auch die letzte der Frauen eingetroffen war. Mit den sich immer wiederholenden Worten „Es wird bekanntgegeben ..." rief er etwas lauter als üblich: „Unserem verehrten Königspaar, König Alexander Karadjordjewitsch und der Königin Maria ist heute der Thronfolger *Petar* (Peter) geboren worden." Jetzt hätte wohl Applaus kommen können, doch es kam keiner. Der „Kleenrichter", wie der Trommler im Dorf auch noch genannt wurde, setzte seine Verlautbarung fort, indem er die Hausbesitzer zum Beflaggen der Häuser aufrief. Dann schlug er noch dreimal auf die Trommel und setzte seinen Weg fort, um diese wichtige Nachricht im ganzen Dorf zu verbreiten.

Von den Giebeln des Gemeindehauses und des Geschäftshauses flatterte schon die neue serbische Fahne (blau-weiß-rot), und somit fiel den Frauen auch der zweite Aufruf ein, die Häuser zu beflaggen! Sie folgten der Kaufmannsfrau ins Gemischtwarengeschäft, kauften blaues, weißes und rotes Tuch und eilten damit nach Hause, um die Fahnen zu nähen. Eigentlich hätte dieses bereits geschehen müssen, als die ungarische Fahne nach dem Krieg und dem darauffolgenden Friedensvertrag von Trianon (4.6.1920) ihre Gültigkeit verloren hatte. Es machte sie damals nicht gerade glücklich, als sie nach dem Kriege dem neuen Staat der Serben, Kroaten und Slowenen, dem späteren Jugoslawien, zugesprochen wurden. Jedoch als Minderheit im Lande wußten sie sich als getreue Staatsbürger unterzuordnen, und außerdem sollte ja die junge Königin, die heute gerade Mutter wurde, eine deutsche Prinzessin (Hohenzollern) sein! Nach und nach flatterten schon die ersten neuen Fahnen mit den leuchtenden Farben an den weißen Barockgiebeln der Schwabenhäuser im leichten Herbstwind hin und her und boten jenen feierlichen Anblick, der zur Ehre des Tages erwünscht war.

2. Das Kleinkind

Noch vier Wochen mit heißen Tagen, aber lauen, angenehmen Sommerabenden gingen ins Land, bis es auch bei der Kaufmannsfrau soweit war. Sie saß abends vor dem Haus auf der Bank gegenüber vom Park und lauschte dem Gesang der verschiedenen Sängergruppen, die sich beim üblichen Wetteifern gegeneinander stets zu überbieten versuchten. Eine Gruppe hörte sie besonders gerne, es war die des vielfach ausgezeichneten Männerchores unter der Leitung des Chorleiters Sch., in dem auch ihr Mann mitsang. Manchmal konnte man auch alte deutsche Volkslieder aus den verschiedensten Richtungen des Dorfes hören. Sie kamen von den „Kukuruzlieschern", die bei anbrechender Dunkelheit, in froher Runde mit den Nachbarsleuten und Verwandten, Kolben um Kolben von dem großen Haufen „entlieschten" und auf einen neuen Haufen warfen, der allerdings nicht lange liegen blieb, sondern von den Männern in Körben auf der Schulter in den Hambar zum Trocknen getragen wurde. Währenddessen wuchsen die „Lieschenhaufen" um jeden einzelnen „Liescher" immer höher, bis sie schließlich deren Schultern erreichten und sie bei der einbrechenden abendlichen Kühle wohlig und warm umgaben. Im gedämpften Licht des silbernen Mondes und des von unzähligen Sternen übersäten Himmels wurde erzählt, gelacht und gesungen, bis auch diese letzte, sehr vergnügliche Arbeit des Tages getan war.
    Die Kaufmannsfrau, das ehemalige große, starke Bauernmädchen Kathi, genoß diese abendliche Stimmung sehr. Früher saß sie allerdings nie bei den Lieschern, sondern trug mit den Burschen die gefüllten Körbe auf den Hambar. Durch die Heirat ins Geschäftshaus fühlte sie sich etwas aus der Bahn geworfen und fragte sich, ob wohl ihr Kind, das sie erwartete, das Glück haben werde, einmal seinen eigenen Weg gehen zu können? Einen Jungen hatte sie sich gewünscht, stark und kräftig, der zupacken konnte so wie sie selbst.
    An jenem Abend, dem dritten Oktober, spürte die Kaufmannsfrau plötzlich Schmerzen, die sie bisher nicht kannte. Nein, dachte sie, eine Gallenkolik war das nicht, das kannte sie seit Beginn der Schwangerschaft und hatte sehr darunter zu leiden. Es war also soweit! Die Hebamme, die schon seit zwei Generationen allen Kindern des Dorfes ins Leben verholfen hatte, wurde eiligst herbeigeholt, und jetzt wurde es ernst. Schnell waren alle Vorbereitungen getroffen, nun hieß es abwarten: der zukünftige Vater voller Ungeduld, die Gebärende unter immer wiederkehrenden Schmerzen. Jedoch

das Kind schien Zeit zu haben, in diese Welt zu kommen. Hatte es vielleicht schon Vorahnungen, was ihm später widerfahren sollte? Oder würde es als „Mitte-Waage-Geborenes" alle Dinge, die auf es zukommen würden, mit Gelassenheit angehen? Als das Kind gegen Mitternacht noch immer nicht da war, dachte die werdende Mutter, nun wird es doch an einem „nicht...tag" (Mittwoch) geboren, was, wie der Aberglaube verhieß, kein Glück bringen sollte.

Als die Wehen immer unerträglicher wurden, verlangte die Hebamme von dem verdutzten Vater ein Stück Kreide, die er aus dem Geschäft holen mußte. Auf dem Wege dahin kamen ihm die unmöglichsten Gedanken, sogar der böse Wolf aus dem Märchen fiel ihm ein. Die Hebamme aber, um die Aufmerksamkeit auf sich und von der Gebärenden abzulenken, schrieb an das Fußende des Bettes mit großen Druckbuchstaben „NIMMER MEHR". Später, als gegen elf Uhr das kleine Mädchen geboren war, strich sie das „N" vorne weg, und jetzt hieß es „IMMER MEHR". Das kleine Mädchen, das lange nicht hatte kommen wollen, weigerte sich auch noch zu trinken. Bei einer herbeigeholten Amme nahm es jedoch die fremde Brust sofort an, und schon am darauffolgenden Tag hatte es sich an die Mutter gewöhnt.

Der heimliche Wunsch des glücklichen Vaters nach einer Tochter war in Erfüllung gegangen! Er selbst war mit zwei Brüdern aufgewachsen, ihr Schwesterchen war als Kind gestorben. Wie liebevoll und zärtlich er das kleine Mädchen betrachtete! Er würde es sehr liebhaben und es diese Liebe immer wieder spüren lassen. Noch einen heimlichen Wunsch wollte der Vater erfüllt haben: Lisa sollte sie heißen wie seine sehr früh verstorbene Mutter. Die Patin aber hieß Katharina, und nach alter Tradition mußte der Täufling den Namen des Paten bekommen. Man einigte sich auf beide Namen, und als im Laufe der Jahre die Gebräuche nicht mehr gar so streng eingehalten wurden, nannte sie sich selbst Elisabeth, gekürzt Lisa oder Liesl.

Und nun, wohin mit so viel Glück für den stolzen Vater? Die Fahne hinaushängen, die Turmglocke läuten lassen, nein, nein, das ging nicht. Aber es kam ihm eine bessere Idee! Als die Schule aus war, stellte er sich in die Geschäftstüre und erzählte den vorübergehenden ruppigen Lausbuben, daß er und seine Frau seit heute eine kleine Lisa hätten. Diese hatten weder etwas dafür noch dagegen einzuwenden und wollten schon weitergehen, als sie Lisas Vater sagen hörten: „Wer von euch die Lisa heiraten wird, bekommt eine Handvoll *Zucker* (Bonbons)." Natürlich schrien alle lauthals im Chor „ich, ich", und so wurden die schönen, großen Glasbehälter, in welchen man stets die unerreichbaren süßen Verlockungen sehen, aber nicht bekommen konnte, geleert und an die „Heiratskandidaten" verteilt. War das ein Tag! Den mußte man sich gut merken!

3. Kindergartenzeit – neue Erfahrungen

Die Zeit der *Ovoda* (Kindergarten) war für Lisa gekommen. Durch ihr Geschwisterkind (Cousin) Seppi, der in der gleichen Straße wohnte und ein Jahr älter als sie war, hatte sie schon einiges über diese Art von Erziehungseinrichtung gehört. Seppi hatte erzählt, daß man dort mit verschränkten Armen sitzen und dabei auch noch kunstvoll einen Finger auf den geschlossenen Mund halten sollte. Wem dies auf Dauer nicht gelang, mußte auf Kukuruzkörnern knien, und wer gar unfolgsam war wie manche Buben, für den gab es in der Mitte des Saales einen Kreis, in dem der Schuldige so lange auf einem Bein stehen mußte, bis er immer wieder auf den Boden fiel und schließlich liegenblieb. Dies alles wußte Lisa und trat bangen Herzens ihren ersten offiziellen „Erziehungstag" im örtlichen deutschen Kindergarten an. Der Raum erschien ihr unheimlich groß, ringsum an den Wänden standen niedrige Bänke und Stühle, darüber hingen Tierbilder, viele, viele Tierbilder, eines neben dem anderen, über den ganzen Saal aneinandergereiht. Die *Ovodanéni* (Kindergärtnerin auf ungarisch), eine pummelige Dame mit Wuschelkopf, thronte in der Mitte des Saales auf leicht erhöhtem Podest in der Nähe des Ofens. Sie sprach anders (Mischung zwischen serbokroatisch und deutsch), als es die Schwabenkinder zu Hause gewöhnt waren, und oft konnte man sie gar nicht verstehen.

Nachdem alle Kinder entlang der Wände unterhalb der Bilder Platz genommen hatten, wurden sie in der ihnen unverständlichen Sprache begrüßt und durften sich erheben. Allesamt, etwa 60 bis 70 Kinder, gruppierten sich um die mit einem Stock ausgerüstete *O-néni*, die vor das erste Bild hingetreten war und, indem sie mit dem Stock auf das Pferd deutete, sagte: *„To je konj"* (Das ist ein Pferd). Die älteren Kinder sagten es ihr nach, die jüngeren bestaunten deren Können. Währenddessen ging es schon zum nächsten Bild, und jetzt hieß es: *„To je krava"*, es war die Kuh. Nach einiger Zeit schaute Lisa die Wände entlang und dachte: „Es muß sehr viele Tiere auf der Welt geben!" Ähnliches dachten sicher auch einige Lausbuben, die nach und nach zu stören anfingen. Sie wurden zuerst von der Frau in Schwarz in den Kreis in der Mitte des Saales gestellt, die Strafe erfolgte im Anschluß an die Bildbegehung. Es handelte sich meistens um dieselben Lausbuben, und es erwartete sie immer die gleiche Strafe, an die sie sich mit der Zeit schon gewöhnt hatten. Endlich hieß es: Antreten zum Austreten.

Das Lernen von Gedichten und Liedern schloß sich an die Jause an. Lisa lernte leicht und behielt das Gelernte gut, jedoch zu Hause war der Vater mit dem Gelernten nicht zufrieden. „Du sprichst das falsch aus", versuchte er dem Kind zu erklären, aber dieses wußte es besser, denn die *O-néni* hatte es ganz sicher so gesagt. Mit der Zeit gab der Vater den Kampf gegen seine Tochter und deren *O-néni* auf, nannte letztere allerdings eine „Deutschverderberin". Auch Seppis Vater nannte die *O-néni* so. Die Kinder hörten dies und noch einiges mehr, das sie zwar nicht verstanden, das ihnen aber wie lautes Schimpfen vorkam. Die Eltern ärgerten sich auch darüber, daß die

Bitte, austreten zu dürfen, in der neuen Landessprache zu erfolgen hatte. Gelang dies noch nicht, ging die Sache oft in die Hose. Seppi bemühte sich, seiner Cousine diesen wichtigen Satz beizubringen, denn er war ihr täglicher Begleiter, Berater und Beschützer während ihrer Kindergartenjahre. Die beiden Geschwisterkinder hegten eine tiefe Zuneigung zueinander, leider nahm sie allzubald ein rasches Ende.

Seppi war gerade in der ersten Klasse, als er einige Tage nach einem glücklichen und turbulenten Besuch des Jahrmarktes im Nachbardorf Sartscha schwer erkrankte. Lisas Eltern sprachen nur im Flüsterton darüber, bis ihr Vater eines Tages mit sehr ernstem Gesicht vor ihr stand und sagte: „Wir wollen zu Seppi gehen, er ist sehr krank und will dich sehen." Seppis große, ernste braune Augen leuchteten einen kurzen Augenblick in seinem blassen, eingefallenen Gesicht auf, als er seinen kleinen Schützling sah, dann wandte er müde den Kopf zur Seite, und Lisa wurde hinausgeführt. Draußen begann sie zu weinen, weil es Seppi so schlecht ging. Einige Tage später trug man ihn in einem kleinen Sarg zum Friedhof. Lisa blieb ohne Freund und Beschützer zurück, sie fühlte sich hilflos und verlassen, Seppi hatte sie so verwöhnt! Wenn sie um ihn weinte, tröstete sie der Vater, daß er jetzt bei den Engelein im Himmel sei.

4. Das erste Schuljahr in schweren Zeiten

Die Schulzeit, ein neuer Lebensabschnitt, begann, die Erwachsenen sagten: „der Ernst des Lebens". Am ersten Schultag berichtete die „Großschülerin", daß man in der Schule wieder anders sitzen solle als in der *Ovoda*. Jetzt müßten die Arme auf dem Rücken verschränkt werden, dabei sollte man kerzengerade sitzen, immer nach vorne schauen und nur reden, wenn man gefragt werde. Bei Haltungsfehlern gab es mit dem Stock, den der Lehrer ständig bei sich trug, eine Kopfnuß, bei Lümmeleien eine hinters Ohr und bei gröberen Verstößen gegen die Schulordnung „Pratzl" (Stockhiebe auf die Hände). Bei ganz schweren Vergehen waren „Arschprügel" (Stockhiebe, entweder über die strammgezogene Hose oder gar auf den nackten Po) fällig. Den unfolgsamen Buben standen also schwere Zeiten bevor! Nach jeder Pause mußten sich immer wieder „straffällig" gewordene Schüler vor der Tafel einfinden, um vor Beginn der Unterrichtsstunde die ihnen bekannte Strafe zu empfangen, entsprechend dem Schweregrad der Zuwiderhandlung. So herrschte im allgemeinen eine unheimliche Stille, nur beim Schreiben der Sütterlinschrift mit den spitzen Griffeln auf den Schiefertafeln nach dem Kommando des Lehrers: „Haarschatten" hörte man das Gänsehaut hervorrufende Kratzen der Griffel.

Der Vater, der sehr an einer ordentlichen Ausbildung der Tochter interessiert war, überwachte anfangs mit großem Interesse das Schulgeschehen. Irgendwann ließ es nach, anscheinend beschäftigten ihn in letzter Zeit wichtigere Dinge. Die Kinder hörten ihre Eltern oft heftig streiten, wobei es immer um Geld ging.

Man schrieb das Jahr 1930, und die Menschen gerieten auch hier in den Sog der Weltwirtschaftskrise. Die langjährigen, treuen Kunden machten zwar weiterhin ihre Einkäufe, hatten aber kein Geld und ließen bis nach der Ernte anschreiben. So leerten sich die Regale und die Geschäftskasse, und wieder hörten die Kinder ihre Mutter verzweifelt schreien: „Du mußt die Schulden eintreiben, sonst sind wir verloren!"

Die Lage in Lisas Elternhaus verschlechterte sich wieder, die Streitereien wurden jetzt so heftig, daß die Kinder Angst bekamen. Lisa lief nach der Schule zur Oma, und diese wußte, warum sie kam. Vater war es wohl recht so, und Lisa hatte das Gefühl, er schämte sich vor ihr. Eines Tages fragte das Mädchen die Oma, ob Amerika sehr weit sei. „Ja", sagte die Oma, „sehr, sehr weit, aber das soll uns nicht interessieren." Für den Ernstfall hatte Großmutter schon mit ihrer sehr wohlhabenden Schwester Rosl gesprochen, und diese versprach auszuhelfen, falls es nötig werden sollte. Es wurde sehr bald nötig, denn eines Tages kam Vater als gebrochener Mann aus der Stadt zurück. Die Mutter ahnte sofort Schlimmes, stellte ihn zur Rede, und er mußte gestehen, daß die Juden das Darlehen gekündigt hatten und somit das ganze große Vermögen unter den Hammer kommen würde. Die Mutter weinte und tobte so lange, bis der Vater schrie, er werde sich erschießen, falls sie sich nicht beruhige. Daraufhin wurde es still, und die sehr verängstigten Kinder schliefen ein.

Kurze Zeit danach wurden alle Räume, die zum Geschäft gehörten, zuplombiert, und wieder einige Tage später wurde der Zeitpunkt der „Lizitation" (Versteigerung) bekanntgegeben. Viele Schaulustige, unter welchen sich auch Geschäftsschuldner befanden, kamen, den Untergang dieses angesehenen Geschäftshauses mitzuerleben. Die Geschäftsleute hatten sich gefaßt, sie bemühten sich, ihren neugierigen Gläubigern mit Anstand zu begegnen, das waren sie ihrem Kaufmannsstand schuldig. Die Kinder hatte man an diesem verhängnisvollen Nachmittag zu den Lehrerskindern in die Schule geschickt, von wo die inzwischen fast achtjährige Lisa das Geschehen aus der Ferne beobachten konnte. Abends, als alles vorbei war, erfuhr sie, daß es nur zwei ernsthafte Interessenten gab. Der Meistbietende, ein Kaufmann aus Modosch, erwarb es um einen Spottpreis, wie der Vater berichtete. Die Pußta, die Holzhandlung und das Haus mit der Bäckerei waren schon vorher verkauft worden, um das Geschäftshaus eventuell noch zu retten.

Bis zum Ankauf des leerstehenden Geschäfshauses in der Salzgasse wurde Lisas Familie noch freies Wohnen im alten Domizil gestattet. Der Kaufpreis für dieses Geschäftshaus in der Salzgasse wurde von der sehr wohlhabenden Tante Rosl aus Kathreinfeld vorgestreckt, so daß es sofort bar bezahlt werden konnte. Der geliehene Betrag konnte später zum Teil in Raten abgezahlt werden, den Rest schenkte Tante Rosl ihrer inzwischen sehr tüchtigen Nichte Kathi. Diese ließ trotz der vorhandenen Räume kein Geschäft mehr eröffnen, sondern betrieb unter ihrer Aufsicht eine kleine Gastwirtschaft, in der es kein „Schuldenmachen" gab; wer nicht bezahlte, mußte durstig bleiben.

5. Das zweite bis fünfte Schuljahr

Der Sommer mit seinen tiefgreifenden Ereignissen in Lisas Familie war vorbei, der Schulweg war nun ein anderer, so wie auch die Kinder auf diesem Schulweg andere waren. Die Lehrerin in der zweiten Klasse hatte die Zügel nicht so straff in der Hand; zwar blieben die Strafen die gleichen, nur wurden sie selten angewandt. Nach der noch nicht bewältigten „Sütterlinschrift" des ersten Schuljahres stand jetzt die „Lateinschrift" auf dem Lehrplan, und im dritten und vierten Schuljahr mußte die bis dahin vollkommen unbekannte „Cyrillschrift" erlernt werden. Also mußten die Grundschüler in vier Schuljahren drei Schriften erlernen, wobei in den meisten Fällen ein Buchstabensammelsurium herauskam, das auf Lebzeiten nicht mehr zu entwirren war. Im Religionsunterricht herrschte strengste Disziplin, der Pfarrer Batschi (wie Onkel) erwartete diese von den Kindern sowohl in der Kirche als auch in der Schule. Bei Lisa gab es kaum Schulprobleme, denn der Vater hatte immer ein Auge darauf.

Im dritten und vierten Schuljahr, von einem künstlerisch und musikalisch hochbegabten Lehrer geführt, tauchte als neues Fach „Serbisch in Schrift und Sprache" auf. Die selbst für Lehrer und Eltern fremde Sprache (zu ihrer Zeit hatten sie Ungarisch gelernt) fiel sowohl den Kindern als auch den mithelfenden Eltern schwer, denn die Buchstaben und vielen Laute der neuen Sprache waren absolutes Neuland. Bei der Rechtschreibung hatte die neue Schrift den Vorteil, daß sie, beherrsche man einmal die Buchstaben und neuen Laute, nach Diktaten leicht zu schreiben war, weil sie keine Rechtschreibungsregeln beinhaltete und so der Leitsatz: Piai koko govorisch (Schreibe wie du sprichst) wirklich zutraf. Das Erlernen der Sprache machte allerdings große Mühe, und es waren kaum Fortschritte bei den Schülern zu verzeichnen.

Allgemein wurde der Unterricht in diesen beiden Klassen sehr locker gehandhabt; so durften häufig Kinder nach den beiden ersten Stunden selbst Lehrer spielen, wenn sie erkennen ließen, daß sie sich dazu eigneten. Lisa gehörte zu ihnen. Dieser Unterricht bestand hauptsächlich aus Stillbeschäftigung, wobei es gelegentlich vorkam, daß die Stillbeschäftigung alles andere als „still" war und vom Pult her immer wieder ein lautes „Scht" erklang. Das Einmaleins mußte natürlich zu Hause gelernt und in der Schule „heruntergeleiert" werden. Dies wiederholte sich täglich so lange, bis es alle im Schlaf beherrschten.

In das fünfte und sechste Schuljahr gingen die Schüler mit Sorgen, denn sie wußten, daß der Lehrer Fächer wie Geschichte und Geographie in serbischer Sprache unterrichten wollte. Dagegen machten die Eltern bei den zuständigen Stellen schriftliche Eingaben. Die Mädchen hatten aber um jene Zeit anderes im Kopf, sie zählten auf dem Schulweg die schwangeren Frauen auf, darunter auch Lisas Tante, die bis zur Fertigstellung ihres Hauses noch bei Oma wohnte. Lisa hatte aber nichts von der Schwangerschaft gemerkt und platze zwei Wochen später mitten in die Entbindung hinein, wobei sie von der Oma sanft hinausgeschoben wurde. Stefan, ihr süßer kleiner Cousin, war geboren! Wie sie ihn liebte! Als er ein bißchen größer wurde, erwiderte er diese Zuneigung.

6. In der Fremde

Die Zeit der Dorfschule war nun beendet, und auf Anraten der Lehrer und nach des Vaters sehnlichstem Wunsch sollte Lisa, inzwischen fast zwölf Jahre alt, in der Kreisstadt Großbetschkerek das serbische Gymnasium besuchen. Ein deutsches gab es nur sehr weit weg in der Batschka. Dem Eintritt ins serbische Gymnasium ging eine Aufnahmeprüfung voraus, was den Vater veranlaßte, Lisa noch einige Nachhilfestunden in Serbisch geben zu lassen. So, vermeintlich gut gerüstet, fuhren sie mit der Kutsche einer Mitschülerin zum Gymnasium, das Lisa unendlich groß erschien. Drinnen lag ein unangenehmer Geruch in der Luft, schlimmer als in der *Ovoda* daheim.

Am Anfang der Prüfung stand ein Diktat, das zwar lang, aber nicht zu schwer war. Als die Kinder aufhörten zu schreiben und den Saal verließen, tat Lisa das gleiche. Etwas später kam der Pedell auf die Gruppe zu und fragte: „Wer heißt Jelisaveta?" Das war sie, was er wohl von ihr wollte? Er führte sie in die Klasse zurück, wo sie ihr Diktat unterschreiben mußte. Sie hatte die Aufforderung dazu nicht verstanden. Inzwischen wurden auch die anderen wieder hereingeholt. Jetzt mußte jeder Prüfling ein Stück lesen und danach das Gelesene nacherzählen. Das Nacherzählen war schwer, und sie sagte gleich, daß sie das nicht konnte. Sie durfte ihr Haus beschreiben, was sie wohl oder übel fertigbrachte. Es folgte das Vortragen eines serbischen Gedichtes. Sie kannte einige auswendig und entschied sich für das längste, das über den Volkshelden Kraljevic Marko. Die Prüfungskommission schaute gespannt auf das Schwabenkind, das sich an den beliebtesten Volkshelden heranwagte. Aus dem anfänglichen Staunen wurde schließlich ein Schmunzeln, das zuletzt in ein belustigtes Lächeln überging. Das „Dosta!" (Genug!) hatte sie in ihrem Eifer überhört und hatte so ihren „Kraljevic Marko" siegreich zum Abschluß gebracht. Alle Vertreter der Prüfungskommission unterdrückten mühsam das Lachen, schließlich lächelten sie ihr huldvoll zu, und sie hatte plötzlich ein gutes Gefühl, das sie letztlich auch nicht trog, denn sie war auch zum Rechnen am Nachmittag zugelassen. Die

Kommission war ihr auch weiter gut gesonnen und ließ zu, daß ihr ein *gospodin* (Herr) Gut die Textrechnungen ins Deutsche übersetzen durfte.

Doch während sich Lisa die Landessprache mühevoll erarbeitet hatte, gab es in Deutschland infolge der Machtergreifung durch die Nationalsozialisten eine mächtige nationale Strömung verbunden mit einem wirtschaftlichen und militärischen Kraftakt und damit im Zusammenhang erste Veränderungen in der bisher bestehenden Weltordnung. Deutschland war in Bewegung geraten, und die ganze Welt hatte besorgt, aber auch mit einem gewissen Respekt wegen des neuen, unberechenbaren Machtpotentials aufgehorcht. Als Deutsche war man plötzlich stolz auf seine bislang belächelte Muttersprache, nur durfte man es nicht zeigen. Fast hätte man jetzt bedauern können, der anderen, fremden Sprache so viel Zeit geopfert zu haben.

Die schwer erworbenen Serbischkenntnisse sollten sehr bald im Heimatdorf in der unmittelbaren Nachbarschaft Anwendung finden, als in das leer gewordene Nachbarhaus ein etwas seltsames Paar einzog. Sie war die stattliche Witwe eines rumänischen Popen, daher *Popadia* genannt, er war ein russischer Emigrant aus dem Ersten Weltkrieg, der inzwischen perfekt serbisch, aber kein Wort deutsch sprach, was die *Popadia* ihrerseits etwas konnte. Sie lebten sehr einsam, einmal als Nichtdeutsche in einer rein deutschen Gemeinde, zum anderen wegen der Sprachbarriere und darüber hinaus wegen des damals ungewöhnlichen Verhältnisses, in dem sie als Unverheiratete lebten, was man bisher im Ort nicht kannte. Lisa und auch ihr Vater hatten Mitleid mit diesen einsamen Menschen und boten ihnen ihre nachbarliche Freundschaft an. Sie wurde dankbar angenommen, erst recht dann, als man feststellte, wie gut man sich mittels der Landessprache verständigen konnte. *Popadia* war eine ausgezeichnete Köchin, die mit viel Liebe und Passion die feinsten Speisen und Mehlspeisen zubereitete.

Sima Belozorow, der mit Vorliebe Cika Sima („Onkel" Sima) genannt werden wollte, war anders als die Männer des Ortes. Heute würde man ihn einen Playboy nennen. Er machte seiner Popadia hin und wieder schmeichelhafte Komplimente, betätschelte sie ab und an, gelegentlich aber tauchte er nachts unter, um erst irgendwann am nächsten Tag wieder aufzutauchen. Als reumütiger Sünder kehrte er immer wieder an ihren drallen Busen zurück. Mit Tränen in den Augen kochte sie ihm dann sein Lieblingsessen, während er ihr im Vorbeigehen einen Kuß auf die erhaschte Hand hauchte. Trotz Popadias vorzüglicher Küche sah er aus, als bekäme er nichts zu essen.

7. Erste Prüfungen

Das Jahr der kleinen Matura (Reifeprüfung – nach dem 10. Schuljahr) war da! Diese verlief genau so wie die große, nur mit dem entsprechend geringeren Lehrstoff. Die deutschen Prüflinge konnten in jenen Tagen von Glück reden, daß die Fragen gezogen wurden, so waren keinerlei Manipulationen möglich!

Im Elternhaus machte man sich Gedanken, ob es richtig sei, Lisa weiterhin das serbische Gymnasium besuchen zu lassen. Man schrieb das Jahr 1940, und zwischen der serbischen und deutschen Bevölkerung entstand ein zunehmend gespanntes Verhältnis. Die Serben blickten mit Argwohn und mit noch mehr Neid auf die Deutschen, die sich jetzt selbstbewußter gaben und im stillen hofften, endlich von ihren Unterdrückern befreit zu werden. Vater sagte, daß die gegenwärtige Situation Gefahren in sich berge, und überzeugte schließlich die Mutter, die Tochter in die weiter entfernte deutsche Schule in Neu-Werbaß, in der Batschka, zu schicken.

8. Der Umbruch

Neue Mitschüler, neue Lehrer, eine neue Sprache! Endlich war es die Muttersprache! Doch welches Schwabenkind, das zu Hause nur schwäbischen Dialekt sprach und bei Lehrern mit ungarischer Ausbildung die Grundschule besuchte, hatte Gelegenheit, sie richtig zu erlernen? Hier hieß es nicht mehr „Schreibe, wie du sprichst", sondern „Schreibe richtig!" Zum ersten Male hörte man, daß es in der deutschen Sprache viele Rechtschreibregeln gab, die man in der fünften Klasse des Gymnasiums längst hätte beherrschen sollen. Eine neue Plage, hart und erbarmungslos, stand bevor, denn jetzt drängte die Zeit für die aus der serbischen Schule dazugekommenen Schüler, die sich ernsthaft fragen mußten, ob diese Lücken jemals wieder geschlossen werden konnten.

Eine andere Zeit war mittlerweile angebrochen. Weltanschauliche Gegensätze führten zu Auseinandersetzungen, und der mit großer Mühe aufgebaute Kulturbund wurde durch die „Erneuerungsbewegung", die ihre Impulse aus dem Deutschen Reich empfing, geschwächt und schließlich aufgelöst. Nach dem Vorbild der Hitlerjugend und in Anlehnung an die Entwicklung im Reiche Adolf Hitlers wurden auch hier straff geführte, gut organisierte Jugendverbände, Gruppen und Vereine gegründet, die von den Mitgliedern Disziplin und strengsten Gehorsam verlangten. Auch in der neuen deutschen Schule in Neu-Werbaß wurde zum Eintritt in diese neuen Gruppen geworben. Wegen der sich häufenden Partisanenüberfälle in der Umgebung fühlten sich die deutschen Schüler nicht mehr sicher und verließen heimlich die Schulstadt.

9. Der Blitzkrieg und die Besetzung

Nachdem Jugoslawien den mit Hitler vereinbarten Friedenspakt gebrochen und den jungen König Petar aus dem Lande vertrieben hatte, wurde das

Land 1941 in einem achttägigen Blitzkrieg von der deutschen Armee überrollt und besetzt.

Wieder waren Sommerferien, die ersten nach der deutschen Besetzung. Wie hatte sich das Dorf und damit das Dorfleben verändert! Soldaten der Waffen-SS waren für einige Wochen zur Erholung in die Häuser der Deutschen einquartiert worden. Soldaten, überall Soldaten, wohin man schaute.

Mit ihren schweren Motorfahrzeugen waren sie in den Ort eingefahren und hatten so die ahnungslose Bevölkerung überrascht. „Die Deutschen sind da!" rief man von Haus zu Haus durch das Dorf, bis die Nachricht in den letzten Häusern angekommen war. Wer sie aber noch nicht gesehen hatte, mußte sie schon gehört haben, denn ihre schweren Fahrzeuge verbreiteten nicht nur einen ohrenbetäubenden Lärm, sie ließen sogar die Erde unter sich erzittern. Nicht minder erzitterten die Herzen ihrer deutschen Brüder und Schwestern hier im Banat.

Ab dem Herbst 1941 gab es für die deutschen Schüler nur noch deutsche Schulen mit deutschen Lehrern, viele kamen aus dem „Reich". Lisa konnte jetzt, nach Ablegung einer kleinen Übergangsprüfung, in die Lehrerbildungsanstalt hinüberwechseln, und plötzlich schien es, daß ihr Kindheitstraum Lehrerin zu werden, doch noch in Erfüllung gehen sollte. Diese Schule befand sich in Werschetz im Banat.

Die Schulzeit schloß mit einem Bankett im Mai 1944, die Lehrer-Befähigungsprüfung wurde für Anfang Oktober festgelegt. In der Zwischenzeit kamen die Lehramtsanwärter zum praktischen Einsatz in Orte mit einer nur geringen Zahl deutscher Kinder, die während des Schuljahres nur serbischen Schulunterricht hatten.

Der Lisa zugewiesene Dienstort war sowohl von deutschen als auch von serbischen Ortschaften umgeben. Immer wieder tauchten Schreckensmeldungen auf, daß Partisanen, die bisher in den serbischen Dörfern versteckt lebten, diese verließen, ihre Lager in den Maisfeldern aufschlugen und von dort nachts Überfälle auf führende Persönlichkeiten in deutschen und gemischten Orten ausführten. Dies war für Lisa ein ernstzunehmendes Alarmzeichen, den Ort zu verlassen. Kurz entschlossen verließ sie ihn nachts heimlich und ließ sich mit einem Pferdewagen durch die nicht ungefährlichen Maisfelder nach Hause fahren.

Am 1. Oktober waren die Lehrer mit einigen Schülern beim Packen der Bücher für die Flucht, als ein Junge zufällig zum Fenster hinausschaute und mit den Worten „Schaut einmal hinaus!" aufgeschreckt mit dem Finger auf die mittlere Straße deutete. Der Anblick war niederschmetternd, und das Bild prägte sich auf Lebenszeit in das Gedächtnis ein. Noch halbe Kinder in viel zu großen Uniformen und voller Ausrüstung, die sie beim Laufen noch tiefer zur Erde zu drücken schien, rannten atemlos von Sartscha kommend durch die Straße und riefen mit letzter Kraft: „Die Russen sind hinter uns her!"

Während die Führung im Gemeindeamt organisatorische Maßnahmen traf, stürmten die Horden enthemmter Russen, oft 20 bis 30 gleichzeitig, sich fast überschlagend zu den großen Hoftoren der Bauernhäuser hinein und versetzten durch ihr wildes Gebrüll die bis dahin ahnungslosen Bewohner in unbeschreiblichen Schrecken.

Im Gemeindeamt wurde Cika Sima, dem mit der rumänischen Popadia zusammenlebenden Russen, die Verantwortung für die Gemeinde übertragen, weil er Serbisch und Russisch perfekt beherrschte. Darauf, daß er nicht Deutsch sprach, um sich mit der Bevölkerung verständigen zu können, achtete an diesem Tage niemand. Bisher hatte er es als Verwalter der Finanzen nicht gebraucht, da er als solcher keinen Kontakt mit dem Publikum hatte. Durch den Trommler wurde sofort bekanntgemacht, daß alle Radioapparate, technisches und Kriegsgerät sowie Waffen aller Art im Gemeindeamt abzuliefern seien. Am darauffolgenden Tag wurden Tausende von wertvollen Büchern in Handwagen zum Gemeindeamt gefahren und dort verbrannt.

Bald stellten sich die fehlenden Deutschkenntnisse des für die Verwaltung Verantwortlichen Cika Sima als großes Manko heraus. Als er sah, daß er sich mit den Menschen nicht verständigen konnte, erschien ihm seine Nachbarin Lisa als Retterin in der Not, und er ließ nach ihr schicken. Diese litt auf dem Weg Höllenqualen, und dies nicht umsonst, denn dort war wirklich die Hölle los. Auf Schritt und Tritt stieß sie auf betrunkene Russen und Serben, letztere entpuppten sich später als Partisanen und deren Flintenweiber!

Gleich nach dem Abzug der Russen aus Ernsthausen hatten die Partisanen und Partisaninnen die Verwaltung der Gemeinde, wieder unter der Leitung von Cika Sima, übernommen.

Der verbrecherischen Phantasie jener „Helden" und den dazugehörenden Flintenweibern aus den Bergen sowie den Maisfeldern waren keine Grenzen gesetzt. Man konnte zu jeder Zeit, mit Vorliebe aber nachts, in jedes beliebige Haus eindringen, die Bewohner aus den Betten jagen, sie berauben, vergewaltigen, auspeitschen, bespucken, ihnen gelegentlich die Kehle durchschneiden, alles, alles war erlaubt. Alte rechtschaffene Menschen, die ein Leben lang hart gearbeitet und niemandem etwas zuleide getan hatten, wurden verhöhnt, verspottet und bewußt ihrer Würde beraubt (...)

Eva Frach-Fischler
India – Braunau

Fotostudio Gerner, Braunau

Eva Frach, geb. Fischler, wurde am 1. Juli 1933 in India (Syrmien/Jugoslawien) geboren. Besuchte die Volksschule in India. Die Flucht im Herbst 1944 verschlug ihre Familie bis ins Sudetenland, wo sie im Mai 1945 von den Russen eingeholt wurde. Der Versuch, 1945 in die Heimat zurückzukehren, scheiterte hinter der jugoslawischen Grenze. Die Folge waren drei Konzentrationslager – Subotica, Sekitsch und Gakowo –, wo die fünfköpfige Familie in drei Teile auseinandergerissen wurde. Eva kam mit ihrer Großmutter ins Lager Gakowo, wo diese im Januar 1946 verhungerte und die 12jährige allein zurückließ. Nach mehreren Versuchen gelingt der Familie die Flucht über Ungarn nach Österreich, wo auch der Vater dazukommt. April 1949 Auswanderung nach Frankreich. Anregung zum Niederschreiben ihrer Lebensgeschichte erhält Eva von ihrem Chef, Monsieur Desaulles, im Jahr 1953. 1954 Übersiedlung nach Braunau/Österreich und Heirat. Kurzgeschichten im „Indiaer Rundbrief", sechsteilige Folge „Reiseeindrücke einer Brasilienfahrt" in „Der Donauschwabe", Berichte und eigener Band „Ein weiter Weg. Lebenserinnerungen einer Donauschwäbin".

KINDHEIT IN INDIA

Es brennt! Es brennt!

An einem schönen Sommersonntagmorgen, dem 8. Juli 1938, zog uns die Mutter wie an jedem Sonntag die Sonntagskleider an, um uns mit dem Vater zur Kirche zu schicken; sie selber war schon in der Frühmesse gewesen, um nachher genügend Zeit zu haben zum Geflügelschlachten und Kuchenbacken. An diesem Sonntag sollte es Hühnerfleisch und zum Nachtisch Mohnstrudel geben.

Kaum war die Messe aus, hörte man Feueralarm. Es gab für jedes Ortsviertel ein bestimmtes Signal, sodaß die Leute schnell feststellen konnten, wo es brannte. Eine laute Stimme rief im Vorbeirennen: „Im Serbischen Viertel brennt's!" Woher der Name „Serbisches Viertel" kommt, ist mir noch heute schleierhaft, wohnte doch in dieser Straße nur eine einzige serbische Familie (Igrasch hieß sie), alle anderen waren Deutsche.

An jedem anderen Sonntagvormittag weilten wir kurz bei der Eichinger-Oma am Pijaz (Markt), wo sie auch sonntagvormittags ihren Obststand betreute. Aber diesmal ging es schnurstracks nach Hause, wo wir doch selber in besagtem Viertel in der Frankenberggasse wohnten. Schon von weitem konnte man das Feuer sehen, auch daß es ungefähr in der Mitte der Gasse war, wir hatten von über hundert Hausnummern die Nummer 53, also war nur noch die Frage, wessen Haus brannte: das eines Nachbarn oder gar unser eigenes?! Es liefen ja alle Leute zum Brandplatz und keiner in die entgegengesetzte Richtung – so konnte man nicht erfahren, was geschehen war.

Wir kamen bis zum Haus Friedrich, dort wurden meine Schwester und ich abgefangen und zurückgehalten. Von da an war's gewiß: Es brannte bei uns. Erst gegen Mittag, als das Feuer gelöscht war, durften auch wir Kinder zu unseren Eltern gehen. Ich war gerade fünf Jahre alt, aber ich erinnere mich noch genau an den erschütternden Anblick, als meine Eltern weinend im Hof standen und es gar nicht fassen konnten, was geschehen war. Es roch nach beißendem Rauch und Dampf vom Löschen, alles sah so trostlos aus, und die sengende Julihitze tat noch das ihre. Wie sich später herausstellte, war der Kamin schadhaft gewesen. Das alte Mauerwerk des Hauses mußte zur Gänze abgetragen werden, da es nur aus gestampftem Lehm bestand.

Während der Abrißarbeiten und der Vorbereitungen zum Neubau wohnten wir bei netten Nachbarn, erst später, bei der Fertigstellung des neuen Hauses, wo wir viele fleißige Helfer hatten, entschlossen sich die Eltern, uns Kinder in den Nachbarort Slankamen zur Fischler-Oma zu schicken, damit sie ungestört arbeiten konnten. Die Eichinger-Oma besorgte eine günstige Fahrgelegenheit: Samstags kamen immer viele Obst- und Gemüsehändler von weither auf den Indiaer Wochenmarkt, um ihre Waren feilzubieten. Auf dem Heimweg waren die Wagen dann leer, so war es nicht schwer, eine passende Mitfahrgelegenheit für uns zwei Mädchen zu finden.

In Slankamen angekommen, wurden wir den Verwandten zugeteilt, meine Schwester kam zu Onkel Michl, einem Bruder meines Vaters, ich zu Tante Mariann, einer Schwester des Vaters, wo im selben Haus auch die Oma lebte.

Wie der Zufall es wollte, kam sonntags eine Tante von India zu Besuch nach Slankamen, ebenfalls mit einem Pferdegespann. Als ich hörte, daß sie am selben Tag noch nach India heimfahren wollte, war ich nicht mehr davon abzubringen, mit ihr nach Hause zurückzukehren. Ich lag ihr so lange in den Ohren, bis sie einwilligte, mich nach India mitzunehmen.

Die Heimfahrt war wunderschön, lag ich doch sonst um diese Zeit schlafend im Bett. So sah ich vom Wagen aus die vielen Sterne am Himmel, es war ein einmaliges Erlebnis für mich. Am allermeisten beeindruckte mich das rote Warnsignal, das man schon aus der Ferne sehen konnte, bevor man die Bahngeleise kurz vor der Ortseinfahrt überqueren mußte. Die mehrstöckige Domovinska-Mühle, wo mein Vater arbeitete, kam mir damals wie ein riesiges Hochhaus vor. Den Rest dieser Nacht verbrachte ich bei Tante Kathi Kaiser, einer Schwester meines Vaters, in der Rumaer Straße.

Am frühen Morgen wurde ich fertig angezogen und mit einem Bündel unterm Arm nach Hause geschickt. Die Eichinger-Oma ging immer schon am frühen Morgen auf den Pijaz, um ihren Gemüsestand aufzubauen. An diesem Morgen sah sie schon von weitem ein kleines Mädel daherkommen. Sie dachte: „Die sieht gerade so aus wie unsre kleine Evi, aber die ist ja in Slankamen." Als wir uns immer näher kamen, war das Staunen groß, daß es doch die Evi war! Die Großmutter war nicht sehr erfreut über meinen Anblick; wenn's noch die Wawi gewesen wäre, die war immerhin schon acht Jahre alt, mit der hätte man wenigstens keine Arbeit mehr gehabt. Aber nun war eben ich hier. Als ich gefragt wurde, warum ich denn schon wieder heimfahren wollte, war die prompte Antwort: „Wegen des Gänsemagens!" – Ich hatte gewußt, daß die Mami am Samstag eine Gans geschlachtet hatte, und da wollte ich mein Lieblingsstück, den Magen, unbedingt selber essen. Auch ein Argument!

Gut, ich war zu Hause, meine Schwester hielt es viel länger aus als ich. Als sie wiederkam, war das Haus so weit fertig, daß ich mein Mittagsschläfchen schon im Hinterzimmer halten konnte; ich hörte nur so im Halbschlaf, daß meine Schwester erzählte, sie sei mit einem Lastauto von Slankamen nach India gefahren – das hieß für die damalige Zeit schon etwas! Als sie auch noch von der Donau und vom Baden schwärmte, daß sie in den Weingärten gewesen war und was sie nicht alles sonst noch erlebt hatte, nahm ich mir vor, nie mehr voreilig davonzulaufen.

Bäckerkipfel

Bäckerkipfel waren ein einfaches, aber sehr beliebtes Germgebäck, das aus keiner Indiaer Küche wegzudenken war.
Meine Mutter wollte eines Tages Bäckerkipfel backen. Mitten in den Vorbereitungen stellte sich heraus, daß ihr dazu eine ganz bestimmte und sehr wichtige Zutat fehlte.
Also schickte sie mich, die Kleinste der Familie, in das an der Ecke Rumaer Straße-Frankenberggasse gelegene Spezereiengeschäft im Eichhornhaus, wo ich schon sehr oft für sie etwas besorgt hatte.
Als die Reihe an mich kam, wußte ich plötzlich nicht mehr, was ich kaufen sollte. Die Geschäftsfrau, sie hieß Frau Haas, lieb und nett wie immer, fragte: „Evi, sollst du Gerwi kaufen?" – „Nein, die Mami hat Gerwi, der Teig geht ja schon!" – „Sollst du Mohn kaufen? Oder Rosinen?" – „Nein!" – „Oder Zimt?" – „Nein, nein, ich soll lauter so ganz viele kleine Mond kaufen!" – Jetzt war's heraußen!
Die Geschäftsfrau, anscheinend an Kindermund gewöhnt, lächelte und sagte: „Ach, Kümmel sollst du der Mami bringen." – „Jaja, sie will ja Bäckerkipfel backen."

Wie's zu Hause einmal war

Wir Donauschwaben waren fleißige und strebsame Menschen, wir brachten es in relativ kurzer Zeit zu Wohlstand und Ansehen. Die Deutschen wurden meist von den anderen Volksgruppen darum beneidet, aber nachgeeifert hat ihnen selten jemand. Sie pflegten ihre Häuser, Gärten und Felder vorbildlich, man konnte leicht erkennen, was in wessen Besitz war.
In den meisten Vorhöfen befanden sich schöne Blumengärten, daneben stand das Brunnenhaus, in dem mittels eines Rades oder eines Werfels[1] die Walze mit dem kräftigen Hanfseil betätigt wurde. Der daran hängende Eimer wurde 15-20 Meter in die Tiefe gelassen, um das frische Wasser für Mensch und Tier zu schöpfen.
Jedes Jahr im Frühling war es, von jüngsten Kindesbeinen an, in unserem Elternhaus die Aufgabe der Kinder, die Einfassung des Blumengärtls, schräg in den Boden gesteckte Backsteinziegel, an der Vorderseite rot und oben weiß anzustreichen, was sich dann sehr schön und gepflegt ausnahm.

Im Frühling blühten zuerst die zartrosa Seeveilchen, dann die Stiefmütterchen, die Tulpen und Hyazinthen, dahinter der Goldlack, die Pfingstrosen und Pfingstnelken, den Sommer über zierten Levkojen, Zinnien und bunte Astern den Garten, gegen den Herbst waren es die Dahlien, die Schleierblumen und die Winterrosen, die man für den Grabschmuck benötigte, dazwischen standen Geranien und Eisilgen, je nach Größe des Gartens, auch das Fleißige Lieschen durfte nicht fehlen. Der Duft, der mir beim Blumengießen am angenehmsten auffiel, war der vom Basilikum, da duftete der ganze Hof.

Ja, im Hof, da fühlte man sich so richtig geborgen und zu Hause.

Die Häuser standen gewöhnlich mit der Giebelseite zur Straße hin, mit der Längsseite dem Hof entlang. Außerdem gehörte die sogenannte Sommerküche dazu, ein kleines, separat gebautes Haus mit nur einem Raum, das sich im Hof oder an der hinteren Giebelseite – so war es auch in meinem Elternhaus – befand.

Über die ganze Länge oder Dreiviertel des Hauses verlief ein vom Hausdach überdeckter Säulengang, der meist so breit war, daß eine ganze Familie zu den Mahlzeiten um den Tisch herum sitzen konnte. Gekocht wurde in der Sommerküche, somit blieb das Wohnhaus schön sauber und kühl. In der warmen Jahreszeit spielte sich also das Leben hauptsächlich auf dem erwähnten Gang ab.

Als ich schon größer war, aß ich mein Frühstück meist alleine auf einem Schemel in der Sonne sitzend am Gang, alle anderen Familienmitglieder waren in der Arbeit, die Schwester in der Schule und später in der Schneiderlehre.

Meine Mutter leistete trotz ihrer Berufstätigkeit als Möbelpoliererin bei der Firma Moor im Haushalt sehr viel. Tüchtig und vielseitig, wie sie war, braute sie zum Beispiel selber aus Hopfen, Gerste, Hefe und Wasser Bier. Wenn es lange genug im Keller gelagert hatte und wenn dann beim Essen der Spagat über dem mit Wachs versiegelten Korken aufgeschnitten wurde, so daß er etwas Luft bekam, dann flog er in hohem Bogen bis hinüber zum Blumengarten, so kräftig schäumte und perlte das edle Getränk, das so manchem Braumeister Ehre gemacht hätte.

Von der Straße her ging ein Gassentürl, etwa einen Meter breit, in den Hof hinein, daneben befand sich ein Tor mit zwei großen Flügeln, so breit, daß ein Pferdefuhrwerk durchfahren konnte, anschließend ein Zaun oder eine Mauer bis zum Nachbarhaus, je nach Breite des Grundstückes. Dort war der Blumengarten angelegt.

Ein Lattenzaun trennte den Vorder- vom Hinterhof, in dem das Geflügel seinen freien Lauf hatte. Dahinter kamen in den richtigen Bauernhäusern die Ställe, je nach Größe und Vermögen des Hauses, der Pferde- und Kuhstall, der Schweinestall und der Wagenschuppen. Anschließend ging man zum Trepppplatz[2], wo die Strohtriste[3], der Laubschober und das Heu ihren Platz hatten sowie der Hambar, wo der Mais am Kolben zum Trocknen aufbewahrt wurde, und ganz zum Schluß kam der Misthaufen.

Damals gab es noch vier richtige Jahreszeiten, da konnte man schon im März richtig barfuß gehen. Obwohl, ehrlich gesagt, meine Waden bei Nacht unendlich schmerzten, so warm war es gegen Abend, wenn die Sonne unterging, auch nicht mehr, aber Strümpfe anziehen, nein, so verweichlicht zeigte man sich nicht. Und früh ins Bett gehen, nein, das gab's auch nicht! Man konnte sich ja gar nicht sattspielen in den ersten Sonnentagen des Frühlings. Man wußte nicht, was man zuerst machen sollte, ob Tempelhüfen, Seilspringen, Fangenspielen oder die verschiedenen Ballspiele. Die Buben spielten außerdem noch mit Murmeln oder beschäftigten sich damit, Reifen zu treiben. Das alles geschah auf der Straße vor den Häusern.

Autos gab es so gut wie keine, und wenn schon mal eines fuhr, rannten alle Kinder hinterher, weil es eben Seltenheitswert hatte.

Abends an warmen Sommertagen saßen wir Kinder, Mädchen und Buben gemeinsam, mit Vorliebe am Boden im Gras vor dem Gartenzaun und sangen die schönsten Lieder.

Der Sommer war so heiß, daß die Luft flimmerte, man konnte zur Mittagszeit fast nicht barfuß gehen, weil der Boden und vor allem der Staub so heiß waren. Wenn es regnete, gab's im Nu sehr viel Dreck, da konnten wir Mädchen mit dem frisch entstandenen Lehm so richtig spielen und nach Herzenslust Kuchen backen.

Der Herbst war meist nebelig und noch nicht sehr kalt, aber der Winter, der konnte grimmig sein! Es gab viel Schnee und Eis. Wenn der Wind über die Ebene fegte, konnte es zu mannshohen Schneeverwehungen kommen, und das nicht selten. Gegen Anfang Februar, wenn die Sonne schon Kraft hatte, hingen glitzernde, klirrende Eiszapfen die ganze Länge des Hauses vom Dach herunter, bis zu einem Meter, da wollte jedes Kind an seinem Elternhaus die längsten haben.

Wenn's draußen richtig kalt war, wurde es drinnen erst recht gemütlich. Die Mutter oder die Oma setzte sich gegen Abend, „zwischen Tag und Licht", wie wir sagten, hin und nahm ganz sachte den Zylinder von der Petroleumlampe, hauchte ihn an und polierte ihn mit einem weichen Tuch blank, denn mit Wasser durfte er nicht in Berührung kommen, sonst wäre er beim Anzünden des Lichtes von der Wärme zersprungen. Der Docht wurde täglich mit der Schere geradegeschnitten, damit die Lampe einen schönen hellen Schein gab. Zur damaligen Zeit war noch nicht jedes Haus mit einem elektrischen Licht ausgestattet, das kam erst später. Im Küchenherd knisterte das Feuer, ab und zu krachte ein Holzscheit, Funken sprühten, bei den Luftlöchern leuchtete es ganz hell heraus. In dieser Zeit spielten wir Schwestern meist Verstecken, auch am Tischkreuz unter dem Tisch war es um diese Zeit immer recht lustig für uns, da konnte man so schön mit den Putzen[4] und Kastanien spielen. Wenn der Mais gerebelt war, wurden die Putzen als Brennmaterial verwendet. Einmal spielten wir mit ihnen Bauernhof, da waren sie unsere Haustiere: Pferde, Kühe, Schweine, je nach Größe, ein andermal bauten wir Häuser und hohe Gerüste daraus. Man konnte sehr vielseitig damit spielen, sie lagen immer griffbereit in der Kiste unter dem Herd und waren auch gleich wieder aufgeräumt, wenn man des Spielens müde war. Auf Ordnung wurde sehr viel gehalten!

Der große gemauerte Zimmerofen wurde nur zweimal täglich beheizt, und zwar von der Küche aus. Die Wärme hielt von früh bis abends und vom Abend bis in die Früh, er hatte eine Art Kachelofenfunktion. Auch die Stengel vom Mais wurden verbrannt, man sieht: alles wurde nützlich verwendet, nicht wie heute, wo vieles auf dem Feld verhäckselt wird und liegenbleibt.

In diesem Ofen wurde das Brot gebacken, abends gab's besondere Leckerbissen, vor allem im Winter, mal gebratene Äpfel, mal gebratene Kürbisse oder in den Schalen gebratene Kartoffeln, die mit Fett besonders gut schmecken, oder Grumbirschnitz[5] mit Surfleisch drauf und saurem Paprika dazu, und so manchen vorzüglichen Kuchen.

Wie beschrieb der Autor des Slankamener Heimatbuches Peter Schoblocher, so trefflich die Kochkunst der donauschwäbischen Hausfrauen, die sehr schmackhafte und abwechslungsreiche Kost auf den Tisch zauberten und dabei doch äußerst sparsam wirtschafteten? Sie konnten aus denselben vier Grundzutaten – Mehl, Ei, Salz und Wasser – bis zu 18 verschiedene Speisen zubereiten und hatten somit nicht früher als alle drei Wochen die gleiche Speise auf dem Tisch. Aber es gab ja außer diesen noch viele andere Zutaten, von denen sie eine Reihe unterschiedlicher Speisen zubereiteten. So gab es mal Süßes – Mohnnudeln, Grießnudeln, Powidltascherl –, mal Deftiges – Bohnensuppe und Nudeln, kräftiges Kartoffelgulasch mit Löffelknödeln –, mal kochte man suppig, mal saftig. Ein andermal gab's Schmarren mit Kompott oder mit Salat, dann wieder etwas mit eingelegten sauren Gurken, Tomaten oder Paprika oder etwas mit Soße, mit Kren und so weiter und so fort.

Wenn wir gegen Abend gemütlich im warmen Zimmer beisammen saßen, las uns die Mutter gerne aus dem Missionsblatt vor, die Geschichten vom Reim Michl und Kein Pauli sowie vom Krum Sepp hörten wir besonders gerne. Unser Vater saß da mit Vorliebe auf dem Schemel, wir Kinder setzten uns auf seine Knie und frisierten, nicht müde werdend, sein schönes gewelltes Haar, die Schwester zur rechten und ich zur linken Seite. Oder der Vater erzählte uns die Geschichte von Ali Baba und den vierzig Räubern, die auch sehr spannend war.

An den langen Winterabenden war es Brauch, daß man in der Nachbarschaft Zusammenkünfte pflegte, Måja wurde das genannt. Die Männer spielten Karten, wo es manchmal zünftig herging, die Frauen strickten oder stickten und unterhielten sich dabei, die älteren Frauen saßen am Spinnrad, das nur so surrte.

Wir Kinder durften *immer* mitgehen, auch dann, wenn eine Oma im Haus war. Da wurde gerätselt, gesungen, gespielt (Blinde Kuh, Verstecken ...), jeder Abend war zu kurz, man weilte oft täglich in einem anderen Nachbarhaus, es ging immer reihum, so wußten wir genau, in welchem Haus man welches Spiel am besten spielen konnte.

Wenn die Väter des Kartenspielens müde waren, gab der eine oder der andere selbsterlebte oder erfundene Geschichten zum besten. Es wurde so manche makabre Geschichte erzählt, so daß es bis zum Schluß spannend blieb.

So erzählte der eine, daß eine Kartenpartie gar einmal während der Zeit der Mitternachtsmette Karten spielte, bis der Teufel ans Fenster klopfte, von da an sollen die Burschen immer zur Mette gegangen sein. Ein anderer erzählte, wie sich zwei Burschen recht mutig und tapfer vorkamen und sich vor gar nichts fürchteten, da wurde der eine im Friedhof in eine offene Gruft geschickt mit Hammer und Nagel in der Hand. Wenn er wirklich so tapfer sei, solle er den Nagel in einen Sarg klopfen. Gesagt, getan – er stieg hinab und schlug den Nagel mit lautem Getöse in den Sarg, doch „Au weia!" Er konnte nicht mehr weglaufen! Er hatte in der Eile und in der Dunkelheit seinen eigenen Rock angenagelt, er meinte, die Toten hielten ihn fest und kam fast um vor Schrecken.

[1] *Kurbel,* [2] *Dritter Hof,* [3] *Großer Strohhaufen,* [4] *Herzstücke der Maiskolben,* [5] *Grumbir: Kartoffel*

Schweineschlachten

Am alljährlichen Schlachttag knapp vor Weihnachten war immer Onkel Djuri als Schweineschlachter bei uns im Haus. Schon am Vorabend wurden Zwiebeln und Knoblauch geschält, die Messer geschliffen, die große Brühmulde hergerichtet mit den eisernen Ketten, um das Schwein in dem heißen Wasser zu wenden. Nach dem Abstechen, wenn das Schwein nicht mehr zuckte, wurde es im heißen Wasser gebrüht. Dieses durfte aber nicht zu heiß sein, sonst wäre die Haut beschädigt worden, die ja letztendlich die Schwarte für den Speck und den Schinken abgab, die für das ganze Jahr haltbar gemacht werden mußten. War das Wasser zu kalt, so wurde die Schwarte ganz stoppelig, was auch keine Ehre für den Schlachter war. Also mußte so ein nebenberuflicher Schlachter sein ganzes Können unter Beweis stellen.

An diesem Tag *durften* wir Kinder schon sehr früh aufstehen, um ja bei allen Arbeiten dabei sein zu können, so wurden wir zu Arbeit und Fleiß von jüngsten Kindesbeinen an erzogen.

Es gab viele Handgriffe, die von uns Kindern gemacht werden konnten, wodurch die Eltern entlastet wurden, z. B. das Schneiden von Fettstücken zu Grammeln. Die Dick- und Dünndärme für die Wursthäute mußten mehrmals gewaschen werden, da hieß es immer wieder Wasser nachschütten, denn eine Wasserleitung gab es damals noch nicht.

Alles mußte mit größter Reinlichkeit zubereitet werden, denn nur so war die Gewähr gegeben, daß der Vorrat hielt.

Das Quellfleisch wurde vorbereitet für die Leberwürste, der Schwartenmagen eingefüllt und sachte gepreßt. Die vier ganzen Schinken und die zwei großen Speckseiten wurden kräftig eingesalzen, mit Knoblauch eingerieben und in ein Surfaß gelegt. Nach einer gewissen Zeit kam alles in die Selchkammer zum Räuchern. Mit allen übriggebliebenen Abfällen unter Beimengung von Laugenstein wurde später gute Kernseife selbst gekocht.

Wenn am Abend nach getaner Arbeit Tante Leni mit Tochter Rosi zur Wurstsuppe kamen – so nannte man das Essen am Schlachttag –, da war alle Mühe des Tages vergessen, und man konnte die ganzen Köstlichkeiten genießen, zum Abschluß gab es Krapfen.

Am selben Abend wurde der Namenstag von Eichinger-Oma und mir gefeiert, es war ja ein Tag vor Adam und Eva; zum Geburtstag wurde wohl gratuliert, aber nicht gefeiert.

Beim Schweineschlachten berechnete man den Bedarf einer Familie so: pro Person ein Schwein (mit rund 100 Kilo), pro zwei Kinder ein Schwein, das waren in unserer Familie vier Schweine pro Jahr, die wir selber gefüttert haben. So wurden zwei mal zwei Schweine geschlachtet, einmal um den 11. November und einmal eben vor Weihnachten.

Dazwischen gab es Geflügel vom eigenen Hof, wir hatten Hühner und Gänse, die Gänse allein schon wegen der guten Federn für die Aussteuer der beiden heranwachsenden Töchter. Hühnerfedern wurden nie verwendet. In anderen Häusern gab es Hühner und Enten oder Puten, das war von Haus zu Haus verschieden. Daß man die kleinen Küken und Gänschen selber heranzog, war selbstverständlich. Ein Nest mit 20 Hühnereiern wurde hergerichtet, worauf sich eine brütende Glucke setzte, und innerhalb dreier Wochen schlüpften die ersten goldgelben Küken. Dasselbe geschah bei den Gänsen. Meine Mutter beauftragte mich einmal, auf ein verspätetes Gänschen zu achten, bis es schlüpfte. Vor lauter Spielen vergaß ich den Auftrag, bloß als ich in den Hinterhof kam, wunderte ich mich sehr, daß da ein kleines Gänschen im Ententeich schwamm, ich schaute nach, und siehe da: Es war das letzte Gänschen vom 13. Ei.

Zu den großen Feiertagen wurde frisches Rind-, Schweine- oder Kalbfleisch auch beim Metzger gekauft, je nach Bedarf und Brieftasche.

Obwohl ich ein Kind aus einer Arbeiterfamilie war und meine Eltern von ihrer Hände Arbeit lebten, hatten wir mit ihrem Einkommen ein gutes Auskommen. Die zwei großen Gemüsegärten vor dem Haus drüberhalb der Straße bis hinunter zum Bach brachten das Gemüse, das wir für's ganze Jahr brauchten, und genügend Futter für die Haustiere, so daß wir an nichts Mangel hatten. Obst hatte die Oma am Markt, da brauchte man auch nicht zu geizen. Obwohl beide Elternteile meistens in Betrieben arbeiteten, erinnere ich mich, daß sie jedes Jahr gemeinsam eine Woche in den Weizenschnitt gingen, um das Brot für's ganze Jahr zu verdienen, im Herbst gingen sie eine Woche Mais brechen und Laub schneiden, auch wieder, um das Futter für die Tiere und das Brennmaterial für den ganzen Winter zu verdienen. Für diese Arbeit bekamen sie kein Geld, sondern eben Naturalien.

Das funktionierte wunderbar und wiederholte sich alle Jahre.

So verbrachte ich meine Kinderzeit in Geborgenheit und Freude und ausgefüllt mit interessanten Erlebnissen.

Das zerrissene Sonntagskleid

Nicht nur wegen des halben Dinars, den ich bei jedem Sonntagsbesuch bekam, nein, nein, auch so ging ich sehr gerne zu Tante Leni Helmlinger. Sie war Schneiderin, da gab's so viele bunte Fleckerl für Puppenkleider, ab und zu durfte ich Gemüse in die benachbarte Spielschule tragen, wo ich als Belohnung mit dem Ringelspiel fahren konnte, das die Dienerin selber gebaut hatte. Dort befanden sich schöne Märchenbilder an der Wand, dann gab es ein kleines Haus mit Zwerghühnern, wir sagten Hänsel und Gretel zu ihnen. Manchmal konnte ich auch bei den Proben zusehen, wenn Spiele eingeübt wurden. Am allermeisten freute es mich jedoch, wenn mir Tante Leni ein fertiges neues Kleidungsstück über den Arm legte und mich zu einer ihrer Kundschaften schickte, es abzuliefern. Dann gab's meistens auch ein kleines Trinkgeld.

Der Heimweg in die Frankenberggasse führte am Gemeindehaus vorbei, links in die Rumaer Straße. Ab dem Schnittwarengeschäft Halter, wo der Gehsteig sehr breit war, verlief dann die Rumaer Straße bergab zum Bach; dabei kam der Gehsteig immer höher und die Straße immer tiefer zu liegen. Ich balancierte natürlich ganz am Rand. Zuerst kaum eine Stufe hoch, betrug der Höhenunterschied bei der Post schon gut einen Meter, beim oberen Schwendemann-Haus ging es gar neun Stufen hinunter, ein Zeichen, wie hoch man über der Straße war. Beim zweiten Schwendemann-Haus lief ich die nächsten vier Stufen hinunter, und weiter balancierte ich auf den Randsteinen bis zur Bürgerschule, wo ich die letzten sechs Stufen nahm. Von da ging's flugs quer über die Straße zur serbisch-orthodoxen Kirche, da wiederholte sich dasselbe Geschicklichkeitsspiel, aber hier war es die Mauer um den Kirchengarten, auf der man so schön gehen konnte. Es begann wieder ganz niedrig, und wo die Mauer aufhörte, war sie am höchsten. Von dort mußte man mit einem Satz hinunterspringen. Und da passierte es: Mein schönes Sonntagskleid, auf welches ich so stolz war, blieb an der Einfriedung an einem schmiedeeisernen Spitz hängen. Ein langer Riß verlief oberhalb des Saumes und dann ums Eck bis hinauf zur Hüfte, in Form eines riesigen L. Da das Kleid reich gezogen war, hing nun der Saum tief hinunter.

Ich war mit meinem Schrecken und dem zerrissenen Kleid so beschäftigt, daß ich rings um mich nichts wahrnahm, nicht einmal eine gute Bekannte, die hinter mir gegangen war. Zu Hause angelangt – meine Eltern befanden sich gerade auf einem Sonntagsspaziergang –, zog ich mich um, denn im Sonntagskleid durfte man nicht auf der Straße spielen und mit diesem zerrissenen erst recht nicht. So legte ich das Kleid feinsäuberlich aufs Bett, der Riß war mehr auf der rechten Hinterseite, sodaß es gar nicht auffiel, daß da etwas nicht in Ordnung war. Kaum beim Spielen angelangt, hatte ich das Mißgeschick schon ganz vergessen, als die Stimme meiner Mutter ertönte: „Evi!" Vor lauter Spielen dachte ich an nichts, da rief die Mutter ein zweites Mal: „Eevi!" Das kam mir so anders als gewohnt vor, aber erst beim dritten „Eeevi!" wurde mir meine ganze Schuld bewußt. Ich näherte mich kleinlaut meinen Eltern, welche auf dem Heimweg bereits von besagter Bekannten, die sie getroffen hatten, über mein Mißgeschick im Bilde waren.

Die verdiente Strafe blieb nicht aus, aber sie fiel nicht so hart aus, wie ich gedacht hatte, denn durch die Schneiderkunst meiner Tante konnte das Kleid gerettet werden: Der Saum wurde rundherum mit einer Quernaht versehen, sodaß ein Fremder von dem Schaden gar nichts merkte. Die Naht nach oben fiel ohnedies nicht auf. Und ich hatte mein geliebtes Sonntagskleid wieder.

Am Pijaz

Der Pijaz war am Hauptplatz oder besser gesagt an der großen Kreuzung in der Mitte von India. Von dort führte die Straße nach Osten an die Donau nach Slankamen, westwärts nach Putinzi und Ruma, die Hauptstraße in nördlicher Richtung nach Neusatz (Novi Sad, 50 km) und im Süden nach Semlin und Belgrad (40 km). Das war zur damaligen Zeit eine Hauptverkehrsstraße zwischen Wien, Belgrad, Sofia und Konstantinopel in der Türkei, sie war sehr breit, mit Kopfsteinpflaster angelegt und hieß „Nationalstraße".

Der Pijaz war *der* Treffpunkt von India, gleich zu welcher Tages- oder Jahreszeit. Dort befand sich die Trafik Kühner, wo man damals schon Zeitungen und Illustrierten in mehreren Sprachen erhielt sowie Tabakwaren aller Art und Briefmarken; dicht daneben stand das Gasthaus Kolb, das Nobelgasthaus von India. Große Kastanienbäume, deren Blütenpracht ich im Frühling jedesmal bewunderte, säumten den breiten asphaltierten Gehsteig und waren ideale Schattenspender für die darunter befindlichen Obst- und Gemüsestände.

Zweimal die Woche, am Mittwoch und am Samstag, war großer Wochenmarkt, alle anderen Tage waren nur die gewissen Stände da: Quer zur Hauptgasse an der Ecke war's der Bäcker mit frischem Brot und Semmeln und Kipfeln, daneben der Sladoled-Mann, der Eis verkaufte, der durfte in der warmen Jahreszeit nicht fehlen, Richtung Kirche stand die alte Bayern mit ihrem Obst und dem Bonbonwägelchen, daneben die Eichinger-Ev-Bäsel, also meine Großmutter, mit Obst und Gemüse, dann kam die Rosi-Neni mit dem roten Paprika, sie hatte süßen, scharfen, hellen und dunklen Paprika feilzubieten. Es folgte der Iwan mit Obst und Gemüse, aber auch mit einer großen Vitrine voller Süßigkeiten, wo ich einmal das Glück hatte, mit nur einem Los eine riesige Tafel Schokolade zu gewinnen – das war für mich kleines Mädel so viel wie das große Los. In besagter Vitrine befanden sich wirklich sehr erlesene Dinge. Ich muß es ja wissen, war ich doch sehr oft und lange auf dem Pijaz, wenn meine Schwester Wawi in der Schule saß, die Mutter in der Möbelfabrik Moor und der Vater in der Mühle arbeiteten. Da also hielt ich mich meist bei der Eichinger-Oma am Pijaz auf.

An den zwei großen Markttagen kamen richtige Bulgaren – sie boten nur Gemüse an – mit ihren riesigen Wagen angefahren. Sie hatten wunderschönes frisches Gemüse, ganze Berge von Auberginen, Blumenkohl, Tomaten, Paprika und vieles mehr, alles schön aufgetürmt, und wenn der Markt zu Ende war, hatten sie meist alles verkauft.

Die Zeit der Melonen, Trauben, Pfirsiche, Tomaten und Paprika war eine besonders laute Zeit auf dem Markt. Da riefen alle Händler, die mit ihren Pferdewagen von auswärts gekommen waren, durcheinander: „Eite! – Ljubenice! Groschdsche! Padlidschana!" (Kommt her! – Melonen! Trauben! Tomaten!) und wie sie alle hießen, immer in serbischer Sprache. Auf der gegenüberliegenden Straßenseite standen die Pferdewagen mit den Donaufischen – auch solche gab es ganz frisch und noch lebend zu kaufen.

Ja, ja, es rührte sich was auf dem Indiaer Wochenmarkt, es herrschte ein rechtes Getümmel.

Im Frühling war's besonders interessant, wenn die Frauen ganz verschiedene selbstgezogene Sämereien anboten – da roch es dann so derbwürzig. Sie standen in Reihen dicht neben der Straße, ihre Leinensäckchen hatten sie geöffnet am Boden vor sich aufgereiht, den Rand umgestülpt, sodaß man die verschiedenen Farben und Sorten gut erkennen konnte: weiße, braune, schwefelgelbe und buntgescheckte Bohnen, grüne und gelbe Erbsen, schwarzen Mohn; der Rote-Rüben-Samen war ganz runzelig, der vom Spinat hingegen glatt und rund, der vom Dill – Gaper nannten wir ihn – und von den Pastinaken war wie plattgedrückt. Nur den von der Petersilie und den Karotten konnte ich als Kind nicht auseinanderhalten, habe es aber inzwischen gelernt. Der schönste Stand war für mich der mit den bunten Lebzelten mit seinem herrlich süßen Duft. Wenn meine Mutter Zeit hatte, auf den Markt zu gehen, kaufte sie uns meist ein „Marktstückl", wie man daheim sagte. Meine Schwester bekam immer eine Lebzeltpuppe und ich ein Pferdchen, Hitschl, wie wir sagten, die beide ganz bunt und wunderschön verziert waren.

Manchmal konnte man auf dem Markt auch den guten Kalichzucker kaufen. In ganz besonderer Erinnerung ist mir der „Bärendreck", der aromatische schwarze Zucker. Den gab's beim Schwarz Peter. Als Kind glaubte ich immer, der habe etwas mit dem Schwarzen Peter aus dem Kartenspiel zu tun, wurde aber, als ich größer war, eines Besseren belehrt: Schwarz Peter, das sei ein Name wie jeder andere auch, so wurde ich um eine Kinderillusion ärmer.

Auch der Herbst machte den Pijaz für mich zu einem lieben Aufenthalt, fielen doch die reifen Kastanien wie die Sterntaler vom Himmel. Ich wurde nicht müde, sie einzusammeln und mit ihnen zu spielen. Ab und zu fiel mir nicht nur eine reife Kastanie, sondern auch so mancher ungeöffnete Stern auf den Kopf, was ganz schön weh tat, aber die reiche Fülle beglückte mich so sehr, daß der Schmerz bald vergessen war.

Wenn die kalte Jahreszeit kam, zog ein Duft von heißen Maroni über den Pijaz. Auch Feigen, Nüsse und gedörrte Zwetschgen für den Nikolo gab es zu kaufen.

So hatte auf dem Indiaer Pijaz jede Jahreszeit ihre Besonderheiten, ihre Farben, Formen, Düfte und Gerüche.

Gakovo im Sommer 1946

Unterdessen war es Sommer 1946 geworden, aus unserem Haus starben immer mehr Menschen, so daß es immer leerer wurde. Bis dahin fehlten schon neun Personen. Sechs Menschen starben allein bis Sommer 1946 von den 13 Personen in meinem Zimmer. Es starb eine ganze Familie aus Sekitsch, ich glaube, Gerber hießen sie. Zuest eine Großtante, dann der Großonkel, nachher eine Tante Sophie, dann der Vater einer dreißigjährigen Frau. Diese Frau, Lenchen, hatte eine sechsjährige Tochter, die ebenfalls Lenchen heiß, und zwei Kinder im Alter von neun und zehn Jahren von ihrer Schwester zu beaufsichtigen, die im Herbst 1944 nach Rußland verschleppt worden war; deren Namen lauteten Georg und Lenchen. Die Männer der beiden Frauen waren im Krieg. Die junge Frau hatte vor lauter Unterernährung ihre Regel schon lange nicht mehr, stattdessen quoll ihr aus großen Löchern blutiger Eiter von den Oberschenkeln über die Waden, verteilt aus vielen Wunden. Es war nicht mehr mitanzusehen, welche Qualen diese Frau an diesen Hungerödemen gelitten hat, aber nicht nur der Hunger und die Pein, nein, noch viel mehr machte ihr der seelische Kummer und die Sorge um die drei nun bald ganz verlassenen Kinder zu schaffen. Nicht der Tod war hier das Ärgste, noch viel ärger war die Not, so hieß es schon im Sekitscher Lagerlied, und das stimmte wahrhaftig. Und ärztliche Versorgung oder Medikamente gab es, wie bereits gesagt, in keinem dieser Lager. Die junge Frau starb einen qualvollen Tod, anschließend wurde die Leiche wie die vieler anderer in einem Massengrab verscharrt.

In traurigster Erinnerung ist mir der Tod der zweijährigen Friederike Kaiser aus Filipowa. Das Kind war nur noch ein Skelett, es konnte nur noch wimmern vor lauter Schwäche, und plötzlich, bevor sein Lebenslicht verlöschte, kullerten ihm zwei ganz dicke Tränen über die hohlen Wangen, daß ich mich als Kind gefragt habe, wo denn die Flüssigkeit herkommt aus diesem mageren und ausgezehrten Körper. Es war herzzerreißend, und das Sterben ging tagtäglich unaufhaltsam weiter.

Als einer der Bewacher nach längerem Turnuswechsel wieder in unserem Haus seinen Dienst versah, fragte er nach einigem Zögern, wo denn die liebe kleine Friederike sei. Er scherzte so gern mit ihr im Hof. Als dieser Mann erfuhr, daß auch dieses liebe, unschuldige Kind sterben mußte, brach er in lautes Weinen aus, das war sogar für einen Partisanen zu viel, denn nicht alle waren schlecht, es gab auch unter ihnen Menschen, viele taten auch nur die ihnen auferlegte Pflicht.

Wie ich Jahre danach erfuhr, wurden die vielen, vielen Kinder, deren Mütter, Großmütter und Tanten weggestorben waren, später zusammengesammelt und in eine Art Kinderheim gepfercht. Sie wurden dann als Adoptivkinder an Jugoslawen freigegeben. Je kleiner so ein Schwabenkind war, umso begehrter war es, denn es sollte ganz schnell vergessen, daß es ein deutsches Kind war.

Der Durchfall und die rote Ruhr traten bei den meisten Menschen ein. Da die Häuser mit Bewohnern überfüllt waren, reichten die normalen Plumpsklos nicht aus, so wurde in jedem Hinterhof eine Latrine im Freien errichtet. Das war ein ein Meter tiefer Graben mit zwei Metern Länge, davor drei Pfosten mit einem aufgenagelten Brett als Sitzfläche, aus! Wo man im Sommer und Winter seine Notdurft verrichten mußte, ob Mann, ob Frau, ob Kind, alle in einer Reihe. Viele ältere Menschen hatten dadurch solche Hemmungen, daß sie chronische Verstopfung bekamen.

Wenn die Grube voll war, wurde sie zugeschüttet und mit viel Mühe eine andere gegraben.

Sonst blieb alles beim alten, nur ich wurde nochmals schwer krank und lag mit hohem Fieber im Bett. Helfen konnte mir leider niemand, meine Hände waren ganz vereitert, und die Hitze war sehr groß.

Salz, Zucker oder Fett hatten wir bis dahin noch nicht gesehen. Aber auf den Dachböden fanden sich meistens noch Reste vom früheren Besitzer, ein wenig Weizen oder Sonnenblumen, die wir noch gut verwerten konnten: Den Weizen mahlten wir mittels einer altmodischen Salzmühle – das waren zwei Steine, die aufeinander lagen, wovon man den oberen im Kreise drehte, also genau wie in der Steinzeit. Die Sonnenblumenkerne waren der einzige Fettstoff, den wir hatten. Doch viele sagten, daß die eitrigen Hände nur davon kämen. Die Fingernägel von meinen Daumen und Zeigefingern waren bis in die Hälfte hinein aufgebohrt vom Öffnen der Sonnenblumenkerne, das schmerzte sehr.

Im Sommer konnte ich mit den drei Gerberkindern einmal drei Zuckerrüben stehlen, die wir anschließend selber zu Sirup kochten. Als Brennmaterial benutzten wir Spreu, da wir nichts anderes hatten. Wir kochten und kochten einen ganzen Nachmittag an unserem süßen Leckerbissen. Als wir fertig waren, war es kaum ein Achtel Liter, und den mußten wir in vier Teile aufteilen, aber wir waren so froh über die Süßigkeit, daß uns die Menge gleichgültig war. (...)

Wie Fremde in der Nacht

Urlaubsfahrt in die Türkei

Der Weg führte uns über Kärnten nach Jugoslawien, wo in Belgrad eine Zwischenübernachtung vorgesehen war. Die Fahrt verlief zügig, und wir kamen schon gegen 19.30 Uhr abends in die Nähe von Mitrovica, Ruma und Neusatz. Es war schon recht dunkel, und ich drückte meine Nase an der Fensterscheibe fast platt. Wohl wußte ich, daß wir nicht durch meinen ehemaligen Heimatort India fahren würden, aber wenigstens ein Hinweisschild oder einen Wegweiser glaubte ich sehen zu müssen. Aber nichts, gar nichts sah ich, nur dunkle Nacht, und als ich doch noch ein Schild mit dem Namen „Stara Pazova" sah, da wußte ich, daß India längst vorbei war. In diesem Moment fielen mir die Worte ein, die der Braunauer Stadtpfarrer wenige Tage vorher in seiner Predigt aus Anlaß des Slankamener Treffens formuliert hatte: „Laß dir die Fremde zur Heimat, aber die Heimat nie zur Fremde werden." Tränen kullerten mir über die Wangen, ich konnte mich nicht mehr zurückhalten. Wie Fremde in der Nacht fuhren wir durch unsere frühere Heimat.

Zum ersten Mal hatten wir sie 1968 besucht. Es war gerade die Zeit der Niederschlagung des „Prager Frühlings" in der Tschechoslowakei. Mein Mann wollte unbedingt in diesem Jahr nach Slankamen und India fahren. Ich sagte: „Solange der amtierende Staatschef Alexander Dubcek nicht aus Moskau zurück ist, bringt mich niemand mehr in ein Ostblockland, denn gebrannte Kinder fürchten das Feuer. Wir haben gebüßt genug in den Tito-Lagern."

So packten wir das Urlaubsgepäck dreimal aus und wieder ein, bis durch den Rundfunk die Nachricht kam, Dubcek sei wieder nach Prag zurückgekehrt. So fuhren wir nun mit unseren zwei Kindern – zehn und elfeinhalb Jahre alt – in den geplanten Urlaub.

Es hatte sich vieles verändert in den 24 Jahren, seit wir von zu Hause wegmußten, aber man fand sich noch zurecht. Die Leute waren freundlich, wir konnten in India in mein Elternhaus hineingehen und uns umsehen. Es war natürlich alles fremd. Auch in das Elternhaus meines Mannes in Slankamen konnten wir hineingehen und uns umsehen, die alteingesessenen Kroaten waren besonders freundlich, wir wurden sehr gut aufgenommen und reichlich bewirtet.

Wir besuchten die Maria-Schnee-Kirche, waren in Karlowitz und Neusatz und fuhren in Richtung Venac, wo es ein Riesendenkmal gibt. Auf dem Weg, als wir durch die Wälder fuhren, wurde uns ganz anders zumute. Der Wald wimmelte nur so von jugoslawischem Militär, man hielt uns an und gab uns unmißverständlich zu verstehen, daß wir hier nichts, aber auch schon gar nichts zu suchen hätten. Das eben war es, was ich ahnte, und ich täusche mich selten. Die Jugoslawen hatten damals selber Angst, daß die Russen einmarschieren und nicht mehr weggehen würden. So entschuldigte sich eine Gastgeberin, daß es in ihrem Hause gar nicht wohnlich aussehe, weil sie alles, was ziert, ob Vorhänge, Lampen, Bilder und anderes, abmontiert hatte, damit die Russen es im Hause nicht schön fänden und nicht hierblieben.

Zum zweiten Mal besuchten wir unsere Geburtsorte India und Slankamen 1975. Da war schon sehr viel verändert – ich will nicht sagen nur im negativen Sinne. Andere Länder, andere Sitten. Aber viele altvertraute Häuser und Einrichtungen konnte man nicht mehr finden. Es gab keinen deutschen Friedhof mehr; darauf steht nun eine Wohnsiedlung mit mehrstöckigen Häusern. Die Gebeine der Toten liegen jetzt in einer Betongrube, ohne Namen und ohne Hinweistafel, am linken Eingang des jetzigen Friedhofes, welcher sich auf dem Gelände der ehemaligen schönen Kalvarienberg-Anlage befindet. Der Markt, früher Pijaz genannt, ist auch nicht mehr da, wo er war – inmitten der Ortskreuzung –, sondern in den Hinterhöfen der Häuser Moor und Zech und reicht bis zur Spielschulgasse. An der Außenmauer des ehemaligen schönen Textilgeschäfts Zech konnte man noch immer den Namen lesen, wo früher die Buchstaben aufmontiert waren, so lange hatte dieses Haus keine neue Farbe gesehen.

Nun zurück zu unserer diesmaligen Fahrt! Sie führte uns von Belgrad nach Velika Plana, wo ganz in der Einschicht im Dickicht – Wald konnte man das nicht nennen – ein riesiger Hotelkomplex stand. Dort machte man eine Werbevorführung. Bei der Begrüßung hieß es, das Hotel sei in Betrieb. Aber Wasser gab es keines ...

Bei einer Reise mit dem PKW sieht man ja nur die ungepflegten Fassaden, mit dem Bus hingegen viel mehr, auch in die Innenhöfe. Und was man da an Unordnung zu sehen bekam, war bedrückend. Nichts mehr von den schönen, blumengeschmückten ehemaligen Schwabenhäusern, wo es bis in den Spätherbst grünte und blühte, das alles ist Vergangenheit!

Die Urlaubstage in der Türkei waren sehr schön. Die drei Tage in Istanbul waren so angefüllt, es hätte nicht eine Handbreit mehr Platz gehabt: Marmara-Kreuzfahrt, das Goldene Horn, die Bosporus-Überquerung, die Blaue Moschee, der Topkapi-Serail, der Basar und vieles mehr. Der Straßenverkehr ist erwähnenswert. Es ist eine Autoflut ohne Ende, allein sechsundzwanzigtausend Taxis befahren die Stadt täglich. Es gibt fast keine Ampeln, dazwischen bewegen sich die Fußgänger quer über die Fahrbahnen, und doch: Wir sahen in den drei Tagen keinen einzigen Unfall noch hörte man die Sirenen der Feuerwehr oder Rettung.

Was uns in der Türkei besonders auffiel, ist der große Bauboom, der hier in den sechziger Jahren stattfand. Es gibt Altes und Neues dicht nebeneinander. Unser Reiseführer sagte uns, von den Schulden wolle er lieber nicht sprechen ...

Auch von der türkischen Eßkultur waren wir mehr als angenehm überrascht. Das weiße Brot war das beste, das wir je gegessen hatten. Alle Mitreisenden waren der Meinung, daß man das vorgefaßte Bild über die Türkei gründlich revidieren müsse.

Die Heimfahrt führte uns wieder durch Bulgarien. Das Land ist genau so, eben wie die Türkei und Jugoslawien, mit wenigen Ausnahmen.

Die letzte Übernachtung hatten wir in Agram. Welch gewaltiger Unterschied zu Belgrad! Das Hotel Panorama machte seinem Namen alle Ehre. Es war eine Pracht, über die nächtliche Stadt zu sehen. Da grünte es rings um das Hotel, obwohl es schon Ende Oktober war. Die Zimmer waren gepflegt, das Essen gut und reichlich, Preis und Ware stimmten überein.

Der Rückweg führte uns wieder über die Strecke Ruma und Mitrovica. Aber es war ein heller, sonniger Nachmittag, als wir durch die Gegend unserer ehemaligen Heimat fuhren. Man sah endlose Felder, soweit das Auge reichte, bis hin zum Frankengebirge. Frankengebirgsgasse hieß die Gasse, in der wir in India wohnten. Als ich das alles so richtig sehen und fast greifen konnte, war ich sehr ruhig und gefaßt, es gab keine Tränen. Ich konnte das Land wiedersehen, und mehr wollte ich nicht.

Den Mitreisenden im Autobus, die ja alle aus dem schönen Land der Berge, aus Österreich stammten, empfanden diese große Ebene eher als eintönig. Als wir ihnen aber die Fruchtbarkeit des Bodens und die Kornkammerfunktion aus besseren Tagen erklärten, fanden auch sie Gefallen daran.

Johann Franz
Palanka – Heilbronn

Johann Franz wurde am 30. März 1924 in Palanka (Batschka/Jugoslawien) geboren. Er erlernte den Beruf des Eisenhändlers und des Glasers. Kriegsdienst mit Fronteinsatz leistete er von 1944-45. Nach Kriegsende wurde er nach Rußland verschleppt und kam im November 1953 als letzter Spätheimkehrer nach Heinsheim am Neckar. 1955 Heirat mit Magdalene Renner, aus der Ehe gingen zwei Töchter hervor. Johann Franz war ehrenamtlich im Palankaer Heimatortsausschuß tätig und an der Erstellung der Palankaer Ortssippenbücher beteiligt. Als Schwerkriegsversehrter engagierte er sich seit 1972 in der Kriegsopferbetreuung des VdK-Ortsverbandes HN-Biberach als 1. Vorsitzender und Schriftführer. Für seine besonderen Leistungen erhielt er im Laufe der Jahre mehrere Ehrennadeln des VdK-Deutschland, zuletzt die goldene Ehrennadel. Im September 1999 übergab er sein Amt an seinen Stellvertreter und wurde zum Ehrenvorsitzenden ernannt. Seine Erfahrungen werden auch heute noch gerne in Anspruch genommen. Wegen seines Kriegsleidens konnte er sich nach der Entlassung aus fast neunjähriger Kriegsgefangenschaft in Rußland im erlernten Beruf nicht mehr weiter betätigen. Nach 23jähriger ununterbrochener Tätigkeit in der Autoindustrie als Arbeitsvorbereiter begann er auf Anraten seines Arztes sein Rentnerdasein. Seine schriftstellerische Neigung entwickelte er als 17jähriger, als er in der Leihbibliothek des Katholischen Gesellenvereins die Verwaltung übernahm.

Dr Mischi un dr „Rotisländr" Kokorosch

S war im Schpotjahr 1941, dr Mischi un ich, mir henn korz varher ausglernt ghat un unser Prüfung in Neusatz beschtande.

Wu's ogfange hat kalt zu were, henn mir zwa vun unsrem Chef, vum Belabatschi, dr Uftrag kriegt, alli Fenschtre am Tschikotelep, wu ko Glas drinne war, dicht zu mache. Weil die „Honvedbaka", die Husare, soviel Scheiwe rausgschlage henn, war des a Arweit far stickr a 14 Täg.

So jung, wie mir do noch ware, sin mir frisch un froh drogange. Weil jedr vun uns so a aldes Bizikl ghat hat, henn mir halt unser Werkzeich un unseri Jausentasche an den Korman ghängt un sin die drei Kilometer nausgradlt. Un weil's laudr niedrichi Häuser ware, sin mir am Ofang ganz gut varwerts kumme. Bloß in deni Stallunge henn mir immer zwischer zwa Rösser durchmisse mit unseri Glasscheiwe. Die Gäul henn als gebisse oder nausgschlage, unsri Angscht war also dorchaus net iwertriewe.

Ich denk, daß mr schun die Hälfti vun unsre Arweit gmacht ghat henn, do is es losgange. Hat mir doch oner vun deni Husare mei Diamant „gekrattelt", dr Rescht vun dem Tag war halt nar noch halweti Arweit. Am nächschti Tag, ich war mit ama neichi „Schneidwerkzeich" ausgrüscht, wollte mir grad wiedr ofange, do hat dr Mischi den Kokorosch zum erschti Mol gsehe. Mitte uff dem Mischthaufe hat der gschtande, um ne rum stickr a 20 Hingl. Far mich war halt des a Kokorosch wie jedr andri a, awer dr Mischi is, heint tät mr sage: „fascht ausgflippt" var Begeischterung. Der hat ogfange zu schwärme vun dem „reinrassichi Rotisländr". Ich hab zuerscht gharcht, vun dere Seite hab ich den Mischi jo noch gar net gekennt. Ich hab gwißt, er hat drhom a paar Rassehingle un tut a gern koche, sei gröschti „Passion" war 's Kuchebacke. Far a siebzehnjähricher Bursch is des alles schun a bißl ungewöhnlich, awer wer vun uns hat ko „Marotte"?

Seitdem dr Kokorosch uffgetaucht is, war dem Mischi sei Arweitsleistung um mindeschtens die Hälfti gsunge. Er hat's halt immer so eigricht, daß er immer in dr Nähe vun dem Kokorosch war. Den „Rotisländr" vrschwinde zu losse, do drzu war er fescht entschlosse. So ofach war des awer a net. Mir kenne doch den Kokorosch net ofach stehle! Ich bin sichr, er hat die ganzi Nacht net schlofe kenne, weil er sich sei Kopp vrbroche hat, „wie kumm ich am beschti zu dem Kokorosch".

Deni zwa ungarischi Tischtler, die ihre Werkschtatt newer uns ghat henn, is des a schun uffgfalle, daß dr Mischi dem Kokorosch allweil noschaut.

So henn die also erfahre, daß dr Mischi bereit is, a hocher Preis far den Rotisländr zu zahle. Donoch henn die sofort ihre „Mithilf" zugsagt.

Dem Mischi sei Leit henn a gut gehends Wertshaus ghat, do is des gar net uffgfalle, wenn er a Flasch Bier zum Jausn mitgnumme hat. Daß in dere Bierflasch a hochprozentichter Schnaps war, henn sie freilich net wisse kenne.

Nochdem die letschti vun deni „präparierti" Bierflasche abgliefrt war, war dr ausgmachti Preis vun drei Flasche gebrunge.

A gewisses Risiko far ehn war in dem „Gschäft" immer noch drinne. Wenn die den Schnaps getrunge henn un plötzlich nimmer mitgmacht hätte, do hätt er a nix mache kenne.

Am letschti Tag, wu mir nausgfahre sin, hat dr Mischi a ganz großer Zegr an seim Korman hänge ghat. Wu mir draußse okumme sin, henn die zwa Tischtler den Kokorosch schun eigfange un vrschtecklt ghat.

Also, ich war mit dem Mischi fascht vier Jahr lang täglich zamm, awer so froh hab ich den Kumrad noch nie gsehe ghat.

Wu mir oweds homgfahre sin, dr Zegr hat sich als groß genug erwiese, un weil niemand etwas gsehe hat, war er halt dr glücklichschti Mensch. Den weitri Weg vun dem Kokorosch kenn ich net, awer ich bin sichr, daß es dem beim Mischi gut gange is.

Es tät mich schun interessiere, ob dr Mischi noch dem Kriech seiner „Vranlagung" entschprechend etwas ogfange hat.

Dr Djuribacsi un sei Milone

Die Neupalangr „Sandhase" sin wegr ihrem sandhaltichi Ackrbode so gnennt ware. Des is also in gar koner Weis an Beleidichung. Am beschti sin bei deni dr Tuwak un die Milone gwaxe.

Eij-jei-jei, wenn ich zruckdenk, was henn mir „Lappländr" Buwe do manchmol far guti Milone „gekaaft"! Die beschti Zeit far Milone „kaafe" war, wie mir immr wiedr feschtgschtellt henn, glei noch dem Mittagesse. Do hat dr Milonehütr sei Ruhstund gmacht, un in der Zeit henn mir far die dicki a net mehr „zahle" müsse wie far die dinni. Vrschtändlich, daß mir uns do mehr an die dickri ghalte henn.

Am liebschti henn mir dem Djuribacsi sei Milonestück uffgsucht, obwohl des a bißl weidr war. Dr Djuribacsi hat halt den beschti Ruf in punkto Milone ghat. Uff dem ganzi Neupalangr Hottr henn sie ihn um sei scheni, dicki Milone beneidet.

Oft henn sei Konkurrente gfrogt: „Djuri, wie kummt des, daß du Johr far Johr immr die dickschti Milone hascht? Du muscht doch do etwas Bsondres mache. Daß du häuficher in die Kerch gehscht wie mir, kann doch net die Ursach sein."

Alli Leut henn's gwißt: Dr Djuribacsi hat a Geheimnis, des wu er net verrode will. Sei Milonenochbr henn schun abwexelnd owacht gewe, wie dr Djuri alles macht, awer a Erklärung henn sie nie net gfunde. Bis am a scheni Tag dr Ignatz-Vetter a guti Idee ghat hat. „Leit", hat er gsagt, „mir müsse den Djuri Tag un Nacht bewache, omol muß er sich doch verrode." Des henn a alli andri eigsehe, un glei is mr drogange, die Wache eizutaale. Die „Falle" far den Djuribacsi war gschtellt, un jetz henn sie nar noch druff gwart, daß 'r neitappt.

S war glei im Frühjohr, die Milonestöck ware noch ganz klon, do hat dr „Poste" nachts gsehe, wie beim Djuribacsi jemand in gebucktr Haltung rumlaaft. Weil's awer Vollmond war, hat 'r sich uff 'm Bauch nächetr gschliche. Zuerscht hat er seine Auge net getraut, glei hat 'r ogfange, die Schnapsfrackl Maulbiereschnaps, die er schun an dem Owed getrunge hat, zammzuzähle. Awer was er gsehe hat, war Tatsach. Kniet do net dr Djuribacsi vun om Stock zum andri un hat etwas im Beutl, iwerall hat er a Löffili voll gleichmäßich vrtaalt.

Jetz hat alles Leugne nix mer gnutzt, dr Djuribacsi hat Farb bekenne müsse. Es hat lang gedauert, bis sei „Kollegr" ehm alles geglaabt henn. Daß es sich do um a neumodischer „Mischt" handlt, der wu aussieht wie Mehl, henn sie ihm ofach net abnehme welle.

So hat des in Neupalange ogfange mit dem „Kunschtdüngr".

Spätr, wu alli andri Baure grad so scheni Milone ghat henn wie dr Djuribacsi, henn mir Buwe immr noch geglabt, dem Djuribacsi seini sin doch die beschti. Uns hat 'r als „treui Kundschaft" nie vrlare.

Wenn awer mol dr 24. August war, henn mir ko Milone meh ogrührt. An dem Tag is Bartholomäus, un was der mit deni Milone gmacht hat, is beschtimmt noch jedem vun uns in Erinnerung. Wer's awer nimmr weiß, uff sei Ofrog gib ich ihm a ganz diskreti Antwort.

Heint noch, wenn ich noch Bartholomäus Milone uff 'm Markt seh, mach ich a weidr Boge umedum.

Wie ich schun ofangs erwähnt hab, war dr Neupalangr Tuwak genau so gut wie die Milone. So könnt mr die Neupalangr Baure uff die gleichi Stufe stelle wie die Bokiner Paprichbaure odr die Futogr Krautbaure. Sie ware halt „Spezialiste" uff ihrem Gebiet.

Daß sie ihre Tuwak nett immr allr abgliefert henn, kann mr garnet vrdenke. S „Državni Monopol" hat halt viel wenicher gezahlt, un do war die Vrsuchung zu „schwärze" schun stark vrführerisch. Die Nochfrog noch dem „Gschwärzti" war seli Zeit immr varhande. Freilich hätt so mancher 's ganzi Johr „Morava" raache kenne, wenn er sich vrwische gloßt hätt, denn do henn die „Finanzer" ko Spaß vrschtande. So war's halt domols.

Palangr Fodball

Die Palangr ware schun Ofang dr dreißichr Jahre sportlich soweit uff dr Höh, daß sie bereits zwa Fodballmannschafte uffgschtellt henn: Dr „Pe-esch-ka"-Platz war, wie jedr Palangr waas, im „Lappland" beim Schagr-Wert. Dr zwati – dr „Sloga"-Platz – glei hintr dr Neipalangr Bohnschtation.

Ich will's vun varnerei vrrode, ich war domols als „Lappländr" a PSK-"Drucker", un aus dere Sicht soll a die Gschicht vrzählt sein.

Sunndags henn mir Buwe halt vun unsre Mottr anderthalb Dinar griegt. O Dinar far die Eintrittskart uff dr „Metsch" un a Halbdinar far a Sladoled. Es is awer selte varkumme, daß mir far's Zuschaue gezahlt henn. Do henn mir ganz andri Möglichkeite ghat; die ofachschti un ehrlichschti war die, zu warte, bis dr Herr Hoffmann vum Korzwaregschäft aus dr Donagass kumme is. Er war a begeischterter Ohängr vun dr Pe-esch-ka-Mannschaft. Heint tät mr to drzu sage: a „Fan".

Wenn a wichtiches Schpiel war – far ehn ware alli wichtich –, hat er so fünf bis sechs Buwe zammgnumme, Eintrittskarte kaaft un uns – je nach Taktik – am Schpielfeldrand uffgschtellt. Unser ganzi Uffgab war, lauthals zu schreie „Tempo, Pe-esch-ka!" un immer wiedr desselwi. Wenn no des Schpiel gut gloffe is, hat 'r immer händvollweis „KIKI" an uns als „Radasch" vrtaalt. Wenn PSK gwunne hat, is es net selte varkumme, daß 'r far uns a paar „Sinalco bez Alko" schpendiert hat.

Die härtschti Kämpf hat PSK immr gegr ihri „Erzrivale", die „Sloga" ausgetrage. Do henn mir „Druckr" zum Tempo PSK noch „U-Aaa, Sloga!", brülle müsse.

Beim „Kampf" PSK gegr Sloga hat's arich oft – die Palangr werre sich noch erinnre – Raaferei gewe.

Wenn awer des mol mit dem Herr Hoffmann net geklappt hat, daß 'r trotz sehnsüchtichem Warte vun us mol net kumme is un mir unsre Dinar bereits in Sladoled umgsetzt henn, henn mir halt als „Zaungaschdt" zugschaut. An dr Owerwatzer Schtroß uff deni hochi Maulbierebähm ware immer a paar vun uns druff gsotze.

Die „Pe-esch-ka"-Schpieler aus dr domolichi Zeit, ob des dr „Zamora" als „Goolmann" odr dr Thyr Mire als „Beck" (Kineski Zid) oder dr „Lindlein" als „Zentr" ware, alli ware sie far uns Künschtler un Helde. Wie henn mir gezittrt, wenn sich dr „Lindlein" dr Balle hinglegt hat far a „Penal" zu schieße. Wenn's dann a „Gool" gewe hat – ich kann mich net erinnre, daß er a „Penal" mol net neigebrunge hat –, war die Freud groß.

Dem „Zamora" sei „Paradi" sin far mich a unvergeßlich. Die PSK-Vrteidichung, ogfange vum „Zentrhalf" üwer die zwa „Half" bis zu deni „Beck's", ware net leicht zu üwerrenne. So manchr Ogriff is an dr „Kineski Zid" hänge gebliewe.

Irgendwann ist do oner druff kumme, daß mr nachts a Fodball schpiele könnt, un so henn sie hochi Elektrisch-Schtütze um den Fodballplatz uffgschtellt un henn großi Lampe drogschrauft. Heint tät mr do drzu „Flutlichtanlage" sage. Awer den Ausdruck hat domols noch niemand gekennt.

Bei dr Einweihung vun dere Anlage hat PSK gegr „Dreistern-Apatin" gschpielt un ich glaab mit 3:2 vrlaare. Trotzdem war's far uns Palangr a Ereignis, weil die Apatiner henn zu deni allerbeschti gezählt.

Außer deni ware do noch die Neusatzer „Juda-Makabi" so a gfürchteter Gegner far uns. Bei Schpiele gegr die zwa Gegner hat dr Herr Hoffmann, glab ich, nit gfehlt.

Sichr hat's do noch vieli andri PSK-"Förderer" gewe. Do war noch dr Herr Reszely vun dr Ziegelei, der hat sich a immer so uffgregt, wenn PSK vrlaare hat. Wenn dann noch dr Häseli, dr Brunneputzer, in seiner Nähe war – des war a meischtens dr Fall –, henn die zwa oft mitanander gschtritte.

Bei anra solchi Gelegenheit hat no dr Herr Reszely – wenn er so in Rasche war – den Häseli gfrogt: „Sag mol, Häseli, bis wann werscht du mol endlich a Haas?" Un weil dr Häseli net so leicht jemand etwas schuldich gebliewe is, hat 'r a glei gantwort: „Bis dr Herr Reszely a Ross wert, no wert a dr Häseli a Haas!"

Die zwa mit ihrer Fingerziegerei ware oft intresannter wie a langweilicher „Metsch". Wenn sie awer no ausanander gange sein, henn sie sich immer wiedr die Hand gewe un koner hat dem andri etwas nochgetrage.

An den Häseli erinner ich mich heint noch gut, wie er durch die Gasse gloffe is mit anra korzschtielichi Hack uff seim Buckl un hat lauthals grufe: „Brunneputz!"

Ja bei deni „Schwänglbrunne" war's halt so, wenn 's Wasser mol noch Grotte gschmeckt hat, no war's höchschti Zeit, daß dr Brunneputzer neigschtiege is, um sauwer zu mache.

Dr Häseli hat vun deni Brunneputzer bei uns immer den beschti Ruf ghat, weil er uns immer hoch un heilich vrschproche hat, nie in dr Brunne neizubrunse. Er hat's dann a gezeigt, bevor er in den Brunne neigschtiege is, hat er sich ausgiewich uff dem Mischthaufe „auslaafe" gloßt.

Deni andri Brunneputzer – ich hab nar Zigeiner gekennt – hat mr des oni weitres zugetraut, daß sie neibrunse.

Mr hat den Ausdruck früher a schun gekennt, wenn etwas „märterlich" gschtunge hat, hat mr domols a schun gsagt: „Des schtinkt wie a Zigeiner aus dem Hoselade." Do kann mr sich jo leicht denke, daß mr sowas in seim Brunne net glitte hat.

Im nochhinei bin ich freilich a net so sichr, daß dr Häseli sei Vrschpreche immer eighalte hat. – Trotzdem hat uns des Wasser domols besser gschmeckt wie des heintichi hygienischi Leitungswasser. Oder haw ich net recht?

Die Donafischer

Jedr Palangr waaß, daß die Fischer an dr Dona Berufsfischer mit anra abgeschlosseni Lehrzeit ware. A leichtes Lewe henn sie, vrgleichbar mit dr heindichi Zeit, net ghat. Deni ihre Arweitszeit hat ogfange, wenn's noch dunkl war, un oft henn die bei Nacht nochmol ihre Zugnetz ausgworfe.

Ihre Lehrbuwe ware manchmol noch ka 14 Jahr alt, un far die war halt die langi Arweitszeit am schlimmschti.

In Palange henn die Fischer in dem Ruf gschtande, harti un growi Leut zu sein. Ich hab mir sage losse, daß so mancher Lehrbu vun seim Maschter mit dem Ruder gschlage ware is. Sicherlich war des awer die Ausnahm.

Daß die sich awer gern über ihre Lehrbuwe luschtich gmacht henn, wird vun deni sicher niemand abschtreide welle.

Im Schpotjahr, wenn die großi „Fischzüg" im Gang ware, sin die Lehrbuwe oft um ihre vrdienti Nachtruh kumme. Wenn sie oweds schpot am Hoomrudre ware, hat sich halt dr Lehrbu vorne in die „Zilleschpitz" uff die Kette glegt un is a sofort vor Mattichkeit eigschlofe. Sei Aufgab war jo, bei dr Landung sofort mit dr Kette nauszuhubse, um die Zille feschtzumache.

An so ama kaldi Schpotjahrowed, so gegr 10.00 Uhr, is a omol so a Zille voll Fischer noch ama erfolgreichi Tag hoomzus gfahre. Dem Joschi henn sie vorher in dr Zilleschpitz eigschärft: „Wenn mr rufe Hubs, dann muscht a schun draußt sein mit dr Kett!" Des hat dr Joschi grad noch mitgriegt un schun war er eigschlofe.

Dr guti Fang hat die Fischer übermütich were losse, un so hat dr armi Joschi dro glawe müsse. Sie ware erscht mitte vun dr „Kaldr", to schreit dr Jakschi, der am nächschti zum Joschi gsotze is, aus Leibskräft „Hubs!"

Als folgsamer Lehrbu is dr Joschi uffgschprung un nausghubst mit seiner Kett. Daß er momentan wach ware is, brauch ich sicher net zu sage. Ich hab koon Fischerbu kennt, der „Nichtschwimmer" war, so war dr Joschi a net in Lewetsgfahr kumme. Doch die Abkühlung hat er sei Lewe-Lebtag net vrgesse. Außerdem hat er sich langi Zeit frotzle losse müsse.

Ich selwer hab omol schunball vun so ama Fischer „gfaßt". Es war im Winter 1937, die Donamühle henn im Winterschtand, in dr „Kaldr" gschtande. Weil jo die Mühle alli aus Holz ware, hat mr des nie ganz vrhindre kenne, daß do Wasser neigrunne is. In dr Woch hat mr halt so zwei-, dreimol zum Auswassre gehn müsse.

Den Auftrag hab ich vun meim Vater kriegt un bin losgezoge. Wu ich an die Dona nunterkumme bin, hab ich zuerscht feschtgeschtellt, daß unser „Tschickl" net do war. A Telefon henn mir jo domols noch net ghat, un hoomgehn zu froge, was ich jetzt mache soll, hab ich a net welle, so hab ich halt noch anra andri Lösung gsucht. Awer ohni a „Tschickl" war's halt net möglich.

Alli, die do rumgschtande sin, ware mit onra Kette ogschlosse. S onzichi, wu ich nehme hätt könne, war so a aldes, wu uffs Land rausgezoge war. Ich hab mich umgschaut, un mit ama kräftichi Schtoß war des im Wasser. S hat a bißl arich grunne, awer fahre hab ich dann doch drmit kenne.

Ich hab mir fescht vorgnumme, desselwi wiedr rauszuziege, wenn ich zruckkumm. Soweit is es dann awer net kumme.

Ich war schun uff dem halweti Weg zruckzus, do kummt uff dem „Schtoonworf" (Damm) dr Martinvetter (Name geändert), a Kloonfischer, daher. Er hat schun vun weitem gschrie: „Dir werd ich helfe, andri Leut ihre Tschickl zu schtehle, du kriegscht jetz vun mir solchi Schläg, wie du dein Lebtag vun deim Vater noch koni kriegt hascht!"

Daß ich mit meini 13 Jahr do Ängschter kriegt hab, des kann ich euch vrsichre. Noch war ich awer var ihn net „greifbar", weil ich jo noch im Wasser war, awer lang kann's nimmer daure, un ich muß ans Land.

Fiewerhaft hab ich mir üwerlegt, wie ich dem entgehe könnt. Ich hab halt vrsucht, mei Fahrt zu bremse, während der am Land vor sich hingschimpft hat. Wu ich schun schtickr a 30 Metr zruckgebliewe war, hab ich plötzlich „ausgschwällt" un die paar Metr ans Land grudrt. Grad hab ich noch naushubse kenne un entgegegsetzt, in Richtung „Pharreschtrand", fortrenne. Ich war halt dr Mohnung, daß ich die Schläg net vrdient ghat hab.

Sicher, deni Fischer gegenüwer ware mir „Kerls" nie ganz unschuldich. Wie oft henn mir deni ihre „Räuse" ghobe un a manchmol geplündert. Die Grundleine, mit dem an dr Owerfläch schwimmendi „Plutzer", ware a öftr unser Ziel zum Hewe.

Leut, wenn ich zruckdenke tu an die Schadl, Schille un Barwe, die mir als in dr Dona gfange henn, un an des Fischpaprikasch, wu die Fischr oder Müller koche henn könne, do laaft mir heut noch s Wasser im Maul zamme.

Früher, wenn am 16. Mai (Johannes Nepomuk) dr Fischer- un Müllermajalus war, do war was los bei dr „Lontie" im Wertshaus an dr Dona. Wenn alli vrsammelt ware, do sin etlichi „Demjon" voll vun dem Iloker aus dr „Fruschka Gora" die immer dorschtichi Fischer- un Müllerkehle nuntergrunne.

Ja, so ware halt die Zeite domols.

Daß die Donamüller a net grad die Brävschte ware, will ich beim nächschti Mol versuche zu schildre. Außerdem s Rezept vum Fischpaprikasch à la „Donamüller".

Die Donamüller

In dr früheri Zeit ware die Palangr Donamüller – ob sie an dr „Turska Skela" oder halwetr in Neschtin eigebunde ghat henn – fleisichi Leut. A Achtstundetag hat's domols noch net gewe, un dr „Dienscht" hat in dr Fruh um sechs Uhr ogfange un hat meischtens 24 Stunde gedauert.

Gmahle ware is Tag un Nacht, weil die Wasserkraft jo umesunscht war. Es ist selte varkumme, daß des Wasserrad stillgschtande hat. Höchschtens dr Treibrieme oder dr Uffzug ist mol abgrisse.

Wenn es als stürmisch war, hat so manchr Donamüller zu seim Schutzpatron (Johannes von Nepomuk) gebett, daß er sei Wasserrad vrschont un daß die Angrkett net abreißt. Des alles war gar net so selte, un jedr war froh, wenn die Dona wiedr ruhich war.

Die letschti Generation vun deni Donamüller hat schun hart um ihri Existens ringe müsse. Die Dampf- un Motormühle henn ehne langsam awer sicher die Luft abgschniert. Als 13jähricher hab ich als „halweter" Müller noch Gelegenheit ghat, des Lewe kennezulerne. Weil's meischti vun dem „Maldr" (Mahlgut) noch mit dem Schaffl bewegt ware is, war des a recht schweri Arweit. Außerdem henn die Müller ihri Mehlsäck domols noch mit 85 kg ogfüllt, was ganz schön in die Knie gange is. Es is also ko Wundr, wenn mir heint mit „Arthrose" rumlaafe müsse.

Sichr, des hat in dr Mühl a scheni Zeite gewe. Wenn die Wasserströmung net so stark war, is halt alles langsamer gloffe. Des war dann die Zeit, wu jedr sei Grundleine zum Fische mit stückr a 100 Angle ausglosse hat. Hintr deni Mühle henn mir meischtens „Jutte" (Barben) gfange, die – um bei dr Wahrheit zu bleiwe – bis zu 10 kg schwer ware. Manchmol henn mir a des „Tschickl" gnumme un sin Worfgarnschmeiße gange. Ich wer euch jetz net oliege un schreiwe, daß mr immer viel gfange henn, awer far a Fischpaprikasch war's meischtens gnung.

Doher is des a ko Wundr, daß jedr Donamüller des Koche vun Fischpaprikasch als erschtes lerne hat müsse. Am End vun dere Gschicht schreib ich eng 's Rezept ab.

Daß mir „Müllergselle" uns a noch andri Korzweil zu vrschaffe gwißt henn, des kenne ihr mir glawe.

Vun dem Grünkochkukrutz henn die Baure far uns mit obaue müsse, weil vun dem henn mir uns jedesmol „unser Taal" gholt. Un mit deni Milone war's ähnlich.

Die Flößer aus Slowenien, die fascht täglich an deni Mühle vrbeigezoge sin, henn mir besondrscht gern vrärgert. Wenn sie in Rufnäh ware, henn mir gfrogt: „Koliko ima sati?" Wenn sie dann gsagt henn „Dwa", do henn mir zruckgrufe: „Onda imaš još pola sata vremena, pa me možeš poljubiti u Du ..." Die ware als manchmol bittrbös. Omol hat oner riwergschosse, awer ich bin gschwind ins Waatschiff ghubst. Ohalde henn die jo net kenne.

Ja, uff die Art ist dr Summer bald rum gwese un späteschtens am 6. Dezember hat's ghaase: „Nikolaus, bind die Mühle aus." Mit ama Drohtsaal ist die am Land festgebunde un die Angrkett is losgschlage ware.

Über die Windrzeit hat sie dann im Schutz vun dr „Kaldr" gschtande. Spätr hat mr dann gsagt: „Sveti Sava, Dunav zamrzava." Des war dann die Zeit, wu die Donamüller ausgruht henn.

Die Wertshäuser henn Fischpaprikaschesse veranschtaltet, un jedr hat far a „Pauschalpreis" esse kenne, soviel er welle hat. Es war darum a ko Wundr, wenn manchi des üwertriewe henn. Dr Seppvettr hat bei so anra Gelegenheit a oschtändich neighaut un a Haufe vrputzt. Wu er no zum „Ablosse" nausgehn hat müsse, henn die anri beschlosse, den Seppvettr rauszufordre. Alli Fischgrähne aus 'm Umkreis henn sie uff seim Platz uffghäuft. Wu er no wiedr reikumme is, hat dr Matz gsagt:"Aha, Seppvettr, do kann mr sehe, wer vun uns am meischti Fisch gesse hat." Wu dr Seppvettr den Haufe Fischgrähne uff seim Platz gsehe hat, hat 'r sich rumgschaut un hat gmont: „Bei mir kann mr sehe, daß a Mensch Fisch gesse hat, ihr henn engri Grähne mitgfresse wie a Hund."

Do drzu tät dr Schwob sage: Hano, so isch's no au wiedr!

Fischpaprikasch à la Donamüller

Zutate far 4 Leut: 2 kg gemischter Fisch, 2 größri Zwiefl, 2 geli Paprich, 2 kleneri Grumbiere, 2 mittleri Paradeis, 2 Eßlöffl gschtriche (odr mehr) süßer Paprich un o ghäufter Kaffeelöffel voll scharfer Paprich. Un des Salz net vrgesse!

Zubereitung: Zwiefl, geler Paprich, Paradeis un Grumbiere vrschneide, Fisch in größri Stückr taale (dr Kopp wenn möglich ohni Auge, weil die am so oschaue) un in ama größri Top (oder Fischkessel) mit Salz uffsetze. Des Wasser muß gut üwer alles drüwerreiche.

Sobald des ofangt zu koche, den Essich drzutun un den graui Schoom laufend abscheppe.

Noch 25 bis 30 Minute den roti Paprich drzutun un alles nochmol abschmecke.

Zu dere Fischsupp macht mr „hausgmachti" Nudl mit 5 bis 6 Ajer.

Daß die Fisch „schwimme welle", des waas jedr Palangr. Anschtatt den „Roti vun dr Fruschka Gora" tu ich eng den Württemberger Trollinger empfehle.

Meckgeißl

Ich geh jedi Wett ei, a „Nichtpalangr" kann sich unter dem Wort „Meckgeißl" gar nix vorschtelle. Wer des erfunde hat, loßt sich heint nimmer nochweise. Des war halt a Schpiel, wu die Palangr Buwe warscheinlich am häufichschti gschpielt henn.

Daß des selte vorkumme is, wu uns jemand Schpielsache gschenkt hat, möcht ich glei am Ofang sage. Mir henn uns halt des immer selwer mache müsse. A „Meckgeißl" zu mache, war jo gar net so schwer, un weil dem Franzl sei Tati Faßbinder war, hat er besonderscht schöni mache könne.

Sicher lese net bloß Palangr den Beitrag, drumm will ich doch a korzi Beschreibung vun dem „Meckgeißl" abgewe. A rundes Hartholz, 3 cm dick un 12 cm lang, is an alli zwaa Ende schpitzich gmacht ware, un fertich war 's „Meckgeißl". Do drzu hat mr noch a Brettl gebraucht, wu so ausgschaut hat wie dr Mami ihre Zwieflbrettl.

Ich bin sicher, daß so manches vun deni Zwieflbrettl „zweckentfremdet" ware is. Uff dr Erd henn mir no a Kreis vun zwa Metr im Durchmesser gezoge, un do hat sich no dr „Abschlägr" neigschtellt. Mit dem Brettl hat er des „Meckgeißl" mit aller Kraft nausgschlage, soweit wie er nar hat kenne. Die Mitschpieler henn des „Meckgeißl" in den Kreis neischmeise müsse. Dr „Abschlägr" hat awer des Recht ghat, des im Flug zruckzuschlage. Daß er desselwi no öfters uff sei Daume kriegt hat, war halt sei „Risiko". Wenn awer des in den Kreis neigfalle is, no war er „abgebrennt" un hat rausgehn müsse. Is des awer newer den Kreis gfalle, hat er mit dem Brettl uff o End druffgschlage, so daß es hochghubst is, un im Flug hat er's wieder weitergehaut.

Sicher is des vrschtändlich, daß drbei so manchi Fenschterscheib in Schtückr gfloge ist. Unser Mami hat öfters als oni zahle müsse.

Jedr, wu im Kreis gschtande is, hat so lang wie meglich drinn bleiwe welle. Wenn mehr Buwe mitgschpielt henn, no is des schtundelang net langweilich ware.

Des Knoppschpiel henn die Palangr Buwe a bis zur „Perfektion" beherrscht. Wer vun uns erinnert sich net gern an des „Knoppfodball", wu mir uff dem Tisch mit abgschliffeni Knöpp gschpielt henn? Net jedr Knopp war zum Abschleife tauglich, des henn schun besondri sein müsse.

Ich war vrleicht neun Jahr alt un hab so a „Fodballmannschaft" mache welle, awer in Ermangelung vun geeigneti Knöpp war ich halt immer uff dr Suche noch solchi. Ihr werre des jetz vrleicht net glawe, awer es is die Wahrheit. In unsrem „Paradizimmer", wu die Palangr wahrscheinlich alli ihri Sunntagsgwandr uffghowe henn, haw ich an meiner Mami ihrem schwarzi Kostüm solchi Knöpp gfunde. Wenn ihr jetz glawe, ich hätt mich net getraut, die abzuschneide, no henn ihr eng getäuscht. Alli sechs haw ich losgschnitte, un in dr nächschti halwi Schtund war ich schun beim Schöne

Jakobacsi im Ganghäusl gsotze un hab dro geschliffe. Warum grad beim Schöne Jakobbacsi? Weil des dr enzichi war, wu zementierti Schtufe im Ganghäusl ghat hat.

A „Zenter", zwa „Vrbinder" un zwa „Flügl", drzu noch a „Zenterhalf" haw ich also schun ghat. Far den „Goolmann" un die zwa „Beck's" hat mr unbedingt großi, dicki, so richtichi „Baka's" gebraucht. Wenn ich die no in an durchgschnitteni Frank-Kaffee-Schachtel neigschtellt hab, war's net so leicht, mit dem Hemetsknöppl (des war unser Fodball) neizutreffe.

Es is mir zwar gelunge, a erfolgreichi „Mannschaft" mit deni Knöpp zammezuschtelle, awer am erschti Sunntag in dr Fruh is mei „Schandtat uffgedeckt" ware. Die Panlangr sin gern un oft in die Kerch gange, un so hat unser Mami des a ghalde. Ich erinner mich noch, wie wenn's geschtern gwese wär, an den entsetzlichi Schrei, wu sie die Jacke hat zuknöpfle welle. Do hat alles leugne nix gnutzt, ich war als dr „Betjar" sofort verdächtich, un so haw ich's no a zugewe müsse.

Daß an dem Sunntag die Mess ohne unser Mami glese ware is, brauch ich sicher net zu sage.

Beim Mikscha im Korzwaregschäft hat sie neichi gfunde un drognäht. Ich hab halt schpäter mit „Feiereifer" gholfe, den Garte umzugrawe, weil ich mei Gwisse beruiche hab welle.

Mit dere neichi „Elf" war ich no so „erfolgreich", daß es mir heint noch – wenn ich zruckdenk – guttut.

Vor 20 Jahr haw ich mich ernschthaft drmit befaßt, die zwa Schpiele „Meckgeißl" un „Knoppfodball" zum Vrkaafe zu produziere. Ich hab mich selmols mit dem Patentamt in München in Verbindung gsetzt, awer vun dem Papierkriech (un vun meiner eigeni Kurasch) haw ich no Engschtr kriegt. Ich bin awer sicher, des war a Fehler, weil der mit seim Hulla-Hupp is in korzer Zeit a reicher Mann ware, un dem sei „Raaf" war noch viel wenicher als wie die zwa Schpiele.

On's tut mir jo arich laad, weil die zwa Schpiele in dr heintichi moderni Schpielwelt in Vergessenheit grote könnte.

Wenn mir mei „Fingerfertichkeit" noch a Weile erhalte bleibt, will ich awer versuche, solchi „Prototype" in Handarweit zu „produziere" un iwer unser Enkelkind des dr „Nochwelt" zu erhalte. Vrleicht wär's a gut, wenn mr sowas im Donauschwaben-Museum in Sindelfingen hinterlege tät. Was glawe ihr Palangr do drzu? Oder schteigr ich mich do zuweit nei?

Vrleicht sellt mr noch des „Baschaschpiel" erwähne, weil ich sicher bin, daß so mancher seim Vater die „Pletschker" am Hoseschlitz abgschnitte un vrschpielt hat.

Ich mon halt immer noch, es war trotzdem schen in Palange.

Bauregschichte

Also 's war schun immr so, wenn sich jemand „unghowlt" odr keck benumme hat, no hat mr gern gsagt: „Des is a Bauer." Daß der Vrgleich – zumindeschtens was die Palangr Baure ogeht – net zutrefft, des möcht ich glei am Ofang sage.

Unsri Baure henn domols ganz sichr zu deni fleißichschti Leit gezählt, die mr sich nar varschtelle kann. Daß sie außerdem net uff dr Kopp gfalle ware, henn sie oft genung untr Beweis gschtellt.

Sichr hat's wie iwerall Ausnahme gewe. Ich will awer jetz deni Baure net Unrecht tun un nar die „Ausnahme" beschreiwe, weil des wär a „Ehrenbeleidichung".

Ich erinner mich noch an dr Seppvettr, der wu a neichr Hut gebraucht hat. Er is nundr in die „Herregaß" zum Herdt-Hutner un hat sei Wunsch vargetrage. In dem großi Hutgschäft is dem Seppvettr so a riesichi Auswahl varglegt ware, daß er uff omol nimmr gwißt hat, weller Hut daß er kaafe soll. Nochdem er schun mehr wie zwanzich uff seim Kopp ghat hat, hat er sich no plötzlich far o Schtrohhut entschiede.

Der Herdt-Hutner war zunächscht froh, daß er o Gschäft gmacht hat, awer no hat er doch den Seppvettr gfrogt, warum er sich jetz grad far den Schtrohhut entschlosse hat. Do mont no dr Seppvettr: „Wißner, Herr Herdt, des is so, den Filzhut, wu ich faarich zum dritti Mol uff meim Kopp ghat hab, der schteht mr jo a aarich gut, awer wenn der omol a Loch hat, no kann mei Marjan hökschtens noch a Phaar Pätschkrli drmit besohle."

„Ja, un was machner mit dem Schtrohhut, wenn der mol a Loch hat", frogt do dr Herdt-Hutner. Do druff kratzt sich dr Seppvettr hindr seim linksi Ahrwaschl un sagt: „Den hexl ich no zamm un tu des meim Putko, dem Knupphengscht, ins Fudr, no hat der a noch was drfu."

So ware unser Palangr Baure, praktisch un schpaarsam, zu dr heintichi „Weckwerfgesellschaft" hät mr sie net zähle därfe.

Außerdem erinner ich mich noch ganz genau an des Häusl mit amma Herz uff dr Tür, des wu hindrem Haus uff dem „Trettplatz" gschtande hat. Do ware immr anschtatt Zeidungspapier a phaar Kukrutzputze drinn glege.

Bei unserem Otati, der war a Bauer, war des a so, drum haw ich immr a scheener, neicher, der wu net zu dick war, mitgnumme, wenn ich do hingehn hab müsse. Freilich, so weich wie Fliespapier war des net, awer far des um so gründlichr. Mit dem Putze hat mr bloß omol „durchziege" müsse.

Domols, wu dr Seppvettr noch a „Salasch" mit ama „Piresch" ghat hat, war er noch sei eigener Herr. Arweit hat's far jeden gnung gewe, awer wenn er no als mit seim „Ogschpänner Putko" uff dr „Terkehüwl" nuffgfahre is, hat er sich immr iwer sei scheeni Feldr gfreit.

Sei Weib, die Marjan, hat a immr viel arweide müsse. Wu sie awer no ihre erschtes Kind, den Seppili, kriegt hat, war's a bißl bessr. Wenikschtens hat sie fortan nimmr jedr Tag mit uff 's Feld naus müsse, so daß sie es dem Seppi zu vrdanke ghat hat, daß sie net in dr Gluthitz vun deni Palangr Feldr „rackre" hat müsse.

Wenn sie no den Seppili als so „vrbusslt" hat, no hat sie immr a Liedl gsunge: „O, du mei Schattebämili ..."

Des Glück un Zufriedeheit vun dr Marjan hat awer nar anderthalb Johr gedauert, weil dr Seppi is an dr „Schwindsucht" gschtarwe. Bei dr Leicht hat die Marjan halt aarich gegreint un immr wiedr gfrogt: „Mei Schattebämili, warum hascht du mich denn so fruh vrlosse?"

Des war domols a harter Hieb far die Marjan un far dr Seppvettr. Die Zeit hat awer a in dem Fall die Wunde ghaalt, un schpädr hat die Marjan noch zwa Buwe un o Madl kriegt. Far den „Forbeschtand" dr Palangr Baure wär also gsargt gwest, awer es is dann doch alles ganz anderscht kumme.

Dr Seppvettr hat in dr Kriech einziege müsse, un korz druff war die Marjan mi 'm „Putko" un allem, was uff dr Wage gepaßt hat, uff dr Flucht. Vun dr Owerwatzer Schtroß, an dr Ziegelei vum Reszely, hat sie sich nochmol umgedreht un zruckgschaut. Alles, was sie noch sehge hat kenne, war dr Kerchturm vun Palange. Haus un Hof, Garte un Feldr, alles hat sie zrucklosse müsse. Harti un bittri Zeite is sie entgegegfahre mit ihrem „Putko" un mit ihre drei Kindr. Dr Seppvettr is noch mehr wie drei Johr als gebrochner Mann aus dr Gfangeschaft zruckkumme, awer Bauer is er im Lewe kooner meh ware. In Ixdorf hat die Marjan un dr Seppvettr bis an ihr End glebt un weidr gschpaart.

Wenn noch Weihnachte vum Chrischtboom die Nodle abgfalle sinn, no hat dr Seppvettr aus dem Schtamm noch a scheener Paradeisschtickl gmacht. Schpätr hat er no rauskriegt, daß des teiri Wasser vun dr Wasseruhr net „registriert" werd, wenn mr des so dinn wie a Schpogotsfade rinne loßt. Dr Seppvettr hat's no Tag un Nacht in dr Weintling rinne gloßt ... Er hat immr gsagt: „Des sin jo nar Klonichkeite, awer etwu muß ich doch mit dem Schpaare ofange."

Dr Seppvettr un die Marjan lewe heint nimmr, un die Palangr Baurebuwe sin in dr ganzi Welt vrschtraut.

Zruckgebliewe is far uns alli nar die Erinnerung an die fleißichi un schpaarsami Palangr Baure. Ob's sowas in dr Gschichte noch omol gewe werd?

Nikolaus Franzen
Hatzfeld – Colorado Springs

Nikolaus Franzen wurde am 26. März 1912 in Hatzfeld (Banat/Rumänien) geboren. Absolvierte nach der Volksschule das vierklassige Gymnasium in Hatzfeld, erlernte von 1926-30 das Handwerk des Orgel- und Harmoniumbaus, war bei der Fernschule Berlin „Das Konservatorium" inskribiert, wirkte als Organist, Chorleiter und Musikerzieher in der Vorstadt von Temeswar Neu-Kischode, bereitete sich da für die Kirchenmusikschule bei der „Franz-Liszt-Musikakademie" vor, wo er 1937 das IV. Semester absolvierte. 1934 Konzertreise nach Italien mit einem Budapester Chor. Nach dem Militärdienst Chorleiter und Musiklehrer in Orschowa. 1941 zur Donauschiffahrt gewechselt, 1947 Kapitänsprüfung für Donau und Nebenflüsse abgelegt. 1950 nach dem Erliegen der Schiffahrt Buchhalter bei neugegründeter Versandfirma. 1952 Auswanderung nach Cleveland, Ohio, dort als Orgelbauer gearbeitet. Alsbald Odyssee eines Auswanderers erlebt: Zahnradfabrik, Ford-Comp., Bauschreiner. Nebenbei Chorleiter der „Vereinten Sänger Clevelands", zusammen mit seiner Frau Sidonie Gründer des „Deutschen Kinderchors", der zum Jugendchor heranwuchs, Organist, Komponist und Landesjugendleiter der Vereinigten Donauschwaben in den USA, 1970 Rückkehr nach Deutschland, in Sindelfingen beim Schul- und Kulturamt angestellt, Verwalter und Betreuer des „Hauses der Donauschwaben". 1977 in Rente, Umzug nach Walddorf bei Altensteig. Hier Vize-Chorleiter des „Walddorfer Liederkranzes". Veröffentlichte als „Gebrauchsdichter", wie er sich selbst nennt, Gedichte in donauschwäbischen Zeitungen und Festschriften in den USA und Deutschland sowie in der Sindelfinger Zeitung.

Do war ich mol drhem

Gsieht 'r des Land do uf der Kart',
des wo ganz an der Donau leit,
die Theiß als Grenz uf eener Seit? –
Banat heeßt's. Wo d'r all mol wart.
Do war ich mol drhem.

Gsieht 'r, do fangt die Heed no an,
die was sich bis zur Marosch zieht.
Do is's gewachs, do hat's geblieht;
es scheschti Land, kann ich eich saan!
Do war ich mol drhem.

Gsieht 'r des Dorf do an dr Grenz,
des wie e Schmuckkaschte ausschaut? –
Des han aach Schwowe mol gebaut.
Hatzfeld is es. E jeder kennt's.
Do war ich mol drhem.

Gsieht 'r die Kerch do mitte dren? –
Do dren han se aach mich getaaft.
Des Haus do hat mei Urahn kaaft,
wo ich no dren zur Welt komm sen.
Do war ich mol drhem.

An manchi Zeide huck ich do
– wann 's Hemweh in dr Bruscht mr brennt –
un hol die Kart no in mei Händ,
mit nasse Aue denk ich no:
Do war ich mol drhem!

De Vettr Hans un die Wes Nantschi

De Hans aus onser Mänzergaß,
mit dem steht's heint gar schlemm;
hat gsoff, grad wie e aldes Faß
un geht no endlich hemm.

Visiert de Wech wie e Saldat
un schennt halt iwrm Gehn,
weil alli Bäm heint akkurat
mitte em Wech dren stehn.

Un wenn de Wech aach zackich geht,
er kommt doch an sei Ziel.
Un wie er vor sei'm Hoftor steht,
had 'n schon e schlechtes Gfiehl.

Er torglt, krawlt, schtaat on schleicht,
daß er sei Weib net steert.
Hat so die Haustier aach erreicht,
doch 's Nantschi hat ne gheert.

Do geht aach schon des Proddle an:
„Komm renn, du bsoffne Bittang, du,
tuscht dich dann gar net schäme?
Saufscht on saufscht nor emmerzu.
Kannscht dich dann net bezähme?"

„Mei Weib", saat do dr Hans no druff,
„ei loß dich doch belehre,
es hat sei Grond, des mit mei'm Suff:
Du weescht, ich han dich gere.

Un als dei liewer, guder Mann
geh ich nor dromm ins Wertshaus nin,
weil – wenn ich genuch getrunk no hann –
ich dich, mei Weib, no doppelt gsiehn!"

Die Wertschaft em Baurehaus

De Großvatr mit dr Pelzkapp ufm Kopp
lehnt sich zuruck an de warme Owe.
De Hans putzt un eelt die Maschine im Schopp,
un de Sepp schawlt die Frucht um auf 'm Bodm drowe.
Die Nani schlaat die gelwe Riewe im Keller in,
daß die sich so besser halle,
un schleppt die Krumbre in de Keller nin,
daß se em Waanschuppe net vrkalle.
's Lissi, des vrweilt jetz grad aach em Stall
un tut die Kieh berschte un schtrigle,
nor de kleene Pedr macht drauß e Krawall
un tut mit 'm Jergl sich raafe un prigle.
Die Motter un 's Leni, die senn in dr Kich
un ton dort koche un backe,
de Vattr em Schuppe, de tommlt sich,
er will noch Holz for de Windr hacke.
De Matzi, de spilt uf 'm große Waan
un macht so; er fahrt uff die Hodai,
no will er de Kukruz uf de Hamber nuftraan,
des alles is nix meh bei ehm nei.
So is es gewe'n, so wär es noch heit,
mer kenne nor noch drvun trääme,
in onsri Haiser sitze anri Leit;
han 's gschtohl un tun sich gar net schääme.

„Carmina Burana"

In einem Banater schwäbischen Dorf,
da lebte ein Mann namens Hannes.
Der Männerchor übte ein Werk, eins von Orff,
der Hannes war sicher, er kann es.
Am Abend beim Kegelclub namens „Gut Holz",
da traf er sein Mädchen, die Lina.
Ihr erzählte er nun mit sichtbarem Stolz,
nun sänge er gar schon „Curmana Burina".

An die Krähe

Nein, schön ist deine Stimme nicht.
Und dennnoch hat sie so etwas wie heimatlichen Klang.
Wenn im Banate Felder abgeerntet waren,
sah man dich mit deiner Sippe umherschwirrend, Scharen
auf Stoppelfeldern suchen, was da noch zu finden war.
Auch umgepflügte Fluren boten reichlich Nahrung dar.

Doch auch so manche Früchte in den Gärten
wußtest du zuweilen sehr zu werten.
Und wo ein alter, großer Nußbaum stand,
man oftmals dich dort stehlend fand.
Und hörten wir von fern dein „Kraa – kraa – kraa",
so sagte es uns Kindern: „Hallo, der Herbst ist da!"

Nun sind der Jahre viele schon vergangen.
Es galt für uns, ein neues Leben anzufangen.
Doch hör ich heute dein bekanntes Rufen,
denk ich an Orte, die uns einst die Väter schufen.
Da hör ich Fernweh aus deiner Stimme klingen,
als würdest du uns Grüße aus ferner Heimat bringen.

Knoblauch und Zwiebel

Knoblauch und Zwiebel in einem Garten
hatten auf die Erntezeit etwas zu warten.
Und während sie Röhren nach oben reckten,
sie auch den Unterschied an sich entdeckten:

„Sieh" sprach die Zwiebel, „ich bestehe aus Schalen.
Außen braun und breit, innen aus schmalen.
Meine Röhre in einer Blütenkrone endet,
die später der Mensch als Samen verwendet.
Uns kann man verwenden nach wenigen Wochen
zu kalten Speisen und später beim Kochen,
wobei unsre Fähigkeit den Geschmack ergibt,
den der Mensch bei verschiedenen Speisen so liebt."

Drauf sprach überheblich der dicke Knoblauch:
„Sieh, ich trag eine Menge Zehen im Bauch.
Sie verleihen dem Menschen Gesundheit und Kraft,
mehr als so mancher medizinische Saft.
Und obenauf kann man in den Blüten sehen
so etwas wie werdende kleine Zehen.
Nur stößt manch ein Mensch sich am strengen Geruch,
der von uns strömt wie ein vererbter Fluch.
Doch wer sich an diesen Geruch mal gewöhnt,
ist auch schon bald mit uns friedlich versöhnt.
Denn wer unser Wirken auf Gesundheit erkennt,
der weiß, wir sind ein Wundermedikament!"

Rückkehr von Cleveland nach Sindelfingen

Ich sen drhem. Noch glaw ich's net,
weil alles noch so artlich is.
Was war des doch do drauß a Gfrett;
's Hemweh hat die Bruscht verriß.

Des sollt ich eigentlich net saan,
weil heit in der moderni Welt
is „Gfielsregung" net zu vertraan. –
Aach driwe han ich mich verstellt.

Han so geton, als wär's egal,
was eener macht, un han halt gschufft.
Ich han getraa so manchi Qual
un han halt gwart, daß mich wer ruft.

Han lang nix gsaat un net geklaat.
Doch glaabt mr Leit, des macht eem mied,
wenn zuviel mr sich vorgholl hat,
daß nie mr aach ke End mol gsieht.

Un grad hatt ich mei Kraft vrlor,
do war for mich die Wendung do.
Mir war's, als wär ich nei gebor;
mei ganzes Plane war drno.

Di fiehlt mr wiedrum neichi Kraft,
mr gsieht, es geht noch net zu End.
Un gere mr an allem schafft;
Mr schpauzt sich noml in die Händ!

Nor newebei noch bische lewe,
nor net so schnell un meh mit Gfiehl.
Do is doch sicher nix drnewe,
mr gsieht's noch wie e scheenes Ziel.

Weil wenn mr sich noh langer Zeit
jetz in dr artlich bucklich Welt
doch nohmol an dem Lewe gfreit,
do is um die net schlecht bestellt.

Nor bitt ich eich, ihr liewi Leit,
ihr derft schon uf e Landsmann baue. –
Nor loßt mr noch e bißche Zeit:
Ich han noch manches zu vrdaue!

An die Donauschwaben in Amerika

Es liegt ein Land in frühlingswarmer Sonne,
Wo Wohlstand uns stets ein Begleiter war,
Wo schwer man schuf, doch nachher dann mit Wonne
Den Segen man genoß von Jahr zu Jahr.

Hier troff der Schweiß der nimmermüden Schwaben,
Den Boden segnend, den sie mit dem Pflug
Einst schwer den Sümpfen abgerungen haben,
Bis endlich er die reiche Ernte trug.

Wo blühend dann die deutschen Dörfer standen,
Inmitten Ackerfeldern segensschwer –
Geraubt von einer Macht aus fremden Landen,
Ist Heimat für uns Schwaben nun nicht mehr.

Doch hoch den Kopf, ihr wackren Schwabenbrüder!
Und wenn euch auch vor Weh das Herz fast bricht,
Zerstört man euer Werk und reißt es nieder,
Des Schwaben Schaffensgeist zerstört man nicht.

So seid ihr nun in dieses Land gezogen
Und tut auch hier getreulich eure Pflicht.
Der Väter Sitten habt ihr stets gepflogen;
Vergeßt auch hier die alte Heimat nicht!

Onser Hatzfeld

Hatzfeld, so nägscht dort an dr Grenz,
du warscht mei Heimatdorf, mei scheens.
Wie hat mr sich um dich geraaft,
dich umgetauscht un umgetaaft.
De Ort war Combul erscht genennt,
des awr war noch lang net 's End.
Ansiedlt warsch als Hatzfeld-Landestreu.
Doch wie e Streit no war vorbei,
warscht schließlich no for alli Leit
nor Hatzfeld noch for alli Zeit.
Die Ungre han zu dr gsaat: „Zsombolya
ez a szép kis városka."
No 'm Kriech sen mer no raazisch genn
un sen a paar Johr dort gewenn.
Bei deni warscht du Džombolj no.
Un wie die Raaze ausgezoo,
sen die Romäner zu ons komm
un han dich in Besitz genomm.
Han gsaat: „Acum aici in Romania
numele tău e Jimbolia."
Es hat's awr gewißt a jedes Kend,
daß mr bei Schwowe dich nor Hatzfeld nennt.
Mr kann aach dei Name wie emmer schreiwe,
for ons werscht du emmer nor Hatzfeld bleiwe.

Gedanken an die Heimat

Heimat, drunt in weiter Ferne,
wenn ich nicht mehr nach dir weine,
kann dies keinesfalls bedeuten,
daß sich nach so langen Zeiten
meine Sehnsucht schon gestillt.

Glaub' zu sehen deine Fluren
– wenn ich meines Weges gehe –
in den Gräsern, Sträuchern, Bäumen,
die vertraut die Straßen säumen.
Du, mein traumgewordnes Bild.

Blau wenn sich der Himel wölbet,
sacht darunter Wolken ziehen,
brechen oftmals die Gedanken
eng ums Herz gestellte Schranken;
Sehnsucht mir die Brust durchwühlt.

Les' ich in vergilbten Blättern,
läßt sich vieles wiederfinden:
Alte Bilder neu entstehen
von dem einstigen Geschehen,
von dem, was man dort erzielt'.

Nie wird je das Band sich lösen,
das mich stets mit dir verbindet.
Kann ich irgendwie dir dienen,
zieh befriedigt ich von hinnen;
hat mein Leben sich erfüllt!

Unser Hatzfeld

Noch einmal möcht' ich wieder die alte Heimat sehn,
Nochmals – wie einst als Junge – am Glockenturm stehn,
Von dort mit wehem Herzen das Dorf mit Blick umfassen,
Die angrenzenden Felder, die Gärten, Häuser, Gassen.

Dann mit verhalt'nem Schritte den Friedhof still durchstreifen,
Mit tränenfeuchtem Blicke nach trauten Namen greifen.
Mir wär', als würd' ich hören in dieser Einsamkeit
Ein trautes Sich-Erzählen von längst vergangner Zeit!

Durch jede kleinste Gasse möcht' ich noch gerne gehen,
Die Inschrift an den Giebeln dort ehrfurchtsvoll besehen.
Zu jedem alten Freunde möcht' freudig ich noch eilen,
Vor jedem alten Baume versunken lang verweilen.

An jedes kleinste Fleckchen, an dem ich einstens war,
möcht' ich noch einmal gehen. Es wär' so sonderbar,
wie ich's in meinen Träumen so oft schon hab' getan.
Mir wär's, als blickte alles mich lieb, doch traurig an!

Wie Freunde, die sich kennen, doch fremd geworden sind.
Und doch würd' ich mich fühlen wie einstens noch als Kind.
Ich wollt zum Herrgott beten in unserem Gotteshaus,
Dann zög' wie neugeboren ich in die Welt hinaus.

Wohl würd' mein Herz noch kranken nach all dem, was einst war,
Und doch, ich wüßt' zu danken dem Ort, der mich gebar.
Ich lieb' ihn so von Herzen! – ein jeder vor uns tat es –,
Ist es doch unser Hatzfeld – die Perle des Banates!

Zu Vivaldis „Herbst"

Aller Bäume Blätter
werden gelb vom Wetter,
fallen sacht herab.

Vöglein ziehn nach Süden,
Menschen suchen Frieden,
schmücken manches Grab.

Wald im Purpurkleide
bietet Augenweide,
was uns still erfreut.

Und auf allen Wegen
zeigt uns Erntesegen:
„Es ist Herbsteszeit!"

Die Treue

Es kam der Frühling in das Land,
Mit ihm die Fühlingswinde.
Die spielten, tollten rauh umher,
Umkreisten eine Linde.

Die Linde hatt' so manches Blatt
An ihren alten Zweigen,
Und wenn die Winde sie umtosten,
Tat sie nicht spröd sich zeigen.

Sie gab – wenn nötig – schmunzelnd nach
Und wiegte ihren Wipfel,
Doch hielt sie jedes eigen Blatt
Beschützend fest am Zipfel.

Fast jedes Blatt war sich bewußt,
Daß sich die Treue lohne;
Gemeinsam mit Geäst und Zweig
War so man doch die Krone.

Doch ach, so manches Blatt entglitt
Der Linde gutem Willen,
Den Gauklern Winden anvertraut,
Wollt' Neugierde man stillen.

Doch ließ die Kraft des Windes nach,
Lag man auf staub'ger Straße
Und bildete mit anderm Schutt
Zertreten eine Masse.

Man wirbelte zwar ab und zu
Noch einmal hochgetragen,
Doch nur bis hin zum nahen Sumpf,
Zum Mist, zum Straßengraben,

Derweil die Blätter im Geäst
Im grünen Kleide prangen,
Bei Sonnenschein in lichten Höhn
Ihr säuselnd Liedlein sangen.

Hier, wenn der große Abschied kommt,
Wird man erst vorbereitet;
Man strahlt in andrer Farbenpracht
Eh' man zur Erde gleitet.

Doch auch auf Mutter Erdes Schoß
Will man gemeinsam nützen
Und bildet einen warmen Bausch,
Den Mutterstamm zu schützen.

Im Sindelfinger Krankenhaus

an Schwester Gordana aus Zagreb

Wo Heimat Dir ist,
da war mein Zuhaus.
Die Flur unterm Himmelblau sonnig gelegen,
die Bauern, sie warfen den Samen aus
und brachten die reichste Ernte nach Haus;
den eigenen und des Landes Segen.

Wo Du einst warst,
da war einst auch ich
und liebte das Land und die Leute.
Die Zeit, da die Jugend zu schnell entwich,
sie formte uns Menschen, so Dich wie auch mich,
und machte uns zu denen von heute.

Wohin Du heut denkst,
da stehn die Gedanken
von mir, wenn das Abendrot glüht.
Gar liebevoll sie die Heimat umranken.
Kein Wechsel des Lebens bringt je sie zum Wanken;
ein Band tiefster Liebe hinüberzieht.

So bist Du mir Gruß
aus jenen Gefilden,
die heute wie damals verträumt dort noch stehn.
Aus Deinem Gesicht kann sich Landschaft mir bilden;
in Augen mit Blicken, so trauten und milden,
kann Heimat ich aus Vergangenheit sehn.

In memoriam Peter Jung

In Frieden ruhst du nun zur Seite deiner Ahnen. –
Und was dein Herz sich einst gewünscht, hat sich dabei erfüllt;
Zum Mutterschoße wurde dir der Heimat heilge Scholle,
die innig du geliebt und die dich wunschgemäß nun auch umhüllt.

Es schwirrt die Lerche in den Lüften über deinem Grabe,
die stets Symbol von deinem kühnen Geistesfluge war.
Sich fröhlich singend über alles Irdische erhebend,
stellt sie dir so ein immerwährend, zeitlos Denkmal dar.

Zur Walhall bist du nun – als deine Heimstatt – eingezogen,
wo große Geister ihre Werke huldvoll ihren Göttern weihn.
Und wir hinieden winden dir aus Dank die Erntekrone:
Es soll dein Name darin golden eingewoben sein.

Herbst

Es reifen im Garten noch solcherzeit Trauben,
Die Ernte, der Mais ist schon eingebracht,
Im Schlage verkriechen sich zeitig die Tauben,
Denn früh schon und kühl kommt die herbstliche Nacht.

Im Ofen der Kammer surrt leise das Feuer,
Fahl spielt an der Decke der flackernde Schein.
Verwahrt liegt das Heu auf dem Boden der Scheuer,
Im Glas auf dem Tisch glänzt vorjähr'ger Wein.

Der Vater sucht blätternd nach Stoff im Kalender,
Die Mutter flickt Kleider, sie bügelt und strickt.
Die Tochter am Rundfunk sucht drehend den Sender,
Der weit aus dem Mutterland Grußbotschaft schickt.

Klein Peter – noch Schüler – malt rechnend an Zahlen,
Muß oftmals auch manches mit Fingern verwischen,
Klein Traudl spielt lallend mit Töpfen und Schalen
Und kocht für die Puppe, mit Haaren aus Lischen.

Zum Zopfe geflochten, erst schön fein zerschlissen,
Sind sie eine Zierde am Rücken der „Grete",
Ein Kuk'ruzkolben, was Erwachs'ne nur wissen –
Doch Mutter fürs Bettchen ein Kopfkissen nähte.

So sah das Idyll ich vor wenigen Jahren.
Klein Traudl von einst als Frau Traudl nun gilt.
Ihr Püppchen: Ein Mäderl mit goldblonden Haaren
Mit Puppen aus Plastik und Nylonhaar spielt.

Nur Großvater sitzt noch gern still in der Ecke
Und liest in der Zeitung am offnen Kamin.
Er sieht ab und zu nach dem Schein an der Decke
Und träumt dann versonnen, nur so vor sich hin ...

Helmuth Frauendorfer
Wojtek – Berlin

Helmuth Frauendorfer wurde am 5. Juni 1959 in Wojtek (Banat/Rumänien) geboren. 1965 übersiedelte er nach Temeswar, wo er 1978 das „Lenau-Lyzeum" absolvierte. Anschließend bis 1984 Studium der Germanistik, Anglistik und Rumänistik an der Philologiefakultät der Temeswarer Universität. Er war zeitweilig als Pädagoge tätig. Ab 1979 wurden seine Gedichte regelmäßig in deutschsprachigen Zeitungen veröffentlicht, ferner Beiträge in Anthologien und im Rundfunk. Durch seine literarische Arbeit wurde er 1984 wegen staatsfeindlicher Tätigkeiten einem Verhör unterzogen. Als Angehöriger des Jahrgangs 1959 ist Helmuth Frauendorfer der jüngste inmitten jener Generation von Schriftstellern, die in den letzten Jahren Rumänien verlassen haben, verlassen mußten, weil ihnen das Leben schwer und das Arbeiten unmöglich gemacht wurde. Er lebte von 1987 bis 1999 als freier Schriftsteller in Berlin. Er erhielt 1989 zusammen mit anderen rumäniendeutschen Schriftstellern den Henning-Kaufmann-Preis in Würdigung der „Bewahrung eines 'Minderheitendeutsch' ... gegen die üppige Armut bundesrepublikanischen Sprechens". Seit 1998 ist Helmuth Frauendorfer für den Mitteldeutschen Rundfunk in Dresden tätig.

die großmottre staliere

schau mol
    wie des sich verschmiert hat
    so was
    soll noch a schwowischi wertschaft fiehre
schau mol
    wie des sich anzieht
    so was
    dem gsieht mer jo de hinre
schau mol
    wie des zammgstellt is
    so was
    des tret sich noch ufs klaad un brecht sichs gnack
schau mol
    wie des raacht
    so was
    so was soll a schwowischi motter were
schau mol
    bei dem gsieht mer jo
    so was
    die halweti buscht
schau mol
    wie der blaich is
    so was
    vun nix wie im zimmer hucke
schau mol
    was der a woll ufm kopp hat
    so was
    un so was will professer were
zum glick rede
net nor die großmottre
schwowisch
    gib mer mol bißl
    dei lippnstift
    wu hascht den hoseanzuch her
    for ins theater
    zieh ich mei langes
    mei owedsklaad an
    gib mer
    bittscheen
    feier
    schau

so a bikini
meecht ich aach han
wann ich de konkurs gwinn
mit meim projekt
ich han noch een priefung
informatik
ich schreib mei diplomarweit
iwer
mundartliteratur

beese hund

eem beese hund
werft mer am beschte a knoche hin
so han die weiwer
uf de gassebank gsaat
ich will awer keem beese hund
a knoche hinwerfe
schlaan tu ich ne aach net
ich hal em bloß a spiegl
vor die nas
wann er aue im kopp hat
dann werd er jo gsiehn
ingsiehn
der hund
der beese

was ich kann

ich will mich net lowe
awer ich muß doch saan
was ich alles kann
eisegitter
des wu manchi vor der stern han
mit die zähnt dorchbeiße
steen aus der erd wachse losse
daß die wu mim kopp in die wolke sin
stulpre falle un gsiehn
wie waich de banater schoß sin kann
ich kann a kuhhalter sin
der wu die gedanke
morjets zammblost
uf die weed vors dorf fiehrt
un oweds wiedrum hem

un noch so manches kann ich

weil vun der erd
bis zu meim maul
a schwowische baamstamm
worzle gezoo hat

gegensätzen entgegen

    komm
     komm geh
         (das sind zwei wörter
         die grammatikalisch
         gegeneinander stehn)
           doch

komm
komm geh
komm geh mit
komm geh mit mir
      denn
ich komme
ich komme gehe
ich komme gehe mit
ich komme gehe mit dir

kommt
kommt geht
kommt geht miteinander
          so bauen wir
      aufeinander
und kämpfen gegen das
        gegeneinander

Nacht

Das Fernsehen hat
die Schlagstöcke längst eingezogen.
Der Tag ist um. Auch dieser.
Die Zungen ruhn.
Nun ist die Stille da:
in dich dich zu versenken,
in deine Gruft.
Die Geister haben längst
sich ausgeblasen.
Was schimmert noch –
es sind die Wunden.

Das große Lachen

Die dicke Frau sitzt vor der Tür, im Hof
Schlägt Fliegen tot Das Lied
Des Lobes kennt sie nicht
Ihr Blick ist auf die Straße gefalln

Liegen geblieben im Staub Die Wut
Tobt sich zwischen den Wänden aus
Eine Hand Und Blumen Und Stiefel
Die Trompeten zerschmettern den Bläsern

Die Kehle Die Trommler rufen das Lachen
Aus Lautsprecher jubeln Die Menge klatscht
Auf den Boden Hör auf, Gedicht,
Sonst lachst du mich tot

Die Sprache verschlagen

Die Zeitungen schweigen in sieben Sprachen.

Und dann kramst du in den Taschen,
kehrst sie um
und siehst aus,
du Vogelscheuche
mit dem schwarzen Hut,
wie ein stummer Pfeil,
der in die Zukunft weist.

Bewohnbarkeit

Für Mimo

Ja, wieder, unser Leben.
Das wir irgendwo verbringen.
Auf Straßen. In Parks. In Kneipen.
Vor den Läden. In Wäldern.

Und immer wieder zurückkehren.
In unsre Wohnungen.
Und wieder rausgehn. Morgens. Nachts.
Tagsüber. Aber zurückkehrn.

In die Wohnungen. Die uns
Verlassen. Die wir verlassen
Müssen. Und andre suchen. Und dort
Einziehn. In die neuen Wohnungen.

In denen wir für eine Zeit unser Leben
Verbringen müssen. Dort rausgehn.
Und wieder zurückkehrn. Die Schlüssel
In der Tasche. Und wenns dem

Verwalter reicht. Uns wieder umschaun.
Nach einer andern Wohnung. Und sich
Die Frage immer stärker unter der Haut
Breit macht. Angesichts der Installateure

Die dir trunken grinsend die Wohnung
Belagern. Löcher reißen in die Wände,
In dein Leben. Das du von Wohnung zu Wohnung
Zerrst. Die Frage, angesichts der Innenräume

Dieses Lebens:

Schönes Gedicht

Marillenschnaps in den Gläsern
Spiegeleier in der Pfanne
Ein Küchentisch zwischen uns
Zwischen Krümeln zwei Scheiben Brot
Wir trinken
Ich trinke mein Schweigen runter
Immer tiefer trinke ich es
Bis es tief genug ist
Daß ichs rauspissen kann
Dann löst sich meine Zunge
Und vielleicht finde ich dann
Auch die Sprache mit der ich
Dir schöne Gedichte schreiben kann

Banater Dorf 82

Umstellt von Grenzern
der Weg
zu den Ruinen.

Jedes Wort im Dorf
widerhallt in leeren Häusern.

Wenn der Kneipenverantwortliche
auf Urlaub fährt
liegt Johannisfeld
auf dem Trockenen.
Drei Teiche bloß.
Aus denen versuchen
die Übriggebliebnen
sich was zum Essen
auf den Tisch zu schaffen.

Auf dem Friedhof ist Platz.
Glattes Gras
wartet.

How Do You Do

Jemine,
verrücktes Ding!
Aus der Muschel steigt es hoch,
schwappt über.

Das Bügeleisen springt mich an,
die Messer wetzen sich von selbst.
Die Kleidungsstücke tanzen Samba,
und Hüte gehn auf andern Köpfen fremd.

Ojemine, jetzt streikt das Telefon,
das ich nicht hab. Es züngeln
und es ringeln sich zusammn
die Leitungen. Die Türn

verlassen ihre Wände,
gehn grölend durch die Straßen.
Die Klingel johlt, schon heiser.
Ojemine!, herrjemine!,

jetzt krieg ich noch Besuch.
Und in der Tür steht in zerrissner Kleidung,
ne Flasche in der Hand,

und mit geschwollner Leber Gott
und sagt: Ojemine, herrfrauendorfer,
auch Sie in diesem Zustand?

Der Dichter

Spitzt eure spitzen Ohren,
ihr –
da läuft einer in Temeswar herum.
Ganz frei.
Hat keinen andern als den eigenen
Schatten.
Schläft ungestört in Frauenbetten. Und
nicht allein.
Er wartet auf dieselben Verkehrsmittel
wie ihr.
Und wenn er geht, geht er neben
euch.
Trinkt in derselben Bierstube
sein Bier.
Wenn ihr betrunken Unsinn lallt,
schweigt er.
Wenn ihr scheinbar schweigt,
spricht er laut.

Verliert ihn nicht aus den Ohren –

„No monster waltzes alone"

Gregory Corso

Auf der Tanzfläche flackern die letzten Gesichter
Hüte werden zu Spottpreisen verkauft
Die Zeilen der Zeitungen werden immer dichter
Nebenan wird um eine Telefonmünze gerauft

Busse fahrn in die verkehrte Richtung
Schofföre vertrinken ihr Trinkgeld allein
danach steigen sie in meine Dichtung
und bringen leichte Mädchen herein

An der Wand klebt eine Konservendose
vom Wettspucken immer noch verschmiert
Bei keinem regt sich was in der Hose:
Hier ist auch noch nie etwas passiert

Der Montag kommt schwarz um die Ecken
er geht gewöhnlich zu Fuß
Ich werd ihm an den Aufschlag ne Rose stecken
und das mit masochistischem Gruß

Die Putzfrau seh ich gewöhnlich zu spät
Sie freut sich wie beim Elfmetertor
wenn der letzte endlich nach Hause geht
Dann kriech' ich unter dem Tanzschuh hervor

Dezember-Begegnung. München 88

*Für Jutta, Michael, Anja, Frank,
Gabriele, Marcel, Ursula*

Dieses verrauchte Loch: Zimmer 306.
Die Bierflasche im Stiefel: eine Verletzung?
Dem Pförtner steigt der Wein, den wir
getrunken, schon zu Kopf. Auf dem Tisch,

in sich versunken, die alte schwere
Schreibmaschine. Die Sätze machen
Sprünge in den Rauch. Wir lachen
uns Seppelhosen ins Gemüt. – Röchelndes

Auftauchen: Geisterfahrer der Poesey. –
Auf dem Bahnhof überrollt die Zeit
den Abschied. Im Zug, das alte Gefühl:
Ruheloses Reisen. Schneebeladne Gegend.

Steinwurf. Und wieder trage ich
durch dunkle Straßen, in denen ich
auch hier mich finde, die feuchte
Leiche in das nächste Jahr.

Monster

*„acht Sklaven trugen auf ihren Schultern
eine goldene Sänfte"*

Duden, Bedeutungswörterbuch, 1970, S. 542

In Überlandbussen bestichst du Schofföre
Und Kellner wenden dir den Rücken zu
Der Unterricht zieht sich dahin wie Verhöre
Auf der Straße liegt eine tote Kuh

Gekrümmt verlassen die Männer das Haus
Frauen rechnen mit ihrer Rückkehr nicht
Sie werfen den Morgen zum Fenster hinaus
und schauen dem Friedhof ins Gesicht

Dein Kopf trägt eine Sänfte durch das Land
Drin tummeln sich verschiedne Gedanken
Ein Oberst knallt die Sklaven an die Wand
die ratlos zum Abfluß hin wanken

Der Wind weht dir Gefühle in die Brust
Die Erinnrung entgeht deinen Fängen
Auf 'n bißchen Ruh hättest du Lust
Und siehst ein Monster an einer Brustwarze hängen

Nach einer Sitzung

Weshalb ich die Hand
nicht hab gehoben?
Mir standen doch
die Haare all zu Berg.
Hat man sie nicht
dazugezählt?

Tagesanbruch

Es wird gereinigt
Auf den Straßen, vor den Läden.
Sie kehren, spritzen. Ach, Bewegung!
Sie schaffen weg die überfahrnen Katzen.

Es wird geräumt
Wird weggeputzt jede Erinnerung
Haare, Tränen, Augen. Diese Stiche!
Sie schaffen weg die toten Katzen.

Es wird geordnet
Schaufenster und Müll
Überlebensfähige und Schwache
Sie schaffen die Toten weg, die Überwältigten.

Heimwärts. Innerwärts

Busse fahrn und halten
in deiner Leber.
Unter Rädern knirschen Zähne,
wachsen bodenwärts.

Und mein Heimweg,
dies unbestimmbare Organ,
voller Haltestelln und Bahnhöfe,
dies flimmernde Organ,
Knochenstaub am Wegrand,
in verzweifelter Verschränkung die Gedanken,
dieser Heimweg begleitet
die im Straßengraben
heimwärts, innerwärts
rollenden Augen.

Heimweg,
graue, blendende
Landschaft der Maulwürfe

Erster Erster fünfundachtzig

In den Kopf
wachsen wirr
die Haare.
Die Augen
hängen in die
Hosen, zusammengerollt
um die Knöchel.
Ein neues Jahr kriecht uns
in die Stimmen.
Das Tonbandgerät
hüpft vor Freude.
Der Klodeckel fällt mir
in den Rücken.

Lage(r)bericht 86. Pitești

Kein Verwandter hat mich je
zu seinem Erben erklärt.
Keinem noch mußt' ich
die Hinterlassenschaft verwalten.

Und jetzt,
Zuspätgeborner, Hinein-
und gleich wieder Hinweg-
geborner,

stehst du auf der Wiese des Exils,
Mappen unterm Arm, ausgesetzt
den Winden, die an deinen Kleidern
nicht zerrn; aber in Kopf & Brust,

deinem Exil.

Angst. Zustände

Dein blaues Gesicht,
dein feuchtes Gesicht,
vom Körper gleitet ab die Haut.

Die Einwohner haben
Zitronen in der Luft zerschossen.
Abends quellen aus dem Holz
die Tränen hervor.

Aus weißen Kacheln
kriecht eine Spinne,
ne Flasche Aguardente im Netz,
„Saúde!" sagt sie
und malt den Herrgott an die Wand.

(Achada/Portugal)

Sammelsurium

Dieses Sammeln von Erfahrung

Und kein Mensch fragt,
wies deinen Schuhsohlen geht.
Keiner will was
von deinen verletzten Wörterbüchern wissen.

Um deine Gespräche
mit Dalí und Achternbusch
kümmert sich auch kein Schwein.
Deine leichte Schulter sollst du zeigen,

die Erinnerung nicht ausgraben
an das Entstehen der Gedichte,
die dauernd hinter dir her sind.
Und erschrecken sollst du nicht:

Es sind bloß Eintagsfliegen, die auf dir sitzen.

Dieses Sammeln von Erfahrung.
Du unfreiwilliger Sammler
könntest ein trauriges Museum
für Vorbeigehende eröffnen.

Dieses Stammeln von Erfahrung

Zur Biographie

Und dann erwachte ich
inmitten einer Ehe,
ich setzte – wieder mal –
meinen Blick in die Welt:

war in einem fremden Bett,
schlug das Laken zur, nein,
rollte es zusammn, schlug es zu
Fetzen am Gehölz des Bettes,

ging nach Hause, grüßte
küßte liebte, hörte Radio,
setzte mich an den Schreib
tisch, spitzte Bleistifte, trank

das Bier, das du mir brachtest,
saß und schrieb, und wenn die
Zirrhose, der Krebs oder sonst
jemand mich nicht geholt hat,

so sitze ich noch heute.

Heinrich Freihoffer †
Kleinschemlak – Deggendorf

*Heinrich Freihoffer (Pseudonyme: **HF, Vun Driweniwr**) wurde am 11. Januar 1921 in dem deutschen Ort Kleinschemlak, Kreis Detta (Südbanat/Rumänien) geboren. Die Eltern, Heinrich und Margarethe, geb. Eberle, waren Bauern. Drei jüngere Schwestern. Familie bis Anfang des 15. Jahrhunderts in Zürich, Winterthur, Neckarwestheim, Zaberfeld, Liebling lückenlos nachgewiesen. Deutsche (evangelische) Volksschule in Kleinschemlak. Private Vorbereitung aufs Abitur. April 1941 in Wien Eintritt in deutsche Armee (Waffen-SS). September 1941 bei Kiew Verlust des rechten Oberarms. Gymnasium Wien und Prag. Juni 1944 Fronturlaub und Abitur. Aufnahmeprüfung Universität Königsberg mit Immatrikulation. Mai 1943 bis April 1947 Fronteinsatz und Gefangenschaft. Mehrere Verwundungen. 1947 Dolmetscherschule und Diplome. 1948-55 Studium Universität München: Geschichte, Englisch, Spanisch. Juni 1955 Referendarprüfung (auch Deutsch und Sozialkunde) für das Lehramt am Gymnasium. Ab Herbst 1955 (seit 1970 als Studiendirektor und Fachleiter) am Comenius-Gymnasium in Deggendorf/Ndb. Vorzeitiger Ruhestand 1978. Verheiratet, zwei Söhne und zwei Töchter. Rege wissenschaftliche Arbeit und Vortragstätigkeit bei kulturellen Veranstaltungen und Tagungen. Veröffentlichungen: Ortsmonographien, Werke zur Geschichte des Banats, Artikel, Mundarterzählungen, zeitgeschichtliche Tatsachenromane über die Verschleppung von Tausenden Banater Deutschen in die Bărăgansteppe: „Sklaven im Bărăgan" und „Weg ohne Umkehr", die erste Aufarbeitung dieses Kapitels donauschwäbischer Leidensgeschichte. Heinrich Freihoffer starb am 22. November 1998 in Deggendorf.*

Weg ohne Umkehr

Die Kontrolle der Reisenden im Urlauberzug Wien-Bukarest am Grenzbahnhof Curtici Mitte Mai 1944 unterschied sich in nichts von den Gepflogenheiten der drei vorausgegangenen Jahre. Sie war kurz und oberflächlich, eine reine Formsache. Die Beamten, höflich und zuvorkommend, warfen nur flüchtige Blicke auf die Personalpapiere und sahen fast völlig von Gepäckkontrollen ab. Warum sollten sie sich unnötige Arbeit und Verdruß schaffen? Und übrigens, was hätten Urlauber aus Deutschland, das seit bald fünf Jahren im Kriege stand, auch nach Rumänien einschmuggeln können? Außer ein paar Feuersteinen und Rasierklingen oder gelegentlich etwas besserem Zigarettenpapier brachte wohl keiner viel mit. Und wem tat das schon weh? Schließlich waren diese Dinge Mangelware im Lande. (...)

Bei der Einfahrt in das Karpatenland war zudem kaum Zeit vorgesehen für längere Kontrollen. Der Zug fuhr nach kurzem Aufenthalt weiter über Arad, Schäßburg und Kronstadt nach Bukarest. Die Fahrgäste waren zudem reichsdeutsche Urlauber, die an die Ostfront zurückkehrten oder deutschen Dienststellen und Nachschubeinheiten in dem verbündeten Land angehörten. Bis vor zwei Monaten kamen mit diesem Zug auch Urlauber in umgekehrter Richtung, nämlich Angehörige jener rund 55 000 Volksdeutschen, vorwiegend Banater Schwaben und Siebenbürger Sachsen, die in der deutschen Armee dienten. Die Banater Urlauber verließen den Zug in Arad, wo sie ihren Urlaubsstempel in die Papiere bekamen.

Auch an diesem sonnendurchfluteten Frühlingstag, es war Mittwoch der 17. Mai, holperte der Zug etwa 20 Minuten nach dem Grenzübergang über die Weichen des Arader Bahnhofs und kam alsbald auf dem Hauptgeleise zum Stehen. Oberjunker Hans Kitzer stieg gemächlich aus und begab sich mit seinem wenigen Gepäck zu dem kleinen Seitengebäude, in dem die deutsche Bahnhofskommandantur und zugleich die Urlauberleitstelle untergebracht waren. (...)

Kitzer wunderte sich nicht, daß außer ihm in Arad niemand den Zug verließ. Gab es doch seit einigen Wochen absolute Urlaubssperre für die Volksdeutschen aus Rumänien, und sie konnten, wenn sie Lust hatten, stattdessen ihren Urlaub im Reichsgebiet oder einem Soldatenheim in Wien verbringen. Gründe hierfür wurden nicht angegeben. Wo auf der Welt aber erhielten Soldaten Begründungen für Anordnungen und Befehle! Sie waren darin geübt, ohne solche auszukommen und nicht danach zu fragen. Wer es dennoch gelegentlich versuchte, handelte sich in der Regel nur Ärger ein. „Befehl ist Befehl", hieß es meist lakonisch, und Gehorchen war alles. In Wien ging das Gerücht, die Rumänen seien in letzter Zeit wankelmütig geworden und es bahne sich etwas an. (...)

Der Himmel wölbt sich schier unendlich wie eine riesige Halbkugel über die flache Nordbanater Heidelandschaft. Sein strahlendes Blau mit den milchigen Rändern gleicht einem mächtigen Lampenschirm, in dessen Mitte der schräg aufgehängte Sonnenball verschwenderisch feuriges Licht zur Erde wirft. Hans Kitzer blickt von seinem Fensterplatz gefesselt nach Süden und Westen auf die vorüberziehende Landschaft und die verträumt hingebreiteten Dörfer, die behäbig in der schwülen Nachmittagssonne hindösen.

Nach Osten zu grünt ein sanft-welliges Hügelland, das sich in der Ferne verliert. Nur im Nordosten, jenseits des sich träge dahinschlängelnden Maroschflusses, hinter der einstigen Festung Lippa und dem weithin berühmten Wallfahrtsort Maria Radna, grüßen die Mittelgebirgsgipfel der Zarandu-Berge herüber. Ihre bewaldeten Hänge scheinen zum Greifen nahe. Helle Gebäude und Fensterscheiben blitzen grell auf und werfen Sonnenstrahlen in den Westen zurück. Das leuchtende Weiß der Häuser blendet die Augen. Doch in den letzten Jahren hat sich ein gewisser Wandel durchgesetzt. Auch dies ein Zeichen gestiegenen Wohlstandes. Unter die ehemalige Standardfarbe der Häuser, den Weißkalk, haben sich unversehens fast alle anderen Farbschattierungen – außer Schwarz oder Grellrot natürlich – gemischt, was zu einer wohltuenden Abwechslung der früher etwas eintönigen Dorfbilder geführt hat und diesen ein fast städtisches Aussehen verleiht.

Die Bauern auf den Feldern sind vornehmlich mit der Heuernte und dem Heueinfahren beschäftigt. Auf den Höfen türmen sich riesige Tristen von Heu auf, die mit Stroh abgedeckt werden und in der Regel die Häuser weit überragen. Manche Bauern sind beim Rübenhacken oder Weingartenspritzen, vereinzelt sogar schon bei der Rapsernte. (...)

Der Zug schlängelt sich durch einen tiefen Einschnitt am Fuße des vor Tausenden von Jahren erloschenen einzigen Vulkans in dieser Gegend, des sich 200 Meter über der Ebene erhebenden Schumig, südwestwärts. Die schon stark dem Horizont zugeneigte Sonne überflutet Gipfel und Westhang des mit lauter Weinreben bewachsenen stumpfen Kegels. Ansonsten behindert nichts den Blick nach Westen. So weit das Auge reicht nur Ebene und flach hingestreute Ortschaften, die mit ihren zahlreichen Bäumen und Gärten in der nicht allzu baumreichen Landschaft wie grüne Oasen aussehen. Meist ragen nur die Kirchtürme hoch heraus, mehrgeschossige Bauten sind selten. Schwärme von flinken Rauchschwalben flitzen umher und jagen emsig nach Fliegen und Insekten, um ihre zahlreiche Nachkommenschaft zu atzen. In den ausgedehnten Überschwemmungsgebieten der Wiesen stelzen Dutzende von Weißstörchen herum und angeln nach Fröschen und jungen Fischen in dem von Tag zu Tag seichter werdenden Wasser, das an den Rändern schon zu Tümpeln auseinanderfällt. (...)

Der letzte helle Streifen am westlichen Horizont war längst der völligen Dunkelheit gewichen, und ein leiser Windhauch aus jener Richtung kündete das Nahen des Herbstes. Es lag etwas von sterbendem Gras und faulenden Kornwurzeln, von toten Blättern und moorigem Schilf in der Luft. Anfang Oktober richtet sich die Natur auch in diesen Breiten zum baldigen Sterben ein.

Das nächtlich-friedliche Idyll wäre vollkommen gewesen, hätte es im Osten und Südosten nicht jenes flackernde Leuchten gegeben, das sich über den düsteren Horizont erhob und diesen immer wieder für Sekunden aufhellte. Die in unregelmäßigen Abständen in weiten Halbbögen unhörbar auf- und niedergehenden Leuchtsignale ließen die Menschen unweit des Temeschufers, soweit mildtätiger Schlaf sich nicht einzustellen vermochte, erschaudern. Zu häufig wurden diese zuckenden Lichter unterbrochen durch ein anderes, übergrelles Aufblitzen, das für einen kurzen Augenblick alles überstrahlte, und dann folgte mit beträchtlichem zeitlichen Abstand ein dumpfes Grollen, wie bei einem fern aufziehenden Gewitter, bei dem der sanfte Donner spät dem fahlen Wetterleuchten nachzueilen versucht.

Werner Buchmacher täuscht sich nicht. Die Front rückt näher.
Sobald der Morgen graut und der Frühdunst herabsinkt, können – wie vor zwei Tagen schon einmal in dieser Gegend – plötzlich russische Ratas herangebraust kommen und mit Splitterbomben und Bordkanonen über die Flüchtlingstrecks herfallen. Auch dies hatten sie als Warnung von den deutschen Soldaten am Nachmittag erfahren. Er wird vorzeitig hinübergehen zu Matthias und ihn ablösen. Der Junge benötigte noch viel Schlaf. Es wird wohl besser sein, die Aufbruchszeit auf fünf Uhr vorzuverlegen. Zudem wird es Zeit, den Abstand zur Front so rasch wie möglich zu vergrößern. Bisher haben sie knapp mit dem Rückzug der eigenen Truppen Tag für Tag Schritt gehalten. Ein plötzlicher Vorstoß der Russen könnte sie unversehens in allergrößte Gefahr bringen.

Ein Aufbruch noch während der völligen Dunkelheit war nicht unproblematisch. Man würde äußerst wachsam sein und den Treck durch Gewehrschützen nach allen Seiten sichern müssen. Allzuleicht könnten serbische Partisanen unvermittelt aus den weitläufigen Mais- und Sonnenblumenfeldern hervorbrechen und die schwerfälligen Bauernfuhrwerke, mit den vielen wehrlosen alten Menschen, Frauen und Kindern, überfallen. Wiederholt haben sie schon, sogar bei hellichtem Tage, Flüchtlingstrecks angegriffen und großes Unheil angerichtet. (...)

Bevor sich der junge Wachposten fassen konnte, vermehrten sich die Geräusche, und es wurde deutlich, daß es sich um mehrere Lebewesen handeln mußte. Hasen, Rehe oder gar Schafe? Plötzlich glaubte Matthias, leises Flüstern zu vernehmen. Ein eiskalter Schauer lief ihm über den Rücken. Was sollte er tun? Schlagartig wurde er sich seiner Unerfahrenheit und Hilflosigkeit bewußt. So einsam und verlassen hatte er sich in seinem bisherigen Leben noch niemals gefühlt. Die 150 Schritte bis hinüber zum Lager erschienen ihm auf einmal wie die Entfernung zwischen zwei Kontinenten. Wenn er versuchte, hinüberzulaufen, würde er sich verraten. Zudem müßte er seinen Posten verlassen und könnte nicht weiter beobachten, was sich dort vor ihm tat. Ein vorzeitiger Warnschuß würde das Lager vielleicht unnötigerweise aufschrecken lassen. Konnten es nicht schließlich ebensogut Flüchtlinge sein wie sie selbst? Gar viele hatten in den zurückliegenden Tagen versucht, aus dem bereits besetzten Teil des Banates nach Westen durchzukommen, und manchen war es auch gelungen.

Matthias spürte, wie ihm der kalte Schweiß den Körper hinabrann, auf Stirne und Gesicht trat und salzig in den Augen brannte. Er wischte sich mit dem Ärmel über das Gesicht, fuhr noch einmal sachte mit seinen feuchten Händen über die Hosenbeine und ertastete den Abzug des Gewehres. Obwohl er noch nichts erkennen konnte, war ihm klar, daß es sich um Menschen handelte, die sich langsam und sehr vorsichtig näherten. Er zitterte am ganzen Leibe und mußte sich zusammennehmen, um nicht ungewollt einen Schuß auszulösen. Von drüben, von der Wagenburg her, vernahm er jetzt das unruhige Scharren und Schnauben eines Pferdes. Das darauffolgende Klirren von Pferdeketten wirkte beruhigend auf sein erregtes Gemüt. Er hatte sich wieder in der Gewalt. Nur gut, daß er sich hatte sagen lassen, was auf serbisch „halt" hieß. Krampfhaft mußte er den fremden Ausdruck jetzt seinem Gedächtnis entwinden. Er fiel ihm gerade noch rechtzeitig ein. Als er die sich gegen den Horizont verschwommen abzeichnenden und sich sachte bewegenden Gestalten auf etwa 20 Meter wahrnahm, brüllte er sein „Stoj" laut in die dunkle Nacht hinaus. Es war der gellende Angstschrei eines sich in großer Gefahr befindlichen Kindes. Die Fremden vor ihm gingen lautlos und ohne Antwort zu Boden. Dann rief einer etwas auf serbisch. Es klang wie eine Frage. Matthias wartete ab. Es konnte sich immer noch um Deutsche handeln, um solche aus dem jugoslawischen Banat, die ihrerseits glauben mochten, sie seien auf Partisanen gestoßen.

Drüben kam jetzt Bewegung in die Wagenburg, und er hörte verhaltene Laute. War man dort schon bei der Vorbereitung zum Aufbruch oder hatte man nur sein überlautes „Stoj" vernommen und traf Vorkehrungen zum Schutz der Frauen und Kinder? Dann würde gewiß gleich jemand auch zu ihm herüberkommen und ihn unterstützen. Dieser Gedanke gab ihm Mut, und er rief auf deutsch: „Wer seid ihr, was sucht ihr?"

Die Antwort war ein mehrmaliges Aufblitzen einer Maschinenpistole. Matthias spürte zu gleicher Zeit den heißen Odem der über seinen Kopf hinwegzischenden Geschosse, die sich hinter ihm im hohen trockenen Riedgras verfingen und als Querschläger pfeifend und surrend durcheinanderschwirrten. Er duckte sich tiefer hinter die flache Böschung. Dann betätigte er den Abzug und lud beim Rückwärtslaufen das Gewehr durch. Rings um ihn herum knallte und fauchte es, und er war froh, als er sich in dem von Gras überwucherten Stoppelfeld niederwerfen und zurückfeuern konnte. Erst jetzt gewahrte er, daß wenige Meter neben ihm ebenfalls ge-

schossen wurde. Auch von weit oben, beim jenseitigen Eingang zum Hohlweg, war Gewehrfeuer und das dumpfe Blaffen einer Handgranate zu hören.
 Matthias' Vater hatte den Schrei seines Sohnes gehört und war sofort mit einigen beherzten Männern losgestürmt und hatte gleichzeitig eine Gruppe von fünf Leuten an das obere Ende des Hohlweges geschickt. Die Partisanen schossen noch einige Male, dann zogen sie sich lautlos zurück. Aus dem Zentrum der Wagenburg gellten die Schreie einer Frau, und Rufe nach einem Arzt wurden laut. Jemand mußte verletzt worden sein. Kein Wunder, bei dieser Ansammlung von fast 100 Fahrzeugen und über 400 Menschen. (...)

Noch bevor der Tag zur Neige ging, waren die Ausfahrtsstraßen der Stadt durch die Partisanen blockiert. Von der Ostseite drangen die Russen ein. Das war das Ende der Flucht für Tausende von Deutschen aus dem Banat.
 Jene, die am Vortag ihre Dörfer verlassen hatten und bis Zichydorf, Karlsdorf oder noch bis Alibunar gelangt waren, wurden dort abgefangen und sowohl an der Weiterfahrt als auch an der Rückkehr in ihre Heimatorte gehindert. Was die allermeisten befürchtet hatten, aber nur wenige wahrhaben wollten, war eingetreten. Die Menschen waren wie gelähmt.
 Jetzt konnten sich die primitivsten und tierischsten Instinkte sowohl der Titopartisanen als auch all jener zivilen Horden im Lande, die endlich ihre Gelegenheit gekommen sahen, rückhaltlos austoben. Man hatte die verfluchten Deutschen bewundert und immer schon um ihren Wohlstand beneidet. Jetzt brauchte man sie bloß abzuschlachten und ihnen ihren Besitz wegzunehmen. Dann war man auf einmal selbst so reich, wie die es waren. Und man würde es bleiben, denn die Deutschen konnten ja nichts mehr zurückverlangen. Und den stolzen und sauberen deutschen Frauen und Mädchen mußte man jetzt zeigen, daß ihre Väter und Männer sie nicht beschützen konnten. Es war eine herrliche Zeit.
 Man mußte sie nutzen. Wer weiß, ob sie je wiederkommen würde. Und jetzt hatte man weiter nichts zu tun, als Deutsche zu jagen. Ihre Häuser und sogar ihre Fluchtwagen waren voller Herrlichkeiten, von denen man bis dahin meist nur hatte träumen können. Die Welt, wenn man es so bedachte, war doch großartig.
 Zunächst wurden die Flüchtlinge, soweit sie nicht ohnehin im Freien standen, aus den Häusern getrieben und in den Straßen von ihren Fahrzeugen gezerrt. Um diese Fahrzeuge hub sogleich eine lautstarke Balgerei an, denn jeder versuchte, soviel wie möglich daraus wegzuschleppen. Wenige Minuten später waren die Fahrzeuge selbst mit den Zugtieren und noch mitgeführten Milchkühen in den Seitengassen für immer verschwunden. Als die Beute in Sicherheit war, wandte man sich den Menschen zu. Sogar die Kinder waren derart verschreckt, daß ihre Gesichter zu verzerrten Masken erstarrten und sie nur mehr krampfhaft die Kiefer zusammenbissen und nicht mehr zu weinen wagten. Sie klammerten sich mit ihren Händen an ihre Müt-

ter und Väter oder die anderen Erwachsenen und krallten mit unnatürlicher Kraft ihre Nägel in deren Gliedmaßen. Ihre Körper zitterten und bebten, und sie hätten nicht mehr frei auf ihren eigenen Beinchen stehen können. Sie konnten nicht wissen, daß die Erwachsenen selbst so elend und schwach waren, daß die Angst manchem von ihnen die Beine zusammenknicken ließ und erst die brutalen Schläge der Zigeuner und Partisanen sie wieder hochtrieben.

Mit unverschämter Frechheit tasteten sie die Körper der Frauen ab, suchten nach Schmuck und rissen gierig Armband- und Taschenuhren an sich. Wehe dem Unbesonnenen, der es wagte, einen Protestlaut von sich zu geben, die Hand wegzuziehen oder gar die Brieftasche zu schützen. Wehe den Vätern und Müttern, Großeltern oder älteren Geschwistern, die sich abwehrend gegen die den Kleinkindern zugedachten Schläge vor diese stellten! Die Kinder behinderten die Verbrecherbanden bei ihren Ausplünderungen und wurden ebenso brutal wie ihre Beschützer zu Boden geknüppelt. Wilde Tiere hätten nicht schlimmer sein können als diese Bestien in menschlicher Gestalt.

Die Männer – darunter 14-, 15jährige Kinder und 70jährige Großväter – wurden mit Draht an den Händen paarweise zusammengebunden. Dann schleppte der Pöbel lange Seile herbei und zog diese durch die Hände der bereits Gefesselten. Plötzlich tauchte eines der Fuhrwerke wieder auf, und das Ende des Seiles wurde an diesem festgemacht. An das andere Ende wurde ein Baumstamm gebunden. Dann ging es mit viel Geschrei und unbeschreiblichen Prügeln mit Stöcken, Gewehrkolben, Eisenketten und Mistgabeln zur Stadt hinaus und auf den Schindanger. Jene, die in der langen Menschenkette nicht mehr gehen konnten, wurden von den anderen am Seil mitgeschleift. Auf dem Schindanger wurden sie losgebunden, und die noch Lebenden mußten unter Schlägen und Schmähungen der zur Eile antreibenden Partisanen eine riesige Grube ausheben. Keiner der Geschundenen hatte auch nur den geringsten Zweifel an dem Sinn ihres Tuns.

Am Rande des Schindangers hatten sich Hunderte Beifall johlende Schaulustige angesammelt. Die Partisanen ließen sie gewähren. Sie fühlten sich als absolute Helden und kamen sich ungeheuer wichtig vor. Die Zivilisten sollten ruhig sehen, was für Kerle sie waren und was sie an ihnen hatten. Die Flaschen mit Sliwowitz machten immer schneller die Runden unter ihnen. Zigeuner sorgten für Nachschub. Längst war in der Stadt die Plünderung der deutschen Häuser und Geschäfte im Gange. Wer sich rechtzeitig umgetan und seine Beute geborgen hatte, der konnte sich jetzt den Genuß des Schauspieles auf dem Schindanger leisten.

Noch bevor die Grube breit und tief genug erschien, wurden zwei weitere Gruppen von gefesselten Deutschen, unter ihnen einige Soldaten, die als solche kaum noch zu erkennen waren, mit volksfestartigem Gejohle herangetrieben.

„Hu-ju-ju-juuuu. Gerweich", jauchzten die Zigeunerhorden. Sie waren früher bei den deutschen Kirchweihfesten oft als Zaungäste erschienen und dabei nie zu kurz gekommen. Was sie nicht geschenkt bekamen, hatten sie sich immer schon gestohlen. Nun hatte sich die Unterwelt zum Herrn über Leben und Tod der Menschen erhoben, und sie genoß es.

Die Mutter des Jakob Trescher hielt es in dem Haus, in das man sie getrieben hatte, nicht länger aus. Ehemann, Schwiegertochter und die drei Kinder blieben zurück, während sie sich durch mehrere Gärten in eine Seitenstraße und hinaus in die Richtung, aus der das fürchterliche Geschrei in die Stadt drang, hinausschlich. Sie hatte ihre Schürze und ihr Kopftuch nach Art der Serbinnen gebunden und sich unter das aufgeregte Volk gemischt. Als sie sah, wohin sie geraten war, stand sie wie versteinert und erkannte ihren Sohn und den Neffen beim Ausheben des Loches. Sie fühlte ihre Kräfte schwinden und zog sich schnell an den Rand einer Hecke zurück. Dort setzte sie sich auf einen Stein und stützte den Kopf in die Hände.

Das Rattern von Maschinengewehren und einzelne Schüsse schreckten sie auf. Sie drehte sich mit dem Gesicht zur Hecke und bekreuzigte sich. Dann wankte sie unter Aufbietung ihrer letzten Energie stadteinwärts. Wäre es nicht wegen des Restes der Familie gewesen, sie wäre mit hinabgestiegen in die Grube und hätte sich nicht von dort vertreiben lassen.

Es waren Tage vergangen, bevor sie das Geschehene anderen in Bruchstücken vermitteln konnte. Immer wieder fiel sie in stundenlange Weinkrämpfe. Es war einfach zuviel für sie gewesen.

Gar oft fragten die Kinder nach ihrem Vater. Zum Glück konnten sie die ganze Tragik des Geschehens nicht erfassen. Dennoch litten auch sie an den tief eingeprägten, immer wiederkehrenden Bildern der schrecklichen Erlebnisse während der ersten paar Stunden ihres Ausgeliefertseins an die vielen bösen Menschen, die sie geschlagen und ihnen den Vater und Onkel fortgeschleppt hatten. Nachts schreckten sie weinend aus dem Schlafe auf und waren kaum wieder zu beruhigen.

Nachdem die Männer von ihren Familien getrennt und gleich darauf erschlagen oder erschossen worden waren, hatte man die alten Leute, Frauen und Kinder in das Stadthaus getrieben und dort eingesperrt. Die Verpflegung bestand aus warmem Wasser mit Maisschrot. In den folgenden Tagen wurden noch weit über hundert Männer auf dem Stadtplatz erschossen und anschließend wie Holzscheite auf flache Lieferwagen geworfen und zum Schindanger gekarrt.

Dann trieb man die Flüchtlinge und die einheimischen Deutschen zu Fuß in Richtung Karlsdorf oder fuhr sie auf Lastwagen nach Rudolfsgnad, Jarek und in andere Lagerdörfer. (...)

Zunächst wurden alle Männer und Frauen zwischen etwa 18 und 30 Jahren, auch aus der einheimischen deutschen Bevölkerung, zusammengeholt und fortgebracht. Sie sollten nach Aussagen eines freundlichen Russen zur

Zwangsarbeit in die Sowjetunion verbracht werden. Die anderen mußten vorerst in den Bauernhäusern bleiben und wurden im Oktober großteils in die sich außerhalb des Dorfes befindliche ehemalige Fliegerhalle getrieben und dort eingesperrt. Das Lager wurde mit zwei Meter hohem Stacheldraht umgeben und von Partisanen bewacht.

Anfangs gab es noch etwas Verpflegung, denn die Häuser der Karlsdorfer Bevölkerung waren noch voll gewesen. Dies änderte sich aber sehr schnell. Bald erhielten die Gefangenen nur mehr Wassersuppe mit ein paar Graupen oder in Wasser gekochten Maisschrot. Von nun an gab es täglich Tote. Die Körper, vor allem der Kleinkinder und alten Leute, überzogen sich, nicht zuletzt infolge der Läuseplage, mit Ausschlag und Krätze. Es gab weder einen Arzt noch Medikamente. Die Menschen starben wie Fliegen und wurden auf Fuhrwerken weggefahren. Wer noch etwas arbeiten konnte, wurde an die Bauern der Umgebung und an bereits entstandene Kolchosen auf den Feldern der Deutschen von der Lagerführung ausgeliehen. Das Essen auf den Kolchosen war nicht besser, denn auch dort erhielten sie Lagerverpflegung. Gelegentlich steckte ihnen ein mitleidiger Serbe etwas zu. Wenn sie an Mais, Kartoffeln oder Getreide herankamen und davon etwas in das Lager zu schmuggeln versuchten, so gelang dies nur in den seltensten Fällen. Wurden die Sachen bei ihnen entdeckt, so bezogen sie schwere Prügel und wanderten in den nassen Keller.

Es hatte wiederholt geheißen, eine rumänische Kommission würde bald erscheinen und ihre Staatsbürger über die Grenze zurückholen. Es kam aber niemand.

Nur einmal drang weitere Kunde von den Geflüchteten nach Deutsch-Stamora, als vor Weihnachten 1944 die Reste zweier Familien aus dem Konzentrationslager Pantschowa zu Fuß heimkehrten.

Diese Frauen und Kinder waren, zusammen mit weiteren Stamoraern und vielen Geflüchteten aus anderen Banater Dörfern, am 2. Oktober in Zichydorf von den Partisanen eingesperrt und dann über die Lager Karlsdorf, Franzfeld in das Lager Pantschowa verbracht worden. Natürlich hatte man auch ihnen sofort die Pferde und Fuhrwerke weggenommen und sie bis auf wenige Kleidungsstücke völlig ausgeplündert.

In Pantschowa wurden alle, auch zwölfjährige Kinder und alte Männer, zu den verschiedenen schweren Arbeiten getrieben. Die Verpflegung war so miserabel, daß schon sehr bald viele an totaler Erschöpfung starben. Manche konnten die ewigen harten Schläge nicht mehr ertragen und kürzten ihre Leiden ab, indem sie sich mit letzter Kraft von der Arbeit fortzuschleppen versuchten und so „auf der Flucht" erschossen oder erschlagen wurden. Andere ritzten sich mit irgendeinem Gegenstand die Pulsadern auf und waren in der Frühe verblutet.

Von Zeit zu Zeit wurden die nicht mehr Arbeitsfähigen einfach auf den Hof getrieben. Sie mußten sich auf das Gesicht legen und erhielten einen Genickschuß. Dann wurden sie auf die Fuhrwerke geworfen und in Massengräbern verscharrt. Zuvor aber wurden sie von den Zigeunern ihrer Kleider beraubt, die damit im Lande einen lebhaften Handel betrieben.

Zu den unzähligen Erschlagenen, Erschossenen und Verhungerten kamen schon bald jene, die den Seuchen zum Opfer fielen. Läuse und anderes Ungeziefer sorgten für deren Ausbreitung. Es war ein unbeschreiblicher Jammer. Dann wurden den Müttern die Kinder fortgenommen, und sie erfuhren meist nicht, was man mit ihnen vorhatte oder wohin sie verfrachtet wurden.

An den Überlebenden nagte das Heimweh und die unendliche Sehnsucht nach ihren Angehörigen und nach Geborgenheit. (...)

Bei Nagycenk (Großzinkendorf) fließen zwei Hauptstraßen zusammen, die über Ödenburg bis Wien führen. Die eine kommt von Raab, die andere führt vom Plattensee herauf.

Der von der Feldpolizei geregelte, wechselseitig einmündende Verkehr wälzte sich auf der zwar breiten, aber einzigen Straße träge dahin. Westwärts reihte sich Planwagen an Planwagen, Treck an Treck. Nur gelegentlich überholten Militärfahrzeuge. Die Gegenfahrbahn war, bis auf vereinzelt daherkommende Versorgungsfahrzeuge der Armee, meist ganz leer.

Der klare Himmel verlockte die englischen und amerikanischen Kampfflugzeuge zu erhöhter Aktivität.

Beim Durchgang durch Ödenburg, einer Stadt mit über 40 000 Einwohnern, staute sich der Verkehr. So fanden die Piloten beim Überfliegen der Straße vor der Stadt und in dieser reichlich Ziele. Und sie waren absolut nicht wählerisch. Da die Militärfahrzeuge sich fast nur nachts auf der Straße zeigten und tagsüber gut getarnt unterzogen, nahmen die Flugzeuge die Flüchtlingstrecks unter Beschuß und warfen ihre Bomben auf die wehrlosen Zivilisten. Das war für sie auch völlig ungefährlich.

Was galt ihnen das Kriegsrecht? Zum Teufel mit der Haager Landkriegsordnung! Zur Hölle mit allen Genfer Konventionen! Die Flugzeugbesatzungen hatten ihre Befehle, und die führten sie aus. Fragen des Kriegsrechts und der Menschenrechte hatten jene zu verantworten, die in den Regierungen ihre Entscheidungen trafen. Und sie kannten keine Skrupel. „Draufschlagen auf alles, was sich sehen läßt. Töten und zerstören", das war die einzig gültige Parole. (...)

Vor einem dieser Angriffe am späten Vormittag führte Herbert Kitzer die schon die ganze Strecke nur lose an der Deichsel angehängten Pferde rasch in ein angrenzendes Maisfeld, von dem nur mehr das Laub stand, die Kolben waren bereits geerntet. Die Frauen flüchteten inzwischen zu einem etwa fünfzig Meter entfernten Waldstück. Sie hatten es noch nicht erreicht, als auch schon die Bomben fielen und die Stahlsplitter über ihre Köpfe fauchten. Frau Kitzer hatte sich hinter einem Strauch über ihre jüngste Tochter geworfen, andere Frauen lagen im hohen Gras und bohrten ihre Gesichter aus Angst in die feuchte Erde. Ein Wagen auf der Straße brannte lichterloh.

Getroffene Pferde versuchten sich mit den Hinterbeinen aufzurichten und sackten mit markerschütterndem Wiehern in sich zusammen.

So plötzlich, wie sie aufgetaucht waren, so spurlos waren die Angreifer in südlicher Richtung wieder verschwunden. Verletzte riefen laut um Hilfe. Sanitätsfahrzeuge brausten heran und luden sie auf. Dann wurden die Toten auf die Ladefläche nachgeschoben, und mit Sirenengeheul rasten die Sankas in Richtung Ödenburg davon.

Dort hatten die Flugzeugüberfälle ein richtiges Chaos verursacht. Es dauerte Stunden, bevor neue Trecks die Stadt durchfahren konnten. Sie hatten sich draußen im Gelände verteilt und mußten fast bis zum Einbruch der Dunkelheit warten. Als die zweite Hälfte der Waldbrückener bei Wulkaprodersdorf auf einigen vereinzelten Bauernhöfen Unterkunft fand, waren jene, die vor dem schweren Angriff bereits in der Stadt oder schon jenseits derselben gewesen waren, längst in eine andere Richtung weitergeleitet worden.

So geschah es, daß ein Teil der Ortsgemeinschaft bei Efferding, westlich Linz, ein anderer bei Andorf-Sigharting im Kreis Schärding und der am längsten aufgehaltene im Raum Krummau, im Böhmerwald, landete.

Wie dr Ewerles Hansvetter vun Schumlok zum Biezichter is wore

Am elfte Nowembr werd de Ewerles Hansvetter 80 Jour alt. Alsdann, herzliche Glickwinsch vun de Landsleit! Wie's 'm geiht? Naja, meir soll liewr garnet froue. Sei Weib, die Katrinwes, saat alsemol, wann mr se frout: „Er sieht net gut, heirt nimmi gut un kann net tapfer laafe." Des schtimmt net ganz. Siehe teit 'r jou noch genung mit de Aaglässr un heirt a noch gut, nor mit dem Laafe, des hot schun ou bißche arich nougeloß. Seit oum Vertljour leit 'r in Freudestadt im Krankehaus. Awr was kann mr noch viel vrlange mit 80 Jour? Manche Leit were gar net so alt! Un iwrhabschts!

De Hansvettr war oune vun selle Leit, die wu woure Gschichte als so verzeihle hun kenne, daß se die Leit a geglaabt hun. Un sell will was haase. Weil meischtns glaawe die Mensche jou nor sell, was net wour is. Un wer des wiederum net glaabt, der soll nor mol neischaue un neihorche in die bucklich Welt un dou driwwr noudenke, dann kummt sogar de Langweilichschte druff, wieviel geloue wert. Deswje will mr jou doch heitzutag am liebschte glei den ganze Gschichtsunnerricht an denne Schule abschaffe, weil die Leit die Woret vun friher nimmi wisse un glaawe wolle – un natierlich a net solle. Awr zurick zum Hansvettr. Es is jou schließlich sei Geburtstag.

Er hot emol verzeihlt, wie er unfreiwillich zum greischte Biezichtr in Schumlok un Umgebung worre is. Un des war so:

An oum Ouwed, meir sein grad beim Esse gsotze, schickt mei Kusin, de Hans, sei Knecht, ich soll schnell nuff kumme, er braucht mich. Na, weil grad ou Gewittr uffgezoge is, denk ich mr, der beneiticht mich, um em des Kleihai, des was 'r noch uff de Betrenze hot laje khatt, schnell uff Schuwre zammesetze. Ich hun aach glei alles schteie un laje goloß, hun uffkheirt zu esse un sein je nuff zu eim. Wie ich hiekumm, sitze die alli gemietlich beim Ouwedesse un sein schun fertich mit eirem Hai. Also ich saa „Gutn Ouwed un ou gute Apetit!", wie sich's so kheirt, un frou drnou, warum 'r mich eigentlich hot rufe losse.

„Na kumm nor mol glei mit", saat er druff, „ich will dr schnell was weise, drnou kannscht bei uns noch mitesse", un er geiht voraus in de Garte. Dort, glei beim Eingang, weist 'r zu oum kloune Kerschebeimche un saat: „Dou sitzt ou klounes Bieschwärmche druff. Eir hät doch noch alte Biekerb. Wann willscht, kannscht dr ne houle, meir iss 'r im Weg."

Er hot 'n schun dene Biezichtr ougetraa khatt, awr die wollte ne net. Sie hätte ne schun a paarmouls gfang khatt, un er is eine immr defunn ... Des is ou Ausreißr", saate se.

Ich wollt mr die Sach eirscht noch iwrleie un sein hamgang. Mei Vaddr hot dann awwr a gemount, ich soll 'n mol houle, wann's nix sein sollt, verlour weir grad a nix. Ich hun also ou alte Korb gsucht, weil meir hatte jou a schun emol Bie khatt, sie hun awwr den eirschte Winnr net iwwrlebt un sein verhungert odr verreckt. Prowiert hun's zwar immr viel Leit mit 'm Hounichmache, die meinschte hun awwr nix odr zu wenich drvun vrschtann un ware frou un zufriede, wann se als Bie in de Umorkeblie un in de Kerwusblie khatt hun in de Gärtr odr uff 'm Feld drauß.

Wie ich mit dem alte, verroppte Korb nuff sein kumm, war mei Schwougr, de Adam, noch dart. Er hot beim Haimache geholf khatt un war jetzt a glei bereit gewest, meir beim Biefange zu helfe. Inzwische war's schun schtockdunkl wore un hot gblitzt un gedunnert, daß mr sich grad ferchte hätt kenne. Awwr durch des viele Blitze un Wetterleichte hun meir doch so viel gsieh, daß mr die Bie finne hun kenne. De Adam nemmt aach glei de Korb un ich schtraich die Bie mit 'm ou alte Fledrwisch nei. Die meischte sein denewenaussgfall. Weil's ou ganz heiße Tag gewest is, hatte mr alli zwa nor Hemed un Hosse ou. Des hun die Vichr awwr net wisse kenne, weil for sie war's jou a dunkl. Plötzlich fangt mei Schwougr, de Adam, zu schimpe un zu fluche ou in vier odr fünf Balkanschprouche: Fututz, jepempti, asanjauriischten un so geiht's ou ganzi Weil douhi, ich hun garnet so baß schlae kenne dou druff, un schließlich in seine aigene Mottrschprouch weitr: „Dreckszeich eilendiches! De Schlag soll eich alli treffe! Un 's Gewittr soll eich vrschlae in die Erd nei!", un dann als wie wann 'r plötzlich die Schtiewe hät kriet, losst 'r de Korb falle, schlaat wie ou Verrucktr um sich rum un turraj, je fort, wie vum Blitz getroff.

In dem Mumment krie ich die eirschte Schtich un bis ich iwwrlei, was ich oufange soll, brennt's mich schun iwwerall wie Feier un ich renn was gebscht was hoscht em Adam nou in de Pherdschtall. Dor war Licht drin un mei Kusin hot grad die Pherd gfiedert. Die Bie des Licht gsiehn un glei lous uff die Pherd. Mei Kusin schimpt, mei Schwougr un ich fluche um die Wett, die Pherd fange 's Touwe ou un schlae un beiße um sich, manche fange 's Rankse ou, drauß blitz's un kracht's, daß mr moune kennt, die Welt geiht unnr. Mei Schwougr un ich hun de gleiche Gedanke: naus zum Brunnetroug un neileie! Er war 's eirscht dort un schun unnergetaucht. „Geih 'raus!" kreisch ich 'n ou, „ich will aa emol nei!" Awwr er heirt nix un will a nix heire un wäljert sich im Wassr rum. Dou pack ich 'n un zerr 'n rauß un tauch selwr unnr. Er schimpt wie ou Rourschpatz, awwr des scheniert mich weitr net.

Was soll ich weitr verzeihle? Iwwr ou ganzi Woch hun mr net aus de Aa 'rauß gsieh, mei Schwougr net, ich net un aach mei Kusin net. So hatte uns die Viechr vermegeit. Nou zwaa odr drei Täg hot mr die Sach doch kou Ruh mei geloß un ich sein nuff, um mit meine Schlitzaage nouzuschaue, was aus dene iwwrichgebliewene Bie worre is. Tatsächlich war so ou klouni Gaschl voll Bie ganz friedlich im Korb drin ghängt, weil ich hatt 'n jou vourher mit Bienekreitche eingerieb. „Naja", denk ich mr, „hoscht dr die ganz Arwet gemach un dich verschteche geloß, alles nor for de Potchefi. Wicklscht den Korb in ou alti Deck un traascht 'n ham, dou kann dann nimmi viel passiere." Un so hun ich's a gemach.

Des war im Juni 1924. Im Jour druff hot der Schworm 20 Kilo Hounich un vier neie Schwärm gebrung. So is des immr weitr gang. Ich sein als ball gar nimmi mitkumm un fertich wor mit Schteckkaafe un Schteckmache. Mei Leit un ich sein gute Freind worre mit unsre Bie. Sie hun uns garnet sou oft gschtoche un mei eigebrung als unsr ganzi Baurerei. Im Septembr 1944, wie mr vun deham hun fort misse, sein im Biehaus an die 150 Völkr gschtann, die meischte bis owe nuff voll mit Hounich, weil meir hatte jou vourher kou Zeit khatt un kou Leit zum Schleidre. So geit's halt manchmol im Lewe.

's Hexehaus

In frihere Zeite, wie's noch kou Radio un Fernsehe un lautr so Zeich gewe hot, dou sein gar oft in dunkle Nächte die Hexe umgang un hun ehre Schawernack getrieb mit de Leit. So hot es aach bei uns Dounauschwouwe, weit dort drunne, wu die Zigeinerche wachse, kaum ou Derfche geb, wu die net deham ware odr vun Zeit zu Zeit hinkum sein, die Hexe. Nachts hun se dann irgendwu – meischtens an oum Handtuch – die Kieh ausgemolk odr de Pherd die Hour zamegflecht. Mit dene Unwese war net zu spaße. Wann die wollte, hun se net nor die Hinklcher verrecke geloß, sondern sogar die Sei odr Pherd un die Kieh. Sell war natierlich ganz schlimm. Awr na, mache hot mr halt aa nix kenne dageje. De Philippvettr hot als die verreckte Hinkl an de Fieß ufgehenkt im Garte an die Obstbeim, des hat se vertreiwe solle. Net emol des hot geholf. Es ware oft harte Zeite selmols, schun weil die iweral durchkumme sein un neikenne hun, zum Beischpiel durch die Schlissllechr, wann de Schlissl net gschteckt is. Meischt ware es bestimmte Häusr, wu die iwr Generatzioune immr wiedr ufgsucht – odr saat mr bessr 'hamgsucht' in so oum Fall – un die Bewouhner drangsaliert hun. Meischt ware des Häusr, die in dr Näh vun oum Freidhouf ware, an oum Bach odr drauß gegr die Krautgärter odr bei de Hutwaad geleije sein. Vun solche Plätz hun die sich, bsunders im Wintr, am allerbeschte ouschlaiche kenne. Awr wann's recht dunkl odr newlich war, sein se aach im Summr ufgetret. So war's aach in Schumlok.

's alte Schpeckerthaus war bekannt dafour, daß es dort schpuckt un die Hexe nor so aus- un eingehe, wie wann se dort deham wäre. Sell war awr aach kou Wunnr. Des Haus war ganz am Dorfend geleije, 's letschte Haus, un dahinnr die zwa Wassergräwe un de dritte gar net weit weg. Alles vollr Gschtripp noch dazu: Schlehdorn, Bremle, glei ou paar Kloftr houch, Brenessle, Attich, Hollr, Mehlbere un was net noch alles. Iltisse, Wisslchr, Fichs un Dachse, Schlange un Krotte – ganz dicke Grotte – ware dort, un nachts hun die Käutzcher geruf, die wu in dene houhle Weidebem ehre Neschtr hatte. Es war schauerlich, wie die als geheult hun un gejammert. Wie hilflouse kloune Kinn, die vun etwas gequält werde. Die alt Schpeckertsin, so lang die noch gelebt hot, die hot's gewißt. „Des sein gar kou Vegl", hot se gsaat, „wie die Leit glawe. Des sein lautr Hexe, die wu sich in Nachtteiwl vrwandelt hun, daß se nachts leichter durch die Rachfäng in die Häusr nei kenne."

Wer waß, ob se net doch recht gehat hot, die alt Schpeckertsin. Mer hot se jou oft gesieh, die Nachtteiwl, wie se gesotz hun in dene Rachfäng un gewart, daß es Nacht wert un sie neikenne.

Oumol wär so ou Hex awr bald verwischt worre.

Des war schun im Zwate Weltkriech. Dort, in dem Schpeckerthaus, war nor ou junges Weib deham mit ihre kleine Tochter. Der Mann war, wie die allermeischte, igendwu fort un hot Kriech gemach. Vor die Hexe war des natirlich ou ginschtichi Zeit. Is jou ach kou Wunnr!

Uf oumol in de Nacht – die zwa ounziche Bewouhnr in dem grouße Haus hatte alles fescht versperrt un ware schun eingeschlouf – geht im Haus ou ferchtrliches Schpecktackl lous. Es rumpelt un pumpert in de Kich newe de Schloufschtub, als ob tausend Hexe un Teiwl mit Kette, Kochtep, Häwe un Blechdeckle ounannr verfolje un ou groußes Hexefescht feiere täte.

Die zwa Weiwr, Mottr un Tochtr, hun die Zudecke iwr die Kepp gezo un vor Angscht gezittert un bal die Fraß griet. Awr wie die Hexekumeidi immr stärker un lautr is worre un gar net ufhere wollt, sein se staad ufgestann, hun sich ougezo un des hinre Fenschter ou bißche ufgemach, weil wann's ganz schlimm sellt werre, daß se dort naus kenne un devun. Es war jou houch zum nunnr Hupse, na awr was wär 'ne anres iwrichgeblib, wann's um 's Lewe gang wär? Sie hatte doch genung gehert vun „Hexesabbath" un allsowas. Zum Glick is de Schlissl im Schlisslloch gschteckt, un kou anres Schluploch odr Öffnung in die Schloufschtub war net.

Sie schtehe also schprungbereit un uf alles gefaßt am Fenschtr un schaue nunnr. Sie zittre so, daß se sich anenannr fescht halte misse. Pletzlich sehe se vun hinne her, vum Gäßche drunne, ou wackliches Licht neckschtr kumme. Es schaut aus wie vun oune Taschebatterie. Werd doch net gar de Hexemeischtr selwr sein! –

Es war ou Batterie. Wie des Licht schun unrm Fenschtr vorbei will, faßt sich die Alt ou Herz – freilich, alt war se jou selmols a noch net grad, net emol 35, un die Tochter vielleicht so verzehn –, faßt sich also ou Herz un ruft: „In Gottesnoume, wer seid ihr mit dem Licht?" Sie hot schun sae misse „in Gottesnoume", weil wann's ou Geischt odr ach de Hexeöberscht gewest wär, er hät nix mache kenne weje dem „in Gottesnoume".

Na, was soll ich viel vrzähle, es war nor ou verwundete Saldat, der hot grad Urlab khat un hat sich bei oum Freind etwas längr ufgehal, so daß es jetzt schun nou Mitternacht war. Genau die Hexezeit. Er is hamzus gang un war ganz baff, wie jemand vun dem houche Fenschtr runnr ruft. Jetzt hert er awr schun des Rumple un Touwe drin im Haus, bal schun wie bei de Saldate, wann ou ganzi Kumpanie mit ihre Kochgeschirre un Feldflasche zum Essefasse geht.

Die zwa vrzähle, so gut sie in ihrer Ufregung kenne, mit zittriche Stimme, was sie schun alles erlebt un ausgeschtann hun un sie bitte um Hilf, weil der Saldat hot jou ou Pistoul bei sich un kann sich noutfalls verdefendiere. Ja – awr wie soll 'r nei kumme in des Haus, wu doch alle Tire versperrt un verrammelt sein un nor des Fenschtr uf is. Des is 'm zu houch, weil er is jou noch schwer verwundet.

Sie raiche ehm ou Schtuhl nunnr un ziehe ihn dann mit allr Kraft nuf ins Zimmr.

Er nemmt sei Revolvr raus aus dere Ledertasch un macht ne schießfertich, weil sichr is sichr, mr kann's jou net wisse, wer dou drinn is in dere Kich.

Voursichtich sperrt 'r die Tir uf un leicht mit dere Taschelamp nei in die Kich. Alles is uf oumol ganz still, direkt unheimlich, nou dem Krach die ganz Zeit vourher. Er ruft, sie solle die Lichter ouschtecke, awr die zwa Weibsleit traue sich immr noch net weitr.

Pletzlich hert der hilfsbereite Saldat ou Scheppre un Fauche im Herd un wie 'r mit dere Batterie hieleicht, sieht 'r zwa ganz feiriche Aage, die sich leicht beweje un wie glietiche Kouhle zurickfunkle. Wie 'r hinnr dene Aage schließlich ach noch Ouhre un ou ganze Kopp un gar ou grouß, scheckichi Katz sieht, die im Herd hockt un net raus kann, weil se de runde Sparherdring um de Hals hot, schteckt der Saldat sei Waffe weg un geht uf der Sparherd druf zu. Die Katz werd fuchtich un toubt umanandr un mecht nor raus, awr der Ring hot sich verklemmt un sie kann net durch des Loch. Wie er hielange will, sperrt se des Maul uf un will ne beiße. Er loßt sich ou alti Deck gewe, schmeißt se iwr die Katz un zerrt mit allr Gewalt den Ring runnr. Des Viech springt raus un will die Wänd hoch, hupst un schpringt, als hät se alli Teifl im Leib. Wie er dann die Tir zum lange Hausgang hie ufmacht, is se mit oum gewaltiche Satz draus un fort.

Die zwa Weiwr sein glicklich un bedanke sich bei ihrem Retter. Ob des awr wirklich die echt eigene Katz war, die vun owe, vum Dach durch den Rachfang gfalle is un durch de Sparherd raus wollt – wie der Saldat gemount hot – odr ou Hex, die wu sich in die Katz verwandelt hot, sell waß mr bis heint net.

Meiglich is alles.

Warum de Andresvettr später an die Hexe geglaabt hot

Also des war so. De Andresvettr vun Schumlok hot immr so arich gefluucht, wann ne etwas geärjert hot odr wan 'r bes war. „Des is doch wie verhext", hot 'r als gsaat, odr „Der Teiwl soll's hole!" awr er hot net geglaabt, daß in dem Schumig drinne, dort in dem Vulkankratr, die Hexe wohne un sich dort rumtreiwe, besonders wann's als so newlich war. Er hot des aach net glaawe wolle.

Dort ware se awr grad drinne. Des hun viel Leit gewißt un sich do druf eingschtellt.

De Andresvettr hot nor immr gsaat, „des is nix wie lautr Bledsinn, so e altr Awerglaawe. Larifari, sunscht nix".

Amol im Herbscht, es war so anfangs Nowembr, is 'r uf Gatai gfahr, in die Mihl. Sei Weib hot Mehl gebraucht, for Brotbacke.

Wie 'r hinkummt an die Mihl, schtehe schun e Haufe Wä devor, un alli wolle mahle. Na awr er hot des alti Schprichwort gekennt: „Wer zuerscht kumt, der mahlt zuerscht", un hot sich demit abfinne misse.

„Was soll ich lang do rumschtehe un warte", denkt sich de Andresvettr. „ich geh glei niwr zum Schill ins Wertshaus. Dort werde mehr Leit sein." Alsdann nemmt er sei Brotsack un geht ins Wertshaus. Er beschtellt sich e Dezi Trewrracki un fangt dann bald zu esse an.

Die Worscht war scharf, die Zwiwle aa, un er loßt sich e halwe Litr Rotwei kumme, zum Lösche. Was is e halwe Litr Wei, wann de Mensch e Dorscht hat? Er loßt noch zwamol bringe, un iwrdem vergeht die Zeit. Wie's so gejer Owed geht, fallt em ei, er muß mol schaue, wie's schteht mit der Mahlerei.

„So in aanr dreiviertel Schtund", saat der Kernbatschi, der Mihlebesitzer, zu ihm. Er hot halb herrisch geredt, wie halt die Gataijer so ware un sich ausgedrickt hun, weil sie ware jo e Sammelsurium vun iwerall her. „So in aaner dreiviertel Schtund wern Sie dran sein. Es geht jetzt ganz schnell."

„So schnell is des aa wiedr net", denkt sich de Andresvettr. „Es werd kalt were uf de Hamfahrt. Do degeje helft nor Racki."

Er geht nochmol niwr zum Schill, es war jo nor iwr die Gaß, trinkt noch zwaa Dezi Racki, zahlt, un wie 'r zrückkummt zur Mihl, lade se sei Mehl glei uf, un er kann losfahre. Es werd awr a schun schtaad dunkl. „Jetzt nix wie hamzus", denkt 'r sich.

Inzwische is's newlich wore, un er wicklt sich ein in sei Deck un in den alte Bunda, den wu er mitgehabt hat. Jetzt werd's ne nimmi friere. Er hot sich aach um nix meh zu kimmre brauche, for die Pherd hun doch den Weg ohne Aaglas bessr gekennt als de Andresvettr mit. Weil in de Nacht hot er jo ganz schlecht gsiehn.

Vielleicht war 'r eigschlof, vielleicht a net, awr uf amol braust e Getös los, es rauscht un zischt iwr ihm un um ne herum, wie wann alle Teiwle losgelasse wäre. Er zieht de Kopp ei un will weitrfahre, doch die Pherd bleiwe schtehe un fange an zu rankse un mache ke Schritt mehr weitr. De Andresvettr is ganz durchenanr un zoppt an dem Zaum herum. Endlich, wie er die links Seit verwischt, biege die Pherd in e Feldweg ein. Es braust un zischt noch e Weil, dann werd's ganz ruhig un schtill. Er zieht den Bunda feschtr üwr de Kopp, weil es is jo kalt, un dr Racki, den wu 'r in Gatai getrunk hot, der wärmt a nimmi recht. Also fahrt er so dahin un denkt an nix meh, an gar nix. Sogar die Hexe hat 'r schun wiedr vrgeß. Des hät er net tue derfe, des war e Fehlr. Weil die wolle, daß mer an sie denkt, sunscht räche die sich.

Pletzlich packt ne wiedr was am Kopp, an de Hoor, un sofort falle ehm widr die Hexe ei. „Im Namen des Vaters und des Sohnes und des heiligen Geistes. Bischt du e gutr Geischt odr e bese?" saat 'r schnell, weil des hat 'r schun öftr ghert gehatt, daß m'r des in so em Fall sae soll, wann em e

Geischt odr e Hex begegnet. Wie er nor net glei uf des drufkumm is, wie die Pherd es erschte Mol sein schtehe geblieb!

„Ich sein e gute Geischt", anwortet e Schtimm vun owe. Wie 'r nufschaut, sieht 'r de Eckmartin. Der war kumm, sei letschte Klee hole vun seim Feld bei de Waldbrick.

De Andresvettr is ganz verschtawert. Er traut seine Aage net recht. Des is doch de Matz, seim Kusin sei Bu, un die Sunn scheint ganz hell, ke Newl un nix. Nor de Wa steht in em Kleefeld, un die Pherd hun schun e großes Schtick abgewadld.

„Ja wie kummt denn Ihr doher, Andresvettr? Is Eich net gut?" froot ne der Bu, weil irgendetwas muß er jo saan.

„Mir is schun wiedr ganz gut", antwortet de Andresvettr. „Un wann Du mir jetzt do raushelfscht aus dem Feld un mir verschprechscht, daß Du es net weitrsaascht, dann werd ich Dir genau vrzähle, wie ich doher sein kumm."

No hot er's ihm vrzählt, alles, genau so wie's war, wie uf emol die Hexe am Schumig rumgefloge sein un ne net hun weitergeloß. Un die misse ne noch verfolcht hun bis doher, iwr die ganze Feldr niwr, un grad do, direkt vor dem Grawe, hun se ne schtehe geloß un sein devun. „Des war nor Rache vun dene, weil ich nie net an se geglaabt hun", hot 'r gemeint.

Vun selmols weg hot de Andresvettr an die Hexe geglaabt un hot a nimmi soviel Racki uf emol getrunk. Aach gefluch hot 'r wenichr, un um des war schun bald schad. Awr mer kann uf dere Welt net vorsichtich genug sein, weil waas mr's?

Heit is 'r schun lang gschtorb, de Andresvettr, un de Eckmartin un die anre a alli, netmol die Pherd lewe mehr. Die Leit brauche nimi in die Mihl fahre. Die hun se abgebrennt. Es Mehl gibt's jetzt in dene Koperativa, awr die meischti Zeit is nix. Un die Hexe vum Schumig misse ins Kollektiv odr in die „Ferma", wie se a dezu sae. Dort misse se jetzt ihre „Soll" erfille un jedi Nacht geischtre. Drum is dort bei dene jetzt a alles so verhext.

Georg Friedrich
Irándárda – Darmstadt

Georg Friedrich wurde am 10. August 1927 in dem kleinen, dicht an der jugoslawischen Grenze gelegenen Schwabendorf Irándárda (Branau/Ungarn) geboren. Seine Eltern besaßen einen Bauernhof, den er durch die schwere Krankheit der Mutter als Erbe übernehmen und weiterführen sollte. Nach Beendigung der dörflichen Volksschule besuchte er die ungarische Mittelschule in Mohács. Sein Vater wurde zur ungarischen Armee eingezogen und nahm als ungarischer Soldat am Rußland-Feldzug teil. Der Sohn meldete sich 1944 mit 16 1/2 Jahren ohne die Erlaubnis der Eltern freiwillig zur Waffen-SS. Nach dem Krieg gab es ein Wiedersehen mit den Eltern im Odenwald. 1952 heiratete er in Darmstadt seine Frau Martha und wanderte mit ihr und Tochter Theresa nach Amerika aus. 1959 kehrten sie nach Deutschland zurück und machten sich mit dem ersparten Geld selbständig. Zur Zeit ist Georg Friedrich Stellvertretender Landesvorsitzender der Landsmannschaft der Deutschen aus Ungarn in Hessen. Er engagierte sich, auch finanziell, für den Erhalt der Kirche und des Heldendenkmals in seinem Heimatdorf. Sein einziges Buch „Wege der Angst, Wege der Hoffnung" zeichnet nach, wie er durch die Flucht aus einem kommunistischen Arbeitslager in Ungarn den Zweiten Weltkrieg überlebte und schließlich nach Deutschland gelangte.

Recht auf Freiheit und Arbeit

Arbeit, Freiheit, Recht und Brot,
laßt uns danach streben.
Nicht nach Macht, der Armen Not
soll unser Herz sich sehnen.
Niemals Zorn und Gehässigkeit
an den Nächsten üben
und auch nicht mit Hochmut
sich bei anderen rühmen.

Immer nur nach vorne schauen,
niemals zu den Großen,
die nur leben in Saus und Braus
und in Palästen wohnen.
Die sich an der Armen Schweiß
trachten zu bereichern
und an andrer Elend bloß
sich im stillen freuen.

Die nur süß und heuchlerisch
ihre Netze weben
um des armen Mannes Haupt
und trachten nach seinem Leben.
Deren Waffen sind List und Trug,
die uns das Letzte nehmen
und nun unsern von Müh gebrochnen Leib
in Ihre Sklavenketten legen.

Die niemand kennen als sich allein,
um andere sich nicht kümmern,
die scherzen mit der Nächsten Leid,
wenn sie vor Schmerzen wimmern.
Die keinem reichen zur Hilfe ihre Hand,
wenn sie mancher darum bittet,
die einem rauben das letzte Stückchen Brot,
das er verdient so bitter.

Sie stiften nur Haß und Zank,
sie zetteln Brand und Kriege,
sie ließen so manchen braven Mann
mit Frevel sein Blut vergießen.
Sie hören nicht das Jammergeschrei
der Millionen Sklaven und Knechte.
Sie kennen keinen als sich allein
und treiben ihre dunklen Geschäfte.

Das sind die Herren auf dieser Welt,
um uns zu quälen und zu knechten,
und wagen wir, zu blicken in ihr Angesicht,
trifft uns ihr Hohngelächter.
Das sind die, die Gott einst schuf,
des armen Menschen Schächer.
Verflucht sei euer Lebensweg,
verflucht eure Teufelsmächte!

Der Fackelruf

Es geht eine Fackel von Mann zu Mann,
entzündet die mutigen Herzen,
es brennen die Herzen im glühenden Haß!

Es geht eine Fackel von Stadt zu Stadt,
durch enge Straßen und Gassen,
sät in Millionen Herzen den Haß!

Es geht eine Fackel von Land zu Land,
ruft zum falschen Schwur fürs Vaterland,
ruft die Bereiten zum unerbittlichen Streit.

Es geht eine Fackel hinaus in die Nacht,
wo Millionen Herzen bluten in Haß.
Dort ertrinkt die Fackel in eigener Schmach!

WEGE DER ANGST, WEGE DER HOFFNUNG

Eine ungarndeutsche Nachkriegsgeschichte

*Siege und Erfolge eines Volkes
und einer Nation werden
in goldenen Lettern
in seiner Geschichte verewigt.*

*Niederlagen, Trauer und Leiden
werden mit Tränen geschrieben,
und die Zeit vergißt schneller,
als die Tränen getrocknet sind.*

Einleitung

Fünf Jahrzehnte sind vergangen seit jenem Geschehen. Damals war ich noch keine siebzehn Jahre alt, heute bin ich ein ehrwürdiger Großvater. Viele werden fragen: Warum erst jetzt? Das Leben ließ mir wenig Zeit, über die Vergangenheit nachzudenken. Die Gegenwart im Nachkriegsdeutschland forderte meine ganze Kraft. Die Anregung, meine Erinnerungen nun doch noch aufzuzeichnen, kam von meiner Enkeltochter; nachdem ich ihr aus meinem Leben erzählte, bat sie mich, davon etwas niederzuschreiben. Vielleicht bin ich es auch meiner Generation und meinen Kameraden schuldig, die diese schweren Jahre erlebt und überlebt haben. Schuldig bin ich es auch dem Gedenken jener, die in dieser Zeit ihr Leben verloren.

Für unsere Kinder und Enkelkinder, die in einer friedlichen Welt in Freiheit leben, lernen und arbeiten können, erscheint es heute unglaubwürdig, was junge Menschen meiner Generation in einem totalitären Staat mir ihrem Leben und Gewissen vereinbaren und erleben mußten.

Als der Krieg zu Ende war, hofften viele von denen, die dieses Inferno überlebt hatten und mit dem Leben davongekommen waren, daß sie wie in vergangenen Kriegen wieder in ihre Heimat zu ihren Angehörigen zurückkehren könnten; das erwies sich als ein großer Irrtum. Denn wir mußten büßen und leiden für Taten, die wir nicht begangen hatten und von denen wir nichts wußten. Wir waren Soldaten, die dazu erzogen worden waren, ihre Pflichten zu erfüllen, für 'Führer, Volk und Vaterland' zu kämpfen und zu sterben. Erst viel später mußten viele dies als einen Irrtum anerkennen, für den sie einen sehr hohen Preis zu entrichten hatten. Nicht wenige mußten mit ihrem Leben bezahlen.

Erzählen möchte ich auf den folgenden Seiten vom Schicksal vier junger Menschen, die aus einem kommunistischen Arbeits- und Internierungslager flüchteten, um ihrem Martyrium zu entrinnen. Um die mit ihrer Flucht verbundenen Risiken wußten sie. Ob sich ihre Hoffnungen erfüllen würden und sie dorthin zurückkehren könnten, von wo sie zwei Jahre zuvor, als halbe Kinder noch, in einer Art von Euphorie ihre Heimat verließen? Nur soviel im voraus: Nach schweren Erlebnissen, andauernd konfrontiert mit der Angst um das eigene Leben, an Leib und Seele enttäuscht und zerbrochen, kehrten diejenigen von ihnen, welche dieses Inferno überlebt hatten, in eine Welt zurück, die ihnen nicht nur das Recht auf Heimat verwehrte, sondern ihnen harte körperliche Strafen und lange Jahre der Zwangsarbeit in Bergwerken auferlegte.

Wenn es sich in deinem Leben nur darum dreht, wie du deinen Hunger stillen kannst, wie dankbar wirst du sein für ein Stückchen Brot und einen Teller warmer Wassersuppe. Heute lebe ich noch, aber wird es auch ein Morgen geben?

Keiner kann uns diese verlorenen Jahre zurückgeben, wenn auch schon viele Wunden vernarbt und verheilt sind. Die schmerzlichen Erinnerungen werden ein Leben lang bleiben. Möge es unseren kommenden Generationen erspart bleiben, daß sie für ihr Land oder einen 'Führer' kämpfen und sterben müssen; mögen sie leben, lieben und arbeiten und die Früchte ihrer Hände Arbeit ernten. Niemals mehr sollen Frauen und Mütter an Heldendenkmälern um ihre Toten weinen.

Die Qualen der Zwangsarbeit

Da wir nicht zum Bahnhof fuhren, hofften wir, daß man uns nicht in ein russisches Bergwerk bringen würde. Stattdessen ging unsere Fahrt Richtung österreichische Grenze. Schon keimte die Hoffnung auf, man würde uns in ein österreichisches Bergwerk bringen. Die Stimmung schlug um. Hätten wir durch die vielen Schläge, die Leiden und den Hunger genug gebüßt? Hätten sie erkannt, daß wir unschuldig waren? Nein. Nachdem wir ein Dorf durchfahren hatten, ging es aufwärts durch ein hügeliges Waldgebiet. Nach einiger Zeit Fahrt sahen wir auf einem Hügel ein Barackenlager, das mit hohem Stacheldraht umzäunt war. Also sollte dies unsere Leidensstätte Golgatha sein? Nur würden wir nicht ans Kreuz geschlagen, unser Leiden und Sterben würde sich tief unter der Erde vollenden.

Als wir durch das Lagertor fuhren, sahen wir einige Lagerinsassen, die sich in keiner Weise von uns unterschieden. Wir stiegen vom Fahrzeug ab, der Lagerkommandant stand schon mit seiner Wache zum Empfang bereit. Die Aussicht, während der nächsten 25 Jahre das Leben tief unter der Erde verbringen zu müssen, war alles andere als ermutigend. Der Lagerkommandant erklärte uns, weswegen wir in dieses Lager gekommen sind. Hier hätten wir die Möglichkeit, für unsere Taten zu büßen und beim Wiederaufbau eines gerechten sozialistischen Staates mitzuwirken. Wir wurden doch dazu erzogen, gegen dieses System der kommunistischen Unterdrückung zu kämpfen; gekämpft hatten wir für ein System, das schuldig wurde. Für uns schien es jetzt nur noch die Möglichkeit zu geben, für dieses System, das uns um unsere Ideale betrogen hatte, zu sterben.

Nun wurden wir in Vierergruppen eingeteilt und in unsere zukünftigen Schlafräume eingewiesen. Es waren kleine, karge Räume, die nur zum Schlafen geeignet waren, denn es standen nur zweimal zwei Betten übereinander darin. Da wir sonst nichts besaßen als das, was wir am Körper trugen, kamen wir mit dem Platz aus. Zusammen mit Josef aus Högyèsz, Jakob aus Alsonàna und Zsigmund aus Ujpetre teilte ich einen Raum. Und unter mir lag Jakob, im anderen Bett lagen Josef oben und Zsigmund unten. Außer einer Decke bekamen wir nichts. Da wir in einem Kohlebergwerk arbeiteten und in dem Zimmer ein kleiner Ofen stand, hofften wir, falls es kalt werden würde, wenigstens das nötige Brennmaterial zu bekommen.

Als wir zur Arbeitseinteilung und zum Essensempfang antreten mußten, wurden uns als Eßgeschirr ein Blechnapf und ein Löffel ausgehändigt. Messer und Gabel brauchten wir nicht, denn es gab nichts zum Schneiden. Es wurde uns mitgeteilt, daß jeder Gefangene und Arbeiter zweimal am Tag warmes Essen und 400 Gramm Brot erhielte. Zudem wurde uns zu verstehen gegeben, die Deutschen hätten ihren Gefangenen viel weniger gegeben, und darum hätten viele russische Menschen in deutscher Gefangenschaft sterben müssen. Aber der Sozialismus sorge für alle Menschen, selbst für die Verbrecher, die am Hungertod Hunderttausender russischer Menschen schuldig seien. Dies galt uns, und wir wußten, was wir in diesem Lager zu erwarten hatten. Josef und Zsigmund wurden zur Frühschicht, Jakob und ich zur Spätschicht eingeteilt. Leider war unser Wunsch nicht in Erfüllung gegangen, daß wir auch während der Arbeit hätten zusammenbleiben können. Vielleicht war es auch von Vorteil, daß immer einer an dem Ort war, den man jetzt unser 'Zuhause' nennen konnte. Für eine sehr lange Zeit, wie es das Urteil bestimmte.

Da wir bis jetzt nur einen halben Tag im Lager waren, stand uns auch nur die halbe Ration Essen zu, obwohl wir am Morgen vor unserem Abtransport nichts mehr zum Essen bekommen hatten. Mitgeteilt wurde uns noch, daß die Arbeit am nächsten Morgen um fünf Uhr früh begänne und daß diejenigen, die zu spät kämen, kein Brot mehr bekommen würden. Wenn die Lagerglocke läute, müsse die Frühschicht zur Arbeit antreten. Für die zweihundert Lagerinsassen gab es einen Gemeinschaftswaschraum mit vier Eisenwaschbecken und kaltem Wasser. Als Toilette diente eine eingegrabene Stange und ein tiefer Graben, also eine Latrine, die bei der kargen Verpflegung nicht zu oft benutzt wurde, außer – wie es oft vorkam – wenn wir Durchfall bekamen. Nun waren wir vier alleine in unserer Stube mit all unserer Angst vor dem Kommenden. Jeder von uns war in einem Dorf geboren worden; in bäuerlicher Idylle, im Kreise unserer Familien, die oft aus drei oder vier Generationen bestanden, waren wir aufgewachsen und hatten unsere Kindheit verbracht. In der nationalsozialistischen Jugendorganisation hatten wir gelernt, uns der Gemeinschaft unterzuordnen und Befehle auszuführen. Bei der Waffen-SS wurden wir dazu erzogen, uns selbst aufzugeben und nur für die Ideale zu kämpfen, zu leben und zu sterben. Wo waren die Millionen Mütter, die dafür ihre Kinder gebaren? Um sie für diese Ideale zu opfern?

An den Hunger, der unser ständiger Begleiter war, hatten wir uns schon gewöhnt. Alles, über was wir sprachen, war jetzt viel persönlicher, denn wir wurden zu einer kleinen Vierergemeinschaft. So saß ein jeder auf seinem Bett und hing seinen Gedanken nach, was der morgige Tag bringen würde. Jakob, der Älteste, brach das Schweigen, indem er erzählte, daß von seinem Ort einer in Komlo bei Pécs im Bergwerk arbeite. Daß auch von unserem Ort einige in Westfalen in der Grube gearbeitet und viel Geld verdient hatten, konnte ich bestätigen. Nachdem sie wieder zurückgekehrt waren, konnten sie von dem verdienten Geld Feld kaufen. Zsigmund wandte ein, daß sie nicht wie wir zu hungern brauchten und daß sie keine Gefangenen gewesen wären. Unterdessen war der oben auf seinem Bett liegende Josef ganz still geworden; es dauerte nicht lange und wir hörten, daß er schlief. Wir drei unterhielten uns noch eine Zeitlang über unser Zuhause und die schöne Zeit, die jetzt so weit fort von uns war. Und keiner unserer Angehörigen wußte, ob wir überhaupt noch am Leben waren.

Draußen begann es dunkel zu werden. Ich sah den Wald, der fast bis zu unserem Lager reichte, und konnte die Vögel beobachten, wie sie ihre Nester aufsuchten. Sie konnten, wohin sie wollten. Ich lag oben auf der Pritsche, kaum 50 cm unter der Decke, und starrte mit meinem Blick und meiner Sehnsucht in die Ferne, die für mich jetzt so unerreichbar war. Die Bilder meiner Kindheit zogen an mir vorüber. Als ich in die Schule kam, waren wir sieben Mädels und sieben Buben. Es war ungewohnt damals, so lange still sitzen und zuhören zu müssen, und es dauerte, bis man sich daran gewöhnt hatte. Es war eine kleine Dorfschule mit sechs Klassen, die von einem Lehrer in einem Raum unterrichtet wurden.

Die Feiertage kamen mir in den Sinn, die immer so feierlich waren und an denen wir Gedichte und Lieder vorzutragen hatten. Am 15. März, dem Nationalfeiertag, wurden wir mit einem Band in rot-weiß-grüner Farbe geschmückt. Auch am Muttertag mußten wir in der Kirche unsere Gedichte vor der versammelten Gemeinde aufsagen. Besonders zu Weihnachten, am

Heiligen Abend, gingen wir geschlossen von der Schule in die Kirche, die ja nur zwei Häuser von der Schule entfernt war. (Mein Nachteil war, daß ich neben der Schule wohnte.) In den Bildern meiner Erinnerung schneite es meistens. Die Kirche war an so einem Feiertag bis auf den letzten Platz besetzt. Da stand der große Tannenbaum schön geschmückt mit Kerzen und buntem Salonzucker. Darunter lagen die Geschenke, die man zur damaligen Zeit bekam, Bleistifte, Hefte, Radiergummi, dann standen wir um den Baum, sangen Weihnachtslieder, und jedes Kind mußte ein Gedicht sagen. Da stellte sich auch die Angst ein, man könnte es nicht zu Ende sagen. Ich weiß noch den Wortlaut des ersten Gedichts, das ich aufzusagen hatte: „Machet die Türen hoch und weit, daß der König der Ehre einziehen kann", und wie war ich froh darüber, daß ich nicht steckenblieb. Wie lange war das schon her? Ich wußte ja nicht einmal, in welcher Zeit und in welchem Monat wir lebten.

An morgen dachte ich; daran, daß ich 25 Jahre als Gefangener in der Grube arbeiten sollte. Würde ich jemals meine Eltern wiedersehen und all die Lieben und mein Dorf? Ich betete, wie ich es von meiner Großmutter jeden Abend vor dem Schlafengehen gelernt hatte: „Müde bin ich, geh zur Ruh", nein, nicht müde bin ich, Angst habe ich. „Habe ich Unrecht heut' getan", nein, keiner von uns vier hat Unrecht getan, aber wir büßen und leiden für das Unrecht anderer. Es war schon lange Nacht. Dann schlief auch ich ein.

Als die Glocke ertönte, sprangen wir von unseren Pritschen, draußen war es schon fast Tag. Für Zsigmund und Josef hatte die Stunde geschlagen; die Frühschicht mußte zum Essenholen antreten, Jakob und ich hatten Zeit, denn unser Abmarsch begann erst um zwei. Aber die Neugier trieb auch uns aus der Stube, um zu sehen, wie es alles vor sich ging. Leider trieb man uns wieder zurück, denn niemand durfte sich beim Abmarsch der Arbeitsbrigade im Freien aufhalten. Erst als die Brigade schon einige Zeit fort war, durften auch wir, nachdem wir unser Gesicht gewaschen hatten, Verpflegung holen. Auch wenn die Qualität des Essens ebenso schlecht war wie an unserem vorherigen Aufenthaltsort, war es doch reichlicher; der Blechnapf war fast voll, und das Stück Brot war doppelt so groß. Die Ration mußte bis zum Abend nach der Rückkehr von unserer Spätschicht reichen. Wer sein Brot auf einmal aufaß, mußte bis zum anderen Morgen warten. Meistens ließ einem der Hunger gar keine andere Möglichkeit. Da wir neu und fremd waren, dauerte es nicht lange, und wir wurden umringt von denen, die schon Erfahrung hatten, hier zu leben und zu arbeiten. Bekannte von früher trafen wir bedauerlicherweise keine. Trotzdem wollten alle wissen, woher wir kamen und weswegen wir hier eine Strafe zu verbüßen hatten. Außer uns gab es nur wenige, die so weit von ihrer Heimat weg waren. Aber alle waren wegen der annähernd gleichen Vergehen wie wir hier; entweder sie waren bei der SS oder Parteifunktionäre gewesen. Da sie schon länger hier waren, nahmen sie ihr Schicksal gelassener hin und waren abgebrühter. Wir wußten jetzt, daß wir auch hier Menschen finden, die uns beistehen würden, wenn wir Hilfe und Rat bräuchten in dieser von Haß, Gewalt und Feinden umgebenen Welt. Es war unser Schicksal und wir leisteten Strafarbeit unter der Erde. Sie hatten Erfahrung und gelernt, aus diesem menschlichen Dilemma wieder heil herauszukommen.

Der Vormittag ging nur langsam vorüber, Jakob und ich gingen zurück, legten uns auf die Pritsche und warteten, bis die Glocke ertönte zum Sammeln. Wir waren beide eingeschlafen, aber unser Unterbewußtsein war darauf ausgerichtet, ja nicht die Glocke zu überhören, denn auf keinen Fall wollten wir auf unsere Brotration verzichten. Sobald die Glocke ertönte, gingen wir auf den Sammelplatz. Einige standen schon da. Michel aus Kroisbach gesellte sich gleich zu uns, er war ja von der Nachbarsgemeinde und kannte den einen Steiger. Er bot uns an, in seiner Brigade zu arbeiten; wir waren dankbar, daß jemand bereit war, uns die ersten Schritte und Stunden zu führen. Als alle sich versammelt hatten, wurden wir namentlich aufgerufen und mußten uns in Dreierreihen aufstellen. Wir waren 62 Gefangene und zwei Mann Wachbegleitung. Nachdem uns der eine Wachmann oben am Wachhäuschen abgemeldet hatte, setzte sich unser Zug in Bewegung. Der eine Wachmann ging vorne, der andere am Ende. Jakob, Michel und ich gingen in einer Reihe. Sprechen durfte man nicht. Wenn wir keine Gefangene gewesen wären und keine harte Arbeit auf uns gewartet hätte, wäre es ein schöner Spaziergang durch den Wald gewesen. Die Wirklichkeit sah leider ganz anders aus, aber wir waren unter Menschen, sahen das Licht und spürten die Sonnenstrahlen auf unserem Körper; war waren nicht frei, aber wir gingen durch einen Wald. Der Gang sollte in einer Grube enden, von nun an für viele Jahre, auch wenn es regnen, schneien oder stürmen sollte. Jeden Tag, jede Woche, jeden Monat und jedes Jahr! Wie lange wird so ein Tag, Monat und Jahr dauern, wie lange kann das ein Mensch ertragen und durchhalten? Wie lange? Wie viel Leben hat ein Mensch? O Gott, wo bist Du?

Nach vielleicht einer knappen Stunde erreichten wir das Bergwerk, es sah so aus, als wäre es schon über hundert Jahre alt, der Förderturm transportierte noch Kohlen, unten wurde noch gearbeitet. Die Wache übergab uns der Grubenleitung, wir Neue wurden getrennt von den schon erfahrenen Arbeitern. Michel flüsterte mir zu: „Wie heißt du?" Ich nannte ihm meinen und Jakobs Namen, dann waren wir 14 Neue alleine; wir gingen in einen Raum, und zwei Mann von der Leitung gaben uns die letzten Anweisungen, wie wir uns unten in der Grube zu verhalten und zu arbeiten hätten. Wir bekamen noch Arbeitskleidung – Hose, Jacke, Schal, Schuhe mit Stahlkappe und Holzsohlen – sowie eine Bergmannskappe und eine Karbidlampe. Nachdem wir uns umgezogen hatten, stiegen wir zu acht in den Förderkorb und fuhren in die Dunkelheit hinunter. Es war beklemmend, in die Grube einzufahren. Angst hatte ich nicht, es fuhren so viele hinunter und wieder hinauf, man sprach über die Gefahren, aber wie viele schlimmere Gefahren hatten wir schon überwunden und überlebt. Über die Arbeit in einem Bergwerk sollten wir noch unsere eigenen Erfahrungen machen.

Als wir unten ankamen, standen Michel und der Steiger schon da und riefen unsere Namen. Diese Beleuchtung, dieser Geruch in der Grube schnürte einem die Kehle zu, und ich konnte kaum atmen. Es dauerte einige Augenblicke, bis ich mich melden konnte. Es bedeutete schon viel, zu wissen, daß da einer für dich da ist, der dich führen und lenken wird. Bis wir an die Stelle kamen, wo wir die Kohlen aus der Erde brechen sollten, hatten wir noch einen langen Weg in der Grube zurückzulegen. Es gibt verschiedene Stollen und Gänge in so einem Bergwerk. Eine Arbeitsgruppe bestand aus Hauer, Zimmermann und Hilfshauern, welche die Kohle mit der Lore abzutransportieren hatten. Die letzteren, das waren Jakob und ich. Unser Stollen war leider so niedrig, daß man nur in gebückter Haltung arbeiten konnte. Ich wurde dazu bestimmt, die Kohle mit der Lore zum Förderkorb zu transportieren. Michel sollte mich einarbeiten, ich sollte sein Nachfolger werden. Während des Transports der ersten fünf Loren brauchte ich nur nebenherlaufen, um zu lernen. Mir wurde angst und bange, denn in den einzelnen Stollen gab es starke Höhenunterschiede; es war harte Knochenarbeit. Wie lange konnte man diese Arbeit bei der Verpflegung, wie wir sie bekamen, überleben? Oft sprang die Lore aus der Schiene, dann mußte sie schnell wieder hineingehoben werden. Ich war verzweifelt und dachte an Jakob. Michel fragte ich, wie lange er schon hier unten in der Hölle sei. „Zweieinhalb Monate." Aber er gestand auch, daß seine Familie Kontakt zum Steiger habe und dadurch bekäme er noch zusätzlich zu essen. Wir hatten niemanden, wir würden mit dieser Wassersuppe und dem Brot auskommen müssen. Nein, niemals würden wir dies lange aushalten und überleben.

Nun war ich an der Reihe, die Lore alleine zu fahren. Ich weinte, fluchte und betete, sie sprang aus der Schiene, ich mußte sie wieder hineinheben, schon kam die nächste, und ich mußte zur Seite springen, damit mich die Lore nicht zerquetsche. Man lernte, sich gegenseitig zu helfen, denn die meisten, die Kohlen transportierten, waren dazu verdammt, diese Arbeit zu tun. Für diese 'sozialistische Herrlichkeit'. Waren jetzt nicht die Rollen vertauscht? Mußten früher nicht die anderen für die 'nationalsozialistische Herrlichkeit' schuften? Sklaven gab es schon immer, nur keine politischen Sklaven, die Leiden waren immer die gleichen, ob auf der Galeere oder jetzt in der Grube.

Es gab eine Pause, während der diejenigen, die etwas hatten, essen durften; wir hatten leider nichts als Hunger. Als die Sirene das Ende der Schicht verkündete, gingen wir nicht zu dem Förderkorb, nein, wir schlichen auf den Knien. Zwar lag der erste Arbeitstag in der Grube hinter uns, aber wir waren mit unserer Kraft und Hoffnung am Ende. Oben angekommen, sahen wir den Himmel, wir atmeten wieder die frische Luft und waren dieser Hölle entronnen. Im Waschraum durften wir uns duschen. Wie lange hatten wir dieses Gefühl vermißt, Wasserstrahlen auf dem nackten Körper zu spüren? Langsam spürten wir wieder Leben in unseren Körpern und dachten an das Essen, das uns zustand, wenn wir ins Lager zurückkehren würden. Michel fand tröstende Worte und machte uns Mut, auch er sei während der ersten Wochen der Verzweiflung nahe gewesen. Der erste Arbeitstag war ja nur der Anfang. Nach dem Duschen nahm uns die Wachbegleitung wieder in Empfang, und nachdem die Vollzähligkeit der Brigade überprüft worden war, konnten wir den Rückweg zum Lager antreten.

Zsigmund und Josef schliefen schon, sie mußten die gleiche mühselige und bittere Erfahrung wie wir gemacht haben. Nachdem wir unsere ungesalzene Suppe, in der ein paar Bohnen schwammen, und unser restliches Brot gegessen hatten, war wohl der Magen gefüllt; um uns Kraft für die schwere Arbeit im Bergwerk zu geben, reichte es aber nicht. Die Müdigkeit überkam uns, wir verkrochen uns auf unseren harten Pritschen und schliefen sofort ein. Selbst am anderen Morgen, als Zsigmund und Josef wieder zur Arbeit gingen, wurden wir nicht wach. Wir waren wohl in einer Stube zusammen, aber durch die schwere und unmenschlich harte Schichtarbeit blieb uns sehr wenig Zeit zum Gedankenaustausch. Wir kannten nur noch eines: arbeiten, schlafen und essen, wenn es etwas zum Essen gab. Von Michel bekamen Jakob und ich hin und wieder eine Scheibe Brot und ein Stück Speck von zu Hause; es war selbst gebackenes Brot, und wir hatten das Gefühl, ein Stück Heimat wäre bei uns. Selten bekamen wir auch den Rest einer Mahlzeit von unserem Hauer. Aber es war viel zu wenig, wenn man noch so jung ist und eine so schwere Arbeit zu verrichten hat. „Gott, wo bist Du?" – wir haben so oft nach Dir gerufen.

„Auch in Freud und Leid vergeht die Zeit", klingt es im Lied. Wenn es aber nur Leid ist, schwindet auch die letzte Hoffnung dahin. Wir wurden apathische Menschen ohne Gefühl und Hoffnung. Es vergingen Wochen, der Wald veränderte sich, die Blätter wurden gelb, er bekam eine herrliche Farbe, aber wir nahmen kaum etwas von dieser Naturschönheit wahr. Wenn man Hunger hat, denkt man nur ans Essen. In unserem Leben war nun ein Tag wie der andere. In der Grube gab es Unfälle, wir sahen, wie Menschen zu Krüppeln wurden, wie aus jungen Menschen alte, abgemagerte Greise wurden; besonders unter uns Zwangsarbeitern fielen viele durch Unterernährung, Krankheit und Unfälle aus. Jakob brach ein paar Mal zusammen, so daß er die Arbeit im Stollen nicht mehr verrichten konnte. Deswegen wurde er am Aufzug beschäftigt; obwohl er schon älter war als wir, war er kleiner und schwächer.

Mit dem Herbst kamen auch Regen und Nebel. So trist und traurig wie die Natur war auch unser Leben. Aber die Natur verändert sich auch wieder und wird schöner. Würde sich auch unser Leben jemals wieder zum Besseren wenden? Antwort konnte uns keiner darauf geben. Wir waren vergessen, keiner unserer Angehörigen würde jemals erfahren, wo wir waren, schreiben konnten und durften wir nicht. Aber wir waren ja nicht allein in dieses Verlorensein eingebunden. Es war das Schicksal unserer jungen Generation, zu büßen für den Samen, den die anderen gesät hatten. Nichts währt aber ewig, allein der Tod, und er begegnete uns oft unter der Erde.

Im November fiel der erste Schnee. Unsere Kleidung war nicht dazu angetan, uns vor Kälte und Nässe zu schützen, und auch Kranke mußten arbeiten. Meine Schuhe waren abgetragen, neue gab es nicht. Bald wurde mein rechter Fuß wund und entzündete sich; er fing an zu eitern, so daß ich kaum noch laufen konnte. Der Lagerarzt gab mir Verbandsmaterial und eine Salbe. Ich versuchte, trotz meiner Behinderung zu arbeiten. Nachdem ich nicht mehr in der Lage war, die Loren im Bergwerk zu transportieren, brachte man mich zum Grubenarzt. Dieser bestimmte, daß ich von nun an außerhalb der Grube weiterarbeiten solle. Es vergingen Tage, und ich bereute es, daß ich jetzt im Freien arbeiten mußte, leichter war es nicht. In Schnee und Kälte, vor denen ich in der Grube geschützt gewesen wäre, hatte ich die Loren zu entleeren, die beladen aus der Grube kamen. Während meine Füße naß und kalt wurden, zogen sich meine Kameraden um und stiegen in den Förderkorb; ich beneidete sie und sah ihnen traurig nach. Oft fragte ich mich, ob es eine Vorsehung gebe. Zwar wurden wir zu Atheisten erzogen, aber mein Elternhaus hatte mir die Kraft gegeben, an Gott zu glauben.

Eines Tages, wir hatten bei schlechtem Wetter schon fast zwei Stunden die Loren entleert und sie anschließend mit dem Förderkorb in die Grube zurückgeschickt, gab es unten eine starke Explosion. Die Sirenen heulten auf. Sanitäter fuhren nach unten, denn Fahrstuhl und Förderkorb waren noch intakt. Danach war alles still; aber diese Stille dauerte nur einige Augenblicke. Ein eigenartiger Geruch kam von unten aus der Grube. Dann hörte ich nur noch Schreie, und alles lief durcheinander. Alsbald wurden die ersten Opfer nach oben in die Halle gebracht. Es waren Menschen, an deren Körper kein Fleckchen Haut mehr heil war. Vor Schmerzen sprangen sie an den Wänden hoch, um dann wimmernd in sich zusammenzusacken. Bis die Krankenwagen aus Sopron eintrafen, war auch der letzte Überlebende schon gestorben. Die Explosion hatte in einigen Stollen stattgefunden, und alle, die dort arbeiteten, waren ums Leben gekommen, Bergleute und Zwangsarbeiter, 31 an der Zahl. Davon waren 22 Bergleute und 9 Zwangsarbeiter. Auch unser Kamerad Michel, der uns geholfen hatte, die ersten Tage zu überstehen, war unter den Toten. Wir verloren einen guten Freund. Nach langer Zeit kam Jakob endlich, wohl rußgeschwärzt, aber lebend, nach oben. Ohne unsere neun Kameraden, die dieses Inferno nicht überlebt hatten, mußten wir unseren Weg ins Lager antreten. Jakob nahm mich den ganzen Weg an der Hand und weinte. Es war ein trauriger Weg, und ich schwor mir, diesen Weg nicht mehr oft zu gehen, ganz gleich, was geschehen würde, ich hatte dem Tod schon oft ins Auge gesehen. Zwar wußte ich, daß meine Gebete nicht vergebens waren, aber von nun an wußte ich auch, daß beten alleine nicht mehr helfen konnte. Ich mußte selbst etwas wagen, das Schicksal selbst in die Hand nehmen. Ich hatte so viele Menschen im Krieg zu Krüppeln werden oder sterben gesehen, nun stand meine Entscheidung fest und sie fiel mir nicht schwer. Sie hieß Flucht. Auch Jakob hatte nur durch die Vorsehung überlebt, daß er von seiner Arbeitsstelle bei Michel versetzt wurde. Mit ihm, Zsigmund und Josef würde ich die Möglichkeit der Flucht besprechen.

Im Lager angekommen, holten wir unsere dünne Suppe, aber obgleich wir während des ganzen Tages seit dem Morgen nichts mehr gegessen hatten, hatten wir keinen Hunger. Zu tief hatte uns der schreckliche Tod unserer Kameraden getroffen. Wir überlegten, ob wir Zsigmund und Josef wecken sollten? Wahrscheinlich würden sie nachher keinen Schlaf mehr finden, wie auch wir. Sie sollten es von uns erfahren, ich wollte ihnen auch gleich meinen Entschluß mitteilen. Es gab nur drei Möglichkeiten: Entweder die Flucht gelänge, wir würden nach Österreich fliehen über die nahe Grenze, oder sie würden uns fassen und uns hierher zurückbringen. Harte und noch längere Strafen kämen dann auf uns zu, und wahrscheinlich würden wir die Freiheit nie wieder erleben. Die dritte Möglichkeit schließlich wäre, daß sie uns beim Scheitern der Flucht erschießen würden. Aber mich würden sie sowieso nicht mehr lebend hierher zurückbringen; lieber wollte ich schnell sterben als endlos zu leiden.

Es dauert eine Zeit, bis Zsigmund und Josef zu sich kamen. Während Jakob weinte, vielleicht kam es ihm nun erst zu Bewußtsein, wie nahe ihn die Hand des Todes gestreift hatte, berichtete ich ihnen von dem schrecklichen Ereignis. Sie konnten kaum sprechen; ich sah, die Angst stand ihnen im Gesicht. Immer wieder stellten sie Fragen, und immer wieder schüttelte Zsigmund den Kopf, er konnte es nicht fassen, daß neun Kameraden den Tod fanden, besonders Michel, der uns sehr nahe stand. Nachdem sie sich einigermaßen beruhigt hatten, teilte ich ihnen meinen Entschluß mit, nach Österreich fliehen zu wollen. Zsigmund und Jakob konnten sich so plötzlich nicht entscheiden, wenn wir fliehen würden, wollten sie nach Hause flüchten. Ich sprach mich dagegen für die Flucht nach Österreich aus, weil sie uns im Falle der Flucht bestimmt zu Hause suchen würden? Andererseits verstand ich auch Jakob, er hatte seine Familie, Frau und Kind, und auch Zsigmund zog es nach Hause, wo seine Braut und Eltern auf ihn warteten.

Aus Erfahrung wußten wir, daß in Sopron im Internierungslager keine Frauen waren. Nach dem Einmarsch der Russen, als die Front vorbei war, ließ man die Frauen in Ruhe. Josef hatte wie immer keine eigene Meinung, er schwieg. Zu nahe waren die Ereignisse von gestern, die Angst hatte uns alle vier in einen Zustand versetzt, in dem klares Denken nicht möglich war. Ich wußte nur, daß bald eine Entscheidung herbeigeführt werden mußte. Denn der Winter wurde kälter, und es fiel mehr Schnee. Wieder verging ein Tag, und ein jeder von uns wußte, daß wir uns mit dem Tod unserer Kameraden nicht abfinden durften. Es mußte eine Veränderung herbeigeführt werden, gleich wie, wir mußten fort von hier. Entgegen meinen Bedenken, nach Hause zu fliehen, gab ich schließlich nach. Wie würde es zu Hause aussehen? Wieviele Tage und Wochen würde es dauern, bis wir dort ankämen? Wie konnten wir gemeinsam fliehen, wir arbeiteten ja in zwei Schichten? Wir schmiedeten Pläne, verwarfen sie wieder. Nicht allzu weit von unserem Weg stand ein hoher Mast, dies könnte ein Treffpunkt werden. Denn Jakob und ich mußten auf dem Weg zur Arbeit, Zsigmund und Josef auf dem Rückweg flüchten. Es war Winter, es schneite, und es war elend kalt. Wir rechneten damit, daß wir uns während der ersten Tage verstecken mußten und nur nachts laufen konnten; auch daß wir vielleicht tagelang nichts zu essen bekommen würden. Aber wir hatten ja schon viel durchgemacht, und schlimmer als hier konnte es eigentlich nicht werden. Uns war klar, zu welchem Risiko wir uns entschlossen hatten. Allmählich reifte unser Plan zur Tat, in zwei Tagen sollte sich unser Schicksal entscheiden: Freiheit oder Tod.

Wir hatten fast gar nicht geschlafen, für Zsigmund und Josef ertönte die Glocke. Für sie begann die Arbeit, sie mußten jetzt dorthin gehen, wo gestern 31 Menschen den Tod fanden; unserer Absprache gemäß sollte es ihr vorletzter Arbeitstag sein. Wir sahen, wie schwer ihnen der Aufbruch fiel, Jakob und ich konnten uns noch von dem Schrecken erholen. Ich lag oben auf meiner Pritsche und starrte an die Decke. Nochmals wollte ich alles überdenken. War es richtig, dem Wunsch von Jakob und Zsigmund nachzukommen? Ich war doch Jugendführer gewesen, ob man mir das anlasten würde? Sicher würden sich auch meine Eltern Sorgen machen, ob ich noch am Leben bin. Aber würde mich zu Hause nicht das gleiche Schicksal erwarten wie hier? Nun hatte ich Jakob und Zsigmund zugesagt, und ich mochte unseren Entschluß nicht noch weiter hinauszögern. Jakob war eingeschlafen, mir fielen für eine kurze Zeit auch die Augen zu. Erschrocken wachte ich auf: Hatten wir unsern Arbeitsbeginn verschlafen? Würden sie uns deswegen einsperren, würde unsere Flucht jetzt scheitern? Ich sprang von meiner Pritsche, weckte Jakob, schaute hinaus und sah, daß auf unserem Sammelplatz noch alles leer war. Um unsere Tagesration abzuholen, liefen wir eilends zur Ausgabe und sahen, daß sie schon geschlossen hatte. Es wäre schon schlimm gewesen, wenn wir nichts mehr zu essen bekommen hätten; schon wollten wir zurück in unsere Stube gehen, als uns der Koch zurief, wir sollten zurückkommen. Er machte uns keine Vorwürfe, sprach stattdessen von dem gestrigen Unglück, füllte unser Eßgeschirr bis zum Rand voll, und da es der Rest war, war es heute eine dicke Bohnensuppe. Endlich konnten wir uns einmal satt essen, so daß wir für die kommenden Tage Kraft sammeln konnten.

Endlich ertönte die Glocke und rief uns zur Arbeit. Es sollte unser letzter Arbeitstag sein. Aber könnten wir nach dem Geschehen von gestern dorthin zurückkehren, wo unsere Kameraden und die Bergleute den Tod gefunden hatten? Jakob zitterte am ganzen Körper, ich mußte stark sein, noch ein einziges Mal stark sein, um nicht zu gefährden, was wir beschlossen hatten.

Unsere Arbeitsbrigade war zusammengeschrumpft. Wir waren nicht mehr diejenigen, die gestern zur Arbeit gingen, wir waren nur noch der andere Teil derjenigen, die nicht mehr unter uns waren. Man sah uns an, wie schwer wir daran trugen, die Angst stand uns im Gesicht geschrieben. Wie würde es dort unten in der Grube aussehen? Könnte man dort wieder arbeiten? Es war wie jeden Tag, wieder wurden wir einzeln aufgerufen; die Namen derjenigen, die gestern starben, wurden einfach durchgestrichen. So einfach war es also, mit einem einzigen Strich ein Menschenleben auszulöschen. Die Brigade setzte sich in Bewegung, nachdem die Formalitäten erledigt waren. Bei jedem Schritt, den wir der Grube näher kamen, sah ich die Bilder von gestern, die verbrannten Menschen, ich hörte ihr Wimmern und sah ihr Sterben, ihr grausames Sterben. Ja, ich wußte, ganz gleich wohin, nur fort von hier.

Jakob sah mich flehend an, als wir an der Grube angelangt waren, ich flüsterte ihm zu, nur noch einmal. Ängstlich ging er den anderen nach, um sich umzukleiden. Ich konnte ja oben bleiben, am Förderturm arbeiten, gestern beneidete ich die, die hinunterfuhren in die Grube, heute würden sie mich beneiden, weil ich oben bleiben durfte. Hätte ich bei Michel in der Grube gearbeitet, wäre mein Leben auch mit einem einzigen Strich ausgelöscht worden. Armer Michel, arme Menschen, für was? Wofür? Es war offensichtlich, daß die Förderung unten nicht mehr in vollem Gang war, es fehlten schließlich 31 Arbeiter, und es mußten Aufräumarbeiten durchgeführt werden. Ich war froh darüber, daß wir nicht so viel Arbeit hatten, denn einer von uns war abkommandiert für die Arbeiten unten in der Grube. Mir schien, der Tag dauerte doppelt so lange wie sonst; es war schon lange dunkel, aber die Schicht wollte nicht zu Ende gehen. Endlich ertönte die Sirene, ich sprach ein stilles Gebet. Ich wartete, bis Jakob oben war, dann gingen wir zum Duschen. Nachdem wir alle fertig waren, wurden wir abgezählt, und es ging zurück in das Lager. Ich fing an, die Schritte zu zählen. Ein kalter Ostwind kam auf, und es fielen einige Schneeflocken.

Zsigmund und Josef waren froh, daß wir unbeschadet zurückkamen. Wir wollten noch einmal alle den morgigen Tag betreffenden Eventualitäten erörtern. Er würde für uns von großer Bedeutung sein, ja, über unser künftiges Leben entscheiden. Es mußte sich so abspielen, wie wir es besprochen hatten. Sollte trotzdem etwas schiefgehen und wir getrennt werden, müßten diejenigen, denen die Flucht aus diesem Lager gelingen würde, sich alleine durchschlagen und die Angehörigen zu Hause benachrichtigen. Es gab kein Zurück mehr, und wir mußten das Begonnene, wenn es sein muß bis zum bitteren Ende, durchstehen. Wenn sie uns suchten, würden sie uns in Richtung österreichische Grenze vermuten, die ja so nahe unserem Lager war. Nachdem wir unsere Suppe gegessen und nochmals alle Einzelheiten durchgesprochen hatten, versuchten wir zu schlafen.

Kann man in solch einer Situation schlafen? Nein, zuviel hing von diesem Tag ab. Jetzt merkte ich, wie groß die nervliche Belastung war. Besonders bei Jakob, der wohl der Älteste von uns war; da er an Frau und Kind dachte, trug er am schwersten an dieser Entscheidung. Bei uns war es anders, wir waren frei, wir hatten nur unsere Eltern. Irgendwann kam der Schlaf über uns, aber er war meist nur von kurzer Dauer. Unsere Zeiteinteilung wurde alleine von unserem Gefühl und Instinkt bestimmt. Endlich war es soweit, die Glocke ertönte, und ein neuer Tag begann. Ein Tag, von dem wir uns erhofften, daß er unsere Wünsche und unser Sehnen erfüllen würde.

Franz Frombach †
Jahrmarkt – Bexbach-Frankenholz

Franz Frombach wurde am 4. November 1929 in Jahrmarkt (Banat/Rumänien) geboren. Nach der Volksschule im Heimatort Besuch der „Banatia" in Temeswar bis zu deren Schließung. Danach Ausbildung zum Ankerwickler und Elektriker. Mitglied bei der im ganzen Banat damals bekannten Jahrmarkter Großfeld-Handballmannschaft, später in den Chören der zwei ortseigenen Musikkapellen. Bereits 1957 erster Antrag auf Aussiedlung, die erst 1974 mit Frau und den beiden Töchtern gelingt. Lebte seither mit seiner Familie in Bexbach-Frankenholz im Saarland. Seit seiner Jugend sammelte der Autor Redewendungen, Sprichwörter und Anekdoten in der Mundart seines Heimatortes. Die musikalischen Darbietungen der „Frombach-Familie" waren beliebt bei landsmannschaftlichen Veranstaltungen. Vor der Gewißheit des baldigen Endes des Deutschtums im Banat verstehen sich die Texte Frombachs auch als bescheidene Versuche, die Mundart von Jahrmarkt in ihrer „Lebendigkeit" zu sichern. Der Autor veröffentlichte 1989, als er schon 60 Jahre alt war, den Gedichtband „Phingstnägelcher aus 'm Banat", in Jahrmarkter Mundart. Ein zweiter Gedichtband war in Vorbereitung, als Franz Frombach am 19. April 1999 in Bexbach-Frankenholz im Alter von 69 Jahren verstarb. Anton Potche schrieb in der Banater Post in seinem Nachruf: „Er bildete sich nichts ein mit seinen ‚Sprichelcher', aber seine Lyrik und Prosa bilden aus; sie vermitteln gefühl- und kunstvoll (soweit unser betuliches, ‚Schwowisch' das ermöglicht) Bilder aus dem Leben einer deutschen Gemeinschaft im Südosten Europas. Ausdrucksstarke Bilder: Menschen, Landschaften, Stimmungen, zwischenmenschliche Beziehungen (auch ethnische) und vor allem viele besinnliche und oft sehr fein pointierte Augenblicke unseres Gewesen-seins im Banat."

Fremde Heimat

Im Herzen mir das Heimweh bohrt,
Die Sehnsucht zieht mich weit, weit fort.
Im Schatten längs der Häuser gehn,
Bekannte, Nachbarn wiedersehn
Will ich im alten Heimatort.

Zur Kirche führt mein hast'ger Schritt,
Erinnerungen wandern mit.
Als hört ich noch die Chorgesänge.
Als säh' ich noch die Menschenmenge
Wie früher dort, bevor ich schied.

Jetzt ist der Kirchplatz öd und leer.
Die Einsamkeit bedrückt mich sehr,
Verschlossne Türen, kein Geläute,
Die Orgel schweigt. So als ob heute
Das Dorf grad ausgestorben wär.

Ernüchtert drängt es mich ins Tal.
Den Weg ging ich wohl tausendmal
Hinab zur kindvertrauten Stelle.
Dem Brunnen mit der kühlen Quelle
Vertrau ich meine herbe Qual.

Wie schmerzt mich diese Wiederkehr!
Die Gassen eil ich lang und quer
Von einem bis zum andern Ende,
Ob sich vielleicht ein Freund noch fände?
Es kennt, es grüßt mich keiner mehr.

Banater Drama, letzter Akt

Du siehst eine Idylle:
Akazien blühen weiß
In dörflicher Nachmittagsstille,
Und Bienen summen leis.

Dort sitzen die zwei Alten
Ausruhend auf der Bank,
Und beide die Hände falten,
Als sagten sie Gott Dank.

Jedoch die Hände beben
Den Greisen vor dem Haus;
Vergebens ihr Hoffen und Streben,
Sie wandern morgen aus.

Es zogen alle Lieben,
Die Nachbarn längst schon fort,
Sie sind bis zum Ende geblieben
In ihrem stolzen Ort.

Die biedern Siedler haben
An Gerechtigkeit geglaubt,
Doch wurde den fleißigen Schwaben
Besitz und Recht geraubt.

Sie gehen in Gottes Namen,
Verbergen Gram und Schmerz.
Akazien rauschen das Amen,
Den Alten weint das Herz.

Schwowischer Dialekt

E Herrischer kummt onmol on
In Blumethal uf der Statzjon
Un frot e jede, wu er kann,
No 'm Blumethaler ältste Mann.
Wie er no a es Haus funn hot,
Do geht 'r nin un sat: „Grüß Gott!
Ich will e Dokterarwet schreiwe
Un mecht e Stun, zwa bei eich bleiwe.
Ich unnersuche, net verschreckt,
Bei eich nor eier Dialekt."
„Ich sin net krank, ei kruzifix!"
Ruft glei der Alt, „mer fehlt doch nix."
Sei Fraa sat druf: „Jetz to net fluche
Un loß dich halt mol unnersuche,
Un streck ehm halt die Zung mol raus.
Es Hemet awer ziehst net aus
Un a die Hose net, denk dron,
Du host ka sauwre Gattcher on."

Streit uf der Bohn

In Kenichshof uf der Statzjon
Geht 's Lis grad an de Schalter dron:
„E Kart for mich un for die Omi
Un noch e halwi for de Tommy ..."
Der Chef der frot: „E halwi bloß?
Der hot doch schun e langi Hos.
Der is schun fufzehn, ganz gewiß,
Der brauch e ganzi!" Mont es Lis:
„Oh, noh de Hose geht's dohie?
Mei Puttcher geht nor bis ans Knie;
Dann is die halwet Kart for mich,
Die ganz is, Tommy, dann for dich."
Jetz ruft die Oma ziemlich hart:
„Oh Jesmanjosep, Lis, na wart!
Do hun mer jo doch etwas gspart:
Ich brauch dann iwerhaupt ka Kart!"

Wehrdienstverweigerer

Der Jon un Petre dischkureere
Beim Kukrutzhacke im Kolchos;
Der Petre tot de Jon belehre,
Wie er vom Militär kummt los.

„Du mußt nor vorher zwa, drei Wuche
Tachtäglich esse e Stick Kreid.
Wann die dich noher unersuche,
Bist untauglich un werscht befreit.

Der Jon, der schlickt a, laut Belehrung,
E jede Tach e ganzi Kreid,
Sodaß er bei der Assenteerung
Ausschaut wie die teier Zeit.

Noh oner Wuch Erholung geht 'r
Dann weder hacke zum Kolchos.
Dort trefft er a de Petre weder
Un tret 'm grindlich an die Hos.

„Was tretst? Hun se dich net befreit?"
Der Jon, der grummlt: „Hun se schun!
Doch net wee deiner ecklich Kreid,
Bloß darum, weil ich Plattfieß hun."

Der alt Knotterkaste

„Na! Des sin ka Maneere!
Wie die sich als uffehre,
Die junge Leit vun heit!
Jojo, ich son's jo immer:
Die sin jo schun bal schlimmer
Wie meer in friehrer Zeit."

Was hot dehr gemoont?

Der Matz steht in der Milichreih
un plärrt: „Des is e Schweinerei!
Jetz geht des schun tachtäglich so –
bis d' dronkummst, dann is nix meh do:
Ka Gerb, ka Zucker un ka Mehl,
ka Holz, ka Kohle oder Eel,
derhom sin alle Zimmre kalt,
un immer werd de Strom abgschalt.
E ganzes Johr ka Klopapier,
Am erschte Mai gebt's onmol Bier,
un alles nor wee dem Bandit ..."
Do sat e Fremder: „Kumm mol mit!"
un fehrt ne ins Gemeindehaus.
Drei „Blooe" quitsche ne dort aus,
e Stun lang hun se gflucht un geschennt.
„Un wenne host Bandit genennt?"
frot no der Dickst so hinnerum.
De Schwowematz, der is net dumm:
„De Kenich Michl. Is doch klor."
„Verdammter Njamtz!" brummt der Major,
„Werft ne naus!" ... De Matz geht staad
bis an die Teer, bleibt stehn un sat
ganz langsam, jedes Wort betont:
„Ja, wenne hot dann dehr gemont?!"

Nohlaafjes

Der Pheder is
Nohgelaaf em Lis,
Johrelang.
Un wie des schun so is,
Ufmol hat 's Lis
Ehne gfang.

Er is sicher

Genosse Nicu vum Balkan,
E alter Nowlkommunist,
Herrscht in seim Land wie e Tyrann.
Obwohl meh Dracula als Christ,
Bsucht er mit der Genossin Ceau
Onmol die Klöster der Moldau.

Derbei betrachte sie sich a
In oner Kerch e Kruzifix.
Ufmol saat sie zu ehm: „Na, na!
Kumm, gehn mer weg! Des do is nix.
Wann ich des siehn, muß ich dron denke,
Ob du net a mol so mußt hänge."

„Na wu, Elena, sei doch gscheit!
Do hun ich iwerhaupt ka Forcht.
Ich kenn mei Volk un hun mei Leit
Un außerdem hun ich schun gsorcht
Derfor", saat er ganz stolz,
„Die hun ka Nägl un ka Holz."

Sie hade nix ... Uf onmol war
Die Not, der Haß zu groß.
E Sturm is kum vun Temeswar
Un hot ehm 's Lichtche ausgeblos.

Noch geht de Bonze es gut, leider.
Ich mon, ich mon, es „...escu-t" weiter.

Es bleibt die nackich Haut

Vil eitle Weiwer schmeere
Sich 's Gsicht mit Farwe voll.
Doch meistens gehn a dee're
Molfarwe un Maneere
Leicht ab mit Alkohol.

Das letzte Wort zum Abschied

„Du host leicht lache!" Eine Redewendung, die gebraucht wird, um den Unterschied deutlich zu machen, der zwischen dem Gegenüber und der eigenen Person besteht, wobei der andere im Vorteil ist, weil er etwas ist, etwas kann oder hat, das man selbst gern wäre, könnte oder hätte. Wer hat diesen Satz nicht schon des öfteren leichtfertig dahingesagt, meist im Scherz.

Aber sagen wir's mal anders: „Du host leicht kreische!" Eigentlich unsinnig. Denn wer weint, empfindet ja Trauer, Angst oder Schmerz. Selbst wenn jemand vor Glück weint, geschieht dies nicht aus Freude darüber, jemand wiederzusehen oder etwas zu bekommen, sondern es ist, denke ich, das Weh, jemanden oder etwas lange vermißt zu haben.

Aus der deutschen Großgemeinde Jahrmarkt im Banat, nahe Temeswar, zieht eine Familie nach Deutschland. Nach zig Ausreiseanträgen, nach fünfzehn Jahren ständig wechselnden Hoffens und Verzagens. Endlich der lange erwartete, aber doch schmerzende Abschied von den Verwandten, Freunden und Nachbarn: Das Hoftor ist geöffnet, zwanzig, dreißig Menschen gehen langsam, wie bei einer Beerdigung, hindurch, bilden auf der Gasse einen Kreis und singen in der Abendstille: „Treue Freundschaft darf nicht wanken ..." Schauerlich! Händeschütteln, Umarmungen, Küsse und Tränen, die letzten Minuten daheim. Eigentlich sind sie schon lange heimatlos. Der Letzte, dem der Aussiedler die Hand reicht, ein guter Kamerad, sagt: „Du host leicht kreische, du fahrscht uf Deitschland." Das „Auf Wiedersehn, viel Glück, mach's gut, bleib gesund" usw. war sicher gut und ehrlich gemeint, aber man vergißt schnell, wer was gesagt hat. Hätte mein Freund doch „Servus" oder „Gute Fahrt" gesagt! Aber das „Du host leicht kreische" fiel mir immer wieder ein.

Und ich begann zu überlegen: Was mag der Mann wohl dabei empfunden haben, als er das sagte? Wahrscheinlich war es ein unbestimmtes Gefühl, in dem sich Apathie und Verzweiflung, Neid und Hoffnung vermengt hatten. Jeder konnte es deutlich heraushören, was er dachte: Wie gerne würde auch ich den Schmerz des Abschieds ertragen, wie gerne alles, das ich in meinem Leben geschaffen habe, zurücklassen und auswandern. Fliehn vor dem, was wir an Elend und Unterdrückung erlebt haben, um wenigstens den Kindern ein ähnliches Schicksal zu ersparen, aber ...

Bei seinem Abschied von der Heimat, einige Jahre später, wird der Freund wohl gemerkt haben, daß man selbst dann nicht „leicht kreische hot", wenn man nach Deutschland fährt. Denn diese Tränen sind wohl ein Ausdruck der Erleichterung dem Kommunismus entkommen zu sein, aber auch des Schmerzes über den Verlust der Heimat. Auch der Angst vor der ungewissen Zukunft und nicht zuletzt des beklemmenden Gefühls der Ungeborgenheit, des Ausgesetztseins.

Wer weint, leidet. Tränen lindern das Weh, erleichtern. Aber „leicht kreische"? Nein, mein Freund.

Es alt Gebetbuch

Uf Umweche un dorch Zufall is mer e altes Gebetbuch weder in die Hand kumm. Zwanzich, dreißich Johr lang haat ich's nemmi gsiehn, awer gekennt hun ich's sofort. Es hot in meiner Kindheit bei uns derhom, vorre in der Stub uf 'm Kaste gelee, vor 'm Kreiz, un ich hun als Lauskerl mit 'm Blei bißje ningekrixlt. Des Buch is ka Prunkstick wie manche anre alte Gebetbicher: Die Deckle sin onfach, schwarz un schun bißje franzlich. Sie sin net mit Messing ingfaßt, ohne Perlmuttkreizje, ohne Goldschrift. Die Blädder sin geel, fleckich un als ingeriß vum ville Rumblädder. Uf der erscht Seit steht mit Tinte gschrieb: „Meiner Mutter zum Trost im großen Weltkriege". Un noch es Johr 1916.

Es zwat Blaat is ganz verkrumplt: Ungarische un rumänische Geldsticker ware drin ingewicklt for in de Klinglbeidl in der deitsch Mess. Mei Großje hot drin gebet for ehre Mann im Kriech un fünfunzwanzich Johr späder mei Motter. Phaar Bildcher sin drin vun Maria Radna, wu se oft ware mit der Prozion. Un noh is do noch e getrickeltes, gepreßtes blaßes Vergißmeinnichtche.

Uf der letzt Seit stehn die Geburtsdaten vun mei'm Vater, der Motter un finef Kinner. Bei dem one Mädche steht a noch es Sterbedatum, zwaa Johr alt war's wor. Ich hun späder a noch phaar Sterbedaten ningeschrieb: vun der Motter, em Vater un om Bruder. Drei Gschwister sin noch geblieb. Ob ich noch e Datum derzuschreib oder ob die anre mei Todestach introon, wer waaß des?

Es Gebetbuch leit jetz bei uns uf 'm Wohnzimmerschrank. E Wachsstock leit druf un e Rosekranz, die hun ich vun derhom mitgebrung. Der Rosekranz war schun in Rußland, is nochmol zrickkumm uf Rumänien un no uf Deitschland.

Ich siehn 's Gebetbuch jede Taach un des bringt mich zum Nochdenke. Manchesmol iwerlee ich: Mei Vater, die waren ehre acht Gschwister, mei Motter ehre siwe. Mer waren noch finef, mei Fraa un ich hun zwaa Kinner. Unser Töchter hun e jed's nor ons meh. Es geht gaach berchab mit unser Familie.

Obwohl ich des Gebetbuch in Ehre halle, sin ich e schlechter Christ. Ich sin träg im Glawe un zweiwle oft. Glawe tot mer jo mi 'm Herz, bei mer schalt sich mei bißje Hern immer in. Wieso eigentlich? Des muß doch der

Herrgott so wolle, sunst wär's doch net so. Die Allmacht oder der Herrgott oder wie mer's nenne wolle, was mer net mit unsre Sinne erfasse könne, hot mich doch so gemach, wie ich sin. Der Mensch soll jo e freie Wille hun. Wie is es awer mit dee, die ka bißje Energie zum Wolle ufbringe, die mit dem Wort Wille gar nix onzufange wisse? Die was vum Lewe weger ehrer Schwachheit nor immer mitgetrieb werre? Un werd de freie Wille net ganz verstickt in dem Gesetze-, Vorschrifte- un Regle-Urwald von lauder „des mußt" un „des derfst net"?

Es fallt mer schwer, an Himml, Fechfeier un Höll no 'm Tod zu glawe. Hun mer des net alles schun uf der Erd? Nor is des net gleichmäßich un gerecht vertaalt, un so vertröste sich die Leit uf die ewich Gerechtichkeit im ewiche Lewe. Manche lewe do in Saus un Braus, werre alt „in Ehre", obwohl se alles ton, was die Religion, die Moral un es Recht verbiete. Awer oft misse unschuliche Kinner grausam leide un sterwe. For was loßt der Herrgott sowas zu? For was loßt 'r Hungersnot, Seuche un Krieche zu, die was meistens die Arme treffe? Geheimnis des Glaubens?

Wahrscheinlich könnt mich e guter Phaater ufkläre, ich hun's jo schun in mancher Predich gheert. Awer mei Griwle un Zweiwle bleibt. Sin die „Armen im Geiste" vleicht selich, weil se glawe könne, ohne zweiwle zu misse? Ich sin e onfacher Mensch, un vleicht sin desweje mei Gedanke zu primitiv. Vleicht mach ich mer's zu leicht, wann ich denke: Ich sin so, weil mich der Herrgott so gemach hot, mit der Form, mit dem Schicksal, mit dem bißje Verstand un Wille. Zu leicht? Sucht awer in der Natur net alles de Weech mit 'm klenste Widerstand?

Manchesmol blädder ich im alt Gebetbuch un proweere zu bete. Derf mer beim Bete a denke oder muß mer die Gebetcher nor runnerleire oder ablese? Oder is des Griwle schun e Sind? In de Gebetcher ton mer jo meistens de Herrgott um etwas bitte. Ännert er desweje des, was er bis jetz so lafe geloß hot, oder macht er jetz etwas annerscht, wie er's vorher gewollt hot? Wann mer ne lowe un preise in Gebetcher un Lieder, mißt ehm des doch e bißje peinlich sein. Ich denk, daß er des net brauch un net will; so eitel is unser Herrgott bestimmt net. Vleicht is awer es Bete nor e Hilfsmittl, daß mer von unsrem materielle Denke wegkumme un uns an de Herrgott erinnre un a mol sei for uns unbegreifliches Werk, es Weltall, betrachte un bewunnre.

Es Bete muß awer e Besinne sein, e neies Zurechtfinne. Es Danke is derbei es Allerwichtichste, awer es Denke sollt mer dermit net inschläfre oder gar ausschalte.

Ob mei Großje im erschte un mei Motter im zwate Weltkriech Trost un Kraft gfun hun beim Bete im alt Gebetbuch? Ich waaß es net. Vleicht hot's awer doch gholf, daß se ehre Kinner, zwar armselich, awer doch ernähre un onziehe hun könne. Oder hot's vleicht a derzu beigetraa, daß meer, die dritt Generation, ka dritte Weltkriech hun misse erlewe?

For des misse mer unsrem Herrgott danke.

Awer a for vieles, vieles anre.

Dervun – Freinde

Host was,
bräuche se all
dervun,
host nix,
schleiche se all
dervun.

E bittri Arznei, gut geger 's Homweh

Die Wes Leni is iwer achtzich Johr alt un stammt aus Johrmark. Jetz wohnt se in Nürnberg, in om große Haus, im dritte Stock, mit ehrem Enkelche un seim Mann un ehre zwaa Urenkelcher. Sie hun Besuch: Freinde, Verwandte aus München sin kumm.

All sitze se im große Wohnzimmer un verzähle. Mer brauch net frooe iwer was. Vun derhom nateerlich. Vun dem un vum sell. Waaßt noch? Kannst dich noch erinnre? Die Wes Leni, die Omi, wie se vun alle Bekannte genennt werd, sitzt a do un horcht zu. Wer awer genauer hinschaut, bemerkt, daß se mit de Gedanke gar net do is. Nor kann mer net feststelle, ob se in sich nin schaut oder weit, weit weg, so leer un starr sin ehre Aue. Sie sieht jo a schun schlecht. Jemand saat: „Gehn mer net bißje spazeere?" „Jo." „Un die Oma?" „Die schaut als Fernseh bis mer kumme."

De Vedder Franz, ehre Neffe, is bei ehr gebleib. Wie se all fort ware, froot 'r: „Oma, was studeert dehr dann?" „Waaßt", saat se, „mer sin jo jetz schun finef Johr in Deitschland, nor, ich tät heit noch zufuß zrick gehn. Ich gehn noch zugrund vun lauter Homweh." Sie schnauft mol tief. „Dort haat mer Haus un Hof un Garte. Ich haat mei Arwet un mei Nochbre. Was hun ich do? E neiji Kautsch, wu ich de ganze Tach druf sitz un in de Fernseher schau. Ich kann jo schlecht gehn. Wann ich bis ans Fenster toomle, siehn ich drunne die Autos un driwe die Blocks. Netmol uf die Gass kann ich gehn. Wär ich nor derhom gebleib." „War's derhom besser wie do?" froot der Franz. „Och, zehnmol schener."

„Oma", saat der Franz noh oner Weil, „weil der's schun vergess hot, will ich eich nochmol dron erinnre: Ich hun a fufzich Johr dort gelebt, iwerlebt tät ich fast schun son. Vleicht denkt dehr noch dron, wie schwer un dreckich der Alltach dort war. Wie vill arme Leit dort rumgelaf sin. Awer des verzählt mer net. Mer redt nor dervun, wie scheen des war wann onmol im Johr die Mäd mit seidne Röck un die Buwe mit ufgeputzte Hiet gang sin." „Awer des war doch scheen." Die Oma werd ganz rot vor Aufregung. „Sicher war des scheen", beruhicht se der Neffe, „nor war unser Lewe dreihunnertfufzich Täch im Johr annerscht, des war harti Arwet. Schun die Kin hun doch misse mitziehe." „Jo", mont die Wes Leni, „ich hun jo a misse in de Schnitt. Saal leije un klecke un in der heiß Sunn Garwe schleppe. Un Pheer fehre, wu ich mer die Fieß an den Brembeere ufgeriß hun, un Kukrutz hacke. Awer es war uf unsrem Feld." „Des war's jo später nemmi", unnerbrecht se der Franz, „wie dehr zu der Ferma in de Taalohn gang seid, in die Gärtnerei un in die Wingerter. Dehr seid doch so bucklich vun lauter Hacke. Un oft hot 'r noch misse kilometerweit oweds mit de gstohlne Trauwe homlafe." „Gstohl ware die net! Die Wingerter ware jo frieher unser. Un wann mer net die Trauwe ghol hätte, hätt mer jo gar nix verdient", saat die Alt. „Na sieht 'r." Er steht uf un geht e bißje hin un her. „Grad die Weiwer hatte's doch am schwerschte, a wie die Männer noch derhom ware, hun se sich die Fingre blutich gwäsch. Un mi 'm Kohlebigleise hun se gebiglt, bis ne oweds der Kopp bal verpatscht is vun Koppweh. Noh war a noch der Garte zu mache un die Kin zu versorje. Un a schun die Mäd hun misse hart onphacke, iwerhaupt die arme. Bei de Maure hun se die ganz Wuch Malter un Zigl gschleppt un hun sich noch manches misse onheere un gfalle losse. Hatte uf em Feld die Männer un Buwe de Kukrutz gplucht, hun doch die Mäd un Weiwer ne misse hacke. Was des bedeit hot, wann der Kukrutz schun greßer war un an der Haut gekratzt hot wie Schmirgl, wann ka Luft beikumm is, wann mer am En vum Stick erscht oft warmes un manchesmol net grad sauwres Wasser vum Brinnche aus 'm Kruch kriet hot, waaß nor der, der a derbei war. Un an der Dreschmaschin ware se doch immer an der Sprau im dickste Staab un hun oweds nor Brocke gspautzt. War des wirklich so scheen?"

Jetz hebt sich die Omi, wacklt wirklich ans Fenster un schaut uf die Autos un die Blocks. Sie is doch e bißje nohdenklicher wor. Vleicht erinnert sie sich, wie se während un korz noh em Kriech täglich Wein un Millich in die Stadt gschleppt hun, zu Fuß, weil se ka Geld hatte for de Zug. Oweds hun se beim Fettlichtje gstrickt un gspunn. Es war ka Eel un wenich Holz, drum sin die Leit Storze un sogar getrickelte Kiehdreck raffe gang for hitze. „Jo", saat se, „es war net leicht, awer es war doch scheen. Un wann mer all dort geblieb wäre, hätt mer's heit a so gut wie do." Der Franz werd langsam giftich: „Oma, dehr wißt doch selwer, was mer dort ausgstan hun, a wie mer noch all beinanner ware. Denkt dehr nemmi an die Verschleppung, an die Enteignung un an die Koloniste? Vun dem will ich jetz gar net rede. Jo, in Johrmark hun fast alle Leit nei gebaut, derfor hun se a gearwet wie verruckt. Alle oweds, wann se mied aus der Stadt kumm sin, un alle sunntachs is doch e jeder an de Schanteer. Do is dann alles großartich gemach wor, awer for lewe war doch ka Zeit. Vorre die Stubb un es Paradischlofzimmer hun se mit Parkett gemach (daß die Koloniste später was zu brenne hatte). Gewohnt hot mer doch in der hinnerscht Kich oder im Preßschopp, wu noch mit Kiehdreck gewischt is wor. Die Paradizimmre hot mer doch nor an der Kerweih ufgemach ..." „Willst vleicht a noch soon, daß die Kerweih a net scheen war?" froot die Alt spitz. „For die Gäst schun", war die Antwort, „nor for eich, for die Weiwer sicher net. Wuchelang vorher hot dehr doch misse arwete wie die Sklave, daß alles in Ordnung is. Un an der Kerweih selwer hat dehr doch a ka Ruh: Dehr hot misse in aller Frieh ufstehn, koche, brode, backe un es Kerweihmäde fertich mache for in die Mess. Noh seid 'r a in die Kerch gerennt un a schnell weder hom, daß es Esse fertich werd. Ob die Buwe an der Kerweih gejuxt hun vor Fraad oder weil des sich so gheert, waaß ich net. E Strapaz war's sicher, iwerhaupt wann's wie so oft an Phingste a noch gereent hot. Un for die Mäd war's doch noch schlimmer." Er hot mol misse Luft hole, bevor's weiter gang is: „Do sin se in die ville Unnerröck gschniert wor, hun dann misse stunnelang gehn un stehn, in meist noch zu feste neije Schuh. Es Tanze war dann, denk ich, meh e Qual wie e Fraad." „Awer es war doch es onzich Scheene, was mer es ganze Johr hatte." Der Oma kumme bal die Träne. „Do hot dehr leider recht." Der Vedder Franz fiehlt sich jetz als Sieger. „Awer es war a onmol im Johr Feierwehrbaal, wu mei Fraa immer hingang is, weil's dort a mol Krienwerschtjer gewe hot. Un a e Musikantebaal, wu's a als mol gerappelt hot, weil e phaar vun der anner Kapell de Kopp voll hatte. Was war dann do dron so scheen? Oder war des gut, daß mer, wie se uns schun alles gholl hatte, stunnelang hun misse in der Reih stehn um e Kilo knochiches, gfrornes Fleisch, um e Laab Brot oder um e Liter Millich? Un Klopapier, Stonsoda, Gerb oder Bier host a misse suche lafe." „Mer sin doch net verhungert", saat die Wes Leni. „Naa, nor 's Brot iwer Nacht hatt mer net immer. Des fehlt uns do net. Un wann dehr noch jinger wärt, tät's eich a bestimmt do besser gfalle wie im Banat." Die Omi iwerleet e bißje: „Es gfallt mer jo so a. Nor sin ich halt net derhom."

Die Junge sin vum Spazeere zrickkumm un hun verzählt un gekickelt. „Ich a net, Oma", saat der Franz, „awer do die, eier Urenkelcher, werre do derhom sein. Un dehr werd sicher vill wenicher Homweh hun, wann dehr öfter an des denkt, an was ich eich erinnert hun." „Jo, e bißje is es mer jo a schun vergang. Ich gehn mich jetz leeje." Sie holt ehre Stecke un trippelt naus. „Gut Nacht", ruft se noch unsch is fort.

Es Erna, die Hausfrau, froot: „Na, was hot 'r dann verhandlt?" „Naja, ich hun ehr e phaar Wermutstroppe in ehre sießes Homweh getrippst", saat der Vedder Franz un trinkt sei Bier aus. „Mer fahre jetz hom." „Hom?" staune sich die Nürnberger. „Na, net grad hom, uf München halt. Grüß Gott!"

Der liewe Bu

's werd dunkl. Uf der Bank vor 'm Haus
wird vill gethuschtert heit:
Es Lisje frot die Oma aus
noh ehre Jugendzeit.

Die Alt verzählt: „Do uf dem Platz,
mei Kind, genau dohie,
hun ich gewart mol uf mei Schatz,
un des vergeß ich nie."

„Ja, Oma, wann is des geween?"
„Wie ich so war wie du",
seufzt die Wes Leen, „so jung un scheen.
Genauso war der Bu."

„Ich stell mer des romantisch vor",
schwärmt 's Lisje, „still rumdrum,
e scheener Owed, sterneklor,
Akazeduft un Bienegsumm,
e strammer Borsch mit blonde Hoor,
der is dei Mann for 's Lewe wor ..."
Mer heert e Knurre, e Gebrumm:
„Na wu! Der Aff is doch net kumm."

In finstrem Weinlokal

(Nach einem rumänischen Lied)

Spiel, Alter, auf der Fiedel mir
das schöne Lied der Liebe,
das damals mich noch träumen ließ,
daß immer es so bliebe.

Sing mir von längst verlor'nem Glück
und lebenslangem Sehnen.
Ich geb dir mein erbettelt Geld;
mir bleiben nur noch Tränen.

Wie haben wonnetrunken wir
beisammen oft gesessen!
Und jetzt betrinke ich mich hier,
mein Liebchen zu vergessen.

In düstren Kneipen hadre ich
beim Wein mit meinem Leide.
Ich bin der elend'ste der Welt
und bleib es, bis ich scheide.

Dann werden sie wie einen Lump
zum Grab mich heimlich tragen.
Das Leben wird laut weitergehn;
nach mir wird keiner fragen.

Dem großen Glück folgt bittres Leid,
sang leise der Zigeuner,
der Liebe Freuden ohne Schmerz
genoß auf Erden keiner.

Mich nicht!

Die Ballade vom Küchler Hans †

Im fünfundvierzig, Januar,
in der Gemeinde Aufruhr war.
    Denn eine Gasse war geräumt,
    das Dorf von Militär umsäumt.
Wie Lauffeuer ging's durch den Ort:
Die jungen Deutschen müssen fort.
    Man will die Leut nach Rußland führen,
    und morgen sollte es passieren.
Grau im Gesicht Hans Küchler spricht:
„Nach Rußland bringen die mich nicht."
    Von seiner Traubenpress' nahm er
    die Eisenstange lang und schwer.
Dämonisch fluchend, wutgequält,
hat er am Tor sie abgestellt.
    Und seine Frau ist in der Nacht
    gar oft vom Schrei „Mich nicht!" erwacht.
Am Sonntagmorgen geht sodann
die Hatz auf junge Schwaben an:
    ein Schreiber in der Kommission,
    zwei Mann mit scharfer Munition.
Als diese kommen durch das Tor
bei Küchlers, springt ein Wilder vor.
    Haßschnaubend fackelt der nicht lange,
    schlägt kräftig zu mit seiner Stange.
Des einen Arm trifft er dabei
und schreiend fliehen alle drei.
    Entschlossen kehren sie zurück,
    Hans Küchler sieht's mit stierem Blick.
Die Stange konnt er nicht mehr heben:
Zwei Salven nahmen ihm das Leben.
    Warm quillt das Blut aus seiner Brust;
    nach Rußland hat er nicht gemußt ...

Joseph Fuchs †
Knes – Temeswar

Walther Konschitzky

Joseph Fuchs wurde am 19. März 1913 in Knes (Banat/Rumänien) geboren. Vater: Notär Josef Fuchs, Mutter: Josephine, geb. Bingert. Josef Fuchs besuchte 1923-30 das Deutsche Realgymnasium Temeswar. Nach dem Abitur studierte er Mathematik und Physik in Klausenburg und Münster/Westfalen. 1935 erwarb er die Lehrbefähigung für das höhere Schulwesen, unterrichtete bis 1940 am Mädchenlyzeum in Siebenbürgen, wo er 1940 Friederike Fielk aus Frauendorf ehelichte. 1940-48 Fronteinsatz und Kriegsgefangenschaft. Danach lehrte er am „Pädagogischen Institut" und am „Lenaulyzeum" als Mathematik- und Physikprofessor, wo er zeitweilig stellvertretender Direktor war. 1965 ging Joseph Fuchs krankheitshalber in Pension. Neben seiner beruflichen Arbeit begann er sich frühzeitig schriftstellerisch und publizistisch zu betätigen und galt als Stamm-Mitarbeiter der deutschsprachigen Publikationen in Rumänien. Er redigierte im Jahr 1941 zusammen mit Rudolf Ferch die Zeitung „Schaffendes Volk. Blatt der deutschen Arbeiter". Mitarbeit beim „Neuen Weg", „Banater Schrifttum" und später bei Radio Temeswar. Er erzielte bei einem NW-Literaturpreisausschreiben 1953 einen Preis für „Das Dorf mit den drei Türmen". Der Großteil seiner Prosa-Arbeiten erschien in deutschsprachigen Publikationen. Neben den literarischen Reportagen sowie den mit Kompetenz geschriebenen Stellungnahmen zum politischen Geschehen erwies er sich als ein Meister der Kurzprosa und veröffentlichte Erzählungen, Skizzen und Einakter, die von den Laienbühnen gern und oft gespielt wurden. Für den Schulbuchverlag schrieb er zahlreiche Lehrbuchbesprechungen. Als Mathematiklehrer zählte der geschätzte Pädagoge zu den ersten im Land, die in der Nachkriegszeit den I. Grad erhielten. Sein Hauptwerk, der großangelegte Roman „Die Tochter des Scherenschleifers Alois Perkinzl", blieb unvollendet. Joseph Fuchs starb mit nur 55 Jahren am 30. Dezember 1968 in Temeswar.

DIETOCHTER DES SCHERENSCHLEIFERS ALOIS PERKINZL

(Romanfragment)

Das Ende der Landstraße

I.

Es ist eine bekannte Eigenart der Menschen schwäbischer Zunge, nach bestimmten Lautgesetzen, die A und O ihrer mundartlichen Wörter einander anzugleichen und die B und P für des Fremden Ohr schier wahllos zu vertauschen. Beweis aber dafür, daß dieses Durcheinander klaren Vorschriften gehorcht, ist die Tatsache, daß niemand die Pein mit dem Bein verwechselt oder die Protektion mit der Produktion, obzwar beide am ganzen schwäbischen Globus verdammt gleich klingen.

Kein Wunder also, daß althergebrachte Familiennamen in den Registern der Kirche von magyarischen Pfarrherrn so geschrieben wurden, wie sie der Vater des Neugeborenen, der Pate oder die Hebamme diktierten. So wurde aus dem aus der Pfalz mitgebrachten Namen Benz fortan ein Pentz, aus dem Biengarten ein Pinkert und irgendwie aus dem Perkinzl des aus der Slowakei zugewanderten Scherenschleifers, Kesselflickers und Drahtflechters für alle Dorfbewohner der sonderbare Name Berginsel.

Kaum einer in der Siedlung hat jemals eine Insel betreten und nur wenige einen Berg. Vielleicht aber war es gerade dieses, was die Mundart gesucht. Einen Namen für den Mann mit den erloschenen Augen, dem ausgefallenen Beruf eines Mausefallenflechters, der ein so merkwürdiges Deutsch sprach wie eben nur einer, der nicht Hans oder Peter heißt, nicht Nikolaus oder Jakob und so die Reihe der Kalenderheiligen entlang, sondern Alois, Alois Berginsel, der zusammen mit seiner Tochter Helene am Rande des Dorfes wohnt, in einem Häuschen, wesentlich kleiner als die Häuser der Bauern.

In kaum zehn Jahren ist die verfallene Sommerküche Tag für Tag ausgebessert worden, Ziegel nach Ziegel kam hinzu, neue Fenster, die Bäumchen schossen in die Höhe, und das Efeu überspann den Giebel. Ein grüner Lattenzaun grenzte das ganze schmale Anliegen vom Nachbarhofe ab. Einem eigensinnigen Einfall folgend, heftete der Mann gleich nach seinem Einzug, auf der Gassenfront an sichtbarer Stelle, seinen Namen an: Berginsel. In kunstvollen Druckbuchstaben, gotisch und stark verschnörkelt. Es lag ein Stück Revolte in dieser Verballhornung seines eigenen Namens. Ein Aufbegehren gegen das Schicksal, ein trotziges Sicheinfügen in eine neue Welt, eine seßhafte, feiste, satte, fremde Welt von Ackerbauern und Viehzüchtern, die kaum je weiter weggekommen waren aus ihrem Nest, als es die Sicht ihres Kirchturmes erlaubte.

Alois aber war viel in der Welt herumgekommen.

In der Gegend von Krakau gab es den größten Absatz an Mausefallen. Mehr und mehr hätten Tochter und Frau verkaufen können, mehr als er mit geschickten Fingern am Abend flechten konnte. Und die schlechtesten Hausfrauen leben im Tale der Theiß. Was gab es da nicht alles an verbeulten Töpfen und löchrigem Geschirr. Mehr als drei Tage dauerte so eine Wanderung durch ein Dorf, von einem Gassentürchen zum anderen.

Die meisten Scheren hingegen gab es in Salonta. Ungarische und rumänische Trachten werden dort genäht und städtische Kleider, Tücher in einer Farbenpracht vom hellsten Rot bis zu tiefleuchtendem Blau, mit langen, bunten Fransen.

Ja, er wußte zu erzählen, der Alois Perkinzl, von langen Wanderungen und großen Städten, von Straßen und Menschen.

Prag hatte er gesehen, in Wien seine Frau gefunden, in Preßburg ist sein Töchterchen geboren worden, in einer Herberge, halb Schuppen, halb Stall. Die Gesellen mußten für eine Stunde in die Schenke, Vater Alois gab einen aus. Und als die Magd mit der Nachricht kam, daß es ein Mädchen sei, stramm und gesund und so schön, wie sie noch kein nacktes Kind gesehen, da nestelte der Glückliche solange an seinem geflickten Rockärmel herum, bis diesem, zur Freude der Zechgenossen, ein blanker Silbertaler entfiel. Erst im Morgengrauen warfen sich die Burschen, Schneider- und Schustergesellen, Tischler und Stellmacher auf ihre Strohlager, nicht ohne einen scheuen Blick auf das Kind und in die blanken Augen der Mutter geworfen zu haben.

„Wie heißt es denn?" fragte einer.

„Helene", antwortete die Frauenstimme aus der Ecke, als ob sie diesen Namen schon immer gewußt hätte.

Getauft wurde Helene nicht. Man dachte einfach nicht daran. So wie man auch nicht vor dem Traualtar gestanden vor einem Jahr. Nicht weil Alois etwas gegen die Kirche hatte. Er hatte gar nichts gegen die Kirche, und sie nichts für ihn. Scheren waren da nicht zu schleifen, die Gefäße aus Silber und Gold bedurften keinerlei Reparatur und – Mausefallen? Wer hat denn auf dieser Welt schon einmal eine Maus in einem Kirchenschiff gesehen?

Gerade zehn Jahre alt war Helene an jenem 12. September 1921, als sie nach wer weiß wievielen Meilen staubiger Wanderung in Kettfeld ankamen und bei einem Vetter Hansmichel vor dem Giebel stehen blieben.

„Wir bitten schön. Wir sind keine Diebe. Wir verdienen unser Geld ehrlich. Wollt ihr uns in eurer Scheune ein Stück Nachtquartier geben. Mutter ist krank", bettelte Helene, nahm den Alten wortlos bei der Hand und zog ihn zum Türchen.

Durch die Bukowina hatte die Frau das kleine Menschenbündel, in ein Polster gewickelt, auf ihren Armen von Dorf zu Dorf getragen. Kreuz und quer durch die Herzegowina saß krähend und zappelnd die schöne Helene auf dem einrädrigen Karren ihres Vaters, zwischen Schleifstein und Wasserkanister auf einem Sondersitz aus Werg und Lumpen, schöner und besser als jeder Lehnstuhl im neuen Casino von Debreczin.

In Serbien und der Batschka trug die Kleine bereits Mausefallen von Haus zu Haus, erst zusammen mit der Mutter, und nachdem die Brot- und Speckstücke jeweils größer ausfielen, wenn Helene allein auf die Höfe ging, eben ohne die Mutter; kaum, daß sie, außer Mama und Papa, Maus und Schere sagen konnte, dies allerdings in vier Sprachen.

Alois Perkinzl war nicht mehr der Jüngste, als er Rosmarein zur Frau nahm. Auch tat er das nicht vorbedacht oder aus Liebe. Sie schloß sich ihm an, weil sie niemanden hatte auf dieser Erde, keine Eltern und kein Zuhause, weil sie ihr Dienstbotenleben satt hatte und die Wandersehnsucht in ihrem Blut immer stärker wurde, bis sie nach der zufälligen Bekanntschaft mit dem herzensguten, findigen und lebenstüchtigen Alois den Mut aufbrachte, ihren Herrschaften einfach davonzulaufen. Das Schwungrad am Schleifkarren schmückte sie mit Kornblumen und wildem Mohn. Aus ihrer Hand schmeckten dem Manne die honiggelben Früchte der Maulbeerbäume doppelt so gut. Den eisernen Helm, den sie im dritten Kriegsjahr irgendwo aufgelesen hatte, verwandelte er in einen Kochtopf besonderer Qualität, und jahrelang aßen sie mit einem Messer, das er aus einem Säbel geschliffen, der gewiß nicht zum Brotschneiden hergestellt worden war.

In der Gegend von Szegedin blieben sie bei einer Bäuerin fünf Tage lang, weil die Straßen von der zurückflutenden Mackensen-Armee verstopft waren und die Hausfrau nicht allein bleiben wollte in ihrer Stube; denn die Soldaten waren des Krieges müde und nicht mehr so diszipliniert wie vor Jahren. Man hörte so manches.

Helene aber setzten die Männer auf ihre Knie und sahen ihr in die schwarzen Augen, ließen sich von ihr ins bärtige Gesicht greifen, an der Verschnürung ihrer Uniformen zerren und dachten an ihre eigenen Kinder, von denen sie nicht wußten, wie groß sie inzwischen gewachsen waren oder ob sie überhaupt noch lebten.

Tag und Nacht wechselte die Einquartierung auf dem Hof. Ein Armvoll Heu ging mit, ein Hemd des vermißten Hausherrn, dafür wurde großzügig ein Sack Hafer zurückgelassen. Für ein Stück kerniger Hausseife gab es eine Taschenuhr. Wer weiß, wem sie einmal gehörte. Der Sohn des Hauses aber spielte mit einem Telephon, das ihm ein Gefreiter für drei Eier überlassen hatte.

Schöne Tage waren das für Helene, die bald von einem frisch gewaschenen Unteroffizier huckepack genommen wurde, bald mit einem großen Löffel aus der Feldküche dampfende Suppe essen und eines Morgens – die Eltern waren noch gar nicht aufgestanden – auf einem Kanonenrohr bis zum Dorfrand mitreiten durfte.

Dann war es wieder still geworden auf Hof und Straße. Nur noch einzelne Nachzügler hinkten gegen Westen, oder Sanitätsabteilungen mit schwerfälligen Fuhrwerken. Da kitzelte eines Tages die Morgenluft Alois wieder verlockend in die Nase, er zog seinen Karren aus dem Schuppen, verpackte den Brotlaib, den ihnen die dankbare Hausfrau für ihren schützenden Aufenthalt geschenkt hatte, und macht sich mit Weib und Kind wieder auf den Weg, vogelfrei und glücklich.

„Es kommen wieder Soldaten", jubelte Helene in den Wind, und die Eltern bemerkten in der Ferne ein sonderbar blinkendes Fahrzeug, dem sie sich mit ungewissen Vorahnungen näherten.

„He, du!" sprang ein Mann heran in kurzärmeligem Hemd, Stiefeln und Soldatenhosen, von dem Militärwagen, „hab' nicht Zeit lange zu verhandeln. Wir tauschen die Hosen, und du suchst dir aus den Klamotten da heraus, was du für dein Handwerk gebrauchen kannst."

Alois und seine Frau standen eine Weile unschlüssig am Staßenrand. Helene streichelte die weichen Nüstern der beiden Pferde; es waren ein Rappe und ein Schimmel.

„Los, los!" brüllte der Mann. „Ich bin der letzte Soldat. Nach mir die Sintflut!" Alois war wie versteinert.

„Mach schon!" schrie der Mensch und warf ihm die Hosen vor die Füße. Komisch anzusehen in seinem Hemd, wie er sich vor der Dame verneigte. „Entschuldigen Sie, aber ich hab's eilig", schlüpfte in das bunte Zeug des Perkinzl, schwang sich auf den Rappen und galoppierte davon. Der Schimmel tat einen Schritt, vielmehr wollte ihn tun, blickte aus großen, wäßrigen Augen dem Reiter nach und versuchte ein heiseres Wiehern.

„Jetzt sind wir die Nachhut", sagte Alois.

„Oder was davon noch übriggeblieben ist", ergänzte sachkundig seine Frau.

„Warum geht der Schimmi nicht mit?" fragte Helene.

„Weil er jetzt uns gehört." Aber nicht dies war der Grund. Er ging überhaupt nicht. Wenn er die aufgeschwollene rechte Hinterhand hob, zitterte er am ganzen Körper. „Werden sehen", brummte Perkinzl und begann, die Kisten, Metallschachteln und Kästchen auf dem Wagen zu durchsuchen, entnahm ihnen Hammer und Zange, einen Meißel und sonstiges Gerät, stellte sich neben den Schimmel und kommandierte lachend den zwei Weibspersonen: „Alles mal herkommen!"

Dann hob er vorsichtig den kranken Fuß des Pferdes in die Hände seiner Frau und seiner Tochter und montierte geschickt und umsichtig das Hufeisen ab. Das Tier blickte sich einmal um und beschnüffelte des Scherenschleifers Rücken; der roch nach Schweiß und Staub, wie der Soldat auch. Den Gaul schien das zu beruhigen.

„Wird der Schimmi jetzt gehen können, wo er einen Schuh ausgezogen hat?"

„Ich hoffe, Helene. Aber du mußt noch oft zum Bach hinunter gehen um Wasser. Ich glaube noch sehr oft!"

Das Kind lief mit dem Stahlhelm um Wasser, verschüttete die Hälfte unterwegs und legte nach väterlichem Beispiel dem Pferd kalte Umschläge auf. Inzwischen waren die Mutter und Alois damit beschäftigt, die glitzernden Meßgeräte und Installationen, die einmal viel Geld gekostet hatten, von der Plattform des Wagens in den Straßengraben zu werfen. Für die Familie Perkinzl war es wertloser Tand, denn keiner von ihnen wollte fürderhin den Abstand feindlicher Batterien berechnen oder sich sonstwie kriegerisch betätigen. Immerhin waren die Zeltplane, einige Gummischläuche und etwas Lederzeug gut verwendbar und hatten bequem Platz in der festgeschraubten Kiste unter der Sitzbank.

So ging es im Triumphzug zwischen Arad, Temeswar und Lugosch durch viele Dörfer, in denen ein bunt gemischtes Volk lebte und man mancherlei Sprachen hörte, rumänisch und deutsch, ungarisch, serbisch, ja sogar bulgarisch. Wie ein König saß Alois auf seinem Wagen, lächelnd neben ihm die Königin, und Schimmi lief in seiner Freizeit dem Kinde nach wie ein abgerichteter Hund, spielte mit ihm seine plumpen Spiele, hatte auch weiterhin keine Krippe und keinen Stall. Die Welt war ihm gerade groß genug.

Unter den militärischen Requisiten, die Alois auf seinem Wagen behielt, befand sich unter anderem auch eine schwarze Tafel und eine Schachtel Kreide. Die Schule, wie er es nannte. Und er war ein strenger Lehrer. Wohl schrieb er dem Mädchen die H und F eigenhändig vor, doch mußte Helene diese viel schöner nachmalen, bis zum letzten Buchstaben und schier hundertmal das Firmenschild schreiben, bis der Vater damit zufrieden war:

„Scheren und Mausefallen – prima und billig."

Beinahe täglich mußte es geändert werden, je nach den Sprachen des Dorfes, in dem Perkinzl für vierundzwanzig Stunden Anker warf, um seinem Berufe nachzukommen.

Bald war es der Dorfnotar, bald ein kurzlebiger, uniformierte Potentat, der ihn nach Herkunft und Verbleib fragte. Jedem zeigte er seinen Zettel in gotischer Schrift, mit Stempeln und Visa, kaum noch lesbar, vergilbt und geknickt, doch genügte jedem die mündliche Vesicherung, am nächsten Morgen weiterzuwandern, mit Sack und Pack und Kind und Kegel.

In Kettfeld aber sollten sie länger bleiben.

Die Mutter hatte sich den Fuß aufgerieben, und die Wunde wollte nicht heilen, trotz der Schmiere, die man in Neuarad aufgetragen, trotz des Huflattichs, den man ihr in Vinga empfohlen. Auch das Bad mit Kamillentee in Baratzhausen wollte nicht helfen. Ja, sogar der Arzt, den Vetter Hansmichel herbeigerufen, konnte weder gegen das hohe Fieber noch gegen den Wundstarrkrampf etwas ausrichten. Ein paar schmerzstillende Pillen waren alles, was seine Kunst noch verschreiben konnte.

So still und einfach, wie Rosmarein sich Alois vor zwölf Jahren angeschlosssen, so einfach und still, so wortlos und selbstverständlich hat sie ihn auch verlassen. Ganz plötzlich und ohne Abschied, wie sie auch ohne Gruß und Einleitung in sein Leben getreten war.

Rosmarein Berginsel, 29 Jahre alt – schrieb der Pfarrer in seine Bücher und der Notar in die Matrikel seiner Gemeinde, wie es ihnen Hansmichel vorbuchstabierte.

Der Friedhof liegt am anderen Ende der Siedlung, und feierlich schritt der Schimmi den Fahrweg entlang, mit tief gesenktem Pferdehaupt. In einfachem Ornat saß der Pfarrer am Kutschbock neben Helene, die straff die Zügel führte. Auf der Plattform standen Alois und Hansmichel, rechts und links von Rosmarein, die in ein weißes Leintuch gewickelt war, das Angesicht entblößt, von herbstlichen Sonnenstrahlen freundlich umschmeichelt, auf der schmalen Brust einen Strauß leuchtender Blumen der ausklingenden Jahreszeit. Und die Bäume nickten mit ihren Ästen Abschied im Namen aller ihrer Brüder, der Zehntausenden Akazien und Pappeln, Apfel- und Maulbeerbäume, an denen Rosmarein vorbeigetrippelt auf ihren langen Wegen.

„Ohne Sarg", zischelten die Weiber hinter ihren Gardinen.

„Arme Leute", sagten die Männer in den Gassentürchen, und die vorbeikommenden Erntewagen machten dem seltsamen Leichenzug ehrfurchtsvoll Platz.

Nach einem lateinischen Gebet – merkwürdig genug, vor zwei Männern und einem Kind – begann der Pfarrer eine Rede in schlecht betontem, aber korrektem Deutsch, bis er, vom Böhmerwald sprechend, den er als der Verstorbenen Heimat vermutete, in reinstes Ungarisch verfiel, um von Wanderschaft und Treue zu predigen. Eindringlich und menschlich sprach er, so ganz ohne christ-katholischen Leitfaden, von Armut, Not und Krieg und den vielen Männern, die nicht mehr zurückgekommen sind, gestorben für zwanzig verschiedene Vaterländer. Schmucklose, aber zusprechende Worte fand er für das Leben von Einsamen in der Fremde, unter Menschen, an die einen nichts bindet als die Notwendigkeit des Dienstes und der Arbeit.

Als er aber die drei Schollen in das Grab warf und statt des trommelnden Tones eines hölzernen Sarges nur drei dumpfe Aufschläge zu hören waren, griff es ihm tief ans Herz und er verließ verschleierten Auges den Ort.

„Das war die schönste Rede, die jemals in unserer Gemeinde gehalten wurde", sagte nach geraumer Weile Hansmichel und begann mit blankem Spaten feierlich Erde ins Grab zu schaufeln. Helene saß daneben und weinte die ersten Tränen eines Erwachsenen, unklar noch, ob sie eine Schwester oder ihre beste Freundin verloren, unklar auch darüber, was in Zukunft stärker sein wüde: dieses stille Fleckchen schwarzer Erde ewiger Heimat oder das verlockende Rauschen staubiger Landstraßen mit ihrer behexenden Musik vom Streben und Sehnen und der ewigen Jagd nach dem Glück.

Die Frage entschied sich, als Alois am Morgen darauf den Hof betrat und das Wetter zu beschnuppern vergaß, wie er es bis dahin alle Tage getan. Mit klopfendem Herzen fragte Helene nach der weiteren Fahrt, ängstlich der Antwort engegenbangend. Der Vater wollte vielleicht wirklich schon fort. Zunächst aber ging er wortlos im Hofe hin und her, als müßte er die gewohnte Anzahl Schritte tun, pflückte dann ein paar Blumen im Gärtchen und stapfte zum Kirchhof hinaus.

Als er zurückkam, bat ihn Vetter Hansmichel: „Komm, hilf mir ein wenig. Arbeit tut immer gut." Alois begann Tabakblätter auf Schnüre zu reihen, in den Schatten zu hängen und wieder in die Sonne, je nach Temperatur und Luftfeuchtigkeit. „Und du, Helene, hilf der Großmutter die Bohnen aus den Schoten klopfen. Wenn es mehr als hundert Kilo werden, kriegst einen ganzen Eimer voll davon."

Dann kam der Tag, an dem Alois den Schimmel einspannte und den fertigen Tabak zum Bahnhof fuhr.

„Bleibst halt hier – wir bekommen einen regnerischen Herbst, und da sind die Wege schlecht. Im November und so ...", sagte Hansmichel an einem trüben Sonntagmorgen und dachte daran, daß der Schimmi in der Wirtschaft aushelfen könnte und daß die Arbeit der beiden das bißchen Essen sicher lohnen wird.

Großmutter war damit zufrieden. Helenes Herz klopfte, aber Alois konnte sich noch immer nicht recht entschließen.

Ende Dezember, zur Zeit des Schweineschlachtens, schliff er die Messer der Bauern, im Januar baute er einen Käfig für den Kanarienvogel des Lehrers, im März schnitt und formte er Blechbuchstaben für die Grabkreuze und reparierte jedwelches Hausgerät, das man ihm brachte. Sei es ein Wecker, eine Schwarzwälder Uhr mit abgebrochenen Zeigern oder ganz gewöhnliche Töpfe und Pfannen. Und als die im achtzehner Jahr zu Kanonen umgegossenen Glocken durch neue ersetzt wurden – jeder Bauer im Dorfe gab eine Spende –, da setzte er gratis die große Turmuhr in Gang, so daß sie fortan wieder die Viertelstunden mit der kleinen und die vollen mit der dicken Glocke anzeigte, bei jedem Wetter, Tag und Nacht.

So fügte er sich in das Leben der Gemeinde ein und diese dankte ihm auf ihre Weise. Er wurde geschätzt und geachtet wie einer der ihrigen, doch lernte er nie und nimmer ihren Dialekt. Er sprach ein fremdes Hochdeutsch, ein gebrochenes Rumänisch, wenn er mit dem Notar zu tun hatte, ein mangelhaftes Ungarisch mit dem Stationschef und unsicheres Slowakisch mit dem Postmeister, obzwar in allen Ämtern Schilder mit der Inschrift „vorbiţi romîneşte"[1], den Charakter der offiziellen Politik offenbarten.

II.

Die Kartenpartie trat jeden Mittwoch Glock fünf immer der Reihe nach bei einem anderen Mitglied zusammen.

Im Sommer spielte man auf der Veranda der Fromm'schen Villa oder im Garten des Kreisarztes, und wenn die Reihe am Postmeister war, eben in der Post, weil er ab und zu noch ein Telephongespräch zu stöpseln hatte oder einen Brief entgegenzunehmen. Dort wurde auch der Imbiß verzehrt: Käse, kalter Braten und Bier. Beim Doktor gab es zu jeder Jahreszeit Apfelkuchen und Tee, im Sommer eingekühlt, im Winter heiß mit Rum. Beim Mühlenbesitzer Fromm aber jeweils Gänseleber auf Butterbrot und Rotwein quantum satis.

„Kolossal!" dankte der Doktor.

„Phantastisch", hüstelte Fromm

„Enorm, sag' ich", brummte in tiefem Baß der schnauzbärtige Postmeister.

Dann ließ die Hausfrau die Männer allein.

„Zum nächsten Mal bring' ich den Tabakinspektor mit, den neuen Beamten aus dem Regat [2]."

„Man kann nie wissen", erwiderte der Postmeister und legte das Eichel-Ass bedächtig auf den Tisch.

„Geht in Ordnung", knallte der Arzt die Zehn darauf.

Man spielte nicht um Geld, das heißt nur um kleine Münzen, deren Wert unbedeutende Summen ergab, auch wenn gelegentlich eine Partie sich spät bis in die Nacht hinzog. Viel wichtiger war der Rum, das Bier und der Rotwein und – einige kleine Informationen, die man entsprechend zu nutzen wußte. Außer Morawetz natürlich, dem Postmeister. Das war ein bescheidener, ehrlicher Mann ohne Initiative. Im übrigen war er der erste, der nach dem Kriege den Umwechslungssatz der alten ungarischen Kronen und des neuen rumänischen Leu kannte, aber wer Geld daraus zu machen verstanden hatte, das war der Fromm. Wenn man es nur länger hätte geheim halten können – für Weizen ungarische Kronen, für Mehl das dreifache in Lei – man hätte steinreich werden können, und nicht nur um einige Hunderttausender.

„Zu klein", sagte er und klopfte einen Trumpf auf die zwei ausgelegten Karten. Man wußte auf diese Weise so manches Nebensächliche, das unter gegebenen Umständen Geldeswert bekam. Wer zum Beispiel mit den Behörden oder den großen Agenturen in Temeswar korrespondierte und wußte, was eine Schiffskarte auf Mitteldeck nach Amerika kostet. Das rechneten die Bauern den „Herrischen" zur guten Allgemeinbildung, es enthielt aber am Rande zugleich den Tip, von wem demnächst ein Joch Feld günstig zu kaufen sein wird, wenn man sich rechtzeitig darum kümmert. Dr. Szentirmai, dessen Name, wie alle fremden Wörter der Mundart angeglichen wurde, so daß er überall nur Sentimaier hieß, war allweil ein guter Arzt, besaß aber ein kleines Gut mit einem eigenen Verwalter und zwei Knechten.

Den Tabakinspektor schätzten alle als einen redseligen Unterhaltungspartner, voller Anekdoten, die er in seinem sprudelnden Rumänisch immer zweimal zum Besten geben mußte, bis sie, durch literarische Wendungen erschwert, auch hier verstanden wurden, was am Aufhellen der Gesichter deutlich beobachtet werden konnte. Nur Morawetz lachte noch einmal, nachdem ihm Fromm die Sache ein drittes Mal erlärt hatte.

Übrigens spielte der neue Beamte nie mit, doch war er gerne dabei und führte genau Buch über gewonnene und verlorene Spiele. Die zweiunddreißig

Karten nannte er „die Bibliothek" und was bei den anderen Rot hieß, nannte er Herz.

Gleich beim ersten Male nahm Popescu die übriggebliebenen Apfelkuchen, die für seine Kinder von der blonden Doktorin sauber eingepackt wurden, ohne besonderen Dank entgegen und war auch später kleinen und großen Aufmerksamkeiten nicht abhold.

„Die schöne Helene brachte mir neulich ein Paar Hühner", berichtete er redselig eines Tages. Der Postmeister schämte sich dieser Offenheit. Er hätte sie sicher nicht angenommen. „Wird aber wenig helfen können. Ihr Vater und der alte Mihai arbeiten zusammen im Tabak. Der ist diesmal nicht gut geraten, weil der Frühling zu trocken war. Und den Rest hat der Hagel zerschlagen, auf der Flur hinter dem Großen Ried. Vorschuß hat er schon bekommen und mehr wird es nicht geben."

„Strammes Mädchen, die Helene", bestätigte Fromm.

„Sie leben gut miteinander, der Berginsel und Vetter Hansmichel. Seit die Alte gestorben ist, führt Helene den Haushalt allein. Tüchtig. Sehr tüchtig, für ihre Handvoll Jahre", ergänzte der Doktor und begann ausführlich, an Hand des klassischen Beispiels, den Begriff Symbiose zu erklären. „Eine bestimmte Krebsart also und eine Seerose leben so miteinander. Jedes Wesen kann auch für sich leben. Aber so geht es besser. Der Krebs schleppt die Rose in der Gegend herum, und die Pflanze fächert ihm die Nahrung zu. Genauso wie der Scherenschleifer den Tabak fährt und dafür in der Sommerküche wohnt."

„Ein sonderbares Paar, der Slowak und der Schwabe", bemerkte kundig Popescu, der Tabakinspektor, der verhältnismäßig rasch die Beziehungen im Dorf erkannt hatte und seine sowie die Interessen des neuen Staates wohlweislich zu wahren wußte.

Im Frühling darauf brachte wieder der Doktor die Sprache auf Alois, der mit trüben Augen dahinvegetierte und mit der Leber zu schaffen hatte. Lange würde er es wohl nicht mehr durchhalten.

Das brachte den Mühlenbesitzer Fromm auf die Idee, das Leben des Perkinzl zu versichern, und zwar gleich für die höchste Prämie, die überhaupt bezahlt wird. Was kann das schon kosten. Die paar Monate, die er noch hat. Und wissen muß er es schließlich auch nicht.

„Wie geht es dem Scherenschleifer, lieber Sentimaier?" fragte er bei nächster Gelegenheit.

„Nicht gut", berichtete der Arzt und hatte beim Lächeln des Mühlenbesitzers ein schlechtes Gewissen, denn Alois Perkinzl stand in seinem fünfzigsten Lebensjahr.

Da entdeckte eines Tages Popescu in der Versicherungspolice einen Passus, den man bisher beim Lesen der deutschen Fassung übersehen hatte, nämlich: „Nicht aber wenn seit Dato dieses noch kein Jahr und ein Tag vergangen ist". Im Rumänischen klang das viel einfacher und vor allem überzeugender.

„Doktor", flehte Fromm, „der Berginsel, Gott soll ihn behüten, muß noch mindestens bis Josefi leben."

„Das ist der 19. März", wurde Popescu erklärt, so spreche man hier, und man gab die bekannten Beispiele von Peter und Paul, Katharina und Jakobi.

„Constantin und Elena", ergänzte dieser, doch waren seine flinken Gedanken längst weiter. „Und was muß getan werden, damit?"

„Der Mann muß zu essen bekommen. Gute Nahrung! Denn bei denen fehlt es an allem, an Brot und an Geld."

So kam denn bald ein Mädchen mit einer Schere zum Alois und bezahlte die doppelte Taxe für die Reparatur, weil das verrostete Ding ein Hochzeitsgeschenk ihrer Tante war. Der Sohn des Obermüllers, Schüler im deutschen Realgymnasium von Temeswar, kam und ließ sein Taschemesser schleifen. Als Entgelt brachte er gleich ein Säckchen voll Mehl mit. Perkinzl war zufrieden und sprach vom Ende aller Tage. Hansmichel ging darauf ein, doch wenn er vom friedlichen Lebensabend Erwähnung tat, meinte er nicht das noch bevorstehende Leben des mageren Männleins, sondern sein eigenes.

„Aber, aber", widersprach Alois, doch flickte er allmählich alle kaputten Blechtöpfe des Dorfes, bis tatsächlich eines Morgens Vetter Hansmichel kalt im Bette lag und die wenigen Erben sich mehr um den Hausrat zankten, als sie für ein ordentliches Begräbnis sorgten. Das überließ man Helene, die mütterlich still in allem das Richtige traf und erst am Friedhof in einen Weinkrampf verfiel, als der Pfarrer erzählte, wie Hansmichel vor Jahren gleichsam allein einen ganzen Leichenzug repräsentierte.

Nach dem Willen des Alten übergab Alois dessen zwei Söhnen und der Frau des gefallenen dritten, in Anwesenheit des Tabakinspektors, einen verschlossenen Briefumschlag, der über den Klebestellen fünf saubere Poststempel trug.

Für nichts anderes als eine schrullige Verfügung des eigenbrötlerischen Vaters hielten sie das, doch waren sie mit dem Inhalt zufrieden:

Destament.

Unterzeichneter Hansmichel Wagner vermache mein Vermögen nach meinem letzten Willen so:

1. Jakob, mein Ältester, verehelicht in Perjamosch, bekommt alles, was sich im Hause befindet.
2. Peter, der zweite, bekommt alles, was am Tage meiner Beerdigung im Keller, im Stall und auf dem Hofe liegt.
3. Annamaria bekommt das Haus und den Garten und soll da wohnen und nicht bei fremden Leuten.
4. Meinem lieben Enkelkind Zezilia gehören die drei Goldstücke aus dem Stohsack, auf dem ich geschlafen habe.
5. Der Alois soll zwei Klafter von der Sommerküche von der Gasse bis hinter den Garten einen Zaun machen und die Helene ins Grundbuch setzen und schaun, daß er gesund wird und hier bleibt.

Dieses ist mein letzter Wille und daß kein Streit nicht ausbreche zwischen den Geschwistern und der Schwiegertochter.
Hansmichael Wagner
Zeugen. Morawetz, Postmeister; Popescu, Tabakinspektor.
Und genau so geschah es auch.
Die Brüder beluden den hierzu geeigneten Wagen des Scherenschleifers, erst mit den Betten und Tischen, die Jakob wegführte, einige Tage später suchte sich Peter einige Bottiche und Fässer aus dem Keller zusammen. Der Schimmi schleppte die Sachen von Annamaria, und auch die Mariatheresien-Taler wurden gefunden. Sie glänzten genauso festlich wie die Münzgehänge, die von den rumänischen Mädchen, wenn sie des Sonntags zur Hora gingen, an Seidenbändern vor der Brust getragen wurden, und die „Galbene" hießen.
Alois Perkinzl aber hämmerte an seinem Zaun herum und kämpfte lange nach Josefi, als er an einem lichtüberfluteten Maienmorgen für seinen Schimmi im Niemandsland am Hanfwasser Gras mähte, seinen alten Zwiespalt aus. Es war ein gewaltiges Ringen zwischen vielerlei Gefühlen und Wallungen, Gedanken und aufkommenden Zweifeln. Drüben zog sich die Kette der Maulbeerbäume gegen Szegedin hin, und hinter jenem flachen Hügel dort beginnt der Weg nach Weißkirchen. Beides liegt nicht weit, doch jenseits der Grenze. Ja, Ländern und Menschen sind Grenzen gesetzt, meditierte er. Dann überkam es ihn wieder, alles stehen und liegen zu lassen und den Versuchungen der Landstraße nachzugeben, aufzubrechen mit leichtem Herzen – Balaton, Wien, Prag ...
Am Friedhof vorbei kam er nach Hause, klopfte ein paar neue Blechbuchstaben zurecht, bepinselte sie mit schwarzglänzendem Lack, übermalte auch die alten am Giebel, so daß sie weithin leuchteten: „Alois Berginsel, Scherenschleifen und Mausefallen."
Doch schon am nächsten Tag gefiel es ihm nicht mehr; er schnitzte andere Lettern und heftete eine neue Inschrift an die Gassenfront seines Häuschens:
„Reparaturwekstatt für Messer, Scheren und Töpfe."
„Gut so, Helene?"
„Ja, Vater!"
Und nun erst, endlich, fühlte er sich seßhaft und wichtig wie der Schreiner und Schlosser, der Schneider und der Schmied des Dorfes, reparierte und transformierte alles, was man ihm brachte; Manschettenknöpfe und Kuckucksuhren, Dachrinnen, Drahtzäune und die große Trommel der Blasmusik, außerdem spannte er hauchdünnes Flechtwerk aus grünem Draht vor die Fenster der Speiskammern der Dörfler, damit im Sommer die Mücken nicht eindringen können zu Fleisch und Speck.

1. *Sprecht rumänisch!*
2. *Im Banat und in Siebenbürgen geläufige Bezeichnung für Rumänien aus der Zeit vor dem Ersten Weltkrieg.*

Ein Diamant – so groß wie die Erde

(gekürzte Fassung)

Im Temeswarer Staatsarchiv wird eine von Leutnant Johannes von Bolyai gezeichnete Kartenskizze der damaligen Festung aufbewahrt. Vielleicht gerade die Zeichnung, die in jener Nacht vor 145 Jahren auf dem Schreibtische lag. Aber nicht sie hat Janos Bolyai berühmt gemacht, sondern seine Studien über die Grundlagen der Geometrie, die sich als dauerhafter erwiesen als Türme und Mauern.

Hinter dem Bretterverschlag, der einen Teil des Zimmes abtrennt, liegt Nikolai, der Bauernsohn aus der Herzegowina, auf seinem Bett. Nur die Stiefel hat er ausgezogen, jeden Augenblick gewärtig, von seinem Herrn gerufen zu werden, um eine Birne zu bringen, ein geröstetes Brot oder ein Glas Wasser.

Vor dem Fenster, das sich wie ein Schacht durch die dicken Mauern gräbt, steht Bolyai, der k. u. k. Lieutenant Johann von Bolyai, die Geige unter dem Kinn, und fiedelt vor sich hin. Ob er wohl die dicken Schneeflocken sieht, die wie dichte Watte sich mählich auf das Gesimse legen zu leichten Schichten? Schon ist ringsum der Fensterrahmen in weißen Pelz gehüllt, er zieht sich zusammen, langsam, wie man einen Mantelkragen schließt bei aufkommendem Frost.

Und Bolyai streicht den Bogen über die Geige, leicht, leise. So zart, daß den Burschen auf seinem Bett der Schlaf überkommt, so fein wie nicht mal seine Braut ihm mit langen Fingern durchs Haar fahren kann, zu Hause in seinem Dorfe, weit in den Bergen. Wann er sie wohl wiedersehen wird? Ihre schwarzen Augen, ihren wiegenden Gang?

Und er sieht sie im Takte der Geige tanzen, froh und jung mit festen Schritten. Ha, wie ihre Waden unter dem roten Rockrand leuchten. Dann dreht ihm dieser reifenleuchtende Kreise vor die Augen, einen, zwei, viele. Und wie sie ineinandergreifen, einander verschlingen, sich lösen und wieder einfangen, wie einer um den anderen mit davonläuft und zerspringt.

Nicht viel versteht Nikolai von Musik. Außer den Liedern, die dort im Tale der heimatlichen Wälder gesungen werden, und den paar Melodien, die er in seiner Kompanie gehört, wohl kaum etwas. Aber was da sein Herr aus der Geige lockt, das sind wohlgeordnete Töne, die bald einen Tanz darstellen, bald das Rauschen der Buchenkronen wiedergeben, vom leisen Abendflüstern bis zum Sommersturm – und sogar das Blätterfallen im Herbst, obzwar man das sonst ja gar nicht hören kann. Auch die Finger seiner Braut sind nicht so samten, wie sie der Leutnant mit seiner Geige beschreibt. Rissig sind sie und schwielig von der Arbeit, vom Waschen und Pflügen, verhärtet am Forkenstiel.

Wie er das nur macht, dieser Mensch aus Maroschwascharhei. Ein furchtbar schwerer Name. Die Dörfer aus seinem Tal dort oben bestehen alle nur aus zwei, drei Silben. Und sind sie länger, dann hat das wohl seinen Sinn – aber Maros-vasar-hely, was das nur sein mag? Ganz gleich. Aber Musik machen können die Leute dort.

Woher der Leutnant nur weiß, wie seine Braut um Wasser geht? Wie sie die zwei Eimer auf die moosgrünen Steine stellt. Und wie er es versteht, mit seiner Geige sogar das Singen des Brunnenschwengels nachzumachen. Und genauso zirpte das Gassentürchen vor dem Hause, bevor er es einmal mit Wagenschmire zum Schweigen gebracht, damit nicht jedermann in der Siedlung es höre, wenn es zu ungewohnter Stunde auf- oder zugeschwenkt wird.

„Nikolai."

Und schon steht der Bursche im Zimmer, die Bluse am Kragen aufgeknöpft, in Tuchpantoffeln, mit wirren Haaren.

„Mach Licht, mir ist was eingefallen."

„Soll ich das Abendessen richten, Herr Leutnant?"

„Später."

Gelbrote Schatten flackert das Licht an die grauen Wände. Bolyai steht vor dem Fenster und spielt auf seiner Geige. Schreibzeug und Tinte liegen auf dem Tische, aufgeschlagene Bücher, Papiere, Festungspläne und ein halbbeschriebener Bogen. Hier – mitten im Satz – ist die Schrift abgebrochen, mitten im Wort.

Auch hiervon versteht Nikolai nicht viel. Aber er kann seinen Namen schreiben. Und er kann lesen, was unter dem großen Kaiserbild gedruckt steht. Aber hier auf diesem Papier stehen so viele Buchstaben, wie er noch keine gesehen hat. Und Buchstaben sind es bestimmt. Sie sehen aus wie die anderen, sind aber doch ganz anders. Ob wohl der alte Lehrer im Kirchspiel zu Hause auch alle Buchstaben des ABC gekannt hat? Kann schon sein, daß er manchen ausgelassen hat oder ihn für die nächste Klasse aufhob, die Nikolai nicht mehr besuchte, weil er die Kühe hüten mußte.

Eins aber ist sicher – so oder so –, so viele Buchstaben hatte sein Lehrer sicher nicht gekannt – wie hier sein Leutnant.

Und jetzt fallen ihm keine weiteren Buchstaben mehr ein. Seit zwei Tagen liegt das Papier dort auf dem Tisch. Viele Nächte hat er davor gesessen und immer noch etwas dazugeschrieben auf die Blätter, es sind schon fast ein halbes Pfund davon. Und jetzt ist das Alphabet zu Ende. Oder will der Leutnant gar einen neuen Buchstaben erfinden? Zutrauen kann man ihm das. Er wird sicher einmal ein sehr berühmter Mann. Schon jetzt ist er umgeben von scheuen Blicken – so scheint es ihm wenigstens, ihm, Nikolai – und wird mit mehr Respekt behandelt als die anderen Leutnants, obzwar er der Jüngste ist unter ihnen, kaum zwanzig Jahre alt.

Auch kann keiner von den anderen so schön Geige spielen, so lachen und weinen, so verzweifelt und lustig sein in dunklen und hellen Tönen. Nein, sonst keiner!

Die Geometrie beruht auf einer Handvoll allgemeiner Begriffe – Punkt, Gerade, Ebene –, die jedem Menschen geläufig sind. Sogar Nikolai und dem Herrn Oberst. Janos verzieht die Lippen zu einem bösen Lächeln – und den kunstvoll von den alten Griechen geordneten Axiomen oder Postulaten.

Bezeichnet man auf einer Geraden zwei Punkte, dann liegt ein dritter Punkt entweder zwischen diesen oder außerhalb, andere Möglichkeiten gibt es nicht. Wie einfach und wie selbstverständlich.

Oder: Schneidet eine Gerade eine Seite eines Dreieckes, dann schneidet sie ganz sicher auch eine von den anderen beiden. Ganz bestimmt und zweifelsohne selbstverständlich.

Und Bolyai fiedelt die fünf sauber numerierten Postulate in den Dämmerschein der Stube:

Erstens: Jede Gerade ist durch zwei ihrer Punkte bestimmt.

Zweitens: Eine Strecke kann in gerader Linie unbeschränkt verlängert werden.

Drittens: Mit jedem gegebenen Halbmesser kann ein Kreis konstruiert werden.

Viertens: Alle rechten Winkel sind untereinander gleich.

Fünftens: Durch einen Punkt außerhalb einer Geraden kann in der gleichen Ebene nur eine einzige Parallele gezogen werden.

Da ist es also wieder. Das Postulat der Parallelen. Nur er – Johannes Bolyai – kennt etwa dreißig vergebliche Versuche, dieses zu beweisen, davon stammen allein neun von seinem Vater.

Postulat, das ist eine Forderung. In Ordnung. Aber müssen alle diese Forderungen, die Euklid postuliert hat, erfüllt sein? Wie konnte er nur, Euklid, der Vater der Geometrie, so einen Fehler begehen und auch den fünften Satz, den von den Parallelen, als genau so einfach und wahr hinstellen wie die anderen. Jedenfalls muß in der Mathematik – außer den Grundwahrheiten – jedwelche weitere Behauptung bewiesen werden, so entsteht das lückenlose, logische Gebäude der Geometrie, wunderbar gefügt und unumstößlich wahr, ohne Zweifel und ohne Widerspruch.

Aber ...

Hell lacht die Geige auf, trillert und jauchzt und will schier zerspringen vor Helle. Da ist er also wieder, der Gedanke, der ihm eingefallen ist, dem musizierenden Leutnant.

Das Gebäude bleibt bestehen, genau so logisch, festgefügt und klar, wenn man das fünfte Postulat wegläßt oder durch ein anderes ersetzt.

Ja, das ist es!

Johannes Bolyai hält inne, energisch klopft er mit dem Bogen ans Fensterbrett, als wollte er die weiße Finsternis davor verscheuchen, um hinausdringen zu können mit den Augen, in die Stadt, aufs Land, in die Weite. Still und dicht glitzert der Schnee vor den Scheiben.

Die Geometrie S wird also die Behauptung, daß durch einen Punkt außerhalb einer Geraden zu dieser nur eine Parallele gezogen werden kann, wie es die Geometrie Sigma vorschreibt, nicht enthalten.

An der Spitze eines Landes steht ein König. Das ist eine Forderung – ein Postulat. Bleibt das Staatsgebäude aber nicht voll und weiterbestehen, wenn das Königtum abgeschafft wird? Oh, er hat Freunde, die das Königspostulat nicht anerkennen. Und nicht nur zwei, drei oder ein Dutzend. Es sind ihrer viele. Wer aber wird das Gebäude seiner Geometrie akzeptieren ohne das fünfte Postulat?

Niemand.

Niemand? Höchstens jemand, der sich belehren läßt, überzeugen läßt durch triftige Argumente.

Der Vater ging von der Voraussetzung aus, daß sich der Begriff von den ähnlichen Figuren aus den ersten Postulaten logisch ableiten läßt. Eigentlich von der These, daß die Ausdrücke „durch zwei ihrer Punkte bestimmte geometrische Figur" und „ähnliche Figuren" den wesentlichen Inhalt haben. Es ist wahr, daß zwangsläufig die Idee der zwei bestimmenden Punkte die Existenz der ähnlichen Figuren zur Folge hat. Es ist tatsächlich wahr.

Und die Geige singt und klingt und freut sich wie ein Kind, das im Frühsommer zum ersten Male mit bleichen Beinchen durch die sonnenklaren Wellen eines Gebirgsbaches watet.

Kategorisch, es ist wahr. Aber es ist noch mehr wahr als das!

Die geometrische Figur, die durch zwei ihrer Punkte bestimmt ist und unbeschränkt verlängert werden kann, ist viel inhaltsreicher als das, was sich die Mathematik unter einer Geraden vorstellt. Das aber bedeutet, daß es außer der Geometrie ähnlicher Figuren auch eine solche geben muß, die keine ähnlichen Figuren kennt.

Das ist nur ein Sonderfall.

Oder ist ein Großkreis auf einer Kugel oder einer Glocke nicht auch durch zwei Punkte bestimmt, aber noch lange keine Gerade?

Laß dich genießen, großer Augenblick. Laß dich umarmen, du fruchtbare Nacht. Und wie bei dem legendären Duell mit den zwölf Kontrahenten den Säbel schwingt der Leutnant den Bogen pfeifend durch die Luft. Und die Bewegung endet in einer eleganten Ehrenbezeugung.

Jawohl, Herr Oberst, wieder eine Nacht nicht geschlafen. Auf rotem Plüsch steht der Festungskommandant, klein und weit.

„Sagen Sie, Leutnant, können Sie auch mir Ihre Hirngespinste erklären? Aber bitte, ohne Alpha, Lambda, Pi."

„Jawohl, ich kann es."

„Dann also los."

„Wenn Herr Oberst an die gefleckte Fuchsstute denken, die Sie so gerne reiten und aus ihren Formen und Eigenschaften die Formen und Eigenschaften der Säugetiere ableiten wollen, dann müssen diese alle vier Beine haben, einen Kopf mit zwei Ohren und zwei Augen und einen Schwanz. Soweit ist alles richtig. Aber behauptet darf hingegen nicht werden, daß alle Säugetiere seidenweiche Nüstern haben müssen, glatte Haare oder harte Hufe. Die Begriffe Säugetiere und Pferd decken sich eben nur zum Teil. Das Pferd ist ein Sonderfall."

„Das Pferd hat nämlich Pfoten, wenn es eine Katze ist, mit Krallen an Stelle der Hufe und einem Schnurrbart an der Schauze – wie Sie selber schon sicher zu bemerken geruht haben. So ist das auch mit der Geometrie. Für mich ist die Gerade ein Säugetier, für andere bloß ein Pferd."

Und die Geige lacht ein kurzes, militärisches Lachen und noch eines und immer wieder.

Der Architekt Schmidt wird das eher verstehen. Dem braucht man nicht mit solchen poetischen Vergleichen zu kommen, der kann denken und ist vom Fach. Gleich heute soll er die Entdeckung erfahren. Wird wohl staunen, der alte Herr. Versteht sich doch sonst auf allerlei Mathematik, außer seinen Festungsbauten.

Und wenn die Fuchsstute immer nur ein Fohlen wirft, dann setzt die Katze doch gleich sechs Junge in die Welt. Werden noch sehen, wieviel Geraden durch jenen verdammten außerhalb liegenden Punkt gehen! Vielleicht zwei, vielleicht noch mehr. Muß sich ergeben. Konsequent und logisch ergeben, aus den Postulaten ableiten lassen.

„Nikolai."

„Jawohl, Herr Leutnant."

„Jetzt kannst du das Abendessen richten."

Der Trompeter hat doch längst Tagwache geblasen. Oder schien es ihm nur so. Oder war es sein Herr, der sogar die Trompete nachmachen kann mit seiner Geige.

Johann Bolyai schiebt behutsam das unvollendete Schriftstück mit dem Sigma und dem großen S an die Tischkante und entfaltet ein weißes Papier.

„Lieber Vater, ich habe so großartige Dinge geschaffen, daß ich selbst verwundert bin, und es wäre ein unverzeihlicher Schaden, wenn diese verloren gingen. Wenn du es sehen wirst, dann wirst Du Dir selbst Rechenschaft geben. Jetzt kann ich nicht mehr sagen als soviel: daß ich aus nichts eine andere, neue Welt geschaffen habe. Alles, was ich bis jetzt getan habe, ist wie ein Kartenhaus neben einem Turm ..."

Und wie Nikolai aus dem Schneetreiben zurück in die Stube tritt, ist der Leutnant bereits fort. Mit Erstaunen stellt er fest, daß jenes halbbeschriebene Papier nicht mehr an seiner Stelle liegt, sondern weit nach rechts verschoben ist, zur Seite gelegt, wie etwas, das man nicht mehr braucht. Neugierig fällt sein Blick darauf. Dort, neben dem großen S, das aussieht wie ein verbogener Karrenreifen, steht ein neuer Buchstabe.

 Wird sicher was ganz Großes werden einmal, der Leutnant. Dieser Buchstabe hat ihm gefehlt. Darum ist er nicht weitergekommen. Jetzt hat er ihn. Und wie merkwürdig er aussieht. Ob den die anderen Herren überhaupt werden lesen können?

Da erklingt blechern die Trompete und schmettert ihren Weckruf in die milchige Dämmerung. Er muß sich also vorhin doch verhört haben. Es war also justamente doch der Leutnant mit seiner Geige, was er gehört hat, und nicht die Trompete.

Es muß was ganz Großes aus ihm werden.

Wenn man so Geige spielen kann und so viele Buchstaben kennt und selber noch neue dazu erfindet ...

Und es erwacht das Leben ringsum in der Festung. Hasten, Stolpern, Fluchen, Pfergetrampel und Glockenschlag. Es ist der Morgen eines ganz gewöhnlichen Mittwintertages in Temeswar, im Jahre 1823.

Johann Josef Gabriel †
Hatzfeld – Freising

Johann Josef Gabriel wurde am 21. Juli 1900 in Hatzfeld (Banat/Rumänien) geboren. Landwirt, Mundartautor, Mitbegründer des Gesang- und Sportvereins „Landestreu"; Herbst 1944 Flucht ins jugoslawische Banat, von da nach Temeswar zurück, wo er als Gärtner arbeitete; hier Mitglied des „Schubertchors"; kehrte 1973 bei einem Besuch in der Bundesrepublik nicht mehr nach Rumänien zurück, ließ sich in Freising nieder; 1976 kam seine Frau nach; als Mitglied des „Marzlinger Männergesangvereines" erhielt er für 50 Jahre Tätigkeit im Dienste des deutschen Volksliedes das „Goldene Bundesabzeichen des Deutschen Sängerbundes". Johann Josef Gabriel starb am 3. Januar 1978 in Freising.
(Nach: Anton Peter Petri, Biographisches Lexikon des Banater Deutschtums)

Tie Lerche em Heimatflur

Wann ich toch noch eemol khennt
Em Heimatflur tas lausche,
Wann 's Lerche sei Lietche sengt,
Met nix mecht ich's vr'tausche.

Wie oft senn ich en dr Sommerszeit
Weit torch t' Flur gschpazeert.
Hann emmer torte kfonn mei Freet,
Hann sovill von tort geleert.

Plume han gepliet em Kwaneweech,
T' Flur war toch so scheen!
Alles ens an welche Täch,
Niemols war ich alleen.

Met nix mecht ich t' Flur vr'tausche,
Ewich tr Lerche ehr Lietche lausche.
So oft tie Sonn tet onnerkenn,
Keere mecht ich am Flur tann stehn.

Tie Motterschproch

Es keft nicks Scheneres of teere Welt,
Als wann a Volk sei Motterschproch hält.
Mr senn ehr a so treu on lieb,
Wammer ach senn heimatvr'trieb.

En tr Motterschproch well ich zu eich reede,
Ter sol tas tief em Herz tren speere.
Nor tee es sei fleisiche Ahne wert,
Tee sei Motterschproch weider vr'mehrt.

Onser Motterschproch tie missmer erhalte,
Wann ach vill Hemwehträne triwer falle.
Alles ens, wo en teere krosi Welt
A jede es em Schicksal als Pioner hinnschtellt.

Trom soll' mer keere schwowisch rede,
Es es tie schenschti Sproch of teere Welt.
Nie soll mer sich met ehr scheeme,
On hatt tas Schicksal em onner Fremde kschtellt.

Tie Schwowekherwei em Banat

Plechmusik en onser Kass,
Leit ich saan eich, to tot sich was.
Koot on Phetter sen lustich froh,
Alle Nochperschleit senn too.

Sie prode on sode vor treisich Leit
On juchse tr'pei en ehrer Freid.
Tas es tie Kherwei, tie a jede wart,
On lang vorher tas Geld sich spaart.

So oft tie Musik a Marsch tann spillt,
Am jede von Freet 's Herz tann kwillt.
Alles juchst, was nor Lewe hatt,
Tie Weiber schon em schenschti Klaat.

Tass es te neie Rambasch klorr,
Vor lustich mache es er g'boor.
Er hatt a kudi Farb tr'bei
On macht alli von t' Sorche frei.

So keets trei Teech on t' Kherwei zu,
Noher sucht a jede sei Ruh.
Alli senn tann matt on waich,
A jede spert, es hat g'raicht.

Kherschekheere hin, Kherschekheere her,
Wo khommt mei Mensch her?

„Kretche, ich men tu hascht mich keere,
Mer hats ksaat te Kherschekheere."
„Hans ich men, tu hascht mich liep,
Sonst hescht ne net zu meer g'triep."

„Kretche, tu khannscht so richtich tenge!
Ter mecht ich mei Herz vr'schenge."
„Hans ich wees, tu machscht khe Kschpass,
Wie tu saascht, so sei ach tass."

Hujuju, es Kretche hat mich keere.
Hujuju, ach ich hans Kretche keere.

T' Hans ons Kretche sen sich enich,
Jetz es 's Kretche nimi lenich.
Tot te Hans am Fenster pheife,
Tot 's Kretche klei no ihm kreife.

's Kretche zieht te Hans nekscht her,
Khomm nor Hans, tas Haus es leer.
Meer zwaa senn heit kanz aleen,
Na mei Kretche, tann kehts ach scheen.

Te Hans holt 's Kretche of sei Schoos,
Er tengt sich klei, was es to loos?
Es hat heit ach e krose Welle,
Sie ton tann scheen metnanner spille.

E kudi Zeit es tann mauseschtill,
Kheene hatt a Wort reede welle.
Kherschekheere hin, Kherschekheere her,
„Hans ich speer, tu kescht mr schweer."

„Hall nor heer jetz all zwa Packe,
Loss mich nor, ich wer schon mache!"
Kherschekheere hin, Kherschekheere her,
„Hans ich speer, tu machst noch mehr."

Wie es torch te Winder keht

Em Dezember es t' Winder too,
Te fleissiche Bauer froot nicks tr'noo.
Tie Hotararweit es fertich g'wenn,
No teere ruhe, das es halt scheen.

An die Puwe on Mät hat mer keere g'tengt,
Tenne es jetz mol Freiheit kschenkt.
Owets spenne, metachs Schliedafahre,
Tie schenst Gelegenheit, vor sich vr'phaare.

Das Schliedafahre well ich noch erwehne,
Wie viel han's g'macht, om sich zam g'wehne:
On wammer a Metach kfaar es met Mät,
Das war ons Puwe a krosi Freet.

Das Treffe vor owets hat mer b'schproch,
On tas hatt klei no Pussle g'roch.
Es tee Sennfade mol abg'ress,
Tann hat a jede Pu sei Phaar g'west.

Mr hatt tann kschpillt on war froh,
Bei ons Puwe on Mät war's mol soo.
Das Kselschaftlewe war so ofg'paut,
Es war met Ahnesitte tief vr'traut.

Was onser Ahne kut hat kfall,
An tam hann mer ons keere khall.
Von ihne war tas ausprowert,
On mer hann tas keere weiderkfeert.

Tie aldi Weingartehitt

En ter aldi Weingartehitt
Hat sich g'trof t' Hans, t' Matz on t' Phitt.
A jede hat sei Flasch em Sack
On hann a Kostprob tort g'mach.

Te Wein war kut, war nicks zu saan,
On kschtimmt hat a te Sondachsplaan.
Sie hann ene om te anre staat vr'kost,
T' Phitje ment, to fehlt t' Worscht.

Sie hann g'lutscht on tran klurpst,
Späder hat ene om t' anre g'wurkst.
T' Phitje ment, was kann das senn,
Vr'traat eich toch to onne trenn.

Te Matz ment, tie Fläscher senn net leer,
On schon macht er ons a Maleer.
Tem Phitje sei Weib hat aleen g'wesst,
Wohne met ter Flasch es hin g'wetscht.

Von kehm seim terf was iwrich blewe,
Te misa mer all torch tie Korgel treiwe.
No wer mer ksien, ob tas so ess,
Tass tem Phitje seine pesser es.

All trei setze of tr' Erd on senn strack,
Kheene hat sich of tie Fies g'phakt.
Sie senn of emol von tr' Pank g'retscht
On hann vr'loss of tr Erd tort ksetzt.

Tem Phitje sei Khati spannt t' Zillasohen
On rennt metter Weiber zur Hitt torthin.
Om Gottes welle, tie leie of tr' Erd,
Wer phackt tann tie, senn alli schweer.

Na jo, too wars met em Hebe aus,
Tie hinre Rädder misse raus.
Krawelt alli trei tort vore hinn,
Sonst kriemer tie Rädder nimi nin.

Teck tei trei met ter Tecke zu,
Wann ene ons ksiet, ham 'r khe Ruh.
So war es sondachs en tr' Weingartehitt,
Verkesse wert's niemols t' Phitt.

T' Hans oner 'm Aplpaam

T' Hans steht oner 'm Aplpaam,
Studert sich krat was aus.
Was soll er nor tem Khati saan,
Wann 's khommt ens Kartehaus.

Am pescht wär's, ich ruf es heer,
Als mecht ich ihm was saan,
To oner tem krose Aplpaam
Iwer mei scheene Liebsplaan.

Tie Kartetier keht ach schon off,
Tas Khati khommt tort renn.
Ich hann g'phiff on wing 'm zu,
Es hat mich klei g'kennt.

Komm oner te Aplpaam,
Ich hann was Neies kheert,
T' Flamschucke Sepp hat sei Wawi
Am Samstachowet vr'fehrt.

Am Samstachowet senn ich 'm noo
On han se tann apkelauscht,
Em Kerche of tie aldi Pank
Han se lang tie Pussle g'tauscht.

On weil tei Motter emmer well,
Tu sollscht tich ihm vr'traue,
Hann ich ter tas misse saan,
Sollscht of t' Sepp nicks paue.

Ich hann g'tengt, ich muss tr's saan
On zeicht er te tickscht Apl.
Tee es so scheen on es so rot
Wie tei zwaa scheene Packe.

Ich men tu hascht mich jetz vr'stann,
To hinne steht ach onser Pank.
Was t' Sepp seim Khati tot schenge,
An tas welle mer jetz amol tenge.

Tie kudi aldi Zeit

Teng ich an tie aldi Zeit
On an tie kude Nochperschleit,
Tann khomm ich trof, tie Zeit es fort,
On ach khe Nochper es me tort.

Aus meiner Zeit lewe nor wenich,
Ich khomm m'r vor, als wär ich lenich.
Oft kefts mer tann no e Kfihl,
Als wär ich schwer schon zu viel.

Wie toch tie aldi Zeit vergeht
On vor ons wie a Märche steeht.
Keere ton ich an se tenge,
Niemand khan zurück sie schenge.

Schicksalswege

Wir kommen auf endlosem Wege
Aus einer Vergangenheit her.
Verloren den geernteten Segen,
Das schmerzt uns so sehr.

So wurde von Tausenden Schritten
Ein Volk vom Schicksal müd.
Wir haben viel Schweres erlitten,
Was oft mit Menschen geschieht.

Es blieb von grausamen Tagen
Manches Herz hoffnungsleer.
Doch ein neuer Wille, alles tragen,
Und sei es auch noch so schwer!

Wir lieben die weiten Fluren,
Die im Frühling neu erwacht.
Sie bringen uns auf Spuren
Herrlicher Blumenpracht.

Die schlafende Zeit

Graue Wolken zieh'n über uns her,
Die Bäume im Wald stehen kahl und leer.
Kein Farbenbild am Wegesrand,
Wo sonst die schönste Blume stand.

Kahl und öde ist die ganze Welt,
Wenn 's letzte Blatt zu Boden fällt.
Das kleine Vöglein sucht sein Haus,
Der Sturm riß es aus den Zweigen raus.

So steht der Wald, es ruht die Natur,
Das Ganze gleicht 'ner Totenspur.
Der weiße Schnee deckt alles zu,
Und alles schläft in Gottes Ruh' –

Ich hoffe auf ein Frühlingslicht,
Das dann durch die Wolken bricht.
Die Sonne lacht von weit und breit
Und gibt der Welt ein neues Kleid.

In gewählter Stunde mit Dir allein

In gewählter Stunde mit Dir allein
Fühlt man das Glück wie ein Gedicht so fein.
Die Gedanken eilen einer Erfüllung zu,
Das eingenommene Ziel gibt gewünschte Ruh.

Das gewünschte Verlangen, wie aus Gotteshand
Macht sich mein Wunsch in Liebe bekannt.
Wenn es draußen auch stürmt oder schneit,
Das Herz, es findet in der Wärme die Freud.

Zufriedenheit und Glück reichen sich die Hand.
Ein tiefer Blick macht uns mit allem bekannt.
Sie können sich stumm ja so viel sagen,
Ohne das Herz zweifelnd zu plagen.

Lerne mich kommen zu diesem Licht,
Das mir Liebe, Freude und Glück verspricht.
Ich mache Dich glücklich ins Tiefste hinein,
Und Du bleibst für ewig der Liebling mein!

Unvergeßliche Heimat

Heimat, Heimat, ich rufe nach dir,
Du bist mein großes Verlangen.
Aus weiter Ferne wünsche ich mir,
Noch einmal zu dir zu gelangen.

Deine Felder in den Heimatfluren,
Mit tausend Blumen schön geschmückt,
Darüber meine Kinderspuren:
Oh, wie sehn' ich mich zurück!

Ich kenne deine Wege kreuz und quer
Und kenne mich darin noch aus.
Ich spielte auf ihnen manche Tage,
Baute mir oft aus Staub ein Haus.

Hast mir so viel Glück gebracht,
so viel ich immer von dir braucht'.
Hast die Liebe, hast die Treue
In mein Herz tief eingehaucht.

Peter Gaenger †
Neubeschenowa – Wien

Peter Gaenger wurde am 11. März 1885 in Neubeschenowa (Banat/Rumänien) geboren, besuchte 1895-97 das Piaristengymnasium in Temeswar, machte 1897-1901 eine Tischlerlehre und ging auf die Walz. Bis 1907 arbeitete er bei der Hoftischlerei J. W. Müller in Wien. Nach der Absolvierung ungarischer Schulen wurde er Journalist, bald darauf Chefredakteur der „Schwäbischen Volkspresse" in Temeswar, die er ab 1922 gemeinsam mit Otto Alscher und Franz Xaver Kappus herausgab. 1924 wanderte Peter Gaenger nach den USA aus. Detroit, Pittsburg, Chicago, Los Angeles und New York waren die Stationen seines amerikanischen Aufenthalts. Am längsten – 1937-49 – war er in Hollywood tätig, wo er als Innenarchitekt und Landschaftsmaler für die großen Filmfirmen Paramount und Warner Brothers arbeitete und viele prominente Darsteller des amerikanischen Films kennenlernte. Schon in seiner Kindheit hatte Gaenger vier Sprachen zu gebrauchen gelernt: Deutsch, Rumänisch, Serbisch und Ungarisch. Während seines Aufenthaltes in Amerika betätigte er sich vielfach als Übersetzer, er übertrug u. a. beide Teile von Goethes „Faust" ins Englische. Übersetzungen ungarischer Gedichte – vor allem Vörösmartys, Endre Adys und Petöfis – weisen ihn als einen ausdrucksstarken und sensiblen Nachdichter auch auf dem Gebiet der Lyrik aus. Gaenger schrieb Kurzgeschichten, Feuilletons, Gedichte, Essays über die Siedlungsgeschichte der Donauschwaben und Humoresken sowie die romanartigen Erinnerungen aus 50 Jahren: „Wir Donauschwaben in Amerika". Seit 1945 arbeitete er bei der Hilfsorganisation für europäische Flüchtlinge NCWC (National Catholic Welfare Conference), als deren Repräsentant er 1949 nach Frankfurt am Main entsandt wurde. 1958-63 war er Generalsekretär des „Verbandes der Donauschwaben Amerikas"; ließ sich nach 39jährigem Aufenthalt in Amerika im April 1963 in Wien nieder. Er starb dort am 29. November 1976. Viele seiner Manuskripte blieben unveröffentlicht. Sein vorhandener literarischer Nachlaß wird im Archiv des Instituts für donauschwäbische Geschichte und Landeskunde in Tübingen verwahrt.

Gedanken beim Studium
donauschwäbischer Ansiedlungsakten

Bei der Ansiedlung der Donauschwaben im Banat waren die Vorbedingungen für einen zufriedenstellenden Erfolg nicht die allerbesten. Vor allem trafen die Ansiedler in ihrer neuen Heimat klimatische Verhältnisse an, die es bewirkten, daß ihnen gleich zu Anfang ein erschreckend hoher Prozentsatz Fieber und Seuchen zum Opfer fiel. Nichtsdestoweniger setzte sich der Rest durch, während die um dieselbe Zeit angesiedelten Italiener und Spanier sehr bald darauf wieder in ihre Heimatländer zurückkehrten. Hierzu kam noch der mißliche Umstand, daß sie entweder in Orten angesiedelt wurden, wo bereits fremdsprachige Menschen wohnten, mit denen sie sich nur schwer verständigen konnten, oder sie wurden abgesondert, nach Gegenden verwiesen, wo sie sich ihre Häuser selbst erst aufbauen mußten, zu welchem Behufe ihnen das Ärar zunächst die Baumaterialien vorstreckte und je nach Vorhandensein sofort oder nach langem Warten zur Verfügung stellte. Nach den vielfältigen Klagen der neuen Ansiedler (siehe handschriftliche „Relation" des kaiserlichen Verwaltungsdirektors Wolfgang v. Kempelen über die Vorgänge im Banat während der Jahre 1762 bis 1768) zu urteilen, mag getrost angenommen werden, daß bis zum Beziehen der neuen Häuser viel Zeit verstrich, was dazu beitrug, das Elend unter den Neuankömmlingen noch zu vergrößern.

Ihre Ansiedlung war bestimmt von einer Eigenart, der man in der ganzen Kolonisationsgeschichte der Völker kaum ein weiteres Beispiel an die Seite zu stellen vermag. Das schon darum nicht, weil es den Kolonialmächten jener Zeit vornehmlich darum zu tun war, Nutznießer, wenn nicht gar Ausbeuter jener Menschen zu sein, die man unterjochte, ihre Länder an sich brachte und zu Kolonien degradierte. Es kam ihnen darauf an, die Einheimischen bis auf die Knochen auszusaugen oder sie im Falle hartnäckigen Widerstandes in Reservationen unterzubringen, wenn nicht gar völlig auszurotten.

So zu handeln war für die Kolonialmächte um so leichter, weil deren dem Völkerrecht zuwiderlaufende Handlungen in Ermangelung eines entsprechenden Nachrichtendienstes vor der übrigen Welt geheimgehalten werden konnten. Mußmaßliches sickerte wohl im Wege bestehender Handelsfaktoreien durch, was aber die vollendeten Tatsachen auch nicht mehr umstoßen konnte.

Anders, weit anders verhielt es sich indessen bei der Ansiedlung der Donauschwaben im südöstlichen Europa unter Kaiser Karl VI. zu Anfang des 18. Jahrhunderts. Den Auftakt hierzu gab die Abwehr der Türken vor Wien im Jahre 1683. Damals war mit dem belagerten Wien die gesamte Christenheit und die abendländische Kultur in Gefahr, unter das Joch der „Ungläubigen" zu geraten, wofern es vereinten Anstrengungen nicht gelingen sollte, den Eindringling bis über den letzten Grenzpfahl hinaus in das Reich der Osmanen abzudrängen. Dies ihnen vor Augen haltend, sandte der römisch-deutsche Kaiser seine Boten zu allen Herrschern der christlichen Welt. Wie wenig die Not aller Christen die allerchristlichste Majestät, König Ludwig XIV. von Frankreich, z. B. bedrückte, geht schon daraus hervor, daß er sich die Bedrängnis des Kaisers zunutze machte, indem er unerwartet das Elsaß überfiel, die alte deutsche Stadt Straßburg einnahm und weit über dem rechtsseitigen Rheinufer die Pfalz brandschatzte. Nichtsdestoweniger gelang es dem Kaiser, die Türken nicht allein vor Wien in die Flucht zu jagen, sondern sie auch nach 34jähriger Verfolgung aus ganz Ungarn und zum großen Teil auch aus Serbien und der kaiserlichen Walachei hinauszujagen. Aber es gelang Karl VI. nicht, wie sonst Kolonialmächten, frei über jene Gebiete zu verfügen, die er sich mit dem Schwerte in der Hand in harter Mühe erfochten hatte. Bei den Friedensverhandlungen zu Passarowitz hatten auch andere Mächte ihren Löffel in dem Brei und waren eifrig bemüht, den Heißhunger des Siegers zu schwächen.

Im Wesen unterschied sich die Kriegsführung des Kaisers von der der Kolonialmächte insofern, als letztere sich ein bestimmtes Land ganz einfach aneigneten, die Völker unterjochten und ausbeuteten. Demgegenüber hatte der Habsburger die von Usurpatoren okkupierten Länder nur zurückerobert und deren polyglotte Einwohner eigentlich aus der Knechtschaft befreit. Vor allem die Madjaren, dann die Serben und die Rumänen. Völker also, von denen er nicht wissen konnte, wie sie ihm die Befreiung zunächst oder dermaleinst vergelten würden. Die mehr als 150jährige Fremdherrschaft in den von Prinz Eugen befreiten Gebieten reichte völlig hin, der ansässigen Bevölkerung die rationelle Bodenbearbeitung zu verleiden. Sie waren in ihrem aufgedrängten Stupor schon zufrieden, wenn sie, auf ihren Hirtenstab gestützt, ihre weidenden Schafe beaufsichtigen konnten. Und so lange diese nur auch ihre Milch und deren Produkte abgaben, der Kukuruz sich ohne viel Mühe vom Kolben abschürfen ließ und die Bohnen reichlich genug aus den Schoten fielen, bekümmerte sie weiter gar nichts in der Welt. Sie ließen Gott allenfalls einen guten Mann sein und genossen ihr orientalisches Behagen.

So taten sie es bei den Türken und hofften, es auch so nach ihrer Befreiung durch die siegreichen Heere des Kaisers tun zu können. Es war demnach für den kaiserlichen Kriegsrat ungemein schwer, die Insassen der neuerworbenen Länder und Provinzen richtig und so zu klassifizieren, wie es die Lage mit sich gebracht hatte. Während es den Kolonialmächten von vornherein bekannt war, wie und mit welchen Mitteln sie ihre Kolonialbevölkerung zur Botmäßigkeit bringen würden, erstanden dem Kaiser vor der Bekanntmachung seiner Resolution schwere Bedenken und Hindernisse, die zu schlichten und zu überwältigen schon darum nicht leicht war, weil ihm als absolutem Herrscher, der obendrein auf zwei mächtigen Thronen saß, der nationale Gedanke noch ein unbekannter Begriff war. Er setzte sich als spanischer König genauso für seine habsburgischen Familieninteressen ein, wie er das als Herrscher von Österreich, König von Ungarn und König von Böhmen tat; wozu sich noch die Ambition gesellte, Mehrer des Römischen Reiches Deutscher Nation zu sein. Obendrein waren auch seine Ratgeber Männer, die sich aus aller Herren Ländern an seinem Hofe einfanden, um ihm für gutes Geld und saftige Latifundien gehorsamsten Herrendienst zu leisten. Weiter nichts.

Es waren dies Männer, vor allem Nobelleute, die das Kriegshandwerk wohl gründlich verstanden, im übrigen aber genausowenig von den Erbanlagen der verschiedenen Völker wußten wie der Kaiser selbst und somit kaum etwas zu einem ausgleichenden Verhältnis zwischen Gebieter und Subordinierten beitragen konnten.

Durch die Rückeroberung aller von den Türken besetzten Gebiete Ungarns, einschließlich des Fürstentums Siebenbürgen, der Walachei und Serbiens, warf sich automatisch die schicksalhafte Frage auf, wie diese Länder fürderhin zu verwalten seien, um sie gewiß und schnell dem erforderlichen Friedenszustand zuzuführen. Es war das ein Problem, von dessen Lösung die Dauer der Monarchie abhing. Wiewohl dem Kaiser zu geben war, was des Kaisers ist, waren die Auffassungen des Hofes und die nach Ländern eingeteilten Kammern doch recht verschieden. Vom Volke gar nicht zu sprechen.

Die ungarische Hofkammer zum Beispiel vertrat den Standpunkt, daß alle Gebiete, die vor dem Einbruch der Türken unter dem Schutz der heiligen Stephanskrone standen, restlos wieder an Ungarn zurückgestellt werden müßten. Auch die letztlich zurückeroberte Provinz: das Banat. Diesem Verlangen setzte sich mit dem Kaiser Prinz Eugen mit aller Macht schon darum entgegen, weil sich das Banat sozusagen noch in Schußweite von dem aus dem Lande geworfenen Feind befand und somit die Möglichkeit einer neuen Invasion nicht völlig von der Hand zu weisen war. Den stärksten Widerstand gegen die Forderungen der Ungarn leistete gewiß Prinz Eugen, dem die Quertreibereien des im Asyl lebenden Franz Rákóczy dank der aufschlußreichen Mitteilungen des bei der Pforte akkreditierten Residenten Joseph Dirling in Konstantinopel bis zum Überdruß bekannt waren. Auf Grund dieser Noten konnte befürchtet werden, daß mit Rákóczy noch viele andere den ungarischen Ständen angehörige Personen die Begriffe der ungarischen Nobilität über Empörung und Freiheitserringung teilen könnten, wonach wohl jeder Bauernaufstand in Blut zu ersticken, dagegen es den Ständen mit Berufung auf die „Goldene Bulle" gestattet sei, sich auch gegen den konstitutionellen König aufzulehnen, wie das das Beispiel Rákóczys zur Genüge bewies.

Man einigte sich dahin, die südlichste Provinz Ungarns, gemeinhin Banat genannt, vorläufig wenigstens durch eine von der Wiener Hofkammer in Temeswar einzusetzende kaiserliche Körperschaft verwalten zu lassen. Ihr erster Gouverneur war der dem Kaiser von Prinz Eugen sehr warm empfohlene Graf Claudius Florimund Mercy aus Lothringen, dem die Aufgabe zufiel, aus dieser Provinz eine ertragreiche Einnahmequelle zu schaffen. Um diesem dringenden Bedürfnis nachzukommen, wurden alle Hebel in Bewegung gesetzt und Mittel ersonnen und erwogen, deren Anwendung zur Sanierung des Banats geeignet schienen. Wie überall, war die Zahl der erforderlichen Arbeitskräfte nach Abzug der Janitscharen erbärmlich gering und zunächst auch noch nicht imstande, den Boden urbar zu machen, Gewerbe zu treiben und die fertige Ware an den Mann zu bringen, d. h. die zu diesem Zwecke erforderlichen Verkehrswege zu errichten.

Letzteres war um so dringender, weil nun nicht allein die Einwohner, sondern auch das dorthin kommandierte Militär zur besseren Verpflegung mit Salz versorgt werden mußte, das aber nur aus Siebenbürgen zu beziehen war, und zwar auf den Wasserwegen der Flüsse Marosch und Theiß, und von dort mittels Fuhrwerken bis zu jenen Orten, wo sich die bisher nomadisierenden Serben ansässig gemacht hatten. Zur Verrichtung dieser Arbeiten brauchte man nicht allein Schiffe, Fuhrwerke und die hierzu erforderliche Bedienungsmannschaft, sondern auch Beamte. Als solche fungieren im Anfang wohl Militärpersonen, die später schon darum durch Zivilisten ersetzt werden mußten, weil die in Italien und in den Niederlanden geführten Kriege immer neues Menschenmaterial beanspruchten.

Der Schrei nach werktätigen Händen erscholl immer lauter und anhaltender. Man fragte sich, woher Leue nehmen, die bei Erschließung von Erwerbsmöglichkeiten willens gewesen wären, sich dortselbst eine neue Heimat zu schaffen. Nördlich der Marosch gab es allerdings noch Ungarn, die man etwa für die Besiedlung des Banates gewinnen hätte können, wenn man ihnen nur bessere Existenzmöglichkeiten zugesichert hätte als jene, unter denen sie bislang schon seit Hunderten von Jahren in Leibeigenschaft lebten.

Diese Erwägung des Hofkriegsrates in Wien mußte schon aus den oben bereits angeführten Gründen wie auch darum fallengelassen werden, weil die Ungarn sich mit den Serben nicht vertrugen. Nun aber waren die Serben im Banat weit in der Überzahl, weshalb man von vornherein Rücksicht auf vage Entwicklungen nehmen mußte, die einer Konsolidierung des staatlichen Gefüges zuwiderlaufen hätten können. Jedenfalls war die Lage einem gordischen Knoten nicht unähnlich, den zu zerschneiden weder der Kaiser noch seine meist romanischen Ratgeber den Mut hatten, weil solch eine Lösung erst recht keine Lösung war.

Um aber doch aus diesem Dilemma herauszukommen, entschied sich der kaiserliche Kriegsrat – nolens volens – für die Besiedlung des Banates mit Menschen aus dem fernen deutschen Reich. Demzufolge wurde zuerst Johann Frantz Albert Craussen, bisher kaiserlicher Oberverwalter, dann der aus Worms stammende kaiserliche Administrations-Fiscal Johann Frantz Falkh mit der Anwerbung von Bauersleuten in der Rheingegend betraut. Die ersten Ansiedler wurden bald darauf im Banat in geeigneten (oder auch weniger geeigneten) Häusern untergebracht.

Wiewohl Belgrad, das letzte Bollwerk der Türken, schon im August 1717 vom Prinzen Eugen, dem „edlen Ritter", eingenommen wurde, sind die ersten deutschen Ansiedler in nennenswerter Zahl doch erst nach Ablauf von fünf Jahren im Banat eingetroffen, denen weitere im nächsten Jahrzehnt folgten. Dann dauerte es wieder etwa 40 Jahre, bis größere Kontingente hinzukamen.

Wenn von den ersten Ansiedlern aus dem Reiche berichtet werden mußte, daß sie aus klimatischen und anderen nachteiligen Gründen den Tod fanden, hielt die Not noch unverhältnismäßig lange an, bis dem mühsam erworbenen täglichen Brot jener Wohlstand folgen konnte, dem letzten Endes (vor zwanzig Jahren) die Vertreibung dieser tüchtigen Siedler von ihrem mit Schweiß und Blut gedüngten Boden zuzuschreiben ist.

Wenn es Karl VI. und seine Ratgeber vorhatten, die gewonnene Provinz als Privatbesitz des Kaisers verwalten zu lassen, dann hätte man im Interesse einer mehr erfolgversprechenden Aufbauarbeit die dortige orientalisch angehauchte Bevölkerung den deutschen Ansiedlern zumindest hintansetzen und ihnen nicht so viele mannigfaltige Privilegien einräumen sollen, wie solche den hinzugekommenen Deutschen niemals zugestanden wurden. Oder man hätte sich zu entschließen gehabt, das Banat den Ungarn wieder zurückzugeben, worauf die Ungarn ohnedies wiederholt Anspruch erhoben.

Wer weiß, ob sich dadurch die gespannten Beziehungen zwischen dem Kaiser und Ungarn nicht doch wesentlich gebessert hätten und die kaiserliche Hofkammer hinfort einer Arbeit entbunden worden wäre, die die Ungarn wahrscheinlich recht bald von selbst auf sich genommen und Siedler ins Land gerufen hätten, wohl sogar deutsche, wie das ungarische Könige in früheren Zeiten gar oft taten. Dann aber hätten die Donauschwaben im Banat Privilegien gleich jenen der Siebenbürger Sachsen erhalten, wodurch sie von der späteren gewaltsamen Madjarisierung verschont geblieben wären. Und wer weiß, ob eine harmonisch zusammenarbeitende österreichisch-ungarische Monarchie nicht doch in der Lage verblieben wäre, ihrer sinnlosen Zerstückelung durch Aufrechterhaltung guter Beziehungen mit allen ihren Nachbarn vorzubeugen? Wer weiß!

Wer weiß aber auch, welche geschichtliche Entwicklung die Ansiedlung deutscher Menschen im Südosten Europas dann genommen hätte, wenn zufällig dem Ansuchen des Prinzen Carl Alexander von Württemberg um „Conferierung des Gouvernments in Temesvar" (laut den Kriegsakten, Exhibit Folio 125 vom Januar 1717) stattgegeben worden wäre. In diesem Falle wäre ein deutscher Mann an die Spitze der Banater Regierung gelangt, von dem angenommen werden durfte, daß ihm die Mentalität der ihm anvertrauten Menschen aus der eigenen Heimat besser bekannt war als dem französischen Mercy, der sich selbst in seinen amtlichen deutschen Berichten immer nur mit Le Compte de Mercy unterzeichnete.

Eine nicht von der Hand zu weisende bessere Entwicklung des Banates hätte man sich womöglich auch dann versprechen können, wenn einer der bedeutendsten Generale des kaiserlichen Heeres, der Baron Zum Jungen, Gouverneur des Temescher Banates geworden wäre. Diese Ernennung konnte freilich schwerlich erwartet werden, weil es auch schon bei anderen Beförderungserwägungen von ihm hieß: „... daß zwar der pro nunc in Commando stehende Feldzeugmeister Baron Zum Jungen alle obrecensirten Eigenschaften besitze und nur in dem ein Bedenken mache, daß er der Lutherischen Religion zugethan". Von ihm war vornehmlich bekannt, daß er einen hohen Gerechtigkeitssinn aufwies, herablassend war und auch den Beschwerden des kleinen Mannes ein williges Ohr schenkte. Ganz im Gegenteil zu Graf Mercy, der als barocker Grandseigneur äußerst arrogant war und demnach kaum geneigt gewesen sein dürfte, notwendig vorzunehmende Anstalten mit seinen Untergebenen in Ruhe zu besprechen.

Schließlich sei noch vermerkt, wie jammerschade es war, daß Kaiser Joseph II. nicht wenigstens um 60 Jahre früher zur Welt gekommen war. Es wären dadurch den deutschen Ansiedlern im Banat unter anderem auch die üblen Auswirkungen der sogenannten „Wiener Wasserschübe" erspart geblieben.

Jedenfalls kam es anders, und die Donauschwaben im Südosten Europas wurden wieder einmal genötigt, sich in der Fremde eine neue Heimat zu suchen.

Schott, der Waffenlieferant

„Durchlaucht, das kann Euer Ernst nicht sein!"

Mit diesen Worten glaubte der schneidige Adjutant, Oberleutnant Johann Paul Schott, den Vorschlag seines vorgesetzten Ferdinand, Herzog von Braunschweig, leichterweise abzutun. Der Herzog, der sich bereits als Erbprinz während des Siebenjährigen Krieges auszeichnete und später von Friedrich dem Großen zum Generalissimus befördert wurde, machte nämlich seinem verdienten Adjutanten nach der Neujahrsparade 1776 gesprächsweise den Vorschlag, sich nach Amerika einzuschiffen, um dort im Dienste des englischen Königs, George II., gegen die aufständischen Kolonisten zu kämpfen. Er tat das angeblich darum, weil er auf Grund der etwas stilleren Zeiten in Europa anzunehmen glaubte, daß es für einen jungen und tatendurstigen Offizier in absehbarer Zeit kaum möglich sein dürfte, sich Ruhm und Ehren zu erwerben.

Der Herzog setzte hierbei allerdings voraus, daß Schott mit beiden Händen die Gelegenheit ergreifen werde, um sich seiner soldatischen und abenteuerlichen Neigung entsprechend betätigen zu können. Die ruhmreiche Beendigung des Siebenjährigen Krieges, in dessen Folge Polen zwischen Rußland, Preußen und Österreich aufgeteilt wurde, nötigte nun schon seit zwölf Jahren die meisten Soldaten, sich auf der Pritsche zu rekeln und sich gegenseitig etwas über begangene oder auch erdichtete Heldentaten vorzuprahlen und, wie der „Alte Fritz", eine Pfeife nach der anderen zu rauchen, um die Luft in den Kasernen noch mehr zu verpesten, als sie es ohnehin schon war.

Den Herzog freilich bewogen weit wichtigere Gründe, seinen tüchtigen, 32 Jahre alten Offizier zu entlassen und nach Amerika zu schicken, als die oben angeführten, die außerdem auch nicht immer stichhaltig waren. Ihm blieb es keineswegs verborgen, wie auch in Europa bereits ein anderer Wind zu wehen begann und wie selbst gekrönte Häupter, von dem Geist der Neuerung erfaßt, Reformen einführten, für die wenigstens jene Bevölkerungsschicht gar wenig Neigung zeigte, an deren überlieferten Privilegien man zu rütteln begann.

So versuchte unter anderen Joseph II. noch zu Lebzeiten seiner Mutter, der österreichischen Kaiserin Maria Theresia, zugunsten der allseits bedrängten Untertanen Neuerungen und Erleichterungen einzuführen. Er schaffte die Folter ab und trachtete, vornehmlich das Los der Bauern durch Aufhebung der Leibeigenschaft etwas erträglicher zu gestalten.

Wie nicht anders zu erwarten war, legten die Edelleute in den von den Habsburgern beherrschten Ländern energischen Protest dagegen ein. Sie ließen sogar durchblicken, daß sie bei etwaiger Durchführung dieser Maßnahmen nur der Gewalt zu weichen gesonnen waren. Die sowieso schon von vielen Seiten bedrängte Kaiserin weigerte sich demnach, die von ihrem Sohne vorgeschlagenen Reformen durchzuführen.

Und da der Mensch noch nicht geboren wurde, der es allen in diesem Leben recht machen kann, hatte sich auch in diesem Falle die in Aussicht gestellte, doch letzten Endes verhinderte Aufhebung der Leibeigenschaft, namentlich in Böhmen und Ungarn, verhängnisvoll ausgewirkt. Die böhmischen Bauern hatten sich sehr bald dahin geeinigt, einen offenen Aufstand herbeizuführen, der allerdings durch Waffengewalt unterdrückt wurde. Der Anführer dieser Revolte, Josef Czerny, wurde 1775 mit drei Komplizen in Prag dem Galgen überliefert. Und zwar, um ein Exempel zu statuieren, je einer an allen vier Ecken der Stadt.

In Ungarn wirkte sich dieser noble Versuch des Volkskaisers noch weit schlimmer aus. Dort gelang es den chauvinistischen Magnaten, ihren von jeher unter der Knute schmachtenden Leibeigenen weiszumachen, daß diese geplante Verordnung Josephs des Deutschen einzig und allein dem Zwecke diente, einen Keil zwischen Herr und Knecht zu treiben, um nachher alle Ungarn je gewisser unterdrücken und germanisieren zu können. Die eingeschüchterten Bauern zogen es demnach vor, ihr hartes Los lieber mit Eselsgeduld auch weiterhin zu ertragen, als ihre nach Wien verschleppte heilige Stefanskrone für alle Zeiten verlieren zu sollen.

Aus diesen mannigfachen Ergebnissen einer geplanten Reform, über welche die Emissäre aller Höfe ausführliche Berichte erstatteten, war es für den Herzog von Braunschweig klar, was in ähnlichen Fällen von der in keiner Weise verhätschelten deutschen Bauernschaft im besonderen und von unzufriedenen Elementen im allgemeinen zu erwarten war.

Die Vorgänge über dem großen Wasser, wo sich die Kolonisten seit Jahren schon im offenen Kampfe mit der Krone Englands befanden, ließen das Schlimmste befürchten. Es war für den Herzog kaum auszudenken, was dann geschehen würde, wenn die Rebellen in Amerika aus dieser Revolution – Gott behüte! – als Sieger hervorgehen sollten. Allenfalls gaben die bereits getroffenen Anstalten der um ihre Unabhängigkeit kämpfenden Männer für die bisherigen Lenker der Völker gar manches zu denken.

Mit der Ernennung Washingtons zum Oberbefehlshaber der kontinentalen Armee im Juni 1775 begann der Krieg dort in eine neue und für die Briten schicksalhafte Phase zu treten, zumal dieser den Stempel einer allgemein gerechten Sache und die Sanktionierung einer nach Freiheit strebenden Völkerfamilie erhielt. Es kam für die regierenden Häupter in aller Welt eben darum schon nicht mehr in Frage, ob die Kolonisten in Nordamerika tatsächlich ausgebeutet und unterdrückt wurden, sondern wie sich eine im Namen der Freiheit aufgeworfene Masse im Falle des Sieges gehaben dürfte.

Es gibt auch so etwas wie einen Siegesrausch. Von diesem werden gerade jene Kämpfer am heftigsten ergriffen, die sich bislang in Ermangelung geeigneter Abwehr zu ducken hatten. Die Masse ist darum auch immer grauenerregend. Auch die scheinbar friedliche. Ihre Komponenten sind gar zu verschiedenartig und vor allem nicht genügend diszipliniert und logisch, um nicht doch auch Unvorhergesehenes vor Augen halten zu müssen. Ein von ungefähr in die Masse geschleudertes Wort kann, wie ein Funke, die Versammlung in Flammen aufgehen lassen, wobei das Ende nicht immer abzusehen ist.

Daß der Herzog diese hypothetische Umwandlung im Weltgeschehen gedanklich erfassen konnte, bewies es zur Genüge, daß er in der Lage war, Folgen vorauszusehen, die den trägen Gedankengang der meist von Genüssen übersättigten und betäubten Herrscher kaum noch zu kitzeln imstande waren. Diese ließen sich immer noch von dem französischen Hof, von dessen Unsitten und Prassereien mißleiten. Die schamlose Sittenlosigkeit, die sich von Frankreich über ganz Deutschland verbreitete, erhielt obendrein auch noch eigenartige Nahrung durch die von Rousseau, Montesquieu und andere propagierte Philosophie (von Voltaire gar nicht zu sprechen), in deren Folge die Verfassung und Zergliederung gefühlsduseliger Liebesgeschichten bei den Höfen und Adelsgeschlechtern wie auch schon bei der Mittelklasse allgemein üblichen Eingang fanden. Die prinzipienlose Sentimentalität der Mittelklasse zum Beispiel war noch weit gefährlicher als die offen zur Schau getragenen Buhlschaften der Nobilität und der Höfe. Die Tränen der Liebeskranken hatten jeweils für die Schwächen des Fleisches zu büßen, wobei die Männer immer mehr verweichlicht wurden und fortan den allfälligen Härten des Lebens nicht gewachsen waren.

Im Gegensatz zu diesen üblen Erscheinungen trat in Amerika eine nach Freiheit lechzende einmütige Völkerschaft in den Vordergrund, die bereit war, ihr Leben in die Schanze zu schlagen und ungeahnte Opfer zu erbringen. Eine Masse kam da in Gärung, deren Produkt, nach der Auffassung des Herzogs, nur ein gefräßiges Ungeheuer sein konnte, das vor keiner Grenze und vor keinem Throne Halt machen dürfte. Diese Perspektive hatte den Herzog allen anderen Gründen zuvor bewogen, seinen im Krieg und Frieden bewährten Adjutanten nach Amerika zu schicken, um dort für die „gute Sache" des englischen Königs zu kämpfen.

Und so geschah es, daß sich Oberleutnant Johann Paul Schott kurz nach dieser Unterredung mit dem Herzog von Braunschweig tatsächlich auf den Weg nach Amerika machte. Er kam Ende März in New York an und ließ sich einige Tage später auch schon bei Gouverneur Tryon anmelden. Da dieser über die Reise Schotts bereits unterrichtet war, ließ er ihn sofort eintreten; ja, er kam ihm sogar auf halbem Wege entgegen und begrüßte ihn auf das herzlichste. Schott, der ein sehr gefälliges Äußeres, gute Manieren und ein soldatisches Auftreten hatte, machte auf Tryon stante pede einen sehr guten Eindruck. Es gereichte ihm demnach auch zu einem besonderen Vergnügen, Schott in die beste Gesellschaft einzuführen. Und da dieser, dank seiner hervorragenden Erziehung, auch noch in der Lage war, sich in englischer Sprache standesgemäß auszudrücken, stand seiner Anstellung im britischen Heere nichts im Wege.

Aber Schott hatte es merkwürdigerweise gar nicht eilig, sich so bald wieder in die Montur zu werfen. Er wollte sich vorerst einmal unbehindert und von keinem Dienste beschwert in der Stadt umschauen, die sich auch damals schon von den Hafenstädten Europas unterschied. Und dann wollte er auch Land und Leute kennenlernen. Er ließ sich zu diesem Zwecke auch mit solchen Personen in anregende Gespräche ein, die zufällig mit den Briten nicht sympathisierten, dafür aber den Freiheitsbestrebungen der Patrioten um so mächtiger das Wort redeten.

Ihm konnte es demnach nicht verborgen bleiben, wie die Vertreter des Volkes die Freiheitsentwicklung bis in die letzte Konsequenz erwogen hatten und die Weihe dieser heiligen Sache frohen Mutes im Herzen trugen. Diese Männer dachten nicht an eine üble Abrechnung, sondern vielmehr daran, daß sie von Gott berufen worden sind, die Garanten der Völkerfreiheit zu werden; nicht allein für heute und morgen, sondern für alle kommenden Zeiten. Sie erachteten es darum auch als ihre heiligste Pflicht, sich diese Freiheit in ihrem ganzen segensreichen Ausmaß zu erkämpfen, ungeachtet dessen, welch große Opfer an Gut und Blut erbracht zu werden hätten.

Während seinen nun schon zur Gewohnheit gewordenen Streifzügen durch die Stadt kam er eines Tages auch mit erbitterten deutschen Farmern aus dem Mohawktal ins Gespräch, die ihm über die schändliche Behandlung der für die Briten kämpfenden Indianer grauenerregende Einzelheiten mitteilten. So erfuhr er, daß die deutschen Siedlungen im Mohawktale und im Schohariedistrikt den Schrecken des Krieges durch Indianer viel mehr ausgesetzt waren als sonst in irgendwelchem Grenzgebiet. Sie waren eben die äußerst vorgeschobenen Posten der amerikanischen Zivilisation im Gebiete jener sechs Nationen, die man als die kriegerischsten aller Indianerstämme kannte. Wohl waren auch diese während den Kriegen zwischen Franzosen und Indianern den deutschen Ansiedlern freundlich gesinnt; änderten aber ihre Haltung, als ihnen die Engländer versicherten, daß ihr König jenseits des großen Wassers weit mächtiger sei als die rebellierenden Kolonisten zusammengenommen es je sein dürften. Infolgedessen schlugen sich die Indianer auf die Seite der Briten.

Ein weiterer Ansporn für die Indianer war auch die in Aussicht gestellte Belohnung der Briten, einschließlich der allfälligen Kriegsbeute. Die Engländer setzten zu einer Zeit acht Dollar für jeden eingebrachten Skalp aus. Hierfür war besonders die Toryfamilie Johnson, mit Sir William an der Spitze, verantwortlich, der eine Schwester des Indianerhäuptlings Brant zur Frau hatte und dem Häuptling selber eine vorzügliche Schulbildung in Lebanon, Connecticut, zukommen ließ.

Kapitän Joseph Brant war die gefürchtetste Geißel der Ansiedler im Mohawktale und im Schohariedistrikt. Er war seinem Stamme wie auch einem großen Teil der Grenzleute an Intelligenz weit überlegen und somit der mächtigste Feind, dem die Kolonisten je begegneten. Den Patrioten gelang es allerdings, im Sommer 1775 vier Bataillone zu organisieren, um den Umtrieben der Indianer ein Ende zu bereiten. Die Kommandanten dieser Bataillone waren ausnahmslos Deutsche, die nach den Befehlen des obersten Nicholas Herkimer (Herckheimer) gründliche Arbeit verrichteten und alle Ansiedler hierdurch für die Sache der amerikanischen Freiheitskämpfer zu gewinnen vermochten.

Es waren besonders die letzteren Ereignisse im Mohawktale, die auf Schott so erschütternd einwirkten und ihn allenfalls dazu bewogen, die schwelende Sache der Kolonisten zu umfassen und sich ihr mit ganzem Herzen zu widmen. Und als er gar sah, mit welchen Nöten und Schwierigkeiten die Patrioten zu tun hatten und doch niemals den Mut verloren, da entschloß er sich leichten Herzens, den Amerikanern vor allem materiell beizustehen. Er war von Haus aus begütert und entschloß sich darum, die kontinentale Armee mit den nötigsten Waffen zu versorgen.

Er segelte zu diesem Zwecke südwärts zu einer den Niederlanden gehörigen Insel in der Gruppe der Kleinen Antillen, wo unternehmungslustige Holländer eine Station auf der Insel St. Eustachius für Blockaderenner errichteten, wo Kriegskonterbande und Waren gekauft werden konnten. Dort angekommen, charterte sich Schott einen zeitgemäßen zweimastigen Schoner, belud diesen mit Waffen und Kriegsmaterial und nahm seine Fahrt auf gut Glück wieder gen Norden auf.

Vorerst freilich direkt nach Westen durch das Karibische Meer, um nicht etwa lauernden Piraten ins Gehege zu kommen, die küstenentlang zwischen den dichtgesprenkelten Kleinen Antillen stets herumkreuzten und die Gegend unsicher machten. Schott und seine Schiffsleute waren dessen ungeachtet nach den miterlebten schweren Stürmen auf offener See doch recht froh, als sie sich wieder dem Lande näherten und sich zwischen Haiti und Jamaika unbeschadet durchwinden konnten, wo sie denn auch bestrebt waren, auf dem geradesten Weg nach Florida und von dort der amerikanischen Küste entlang wohlbehalten in den nächstbesten sicheren Hafen zu gelangen.

Als Schott nach einer recht abenteuerlichen Fahrt im Chesapeake ankam, fand er zu seinem größten Erstaunen heraus, daß dort die Engländer den Eingang zur Hampton-Straße blockiert hatten. Nachdem Schott auch bisher schon mit den mannigfaltigsten Hindernissen zu rechnen hatte, so täuschte er die Briten auch diesmal dadurch, indem er kühn deren Flagge hißte und auch seine Mannschaft in englische Uniform steckte. Die Briten nahmen demnach an, daß der Schoner ein zur englischen Flotte gehöriges Transportschiff war; mußten aber ihren Irrtum sehr bald einsehen, als der Schoner ihre Linie kreuzte und sich eiligst davonmachte. Wohl wurde dieser hierauf mächtig beschossen, indessen ohne Schaden erlitten zu haben.

Als Schott und seine braven Seeleute ihr Ziel endlich erreicht zu haben glaubten, waren sie nun wegen ihrer englischen Uniform wieder in größter Gefahr; denn, obschon sie die amerikanische Flagge hißten, waren sie bisher doch noch nicht in der Lage, ihre englischen Uniformen mit amerikanischen auszutauschen. Sie wurden demgemäß heftig weiter beschossen, so daß Schott allen Endes gezwungen war, die weiße Fahne auszustecken. Sobald das geschah, konnte das Schiff in den Hafen bei Norfolk einfahren, wo es von der Bevölkerung mit Jubel begrüßt wurde. Alles Kriegsmaterial auf dem Schoner wurde von den Kolonisten mit Freuden aufgekauft; außerdem wurde ihm und seinen Leuten auch noch öffentlicher Dank gezollt.

Diese Transaktion fand übrigens zu einer Zeit statt, wo die Truppen General Washingtons den hartbedrängten Einwohnern der Stadt Boston in letzter Stunde zu Hilfe kamen und die Briten aus der Stadt und vom Hafen vertrieben hatten. Währenddem der Jubel bei der Bevölkerung noch lange Zeit anhielt, trafen im Hafen von Boston laufend ungezählte Schiffe von England ein und lagerte dort ihr Kriegsmaterial ab, ohne auch nur zu ahnen, daß die Briten nicht mehr die Herren der Stadt gewesen sind.

Auf diese Weise kamen die Amerikaner unverhofft auch in den Besitz von solchem Kriegsmaterial, das sie sich in Ermangelung geeigneter Kräfte nur in sehr geringem Maße selber herstellen konnten; wie Kanonen und dergleichen mehr. Außerdem wog das von den Engländern abgegebene Schießpulver siebenfach die Menge auf, welche die Truppen Washingtons zur Vertreibung der Briten aus Boston verschossen hatten. Es erübrigt sich ganz gewiß zu beteuern, daß dieses Kriegsmaterial, einschließlich der gekaperten Schiffe und deren Besatzung, von den Patrioten schmunzelnd in Empfang genommen wurde.

Schott ruhte sich indessen auf seinen wohlverdienten Lorbeeren aus. Allerdings nur sehr kurze Zeit, denn schon wenige Wochen nach der Ablieferung seines im Süden angekauften Kriegsmaterials wurde seinem Gesuch um eine Offiziersstelle in der kontinentalen Armee stattgegeben. Der Kongreß verlieh ihm den Kapitänsrang und sandte ihn zu General Washington nach New York, der um diese Zeit bei der Battery stationiert war, um die Bewegungen der britischen Flotte beobachten zu können.

Als Schott in New York ankam, versuchte gerade eine größere Fregatte, im North River aufwärts zu segeln, worauf Washington den Befehl zu deren Beschießung gab. Zur gleichen Zeit wurde aber auch seine Batterie von der Governors-Insel beschossen, wobei es besonders eine Kanone war, die den Amerikanern Anlaß zur größten Besorgnis gab. Schott bemerkte hierbei aber auch, daß eine amerikanische Kanone ohne Bedienungsmannschaft dastand. Er forderte demnach müßig umherstehende Soldaten auf, ihm bei dem Laden der Kanone zu helfen. Als das geschehen war, richtete er die Kanone und das Visier zurecht und feuerte. Schon der erste Schuß ließ die bedrohliche Kanone des Feindes verstummen, worauf die Amerikaner wieder erleichtert aufatmen durften.

Washington verfolgte mit Genugtuung das erfolgreiche Manövrieren Schotts und fragte ihn, ob er sich auf das Artilleriewesen verstehe. Dies wurde von Schott bejaht. Er nahm hierbei auch die Gelegenheit wahr, dem General seine Dokumente zwecks Einsichtnahme zu überreichen.

„Not bad; not bad at all", sagte lächelnderweise Washington zu Schott, indem er ihm väterlich auf die linke Schulter klopfte. Dann wandte er sich an Oberst Knox und fragte diesen, ob er nicht einen weiteren Kapitän in seinem Regimente gebrauchen könnte. Wie die Sache stand, war tatsächlich wegen der Erkrankung des Kapitäns Smith eine Stelle frei, wodurch Schott sofort in die Lage kam, bei den zunächst folgenden Kämpfen um White Plains die dritte Batterie im Artillerieregimente des Obersten Knox zu kommandieren. Es darf an dieser Stelle mit Genugtuung vermerkt werden, daß es den Amerikanern hauptsächlich wegen der vorzüglich operierenden Artillerie gelang, ihre ganze Baggage, trotz feindlicher Störungen, in Sicherheit zu bringen.

Schott erwies sich aber auch in einer anderen Weise nutzbar. Es war das gerade zu einer Zeit, wo es für Washington ungemein schwer war, seine Soldaten auch über die vertragliche Dienstzeit hinaus im Felde zu behalten, während die Engländer ihre Kontingente durch Söldlinge, namentlich aus Hessen und Braunschweig, stets zu erhöhen vermochten. Um diesen Mißstand einigermaßen zu beheben, wurde Schott nach Pennsylvanien geschickt, um dort eine unabhängige deutsche Dragonertruppe anzuwerben und zu organisieren. Er hatte die Erlaubnis, seine eigenen Offiziere zu ernennen und das Kommando in deutscher Sprache zu führen.

Nach einigen Wochen schon verfügte er über drei weitere Kompanien, die er nach deren Ausbildung bei Short Hills auch schon ins Treffen führte. Ihm oblag es in dieser Kampfhandlung, den Rückzug der amerikanischen Truppen zu decken und den Feind so lange aufzuhalten, bis amerikanerseits eine gute strategische Stellung bezogen werden konnte. Wie so viele seiner pflichttreuen Soldaten wurde auch er schwer verwundet und geriet obendrein auch noch in englische Gefangenschaft.

Es war gewiß eine eigenartige Laune des Schicksals, daß Schott, der bei seiner Ankunft in New York von den Briten so gastfreundlich aufgenommen worden war, nun für volle sechs Monate deren Gefangener war. Nichtsdestoweniger trug man ihm auch jetzt eine Stelle in der britischen Armee an, die von Schott allerdings auf das entschiedenste abgelehnt wurde. Er sagte:

„Ich habe Amerika zu meinem Vaterlande erkoren, und nichts in dieser Welt kann mich bewegen, die gerechte Sache im Stiche zu lassen."

Schott wurde 1779 im Austauschwege aus der Gefangenschaft des berüchtigten Cunninghams wieder freigelassen und der kontinentalen Armee des Generals Sullivan zugeteilt, wo er den rechten Flügel General Hands zu befehligen hatte. Es ergab sich zunächst, daß er seine Kräfte just mit jenen Indianerstämmen zu messen hatte, die vor vier Jahren so viele Greueltaten unter den deutschen Ansiedlern im Mohawktale verübten und deshalb seinen gerechten Zorn heraufbeschworen hatten. Die hartnäckig geführten Kämpfe fanden bei Newton, nahe dem heutigen Elmira im Staate New York statt, wobei die Indianer aufs Haupt geschlagen und deren Siedlungen dem Erdboden gleichgemacht wurden.

Schott wurde hierauf wegen seines beispiellosen Draufgängertums von General Sullivan sowohl wie von Hand zur Beförderung vorgeschlagen, die zweifellos auch im günstigen Sinne durchgeführt worden wäre, wenn ihm seine zu Short Hills erhaltene Verwundung den Felddienst nicht allzu schwierig gestaltet hätte. Aus diesem Grunde machte man ihn zum Kommandanten der Befestigungen im Wyomingtale, wo er bis zum Ende des Krieges verblieb.

Ins Zivilleben zurückgekehrt, ließ sich Schott in Wilkesbarre nieder. Seine Mitbürger wählten ihn 1787 zum Repräsentanten der pennsylvanischen Staatslegislatur, wo er sich mit Ernst und Eifer für die Vereinigung der Kolonien einsetzte. Er war in allen öffentlichen Angelegenheiten seines Wahlbezirkes tätig und spielte bei der Schlichtung der unheilvollen Wyomingaffäre eine ganz bedeutende Rolle.

Das Wyomingtal im nordöstlichen Pennsylvanien war nämlich für lange Zeit der Zankapfel zwischen den Staaten Connecticut und Pennsylvanien. Beide Staaten glaubten, dort Grundeigentumsrecht zu haben, worüber sich bereits im XVII. Jahrhundert ein heftiger Streit entfachte, der selbst noch 1782 zu wiederholten blutigen Kämpfen führte. Der versteiften Haltung beider Parteien machte schließlich der 1792 abgeschlossene Pakt, dank der anerkannten unparteiischen Haltung des Repräsentanten Johann Paul Schott, ein für alle Teile befriedigendes Ende.

In der Pensionsliste von 1828 ist Schott mit 1 200 Dollar pro Jahr angeführt, die ihm auf Lebensdauer zuerkannt worden waren.

Deutsche – Auslandsdeutsche

(...)
Aus diesem Grunde entschloß ich mich kurzerhand, wieder einmal einen kleinen Abstecher nach Chicago zu machen. Mir lag nämlich viel daran, dort eine weitere Ortsgruppe des Ostschwabenbundes ins Leben zu rufen. Auch Freund Tipre war der Meinung, daß durch meine Anwesenheit eine größere Möglichkeit bestünde, die Landsleute für einen engeren Zusammenschluß im Sinne der veränderten Verhältnisse in der alten Heimat zu gewinnen.

Als ich am nächsten Tag so gegen die Mittagszeit die geräumige Bahnhofshalle der Michigan Central betrat, hörte ich gerade, wie es Zeit war, nach Chicago einzusteigen. Ich übergab mein Gepäck einem farbigen „porter" und folgte diesem auf dem Fuße, um mir einen Ecksitz an der Fensterseite zu sichern. Währenddem ich mich zu weiterer Bequemlichkeit anschickte, glaubte ich in der dritten Reihe vor mir einen Bekannten zu sehen. Bei genauerem Hinschauen ergab es sich, daß dieser Mann Kurt Hoffmann war, den ich im Harmony Club kennengelernt hatte. Er war gerade im Begriff, sein leichtes Gepäck auf das Fach zu schwingen, als er von mir aufgefordert wurde, den noch leeren Platz an meiner Seite einzunehmen.

Hoffmann wandte sich sofort nach jener Richtung, aus der ihm eine bekannte Stimme entgegenscholl und war nicht wenig überrascht, in dem Rufer mich zu erkennen. Er nahm eilfertig sein Gepäck an sich und brachte es neben dem meinen unter. Im Laufe unserer Gespräche sind wir auch auf die Eröffnung des neuerbauten Book-Cadillac-Hotels zu sprechen gekommen. Das umsomehr, als bereits in allen Zeitungen der genaueste Vorgang des abgehaltenen Banketts zu lesen war.

Hoffmann hatte zwar an dem Bankett nicht teilgenommen, aber doch von einem Geschäftsfreund erfahren, wie lustig es bei diesem Festessen zuging. Nun war ich allerdings nicht gerade erpicht, bei diesem widerlichen Thema zu verweilen und lenkte das Gespräch auf die Bemühungen der Teilnehmer an dem runden Tisch im „Harmony Club", die sich jeden Samstagnachmittag zu tageswichtigen Besprechungen zusammenfanden.

In Verbindung damit sprach ich mein großes Erstaunen über die rasche Amerikanisierung fast aller Deutschen im eigenen Heim und untereinander bei gesellschaftlichen Zusammenkünften aus.

„Das ist wohl wahr", sagte hierauf Hoffmann, „aber was läßt sich dagegen mehr noch tun, als was bisher schon geschieht?"

„Ich verstehe Sie nun, junger Mann", erwiderte ich, „und verstehe nun auch, was hierzulande mit der Vernachlässigung unserer deutschen Kultur im allerengsten Zusammenhang steht."

„Wieso das, Herr Gaenger?"

„Sie wissen so gut wie ich selber, daß hier in Amerika wohl von Vereinzelten Deutschen, aber nicht zugleich von einem deutschen Kulturverband gesprochen werden kann. Und von keiner Volksgemeinschaft, trotz so vieler Millionen Deutschen in diesem Lande. Wie war das möglich?"

„Dafür können aber nicht wir, die neueingewanderten Deutschen aus dem Reiche, verantwortlich gemacht werden", wandte Hoffmann unangenehm berührt ein. „Diese Verhältnisse bestanden schon vor uns und traten, wie Sie wissen, durch den Weltkrieg noch krasser in Erscheinung, so daß es heute fast unmöglich ist, die Deutschen in Amerika je wieder unter ein Dach zu bringen, wo sie ihre eigene Kultur hegen und pflegen könnten."

„Wenn Sie das sagen, wird es ja wohl auch so sein."

„Warum? Sind Sie am Ende anderer Meinung?"

„Allerdings! Eben deshalb habe ich über die Umstände wiederholt nachgedacht, die für die Erhaltung der Deutschen in Amerika ausschlaggebend waren."

„Waren die Umstände bei der Ansiedlung deutscher Menschen in den übrigen Ländern anders gewesen als hier?"

„Zum Teil ja!"

„Können Sie mir ein Beispiel anführen? Etwa das Beispiel von Ihren Landsleuten im Banat. Wie war es möglich, daß sich die dortigen Schwaben über zweihundert Jahre unverfälscht erhalten konnten, wogegen hier die zweite Generation gewöhnlich schon nicht mehr deutsch sprechen kann?"

„Und zweihundert Jahre wollen noch gar nicht viel sagen, wenn wir uns vor Augen halten, daß die Siebenbürger Sachsen schon 800 Jahre vom Mutterland getrennt leben und in mancher Beziehung mehr zur Förderung des deutschen Wesens beitrugen als selbst die Deutschen im Reiche. Insbesondere in den letzten Jahren nach dem Ersten Weltkrieg."

„Das ist – leider Gottes – so", bestätigte Hoffmann resigniert.

„Nichtsdestoweniger", sprach ich weiter, „glaube ich nicht, daß das spezifisch sächsische System auf die hiesigen Verhältnisse angewandt werden könnte. Die Einwanderung nach Amerika vollzog sich und vollzieht sich auch heute noch unter anderen Voraussetzungen, als das bei den Sachsen in Siebenbürgen im zwölften Jahrhundert der Fall war.

Nach den Privilegien, welche die Siebenbürger Sachsen erhielten und die von den jeweiligen ungarischen Königen immer wieder erneuert wurden, bildeten diese sozusagen einen Staat im Staate. Zu so großherzigen Vorrechten konnten sich die damaligen ungarischen Könige um so leichter entschließen, weil sie ja auf Grund der häufigen feindlichen Einfälle in Siebenbürgen niemals recht wußten, wie lange ihre eigene Herrschaft anhalten würde, geschweige denn jene einer Handvoll Sachsen.

Andererseits wurden die Sachsen ja auch in Gebieten angesiedelt, wo es kaum Ungarn zu sehen gab, wohl aber Walachen und nomadisierende Zigeuner. Unter solchen Umständen war es vielleicht sehr schwer, sich gegen ein räuberisches Gesindel zu erwehren, aber es war weniger schwer, dem angestammten Volke treu zu bleiben.

Das sollte allerdings mit der Erstarkung der madjarischen Staatsidee anders werden. Nur zeigte es sich dabei, daß es unsere Sachsen nicht allein mit ihren Pflichten dem Staate gegenüber ernst meinten, sondern auch mit ihren verbürgten Rechten. Sie behaupteten sich, allen gegnerischen Winkelzügen zum Trotz, bis zum Zusammenbruch der Donaumonarchie.

Wesentlich schwieriger gestaltete sich deren Lage nach der Übernahme des Imperiums durch die Rumänen Ende 1919. Wohl auch deshalb, weil die im Banat und im Sathmargebiet lebenden Schwaben nicht so stramm organisiert waren wie die Siebenbürger Sachsen und darum eben das zielbewußte Zusammenarbeiten der beiden Stämme in Rumänien gefährdeten."

„Woran lag es, daß die Banater Schwaben weniger stramm organisiert waren als die Sachsen? Welche Einflüsse beziehungsweise welche Hindernisse sind hierbei ausschlaggebend gewesen?" erkundigte sich Hoffmann.

„Die Notwendigkeit des engeren Zusammenschlusses fiel bei den Schwaben vom Anbeginn ihrer Ansiedlung weg."

„Wieso?"

„Wir Schwaben im Banat haben vor 200 Jahren keine Privilegien gebraucht, weil man uns einfach von einem Ende des Heiligen Römischen Reiches Deutscher Nation an das von den Türken befreite andere Ende versetzte. Einzig und allein die schwierige Lage, in der sich die von allen Seiten bekämpfte Kaiserin Maria Theresia bei ihrer Thronbesteigung befand, kann dafür verantwortlich gemacht werden, daß das Banat, kaum 20 Jahre nach der Befreiung vom Türkenjoche, an die Ungarn abgetreten wurde. Aber auch das nur dem Namen nach. In Wirklichkeit wurde das Banat auch weiterhin von Wien aus verwaltet und fand nach dem Tode Maria Theresias in Joseph II. einen begeisterten Förderer."

Kurz nachdem der Zug die Station Ypsilanti passiert hatte, unterbrach mich Hoffmann mit dem Vorschlag, unsere vorstehende Sitzgelegenheit, in der sowieso niemand saß, umzudrehen, damit wir uns gegenübersitzen und, in Anbetracht des gewaltigen Gerassels, leichter verstehen könnten. Als dies geschehen war, drang Hoffmann in mich, mit meiner Erzählung fortzufahren, weil sie seine Neugierde in hohem Maße erregt habe. Und ich fuhr fort:

„Fühlbar trat die ungarisch Einflußnahme erst in der zweiten Hälfte des vorigen Jahrhunderts auf. Zu jener Zeit waren die Schwaben im Banat und in der Batschka aber von allem Deutschen schon so abgesondert, daß ihnen in ihrer hermetischen Abgeschlossenheit fast nichts weiter übrig blieb, als mit den Ungarn gemeinsame Sache zu machen. Den mächtigsten Auftakt hierzu bildete der Freiheitskampf in Ungarn im Jahre 1849, in dessen Folge die damalige österreichische Regierung aus den obengenannten Provinzen eine serbische Wojwodschaft und keine deutsche Grafschaft machte, wie das die Schwaben auf Grund ihrer gewaltigen Leistungen mit Recht erwartet hatten.

In ihrer Zurücksetzung griffen die Schwaben nach der ersten ihnen dargebotenen Freundeshand, und die war damals entschieden die ungarische. Nun sieht man sich bekanntlich einem Freund gegenüber niemals so ernstlich vor, wie man das einem Widersacher gegenüber tut. Und so geschah es, daß die Schwaben nahe daran waren, im ungarische Volkstum aufzugehen. Aber auch das bezog sich vorerst auf die Intelligenz, die Städter, auf die sogenannten Herrischen, denen ja bekanntlich die ägyptischen Fleischtöpfe immer als höchstes Ideal vorschweben.

Das Landvolk, mit seiner deutsch bearbeiteten Scholle ist Gott sei Dank bis zum heutigen Tage deutsch geblieben und wird es sicher auch weiter bleiben."

„Glauben Sie wirklich, Herr Gaenger, daß sich ihre Schwaben da unten in Rumänien und Jugoslawien für alle Zeiten behaupten werden?"

„Für alle Zeiten ist ein großer Ausspruch. Wenn sich unsere Schwaben nur so lange behaupten können, wie uns die Siebenbürger Sachsen ein glänzendes Beispiel von Volkstreue lieferten, dann ist schon viel für die gesamtdeutsche Kulturleistung gewonnen. Denn darauf kommt es jedenfalls an."

„Sie müssen ein großer Optimist sein, wenn Sie trotz der hier gemachten schlimmen Erfahrungen immer noch an eine geschlossene Kulturgemeinschaft glauben können."

„Warum sollte ich das nicht? Ich selbst bin ja Deutscher."

*

„I suppose so", ließ sich plötzlich eine Stimme aus dem Hintergrund vernehmen. Sie gehörte einem jungen Manne, der in seiner Erscheinung vieles mit Hoffmann gemein hatte: blondes Har, hellgraue Augen, gefällig proportionierte, wenn auch markante Züge und bei aller Schlankheit die Glieder eines Athleten.

„Pardon me when ick störe", entschuldigte sich der Fremde, als er festen Schrittes auf uns zukam und sich vorstellte. „Ick heiße", sagte er dann in gebrochenem Deutsch, Charles Wildbaugh; aber wollen sie mick rufen only Charlie.

„Wie schreiben Sie Ihren Familiennamen?" erkundigte ich mich, weil mir der scheinbar englisch klingende Name zu deutsch vorkam.

„Sehen Sie, das ist like that", begann Charlie seine oft mit englischen Worten unterbrochene Erzählung, die dennoch ein klares Bild darüber gab, wie aus diesem schönen urdeutschen Namen Wildbach in der englischen Aussprache zunächst Weildbah geworden ist, um schließlich durch die englische Schreibweise Wildbaugh als deutscher Name aufgehört zu haben.

Die Zahl der auf diese Weise anglisierten Namen ist Legion; wobei die Zahl jener gar nicht mit inbegriffen ist, die ihren deutschen Namen bei der erstbesten Gelegenheit mit einem x-beliebigen englischen vertauschen.

In der Aussprache wird natürlich auch bei anderen fremdsprachigen Namen keine Ausnahme gemacht. So haben sich auch die Franzosen mit der Entstellung ihrer Namen abzufinden. Es wird dem Amerikaner nie einfallen, die französischen Namen Dubois, La Fayette oder auch Poincaré so auszusprechen, wie das die Franzosen tun und wir Deutschen es zu tun so peinlich bestrebt sind. Der Amerikaner sagt einfach Dubais, Lafiet und Painkehr; wie er ja auch Steuben nur Stuben oder gar Stjuben ausspricht und Hubel in Jubel verwandelt. Das hört sich dann genauso an, als wenn wir Deutschen statt Scheckspier Scha-kes-pe-are sagen würden.

Es ist aber auch für den nur englisch sprechenden Menschen ungemein schwer, solche Selbst- und Mitlaute richtig auszusprechen, die in der englischen Sprache niemals vorkommen. Wie zum Beispie ue, oe und besonders das ch, das der Amerikaner unbedingt ck aussprechen wird. Am schwierigsten scheint ihm der Umlaut ue zu sein, weil ein solcher im Englischen nicht einmal ähnlich lautend vorkommt, wogegen er oe wohl aussprechen kann, aber nur dann, wenn es als Vokal vor einem R steht, sonst kann er auch diesen Laut nicht aussprechen, wie das auch schon bei Charlie auffällig in Erscheinung trat.

Nach der Erzählung Charlies hatte sein Vater noch Wildbach geheißen, als er vor 40 Jahren aus Saarbrücken nach Amerika kam und sich in Gary, Staat Indiana, niederließ. Dort fand er Anstellung in einem Eisenindustrieunternehmen, wo er bis zu seinem vor sieben Jahren erfolgten Tode tätig war.

Charlie erblickte demnach bereits in Amerika das Licht der Welt. Er weiß von der deutschen Heimat nur soviel, was ihm seine Mutter im zartesten Kindesalter erzählt hatte. Und obwohl diese Erinnerungen seine schönsten waren und gewiß auch die nachhaltigsten, so vergaß er im Lauf der Jahre doch sehr viel. Seine Mutter starb nämlich, als Charie kaum zehn Jahre alt war.

Nachdem sich sein Vater aus Gründen, die Charlie unbekannt geblieben sind, nicht wieder verheiratete, wurde Charlie bei einer befreundeten Familie aufgezogen. Wiewohl auch diese Familie eine deutsche war, so kam es doch nur selten vor, daß die Eltern ihre Kinder anhielten, deutsch untereinander zu sprechen. Charlies Vater besuchte ihn wohl regelmäßig die Woche einmal und sprach mit ihm auch deutsch, nichtsdestoweniger zeigte es sich sehr bald, daß der Vater englisch mit dem Sohne sprechen mußte, wenn er restlos verstanden werden wollte.

Der härteste Schlag wurde dem deutschen Gefühle Wildbaughs durch den Weltkrieg versetzt. Kinder, die bis dahin wenigstens zu Hause deutsch sprachen, kamen auf Grund der feindseligen Haltung ihrer Schulkameraden immer mehr vom Deutschen ab und sprachen, oft allen Vorhaltungen ihrer Eltern zum Trotz, auch zu Hause nur mehr englisch.

Eltern, die ihre Kinder und dadurch auch sich selbst aus begreiflichem Grunde nicht dem Spott ihrer Nachbarn aussetzen wollten, glaubten für die Dauer des Krieges vom Deutschsprechen Abstand nehmen zu müssen. Sie sprachen, mit wenigen Ausnahmen, auch nur mehr englisch. Und als der Krieg zu Ende war, hemmte der auch weiterbestehende Antagonismus die Fortentwicklung des jäh abgebrochenen deutschen Familienlebens. Wer um diese Zeit seine zur Jugend herangereiften Kinder einigermaßen deutschen Idealen erhalten wollte, ließ diese sich in Turnvereinen betätigen.

Auch Charlies Vater drang darauf, daß sich sein Sohn dem edlen Turnsport widme, wofür ihm Charlie auch heute noch dankbar ist.

Solbald der junge Wildbaugh seine Schuljahre beendet hatte, bewarb er sich bei demselben Unternehmen um Arbeit, in dem sich auch sein Vater so viele Jahre hindurch zur höchsten Zufriedenheit seiner Arbeitgeber betätigt hatte. Die rasche Auffassung und die gewissenhafte Durchführung der ihm übertragenen Aufträge sicherten ihm den gewünschten Erfolg. Von Jahr zu Jahr rückte der strebsame junge Mann vor. Er ist gegenwärtig bereits Vorsteher in der Verkaufsabteilung seiner Firma.

Mit Austritt aus der Schule war aber auch ein anderes Ereignis für Charlie von einschneidender Bedeutung. Vater und Sohn lebten wieder zusammen unter einem Dach. Und es wurde wieder deutsch gesprochen. Allerdings haben sich solche Gelegenheiten nicht sehr häufig ergeben, weil Charlie als Verkäufer vielfach außer Haus war. Aber wenn er daheim war, sprach er mit seinem alten Vater nur deutsch. Nur mit der Aussprache, da haperte es. Aber auch dieses Manko wurde ausgeglichen durch den starken Willen, ein aufrechter Deutscher und ein guter Amerikaner zu sein. Wußte er doch, daß eines dem anderen keinen Abbruch tat.

Er hatte im Laufe seiner geschäftlichen Betätigung herausgefunden, daß gerade jene Deutschen die nützlicheren für Amerika waren, die ihre deutsche Eigenart nicht gleich Hals über Kopf von sich warfen, sondern daran festhielten. Und nachdem diese Erfahrung in den meisten Fällen zutraf, suchte auch er immer wieder mit Eifer jene Gelegenheiten wahrzunehmen und sich zunutze zu machen, wo deutsch gesprochen wurde. Als er daher mich sagen hörte, wie sich Sachsen und Schwaben tief unten in Europa Jahrhunderte hindurch deutsch erhielten, da konnte er dem Drang nicht widerstehen, sich an der deutschen Unterhaltung zu beteiligen. Er bat mich daher, in meiner Erzählung fortzufahren.

„Ja, und noch etwas", bemerkte Charlie rasch überlegend, „nennen Sie mick Karl, wie mick mein Vater immer rufte."

„Rief", verbesserte Hoffmann lächelnd.

„Danke!" sagte Karl verbindlich.

„Nun Karl, es freut uns, daß wir Sie nun auch mit ihrem deutschen Namen ansprechen können. Dieser Herr heißt Kurt Hoffmann", erklärte ich auf Hoffmann weisend, „und ich heiße Peter Gaenger, trotzdem meine Rufnamen als Peter, Petru und Pete kunterbunt abwechseln. Kurt ist in dieser Beziehung weit besser dran, weil Kurt in keine Fremdsprache übersetzt ist; nichtsdestoweniger wird sein Name hier Koert ausgesprochen."

„Namen wie Kurt, Otto, Siegfried, Detlev, Sieglinde, Inge und manch andere Namen werden in letzter Zeit von Deutschen in den von Österreich und Ungarn abgetrennten Gebieten mit Vorliebe angenommen, um einer eventuellen Verunzierung der Vornamen vorzubeugen."

„Auf was ist der merkwürdige Gegensatz zwischen den Deutschen in Südosteuropa und jenen in Amerika zurückzuführen?" erkundigte sich Hoffmann lebhaft, der sehr wohl wußte, wie hier aus einem Karl ein Charlie und aus Hans ein John wird.

„Vor allem auf die allgemeinere Verbreitung der deutschen Sprache in Europa, die dort überall viel gesprochen wird. Also nicht allein von den Deutschen im Reiche, in Österreich, in der Schweiz und von den zu Millionen zählenden Deutschen Minderheiten in den verschiedenen Ländern, sondern auch von Ungarn, Franzosen, Schweden, Russen usw., während die Zahl jener Amerikaner gewiß sehr gering ist, die neben der Staatssprache auch noch deutsch oder überhaupt eine andere Sprache reden können."

„Wir sind hier nicht in jener engen Verbindung mit Deutschland, wie sie nun einmal in Europa besteht. Deutschland ist nämlich auf Grund seiner geographischen Lage das Herz Europas. Es haben demnach Fremde Deutschland schon geschäftshalber weit öfter zu besuchen oder zu passieren als irgend einen anderen europäischen Staat. Und gerade diese Tatsache ist vielfach für die weitverzweigte Ausbreitung der deutschen Sprache ausschlaggebend.

„Es mag darum nicht wundernehmen, wenn wir erfahren, daß die meisten Staatsmänner französisch wohl radebrechen, aber deutsch perfekt sprechen. Das hört sich allerdings gerade bei solchen Verhandlungen recht komisch an, wo gegen alles Deutsche Stellung genommen wird, wie das bei Völkerbundsitzungen schon häufig der Fall war."

„Ja", versetzte Hoffmann eifrig, „ich kann mich noch sehr gut erinnern, welchen Schwierigkeiten Benesch mit dem notwendigen Gebrauch der französischen Sprache ausgesetzt war. Er soll später übrigens nur mehr deutsch gesprochen haben."

(...)

Erwachende Triebe

Hohl knistert unter meinem Tritt der Schnee,
Und glitzernd haftet Rauhreif an den Bäumen.
Wo ich auch immer bin; wohin ich geh',
Liegt die Natur in wunderholdem Träumen.

Sie schläft, umhüllt von dumpfer Wolkenschicht,
Inmitten all dem winterlichen Grollen
Und birgt ihr herbstgeblichnes Angesicht
Ermattet in das Bett vereister Schollen.

Zuweilen ringt ein Seufzer sich empor,
Um – ach! – die blei'rne Schwere zu bezwingen
Und den so hartnäckigen Nebelflor
Mit lebensfrischem Ansatz zu durchdringen.

Dann wird es still. Allein im Purpurblut
Regt sich erneut das wachsende Behagen,
Den Frühlingsdrang mit zeitgebotnem Mut
Nach jedem Erdenwinkel hinzutragen.

Erich Georg Gagesch
Bernhardsthal – Singen

Erich Georg Gagesch wurde am 17. März 1952 in Bernhardsthal/Österreich geboren. Aufgewachsen in Rosenau/Siebenbürgen und in Hellburg/Banat. Kantoren und Organistenschule in Alba-Julia, Studium bei Prof. Franz Xaver Dressler in Hermannstadt. Von 1971-77 hauptberuflich Kirchenmusiker in Groß-Sankt-Nikolaus/Banat. Seit 1977 in Singen als Organist, Chorleiter, Musiklehrer, Katechet tätig. Studium am Institut für Theologische Pastorale, Freiburg. Seit 1980 freischaffender Künstler. Als Komponist: zahlreiche Uraufführungen, z. B. Chorwerke, Lieder, Orchesterwerke. Literarische Veröffentlichungen: „... und die Wahrheit bewegt uns doch", 1991; „... denn unsere Sehnsüchte sind schmetterlingbezogen", 1992; „Drunten in der grünen Au", Liederbuch mit Liedgut aus dem Banat, 1993; „Nelly, die Kirchenmaus. Weihnachtsgeschichten", 1994; „Auf dem Weg zum Regenbogen". Geschichten und Gedichte, 1995; „Jojos Abenteuer am Bodensee", Kinderbuch, 1996; „Locki, das hinkende Lamm", Weihnachtsgeschichten, 1997; „Die Wackersteine vom Bodensee". Eine Parabelgeschichte, 1998; „Bischof Radolt und die heiligen Hausherren von Radolfzell", Kinderbuch, 1999; „Audifaz und Hadumoth". Kinderbuch nach dem Roman 'Ekkehardt' von J. V. v. Scheffel. Mitgliedschaften bestehen beim Banater Musikerkreis, in der Künstlergilde Esslingen, im Deutschen Komponistenverband und bei der Landsmannschaft der Donauschwaben. 1988-92 war er Vorsitzender der Landsmannschaft der Banater Schwaben, Kreisverband Konstanz.

Schwenglbrunne

De Brunne mit dem holzne Schwengl,
dort, an sem morsche Gartezaun,
de heer ich quietsche, heer en pleetschre,
de sieh ich heit noch oft im Traum.

Oh kennt ich wie vor viele Johre
noch eemol uff seim Rand dort ruhn
un stunnelang ins Wasser schaue
un gar nix anneres meh tun.

Un all mei Sorche wie en Steenche
dort in die Tiefe falle sehn.
Ach, kennt die Stund forr alle Zeite
stehnbleiwe, nimmer weidergehn.

Eemol noch

Kersche stehle,
sich im Stenglschuuwer verstecke,
faul im Hai ausstrecke
un herzhaft lache.

Eemol noch
spille im klitschriche Grawe,
uff de weidi Heed rumjage
un bloßfiißich sin.

Eemol noch
uff Maulbierebääm nufsteie,
in de Nacht uff sem Lieschebett leie
un sorglos schloofe.

Eemol noch ...
e Kind sin.

Spill

Stenglpupp un Bobeflecke,
Peitsch fers Peerd un Reiderspill,
Gummipuschke, Fetzepaale,
All des Zeig kost a net vill.

Fittschepfeil un Eisereife,
A e Schaukl us em Brett,
Un de Schubkarre, seln alde,
Wenn mer den doch heit noch hätt.

Geern am Brunne, an de Tränk,
Uff em große Haufe Sand
Un am abgestellte Waage
Han mer gspillt, sin rumgerannt.

Han versteckt uns a im Schuuwer,
Uff de Bääm, im Stroh, am Dach,
Un am Kukruzkorb dort owe
Han mer gmacht e Heidekrach.

Grennt sei mer, wer konnt uns halde,
Raus an d' Kaule un uffs Feld.
Uff de Huttwett konnt mr towe,
Des war 's Scheenste uff de Welt.

Heimatmuseum

Leblose Mauern
beherbergen
all jenes,
was einst Menschen
das Liebste,
das Kostbarste war.

Öde Zimmer,
in denen nutzlos
verstaubt
all jenes,
was einst Menschen
zum Leben,
zur täglichen Arbeit
benötigten.

Heimatmuseum!
Doch mehr
als sentimentale Erinnerung?

Heimatmuseum!
Eine Warnung
an uns alle,
Werte unserer Ahnen
nicht leichtfertig
auf dem Sperrmüll
der Gegenwart
zu verbrennen.

Tote Dinge
besitzen
die unheimliche Kraft,
Erinnerungen wachzurufen
an Zeiten,
Ereignisse,
an Menschen,
die längst verblichen sind.

Was geblieben

Ein altes, vergilbtes Bild
an der Wand,
mit Menschen,
in strenger Ordnung aufgestellt,
in für uns
bereits fremder Tracht.

Eine holzwurmzerfressene Wanduhr,
herübergerettet
aus der Vergangenheit,
die uns genauso unaufhaltsam
die Stunde schlägt.

Ein verrostetes Bügeleisen,
das ausgedient,
zweckentfremdet,
zur nostalgischen Dekoration
abgewertet.

So bannen wir
die Geister der Vergangenheit um uns,
versuchen,
uns selbst betrügend,
unser von Irgendwoher
für jene wenigen Augenblicke
der Sehnsucht
festzuhalten.

Hydra

Neun Köpfe haben wir, wie Hydra, schrei'n VERLANGEN
nach MEHR, das uns das Leben geben muß.
Bescheidenheit ist heute keine Zierde,
es wächst schon himmelhoch die Gier nach Freude und Genuß.

Im Lächeln des SOEBEN JETZT erfüllten Wunsches
steckt tief bereits die Angst der Unerfüllbarkeit
der stets sich doppelköpfig neu gebärenden Begierde.
Um sie zu stillen, bleibt uns jetzt noch wen'ger Zeit.

So stirbt im NOCH MEHR nicht allein die Träne,
es siecht auch hin das Lächeln im Gesicht.
Zufriedenheit und innere erfüllte Ruhe
erreichst allein mit HABEN du im Leben nicht.

Handlung

Wir tragen zusammen
unsere Vergangenheit,
den Lebensinhalt
unserer Ahnen.

In der Mitte des Hofes
machen wir daraus
Kleinholz,
entzünden alles nochmals
zu lebender Glut.

Asche ist dein Schicksal,
verrotteter Holzpflug,
verrostete Egge,
nutzlos gewordene Heugabel,
ausgedientes Pferdegeschirr,
gebrochenes Wagenrad.

Wir blicken stumm
in die erlöschende Glut,
dann packen wir zwei Koffer,
kehren unserer Herkunft den Rücken,
schreiten hinaus
in die uferlose Zukunft.

Abschied

Ich breche vom Zaun das leise Wehklagen,
das letzte Grün vom alten, selbstgepflanzten Baum,
und aus dem Brunnen trinke ich den letzten Tropfen,
mir ist's, als wäre alles nur ein Traum.

Die Erde trägt noch einmal meine Schritte,
die Tür fühlt leise klagend meine Hand,
mit meinem Blick berühr' ich nochmals alle Dinge,
bevor ich ziehe in ein fernes Land.

Mensch,

wie groß bist du!
Du hast dir die Macht genommen,
weltvernichtende Bomben zu bauen,
alleszerstörende Gifte zu entwickeln,
nie wiedergutzumachendes Unheil
in die Welt zu setzen.

Doch ...
du hast nicht einmal die Fähigkeit,
das kleine Samenkorn eines Grashalmes
zu erschaffen
und das Geheimnis seines Werdens
in es hineinzulegen.

Ziegenmilch

„In dr Not freßt dr Teiwl ach Micke."
(Banater Sprichwort)

„Tolvoi doamne! Was machen wir jetzt?" jammerte mein großer Bruder und strich sich, sichtlich nervös, immer wieder über das zerzauste Haar.

Seine Nerven waren auf das äußerste strapaziert und seine Geduld im Eimer. Übrigens im Milcheimer, den er unbenutzt, sozusagen zweckentfremdet, in der Hand hielt.

Aus dem Ziegenstall aber ertönte noch immer das ununterbrochene Gezeter und Gemecker unserer blöden Ziege, die sich nicht um alles in der Welt melken lassen wollte.

„Was fange ich bloß mit dem verdammten Vieh an?" knirschte mein Bruder durch die Zähne. Ich kann sie doch nicht drei Tage lang ungemolken lassen!" Ich, als sein kleiner Bruder, zuckte bloß mit den Schultern, ganz auf meinen großen Bruder vertrauend und auf jene himmlische Erleuchtung hoffend, die ihm als Philosophie- und Theologiestudent gewiß geschenkt werden würde. Außerdem hatte ich noch nie gemolken. Nur er, der große Bruder, der sowieso alles besser konnte, hatte es schon öfters im Beisein unserer Mutter gelernt und getan, um in solchen Fällen, wenn Mutter für mehrere Tage verhindert war, die Notsituation zu überbrücken. Da sollte er die Quelle des weißen Saftes, sozusagen den Saftladen, bedienen.

Nun war dieser Fall zum ersten Mal eingetreten. Mutter war verreist. Wir waren die Hausherren und Verwalter des ganzen Hofes, des Hauses, des Gartens und der ganzen Viecherei. Und wir taten unsere Arbeit gewissenhaft, pünktlich, zur Zufriedenheit aller zwei- und vierbeinigen Geschöpfe, welche sich im Stall und im Hof herumtrieben.

Alle waren versorgt, nur sie nicht, die Ziege.

Oh ja, fressen wollte sie schon, aber melken wollte sie sich nicht lassen. Nicht von ihm, meinem Bruder.

„Rufen wir doch unsere Nachbarin, vielleicht läßt sich die Ziege von ihr melken!" wagte ich zu sagen, als ich merkte, daß die erhoffte Erleuchtung wohl anderwärts beschäftigt war.

„Ach geh!" sagte er in wegwerfendem Tonfall und klopfte, noch immer scharf überlegend, mit dem Finger auf den Boden des Milchkübels.

„Probieren wir es halt noch einmal. Ich halte sie an den Hörnern fest!"

„Das hat doch keinen Zweck. Du hast es ja gesehen!" Wieder trat Stille und angestrengtes Überlegen ein.

„Ich hole ein Körbchen voll Maiskörner! Oder einen Krautkopf?"

Nein, ich sah es gleich an seinen Zügen, dieser Vorschlag fand keine Gnade in seinen Augen. Warum sollte er auch? Schließlich hatten wir es in der Form bereits zweimal probiert.

Ich verstummte also völlig vor solch einem gewaltigen und unlösbaren Problem, das ungemolkene Ziege hieß. Meine Gedanken schweiften etwas ab, und ich dachte an das aufgeschlagene Karl-May-Buch, das in der Küche lag und darauf wartete, weitergelesen zu werden. Wie leicht hatten es doch Winnetou und Old Shatterhand. Welch leichte und unbedeutende Entscheidungen mußten sie, die beiden Helden des wilden Westens, in ihrem Kampf gegen die wilden Horden der feindlichen Indianer treffen. Was war dies schon im Vergleich zu unserem gerechten Kampf gegen eine störrische Ziege.

„Also komm, wir versuchen es noch einmal. Du hältst sie bei den Hörnern fest", sagte mein Bruder schließlich.

Wie die tapferen sieben Schwaben zogen wir mit neu aufkeimender Hoffnung in den Stall. Ich bedauerte bloß, daß wir nicht sieben waren. Denn gerade dies wäre, nach meiner schnell aufgestellten mathematischen Berechnung, die richtige Zahl gewesen. Zwei an die Hörner – denn zwei hatte dieses Urvieh –, vier gleichmäßig verteilt an die Beine und der wackerste Siebte an die Quelle. Alle Gefahrenzonen wären somit unter Kontrolle gewesen. Doch nun mußte ich allein die Aufgabe der ersten Sechs übernehmen und das gehörnte Tier festhalten. Er, mein Bruder, aber durfte an die milchspendende Quelle.

Als wir die Stalltür öffneten, schlug uns sogleich die ungedämpfte Fülle und Lautstärke des nicht zum Stillstand geratenen „Määähs" der Ziege entgegen.

Noch verstört und gewarnt von unseren vorangegangenen Versuchen, ging die Ziege bei unserem Anblick sogleich in Verteidigungsstellung über. Sie spreizte die Beine, senkte den Kopf und setzte zu einem weit fürchterlicheren Lamento an.

Wir begannen uns mit heuchlerischem, schmeichelndem Zureden dem verdammten Vieh zu nähern und versuchten es etwas zu besänftigen.

Mein Bruder hielt den Melkkübel vorsichtig hinter seinem Rücken versteckt, hoffend, daß das Vieh so blöd wäre und es nicht merkte.

Mein Mut, der sich irgendwo zwischen Herz und Hosenboden verklemmt hatte, wußte nicht so recht, ob er nach oben oder nach unten sollte, jedoch war die augenblickliche Tendenz eindeutig und stark fallend.

Wir brachten uns nun unsererseits auch in Position, um in einem vermeintlich günstigen Augenblick zuzupacken.

Es wäre gewiß einer wissenschaftlichen Beobachtung wert gewesen festzustellen, wieviele Teufel in solch einem Augenblick in eine gehörnte Ziege fahren können.

Wir hatten sie kaum richtig bei den Hörnern gefaßt, da rüttelte und schüttelte sie uns derart durcheinander, daß uns Hören und Sehen verging.

Wir versuchten, sie an die Wand zu drücken, um nur noch an der einen Seite Kraft anwenden zu müssen. Und tatsächlich: Nun plötzlich hielt sie still!

Vorsichtig übergab mein Bruder mir auch sein Horn. Nun war ich ganz allein mit dem Vorderteil der Ziege, die mich mit ihren treuen Augen, na ja, wie soll man es ausdrücken – halt blöd anstarrte.

Ich wollte eben erleichtert durchatmen und meine gespannte Muskelkraft etwas lockern, als mein Bruder jene berüchtigte Stelle berührte, aus dem dieses Urvieh Milch zu geben pflegte.

Sogleich ging das ganze Fahrgestell nach hinten los. Der Kübel flog in weitem Bogen zur Stalltüre hinaus, und der Melker saß am A..., das heißt am Arbeitsplatz und kapitulierte.

Ich gab nun auch, so schnell es ging, meine Stellung auf und floh durch die Stalltür hinaus ins Freie, verfolgt vom triumphierenden Geplärre der siegreichen Ziege.

Wie ein Häufchen Elend standen wir beide nun da und wußten uns keinen Rat mehr. Nur eines wußten wir, das Problem mußte gelöst werden.

„Blödes Vieh!" fluchte ich und fügte gerechtfertigt durch eine solche Notsituation noch einen ungarischen Fluch hinzu, stellvertretend auch für meinen Bruder, der ja als Theologiestudent sich einer solchen Ausdrucksweise nicht bedienen durfte.

„Blöd ist sie!" knirschte er nun auch, mich ausnahmsweise bestärkend. Kaum hatte er jedoch dieses „Blöd ist sie" ausgesprochen, da ging plötzlich ein himmlisches Leuchten über seine Züge. Er drückte mir den Melkkübel in die Hand und rannte ... ja er rannte tatsächlich, in die Sommerküche.

Verdutzt und unschlüssig, ob ich ihm nun folgen sollte oder nicht, blieb ich stehen und wartete.

Das Geschrei der Ziege setzte wieder ein, und ich wollte eben „Verdammtes Mistvieh, halt 's Maul" sagen, als mir diese Anweisung wortwörtlich gesagt im Halse stecken blieb, denn in der Tür der Sommerküche stand meine Mutter.

Ich traute meinen Augen nicht. Ja, sie war es!

Sie winkte mir zu und kam etwas humpelnd näher.

Ja, sie war es ... war es nicht!

Es war mein Bruder! Er war in Mutters Arbeitsrock geschlüpft, hatte sich ihre Schürze umgebunden, ihr Kopftuch aufgesetzt und sogar die zertretenen alten Hausschuhe angezogen.

Ja, da stand er nun, mein studierter, von göttlicher Eingabe strahlender Bruder! Er nahm mir den Melkkübel aus der Hand, sagte siegessicher: „Du bleibst da!" und zog in den Stall hinein.

Das erste vielversprechende Ergebnis stellte sich sogleich ein. Das Gezeter der Ziege verstummte, und dann hörte ich tatsächlich das Zischen des Milchstrahles, wie er auf den blechernen Boden des Kübels traf.

Sollte wirklich ...? Ich konnte meine Neugierde nicht länger zurückhalten und schlich vorsichtig und bedächtig näher, wagte gar einen informativen, kurzen Blick in das Innere des Stalles.

Ja, ja, da stand sie, seelenruhig und still, regungslos und folgsam, blickte meine komische „Mutter" irgendwie blöd und verwundert an und machte nur noch trocken und kurz „mäh, mäh".

Seither läuft mein Bruder täglich zweimal als umsichtiges Mütterchen im Weiberrock, mit Kopftuch und Schlappen, in den Ziegenstall, um das liebe vierbeinige Vieh zu melken!

Die kraftlose Kuh

„Is de Tippe noch so schepp, es find sich immer e Deckl dazu."
(Banater Sprichwort)

Jeden Morgen, wenn die Dunkelheit der Nacht noch die Häuser und Straßen des kleinen schwäbischen Dorfes auf der „Banater Heed" einhüllte, stand die Lisi Ves auf, um ihre Kuh zu melken. Anschließend mußte sie mit der Milchkanne den weiten Weg durchs Dorf laufen, um bei der staatlichen Genossenschaft, bei der „cooperativa", ihren täglichen Milchsoll abzuliefern.

Diese lästige Zwangsabgabe wurde auch ihr, wie so vielen anderen Bauern, im vergangenen Jahr von Staats wegen auferlegt. Das führte dazu, daß noch mehr Bauern ihre letzte Kuh im Stall verkaufen mußten, denn wer plagt sich schon gerne für nichts und wieder nichts?

Die Lisi Ves aber hing sehr an ihrer Kuh und wollte sich keinesfalls von ihr trennen.

Eine Kuh im Stall war ja auch mehr als nur eine Kuh. Es war auch ein Stück Selbständigkeit, ein letztes Stück von dem, „was frieher mool woor".

Doch jeden Morgen ärgerte sie sich über diese zusätzliche Arbeit, die ihr das Abliefern der Milch bereitete, und natürlich auch über den damit entstandenen Verlust. Denn viel zu wenig bekam sie für die Milch bezahlt. Jeder Nachbar hätte ihr mehr dafür gegeben und hätte dabei die Milch sogar noch bei ihr abgeholt.

So kam es immer häufiger vor, daß sie aus diesem täglichen Ärgernis heraus des öfteren vergaß, das Spülwasser aus der Milchkanne auszuleeren, bevor sie die neue Milch einfüllte.

So wurde die „Milchkandl" mit der abzuliefernden Milch viel schneller voll, und es blieb auch für sie oder den einen oder anderen Nachbarn noch etwas übrig.

Den kritisch prüfenden Augen des Angestellten, der die Milch entgegennahm, war der wässrige Saft längst aufgefallen, doch die Lisi Ves zuckte immer nur mit der Achsel und sagte: „Mei Kuh hat so schwachi Milich, ich han halt nix Gscheids zum Fiidre."

Dieses Spiel wiederholte sich nun schon seit Wochen, und die Milch verdünnte sichtlich. Der Angestellte wurde immer ärgerlicher, denn bei solch einer dünnen Milch wurde ihm die Möglichkeit genommen, selbst etwas Wasser nachzufüllen und sich so ein kleines Taschengeld dazu zu verdienen.

„Babo, ai pus apa in lapte?"[1]
„Ich, apa? Vai doamne! Ich nix apa pus![2] Mei Kuh kann's net besser!"

So versuchte sie mit ihren bescheidenen Kenntnissen dieser für sie recht komplizierten Sprache, dem amtlichen Halsabschneider ihre Unschuld zu beteuern.

Eines Morgens, sie war eben erst aus dem warmen Federbett gestiegen, schlug ihr Hofhund an und tobte wie besessen, als würde schon so zeitig ein Bettler vor dem „Gasseterche" stehen.

Sie wußte sogleich, daß es ein Fremder sein mußte, sonst würde der Hund niemals so einen Spektakel machen.

Sie öffnete vorsichtig. Vor Schreck blieb ihr das „Gutte morje" im Hals stecken. Vor ihr stand der Herr Inspektor und hielt ihr ein Milcheichgerät unter die Nase.

Er erklärte ihr rumänisch, was er eigentlich wollte. Sie verstand kein Wort und wußte doch genau, daß das Spiel mit der verdünnten Milch nun wohl sein unrühmliches Ende finden würde.

Also sagte sie ganz einfach: „Is schun gut, ich hol 's Melkschaffl."

In der leisen Hoffnung, doch noch einen Ausweg zu finden, machte sie sich im Schneckentempo an die Arbeit.

Sie holte den Melkschemel, den Kübel und füllte Wasser in einen Krug, mit dem sie das Euter der Kuh abzuwaschen pflegte.

Sie tat heute etwas mehr als üblich hinein, schließlich konnte man ja nie wissen.

Der Inspektor, der vor der Stalltür ungeduldig wartete, wollte beim Anblick des Wassers gleich handgreiflich werden. Aber da hatte er nicht mit der Sturheit einer Lisi Ves gerechnet. Sie schubste ihn, sich ihres Heimvorteils und ihrer noch unbewiesenen Schuld bewußt, zur Seite, legte mit einem kräftigen Fluch los, wohlgemerkt diesmal der rumänischen Sprache mächtig, und erklärte ihm unsanft auf „schwowisch": „Des brauch ich fer die Tutle abwesche, oder is eich alles eens, ob die Milich sauwer oder dreckich is?"

Als er dann schließlich sah, welche Prozedur mit dem Wasser vollzogen wurde, erkannte er sein Unrecht und sagte bloß: „Bine, bine babo, acu înţeleg."[3]

Er achtete aber zugleich mit Argusaugen darauf, daß jeder Tropfen dieses Wassers weggeschüttet wurde und der Melkkübel in trockenem Zustand unter das Euter gehalten wurde.

Nun zischte die Milch in dünnen Strahlen in den Kübel und schlug schäumend weiße, große Blasen.

Der Duft der frischen Milch füllte den Stall und versetzte den Inspektor in euphorische Siegesstimmung.

Als er jedoch merkte, wie langwierig ein solcher Melkprozeß sein konnte, vor allem wenn die Bäuerin es wahrhaftig nicht eilig hatte, wurde er immer ungeduldiger. So dachte er, eine „Marasesti"[4] anzünden und den blauen Dunst so vor sich hinpaffen, wäre doch der rechte Zeitvertreib.

Doch wiederum hatte er die Rechnung ohne die Bäuerin gemacht, die ihn abermals unsanft anfuhr und ihm unmißverständlich zeigte, wohin er sich mit seiner Zigarette zu begeben hätte.

So stellte er sich vor die Stalltüre, nachdem er überprüft hatte, daß im Stall keinerlei Wasserquellen oder sonst ein wässriger Vorrat vorhanden war, und paffte gemütlich den weißen Rauch in den noch kühlen Morgen hinaus. Dabei lauschte er dem ununterbrochenen Zischen der Milch und unruhigen Stampfen der Kuh, der die heutige Melkerei auch übermäßig lang vorkam. So entschloß auch sie sich zu weiteren Aktivitäten und entledigte sich ihrer allzumenschlichen ..., nein allzutierischen Bedürfnisse. Es schoß plötzlich ganz in der Nähe der hantierenden Bäuerin aus einer anderen Quelle ein neuer Strahl einer etwas weniger wertvollen Flüssigkeit hervor.

Dies wäre gewiß weiter nicht erwähnenswert, wenn die Lisi Ves nicht sofort die Stunde der Wahrheit erkannt hätte und mit einer flinken Bewegung ohne Zögern den Melkkübel unter diese neue, ergiebigere Quelle gehalten hätte.

So stieg der Pegel des Milchstandes um ein Beträchtliches an, der Fettgehalt der Milch sank, noch ehe der Inspektor auf schlechte Gedanken kommen konnte. Nun war die Melkerei flugs beendet, und der Inspektor konnte mit seinem Eichgerät wissenschaftlich den Saft dieses Rindviehs beurteilen.

Das Ergebnis war tatsächlich niederschmetternd.

„Eh, babo, acu am vazut ca ai vaca slaba"[5], sagte der studierte, staatlich examinierte Vertrauensmann und zuckte nun auch seinerseits die Schultern.

Die Lisi Ves aber fügte sogleich hinzu: „Ich han's schun immer gsaat, mei Kuh hat so schwachi Milich, domnule[6]. Ich kann to nix dafür, un gscheides Fuder han ich aa net."

„Bine, bine, babo"[7], sagte der Inspektor und erklärte ihr nun, so gut er eben konnte, daß sie ab heute der Milchablieferungspflicht amtlich enthoben sei, denn das Schicksal hätte sie eh schon hart genug bestraft mit einer solchen erbärmlich kraftlosen Kuh.

---

1   *Mütterchen, hast du Wasser in die Milch getan?*
2   *Ich, Wasser? Gott behüte! Ich kein Wasser getan!*
3   *Gut, gut, Mütterchen, jetzt verstehe ich.*
4   *Name einer Zigarettenmarke*
5   *Ach, Mütterchen, jetzt habe ich gesehen, daß du eine schwache Kuh hast.*
6   *Herr*
7   *Gut, gut, Mütterchen*

Klatschmohn

– Glutrote Sommersprossen
im wogenden Ährenmeer,
am Rande des staubigen Weges,
der ohne Wiederkehr
zu fernen, sich fortbewegenden Horizonten
führt.
– Klatschmohn,
dein einziger Sinn ist,
die Sonnenstrahlen
und den Wind
in deinem ständigen Nicken
aufzunehmen,
in der Zartheit deines Seins,
in den Farben deiner Schönheit
die Träume der Menschen
wachzuküssen.
– Deine Blütenblätter
sind standhaft
nur gegen das Streicheln des Windes,
nicht gegen die besitzergreifende Hand,
welche die Schönheit des Sommers,
in kalte,
herzlose Gefäße
zu zwängen gedenkt.

Die Quelle

– Da fließt und plätschert sie,
spricht dich leise an,
schenkt dir ihr erquickendes,
wohltuendes Naß,
als wäre für sie das ununterbrochene Geben
die selbstverständlichste Sache der Welt.
– Manchmal
begegnest du einem Menschen,
der einer solchen Quelle gleicht.

Alfred Garoescu †
Hatzfeld – Bonn

*Alfred Garoescu (Pseudonym: „**George Algar**") wurde am 11. Dezember 1934 in Hatzfeld (Banat/Rumänien) geboren. Seine Mutter, Irene Decker, mit der er heute in Bonn wohnt, war Hutfabrikantin, sein Vater Polizeichef. Er besuchte das Militärlyzeum in Temeswar und Curtea de Argeș, dann das Knabengymnasium in Cîmpulung-Muscel. Wegen der sozialpolitischen Vergangenheit seiner Eltern war er nach dem Militärdienst jahrelang arbeitslos und mußte seinen Lebensunterhalt mit dem Akkordeon verdienen. Danach war er als Arbeiter, Brigadier und technischer Kontrolleur tätig. Zwischen 1963 und 1968 Philologiestudium an der Temeswarer Universität; dann erster Redakteur in der Kulturabteilung der Zeitung „Orizont" in Rîmnicu Vîlcea, wo er Artikel über Literatur, Wissenschaft, Theater, Musik und Malerei schrieb. Er veröffentlichte seine eigenen Prosawerke und Gedichte in „Orizont" sowie in Zeitschriften wie „Astra" (Kronstadt, rum. Brașov), „Tribuna" (Hermannstadt, rum. Sibiu) und „Scrisul Bănățean" (Banater literarische Zeitschrift in Temeswar). Er bekam die Ausreisegenehmigung 1976, nach einem Hungerstreik seiner Mutter, die schon 1971 ausgesiedelt war, und kam mit Familie nach Deutschland. Kunstausstellungen (Zeichnungen, Gemälde und Wandmasken): Rîmnicu Vîlcea, Temeswar, Genf (Uni-Aula, 1985) und mehrmals in Bonn. Ein Teil seiner Gedichte wurde von dem bekannten Literaturkritiker Virgil Ierunca in der Zeitschrift „Limite" in Paris veröffentlicht. Zur Zeit beschäftigt er sich mit Malerei und Parapsychologie (paranormale Tonbandstimmen) und arbeitet an einem Roman. Alfred Garoescu starb am 6. Januar 2000 in Bonn.*

abend

die fenster im anmutigen licht der geschöpfe
aus der erinnerung des blinden
mit seinem spazierstock
arabesken auf dem gehsteig zeichnend
und der schrei des gelben trikots
von somnolenten bäumen verschluckt
wo kupferrote antlitze
zwischen den ästen noch flackern

irgendwo klimpert ein kind auf der harfe
und das glitzern der großen glocke
enthauptet die statue

öde ist der salon   alle im abend aufgelöst
nur auf dem fächer
das winzige monster mit filigranflügeln
geduldig den aufgang
der feindlichen konstellation belauernd

aus seinen abgründigen augen
in denen der wahnsinn
den zerplatzten ballon
der roten sonne Antares besudelt
rast ein lachblitz übers meer hinaus

ein schiff durchhastet die dunklen gewässer
auf der suche nach dem tal in den tropen

erde

kranke gestirne
in schnellem flug
auf stahlspitzen gezappelt

stalaktite
wurzeln der nerven

unter uns
erwachte aus der eiszeit
tief schweigend der Richter

modrige abstürze
auf ein gestade im dämmer

glitzern von neuem harnisch

hinterm kirchenfenster
die roten masken
von flammen verzerrt
und wieder steigt
durch den schlaf empor
der urväterliche chor
aus den nächten des steines

der fremde platz

gelb dröhnt der mittagsturm über der stadt
in glänzenden insektenschwärmen
reglose steinmenschen schweben um uns
wer aber braucht schon ihren verzweifelten schlaf
nur einen himmelsduft aus den tälern des anbeginns
und wir durchschreiten verloren den fremden platz
schwere blutstropfen schmücken unseren
von wespen vergifteten schatten   zwei lange reihen
unbekannter freunde behüten uns
mit goldenen früchten in den vorgehaltenen händen

verwirrt saugen die fenster des abends
die von aromen gefärbte luft
es naht die stunde der zugeschobenen riegel
aus schornsteinen erschafft die alte turmuhr
phosphoreszierende geschöpfe   und wir
erlöst   durch die vergessenheit gleitend

noch eine weile
und unsre durchsichtigen finger werden die Plejaden
einige tausend jahre früher berühren

**dein blick
der fernen jahreszeit entgegen**

für Ada

zerfetztes rot
zwischen masten im dämmerlicht
und die stadt genießt ihren rausch
giftpokale in diaphanen händen
der geruch abgestandener kanäle
danach ein bißchen zusammenfall

im leibe des fremden
glühen die augen der morgenröte auf
und er zertrümmert die letzten türme
mit erschrockener freude
die heiligen arbeitskleider anlegend

der fragile steg
mit deinem trugbild aus amber

so wie du zur mitternachtsstunde
nackt auf dem zichorienfeld geweint
scheint es aus dir
bloß die dünne Tauhülle geblieben

es ist das spiel der erinnerung
uns weiterhin durch den wirren festzug
der venezianischen laternen umherzuführen
mit der blumenstaubexplosion der phrenesie
unsere scheußlichen Masken bespritzend
bald dein aufgang   für alle zeiten
aus der bunten asche meiner lüsternen lieder

gebrochenes äquinoktium

dünne antennen lauschen
die uralte sprache der magier
im aroma unergründlicher hieroglyphen
und wenn dich die seltsamen sternlandschaften
in uns von einem fremden willen gezeitigt
noch bewegen können   so ist alles
durchs kurze verstummen der augen vergütet

zwei scheiben bläulicher kühle am himmel
und dein fleisch ersteht allmählich wieder
zum Sonnengruß
der fernen jahreszeit gemäß

Surya Namaskar

und das leben mit standhaften händen
die gaben des tages erntend

poesis

verwandeln wir die ziffern in schlangen

der runzelige pilz des tages
verschlingt den leib des erhängten
zertrümmert liegt die laterne
im zeichen des pentagramms

im umgebenden nichts
nur er
der weinende zauberkünstler

aus einem klavierglissando
schießt ein komet durch die nacht hinaus

weißer mond

die skythische kavalkade
am horizont versteinert

irrsinnszeit

wölfe in delirium
durchziehen den traum

jemand draußen
berührt die türklinke
und geht

nocturne

fremde dämonen in kurzer rast
auf dem blauen berg
anmutige schöpfung der nacht
mit lazulithgrotten
und bengalischen feuern

zum ewigen leben verdammt
nehmen sie ihr wandern wieder auf
jenseits der materie
durch den gelblichen anschein
der lunaren verzweiflung
bittere wüstenei
die das Auge so kalt
aus der höhe beschaut

in obskurer weite
der goldene kahn der verliebten
tief in den tod sich entfernend

plötzlich

der schrecken mit leeren augenhöhlen

tiefblau wirbelt am himmel
der weltmächtigen wahnsinn

weithinaus
jenseits der gewässer
zittern glutende türme

dazwischen gehen
dinosaurierskelette auf

rückkehr

jedem verlust
einen aufbruch gewidmet

heute
durchschreiten wir lodernd
die umarmung der alten
ehemals am burgtor
in brand gesteckten geister
und der regen
uns golden begleitend
zu unserer schattenkathedrale

nach dem orkan

dunkle furien verheerten sandwälle
und wir die gewalt der lüfte beschauend
es floß uns aber durch die adern
der wilde liquor ferner landschaften
mit riesenblumen und korallen

langsam erhebt sich aus den gewässern
der fragile Tag der Waage
leichte mondkugeln
lösen sich aus unseren augenhöhlen
in der indolenz des nachmittags
und schon sind wir Drüben
in dieser verblüffenden
hellvioletten frühe

durchs grüne pulver des meeres
die glühenden augen
der klippen mit medusenweichheiten

wir sind zuhause
oder in einem anderen Nirgendwo

am himmel unserer ekstase
der panther
die grotten des blitzes bewachend

gemäuer

noch überdauert in den tiefen des gesteins
die herrlichkeit uralter sonnen
und die silhouette des karneolgebirges
oben auf den kuppeln
erzählt das rote auge der vögel
begebnisse die für immer verborgen
anämische pflanzen kauen nachtbrocken
gehässig durchbohrt die blinde strassenlaterne
das morgengrauen
danach die irreale uhr im zenit
mit erstarrten zeigern

und nach und nach erscheint
schmerzlich wie eine kantilene
dein antlitz zwischen den mauern
aus zeiten die älter sind
als die einstigen sonnen

tiefsommer

die voluten agonischer vögel
im abhang des einstigen sommers eingraviert
wo der kräftigste baum
für ein paar särge gefällt

stumm vibrierten am ende der welt
die säulen des himmels
im weißen glockenschlag von nirgendwo
vergebens geschleudert die luftige brücke
zur heimat anderer nostalgien

die tränen der frauen
aus der Leidensnacht
und so bitter die erinnerung
an jenen tiefen
für immer geschenkten sommer
zart aber und grün der weg
zur hohen kerze auf dem gipfel des hügels
wo der umgebrachte baum die verlobung
der gekreuzigten bewacht
zwischen masken und karnivoren pflanzen

impression alpha

   rostfarbene rauchellipse
   regungslos
   über schwarzem rechteck

          sirenenpfeile durchstechen
          sonate in zitronengelb dur

   tropenhelm
   ratternd auf blau

          asiatenblicke
          zerreißen segel

jemand niest
kerze
auf flüchtigem minarett
erlischt

    purpurne wolke
    winzig
    verdunkelt schmetterlingsflügel

impression gamma

himmelspfeil schreit
grüne punkte hinaus

Saturns glocken zerknicken
die eleganz des horizonts

blaue lufttreppen
sich endlos kreuzend

weit oben
erblühen Yggdrasills lichter

Lamento

für die ungeborenen Geschwister

zuckungen der nachtspiegel
schreiten schwesterchen
und zahllose brüder vorbei
farbe und lärm durch den rauch

Abel   Abel
schmerzlich abwesender bruder
Cynthia
blonde schwester
zart wie eine hymne
für die reinheit des spitzbogens
und du Henry
rötlicher bart
und tapferes lachen

vergessen schlafen
auf dem unsichtbaren Baum
die schemen tausender geschwister
in der erwartung des blinden exodus
zum grünen bogen der zeit
und erträumen sich die fernen verkörperungen
in klaren himmelszeichen anderer sterne

wintervorhang

fracks mit transparentem
geruch alter straßenlaternen
die krone des königs – maske
neben dem strohbart
und die akteure
sich auflösend im frost

die häuser
aus der kälte geschnitten

nirgendwo
das knarren morscher treppen
bloß ein fenster mit eisblumen
von der agonie
einer kerze beleuchtet

die nacht
wackelt

stumme stühle
violinen für niemals
das rascheln
der seide vergessend
nur puppen
wimmern im dunkeln
gestorben
gestorben die narren

bitterlich schneit es im saal

nachtwärter
taschenlampe an
ringsum blitzen trompeten
mit trichtern in andren welten gesteckt
grüner schmetterling
aus dem gedächtnis des winters verjagt
zuckt auf blutrotem vorhang

leuchte aus
alter mann weg
ende

Exitus

noch zittern deine hände
immer weiter schwebend
zum rande der dauer

fremde tasten flüchtig berührt
ihr armen schmucklosen finger
und das erstandene lied
wird wann und dann in tauben tiefen tönen
kurz beschleunigend den gleichgültigen gang
einiger unbekannten aus anderen Zeiten

furchtbare schwellen trennen uns

immer verlorener
im Nichts der namenlosen bewegung
pure abwesenheit durch die fernen
eines wundersamen zeitalters gleitend
mit kinderchen die vergeblich von dir träumen

so wenig geblieben aus dir
für das endlose Jetzt
nur die nacht
von den krallen des schreies zerfetzt
hängt über dem einsamen bergsee

Nyram

die luft mit gallentropfen verschmiert

uhrzeiger
in eulenaugen
springen durcheinander

verschimmelte sterne gähnen
und fallen

gierig öffnet sich die muschel
aus dem gelatineberg
ihr aufschrei gelber dämpfe
schüttelt die gitter der unmöglichkeit

gemeine welt
im giftigen netz der spiegelungen

henker Gambros
mit dem bart von der fauna
eines stinkenden teichs zerfetzt
erwürgt mit zehn händen seine weiber

unterwegs

aromatischer frauenblick
aus einer mansarde
in der fremden stadt

flüchtiges
unerreichbares zuhause

dann der bahnhof
und die rückfahrt ins nichts

Franz Gaubatz
Mramorak – Eislingen

Franz Gaubatz wurde am 24. Mai 1931 in Mramorak (Banat/Jugoslawien) geboren. Vater Adam Gaubatz, Sohn des Schmiedemeisters Johann und der Magdalena, geb. Schiwald, aus Liebling. Mußte nach sechs Jahren die Schule abbrechen. Von April 1945 bis März 1948 Internierungslager. Danach Lehre im Schlosserhandwerk abgeschlossen im Ort Obrenovac/Serbien. Im Jahr 1954 Umsiedlung im Rahmen der Familienzusammenführung in die Bundesrepublik Deutschland. Von 1958-61 Ausbildung zum REFA-Fachmann. Anschließend Meisterprüfung im Schlosserhandwerk und Weiterbildung zum Schweißtechniker. Seit 1955 verheiratet mit Elisabeth, geb. Eisenlöffel, aus Kleinker/Batschka; zwei Söhne. Seit 1982 Mitglied des Mramoraker Heimatausschusses und dessen Schrift- und Karteiführer, wirkte bei der Herausgabe des Mramoraker Bildbandes mit. Seit Januar 1991 erscheint dreimal jährlich in einer Auflage von 1 300 Exemplaren eine Zeitung der Heimatortsgemeinschaft Mramorak, wo Franz Gaubatz die Schriftleitung versieht. Seit vier Jahrzehnten schreibt er Gedichte, Sagen und kleine Essays für verschiedene Heimatzeitungen. 1998 erschien sein Gedichtband „Heimatliche Erinnerungen".

Ungelöster Widerspruch

Stolz?
Wir sind stolz,
das ist ganz sicher,
auf unsere Arbeit,
auf unser Land,
auf das, was wir wissen,
und auf uns.

Wir brauchen den Stolz zum Leben.
Er ist unser täglich Brot.
Er schützt uns vor Feinden,
Heimweh
und der Angst zu versagen.
Er schützt uns und hält uns
und deckt viele Wunden zu.

Wir dürfen den Stolz nicht vergessen.
Wir strengen uns an.
Wir geben ihn weiter
an Kinder, Kindeskinder und an den Freund.
Aber mehr fühlend als wissend,
handeln wir ihn nur UNTER DER HAND –
denn Stolz und Wehmut sind Brüder,
die können einander nicht sehn.

Straße im Banat

Vielleicht bist du wirklich nicht schön gewesen.
Verstaubt und nach dem Regen schlammig.
Aber meine frierende Zärtlichkeit blieb an dir hängen
in den dunklen Kronen der alten Maulbeerbäume.

Jammerlager Rudolfsgnad

Der Nachtwind durch die Fugen pfeift,
Und auf dem Zimmerlager
Zwei arme Seelen gebettet sind;
Sie schauen so blaß und mager.

Die eine arme Seele spricht:
„Umschling mich mit deinen Armen,
An meinen Mund drück fest deinen Mund,
Ich will an dir erwarmen."

Die andere arme Seele spricht:
„Wenn ich dein Auge sehe,
Verschwindet mein Elend, der Hunger, der Frost
Und all mein Erdenwehe."

Sie küßten sich viel, sie weinten noch mehr,
Sie drückten sich seufzend die Hände,
Sie lachten manchmal und sangen sogar
Und sie verstummten am Ende.

Am Morgen kam ein Partisanenkommissar,
Und mit ihm kam ein braver
Mediziner, welcher konstatierte
Den Tod der beiden Kadaver.

Die strenge Witterung, erklärte er,
Mit Magenleere vereinigt,
Hat beider Ableben verursacht, sie hat
Zum mindesten dieses beschleunigt.

Wenn Fröste eintreten, setzte er hinzu,
Sei höchst notwendig Verwahrung
Durch wollene Decken; er empfahl
Gleichfalls ausreichend Nahrung.

Rückfahrt in die Heimat

In einem Zug möcht ich sitzen,
allein im Abteil,
und zurückfahren in die Vergangenheit.
Hast du alles recht gemacht,
nichts versäumt in deinen Lebensjahren?
Dreihundertmal würd ich mich fragen,
nicht mehr,
dreihundertmal ist noch zu ertragen.

In einem Zug möcht ich sitzen,
an einem Fensterplatz,
und nicht daran denken,
einst aussteigen zu müssen,
Halt an –
fahr nicht so schnell auf meiner Lebensbahn,
laß mich noch einmal den Freunden winken,
die ich gekannt –
im Vorüberfahrn ...

Donauschwaben

... Wir, die wir hier noch leben,
Vermögen nichts zu tun, als daß wir Ehre geben
Dem, der sie recht verdient. Des Schwaben hoher Preis
Wird ewig bleiben stehn. Sein Ruhm, der wird nicht greis,
Sproßt immer jung hervor. Die Zeit, die noch wird kommen,
So anders noch in ihr wird leben was von Frommen,
Die wird auch dankbar sein. Er hat es recht verdient,
Daß seines Namens Lob zu allen Zeiten grünt.

Wo?

Wo wird einst des Flüchtlingsmüden
Letzte Ruhestätte sein?
Unter Steinen in dem Süden,
Unter Linden an dem Rhein?

Werd ich wo in Serbiens Wüste
Eingescharrt von fremder Hand?
Oder ruh ich an der Küste
Hier im deutschen Vaterland?

Immerhin! Mich wird umgeben
Gotteshimmel, dort wie hier,
Und als Totenlampen schweben
Nachts die Sternlein über mir.

Keine Antwort über Bosnien

Aufs schwimmende Nebelhaupt
einer zerfetzten Eiche
setzt sich die Krähe.
Die zerbombte Stadt
ist fast menschenleer.

Schatten von dürren Menschengestalten
an der Zimmerdecke.
Zeichen, von einer unsichtbaren
Hand geschrieben.

Das Alphabet, das wir besitzen,
reicht nicht aus,
Antwort zu geben
den Vorkommnissen dieses Geschehens.

Freuet euch der schönen Erde

Freuet euch der schönen Erde,
denn sie ist wohl wert der Freud;
o, was hat für Herrlichkeiten
die Natur da ausgestreut!

Und doch ist sie ihrer Füße
reich geschmückter Schemel nur,
ist nur eine schön begabte,
wunderreiche Kreatur.

Freuet euch an Mond und Sonne
und den Sternen allzumal,
wie sie wandeln, wie sie leuchten
über unserem Erdental.

Und doch sind sie nur Geschöpfe
von des höchsten Gottes Hand,
hingesät auf seines Thrones
weites, glänzendes Gewand.

Wenn am Schemel seiner Füße
und am Thron schon solcher Schein,
o, was muß an seinem Herzen
erst für Glanz und Wonne sein.

In meinem Rosengarten

Am liebsten weile ich in meinem Garten,
wo edle, traumhaft schöne Rosen blüh'n,
wo jeden frühen Morgen in den zarten,
taufrischen Blüten Diamanten glüh'n.

Ich scheue nicht die Mühe, sie zu pflegen,
hab' täglich meine helle Freude dran.
Dafür erspießt der Schöpfung reicher Segen,
der nur durch Gottes Allmacht werden kann.

Rose im Herbstwind

Heute sah ich ein letztes Röslein stehen,
wo schon die herbstlichen Winde wehen,
und hätte es gern in Wärme gehüllt.
Dann hat mich ein seltsames Staunen erfüllt.

Mir war, als ginge ein liebliches Kind
in bunten Röcklein durch Regen und Wind
und lacht so froh in den Tag hinein,
als wäre er voll goldenem Sonnenschein;

als gäb es in Kälte, Nebel und Not
nur dies: sein schönes, leuchtendes Rot.
Dem habe ich lange noch nachgedacht,
und tief ist die Sehnsucht in mir erwacht.

So sollte ein Leben voll Wärme sein,
manch Suchendem geben tröstlichen Schein
und unverlierbar an allen Tagen
das Wissen um friedliche Liebe tragen.

Im Alter

Solange wir arbeiten und sorgen,
Versäumen wir die Gegenwart;
Das Heute ist Durchgang zum Morgen,
Ist feindlich und häßlich und hart.

Im Alter dann lächeln wir leise
Und lösen uns von der Gier,
Im Alter dann werden wir weise
Und dankbar fürs Heute und Hier.

Ein Vogelflug kann uns beglücken,
Der über den Bäumen schwärmt,
Die Sonne, die uns den Rücken
Auf stiller Bank noch erwärmt.

Ein Enkel mit patschigen Händchen
An unsrer beschützenden Hand ...
Wir füttern am Weiher die Entchen
Und bauen Burgen im Sand.

O erster Zitronenfalter!
O blühender Kirschenbaum!
O heimliche Freude im Alter!
Gesegneter, friedlicher Traum!

Wir jagen nicht mehr nach Beute,
Wir danken für jedes Geschenk
Und trinken das tägliche Heute
Als genüßliches Feierabendgetränk.

Über Raum und Zeit

Leise rauscht die Stadt im Tale,
singt ihr Abendlied.
Und der Sonne goldene Schale
Roten Wein versprüht.

Silbern glänzt in blauer Weite
Schon der Abendstern,
Hell vom Kirchturm
zieht Geläute
Über Berge fern.

Bunte wirre Bilder blinken
in den Augen mir.
Will den Tag zu Ende trinken,
Flüstert Lebensgier.

Schweig nur still mein Herz
und sehe
All dem Treiben zu.

In dem Rausch
von Lust und Wehe
Findst du keine Ruh.
Mein Herz ergreift ein Sehnen
Über Täler weit.

Mein Leben will sich dehnen
Über Raum und Zeit.

Unser Vater wohnt,
Wo in vielen Ewigkeiten,
Wo in tausend Herrlichkeiten
Gottes Liebe thront.

Stets

Über die Wirren der Welt
erhebt sich das Himmelszelt.
Unter dem Wogengebraus
ist Stille stets zuhaus.

In dem unendlichen Reich
atmen sie beide zugleich.
Wie also könnte es sein,
daß du bist je allein?

Weite das Herzenstor!
Es wartet Jemand davor,
der sich als Höchstes erfleht,
daß offen es ihm steht.

Unter dem Wogengebraus
ist Stille stets zuhaus.
Über dem Wirrwarr der Welt
leuchtet das Himmelszelt.

Der Fernsehschlaf

Eine medienphilosophische Betrachtung

Ich habe mir den Kopf darüber zerbrochen, weshalb es sich gerade vor dem Bildschirm so gut schlafen läßt. Es gibt ja auch andere Arten „zusätzlichen" Schlafes, etwa den „Leitartikelschlaf" beim Zeitunglesen oder den „Schlaf auf Seite 30", wenn man bei der Lektüre eines Buches einschläft. Doch kein Schlaf ist so erquickend, ja so bekömmlich wie der vor dem Fernsehapparat.

Keine Mißverständnisse, bitte! Diese Feststellung soll beileibe keine Kritik am Fernsehprogramm bedeuten. Im Gegenteil! Das Programm tut alles, um uns wach zu halten: Es krachen Stühle zusammen, es stürzen Häuser ein, es wird unentwegt geschossen – trotzdem, der Schlaf kommt und ist nicht aufzuhalten.

Man muß dieses Problem psychologisch betrachten. Ich habe folgende Erkenntnis gefunden: Schlafe ich beim politischen Teil meiner Zeitung oder bei einem Kriminalroman ein, so bleibt die Handlung stehen. Es geschieht nichts mehr. Ich falle mit meinem Schlaf sozusagen ins Leere.

Schlafe ich aber vor dem Bildschirm ein, so läuft das große Weltspektakel ungehindert weiter. Alles, was geschehen muß, geschieht unmittelbar vor mir. Ich bleibe, auch wenn ich schlafe, gewissermaßen „im Bilde". Dadurch entsteht jenes einzigartige Bewußtsein, das dem Fernsehschlaf seine besondere Note gibt: Ich schlafe und bin doch dabei!

Damit sind wir beim Kern des Problems angelangt: Es kommt beim Fernsehen weniger auf das Sehen als auf das Dabeisein an. In welcher Form ich dabei bin, bleibt meine eigene Angelegenheit, in die sich niemand einzumischen hat. Es wäre kindisch, zu behaupten, ich hätte das Programm nicht miterlebt, bloß weil mir dabei die Augen zugefallen sind. Ich „sehe fern" heißt, ich sehe, auch wenn ich scheinbar ferne bin.

Darüber hinaus habe ich eine sonderbare Entdeckung gemacht. Immer wieder beobachte ich Menschen, die vor dem Bildschirm ruhig und sicher schlafen, die aber trotzdem, sobald sie erwachen, in der Lage sind, über das, was sie gar nicht gesehen haben, zu sprechen, mehr noch, darüber heftige Debatten zu führen. Anscheinend besitzt der Mensch unserer Tage, der Fernsehmensch, ein besonderes Organ, das ihn befähigt, sich auf magische Weise auch im Schlafe die Vorgänge auf dem Bildschirm einzuverleiben.

Dazu kommen noch gewisse äußere Umstände, die den Fernsehschlaf begünstigen, obwohl ich diesen keine entscheidende Bedeutung beimessen möchte. Im Theater, im Kino kann ich nicht schlafen, ohne unliebsam aufzufallen, ja, dort wird man meinen Schlaf als eine Art negativer Kritik an den Vorgängen auf der Bühne oder auf der Leinwand auffassen.

Vor dem Bildschirm aber bleiben wir „unbeobachtet". Hier wird ein Schlafender niemand stören, ganz im Gegenteil, sein Schlaf beweist, daß das Programm in Ordnung ist. Ja, erst wenn geschlafen wird, wird es vor dem Bildschirm richtig gemütlich. Dazu tragen natürlich die bequemen Sitzgelegenheiten, die sich logischerweise immer mehr in Schlafgelegenheiten verwandeln, einiges bei. Polsterstühle bekommen jedem Programm gut, obwohl ich auch schon Menschen vor dem Bildschirm schlafen gesehen habe, die auf ordinären Holzbänken saßen. Der Bildschirm hat es eben in sich.

Unverantwortlich wäre es, einen Menschen, der vor dem Bildschirm eingeschlafen ist, zu wecken. Es muß jedem selbst überlassen bleiben, wieviel er von dem jeweiligen Programm mit offenen, wieviel er mit geschlossenen Augen aufnehmen will. Erwacht er erst am Schluß der Vorführung und behauptet, er habe noch keine Sendung gesehen so großartig, so entzückend wie diese, wird man dem Glücklichen ruhig zustimmen. Im übrigen keine falsche Scham! Seit das famose Institut für Demoskopie in Allensbach durch eine Repräsentativbefragung festgestellt hat, daß 45 Prozent aller Fernsehteilnehmer gelegentlich vor dem Bildschirm einschlafen, kann man beruhigt sein. Es schläft keiner mehr allein.

Vielleicht aber legen die Herren vom Programm Wert darauf, daß wir das, was sie uns zu bieten haben, wachen Geistes miterleben. Welch unbilliges Verlangen! Man müßte diesen Herren schonend beibringen, daß sie den eigentlichen Zweck des Fernsehens völlig verkennen. Es muß ihnen genügen, daß wir zugegen sind, und das sind wir. Es wäre bedauerlich, wenn sie durch solche Auffassungen dazu verleitet würden, das Programm noch „munterer" zu machen, noch mehr Lärm, noch mehr Schüsse, noch mehr Morde! Mitnichten, meine Herren! Wir sind mit dem Programm zufrieden! Laßt uns schlafen!

Keine Zeit! Keine Zeit?

Ich habe keine Zeit, ich nehme sie mir nur.

Sie werden es kaum für möglich halten, aber ich habe Zeit. Ja, tatsächlich: Ich habe Zeit!

Ich habe Zeit, um vor dem Schlafengehen einen geruhsamen Spaziergang zu machen. Ich habe Zeit, um mit meinen Freunden über meine Hobbys und ähnliche belanglose Dinge zu plaudern. Ich habe sogar Zeit, um von Zeit zu Zeit ein Buch zu lesen. Ein ganzes Buch, von vorn bis hinten. Ja, wie macht der denn das? werden Sie jetzt fragen. Denn wie ich Sie kenne, haben Sie natürlich keine Zeit. Sie haben ja nie Zeit. Stimmt's?

Wenn Sie jemand fragt, ob sie mit zum Sportplatz gehen: Keine Zeit! Aber vielleicht kommen sie morgen mit zu einem Vortrag über den Unruheherd Kosovo? Ach wo, keine Zeit. Und den Brief des Freundes sollte man auch endlich einmal beantworten. Wenn man nur mehr Zeit hätte!

Man muß sich eigentlich fragen, wo denn die ganze Zeit geblieben ist. Früher hatten die Leute nämlich sehr viel Zeit. Da setzte sich zum Beispiel einer hin und schrieb ein Buch; er ließ sich ein paar Jahre Zeit dazu, denn er hatte mehr als genug davon. Und heutzutage hat kein Mensch mehr Zeit, dieses Buch auch nur zu lesen.

Wie kommt das? Man findet nicht so ohne weiteres eine plausible Erklärung dafür. Ist es vielleicht der Zug der Zeit, daß wir heute keine Zeit mehr haben? Sehr befriedigend ist diese Antwort nicht. Man müßte über dieses Problem etwas ausführlicher nachdenken. Aber wer hat schon Zeit dazu? Allerdings – manche Leute gibt's auch heute noch, die viel Zeit haben, viel zuviel Zeit. Aber das sind unglücklicherweise gerade die, die mit ihrer Zeit nichts anzufangen wissen. Deshalb sind sie gezwungen, die Zeit totzuschlagen oder sie sich irgendwie zu vertreiben.

Wie gesagt, Sie gehören natürlich nicht zu dieser kleinen Gruppe von Zeitgenossen. Sie gehören zu dem großen Heer der Zeitlosen, die nie Zeit haben – schon gar nicht für sich selbst. Deshalb will ich Ihnen auch gerne verraten, wie ich es fertigbringe, für alles mögliche Zeit zu haben.

Früher hatte ich nämlich auch nie Zeit. Ich hätte aber gern Zeit gehabt, und deshalb überlegte ich mir folgendes: Wenn ich schneller und rationeller arbeite, dann spare ich dadurch Zeit. Und diese gesparte Zeit müßte dann logischerweise übrigbleiben. Heute weiß ich, daß diese Rechnung nicht stimmt, und ich möchte Sie nachdrücklichst davor warnen, den gleichen Fehler zu machen. Wenn Sie nämlich diese Methode ausprobieren, dann merken Sie bald, daß Sie im Endeffekt nur mehr Arbeit, aber noch weniger Zeit haben als zuvor.

Ich habe den Versuch gemacht, die Zeit besser einzuteilen. Zu diesem Zweck habe ich Stundenpläne aufgestellt und ihre genaue Einhaltung laufend kontrolliert. Allerdings mußte ich dieses zeitraubende Verfahren bald wieder aufgeben, weil ich keine Zeit mehr dafür hatte. Auch der Versuch, anderen Leuten die Zeit zu stehlen, bringt nichts ein. Man verplempert damit nur seine eigene. Aber es gibt eine ganz simple Methode, um für all das Zeit zu haben, wofür man sie gern haben möchte. Machen Sie es doch wie ich: Eigentlich habe ich auch keine Zeit – ich nehme sie mir einfach.

Bis zum Grund

Der Regen wird rauschen –
ich höre ihn nicht;
das Sonnenlicht leuchten –
ich sehe es nicht.

Die Amsel wird jauchzen –
ich stimme nicht ein;
die Nachtigall schluchzen –
ich laß sie allein.

Das Veilchen wird duften –
ich freu mich nicht dran;
der Rosenstrauch blühen –
ich schau ihn nicht an.

„Wer wollte es leugnen:
Bald bist du nicht mehr,
indessen das Leben
erblüht wie bisher.

Warum denn die Tage,
wenn Helle Dir lacht,
verdunkeln durch Wissen
vom Nahen der Nacht?

Noch blinkt dir der Becher.
So heb ihn zum Mund
und trink vor dem Scheiden
ihn leer bis zum Grund!"

Schlummerlied

Im Dunkeln huscht die Fledermaus,
Drück deinen Kopf in meinen Arm.
Das Käuzchen schreit in seinem Haus,
du bist geborgen und liegst warm.

Die Orgel hat den Klang verloren,
Sei still, schlaf ein, du hörst im Traum
Ein Lied, das nun für Gottes Ohren
Dein Vater spielt im Sternenraum.

Wer wacht, der hört die Menschen gehn,
Wer wacht, der sieht die Erde drehn:
Schlafe, schließ die Augen zu,
Und du bist du.

Adalbert Karl Gauß †
Palanka – Salzburg

Adalbert Karl Gauß wurde am 6. Oktober 1912 in Palanka (Batschka/Jugoslawien) geboren. In Jugoslawien war er zuletzt an der Privaten Deutschen Lehrerbildungsanstalt in Neu-Werbaß. Nach dem Zusammenbruch hat er sich gleich den Aufgaben gestellt, die das Vertriebenen- und Flüchtlingsproblem in Österreich mit sich brachte. Er war Gründer des „Donauschwäbischen Zentralarchivs" (1949), Mitbegründer und langjähriger Geschäftsführer der Zentralberatungsstelle der Volksdeutschen im Lande Salzburg (1948), Mitbegründer und langjähriger Vizepräsident des Verbandes Katholischer Donauschwäbischer Akademiker (1949), des Vereins „Salzburger Donauschwaben" (1951) und langjähriger Redakteur der Schriftenreihe „Donauschwäbische Beiträge" (1952), Verlagsleiter der donauschwäbischne Verlagsgesellschaft mbH, Chefredakteur der donauschwäbischen Wochenschrift „Neuland" (in mehr als 20 Jahren in dieser Position schrieb er über eintausend Leitartikel), Gesellschafter des „Hauses der Donauschwaben – Donauschwäbisches Kulturzentrum GmbH" und wissenschaftlicher Leiter des Österreichischen Flüchtlingsarchivs, alles in Salzburg. Seine umfangreichen Leistungen auf publizistischem Gebiet für Flüchtlinge und Heimatvertriebene bleiben den nachfolgenden Generationen erhalten. Gauß hat in den Nachkriegsjahren wie kein anderer dazu beigetragen, daß Not und Elend und rechtliche Benachteiligung der Heimatvertriebenen einer breiten Öffentlichkeit bekannt gemacht wurden. In späteren Jahren wurde er zum unnachsichtigen Kritiker all jener Landsmannschaftsorganisationen, die vor einer demokratischen Öffentlichkeit den Ruf der Unbelehrbarkeit der Heimatvertriebenen durch ihr Verhalten mit zu verantworten hatten. In den letzten Jahren seines Lebens widmete er sich hauptsächlich der Zeitgeschichte, insbesondere der Suche nach der Verantwortlichkeit für die Vertreibung seiner Landsleute. Er verstarb am 14. Juni 1982 in Salzburg.

Splitter zum donauschwäbischen Menschen

Der Donauschwabe war – war: das muß betont werden, denn seit 1945 existiert er nirgendwo mehr in seiner ursprünglichen archaischen Ausformung – ein bäuerlich geprägter Mensch, auch in seiner akademischen Variante, die nur selten identisch war mit der des „Intellektuellen"; unverbraucht naiv, analytisch begabt nur in bezug auf die Durchdringung seiner eigenen existentiellen Probleme, politisch patriarchalisch-konservativ fixiert und geistig wenig geübt; leidensfähig bis zum Martyrium, besonders in jener Spezies der von Weidenheim mit großem Einfühlungsvermögen gezeichneten „schwowischen Mottr"; der Donauschwabe war der Prototyp eines Anti-Helden, wobei er zum Ausgleich dafür so etwas wie ein martialisches Stammtisch-Pathos zu entwickeln pflegte. „Sicher" fühlte er sich nur unter seinesgleichen, was der Dichter und Pfarrer Stefan Augsburger in einem signifikanten Bild vom Schwaben skizzierte, der – unterwegs zu einem Markt in einem entlegenen Dorf – lieber die ganze Nacht durchfährt, als daß er in einem nichtschwäbischen Dorf Quartier genommen hätte. Für barocke Aufmachung anfällig, wie dies etwa in der Mädchentracht ausgewiesen ist, aber auch in der Feuerwehr-Paradeuniform der Männer und der Vorliebe für ein „Hochamt mit Blechmusik"; der „Behörde" gegenüber, in allen Varianten des Amtskappel-Spektrums, distanziert bis servil – ein seelisches Erbe aus der feudalen Urheimat, aus der er als getretener Leibeigener ins ferne „Hungarland" huldvoll entlassen worden war, wo ihm die Wiener Kameralbürokratie freiheitlich-paradiesische Zustände verheißen hatte.

Heimat im Herzen

Eduard Spranger hat vor Jahren Worte gefunden, die uns besonders heute tief beeindrucken und aufwühlen: „In dem Heimaterlebnis schwingt etwas tief Religiöses mit, auch bei dem, der es sich nicht eingestehen will, und wenn wir von jemandem sagen: er habe keine Heimat, so ist das ungefähr soviel, als ob wir sagten: sein tieferes Dasein habe keinen Mittelpunkt."
    Heimat muß aber mehr sein als das Traumland, an dem freilich auch wir mit unvergeßlichen Erinnerungen und mit der ganzen Leidenschaft unserer Seele hängen, mehr als das Land, dessen Gepräge über den eigentlichen Siedlungsboden hinaus so nachdrücklich von unserem Menschen bestimmt wurde, mehr als der Landstrich, dessen Zeugkraft an unseren Kolonistengenerationen so unverwischbare Spuren eingekerbt hat, eher als der mit dem Herzblut unserer Bauern getränkte und gesättigte Boden, in dem nun die Be-

mühungen von Geschlechtern durch ein grausames Schicksal jäh erstickt wurden. Wir wissen heute genau, daß Heimat mehr ist als das Land, die Erde, das Haus, der Besitz, die Existenz und die Arbeitsstätte – Dinge, die wir alle verloren haben –, mehr als schöne Erinnerungen an unsere Kindheit, in der wir von der Liebe von Vater und Mutter behütet waren, mehr als Glück, Ehre, Frieden und Ruhe.

Für uns ist Heimat vor allem unser Christentum, das nach Schuld und Sühne in geläuterter Form unsere Gemeinschaft verlebendigt und unseren Menschen ein unverdient hartes Schicksal in Gottergebenheit tragen läßt, ist unsere Familie und der Geist, der diese bewegt und in ihr wirksam zur Entfaltung kommt, ist unsere Jugend, in die sich aus der Geistigkeit unseres volkhaften Familienlebens dieselben Kraftströme ergießen mögen, aus denen heraus auch den Ahnengenerationen sittliche Bewährung beschieden war, Heimat ist überhaupt die sittliche Bewährung unseres Völkchens in Vergangenheit und Gegenwart, ist unser Mensch in seiner Wesenhaftigkeit, ist alles das, was unser Volk auch in der Zerstreuung an Zügen von ethischer Wertbeständigkeit in Charakter und Veranlagung als unveräußerlichen Besitz in sich trägt, kurz alles das, was wir nach Sprangers Bezeichnung sinngemäß als Mittelpunkt unseres tieferen Daseins empfinden und was einer unserer Dichter, Jakob Wolf, „Heimat im Herzen" nennt.

In diesem Sinne ist unser heimatvertriebener Mensch, so lange er diese inneren Bezirke des Heimatlichen als Aufgabe und Verpflichtung empfindet, so lange er trachtet, mit den lebendigen Kraftströmen volkhaften Lebens und volkhafter Geistigkeit – wie sie sich über die Ahnengenerationen auf uns vererbt haben – auch die Haltung und das Handeln der kommenden tragenden Schichten unserer Gemeinschaft zu durchpulsen, nicht heimatlos.

Das ist Amerika

Hans Freer aus Glogowatz im rumänsichen Banat war am Tage der Ankunft der „General Langfitt" am 12. Juni 1955, mit der 1 250 Heimatvertriebene und Flüchtlinge aus Europa nach den USA gekommen waren, *die* Sensation des Tages: Televison, Fotoreporter, Rundfunk, Presseleute drängten sich um ihn, redeten auf ihn ein, notierten einige Stichworte, nachdem er eine halbe Stunde vorher im Rahmen der offiziellen Begrüßungsfeier nach den Ansprachen des Vizegouverneurs *Deluca* und des Senators Arthus *Watkins* in einwandfreiem Englisch Dankworte der „Greenhorns" vermittelt hatte und durch seine ungezwungene Art angenehm aufgefallen war. Ohne Pathos erzählte er, vor dem Mikrofon stehend, aus seinem Leben, von den Jahren der

Kriegsgefangenschaft, von der Flüchtlingsnot im alten Kontinent, von seiner Frau Eva geb. Weiglein, die fünf Jahre in Rußland verbrachte und dann nach Entlassung in die Heimat 1950 eigentlich ohne besondere Schwierigkeiten aus Rumänien nach München kommen konnte, wo Freer damals bei den Bayrischen Motorwerken beschäftigt war. Seine Ausführungen waren menschlich so überzeugend und echt, daß sie zur Aufklärung über das Flüchtlingsschicksal vor einflußreichen Vertretern des Staates und der Kirchen mehr beigetragen haben als Bände wissenschaftlicher Studien über das Problem. Dann wurde Freer um ein Interview gebeten und erhielt dafür 50 Taler. In der nächsten halben Stunde war, nachdem auch Peter Max Wagner seine Verbindungen eingeschaltet hatte, eine Abmachung mit einer Fernsehstation getroffen, die dem ahnungslosen Neueinwanderer ein Startkapital von 2 300 Talern einbrachte. Voll der Eindrücke taumelte Freer vom Podium zu den hinter der Sperre wartenden Verwandten, die ihn hinüberbringen ließen: zu seinem Geschwisterkind Martin Schneider, der vor fünf Jahren aus Münzkirchen nach den USA gekommen war, und dessen Onkel Josef Disler aus Dreispitz im Banat, der als Alteinwanderer für seine Verwandten „gesponsert", d. h. die Bürgschaft übernommen hatte. Und als ich mich zu ihnen gesellte, war nur mehr von Verwandten und Bekannten die Rede, die in Österreich zurückgeblieben sind: von Dr. Vormittag in Schärding, Anton Schneider in Frauenhof bei Schardenberg, Familie Bermel in Münzkirchen und vielen anderen, denen ich Grüße übermitteln soll.

Peter Max Wagner: der Mensch und der Politiker

Die donauschwäbische Geschichte der ersten Nachkriegsjahre kann nur von Amerika aus geschrieben werden: Berge von Eingaben an die US-Regierung, an Senatoren und Kongreßmänner, an die Vertreiberstaaten und an das Internationale Rote Kreuz, eine Fülle interessantester archivalischer Unterlagen über Querverbindungen, die in der ersten Zeit merkwürdigerweise fast ausnahmslos über einflußreiche Freimaurer hergestellt wurden, werden in den landsmännischen Hilfsvereinen in Chikago, Brooklyn, Los Angeles, Philadelphia, Detroit, Cleveland, Buffalo, Cincinatti, Mansfield und sonstwo verwahrt und harren noch einer chronistischen Auswertung. Was wissen wir über die jugoslawischen Sterbe- und Todeslager mehr, als daß in den Jahren 1947/48 so von ungefähr durch liberale Handhabung der Durchführungsbestimmungen Zehntausenden die Flucht über die grüne Grenze ermöglicht wurde?
  Noch hatte das Brooklyner donauschwäbische Hilfswerk kein eigenes Kopfpapier, als Peter Max Wagner Verhandlungen mit dem jugoslawischen

Vertreter des Roten Kreuzes, Dr. Neubauer, eingeleitet und zusammen mit dem amerikanischen Rechtsanwalt irischer Abstammung, William Cahill, einem betont katholischen Mann, der kürzlich zum Präsidenten des Diözesanausschusses von New York gewählt wurde, ein Schreiben an Tito abgefaßt hatte. Der bekannte kroatische Violinvirtuose Baloković, seit Jahren mit einer amerikanischen Millionärin verheiratet, flog daraufhin mit seiner Gemahlin nach Jugoslawien, einer Belgrader Einladung Folge leistend, nachdem bereits vorher mit dem Großmeister der jugoslawischen Großloge, Prof. Haneman aus Zagreb, den Wagner von der 150-Jahr-Feier einer New Yorker Loge kannte, das Lagerproblem erschöpfend durchberaten worden war. Eine verbindliche Art der Verhandlungstaktik, kleine Aufmerksamkeiten – ob es sich um einen „südamerikanischen" Fußball, den Wagner für das Söhnlein Dr. Neubauers vermittelte, der weder einen „englischen" noch einen „indischen" haben wollte, handelte, oder um den prächtigen Blumenkorb, den Wagner der charmanten Frau Baloković am Flughafen vor ihrem Start nach Belgrad persönlich mit der Geste eines vollendeten Kavaliers überreichte, bleibt gleich – scheinen zum Erfolg beigetragen zu haben.

Wagner ist ein ausgeprägter Vertreter der Koexistenzpolitik dort, wo es darum geht, den Leuten zu helfen. Dies scheint auch das langjährige Bündnis des *Freimaurers* Wagner mit dem *Katholiken* Cahill zu bestätigen.

Für die Witwen, Waisen und Unterdrückten

„Als ich vor dreiundzwanzig Jahren einer der neunundzwanzig deutschen Freimaurerlogen von New York beitrat", bekannte Wagner bei einer Gelegenheit, „drückte man mir die Bibel in die Hand, und ich gelobte im Sinne unseres Leitgedankens, mich fortab in verstärktem Maße der Witwen, Waisen, Unterdrückten und Armen anzunehmen!" Und als die freundschaftlichen Beziehungen, die zum damaligen jugoslawischen Gesandten in New York, Sava Kosanović, hergestellt worden waren, auch eine Reise nach Jugoslawien rechtfertigten, zögerte Wagner keine Minute, weil ihm bewußt war, daß er einer der wenigen ist, die in dieser Situation überhaupt helfen *konnten*. Nichts scheint Wagner fremder als der Geist jenes Beschlußantrages, den Lehrer Fritz Binder sozusagen als Forderung weiter Kreise der Donauschwaben kürzlich in Stuttgart eingebracht und inhaltlich ungefähr so formuliert hatte: Die Bundeslandsmannschaft möge alles tun, um zu *verhindern*, daß im Zuge der Liquidierung der VD-Konkursmasse in Jugoslawein die „Kriegsdienstverweigerer" sich nach Deutschland zurückführen lassen. Nicht nur, daß es sich dabei doch vielfach um Menschen handelt, die sich aus einer *echten Gewissensnot* heraus seinerzeit lieber Schmähungen aussetzten, als daß sie bereit gewesen wären, der Zwangsrekrutierung der SS Folge zu leisten – der unversöhnliche Geist ist es, der sich als solcher zu erkennen gibt, auch wenn man in einem Atemzug das christliche Abendland heraufbeschwört. Ebenso fremd aber ist Wagner auch die Art, aus Bequemlichkeit oder aus einer Scheu heraus nur deswegen Dinge, die er vor seinem Gewissen nicht verantworten kann, unter den Tisch fallen zu lassen, weil man sich unter Umständen auch unangenehm bemerkbar machen könnte: als vor 1939 in New York Bemühungen im Gange waren, auch den Deutschamerikanischen Fußballverband gleichzuschalten, und einige Hitzköpfe zur Generalversammlung mit Hakenkreuzfahnen aufmarschierten, erhob sich Wagner, legte Verwahrung gegen diese Flaggenparade ein und verließ demonstrativ, von Schmährufen begleitet, den Saal, als die bessere Einsicht nicht dämmern wollte ...

„Menschen ohne Menschenrechte"

Oft sind zufällige Begegnungen auch für eine gute Sache ausschlaggebend: Schon 1946 kam Nick Pesch mit dem Geschichtsprofessor an der Notre-Dame-Universität in Chicago, Ferdinand A. Hermens, in Verbindung, mit dem alle Möglichkeiten besprochen wurden, jene Mauer der Unwissenheit abzubauen, die einer objektiven Beurteilung der Vorgänge um die Vertreibung hinderlich war und die damit auch eine Lösung des Flüchtlingsproblems erschwerte.

Im „Committee Against Mass Expulsions" waren damals bereits namhafte Wissenschaftler, Schriftsteller und bedeutende Männer des öffentlichen Lebens zusammengeschlossen, die sich die Aufgabe gestellt hatten, in sachlich gehaltenen Publikationen die amerikanische Öffentlichkit über das Geschehen aufzuklären und auf die Ungeheuerlichkeiten aufmerksam zu machen, die sich im Gefolge der Massenaustreibungen vollzogen. Christopher Emmet war die treibende Kraft dieses Aufklärungsfeldzuges, den unter anderem Dorothy Thompson, der Jesuit John La Farge und der Rechtsgelehrte Christian Gauß von der Universität Princeton, an der bis zu seinem Tod auch Einstein lehrte, mit besten Kräften unterstützten. Ein Jahr darauf, 1947, lag das Ergebnis dieser Bemühungen Pesch' in der recht sauber aufgemachten Broschüre von 32 Seiten „Men without the right of man" vor. Die ganze Auflage von 10 000 Exemplaren, von den American Aid Societies finanziert, wurde kostenlos versandt: an sämtliche Parlamentarier in England und in den USA, an bekannte Gewerkschaftsfunktionäre, einflußreiche Persönlichkeiten der Kirchen und des öffentlichen Lebens, an Bibliotheken und Zeitungen.

Wir haben in Europa, leider, diesem Heftchen nichts Gleichwertiges entgegenzustellen, ganz abgesehen davon, daß das Büchlein zum *richtigen* Zeitpunkt erschienen ist. Außer der volkstümlich gehaltenen Darstellung „Ein Volk ausgelöscht", die wir der Privatinitiative Leopold Rohrbachers verdanken, ist die ganze Dokumentationsarbeit unserer Gruppe irgendwo in einer Schreibtischlade steckengeblieben. Ob wir heute damit noch herauskommen können, wo die halbe Welt bereits aktive Koexistenz-Politik macht, ohne uns als die Ewiggestrigen unsterblich zu blamieren, bleibt dahingestellt.

Fernweh oder Heimweh

Der Amerikaner ist viel unterwegs und scheint eigentlich nicht jene gefühlsmäßigen Bindungen an seinen Geburtsort zu haben wie der Europäer. In dieser Haltung dürfte auch seine Beweglichkeit begründet sein, die ihn von der Welt oder wenigstens von seiner Heimat mehr erleben läßt als unsereinen. Diesem Wandertrieb kommen auch die Stadtverwaltungen weitgehend entgegen, indem sie ausgedehnte, oft sehr romantisch gelegene Anlagen als Trailer-Parks zur Verfügung stellen, bautechnisch vollkommen aufgeschlossen, mit Kanalisation, Wasser-, Licht-, Gas- und Ölanschluß. Nun rollen die schmucken Wohnwagen an mit kompletter Inneneinrichtung, vom Elektroofen bis zum Kühlschrank und allem, was die amerikanische Zivilisation an Praktischem und Bequemem bieten kann. Man sucht in der Umgebung entsprechende Arbeit und wandert weiter, wenn einen das Fernweh wieder packt.

Das, was wir Europäer unter Heimweh verstehen, kommt von einer sentimentalen Grundhaltung her. Das amerikanische Fernweh scheint dem Wandertrieb und dem Drang zu entspringen, immer Neues einzufangen und dadurch die Erlebniswelt auf das Umfassendere auszuweiten.

Das Herzstück von Franztal: die Leni-Bäsl

„Alles geht im Leben in Erfüllung – nur muß man's erwarten können!" Das ist der geradezu verblüffend unkomplizierte Leitspruch einer Frau, die meine Bewunderung schon vor nunmehr acht Jahren, als ich ihr auf der Straße der Wanderschaft ins Ungewisse im oberösterreichischen Bauerndorf Senftenbach bei Ried im Innkreis begegnet war, ausgelöst hat. Ihr empfängliches Herz, ihr sonniges Gemüt, das ihr über die schwersten Schicksalsschläge hinweghilft, ohne daß sie sich jenes Sinnes berauben ließe, durch den sie sich bei aller Düsternis des Alltags der Schönheiten dieser Wunderwelt immer wieder aufs neue vergewissert, ihre kindlich-gläubige Seele und die warme Menschlichkeit, die sie verkörpert – das ist das letzte Geheimnis einer echt mütterlichen Persönlichkeit, die heute das Herzstück der verstreuten syrmischen Gemeinde Franztal bei Semlin verkörpert: Frau Lene Leinz geb. Egger, die „Leni-Bäsl", wie sie alle Franztaler kennen.

Im bäuerlichen Milieu eines Dorfes aufgewachsen, dessen Menschenschlag nicht zuletzt durch die Nähe der Hauptstadt Belgrad beweglicher und geistig regsamer scheint als die in der Abgeschlossenheit gediehene Variante des beharrenden Donauschwaben, bewahrte sie allzeit jene seelisch lockere Haltung, die gegeben sein muß, um Eindrücke und Erlebnisse nicht nur zu registrieren, sondern auch schöpferisch zu verarbeiten. Und was ihr empfängliches Herz durchzittert, drängt zur Gestaltung seit dem Tag, als sie aus der festgefügten Ordnung ihrer dörflichen Heimat herausgerissen und in ein Dasein hineingestellt wurde, von wo aus sie genötigt war, oft und oft auch in die Abgründe des Lebens zu schauen.

Das Heimatbuch entsteht

Sie kennt die Romane von Guttenbrunn und Möller, sie verehrt Karl Götz, sie liest die Gedichte von Nikolaus Lenau, vor allem aber singt sie seit ihrer frühesten Jugend und kennt daher auswendig die Texte von Hunderten echter Volkslieder, Brauchtumsgesänge und volkstümlich gewordener Kunstlieder, deren Weisen alle zu jenem Besitztum gehören, das man ihr nicht rauben konnte. Auf dem Treckwege nach Österreich gelangt, begegneten ihr immer wieder Menschen, und sie lernte Echtes von Herkömmlichem zu unterscheiden, und sie sammelte Eindrücke, ordnete sie in ihre Erlebniswelt ein und – begann zu schreiben. Auf über 500 Seiten in Handschrift zusammengefaßt, liegt heute dieses Manuskript, das auch wertvolle heimat- und volkskundliche Darstellung enthält, vor: „Der Lebensweg einer Donauschwäbin von Franztal bis New York". Es handelt sich immer wieder um echte Aussagen, die vom Persönlichen und Familiären ausgehen, ins umfassendere Dörfliche hineinreichen und schließlich auch menschlich Allgemeingültiges enthalten. Die Arbeitsmethodik hat sie von sich aus entwickelt. Dort, wo die eigene Erinnerung nicht ausreichte, um auch Einzelheiten zu erfassen, setzte auf brieflichem Wege eine Umfrage ein. Und es stießen viele Mitarbeiter dazu, die beitrugen, den bunten Bilderbogen auszugestalten, von Frau Kroeg in Toronto über Philipp Egger in Detroit bis zu einer Schwester in Ostdeutschland und Nikolaus Hefner in Enns im Oberösterreichischen. Die in den Text eingeflochtenen Lieder aber wurden zunächst auf Tonband aufgenommen und dann durch den vielen noch aus Neusatz bekannten Chorleiter Peter Freund, der heute in New York wirkt, in Noten umgesetzt. Und als die wenigen Franztaler, die in der Heimat verblieben, Kunde von dem Plan eines Heimatbuches erhielten, schalteten sie sich willig ein, sandten die erbetenen Unterlagen zu, ergänzten vor allem den Bildteil des Werkes. Vielleicht wird es schon im Herbst 1957 so weit sein, diese interessante Aussage zum donauschwäbischen Zeitgeschehen einer breiteren Öffentlichkeit vorzulegen.

Jenes Amerika – das wir lieben und verehren

Ich möchte auch noch sagen, daß mir die freimütige und ungehemmte Art des Umganges der Alteinwanderer auch mit hoch- und höchstgestellten Persönlichkeiten recht imponiert hat. Abgesehen von Peter Max *Wagner*, den ich als erfahrenen Routinier und geschickten Conferencier immer wieder bewundern konnte, ob er mit Politikern, hohen kirchlichen Würdenträgern aller Konfessionen, mit Beamten oder einflußreichen Geldleuten zusammentraf – in der reizenden New Yorker „Csárda" saß er übrigens einmal auch mit Exkönig Peter zusammen, bei dem die meisterhaft von Frau Johanna *Wagner* geb. Vorreiter aus Tscherwenka vorgetragene Original-Sevdalinke bei zünftiger Zigeunermusik helle Begeisterung ausgelöst hatten – auch sonst fiel mir dies überall wohltuend auf. Die Begegnung des Jahrmarkter Landsmannes Matz *Bastian* in Chicago mit Senator *Langer* von der Republikanischen Partei hat mir in diesem Punkt sehr überzeugend den Unterschied zwischen hüben und drüben zu Bewußtsein gebracht: Während sich hier der Politiker oft genug als Machtträger fühlt und auch dies recht unangenehm „von oben herab" fühlen lassen kann, ist drüben im Partnerschaftsverhältnis zum Abgeordneten immer Seine Majestät der Wähler der Überlegene. Und je klüger ein Politiker ist, um so weniger wird er wohl versuchen, diese psychologische Situation zu seinen Gunsten zu ändern. Gerade auch darin hat sich etwas von jener freiheitlichen amerikanischen Atmosphäre ausgeprägt, in der es auch Vetter Bastian möglich war, mich als unbekannten und in den amerikanischen politischen Zusammenhängen eigentlich auch uninteressanten Journalisten unangemeldet mit den Worten einzuführen: „Well, William, da hab ich einen Freund von mir aus Österreich mitgebracht, und ich möchte haben, daß du ihn anhörst!" Das ist jenes Amerika, das wir verehren und lieben. Gerade auch wir, deren physische und geistige Freiheit so oft in Frage gestellt war.

Beim Kajudl-Wirt in Brooklyn

Mit „Kioodle" wird im Englischen ein Hundebastard bezeichnet. Die Donauschwaben von Groß-New York gebrauchen den Ausdruck „Kajudl" als Schimpfwort, dem Gefühlswert nach dem Werbaßerischen „Schanagl" oder „Schinoos" verwandt. Und in Ridgewood gibt es einen Kioodle-Club, einen Gastwirtschaftsbetrieb, den man ebenfalls erlebt haben muß, wenn man in New York gewesen sein will. Peter Max Wagner führt alle seine Gäste aus Europa auch zum Kajudl-Wirt, zu: Joseph Dessinger, einem Neckarschwaben, 1911 aus Augsburg ausgewandert, heute fast erblindet, trotzdem voller Mätzchen und Witze. Ein Original, geistig in jener Welt erstarrt, die ihn geprägt hat: In ihm lebt, gleichsam als versteinertes Relikt, etwas von der „Los-von-Rom-Bewegung" fort, mit all den Problemen und Themen des Kulturkampfes. Und in der Welt, die er in Hunderten Schnurren und derben Witzen heraufbeschwört und verlebendigt, wird immer die *menschliche* Schwäche des Pfarrers pointiert. Die Kommerzialisierung des kirchlichen Lebens in Amerika bietet neuen Stoff: Kommt da ein Jude in eine christliche Kirche, hört sich die Predigt an, die ein massiver Vorstoß in Richtung Gebefreudigkeit der Gemeinde war. Noch während der Predigt wurde dreimal Geld abgesammelt. Widerspruchslos spendeten die Gläubigen, einmal für die Bänke, die in Auftrag gegeben werden mußten, einmal für die Car, die der Pfarrer für seine seelsorgerische Betreuung anzuschaffen gedachte. Anschließend bemerkt der Jude in einem Gespräch zu seinem Freund: „Ich kann nicht begreifen, wie wir dieses business (Geschäft) aus den Händen geben konnten!"

Da der Kajudl-Wirt aus dem bajuwarisch-alemannischen Grenzgebiet kommt, bezieht er immer wieder auch die kleinen stammesmäßigen Unduldsamkeiten zwischen Bayern und Schwaben in die Welt seiner Witze ein: Beichtet da einmal ein altes Mütterlein und erhält vom Pfarrer, der ein Bayer war, die Absolution. Nach einer Weile kriecht sie verschüchtert wieder in den Beichtstuhl und gesteht kleinlaut, eine Sünde verschwiegen zu haben, nämlich, daß sie Schwäbin sei. Na, meint der Pfarrer, eine Sünde sei es zwar nicht, aber eine Schande!

Das ist der Kajudl-Wirt, der es verstanden hat, seinen Gastwirtschaftsbetrieb aus der Anonymität herauszulösen: Während des Krieges erhielt man bei ihm belegte Brötchen unentgeltlich, wenn man Bier und Schnaps konsumierte, und jeder Soldat, der bei ihm eingekehrt war, bekam eine Spende von fünf Talern. Die großen Tageszeitungen und die Sicherheitsbehörden beschäftigten sich 1943 viel mit dem Kajudl-Wirt, als ein deutsches U-Boot die Überlebenden eines torpedierten amerikanischen Frachters aufnahm und den einen nachts wieder an Land setzte, nur weil er aus Brooklyn stammte und den Kajudl-Wirt kannte. Es stellte sich heraus, daß wenige Tage vorher auch der deutsche U-Boot-Kommandant, verkleidet natürlich, beim Kajudl-Wirt unerkannt als deutscher Soldat eingekehrt war. Und wenn auch Joseph Dessinger in der Prohibitionszeit mit dem Gesetz in Widerspruch kam – vierundvierzigmal saß er Verwaltungsstrafen ab und nur einmal kaufte er sich durch Geld frei –, er ist ein glühender amerikanischer Patriot, auf dem nicht der leiseste Makel einer Spionagetätigkeit zugunsten Deutschlands haften blieb. Er konnte weder den Krieg gegen Deutschland noch die nationalsozialistische Gewaltherrschaft bejahen, und im Zwiespalt zwischen Volk und Politik bekannte er sich vorbehaltlos zu den Idealen der amerikanischen Freiheit. Ein Zug übrigens, der beim Deutschamerikanertum allgemein sehr stark ausgeprägt ist. Auch wenn Roosevelt von deutschfeindlichen Ressentiments nicht ganz frei war, niemals hätte der Kongreß seine Zustimmung zum Kriegseintritt Amerikas gegeben, hätte Hitler nicht in selbstmörderischer Verblendung den Krieg provoziert und damit das ganze deutsche Volk mit seiner etwas vordergründigen „Volk-ohne-Raum-Parole" ins Unglück gestürzt. Davon sind die Deutschamerikaner, deren Bekenntnis zum Land, das ihnen zur Heimat wurde, durch die verhängnisvolle Vaterland-Mutterland-Politik in keiner Weise gehemmt ist, alle überzeugt.

Amerika – das ist die Idee der Freiheit!

In einer unerhört packenden, in ihrer prophetischen Deutung geradezu erschütternden Vision hat nunmehr schon vor 120 Jahren der damals kaum 26 Jahre alte Franzose de Tocqueville die Zuspitzung der weltanschaulichen Gegensätze zwischen Spiritualismus und Materialismus nicht nur auf das Jahrzehnt genau vorausgesagt, sondern auch im Kräftespiel zwischen der „Demokratie der Freiheit" und einer „Demokratie der Tyrannei" die Amerikaner und die Russen als die tragenden Völker der weltumspannenden Auseinandersetzung zwischen dem Christentum und dem Kommunismus erkannt. Wenn man in den letzten Jahren des Zeitabschnitts zwischen den beiden großen Kriegen in Europa zuweilen geneigt war, im aufkommenden Nationalsozialismus und Faschismus so etwas wie eine Dritte Kraft in diesem Kräftespiel zu erkennen, die sozusagen aus einem Getto heraus nach beiden Seiten hin in das Spannungsfeld globalen Ausmaßes hineinwirken konnte, so fällt es einem heute wie Schuppen von den Augen, angesichts der Unzulänglichkeit einer Ideologie, die keine war und sich dennoch vermaß, von der Primitivität der Blonde-Bestie-Philosophie aus das Weltgeschehen zu beeinflussen.

Als die mittelalterliche Feudalordnung, die ihre staatsrechtliche Ausprägung in der Monarchie fand, hauptsächlich mit der amerikanischen und französischen Revolution durch das Zeitalter der Demokratie abgelöst wurde, ging es um die Prinzipien der Freiheit und – wenn wir die Geschichte vom Soziologischen her begreifen wollen – darum, jedem einzelnen eine gewisse Gleichwertigkeit der Bedingungen beim Start im Lebenskampf zu sichern und damit für jeden annähernd gleichwertige Voraussetzungen zu schaffen.

Und es kann keinen Zweifel darüber geben, daß jenes Amerika, das heute Vorbild und Hoffnung der ganzen freiheitsliebenden Menschheit geworden ist, zuerst für die Verwirklichung der Prinzipien der Freiheit gekämpft und in ihrer „Demokratie der Freiheit" diese Prinzipien auch in hohem Maße verwirklicht hat, um dann allmählich die Unerbittlichkeit des Lebenskampfes durch Sicherung gleichwertiger Startbedingungen zu mildern. Wo Überzeugungskraft durch Gewalt ersetzt werden muß, wo sich die Sehnsucht der Masse nach Gleichheit auf Kosten der Prinzipien der Freiheit ausbreitet, gedeiht die „Demokratie der Tyrannei", die mit all ihren schrecklichen Auswüchsen gerade in unserem Zeitabschnitt Orgien feiert.

Wohl ist das Anliegen unseres Jahrhunderts auch in der alten Spruchweisheit vom Menschen, der nicht des Menschen Wolf sein soll, eingefangen –, wo aber der Drang nach Gleichheit die Freiheit beschneidet, stehen wir vor der Frage, die anfangs unseres Jahrhunderts schon Gaetano Mosca aufgeworfen hat: Es geht letzten Endes darum, ob *wir alle gemeinsam* darüber entscheiden, *was* und *wieviel* wir essen, *wie* wir uns kleiden, *was* wir lesen und *was* wir denken, oder wird eine Klasse, ein Parteisekretariat, ein „Führer" darüber befinden.

Wer mit wachen Sinnen durch die Neue Welt wandelt, dem kann es nicht entgehen, daß Amerika nicht das zufällige Produkt willkürlich zusammengewürfelter Abenteurer, geldgieriger Goldsucher und eines rücksichtslosen Banditentums ist, das sich übrigens hauptsächlich aus der jeweiligen *zweiten* Generation europäischer Neueinwanderer rekrutiert. Amerika – das ist die Idee der Freiheit, geprägt durch den puritanischen Pilgrim, dessen Vorstellung von der zu errichtenden „Stadt Gottes" für die ganze Geisteshaltung des Amerikaners bestimmend wurde. Amerika – das ist das Ergebnis des angelsächsischen Rationalismus, nicht das Resultat einer Ideologie, vollkommen undogmatisch, aufgebaut auf der Erfahrung, gewachsen aus dem Experiment.

In der nach den berühmten Wasserfällen benannten Stadt Niagara Falls, dem beliebten Ausflugsort Zehntausender Flitterwöchner, fand ich, schon in etwas vorgerückter Stimmung, in einer sehr gepflegten Tanzbar mit meinem wendigen Begleiter Leinz Toni Anschluß an zwei junge Ehepaare. Die Männer, beide Soldaten, hatten Urlaub genommen, um zu heiraten. Der eine war irgendwo im Fernen Osten stationiert, der andere kam aus Alaska. Als wir uns in den Morgenstunden trennten, nicht ohne ewige Freundschaft zu geloben, nahm sich der eine zusammen und versicherte mir feierlich und etwas überlegen: „Wir wollen unsere Demokratie nicht verkaufen, wir werden aber für die Freiheit kämpfen, wo immer sie in der Welt bedroht erscheint." Volle zwanzig Jahre alt war der junge Mann, und ich wollte zunächst auflachen, denn es kam mir in Erinnerung, daß ich mitten im Frieden, nur weil ich Deutscher war, und mich ebenso schlicht wie selbstverständlich dazu bekannte, 1936 von einem Militärgerichtshof in Üsküb-Skoplje zu sechs Jahren Dienst in einem Strafregiment an der albanischen Grenze verurteilt wurde, um allerdings schon nach zwei Jahren Dienstzeit auf ein Gesuch hin von Prinz Paul begnadigt zu werden, und es beschwerte mich blitzartig all der Jammer, der mir vom ungarischen Intermezzo in der Batschka über den SS-Einsatz in Budapest bis in die tristen Jahre des Flüchtlingsdaseins begegnet war.

Und doch: Vom Isolationismus der Monroe-Doktrin und der „Neuen Freiheit" Wilsons ergibt sich über das Amerika der „Vier Freiheiten" Roosevelts ein klarer innerer Zusammenhang zum Amerika der „Truman-Doktrin". Und solange *dieses* Amerika in der Abwehr der Tyrannei nicht wankend wird, bleibt uns die Zuversicht, daß die Finsternis eines roten Feudalismus ohne Gott und ohne Christus nicht die ganze Welt verschlingen wird.

Voraussetzungen einer interkontinentalen Zusammenarbeit

Meine amerikanische Besuchsreise fiel gerade in die Zeit, als eine Abordnung des Bonner Bundestages in Belgrad weilte. Alle großen Zeitungen brachten auf der ersten Seite ein Bild, auf dem die beiden Parlamentsvorsitzenden, Gerstenmaier und Pijade, einträchtig nebeneinander abgebildet waren und, sich die Hände schüttelnd, freundlich zulächelten. Daß dies auf die Neueinwanderer, die den ganzen Jammer kaum zehn Jahre vorher mitgemacht hatten, verwirrend wirken mußte, war vorauszusehen, aber auch die Alteinwanderer waren bestürzt. Mein Glück, daß ich aus Österreich kam und daher nicht unmittelbar als „zuständig" betrachtet wurde, obwohl ich auf den Versammlungen immer wieder Rede und Antwort stehen mußte. Da und dort war bereits einiges von den keimhaften Ansätzen einer Regung auch innerhalb des Donauschwäbischen ruchbar geworden, die heute unter dem sehr dehnbaren Modebegriff Koexistenzpolitik Alltagsgespräch geworden ist. Überall suchte man nach einer tieferen Begründung dieser Entwicklung. Ich konnte immer nur andeuten, daß nach einer so schweren Katastrophe, wie sie über Europa im allgemeinen und über unser Volk im besonderen hereinbrach, das Ringen um neue Werte, um eine tragfähige neue Grundlage eher in die Zukunft weise, bis mir ein ehemaliger Bauer aus der Batschka, der heute in Philadelphia lebt, unumwunden erklärte: Auch der in seinem Urteil als maßvoll bekannte Tiroler Flüchtlingsseelsorger Prof. Grieser habe vor Jahren einmal von der Schuld des donauschwäbischen Intellektuellen gesprochen, und nicht mit Unrecht, meinte er. Als man unseren bäuerlichen Dorfmenschen nicht mehr für weltgewandt genug befand, wurde der „buta sváb" in die Magyarisierungsmaschine gezwängt, um aus ihm etwas Zügigeres zu gestalten. Dann lief die deutschnationale Wiedergeburtsbewegung der Guttenbrunn-Ära an, die all das wieder neutralisieren sollte, was unter Anleitung derselben Intelligenz in den Jahrzehnten vorher „mißraten" war. Noch war diese Entwicklung, zu der, von außen gesteuert, in der nationalsozialistischen Zeit noch die weltanschauliche Verwirrung dazukam, nicht abgeebbt, als der militärische Zusammenbruch unser ganzes Volk auf die Straße der Wanderschaft und ins Elend führte. Nun kämen wieder dieselben Propheten, spielten mit Ideologien, um uns mit neuen politischen Zielsetzungen zu beglücken. Zurückgeblieben aber sei nach all den Experimenten das – *Volk*: lebensmutig, zuversichtlich, tüchtig und gläubig. Das Unglück des deutschen Menschen läge überhaupt in seiner Sucht nach Ideologien, die er, um die Lebensberechtigung einer Führerschicht zu begründen, immer wieder dem „Volk" aufdrängt, ohne bereit zu sein, auch den Kopf hinzuhalten, wenn Verantwortung für eine Fehlentwicklung getragen werden soll. – Diese Ausführungen eines durch Not und Elend geläuterten Menschen, der an unserer Gemeinschaft mit jeder Faser seiner empfänglichen Seele hängt, blieben nicht ohne nachhaltigsten Eindruck auf mich. Obwohl ich schon seit 1945 in der donauschwäbischen Betreuungs- und in der Pressearbeit stehe und mein ganzes Handeln all die Jahre hindurch nichts als ein einziger leidenschaftlicher Appell gegen die Ungeheuerlichkeiten war, die unserem Volke widerfahren sind, erhielt ich erst in Philadelphia Kenntnis von der Existenz eines bereits 1946 erschienenen jugoslawischen Dokumentationswerkes, das unter dem Titel „Zločini okupatora i njihovih pomagača" (Die Verbrechen der Okkupatoren und ihrer Helfershelfer) in sechs Bänden herausgebracht wurde. Als ich dann einige Monate später in der Münchner Universitätsbibliothek diese Bände studierte, wurde mir bewußt, daß wir auf internationaler Ebene mit allen unseren schwerwiegenden Anliegen, die sich aus den furchtbaren Verbrechen *gegen unser* Volk ergaben, kein Gehör finden werden, wenn wir uns als Gruppe nicht unmißverständlich eindeutig von jenen Übergriffen distanzieren, die auf das Konto einzelner von uns gehen, sofern sie an verwantwortlicher Stelle oder auch als Privatmenschen Schuld auf sich geladen haben. Ich bin auch ein Mensch, voller Fehler und Schwächen, und möchte mich nicht als Richter über andere aufspielen. Vielleicht sagt uns in diesem Zusammenhang ein Satz Goethes etwas, der in den „Gesprächen mit Eckermann" irgendwo festgehalten ist und die allgemein-menschliche Anfälligkeit für das Böse sinngemäß in folgenden Worten festhält: Ich kann mir keine menschliche Verirrung vorstellen, der auch ich unter bestimmten Voraussetzungen, in bestimmten Situationen nicht anheimfallen könnte.

Wir sollen nicht den Richter spielen wollen; aber warum muß ausgerechnet unser braves Volk, das noch in die Tausende in den Lagern dahinvegetiert und in der Zwangsverschleppung irgendwo in der weiten Welt die Sünden anderer zu büßen hat, für alle Zeiten mit der Hypothek einer schweren Schuld *einzelner* belastet bleiben? Selbst wenn wir vom moralischen Aspekt dieser Frage absehen, ist es *politisch* nicht vertretbar, Leute als Sprecher einer Volksgruppe agieren zu lassen, die teils aus Verblendung, teils aus mangelnder besserer Einsicht eine Vergangenheit heraufbeschwören, die zu den dunkelsten Zeiten unserer ganzen Volksgruppengeschichte zählt. Die Aufklärungsarbeit, die unsere einflußreichen US-Donauschwaben all die Jahre hindurch über Kongreßmänner, hohe kirchliche Würdenträger und Beamte leisteten, ging unmißverständlich von dieser Voraussetzung aus. Tatsächlich haben wir auch als Volksgruppe überhaupt keinen Grund, den Nationalsozialismus zu rechtfertigen, auch jenen paar Narren zuliebe nicht, die sich in einer sentimentalen Anwandlung selbst die Bezeichnung „verfemte Generation" gaben, um von ihrer Erbärmlichkeit abzulenken und damit zu erreichen, daß man für sie in der possenhaften Märtyrerrolle wenigstens so etwas wie Mitleid aufbringt. Diese Frage muß jenseits von Zimperlichkeit und Heuchelei bereinigt werden, wenn wir zu den US-Donauschwaben, den Alteinwanderern sowohl wie zu den Neueinwanderern, ein positives Verhältnis bekommen wollen.

Das Judenproblem – menschlich gesehen

Es dürfte in der Osterzeit 1944 gewesen sein, als sich vielen Batschkaern beim Anblick jener Elendszüge jüdischer Zwangsarbeiter, die vom Kupferbergwerk Bor in Serbien in richtiger Einschätzung der nahenden Götzendämmerung abgezogen und zu Fuß durch unsere Heimatgemeinden nach Ungarn zu neuem Einsatz nach Csepel getrieben wurden, zum ersten Mal jener Abgrund auftat, vor dem wir schaudernd zurückschreckten, mögen auch unsere Zeitungen die von Berlin ausgegebene Parole „Habt kein Erbarmen mit ihnen!" noch so aufdringlich vertreten haben. Daran wurde ich erinnert, nicht ohne des aufkommenden Gefühls auch einer persönlichen Schuld Herr zu werden, die sich allein schon daraus ergab, daß man nicht aufbegehrte gegen eine solche Mißachtung und Entwürdigung der menschlichen Persönlichkeit, als ich während der Rückreise auf dem „General Langfitt" einige

Abende mit dem US-Matrosen Blumberg beisammensaß. Noch als Kind kam er aus Ungarn in die Staaten, während seine ganze Verwandschaft in Budapest der Vernichtungspolitik Hitlers zum Opfer fiel. Wir kamen uns menschlich bald sehr nahe, weil er mich in vielem an den Sohn des angesehenen und in weiten Kreisen beliebten Palankaer Kreistierarztes Trattner, Bandi, erinnerte, mit dem ich vier Jahre hindurch täglich den Weg ins Iloker Gymnasium ging und der dann an einem jener schrecklichen drei Tage im Winter 1942, die unter der Umschreibung „Neusatzer Razzia" als Schandfleck in unsere jüngste Geschichte ebenso eingehen werden wie die Greueltaten der Tito-Partisanen, irgendwo am Neusatzer Donauufer unter das Eis geschossen wurde.

Nicht daß Blumberg die Deutschen haßte – er zählte mir im Handumdrehen ein halbes Dutzend Nachkriegsbekanntschaften auf, alles Deutsche, die er persönlich schätzte und denen er menschlich die größte Achtung entgegenbrachte – im Kanal, in der Höhe von Dover, ließ er sich aber, so oft er dienstlich von Amerika nach Europa unterwegs war, an Land setzen, auch wenn es für ihn mit noch so viel Beschwernissen verbunden war. Daß auch der Kommandant des Schiffes diese gefühlsmäßigen Argumente eines Matrosen gelten ließ, spricht für seine menschliche Größe. Ich will es nicht verschweigen, daß mich seine Haltung tief beeindruckte; und ich begann mich zu schämen für jene, die sich nicht laut genug geben können, wenn sie possenhaft gegen den geistigen Urheber der Vernichtungsgesetzgebung gegen das Donauschwabentum, Moše Piade, anrennen können, im übrigen aber sozusagen für den privaten Geldsack Geschäftsverbindungen mit Tito-Jugoslawien keinesfalls abhold sind und sich bei den jugoslawischen Botschaftern und Wirtschaftsdelegationen in würdeloser Liebedienerei um Generalvertretungen jugoslawischer Exportfirmen in Deutschland und Österreich bemühen. Mehr denn je in unserer Volksgruppengeschichte müssen unsere politischen Akteure persönliche Unbescholtenheit, Sauberkeit, inneren Anstand verkörpern, denn nur *von totalen Vorbildern* kann heute in unserer schier ausweglosen politischen Lage Breiten- und Tiefenwirkung erwartet werden. Auch Peter Wagner hat mir an den langen Abenden in New York manches erzählt, was mir aus der Begegnung mit Blumberg nun auch aus persönlicher Schau bewußt wurde: Ohne die ethische Seite des Anliegens in die Waagschale zu legen, fühlt man erst in New York, wohl der größten jüdischen Stadt der Welt, wie weise die politische Tat Adenauers war, mit dem Judentum eine Versöhnung anzustreben. Auch das, was Wagner über die Hilfsbereitschaft unter den Juden, besonders den Neueinwanderern gegenüber, berichten konnte, nicht ohne einen resignierenden Hinweis auf den Ungeist eines krassen Individualismus in unseren Reihen, war verblüffend. Der moralische Druck der Gemeinschaft auf die wirtschaftlich begüterten Glieder ist so stark, daß praktisch jeder jüdische Neueinwanderer mit einem zinslosen Darlehen bis zu 10 000 Taler und mehr gleich nach Ankunft rechnen kann. Allerdings wird er erbarmungslos auch selbst zu ähnlichen Leistungen herangezogen, wenn es evident wird, daß dieser Einsatz der Gemeinschaft Früchte trägt. Die nationalen Vereine, die Hilfsorganisationen und Sportverbände bringen ihre Gelder vielfach so auf, daß sie Bankette veranstalten, für das Essen einen über den Gestehungskosten liegenden Preis einheben und den Reingewinn für ihre Sonderzwecke verwenden. Das New Yorker Judentum hat, wenn es um eminente Nationalinteressen geht, gerade auf diese Weise Leistungen vollbracht, die kaum noch überboten werden können. Abgesehen davon, daß für das in einem New Yorker Prunkhotel anberaumte Bankett nur ein Glas Wasser serviert wird, liegt im leeren Teller auch ein Zettel mit dem Spendenbeitrag, der von fünfhundert bis mehrere tausend Taler festgesetzt ist, je nach der Zahlungskraft der Geladenen. Nach der Rede, in der wohl der Sinn des Opfers erläutert wird, zerstreut sich die Festgemeinde, nicht ohne den vorgeschriebenen Betrag bis auf den letzten Cent im leeren Teller hinterlegt zu haben. Vielleicht hat auch Wagner mit ähnlichen Gedanken gespielt, aber was ein richtiger „Schwob" ist, will für sein Geld auch ein kräftiges Essen haben. Und so werden wir, wenn unsere politischen Pläne um die Gründung einer Donauschweiz in Pannonien als selbständige Föderativeinheit in einem neugeordneten Donaueuropa heranreifen, wohl nicht dieselben Wege gehen können, die die Juden wählten, als sie ihren Nationalstaat Israel neu begründeten.

Und zum Schluß noch als Marginalien: Es ist kein Geheimnis, daß der eigentliche „Reichsdeutsche" drüben rascher sogar als der Ire assimiliert wird. Am längsten halten sich die sogenannten Auslandsdeutschen und Volksdeutschen. Die deutschen Kulturträger in den USA sind aber auch heute noch die Juden, die Schauspieltruppen aus Deutschland hinüberbringen lassen, deutsche Bücher kaufen und ihren Kindern privat deutschen Sprachunterricht erteilen. Zu den journalistisch bestredigierten deuschsprachigen Zeitungen in den USA gehört wohl der in New York erscheinende „Aufbau", der als jüdisches Unternehmen gilt. Es soll hier auch nicht unerwähnt bleiben, daß die „New Yorker Staatszeitung und Herold", in deren Redaktion auch Juden arbeiten, seit Jahren die Rolle eines geschickten Anwalts der deutschen Heimatvertriebenen in den USA übernommen hat.

Wie im Persönlichen, gibt es auch unter den Völkern Sympathien und Antipathien, die des Regulativs einer in der Ethik begründeten Auffassung von der Würde der menschlichen Persönlichkeit als Ebenbild Gottes bedürfen, um nicht in Unmenschlichkeit und Barbarei auszuarten.

„Recht oder unrecht – es ist mein Vaterland"

1923 kehrte der gebürtige Neu-Beschenowaer Peter *Gaenger*, der damals Hauptschriftleiter der Temeswarer „Schwäbischen Volkspresse" war, von einer Pressetagung aus Wien ins Banat zurück. Er traf bei seiner Rückkehr einen Schulfreund an, der gerade aus Amerika gekommen war, ließ sich über die Neue Welt eingehend informieren und verließ 1924, damals 39 Jahre alt, unbeschwert und voller Hoffnung, das alte Europa, das in der Heimat Gaengers auseinandergefallen war. Vielleicht war es auch das politische Konzept der Minderheitenführer im Banat, das ihn nicht befriedigen konnte, und vor allem die Kontroverse mit Senator *Möller*, die ihm die Pressearbeit verleidete. Detroit – Pittsburg – Chicago – Los Angeles waren drüben seine Stationen, nicht immer war er auf der Sonnenseite des Lebens gebettet, aber er liebt dieses Amerika und bekennt sich, auch wenn er kritische Einwände macht, zum Satz: „Right or wrong, but it is my country" (Recht oder unrecht – es ist mein Vaterland). Geistig blieb er all die Jahre hindurch mit dem Geschehen in der Heimat eng verbunden. Sein donauschwäbisches Bekenntnis hat vom Kulturellen her einen starken pannonischen Akzent. Literarisch ist er an Ady, Vörösmarti, Petöfy gewachsen, deren Gedichte er ins Englische und ins Deutsche übersetzt hat. Seit er nach 1945 im Auftrage der amerikanischen Kriegsfürsorge in Europa weilte, zieht es ihn immer wieder herüber. Von Konstanz am Bodensee aus, wo eine Schwester als Heimatvertriebene lebt, bereist er Deutschland und Österreich, betreibt historische Studien und versucht sich immer wieder als Übersetzer. Derzeit beschäftigt ihn der Münchner Schriftsteller Eugen Roth, dessen „Kleines Tierleben" und „Die Frau in der Weltgeschichte" er ins Englische übertragen will.

Wir, die Unterdrückten, führen keinen Haß im Herzen

Wer die Gefahren einer nationalen oder rassischen Diskriminierung gerade auch von der Minderheitensituation des Südostens her kennt, den wird immer wieder die Frage beschäftigen, wie man in Amerika die Negerfrage lösen wird. Wohl kann das Negerinstitut in *Tuskegee* seit einigen Jahren keine Lynchstatistik mehr herausbringen, weil auf diesem Gebiet kaum mehr etwas zu berichten ist, es ist aber noch nicht allzu lange her, daß man selbst in christlichen Kirchen die Lynchmethoden preisen hörte. Tatsächlich muß es befremden, daß im Land der „Freiheit und Gleichberechtigung" den Negern gewisse Rechte, vor allem in den Südstaaten, immer noch vorenthalten werden, nur weil sie nicht als „Einwanderer" ins Land kamen, sondern von profitgierigen Menschen als Sklaven mit Gewalt nach Amerika verpflanzt wurden. Als ich mich mit Gaenger, der sich als ausgezeichneter Kenner der Negerfrage erwies, darüber unterhielt, verwies er auf die Haltung der ersten deutschen Ansiedler, die meist keine Negersklaven kauften. Im Kampf um die Gleichberechtigung der Neger haben sich, wie ich erfuhr, vor allem der Zeitungsmann *Zenger* in New York und die beiden Pastoren *Mühlberger* und *Pastorius* im Staate Pennsylvania hervorgetan. Dann wurde der legendäre Präsident der Vereinigten Staaten, Abraham Lincoln, während des Bürgerkrieges von 1860-1864 von seinem um zwanzig Jahre jüngeren Innenminister *Carl Schurz* immer wieder angeeifert und in seiner Auffassung bestärkt, wonach die bis dahin bestehende Sklaverei einer Nation, die die Freiheit auf ihr Papier geschrieben hat, unwürdig sei. Carl Schurz, der nach der 1848er Revolution in Deutschland fliehen mußte, war, wie mir Gaenger ausführte, zeitlebens von der Idee durchdrungen, daß der Mensch *nur dann* gut sein könne, wenn er *frei ist*. Dieser flammenden Begeisterung für die Freiheit, wie sie einer der bedeutendsten Deutschamerikaner, Carl Schurz, offenbarte, stand die Zähigkeit Abraham Lincolns würdig zur Seite. Und so geschah es, daß der Krieg zwischen den Nord- und Südstaaten 1860 die Befreiung der Schwarzen vom Sklavenjoch zur Folge hatte. Seither hängt im Wohnraum wohl jeder Negerfamilie in den USA das Bild Lincolns.

Es ist der Sache keine Gewalt angetan, finde ich, wenn man eine Parallele zu den Heimatvertriebenen sucht. Vor allem nicht, wenn man erfährt, daß sich in der „Deklaration" der Negersklaven auch folgende Stelle findet, die wahrlich von menschlicher Größe zeugt: „Wir, die Unterdrückten, führen keinen Haß im Herzen gegen die Unterdrücker, aber wir sind nichtsdestoweniger entschlossen, so lange Widerstand zu leisten, bis die gerechte Sache triumphiert!" Vielleicht merkte Peter Gaenger, wie tief mich gerade diese Stelle beeindruckte; in seinem abschließenden Hinweis zu diesem Thema „Wir Menschen können tun und lassen, was wir wollen, nur die Folgen müssen wir selber tragen!" kam die sicherlich auch durch viel persönliches Leid gewachsene Weisheit eines weitgereisten Banaters zum Ausdruck, der sein Menschentum immer bewahrt hat.

Das US-Donauschwabentum als politischer Faktor

Es ist in manchen Landsmannschaftskreisen in Europa nicht gerade populär, die wachsende Bedeutung des US-Donauschwabentums zu unterstreichen, ihm nicht nur im Hinblick auf die Verlagerung des weltpolitischen Schwergewichts nach Amerika eine Bedeutung beizumessen, sondern mehr noch auf Grund der aus eigener Kraft gesetzten Taten und politischen Leistungen eine Vormachtstellung zuzugestehen und von drüben in den großen gemeinsamen Anliegen für jedwede donauschwäbische Landsmannschaftspolitik nachhaltige Impulse zu erwarten. Gewiß gibt es auch im donauschwäbischen oder „deutschungarischen" Landsmannschaftsrahmen in den USA vereinsmeierischen Leerlauf genug, zumal das Vereinswesen in dieser unerhörten Streulage zwischen Atlantik und Pazifik wie aus wilder Wurzel gedieh und sich aus den ursprünglich gewerkschaftlich betonten „Arbeitervereinen" und den „Krankenunterstützungsvereinen" mit einer sozial-karitativen Komponente über den Geselligkeitsrahmen der „Gesangvereine" nur allmählich jene Entwicklung vollzog, die zunehmend der gesamten donauschwäbischen Landsmannschaftsarbeit in den USA eine *volkspolitische* Prägung verleiht. Wie man in Europa die Möglichkeiten überschätzt, donauschwäbische politische Gesamtanliegen von Bonn oder Wien aus wirksam zu vertreten, liegt es an der engmaschigen Vorstellungswelt unserer Volksinselpolitik begründet, in der wir immer noch befangen sind, jene Wirkungsmöglichkeiten zu übersehen, die von den Zentren weltpolitischen Geschehens aus über interessante Querverbindungen zu politischen Akteuren verschiedenster Provenienz gegeben sind.

Gewiß sind die Erfolge der Eingliederungspolitik, vor allem in Deutschland, aber auch in Österreich, recht beachtlich. Weil aber der Donauschwabe von Haus aus auch politisch dem Erfolgsprinzip huldigt, verflüchtigt sich das volkspolitische Konzept unserer europäischen Landsmannschaften allmählich zu einem Lastenausgleichsprogramm. In dieser Situation gedeiht das, was man mit politischer Ortsblindheit umschreiben könnte. Nicht weil man sich „auseinandergelebt" hat, ist die Ursache dafür, daß man sich nicht mehr einigen kann auf ein paar große gemeinsame politische Ziele. Der innere Bruch setzt dort ein, daß man sich kaum mehr verantwortlich fühlt, auch für jene zu denken und zu planen, denen es vorenthalten wird, in eigener Sache zu handeln. Und da liegt letztlich auch das Geheimnis der politischen Aktivität unserer US-Landsmannschaften begründet. Wie sich der Europäer im allgemeinen sozusagen höchstpersönlich als Träger einer reichen abendländischen Kulturtradition dem Amerikaner gegenüber weiß Gott in welchem Vorteil fühlt, erstarren wir allmählich auch im Landsmannschaftsrahmen in einer ähnlichen Rolle: *Wir* fühlen uns als die musealen Erben der Kulturtradition unserer Volksgruppe – das US-Donauschwaben-tum stellt sich aus der Gesamtlage heraus *politische Aufgaben*. Wir verwalten das Elend und jammern, drücken auf die Tränendrüsen und versuchen Mitleid zu erwecken – sie sind bemüht, das Elend und den politischen Katzenjammer zu überwinden. Und weil man sich drüben aus der Zeit heraus Aufgaben stellt und, losgelöst vom alten Kontinent, den Blick auf das Wesentliche bewahrt, bleibt man politisch beweglich.

Kommt noch hinzu, daß in Peter Max *Wagner* unserer Gruppe drüben eine starke Persönlichkeit erwuchs, der es gelang, die aktiven politischen Kräfte der Neueingewanderten aufzufangen und zu koordinieren, ohne sie im Sinne eines europäischen Gleichschaltungsideals zu entschärfen. Man ist drüben nicht gleich ein „Volksverräter", wenn man seine eigenen Ansichten meinetwegen über die sogenannten Magyaronen hat, man wird drüben nicht gleich als „osthörig" mit Acht und Bann belegt, wenn man sich die Freiheit herausnimmt, nicht derselben Meinung zu sein wie McCarthy.

Noch eines: In Europa diskutieren wir nun schon seit etwa 1948 das Problem „Schwabenrat" als politisches Instrument der Gruppe mit dem Sitz in New York und einem Sekretariat in Europa. Nirgendwo hat dieser Gedanke so gezündet wie in landsmännischen Kreisen in den USA und in Kanada. Aber man will sich nicht aufdrängen und wartet darauf, daß die Organisationen in Europa den Plan aufgreifen, durchdenken, das Ausmaß ihres geistigen und finanziellen Beitrages festlegen und dann auf dieser Grundlage eine Zusammenarbeit mit den US-Landsmannschaften in dieser Frage anstreben. Wertvolle Zeit ist bereits verstrichen, da und dort ist damit im Zusammenhang auch schon von einer „verpaßten Chance" gesprochen worden. Weil aber Zeiten der Not, der inneren und äußeren Bedrängnis immer auch Zeiten der Besinnung und Einkehr sind und die kürzlich erfolgte Gründung des Landesverbandes der US-Donauschwaben in Brooklyn auch in dieser Richtung ermutigt, darf angenommen werden, daß das Wagnis einzelner doch noch zur politischen Tat ausreift.

Unsere politische Parole: Eintracht in der Vielfalt

Es ist kein Geheimnis, daß bei interessierten und mit der Materie befaßten Stellen in den USA nahezu 20 detaillierte Vorschläge vorliegen, die sich alle mit der Neuordnung des Donauraumes befassen. Darin kommen alle Völker und Volksgruppen mit ihren Vorstellungen von einer politischen Befriedung der gemeinsamen Vielvölkerheimat zur Geltung, die Serben, Rumänen, Magyaren, Kroaten, Slowenen, Bulgaren, Polen, Tschechen, Slowaken, Mazedonier – nur die Stimme der Donauschwaben fehlt! Kein Wunder, meinen kritische Beobachter in den USA, daß die letzten sechs Albanesen für den Westen politisch interessanter sind als die ganze Volksgruppe der Donauschwaben, von der zwar noch immer rund 500 000 hinter dem Eisernen Vorhang, etwa 500 000 in Deutschland und Österreich als Heimatvertriebene und nicht weniger als ebenfalls 500 000 als Alt- und Neueinwanderer in den USA und Kanada leben, die aber ihr politisches Forderungsprogramm praktisch auf eine Lastenausgleichsformel reduzierten. Der Wille zur politischen Verselbständigung der Volksgruppenpersönlichkeit von den landsmännischen Organisationen her ist in Österreich und in den USA spürbar lebendig, während in Deutschland auffällt, daß unsere Landsmannschaftsexponenten vielfach unter Berufung auf eine politische Bescheidung jede zusammenfassende Planung ablehnen. Sehr aufschlußreich damit im

Zusammenhang ist eine im Münchner „Südostdeutschen" veröffentlichte Stellungnahme des Sprechers der Ungarndeutschen, Heinrich *Reitinger*, der *jedwede* Form *donauschwäbischer* Landsmannschaftspolitik klar und unmißverständlich mit der Begründung verneint, der Plan einer Weltföderation der Donauschwaben mit politischen Ambitionen in bezug auf die „außenpolitischen" Zielsetzungen der Gruppe als Gesamtheit ringe einem Kenner der Verhältnisse „höchstens ein Lächeln" ab. Das Ziel sieht Reitinger in der „größeren Einheit mit gesamtdeutscher Prägung", die er für eine „kleinere partikularistische donauschwäbische Einheit" nicht einhandeln möchte. Abgesehen davon, daß es in den Bereich der Illusionen gehört, unsere Volksgruppen in der *heutigen* Streulage nach einer „gesamtdeutschen Prägung" formen zu wollen, liegt ein so formulierter freiwilliger Verzicht auf Verselbständigung „in politicis" nicht mehr weit davon, was man mit „politischem Kastratentum" zu umschreiben pflegt. Der *Patriotismus* der US-Donauschwaben, dessen reale Grundlage in den Bindungen an das politisch und geographisch klar abgegrenzte Gebilde des neuen Vaterlandes verankert ist, dem sie auch Treue und Verehrung entgegenbringen, ist über alle Zweifel erhaben. Jeder Versuch, mit den US-Donauschwaben auf *nationalistischer* Basis zusammenzuarbeiten, ist aussichtslos, aber auch abwegig im Hinblick auf unsere heimatpolitischen Zielsetzungen. In einer großartigen Schau über die Fehlentwicklung des europäischen Nationalstaatsgedankens hat kürzlich Erik R. von *Kuehnelt-Leddihn* den Nationalstaat im Westen als Unding und historische Geschmacklosigkeit, im Osten aber als Verbrechen, ja als Selbstmord bezeichnet und sich mit Nachdruck für eine Wiedergeburt des „Bohemianismus", eines „Hungarismus", eines „Polonismus" im Sinne einer übernationalen und toleranten Geschichtstradition Mitteleuropas ausgesprochen. Und weil das US-Donauschwabentum tief im Vaterlandsgedanken verwurzelt ist, bejaht es im heimatpolitischen Rahmen auch eine *donauschwäbische* Landsmannschaftsentwicklung, die vom Stammhaften ausgeht, im Wesen föderalistisch geartet ist, in der „größeren Einheit mit gesamtdeutscher Prägung" nicht *die* politische Maxime schlechthin sieht, sondern auf der „Eintracht in der Vielfalt" gründet. (...)

Donauschwäbische Heimatpolitik: entweder von Washington oder von Moskau aus

Es ist heute in Kreisen, die von den Organisationen her unsere Volksgruppe in der Spitze repräsentieren, zuweilen ein Wagnis, so etwas wie ein donauschwäbisches heimatpolitisches Konzept zu vertreten. Nicht etwa, weil es keine politischen Probleme der Gruppe gäbe, nicht etwa, weil die Möglichkeiten fehlten, im angedeuteten Sinne zu wirken. Die oft erhobene Forderung, die Ziele der Gruppe als Gesamtheit auf wenige kulturelle Anliegen zu reduzieren, sich ganz allgemein so weit zu bescheiden, daß man womöglich nicht auffällt und größere Zusammenhänge der außenpolitischen Linienführung Bonns nicht stört – um hier sinngemäß eine Formulierung des letzten Schulamtsleiters des Volksbundes in Ungarn, des heute in Stuttgart wirkenden Josef Schmidt zu gebrauchen –, haben viele als letzten Akt jenes politischen Ausverkaufs empfunden, mit dem wir zwangsläufig in eine Art Altersheimpolitik geraten sind.

Ich jedenfalls habe mich auch auf die Gefahr hin, als Illusionist verschrien zu werden, auch auf meiner Reise durch die USA bei den Landsleuten unbeirrt zu diesem donauschwäbischen Wagnis bekannt, auf einer Kundgebung in New York allerdings auch vertreten, daß ich mir heute eine aktive donauschwäbische Heimatpolitik nur noch von Washington oder von Moskau aus vorstellen könne. Diese Ansicht, die nachrichtenmäßig auch in der deutschen Presse in Amerika und im „Neuland" registriert wurde, hat mir einige unfreundliche Briefe von führenden Landsmannschaftsexponenten eingetragen, die Entwicklung seither scheint mir aber Recht zu geben. Seit der Tagung verschiedener im Westen namentlich kaum bekannter Vertreter der restdeutschen Gruppen hinter dem Eisernen Vorhang in Kiew im Frühjahr 1956 werden in Ungarn und vor allem in Rumänien zunehmend klar auch die Umrisse einer donauschwäbischen Politik in den Heimatstaaten erkennbar. Schon daß etwa Müller-Guttenbrunns „Meister Jakob" bei uns im Westen nur noch archivalischen Wert zu besitzen scheint und wir es nicht verstanden haben, ihn auch zeitnah und wohl auch in seiner überzeitlichen Gültigkeit zu erfassen, während in Rumänien die besten Köpfe unserer Gruppe sich um eine neue Deutung seines Werkes bemühen, das in Bukarest oder Temeswar in den nächsten Jahren sicher auch neu verlegt wird, bestätigt diese Annahme. Mehr noch aber unsere politische Landsmannschaftssituation in Westdeutschland: Während in der Bundesrepublik die Vorbereitungen für den Empfang der jugoslawischen Parlamentsdelegation unter der Leitung von Moscha *Pijade*, den man mit Recht als den geistigen Urheber der Vernichtungsgesetze an den Donauschwaben bezeichnen, auf Hochtouren liefen und der Bonner Bundestag als eine seiner ersten Herbstarbeiten die Ratifikation jenes Jugoslawien-Vertrages angekündigt hatte, durch den die Austreibung unserer Volksgruppe mit einem großzügigen Geschenk von rund einer viertel Milliarde DM quittiert wurde, hat auf einer Kundgebung des südungarischen Befreiungsrates (Délmagyarország Felszabadító Tanácsa) im Theatersaal von Cleveland Anton *Rumpf* vor einflußreichen politischen Persönlichkeiten die Wünsche und Erwartungen der Donauschwaben formuliert, die Gewaltakte Titos angeprangert und an jene 8 000 donauschwäbischen Vollwaisen erinnert, die immer noch in jugoslawischen Kinderheimen festgehalten werden. Erst kürzlich seien 42 dieser Waisenkinder nach Triest geflohen und wurden, von den italienischen Behörden wieder ausgeliefert, zu je drei Jahren Kerker verurteilt. Vor dem Repräsentanten des Staates Michigan, Alvin M. *Bentley*, der bis 1950 im diplomatischen Dienst stand und während seines 18monatigen Aufenthaltes in Ungarn auch Kardinal Mindszenthy persönlich kennengelernt hatte, sowie vor mehreren Kongreßmännern, darunter Michael *Feighan* und William *Mitshell*, machte sich Rumpf zum Sprecher jener politischen Gruppierung unter den Donauschwaben, die eine Neuordnung des Donauraumes im Rahmen der *historischen Grenzen Ungarns* anstrebt, wo „alle einst dort lebenden donauschwäbischen Siedler wieder ihren Platz finden könnten in gegenseitiger Achtung ihrer Rechte, ihrer Sitten und der Sprache, und wo sie gemeinsam mit den Ungarn und den anderen Völkern dieses Gebietes ihren Beitrag zum Neuaufbau Europas leisten wollen".

Es ist so gut wie sicher, daß sich eine ganze Reihe unserer Politiker finden wird, die aus dem Gefühl heraus, den politischen Volksgruppenbereich in Pacht übereignet bekommen zu haben (– von wem?! –), gegen diese Formulierung Rumpfs Sturm laufen wird. Das haben sie seinerzeit getan, als Pater *Stefan*, Dr. *Schreckeis* und Dr. *Trischler* mit einer kroatischen Exilgruppe ein Übereinkommen unterzeichneten; diese selbstherrliche Art, die jeden Funkens Phantasie entbehrt, haben jene zu spüren bekommen, die eine autonome Wojwodina befürworten, und auch Peter Max *Wagner*, der aus der Situation heraus mal mit dem Titoisten Sava *Kosanović*, mal mit den volksdemokratischen Rumänen in Verhandlung trat, um die erstarrten Fronten aufzulockern, wurde von den Neunmalklugen beargwöhnt, die ihre politischen Trümpfe erst auswerfen wollen, wenn sie, nach allen Seiten hin abgesichert, „alles" gewinnen können. Ja, aber wann ist der richtige Zeitpunkt dafür gekommen? Schon einmal hätte der inzwischen verstorbene Pijade nach Deutschland kommen sollen. Damals arbeitete der Vorsitzende der Landsmannschaft der Donauschwaben in Baden-Württemberg, Jakob *Wolf*, im stillen daran, einen Schweigemarsch in allen größeren Städten, voran mit Tafelinschriften der Vernichtungslager, durchzuführen. Der Plan gefiel aber da und dort nicht, wohl weil man sich bei gewissen Vorgesetzten nicht unbeliebt machen wollte. Man muß aber auch den Mut haben, unpopulär zu wirken, wenn man vorgibt, die Interessen einer ganzen Volksgruppe zu vertreten. Davon, daß der eine oder andere bei dieser oder jener Stelle als Beamter gut angeschrieben ist, kann eine Volksgruppe politisch nicht leben.

Karl-Markus Gauß
Salzburg – Salzburg

Karl-Markus Gauß wurde am 14. Mai 1954 in Salzburg als Sohn des donauschwäbischen Publizisten Adalbert Karl Gauß und der aus Futok stammenden Lehrerin Barbara Herdt-Gauß geboren. Studium der Geschichte und Germanistik, freier Schriftsteller, verheiratet, zwei Kinder, lebt in Salzburg. Regelmäßige Veröffentlichungen von Kritiken und Essays in den bedeutendsten Zeitungen und Zeitschriften des deutschen Sprachraums. Seit 1991 Chefredakteur von „Literatur und Kritik" mit dem Ziel, die traditionsreiche österreichische Literaturzeitschrift zu einem Forum der literarischen Begegnung von Ost und West und der intellektuellen Kontroversen zu machen. Preise: Internationaler Essay-Preis „Literatur an der Grenze" von Portoroz 1988, Preis der Stadt Salzburg 1992 (zusammen mit Gerhard Amanshauser und Margit Schreiner), Österreichischer Staatspreis für Kulturpublizistik 1994, Europäischer Essaypreis Charles Veillon 1997 für „Das Europäische Alphabet" (als einziger deutschsprachiger Autor nach Manès Sperber), Preis der Salzburger Wirtschaft 1998, Bruno-Kreisky-Preis für das politische Buch 1999 (stiftet die Preissumme der Salzburger „Initiative für Asylbewerber in Schubhaft"). Karl-Markus Gauß gilt als einer der besten Kenner verleugneter Traditionen der österreichischen Literatur. Er hat mehrere Bücher herausgegeben sowie zehn selbst geschrieben.

DER WOHLWOLLENDE DESPOT

Über die Staats-Schattengewächse

II. Die Verstaatlichung der Kultur
oder Die Wiederkehr des wohlwollenden Despoten

Vorgeschichte: Kultur und Kulturvermeidung in den dumpfkatholischen Zeiten der Zweiten Republik. Ein Rückblick, der dem Autor Gelegenheit gibt zu zeigen, daß er die Gegenwart nicht verwirft, weil er sich Illusionen über die Vergangenheit machte.

In den dunklen Jahren der Restauration zwischen hitzigem Wiederaufbau und Kaltem Krieg war die offiziell anerkannte Kultur eng an den Orientierungspflock eines dumpfen Katholizismus geschnürt gewesen, wo sie sich, im Kreise jagend zwischen abendländischer Ordnung und alpenländischen Verordnungen, bald zu strangulieren drohte. In jener Zeit war es gemeinhin weder ein Ehrgeiz noch ein Stolz der Staatsmächtigen und ihrer Diener, für besonders weltoffen dem Neuen, neugierig dem Fremden und tolerant dem Ungewohnten gegenüber zu gelten – oder gar in der Vielfalt möglicher Lebensformen und Ausdrucksweisen anderes zu sehen als überspannte Hybris, welche so strafwürdig wie verurteilenswert war. Grundsatztreue zu den in schwammig phrasiertem Humanismus gefaßten Grundsätzen des Ressentiments war des Bürgers erste Pflicht, und feiertags gab es für diese Zwangsregel des Alltags das selbstgefällig aufstampfende Paradieren mit dem Kulturmacht-Dünkel, auf den die Nation in allen ihren Lebenslagen verpflichtet werden sollte. „Kultur" war da zugleich ein Kampfbegriff der politisierenden Borniertheit und eine Schrumpfgröße der Ausgrenzung: „Kultur war das, was dem politischen Feind, dem potentiellen Bedroher der eigenen Identität vollständig abging, restlos abgesprochen wurde – und es war jener Rest, der übrigblieb, wenn der Überschuß an Verdächtigem und Verfänglichem, an Amerikanischem und Bolschewistischem, an Hysterischem und Unanständigem abgeschnitten, ausgerissen, weggeredet war. Bis in die sechziger Jahre herauf hatte ein knochenharter und so gemütsbewegter wie gedankenstarrer Konservatismus die Absicht und die Kraft gehabt, im Diktat der sozialen Übereinstimmung zu definieren, was Kultur sei, wer zu ihr gehöre und wem sie fehle.

Was an Lebensäußerungen kulturellen Anspruchs dieses Zwangsdenken verletzte, wurde entweder dem Diktat Moskaus oder dem Schmutz und Schund zugeschrieben, auf Dauer ignoriert oder verhöhnt und gegebenenfalls verboten; ob ihm nun das Stigma verwerflicher politischer Inhumanität aufgebrannt wurde oder das Schandmal der Großstadthysterie, die ihre lächerlich wahnwitzigen Opfer durch die fatalen Freiheiten der Zivilisation jagt – stets durfte die nicht zur offiziösen Anerkennung geronnene Kunst nur bleiben, wo sie sproß: hinter den durch schier existenzbedrohende Strafen für Grenzgänger gesicherten Schranken politischer Opposition oder in den avantgardistischen Zirkeln, in die sich Nonkonformisten verschiedener Flammierungen und all die Einzelkämpfer geflüchtet hatten, die ihr Weltbild, nach den Jahren der nazistischen Quarantäne, nicht sogleich wieder auf die neue, alte Engführung verpflichten lassen wollten.

Was nach Ausgrenzung und Verbot, Denunziation und Verächtlichmachung übrigblieb, wurde gleichsam per österreichischem Amtstitel und abendländischer Generaltaufe in den Rang der Kultur erhoben. Güter dieser Güter sollten geehrt und geachtet sein, wurden aber gleichwohl von niemandem wirklich beachtet, selbst nicht von denen, die dazu angestellt waren, ihr offizielles Lob zu singen. Auch die wahren Staatsrhapsoden des österreichischen Katholizismus, mit Ehren überhäuft, mit Orden behängt, mit raschem Vergessen bestraft, sind in Wahrheit, da hatte ihr Name von den Gymnasiasten des Landes zu Prüfungszwecken auch noch so fleißig repetiert werden müssen, von niemandem gelesen worden. Die Bücher der gekrönten Staatsdichter zur Gänze subventioniert und im freien Verkauf außer in der jeweiligen Buchhandlung hinter der Kirche so gut wie nicht erhältlich, wurden an die gesammelten Vorzugsschüler der Nation, die diese Strafe verdient haben mochten, und an zufällige Staatsgäste, die unschuldiger gewesen sein konnten, verschenkt. Der österreichische Staatspreis für Literatur war in jenen Jahren nachgerade ein Gütesiegel für vornehm abgestandene Moderqualität geworden, der solche raunende Ehrfurcht entgegengebracht wurde, daß der profane Mensch sich getrost davor hüten durfte, es mit ihr auch nur einmal aus eigener Anschauung zu tun zu bekommen.

Die offizielle Restkultur wurde dabei in einem fort beschworen, aber offenbar nur zum Zweck, daß sie fernbleibe, sie wurde beansprucht, aber doch bloß, um zum toten Besitzstand der Nation abgelegt zu werden. Die kulturellen Repräsentanten des staatsgehorsamen Katholizismus wurden in der Regel für ihre Dienste eher nur kärglich mit Verdienst und Verdienstorden belohnt; in dieser Mißachtung selbst der eigenen Kultur, den eigenen Kulturschaffenden gegenüber, wirkt die josefinische Beamtentradition nach, welche treues Dienertum nicht als extra zu honorierende Leistung nahm, sondern zum Wert geadelt hat, der für sich besteht und glänzt. Was alle Prüfungen bestanden und das Wohlwollen sowohl der engsten klerikalen Wächter als auch der breitesten Bauernbündler gefunden hatte, trug als nunmehr approbierte Kultur diesen wachsenden Wert in sich und würde als Ausgleich für die Fährnisse seines Entstehens ewigen Bestand haben, was Lohn genug auf Erden, also in dem nachtschwarzen Raum zwischen Himmel und Drimmel war.

Die mangelnde Durchprägung der Gesellschaft mit den weltoffenen Idealen eines selbstbewußten Bürgertums hat vom Josefinismus herauf die österreichische Geschichte deformiert wie sonst vielleicht keine zweite Besonderheit der nationalen Entwicklung. So hatte das österreichische Bürgertum auch nach dem Zweiten Weltkrieg in Habitus und Hubertus wie eine Karikatur der eigenen Klasse gewirkt und in kulturellen Fragen weder ein genuin bürgerliches Verständnis zu entwickeln, noch dieses epochenprägend in der Gesellschaft durchzusetzen verstanden. Worauf das Bürgertum sich festgelegt hatte und nun tatsächlich weite Teile des gesellschaftlichen Lebens festlegen konnte, war eine kleinstädtisch und dumpfkatholisch bestimmte *Bürgerlichkeit*, in der von den historisch befreienden Impulsen des Bürgertums, von seinem Aufstand wider Adel und Unvernunft, Zensur und Obrigkeit nicht einmal ein ferner Nachhall fortwirkte; in der „Bürgerlichkeit" dieses verschreckten Bürgertums, das, nach seinen historischen Niederlagen gegen die habsburgische Staatsmacht, nie mehr aufbegehrte, vielmehr sich als privilegierte Stütze den jeweiligen Herrn andiente, eine Klasse gedrückter und bedrückender Untertanen, in der „Bürgerlichkeit" des österreichischen Bürgertums nach 1945 bündelten sich vielmehr alle negativen Merkmale, die eine Klasse nur haben konnte, der es kaum einmal um ein anderes Leben, fast von Anbeginn bloß ums Überleben gegangen war. Mit dem spießig verkommenen und auf die Absicherung des Verkommenen stets peinlich bedachten Bürgertums als dominierender gesellschaftlicher Kraft war Österreich in den fünfziger und sechziger Jahren weit hinter den Entwicklungen zurückgeblieben, drastisch unter den Standard entwickelter Staaten gefallen. Dieser Rückstand, auf allen Gebieten verheerend, aber gerade in der Ökonomie und ihrer Modernisierung fundamental und nur dort auch jene schmerzend, die ihn verursacht hatten, war im Laufe der sechziger Jahre zum unwiderlegbaren Tatbestand und zur unhaltbaren nationalen Angelegenheit geworden; selbst die Schichten, die den Konservativismus in seiner borniertesten Spielart geschaffen hatten, konnten ihre Interessen bei ihm nicht mehr länger gesichert sehen. So begann er sich denn auch selbst zu zersetzen, und mit jedem neuen Ingrediens, das beigegeben wurde, ihn zu verjüngen, fiel er nur immer weiter in seinen Verbindungen auseinander.

Der alte Konservativismus war nahezu unreformierbar, sodaß, was als Zufuhr von Frischluft gedacht war, bei ihm allenfalls dazu beitrug, den Verwesungsprozeß in Gang zu bringen. Die Stunde verlangte nach einem Mann, befähigt, die Lebendleiche endlich in den Keller zu schaffen, nicht außer Haus, aber immerhin in den Keller, wo sie außer Sicht war und selbst bei unangemeldeten Besuchen nicht unangenehmes Aufsehen bewirken konnte; daß sie, in nationalen Föhnnächten, von ihrem Alterssitz, der Kellergruft, zum Gespenstergang durch das österreichische Haus aufbrechen kann, das sie auf ewig für ihr eigen hielt, zeigten aufregend und aufsehenerregend nicht wenige Ereignisse der letzen Jahre.
(...)

Die Beamtendichter, Brotschriftsteller und Hungerkünstler oder Wovon lebten die österreichischen Autoren vor der Reformperiode? Kleine Sozialgeschichte, erster Teil: 1945-1970.

Seine Berufung auch zum Beruf zu machen, das war in Österreich für Schriftsteller gerade in jenen Jahren ein so schwieriges wie selten gewagtes Unterfangen, als die allgemeine Not der ersten Nachkriegsjahre bereits keine allgemeine mehr, schon eine spezielle einzelner gesellschaftlicher Gruppen war. Die weitaus meisten Verfasser von Büchern saßen in Schulen oder Bibliotheken, unterrichteten Kinder oder schlichteten Bücher, saßen in Ämtern und Behörden, erledigten Akten oder Bittsteller.

Dichtende Gymnasialprofessoren sind, wie man weiß und ebenso an den malenden Zeichenlehrern studieren kann (freilich nicht immer, auch hier gibt es die bewundernswerten Ausnahmen), oft weder als Lehrer noch als Schriftsteller von glückhaftem Zuschnitt: im Unterrichten von Kindern, zu dem sie sich nicht berufen, sondern verdammt sehen, glauben sie ihre eigentliche Bestimmung zu verfehlen und rächen sich darum an denen, die ihnen greifbar sind und tagtäglich ihr Lebensversäumnis vor Augen führen, mit Zynismus, Gleichgültigkeit, Verachtung; als Schriftsteller wiederum bleiben sie hinter dem zurück, was erreichen gekonnt zu haben sie überzeugt sind und womöglich wirklich auch deshalb verpaßten, weil es eben kein Leichtes ist, über die Stunden des Dienstes nach dem Fehlerhaften zu fahnden und nach Dienstschluß das Vollkommene zu finden. Wie als Professoren, so arbeiteten sich die österreichischen Autoren meist in nichtliterarischen Berufen ab, um schließlich schriftstellerisch nicht mehr allzuviel zuwege zu bringen und sich darob in jener Vergrämung einzurichten, in der es dank der Möblierung mit Neid, Bitterkeit, Resignation, diffusem Haß und regelmäßigem Einkommen so gemütlich ist.

Dieses Eintauchen der Schriftsteller in subalterne Positionen des Staatsdienstes, dem ein Berufsleben lang kaum ein Auftauchen mehr folgte, das so unsensationelle Verschwinden der Autoren in den vergleichsweise privilegierten Verliesen der Staatsdienerschaft hatte natürlich zwingende soziale Gründe. Dennoch gab es manche, die enorme Belastungen auf sich nahmen, diesem Zwang zu widerstehen und das Ideal einer Literatur zu bewahren, deren Tinte vielleicht bitter, aber nicht schmierig vor Ämterschweiß ist.

Neben der Ausnahme eines Großschriftstellers wie Heimito von Doderer waren es vor allem zwei Typen von Schriftstellern, die sich lieber als dem Zwange eines ungeliebten Brotberufes den Zwängen und Nöten der freien Schriftstellerexistenz aussetzten. Da waren zum einen jene Lebensmutigen, nicht nur auf ihre literarischen, sondern auch auf die Kräfte ihrer körperlichen Belastbarkeit vertrauenden Autoren, die sich ungesichert und mit nichts als ihrer literarischen Arbeitskraft auf den Markt der publizistischen Öffentlichkeit begaben. Diese Brotschriftsteller, wollten sie das Leben für sich und ihre Familie mit einiger Würde bestreiten, waren nicht nur gezwungen, regelmäßig und viel zu publizieren, sondern sich auch die Fähigkeit des modernen Berufsautors zu erarbeiten, in verschiedenen literarischen Formen und für verschiedene Medien zu schreiben: während sie alle an ihrem großen Roman arbeiteten, mußten sie Woche für Woche in Zeitungen Feuilletons unterbringen, für Magazine Buchbesprechungen verfassen, von Saison zu Saison beim Rundfunk mit Dramatisierungen von Texten der Weltliteratur oder eigenen Hörspielen zu Geld, bei Verlagen mit Übersetzungen über die Runden zu kommen versuchen. Milo Dor und Reinhard Federmann repräsentieren den in Österreich nicht nur nach 1945 so raren Berufsschriftsteller vielleicht am konsequentesten; mochten sie im übrigen traditionell realistisch oder innovativ schreiben – den Büchern der Brotschriftsteller, selbst den weniger gelungenen, scheint man es anmerken zu können, daß sie immerhin in der Zugluft der sozialen Wirklichkeit, nicht in der Stickluft der Bürokratie entstanden sind.

Neben diesen zu ungemeiner Fleißigkeit und Konsequenz des Arbeitens verdammten Brotschriftstellern hatten sich zum anderen jene dem Sog der Verbeamtung oder Anstellung entzogen, die man, im fast schon romantisch überkommenen Sinne, als Dichter bezeichnen und mithin als tägliche Neuentwerfer einer poetischen Existenz durchaus rühmen möchte. Unter großen Entbehrungen, auf einer oft über Jahrzehnte hin materiell nie gefestigten Grundlage, führten sie am Rande der Gesellschaft oder fröhlich gegen sie ihre freies, gemeint: vogelfreies Leben. Wie jede Randgruppe hatte auch diese ihren Stolz und ihre Beschämungen, ihre Widersetzlichkeit und ihre Infantilisierungen: bis sie selbst ins Pensionsalter gekommen waren, das sie freilich ohne Rentenanspruch erreichten, lebten diese oft anhangs-, fast immer kinderlosen Dichter von den Zuwendungen ihrer zunehmend betagten Eltern; wenn sie mit sechzig dann doch noch, in der schönen Ausnahme, einen großen Preis entgegennehmen durften, saß im Publikum kein unruhiger Enkel, sondern eine ergriffene Greisin, die an diesem Tag dank der Anwesenheit vieler staatstragenden Prominenz ihr eigenes und das Leben ihres Kindes gerechtfertigt sehen durfte. Viele aber waren, ehe es so weit hätte kommen können, buchstäblich in den Rinnstein der Gesellschaft gestürzt wie Hermann Schürrer, hatten sich eine Kugel in den Kopf gewelkter Illusionen gejagt wie Otto Laaber, blieben am Rande, ohne vom Zentrum aus je wahrgenommen zu werden, ganz wenige nur, wie ihrer aller König H. C. Artmann, vermochten ihre Existenz auch materiell auf die Poesie zu gründen, ohne von ihren Ansprüchen etwas beigegeben haben zu müssen.

Gleichviel, die in privater Anstellung oder in staatlichem Dienste gebundenen, die vielarbeitenden Brotschriftsteller oder die vielhungernden Poeten – sie alle, die sich nach 1945 in Österreich ernsthaft mit dem Schreiben von Literatur befaßten, waren einander in einem sehr ähnlich gewesen: keiner von ihnen konnte sich für seine schriftstellerische Arbeit etwas vom Staate erwarten. Sie erwarteten sich nichts von ihm wie sie ihm auch nichts schuldeten, sie erwarteten keine Förderung und erfüllten keine Forderungen, sie hatten ihm kein Ansehen zu danken und bedankten sich daher nicht mit irgend Illusionen über seine Interessen, sie hatten keine Wohltaten zu empfangen und darum auch kein Wohlverhalten zu entrichten.

Selbst die amtstragenden Schriftsteller waren in ihrem Beruf ja nicht als Josefiner der achten Generation gegangen: nicht um Nützliches zu tun, um dem Staat in seinem Wiederaufbau und Wachsen als verläßliche Stützen zu dienen, nicht irgendeines bürokratischen Glorienscheines wegen hatten sie sich in eine feste Anstellung begeben, sondern um ein gesichertes Einkommen zu haben. Den Staatsdienst sahen sie daher eher als Feind, war es doch er, der ihnen das Beste nahm, das sie zu haben glaubten, ihren Kunstsinn, ihr Talent; keine hehre Aufgabe war der Beruf, der man, wie einst die Josefiner, das eigene Leben, die schöne Kunst um einer besseren Zukunft der Nation willen hingab, aber andrerseits auch keine bezahlte Freizeit, in der man auf Staatskosten der eigenen literarischen Tätigkeit im wesentlichen ungestört irgendwo in den Abstellkammern der Bürokratie nachgehen konnte. Nein, der Beruf verschlang das Leben, verdarb die besten Fähigkeiten, und dem Moloch Staat drängte es keinen zu danken.

Erst recht keine Dankbarkeit schuldeten dem Staat der freie Brotschriftsteller und der vogelfreie Poet, denen jede Idolatrie eines vernünftigen, fürsorgenden Staates völlig fremd sein mußte. Wie sie keine frommen Dotationen erhielten, die für sie gestiftet worden wären, so konnten jene in ihnen auch keine Verwirrung über ihre eigenen Aussichten stiften. Da war die Borniertheit im einzelnen vielleicht groß, kein Schriftsteller von einigem Hirn jedoch konnte sich in den fünfziger Jahren mit Illusionen über das Wesen des Staates vertrösten; kaum ein Kulturschaffender, der daran gedacht hätte, die Kluft zwischen Staat und Kultur sei überbrückbar, der Gegensatz der Kunst zur Macht nur ein kulturtechnokratisches Problem, das mit geeigneten Sozialtechniken schon noch zu lösen wäre.
(...)

Wie der Staat zum Kulturstaat, der Geistesmensch zum Rentenempfänger und die Zensur alten Typs nahezu überflüssig wurde. Kein Märchen der siebziger Jahre.

Die staatliche Reformpolitik der Kultur schuf sich ein großes, aber machtloses Heer von Rentenempfängern, Stipendienbeziehern, Zuschußbegünstigten, die der andauernden direkten oder indirekten Unterstützung durch den Staat bedürftig bleiben. Daß ein Schriftsteller, beispielsweise, nicht dank staatlicher Instanzen, sondern dank lesender Menschen seinem Beruf nachgehen könnte – diese in Österreich nie so recht verwirklichte Errungenschaft der bürgerlichen Öffentlichkeit war im sozialdemokratischen Staat nicht einmal als Utopie mehr präsent. An ihre Stelle war eine *Vision* getreten, die Vision eines noch wesentlich mächtiger und gütiger gewordenen Staates, der seine Künstler noch wesentlich umfassender als jetzt zu betreuen und zu versorgen Mittel und Verfahren haben würde, sodaß es, in einem kühnen Traume von morgen, bald Tausende Schriftsteller geben könnte, die segensreich ihrer Tätigkeit nachgehen würden, ohne auch nur einen einzigen Leser zu erreichen und zu brauchen.

Das Heer der von staatlicher Unterstützung abhängigen Schriftsteller sammelte sich periodisch in den diversen von staatlicher Unterstützung abhängigen Zeitschriften und verteilte sich sodann auf die von staatlicher Unterstützung abhängigen großen, mittleren und kleinen Verlage; deren Aufgabe war es immer weniger, ihre Bücher nach Drucklegung auch zu verkaufen, immer mehr, sie gleich vor Drucklegung möglichst weitgehend subventioniert zu bekommen. Nicht Leser galt es zu überzeugen, sondern Ministerialräte, nicht gelesen sollten die Bücher werden, sondern bezuschußt. Dem Autor durfte dabei kein Rest von Unzufriedenheit bleiben: daß ihm eine kleinere Auflage frei verkaufter Exemplare seines Buches, mit dem er vielleicht doch irgendwem irgend etwas hatte sagen wollen, mehr bedeuten könnte als eine subventionierte Auflage, die in den Verteilungskanälen der Ministerien, Länderregierungen, Gemeindeverwaltungen verschwindet; daß ihm eine von interessierten Lesern nach und nach erworbene Auflage gemäßer sein könnte als eine vorfinanzierte, die beispielsweise auf dem Dienstwege des Unterrichtsministeriums als Zwangsgeschenk an desinteressierte Empfänger weitergeleitet wird – dieser Gedanke, daß Geschriebenes zu Gelesenem werden muß und die (subventionierte) Veröffentlichung kein Ziel, nur ein Anfang sein darf, schien längst geradezu rührend in seiner Anhänglichkeit an ein obsoletes Ideal, das im Wandel der Kultur ins Lächerliche herabgesunken war.

Der Staat als bedeutendster Auftraggeber, Käufer, Förderer, Subvent von Kunst und Künstlern schuf sich sein Heer von Abhängigen, deren Lebensschicksale aufs entmündigendste mit dem unablässigen Erstarken des Staates verbunden waren; ja, dieser konnte bald schon von keinem mehr kritisiert werden, der nicht gleichzeitig auch die Grundlagen seiner eigenen Existenz zu kritisieren fähig und sein berufliches Fortkommen in Frage zu stellen bereit war. Abhängig von ihm, bleibt den Kulturschaffenden im eigenen Interesse nichts zu wünschen als das reibungslose Funtionieren des Staates. Wer den Staat dennoch kritisiert, wird zum Feind der Kultur, zum Feind der Künstler, die nichts mehr haben als eben den Staat, der sie in ihrer Freiheit, nichts zu haben als ihn, aufs fürsorglichste schützt.

Staatliche Zensur im altertümlichen Sinne, als wie auch immer begründetes Verbot eines einzelnen Werkes nämlich, wurde da vielfach überflüssig, weil eine ganz andere, aufgeklärte Zensur, die sich niemals als solche verstanden wissen möchte, Alltagsprinzip der Kultur geworden ist. Ja, gegen die veraltete Zensur im Einzelfall, wie sie borniert Biedermänner aus der

Provinz regelmäßig fordern und klerikal umdüsterte Streiter wider Pornographie und Häresie auch tatsächlich immer neu einzuklagen vermögen; gegen diesen aufgeregt krächzenden Schrei nach Zensur, der aus dem agressiven Dünkel eines heimatlos gewordenen, marodierenden Konservativismus kommt, kann sich der moderne Staat ja aufs neue zum Verteidiger der Freiheit von Kunst und Wissenschaften ausrufen. Seine *Zensur neuen Typs* ist zugleich weniger spektakulär und wirkungsvoller, weicher und umfassender. Ist die Kunst erst dem Zuständigkeitsbereich des Staates zugeführt, hat man die Künstler erst zu Rentenempfängern gemacht, oder, wo sie es nicht selber sind, ihre Verlage und Zeitschriften, Galerien und Werkstätten zu Zuschußbetrieben – ist die Verstaatlichung der Kultur erst einmal erreicht: dann ist die alte Zensur überkommen und hat ihre Funktion der Überwachung in Gänze dem System der Förderung übergeben. Dann wird nicht zensuriert, nur mehr subventioniert.

Als sich Josef II. 1784 dazu veranlaßt gesehen hatte, um des Fortschritts willen die Zensur teilweise wiedereinzuführen, die er vorher um des Fortschritts willen außer Kraft gesetzt hatte, bediente er sich nicht der alten Dunkelmänner, sondern aufgeklärter Literaten. In der staatlichen Zensurkommission wirkten, unter Oberaufsicht kultivierter Bürokraten, vorwiegend Literaten, nicht die schlechtesten übrigens, eher solche, die achtbar im gehobenen Durchschnitt siedelten; sie waren ja auch nicht von der bösen Rache der Zukurzgekommenen getrieben, sondern von der Einsicht ins Machbare und der löblichen Absicht, in einem nicht allzu schönen Spiel das Schlimmste verhindern zu helfen. Ihre oberaufsehenden Bürokraten wiederum waren ihresteils keineswegs bösartig veranlagte oder auch nur auffällig engstirnige Verbotsfreunde gewesen, vielmehr im Maß ihrer Epoche hochkultivierte Menschen, die nichts als das Wohl der Nation im Sinne hatten; gleich dem späteren Metternich, der das dichterische Werk Lord Byrons bewunderte und dabei so trefflich verstand, daß er es über die dreißigjährige österreichische Mitternacht nach dem Wiener Kongreß gleich staatsweit verbieten ließ – eine Anekdote, die in der österreichischen Historiographie gerne wie zum Beweis erzählt wird, daß Metternich eben doch kein Mann des Vorurteils, sondern der Kultur war –, gleich Metternich mochten auch diese Zensur-Verantwortlichen von der Qualität des Verbotenen im einzelnen überzeugt gewesen sein, ja sich ihrer im eigenen Lesezimmer durchaus erfreut haben.

Wie weiland die josefinischen in die Zensurstellen, drängen heute die engagierten Literaten und engagierten Interessenvertreter engagierter Literaten in jene Gremien und Beiräte, in welchen über die Verteilung der Subventionen entschieden wird. Fließend ist der Übergang vom berechtigten gewerkschaftlichen Wunsch nach Beteiligung an den sogenannten Entscheidungsprozessen zur Teilhabe an einem ganz entschieden entmündigenden Werk, das nicht die Sicherheit der von ihr Bedachten, sondern deren Abhängigkeit steigert und mit lauter kleinen milden Gaben ins große grobe Elend führt.

Als Mitarbeiter an einem Zensurwerk werden sich die engagierten Interessenvertreter freilich so wenig empfinden wollen wie einst die Josefiner, im Gegenteil, geht es ihnen doch wie den altvorderen einzig darum, Schlimmeres zu verhüten und dafür zu sorgen, daß jeder kriegt, was er verdient: der eine etwas, der andere nichts, einige jedes Jahr einen Bissen, andere ein paar Mal im Leben ein bisserl was. Auch die Abhängigkeit will gerecht verteilt sein.

Während daher das allgemeine Gerangel, in die richtigen Beiräte delegiert zu werden, um dort den richtigen Autoren, nicht den Freunden und den Freunden der Freunde, versteht sich, zu helfen, ein hinreichend heftiges ist; während Unterkunft in den neuen Zensurstellen also durchaus angestrebt wird, regt sich mutig und mundig der Widerstand gegen die alte Zensur. Wo immer glücklich ein Kleinstadtpsychopath gegen den Schmutz und Schund zieht, der ihn anzieht, erhebt sich dankbar ein Chor der Empörung, in dem die Sänger laut und selig vergessen dürfen und vergessen machen, was ihre Existenz wirklich bestimmt und woran sie wirklich leiden. Aber – leiden sie noch?

So war der Staat auf dem Wege, das zu werden, worüber frühere Geschlechter nur in dummes Erstaunen hätten geraten können, ein Kulturstaat nämlich. In allen seinen Bereichen ist dieser Staat durchflutet mit Kultur, in allen ihren Bereichen ist die Kultur ein Teil des Staates geworden. Der Zeit ihre Kunst. Der Kunst ihre Freiheit. Der Freiheit einen starken Staat, der sie schützt.
(...)

Die Verstaatlichung der Kultur ist vollzogen. Doch die Reformära nähert sich ihrem Ende. Ein Abschnitt über Wahrheit und Wende, der vom Widerwillen des Autors diktiert ist.

Die Verstaatlichung der Kultur war zu ihrem und des Staates besten schon weit fortgeschritten, die Stillbeschäftigung der Künstler unter wohlwollender Obsorge längst friedlicher Alltag des Kulturstaates geworden – zu dem gelegentliche Exaltationen als Simulationsübungen der Unabhängigkeit gehörten, die dem aufbegehrenden Kulturschaffenden das Gefühl von Würde, dem Staat aber den Beweis seiner Liberalität geben, kurz: extra etatem nulla salus, außerhalb des Staates ist kein Heil und keine Kultur. Die Kultur darf nicht sterben! War die Parole, wenn wieder einmal die Erhöhung der Subvention nicht mit dem Steigen von Preisen und Kosten Schritt gehalten hatte. Kultur ohne Menschen, Literatur ohne Leser, das war längst denkbar, Kultur ohne Staat aber unvorstellbar geworden. Wer den Staat nicht nur fleißig wegen der entlarvenden Relationen kritisierte, mit denen er seine Verteilerfunktion erfüllte, wer grundsätzlich den Anspruch des Staates verwarf, die gesellschaftlichen Angelegenheiten der Gesellschaft zu entziehen und in seine Kompetenz zu überführen, der war bald der Kulturfeindschaft überführt. Wo auch kulturell nichts mehr ohne den Staat geht, ist der Staatskritiker entweder ein verstiegener Anbeter des Nichts, gemeinhin Nihilist, oder ein Kulturfeind, im allgemeinen Idiot genannt.

So stand es, als der österreichische Sozialismus auf seinem Weg in den vollendeten Kulturstaat unvermittelt und unvorhergesehen zum Stehen kam. Mit Krisen und Korruptionsskandalen ohne Ende in Staats-Betrieben und Staats-Verwaltung war die „Verstaatlichung" selbst ein mediales Thema geworden, ein zunehmend höhnisch abgehandeltes Thema; der wohlwollende Despot war grollend besiegt ins innere Exil der Gekränktheit und, ein anderer Napoleon, ins äußere der brandungs- und reporterumtobten Insel gegangen; und die Waldheim- und Woytila-Wellen hatten den fauligen Abschlick des politischen Katholizismus stürmisch wieder aufgerührt. Nun geistert das Kellergespenst des borniertem Konservativismus, der in der Finsternis von seiner alten klerikalösterreichischen zur euroökonomischen Borniertheit reifte, knarrend im österreichischen Haus herum, den aufgeklärteren Bewohnern zum Schrecken, allen Besuchern von draußen zum Spott. Wer von der langsamen, unaufhörlichen Besserung der Verhältnisse mit Kreisky überzeugt gewesen war, glaubt sein Österreich nicht mehr wiederzuerkennen, indes es anderen erst jetzt so recht kenntlich geworden scheint.

Mit der Wende wurde eine Privatisierung angesagt, durch die der Staat wieder deutlicher zu erkennen gibt, wem er dient und wem er die Möglichkeit, sich zu bedienen, auch in der Krise offenhält. Das knochenharte Kürzen von Sozialleistungen, staatlichen Zuschüssen und Förderungen mußte natürlich nicht nur ganze soziale Bereiche verwüsten, sondern auch hoffnungsvolle politische Initiativen zerstören, eben weil diese nicht auf der Zustimmung, der Unterstützung genügend vieler oder genügend interessierter und opferbereiter Menschen gründeten; einmal ins Leben gerufen und mit selbstausbeuterischer Energie von wenigen vorangetrieben, konnte die Mehrzahl dieser alternativen Organisationen und oppositionellen Vereine, die sich der Alltagskultur, den Arbeitslosen, den vorstädtischen Jugendlichen, den vergessenen Regionen, dem interkulturellen Austausch, dem gerechten Handel mit der Dritten Welt oder dem radikalen Wandel der Entwicklungspolitik verschrieben hatten – einmal durch mutige gesellschafliche Initiativen entstanden, konnten die meisten dieser Projekte doch nur mittels staatlicher Förderungen weitergeführt werden; damit aber blieben sie mehr vom Staat und seinen Entwicklungen als von Menschen und ihren Erfahrungen abhängig, und schnell, mit einer anderen Politik des Staates, kam für viele von ihnen auch das Aus. Dies mag man bedauern, aber doch zum Zeugnis dafür nehmen, daß rettungslos verloren ist, wer auf die Vernunft oder Güte des Staates setzt und nicht auf die Menschen trotz ihrer Unvernunft und trotz ihres Kleinmutes.

Stolz beharrte die Regierung der Kürzungen indes darauf, daß sie in einem Bereich nicht sparen werde: an der Kultur. Aus den schöngeistig daherstapfenden und in der Resonanz tiefer Verantwortung aushallenden Begründungen für dieses Bekenntnis, an und mit der Kultur nicht zu sparen, klingt zweierlei unüberhörbar auf: zum einen, daß in die Kultur zu investieren gerade zu Zeiten lohnt, wo in anderen Bereichen zu kürzen angesagt ist; zum anderen aber, daß die Zerstörung einer vom Staate unabhängigen Kultur so weit fortgeschritten ist, daß selbst den bissigsten Privatisierern aus Borniertheit und Berechnung eine Umkehr nicht mehr möglich scheint. Eher wird der Reisende von Wien nach Bregenz in Linz vom Mautner-Markhof-Expreß in den Sarovski-Transalpin umsteigen müssen, als daß er, beispielsweise in eben diesen Zügen reisend, jemals wieder in einer österreichischen Literaturzeitschrift blättern können wird, die unabhängig von staatlicher Zuwendung, aber dank lesender Menschen gedruckt wurde, denen der Fortbestand dieser Zeitschrift ein Abonnement wert ist.

Wenn eine mit vielem, nur nicht mit Skrupeln überlastete Gruppe von Rationalisierungspolitikern, die sich sonst dem Programm verschrieben hat, das Starke zu stärken und das Schwache den Segnungen der Selbsthilfe zu überanworten, ausgerechnet bei der Kultur nicht ablassen will von gewohnter Förderung, dann ist damit nichts anderes verraten, als daß sie die Kultur widrigenfalls dem Totenreich zugehörig weiß. Keine Privatisierung vermag der Kultur noch eine Zukunft außerhalb des Staates zu versprechen, zu gewähren.

Kleine Sozialgeschichte, zweiter Teil: 1970 ff. Und wohin alles führte ... Ein Ausblick auf die zeitgemäße Kulturarbeit als mafios umdüstertes Phänomen. Die Bildung der Statthaltereien.

Der österreichische Schriftsteller war vom Josefinismus bis herauf in die Zweite Republik beruflich vorwiegend Beamter gewesen, ein anfangs fortschrittlich begeisterter und opferwilliger, später hoffnungsloser und mürrisch vergrämter Staatsdiener. Mit der sozialdemokratischen Ära wurde er aus dem Joch der beruflichen Staatsdienerschaft gespannt, zu einer freien Erwerbsarbeit in seinem eigentlichen Metier verlockt und doch sogleich in eine neue Abhängigkeit vom Staat gebracht: nun stand er weder als Beamter unter dem Disziplinar- und Dienstrecht noch als ungesichert-freier Autor unter den gnadenlosen und gleichmacherisch vorurteilsfreien Gesetzen des Marktes, sondern in einem eigentümlich infantilisierenden Verhältnis, das von beiden historischen Stadien die düstersten Momente geerbt hatte: er war Schriftsteller von Beruf geworden, aber ohne die Öffentlichkeit zu haben, die er als Berufs-Schriftsteller braucht – und er war staatsgebunden, aber nicht mehr nur in seiner täglichen Beamten-Existenz, sondern als Sozialfall auf Dauer auch in seiner künstlerischen Arbeit. Der österreichische Kulturschaffende war also aus dem Feudalismus habsburgisch-zentralistischer Tradition in die österreichische Variante des Staats-Sozialismus geraten, ohne durch eine Phase gegangen zu sein, in der andernorts der Schriftsteller seine Unabhängigkeit von den Instanzen der alten Obrigkeit erobert, indem er sie gegen die neue Abhängigkeit von den anonymen Gesetzen des Marktes eintauscht, durch die Phase einer bürgerlichen Gesellschaft, auf deren Öffentlichkeit und literarischem Markt er seine Arbeitskraft gegen Entlohnung darbringt. (Diesen Schritt hinaus aus der feudalen Verpflichtung oder der staatlichen Versorgung hatte in Österreich in nennenswerter Weise nur eine Generation versucht, in der vielleicht nicht zufällig viele der besten Werke der österreichischen Literaturgeschichte entstanden; jene Generation von Joseph Roth über Ödön von Horváth bis zu Theodor Kramer, die sich nach dem Ersten Weltkrieg vorab ihrer ideologisch mehrheitlich sozialistischen Orientierung auf die unbehütete Existenz bürgerlicher Brotschriftsteller einließ – was viele ihrer bedeutendsten Autoren aus Österreich hinaus, nach Berlin, Frankfurt, Leipzig, in die Zentren des deutschen Verlags- und Pressewesens führte.) Das Überwechseln aus der feudalen Abhängigkeit – und die Bürokratie war das fortwirkend Feudale in den Zeiten der Republik – in die des Sozialstaates hat viele österreichische Autoren nach 1970 von einer Entmündigung in die andere gebracht und nicht aus einer Zwangssituation befreit, in der der persönliche Kontakt zu Oberen und ihren Sekretären wichtiger ist als die eigentliche Arbeit: diese nämlich wird im System paternalistischer Förderung nicht über das Werk, sondern über die Person des Autors wahrgenommen, dessen wichtigste Tätigkeit daher das Schließen von Bekanntschaften mit den subalternen, mediokren und avancierten Bediensteten des Apparates oder deren kultivierten, überzeugten oder auch nur tüchtigen Einsagern und Zuträgern ist. Der Staat liest bekanntlich keine Bücher, dafür wird er von Menschen verwaltet, die sich Gesichter und Namen merken können. Je öfter sie das Gesicht sehen und je häufiger es ihnen mit einem Namen verbunden wird, desto größer ist die Wahrscheinlichkeit, daß sich ihnen Gesicht und Name als Attribute eines bestimmten Schriftstellers oder Verlegers einprägen. Darum ist des Autors erste Pflicht die schiere Anwesenheit, auf den geschlossenen Empfängen wie den öffentlichen Auftrieben, muß er doch nicht gelesen, sondern gesehen werden, und zwar möglichst oft und möglichst immer in Gesellschaft derer, die schon so lange zu sehen waren, daß sie vor sich, der literarischen und der politischen Welt als jene gelten dürfen, die endgültig dazugehören. Dieses System, das die Arbeit eines Autors unwesentlich, seine Dauerpräsenz aber unumgänglich macht, reicht vom Haupt des Staatskörpers aufs lächerlichste bis zu seinen schuppigen Schwanzflossen hinunter. Erfolgreich weigert sich im Unterschied zu seinen Schweizer oder deutschen Kollegen, die für bedeutende, große Zeitungen arbeiten, noch der kleinste Feuilletonredakteur im kleinsten österreichischen Blättchen dagegen, ein zur Veröffentlichung eingesandtes Manuskript, ein zur Besprechung geschicktes Buch auch nur zu lesen, dessen Verfasser ihm unbekannt ist, nicht vorgestellt oder wenigstens dringlich empfohlen wurde oder besser noch als Nachhilfelehrer seiner Tochter für das ungeliebte Unterrichtsfach Latein seit längerem angenehm vertraut ist. Über die profane Ware obsiegt in Österreich allemal die Würde der Person – Triumph österreichischer Humanitas: ihr ist der Mensch, und wer ihn schickte, wichtiger als seine Sache, und was sie bedeutet.

Die ja nicht nur erschreckende, sondern auch befreiende Erfahrung des Produzierens für den Markt – dieses befreit immerhin vom Zwang eines persönlichen Verhältnisses zu Vorgesetztem oder Förderer – blieb dem Autor der sozialdemokratischen Ära erspart, der auf dem historischen Weg vom Beamtendichter nach Dienstschluß beim Brotschriftsteller erst gar nie vorbei, sondern gleich beim staatlichen Brosamenautor angekommen ist. Nun fehlt ihm von allen Erfahrungen des Selbstischen natürlich gerade die des Bewußtseins, weil er ja nie von dem gelebt hat, was ihm sein eigentliches Wesen ausmacht, nämlich von seiner Arbeit als Autor, während es ihm an anderen wie dem Mitleid und der mit diesem verschwisterten Herrlichkeit keineswegs mangelt. Er ist also ein gekränkter und durch Kränkungen etwas eigen gewordener Bürger ohne bürgerliche Öffentlichkeit, ein Staatsabhängiger, aber ohne rechtlich abgesicherte Ansprüche und ohne Gewißheit, daß der Staat seiner Dienste nicht morgen schon überdrüssig sein wird; ein Künstler, den nicht der Verrat Freiheit gegen Sicherheit, sondern seine Staatsillusion Ungesichertheit gegen Ungesichertheit tauschen hieß – was Wunder, daß er bei aller Neigung zu hochhüpfend frechen Sprüngen doch eine seltsam verkrümmte Gestalt mit unsicheren Tritten dahinschleppt.

In dieser Zwangssituation zu überleben, ja gerade ihr mehr abzupressen, als zum puren materiellen und seelischen Überleben notwendig ist, dafür braucht es einen eigenen Sozialcharakter, den ansonsten sehr verschiedenartige Leute denn auch gleichermaßen ausgebildet haben. Zu Zeiten der Kürzungen und Schließungen gerät dieser Charakter in sein Stadium der Entfesselung, denn grober Druck verändert ihn nicht, arbeitet vielmehr sein Eigentliches, das unter Firnis zivilisatorischen Anstandes oder demokratischer Gesittung verborgen gelegen, aufs gnadenloseste aus ihm heraus. So bringt es die Krise des Versorgungssystems wie mit unbemerkter Leichtigkeit zuwege, daß sich die etablierten Freundschaftskreise und Gruppen der Kulturgesellschaft, um ihre kulturellen Anliegen auch weiterhin durchsetzen zu können, zu geschlossenen Zirkeln verhärten, in denen die Hilfe zum Zwecke der Gegenhilfe als mafios umdüstertes Phänomen zeitgemäßer Kulturarbeit gepflegt wird. Die Verstaatlichung der Kulturschaffenden führte so zwangsläufig zum Zerfall ihrer angestrebten offenen Gesellschaften in mafiose Unternehmungen, deren einziger Zweck die Rettung, die Behauptung ihrer Mitglieder auch zu Zeiten der Krise ist. Damit werden freilich sowohl die sozialstaatlichen Errungenschaften wieder zurückgenommen – zu denen der Anspruch aller auf gleiche Versorgung zählte – wie selbst noch die bürgerlichen Freiheiten: am Ende der langen Sehnsucht nach Verstaatlichung seiner Existenz steht die Selbsthilfe des Kulturschaffenden in vorbürgerlichen Formen der Geheimbündelei, des konspirativen Zusammenschlusses, der quasistaatlichen Kleinorganisation. Der Staat ist zersprengt in lauter kleine Staaten, die untereinander Geschäftsbeziehungen und reichlich dubiosen Tauschhandel pflegen und sich gegenseitig im Kampf um das Privileg auszubooten trachten, mit dem einen großen im bevorzugt besten Einvernehmen zu stehen.

Die Lehre von Oulu oder: Wieviele Sprachen braucht Europa?

Wieviele Sprachen in Europa gesprochen werden, ist so genau nicht zu sagen. Da ist etwa das Karaimische, das es ein paar hundert Jahre gegeben hat und das in den letzten Jahrzehnten so stark in die Defensive gedrängt wurde, daß es vielleicht schon morgen nur mehr im Museum der toten Sprachen existiert. Stetig wächst die imaginäre Bibliothek, die retten soll, was sonst spurenlos verloren geht, und in der unablässig die Verluste verzeichnet werden, die der Fortschritt so mit sich bringt. Das Karaimische wird über kurzem einer der Neuzugänge dieser Bibliothek sein, und wie mit jeder Sprache verschwindet auch mit dieser ein staunenswertes Regelsystem und ein Schatz an Wörtern, der von unwiederholbaren Erfahrungen und einzigartigen historischen Verbindungen geprägt ist.

Das Karaimische, um ihm nur dies nachzurufen, war eine Turksprache, die seit jeher vornehmlich in slawischer Sprachumgebung gesprochen wurde, sich vom Ukrainischen und Litauischen manches entlehnte und die Sprachwissenschaftler auch damit verblüffte, daß es einen Grundstock an althebräischen und altpersischen Wörtern bewahrte und sich seine Struktur in einer doppelt, ja dreifach anders gearteten Umwelt bis ins 20. Jahrhundert erhielt. So wurden hoch im Nordwesten der einstigen Sowjetunion von einem Volk, dessen Namen kaum jemand kennt, die Jahreszeiten und Monate mit althebräischen Wörtern benannt. Das alles kündete von Wegen, die in der europäischen Geschichte längst vergessen sind, von Verbindungen, um die keiner mehr weiß und von denen einzig noch die Sprache mit ihren Lehnworten, geborgten Endsilben, Anleihen im Satzbau kündet.

Kündete, muß man im Falle des Karaimischen wohl sagen.

Wieviele Sprachen in Europa gesprochen werden, bleibt umstritten, offenkundig aber ist, daß in der Europäischen Union nur mehr eine Sprache gehört werden soll, die des Geldes. Der Streit, der im Sommer dieses Jahres darüber aufbrach und wohl in den nächsten Jahren immer wieder zu Verstimmung innerhalb der Europäischen Union führen wird, hat es nicht widerlegt, sondern bestätigt. Was war geschehen? Die Europäische Union, der fünfzehn Staaten mit, grob geschätzt, doppelt so vielen Sprachen angehören, hat sich selbst ein sogenanntes „Sprachregime" verordnet, das regelt, wie der geschäftliche und bürokratische Verkehr sprachlich bewältigt zu werden hat. Zu diesem Zweck wurde zwar die Existenz von elf „Amtssprachen" bestätigt, jedoch müssen die Thesen, die den offiziellen Konferenzen vorgelegt, und die Reden, die während der diversen Tagungen gehalten werden, nur in zwei davon, nämlich ins Englische und Französische, übersetzt werden.

Ausgerechnet die Finnen, Angehörige einer kleinen Sprachnation, die kaum irgendwo außerhalb ihres Landes darauf hoffen können, in ihrer Sprache verstanden zu werden, haben zu Beginn ihrer EU-Präsidentschaft verfügt, daß das Deutsche nicht als dritte Konferenzsprache zugelassen werde. Das hat schon auf dem informellen Treffen der Industrieminister im nordfinnischen Oulu einigen Wirbel hervorgerufen und beide Seiten des Streits zu exzessiven Selbstbekenntnissen genötigt, und ein Ende des Streits ist nicht abzusehen. Die Deutschen – an ihrer Seite immer stramm die Österreicher in einen „deutschen Block" integriert – wollten endlich das Recht des Starken gewahrt sehen und bekräftigten ihren Sprachnationalismus mit dem Argument von Masse und Macht: Immerhin fast neunzig Millionen EU-Bürger haben Deutsch als Muttersprache und darum ein gewissermaßen natürliches Anrecht, in ganz Europa gehört zu werden.

Mit der Sprache ist es da am Ende dieses Jahrhunderts ein wenig wie Ende des letzten mit den Kolonien: Einerseits ist durchaus nicht einzusehen, warum nur die Engländer und die Franzosen welche haben dürfen und gerade die Deutschen, die zahlenmäßig sogar stärker sind, nicht. Andrerseits ist das Problem auf die alte Weise, daß nämlich auch Deutschland sich verspätet seinen Platz an der Sonne in den afrikanischen Kolonien oder im nordischen Oulu erobern darf, nicht zu lösen. Vielmehr gilt es, wie weiland den Kolonialismus, das System selbst zu kritisieren, das den einen, weil sie stark sind, ihre Vorrechte gewährt, die sie den anderen, den Dänen und Finnen mit ihren lumpigen fünf, den Portugiesen und Griechen mit ihren jämmerlichen zehn Millionen Sprachbürgern, schlicht verweigert. Und was erst, wenn diese Slowenen, Tschechen, Esten, Ungarn, Polen dereinst in die EU gelangt sind – haben die überhaupt eine eigene Sprache oder handelt es sich dabei um tatarische Dialekte?

Damit sind wir bei der anderen Seite im Kampf um die europäischen Sprach-Macht. Bei den Franzosen, die vergrämt zur Kenntnis nehmen mußten, daß die Bedeutung des Französischen als Welt-Sprache dramatisch abgenommen hat, und die sich wenigstens in Europa und wenigstens sprachpolitisch die alte gloire erhalten möchten; bei den Engländern (und Amerikanern), die überall auf der Welt mit ihrer Sprache durchkommen, und die das längst überall auf der Welt als ihr selbstverständliches Vorrecht voraussetzen; und bei all den anderen, denen die Vielfalt der Sprachen vor allem ein Hindernis ist, das den reibungslosen Geschäftsgang stört und das darum ehebaldigst beseitigt, durch eine europäische oder weltweite Einheitssprache ersetzt zu werden hat.

Sprachnationalismus auf der einen, Geschäftseuropäertum auf der anderen Seite – das waren die zwei Positionen im Streit, ob auch das Deutsche eine Konferenzsprache der Europäischen Union werden solle oder nicht. Die deutschen EU-Politiker (und die österreichischen folgen ihnen prinzipiell) sind dafür, weil sie es der Stärke Deutschlands zu schulden meinen. Viele andere Europäer sind dagegen, zumeist übrigens nicht, weil sie deutschen Chauvinismus fürchten, sondern weil sie von einem Europa des ungestörten Kommerzes träumen, in dem die europäischen Angelegenheiten in einer gemeinsamen europäischen Sprache entschieden werden; am besten so flink und hurtig wie auf der Börse, wo die Brooker die Sprache auf ihre absolute Reduktionsform, das von hektischen Gesten begleitete Schreistammeln, zurückgebildet haben. Jeder Gedanke solcher Europäer, denen der vielgepriesene Kontinent nur als riesige Freihandelszone teuer ist, läuft auf die simple Frage hinaus: Was kostet es, und wieviel können wir dabei verdienen? Kein Zweifel, würde die Europäische Union auch den kleinen Sprachnationen dieselben Rechte zubilligen, die sie den Engländern und Briten zugesteht und den Deutschen, Italienern, Spaniern abspricht, es käme teuer. Der Aufwand an Übersetzern wäre erheblich, und er würde Geld und Zeit kosten.

Das alleine wäre übrigens schon ein guter Grund, es trotzdem zu tun. Im Unterschied zu den meisten Leuten bin ich nämlich überzeugt, daß in der Europäischen Union zu viel Geld und zu wenig Zeit vorhanden sind. Beiderlei Mißstand kann man abhelfen, beim Geld, indem man es vernünftiger verteilt und für sinnvolle Dinge, wie zum Beispiel für die Vielfalt der europäischen Sprachen, ausgibt. Und bei der Zeit, indem man sie sich durch radikale kulturpolitische Vorgaben schafft. Konferenzen, bei denen alle Beiträge immer in alle elf Amtssprachen übersetzt werden, würden alsbald eine heilsame Verlangsamung des europäischen Diskurses bewirken, Redner, die sich ihrer Phrasen gedanken- und pausenlos schon wie von selbst entleeren, hätten die Zeit, sich die Dinge, die sie verlangen, vorher sogar zu überlegen; und Entscheidungen, die immerhin das Geschick eines Kontinents betreffen, bräuchten nicht gefällt zu werden, noch ehe ihre Folgen bedacht wurden. Wie viel Schaden, auch materieller, wäre uns erspart geblieben, wenn sich die Europäische Union erst gar nie unter das Diktat der Beschleunigung gestellt hätte! Kein Wunder, daß die kommissarischen Laufburschen des Rationellen, denen auch das Leben nur ein Anlaß ist, über seine Einsparung nachzudenken, in der Vielfalt der europäischen Sprachen eine Gefahr sehen: sie behindert die Umwandlung Europas in eine Firma, auf deren Fließbändern, Transitstrecken und Datenautobahnen unablässig Waren und Gelder verschoben werden.

Josef Geiser
Piskorevci – Bühl †

Josef Geiser wurde am 18. März 1902 in Piskorevci (Slawonien/Kroatien) geboren. Seine Eltern Josef und Elisabeth, geb. Hermann, stammen aus Apatin. Der junge Josef wurde zunächst auf die Bürgerschule von Djakowa geschickt, die er 1919 verließ und in die Lehrerbildungsanstalt in Essegg eintrat. 1924 war seine Ausbildung beendet. Das kleine Dörflein Grabowtzi in Syrmien wurde die erste Stätte seines Wirkens. Geiser war nicht nur Organist, sondern hatte sonntags auch das Evangelium zu verlesen, da der kroatische Priester der deutschen Sprache nicht mächtig war. Da Geiser neben dem Schulunterricht auch Volksvorträge gehalten hatte, war der serbischen Schulbehörde sein Wirken höchst unangenehm. Sie versetzte ihn darum nach Calma. Auch an seiner neuen Stelle wirkte er unermüdlich für das deutsche Volkstum. Geiser heiratete 1927 Katharina Tiefenbach. 1938 wurde er nach Jagodnjak/Baranja versetzt, wo er neben dem Schulunterricht auch Religionsstunden gab und das Amt eines Organisten und Chormeisters versah. In dieser donauschwäbischen Gemeinde entstanden die ersten lustigen Einakter: Um eine Renovierung der Schule zu ermöglichen, züchteten die Schulkinder unter seiner Anleitung Seidenraupen. Volksvorträge bei den Donauschwaben machten ihn wiederum beim serbischen Schulrat sehr unbeliebt. Nach dem Einzug der ungarische Armee ließ sich Geiser wieder nach Kroatien versetzen, zunächst nach India, dann nach Ruma. Hier blieb er bis zum Zusammenbruch des unabhängigen Staates Kroatien. Er unterrichtete an der Volksschule und am deutschen Gymnasium. 1944 mußte Geiser die geliebte Heimat verlassen. Er fand zunächst in St. Peter am Wimberg Aufnahme, wurde eingezogen und geriet noch im Mai 1945 in russiche Kriegsgefangenschaft, aus der er Ende August 1945 entlassen wurde. Nach siebenjährigem Wirken in Österreich wurde Geiser in Südwürttemberg als Vertragslehrer angestellt und war an den Schulen von Renhardsweiler, Schwenningen a. N., Rißtissen, Orsenhausen und Laupheim tätig. Josef Geiser starb am 25. Juni 1967 in Bühl, Kreis Biberach.

Der Korbmacher

Die Schulferien des Sommers 1930 brachten mich zu meinen lieben Schwiegereltern nach Racinovci, ein einsames Dorf in Jugoslawien, wo ich nahezu einen ganzen Monat täglich an die breite und warme Sawe gehen durfte, um das Sonnen, Baden und Schwimmen zu betreiben.

Doch den ganzen Tag konnte ich nicht die starke Sonnenbestrahlung aushalten, darum begab ich mich zum Großvater meiner Frau, der in seinem großen Weingarten Körbe flocht. Neben der Weingartenhütte, im Schatten eines Baumes, saß er stundenlang und erzeugte sehr schöne und fachmännisch einwandfreie große und kleine Körbe. Das Zusehen machte mir wirklich Spaß. Seine klobigen und rauhen Hände bogen die dünnen und dicken Ruten nach den Vorschriften der Korbmacherei so geschickt und schnell, daß ich kaum die Bewegungen verfolgen konnte. In drei Stunden wurde ein großer Korb fix und fertig. Mein Zusehen imponierte ihm sehr. Er sprach während der Arbeit von seinen jungen Jahren ...

Mit dem Boot fuhr er tagelang durch alle tiefen Bäche und schnitt herrliche Weidenruten, die oft zwei bis drei Meter lang waren. „Damit konnte man etwas Gutes und Dauerhaftes flechten", meinte er. „Diese Ruten, die ich damals geschnitten habe, brachten mir recht viel Geld ein. Ich machte viele Sitze daraus, diese wurden gesucht und wie Zucker verkauft."

Meine Augen verfolgten jede Bewegung des Korbmachers, die Ohren lauschten. Mit freudiger Begeisterung flocht ich in Gedanken auch mit. Schon nach einigen Tagen des Zusehens schnitt ich mir frische und biegsame Ruten und versuchte das Flechten. Es ging. Aber die Ruten waren viel zu brüchig und zu wenig biegsam. Sie mußten mindestens acht bis vierzehn Tage im Schatten ruhen und trocknen.

So meinte der Großvater meiner Frau und klärte mich auf. Er erzählte weiter.

„Einmal haben wir so viele Ruten gefunden, geschnitten und aufgeladen, daß unser langes Boot fast völlig im Wasser lag. Nur noch zwei oder drei Finger trennten das Bachwasser vom Rande des Bootes. Damals flocht ich davon etwa vierzig große Körbe, die mir auf dem Jahrmarkt buchstäblich aus der Hand gerissen wurden. Die Kunden drängten sich um meine Körbe wie die Bienen um den Bienenkorb. Meine Kinder mußten mir auch dabei helfen ... Ja, es war vor vielen Jahren ... Jetzt sind die Kinder schon längst verheiratet."

Ich nahm starke Ruten für den Boden des Korbes, stach drei davon in genauer Mitte durch, steckte die anderen drei durch die entstandene Spalte und bildete dadurch ein dreifaches Kreuz. Mit halbierten dünneren Ruten flocht ich das Kreuz fest ein. Nun suchte ich ganz dünne Ruten, die ziemlich lang waren, und flocht weiter nach dem Muster des Großvaters. Mit zwei Ruten flocht ich einmal hinunter, einmal hinauf. Dabei zog ich das dreifache Kreuz immer mehr und mehr auseinander. So bekam ich einen Boden mit zwölf dicken Ruten, die als Gerüst zu werten waren. Dieses Gerüst wurde mit immer dickeren Ruten verflochten.

Da meinte der Großvater wieder: „Der Boden muß so dicht und fest sein, daß nicht einmal ein Weizenkorn durchfallen dürfe. Dann ist der Korb dauerhaft, dann wird er gut bezahlt."

Durch meinen Boden konnten Haselnüsse durchfallen, also war er nicht zur Genüge dicht. Ich schlug mit Fäusten und drückte mit Fingern, daß ich Schwielen bekam, aber ich mußte es erlernen. Nichts konnte ich von meinem Vorhaben abbringen. Schweißperlen rollten über mein Angesicht, das Hemd wurde am Rücken ganz naß, aber ich stand nicht auf, ich wollte unbedingt einen Korb fertigmachen. Tagelang saß ich neben dem Großvater und flocht nach seiner Anweisung und Belehrung. Der erste Korb war sechseckig, durchsichtig und unstandhaft. Der zweite war schon viel besser. Ich schlug mit einem Eisen die widerspenstigen Ruten zusammen, damit sie dicht und undurchsichtig wurden.

Die blutigen Schwielen barsten, das Blut rann auf die Körbe, aber ich gab nicht auf, ich flocht unermüdlich weiter.

Der Großvater schmunzelte befriedigt und bewunderte meine Ausdauer. Seine Kinder mußte er dazu zwingen und antreiben, mich aber nicht, ich tat freiwillig und begeistert mit. Das imponierte und gefiel ihm. Mit sichtlichem Vergnügen schaute er mir zu, gab Weisungen, zeigte im Handumdrehen die Richtung der Ruten. Über zwei, unter zwei, heraus ... usw. Mit dem Eisen draufschlagen, immer zusammendrücken, neue Rute einsetzen, genau unter die alte und verbrauchte und eingeflochtene.

Als die Sommerferien verklungen waren, fuhr ich wieder nach Hause, flocht weiter, um nichts zu verlernen, um noch etwas sicherer, vollkommener und geschickter den Korb herzustellen.

Nahezu dreiundzwanzig Jahre sind seit jenem Sommer verstrichen, so manches Unheil ist über meinen Rücken gerutscht, so mancher Schicksalsschlag hämmerte über mein abwechslungsreiches Dasein, aber das schöne und nutzbringende, praktische und zeitverteibende Korbmachen haftet noch in meinen damals so mit Blut überströmten Fingern. Ich vergesse es gewiß nie.

Kleine Brotkörbchen, worin man in Jugoslawien den Brotteig vor dem Einschieben in den Brotofen gären ließ, große Maiskörbe, worin man beim Maisbrechen im Felde nahezu einen Zentner Kolbenmais auflud, ovale Körbe mit Griff, die man für Handarbeit und Einkäufe gerne nahm und auf den Arm hängte, kann ich noch heutzutage eigenhändig herstellen.

Im August und September werden die Ruten geschnitten, getrocknet und zweckmäßig gebraucht. Den ganzen Winter hindurch kann man sie schneiden. Im Frühjahr aber, wenn sie Blätter treiben, eignen sich die Weidenruten für kein Flechten, sie brechen beim Umknicken, da das Holz zu brüchig und daher ungeeignet sei.

Achtjährige Heimatlosigkeit

Mit tränenvollen Augen, bebendem Herzen, zitternder Hand und unaussprechlichem Leid nahm ich am 10. Oktober 1944 Abschied von der Heimat in Jugoslawien.
 Das schöne und traute Haus mit vielen gesunden, geschmackvollen und gut eingerichteten Stuben sollte ich nimmer sehen? Nein, dieser Gedanke war noch mehr als schrecklich und unmenschlich. All meine schönen, lehrreichen, großen und dicken Bücher, die ich jahrelang aus Deutschland bestellte und auf Teilzahlung restlos abzahlte, sollte ich wirklich nimmer gebrauchen und besitzen? Vom Munde hatten wir uns das dazu erforderliche Geld abgespart, um den geistigen Schatz meiner Kinder zu vermehren und zu bereichern, und nun sollte alles in Flammen aufgehen und im Nu verschwinden?
 Sprachlos saß ich auf dem Wehrmachtsauto und fuhr ins Mutterland.
 Im Städtchen Rohrbach, das im Mühlviertel Österreichs liegt, fiel die Entscheidung über meine lerhrermäßige Anstellung im Dörflein St. Peter am Wimberg. Der Kreisschulrat bot mir einen Platz in seiner Arbeitsstube an. Ich setzte mich nieder und entfaltete mein blutendes Herz.
 Schweigend lauschte der Schulrat meinen Worten. Endlich lächelte er froh und sagte:
 „Sie kommen, Herr Kollege, wie gewünscht an. Ich bin in der Lage, Ihnen eine Lehreranstellung nach Belieben zur Verfügung zu stellen. Hier ist die Landkarte des Mühlviertels. Wählen Sie sich den günstigsten Ort aus."
 Tränen rollten über meine müden Wangen, als ich dieses höchst liebenswürdige Wort des Schulrates hörte. Ich dankte ihm dafür aufs herzlichste.
 St. Peter am Wimberg wählte ich mir aus.
 Mein Anstellungsdekret reichte er mir sogleich hin. Dankbar verabschiedete ich mich von diesem deutschen Menschen. Und eilte ich noch so rasch, war mir die Zeit allzulang.
 Ein kleines auf einem Hügel erbautes Dörflein nahm mich ziemlich freundlich und zuvorkommend auf. Der Ortsgruppenleiter fand mir eine Wohnung mit einer Stube und einer Küche. Meine Schwiegereltern waren auch bei uns. Da entschlossen wir uns für die Küche; die Kinder und die Schwiegereltern schliefen in der Stube. Es waren zwei Räume, die keineswegs für sieben Personen ausreichten. Aber man war vorübergehend auch damit sehr zufrieden. 35 RM zahlte ich monatlich dafür. Mein Gehalt betrug rund 330 RM monatlich. Kleider und Lebensmittel waren so billig, daß ich das Gehalt nicht verbrauchen konnte.
 Die Schulkinder nahmen mich sehr liebevoll auf. Ich öffnete mein Lehrerherz und schenkte der 5., 6., 7. und 8. Klasse alle meine Strahlen der Zuneigung, Offenherzigkeit, Selbstaufopferung und Unterrichtswärme. Sie verstanden mich sehr gut. Sie waren fügsam und anhänglich, gehorsam und zu-

traulich. Als die erste Weihnacht kam, ging ich am letzten Schultag zur Schule. Kaum öffnete ich die Schultür, da erklang das Lied „Stille Nacht, heilige Nacht". Alle Buben und Mädchen hielten das Gesangbuch in Händen und sangen lieblich und fromm. Auf dem Schultisch aber stand ein großer Christbaum lichterloh.

Unter dem Bäumchen lag eine Schachtel mit einem Tannenzweiglein. Ein schönes Weihnachtskärtchen, mit einigen Zeilen versehen, schenkte mir die Klasse. Als die letzte Strophe verklang, trat ein braves und frommes Mädchen aus der 8. Klasse hervor, reichte mir die Hand und wünschte im Namen aller Kinder ein frohes Weihnachtsfest.

Ich konnte die angenehme Rührung des Herzens nicht bezwingen. Tränenvolle Augen schauten auf die guten Kinder; ich bedankte mich, wischte die Augen ab und befahl, die Verdunkelungsvorhänge aufzurollen.

In der Schule fühlte ich mich daheim. Die guten Kinder haben mich beglückt und versetzten mich täglich in meine Heimat zurück.

Aber schon am 10. April 1945 mußte ich einrücken. Ich bekam eine Vorladung zur Waffen-SS! Donnerwetter! Das war eine harte Nuß. Ich ging höchst unwillig. In der Tschechei wurde ich militärisch ausgebildet. Nie im Leben hatte ich hinter mir eine soldatische Ausbildung. Und jetzt hieß es dauernd: „Auf! Nieder! Marsch! Marsch!"

Wir wurden mit allen Waffengattungen bekannt gemacht.

Am 12. Mai 1945 fiel ich in russische Kriegsgefangenschaft, ohne einen Schuß abzugeben. Welche Scheußlichkeiten wir dort erlebten und überlebten, schildere ich in einem anderen Kapitel.

Am 13. Oktober 1945 traf ich in Linz an der Donau ein. Meine Familienangehörigen befanden sich im Lager 66, das waren die Baracken des ehemaligen Hermann-Göring-Werkes.

In einer Stube, die kaum zwei Meter tief, breit und lang war, hausten wir nahezu acht volle Monate. Zwei Betten standen links und zwei rechts aufeinander. Unsere Kathiliese schlief mit der Mutter, Anna, Paul und ich hatten je ein Bett. Die Schwiegereltern waren am Land.

In der Schule, die ebenso eine Baracke war, hatte ich die erste Klasse zu betreuen. Es war eine höchst undankbare Arbeit. Die Kinder waren sehr ausgelassen, roh und größtenteils vaterlos. Sie konnten sich in das schulische Leben nicht einfügen.

Ich hatte kein Gehalt. Für das Essen habe ich gearbeitet. Doch ich arbeitete bis zur Vergasung.

Eines Tages aber mahnte mich mein Körper, auszuspannen. Ich ließ mich ärztlich untersuchen. Der Arzt stellte Nervenschwäche und Ermattung fest. So durfte ich mich arbeitslos bewegen und ausruhen. Im Mai 1946 wurden wir, auf mein Verlangen, nach Haid bei Ansfelden übersetzt, wo ich wieder unterrichtete. Da zahlte die Lagerleitung oder das Amt für Umsiedlung 70 RM monatlich als Lehrerhonorar aus.

Davon konnten wir kaum ein paar Tage menschenwürdig leben. Doch bekamen wir die Kost unentgeltlich. Sie war aber nicht ausreichend. Die Kinder wollten stärkere Nahrung haben. Jeder vernünftige Mensch beschäftigte sich mit dem Schwarzhandel. Wer das nicht tat, ging allmählich zugrunde. Denn die Verpflegung war nicht reichlich und nahrhaft genug. Auch die Wanzen beunruhigten uns jede Nacht. So nagte an uns nicht nur leibliche, sondern vielmehr seelische Verzweiflung und das Gefühl der Aussterbung.

Der österreichische Staat half uns bitter wenig. Er konnte sich selbst kaum helfen. Wenn die Hilfe der USA nicht gekommen wäre, würden wir schon längst verhungert und elend zugrunde gegangen sein.

Wir faßten im Lager Zigaretten. Da ich kein Raucher war, pilgerte ich von einer Wassermühle zur anderen, um dafür ein wenig Mehl zu erbetteln. Für 100 Zigaretten bekam ich 10 kg Mehl.

Ich schäme mich, darüber zu schreiben, wie ich erbärmlich bettelte, stöhnte und seufzte, um das harte Herz vollgefressener Österreicher mild und menschlich zu stimmen, um für meine Familie und mich die allernotwendigsten Vorräte an Lebensmitteln zu sichern.

Als die Osterzeit 1947 kam, malte ich mit Farbstiften Osterkarten und verkaufte sie. Auch eine selbstgebastelte Spannsäge habe ich erfunden und ließ sie in Linz a. D. patentieren. Rund 200 solcher Sägen machten wir, mein Sohn Paul und ich, für eine österreichische Firma, die uns für jedes Stück fünf Schilling zahlte.

Dem Stadtschulrat in Linz gefiel diese Säge so sehr, daß er sie der Hauptschule in der Spittelwiese mündlich empfahl. 30 Sägen setzte ich auch auf diese Weise ab. Im Jänner 1947 wurde ich zum Werklehrer in den Lagern 55, 63 und 65 ernannt. Wir bastelten allerhand aus Papier, Holz, Pappe, Streichhölzern. Die Kinder waren damit sehr zu begeistern.

Im August 1946 wurden wir ins Lager 55 versetzt. Wieder bekamen wir nur eine einzige Stube und waren zu fünft in einem Raum zusammengepfercht.

Paul mußte in die Papierfabrik zu Nettingsdorf als Hilfsarbeiter arbeiten gehen, um die Lebensmittelkarten zu erhalten. Nach der Arbeit kam er abends so schlapp und matt nach Hause, daß mir das Herz blutete, wenn ich ihn so todmüde und erschöpft betrachtete. Bei der Firma Bönisch und Mally konnten wir nicht mehr arbeiten, da ich eben als Werklehrer tätig war und eine Besoldung von rund 600 Schilling erhielt. Da blieb nichts anderes übrig, als unsere Anna irgendwo anzustellen. Dies gelang bei der Firma Tajerczek, die verschiedene Spielwaren erzeugte. Fast vier Jahre war die Arme dort tätig. Sie schuftete unermüdlich und verdiente kaum so viel, daß wir davon leben konnten.

Unseren Sohn Paul nahm ich aus der Nettingsdofer Papierfabrik heraus und schulte ihn in die Linzer Musikschule ein. Zwei Jahre war er Schüler des Konservatoriums und brachte zwei gute Zeugnisse.

In den großen Schulferien 1947 suchte ich eine Anstellung als Lehrer im Lager 58/Prinz-Eugen-Straße 10. Wir bekamen eine einzige Stube. Aber diese war mit den bisherigen nicht zu vergleichen. Drei Meter fünfundsiebzig maß sie vom Fußboden bis zur Decke. Die Länge von etwa sechs Meter fünfzig war gewiß nicht gering. Aber die Breite war unzulänglich. Zwei Meter fünfundsiebzig betrug die Breite. Da hatten wir wirklich keine Möglichkeit, ordentlich unsere Möbel zu plazieren.

Fünf volle Jahre hausten wir in dieser Wohnung. Sie war Küche, Speisezimmer, Kinderzimmer, Schlafzimmer, Waschküche und meine Schreibstube zugleich.

Als Lehrer mußte ich meine schulischen Vorbereitungen täglich schreiben, Hefte korrigieren und benoten, mich für den Schulunterricht redlich und gründlich vorbereiten. Mit welchen Schwierigkeiten dabei oft zu kämpfen war, läßt sich kaum beschreiben. Meine Frau kam täglich mit ihren Sorgen vor mich. Was sie kochen sollte, wie sie mit dem kleinen Gehalt auskommen solle, wie lange dieses Elend noch währen werde usw.

Ich biß die Zähne zusammen, lud mein Kreuz auf und trug es betend. Zum Glück wurde ich als Religionslehrer im Lager 58 ernannt, da der Priester Peter Fischer schwer erkrankt war.

Nun hatte ich sämtliche Kinder wie ein Geistlicher zu betreuen. In den sechs Religionsstunden wöchentlich konnte ich nicht viel erreichen, aber zu Gott und zur Kirche führte ich sie gewiß. Mit großer Begeisterung trug ich die christlichen Wahrheiten vor. Drei volle Jahre durfte ich, da ich auch die missio canonica erhielt, die kleinen Kinder der zweiten Klasse für die Heilige Beichte und die Heilige Erstkommunion vorbereiten. Mit welcher Freude und Frömmigkeit alle daran hingen, ist schwer zu beschreiben.

Als ich aber die ausgelassenen Buben und Mädel des Lagers kennenlernte, faßte ich den Entschluß, Heimabende zu halten, um so die gefährdete Moral aufrecht zu erhalten.

Jeden Mittwoch kamen die Mädchen in die große Schule, es war ein dreistöckiges Gebäude, wo wir katholische Lieder sangen, ich fesselnde Geschichten erzählte und verschiedene Spiele mit ihnen übte. Jeden Sonntag beteten wir den hl. Rosenkranz. Etwa 50 Kinder taten freudig mit.

Dafür erzählte ich ihnen haarsträubende Kurzgeschichten aus der ersten Verfolgung der Christen.

Jeden Freitag kamen die Buben, die wieder dasselbe hörten und taten. Das große Klavier half bei der Stimmung des Gesanges. Volks- und Kirchenlieder wurden fleißig geübt und gesungen.

Sonntags gingen wir paarweise vom Lager 56 zur Kirche der hl. Familie in der Bürgerstraße Nr. 58. Herr Kanonikus Mayerhuber war mir dafür sehr dankbar und nannte mich Diakonus. 100 Schilling monatlich erhielt ich für die erteilten Religionsstunden. Einmal monatlich führte ich alle Kinde zur hl. Beichte und hl. Kommunion. Mein persönliches Beispiel zog auch den hartnäckigsten Knaben zur Kommunionbank.

Und so lebten wir uns allmählich in das neue Leben in Österreich ein.
Ab und zu kam aus Amerika für alle Flüchtlinge eine Kleider- und Wäschesammlung. Auch wir erhielten Wollwesten, Pullover und Strümpfe. Aber das war ein Wassertropfen auf den heißen Stein.

Die meisten volksdeutschen Lehrer suchten die österreichische Staatsbürgerschaft an. Ich tat es auch. Am 10. Mai 1950 trug ich die sämtlichen dazu erforderlichen Urkunden und Beilagen zur maßgebenden Regierungsbehörde. Alle Lehrer erhielten die österreichische Staatsbürgerschaft, nur ich nicht. Das hat mich tief gekränkt. Ich habe mich für die Kinder ganz und gar aufgeopfert, rackerte mich gründlich ab, in- und außerhalb der Schule. War Schulleiter, Lehrer und Religionslehrer, hielt einen zweitägigen Kursus für alle Flüchtlingslehrer in Werken und habe trotzdem die Staatsbürgerschaft nicht erhalten. Dazu mußte jeder Lehrer etwa 500 Schilling für die Urkunde österreichischer Staatsbürgerschaft bezahlen.

Die furchtbare Wohnungsnot, das Zusammengepferchtsein in einem engen Raum, die unmenschliche Besoldung der Lehrer, das Gefühl der Zweitrangigkeit, der ewig hungernde Magen, die schlaflosen Nächte und letztlich keine Aussicht auf die Gleichstellung mit österreichischen Lehrpersonen trieb mich am 17. Juli 1952 nach Deutschland. Es wäre noch zu erwähnen, daß ich einen offenen Brief an Herrn Landeshauptmann Gleissner, Herrn Schulrat Josef Brandstätter, Herrn Oberregierungsrat Schwarz in Linz a. d. D. schrieb, worin ich die unerträglich Lage der Flüchtlingslehrer und ihre notwendige Gleichberechtigung zum Ausdruck brachte. Aber nichts half. Die Briefe wurden nicht einmal beantwortet.

Ich wandte mich an die Marianische Kongregation, bat um eine menschenwürdige Wohnung, aber es rührte sich nichts. Um nicht zugrunde gehen zu müssen, ließ ich mir einen Reisepaß und ein Visum für Deutschland beim Reisebüro ausstellen und fuhr ins Mutterland Deutschland.

Es waren die härtesten, unmenschlichsten und herzlosesten Tage meines Lebens. Denn niemand hatte im Mutterland für mich Verständnis und Nächstenliebe.

In der Audienz bei Herrn Präsidenten Schneckenburger in Stuttgart hielt ich mich nahezu eine halbe Stunde auf und schilderte in bestem Deutsch die Beweggründe, das Elend und die unausstehliche Lage in Österreich. Freundlich und zuvorkommend lauschte Herr Präsident meinen Ausführungen.

„Ich kann Ihnen, Herr Kollege, nur eins aufs wärmste empfehlen. Gehen Sie nach Tübingen. Hier kann ich ihnen keine Anstellung verschaffen, da wir eben schon eine prozentual starke Anzahl der Flüchtlinge angestellt haben. Tübingen wird Ihnen eine Anstellung leichter sichern können", sprach Herr Präsident Schneckenburger. Ich verabschiedete mich tiefernst und bitter.

Wie freute ich mich, als die vielen Schwaben auf der Straße, in der Straßenbahn und überall mit mir „schnäbelten", und jetzt sollte ich in meinem

Mutterland, das ich zum ersten Male besuchte, keine Anstellungsmöglichkeit ergattern.

Tränen schwerer Verzweiflung und Enttäuschung rollten über meine Wangen, als ich im Schloßpark auf einem Bänkchen saß und die Reste einer Mahlzeit verzehrte. O, Stuttgart, du schöne und große Schwabenstadt, willst du deinem Sohne keine Lebensmöglichkeit bieten? O, Stuttgart, du gewesene Stadt der Auslandsdeutschen, wie oft haben wir Schwaben in Jugoslawien deine Kinder wochenlang in der Ferienzeit mit feinsten Speisen bewirtet. Von 1934 bis 1941 kamen Tausende deiner Studenten zu uns, um bei uns in Hülle und Fülle essen, leben und schlafen zu können! Und jetzt weisest du einen deiner Söhne herzlos und rücksichtslos ab?

Die letzten Tränen waren noch nicht vertrocknet, da näherte sich eine geschwätzige Burschenschar. Sie setzte sich auf eine Bank. Ich hörte jedes Wort. Sie „schwäbelten" tüchtig, lachten vergnügt und kümmerten sich um niemand. Plötzlich rief einer:

„Na, Geiser, du gehscht a zur Prüfung, hascht a Angscht?"

Ein Stich mit der schärfsten Nadel hätte mich nicht so erschreckt wie dieses Wort. Ich stand freundlich auf, näherte mich der lustigen Burschenschar, verneigte mich höflich und fragte:

„Meine lieben Freunde, wer von euch ist ein Geiser? Denn das ist auch mein Name."

Ein schlanker Junge, er mag etwa 19 Jahre alt gewesen sein, trat mir entgegen und stellte sich als Geiser vor.

Ich fragte nach seinem Heimatort.

Die Namen der Ortschaften: Freudenstadt, Obertal und Untertal, Baiersbronn und andere zählte mir der Junge Geiser auf, wo seine Verwandten hausen. Ich bat ihn, diese Städte aufzuschreiben, was er bereitwilligst tat. Dieser an und für sich ganz harmlose Zufall gab mir neue Hoffnungen. Daraus schöpfte ich frische Kraft, das vorgesetzte Ziel unter allen Umständen zu erreichen! Ich betrachtete jeden Baum, jedes Haus, jeden Menschen in Stuttgart für meinen besten Freund. Mein Optimismus bekam Flügel. Ich sah mit geschlossenen Augen die unübersehbare Zahl meiner Vorfahren, die vor rund 250 Jahren dieses Land verließen, um in fruchtbarer Landschaft der Batschka, des Banats und Syrmiens den Boden urbar zu machen. Der „Große" und der „Kleine Schwabenzug" wanderten vor meinem geistigen Augen an mir vorüber.

„Doch wo des Schwaben Pflug das Land durchschnitten, wird deutsch die Erde und er weicht nicht mehr ..." klangen mir die Worte des wohlbekannten Schwabenliedes in Ohren.

Doch wir mußten weichen, und wer dies nicht tat, verhungerte elendiglich in den Todesmühlen Titos in Jugoslawien ... Oder er wurde rücksichtslos an die Wand gestellt und erschossen.

Am 18. August 1952 sprach ich in Tübingen beim Kultusministerium vor. Man versprach mir eine Lehreranstellung. Am 1. September 1952 wurde ich als Lehrer in Renhardsweiler, Kreis Saulgau angestellt.

Der 18. August ist der glücklichste Tag meines gesamten Erdenlebens! Im Schatten der Bäume am Neckar dichtete ich folgendes Gedicht:

An mein Schwabenland

Wir sehen uns zum ersten Mal,
mein liebes Schwabenland,
doch fühl' ich deiner Sonne Strahl
und deines Herzens Brand.
Du nimmst mich auf in deinem Haus,
reichst mir dein Butterbrot;
du schenkst mir deinen Blumenstrauß
und linderst meine Not.
Du führst mich in die Schule ein,
zu deinem Schwabenkind,
ich liebe es, denn es ist mein,
die Lieb' ist keine Sünd'.
Du singst mir vor der Schwaben Sang
in meiner Muttersprach',
der klingt so traut wie Harfenklang
nach unverschuldter Schmach.
Du schenkst mir deines Herzens Ruh',
du sprichst: „Fühl dich zu Haus",
da lache ich, in einem Nu
ist's mit dem Kummer aus.
Nun bin ich nimmer heimatlos,
mein liebes Schwabenland,
ich ruh' auf deinem Mutterschoß
und ess' aus deiner Hand.

Gänseblümchen

Zärtlich blühst du auf der Wiese;
Hans und Grete, Sepp und Liese
pflücken dich mit großer Wonne,
winden eine Blumenkrone,
setzen sie aufs Köpfchen auf,
zieren ihren Tageslauf.

Über vierzig Blumenblätter
schmücken dich; du wirst noch netter,
wenn die lieben Sonnenstrahlen
deinen Stempel so bemalen,
daß er glänzt wie pures Gold;
wie ein Engel lachst du hold!

Schon im März kannst du erwachen
und die Menschen froh anlachen;
auch den Bienen gibst du Weide
wie die erste Lebensfreude:
Süßlich küßt der Schmetterling
deinen gelben Stempelring.

Wenn im Herbst die Blumen sterben,
von dem Frost und Wind verderben,
dann blühst du noch stets alleine
an so manchem Wiesenraine:
Und wir stecken nur dich noch
freudig in des Knopfes Loch.

Darum lieben wir dich alle
hier in diesem Wiesentale:
Menschen, Hummeln, Bienen, Fliegen
danken dir; du kannst besiegen
schlechte Laune, bösen Blick;
du schenkst Freude, Blumenglück!

Baldrian

Heute fand ich deine Blüten
neben einem Grabenrand;
diese pflückte ich, will hüten
dich in meinem Pflanzenstand.

Deine langen Stengel reichen
bis zu meiner warmen Brust,
und die Blätter daran gleichen
fast der Esche, sind robust.

Rosig blühen deine Dolden
wie die Wangen zarter Maid,
wie das Antlitz einer Holden
leuchtest du, dein Blumenkleid.

In dir schlummern Ätheröle,
davon macht man Tropfen, Tee;
du beruhigst Leib und Seele
wie der Heiland einst den See.

Auch den Hummeln, Bienen, Fliegen
gibst du deine Honigkraft,
die auch Schmetterlinge kriegen
auf der frohen Wanderschaft.

Darum will ich stets Gott preisen,
weil er dich erschaffen hat;
du schenkst Männern wie den Greisen
tiefen Schlaf nach schwerer Tat.

Herr, in Deinem Blumengarten
wächst so manche Medizin;
Dir sei Dank, in tausend Arten
gibst Du uns Gesundheit hin!

Gemeiner Sauerklee

Täglich sehe ich im Walde
deinen grünen Teppich an
nach dem Aufstieg auf die Halde
und hab meine Freude dran:
In dem Schatten hoher Fichten
darfst du auf die Sonn' verzichten.

Wenn man in den Sommertagen
durch den Wald spazieren geht
und der Durst mit seinen Plagen
uns die Sinne ganz verdreht,
deine Blätter uns erfrischen
wie ein Sprudel auf den Tischen!

Oxalsauren Kalk nun haben
deine Blätter in der Fülle,
dieser kann uns trefflich laben
auf dem grünen Fichtenbühl.
Fortan geht das Wandern weiter
unbeschwert, wird froh und heiter.

Sauerklee, ich hör' dein Raten:
„Nach der Arbeit sollst du ruhn,
iß beim Wandern keinen Braten,
obendrein ein ganzes Huhn!
Trink kein Wasser bei dem Schwitzen,
dies kann dich noch mehr erhitzen!"

„Mach dir nicht das Leben sauer,
durch das viele Schwelgen schwer,
denn die Krankheit steht auf Lauer,
und der Körper sammelt Schmer:
Denk, daß viele Menschen starben
bloß vom Schwelgen, nicht vom Darben!"

Sauerklee, du bist so weise;
sag, wo hast du doktoriert?
„Lieber Freund," sagt 's Kraut ganz leise,
„hab' beim lieben Gott studiert.
Nach der Prüfung kamen Gaben,
jetzt darf ich den Wand'rer laben!"

Sauerklee, jetzt muß ich gehen;
lebe wohl! Dein liebes Wort
schreib' ich auf, daß dich verstehen
alle Menschen immerfort,
auf daß sie kein Unheil schlage
bis zu ihrem letzten Tage!

Die Klette

Niemand kannte deinen Namen
von der ganzen Kinderschar,
als wir an den Wegrand kamen,
wo dein Strauch zu sehen war.
Und ich pflückte nur zwei Paare,
drückte sie in Gertruds Haare.

O, die kleinen Klettenbälle
hielten sich an Haaren fest,
gingen nicht von ihrer Stelle,
saßen wie ein Spatz im Nest.
Ja, die kleinen Klettenhaken
tief in Gertruds Haaren staken.

Gertrud zog und riß am Zopfe
an den Kletten heftig sehr,
doch die Wichte an dem Kopfe
rollten sich im Haar umher
wie ein Schwein in dickem Schlamme,
schlugen Wurzel wie ein Same.

Als die erste Träne rollte,
griff ich ein in dieses Spiel,
sorgsam ich die Kletten holte,
ich erreichte doch mein Ziel:
„Kinder, jetzt folgt eine Lehre,
wer sie merkt, dem dient's zur Ehre!"

Alle spitzten ihre Ohren,
lauschten stille, und ich sprach:
„Jedes Kind ist auserkoren
nur für Gutes; jedes Fach
in der Schule führt euch weise,
daß doch niemand einst entgleise."

„Schaut euch an die erste Klette,
sie heißt Faulheit, treibt sie ab,
denn sie fesselt gleich der Klette
euren Fleiß bis an das Grab:
Und ihr bleibet dumm, verschlossen,
bettelarm und ganz verdrossen."

„Auch die zweite Klette müssen
gute Kinder meiden klug,
sie heißt Haß und will oft sprießen
in euch schier wie Lug und Trug.
Doch ersetzet sie mit Liebe,
mildert harte Schicksalshiebe!"

„Schaut, hier ist die dritte Klette,
und ihr Name heißt der Neid,
werft sie fort, weil sie oft säte
Raub und Mord und bringt nur Leid.
Setzt an seinen Platz den Glauben,
und ihr erntet beste Trauben."

„Hier schaut an die vierte Klette,
sie heißt Schmutz und Staub und Dreck;
wascht und putzt euch um die Wette,
sonst bereitet ihr den Schreck
allen Menschen hierzulande:
und das ist die größte Schande!"

„Schmückt euch nicht mit diesen Kletten,
seht, sie reißen Haare raus,
wollen euch beim Satan betten,
schenken nicht des Himmels Schmaus.
Seid ihr alle mitgekommen?
Sagt und schaut nicht so verschwommen!"

Alle nickten mit den Köpfen,
auch das Dümmste sagte: „Ja!"
Konnte ich dabei nicht schöpfen
neuen Mut? Denn was ich sah,
sagte und die Kinder lehrte,
bleibt ein Edelstein im Werte.

Frühlingsknotenblume

Nur am Friedhof auf dem Grabe
– anfangs Frühling im April –
fand ich deine Wurz und habe
mich gefreut, denn deine Hüll'
war so schön und glich den Glocken,
daß mein Herze mußt' frohlocken.

Weiße Blüten mit sechs grünen
Tupfen auf dem Blumenblatt
locken meistens nur die Bienen,
und der Nektar macht sie satt.
Dankbar fliegen sie nach Hause,
laden ab mit kleiner Pause.

Deine weißen Glocken läuten
uns am frohen Osterfest,
sie verkünden allen Leuten,
allen Vöglein in dem Nest,
allen Tieren in den Landen:
„Ja, der Heiland ist erstanden!"

Auch der Frühling hört das Bimmeln
deiner Glöcklein und wird wach;
überall Insekten wimmeln,
und die Kinder schlagen Krach;
auch die Sonne flüstert leise:
„Kind, sing eine Frühlingsweise!"

Alle Gräser, Kräuter, Blumen
wachsen, duften, schlagen aus,
Bäume knospen, Käfer brummen
und die Vögel baun ein Haus.
Menschen, danket Gott für diese
Schönheit wie im Paradiese!

Scharfer Hahnenfuß

Auf den Frühlingswiesen prangen
deine Blüten wie das Gold,
ähneln Kronen, goldnen Spangen
und den blonden Jungfraun hold,
die, geformt von Herrgotts Händen,
die Natur wohl ganz vollenden.

Schier entzückt von diesem Reize,
die der Schöpfer nun vollbracht,
sah ich ein, daß Er nicht geize,
als Er uns damit bedacht:
doch die meisten Kreaturen
sehn darin nicht Gottes Spuren!

Denn sie sagen scheinbar weise:
„Die Natur hat es gemacht!"
Doch sie stehn auf falschem Gleise,
werden von mir ausgelacht.
Die Natur? Ihr armen Köpfe,
ihr seid hohl wie leere Töpfe!

Wer hat die Natur erschaffen?
„Sie hat sich von selbst gemacht!"
schrien sie wie blöde Affen,
die an Gott noch nie gedacht.
Freunde, das ist ja zum Lachen!
Kann ein Ding von selbst sich machen?

Kann die Uhr von selbst sich machen?
Kann ein Schuh von selbst entstehn?
Können Häuser, Kirchen, Sachen
sich selbst formen, selbst bestehn?
Nein. Dies machen Meisters Hände
bei dem Anfang und beim Ende!

Seht, so hat ein Meister weise
auch die ganze Welt erbaut:
Menschen, Tiere, Trank und Speise,
Blumen, die wir oft geschaut,
Bäume und die gute Erde
Gott erschuf, Er sprach: „Es werde!"

Hinter allen Gegenständen,
die auf dieser Welt bestehn,
steht ein Meister, muß vollenden
seine Werke und dann gehn
zu dem Schöpfer aller Wesen
oder in die Höll' zum Bösen.

Konrad Gerescher
Béreg – Kömpöc

Konrad Gerescher wurde am 14. April 1934 in Béreg (Bački Breg/Jugoslawien) geboren. Nach vierjähriger Volksschule zusammen mit den Batschkadeutschen von Titos Regime interniert. Im April 1948 aus der Internierung als Analphabet entlassen. Zwangsverpflichtet und mit falschen Papieren geflohen. Ab Herbst 1948 bis Juli 1951 Lehre an der Schiffswerft in Apatin. Anschließend Stipendiat an der staatlichen Maschinenbauschule in Neusatz. Im Herbst 1953 in die Bundesrepublik Deutschland umgesiedelt. Arbeitete als Konstrukteur in verschiedenen Firmen, ab 1983 selbständig und mit zweitem Wohnsitz in Kömpöc, Ungarn. Literarische Tätigkeit begann in Neusatz mit Reportagen, Erzählungen und Gedichten für die Zeitungen „Dnevnik" und „Naš glas". Für sieben Kriegsgeschichten Preis von Radio Beograd und Einladung an die Kolarčev-Universität. In Deutschland verfaßte er zuerst eine Geschäftsfibel „Das Geld auf der Straße" (1960), danach bis 1965 das Manuskript des Lagerbuches „Maisbrot und Peitsche", welches in Fortsetzungen in „Der Donauschwabe" und als Buch (1974) veröffentlicht wurde; in der Folge erschienen gebunden: „Gezeiten", Gedichte und Parabeln; „Zeit der Störe", Heimatgeschichten von der Donau; „Die Apatiner Schiffswerft vor und nach dem Krieg", Dokumentation über Aufbau und Enteignungen in Jugoslawien; „Politik aufgespießt", heiteres Lexikon; „Gäste und Gastgeber", Freude und Leid der jugoslawischen Gastarbeiter in Deutschland; „Unserer Hände Arbeit", Berufsfibel von 200 Batschkaer Berufen; „Daheim I" und „Daheim II", Heimat Südosteuropa in Bildern und Aufsätzen; „Einmal lächeln und zurück", eine Sammlung von Zeitungslyrik; „Das Lied vom Überleben", Gedichtepos in 54 Liedern – in Zeitungsfortsetzungen veröffentlicht. „So hemrs ksakt – in Perik, Owrbatschka". „Tes Hemr Khat", „So Hemrs Kmacht", „So Hemr Klebt", – Mundart und Fachwortschatz der Nordbatschka, Teil 1 bis 3; „Donauschäbisch-Deutsch", Lexikon. Unveröff.: „Katze von links", Erzählung von Liebe und Aberglauben (1984); „Die letzten Arier", Monografie der Landsmannschaft (1985).

Macht der Uniform

Der Milizionär Vlado gehörte zu jener Art von Staatsdienern, die im Dienst für ihren Arbeitgeber durchs Feuer gingen, die aber, sobald sie Titos Porträt nicht mehr vor sich hängen sahen, bereit waren, ihm und seiner Ordnung ein Schnippchen zu schlagen. So konnte es Vlado nicht begreifen, daß diese Ordnung unbedingt nötig war und, um Bestand zu haben, durchaus alle Lebensbereiche beherrschen mußte – auch die privatesten. Zu denen gehörten die heimlichen Stunden am oberen Donauufer, oberhalb der Schiffswerft und nahe der Entwässerungspumpe. Heimlich waren diese Stunden deshalb, weil sie, wenn sie bekannt geworden wären, mindestens die fristlose Entlassung, wenn nicht die Zurücknahme der Orden und Beförderungen zur Folge gehabt hätten, die er anläßlich des Geburtstages des großen Marschalls – zusammen mit dessen druckfrischer Dedijerbiographie – erhalten hatte. Ein Milizionär beim Schwänzen des Dienstes war ein schlimmeres Vergehen als Brotverkauf auf dem schwarzen Markt oder unangemeldete Mieteinnahmen, die damals Anfang 1950 Hochsaison hatten.

Es ist begreiflich, daß ein ehemaliger Hinterwäldler aus Bosnien, den es an den großen Strom verschlagen hatte, dem Reiz der neuen Lebensmöglichkeiten nicht lange widerstehen konnte. Dazu kam der unregelmäßige und viel zu lange Dienst und eine pannonische Hitze, die aus der Patrouille leicht eine Tortur werden ließ. Ein zufälliger Dienstgang außerhalb der Ortschft, ein Niedersinken ins saftige Ufergras und die Entdeckung eines Anglers in der versteckten Bucht – und der Diensthabende mußte der Verführung des Zivillebens erliegen. Zuerst schaute er wortlos und mit aufgeknöpfter Uniformjacke dem Angler eine Weile zu. Dann, als er sah, wie leicht und doch wie andachtsvoll die Handhabung der Angel sein konnte, bat er, selbst das Wunderding halten zu dürfen. Einmal hinter das Geheimnis des hüpfenden Korken gelangt, verlangt er, glühend vor Eifer und völlig pflichtvergessen, die Zweitangel und ein paar Würmer. Nicht die Fische hatten hier angebissen, sondern er, und zwar so fest, daß er nicht so schnell wieder losließ. Am ersten Tag blieb es bei der Angelprobe, denn die Fische wollten dem fahrigen Bosniaken, der am Ufer die Angel hin und her zerrte, nicht folgen und ließen sich lieber von dem zivilen Angler aus ihrem Element ziehen. Am zweiten und dritten Tag versuchten sie zwar seinen Köder, um ihn zu reizen, aber als vollwertigen Angler wollten sie ihn nicht anerkennen. Bis Vlado dann am vierten Tag eine eigene nagelneue Angelausrüstung mit Wurmdose, Spaten und Netz mitbrachte, sich der heißen Uniformjacke entledigte und sich an einer besonders günstigen Stelle niederließ. An so einer, wie sie der Karpfengott höchstpersönlich angelegt haben mußte und die, leicht vorgeschoben über unsichtbaren Grund, die Angel direkt ins Karpfenversteck sinken ließ. An so einer Stelle brauchte Vlado nicht lange zu warten und schon mußte er ein begeistertes Jebemti (Fluchwort) ausstoßen. Der Prachtfisch an seiner Angel war ihm in diesem Augenblick lieber als Frau und Kinder und lieber als sein Dienstherr, der zudem weit weg auf seinem weißen Schloß, auf Brioni, weilte. Weshalb sollte gerade er, der Kämpfer aus den ersten Revolutionstagen, der seinem Herrn nun schon das siebte Jahr diente, auf jede Freude im Dienst verzichten! Nein, denn die anderen, das wußte er, verzichteten auch nicht. Die stiegen auch abends den Mädchen nach oder trafen sich mit ihnen heimlich im Park. Das konnte er nicht, denn er war ja glücklich verheiratet und ein guter Vater. Aber das hier war ja etwas ganz anderes. Auf das wollte er nicht verzichten, selbst wenn plötzlich sein Vorgesetzter hinter dem Ufergebüsch hervortreten sollte.

„Ei, was seh ich denn da! Druže (Genosse), hast du eine Anglererlaubnis?"

„Was ... was ist denn los?"

Vlado war noch im Geiste bei dem strengen Vorgesetzten – vor dem er übrigens nicht den geringsten Respekt verspürte –, da sollte er diesem unscheinbaren Ausweisprüfer Rede und Antwort stehen?

„Was willst du, Genosse, von mir? Ich angele, na und?!"

„Aber ohne Erlaubnis, wenn ich mich nicht irre."

Der Angestellte der Fischereigenossenschaft sprach wie einer, der seine Pflicht ernster als Vlado nahm. Er war offensichtlich auch nicht zu bestechen.

„Hör mal, Brüderchen, ich wollte doch bloß ..."

„Also, hast du nun eine Erlaubnis oder nicht?"

Verdammt, das konnte gefährlich werden. Der Prüfer zog bereits seinen Notizblock, um Vlado ins Unglück zu stürzen. Da erwachte in diesem der altgediente Partisane. „Was heißt hier Ausweis! Wie, du wagst es, mich nach so einem läppischen Papierchen zu fragen! Hier schau ..." Vlado stand mit einem Ruck kerzengerade da und warf seine Uniformjacke mit den goldglänzenden Knöpfen und Tressen der Abzeichen aus dem Feldzug über.

„Was sagst du nun? Hoffentlich gar nichts mehr. Denn hier, sieh genau her, hier hängt normalerweise die Medaille von der Sutjeska. Daneben die von der Verwundung ... Und wo sind deine Orden, he ...?

„Aber ... was regst du dich denn auf, Freund! Ich dachte nur ... Natürlich darfst du angeln soviel du willst. Ich kontrolliere doch nur das Gesindel, das sich da jeden Tag herumtreibt. Jetzt muß ich noch besser aufpassen, da sich ein hoher Besucher angemeldet hat. Der Marschall will morgen auf die Jagd, drüben in seinem Wald."

„Ha, ha, ha, den könntest du ja auch mal fragen, ob er eine Erlaubnis hat."

Vlado zog die Uniformjacke wieder aus und setzte sich. Den Gruß des Prüfers erwiderte er nicht mehr. Er war wieder ganz bei dem kleinen Wunderding von Korken, der mit seinen Bewegungen selbst die erhöhte Alarmbereitschaft wegen des hohen Jagdgastes vergessen ließ.

Die Wiedergeburt im Apfelbaum

Viele Menschen glauben an ein Weiterleben nach dem Tode. Die einen – zu denen gehören wir Christen – tun dies in Verbindung mit der metaphysischen Vorstellung des getrennten Wartens der unsterblichen Seele vom irdisch vergänglichen Körper auf den Jüngsten Tag. Andere Religionen pflegen ähnliche Vorstellungen für die Zeit nach dem mehr oder minder harten Lebenskampf, um diesen leichter zu ertragen, um nicht verrückt zu werden angesichts der Ungerechtigkeit und Chancenlosigkeit, in die eine unbegreifliche Schöpfung die Menschheit setzte, als sie die Erde, gerade so wie geschehen, bevölkerte.

In der festen Gewißheit, die die wenigen Wohlhabenden ein seelisches Nirwana im Übergang zur Ewigkeit als genügend erachten läßt und den vielen Darbenden eine bessere leibliche Existenz nach dem Tode wünschenswert macht, also in dieser Bestimmtheit, daß es irgendwie am Ende doch weitergeht, macht sich in mir eine Vorstellung ähnlich einem Wunschtraum breit, daß ich vielleicht doch ein wenig Einfluß darauf habe, wie sich dieses Weiterbestehen einmal entwickeln soll. – Den Zweiflern sei hier mit einem Vergleich der Wind aus den Segeln genommen: Wenn für unser Jetzt die gläubige Lesung 'Hilf dir selbst, dann hilft dir Gott' Gültigkeit hat, warum sollte es dann nicht möglich sein, auch auf unser Später Einfluß zu nehmen; wenn nicht anders, dann nur mit einer festen Willensprojektion an jene letzte Wand, durch die kein noch so harter Schädel hindurch kann.

Nun, nach dieser Einleitung dürfte es klar sein, was ich meine, wenn ich den Wunsch verdeutliche: Für den Fall, daß unser Nirwana nicht weit in einem luftleeren Raum in die Wartestellung entschwebt, sondern hier in unserer irdischen Nähe bleibt, dann würde mir genügen, wenn sich dieses Warten in genau dem Teil der Tiefebene vollzöge, in den ich mich aus der Hektik des Stuttgarter Industriekessels geflüchtet habe. Hier ist alles zeitlich unbestimmt, Uhr und Kalender sind überflüssig, und ein sogenanntes öffentliches Medium zur Übermittlung von Ton und Bild aus der übrigen Welt erfüllt nur den Zweck, den in etwa auch ein Tiefseetaucher von der Verbindungsleine zum Mutterschiff erwartet.

Damit ist aber erst der Platz, auf dem der Wunschtraum nach dem Zeitlichen das Letztendliche sieht, bestimmt, nicht auch die materielle Gestalt, um die sich die körperlose Seele, wie der Wassertropfen um einen festen Kern, niederschlagen könnte. – Aha, werden ganz Schlaue da einwenden, jetzt kommt ein unauffälliges Denkmal oder ein kleines Schild an einem verborgenen Eckgiebel, wenn nicht gar ein originelles Häuschen mit privatmusealem Inhalt. Welchem Geistesschaffenden schwebt nicht so etwas vor, wenn er an die Zeit danach denkt? Zumindest der, dem zu Lebzeiten ein gewisser Einfluß auf die Umstände und Vorbereitungen der memorialen Art und Weise, die einmal seiner Person würdig wären, möglich ist, kommt leicht in Versuchung ... Nein, kann ich denen das Wort abschneiden, wenn ich gefragt würde, wie ich mir die Zeit danach vorstelle, könnte meine kurze Antwort lauten: Dann möchte ich am liebsten ein Apfelbaum sein. – Wieso gerade ein Baum? Es gibt doch so viele anerkanntere und beliebtere, ja geradezu volkstümlichere Formen des Weiterlebens. Oder hat das Märchen vom Tod im Apfelbaum darauf einen Einfluß? Wenn nicht, dann vielleicht die Fruchtbarkeit und sein Nutzen für Mensch und Tier? Es könnte auch ein gewisser Apfelfetischismus eine Rolle spielen, restloses Besitzen- und Genießenwollen irdischer Früchte oder dergleichen?

All das ist es nicht. Der stille, noch nicht sehr alte Wunschtraum ist leicht erklärbar. Zuerst stelle man sich meinen von Krieg, Not, Entrechtung und Vertreibung, von beruflicher und familiärer Ruhelosigkeit geprägten Lebenslauf vor. Das ist nicht allzu schwer, denn es gibt viele zeittypische Momente darin. Neben diesem wenig beruhigenden Bild der älteren Vergangenheit erhebt sich ein harmonischeres aus jüngerer Zeit, auf dem ein Abschnitt der ungarischen Tiefebene zu sehen ist: weit und fruchtbar und von der großen Zivilisation unberührt; und mitten darin ein sandhumoses Stück Land mit Haus und Hof und einem Dutzend volkstümlicher Überbleibsel, die 200 Jahre lang das Glück meiner Ahnen mit bestimmten. Den Rahmen und nötigen Abstand des Bildes zu anderen Objekten bildet ein Garten mit Blumen und Obstbäumen. Alles, was ein mildes Klima an Blühendem und Nützlichem hervorbringen kann, ist in dem Garten zu finden. Doch er beherbergt auch den Gegenstand meines Wunschtraumes, einen fast hundertjährigen Apfelbaum.

Als ich, nach der Inbesitznahme des Hofes vor Jahren, die Axt an ihn legen wollte, hob die Vorbesitzerin flehend beide Arme und beschwor mich mit einem beängstigenden 'Um Gottes Willen, das nicht!', von meinem Vorhaben zu lassen. Dem Urahnen der Apfelbäume der Gegend dürfe kein Leid zugefügt werden. Er habe mehr Rechte, hier seine letzten Lebensjahre zu verbringen, als ich und alle übrigen Einödbewohner. Wieso, wollte ich verblüfft wissen. Genau wisse sie es selber nicht; nur daß es ein besonderer Baum ist, das steht fest, schon seit sie ihn kennt; und sie wäre jetzt siebzig. Er müßte demnach hundert sein, denn sie spielte schon als Kleinkind unter ihm; und auf einem Hochzeitsbild der Tante sei er auch drauf. Phantastisch! stammelte ich und ließ in den kommenden Wochen meiner Vorstellung freien Lauf. Mir wurde manche Ungereimtheit um sein Aussehen, den erhöhten Standpunkt und den weiten unfruchtbaren Kreis verständlicher: Viele Stürme und Blitze hatte er schon erdulden müssen, wie das gespaltene Äste, der knorrig verwachsene und ausgehöhlte Stamm und immer wieder neue Triebe in der krummen Krone bezeugen. Ein archaisches Wurzelwerk wuchert unter ihm und drückt Schichten Sand und Lehm nach oben und seitlich in kreisrunder Hügelform weg. Endlos ist das Labyrinth im ausgelaugten Boden, der nur soviel Feuchtigkeit in den Regenzeiten speichert, wie die Wurzeln und unzählige Kleinsiedler unter ihm brauchen. Und dreimal größer ist der Teil unfruchtbaren Feldes um ihn als um andere Bäume. Vor allem das hat mich fast zum Sünder an ihm werden lassen.

Nun wußte ich, weshalb alle meine Anbauversuche von anspruchslosestem Roggen bis hin zu urwüchsigstem Klee in diesem Gartenteil fehlschlugen. Jetzt vertrieb ich die Hauskatze, als sie an den Höhlungen auf Vögel lauern wollte. Alle Bewohner des Apfelbaumes, kleine und große, gefiederter, krabbelnder, summender und zirpender Art, empfand ich schutzbedürftiger als jene im übrigen Garten. Und im folgenden Frühling verstand ich auch die Besonderheit der Mainächte, wenn sich die Wärme des Himmels und der Erde zum ersten Mal begegnen und umarmen, wenn vom Baum her ein einsames Gurren, Glucksen, Schlagen und Pfeifen dem Garten zur Kenntnis bringt, daß eine zierliche Nachtigall mit dem Brüten begonnen hat. Aber ich begriff auch, wieso auf den großen, von der Zeit zerzausten Ästen mindestens drei grundverschiedene Blütenarten ihre silbernen, rosaroten und bläulichen Blättchen der Sonne entgegenreckten. Und ich probierte ab nun bei jedem Reifestand die Früchte, frühe süße, mittlere und späte säuerliche.

Nicht nur die Gegenwart dieses Baumes der Bäume gab mir Grund zu sinnreicher Beschäftigung, auch seine menschlichen Zeitgefährten eines Jahrhunderts begannen mich zu interessieren. Dabei brauchte ich nicht zu sehr meine Vorstellungskraft anzustrengen. Die gesprächige Bäuerin bekam nur ein Stichwort, und schon legte sie los. Am liebsten erzählte sie mit dem Familienalbum in der Hand.

Hier, es war im ersten großen Krieg, und sie und die vier Geschwister spielten und arbeiteten der Mutter zu im Schatten des Baumes, sammelten alle Äpfel in Körbe, damit sie eingelegt, getrocknet oder verkauft werden konnten. Das nächste Mal wand sich ihre Erzählung um ein großes Hochzeitsbild Ende der Zwanziger: Ein glückliches, ungarischbuntes Paar strahlender Laune, vor dem Hintergrund der blühenden Baumkrone und einer lustig prostenden Gesellschaft. Das war die Zeit des Friedens in der Tiefebene, und jeder Bauer hatte gute Vorräte in Scheune und Kammer. Doch es gab auch genügend Knechte und Tagelöhner, die aus landlosen Familien stammten und keine Aussicht hatten, das Wohlleben der Bauern zu teilen. Damals sah der Baum, wie nie zuvor, Reichtum und Armut nebeneinander: feiste Herrschaften, die scharfe Befehle brüllten, und abgehärmte junge Frauen, die ihre Kinder an der Hand oder auf dem Arm mit sich auf das Feld schleppten, das ihnen nicht gehörte. Und wenn die Kleinen nicht brav am Feldrand sitzen blieben, wurden sie angebunden oder bis zu den Schultern im Sand eingegraben. Zahlreich und lustig feierten die Reichen unter dem Baum, der, wenn er ein Mensch gewesen wäre, vor Zorn geweint hätte. So schien es nur, als ob er auf gestellten Feierbildern seine Blätter hängen ließe.

Es vergingen einige Jahre, bis er sie wieder aufrichtete, bis er sah, daß die Ungerechtigkeit unter ihm immer kleiner und kleiner wurde. Das war in der Zeit, als immer öfter unbekannte Männer aus der Stadt auf den Hof kamen und gutgelaunt eine neue Ordnung lebten, eine Welt, in der es allen Menschen gleich gut ginge. Nur müßten sie gegen die ausländischen Feinde und Juden zusammenhalten. Die ärmsten Knechte wurden ihre eifrigsten Anhänger. Die Männer verteilten Fähnchen und Armbinden. Der altgewordene Bauer murrte dagegen, und einer der Schwarzgekleideten schlug ihm mit der flachen Hand ins Gesicht. Da widersprach der Bauer nicht mehr, nahm die Mitbringsel und verteilte sie an die Knechte und Dienstboten.

Auf einem weiteren Bild sitzt der Bauer grübelnd auf der Holzbank unter dem Baum und hat einen kleinen, glänzenden Kasten in den Händen, von dem man sagte, daß es das erste Radio der Gegend wäre. Ein Mädchen, seine Enkelin, hat ihm was zu trinken gebracht und sitzt nun neben ihm, um den Stimmen aus dem Radio zu lauschen. Es waren sehr aufgeregte Stimmen, und was sie sagten, verstand ich nicht; in der Folge hielt sich die Bäuerin nicht mehr genau an die Albumvorlage beim Erzählen. Als man das Schimpfen fast nicht mehr mitanhören konnte, schaltete mein Großvater das Radio verärgert ab.

Bald darauf passierte etwas, das die Stimmung auf dem Hof in Trauer und Weinen umschlagen ließ. Alle Männer des Hofes sollten einrücken. Mein Vater wollte nicht. Sein Bruder und die beiden Knechte waren begeistert. Genau das sieht man ihnen allen hier auf dem Foto an. Sie rückten ein, und wir alle weinten. Hier, nur ich saß allein im Baumschatten. Die Stimmung auf dem Hof war nicht gut. Bis mein Onkel und ein Knecht auf Urlaub kamen. Sie waren blaß und mager, doch sehr lustig. Sie hatten allen Grund dazu, denn ihre Doppelhochzeit war schon vorbereitet. Hier sind sie mit den Bräuten. Viele Weinflaschen stehen zwischen den Essensbergen, und viel Schnaps rötete die Gesichter der Sänger und Tänzer. So eine Feier hatte es in der Gegend schon lange nicht mehr gegeben. Die Betrunkenen konnten nicht nach Hause, schliefen unter den Tischen oder unter dem Baum.

Das war für lange Zeit die letzte lustige Feier. Die danach gehalten wurden, waren nur laut und dienten überwiegend fremden Soldaten, sich auszutoben. Den größten Kessel, den wir auftreiben konnten, hängten wir an einen Ast und erhitzten darin viel Wasser. Einige Hühner wurden geschlachtet und gerupft, und die Soldaten kochten sie, mitsamt den Eingeweiden, und gaben noch Kartoffeln, Kraut und Tomaten und Salz und Pfeffer dazu. Als das Fleisch weich war, wurde es von den Eingeweiden befreit und zusammen mit der dicken Gemüsesuppe von den Soldaten gegessen. Sie sagten, das wäre echt russisch, und wir sollten doch auch mitessen. Aber wir hatten Angst und versteckten uns, bevor es Abend wurde. Erst am anderen Morgen kamen wir zurück und merkten, daß unsere Befreier gegangen waren. An den folgenden Tagen tauchten einzelne von ihnen wieder auf. Sie waren betrunken und schossen im Hof herum. Vorne sahen wir sie hereinkommen, hinten flohen wir in das Akazienwäldchen. Beim letzten solchen Besucher passierte es: Mein Großvater holte nicht schnell genug die Kammerschlüssel und wurde kurzerhand niedergeschossen.

Beim Begräbnis waren wir unserer viel mehr, als man hier auf dem Bild sieht. Soldaten kamen nachher keine mehr. Dafür aber strenge Staatsbeamten, die in den folgenden Jahren unsere ständigen Besucher bleiben sollten. Zuerst schrieben sie alles auf, was sie sahen, Haustiere und Vorräte, Futter, Essen und Getränke und was noch ihre Partei den Reichen wegnehmen und den Armen geben wollte. Pferdewagen fuhren vor und wurden so schwer wie möglich beladen. Ruhe kehrte erst wieder ein, als nichts mehr zu holen war. Da, ein Familienbild in friedlicher armer Zeit, ich mit ein paar Freunden und Freundinnen. Und wie schön der Baum seine Äste über uns erhebt; als freue er sich mit uns. Und hier paßte er auf meine beiden Kinder auf. Ein menschlicher Freund kann es nicht besser tun.

Als ob die Bäuerin hiermit den Zeitpunkt zur Übergabe der Pflegewerkzeuge für optimal eingeschätzt hätte, überreichte sie mir einzeln aus einer Tasche einen Rindenkratzer, eine Baumschere, die Krummsäge und die Baumkatze, an der mit einem Draht das Pfropfmesser befestigt war. Ich tat so, als interessiere mich das brutale Zeug überhaupt nicht. Darauf sie: „Aber der Baum braucht, genau wie ein Mensch, seine regelmäßige Pflege." Sie sprach und erklärte, daß ich schon bald nicht mehr hinhörte. Es schien mir überflüssig darzulegen, weshalb ich die Werkzeuge für unnötig ansah. Sie hätte mich auch nicht verstanden, da ich es in ihrer Sprache noch nicht sagen konnte. Was hätte die einfache Frau auch damit anfangen können, daß der paradiesische Baum auch daran gewinnen sollte, daß ich in seiner Nähe ungestört und von den Normen der Mitmenschen verschont sein konnte. Wenn ich genau überlegte, hatte ich womöglich nur ihm mein Hiersein zu verdanken. Wenn er nicht gewesen wäre, wer weiß, was für ein Menschenschlag auf dem Bauernhof entstanden wäre: ein weniger lebensfroher, gewinnsüchtigerer, weniger naturliebender und sehr auf moderne Feldwirtschaft bedachter. Mit dem Baum mußte sich hier vieles anders entwickeln. Die weite Ebene hat durch ihn einen großen unfruchtbaren Fleck bekommen, der schon viele Pächter und Käufer abschreckte. Und gerade das, was andere Wurzelbrache nannten, ist es, was mir an dem flachen Wurzelhügel immer mehr gefällt. Es ist ein Stück Feld, dem man nicht dienen muß, und das einem mit vielem selbst dient. Eine Menge angesehener und wohlschmeckender Einzelfaktoren wirken auf den keineswegs fleißigen Hobbybauern in mir wie ein Rezept zum Faulenzen.

Je mehr sich meine Phantasie mit diesem Baum beschäftigt, umso mehr verwischt sich die Grenze zwischen seiner unerklärlich dauerhaften Existenz und dem christlichen Glauben an die seelische Dauerhaftigkeit. Mensch oder Baum – was ist, was bleibt realer auf der Welt, die unter rücksichtsloser Verschmutzung stöhnt? Wie sollen beide fernerhin den physischen Gesetzen der unvergänglichen Materie gerecht werden können? Soll nur der Mensch für seinen Untergang durch ein köperloses Weiterleben entlohnt werden? Es wäre ungerecht gegen die übrige Natur, übertrieben einseitig und sicher unverdient.

Unsterblichkeit ist begreifbarer, wenn sie nicht übertrieben wird. Wieviele Menschen verdienen wirklich ein Weiterleben in dieser oder einer anderen Welt? Wieviele haben sich sozusagen an der Welt, an der Natur, an auch nur einem einzigen Baum verdient gemacht? Andersherum gefragt, sind nicht schon große und kleine Geister allein deshalb spurlos untergegangen, weil sie ihr nachmenschliches Weiterleben zu egoistisch und großspurig betrieben? In irgendeiner kleinen Form wären sie uns nahe geblieben. Doch nein, sie strebten nach großer Ausschließlichkeit, und sobald sie starben, waren sie weg, hatten sich in nichts aufgelöst.

Ketzerisch oder nicht, was bleibt, ist das Greifbare. Da hilft alles Danebenreden und –schreiben nichts. Die alles erreichen wollen, werden nichts erreichen. Selig die Sanftmütigen ... Weil ich gläubig bin, versuche ich, an den kleinen Dingen mein Tun und Denken auszurichten. Die schönste Vorstellung dessen, was jemals nachkommen wird, hat in mir nur die Abmaße einer Baumkrone und die überschaubare Vielfalt von Baumfrüchten, die bunt und rund, klein und süß nur nach dem Sammeln ein wägbares Ganzes abgeben. Fallend und rollend sollen sie ihre Art vermehren. Und wenn sie einmal weiter vom Mutterstamm geraten, so soll es nicht durch Zufall sein, sondern durch absichtliches Wegtragen durch die Hand eines Kindes oder einer Marktfrau. Das Sammeln und Aufbewahren meiner Früchte soll nur in der Absicht der Vorratshaltung und Vorsorge geschehen und nie aus Gewohnheit oder Schicklichkeit. Sollte irgendwo in einer verlorenen Ecke rein zufällig aus feuchtem Humus ein Ableger entstehen, dann würde mich das unheimlich freuen; ohne daß ein Windhauch spürbar wäre, würde ich den größten Ast meiner Krone wiegen.

Ein weiterer, sicher nicht der letzte Beweggrund meiner Phantasterei ist die Aussicht, daß ich alles, was ich als Mensch erlebte, auch als Baum erleben könnte. Nur würde ich nicht von dem Schicksal durch die Welt verfolgt und brauchte keine Abenteuer in allen Himmelsrichtungen zu suchen. Das Leben mit all seinen Freuden und Leiden würde zu mir kommen, und ich bräuchte, um es zu meistern, keinen Finger zu rühren. Ich könnte mich, so tief ich wollte, in mich zurückziehen und wäre dennoch mitten im Geschehen. Mein Ausstieg in der Pußta wäre nur ein kurzer Augenblick verglichen mit den vielen Gezeiten, die kommen und gehen als Wellen des Zeitenozeans. Ich wäre tiefer verwurzelt in den Schichten humosen, goldenen Sandes, hätte viel mehr von den nahrhaften Lebenszellen, Geschmacks- und Geruchsspuren, den Pigmenten herrlicher Farben, die auf der Welt ihresgleichen suchen. Ein Baum kann von alldem mehr aufnehmen als ein Mensch. Er schaut morgens früher die Schönheit des Sonnenaufgangs über der Ebene, genießt länger ihre Lebensstrahlen und begleitet bis zur Neige das Farbenspiel des Abendhimmels. Und wenn sich schließlich die Nacht sanft über ihn und seine unzähligen kleinen Bewohner legt, werden weiche Blätter zu Bettdecken, Löcher und Ritzen in Stamm und Rinde zu warmen Bettnestern der sicheren Geborgenheit. Zusammen mit den ihm anvertrauten Wesen versinkt er dann in einen Ruhezustand, ohne schlafen zu müssen, und erholt sich leicht für den nächsten Tag.

Meine weite Ebene

Besonders schön ist sie am späten Nachmittag, wenn die Feldarbeit ruht. Befährt man sie um diese Zeit mit dem Auto, muß man unwillkürlich irgendwo anhalten. Gute Parkplätze sind spärlich, Feldeinfahrten gibt es genug. Zum Glück sehe ich auch eine leere Parkplatzbucht und schwenke ein. Der überlastete Motor aus volkseigener Produktion scheint sich über die Rast zu freuen und würgt sich selbst ab. Ich verstelle meinen Sitz in die bequemste Lage und schalte auf Aufnahme. Um von den links an mir vorbeiflitzenden Autos so wenig wie möglich mitzubekommen, drehe ich mich halbrechts und bette meine Schulter bequem in das Polster der Rückenlehne.

Als ob das Land um mich noch unerschlossen wäre, so bietet es sich jetzt meinem Blicke ohne den Asphaltstreifen; geschickt aus der Sicht ausgeschlossen, ist er nicht mehr vorhanden. Das Riesenmosaik der unregelmäßigen Parzellenteilung durch uralte Gewohnheitswege ist wieder das, was es seit jeher war: ein Paradies der Fasanen und Rebhühner, der Rehe und Hasen und natürlich der schwarzen Herren des Ganzen, der Raben, die, verteilt auf den Baumgipfeln, auf Sauberkeit achten. Der Dampf über dem Tiefland hat sich in die Weidenwälder und Sümpfe verzogen. Kein Hauch bewegt die niedere Kulisse der Gartenbäume und wild wachsenden Sträucher an Zäunen und Pferdewegen, die sich von weither ins Bild schieben. Es ist kein Bauer auf den abgeernteten Feldern zu sehen, kein Mensch will seine Vorherrschaft zeigen; nur ein paar um die Einödgehöfte pickende Hühner, weidende Rinder und Schafe lassen das Vorhandensein der Krone der Schöpfung vermuten. Sie ist sicher präsent, wird nur nicht gebraucht und ist irgendwo im Zwischenbereich der Bedürfnisse untergetaucht.

Auch die Sonne ist dabei, es ihr nachzumachen. Sie will dir nur noch deinen geliebten Landstrich im rechten Licht zeigen, dann taucht sie auch weg; zuerst zwischen die Pappeln und dann in die tiefen Feld- und Schilftümpel, um die Erd- und Wassergeister an ihren oberirdischen Nachtdienst zu scheuchen. Eben liegt die Sonnenkugel so tief über dem Akazienwald, daß nur noch das über dem Trennungsstrich von Feld und Horizont Stehende angestrahlt wird und in der schönsten tiefen Farblichkeit zu sehen ist. Du versuchst in deiner Begeisterung bewußt die Minuten anzuhalten, willst die blendenden Einzelheiten so eingehend wie möglich betrachten. Eine einmalige Konstellation von Sonne und Sicht muß ausgekostet werden. Das Panorama wechselt ständig und schnell, doch der erhellte Bereich bewegt sich nur unmerklich nach oben: Millimeterweise verschiebt sich die Schattengrenze in die Höhe, zuerst den niederen Wuchs des Unkrautes, dann den mittleren der Sträucher mit Grau überziehend. Die Höhe und Ferne ist sicher noch eine halbe Stunde lang hell. So hat die zwiespältig malerische Stadtkulisse mit ihrem Wasserdamm um die Hochhäuser noch ein wenig Zeit, sich zu putzen und im schönsten Profil zu zeigen.

Zuerst noch ein Blick auf die Einzelgehöfte mit ihren Turmpappelzäunen und teilweise aufgelassenen Wirtschaften, von denen nur noch Ölbaumkränze vorhanden sind: Fußballfelder, auf denen keiner mehr spielt – oder doch, nur nicht für Menschen sichtbar? Die schmalen, tiefen Kanäle, die das Tiefland wie ein festes Netz mit dem Fluß verbinden, haben jetzt noch eine ruhige, schattige Wasserfläche. Aber bald werden sie von Nachtbewohnern belebt. Dünne Wasserschlangen werden haarscharf die Oberfläche zerschneiden, schwarze Ratten aus den Böschungen kriechen und in die Tiefe springen, Frösche sich versammeln und ihre mystischen Chöre anstimmen. Und aus dem bewegten Wasser werden kalte Dämpfe steigen und auf beiden Seiten über die Ufer quellen, um sich auf Wiesen und Äcker zu verteilen. Bis Mitternacht haben sie so, dicht und kalt, das ganze Land überzogen, es in eine kaltblütigen Wesen ideale Brutstätte verwandelnd. Viele solche Nächte können dem empfindsamen Menschen zu schaffen machen, wenn sie über den gestampften Fußboden durch die Türritzen kriechen und sich der schlafenden Glieder bemächtigen.

Noch zwanzig, noch fünfzehn Minuten – der Schatten der Erdkrümmung erhebt sich nun mächtig und gleichmäßig über die Landschaftskulisse, die vielen Einzelschatten von Bäumen und Gehöften verschlingend. Der glänzende Strich in der Ferne wird zum Band und schließlich zur pastellbunten Hochhauskulisse der modernen Wohnburg. Bis vor hundert Jahren erhob sich hier, an der strategischen Flußkrümmung, eine feste Burg mit Wasserwällen und Kasematten und Lagergebäuden über den großen Hof verteilt. Eine Wasserflut hat dem täglichen Waffengerassel ein Ende gemacht und Platz geschaffen für die Arbeiterburgen, Freizeit- und Schulräume der neuen Konsumgesellschaft. Aus den Steinen der alten Burg wurde der Flußdamm, damit in alle Zukunft die menschliche Vernunft und nicht eine Laune der Natur über Wohl und Wehe der Stadt entscheidet.

Die Schweine

Eine Schweineschar fühlte sich ganz gram,
weil ein Zaun ihr die Freiheit nahm.
Sie bestürmten den Eber Tag und Nacht,
damit er ein Loch im Zaune macht.

Der Eber – ein Führer mit Qualitäten –
tat sein Bestes, um die Schweine zu retten.
Sie flohen just im Morgengrauen,
als der Bauer kam, um nach ihnen zu schauen.

Mit einem dicken Stock und recht brutal
prügelte er sie zurück in den Stall.
Da jammerten die Schweine: Wir waren es nicht,
der Eber ist der Bösewicht.

D e r fügte sich der Prügel wie ein Mann,
denn er hatte nur seine Pflicht getan ...
Und ist auch meistens schuld das Schwein,
der Eber steckt die Prügel ein.

Lebenslauf für eine Mark

Hab Achtung vor einem Fremden
Mit sanftem Blick und samtweicher Stimme,
Wenn er dir sonntagmittags vor der Haustüre
Seinen Lebenslauf erzählen will
Für einen Teller Suppe, da sein Magenrest
Fleisch nicht mehr verdaut.

Hab Glauben für seine Worte,
Die zwischen ungepflegten Zähnen
Und Bartstoppeln wie Läuse hervorkriechen
Und beim Nicken des asylmüden Kopfes
Vor deine Füße fallen und sich anschicken,
In dein wohlbestalltes Haus zu kriechen.

Hab eine Mark oder zehn für deinen Bruder,
Der gezeichnet vor dir steht, sonntags,
Zur Zeit des duftenden Bratens
Und der „verdienten Mittagsruhe",
Der dir den gestempelten Schein der Freiheit
Vor Augen hält, selbst zweifelnd an dessen Wert.

Hab ein Wort des Trostes,
Des Mutes und der Hoffnung
Für deinen Leidensgefährten von Morgen,
Wenn der Wohlstand dir den Willen zerfressen
Und das Knochenmark ausgesaugt und dich als Wrack
In die Gosse gestoßen haben wird.

Schimpfa un Flucha

Klaawa un Awrklaawa henn unsr Leit so fescht im Griff khat, taß sie wedr in Katanga noch in Wirklichkeit zu peesi Ausdrick in dr Laag wara. Stellt mr tie frommi Ausdrick newr tie peesi, so zeigt sich a Vrhältnis, wie wann tie Alpa newr unsram Frankagebirg wära. Wamr uff sich odr anri pees war, hot mr sich kschwindr mit ama Schimpfwart als mit ama Fluch Luft kmacht.

An oft kprauchti Schimpfwertr kamr ufzähla: Aff, Affaarsch, Affamichl, aldr odr wiedichr Hund, Arschleckr, Brillaschlanga, Dackl, Dusl, Dummrjan, Duppl, Eelgetz, Elendichr, Ewrzoh (varschtehandi Zäh), Farz, Faulpelz, Fledrwisch, Feegr, Feegnescht, Fiedl (Farz), Fiedlhans, Fratz, Fratschlweib, Fuchtl, Gacksr, Gaffr, Gockl, Grasaff, Grifflspitzr, Growian, Großkotz, Hallodri, Halbarsch, Hamball, Himmlkuckr, Hemdlungr, Hosalottra, Hosafarzr, Hurabock, Ichmensch, Isee, Iwrkandidltr, Jammrlappa, Knallkopp, Knallarsch, Knausra, Krippl, Kwacksalwr, Kwecksilwr, Lackaff, Loomarsch, Laale, Laschtr, Lattschamichl, Liedrichr, Ludrian (männlichas Luudr), Lugabeitl, Lugahamml, Lulatsch, Limml, Lump, Lumpahund, Luudr, Luudrjan, Maulesl, Maulaff, Mensch, Mollakopp (Kaulkwapp), Muli, Muschtr, Nackarsch, Neschthockr, Nicksnutz, Pangrt, Paplarsch, Pauralimml, Pettprunsr, Pettsajchr, Putzamann, Pechhamml, Pillatrehr, Plapprtasch, Ploggeischt, Rappl, Rindviech, Rinozaroß, Rippl (Unkhowltr), s kleichi wie Ruppl, Rotznaas, Rotzbeitl, Rotzleffl, Saufprudr, Sauhund, Saumaaga, Sauhaafa, Schandfleck, Scheeraschleifr, Scheisr, Scheiß, Schlampr, Schmarotzr, Schnapsnaas, Schussl, Schlawienr, Schludra, Schnapsdrossl, Schnalla, Schindr, Schuhputzr, Sajchr, Simpl, Speckprudr, Spitz, Stoffl, Stritzi, Stroßafegr, Stuwahockr, Tapptrei, Treckspatz, Tattarich, Tataar, Teiflsbroota, Teiflsbruut, Tollpatsch, Trampl, Traanfusl, Trutschl (kloni Trutt), Urschl (s kleich wie Wurschtl), Vierlefanz, Wusl, Wutzl, Wutz, Zarniegl, Zottl, Zunsl.

Peim Flucha hemr uns vun unsri Nochprnazijoona unnrschieda, awr a oschtecka lossa. Sie henn im Zarn var am kreschta Hochheilicha kha Respekt khat un henn amol tie Eldra, var allam tie Mottr in dr tiefscht Schmutz kazoga, währnd mir uns meischts am Himl – als Wettrmachr – vrsindicht henn. Mei Vattr hot nar im kreschta Zarn schlimm, ungarisch odr raazisch kflucht. Sunscht wara uff schwowisch sei bekannschti Fliech: Herrgott nochmol; Himml un Hell; Krutzitirk; Sakratirk; Teifl nochmol; Teifl, Arsch un Zwern, vrdammt nochmol; dr Teifl solls hola; leck mich am Arsch; tu kansch mich mol; tes kann mich mol; jetz hep ich tie Naas voll; jetz reichts ...

Unsr Nacktheit un tie Religijoo

A nacktr erwaksanr Mensch ozuschaua war a Sind, tie mr, wanns mol toch zufällich varkumma is, pal hot peichta messa. Sich selwr hot mr nie ima krosa Spiegl okschaut, weil mr selda in tie Vodrstuwa zum treifliaglicha Spiegl nackt kumma is un weil mr kmohnt hot, taß as Oschaua vun tie kloni, kindlichi Kschlechtstaal a schun kloni Sind wära, tie zu krosi zsamgazählt henn wera kenna. An tenna strenga Vorstellunga war s Seksti Gebot schuld, noch tem mr kha *Unkheischheit* hot *treiwa* terfa. Mit dr Erschta Peicht un Kommunion hot mr am Pharra un am Hergott far alli Zeit vrsprocha, taß mr tie Zeh Gebot wert eihalda. Nar tes vollschtändichi Eihalda hot ohm vun dr Hell befreia kenna, in ter schun vieli Sindr un Heida/Haada gschmort henn. Je nochtem, wieviel mr als Kind tie Heilichi Gebot net eikhalda odr vrkessa hot tie Vrfehlunga zu peichta, hot mr mit ama karza odr langa Ufnthalt im Fegfeiar rechna messa.

Nacktheit war tie krescht un schlimmscht Vrsuchung zu anra kansa Raja vun Sind: Tenga an was Vrbotanas, spiela mit was Vrbotanam un vrfiera zu was Vrbotanam. Tie Vrpindung vun dr Nacktheit mit dr Religijoo is im Kindsaltr vun tie Eltra, Lehra un Pharra so fescht zsamgaknepplt wora, taß sie a kansas Lewa lang khalda hot. Selda henn sich fremdi Erwaksani varanand nackt auskazoga, un Vrwandti odr Vrheiratati henns a nar in dr Eil odr Tunglheit kmacht; Soldata nar wanns hot sei messa, wanns dr Tocktr odr Hauptmann okschafft hot. Noch strengr vrbota als as Ausziega var ama anra Mensch wars Olanga vunanandr.

Pei Kschlechtstaal wars a Sind, ajgani odr fremdi zu beriera, außr mr hot ama Klokind seim odr am eigana Kschlechtstaal zum Pischa vrholfa. Pussl an tie Packa un streichla ama unkschlechtlicha Kerprtaal henn nar Vrsprochani tuu khenna un nochi Freind/Vrwandti, wann sies wegr am Treschta odr Ufmuntra henn macha messa. A Zungapussl henn sich netamol Krosi un Vrheirati kewa terfa. Manchr scheibara Mangl an Zärtlichkeit is awr toch net so schlimm kwesa, weil Vrheirati a kansas Lewa lang newrnand im kleicha Pett kschlofa henn, tart wu dr Strohsack pal nocham Schlofakeh in dr Mitta a Kräwili kriegt hot uns Paar, obs wella hot odr net, kanz noch zsammkrutscht is.

Parzelle 28

Wenige Ereignisse im menschlichen Leben verursachen solche tiefgreifenden Wendungen wie der Tod lieber Angehöriger, und unter denen steht an erster Stelle der Heimgang jener Person, mit der man am längsten seelisch, körperlich und gedanklich verbunden war – der Mutter. Was damals, vor sechzig Jahren, bei der Geburt begann, ist jäh zu Ende.

Eine höhere Macht zerriß das Band der lebenslangen Nabelschnur, und der daran so zuverlässig hing wie an einer Richtschnur am Guten entlang und am Bösen vorbei, fühlt plötzlich keinen Halt mehr. Nie mehr kann er sich orientieren an dem festen Pol, dem sicheren Urteil, der anerkennenden, mahnenden oder warnenden Stimme, die ihm folgte, egal wie weit er sich von ihr entfernte. Der Tod des Vaters ist anders; ein Schicksalsschlag, so knapp an einem vorbei, daß man vor Angst Gänsehaut bekommt. Der Tod der Mutter trifft einen mit voller Wucht, als ob man ihm im Wege stehen würde. Der Schlag ist so gewaltig, daß man fast hinunterfällt in das viel zu tiefe Loch. Der Blick von oben auf den Sarg mit den letzten Blumen beginnt sich wie ein gewaltiger Spiralenzug nach unten zu drehen und den unter Tränen Hinabsehenden mit sich zu ziehen.

Doch man fällt nicht, sondern hält sich fest an der kleinen Handschaufel mit dem Trauersand, die der Priester einem reicht. Sand und lose Blumenköpfchen fallen hinab und verursachen ein Echo, das man nie vergessen wird.

Dann geht man weg mit den übrigen Hinterbliebenen und Verwandten und glaubt nicht, daß es wahr ist, daß dieses bald geschlossene, mit Erde zu einem Hügel aufgeworfene Grab in Zukunft allein die Begegnungsstätte bei Besuchen der Mutter sein wird. Nie mehr wird man bei ihr übernachten, frühstücken und reden, reden über Eigenes und Fremdes, nie mehr zum Geburtstag beglückwünscht oder zum Weggang in das weite Ungarn bemitleidet werden, als ob man nicht freiwillig den Schritt aus dem perfekten Wohlstand in die unvollkommene Vergangenheit getan hätte.

Abschiede und Heimfahrten werden in Zukunft hier auf Parzelle 28 des Ludwigsburger Friedhofes ihren Drehpunkt haben. Und sie werden jedesmal ein bißchen mehr Heimgang bedeuten, so wie sie von der Toten bei den wöchentlichen Pflegebesuchen zu dem ebenso hier angelegten Grab von Bruder Hans empfunden wurden. Dort stehen unter der gesunden Friedhofseiche auch die Namen des in Gakowa ruhenden Vaters und der im Rudolfsgnader Massengrab verscharrten Großmutter. Die Parzelle ist, wegen der vielen in ihr ruhenden Landsleute, heimatlicher als der übrige Friedhof, und sie wird es auch bleiben, solange Bekannte aus unserer vierzigjährigen zweiten Heimat hier ihre Gräber pflegen werden.

Gerd Gerhardt
Neustadt/Weinstraße – Ibbenbüren

Dr. Gerd Gerhardt wurde am 14. Juli 1951 in Neustadt/Weinstraße als Sohn von Hans Gerhardt und Elisabeth, geb. Kern, geboren. Seine Eltern stammen aus Mastort im ehemals jugoslawischen und Babşa im rumänischen Teil des Banats. Er ist seit 1973 verheiratet und hat fünf Kinder, die zwischen 1974 und 1983 geboren wurden. Er besuchte die Volksschule in Haßloch/Pfalz, dann das Leibniz-Gymnasium in Neustadt. Das Abitur legte er am Hans-Purrmann-Gymnasium in Speyer/Rhein ab. Von 1970-71 leistete er seinen Wehrdienst. Von 1971 an studierte er an der Universität München Philosophie, Sprach-, Literatur- und Theaterwissenschaft. Sein Studium setzte er an der Universität Konstanz als Stipendiat der Studienstiftung des deutschen Volkes fort. Er legte das erste Staatsexamen für das Lehramt am Gymnasium ab. Absolvierte von 1977-80 ein Aufbaustudium im Fach Philosophie an der Universität Konstanz. Von 1980-82 hatte er ein Referendariat am Bezirksseminar Rheine für das zweite Staatsexamen für das Lehramt am Gymnasium. Danach nahm er eine Lehrtätigkeit an der Volkshochschule in Ibbenbüren an und stellte eine wissenschaftliche Publikation fertig. Am 1. Februar 1986 promovierte er zum Dr. phil. Seit 1984 unterrichtet er am Städtischen Goethe-Gymnasium Ibbenbüren in den Fächern Deutsch, Philosophie und leitet eine AG Theater. 1995 machte er eine Fortbildung in Kulturwissenschaft an der Fernuniversität Hagen. Seit 1996 ist er Fachleiter für das Fach Deutsch am Studienseminar in Rheine.

HERZENFRESSEN

In 10 Teilen

Das Stück hält sich weitgehend an Tatsachen. Es verarbeitet viele Zitate der Hauptfiguren. Aber es ist kein historisches Drama. Es sollte eine Bühnenform gefunden werden, die allem Romantisch-Biedermeierlichen entgegensteht.
Die Hauptfiguren stehen noch heute schräg zur Welt.
Die Zwischengänge sind ad spectatores gerichtet.

Personen:

Karoline von Günderrode
Nonne

Bettina Brentano
Clemens Brentano (ihr Bruder)
Gunda Brentano (ihre Schwester)
Sophie de Laroche (ihre Großmutter)
Luise v. Möhn, geb. Laroche (ihre Tante)
Hoffmann (ihr Hauslehrer)
Agnes (eine fast taubblinde Magd)

Achim v. Arnim
Frau v. Labes (seine Großmutter)
Herr v. Labes (sein Großvater)
2 Zöllner

Sophie Mereau
Carl Friedrich v. Savigny (eine romantische Studiermaschine)
Friedrich Creuzer
Friedrich Hölderlin (Karolines Nachbar)

Orte der Handlung

In einem großen Haus in Offenbach. In einem Zimmer im Frankfurter Stift. Auf der Grenze des Königreiches Preußen. In einem Landhaus bei Hanau. Wald zwischen dem Frankfurter Zimmer und dem Offenbacher Haus.

Zeit

Sechsundzwanzigster Juli achtzehnhundertundsechs
und die acht Jahr bis dahin.

Abfolge

1. **Die Nuß macht knack. Man kommt auf den Geschmack.**
   Offenbach, Haus der Sophie de Laroche, 1798

   Zwischengang: Luise Möhn, geb. Laroche und Clemens Brentano

2. **Savigny   Habihnnie**
   Frankfurt, Karolines Zimmer im Stift, Winter 1799

   Zwischengang: Die Zöllner

3. **Die Poesie die Poesie spuckt Liebe. Nur das Leben nie.**
   Landgut „Zernikow", auf der Grenze zwischen dem Königreich Preußen und dem Herzogtum Mecklenburg-Schwerin, Anfang Januar 1801

   Zwischengang: Bettina Brentano

4. **Der Dolch bleibt stecken. Kannst später dran verrecken.**
   Karolines Zimmer im Frankfurter Stift, Mitte Januar 1801

   Zwischengang: Hölderlin und Clemens Brentano

5. **Der Hunger ist groß. Nichts fällt in den Schoß.**
   Salon der Laroches in Offenbach, 1801

   Zwischengang: Gunda Brentano

6. **Das Fleisch nimmt Reißaus. Wird doch was draus.**
   Küche im Haus der Laroche, Sommer 1801

7. **Kopfrausch   Augentausch**
   Wald zwischen Frankfurt und Offenbach, 1801

   Zwischengang: Haut und Knochen

8. **Im Festesduft erhitzt sich die Luft.**
   Offenbach, 1. Juni 1802

   Zwischengang: Friedrich Carl v. Savigny

9. **Der Dolch trifft weich im Herrenreich.**
   Haus der Savignys bei Hanau, Frühjahr 1806

   Hauptgang: Karoline v. Günderrode

10. **Es hat geschmeckt. Wird abgedeckt.**
    Wald, 26. Juli 1806

| 1. Die Nuß macht knack. Man kommt auf den Geschmack. |

Offenbach, Haus der Sophie de Laroche, 1798
Personen: Bettina und Clemens Brentano

Bettina *(in Weiß und Rot, an der Puppenwiege):* Schlafen mußt du! Schlafen und träumen, mein luftig Kind. *(Singt:)*
  Wenn die Sonne weggegangen,
  Kommt die Dunkelheit heran,
  Abendrot hat goldne Wangen
  Und die Nacht hat Trauer an.
Clemens *(tritt in Bettinas Rücken auf):* Wünsche, sie wäre mein Kind, und ein schönes Mädchen wie du hätt sie mir geboren.
Bettina *(verdutzt, wirft die Puppe weg, schämt sich wegen der Puppe, setzt sich auf die Wiege):* Habe zu tun.
Clemens: Für den eigenen Bruder keine Hand? Komm her!
Bettina: Clemens? Du bist ganz anders. *(Er küßt sie.)* Ganz anders als gedacht. Großmutter hat gesagt, du bist ein Student.
Clemens: Elende Staubfresserei. *(Er fährt ihren Körper ab. Sie gibt ihm ihre Puppe.)* Medizin. Die Zunge wird fad vom Knochenmehl. *(Er küßt sie.)*
Bettina *(lacht mit sanftem Protest):* Ich bin doch deine Schwester.
Clemens: Du bist mein Apfelblüt. Rot und weiß. Und ich für dich?
Bettina: Aus den Wolken. Du bist mein Luftschiffer!
Clemens: Durchs Abendrot. *(Sie küssen sich mit jeder Äußerung.)*
Bettina: Wolkenweiß.
Clemens: Wangenrot.
Bettina: Wolkenreich.
Clemens: Lieberot.
Bettina: Bist du mein Bruder, oder bist du mein Geliebter?
Clemens *(ärgerlich):* Warum dazwischen eine Grenze ziehen mit Worten? Warum immer alles festschreiben und einsperren in ein Kästchen? – Du fährst mit mir in einem goldenen Ballon, über die Wolken. In meine heimisch Welt, ins ferne blau Sonnenmeer.
Bettina: Dorthin kommen nur die Spinner.
Clemens: Denkst du auch manchmal an unsere Mutter? Er war schuld an ihrem Tod.
Bettina: Wer?
Clemens: Vater.
Bettina: Quatsch!
Clemens: Je mehr ich ihn hass, um so mehr kann ich sie lieben. Ich find nie genug Liebe. Nie genug, um dieses Gift in mir aufzusaugen. Könntest du

mich lieben? – Sprich zu niemandem davon. Auch nicht zur Großmutter. Bitte. *(Clemens ab.)*
Bettina: Clemens! *(Zur Puppe:)* Es krachen mir Gedanken im Kopf, wie soll ich dir sagen? – Schmetterlinge klatschen rumdrum, ich muß ihnen nachjagen, aber dahochzwischen jagt's mich selbst davon, und die Bohnen in meinem Gartenbeet muß ich erst am Bindfaden hinaufschlängeln, sonst kribbeln sie mir um die Brust herum und ich stolper und fall in das dümmste Zeug rein. *(Ab.)*

Zwischengang: Luise Möhn, geb. Laroche, und Clemens Brentano

Möhn: Ich verstehe diese Welt nicht mehr. Die Revolution ist überstanden. Aber keinem geht es besser, und vielen geht es schlechter. Mein Mann ist überstanden. Mir geht es trotzdem schlecht.
Sie sind so laut. Wann immer sie sich sehen, dann küssen sie sich und tauschen Pilze. Sie schreiben dauernd und kratzen ihre Reime überall hin, malen Kringel drauf und kriegen rote Backen. Nachts herumsitzen und heulen, aber nicht still, sie müssen es der ganzen Welt kundtun. Gar erst wenn der Mond scheint! Irgendwann heiraten sie doch alle. Dann geht die Malaise los. Einer zahlt immer. –
Mich hat diese Welt kuriert. Die arme Witwe tut ihre Pflicht, und mehr als das. Die großen Gefühle! Man hat nur einen begrenzten Vorrat davon, sie erschöpfen sich irgendwann. Und dann? *(lacht)* Dann sind sie schon verheiratet. Meiner hieß Möhn, er war Alkoholiker.
Ich bin eine geborene von Laroche. Jetzt soll ich die Gouvernante abgeben. In diesem Haus. In dem die Mutter stirbt, und jetzt der Vater. Alles wankt. Die jungen Leute sind nicht zu bändigen, schon gar nicht von meiner Mutter. Drei Generationen unter einem Dach, das geht heute nicht mehr. Bettina ist am schlimmsten. Der Clemens ist ihr ähnlich, aber der ist zum Glück aus dem Haus. Er studiert – angeblich.

(Clemens taucht auf, die Puppe im Arm, und singt; die Möhn hält dagegen:)
Clemens: Wenn die Sonne weggegange,
Kommt die Dunkelheit heran,
Abendrot goldne Wange,
Nacht hat Trauer an.
Möhn: Meine Schwester nicht da! Kein Mann im Haus!
Seit die Liebe weggegange,
Bin nun ein Mohrenkind,
Möhn: Nur noch Weibergesang!

Und die rotrot Wange
Verdunkeloren sin.
Möhn: Schon im Kloster nicht auszuhalten!
Dunkltiefer tief verschweige
Alle Weh, all Lust;
Möhn: Alles wankt unter diesem Dach!
Mond Mond Hölle zeige,
Wo wohnt Lust.
Möhn: Wo bei anderen der Verstand sitzt, schaut man bei denen in den Abgrund!

2. Savigny Habihnnie

Frankfurt, Karolines Zimmer im Stift, Winter 1799
Personen: Karoline (auf einem Bücherstoß), Savigny (im Wintermantel), Nonne

Karoline und Nonne. **Karoline** *liest Hölderlins Hyperion.*
Nonne: Ach, Fräulein von Günderrode, Sie sind noch so schüchtern. Beim Tischgebet hört man Ihre Stimme kaum. Fühle Sie sich net wohl bei uns hier im Stift?
Karoline: Ich werde mich noch gewöhnen.
Nonne: Sie lewen ganz für die Kunscht.
Karoline: Ich wollte lieber von meinem besten Freund nichts wissen als irgendein schönes Kunstwerk nicht kennen.

*Die **Nonne** greift nach einem der Papiere Karolines und liest:*

„Ein schmaler rauher Pfad schien sonst die Erde.
Und auf den Bergen glänzt der Himmel über ihr,
Ein Abgrund ihr zur Seite war die Hölle,
Und Pfade führten in den Himmel und zur Hölle.
Doch alles ist ganz anders nun geworden,
Der Himmel ist gestürzt, der Abgrund ausgefüllt,
Und mit Vernunft bedeckt, und sehr bequem zum gehen.

Karoline:
Des GlaubensHöhensindnundemolieret.
UndaufderflachenErdeschreitetderVerstand,
UndmissetallesausnachKlafterundnachSchuhen."

Nonne: Ach, Frau von Günderrode, aus Ihne werd' ich gar net klug. Sie schreiben solche Sache, wie mer se hier im Frauestift noch gar net gehört hat. Sie habbe ja viele Freiheite hier bei uns, aber *(auf das Gedicht deutend)* ob des recht is ...? Mir sin doch ein christliches Stift, das wissen Sie doch und Ihre Frau Mutter. Da darf mer doch net so denke.
Karoline: Verzeihen Sie, Schwester, ich bin noch nicht eingewöhnt. Gewiß haben Sie recht, im Cronstettischen Damenstift ist der Himmel noch nicht abgestürzt.
Nonne: Mir lewen doch für die ewige Seligkeit.
(Karoline schaut unruhig nach draußen.)
Nonne: Sie erwarten Besuch?
Karoline: Wir leben im Himmel und auf der Erde, Schwester.

(Savigny klopft. Die Nonne empfängt ihn.)
Nonne: Guten Tag?
Savigny: Savigny. Fräulein Karoline von Günderrode wohnt hier.
Nonne: Ja. Aber Herrenbesuch is eigentlich nicht üblich im Stift.
Savigny: Das Fräulein hat eine Sondererlaubnis.
Nonne: Die junge Leut sind heut alle so aufgeklärt.
Savigny: Darf ich eintreten?
(Er bleibt im Wintermantel).
Savigny *(formell):* Fräulein von Günderrode.
Karoline: Herr von Savigny.
(Die Nonne geht ab. Beide umarmen sich verhalten.)
Savigny *(überreicht ihr sein Geschenk):* Hyperion, gerade frisch erschienen und stilistisch recht bemerkenswert. Du kennst Hölderlin? Hier wohnst du also nun, Karoline.
Karoline: Meine Mutter meint, es sei so das Beste. Unsere Mittel sind beschränkt, und zwei Zimmer hier waren preisgünstig. – Leg doch den Mantel ab. *(Er reagiert nicht.)* Es ist kalt hier, ich weiß.

Savigny *(mit Blick auf die Bücher):* Du hast deine innere Welt, Günderrödchen, deine seligen Träume.
Karoline: Ja, meine Träume. Aber die seligen Träume zerfließen; sie kommen mir vor wie Liebestränke, sie betäuben, exaltieren und verrauchen dann, das ist das Elend und die Erbärmlichkeit aller unserer Gefühle.
Savigny: Wie recht du hast.
Karoline *(lacht):* Mit den Gedanken ist's nicht besser, man überdenkt auch leicht eine Sache bis zur Schalheit. Studierst du noch immer so fleißig?
Savigny: Ich bewundere dich, Günderrödchen.
Karoline: Hier im Stift geben sie mir dauernd das Gefühl, ich sei unnütz. Wie gerne würde ich Mann und Kinder versorgen!
Savigny: Ich kann mir dich so nicht vorstellen.
Karoline *(wütend):* <u>Warum</u> nicht!? *(Stille.)* Deine Arbeit kommt voran?

Savigny: In einem halben Jahr bin ich Doktor der Rechte.
Karoline: Du müßtest ja eigentlich entsetzlich verliebt in mich sein, lieber Savigny. Ich lege dir alle meine Vollkommenheiten demutsvoll zu Füßen. Du aber trittst darauf, als wären es Pflastersteine. – Weil du es aber mit vielem Anstand tust, so läßt man sich dergleichen noch gefallen.
Savigny: Was machst du den ganzen Tag?
Karoline: Bücher, Briefe, Besuche. Bücher, Briefe – ich werde auch eingeladen.
Savigny: Von der Mutter und deinen Schwestern.
Karoline: Und ich schreibe.
Savigny: Du schreibst?
Karoline: Gedichte.
Savigny: Laß sie mich sehen.
Karoline: Ich schicke dir welche. Vom silberrändrigen Mond. Ja, ich werde so einheimisch darin, daß mir mein eignes Leben fremd wird.
Stille.
Karoline: Mein Kopf ist wüst.
Savigny: Du möchtest lieber allein sein?
Karoline: Adieu, lieber Savigny. – *(Für sich:)* Wohin?
Savigny: Ich denke viel an dich. Vielleicht glaubst du, ich könnte Menschen wie dich nicht wirklich verstehen. Aber das verdiente ich nicht, daß du mich dann durch den Schein eines Vertrauens täuschtest. *(Savigny ab.)*

Karoline: Ab! Ab! Ab! Ich drück den Stein hier rauf! Ich allein! Jeden Tag! Und du stößt ihn hinab! Du Schweinskopf, verknochriger! *(Sie reißt ein Buch in Fetzen, räumt dann die Fetzen schnell weg.)* Er ist weg.
Nonne *(bringt Wasser und ein Glas)*: Ich hab ihn gsehn. Nach Marburg, sagt er. Kommt der noch öfter?
Karoline: Ja.
Nonne: Dann bleiwen Sie bestimmt net lang hier im Stift. Studiert der noch?
Karoline *(für sich)*: Er lebt ganz für die Wissenschaft. So wie ich für die Poesie.
Nonne *(lacht)*: Da komme Sie schwer zusamme.
Karoline: Es gibt zwei Arten, recht zu leben, irdisch oder himmlisch; man kann der Welt dienen und nützen, ein Amt führen, Geschäfte treiben, Kinder erziehen, dann lebt man irdisch. Aber man lebt himmlisch in der Betrachtung des Ewigen, Unendlichen, im Streben nach ihm, eine Art Nonnenstand. Wer anders leben will als eine dieser beiden Arten, der verdirbt.
Nonne: Un worauf gehts bei Ihne raus?
(Karoline lächelt, zuckt mit den Schultern. Sie trinkt sehr viel.)

Zwischengang: Die Zöllner

Zöllner 1: Das neue Jahr beginnt ruhig.
Zöllner 2: Ein neues Jahrhundert hat begonnen, mein Lieber. Wir schreiben den 1. Januar 1801. Wir beginnen heute das 19. Jahrhundert.
Zöllner 1: Ach. Wieso sagt einem das niemand. Das müssen wir doch wissen, als Beamte, grad wir vom Zoll.
Zöllner 2: Jetzt weißt du es ja.
Zöllner 1: Die Obrigkeit muß es sagen, nicht du. Du kannst viel erzählen.
Zöllner 2: Seit der Alte Fritz tot ist, geht es mit unserem Preußen bergab. Der Zar ist schwach geworden. Drum überrollt uns der Westen bald.
Zöllner 1: Du denkst, der Napoleon bleibt nicht am Rhein?
Zöllner 2: Der kommt nach Berlin, sag ich dir. Nur eine Frage der Zeit. Und wenn er in Berlin ist, dann marschiert er weiter in den Osten. Das ham wir von der Aufklärung.
Zöllner 1: Wir halten die Grenze ...
Zöllner 2: ... so lang es geht.

3. Die Poesie die Poesie spuckt Liebe. Nur das Leben nie.

Landgut „Zernikow", auf der Grenze zwischen dem Königreich Preußen und dem Herzogtum Mecklenburg-Schwerin, Anfang Januar 1801
Personen: Achim, dessen Großeltern, Clemens, dessen Großmutter, Möhn

Achim sitzt bei seinen Großeltern. Indem Clemens hereinfliegt, verschwinden die Großeltern im Boden.
Clemens: Achim! Schau her! „Godwi" ist gedruckt! Mein erst Roman!
Achim: Prächtig! – Ich schreibe auch.
Clemens: Deine Aufsätze in den „Annalen der Physik"?
Achim: Chemie, Physik und Jura werden erst noch abgeschlossen, dann gebe ich meinem neuen Genius nach.
Clemens: Nicht etwa Gedichte?
Achim: Ich habe festgestellt, die physischen und chemischen Studien haben einen unangenehmen Einfluß auf meine Atmosphäre.
Clemens: Deine Kleider sind neu. Achüm, du benutzt Parfüm.
Achim: Für Büchermotten mag ich nicht arbeiten.
Clemens: Nun sag schon, was du!
Achim: „Hollins Liebeleben" – ein Roman

Clemens: Du? Ein Litteratus? Mein Pliment. Deinhollinermordetsichamendestechstich?!
Achim: Der Selbstmord aus Überdruß an der Eitelkeit der Welt ist unsrer Welt eigen.
Clemens: Du hast Stil, mein Freund. – Du schließt aber dein Studium ab. *(Achim nickt.)* Schau mich: Studium der Mineralogie in Bonn: abgebroch. Kaufmannslehre: abgebroch. Studium in Halle: abgebroch. Medizin in Jena: abgebroch. Ich scheiß auf all das bürgerlich Scheißwesen! *(Er zieht Achims Großmutter und Großvater aus dem Boden hoch.)*
Achim: Vor meiner Großmutter kein Wort über meine Schriftstellerei, noch verwaltet sie meinen Erbteil.
Clemens: In der jetzig Welt kann man nur unter zwei Ding wählen, man kann entwed ein Mensch oder Bürger. Ein Bürger werd ich nicht werd. *(Er stößt das Ehepaar Labes wieder in den Boden zurück. Über ihm erscheinen kopfüber seine Großmutter und Tante Möhn.)* Zum Besitz ist mir nichts aus meiner Erziehung geblieb als mein Herz, mein Kopf – und die Trümmer meines Charakters. –
Laroche, Möhn: Kopfcharakter, Ziehtrümmer, Herztrümm, Ziehkopf, Trümmerherz. *(Clemens vertreibt sie.)*
Clemens: Ich werde ein Mensch werd, und zwar zufriedner Mensch, der sich so zueignet von dem, was den Bürgern, daß sie nicht ihn entbehren können, daß sie ihn ehren und lieben <u>müssen</u>.
Achim: Du propellerst dich hoch hinaus.
Clemens: Ich muß höh hinaus ich. Bisher seh ich nur, was meiden, nicht aber, was ich umarmen soll.
Achim: Mein Clemens sollte einmal niemanden haben zum Umarmen? Ich denke, du und die Mereau, ihr seid ein Herz und eine Seele. – Was drückt dich? Wegen deiner Schwester?
Clemens: Bettine wegen? *(Schüttelt den Kopf.)* Sie schreibt mir regelmäßig. Aber die Mereau, die hat mir den Laufpaß.
Achim: Wieso?
Clemens: Nur weil ich mich in Altenburg in ein Mädchen. Die aber gar nichts von mir. Da ich ja mit der Mereau.
(Das Ehepaar Labes taucht wieder auf.)
Achim: Wieso lacht der Tieck, warum hetzt der Schlegel gegen dich?
Clemens: Eifersücht auf die Mereau.
Laroche und Möhn: Hundert Prügel vorn Arsch, die wären dir redlich zu gönnen, zu gönnen vorn Arsch.
Ehepaar Labes, Möhn: Clemens-Demens. Demens-Clemens.
Clemens läßt das Ehepaar Labes, Laroche und Möhn verschwinden.
Clemens: Ich hau ab aus Jena. Ich hab eine stumme Ahnung Tod in mir. Ich kann dann minutlang sehr ruhig. – Und dann schäm ich mich, ein Wesen wie mich vernichtet zu wünschen, das so großer Glückseligkeit fähig. *(Weint bitterlich.)*

Achim: Hängst an ihr?
Clemens: Nichts, nichts kann die Erinnerung an die Mereau in mir vernichten. Gott weiß es, ich lieb treu und sterb treu, ich freudlos.
Achim: Du hast Melalkolie gesoffen. Mein Freund.
Clemens: Ich kann nicht lieben ohnelebe. Kein <u>Mensch</u> kann leben ohnelieb. Auch du nicht!
Achim: „Lieben" nennen es die Leute hier, wenn sie heiraten wollen.
Clemens: Ich weiß, wer zu dir schon paßt!
Achim: So?
Clemens: Bettine!
Achim: Deine Schwester? Ich kenne sie gar nicht.
Clemens: Sie ist mehr als ein Mensch und doch meine Vollendung nur; ich wünscht, daß du, eh sie fertig, sie nie sähest, denn ich bin das Wesen, durch das wird sie. – Sie ist kein Adelzartfräulein und keine Hausbacktochter. Hör zu, was sie mir schreibt:
„Aber sei nur nicht ängstlich, daß ich keine Apfelblüte bin, weiß und rot und goldner Same drin, sondern daß ich vielleicht gar so eine Nessel bin oder Distel oder Dorne, wie Du meinst, vor denen ich mich soll hüten."
Bettina ist für dich, Achim. Hör zu ihr:
„Ich wollt', ich stünd vor ihm; weißt Du? – Denk' ich an ihn, ich fühl' mein Gesicht brennen."
Allerdings, deine preußische Steifheit mußt du kaschieren. Komm öfter mal zu uns nach Frankfurt oder Offenbach, in Hessen pulst es schneller!
„Liebster Clemens, mit aller Sehnsucht meiner Arme, meiner Augen, ja mit allem, was umfassend ist in mir, möcht' ich seine Knie umschlingen! Des großen Helden, der auf seine Lippe nimmt das Geschick des Volkes und entzündet es, mit seines Mundes Hauch facht er es an."
Achim: Wem gilt das?
Clemens: Dem Mirabeau!
Achim: Ach so. Im Schwesterlein sprüht es noch Revolutionsilluminationen.
Clemens: Die Politik ist nicht wichtig. Aber Leidenschaft! Du mußt sie erst noch vernünftig machen für die Welt.
Achim: Ich!?
(Ehepaar Labes, Laroche und Möhn tauchen auf zu groteskem Tanz.)
Clemens: Ich hab's versucht. Dir wird es. Du mußt sie unbedingt kennenlernen. Sie leidet zwischen ihrer Familie.
Achim: Da fühl ich mit ihr! Was eine Familie ist, das habe ich gelernt bei uns von Arnims: Eine Familie, das sind verschiedenartige Leute. Aus einer wunderlichen Ansicht von Verwandtschaft drängen sie sich immer aneinander, um sich zu stoßen, statt sich zu küssen. Es ist ein verruchtes Wort: Familie, das alle wahren Rechte zwischen Blutsverwandten und alle freie Liebe untereinander erstickt. Mit ein paar Geburtstagskuchen wird das grobe Brot des ganzen Jahres ersetzt.

Clemens *(wird von Laroche und Möhn tanzend entführt):* Ich lasse dir ihren Brief. Und meinen „Godwi". Hab der Günderrode auch ein Exemplar druckfrisch geschickt, aber sie reagiert nicht. Savigny hat übrigens zarte Bande zu meiner Schwester Gunda geknüpft. Das wird der Günderrode gar nicht passen.
Achim *(wird vom Ehepaar Labes tanzend weggezogen):* Vergiß nicht: Meinen Plan, in die Literatur zu wechseln, habe ich dir unter dem Siegel der Verschwiegenheit mitgeteilt, weil ich vor der Zeit nicht lächerlich werden will. Und wenn es meine Großmutter hört, drückt sie mich am Ende doch noch in den Staatsdienst. *(Alle ab.)*

Zwischengang: Bettina Brentano

(Mit einem Mirabeau-Band.)
Die Möhn, dieser Posaunenengel, trompetätät hinter meinem Rücken in die Welt hinein, ich habe kein kein Pflichtgefühl?!
Mirabeau. Mirabeau ist ein Komet, der alles entzündet, was sich ihm nähert. Sagt Großmutter. *(Sie sticht in den Mirabeau-Band hinein und liest den gestochenen Satz vor:)* „Die Macht der Gewohnheit ist eine Kette, die selbst das größte Genie nur mit vieler Mühe bricht."
Wie wahr! Ich hatte aus Pedanterie mir meine Hefte numeriert und eingeteilt. Einszweidrei. Wie es mir Clemens befohlen. Achtfünfsechs. So hab ich wollen Pflichtgefühl spielen, und alles war in schönster Ordnung. Siebenneunsieben. Und ich schrieb Gelöbnisse, sie nicht zu überschreiten. Zwölfwitzigtausend!
Aber ... Mirabeau hat recht behalten, mein Genie hat diese Ketten gelupft wie einen Pulverturm, der in die Luft flog und alles zwischeneinander pflichtelte. Es ist wie unterirdisch Feuer: das wühlt sich hervor und wird breitalles wie eine Lava verkohlt.

Clemens liebt in mich! Seine Briefe! Unruhe und Klopfen und Poltern als immer immer, mein Herz. Diese Funken in meinem Kopf, sie laufen durcheinander. Wenn's nur nicht so traurig ausging. Zuletzt bleibt einer nur übrig. Oder zwei, das ist noch melancholischer. Der eine läuft ganz allein durch die schwarzen verlassenen Finsternisse – flipps ist er weg! Der andre dort, weg ist er. – *(Sie verschwindet, kommt zurück.)* Ich will ich bleiben.

| **4. Der Dolch bleibt stecken. Kannst später dran verrecken.** |

Karolines Zimmer im Frankfurter Stift, Mitte Januar 1801
Personen: Karoline, Gunda Brentano, Nonne

*(Die **Nonne** führt Gunda herein.)*
Gunda: Darf ich hereinkommen?
Karoline: Beinahe wirst du mir zu fremd, um dich in die eigentlichsten Teile meiner innern Welt einzuführen; dennoch bist du ein Gast, den man nicht draußen vor der Tür möchte stehen lassen. Eine große Verlegenheit. *(Zur Nonne:)* Bleiben Sie bei uns. *(Die Nonne setzt sich.)*
Gunda: Soll ich lieber gehen? Clemens hat mir von diesem Besuch abgeraten.
Karoline: Du hast dich nicht an deinen Bruder gehalten. Ich lege meine Freude darauf, daß du so frei gehst, nicht gegen die Meinung anderer begrenzt wirst.
Gunda: Hast du dich noch nicht eingewöhnt im Stift?
Karoline: Ich bin ja allein; ob ich traurig aussehe oder lustig, ist allen Menschen höchst gleichgültig.
Gunda *(legt ihren Mantel ab):* Du hast Clemens gar nichts zu seinem „Godwi" geschrieben. Du weißt, wie sehr er auf Lob giert.
Karoline: Hat er dich veranlaßt, auf meine Briefe nicht zu antworten?
Gunda: Savigny sagt ...
Karoline: Savigny.
Gunda: ... daß du Gedichte schreibst.
Karoline: Er hat den Hölderlin mir präsentiert. Und nun verlier ich die Geduld über das Farblose meiner poetischen Versuche hier am Schreibtisch. Immer schwerer.
Gunda: Dann ist es doch dumm, dich von einer so kleinen Kunst wie der deinen so beherrschen zu lassen.
Karoline: Aber ich liebe diesen Fehler, wenn er einer ist, er hält mich oft schadlos für die ganze Welt. Gedichte sind Balsam auf Unstillbares im Leben.
Gunda: Das hilft? Ich denk' mir oft, in der Welt ist alles nur Dreck. Alles läuft im Kreis, auch du und ich.
Karoline: Aber nicht der Geist. Alles verflüchtigt sich, aber der Geist steigert die Welt.
Gunda: Das kommt dir so vor, weil du auf dem Berg sitzt.
Karoline: Durch ihn allein lebt das wirkliche Leben, alles andere ist Schatten.
Gunda: Du hattest mir Freundschaft versprochen, Karoline.

Karoline: Ich möchte dich lieben. Doch muß ich immer das Bessere mehr lieben als dich.
Gunda: Du liebst Savigny?! Immer noch?
Karoline: Die echte Liebe ist meist eine unglückliche Erscheinung. Man quält sich selbst und wird von der Welt mißhandelt. Dennoch: mir ist es wichtig, von ausgezeichneten Menschen geliebt zu sein; es ist mir meines eigenen Wertes schmeichelhaftester Beweis. Ich bin zu schwach gegen diese Schmeichelstimme, sie kann mich mir selbst untreu machen.
Gunda: Du redest schon wie der Savigny, immer so abstrakt. Weißt du überhaupt, wie eine Frau einen Mann liebt und glücklich macht?
Nonne: Sie hat keinen Sinn für weibliche Tugenden ...
Karoline: ... für Weiberglück. Das Wilde, Große, Glänzende gefällt mir.
Nonne: Aber Sie sind eine Frau und darum so uneins mit sich.
Karoline: Ich empfand früh, ich fürchte, früh hab ich mein Empfindungsvermögen aufgezehrt.
Gunda: Dann laß die Empfündung und gib Savigny endlich auf!
Karoline: Eifersucht ist eine häßliche Leidenschaft, Gunda.
Gunda: Du kannst Savigny nicht glücklich machen.
Karoline: Daß Savigny mir könnte verloren sein, ist mir der schmerzlichste Gedanke. Ich weiß, es wäre besser, nähme ich an Savigny nur den Anteil einer liebenden Schwester. Doch steht das nicht in meinem Willen.
Gunda: Wie leicht du in einen Zustand des Nichtempfindens verfallen kannst. Es ist ein häßlicher Fehler von dir.
Karoline *(umarmt Gunda):* Aber ich freue mich über alles, was mich aus dem Zustand reißt.
Gunda *(freundlich):* Ich weiß, was du brauchst. Du besuchst mich. Großmutter kann dir bei deinen Gedichten helfen, sie hat Beziehungen. Vor meiner Schwester nimm dich allerdings in acht. Bettine redet viel, bis der Tag rum ist. – Pack deine Sachen und fahr gleich mit!
Karoline: Das geht nicht wegen meiner Schwester. Nie habe ich jemanden gesehen, der dem Tode so reif ist als sie. Ihre Seele wird sich nie nach außen glücklich entwickeln, nie wird man ihren Blick aus ihrem Innern abziehen können, und dieses Innere hat geblüht und seine Früchte getragen. Jetzt kann in ihr nichts mehr wachsen als der Tod und die Vernichtung.
Gunda: Dann kommst du später. *(Sie zieht den Mantel über.)*
Karoline: Wenn du etwas von Savigny hörst, darf ich dich dann bitten, es mir zu schreiben? *(Schreit:)* Schreib mir! Laß mir das! – Verarge mir diese Bitte nicht. Es ist ja das einzige, was ich von ihm haben kann, der Schatten eines Traums.
Gunda: Adieu. Tu mir nicht mehr weh. *(Ab.)*
Karoline: Du mußt dicker werden. Ein schwacher Körper und eine starke Seele harmonieren nicht zueinander.
Nonne: Sie wird dick, awer Sie bleiwen dünn.

Zwischengang: Hölderlin und Clemens Brentano

Clemens: Such Lieb, die für mich untergeht ...

Hölderlin: Ich bin der vertriebene Wandrer, der vor Menschen und Büchern flieht.

Clemens: Such Lieb, die mir mit aufersteht ...

Hölderlin: Ich bin voll Willens an die Arbeit gegang, hab geblutet drüber, hab die Welt um keinen Pfennig reich gemacht.

Clemens: Such Lieb, die ich kann lieben.

Hölderlin: Ich friere ich starre. In den Winter, der umgibt. So eisern der Himmel, so steinern ich.

5. Der Hunger ist groß. Nichts fällt in den Schoß.

Salon der Laroches in Offenbach, 1801
Personen: Karoline, Hoffmann, Möhn, Bettina

(Karoline allein im Zimmer und wartet.– Hoffmann tritt auf, in sich versunken, nimmt Karoline wahr und ihre Blumen. Beide hilflos.)
Hoffmann: Woher kommen Sie?
Karoline: Aus Offenbach.
Hoffmann: Aus Offenbach.
Karoline: Aus dem Stift, aus dem Cronstettischen Stift.
Hoffmann: Oh, aus dem Stift. – Hoffmann. Naturforscher, Lehrer und Freund der Familie.
Karoline: Günderrode, Karoline von Günderrode.
Hoffmann: Nie gehört. *(Er wendet sich von ihr ab.)* Und auf wen warten Sie?
Karoline: Ich möchte gerne Gunda Brentano besuchen.
Möhn *(tritt auf):* Guten Abend.
Hoffmann: Die Dame möchte zu Gunda.
Karoline: Ich bin eine Freundin, Karoline von Günderrode.
Möhn: Gunda ist nicht da. Niemand ist da.
(Karoline will gehen.)

(Bettina wirbelt mit Blumen und nassen Schuhen herein. Hoffmann verschwindet verschreckt.)
Bettina: Sie möchten gewiß zu Clemens?
Karoline: Ich wollte Gunda Brentano besuchen und, wenn es möglich wäre, Frau de Laroche.
(Bettina überreicht ihren Strauß Karoline, Karoline gibt den ihren Bettina. Möhn ab.)
Bettina: Gundas Brieffreundin sind Sie. Gunda ist mit Savigny in Hanau. Gewiß werden die beiden bald heiraten.
Karoline: Ich habe davon gehört.
Bettina: Die Leute sagen, wenn ich ebensoviel häuslich Tugenden hätt, würd ich gewiß auch einen Mann bekommen haben. Aber ich geh lieber raus. Ich hab nämlich gemerkt, daß man in einer Glückshäuslichkeit sonntags immer die Dachziegeln vom Nachbarn gegenüber zählt, was mir so fürchterliche Langeweile macht, daß ich lieber nicht heiraten will. – Meine Ausschweifungen im Lernen sind immer kurz. Der Wind zaust mich, schüttelt mir alles aus dem Kopf. Es ist nicht möglich, meine Lerngedanken versammelzubringen, sie verhüpfen wie die Frösch auf einem Grünanger. – Aber ich rede dauernd von mir. Verrate mir etwas von dir!
Karoline: Recht viel wissen, recht viel lernen, und nur die Jugend nicht überleben. Recht früh sterben.
Bettina: Aber die Jugend streckt sich doch ewig. Wenn wir nur die Wut haben, selbst zu denken und groß zu handeln. Verzagtheit ist gespensterhaft und setzt Furcht in den Hals. – Von Gunda weiß ich, daß du Gedichte schreibst. Schreib mir eins auf.
Karoline: Gut, aber du sollst erst lesen, wenn ich wieder weggegangen bin.
(Bettina legt Papier und Stift bereit. Karoline schreibt.)
Bettina: Ich versuch mich auch an Versen. Ich hab ein Buch anbegonnen, wo lauter Versanfänge drin stehen – und kein Reim drauf. Wenn ich mich auf den Schreibtisch setz und es fällt mir gar nichts Extraes ein, dann ritz ich mit dem Federmesser eine verdummte Fratze über die andre in den Tisch, und wenn die mich dann alle auslachen, weil mir nichts einfällt, dann werf ich mein Buch.
Karoline: Wenn <u>mir</u> meine Ideen müde werden, dann will ich fort.
Bettina: Wohin?
Karoline: Irgendwohin.
Bettina: Ich will auch! Gehn wir zusamm!?
Karoline: Wohin?
Bettina: Woirgendhin! An den Comer See! *(Bettina stellt mit Requisiten eine Landschaft her.)*
Von dort kommt die Familie meines Vaters. Großhandel mit Kolonialwaren. Von da aus reis ich mit dir nach Rom. Das ist unsere Kavaliersreise. Wie die fertigen Studenten. – Oder wir fahren nach Amerika.
Karoline: Ich schlage Griechenland vor.

Bettina: Von Rom aus übers Meer! Ist es dir nicht auch so, wenn die Sonn sich im Wasser spiegelt, ich möchte mich zu gern hineinstürzen und so in den Glanz untergehen.
Karoline: Wir müßten den Jupiter des Phidias sehen, von dem die Griechen sagten, der Sterbliche ist um das Herrlichste betrogen, der die Erde verläßt, ohne ihn gesehen zu haben.
Bettina: Du bist sehr gebildet. – Da ist Offenbach. Hier ist der Rhein. Wir müßten flußaufwärts fahren. Bis zu den Alpen ...
Karoline *(holt den „Hyperion" heraus):* Hör zu! „Das trieb mich auch nach Griechenland zurück, daß ich den Spielen meiner Jugend näher leben wollte." „Es <u>war</u> eine Zeit, da auch meine Brust an großen Hoffnungen sich sonnte, da auch mir die Freude der Unsterblichkeit in allen Pulsen..."
Bettina: Das ist Hölderlin! *(Zitierend:)* „Ich liebe dies Griechenland überall. Es trägt die Farbe meines Herzens. Wohin man siehet, liegt eine Freude begraben."
Karoline: Du kennst ihn? Er ist sozusagen mein Nachbar.
Bettina: Wie sieht er aus?
Karoline: Von meinem Zimmer im Stift sehe ich ihn, wenn er das Nachbarhaus der Gontards besucht. Er ist dort Hauslehrer.
Bettina: Vielleicht geht er mit uns. Wart, ich bin gleich zurück!
(Sie verschwindet. Karoline geht sinnend auf der Landkarte umher.)

Möhn tritt auf, erst sprachlos angesichts der Landkarte.
Möhn: Das wird Folgen haben! Hoffmann! Unglaublich! Meine Mutter wird mit ihr nicht fertig. Sie läßt sie zu sehr gewähren. *(Hoffmann tritt auf.)* Hoffmann! Sie sind mein Zeuge! Eben erzählt mir Bettina, sie möchte nach Frankfurt reisen. Zu einem gewissen Hölderlin. Ich bin dagegen, zumal Frau de Laroche nicht anwesend ist. Überhaupt muß ich Sie vor dem Kind warnen. Sie ist unberechenbar. Herr Hoffmann kann es bestätigen.
Hoffmann: Ich darf, ja ich muß hier als Naturphilosoph sprechen, sie ist ein ganz überaus apartes Wesen, das nur von der Natur zu viel elektrischen Strom mitbekommen hat, sie zieht die Wolken zusammen, und wie ein Blitzableiter zieht sie die Elektrizität an, ich mag durchaus nicht in ihrer Nähe bleiben bei schwüler Luft.
Möhn: Herr Hoffmann war nämlich zuletzt auf der Spazierfahrt mitten im Gewitter unter Donner und Blitz im stärksten Platzregen trotz Schuh und Strümpfen bloß wegen ihr aus dem Wagen und im kurzärmeligen Rock querfeldein nach Hause gesprungen.
Hoffmann: Ich hatte Furcht. Sie hat Anlage zum Veitstanz. Ihre Blässe deutet darauf hin. Sie klettert auch beim Spazierengehen immer an so gefährliche Orte, und letzt ist sie im Mondschein noch um die Tore gegangen ...
Möhn: Mit dem Domherrn von Hohenfeld.

Hoffmann: ... und da ist sie oben auf dem Glacis gelaufen, bald hin, bald her sich wendend, ohne nur ein einzig Mal zu fallen, und der Hohenfeld hat auch gesagt, das ginge nicht mit rechten Dingen zu.
Möhn: Das hat der Hohenfeld auch gesagt: Es kann nicht mit rechten Dingen zugehen.
Bettina *(reisefertig mit Koffer):* Fertig! *(Hoffmann flüchtet.)*
Möhn *(reißt Bettina den Koffer weg):* Die Fahrt nach Frankfurt schlag dir aus dem Kopf. Bis deine Großmutter zurück ist, fährst du keinesfalls! *(Ab.)*
Bettina: Es wackelt alles unter diesem Dach!
Karoline *(hält Bettina zurück):* Laß, das machen wir später einmal. – Hat er Angst vor dir?
Bettina: Hoffmann? Er fürchtet für sein geschätztes Dasein, das Gewitter könne in ihn einschlagen und seine Seele ungewaschen und ungekämmt vor den Richterstuhl Gottes bringen!
Karoline: Besuch mich in der Stadt, sobald du kannst.
Bettina: Mir wunderts, daß andre nicht sind wie ich und du. *(Beide ab.)*

(...)

Horst Gerhardt †
Tschestereg – München

Horst Gerhardt wurde am 6. Februar 1943 in Tschestereg (Banat/Jugoslawien) geboren. Vater 1945 gefallen, Mutter nach Rußland verschleppt. Gemeinsam mit den Großeltern im Lager Rudolfsgnad interniert. 1947 Flucht nach Rumänien. Bis zur Erteilung der Aufenthaltserlaubnis bei Verwandten in verschiedenen Ortschaften versteckt. Zweimal nach Jugoslawien abgeschoben und heimlich wieder zurückgekehrt. 1949 Erteilung der Aufenthaltserlaubnis. 1951 Zwangsumsiedlung in das Landesinnere. 1952 Ausreise zur Mutter nach Deutschland, wo diese, nach ihrer Entlassung aus Rußland, seit 1950 in München lebte. Nach dem Abitur studierte Horst Gerhardt am humanistischen Wilhelms-Gymnasium acht Semester Latein und Germanistik. In der Isarmetropole entwickelte sich auch sein weiteres Leben: Nach fünf Jahren als freier Mitarbeiter beim Münchner Zeitungsverlag fand er im Bereich des Marketing und in der Verkaufsförderung seine berufliche Heimat. Erste lyrische und schriftstellerische Betätigung bei Studentenzeitungen. Bisher nur vereinzelte Veröffentlichungen in verschiedenen Zeitungen und Zeitschriften. Horst Gerhardt starb am 20. Januar 1997 in München. Er hinterläßt die 1970 geborene Tochter Andrea und seine Gedichte, von denen noch viele Hundert der Veröffentlichung harren.

Der Zauberschatz

Am Grund von einem tiefen See,
in einem Schloß aus grüner Jade,
dort ruht der Schatz der Wasserfee
in einer goldnen Bernsteinlade.

Ein jeder Fischer träumt davon,
den Zauberschatz im See zu finden,
und viele Boote sah man schon
bei Nacht und Nebel dort verschwinden.

Denn nur in einer Neumondnacht
– so melden es die alten Sagen –
und wenn kein Stern am Himmel wacht,
ein Jüngling darf die Suche wagen.

Schon viele haben sich erkühnt,
zum Schatz im See dort zu gelangen.
Doch jeder hat es noch gesühnt
und ist im Schlosse jetzt gefangen.

Am Morgen funkelt dann der See,
als würden Sterne in ihm glimmern,
und lockend läßt die Wasserfee
die Wellen grün wie Jade schimmern.

Und in der Tiefe sieht man dann
geheimnisvoll die Schätze blinken.
Das Herz erfaßt ein Zauberbann:
Man möchte in der Flut versinken.

Die Winterfee

Ich eilte heim durch Schneegestöber.
Die Wege waren zugeschneit.
Die Nacht war kalt und schneeverhangen,
der Weg nach Haus noch endlos weit.

Es schneite große Märchenflocken,
so luftig zart und flaumig weich.
Sie schimmerten gleich Diamanten
aus einem fernen Zauberreich.

Sie webten lautlos einen Vorhang,
verschleierten mein Augenlicht.
Sie hüllten mich in weiße Stille
und streiften zart mein Angesicht.

Es war, als wollten sie mich küssen.
So zärtlich war ihr sanftes Schweben.
Sie schmiegten sich an meine Wangen,
verhauchten dort ihr kurzes Leben.

Und tief in mir in meiner Seele
empfand ich diesen Augenblick
als nie erlebtes Glücksempfinden
von ungeahntem Daseinsglück.

Mein Herz, es schlug auf einmal schneller,
obwohl ich ringsum niemand sah.
Doch schwöre ich bei meiner Seele:
Die Winterfee, sie war mir nah.

Die Wächter

Geheimnisvoll seit tausend Jahren
ein Rabe geistert dort im Moor.
Umkreist den flachen Gräberhügel,
wo Wotan einst sein Schwert verlor.

Und niemand weiß, wann er gekommen.
Er war ganz einfach immer da.
Er kommt, er geht, er bleibt verschwunden,
und niemand kam ihm jemals nah.

Er ist sehr alt und fast erblindet,
sein Federkleid schon stumpf und grau.
Am Abend kehrt er heim zum Schlafen
in den verwaisten Bärenbau.

Schon viele suchten ihm zu folgen,
und keiner kehrte je zurück.
Doch kreisen viele Rabenvögel
seither an diesem Himmelsstück.

Und sie bewachen mit dem Alten,
wonach die Menschheit sucht vergebens,
in einem Grab dort tief im Hügel
die Geheimnisse des Lebens.

Heimat aus zweiter Hand

Ich kenn dich nur vom Hörensagen,
obgleich ich dort geboren bin.
Erzählungen aus alten Tagen
entführen mich noch oft dorthin.

Dann schmecke ich den Schweiß der Äcker,
die golden wogen ährenschwer.
Wie frischgeback'nes Brot beim Bäcker,
so duftet warm das Ährenmeer.

Ich spür das Ächzen schwerer Wagen,
die reiche Ernte fahren ein.
Ich hör die Knechte durstig fragen
nach einem Kruge kühlen Wein.

Ich hör die Glocke hell erklingen,
wenn sonntags sie zur Messe ruft.
Und über allen Alltagsdingen
liegt Gottes Segen in der Luft.

Gesegnet warst du Land der Schwaben,
in dem mein Volk das Glück einst fand.
Und alle, die gelebt dort haben,
sie trauern um ihr Heimatland.

Ich kenn dich nur vom Hörensagen,
und dennoch bist du mir nicht fremd.
Hat auch der Krieg vor vielen Tagen
als Kind mich schon hinweggeschwemmt.

Der Transport

Gepfercht in enge Viehwaggons
wie schlachthausreife Rinder,
verlud man nachts zum Abtransport
die Alten und die Kinder.

Die Mütter hatte man verschleppt.
Manch Vater war gefallen.
Verzweifelung und Todesangst,
sie hockten stumm bei allen.

Soldaten ließen schlechtgelaunt
Kommandos schroff erschallen,
und manchmal dröhnte durch die Nacht
von Schüssen lautes Knallen.

Dann fuhr er ab, der Schreckenszug.
Ins Lager ging die Reise.
Man machte noch einander Mut.
Die Kinder weinten leise.

Es gab so manchen Aufenthalt.
Dann staute sich die Hitze,
und heißer, schwerer Sommerstaub,
er drang durch jede Ritze.

Er klebte Mund und Augen zu,
ließ viele fast ersticken,
und Röcheln übertönte dumpf
der Räder helles Klicken.

Und als das Ziel erreicht dann war,
hat man mit Kolbenhieben
den Haufen elend aus dem Zug
zum Sammelplatz getrieben.

Beim Zählen stellte sich heraus,
daß mancher schon gestorben
und so der feigen Mörderbrut
den Spaß zu früh verdorben.

Doch läßt ein Partisanenherz
so leicht sich nicht verdrießen,
und wer bis jetzt noch überlebt,
der hatte es zu büßen.

Und Christus weinte im Himmel

Sorgsam vergraben in fruchtbarer Erde
fand ich eine Amphore mit goldenen Münzen.
Sie trugen das Zeichen des Kreuzes
und die schönen, vertrauten Symbole
von Glaube, Liebe und Hoffnung.

Doch mein Alphabet war zu arm,
alles entziffern zu können,
und gar vieles blieb mir im Dunkel verborgen.
So nahm ich eine Handvoll und säte sie aus,
um goldene Früchte zu ernten.

Es sprossen aber nur Unkraut und Disteln.
Die brachten als einzigen, spärlichen Samen
vertrocknete, giftige Dogmen,
den schwarzen, gefräßigen Krähen
ein willkommener Fraß.

Und Christus weinte im Himmel,
verhüllte in Trauer sein Haupt.
Doch Rom und die heilige Kirche,
sie sangen voller Wohlgefallen Halleluja
und machten die Tränen zu Silber.

Im Papierkorb

Im Papierkorb meines Herzens
vergilbte Träume kreuz und quer.
Geträumt, vergangen und vergessen,
ich träume sie schon lang nicht mehr.

Vom Märchenbuch der Kinderjahre
noch irgendwo ein loses Blatt.
Das Lächeln meiner ersten Liebe,
das mir mein Herz verzaubert hat.

Die Rumpelkammer meiner Seele,
sie füllt sich mehr von Jahr zu Jahr
mit Dingen, die mich einst bewegten,
weil ich ein Teil von ihnen war.

Ein bunter Strauß aus vielen Bildern,
gepflückt von der Erinnerung.
Ein Becher Glück, ein Krug voll Tränen,
der jungen Jahre leichter Schwung.

Im Papierkorb meines Herzens,
dort liegt zerknüllt so mancher Traum.
Doch würde ich ihm heut begegnen,
ich achtete auf ihn wohl kaum.

Moderne Zeiten

Der Mensch von heute ist genormt.
Er läuft in Serie schon vom Band.
Geplant, getauft, nach Maß geformt
und fest in Paragraphenhand.

Der Mensch von heute hat kein Hirn.
Es wurde schrittweis weggezüchtet
und mit genormtem Einheitszwirn
das Vakuum dann abgedichtet.

Der Mensch von heute ist gewohnt,
Gedanken nicht mehr selbst zu fassen.
Er wird dafür gerecht belohnt:
mit Narrenorden aller Klassen.

Der Mensch von heute ist modern.
Er hat das Menschsein aufgegeben.
Er ißt, er schläft, sieht nur noch fern
und führt ein normgerechtes Leben.

Tag des Gerichts

Es nahte der Tag des Gerichts,
und es geschah in zerstörter Natur,
unter vergiftetem Himmel.

Einsicht und Vernunft waren zu Richtern bestellt.
Die Anklage vertrat die mißhandelte Schöpfung.
Als Sachverständiger vereidigt: der gesunde Menschenverstand.

Schwerwiegend und alt die erhobene Beschuldigung:
mutwillige Zerstörung der Umwelt.
Angeklagt: wir alle. Nicht erschienen: unser Gewissen.

Und so vertagte man sich zum wiederholten Male
auf unbestimmte Zeit,
und die Zukunft der Welt verstaubt bei den Akten.

Leb wohl, kleine Jenny

Dealer, Fixer, Drogenstrich.
Das goldene Dreieck auf Großstadtpflaster.
Wie wucherndes Unkraut verbreitet sich
im Großstadtsumpf das Drogenlaster.

Junkies, Kot, verpißter Asphalt.
Im Straßenschmutz gebrauchte Kondome.
Ein Todesstreifen trist und kalt.
Auf menschlichem Elend schwären Myome.

Junges Leben so hingerotzt.
Die Dealer reiben sich die Hände.
Die Seele schon tausendmal ausgekotzt.
Es warten nur Aids und das Ende.

Und Jenny, die kleine Stricherbraut
haucht leis noch einen Abschiedskuß,
denn ehe der nächste Morgen graut,
da setzt sie sich den goldnen Schuß.

Leb wohl, kleine Jenny! Wo immer du bist!
Sie haben dort Stoff in Hülle und Fülle.
Vergiß, was dir hier widerfahren ist!
Und warte auf uns in der ewigen Stille!

Die Spur der Wölfe

Der Stern erlosch
schon lange bevor sein Licht
die Welt erreichte.
Gespenstisch hängt ein fahler Mond
am schweigenden Himmel.
Und überall die Spur der Wölfe.

Geduckt in den Schatten des Hügels
die schutzlose Herde der Gräber,
dichtgedrängt Kreuz an Kreuz.
Das Erdreich zerwühlt zur klaffenden Wunde,
die Gräber vom Hunger geschändet.
Und überall im frischen Schnee
zwischen Kreuzen und Gebein
die gierige Spur der Wölfe.

Dem Leben ist nichts mehr heilig,
weder die Ruhe der Toten
noch die Trauer der Lebenden.
Der Stern erlosch. Das Grauen lebt.
Und überall die Spur der Wölfe.

Irgendwo und überall

Noch reibt sich der Morgen
verschlafen die Augen,
und Nebel nistet im Erlengrund.
Wolkenverhangen der Himmel erschauert.
Von ferne kläfft ein vorlauter Hund.
Die Wiesen nehmen ein kühles Bad
im frischen Naß vom Morgentau.
In Winkeln verborgen dämmert noch Nacht.
Fledermäuse kehren heim,
im Traum ein Kind so glücklich lacht.
Die Dotterblumen sind geschlossen,
als wollten sie nur Knospen sein.
Mein Herz, es schläft am Grund vom Teiche:
ein kleiner, flacher Kieselstein.
Und irgendwo wird man geboren,
und irgendwo das Leben flieht.
Und irgendwie geht nichts verloren,
was immer auch mit uns geschieht.

Am Teiche dort im Sommerwind

Du warst ein Veilchen auf der Wiese.
Gar bunt und blumig blühte diese.
Vergißmeinnicht und Löwenzahn
und ganz versteckt auch Baldrian.

Du warst ein Tropfen dort im Teiche,
beschützt von einer alten Eiche.
Er glitzerte im Sonnenlicht
und spiegelte dein Angesicht.

Du warst ein Blatt im Ahornbaum.
Der Wind, er wiegte dich im Traum.
Verspielt strich er durchs Grün der Zweige,
und zögernd ging der Tag zur Neige.

Du warst ein Hauch vom Abendrot,
das noch der Tag zum Abschied bot.
Denn schon begann mit dunklen Schwingen
die Nacht dann alles zu umschlingen.

Du warst der Glanz im Abendstern,
der aufging hell am Himmel fern.
Er streute Silber in die Nacht.
Der Mond hat dies ihm nachgemacht.

Du warst die scheue Wolke auch,
gewebt aus zartem Nebelhauch.
Sie schwebte lautlos in mein Herz
und nahm es mit sich himmelwärts.

Du warst ein Zauber in der Nacht,
ein Gold, das sich der Tag erdacht.
Und wie von einem Regenbogen
war ich in deinen Bann gezogen.

Du warst ein Lied, das mir erklang
den ganzen warmen Sommer lang.
Doch als der Herbst ins Land gekommen,
hat er mein Lied mir weggenommen.

Und hart wird mir der Winter sein,
mein Herz verlassen und allein,
bis wir dann wieder glücklich sind
am Teiche dort im Sommerwind.

Ratschlag

Versuch den Wind nicht einzusperren!
Sein Atem steht nicht still.
Der Wind, er duldet keinen Herren.
Er weht, wie er es will.

Versuch das Meer nicht leerzutrinken!
Die Wasser sind zu groß.
Und alle Träume rasch versinken
im kühlen Meeresschoß.

Versuch die Zeit nicht anzuhalten!
Denn nichts hemmt ihren Lauf.
Wo Ewigkeiten endlos walten,
hört Menschenwille auf.

Versuch den Himmel nicht zu messen!
Dazu fehlt dir die Zeit.
Des Himmels Grenzen hat vergessen
selbst die Unendlichkeit.

Versuche Gott nicht zu erkunden!
Es blendet dich sein Licht.
Und keiner hat den Weg gefunden,
der Antwort uns verspricht.

Versuche nur in dich zu lauschen,
ob Liebe in dir wohnt!
Verspürst du dann ihr sanftes Rauschen,
hat sich dein Sein gelohnt.

Schwabenland

Wir lagen weich im warmen Heu
und lauschten in die Nacht hinaus,
wo schemenhaft am Mond vorbei
geräuschlos strich die Fledermaus.

Vor Sehnsucht war die Grille blind
und zirpte laut die Sterne an.
Durchs Maisfeld ging der Sommerwind
und schürte ihren Liebeswahn.

Die Wellen wälzten vor sich her
im Flußbett weißen Glitzerschaum,
und Mondlicht glänzte silberschwer
im dunklen Laub vom Maulbeerbaum.

Ein Falter suchte in der Nacht
nach einem Tropfen Honigtau.
Der Fuchs, der einen Fang gemacht,
schlich leise heim in seinen Bau.

Es raschelte im Ährenmeer.
Die Halme seufzten auf im Schlaf.
Die Wühlmaus huschte hin und her,
bis sie auf eine Katze traf.

So sommerwürzig war die Luft,
so fruchtigherb wie neuer Wein.
Mit Wolken von Akazienduft
lud sie das Herz zum Träumen ein.

Es spannte weit die Flügel aus
und reichte seinem Traum die Hand.
Der Donaustrand war sein Zuhaus',
und überall war Schwabenland.

Sommerzeit

Der Frühling lief zum Sommer über:
es wurde ihm ganz schlicht zu heiß.
Die Kinder freuten sich darüber
und bettelten vergnügt um Eis.

Selbst Müde wurden langsam munter.
Die Sonne hoch am Himmel stand.
Sie ging erst spät am Abend unter,
was jedermann als schön empfand.

Die Mädchen trugen bunte Kleider:
sehr luftig, kurz und sehr bequem.
Der Sommer war ein guter Schneider,
für Männeraugen angenehm.

Die Tage waren voller Leben,
die Nächte warm und sternenklar.
Zwar kann der Frühling Träume weben,
doch erst der Sommer macht sie wahr.

Dichterrecht

Die Spucke des Dichters
muß giftig auch sein!
Darf nicht nur berauschen
wie süffiger Wein!

Sei spitz wie ein Stachel
und saumäßig grob!
Verteile den Tadel
und spende auch Lob!

Die Spucke des Dichters
muß überall sein!
Ihr sei keine Suppe
zu heiß noch zu fein!

Und wird sie verboten,
die Welt würde fad.
Dies wär ein bequemer,
doch törichter Pfad.

Letzter Wunsch

Wenn ich einmal sterben muß,
soll mein Tod ein leiser sein,
sprecht nur einen Abschiedsgruß
und grabt mich ohne Tränen ein.

Trüb genug war schon das Leben.
Heiter soll der Tod nun sein.
Und sollte er sich streng doch geben,
so treffe dies nur mich allein.

Lachen sollt ihr! Ja nicht weinen!
Weiterleben, das Gebot!
Da damit hat, so will mir scheinen,
ein jeder schon genug an Not.

Sturmgefahr

Die Sonnenuhr ist abgelaufen.
Der Zeiger steht auf Mitternacht.
Das Schiff hat sich ein Leck geschlagen.
Die Schotten werden dicht gemacht.

Das Stundenglas hat sich gefüllt.
Das Fahrtenbuch ist voll geschrieben.
Im Sand verlief so mancher Tag.
So manche Nacht ist kalt geblieben.

Das Nebelhorn hab ich gehört,
die Sturmlaterne angezündet;
den Mantelkragen hochgestellt,
mit dem Schweigen mich verbündet.

Jetzt mache ich die Luken dicht
und lösche alle Lichter aus.
Der letzte Handgriff ist getan,
Ich lausche in die Nacht hinaus.

Robert Glatt
Temeswar – Lahr

Robert Glatt wurde am 26. November 1927 in Temeswar (Banat/Rumänien) geboren. Grundschule und Gymnasium besuchte er in der „Banatia". Nach Kriegsende (1946) Abitur im Kollegium „C. D. Loga". Anschließend Kfz-Mechanikerlehre, dann Techniker, Chefmechaniker und Meister in der Strickwarenfabrik „1. Juni" Temeswar. 1961 Abschluß der Meisterschule (Fernkurs) im Fachbereich Maschinenbau und weiter im selben Betrieb als Obermeister der Mechanischen Werkstätte tätig. Langjähriger Mitarbeiter der „Neuen Banater Zeitung" mit Beiträgen in der Spalte „Industrie" und in den Jahren 1985-88 mit heiteren Kurzgeschichten auf der Sonderseite „Die Pipatsch" in schwäbischer Mundart. Im April 1988 Aussiedlung in die Bundesrepublik Deutschland. Auch hier veröffentlichte er heitere Beiträge, teils in schwäbischer Mundart, in den Zeitungen „Banater Post", „Der Donauschwabe" sowie in der Zeitschrift „Das Donautal Magazin". Lebt in Lahr/Schwarzwald als Rentner und ist aktiver Gestalter eines Ratespiels unter dem Titel „Die 5 W". Mit diesem Quiz zum Mitspielen in fünf Wissensbereichen ist er alle zwei Monate im „Seniorentreff bei der Stadtmühle" und im Altenheim der Arbeiterwohlfahrt im Ludwig-Frank-Haus in Lahr Moderator. Einziges Buch: „Lachendes Banat. Heitere Kurzgeschichten aus 'm Banat", 1992.

Die Kuckucksuhr

Es is jo bekannt, daß fascht e jeder Bauersmann im Banater Land newe dr Arweit in dr Bauernwertschaft a noch e Passion – heit nennt m 'r des e Hobby – hat. Dr eeni hat e großi Passion for sei Pherd oder sei Hingle, dr andri for sei Bienevelker, andri sin passionierte Kartengschpiel'r oder Keglscheiwler, dr eeni is passioniert'r Reewezicht'r oder andri han e großi Passion for sei Obschtbääm im Garte.

De Vetter Peter, e brave un fleißiche Bauersmann aus Charlottenburg, hat net nor e großi Passion an seim Weingarte, der aarich gpflegt wor, sondern er hat aach e großi Passion an seim Wein, den 'r gfext hat. Er saat oft 's schwowische Sprichwort: „Hoch leewe die Reewe, hoch leewe soll dr Wein, scheen'r kanns doch uf dr Erd net sein." So war er aach bemieht, daß bis zum nächschte Herbscht sei Fässer aach alli leer gin. Un weil sei Vorraat, zirka drei Hektoliter, die Fexung vom voriche Johr alli wor, is er fascht täglich zu seim Kumraad, de Seppi Egel, Karte schpiele gang. Drbei sin natierlich aach e jedsmol zwaa Kruch vum Seppi seim Wein, der aach net dr schlechteschte wor, gekoscht worre.

Nochdem de Vetter Peter Trimper meeh Johr Witwer wor, hat 'r sich wiedr vrheirat. Sei „neichi" Aldi hat ne aarich in Zucht ghol un versucht, des langi Ausbleiwe oweds ehm auszutreiwe. Awer es muß gsaat sin, daß es Wess Resi e Weib is, vun dem m'r saat: „Des hot Hoor uf dr Zung."

An em Nochmittach hat es Wess Resi zu ehrem Mann gsaat: „Gischter bischt heit hem kumm, heit kummscht morje hem, un morje kummscht am End iwerhaupt net hem! Ich will dr was saan: Wann tu heit net um elf Uhr drhem bischt, sollscht was erleewe! Ich bring dich um, du Fallot, du allerletschtr Betjaar, du nixnutzigr!"

Dr Pheder denkt sich: „Uns'r Hergott schlaat net mit 'm Knipl!" Er is awer nochmool zum Kumrad Seppi gang, sie han wieder 66er gschpielt, wie's echti Schwoweleit mache, wann se zu zwet sin, un han aach tichtig die Gurgle gschmiert bis spot in dr Nacht. So is dr Pheder gege zwaa Uhr nachts hemkumm, un justament in dem Aueblick, wu 'r ins Zimmer schleicht, wu sei Alti leit, schlaat die Kuckucksuhr: Kuckuck, Kuckuck ... dr Vetter Pheder, noch Herr seinr Schtimm, geht in die Knie un ruft weider: „Kuckuck, Kuckuck ..." un so noch neinmool.

Es Wess Resi wälzt sich im Fedderbett un saat im Halbschlof zu ehrem Mann: „Des wollt ich dr aach geroot han, Pheder!"

Ganz bestimmt

Dr Winter is ins Banater Land ingezoo, un es hat zwaa Tääch fescht geschneet. Die ganz Gegend leit unr eem weiße Kleed, zirka e dreivertl Meter Schnee hat 's Bergsauthal in e kleenes Märcheland verwandlt. Aach vor 'm Haus vun dr Engelmanns in dr Wiesengass' in Altringen leit dr Schnee, weil dr Vetter Lorenz es mit seine dreiunachzich Johr im Kreiz hat un sei Weib, 's Wess Nantschi, a net grad gsund is. Dr Chef de Post, de Milizowerfeldwewel Ionescu, der es aarich mit dr Ordnung un Disziplin hat, geht vun Haus zu Haus un mahnt die Leit, Schnee zu putze, sunscht werre se bestrooft. Dr Vetter Lorenz vrschprecht ehm: „Chef, wann die zwaa Männer kumme, werd dr Schnee weg sin. Des is so sicher, Herr Owerfeldwewel, wie 's Amen im Gebet!"

Noch drei Tääch is dr Schnee noch net wech bei de Engelmanns, un dr Ionescu werd energisch zum Vetter Lorenz: „Mai Vetter Lorenz, hascht ke Wort? Warum du ziehn des Schneekehre wie e Schrudltaich?"

„Awer, Herr Majuur, ich kann doch nix davor", verteitigt sich dr Lorenz, „die zwaa Männer sin noch net dogeween."

„Na, wer sin der zwaa Männer, Vetter Lorenz?" will dr Owerfeldwewel vum Lorenz Engelmann wisse.

„Also, Herr Majuur, dr Pheder un dr Paul! Wann die kumme, do kennt Ehr gewiß sin, daß dr Schnee ganz bestimmt wech is!"

Handballbörse

Es is jo bekannt, daß im Banat, so wie e jedes Dorf fascht sei Musichkapell hat, aach e jede greßeri Gemeinde e Handballmannschaft hot. Wor es friher Handball mit Elf uff 'm große Schportplatz, so is es heitzutaach Handball mit siewe Leit, oder Kleenfeldhandball, wie mr's nenne tut. Schportvereine wie sel in Bogarosch, Billed, Detta, Semiklosch, Johrmarkt, Lowrin, Lugosch, Orzydorf, Perjamosch, Reschitz, Wariasch un viele anre han johrelang in dr A-Liga un B-Liga mitgemacht.

In eem Johr is Komerzul Großsanktnikolaus oder Semiklosch, wie's im Banat heest, Kreismeister gin un hat an der Qualifikationsschpiele for die B-Liga in Großwardein tielg'nomme. Es Aufgebot, die Mannschaft, dr Trainer Ernscht Pflanzer un dr Leiter dr Handballsekzion vum Schportverein, de

Nicki Schmelzer, sin uff Großwardein for e Wuch. De Nicki Schmelzer, Owermacher in Sache Handball in Semiklosch, e Mann, der sich am „Worschtkessel" Handball auskennt, hat aach e dicki Brieftasch voll Geld vum Verein mitgebrung. De Leitschpruch „Im Schport gewinnt dr Beschte" stimmt schun, awer net immer, weil in dem Land viel gschmeert werd, un natierlich mache die Handballrichter kee Ausnahm. So hat dr Nicki, for 's zweiti Gschpiel geger Voinza (Der Wille) aus Schäßburg, e aarich guti Mannschaft. Um die zwaa Punkte awer sicher zu krien, hat 'r e zehntausend Lei vorbereit, for die Richter natierlich.

Am Taach, wie des Gspiel mit Voinza Schäßburg programiert wor, geht de Nicki in die Kabine vun de Richter, stellt de Spielboge aus un iwergibt die Legitimierungskarnete. Dann drickt 'r dem eene Richter e Kuwert mit zehntausend Lei in die Hand un saat: „Liewe Richtersleit, mir brauche die zwaa Punkte aarich, helft uns, ich bitt Eich scheen, es is jo net umsunscht!"

Es Gspiel verlaaft ausgeglichn bis zur Halbzeit. In dr Pause saat dr Nick in dr Kabine zu die Spieler: „Buwe, ehr braucht ke Ängschte han, spielt nor mit Herz un Wille, so wie aach dr Verein Herz mit uns hat ghat."

In der zweit Halbzeit, in dr letscht Vertelschtund, werd so manches falsch gepfiff, un so gewinnt Schäßburg mit zwaa Tore Differenz. Dr Nicki Schmelzer is ganz irr, zehntausend Lei, un doch vrspielt?

Mit beeser Mine geht 'r in die Kabine vun de Richter for die Karnete hole. Dr Richter, dr eeni, gewt ehm die Karnete zurück un iwergebt aach e Kuwert un saat: „Liewer Mann, mir han Eich net helfe kenne! Es tut uns leed!"

Nicki verloßt die Kabine ganz iwerrascht, wie ehrlich die zwaa Richtersleit wore, daß Sie es Geld zurück han gin. So ganz newebei schaut er ins Kuwert, weil es ehm so dick vorkummt, un wie 'r zählt, sin es zwanzichtausend Lei. Jetz geht ehm Nicki e Kerzelicht uff, dr Richter hat die Kuwerte v'rtauscht. So is es Kuwert vun die Schäßburger, aach for es Match zu gewinne, aus Versehe „zuruckgewe" worre. De Nicki saat zu sich, schun etwas versehnt: „Jo, im Handball gewts aach e Börse! Un uff dr Börse gewts for die Aktien aach Punkte, so wie im Handball es um Punkte geht. Un desmol han die Schäßburger – wie ehre Nome schun saat – meeh Wille ghat!"

Der Wilderer

Alois Bachinger, Förster in Weidenthal, macht jeden Nachmittag seinen Rundgang, eine routinemäßige Kontrolle seines Reviers. Dabei findet er öfter eine Falle für Tiere, die im Wald ausgelegt ist. Das schmiedeeiserne Gerät ist mit Blättern abgedeckt, um so die Tiere zu überlisten. Der Förster verdächtigt den Dorfschmiedemeister, den Bruno Riemschneider, daß dieser sich mit Wildern hie und da einen Braten ersteht. Um seinen Bekannten von dieser Missetat zu befreien, ist Förster Bachinger entschlossen, dem Schmiedemeister eine Lehre zu erteilen, wenn er diesen bei frischer Tat ertappt.

Als heute der Förster aus dem Wald kommt, den Waldrand entlanggeht und sich dem Bach nähert, sieht er den flüchtenden Wilderer Bruno Riemschneider. Dieser hat über den Bach gesetzt und rennt noch ein Stück, um in der Dämmerung unerkannt zu verschwinden. Bevor er sich hinter einem Felsblock einer Felsengruppe endgültig in Sicherheit bringt, streckt er dem Förster das Hinterteil zu und schreit laut herüber: „Bachinger! Un jetzt koannst mi am Oarsch lekn!"

Der Förster will zuerst mit einem Schuß in die Luft den Übeltäter erschrecken. Nun aber, nach diesem Zuruf von Riemschneider, ergreift ihn die Wut, er legt seine Flinte an und drückt ab. Drüben, überm Bach, hinter den Felsen ertönt ein lauter Schmerzensschrei des Bruno Riemschneider. Darauf der Förster Alois Bachinger: „Gell, Bruno! Dös hast net denkt, daß i so a lange Zungn hab'! Sakrament, du Halunkn!"

G'schwindigkeitsskala

Familie Dittinger wohnt in der Herrengasse im Stadtteil Fabrikstadt. Gusti ist in der Stoffabrik „ILSA" als guter und verläßlicher Fachmann bekannt, seine Frau Gisella auch hier als eine der besten Weberinnen tätig, während der Sohn Arnold die Lenauschule besucht. Die Dittingers haben jahrelang gespart, 1970 ist das Geld zusammen, um einen Gebrauchtwagen zu kaufen. Es ist ein Skoda vom Typ „MB 1001". Dieses Typenzeichen deuten kritische Bürger der Tschechoslowakei als „1001 Malinki Bolnave", auf deutsch 1001 kleine Krankheiten. Aber das trübte die Freude der Dittingers nicht, endlich ein Auto zu besitzen. Nun ist es ja bekannt, daß alle Autobesitzer mit ihrem Vehikel alle Jahre zur „verificare technika" – in Deutschland nennt man dies TÜV, also Technischer Überwachungsverein – pflichtweise kommen müssen. So kommt auch Gusti Dittinger zum Autoservice der Handwerkergenossenschaft „Dynamo" an der Lugoscher Straße in Temeswar.

Schichtmeister Franz Marx, er stammt aus Paratz, ist als ausgezeichneter Fachmann in punkto Auto stadtbekannt, dazu zuständig für diese technische Überprüfung. Er übernimmt auch Gustis Skoda.

„Herr Franzi", wie allgemein Franz Marx von vielen Kunden angesprochen wird, „ich mecht a verfikare", so Gusti Dittinger.

„Wird gemacht, Herr Dittinger", sagt der Schichtmeister, führt den Wagen in die Werkstatthalle auf den Probestand und beginnt die Prüfung. Er mißt die Profildicke der Reifen, die Scheinwerfer werden mit dem elektronischen Prüfgerät kontrolliert, sodann folgt die Abgaswerteprüfung mit dem entsprechenden Gerät. Marx beguckt sich den Skoda dann von allen Seiten, denn „Herr Franzi" ist für seine Gründlichkeit bekannt. Er klopft gegen die Kotflügel, zieht an den Stoßstangen, läßt Rücklichter und Bremsleuchten von Gusti an- und abstellen. Dann öffnet er die Beifahrertüre und schaut ins Wageninnere. Plötzlich schreit er auf: „Herr Dittinger, da fehlt doch was!"

„Und was, Herr Franzi?" fragt Dittinger arglos.

„Ne Ihr Tacho. Wo is der Tacho, Herr Dittinger?"

„Weg. Den hab ich ausg'baut, wie a kaputt war."

„Aha, un wieso haben 's ka anderen eingebaut?"

„Weil ich sowieso kana brauch!"

„Hergott, des gibt's doch nit! Jeda Fahra braucht a Tacho im Auto, Herr Gusti."

„Aba, wozu, Herr Franzi?"

„Ha, Herr Dittinger, wie zum Beispiel woll'n Se im Stadtvakehr feststelln, daß Se mit nit mehr als 50 fahrn?"

Dittinger sagt lächelnd zu Marx: „Nix einfacha wie tes, Herr Franzi. Ich hab ma, solang tas Tacho noch funktioniert hat, nach meine Beobachtungn a G'schwindigkeitsskala ang'legt."

„Da pin ich aba neigierich!" meint Franz Marx.

„Also, bei 30 klappert die linke vordere Tier, bei 35 die rechte hintar Tier, bei 40 quietscht die Koffaraumhaubn, bei 45 klappert da Auspuff."

„Un bei 50?" fragt verblüfft der Marx.

„Ja, bei 50 klappern meina Frau ihre Zähn, un ich muß te Mund gut zuhaltn, daß mei Prothesn nit rausfallt. Bei solche schlechte Straßn, wie mir in Temeswar ham, is mei System ganz sicha!"

Ta Malermaaster

Die Familie Hubert hatte den Maler Bachmann bestellt. Er sollte die Fenster und Türen ihrer Wohnung in der Mercygasse Nr. 4 streichen. Das war schon vor vier Wochen gewesen, und der Malermeister war immer noch nicht erschienen. Man kennt ja das alte Lied mit den Handwerkern, die nur selten einen Termin einhalten können.

Eines Morgens mußten die Huberts, die ganze Familie, über den ganzen Tag etwas erledigen und verließen ihre Wohnung. Zurück bleib allein ihr Papagei mit dem Namen Columbus. Wie es anders nicht sein kann, ist just an diesem Tag der Maler gekommen. Er steigt mit Pinseln und Farbtöpfen die Treppen zum zweiten Stockwerk hinauf und läutet an der Tür bei den Huberts.

„Wer is ta?" ruft der Papagei.

„Es is ta Malermaaster Bachmann", sagt dieser zur Tür gewendet. Er lauscht und wartet, aber hinter der Tür kommt keine Antwort. Also steigt er die Treppen mit seinem Werkzeug wieder hinunter. Etwa eine Stunde später versucht er sein Glück abermals. Er steigt mit Pinsel und Farbtöpfen nochmals die Treppen zum zweiten Stockwerk empor und läutet an der Tür.

„Wer is ta?" klingt die Stimme von Columbus, dem Papagei.

„Es is ta Malermaaster."

Wieder rührt sich nichts hinter der Türe.

Der Maler Bachmann läutet abermals.

„Wer is ta?" ertönt es hinter der Tür.

„Es is ta Malermaaster Bachmann."

Weiter geschieht nichts hinter der Türe. Der Maler steigt zornig wieder die Treppen hinunter. In seinem Ärger geht er ins Buffet „Oltul" und gönnt sich einen Kognak zur Beruhigung.

Die Szene vor der Türe der Huberts wiederholt sich im Laufe des Tages, an dem die Familie Hubert nicht zu Hause ist, noch mehrmals. Als der Malermeister mit Pinsel und Farbtöpfen zum fünften Mal hinaufsteigt, schnauft er sich oben angekommen aus und läutet dann wieder an der Tür.

„Wer is ta?" klingt es abermals hinter der Tür.

„Es is ta Malermaaster", sagt Bachmann wütend und donnert mit der Faust gegen die Eingangstür der Wohnung.

„Wer is ta?" ertönt es erneut drinnen.

„Verdammt, es is ta Malermaaster!" dröhnt es im Treppenhaus. Aber drinnen in der Wohnung herrscht abermals tiefe Stille.

Blindwütend vor Zorn und mit dem Gefühl, verschaukelt zu werden, macht der Maler kehrt, rast die Treppe hinunter, dabei verfehlt er blind vor Wut eine Stufe, überschlägt sich mit Pinsel und Farbtöpfen und bleibt unten liegen.

Einige Minuten später kommt Familie Hubert heim. Am Treppenrand sehen sie den Mann liegen. Brunhilde Hubert, welche den Maler nicht kennt, schreit entsetzt auf: „Wer is tes, Waldemar?"

Da ruft der Papagei Columbus aus der Wohnung laut: „Es is ta Malermaaster!"

Armes Deitschland

Die Wildauers aus dr Merzydorfer Stroß in Sanktandres sin 1980 uf Westdeitschland ausgwanert. Nooh dem Gesuch – kleeni Formulaare, Kommission un großi Formulaare – is es nooh meeh wie zehn Johr ehne doch g'lung. Dr Waldemar, sei Weib, es Lotte un dr zwölf Johr alti Sohn Uwe han sich in Landshut niedrgeloss. Die Eltre sin arweite gang, han scheenes Geld v'rdient, weil se aarich fleißich sin wie die meischte Schwooweleit. So han sie sich e scheeni Wohnung kaaft, un dr Sohn is in e guti Schul gang. Natierlich hat dr Bu, wie 'r achtzehn wor, aach e Auto noch seim Abitur kriet.

Im Summer 1990 is dr Uwe uf Sanktandres sei Großeltre besuche kumm, de Vetter Jakob un es Resibasl. Mit seine 75 Johr is dr Vetter Jakob noch ganz tichtich un bearweit sei Garte zamme mit seim Weib un fiehrt e kleeni Wertschaft mit Hingle un Ente.

Noch em Mittachesse huckt dr Vetter Jakob sich in sei Lehnstuhl, brennt sich e Zigarettl an un saat zu seim Enkelskind: „Na Uwe, mei Bu, wie is des Leewe dort bei eich in Deitschland?"

„Ja, weescht Opa, dort ist een neii, een moderni und een bärenstarki (großartichi) Welt. Man hat irre (einmaligi) Meeglichkeite, een Beruf zu erlerne un sich auszubilde. Un wenn man een Jobb (Arweitsstelle) hat, ist mer in (erfolgreich), gut bezahlt, un die Kohle (Geld) kummt, logo (logisch) kann man sich Galaktisches (Einzigartiges) leischte un abhebe (ein starkes Glicksgefühl empfinde)!"

„So is des, mei Bu?" saat verblifft dr Großvatr.

„Ja, und es gibt heiße Blusen (attraktivi Fraue) und Gören (frechi Damen), mit denen gehen wir in die Disco (Diskothek), und da geht mächtig die Post ab (too herrscht Stimmung)."

„Na jo, mei Bu! Alles v'rsteh ich jo net, awer v'rzähl mr noch."

„Ja, Opa, hier bei Euch, hat mir der Alex erzählt, ist alles abgemackert (vun geschter), die Lage ist beschissen (sehr schlecht) auch nach der Revolution, und alles ist Asche (aussichtslos). Man kann richtig ausflippen (aus dr Fassung kumme), vieles ist ungeil (langweilich), und man kann leicht in die Klapsmühle (Nervenanschtalt) gelangen. Keine anständige Lulle (Zigarettle), nichts Vernünftiges, um sich einen zu knallen (viel Alkohol trinke), es ist wie eine tote Hose (langweilicher Ort). Ware bekommt man nur im Schwarzhandel bei den Zigeunern, sogar das Bier. Die Leute schaffen (arweite) fast nichts, aber Demo (demonstchtriere), das ja! Alles Asche (aussichtslos)."

„Jo, mei Kneecht, ich han nochmol net alles v'rstand, awer du kannscht schun Recht han", ment dr Vetter Jakob zu seim Enkelsohn.

„Na Opa, ich wollte dir noch erzählen, daß ich mir einen Turm gekauft habe."

„E Turm, jo for was brauchscht tu dann e Trum?" froot ganz erstaunt dr Großvatr.

„Na zum Musikmachen, Opa", saat Uwe ganz natirlich.

„Na awer, mei Bu, zu meiner Zeit hat mer Musich mit Inschtrumente gemacht, un recht scheeni Musich!"

„Das ist, Opa, ein Gerät, Aiwa X-71 Hi-Fi-Midi-Anlage mit Surround-Sound, Quarz-Synthesizer-Tuner, 24 Timerfunktionen, einen 2x5-Band-Equalizer, mit Doppelkassettendeck mit Autoreverse und Dolby B, hat Twin CD-Player, Multi-Display mit Zeitanzeige und Surround-Lautsprecher und Renk."

„Saa mol, mei Bu Uwe, ich sin schun alt, awer mei Geheer is noch ganz gut. Wieso han ich nix v'rstan vun tem, was Du too gerred hascht? Hascht Du deitsch gerred oder e Fremdsproch?" froot dr Vetter Jakob ganz verdrießlich.

„Doch Opa, ich habe deutsch gesprochen, in der Jugendsprache und in der technischen Sprache."

„Armes Deitschland, die Kinner dort kenne gar net meeh die richtiche deitschi Sproch in deni moderni Schule lerne. Was soll nor werre aus dr heitiche Jugend?" ment ganz deschparat dr Vetter Jakob zu seim Enkel.

Der Angeber

Nachts um zwei erwacht Edwin Gröger plötzlich aus dem Schlaf, erstarrt vor Schreck. Kalter Schweiß kommt aus den Poren. Er weckt das Mädchen, das neben ihm liegt, und sagt: „Mädl, du mußt fir mich sofort vun irgendwo a Stick Kreidn findn, sonst bin ich valorn!"

Das Mädchen versteht nicht, wozu er die Kreide mitten in der Nacht braucht, beginnt aber zu suchen und findet schließlich in der Schublade des Küchentisches wirklich einen Rest Kreide. Inzwischen hat sich Edwin angezogen, steckt die Kreide hinters Ohr und saust nach Hause. Dort erwartet seine Frau Monika ihn mit der obligaten Frage: „Edwin, wo kommst jetzat her?"

Edwin beginnt seine Erzählung und schildert: „Ja, waast Monika, es hat sich so ergebn. Zuerscht war des offizielle Essn bei da Firma. Dort war aach des nette Madl. Mir sein dann noch zusammen a Kaffee trinkn gangan, un sie hat gsagt, der Kaffee is miserabel, weil sie aba ganz in da Näh wohnt, woll ma zu ihr gehn un dort a Kaffee trinkn. Nachher hab mir aa noch a Glaserl Wein getrunkn. Un wie des schun is, sein mir uns aach menschlich nähakumman."

Die Ehefrau hört geduldig zu und sagt dann erleichtert zu ihrem Mann: „Wenn Du nur nit so aufschneidn mechst, Edwin. Imma warst schon a Aufschneida. Freilich warst schun wiederum beim Kegeln beim Sonnenwirt auf da Dammgassn. Tu Trottel hast ja noch die Kreidn hinterm Ohr!"

In der Rasierstube

Hat, waren das noch Zeiten, als in der Umgebung des elterlichen Familienhauses in der Rudolfsgasse, im Stadtviertel Elisabethstadt, noch eine Reihe von Geschäften und Läden in Betrieb waren. An der Straßenecke war die Metzgerei – wir nannten es die Fleischbank – des Herrn Neuhaus, wo immer gute frische Fleisch- und Wurstwaren angeboten wurden. Oder in der Kreuzgasse der Laden – wir nannten es die Kreislerei – von Tante Gußnecker, sie hieß bei allen Kunden die „Gisinéni", in welchem es vom Zucker über Zwirn und Nadeln bis zum Petroleum alles zu kaufen gab. Weiter unten in unserer Gasse, der Rudolfsgasse, war der Bäckerladen des Bäckermeisters Lawatowits, wo bis auf die Straße die herrlichen Brotlaibe dufteten, während in der Parallelstraße, der Kronengasse – Königsgassenecke –, die Friseurstube des Rasiermeisters Neurohr lag.

Über der Ladentür hing an einem Trägerarm das typische Zeichen der Friseurinnung, eine blitzblanke runde Messingscheibe. In der Rasier- und Frisierstube waren zwei Drehstühle aufgestellt, vor jedem an der Wand ein Waschbecken, und an der Gegenüberwand standen sechs Stühle und ein kleines Tischchen mit Zeitungen und Zeitschriften für die wartenden Kunden. Der Kundenkreis bestand hauptsächlich aus Stammkunden aus diesem Teil der Elisabethstadt, und nur selten kam ein Kunde aus einem anderen Stadtteil in die Rasierstube zu Herrn Neurohr.

Eines Nachmittags, so gegen fünf Uhr, wurde die Tür aufgerissen im Laden. Ein Mann steckte seinen Kopf herein und sagte mehr zu sich selbst: „Eins, zwei, drei, vier! Ginstig!" Machte auf dem Absatz kehrt und verschwand so rasch, wie er gekommen war.

Die Kunden und auch Herr Neurohr schauten verwundert zur Tür. Rasiermeister Neurohr dachte in sich hinein: „Was war denn des jetzt fir a Varruckta?"

Nach zwei Tagen, Meister Neurohr schnitt gerade einem Kunden die Haare, ging um punkt fünf Uhr wieder die Türe auf, derselbe Mann von vorgestern steckte den Kopf herein und sagte mehr zu sich: „Eins, zwei, drei, vier, fünf! Sehr ginstig!" Er machte die Tür wieder zu und weg war er. Meister Neurohr zum Lehrling Roland Hofgärtner: „Roli, wann der Varruckte morgen aach kummt, gehst du ihm nach. Ich mecht wissen, was der will!"

Tatsächlich wurde auch nach drei Tagen pünktlich um fünf Uhr die Tür der Rasierstube aufgerissen, und mehr zu sich sagte der Mann: „Eins, zwei, drei, vier, fünf, sechs! Äißerst ginstig!" Die Tür fiel zu, und der Mann war verschwunden. Meister Neurohr zum Lehrling Hofgärtner: „Los, Roli, renn ihm nach!"

Der Lehrling schlüpfte aus seinem weißen Kittel und rannte dem Mann hinterher. Nach mehr als einer halben Stunde kam Roland zurück in die Rasierstube. Meister Neurohr fragte ganz aufgeregt und erwartungsvoll den Jungen: „Und, Roli, wer is der Mann un wohin is 'r gang'n?"

Lehrling Hofgärtner zu seinem Meister: „Hat, ich waaß nit wer 'r is, Herr Maasta! Erscht is 'r in die Blumanhandlung am Lahovaryplatz, dann is a mit an Blumabukee rauskumma un is nachdem ... ich waaß gar nit, ob ich Ihnan des sagn derf, Herr Maasta?"

„Na sag schun, Roli!"

„Hat, er is zu Ihna Frau, da Frau Maasterin, gang'n!"

Die Abmachung

Über das kleine Banater Bergdorf Weidenthal heult der Sturm, dichtes Schneetreiben umhüllt die Landschaft schon seit dem frühen Morgen. Kein Mensch ist bei diesem Wetter in die Kirche gekommen zur Sonntagsmesse. Sagt der Mesner Waninger:

„Heit brauch' i wohl goar nit läutn, 's kimmt ja doch keiner, bei dem Sauwetter."
„Nix da, Alois", antwortet der Pfarrer seinem Meßdiener. „Du wirst b'zahlt für 's Läuten, also wearst läutn."
„Gut, aba dann muß du aach predign, Hochwirdn."
„Abg'macht, Alois."
Also läutet der Mesner, und der Pfarrer hält seine Predigt von der Kanzel in die leere Kirche. Nach der Messe ist Mesner Waninger ganz gerührt: „Des woar aba b'sonders schenn heit, nuar mir drei ..."
„Wir drei?" wundert sich der Priester.
„Ja mei, du un i un dear liebe Gott."
„Ach ja, dear, an den hab' i goar nit g'dacht ..."

Die Visitation

Im Duden nachgeschlagen, findet man unter dem Begriff „Visitation": Kontrollbesuch einer Kirchengemeinde durch den zuständigen Vorgesetzten. Jemand erklärte den Begriff anhand folgenden Beispiels: „Den Besuch des Schwiegervaters nennt man Visite, der der Schwiegermutter heißt Visitation."

In der Pfarrei von Weißkirchen war die Visitation des Bischofs angesagt. Pfarrer Eduard Kindel hatte alle Vorbereitungen getroffen zum Empfang des hohen Würdenträgers. Man besucht die Kirche, sodann die Schule während einer Religionsstunde, die der Kaplan hält, und schließlich das Pfarrhaus.

Während der Besichtigung im Pfarrhaus kommt man auch in die Kellerräume, wo der hohe Würdenträger ein Regal mit vielen Weinflaschen erspäht, daneben einen größeren Berg aufgestapelter leerer Weinflaschen. Dieser Beweis, daß Pfarrer Kindel und sein Kaplan Noll mit einem gesunden Durst begnadet sind, gibt dem Bischof den Anlaß für die Bemerkung: „Hier liegen aber recht viele 'Leichen', Hochwürden Kindel!"

„Keine Sorge, Eure Eminenz", antwortet ehrwürdig der Pfarrer seinem Vorgesetzten, „keine der 'Leichen' ist ohne unseren geistlichen Beistand gestorben. Da können Eure Eminenz ganz beruhigt sein, wir sind immer unseren Pflichten nachgekommen!"

Heinrich Göttel
Pivnice – Kingsville

Heinrich Göttel wurde am 29. Mai 1930 in Pivnice (Batschka/Jugoslawien) geboren, wuchs dreisprachig auf, schwowisch, serbisch und slowakisch, kam aus der serbischen Volksschule ins deutsche Gymnasium in Neuwerbaß, flüchtete zu Beginn der vierten Klasse, zog über Wien und Innsbruck ins Lager Kematen, dann ins Lager Haiming, heiratete 1953, besuchte zwischen Flucht und Heirat die vierte Hauptschulklasse, eine Private Maturaschule und zwei Semester (Germanistik, Philosophie) auf der Innsbrucker Universität, arbeitete gelegentlich auf Baustellen, wanderte 1954 nach Kanada aus, war als Farmarbeiter beschäftigt, fand 1958 bei General Motors (Windsor) ständige Arbeit, kam vom Fließband über die Büroanstellung und den Industriellen Ingenieur in die Personalabteilung, wurde Umschulungskursleiter (Kommunikation), wo er bis zu seiner Pensionierung 1986 verblieb. Durch all die Jahre schrieb er Kurzgeschichten und Gedichte, von denen etwa ein Dutzend im „Neuland" (Salzburg) und im „Heimatboten" (Toronto) veröffentlicht wurden. Seit den 70er Jahren schrieb er vorwiegend in englischer Sprache, eine Kurzgeschichte erschien in der Universitätsanthologie „Wayzgoose" (Windsor 1990), und zwei Kurzgeschichten erschienen im englischen Teil der deutschen Zeitung „Germania" (Cleveland 1996). Seit einigen Jahren schreibt er wieder deutsch. Heinrich Göttel ist Feuilletonist bei der deutschen Zeitung „Das Echo" (Montreal), wo auch einige seiner Erzählungen erschienen sind. Er lebt mit seiner Frau in Kingsville/Ontario, im südlichsten Städtchen Kanadas.

Die toten Fledermäuse

Der alte Leporis war ein Mensch, der wußte, daß das Leben mehr war als Arbeit und Sorgen. Er wußte, daß das Leben auch Liebe, Freude und Schönheit war. Deshalb nannten ihn die Leute auch einen Narren, der nicht mehr im Kopfe hat als Dummheiten.

Eines Morgens galoppierten wir an seiner Schmiede vorbei und wirbelten dichten Staub auf. Wir waren gerade dabei, ein frisches Morgenbad in dem Grundloch hinter seiner Schmiede zu nehmen.

„Hej, kommt mal her!" rief er uns zu.

Wir gingen zu ihm. Er legte den Schmiedehammer weg, mit dem er so wundervolle Rhythmen auf dem Amboß zu schlagen wußte.

„Wollt ihr Geld verdienen?" fragte er.

Hier stinkt's nach Arbeit. Wir rümpften unsere Nasen und zogen die Hosen über den Nabel. Dann nahmen wir einen Satz und rannten die Straße hinunter.

„Hej, wartet ein bißchen! Ihr braucht nicht zu arbeiten!" rief er uns nach.

Unter diesem Gesichtspunkt waren wir einverstanden zu verhandeln.

Man denke nicht, daß wir faul waren, das waren wir durchaus nicht. Aber wir hatten nun seit einigen Tagen den festen Vorsatz gefaßt, an diesem Morgen ein Bad zu nehmen und waren nur bei Aussicht auf ein größeres, besseres Vergnügen geneigt, den Vorsatz zu verschieben.

Wir gingen langsam auf Leporis zu und bieben in sicherer Entfernung von ihm stehen.

„Wollt ihr euch einige Dinare verdienen?"

„Ja", sagten wir.

„Was sollen wir tun?" fragte ich.

Er zeigte auf die Büsche und Sträucher, die neben seiner Schmiede wuchsen.

„Seht ihr die Büsche?" fragte er.

Also doch Büsche herausreißen! Keine Arbeit nennt er das. Ich drehte mich um und wollte davonlaufen. Er ergriff mich am Hosenträger.

„Hast du es aber eilig", sagte er. „Paßt einmal auf. In diesen Büschen gibt es Fledermäuse." Wir stelzten auf die Büsche zu.

„Nicht jetzt, heute abend, wenn es dunkel wird", meinte Leporis.

Nun begann es interessant zu werden. Wir machten einen Kreis um Leporis, strichen uns die Haarstähnen aus den Augen und gafften ihn erwartungsvoll an. Fledermäuse und Eulen waren die mystischen Tiere aus den Sagen und Erzählungen unserer Großmütter. Sie trieben ihr Unwesen in der Nacht wie die Hexen und Teufel und brachten Unglück, wenn man sie fing oder totschlug. Insgeheim hatten wir alle eine Heidenangst vor diesen Vögeln und erwarteten nun eine grausame Geschichte, in der jemand todkrank wurde oder starb, weil er eine Fledermaus fing oder totschlug. Geheimnisvoll fuhr Leporis fort:

„Heute, wenn es dunkel wird, bringt ein jeder von euch eine Tüte mit."

Wir nickten mechanisch.

„Dann fangt ihr die Fledermäuse und tragt sie zum Juden."

Mischko schüttelte den Kopf.

„Doch", sagte Leporis, „doch, doch, der kauft Fledermäuse, ein Dinar das Stück."

„Wer eine Feldermaus fängt, der stirbt", sagte Mischko entschieden.

„Aah", stöhnte Leporis und winkte ab.

Von uns begleitet, trat er über die Schwelle der Schmiedetür und drehte sich um. Stumm zeigte er auf die drei gekreuzigten Fledermäuse, die, auf ein Brett genagelt, über der Türe hingen. Wir glaubten nur an das, was wir sahen. In diesem Augenblick wurde an der Grundfeste unseres primitiven Glaubens tüchtig gerüttelt. Erschrocken, mit weit aufgerissenen Augen ließen wir unsere Blicke von Leporis auf die Fledermäuse und wieder zu Leporis zurückgleiten.

„Hast du die – – getötet?" fragte ich ängstlich.

„Ja sicher, ich und meine zwei Söhne", sagte Leporis. „Wollt ihr meine zwei Söhne sehen?"

Wir nickten kaum merklich.

Leporis rief seine Söhne, und nach einer langen Weile kamen zwei verrußte Burschen zur hinteren Türe herein.

„Habt ihr die Fledermäuse getötet?" fragte Leporis seine Söhne.

Die Burschen schauten auf ihren Vater und dann auf uns. „Wir hielten die Mäuler offen und warteten auf etwas Großes. „Ja", sagten die Burschen. „Und ihr lebt noch?" fragte ihr Vater scherzhaft.

„Ja", sagten die Burschen und lachten.

Dies Gespräch der drei Geister erfüllte uns mit Angst und einer sonderbaren Neugierde. Das Ganze schien so unwirklich. Über der Türe hingen drei Fledermäuse, getötet von den drei Leporis, und diese drei Leporis standen hier und grinsten uns mit rußigen Gesichtern an. Da war etwas nicht in Ordnung.

Leporis entließ seine Söhne und ging hinaus auf die Straße. Wie hypnotisiert folgten wir ihm.

„Na, was ist, wollt ihr Geld verdienen?" fragte er.

„Nein", sagten wir kaum hörbar und gingen.

Leporis ließ uns gehen. Er wußte, daß er uns eine Laus in den Pelz gesetzt hatte und daß uns diese Fledermäuse jetzt keine Ruhe lassen würden. Wir verlebten diesen Tag untätig und nachdenklich.

Am Abend, als es dunkel zu werden begann, saßen wir auf dem Baumstamm in Leporis' Graben. Die Stunde war ernst, ja beinahe feierlich. Sie war erfüllt von Todesahnungen und seelischen Vorbereitungen auf die Sterbesakramente und dann wieder von völliger geistiger Zerissenheit und Angst. Aber keiner fehlte.

„Ihr wißt, daß die Sache ernst ist. Wer Angst hat, bleibt weg", sagte eine mutige Stime. „Leporis und seine zwei Söhne haben Fledermäuse – – getötet und sie leben noch immer."

„Ja, wer weiß", meldete sich ein siebenmal Kluger, „vielleicht sterben sie noch, sie müssen ja nicht gleich auf der Stelle tot sein. Sie können ja auch noch nach einem Jahr sterben." Ich wagte schüchtern zu fragen, ob er schon jemals gehört habe, daß einer starb, weil er eine Fledermaus tötete.

„Nein", gab er kleinlaut zu.

„Wenn man die Fledermaus nur fängt, dann wird man nur krank", sagte ich und behielt das Wörtchen „sehr" im Halse. „Wir müssen sie ja nicht töten, wir fangen sie nur."

„Ja, aber wenn man eine so fest drückt, daß sie stirbt?" fragte Mischko.

„Man drückt sie eben nicht", klärte ich ihn auf.

Einige hoben ihre Köpfe, und man konnte leicht erkennen, daß sie unter Umständen geneigt wären, in das große Wagnis einzuschlagen. Das bißchen Krankheit schien uns der Ehre wert, „Fledermausfänger" genannt zu werden. Ich zog meine Tüte hervor und legte sie auseinander. Desgleichen taten meine Freunde bis auf Mischko. Der meinte, er hätte keine Tüte daheim gefunden.

Stumm, in getreuer Einigkeit, gingen wir auf Leporis' Schmiede zu. Der Schmied empfing uns mit einem breiten Lächeln. „Na, doch Geld verdienen", stellte er fest.

Er legte den Hammer beiseite und führte uns zu den Büschen. Unsere Herzen klopften wie Dampfhämmer. Kalt und warm kroch uns die Angst an der Rückenhaut herauf und hinunter. Das Rascheln der Tüten hörte auf. Wir hatten all unsere Sinne – die wir ohnehin nicht mehr befehligten – auf das Kommende gerichtet und ergaben uns ganz unserem Schicksal. Zum Umkehren war es zu spät, und wir versuchten, über unseren Mut zu staunen, aber es ging nicht. Alles, was wir fühlten, war eine kalte Angst.

Leporis erleichterte es uns sehr. Er griff in die Büsche und holte eine Fledermaus nach der anderen heraus, ließ sie in unsere Tüten fallen und sagte zu jedem: „Schnell zuhalten, sonst fliegt sie fort."

Wir hielten unsere Tüten, als wären sie elektrische Drähte, von denen wir nicht mehr loskonnten.

„Nun geht zum Juden und holt euer Geld. Und paßt auf, wenn sie der Jude nicht nehmen will, dann reißt die Tüten auf und lauft davon."

Wie verscheuchte Hunde schlichen wir durch die dunklen Straßen und hielten die Tüten weit von uns weg. Wir waren überzeugt, daß dies alles im Jenseits geschah.

Im Geschäft des Juden war noch Licht. Der kleine Mann mit dem Papageiengesicht saß hinter dem Pult und beschrieb einen Zettel. Als wir eintraten, sah er über seine Gläser hinweg und musterte eine Weile unsere Tüten, die wir ihm hinhielten.

„Fledermäuse", sagte ich.

„Wo?" schrie der Jude verängstigt.

„Hier", sagte ich und streckte ihm die Tüte hin.

„Hinaus, hinaus!" brüllte der kleine Jude.

Wir taten, wie uns geheißen, und rissen unsere Tüten auf. Vor Schreck gelähmt, starrten wir auf das, was da herausfiel – – tote Fledermäuse. Dem kleinen Juden verschlug es den Atem. Mit Augen wie Spiegeleier und klappernden Knochen und Zähnen zog er sich am Pult entlang zur Hintertüre hinaus. Die Tüten entfielen unseren Händen. Zu Tode erschrocken rannten wir und rannten, ein jeder dorthin, wo er die größte Sicherheit zu finden hoffte, nach Hause.

Wasserholen

Die Tauben fliehn verscheucht vom Pferdewiehern,
Der Feldweg lodert, Garbenwagen schwanken;
Heiß brennen meine Füße in Opanken.
Noch hundert Schritt, dann will ich Wasser ziehen.

Noch hundert Schritt, und alle in der Hitze.
In Vaters Mahd sah ich den braunen Hasen.
Die Wachtel schwirrte fort, wie weggeblasen.
Der Krug ist leicht, ich spür die Henkelzitze.

Die Lerche, sieh, sie fällt nicht aus dem Blauen,
Wir beide halten an in unsrem Tun.
Der Wagen hält, die Pferde sollen ruhn.
Ich will jetzt in den kühlen Brunnen schauen.

Hör, hör wie's aus dem alten Eimer rinnt.
Durstschaum kaut das Gespann, hell klirrt die Trense.
Der Vater rastet, wetzt die blanke Sense.
Hier trank der Siedlerurahn schon als Kind.

Abend

Ein Hauch wie Libellenflug
Über den ockerfarbenen Teich.
Lange Maulbeerbaumschatten
Streifen den reifenden Weizen.

Vom schlummernden Maierhof
Trennt sich ein Ochsengespann.
Am brüchigen Brunnentrog
Trinken erschöpfte Kälber.

Der Abend träufelt Müdigkeit
In die stillen Waben des Hofes,
Und im dunkelnden Hotter
Bellen die Hunde den Mond an.

Abschied (1944)

Im Grünen sproß mir der Mund,
Im Blauen mir Auge und Ohr.
Ebene,
Die mir aus Maulbeerstrauch
Und heimlichen Teichen
Friedliche Stunden wob.

Durch meine Hände floß Leben.
Es kam mir die leidende Feier.

Sieh, meine Zeit ward gewoben
Ins Werg harter Tage
Zum Bleichtuch krümelnder Hoffnung,
Und über der schweren Fracht meiner Sinne
Schlugen die dunklen Schwingen
Der frühen Trennung.

Späte Reue

Die Fremde war
schwer mit dem Herbst beladen.
Ich folgte deinem Sarg
auf schmalen Pfaden.

Es brachen auf
die kalten Seelenwunden.
Ich hatte nicht
den Weg zu dir gefunden.

Tief übers Grab
sich Ahornbäume neigen,
und meine Reue
reicht bis an dein Schweigen.

Donau

Im Tal der jungen Weiden
Fliehn wir zum grünen Fluß.
In den Händen tragen wir Kiesel.

Wir reden von toten Steinen.
Die toten Steine sind Wörter
In unseren Manteltaschen.

Du sprichst die Metapher aus.
Ihr Inhalt ist schwer wie die Stille,
Die Stille des frühen Maitags.

Erst tauschen wir Kiesel, dann Steine
Und später die schlaffen Arme
Auf unseren runden Schultern.

Wir nennen das Land unsrer Herkunft,
Beschwören die Landschaft zu blühen,
Die Städte und Dörfer zu singen.

Wir streifen die Gräser am Ufer.
Die Kiesel entgleiten den Händen.
Wir sehen uns nicht in die Augen.

Wo der Fluß
In die Herzen mündet,
Stauen sich Wasser.

Venus

Frösche quaken
leis im Ginster,
um mich wird's
allmählich finster.

Will um tausend
Seelen freien,
die dir tausend
Stunden weihen.

Tief ergriffen
steh ich da,
alles Ferne
ist mir nah.

Alles Nahe
ist mir fern
deinetwegen,
Abendstern.

Jagd in Bisco

Ein Herbsttag,
sommerwarm.
Der See ruhig,
das Kanu still.

Mein Auge streift
grüne Tannengürtel.
Im Schattensaum
die Blockhütte,
dahinter die Birken
goldgelb.

Das Eisen,
geeicht für den
glatten Tod,
bleibt im
braunen
Futteral.

Am Huronsee

Wild tobt der See. Auf dem Rotahornhügel
Stehe ich schaudernd. Ach, hätte ich Flügel,
Den windgepeitschten blauen Adlerspuren
Flöge ich nach in Lichtspiralfiguren,
Um den besungnen Himmel zu durchgleiten,
Den Baldachin, den unermeßlich weiten.
Doch erdgebunden geb ich mich dem Traum
Und suche Schutz unter dem Ahornbaum.
Er zittert auch. Fürchtet er die Berührung
Der Menschenhand? Seh ich die Fällmarkierung?
Er war genug Holz für Einbaum und Mast,
Mit mir und meinem Fernweh nur als Last,
Die Segel voller Wind vermöchte ich,
Den kaum erspähbar bleichen Scheidestrich
Über den weißen Wellen zu durchdringen.
Da stößt der Wind, den Ahornbaum zu schwingen.
Urplötzlich
Erschrecke ich.
Wie klein ich bin, doch hoffnungslos vermessen.
Nie hat ein Mensch des Adlers Flug besessen.
Nie hat ein Mensch mit seinen schnellen, großen
Schiffen den Strich im Horizont durchstoßen.
Ich will ganz still sein und mein Zelt aufbauen
Und dann nur nach den weißen Wellen schauen.

French River

Nach Marschgras riecht
Der leichte Sommernordwind,
Der am Ufer mit dem Wasser spielt
Und Blasen schlägt,
Die bersten und versickern
Im groben Sand.

Ich sitze still.

Ein Hauch haftet
An meiner Wange,
Ein Tropfen hängt
An meiner Hand,
Ein Sandkorn klebt
An meinem Fuß.

Ich schweige tief.

Ich fühl mich ein
In diesen kühlen See
Zu Hecht und Barsch –
Manitou färbt die Fische
Grün und blau.
Ich hör mich ein
In diesen tiefen Wald
Zu Bär und Elch –
Manitou färbt die Tiere
Braun und grau.

Die Menschen rot.

Ich sitze still.
Ich schweige tief.

Reservat

Zwischen Krüppelföhren
Und Tamarisken
Hocken Teerpappenhütten.

Aus offenen Fenstern
Spähen leere Gesichter,
Urzeiten enträtselnd,
Hauchflüchtig geprägt
Auf Wasser und Wolke.

Im Wald ihrer Stirnen
Bröckeln Geweihe,
Im See ihrer Augen
Treiben gebleichte
Forellenskelette.

Sturmroter Abend

Der sturmrote Abend
Wirbt um die Hütte.

Im brackigen See
Treiben die Kähne
Mit zerrissenen Leinen.

Sie gleiten
Wie stumpfe Skalpelle
Über pralle Wunden.

Komm Nachtwalze,
Drück mir den Schlaf
Wie dunkles Gefieder
In die glühende Stirne.

Komm stilles Wort,
Beschütze mein Herz
Vor den bohrenden Krallen
Des Habichts: Traum.

Gedächtnisstützen

Mein humorvoller Enkel Walter ist ein ernsthafter Studiosus, trotzdem, sagt er, brauche er gelegentlich eine Selbstermahnung. Das Wort 'Dummkopf', auf einen Papierfetzen gekritzelt und an den Bettpfosten geklebt, genüge, ihn vom Faulenzerschläfchen abzuhalten und an den Computer zu treiben, um die verspätete Trimesterklausur fertigzuschreiben.

„Ich brauche zwar keine Selbstermahnungen", sage ich voller Ernst, denn ich will dem Gespräch eine andere Wendung geben. „Ich brauche aber Gedächtnisstützen, die mir helfen, liebe und teure Erinnerungen aus einer längst verschwundenen Zeit heraufzubeschwören."

Er schmunzelt und fragt: „Lebenserhaltende Heimaterinnerungen?"

„Ja", sage ich und bin versucht hinzuzufügen, daß meine lebenserhaltenden Heimaterinnerungen ein Gegenmittel für das Chaos der Gegenwart sind und daß ich diese friedlichen Erinnerungen nur hervorrufen kann, indem ich gewisse Gegenstände betrachte und berühre. Ich gebe ihm aber eine verkürzte Antwort. „Ich betrachte und berühre alte Werkzeuge, alte Spielsachen, alte Bekleidung."

„Hast du wirklich solche Sachen?" fragt er interessiert.

„Ja", sage ich.

„Kann ich die Werkzeuge sehen?"

„Ja, sicher", sage ich freudig überrascht.

Wir gehen in die Garage, wo ich ein schmierfettiges Bündel vom Regal nehme und es vorsichtig auf die Werkbank lege. Ich binde die Hanfschnur auf und breite das fettgetränkte alte Hemd auseinander. Vor uns liegt ein Ziehmesser und ein Handbohrer, ganz mit braunem Schmierfett bedeckt.

„Uralte Sachen", bemerkt Walter.

„Sie waren schon alt, als ich sie geschenkt bekam. Das war vor fünfzig Jahren, aber ich habe sie nie benützt."

Walters Augen folgen meinen Händen, die ich in eine bereitstehende Konservenbüchse mit Schmierfett eintauche. Dann beguckt er seine Hände. Unsere Hände haben die gleiche Form, sind lang und schmal mit spindeldürren Fingern – Bleistifthände, keine Werkzeughände.

„Warum so viel Schmierfett?" fragt Walter.

„Ich will sie noch lange aufbewahren", sage ich.

Er nickt nachdenklich, hebt sich auf die Werkbank, setzt sich mit untergeschlagenen Beinen aufrecht hin und sieht mir konzentriert zu, wie ich die Werkzeuge abgreife und untersuche. Ich betaste die Ziehmesserschneide.

„Vorsicht", warnt Walter.

„Ich habe die Schneide und den Bohrer stumpf gemacht", sage ich, „aber geschärft und fachmännisch gehandhabt, sind sie noch lange brauchbar."

Ich belege die Werkzeuge mit einer neuen, dicken Schicht Schmierfett. Sie brauchen es wirklich nicht, aber ich fasse sie gern an, hantiere gern an ihnen herum, dabei gehen meine Gedanken weit in die Vergangenheit zurück. Ich beginne zu erzählen.

Der Mann, dem diese Werkzeuge gehörten, war mein älterer Freund in meinen jüngeren Jahren. Er hieß Philipp. Jeden Samstagmittag schloß ich meine Apotheke ab und besuchte ihn in seiner Wagnerwerkstätte. Ich saß auf einem Hackklotz und beobachtete seine klobigen Hände, die mit *diesem* Ziehmesser eine dünne Radspeiche formten oder mit *diesem* Handbohrer ein einwandfreies Loch bohrten. Onkel Philipp – so nannte ich ihn – war ein Meister; eigentlich war er ein Künstler, obwohl er dies abgestritten hätte. Als die Anordnung zur Flucht kam, suchte ich ihn auf. Ich fand ihn in seiner Werkstätte bei der Arbeit. Ich bat ihn, mit uns zu fahren, auf dem Wagen unseres Nachbarn sei genug Platz für meine Familie und für ihn. Er lehnte ab; er sei zu alt für die Strapazen einer ungewissen Reise, auch sei er nicht imstande, sein Heim und die Gräber seiner Frau und seines Sohnes zu verlassen. Er bedankte sich für meine Freundschaft und reichte mir etwas, das in ein altes Arbeitshemd eingebunden war. Die Sachen im Hemd, meinte er, seien nicht viel wert, aber er hoffe, sie erinnerten mich an ihn und an die vielen Stunden, die wir miteinander in seiner Werkstatt verbracht haben. Er gab mir wortlos die Hand. Fünf Wochen nach unserem Abschied, so berichtete uns Jahre später unsere slowakische Nachbarin, kam er mit sieben anderen Schwaben unter unerklärlichen Umständen ums Leben.

Walter berührt das schmierige Hemd und die glitschige Hanfschnur.

„Sein Hemd, seine Schnur?" fragt er.

„Ja."

Er gleitet von der Werkbank herunter und reicht mir ein altes Handtuch. Ich lege das Handtuch auf die Werkbank mit der Bemerkung, ich hätte es mit dem Händereinigen nicht eilig, ja, daß ich es gewöhnlich recht lange hinausschiebe. Sobald das Bündel auf dem Regal liegt, beginne ich in der Garage auf und ab zu gehen. Dabei reibe ich meine schmierigen Hände aneinander. Eigentlich eine recht einfältige Beschäftigung, doch hilft sie mir beim Heraufbeschwören der alten Erinnerungen.

Walter scheint mich nicht zu hören. Er berührt die Werkzeuge, dann greift er mit beiden Händen nach dem Hemdzipfel. Er quetscht ihn zusammen. Zwischen seinen verkrampften Fingern quillt Schmierfett hervor. Sein fester Griff lockert sich. Er streicht das Hemd glatt und legt die Werkzeuge darauf, läßt sie aber nicht gleich aus den Händen. Mit einem tiefernsten Gesichtsausdruck steht er da. Ich frage mich: Ist er dabei, sein eigenes Ritual vorzubereiten, etwas, das ihm hilft, die Verbindung mit *unserer dunklen Vergangenheit* herzustellen?

Nach einer Weile beginnt er die Werkzeuge ins Hemd einzuwickeln. Er windet die Hanfschnur zweimal ums Bündel und macht eine Schleife. Er verrichtet alles mit einer Sorgfalt, die mich tief berührt. Sein Gesicht entspannt sich, als wäre er zu einem befriedigenden Entschluß gekommen. Er hebt das Bündel auf seinen Platz auf dem Regal, zwischen dem durchsichtigen Plastiksack mit alten Schuhen und Kleidern und dem Pappkasten mit altem Kinderspielzeug. Er dreht sich mir zu und reibt seine Handflächen aneinander.

„Das nächste Mal besehen wir uns die Sachen im Sack und im Karton", sagt er, „aber würdest du mir jetzt von deinem Freund, dem Wagner, und vom Leben in deinem Heimatdorf erzählen?"

„Ja", sage ich, kaum fähig, meiner Bewegtheit Herr zu werden.

Ich reiche ihm das trockene Ende vom Handtuch. Wir reiben unsere Hände gemeinsam ab und schweigen. Diese belanglose Tätigkeit läßt mich plötzlich erkennen, daß mein Enkel und ich nicht nur die zwei Generationen breite Kluft überwunden haben, sondern daß er auch für *unsere Vergangenheit* aufnahmebereit geworden ist. Ich werde meine Erzählung mit dem erfreulichen Teil vom Leben in meinem Heimatdorf beginnen, aber ich lasse es nicht dabei, ich werde ihm auch von unserer Enteignung, unserer Verfolgung und der Ermordung von Tausenden Donauschwaben erzählen, von Tatsachen, die er in keinem Geschichtsbuch vorfindet.

Nachbar

Im letzten der fünfundzwanzig Donauschwabenkalender, die ihm seine verstorbene Tante (die Schwester seiner Mutter) vererbte, fand Martin eine Postkarte, datiert vom 21. Juni 1990 und abgestempelt in P., seinem Heimatort in Jugoslawien, wo Slowaken, Serben und Schwaben bis 1944 in Eintracht miteinander lebten. Der Absender jammerte in slowakischer Mundart über seinen schlechten Gesundheitszustand. Er sei vor kurzem aus dem Krankenhaus nach Hause gekommen, und nun hofft er, bald zu genesen, „dank der Hilfe, die mir Katica, die gute Nachbarin, die jetzt in deinem Hause wohnt, gibt". Da er die blanke Seite mit traurigen Nachrichten ausgefüllt hatte, kritzelte er noch die herzlichsten Wünsche für Gesundheit und Gottes Segen unter die Adresse. Nach fünfzig Jahren Trennung verabschiedete sich der slowakische Mann mit den Worten „Tvoj suseda, Palo". Entfernung und Zeit, sinnierte Martin, konnten Palos Benachbartsein nicht beeinträchtigen.

Martin drehte die Karte um und betrachtete das Bild. Er erkannte das Krankenhaus, ein großes Barockgebäude, in dem auch er gepflegt worden war. Die lange unterdrückten Ereignisse drängten sich ihm auf und sie mahnten ihn auch an die vernachlässigten „nachbarlichen Verpflichtungen" den guten Menschen gegenüber, die ihm in jener Zeit geholfen hatten. Die Erinnerung überfiel ihn mit großer Lebendigkeit.

Es ist der 10. Oktober 1944, der Tag nach seinem dreizehnten Geburtstag. Er steht im überdachten Hausgang und beobachtet die drei Partisanen, die, mit Gewehren auf dem Rücken, Pistolen an den Gürteln und Peitschen in den Händen, durch das Gassentor in den Vorderhof eindringen. Er erkennt einen von ihnen, es ist der fünfte Nachbar, ein kleiner Serbe, dem Vater vor kurzem ein Ferkel verkauft hat. Er begrüßt die Männer auf serbisch mit „Dobro jutro", aber sie beachten ihn nicht. Plötzlich stehen seine Eltern neben ihm. Er hört drohende Stimmen, die seine Mutter mit „Swabska swina" und seinen Vater mit „Swabski ker" beschimpfen. Er hört, wie sein Vater den fünften Nachbar beruhigend mit „komsija" anspricht und er sieht, wie dieser kleine Mann seinem Vater mit dem kurzen Peitschenstock ins Gesicht schlägt. Mutters Aufschrei erschreckt ihn. Sie sackt zusammen. Er will ihr zu Hilfe eilen, da trifft ihn der Peitschenstock an der rechten Schläfe.

Er erwacht aus der Ohnmacht und spürt den hauchzarten Verband über seinen Augen und an seinen Gliedern. Er hört eine Tamburizza, eine Flöte und betrunkene Männerstimmen. Doch die wirbelnde Melodie und die Frivolität des Gesangs werden von einer freundlichen Frauenstimme übertönt, die hinter der verschlossenen Türe jemandem Auskunft gibt. Sie redet serbisch, sagt, da liegt ein sehr kranker Junge im Zimmer, der Junge darf aber keine Besucher haben, ja, er darf auf keinen Fall gestört werden, denn er hatte einen Unfall gehabt, er wurde von erschreckten Pferden über ein Maisstoppelfeld geschleift. Er hört die Tür leise quietschen und ins Schloß fallen. Eilige Schritte nähern sich seinem Bett, und er spürt Hände, die mit großer Zartheit den Verband über seinen Augen berühren.

„Wo bin ich?" fragt er auf serbisch.

„Im Krankenhaus", flüstert die Frauenstimme auf schwäbisch. „Bitte sei still. Du dürftest eigentlich nicht hier sein. Ich habe dich vom Wagen heruntergeholt und hierher gebracht."

„Wer bist du?" fragt er.

„Eine frühere Nachbarin deiner Mutter", flüstert sie. Die Musik bricht ab, die betrunkenen Männerstimmen verstummen. „Ich bin eine Krankenschwester, aber jetzt sei still, deiner und meiner Sicherheit wegen."

Er hört schlurfende Schritte, die sich von seinem Bett entfernen; er hört die Türe krächzen und ins Schloß fallen. Hoffnung steigt in ihm auf, trotz der schwierigen Lage, in der er sich befindet. Ein dumpfer Schmerz durchzieht seinen ganzen Körper, aber er fällt in einen unruhigen Schlaf und erwacht mit einem leichten Unwohlsein. Sein Bett wird über den glatten Boden geschoben. Die Krankenschwester flüstert, bittet ihn, still zu sein, sie ist dabei, ihn in ein anderes Zimmer zu bringen. Der Krankenhauslärm verebbt, und er hört die Schwester flüstern, der Raum, in den sie ihn bringt, sagt sie, ist sicherer. Im Raum hört er sie ein Fenster öffnen, nur einen Spalt weit, sagt sie und ermuntert ihn, tief zu atmen, denn die Luft draußen ist würzig, herbstlich. Es riecht nach Astern. Blumengeruch versetzt ihn immer in eine Welt voll friedlicher Tagträume, aber die Ansätze von friedlichen Tagträumen werden von vagen Erinnerungen an tiefe Trauer, an große Demütigung vertrieben.

Tagelang kommt die Schwester und füttert ihn, reinigt ihn, behandelt ihn mit großer Sorgfalt; sie spricht ermunternd von seiner baldigen Genesung, frischt sein Kopfkissen auf, streichelt seine Hand, sein Haar. An einem warmen Morgen eilt sie ins Zimmer, redet lauter als sonst, sagt, sie wird den Verband abnehmen. Ihre Lebendigkeit steckt ihn an. Er setzt sich auf, hält ihr seine Arme hin, ist behilflich beim Abwickeln. Die Wunden sind verheilt, sagt die Schwester, auch die Augen, aber die Lider sind verklebt. Sie wäscht die Lider mit warmfeuchter Watte und ermuntert ihn, seine Augen zu öffnen. Er sieht den hellen, quadratischen Umriß im grauen Laken vor dem Fenster. Ein Schatten fällt auf sein Gesicht, und dann erscheint ein rundes, freundliches Antlitz mit braunen Augen. Er hört sie sprechen, er sieht sie lächeln, sie nickt kaum merklich, als sei sie mit etwas zufrieden. Sie streichelt sein Haar, und plötzlich will er ihr für die gute Pflege danken, aber die Worte ersticken in seiner Ergriffenheit.

Die Schwester verläßt den Raum. Er sieht sich die sandfarbenen Wände an. Nie zuvor waren seine Augen so scharf, nie zuvor waren die blassen Farben so grell. Über dem Fenster bröckelt die Farbe ab. An der Zimmerdecke entdeckt er einen verwischten Schatten, ein spiralförmiges Basrelief. Das Krankenhaus war also eine Villa, hat wahrscheinlich einem österreichisch-ungarischen Adeligen gehört. Er schließt die Augen und träumt von Nebengebäuden, die viel schöner sind als die Häuser im Dorf. Aber er vermeidet es, an sein Haus und an seine Eltern zu denken.

Am siebten Tag, nach dem Frühstück, stürmt die Schwester in den Raum und wirft Bekleidung und zwei Krücken aufs Bett.

„Zieh dich an", flüstert sie erregt, „ein Mann wartet bei der Hintertüre, es ist mein Nachbar, du kennst ihn nicht, aber er weiß von dir. Es ist auch zu spät, dir alles zu erklären, aber es wird dir dort gut gehen."

Sie hilft ihm in die Kleider und gibt ihm einen flüchtigen Kuß auf die Stirne. Er will sie umarmen, aber er muß sich an den Krücken festhalten. Sie eilt mit ihm die düstere Treppe hinunter. Er will ihr wieder für die gute Pflege danken, aber sie dreht sich schnell ab und verschwindet im dunklen Gang. Der Mann öffnet die Doppeltüre, macht eine Kopfbewegung, die ihn auffordert zu folgen.

„Sollten wir von der Obrigkeit aufgehalten werden", sagt der Mann auf slowakisch, „ich bin dein Nachbar, und du wurdest von erschreckten Pferden über ein Maisstoppelfeld geschleift. Ich werde für dich reden."

Er will dem Mann danken, in dessen Gegenwart er sich geborgen fühlt, aber er nickt nur, schweigt und besteigt den Wagen. Die Pferdedecke auf dem Holzsitz ist angewärmt, wahrscheinlich lag sie auf einem der Pferderücken. Der Wagen bewegt sich auf eine Allee zu. Sein Blick fällt auf kniehohe, buschige Sträucher, auf brusthohe violettrote Blüten, auf dichtes Gewächs, das den Boden zwischen dem überwucherten Prachtgarten und der Pappelallee bedeckt. Er ist versucht, dem Mann zu gestehen, daß er das unbekannte Gewächs und die schützende Pappelallee liebt, die viel zu schnell an der Querstraße endet. Doch er schweigt und wirft einen verstohlenen Blick auf das Gesicht des Mannes. Es zeigt Ruhe, Gelassenheit. Martin hört ein melodiöses Summen; der Mann summt ein Kirchenlied. Der Himmel ist blau, die Luft ist würzig, es riecht nach herbstlicher Reife, ein befriedigender Geruch, den Kleidung und Haare annahmen und der an den Händen haftet. Gern beriecht er seine Hände. Wenn er der Mutter bei der Gartenarbeit hilft, riechen sie bitter, beim Kleeinsammeln riechen sie süß und beim Maislaubbinden faulig. Verstohlen riecht er an seiner Innenhand. Sie riecht nach Chlor. Er legt die Hand unauffällig auf die Pferdedecke. Sie fühlt sich warm und schuppig an, und er wirft einen Seitenblick auf ihre Webeknoten. Sie glänzen bräunlich. Er bewegt seine Handfläche über die glatten Knoten, auf und ab, hin und her. Er hat den summenden Mann vergessen, konzentriert sich ganz auf die kräftig arbeitenden Pferderücken. Er sieht Mischo, Vaters alten Knecht, eine braune Pferdedecke über Nonis schäumenden Rücken legen, denn Vaters Lieblingspferd, ein Arabisches Vollblut, ist wieder gerannt. Er sieht, wie die Decke Nonis Schweiß aufsaugt und wie Mischo die schweißgetränkte Decke über den Gartenzaun hängt, wo sie in der würzigen Herbstluft trocknet. Die braunen Webeknoten glänzen wie harter Lack. Er hebt seine Hand vors Gesicht. Sie riecht nach trockenem Schweiß.

„Sind meine Eltern gesund?" fragt er und ist von seiner Frage überrascht. Sie schlüpfte heraus.

„Sie sind nicht mehr", sagt der Mann.

War er erschüttert, traurig, als er diese Worte hörte? Er konnte sich nicht mehr erinnern. Woran er sich aber noch erinnern konnte, war, daß ihm der slowakische Mann auf Vaters Maierhof lächelnd vom Wagen herunterhalf, daß Onkel Milos und Tante Jelena, ein kinderloses serbisches Ehepaar, dieselben Worte brauchten, als sie ihn bei seiner Ankunft auf dem Maierhof begrüßten. Und sie erklärten ihm, daß sie eine Woche vor dem „schrecklichen Geschehnis" mit seinem Vater eine Vereinbarung eingegangen waren. Falls sich Vater zur Flucht entscheiden sollte, würden sie, als mittellose Serben, einfach den Maierhof beanspruchen und ihn später, nachdem sich „die Situation gebessert hat" und Vater zurückgekommen war, wieder zurückgeben. Aber weil seine Eltern „nicht mehr sind", sagte Onkel Milos, wollte er den Maierhof an Martin abtreten, „wenn die Zeit günstig ist". Doch blieb die Zeit ungünstig, und ein halbes Jahr später enteignete das neue Regime sämtlichen Besitz der Schwaben. Acht Monate nach seiner Ankunft, in einer warmen Juninacht, verließ Martin den Maierhof, ohne sich von Onkel Milos und Tante Jelena zu verabschieden.

Jetzt war er traurig und haderte mit sich. Er hatte sich nicht bemüht, mit Onkel Milos und Tante Jelena, die ihn liebevoll betreuten, in Verbindung zu treten. Auch hatte er es versäumt, sie nach dem Namen der Krankenschwester, die ihm das Leben rettete, zu fragen, und auch nach dem Namen des slowakischen Mannes, der sich seinetwegen in große Gefahr gebracht hatte. Warum unterließ er dies? Aus unbekümmerter, ja rücksichtsloser Jugendlichkeit? Weil er die schrecklichen Erlebnisse vergessen wollte? Er wußte es nicht. Was er wußte, war, daß er die umsorgende Nachbarlichkeit dieser Menschen mit Nachlässigkeit belohnt hatte und daß es jetzt zu spät, fünfzig Jahre zu spät war, um sich erkenntlich zu zeigen.

Stadtnacht

Mondsichel
Über den dunklen
Kästen der Stadt.

Im Weiherspiegel
Die flüchtige Umarmung
Zerbrochener Sterne.

Modergeruch
Erstarrt das Herz
In jäher Zerrüttung.

Endloser Heimgang.
Lichtballen fern im Geäst
Wandeln dem Morgen zu.

Karl Götz †
Neubolheim – Stuttgart

Karl Götz wurde am 11. März 1903 in Neubolheim bei Heidenheim als Sohn eines Schlossermeisters geboren. Er wuchs mit seiner verwitweten Mutter, die in der Fabrik ihr Brot verdiente, in Heidenheim zwischen Wäldern und Fabriken auf. Seit 1933 wirkte er als Lehrer in Stuttgart. Seinen Beruf, der ihm wichtigste Lebenserfüllung war, übte er bis zum 70. Lebensjahr aus. Seine Lehrtätigkeit wurde immer wieder unterbrochen durch große Reisen. Er lebte in den Millionenstädten Amerikas ebenso wie auf einsamen Farmen. Seine mit starker dichterischer Kraft geschriebenen erlebten Geschichten, für die er zweimal den Volksdeutschen Schrifttumspreis und dazu den Wilhelm-Raabe-Preis bekam, sind spannender, als man sie erfinden könnte. Das „Kinderschiff" wurde ein Lieblingsbuch der deutschen Leser. Es erreichte eine Auflage von 154 000 Exemplaren. Als Nachfolger Hans Reyhings gab Karl Götz in Zusammenarbeit mit dem Schwäbischen Albverein und dem Schwäbischen Heimatbund den „Schwäbischen Heimatkalender" heraus. Für den Süddeutschen Rundfunk schrieb er über 50 auswanderungsgeschichtliche Hörbilder. Für den Südwestfunk berichtete er in vielen Hörberichten von einer ausgedehnten Reise durch Kanada, die Vereinigten Staaten und Mexiko. Seine lebendigen, heiteren Aufnahmen aus dem Volksleben zwischen dem Hohenlohischen und dem Bodensee wurden gerne gehört. Das Erzählen kam bei diesem „Dichter der Ausgewanderten", bei diesem „Botengänger der Deutschen" immer vom lebendigen persönlichen Erzählen her. Die Humboldt-Gesellschaft hatte ihn in ihren akademischen Rat, die Deutsche Akademie für Bildung und Kultur zu ihrem Ehrenmitglied berufen. Er war Träger des Ehrenrings der Deutschen Literatur und des Dichtersteinschildes von Offenhausen, Österreich. 1973 wurde er mit dem Donauschwäbischen Kulturpreis und 1978 mit der Goldenen Verdienstmedaille des Landes Baden-Württemberg ausgezeichnet. Der Grazer Donauschwabe Prof. Dr. Anton Scherer nannte Karl Götz den „Dichter des schwäbischen und donauschwäbischen Weltvolks". Karl Götz starb am 9. Februar 1989 in Stuttgart.

Von Schwaben aus in die ganze Welt

Der heutige Wohlstand kommt nicht von ungefähr

Es gibt in allen südwestdeutschen Landstrichen, vor allem in der Pfalz und in Schwaben, kein Dorf und es gibt kaum eine alteingesessene Familie, woraus nicht Fäden in alle Welt hinausgingen. Ja, es gibt im Schwabenland Dörfer genug, aus denen mehr Auswanderer nachzuweisen sind als heute Menschen darin leben. Und mancher Ort hat nicht nur hinter dem Wald Weiler und Teilgemeinden, er reicht vielmehr bis in die fernsten Länder hinein, und es käme wohl ein Doppeltes und Dreifaches seiner Markung heraus, wenn man all das Land, das die Fortgezogenen und ihre Söhne und Enkel gebrochen und zu fruchtbarem Land gemacht haben, zusammenlegen könnte.

Der Volksmund, der ja viele Dinge viel besser weiß als die gelehrtesten Herren sie wissen, behauptet im Schwabenland, man brauche nirgendwo auf der Welt Angst zu haben, wenn man fremd sei, vorausgesetzt, daß man ein Schwabe sei. Man müsse dann nur auf einem belebten Platz laut und vernehmlich rufen: „Isch denn koi Böblinger do?", dann werde sich, wenn schon kein Böblinger, mindestens ein Sindelfinger melden. Der Volksmund behauptet in Schwaben sogar, nicht gerade Kolumbus sei ein Schwabe gewesen, aber er habe unter seiner Mannschaft einen Schwaben gehabt. Der habe anläßlich des freudigen Ereignisses der Entdeckung Amerikas Urlaub bekommen, er sei aber viel zu spät aufs Schiff zurückgekehrt, worauf Kolumbus ihn furchtbar zusammengeputzt habe. Unser Landsmann habe darauf treu und bieder gesagt: „Entschuldiget Se vielmols, Herr Kolumbus, aber i han do en Landsmann troffa."

Warum sind die Schwaben solche Weltwanderer geworden? Da hat vieles zusammengewirkt. Baden-Württemberg ist heute neben Nordrhein-Westfalen das wohlhabendste Land der Bundesrepublik. Es war aber, insonderheit Württemberg, noch vor ein paar hundert Jahren der ärmste Zipfel des deutschen Vaterlandes. Als die deutschen Fürsten anno 1495 auf dem Reichstag zu Worms vor dem Kaiser Rechenschaft geben mußten über ihre Länder und Völkerschaften und als sie „ihrer Länder Wert und Zahl" über alle Maßen rühmten, mußte Eberhard, der mit dem Barte, Württembergs geliebter Herr, sagen: „Ich habe ein geringer Land als Euer Liebden alle" (nach dem Protokoll), und nach Justinus Kerners Gedicht sagte er: „Mein Land hat kleine Städte, trägt nicht Berge silberschwer." Unsere Täler sind eng und wir haben nicht die reichen, fetten Kornböden. In unseren Bergschößen liegen nicht Gold und Silber, nicht einmal Eisen und Kohlen. So war immer viel Not im Land. Auch durch Kriegsnöte und Mißernten, durch den Zehnten, der oft genug viel mehr war als der Zehnte, durch Gemeindedienste und Wildschaden, durch Erbteilung, durch Arbeitslosigkeit und Inflation. Es war aber nicht nur die leibliche Not, die viele in die Fremde trieb. In einem Stamm, in dem sie schon immer den tiefsten Dingen des Lebens nachgegrübelt haben, suchten viele auch ihren eigenen Weg zu ihrem Herrgott, und wenn sie den gefunden zu haben glaubten, hielten sie ihn oft genug für den allein richtigen, und da blieb es dann nicht aus, daß sie mit der weltlichen und mit der geistlichen Obrigkeit ihren Kummer bekamen. So zogen viele in die Fremde, weil sie religiöse Freiheit suchten. Der Leineweber Johann Georg Rapp aus Iptingen bei Vaihingen zog mit seinen Rappisten nach Pennsylvanien, wo er religiöse Gemeinschaftssiedlungen gründete, von denen die Reisebücher des letzten Jahrhunderts voller Lob berichteten; so zogen nach der Napoleonzeit Tausende von „Separierten" bis zum Kaukasus, um einen Bergungsort zu suchen vor den erwarteten Gefahren der Endzeit, so zogen von der Mitte des letzten Jahrhunderts an jene schwäbischen Templer oder Jerusalemsfreunde als erste Europäer nach den Kreuzzügen ins Heilige Land, wo sie ihre Dörfer und Handwerkersiedlungen gründeten. Ihre Nachkommen leben heute in Australien.

Manche suchten auch die politische Freiheit nach dem Wort des größten Deutschamerikaners Karl Schurz, Innenminister unter Abraham Lincoln; daß das Vaterland dort sei, wo die Freiheit wohne. Und zu allem, was sie aus der Heimat drängte, kam, daß die Fremde mit tausend Stimmen lockte. Regierungen, Landeigentümer, Siedlungsgesellschaften und Auswandervereine riefen nach Kolonisten, Unternehmer nach billigen Arbeitskräften, Schiffahrtsgesellschaften nach Passagieren, Heimwehkranke nach Leidensgefährten, Einsame nach Nachbarn, Brüder und Schwestern, Vettern und Freunde schrieben ihre Briefe und einer zog den andern nach. Bei vielen werden aber einfach der Wunderfitz und die Naseweisheit, feiner gesagt das Fernweh, ihre Rolle gespielt haben.

In Eduard Mörikes „Stuttgarter Hutzelmännlein" steht der Sepp einmal auf der Bempflinger Höhe. „Da sah er die Alb", heißt es, als eine wundersame blaue Mauer ausgestreckt. Nicht anders hatte er sich immer die schönen blauen Glasberge gedacht, dahinter, wie man ihm als Kind gesagt, der Königin von Saba Schneckengärten liegen." Die Wundergärten der Welt und ihre Schätze haben manchen hinausgelockt. Heimkommen dann, die Wunderblumen in den Händen, tausend Erzählungen im Herzen und natürlich den Beutel voller Schätze – so hat es sich mancher gedacht. Die Wundergärten der Welt haben sich dann freilich oftmals als kahle Steppen oder Prärie, als unwegsamer Urwald oder als eine Wolkenkratzerstadt herausgestellt. Daß unsere Landsleute aber fertiggeworden sind mit Steppe und Prärie, mit Urwald und Wolkenkratzerstadt, und daß sie in all den Ländern, in die sie gezogen sind, ihren Mann gestellt haben als fleißige Pflüger, als tüchtige Handwerker, als ehrbare Kaufleute, als gründliche Gelehrte, als treue Bürger, das gehört zu den ergreifendsten Kapiteln in dem großen deutschen Weltwanderbuch.

Nach den Türkenkriegen holte man Bauern aus ganz Süddeutschland hinunter in das versumpfte und öde Land um Donau, Theiß und Marosch. Gewaltige Bayernzüge sind auf der Donau auf überfüllten Zillen und Ulmer Schachteln oder auf dem Landweg südostwärts gefahren, ins alte Ungarland. Unter unsäglichen Opfern schufen diese zu einem Neustamm verschmelzenden Bauern, die man heute gemeinhin die Donauschwaben nennt, in den Landschaften des Banats, der Batschka, der Baranya, in Syrmien und in der Schwäbischen Türkei ein gesegnetes Bauernland, aus dem ihre Nachkommen nach dem letzten Krieg geflohen oder vertrieben worden sind.

Es ist ein herbes Anfangen gewesen. Es hat geheißen: „Hier ist der Banat, wen er reut – 's ist zu spat. Wer nicht schaffen kann wie ein Gaul, fressen wie eine Sau, bellen wie ein Hund, der wird im Banat nit gesund." Dort ist auch der alte Kolonistenspruch aufgekommen: „Der erste hat den Tod, der zweite hat die Not, der dritte erst das Brot."

1919 verlor Ungarn durch den Friedensvertrag von Trianon zwei Drittel seines Gebiets und drei Viertel der ungarländischen Deutschstämmigen. Die ehemals fast zwei Millionen Nachkommen deutscher Einwanderer waren dann auf Jugoslawien (700 000), Rumänien (350 000 Banater und 45 000 Sathmarer Schwaben, 250 000 Siebenbürger „Sachsen") und Ungarn (500 000) aufgeteilt.

Als die russischen Herrscher Menschen suchten, die weiten Räume im Süden ihres Reiches zu besiedeln, schickten sie, vor allem der Zar Alexander I., der Sohn einer schwäbischen Mutter, einer württembergischen Prinzessin, ihre Sendboten wieder in die engen Täler und Dörfer Schwabens, und die schlugen ihre Manifeste an die Scheunentore, Manifeste, auf denen Land in Hülle und Fülle, Freiheit von allen Steuern und Lasten, religiöse Freiheit und Militärfreiheit versprochen war. Es ging wieder ein gewaltiges Auswandern los, und am Nordrand des Schwarzen Meeres, von Bessarabien bis in den Kaukasus hinein entstanden Hunderte von deutschen Dörfern. Allein die Ansiedler schwäbischer Herkunft haben ein Landgebiet von der halben Größe Württembergs unter den Pflug genommen.

Neben der Überlandwanderung her ging eine große Auswanderung übers Meer. Nach den vorhandenen sehr lückenhaften Unterlagen sind allein sieben bis acht Millionen Deutsche in die Vereinigten Staaten gegangen. In Brasilien hat man vor dem letzten Krieg rund 900 000 Deutschstämmige gezählt, eine der schönsten Siedlungen in dem „deutschen" Staat Rio Grande do Sul hieß Neu-Württemberg. In Argentinien war die größte Schwabensiedlung Monte Carlo in Misiones. In Chile siedelten sich Schwaben vor allem im Süden um den Llanquihuesee an, in Guatemala bauten oberschwäbische Pflanzer schon Ende des letzten Jahrhunderts Kaffee an.

Allein im Jahr 1757 gingen 6 000 Württemberger, 1759 22 000 Württemberger und Pfälzer nach Amerika. Das war ein gewaltiger Aderlaß, wenn man bedenkt, daß das alte Herzogtum Württemberg damals etwa 600 000 Einwohner hatte, so viel wie Stuttgart heute. In dem Jahrzehnt der großen

Massenauswanderung, zwischen 1851 und 1861, gingen 300 000 Württemberger nach Amerika. Oft wanderten sie in den neuen Schwabengebieten wieder weiter, von Kolonie zu Kolonie, von Bessarabien ans Asowsche Meer, von Bessarabien, Cherson und Taurien in die Dobrudscha, aber auch nach Sibirien und nach Turkestan und von 1870 an vor allem nach Nordamerika, wo Schwarzmeerschwaben in den Staaten Nord- und Süddakota eine der größten Weizenkammern der Welt geschaffen haben. Viele zogen auch nach Argentinien und nach Canada weiter.

Da sind nun Unzählige hinausgekommen, auf die wir stolz sein können: Konrad Weißer aus Großaspach bei Backnang hat als Freund der Indianer die großen Stämme im Unabhängigkeitskrieg neutral gehalten und damit den Grund zur amerikanischen Volksfreiheit legen helfen. Ludwig Werenwag aus Reutlingen hat Brücken und Kanäle gebaut, die man als Weltwunder bestaunt hat, Friedrich Schöllkopf aus Kirchheim hat als erster die gewaltigen Wasserkräfte der Niagarafälle ausgenutzt (mit Voith-Turbinen aus Heidenheim), Emanuel Leuze aus Schwäbisch Gmünd hat die besten Bilder aus der amerikanischen Geschichte gemalt (z. B. den Übergang Washingtons über den Delaware), Ottmar Mergenthaler, ein Lehrersohn aus Hachtel bei Mergentheim, hat in Amerika die Erfindung zu Ende gedacht und zu Ende gebracht, die er als Uhrmacherlehrling in Bietigheim angefangen hat, die Setzmaschine. Jakob Bausch aus Süßen im Filstal hat man den amerikanischen Zeiss genannt. Erwin Bätz aus Bietigheim ist der Leibarzt des Kaisers von Japan geworden, Johannes Rebmann aus Gerlingen hat den Kilimandscharo, Ludwig Krapf aus Derendingen den Kenia entdeckt. Sigmund Kölle aus Cleebronn hat ein Wörterbuch von 150 afrikanischen Sprachen geschaffen. Otto Übele aus Künzelsau hat in Brasilien eine der größten Kaffehandlungen der Welt gegründet. Der Schwabe Fein war der größte Schafhalter Rußlands und Begründer des Tierparadieses Askania Nova am unteren Dnjepr. Man könnte das fortsetzen ...

Bei dieser schwäbischen Verwobenheit in die ganze Welt hinein ist es nicht verwunderlich, daß schon im Jahr 1917 in Stuttgart ein deutsches Auslandsinstitut entstand, das sich vor allem der Erforschung der deutschen Auswanderung und der deutschen Leistung für die Welt widmete. Es ist heute ein wichtiges „Institut für Auslandsbeziehungen". Dem alten Deutschen Auslandsinstitut waren regionale Wanderungsforschungsstellen angegliedert (Schwaben im Ausland, Pfälzer, Niedersachsen im Ausland usw.). Ihre verdienstvolle Tätigkeit hat wie so vieles nach dem letzten Krieg aufgehört. Es ist ja heute auch schon fast vergessen, daß man Stuttgart einmal die „Stadt der Auslandsdeutschen" genannt hat. Jetzt will diese Herzstadt des Schwabenlands ihren alten, gewachsenen Lobnamen einer „Großstadt zwischen Wald und Reben" aufgeben.

Sie nennt sich dafür „Partner der Welt", was ja stimmt; nur könnten das weiß Gott wie viele andere Städte auch von sich sagen, sogar ein so kleines Städtchen wie Giengen an der Brenz an der bayerischen Grenze; denn es sind wohl nicht viele deutsche Erzeugnisse so weit in die Welt hinausgekommen als die Teddybären der Margarete Steiff!

Eine Brücke aus der alten in die neue Heimat ist in der Organisation „Schwaben International" entstanden, deren Flüge nach Nord- und Südamerika, nach Afrika und nach Australien bei Ausgewanderten zum Heimatbesuch so beliebt sind wie bei den Daheimgebliebenen zum Besuch von Kindern und Enkeln in der Fremde.

Man hat immer wieder behauptet, der schwäbische Lebenslauf heiße: schaffa, spara, Häusle baua, sterba. Man hat die Schwaben damit als besonders schaffig oder wuhlig, sparsam bis geizig charakterisieren wollen, und weithin meinen die Leute, diesem Volk sei sein heutiger Wohlstand sozusagen eben in den Schoß gefallen. Davon ist keine Rede. Das Schwabenland ist ein wunderschönes Land, mit seinem Ober- und Unterland, mit Schwarzwald, Alb, Allgäu und Bodensee und mit seinem fränkischen Nordzipfel, dem Hohenloher Land; aber dieses Land ist von Natur aus ein sehr karges Land, so daß seine Söhne und Töchter, wie an anderer Stelle nachzulesen ist, hunderttausendweise auswandern mußten, in alle Winde der Welt, wenn sie ihr Auskommen haben wollten. Und die Daheimgebliebenen mußten sehen, wie sie mit dem auskamen, was ihnen von Gott gegeben war: mit kräftigen Armen, fleißigen, geschickten Händen und mit einer sparsamen Rechenkunst.

In Schwaben und anderswo haben die Alten schon gewußt, daß man nicht nur dadurch zu etwas kommen kann, daß man viel einnimmt, sondern auch dadurch, daß man wenig ausgibt. Dieses Land verdankt seinen heutigen Wohlstand seiner früheren Armut. Es hat seine Kinder schaffen und sparen gelehrt seit alters. Das zeigen am besten die alten Sprichwörter und Redensarten: Spinna und spara goht über Reita und Fahra; Wer d' Zündholz net spart wie d' Scheit, kommt net weit; Mr muß spara, als ob mr ewig leba dät, und schaffa, als wenn mr jeden Tag sterba könnt; Ma muß da Geldbeutel net weiter uffdo als er ist; A Stück Brot im Sack (in der Hosentasche) ist besser als a Feder am Hut; Ma hat no nie gschnitta (geerntet), wo net gsät gwea ist; Wer net ge Mistsproita (Mistbreiten) goht, därf au net ge schneida; Mit em Alta ka mr 's Neu verhalta; Lieber am Obend koi Brot als am Morga Schulda; D' Schulda fresset äll Tag mit aus dr Schüssel; D' Schulda rostet net, ma beigt se jo oft gnuag um; Wenn d' Krippe leer ist, beißet sich d' Gäul; Wer bei dr Armut zfrieda ist, ist reich gnuag; Es ist gspässig, daß a leerer Beutel ärger druckt als a voller.

Es heißt aber auch: Sparsamkeit in allen Ehren, doch darf sie sich nicht in Geiz verkehren; A Geiziger ißt zwoimol an oim Oi (zweimal an einem Ei); Sagt eine besonders Sparsame – in Schwaben auch eine Neunmalgescheite genannt – zu ihrer Nachbarin: Laß mi meine Küchla in deim Schmalz bacha, no därfst du dei Fleisch in meim Kraut kocha.

Die Brücke der Herzen

Eine Geschichte von Flüchtlingen und Einheimischen

Wenn man sich eine Geschichte so vorstellt, daß die Dinge von einer ernsten oder von einer verworrenen Lage zu einem klaren und, wenn es irgendwie geht, zu einem glücklichen Ende kommen, dann ist das, was hier mitgeteilt wird, eine Geschichte, wenngleich hier nichts erfunden ist, wenngleich es sich hier nur um ein paar schlichte Briefe handelt, die ein einfacher Bauer in der herben Not seines jetzigen Lebens geschrieben hat. So hat auch der Unterzeichner dieser Mitteilungen lediglich das Verdienst an ihnen, daß er dem Briefschreiber seit vielen Jahren die Freundschaft gehalten hat. Aus dieser allein erklärt sich, daß ein sonst schweigsamer und schwerblütiger Mann Dinge mitteilt, über die zu reden ihm eigentlich jederzeit als schwatzhaft und unnütz vorgekommen wäre. Freilich, fast alle der Mitteilungen sind dem Schreiber nur durch drängende und wiederholte Anfragen in den Briefen entlockt worden, auf die seine Briefe wieder die Antwort darstellten.

Es ist noch zu sagen, daß der Briefschreiber einstens ein Bauer im rumänischen Teil des Banats gewesen ist, in jener Landschaft um die großen Flüsse Donau, Theiß und Marosch, die einmal zum alten Ungarland gehört hat. Dorthin sind seine Vorfahren vor mehr als 200 Jahren gezogen, damals als der Prinz Eugen von Savoyen mit den Türken Herr geworden war. Dort haben sie mit viel Tausend anderen Ackerbauern aus einem bösen Sumpfland einen Garten Gottes gemacht. In diesem Lande stand sein Hof, nicht weit von der Stadt Temeschburg, in einem weitläufigen Dorf mit ein paar hundert anderen schwäbischen Höfen. Dort stand sein langes, niedriges Haus mit den stillen Stuben, worin auf den Betten die Federdecken und Kissen bis fast an die Decke hochgebeugt lagen, und mit der großen Küche, in der es von blankem Geschirr funkelte, und worin auf dem großen Herd die habhaften Banater Mahlzeiten gekocht wurden. Über dem Hof stand die Scheune, und im Winkel zu ihr und dem Haus stand der Stall, in dem es auf ein Stück Vieh hin oder her nicht ankam. Die Schweine und die Hühner zählten schon, aber man zählte sie nicht. Wie man auch die Menge des Weines im Keller nur grob überschlug. Gegen den Hof hin war das Dach des Hauses noch über einen luftigen Bogengang gezogen. Auf der Mauer zwischen den Säulen standen weiß Gott wieviel Blumenstöcke, über die die Frauen mit ihren weißen Kopftüchern sich oftmals am Tage beugten. Auf diesem Gange war der Übermittler dieser Briefe manchmal mit deren Schreiber und den Seinigen an warmen Sommerabenden gesessen, nach einem in ruhigem Gleichmaß getanen harten Tagwerk auf den Feldern oder in den Weingärten, die sich hinter dem Dorfplatz weit in das ebene, sonnüberglühte, bienenübersummte Land hineinzogen. Das ist zwar noch nicht sehr lange her, und doch scheint es, als wäre es in einer längst vergangenen, alten

Zeit gewesen, in der man meinte, das Schlimmste, was geschehen könne, sei, daß der Tod das eine oder das andere abrufe, daß Feuer ausbreche oder daß das Unwetter über die Felder komme. Ach, was für ganz andere Nöte sind indessen über Menschen und Länder gekommen! Der Tod hat gleich hundert, tausend und hunderttausend mitgenommen! Aber nicht im Frieden der stillen Kammern. Sie sind erschlagen und zu Tode gequält worden. Und sie sind verhungert und verdurstet und erfroren. Es sind ganze Dörfer und Landstriche in Flammen aufgegangen. Und die Menschen ganzer Dörfer und Landstriche haben wie Bettler ins Elend gehen müssen, fort, man hat sie fortgetrieben, wie es niemals zuvor vernommen worden ist, Frauen und Kinder, Alte und Kranke. Und auf Feldern und in Weingärten wächst jetzt das Unkraut, mannshoch, soweit das Auge sieht.

Ein Teil von denen, die nicht im Elend dieser Zeit umgekommen sind, lebt nun in den winkeligen Häusern der engen Dörfer unseres engen Landes, entwurzelt und heimatlos und hin- und hergezogen von Heimweh und unklaren Hoffnungen. Auch der Briefschreiber lebt in einem solchen Dorfe Schwabens. Doch alles weitere möge er nun selber sagen. Hier sind seine Briefe, aus denen die unwichtigen Stellen weggelassen worden sind.

Liebwerter Freund! Ja, es ist alles ganz anders geworden. Ich bin kein Bauer mehr und keiner von den mittleren Wirten des Dorfes. Ich bin ein Tagelöhner geworden. Ich habe keinen Hof mehr, kein Haus und keinen Stall, keine Scheune und keinen Keller mehr. Und ich habe keine Rosse mehr und kein Vieh, nicht einmal ein Schweinchen oder ein paar Hühner. Ich habe auch keine hohen, blanken Stiefel, auch keine ordentliche, sonntagsmäßige, schwarze Montur mehr. Denn wir haben aus unserer Heimat fort müssen in der Nacht wie die Diebe. Wir haben alles stehen und liegen lassen müssen, was nicht in einen Sack ging, den ein Mann auf dem Rücken tragen kann, wenn er noch auf eine alte Mutter acht haben muß und auf eine schwache, verzweifelte Frau, die das Reden aufgegeben hat, so daß man glauben muß, sie sei von Sinnen gekommen, und auf die Töchter und ihre kleinen Kinder. Aber das wisset Ihr ja alles. Wir haben nicht bleiben können, denn wir haben gedacht, daß wir ansonsten gequält und erschlagen oder dorthin geschleppt würden, von woher nie mehr einer wiederkommt. Und wir haben Furcht gehabt, daß die Frauen und Mädchen das Böseste sollten leiden müssen, was man Frauen antun kann. Denn im Kriege werden oft auch redliche Menschen wie wilde Tiere, man weiß ja auch nicht, was ihnen alles widerfahren ist, was sie entbehrt und gelitten haben. Wer will ein Richter sein über den wilden Zorn und über die Rache der Menschen? Aber man weiß ja, daß Zorn und Rache oftmals die Unschuldigen treffen. Man hat jetzt vielerlei gehört von denen, die haben zurückbleiben müssen. Man hat gehört, daß man sie unter freiem Himmel zusammengepfercht hat und in einer fürchterlichen Art mit ihnen verfahren ist.

Ihr kennet ja unsere Dörfer und unsere Fluren. Und Ihr kennet uns und wisset, wie wir es gehalten haben. Wir haben das Land gebaut, und wir sind der Obrigkeit gehorsam gewesen. Von Deutschland haben wir nicht viel gewußt, nur, daß die Alten einmal von dorther gekommen sind. Der Krieg ist über uns gekommen, daß wir es kaum bemerkt haben. Wir haben uns nicht denken können, daß er uns etwas angehen, und daß er etwas von uns wollen soll. Und wir sind still und ängstlich gewesen. Dann ist er wie ein gewaltiger Sturm geworden, mit Brausen und Feuer und Regenströmen, so daß man nicht mehr richtig zur Besinnung hat kommen können. Man ist so verwirrt gewesen in seinem Sinn, als solle die Welt mit einem untergehen. Man hat sich nicht einmal mehr zu beten getraut. Es ist alles zu arg gewesen.

Ihr habet sicher mancherlei gehört von unserem Elend. Wie Alte und Kranke und vielmals auch die kleinen Kinder umgekommen sind unterwegs, und wie wir ihnen nicht einmal haben Gräber schaufeln können. Ach, Ihr habt sicher von alle dem etwas gehört. Man kann es nicht beschreiben und man sollte vielleicht auch von alledem nicht mehr sagen. Man sollte sein Gesicht in Scham in die Hände verbergen, weil Menschen all dies getan haben, und wir doch auch alle Menschen sind. Man sollte nichts mehr sagen, denn es möchte sonst der Zorn und die Rache in uns aufsteigen wollen. Und Zorn und Rache sollten wir Gott anheimstellen.

Jetzt bin ich bei einem Bauern in einem engen, kleinen Dorf im Haus, in einer schmalen Kammer, um Gnad und Barmherzigkeit. Die Leute sind gut zu uns, wir können nicht klagen. Und sie sind redlich und ohne Maßen fleißig. Aber es ist schwer für sie und für uns. Das Arbeiten ist hier ein ganz anderes wie daheim im Banat. Es ist alles enger und ärmer und genauer. Und in vielem finde ich mich mit meinem alten Kopf und meinen langsamen Händen nicht mehr zurecht. Und meine Frau sitzt oft lang und sinniert und ist mit ihren Gedanken in ihrer großen Küche zwischen den vielen Pfannen und den vollen Eimern und Töpfen. Und manchmal läßt sie ein unbedachtes Wort fallen, das die Wirtsleute vielleicht falsch deuten. Sie mögen oft von uns denken, wir seien langsam und es gehe uns die Luft zur Arbeit ab. Da unsere Wirtsleute immer ernst sind in ihren Gesichtern, und karg mit Worten und, wenn sie reden, manchmal rauh und hart, der Mann war auch einmal sehr heftig zu mir, so wird man verstehen, wenn es uns manchmal vorkommt, als ob wir ihnen eine unnütze Last wären. Und dann kommen einem auch bisweilen unrechte Gedanken und es will der Neid aufsteigen, warum wir alles haben verlieren müssen und sie haben alles behalten dürfen und ob wir schlechter seien als sie, weil wir so gezüchtigt werden, oder ob wir ärger schuld sein sollen an all dem Jammer als sie. Ei, wie sind mir daheim die Gedanken schnell im Kopf gegangen, wenn ich gedacht habe, wie die Arbeit einzuteilen sei, und wie haben die Hände zugefaßt! Und es ist mir nicht leicht ein Sack oder ein Faß zu schwer gewesen. Jetzt aber gehen die Gedanken langsam und sie gehen allzeit im Kreise herum, und die Arme hängen mir müde am Leibe. Was ist aber auch ein Bauer ohne einen Hof? So schlafe ich schwer ein, und ich meine manchmal, ich bekäme keine Luft mehr. Und wenn ich horche, höre ich, daß es der Frau nicht anders geht. Wisset Ihr, ich glaube, dies ist etwas, von was ich wohl habe sagen hören, was ich mir aber nie habe ausdenken können. Ich glaube, dies ist das Heimweh.

Mit unseren Kindern und Tochtermännern sind wir ganz auseinandergekommen. Von der Ältesten und ihrem Mann und den Kindern wissen wir nichts, auch nicht von dem jüngsten Sohn. Er wird wohl umgekommen sein, denn man hat ihn eingezogen gehabt. Die zweite ist mit ihrem Manne in einem nahen Dorf. Der Mann hat in einer Fabrik Arbeit gefunden, und ihre drei Kinder sind gesund. Der andere Sohn ist hier im Dorf. Er war daheim ein guter Sohn, und er war auch fleißig. Jetzt aber ist sein Dienstherr voller Klagen über ihn. So ist er uns eine große Sorge geworden. Auch Maria, die jüngste Tochter, ist hier im Dorfe. Sie steht in der Mühle im Dienst, und sie ist uns ein Trost, wenn sie auch nicht mehr so leicht dahinsingt wie daheim. Der alte Müller ist ein rauher Mann, und die Frau ist verschlossen und unfreundlich zu ihr, und sie hat es schwer. Wir wollten ihretwegen schon aus diesem Dorfe wegziehen, aber sie will um keinen Preis aus der Mühle fort, und wenn davon die Rede ist, bekommt sie feuchte Augen. Dies ist seltsam, und wir fragen uns oftmals, was dies sei ...

Seit meinem letzten Briefe ist ein ganzes Jahr hingegangen. Aber was hätte ich auch schreiben sollen? Es ist ja noch fast alles, wie es vor einem Jahre war. Ich bin noch am selben Platz und auch im selben Hause. Unsere Wirtsleute sind gut wie damals und redlich und schweigsam und manchmal rauh, und wir tun, was wir können, aber wir sind oft verdrossen und voll bitterer Gedanken. Und oft will die Arbeit nicht von der Hand gehen. So leben wir miteinander hin, aber froh sind wir nicht. Von unseren Kindern wissen wir nicht mehr wie das, was ich Euch seinerzeit geschrieben habe. Mit dem Sohn hier im Dorf ist es eine Not. Er hat keine Lust zur Arbeit bei seinem Wirte. Und er ist mit noch ein paar Burschen auf keinem guten Wege. Da gibt es Verdruß und viel harte Worte gegen uns alle. Daheim hatte er die Weinberge unter sich, und er setzte da seinen ganzen Stolz hinein. Jetzt ist alles anders. Er hat nichts, auf was er stolz sein könnte. Er paßt nicht zum Knecht. Ich weiß nicht, wie dies noch werden soll. Die Maria tut ihren harten Dienst ohne zu klagen. Der Müller ist kein unrechter Mann, aber er sagt oftmals etwas im Zorn. Als ihm unlängst einer unserer Burschen mitten in der großen Arbeit weglief, wünschte er uns alle dahin, woher wir gekommen seien. Und er meinte im zornigen Unverstand, es habe uns doch kein Mensch hergerufen. An dem Abend weinte das Mädchen bei uns in der Kammer bitterlich.

Und das bringt mich dahin, anstatt von mir und meinen Leuten, von uns allen, die wir fremd sind im alten Land unserer Väter, ein Wort zu sagen. Denn es ängstigt mich sehr, wie alles mit uns werden soll. Es ist ein merkwürdiges Ding mit uns und mit den Eingesessenen. Je enger man aufeinander sitzt, um so weiter kommt man auseinander. Man reibt sich zuerst aneinander, das ist kein Wunder, denn es war für uns und für sie kein leichtes Ding, so über Nacht zusammengespannt zu werden. Wir sind ein ungleiches Gespann. Wir sind zu lang in der Fremde gewesen, und diese Fremde war ein ganz anderes Land. Und es hat uns in vielem anders gemacht. Und wenn man sich einmal aneinander reibt, dann geht das leicht so weiter. Zuerst ist's nur der Ärger, dann kommen die bösen Worte, und dann trotzt man und schweigt und schließlich wird aus einer unwichtigen Sache eine bitterböse Feindschaft. Es ist mir manchmal, als wäre ein breites Wasser zwischen uns und den Leuten des Dorfes, und als ginge keine Brücke mehr über dieses Wasser hinüber. Wenn aber keine Brücke mehr ist, werden wir immer weiter auseinanderkommen, wir und sie. Und das darf nicht sein, denn wir müssen miteinander geschirren, so oder so.

Es sind hüben und drüben Leute, die die Brücken gern möchten. Da sind die Einsichtigen bei uns, die wissen, daß es jetzt anders ist, und daß wir die Bitternis auf uns nehmen müssen, und daß wir uns in vieles schicken müssen und daß wir auf unsere alten Tage ein ganz neues und sehr armes Leben anfangen müssen. Und da sind die Einsichtigen im Dorf, die sich sagen, daß es eben auch für sie nun ganz anders geworden ist, und daß sie unseren Jammer mit auf ihren Buckel nehmen müssen.

Aber es sind hüben und drüben auch andere. Da sitzen die Unseren zusammen und machen sich Hoffnungen, als ob sie wieder heimreisen könnten in unsere Dörfer und auf unsere Höfe, was ja freilich sein müßte, wenn es in der Welt nach Recht und Gerechtigkeit ginge. Ach, wir alle denken ja daran herum. Aber etlichen unter uns geht es wie den frommen Leuten, die vor langer Zeit einmal alle Arbeit haben liegen lassen, weil sie meinten, das tausendjährige Reich stehe vor der Tür. Wobei ihnen ihre Lehrer doch gepredigt haben, sie sollen leben miteinander, als käme es am nächsten Tage, aber ackern und säen sollten sie, als stünde es noch ein ganzes Menschenleben an. Andere unter uns träumen vom Auswandern, und es ist begreiflich, daß sie es mit der Arbeit hier nicht mehr so wichtig nehmen, wenn sie sich mit einem Fuß schon in einem neuen, fernen Lande über dem Meer stehen sehen. Und wieder andere sind in ihrem Glauben an Gott und den Menschen irre geworden. Und sie sagen: Lasset uns essen und trinken, denn – wer weiß – morgen sind wir tot. Und dies alles macht es den Einheimischen, die brüderlich mit uns leben und tragen wollen, schwer, denn die Harten und die Eigensüchtigen deuten mit Fingern und sagen: Sehet ihr's! Sehet ihr sie!

Und so bin ich heute bekümmert, denn ich sehe keine Brücken mehr ...

Eure Briefe waren mir und den Meinen und manchen anderen hier ein starker Trost. Ich will mich heute beeilen, zu schreiben, obwohl noch keine lange Zeit seit meinem letzten Brief vergangen ist, in dem ich Klage führte, weil ich keine Brücken mehr sah. Aber heute, liebwerter Freund, kann ich gottlob anders sagen! Es sind Brücken! Es kann alles recht werden.

Ich muß aufpassen, daß mir heute nicht alles durcheinander gerät, denn mir ist das Herz sehr voll. Ich will mir aber Mühe geben, damit ich alles in der rechten Ordnung aufführe.

Ich schrieb Euch schon einmal von dem Lehrer in unserem Dorf, der, wenn die meiste Bauernarbeit getan ist, die Leute zu mancherlei Belehrung und Freude zusammenruft. Das hat er jetzt wieder getan. Und an dem Abend, an dem dies geschehen ist, ist nicht nur eine Brücke gebaut worden. Es war wie ein Wunder, und ich bin wie in einem Traum gewesen, und ich habe an diesem Abend zum ersten Mal wieder gemeint, als ich auf der Straße ging, ich ginge heim ...

Der fleißige Mann hat aus alten Büchern und Schriften ausgeforscht, wie das mit unseren Ahnen war, wann sie fortgezogen sind und warum, und was sie alles durchgemacht haben. Er hat dann auch von all den anderen erzählt, die in den verschiedenen Zeiten in vielerlei andere Länder gegangen sind. Und er hat dann aufgezeigt, wie viele aus dem eigenen Dorf in die Fremde gewandert sind. Man hat nur zu staunen gehabt, woher er all dies hat erforschen können. Einmal hat er ausgerufen: Leute, es hätte ja ebensogut sein können, daß eure Urgroßväter fortgezogen wären aus unserem engen, armen Land und Platz gemacht hätten für die anderen, fortgezogen ins Ungarland hinein oder zu der Kaiserin Katharina nach Rußland! Dann wäret ihr die Nachfahren und man hätte euch aus jenen Ländern verwiesen oder verjagt, und ihr wäret heute die Flüchtlinge. Und wenn ihr jetzt ungläubig die Köpfe schüttelt, so höret die Geschichte des alten Kaspar Lang, des Vorfahren unseres Müllers. Dieser Müller, so erzählte er nun, war bei einer Auswandererharmonie gewesen, die zum heiligen Berge Ararat ziehen wollte. Die Leute, die sich brüderlich zugetan waren, zogen auch fort. Der aber, von dem die Rede ist, mußte einer schweren Krankheit wegen dahinten bleiben, obwohl er seine Mühle schon verkauft hatte. Er hat sie wieder zurückkaufen können. Dies alles sei aus alten Papieren erwiesen. In solchen Papieren sei auch aufgezeichnet, daß der Vorfahr des Oberbauern – dies ist mein Wirt, bei dem ich zu Hause bin – von einem Auswanderer dessen Acker zu den seinen dazugekauft habe, wodurch sein Hof auf das doppelte Landmaß gekommen sei ...

Bei all diesen Erzählungen hätte man eine Nadel fallen hören. Dann brachte der Lehrer weiterhin vor, was er in Büchern über unsere verlassene Heimat nachgelesen hatte. Er sprach, als wäre er einer der Unseren. Und alles, was er erzählte, war so wahr und schön, wie es keiner von uns hätte wahrhaftiger und schöner erzählen können. Mir trat der Schweiß auf die Stirn, so froh war ich. Es war, als ob auf einmal alle ganz nah zusammenrückten, und als ob die Leute aus dem Dorf freundlich zu uns sagten: So, nun wissen wir doch alles, wie das mit euch ist. Es waren auf einmal viele Brücken da.

Der Lehrer sagte dann bescheiden, er könne natürlich manches nicht so richtig wissen, und er habe vielleicht einiges falsch gesagt und undeutlich, und da wäre es schön, wenn einer von uns weitererzählen möchte.

Ich weiß nicht, wie es da über mich gekommen ist. Ich habe aufstehen müssen und vor die Leute treten, und ich habe angefangen und obwohl ich zuerst gezittert habe am ganzen Leib, bin ich doch ruhig geworden und habe erzählt, wie es bei uns zu Hause war. Und dann fragte ich, wenn sie all dies bedächten, möchten sie uns vielleicht leichter begreifen und in manchem nicht so hart urteilen über uns. Aber an dieser Stelle hat es angefangen, mir vor den Augen zu flimmern, und es haben mir die Tränen kommen wollen. Man hat doch so vieles mitgemacht. Ich habe da auch meine Gedanken nicht mehr recht zusammengebracht, und ich habe, das war gewiß dumm, aber was sagt man nicht, wenn es so über einen kommt, da habe ich gesagt, daß sie mir vielleicht nicht alles glaubten, und daß sie dächten, ich erzähle Geschichten. Dann bin ich an meinen Platz gegangen. Und da geschah etwas sehr Aufregendes. Es ging die Tür aus dem Nebenraum auf, und es kam da ein Mann heraus, langsam und aufrecht, und der alte Müller schrie auf, und der ganze Saal voller Leute stand auf und sah mit Rührung, wie da der Sohn vor dem Vater stand nach vielen Jahren. Denn der Sohn war an diesem Abend aus der Gefangenschaft in Rußland heimgekommen. Er hatte es ohne Aufsehen und ohne Ankündigung tun wollen, denn er wollte nicht, daß seinetwegen Umstände gemacht würden. Er hatte das Licht im Gasthaussaal gesehen, und er hatte seinen alten Lehrer sprechen hören. Da hatte er sich denn still in das dunkle Nebenzimmer gesetzt, wo er hatte jedes Wort hören können. Und nun kam er aufrecht auf mich zu und faßte mich an der Hand und sagte: Kennet Ihr mich noch?

Mir war es noch verschwommen vor den Augen. Aber dieses Gesicht erkannte ich auch jetzt gleich wieder. Dieser Mann war als Soldat eine Zeitlang auf meinem Hofe im Banat im Quartier gewesen. Er klopfte mir auf die Schulter, und dann ging er nach vorne und sagte vor allen Leuten, daß ich keine Geschichten erzählt hätte, daß vielmehr alles so sei. Und dann erzählte er, wie sie in unserem Dorfe aufgenommen und gehalten worden seien. Dabei wurde ich über die Maßen verlegen, denn er lobte uns viel zu sehr. Und dann erzählte er, wie erschöpft und krank er zu uns gekommen und von meiner Frau und Maria, unserer Tochter, die zu diesem Abend nicht hatte herkommen können, gesund und froh gepflegt worden sei. Er sagte dies alles mit einer gleichmäßigen und ruhigen Stimme, aber dann eiferte er sich. Er sagte: Man hört nun, daß es da und dort in unseren Dörfern nicht recht gehen will zwischen den Einheimischen und den Neugekommenen. Das wäre noch mal schöner! Wir sind jahrelang im Dreck gelegen, und wir haben an keinem Tag gewußt, ob wir den anderen Morgen erleben werden. Sie liegen zu Hunderttausenden unter dem Boden, und wieder Hunderttausende haben ihre gesunden Glieder eingebüßt und sind elend oder blind oder lahm, ihr Lebtag. Und wir sind gefangen gewesen, jahrelang. Und wir sind in

Regen und Schnee herumgelegen, und wir sind von den Läusen zerfressen worden, und die Glieder sind uns geschwollen vor Hunger, und wir wären oft zufrieden gewesen, wenn wir uns hätten waschen können, und wenn wir einmal eine warme Suppe gehabt hätten und ein Lager im Trockenen und in Wärme, und wenn es auf dem blanken Boden gewesen wäre. Wir werden das niemals vergessen. Nach all diesem sind Betten und Stuben und Acker und Ackergerät nicht mehr die wichtigsten Dinge auf der Welt. Nach all dem ist es wichtiger, daß die Menschen in Freundschaft und Gerechtigkeit miteinander leben. Wir, die wir der Hölle entronnen sind, wollen an solcher Freundschaft und an solcher Gerechtigkeit mithelfen, und damit sage ich Grüß Gott daheim zu meinen Leuten und dem ganzen Dorf, zu dem alle gehören, die nun darin leben müssen.

Ich kann Euch nicht beschreiben, wie es da in dem Saale war, und ich kann Euch auch nicht sagen, wie es den Menschen war, als sie nach Hause gingen. Es war wie in der Heiligen Nacht, wenn alle Sterne leuchten und die Glocken läuten.

Ich will es vollends kurz machen. Unsere Tochter Maria und der Müllerssohn haben sich versprochen, und sie werden bald Hochzeit machen. Sie hat das Bild von ihm vom ersten Tag an in der Stube hängen sehen, sie hat aber niemals danach gefragt, und sie hat auch zu uns nie von dem Bilde gesprochen. Unser Sohn, der uns so viel Sorgen gemacht hat, ist der alte, gute Sohn, seit er die Sägemühle in Pacht bekommen hat. Er hat Arbeit genug und er meint, für die Jungen werde auch hier ein Leben angehen. Wir Alten freilich werden das Heimweh wohl nicht mehr los werden.

Ich bin immer noch bei meinem alten Wirt. Er hat mir ein Stück Wald verschrieben, und was auf zwei großen Äckern wächst, soll meine Ernte sein. Ich habe abwehren wollen, aber es war zu spüren, daß ihm sein Anerbieten von Herzen kam.

Und ich meine nun, liebwerter Freund, es sei nicht so wichtig, wie es in den äußeren Dingen zwischen uns stehe, zwischen ihm, dem Bauern und mir, der ich ihm Knechtsdienste tue. Wichtiger ist, daß es zwischen unseren Herzen eine Brücke gibt.

Als es galt, Brücken zu bauen zwischen Gebliebenen und Vertriebenen

Dem verdienten donauschwäbischen Volksführer Dr. Adam Krämer in dankbarer Verbundenheit gewidmet

Der Krieg hatte halb Europa fast aus den Angeln gehoben. Nicht nur, daß Millionen Menschen, Soldaten und friedliebende Bürger, Männer und Frauen, Greise und Kinder ums Leben gekommen sind, daß Städte und Dörfer vernichtet und blühende Fluren verheert wurden, es verschwanden ganze Staaten von der Landkarte, und ganze Völkerschaften und Volksgruppen mußten ihre Heimat verlassen. Ströme von Flüchtlingen, wie man sie damals kurzerhand hieß, mußten in Stadt und Land oft über Nacht aufgenommen werden. Dabei hatten die Wohnungen schon lange nicht einmal mehr für die Ortsansässigen gereicht. Man kann sich heute schon kaum mehr vorstellen, welches Übermaß von Tatkraft und Hilfsbereitschaft, Geduld und Verzicht von beiden Seiten nötig war, damit inmitten der großen allgemeinen Not diese besondere Not hat überwunden werden können.

Es war kein Wunder, daß es da allerorten Reibungen und Spannungen gab, und daß es nicht überall so ging, wie es zwischen Menschen gehen sollte, die zum gleichen Volk gehören, die gleiche Sprache sprechen und die doch alle Christen sein wollten. Da hieß es nicht mehr, Bücher zu schreiben, jetzt galt es, Brücken zu bauen. Damals wurde ich von Bürgermeistern, Pfarrern oder Sprechern der Flüchtlinge und Vertriebenen immer wieder gefragt, ob ich nicht kommen könnte, um den einen wie den anderen ins Gewissen zu reden. Ich sei ja ein Hiesiger und bekannt im Land, so daß mich die Einheimischen schon anhören würden, aber auch den andern sei ich kein Fremder, hätte ich doch ihre alten Heimatländer besucht und viel über sie und ihr Leben erzählt und geschrieben, so daß auch die mich gelten lassen müßten. Hatte man mich doch seit langem einen Botengänger zwischen den Deutschen drinnen und denen draußen genannt.

Es ist in der Regel eine undankbare Aufgabe, zweien ins Gewissen zu reden. Meistens sitzt man nachher zwischen beiden Stühlen. Nach all dem, was geschehen war, konnte es aber nichts Wichtigeres geben, als Menschen zusammenzubringen, die zusammengehörten, die sich vergessen oder verloren hatten, die auseinandergerissen oder gegeneinander aufgebracht worden waren, unverstanden, unversöhnt oder gleichgültig nebeneinander herlebten, wo sie miteinander leben sollten, jetzt, wo sie in Frieden und Freiheit leben konnten, Männer und Frauen, Brüder, Alte und Junge, Nachbarn, Völker, Katholiken und Protestanten, Christen und Nichtchristen, alle, die sie Gottes Kinder sind.

In dieser Mission war ich nun auch wieder einmal unterwegs. Und da saßen sie in einem größeren Ort in der Turnhalle, schön durch den Mittelgang getrennt, die einen auf der linken, die andern auf der rechten Seite. Die Vertriebenen aus dem Südosten waren leicht zu erkennen, die Männer an ihren niederen schwarzen Hüten, die Frauen an ihren wollenen Kopftüchern und an den langen Röcken mit einer Litze unten herum, wie auch unsere Großmütter sie noch gehabt haben.

Ich erzählte den Hiesigen, wie das bei den neuen Bürgern gewesen sei, warum ihre Vorfahren die Heimat verlassen hätten, womit sie auch Platz gemacht hätten für die Zurückgebliebenen, für die es sonst noch enger geworden wäre; wie sie dann in ihrem neuen Land geschafft, gedarbt und gelebt und was sie am Ende gehabt hätten, und daß da also keine Bettelleute zu uns gekommen seien. Den Neubürgern sagte ich, wie das bei uns in unseren engen Tälern und Dörfern gewesen sei, wie hart die Menschen auch bei uns hätten schaffen und sparen müssen, und daß man hierzulande froh gewesen sei, wenn man sein Dach über dem Kopf, Kartoffeln, Mehl genug, eine Staude Kraut und einen gefüllten Hafen Schmalz im Haus gehabt habe. Die meisten Häuser seien klein und die Stuben eng, so daß es schwer sei, wenn man auf einmal fremde Leute ins Haus gesetzt bekomme.

Wenn sie auf der einen Seite klatschten, ließen sie auf der andern die Hände im Schoß liegen und umgekehrt. Aber ich merkte, daß die Mienen freundlicher wurden, und ich war mir bald sicher, daß sie an diesem Abend nicht mehr aufeinander losgehen würden.

Nach solch einem Vortrag, wenn man das schon so heißen wollte, kam ein Mann zu mir her, den runden schwarzen Hut etwas aufgeregt in der Hand drehend. Er hätt a Frog. Ich hätt es do in meinera Red a vo Amerika gehatt. Und wie do drüwa ebe auch Leut aus aller Herra Länder mitananner auskumma müßte. Und er möchte wissa, ob mr net an, der wo scho vor bald fuffzich Johr uff Amerika nüwwer sei, noch finda könnt.

Das sei nicht leicht, denn man müsse sich in Amerika nicht überall gleich anmelden, wenn man ankomme, und abmelden, wenn man wegziehe. Das gehe den Amerikanern gegen den Strich. Aber wen er denn überhaupt suche? En Bruder, aber den hab er gar net gekannt, weil er noch a klaans Kind gewesa sei, wo der uff Amerika ganga is. Am Anfang, als Vadder und Mudder noch gelebt hätten, hab er wohl noch manchmol geschriewa, aber später hab des uffgehört.

Ich horchte auf seine Sprache, und sie verriet ihn wie den Petrus, dem man beim ersten Satz schon anhörte, daß er ein Galiläer war. Die Mundarten in den Landschaften an der unteren Donau waren wohl da und dort ziemlich verschieden voneinander, hatten aber überall einen schwäbisch-pfälzisch-fränkischen Grundklang. Damals war gerade mein Roman „Wenn die Hoffnung nicht wär" erschienen, in dem ich Auszug, Landnahme und den harten Anfang, aufblühendes Leben, Krieg, Elend, Flucht und Vertreibung dieses Bauernvölkchens und seine oft genug recht schwere Wiedereinwurzelung in der fremden, alten Urväterheimat festzuhalten versuchte. Ich wollte auch mit diesem Buch nicht nur Wichtiges auf unterhaltende Art berichten, ich wollte darüber hinaus eine Brücke schlagen von den Vertriebenen zu den Gebliebenen.

Vor der Niederschrift dieses Buches saß ich an jedem freien Abend und fast an jedem Sonntag mit irgendeiner Flüchtlingsfamile aus dem Banat, der Batschka, der Baranja oder aus Syrmien zusammen, fragte und horchte auf die Mundart. Oft dachte ich da an jenen Mechaniker Johann Brücker aus Neu-Pasua bei Belgrad, den ich in den frühen zwanziger Jahren in Philadelphia im Haus von Captain Schmidt kennengelernt hatte, dem langjährigen Präsidenten der angesehenen „Deutschen Gesellschaft von Pennsylvanien", die 1764, zwölf Jahre vor der Unterzeichnung der Unabhängigkeitserklärung und fünfundzwanzig Jahre vor dem Ausbruch der französischen Revolution zur Unterstützung und Hilfe deutscher Einwanderer gegründet worden war.

Der Johann Brücker war ein Schlosser und Mechaniker aus Chicago. Er erzählte damals, er stamme aus einem großen Schwabendorf, nur daß dieses Dorf nicht im Schwabenland liege, sondern nicht weit von der Sadt Belgrad in dem Landstrich Syrmien. Ich hörte diesen Namen zum ersten Mal, und nun erfuhr ich, daß diese und noch andere Landschaften wie die Batschka, das Banat, die Schwäbische Türkei ein ganzes zweites Schwabenland ausmachten, in dem vielleicht so viele Schwaben lebten wie in Württemberg. Der Mann erzählte den ganzen Abend von den Dörfern daheim und von den großen Auswanderungen hinunter ins Ungarland, auf der Donau auf überfüllten Ulmer Schachteln und von dem schweren Ansiedeln. Es habe dort neben Sümpfen, Sandwüsten und Grasheiden auch noch das Sumpffieber und die Pest gegeben. Da sei der Spruch aufgekommen: „Der erste hat den Tod, der zweite die Not, der dritte erst das Brot." Und noch ein anderer: „Hier ist das Banat, wen es reut, 's ist zu spat. Wer nicht schaffen kann wie ein Gaul, fressen wie eine Sau, bellen wie ein Hund, der wird im Banat nit gesund." Aber die Ansiedler hätten nicht nachgegeben, dem Boden nicht und dem Fieber nicht. Sie seien mit den verfilztesten Böden fertig geworden, und wo bis dahin Schilf und Riedgras gestanden, da wogten jetzt, soweit das Auge schauen könne, die goldgelben Weizenfelder, da wachse Mais in Hülle und Fülle, und die großen breiten Dörfer mit ihren weißen Kirchen lägen friedlich in der Sonne, so weit auseinander, daß man die Glocken des einen Dorfes im andern nur bei gutem Wind höre.

Nun, da der Mann mit seinem runden Hut vor mir stand und fragte, meinte ich, den Johann Brücker reden zu hören. Ich fragte ihn als erstes, wie er heiße. „Wie ich haaß?" sagte er, „Peter Brücker haaß ich." „Peter Brücker?" fragte ich, und: „Seid Ihr vielleicht aus Neu-Pasua bei Belgrad?" Er sah mich mit großen Augen an und sagte aufgeregt: „Do bin ich bei Gott her, awwer woher wisset Ihr denn dees?" Ich sagte, ich wisse das von nirgendwoher, aber ich meine eben, und ich fragte weiter, ob dann der Bruder, der „niwwer sei uff Amerika", der Johann gewesen sein könnte. Er sagte: „Des is wahrhaftig der Johann gewea." Er sah mich an, als stünde ein Bote des

Himmels vor ihm. Ein Wort gab das andere, und schließlich sagte ich: „Ich glaube, ich kann Ihnen die Adresse Ihres Bruders schicken." Sie stimmte nicht mehr, denn Johann Brücker war inzwischen ein wohlhabender Mann geworden, er hat den ersten elektrischen Rasierapparat erfunden, der unter dem Namen shavemaster in Amerika rasch bekannt geworden ist. Er ist dann, wie viele Leute, die sich's leisten können, in den Sonnenstaat Kalifornien gezogen, nach Glendale, einem schönen, blumenübersäten Vorort von Los Angeles, der Stadt der Engel.

Dort war er bald geachtet von seinen Mitbürgern, von städtischen und staatlichen Stellen und vielen angesehenen Vereinigungen. Sein schönstes Glück war ihm, daß er nun dem Gebot folgen konnte, das ihm von Jugend auf im Ohre klang: Lasset uns Gutes tun an jedermann und nicht müde werden.

Damals in Philadelphia hatte er mir viel von seinem großen, schönen Heimatdorf Neu-Pasua in der Landschaft Syrmien erzählt, wo er als Kind eines armen Schneiders mit sieben Geschwistern aufgewachsen, fünf Jahre lang in die Dorfschule gegangen und dann zu einem Schmied und Mechaniker in die Lehre gekommen war, wo die Gesellen und der Lehrling zu dritt übereinander in einer Ecke der rußigen Werkstatt hatten schlafen müssen. Als er ausgelernt hatte, war er in die Fremde gegangen, nach Werschetz im Banat, nach Budapest, nach Neusatz. Dann wurde er Soldat und kam in die Waffenmeisterschule nach Wien. Im Jahr 1907 wanderte er mit zwei Dutzend jungen Leuten aus seinem Dorf nach Amerika aus, wohin vor ihm schon drei seiner Schwestern gezogen waren. Es ging damals in vielen Schwabendörfern im Südosten das Amerikafieber um. Johann Brücker hatte das Fahrgeld nicht ganz zusammengebracht. So hatte ihm sein Onkel Franz Kettel, ein wohlhabender und angesehener Mann, hundert Gulden geliehen. Er hatte sie schon nach wenigen Wochen wieder zurückbezahlt, denn er war tüchtig in seinem Fach, und er scheute keine Arbeit.

Ich habe diesen Mann seiner Erzählungen, seiner guten Augen und seiner behaglichen donauschwäbischen Mundart wegen immer in freundlicher Erinnerung behalten.

Wir haben dann nicht mehr viel miteinander zu tun gehabt, Johann Brücker und ich. Ich hatte mir seine Adresse aufgeschrieben, er die meine. Er schickte mir jedes Jahr die mehr buntglitzernde als schöne amerikanische Weihnachtskarte, ich schickte ihm den „Schwäbischen Heimatkalender", den ich in der Nachfolge meines Freundes Hans Reyhing, des Dichters der Alb, zwanzig Jahre lang herausgab, ein donauschwäbisches Wochenblatt oder das Kirchenblatt von Neu-Pasua, das ich mir hatte schicken lassen, oder etwas Ähnliches.

Und nun hielt dieser Mann in seinem Haus in Glendale einen Brief seines Bruders in der Hand, der ihn sehr bewegte. Da er nie in seinem Leben ein Schreiber gewesen war, flog er kurzerhand, zum ersten Mal nach über fünfzig Jahren, hinüber nach Europa, und eines Abends stand er seinem Bruder in einem notdürftigen Flüchtlingsquartier in einem Dorf gegenüber, das zu seinen eigenen etwa dreitausend Seelen in siebenhundert Haushaltungen über Nacht noch über elfhundert Flüchtlinge hatte aufnehmen müssen, in Schönaich bei Böblingen, wohin es den Bruder inzwischen verschlagen hatte. Nach ein paar Tagen fand er in einem Lager in Österreich eine Nichte mit ihren fünf Kindern. Dort erfuhr er auch, daß sein alter Onkel Kettel, der ihm seinerzeit das Fahrgeld nach Amerika vorgeschossen hatte, noch lebe, die ganze Not und Flucht überstanden habe und jetzt in einem Ort auf der schwäbischen Alb untergekommen sei. Johann Brücker suchte das Dorf und den Onkel. Er fand ihn, gebeugt vor einem niederen Haus stehend und Holz spaltend.

Das Elend der Vertriebenen und Heimatlosen griff ihm so sehr ans Herz, daß er nun keinen anderen Gedanken mehr hatte, als zu helfen. Er sah die schönen Landschaften nicht mehr, nicht mehr die Städte und Schlösser. Aus den mancherlei Genüssen, die sonst mit der Reise eines wohlhabenden Mannes aus Amerika nach Europa verbunden zu sein pflegen, machte er sich sowieso nichts. Hier war eine Not, an der man nicht vorbeigehen durfte, wenn man ein Herz im Leib und ein Gewissen hatte und wenn man ein Christ sein wollte.

Kurz bevor er wieder abreiste, fragte er den tüchtigen Bürgermeister Übele in Schönaich, was einige große und schöne Häuser mit je vielleicht sechs Wohnungen darin kosten würden, eingerichtet mit allem, was Menschen zum Wohnen brauchten, vom Herd in der Küche bis zu den Federdecken auf den Betten und den Vorhängen an den Fenstern, auch mit Wäsche, die Betten zu überziehen und all dem anderen, denn diese Leute hätten ja gar nichts mehr.

Als man ihm eine ungefähre Rechnung gemacht hatte, sagte er, so viel habe er nicht ganz, aber man solle gleich anfangen zu bauen. Er bekomme ja das Lizenzgeld aus seinen Erfindungen regelmäßig und außerdem sei er ja noch nicht so alt, erst 72, und das sei doch kein Alter, in dem man sich zur Ruhe setzte, wenn man noch so rüstig sei wie er. Er könne ja bei seiner Arbeit meistens sitzen, weil man sie mit dem Kopf tun müsse. Sein Onkel Kettel sei fünfzehn Jahre älter als er und der stehe heute noch auf der Straße und spalte Holz. Und dazu komme noch etwas: er sei ledig, und das wolle er auch vollends bleiben; denn, so erzählte er mir einmal, als er jung gewesen sei und nichts gehabt habe, habe ihn keine Rechte gewollt, und jetzt, wo er Geld genug habe, brauche er auch keine mehr.

Der Mann hat mehr verschenkt, als er hatte, weil er der Meinung war, Wohltun müsse weh tun, wenn's vor unserem Herrgott zählen solle. Die Häuser stehen und sind bezogen, und man hat vor allem alten Leuten sehr damit helfen können. Die Straße, an der sie liegen, heißt Johann-Brücker-Straße. Er selbst liegt auf dem Friedhof von Schönaich begraben. Ich habe über diesen donauschwäbischen Amerikaner oder sollte man sagen, über diesen amerikanischen Donauschwaben, noch zu seinen Lebzeiten, zum Teil daheim in Stuttgart und in Schönaich, zum Teil, der Genauigkeit wegen, in Glendale in Kalifornien, ein Buch geschrieben, das für seine vielen Freunde in Amerika auch ins Englische übersetzt wurde und das den Titel hat „Johann Brücker, der Mensch, der Erfinder, der Wohltäter". Dieses Buch ist nicht in den Buchhandlungen zu haben, es ist eine Veröffentlichung der Johann-Brücker-Stiftung, ein Buch, das die Gemeinde den Schülern der Schule, die seinen Namen trägt, zur Schulentlassung mit ins Leben gibt oder Leuten schenkt, die es ihrer Meinung nach wert sind.

In den alten Lesebüchern hieß es in einem Gedicht: Hoch klingt das Lied vom braven Mann. Johann Brücker, geboren in Neu-Pasua bei Belgrad, seit einem Menschenleben angesehener amerikanischer Bürger, Ehrenbürger eines schwäbischen Dorfes, ausgezeichnet mit dem Verdienstkreuz des Verdienstordens der Bundesrepublik Deutschland, war ein solcher Mann.

Der Russendieb

Bevor die Schüler der fünften Klasse in die sechste kamen, ließen sie sich photographieren, denn sie wollten alle gern ein Bild haben, das sie nochmals mit ihrem seitherigen Lehrer, den sie alle sehr mochten, zeigte. So stellten sie sich auf dem Spielplatz vor dem Schulhaus auf. Dieser Platz lag etwas erhöht, und wenn man auf die Dorfstraße, die hier steil den Berg herunterkam, hinunter wollte, mußte man entweder, wie es sich gehörte, die breite Steintreppe hinuntersteigen, oder, was manche, um ihren Schneid zu zeigen, gegen alle Verbote immer wieder taten, über das Geländer steigen und von dem fast drei Meter hohen Mäuerchen hinunterspringen. Die ganz Mutigen taten dies mit einem Sprung, die Ängstlichen und die Kleinen ließen sich zuerst am Mäuerchen hinunter, so daß sie sich an seinem oberen Rand festhielten, und dann wagten sie das kleine Sprünglein auch vollends. Nur der Russendieb wagte nicht einmal dies.

Wer dies war? Einer der Buben der 5. Klasse. Er war aber weder ein Russe noch ein Dieb. Er hieß Johannes Dipp, und er war mit seinen Eltern und mit vier Geschwistern nach dem Krieg ins Dorf gekommen, aus Rußland, wie es hieß. Also mußte er ein Russe sein. Er war aber ein Deutscher wie sie alle. Denn die Großeltern seines Großvaters, seine Ururgroßeltern also, waren eines Tages nach Rußland ausgewandert mit viel tausend anderen, weil ihnen dort Land vesprochen worden war, umsonst, in Hülle und Fülle, und viele Rechte und Freiheiten. Es waren alles tüchtige Bauern gewesen und sie hatten große Steppen zu fruchtbarem Ackerland gemacht, und sie hatten zuletzt in vielen großen und schönen Dörfern gewohnt. Im Krieg hatten sie dann, wie viele Millionen andere, unter viel Not und Jammer Haus und Hof und ihre Heimat verlassen müssen. Arm und elend, hungrig und ängstlich war Johannes Dipp mit seinen Eltern und Geschwistern in dieses Dorf gekommen.

Es hatte Leute gegeben, die den Vertriebenen gern eine Kammer eingeräumt hatten. Andere aber waren zornig geworden, als sie jemand hatten ins Haus nehmen müssen,wo sie immer allein gewesen waren und wo, wie sie sagten, der Platz nicht einmal für sie selber reiche. Manche waren gut und hilfreich, manche waren aber rauh und hartherzig zu den Fremden. Aber auch die Flüchtlinge waren nicht lauter Engel. Es gab Fleißige und Rechtschaffene und Dankbare genug unter ihnen, aber eben auch andere, so wie es überall ist unter den Menschen. Und so gab es mancherlei Ärger und Streit hin und her.

Johannes' Eltern hatten es schlecht getroffen. Sie waren zu unfreundlichen und geizigen Leuten gekommen, denen sie nichts recht machen konnten und denen sie überall im Wege waren. Am meisten tat es ihnen weh, daß diese Leute sie nur die Russen nannten. Was half es, daß sie mit der Zeit Betten und das Nötigste an Kleidung und Nahrung kaufen konnten, wenn man sie als Fremde und Hergelaufene ansah. Was half das, wenn der Johannes ein Mal übers andere Mal heimkam mit Tränen in den Augen, weil sie ihn wieder einmal nicht hatten mitspielen lassen, oder weil sie ihn nicht mit in den Wald genommen hatten, oder weil ihn einer den Russendieb genannt hatte. Der hatte das eigentlich nicht aus Bosheit getan, sondern einfach im Unverstand, wie Kinder vieles tun, eben weil sich aus dem Russen Dipp so leicht ein Russendieb machen ließ.

Über all dies konnte ihn auch der neue Kittel, den er bekommen hatte, nicht hinwegtrösten, obwohl dieser so schön war, wie er nie zuvor einen gehabt hatte. Denn wichtiger als schöne Kleider und schöne Stuben und gutes Essen ist es, daß einem das Herz leicht ist, so daß man froh sein kann, weil einem nicht angst zu sein braucht vor dem nächsten Tag.

Nun waren die Buben also dabei, sich zum Photographieren aufzustellen. Der Lehrer legte Johannes den Arm um die Schultern und stellte ihn in die erste Reihe, denn er gehörte zu den Kleineren. Der Photograph sagte noch manches: daß sie jetzt alle hersehen und ein recht freundliches Gesicht machen sollten und so etwas. Von hinten flüsterte einer aufgeregt: Dipp! Denn dieser sah ganz woanders hin. Und da geschah etwas sehr Aufregendes.

Johannes sprang plötzlich aus der Reihe heraus, ans Geländer, so daß er fast den Apparat umgeworfen hätte. Er stieg hinüber und dann sprang er mit einem Sprung von der Mauer. Er nahm ein kleines Mädchen, das mitten auf der Straße saß, am Arm und zog es an den Randstein hinüber. Einer der Buben schrie: Oh, der Russe ... Mehr konnte er nicht sagen, denn da sahen sie alle, daß ein großer Lastwagen rückwärts die abschüssige Straße herunterkam. Er hätte das spielende Kind gleich überfahren müssen. Jetzt kam er auf die Mauer zu, es tat einen Krach und da stand er wieder fest. Es zeigte sich, daß kein Fahrer dabei war, und daß sich die Bremsen gelöst hatten.

Nun stürmten sie alle die Treppe hinunter und hinüber über die Straße, wo Johannes neben dem Kinde saß und stöhnte. Der Lehrer nahm ihn unter den Armen und hob ihn hoch, aber da zeigte sich, daß er nicht mehr stehen konnte. Er mußte sich den Fuß gebrochen haben.

Solange ihn ein paar nach Hause trugen, liefen ein paar andere zum Arzt und zu der Krankenschwester. Und nun redete das ganze Dorf mit einem Mal nur noch von Dipps Johannes. Nicht einmal Johann sagte mehr einer, wie sie oft mit einer etwas spöttischen Betonung gesagt hatten.

Und nun kam für diesen Buben und für seine Eltern die schönste Zeit, die sie sich denken konnten. Er mußte wohl große Schmerzen aushalten und er durfte sich in seinem Bett kaum bewegen. Aber was tat dies, wenn sie nun zu ihm kamen, einzeln oder ein paar miteinander. Daß sie ihm mancherlei gute und schöne Sachen mitbrachten, war ihm nicht so wichtig. Aber daß sie jetzt alle Johannes zu ihm sagten, so wie sie zueinander Hans und Kurt und Fritz und Heinz sagten, wie sie eben hießen, das war schön. Und daß sie es so sagten, als wäre er nun gar nicht mehr fremd, als wäre er nun ganz einer aus dem Dorf, das war am schönsten. Damit fing für ihn und für seine Eltern und auch für seine zwei Schwestern und seinen kleineren Bruder ein ganz neues Leben an.

Josef Goschy
Jahrmarkt – Haimhausen

Josef Goschy wurde am 1. April 1932 als Bauernsohn in Jahrmarkt (Banat/Rumänien) geboren. Schulbildung: acht Klassen Volksschule in Jahrmarkt und Temeswar. Nach der Totalenteignung erlernte er das Schlosserhandwerk und war als Betriebsschlosser tätig. Heirat 1958, Übersiedlung nach Bayern 1971, seit 1990 Frührentner. „Ich bin ein Bauernsohn, zum Handwerk ausgebildet, die Bohrmaschine liegt mir besser in der Hand als die Schreibmaschine. Mein Beitrag soll hauptsächlich andere anregen, die es besser können. Die Erhaltung und Pflege unserer donauschwäbischen Mundart nämlich sollte uns zur Hauptaufgabe werden. Es ist fünf vor zwölf. Wer sollte sie pflegen, wenn nicht wir selbst? Deshalb schreibe ich meine Verse in schwowisch, nur ein bescheidener Beitrag, lustige Geschichten, die mehr oder weniger auf Tatsachen beruhen, Geschichten zum Lachen aus einer Zeit, als wir nichts zu lachen hatten. Kaum etwas davon ist veröffentlicht, und wenn, dann nur im Donautal Magazin."

D'r Liehans

D'r Hans kummt im ganze Dorf so rum,
er was ach jedi Neiichkeit
vun gest'r un vun heit
un war a sunst net dumm.

Er kennt so viele G'schichte,
vun große Buwe un de Weiw'rleit,
do kann 'r viel b'richte,
vun d'r Liebe un vun Streit.

Die Weiw'r hun nor imm'r g'schennt,
weil er im Dorf die Leit ausricht,
sie hun ne nor de Liehans g'nennt,
weil er v'rdreht so manche G'schicht.
Er hot's a meinst'ns imm'r hing'bo,
un die Weiw'r nore ong'lo.

Mol trefft 'r phaar Weiw'r uf d'r Gass,
die hun schun uf 'ne g'wart.
Na Hans, v'rzehl uns mol etwas,
vun dein'r weite Fahrt.

Na Hans, na bleib doch stehn,
na, wast dan gar ka Neiichkeit?
Aw'r Leit, lost mich doch gehn,
ich hun doch jetz ka Zeit.
Na host dan gar nix heit zu son?
Wanst gar nix wast, dan lie uns on.
Macht mol Platz, ich mißt jo laafe,
owr 'm Dorf steht e Zigein'rwohn,
hot echt's Wohnschmeer zu v'rkaafe.

Was, Wohnschmeer, sigst, des breich m'r a,
uns'r Tippe is jo a schun leer,
sat die on jetz zu der ann'r Fraa,
nor schnell nin un g'sucht des G'scherr.

Owr 'm Dorf, wie's onkumm sin,
na die schaue wiescht sich um.
Ka Mensch, ka Seel war do zu siehn,
langsam werd's ne jetz zu dumm.

Ka Zigein'r un ka Wohn,
na, 's is jo niemand do.
Druf sat 's Liss, ich mon, ich mon,
ich mon, der hot uns ong'lo.

Geh, der Hans, der is doch g'steert,
nor ruich, nor ruich, daß's niemand heert.
Was, ufg'hong g'heert der, standebet,
schrait jetz die wees Greet.
Jaat der uns do ruf, ich sin schun matt
un hett d'rhom doch soviel Arw't g'hat.

Der v'rzehlt's im ganze Dorf do rum,
vun d'r Neigass bis zum Grawe,
aw'r wer is dan noch so dumm
un werd dem Liehans noch was glawe?

Am Bau uf dem Schanteer

Morjets geht's schun zeitlich on,
kaum sin se aus d'r Bude draus,
no sin se bei d'r Diskussion,
beim Sport kenne sich die Maure aus.
Sie stehn im Halbkreis, im Karee,
g'striet werd um de Fußball,
vun d'r Polli un d'r Tscheferee
un vun de anre all.
D'r Chef laft de ganze Tach umher,
so war des mol uf dem Schanteer.
D'r Mast'r krascht, er war vum Fach,
ja is des all's do ja Kruzifix,
was hot 'n dir bis jetz g'macht?
Do g'schiet heit wenich od'r nix.
Glei werd g'mau'rt un g'baut,
fleißich wan d'r Mast'r schaut.
D'r Sepp springt vun seim Grist,
zu beweise mol, wie flink er is.
Fallt hin, dort wu d'r Mast'r steht,
er hot grad in e Nahl g'dreht.

Dem Mast'r war's jetz net zum Foppe,
do werd net g'schaut, hot 'r g'brummt,
tut 'm uf de Fuß do kloppe,
daß des schlechte Blut rauskummt.
Sowas kann passiere iw'rall,
mont d'r Sepp so ganz vum Fleck,
des war e rein'r Zufall,
un werft die Latt no weg.
Beim Sanni sitzt 'r no zwa Stun,
lest, was in d'r Zeitung steht,
de Dokt'r de hot niemand fun,
wichtich is doch, daß die Zeit v'rgeht.
Do hot 'r sich ganz ungeniert
bis an die Knie mit Blut v'rschmiert.
Wie de Dokt'r no ehm g'schaut hot,
stellt de Sepp sich schun halb tot.
Wie er no mol fertich war,
bleibt 'r weit'r noch drin stehn,
raucht g'mietlich noch e Zigarett,
bis d'r Sanni sat mol ganz konkret,
for sowas gebt's ka Urlab, is des klar?
V'rputz dich jetz, du kanst schun gehn.
Wi's no geg'r Fei'rowed geht,
no werd noch fleisich rum g'rennt.
Suche, was do noch rum so steht,
was m'r d'rhom noch so brauche kennt.
Uf onmol hänkt d'r Sepp do am e Bret,
er hot mol wedd'r in e Nahl g'dreht.
Wu host 'n de schun wedd'r fun?
Ruft d'r Chef, Hergott in d'r Hee,
de is doch jetz ka Zufall mee,
bei dir is des G'wohnheit schun.
Er schaut no mol g'nau'r hin,
die Latt, die hun ich heit schun g'sien.
No is d'r Chef fast iw'rschnappt.
Was net, ob m'r do noch lache soll,
der Depp hot heit zum zwat' Mol
in de gleiche Nahl g'thappt.
Na, war's net so, so ungefeer,
dort an dem Bau uf dem Schanteer?
Die Moral do vun der G'schicht:
Sepp, sei net so dumm,
trau keinem Nagel nicht,
hau ne um.

Uf 'm Michaelismark

Jedes Johr war des e Schau,
war imm'r lustich hinzugehn.
Ja uf 'm Mark, do war Radau,
uf 'm Mark, do war's doch schen.

Do werre net nor Pher v'rkaft,
Milichtippe, Krich un Sensebo,
do werd ach imm'r viel g'lo,
g'zigein'rt un g'raft.

Do steht de alte Biddewallach,
er kummt jo jedes Johr,
mit de Schaffle, die er g'mach,
un dudd'lt all was vor.

In de Tschattre vis-a-vie,
do kocht's schun in d'r Frieh,
die Ware imm'r g'fillt,
weil dort die Musich spillt.

Grienwerscht mit Muschtar
un die gute Mititei,
die beste vun ganz Temeschwar
gebts bei d'r Lenuta un Matei.

M'r riecht vun weit des Gulasch
aus dem große Tippe.
D'r Zigein'r un d'r Baitasch,
die tanze hai la Rippe.

Vett'r Michl mit Gefrorenem,
er hat doch 's beste g'hat,
newedron v'rkaft sei Wes,
Bärezuck'r un Rahat.

Grad ums Eck do gebts Safladi,
Krach'r un ach Limonadi.
Die Konkurenz is a net weit,
ruft apa rece, frisch Wizset.

725

Die Kinn vun de Tschibesre,
die klone un die gresre,
Rewecke un Stadtgolans,
de Vasilic un de Hans,

die lafe zwischem Viech do rum,
bei der Kieh un Rosse,
un werfe do mit Äpp'l um,
was die Pher so falle losse.

Die Ciobanita, e ältri Bas,
steht new'r ihrem Brinzefaß.
Sie schennt, was se nor kann,
die schlimme Buwe, die Golan.

Ferri, Pischta, Tutorel,
hert dir uf zu werfe do!
Ufg'hert werd jetz uf d'r Stell!
Doch die Äpp'l kumme weit'r gf'lo.

Wart, jetz kummt mei Mosch,
krascht sie mit gros'r Gosch.
Doch weit'r is sie nemmi kumm,
un war of mol ganz stumm.

Die hot mol pletzlich nog'loss,
weil on'r vun dem Wurgeschoß
stecht ehr im weite Rache.
Nor ehr war's net zu lache.

Mai, mai Baba, sat de Paul,
was host dan du im Maul?
Schaut net hin, ja so e Graus,
ja pfui Teiwl, spautzt's raus!

Fallt m'r gar net in,
hot die was g'brummt.
Der bleibt schun do drin,
bis die Miliz kummt.

Irre is menschlich

D'r Sepp mit sein'r Katibas,
die fahre uf de Wuchemark.
Sie stammt vun Schandorhas,
er war d'rhom in Johrmark.
Er spannt grad aus sei Pher,
die Manzi un de Gittran,
un bind se an de Wahn,
do kummt e fremd'r Mann doher.
Etwas rauh, e bische grob,
's war so vun d'r Had e Schwob.
Der ruft: „Bischt a do Matz?
Na scha mol, was e Wunn'r",
un haut ehm mit der Baurebratz
uf die Schill'r runn'r.
D'r Sepp, der werd glei blaß im G'sicht
un griet a leichtes Iw'rgwicht,
sat: „Vettr, dir seit doch err,
ich kenn eich net wuher?
Ich has Sepp, e Matz war ich noch nie,
drum gebt eich do ka Mieh."
„Was Sepp, na gsiescht, so has ich a,
sin des dei Pher, is des vleicht jetz dei Fraa?
Na sag mol Sepp, na horch emol,
mir sein doch noch nett b'soff,
in Sacklas uf d'r Kerweih mol
han mir uns doch g'troff."
„Des wär jo all's gut un schen,
nor so wohr, wie ich steh do hie,
war ich mei'm Lebtach nie
in Sacklas mol g'wehn."
Wie abgebrieht, so stehn se do
un schaue sich mol on, die Seppe,
dan ware des in Sacklas no
wahrscheinlich zwa ganz anre Deppe.

Dem alte Volkslied

Kennst du noch die alte Lied'r,
die schun die Ahne mitg'brung?
Beim Akazeduft un Flied'r
hun mer im Summ'r oweds gsung.

Kennst du noch des Tal dort unne,
wu 's Wass'r aus de Rohre spritzt?
Dort im Park am Große Brunne,
hun mer oweds oft doch gsitzt.

Iw'r uns die Sternepracht
vum Blieheduft b'rauscht,
hun mer b'sung die Summ'rnacht,
so wie vum Wass'r abg'lauscht.

Um uns rum die Nochb'rschleit,
hun die Fenstre uffg'mach
un horche noch dem Owedlied,
vun unne an dem Bach.

Mol war es froh un heit'r
vum Hans un Gret im Polkaschritt,
vum alte Nußbom unsoweit'r,
wie no de Hans e Buss'l griet.

Dann war es mol e Klagelied,
vun dem arme Wand'rsmann,
der hungrich, krank un mied,
od'r war's fern vun Sedan.

V'rklung sin heit dort die Lied'r,
die Säng'r längst all fort,
du herscht se nemmi wied'r
un ka v'rtraut's Wort.

V'rstummt for allemal
dort unne in dem Tal.

Inspektion

In d'r Schul is Großaktion,
d'r Direktor hot die Order griet,
heit kummt noch die Inspektion,
do waas e jed'r was 'm blieht.

Kopplos werd umherg'rennt,
viel werd v'rputzt un a viel gschennt.

D'r Karl mont: „Was is dann los?
Macht eich doch net in die Hos,
ich hun one in mein'r Klass,
ich hol ne mol, der sat eich was."

Bal kummt d'r Karl ganz charmant
mi 'm klone Hansi an d'r Hand.
Er hebt de Kerl jetz uf sei Schoß,
na du Spitzbu, le mol los.

„Uns'r Katz hot Junge gschitt,
siewe an d'r Zahl,
sechs d'rvun sin Kommuniste,
nor ons, des is neitral."

„Na fabelhaft, des is die Rettung!"
ruft Genosse Direktor,
„der kummt glei in die Zeitung
un mit ehm d'r Lehrerchor.
Was der do kann, na scha mol hien,
des lenkt ne ab, deer werd mol siehn."

D'r Tach v'rgeht, un manche Wuch
vum Inspektor nix meh g'heert,
un wan 'r kummt, der groß Besuch,
wen hot 'n des schun g'steert?

Bis uf omol war 'r do,
d'r Genosse so un so,
steht do in dem Schulbiro.
Die Lehr'rs werre a glei gholl,
im Nu war des Zimm'r voll.
D'r Hansi steht schun in d'r Mitt'

un hot glei ums Wort g'bitt:
„Was soll die ganze Hatz?
Macht m'r doch ka Gschichte,
was wollt 'r mit dem Fratz?"
„Der Fratz, der kann schun dichte",
sat d'rzu d'r Direktor,
„Na Hansi, tra uns mol was vor!"

„Uns'r Katz hot Jungi gschitt,
siewe an d'r Zahl,
sechs sin no 'm West'n gflicht,
nor ons is noch im Stall."

D'r Direktor, der grad sei Brill g'putzt,
der horcht emol un sat v'rdutzt:
„Hansi, der Vortrach is e Schmarre,
gell, du willst uns nor v'rnarre?
Des war doch noch die vorich Wuch,
wann ich mich noch b'sinn,
do war's doch anerscht in dem Spruch,
daß sechs doch Kommuniste sin?!"

D'r Hansi, der jetz niemant schont,
sat: „Ja, des hun meer a g'mont,
sie ware 's jo, solang se blinn,
e Schreck in der Kanzlei,
un wie die Aue ufgang sin,
no sin se abghaut no d'r Reih."

Die V'rjing'rungsmaschin

M'r lest heit noch die G'schichte
vun gute un vun bese Geist'r,
vun Experte, Kenn'r, Hexemeist'r,
do gebt's noch viel B'richte.
So war enmol vor lang'r Zeit,
m'r kennt's noch vum Banat,
des „V'rjing'rakkrekat,
m'r red' d'rvun noch heit.
De Glockebalz'rschtoni,

e Mann mit Fantasie,
solche Mastre gebt's heit koni,
er war des grescht Genie.
Er lernt die Leit bizicklfahre
un gebt sich großi Mieh,
un wie noch gar ka Flieg'r ware,
lernt er se wie m'r flieht.
Er war ka fromm'r Christ,
m'r hot so manch's g'heert,
er hätt mi 'm Teiw'l rumpackteert
un sei Sehl v'rkontrakteert.
D'r Dresch'rmaschinist,
er baut um sei Dreschmaschin
mit groß'r Mieh' un G'freet,
d'r Toni, der bringt all's hin,
ohne Komputt'r, ohne Rech'nbrett.
Dort wu Garwe ninkum sin,
owe in de brade Schlitz,
do stoppt m'r ohne Witz,
jetz die alte Weiw'r nin.
Un dort wu Sprau un Stroh,
kumme jetz mit viel G'braus,
junge hipsche Mädch'r raus,
g'sund un lebensfroh.
Die Oma mit dem Krickestock
erscheint jetz jung im Minirock.
Ohne Blässure, ohne Riß,
na wan des ka Wunn'r is.
Ganz im V'rtraue,
die waren niedlich anzuschaue.
In lange Reihe ste'hn se on
un bete vor der schnelle Kur,
jetz geht's nochmol vun vore on
die ganze Prozetur.
Die Zeitunge, die mach's kund,
vum Toni mit dem Teiw'lsbund,
b'schreiwe mit groß'r Fantasie
de Meist'r, des Genie.
Selbst d'r Mist'r Edison
vun Nordamerika
kummt vun weit do on,
b'staunt des Wunn'r a.
– Er sat: Ich glab's jo gere,
nor was ich noch b'merk,

ich kann's nor so erkläre,
des is e Satanswerk.
Des Komitee erscheint a bal
un unn'rsucht de Fall.
Des Werk wird nationalisiert,
v'rstaatlicht, requiriert,
per proces verbal[1].
M'r red nor noch vun Ehr' un Ruhm
vun Erung'nschaft der Masse,
vun staatlich Eig'ntum,
m'r kann's jo kaum noch fasse.
Bal errscheine die Savante[2],
dem Nicu sei V'rwandte[3],
laut'r alte Erzgenosse,
die wolle sich v'rjing're losse.
's erscheint mit Stock un Hut
die ganze Aft'rbrut.
D'r Toni merkt de Schwind'l
un sieht des ganze G'sind'l,
er ruft die Zaub'rform'l ab
un holt die noch mit ins Grab.
Jetz hast's bal konkret,
mir brauche ei'r Mast'r nett.
Mir hun de Drick schun fun,
die Partei, die macht des schun.
Phaarweis schreite die Genosse,
zu'm V'rjing'relosse.
Bal hot's g'poll'rt un g'kracht,
e ensetzlich's Geschrei,
e großi Stink'rei g'macht,
mit dem Wunn'r war's vorbei.
Dort wu Sprau un Stroh,
kumme jetz nor Fetze g'floh.
Die anre packt d'r kalte Graus,
weil kon'r kummt lewendich raus.
M'r sieht se lafe, sieht se renne,
sie fluche, kreische, schenne,
sie fliehe schnell mit Wohn un Pheer,
als wär d'r Teiw'l hinn'rher.
Derzeit traut sich kon'r meh
nor dort in die Näh'.
M'r heert heit nor domnului[4],
des war Porunca dracului[5].

[1] Enteignungsurkunde, [2] Wissenschaftler, [3] Nicu Ceausescu, [4] O Herr, [5] Befehl des Teufels

Franziska Graf
Schag – Ingolstadt

Luxifoto, Ingolstadt

*Franziska Graf, geb. Krems, wurde am 18. Dezember 1933 in Schag (Banat/Rumänien) geboren. Nach der Grundschule in Schag mittlere Reife in der Klosterschule Notre Dame in Temeswar. 1954 Heirat mit Helmut Graf in Temeswar. Einige Jahre als Sekretärin, zuerst beim Rathaus in Temeswar, später beim Landratsamt. 1969-72 Leitung der Lohnbuchhaltung im Temeswarer Krankenhaus, danach wieder Sekretärin beim dortigen Politechnikum (Baufakultät). Wohnhaft 1948-82 in Temeswar. Wegen des hier verkürzt wiedergegebenen Manuskriptes „Sein Kind" nahm die Securitate eine Hausdurchsuchung vor, stellte ihre ganze Wohnung auf den Kopf und konfiszierte den Text. Franziska Graf hatte aber zuvor den abgetippten Text Verwandten aus Österreich mitgegeben. Nach 20jährigen Bemühungen Ausreise mit der Familie nach Deutschland. Nachdem sie in Rumänien das Schreiben aus Angst vor Repressalien und nach vielen Schikanen eingestellt hatte, nahm sie es in Deutschland wieder auf: Erstellung des Heimatbuches „Schag an der Temesch" mit Jakob Schmidt, erschienen im AGK-Verlag Ippesheim, 1992. In den Heimatzeitungen „Banater Post", „Der Donauschwabe" usw. erscheinen regelmäßig Berichte, auch unter den Pseudonymen **Petra Harter** und **Enzi Krems**.*

Sein Kind

Bei Elisabeth und Georg war es „Liebe auf den ersten Blick", als sie sich beim Baden am Temeschstrand, dem beliebten Ausflugsort der Temeschburger Bevölkerung, kennengelernt haben. Sie waren von Anfang an unzertrennlich und fuhren Sonntag für Sonntag mit ihren Fahrrädern zusammen durch die Gegend. Elisabeth war ein apartes, zartes Mädchen mit dunklem Haar und braunen Augen, Georg war blond, hochgewachsen mit einer ausgeprägten Nase und kurzsichtig, daher Brillenträger. Sie haben geheiratet und obwohl ihnen der Kindersegen versagt blieb, waren sie sehr glücklich. Als im Zweiten Weltkrieg Georg durch seinen Beruf vom Militär enthoben wurde, waren beide dem Schicksal dafür dankbar.

Als aber im Januar 1945 alle deutschen Männer und Frauen zum Wiederaufbau in die Sowjetunion deportiert wurden, hat man auch Georg verschleppt. Fünf lange, harte Jahre mußten die Frauen und Männer dort unter unmenschlichen Bedingungen schwere Arbeit leisten. Nur die Starken, Gesunden haben dieses Martyrium überlebt. Das Schlimmste war für alle die Ungewißheit über ihre Angehörigen, denn nur vereinzelt kamen Briefe durch. Die Menschen waren auf sich selbst angewiesen, sie gaben sich gegenseitig Unterstützung, Halt und Trost. Die Männer konnten mehr Arbeit leisten und bekamen dafür mehr Essen, wovon sie oft an die Frauen abgaben, die ihnen bei ihrer Pflege halfen. So entstanden auch Partnerschaften, viele junge Leute schlossen dort den Bund fürs Leben. Für jene, die in der Heimat eine Familie hatten, war es schwieriger.

Mit Georg arbeitete ein junges Mädchen, das sehr unter Heimweh litt. Er versuchte sie zu trösten. Sie halfen sich gegenseitig, und so ist auch zwischen ihnen mehr als nur Freundschaft entstanden. Eines Tages gestand ihm Erika, daß sie schwanger war, und bei allem Elend freute sich Georg darüber, denn er hatte sich schon immer ein Kind gewünscht.

Als die beiden kurz darauf die Heimreise antreten durften, war Georg fest entschlossen, sich von Elisabeth zu trennen und mit Erika eine Ehe einzugehen. Besonders, da ihm Erika immer wieder einredete, daß Elisabeth nach so langer Zeit bestimmt auch einen neuen Partner gefunden haben würde. Am Bahnhof von Temeschburg trennten sie sich mit dem Versprechen, daß Georg nach der Trennung von seiner Frau zu Erika kommen wolle.

Elisabeth fielen die fünf Jahre ohne Georg sehr schwer, besonders da sie keine Nachricht von ihm bekam. Durch die schwere Arbeit in der Fabrik und die Sehnsucht nach Georg wurde Elisabeth sehr krank. Nach einer Operation konnte sie sich nur schwer erholen, sie mußte von ihrem Bruder und dessen Frau gepflegt werden. Deshalb nahmen diese sie in ihr Haus auf.

Als Georg in Temeschburg ankam, ging er nicht in seine Wohnung, er wollte erst bei seinem Schwager nach dem Ergehen seiner Frau fragen. Als er spät abends dort ankam, war die Überraschung und die Freude aller sehr groß. Er erfuhr von der Krankheit seiner Frau, der man aus Rücksicht auf ihren Gesundheitszustand die freudige Nachricht von seinem Kommen erst am nächsten Morgen schonend mitteilte.

Schnell stellte sich die ehemalige Vertrautheit zwischen Elisabeth und Georg wieder ein, so als ob sie niemals getrennt gewesen wären. Nur Georg plagte sein Gewissen, in schlaflosen Nächten überlegte er, wie er seine Zukunft gestalten sollte. Mit der Begründung, einige Grüße von einem Kameraden an dessen Familie übermitteln zu müssen, fuhr er in das benachbarte Dorf, um Erika zu besuchen. Er erzählte ihr von der schweren Krankheit seiner Frau und bat um Geduld. Sie beschlossen, daß Erika ihm ihre Briefe postlagernd zusenden werde, bis Elisabeth gesund wäre und er sich von ihr trennen könnte. So bekam er eines Tages die Nachricht, daß sein Sohn geboren worden war. Damit er wenigstens den Vornamen seines Vaters führen durfte, wurde er Georg genannt.

Georg fand an seinem ehemaligen Arbeitsplatz wieder eine Anstellung, in seiner Freizeit pflegte er seine Frau liebevoll und half ihr beim Haushalt. Elisabeth erholte sich schon bald von ihrer Krankheit, aber Georg hatte nicht den Mut, ihr mit seiner Beichte weh zu tun. Die Zeit verging, und die Geduld von Erika ging zu Ende. Sie schrieb ihm, daß sie heiraten wolle, aber ihr Verlobter nehme sie nur ohne das Kind, Georg solle es zu sich nehmen.

In schlaflosen Nächten suchte Georg nach einem Ausweg, er war froh, daß er sich für Elisabeth entschlossen hatte, aber sein Kind wollte er nicht verlieren. Trotzdem konnte er sich nicht zu einer Beichte durchringen. Als von Erika ein letzter Brief kam, in dem sie schrieb: „Dein Sohn befindet sich im Waisenhaus, kümmere dich um ihn!", wußte er, daß er nun eine Lösung finden mußte.

Im Waisenhaus von Temeschburg fand er wirklich seinen kleinen Georg, ein schönes verängstigtes Kind mit dunklen Locken und fragenden Augen. Er vertraute sich der Leiterin an und bat diese um Hilfe und Rat, vor allem aber um Geduld. Diese hatte Verständnis für ihn, ließ dem Jungen seine Locken, obzwar alle Waisenkinder kurz geschoren waren. Aus ihrer langjährigen Erfahrung wußte sie, daß dieser Vater sein Kind nicht lange hier lassen würde.

Georg war in seiner Jugendzeit ein begeisterter Fußballfan, und nun ging er wieder jeden Sonntagnachmittag zum Fußballplatz, er verfolgte aber nicht das Spiel, sondern besuchte seinen Sohn im Waisenhaus. Danach saß er noch einige Zeit mit den Fans bei einem Glas Bier und erfuhr so die Einzelheiten jedes Spieles, damit er glaubhaft mitsprechen konnte.

Elisabeth hatte während ihres Krankenhausaufenthaltes einen unheilbar kranken Jungen kennengelernt, den sie mit Georg sehr oft im Krankenhaus besuchte. Diese Gelegenheit nahm Georg immer wieder wahr, um das Gespräch auf ihre Kinderlosigkeit zu führen und eine eventuelle Adoption vorzuschlagen. Anfangs hatte Elisabeth wegen ihres Gesundheitszustandes Bedenken, später fand sie selbst Gefallen daran. Gemeinsam beschlossen sie, daß für sie nur ein Mädchen in Frage käme.

Endlich kam der Tag, an dem Elisabeth ihrem Georg versprach, sich im Waisenhaus nach einem Mädchen umzusehen. Georg lief zur Leiterin und bat diese, wenn möglich Elisabeth für Klein-Georg zu beeinflussen. Falls sich Elisabeth für ein anderes Kind entscheiden würde, müßte er ihr sagen, daß er einen Sohn habe.

Als Elisabeth von der Leiterin erfuhr, daß es keine kleinen Mädchen im Waisenhaus gebe, wollte sie lieber noch warten und ein andermal wiederkommen. Beim Weggehen öffnete die Leiterin eine Tür und lud sie ein, sich doch mal die netten Jungs anzusehen. Besonders dieser mit dem schwarzen Wuschelkopf sei ein ganz liebes Kerlchen.

Elisabeth sah auf die Kinder, die im Zimmer spielten. Plötzlich stand der kleine Junge mit dem Wuschelkopf auf und kam zu ihr. War es, weil dieser Junge als Einziger oft Besuch bekam, oder war es Vorsehung? Er streichelte ihr Kleid und zeigte ihr ein Spielzeug, als würde er sie auffordern, mit ihm zu spielen. Elisabeth nahm den Kleinen auf den Arm und dieser schmiegte sich an sie.

Selbst die Leiterin war erstaunt und dachte, daß sich der kleine Schelm in das Herz dieser Frau geschlichen hatte. Elisabeth war so beeindruckt, daß sie nach dem Namen des Kindes fragte – er hieß Georg Weber – und versicherte, daß sie sich für diesen Jungen entscheiden könnte, aber ihr Mann wolle doch unbedingt ein Mädchen. Die Leiterin riet ihr, mit ihrem Mann noch einmal darüber zu sprechen und meinte lächelnd: „Letztendlich tun doch unsere Männer immer das, was wir wollen, wenn wir es nur diplomatisch genug anstellen."

In Gedanken versunken ging Elisabeth heim, und als Georg nach Hause kam, schwärmte sie ihm so viel von einem kleinen netten Jungen vor, daß er ein Stoßgebet nach dem anderen zum Himmel sandte. Als sie das Argument anführte, daß der Kleine mit Vornamen Georg heiße und nach der Adoption den gleichen Namen hätte wie er, zeigte sich Georg überzeugt und versprach, sich diesen Wunderknaben mal anzusehen.

Ganz aufgeregt eilte Elisabeth am nächsten Tag an der Seite ihres Georg zum Waisenhaus. Die Leiterin ließ sich nicht anmerken, daß sie Georg schon kannte, und voller Erwartungen begaben sich alle in das Zimmer der Kinder. Klein-Georg erhob sich sogleich und kam lächelnd auf Georg zu, überwältigt nahm dieser ihn auf den Arm, und der Kleine schlang seine Ärmchen um seinen Hals. Gerührt sagte Elisabeth: „Genau so ist er auch zu mir gekommen, ich glaube nun hat er auch dich erobert." Sie wollte den Kleinen sofort mitnehmen, doch die Leiterin erklärte ihr, daß da einige Formalitäten zu bewältigen wären. Vor allem müßte von der Mutter eine Erklärung zur Adoptionsfreigabe unterschrieben werden. Auf den erschrockenen Blick von Georg meinte sie beschwichtigend: „Keine Angst, diese Mutter ist froh, wenn sie die Sorge für das Kind los ist. Sie wird niemals erfahren, bei wem das Kind lebt."

Elisabeth flüsterte: „Was ist das nur für eine Mutter, die so ein liebes Kind weggibt?" Beide verabschiedeten sich liebevoll von dem Kleinen und begannen mit dem Vorantreiben der Adoption. Sie hatten Glück, es war drei Wochen vor Weihnachten, und alle Behörden hatten dafür Verständnis, daß sie ihren kleinen Liebling am Heiligen Abend in ihre Arme schließen wollten. Bei einem späteren Frauengespräch, als jede Frau über den Ablauf der Geburt berichtete, sagte Elisabeth: „Bei mir hat das drei Wochen gedauert." Alle staunten und bedauerten sie, daß sie so lange leiden mußte. Sie aber lächelte nur geheimnisvoll.

Für Georg und Elisabeth waren es die schönsten Weihnachten ihres Lebens. Nachdem sie Klein-Georg aus dem Waisenhaus mitnehmen durften, zogen sie durch die Geschäfte und kauften ihm viele schöne Sachen. Die größte Freude hatte der Kleine mit den neuen Lackschuhen. Daheim erklärte ihm Georg, daß er nun Papa und Mama sagen solle, der Kleine aber sah ihn nur erschrocken an und blieb stumm. Als aber Elisabeth mit einem Teller voller Plätzchen das Zimmer betrat, lief der Kleine zu ihr und sagte: „Mama, bitte Kuchen!" Ihr schwindelte plötzlich, sie mußte sich setzen, und auf die erschrockene Frage von Georg sagte sie: „Er hat Mama zu mir gesagt! Das erste Mal hat jemand Mama zu mir gesagt!" Müde und glücklich schlief Klein-Georg ein, in einem Händchen einen Lackschuh und im anderen ein Spielzeugauto.

Die Zeit verging, Klein-Georg entwickelte sich zu einem lebhaften Jungen, der immer für Streiche aufgelegt war, aber niemand konnte ihm zürnen. Mal donnerte er seinen Ball in eine Fensterscheibe, mal prügelte er sich mit einem Nachbarsjungen, aber immer wieder versprach er treuherzig, seiner Mama nie wieder Ärger zu bereiten.

Als sie sich bei einem Sturz ein Bein brach, war der Kleine so verzweifelt, daß er nur mit Mühe von dem Rettungswagen entfernt werden konnte. Als sie mit ihrem Gipsbein zurückkam, war er der treusorgendste, folgsamste Sohn, den man sich nur vorstellen kann. Elisabeth hatte Mühe, ihn immer wieder zu den anderen Kindern zum Spielen zu schicken, er wollte immer in ihrer Nähe sein, damit er ihr helfen konnte, wenn sie ihn brauchte.

Elisabeth hatte schon ganz vergessen, daß nicht sie den Kleinen geboren hatte. Georg bewunderte seine gütige Frau und dankte Gott, daß er mit seinen zwei liebsten Menschen in einer glücklichen Familie leben konnte. Er hatte alle Briefe von Erika vernichtet, bis auf den letzten, in dem sie ihm mitgeteilt hatte, daß der Kleine sich im Waisenhaus befinde. Diesen trug er in seiner Brieftasche, er wollte ihn aufbewahren, damit er dem Kleinen einmal beweisen könnte, daß er sein Vater ist, wenn er einmal erfahren sollte, daß er adoptiert wurde. Groß war aber seine Verzweiflung, als ihm seine Brieftasche abhanden kam und er sie nur wie durch ein Wunder wieder fand. Danach legte er diesen Brief zu allen anderen Akten in eine Kassette.

In der Schule hatte Klein-Georg keine Probleme, er hatte die ersten zwei Jahre als Klassenbester beendet, und als im Herbst die Einschreibungen für die Schule begannen, meinte er zu seiner Mama, daß er sich eigentlich auch selbst ohne seinen Vater einschreiben gehen könnte. Dazu brauchte er seinen Geburtsausweis, den holte ihm seine Mama aus der Kassette. Dabei fand sie einen Brief, den sie noch nie gesehen hatte und den sie nun immer wieder lesen mußte, bis sie begriff, daß ihr Georg sie betrogen, und was noch viel schlimmer war, sie all die Jahre belogen hatte.

Elisabeth war sehr verzweifelt, sie konnte das Kind nicht mehr sehen, und als Georg heimkam, fand er sie in Tränen aufgelöst. Alle Beteuerungen halfen nichts, sie war fest entschlossen, sich von ihm zu trennen, von einem Mann, der sie jahrelang hintergangen hatte.

Klein-Georg verstand die Welt nicht mehr, und als sein Vater ihm erklärte, daß Mama weggehen werde, lief er zu ihr und bettelte, sie solle ihn doch mitnehmen, er wolle lieber mit ihr gehen als beim Papa bleiben.

In den folgenden Nächten fand keiner von ihnen erholsamen Schlaf, selbst Klein-Georg kam immer wieder an das Bett seiner Mama, um nachzusehen ob sie noch da war. In der Schule war er unkonzentriert und kam in der Pause nach Hause gelaufen, um sich zu vergewissern, daß seine Mama nicht weg war. In die Stunde kam er natürlich zu spät und mußte dafür in der nächsten Pause im Klassenzimmer bleiben. Auch das konnte ihn nicht abhalten, durch das Fenster floh er zu seiner Mama.

Elisabeth war sehr unglücklich und sie wußte, daß sie noch viel unglücklicher sein würde, wenn sie sich von diesen beiden ihr so lieben Menschen trennte. Sie merkte auch, daß diese beiden nicht glücklicher waren und fand nach reichlicher Überlegung, daß durch die Trennung drei unglückliche Menschen leiden würden. Das gab ihr die Kraft und die Erleuchtung, sie hörte sich die Beichte ihres Gatten an, sie mußte zugeben, daß es für ihn bestimmt nicht leicht gewesen war, auch fand sie es bewundernswert, daß er sie nicht verlassen hatte, als sie krank war.

Es brauchte seine Zeit, bis Elisabeth wieder ausgeglichen und zufrieden war. Eigentlich waren sie erst jetzt eine wirklich sorglos glückliche Familie. Klein-Georg machte ihnen viel Freude, er war ein talentierter Klavierspieler und versöhnte seine Mama nach jedem Ärger mit ihrem Lieblingslied.

Zu seinem 18. Geburtstag zeigte ihm Georg den verhängnisvollen Brief und erklärte ihm sein Schicksal. Darauf hatte dieser den Wunsch, seine richtige Mutter kennenzulernen. Er suchte nach ihr und fand sie auch, aber nach einem Besuch bei ihr wollte er nichts mehr davon hören, er beteuerte immer wieder, er habe nur eine Mutter, und das sei seine Mama Elisabeth.

Dornenweg

Josef Pfeiffer war der Sohn eines Waldarbeiters im Nordwesten Rumäniens. Als er geboren wurde, waren seine Eltern schon betagt, hatten eine erwachsene Tochter, die kurz darauf heiratete. Als Pfeiffer zehn Jahre alt war, starb sein Vater. So mußte er kurz nach dem Grundschulabschluß für sich und seine Mutter den Unterhalt verdienen. Er fand Arbeit am Bau, und der Bauleiter wurde bald auf ihn als aufgeweckten und vielseitigen Burschen aufmerksam. Sie wurden Freunde. Der Bauleiter riet Pfeiffer, sich durch Abendkurse sein Wissen zu erweitern. Er bestand das Abitur mit Bravour, und seine Lust zum Weiterstudieren war geweckt. Er überlegte: Wenn er in den Ferien arbeiten würde, um für seine Mutter Nahrung und Heizung für je ein Jahr zu verdienen – er selbst könnte vom Stipendium leben, ein wenig Erspartes hatte er, das im Notfall einige Auslagen decken könnte –, müßte es doch gelingen, fünf Jahre lang auszukommen. Es würde ihm nicht schwer fallen, sich mit dem Nötigsten in dieser Zeit zu begnügen, er war ja nie verwöhnt worden.

Im kommunistischen Rumänien konnte man als Parteimitglied viele Vorteile ergattern, und die Partei nahm Pfeiffer mit offenen Armen auf, war er doch das Kind armer Eltern und dadurch mit einer damals so wichtigen „originea sanatoasa" (gesunden Abstammung) nicht der Sohn von „kapitalistischen Ausbeutern".

Die Abendschule hatte er in einer kleinen Kreisstadt besucht. In einem Walddorf aufgewachsen, war es für ihn ein Erlebnis, als er erstmals in die Großstadt kam. Hier in der Banatmetropole hatte er beim Politechnischen Institut Temeschburg die Aufnahmeprüfung an der Baufakultät gut bestanden und war nun stolzer Student.

Als er im Status eines Parteimitglieds in die prunkvolle Aula beim Rektorat zur ersten Sitzung geladen war, bestaunte und bewunderte er den kunstvollen Saal. Er setzte sich neben Frau Haller, Sekretärin bei der Baufakultät, und sie begannen ein Gespräch. Dabei belehrte ihn Frau Haller, daß man sich nicht so auffallend alles betrachten dürfe, das müsse man diskreter tun. Er sah das sofort ein und gestand freimütig, daß er noch nie so viel Schönes gesehen habe. Auch wie es kam, daß er sich zum Studium entschlossen hatte.

Ab dieser Sitzung hatte Pfeiffer in Frau Haller eine mütterliche Freundin gefunden, die selbst zwei Kinder und somit viel Verständnis für den jungen Studenten hatte. Immer wieder kam er mit seinen Problemen zu ihr, und sie belehrte ihn mit guten Ratschlägen, die er dankbar befolgte. So wurden die Lücken in seinem Benehmen und Wissen bald ausgefüllt.

Pfeiffer war ein offener, ehrlicher Mensch, alle mochten den netten Jungen, er fand viele Freunde, nur bei den Mädchen hatte er keinen Erfolg. Alle sahen in ihm nur den sympathischen, hilfsbereiten Kollegen, mit dem man über alles sprechen, bei dem man sogar seinen Liebeskummer ausweinen konnte, aber keine fand ihn liebenswert genug, um eine Beziehung mit ihm einzugehen.

Auch darüber beklagte er sich bei Frau Haller, und diese riet ihm, er möge mehr auf sein Äußeres achten, dann würde bestimmt ein Mädchen auf ihn aufmerksam und merken, was für ein wertvoller Mensch er ist. Es war rührend, wie oft er nun das Hemd wechselte und die Hosen bügelte, aber es half trotzdem nichts. Wobei sein Mißerfolg bestimmt auf seine Sparsamkeit zurückzuführen war. Er konnte es sich nicht leisten, ein Mädchen zu einem Eis oder in ein Kino einzuladen.

Zwei Jahre ging alles gut, und es wäre ihm bestimmt gelungen durchzuhalten, wenn er nicht das Pech gehabt hätte, einem Professor zu mißfallen. Ohne Grund, ganz einfach nur so! Dieser Professor hatte sich aus ganz primitiven Verhältnissen durch die Partei nach oben geboxt, aber nicht durch seine Fähigkeiten, sondern durch Bespitzelung, Verrat und Hinterhältigkeit hatte er es auf der Karriereleiter bis zum Prodekan gebracht. Im Kommunismus war eben alles möglich. Er war nicht beliebt, seine Vorlesungen waren schwerfällig und unzureichend, besonders die Mädchen fürchteten ihn.

Was ihm nun an Pfeiffer nicht gefiel, ist unerklärlich, wahrscheinlich die Intelligenz und Integrität dieses aufrechten Mannes, an dem er seine Machtgefühle erproben konnte. Es ist bekannt, daß im Kommunismus, besonders in Rumänien, die Bestechlichkeit eine große Rolle spielte, und der arme Pfeiffer hatte doch keine Mittel, um diesen Nimmersatt zu bestechen.

Obzwar Pfeiffer wie immer gut vorbereitet in die Prüfungen ging, bestand er diese bei Professor Filip nicht. Selbst seine Kommilitonen waren entrüstet. Oft beklagten sich die Studenten im Sekretariat, wenn ein gut vorbereiteter Student die Prüfung wiederholen mußte, während ein anderer mit nur wenig Kenntnissen die Prüfung bestand. Bei Pfeiffer waren alle sprachlos, und für ihn selbst war es besonders schlimm.

In diesem Sommer mußte er lernen, konnte nicht arbeiten und Geld verdienen und bestand im Herbst die Prüfung trotzdem nicht. Bei Wiederholung des Studienjahres fiel auch das Stipendium weg und somit die materielle Möglichkeit des Überlebens.

Zum Glück hatte Pfeiffer noch einen Teil von seinem Ersparten und hoffte nun, mit noch mehr Einschränkung auch dieses schwere Jahr zu überstehen. Am meisten belastete es ihn, daß er in diesem Jahr für seine Mutter nichts tun konnte. Diese beruhigte ihn, daß auch sie selbst noch mehr sparen werde und er sich nicht unnötig mit Sorgen belasten möge. Auch seine Schwester versprach, obwohl sie drei Kinder hatte und nicht sehr begütert war, dieses eine Jahr für die Mutter zu sorgen.

Zum Stipendium gehörte auch eine Essenskarte für die Mensa. Da Pfeiffer in diesem Jahr kein Recht auf ein Stipendium hatte, mußte er sich das Essen selbst bezahlen, doch dazu reichte sein Geld nicht. So stand er vor der

Tür und wartete, daß einer der Studenten seine Suppe nicht aufaß. Viele seiner Freunde verzichteten oftmals auf ihr Essen mit der Begründung keinen Hunger zu haben oder schützten Unwohlsein vor, nur um ihm die Demütigung des Bettelns zu ersparen. Er war nämlich sehr stolz und nahm keine Hilfe an, wenn sie noch so gut gemeint war, aber Hunger tut nun mal sehr weh. Alle bewunderten ihn, wie er alles ertrug, nur um durchzustehen.

Doch leider halfen alle Opfer nichts, es änderte sich nichts, Pfeiffer konnte lernen, soviel er wollte, die Prüfung bei Professor Filip bestand er nicht. Dieser Satan war unerbittlich, er wollte es erreichen, daß Pfeiffer sein Studium aufgab. Das Gesetz erlaubte nur eine Wiederholung eines Studienjahres, und Filip war überzeugt, daß Pfeiffer nun von der Fakultät verwiesen würde.

Pfeiffer war am Ende, er wollte aufgeben. Nervlich war er soweit, daß er in eine Psychiatrische Klinik eingewiesen werden mußte, um sich einer Behandlung zu unterziehen. Das war nun ein Vorteil für ihn, es gab nämlich die Möglichkeit, „wegen Krankheit das Studienjahr zu wiederholen".

Pfeiffer erholte sich bald und begann zu lernen. Auf Anraten von Frau Haller und ermutigt von seinen Studienkollegen, die ihn im Krankenhaus oft besuchten, entschied er, sich im Herbst zur Nachprüfung zu stellen.

Zum Glück war Professor Filip auf einer Studienreise in Kuba, und sein Assistent übernahm die Nachprüfungen. Dieser kannte nur zu gut die verzweifelte Lage Pfeiffers. Er selbst war auch Waise, von der Großmutter erzogen, und hatte sein Studium nur unter großen Opfern beenden können. Dieser Assistent kam nun ganz ratlos zu Frau Haller und sagte: „Was soll ich machen, Pfeiffer hat mir hier eine so wunderbare Arbeit geliefert, sie verdient die Bestnote 10. Ich kann doch Pfeiffer keine 10 geben. Wenn Professor Filip kommt und das sieht, annulliert er mir die Benotung. Sie wissen doch, wie er zu Pfeiffer steht? Er wird sich bestimmt an die Schrift hängen, die fast unleserlich ist. Der Arme muß nervlich ganz durcheinander sein. Vom Inhalt her ist es die beste Arbeit, die ich je gesehen habe. Was soll ich nur machen?"

Frau Haller riet ihm, er möge doch den Parteivorsitzenden befragen, der als Professor seine Meinung sagen solle. „Dann sind Sie gedeckt."

Das mußte aber sehr diplomatisch geschehen, und so rief der Assistent an und fragte: „Genosse Professor, bitte raten Sie mir, was ich tun soll. Dieser Pfeiffer hat mir da so eine gute Arbeit geliefert, die müßte ich mit 10 benoten. Ich kann doch Pfeiffer nicht die beste Note geben, nachdem er bisher die Prüfungen überhaupt nicht bestehen konnte?"

Der Parteivorsitzende war auch nicht sehr intelligent, aber dafür ein gutmütiger Mensch, und sagte daher gutgelaunt: „Natürlich können Sie Pfeiffer keine 10 geben, scheinbar hat ihm die Klapsmühle zu mehr Verstand verholfen. Geben Sie ihm eben eine 9."

Inzwischen wartete Pfeiffer im Vorraum. Plötzlich kam eine Studentin in das Sekretariat gestürmt und bat um Hilfe: Pfeiffer ist zusammengebrochen. Frau Haller lief zu ihrem Schützling. Als es ihm wieder besser ging, konnte er berichten, daß er vom Krankenhaus – rund 40 Kilometer – zu Fuß gekommen war, weil er kein Geld für eine Fahrkarte hatte. Gegessen hatte er den ganzen Tag auch noch nichts. Als Frau Haller ihm nun Geld geben wollte, damit er wenigstens zurückfahren könne, nahm er es nicht, obzwar sie sagte: „Schau, ich leihe dir das Geld, und von deinem ersten Gehalt zahlst du es mir zurück." Er aber weigerte sich mit der Begründung, daß er nicht wisse, ob er jemals wieder arbeiten können würde.

„Natürlich kannst du das", sagte Frau Haller, „und die Prüfung hast du auch bestanden, nur weiß der Assistent noch nicht, welche Note er dir geben soll. Warum hast du auch so unleserlich geschrieben?" Diese freudige Nachricht wirkte wie ein Zaubertrunk, Pfeiffer erholte sich schnell und kehrte wieder zu Fuß, aber zufrieden und froh in das Krankenhaus zurück.

Das nächste Studienjahr war leichter, denn wegen der Krankheit konnte Frau Haller ihm ein „außerordentliches" Stipendium erwirken. Auch Professor Filip konnte ihn nicht mehr so sehr drücken, war doch nun auch der Parteivorsitzende auf Pfeiffer aufmerksam geworden, und so konnte er, mit großen Opfern zwar und immer wieder ermutigt von Frau Haller und seinen Freunden, sein Studium beenden.

Natürlich freuen sich alle und sind stolz, wenn sie ihr Ziel erreicht haben, Pfeiffer aber war außergewöhnlich froh und dankbar. Immer wieder beteuerte er Frau Haller, daß er nur durch ihre Hilfe sein Ziel erreicht habe und wie dankbar er ihr sei.

Nach der Staatsprüfung nahm Pfeiffer begeistert die Einladung seiner Kollegen an, um sich an einem Ausflug ins Donaudelta zu beteiligen. Er freute sich wie ein Kind darüber und sagte Frau Haller beim Abschied: „Dies ist die erste Urlaubsreise meines Lebens. Ich bin so glücklich, daß ich mich daran beteiligen darf und daß ich endlich meine Sorgen los bin. Nun beginnt ein schönes Leben für mich."

Es war auch eine schöne Reise, so lustig und übermütig war Pfeiffer nie vorher. Das Donaudelta mit seinem Vogelparadies und dem Sonnenuntergang war einmalig. Das Wetter war sommerlich warm und veranlaßte die Gruppe zum Baden.

Als alle erfrischt und gutgelaunt zur Weiterfahrt versammelt waren, merkten sie, daß Pfeiffer fehlte. Alles Suchen und Rufen war vergebens. Pfeiffer ist nicht mehr erschienen.

Endlich fanden sie an einer abgelegenen Stelle Pfeiffers Kleider und seine Brille. Nun erst war ihnen klar: Er hatte bestimmt keine Badehose, schlich sich deshalb von der Gruppe weg und kam ausgerechnet an eine sehr gefährliche Stelle, wo, wie man später erfahren konnte, schon viele Menschen ertrunken waren. Pfeiffers Leiche wurde niemals gefunden.

Erinnerungen an die Front

Es war Anfang September 1944, als eines Tages einige Autos durch die Straßen von Schag fuhren. Am Steuer saßen deutsche Soldaten, neben ihnen strahlende Kinder aus dem Ort, für die das Autofahren in jener Zeit ein Erlebnis war. Es war der Vorschub eines deutschen Regiments, das zur Eroberung der Stadt Temeswar eingesetzt werden sollte, was von den Partisanen in Jugoslawien aber verhindert wurde. So mußten die paar Soldaten wieder abziehen, um nach einigen Tagen mit der ganzen Truppe wieder zu erscheinen. Der Kirchturm von Schag wurde als Beobachtungsposten bezogen und daher auch von den feindlichen Truppen aus Temeswar stark beschossen.

Wir wohnten in der Nähe der Kirche. Im Haus war eine Gaststätte, und dahin kam der diensthabende Offizier zum Essen und um sich zu reinigen. Dabei konnten wir seine immer besorgter werdende Miene beobachten und seine verzweifelten Antworten auf die Fragen meiner Mutter: „Der Nachschub kommt nicht." Dieser sollte von Griechenland her zur Verstärkung kommen, um den Angriff auf Temeswar zu vestärken.

Als die Truppen aus Griechenland sich durch die Linien der Partisanen Jugoslawiens durchgekämpft hatten, wurde auch die Stadt Temeswar gestürmt. Inzwischen hatte aber auch die rumänische Armee von den Sowjettruppen Verstärkung erhalten, so daß die Eroberung der Stadt nicht gelang.

Wir verbrachten Wochen im Keller. Unser Nachbarhaus, Eigentum der Eisler Lisi, hatte den stabilsten Keller, und so waren sämtliche Leute unserer Straße dort untergebracht. Nur die Link-Bäckerin war keine Sekunde im Unterschlupf, sie hat Brot gebacken. Wenn wir sie baten, doch auch in den schützenden Keller zu kommen, sagte sie nur: „Ich kann doch die vielen Menschen nicht verhungern lassen."

Da dieser Keller sich in unmittelbarer Nähe der Kirche befand, waren wir mitten im Geschoßhagel. Selbst wir Kinder hatten schon gelernt, wann es gefährlich war und wann man wagen konnte, im Garten nach Obst zu suchen. Wenn nach dem Abschluß-Bumm ein lauter Pfeifton und dann erst das laute „Bumm" des Einschlags folgte, beachteten wir das gar nicht mehr, denn das Pfeifen besagte, daß die Kugeln an uns vorbei flogen. Aber wehe, wenn auf ein „Bumm" ein noch lauteres „Bumm" folgte, dann rannten wir alle so schnell wir konnten in den Keller. Einmal schlug so ein Geschoß ca. 30 Meter vom Keller in den Gartenzaun ein. Der Sohn unserer Bäckerin, der Link Feri, damals ein junger Bursche, saß gerade im Keller neben dem Eingang auf einem Stuhl und knackte Nüsse. Durch den Luftdruck wurde er in die Höhe gehoben und auf den danebenstehenden Stuhl geworfen.

Meine Großmutter, mit meinem kleinen Bruder in der Wiege, wohnte all die Wochen, Tag und Nacht, im Keller. Wir anderen schliefen, wenn es ruhig war, in unseren Wohnungen. Die alte Engelmann-Neni und ich durften bei der Eisler Lisi im Zimmer schlafen, damit wir bei Gefahr schneller im

Keller sein konnten. Oft hatten wir kaum Zeit, uns anzuziehen, das besorgten wir dann unten im Keller.

Oma ging manchmal tagsüber nach Hause, um in ihrer Küche etwas zum Essen für uns zu kochen, dabei mußte sie über eine hohe Mauer steigen, an der von beiden Seiten je eine Leiter stand. Über die Straße wäre es zu gefährlich gewesen. Das Schießen wurde immer dichter, Pfeiftöne waren nicht mehr zu hören, ringsherum aber schlugen die Geschosse immer wieder ein. Vor unserem Haus schlug eine Kanonenkugel ein tiefes Loch, alle Scheiben zerbrachen, aber Oma machte das Essen noch schnell fertig und kam mit der Pfanne über die Mauer. Vor Schreck fiel sie von der Leiter, ihr schwäbischer Rock verfing sich in der Leiter und zog so diese hinter sich her. Die Pfanne mit dem Essen hielt sie aber tapfer in der Hand. Vor Angst konnten wir nicht essen. Erst als das Schießen nachgelassen hatte, merkten wir, daß wir Hunger hatten und verzehrten dankbar das Gekochte.

Als wieder einmal ein vorbeiratternder Panzer die Erde erschütterte, sagte mein zweijähriger Bruder: „Horch, ein Traktor." Darauf sagte die alte Frau Engelmann: „Na, wem fällt es denn jetzt ein, mit einem Traktor zu fahren." Alle schimpften mit ihr, sie sollte doch nicht so einen Blödsinn reden, „wo fährt denn jetzt ein Traktor". Die Angst und der Schrecken saß bei allen so tief, daß sie keinen Sinn mehr für Humor aufbrachten.

In einer Schießpause ging der Trommler durch den Ort und verkündete, alle Volksdeutschen sollten sich für die kommende Nacht über den Temeschfluß in Sicherheit bringen, da es womöglich Straßenkämpfe geben werde und die Zivilbevölkerung dabei zu Schaden kommen könnte.

Alles flüchtete, auf Pferdewagen und mit Handwagen, es war ein erschreckender Anblick, als alles in Panik forthastete. Meine Mutter war Postmeisterin, sie war überzeugt, daß sie ihren Posten als Staatsangestellte nicht verlassen dürfte. Ich habe das mit meinen elf Jahren nicht verstehen können und fing zu heulen an. Ich schrie: „Die Russen werden uns erschießen." Darauf beschloß meine Mutter, daß Oma und wir Kinder bis Voiteg zu unseren Verwandten ziehen sollten, bis die Gefahr vorüber wäre. Wir packten unser Nötigstes in die Koffer, und als es zum Abschiednehmen kam, sagte Oma: „Nee, entweder gehn mr alli, oder mir sterwe mitnaner." Heulend zogen wir alle vier wieder in den Keller.

Ein großer Teil der deutschen Bevölkerung zog mit dem deutschen Heer weiter. Über Jugoslawien und Ungarn gelangten sie nach Österreich und Deutschland. Ein kleiner Teil kam nach Ende des Krieges nach Schag zurück. Ihre Häuser waren von Rumänen aus Mazedonien besetzt, ihre Möbel zum Teil vernichtet. Alle hatten einen schweren Anfang, aber auch die Hoffnung, daß es einmal wieder so werden würde wie früher.

Die Schager Kirche wurde als Observatorium von der russischen Armee stark beschossen und zur Hälfte zerstört. Die heilige Messe konnte monatelang nur in der gegenüberliegenden Schule abgehalten werden. Nach Ende des Krieges haben die Schager die Kirche renoviert, neu eingedeckt und gesäubert. Dabei hat sogar der neue Kaplan Sauer beim Dachdecken mitgeholfen.

Abschied von zu Hause

Es war unser sehnlichster Wunsch – wie der fast aller Deutschen im Banat – die Ausreisegenehmigung nach Deutschland zu erlangen, um als Deutsche unter Deutschen zu leben. Wir sind immer wieder stundenlang angestanden, oft ganze Nächte hindurch, um unser Anliegen in einigen Minuten „tauben Ohren" vorzutragen.

Als man uns endlich nach zwanzig Jahren mitteilte, daß unsere Ausreise genehmigt wurde, war es für uns wie ein Wunder. Wir sind wie Traumwandler von der Paßbehörde (Miliz) heimgegangen. Auf der Straße begegnete uns ein Bekannter, der sagte: „Ihr beiden strahlt, als kämt ihr vom Standesamt oder vom Paßamt. Wenn ich überlege, daß ihr schon fast dreißig Jahre verheiratet seid, kann es nur sein, daß man euch die Ausreise genehmigt hat. Nur dann kann man so verklärt aussehen."

Dann gab es viele Hindernisse zu bewältigen, alles mußte termingerecht erledigt werden. Alle Freunde und Nachbarn kamen und wollten das Zusammensein mit uns noch genießen. Einer sagte: „Ich weiß, ich müßte jetzt heimgehen, ihr habt bestimmt noch viel zu tun, aber wenn ich bedenke, daß ich euch vielleicht nie mehr sehen und sprechen kann, dann will ich doch jetzt noch ein wenig mit euch plaudern."

Endlich war alles verpackt, verkauft und verschenkt und es hieß Abschied nehmen vom Elternhaus, von allem, was lieb und vertraut war: Ich strich leicht über jede Türklinke und jedes Fensterbrett. Ich streichelte die Bank unter dem Rosenbogen und umarmte jeden Baum. Ich preßte meine Stirn an die rauhe Rinde des Kirschbaumes und heulte. Aber am schlimmsten war der Abschied von meiner Cocker-Hündin Bella. Diese spürte mit ihrem feinen Instinkt, daß die Trennung bevorstand. Seit Tagen war sie krank vor Trauer. Sie verbrachte die ganze Zeit in ihrer Schmollecke, wo sie sich sonst nur verbarg, wenn sie gescholten wurde. Ich rief sie, lockte und bettelte, aber sie kam nicht hervor. Erst als ich laut zu weinen anfing, kam sie mit gesenktem Haupt heraus, sah mich nicht an, kehrte um und verbarg sich wieder in ihrem Unterschlupf.

Dieses Weh kennt nur, wer einmal Abschied nehmen mußte.

Unser Freunde begleiteten uns bis zur Grenze nach Curtici, wir mußten viele Stunden vor Ankunft des Zuges dort gemeldet sein – es waren die letzten Schikanen, die wir noch zum Abschied erdulden mußten.

Als endlich der Zug kam und wir in den vereisten, ungeheizten Zug stiegen, durften unsere Freunde uns nicht bis zum Bahnsteig begleiten. Alle standen hinter der Sperre und riefen uns zu: „Nehmt uns doch mit." Ich kenne dieses Gefühl, auch wir beneideten immer alle „Glücklichen", die in die Freiheit durften. Inzwischen sind zum Glück schon alle in der freien Welt.

Jakob Graß †
Bulkes – Wallern

Jakob Graß wurde am 2. Juni 1916 in Bulkes (Batschka/Jugoslawien) geboren. Dort besuchte er die Volksschule und in Neusatz die Bürgerschule. Als Jüngling war er Organist an der evangelischen Kirche in Werbaß und wirkte richtunggebend in allen Jugend- und Singgruppen. Nach erfolgreichem Abschluß der Lehrerbildungsanstalt in Neu-Werbaß wurde er an deutschen Volksschulen in Belgrad und später in Neu-Werbaß eingesetzt. Während der Belgrader Dienstzeit Gesangsstudium an der staatlichen Musikschule. Er widmete sich der Volksliedforschung, die er vor allem in den schwäbischen Dörfern um Budapest betrieb. Den Zweiten Weltkrieg überstand er und konnte sich mit seiner geflüchteten Familie nach Kriegsende und Entlassung aus der jugoslawischen Kriegsgefangenschaft in Wallern, Oberösterreich, wieder vereinigen. Wie für viele war auch für ihn der Neubeginn im neuen Lebensraum nicht einfach. Nur wenige hatten das Glück, daß ihnen hier ihre ausländischen Diplome anerkannt wurden, und so sah er sich gezwungen, zunächst die sich eben bietenden berufsfremden Beschäftigungen anzunehmen, um seiner Familie das Überleben zu ermöglichen. Schließlich gelang es ihm nach einigen Jahren, wieder in seinen geliebten Lehrerberuf zurückzukehren und in Wallern viele Jahre im Schuldienst zu wirken. Seine vielfachen Begabungen prädestinierten ihn dazu, daß ihm das Amt des Kulturreferenten im Landesausschuß der Donauschwaben über viele Jahre anvertraut wurde. Zur Gestaltung verschiedener Anlässe standen ihm das von ihm gegründete „Donauschwäbische Oktett" und die „Wallener Saitenmusi" zur Verfügung. Die Verleihung des silbernen Ehrenzeichens der Republik Österreich war eine verdiente öffentliche Anerkennung. Neben seiner musikalischen Begabung kann sein dichterisches, aber auch sein zeichnerisches und malerisches Talent nicht übersehen werden. Die von ihm geschaffenen Landschaftsbilder aus der Umgebung seines Wohnortes lassen erkennen, wie eng er sich mit Land und Natur seiner neuen Heimat verbunden fühlte. Jakob Graß starb am 30. Oktober 1995 in Wallern.

Tod und Mord

Hoch im Fieber liegt ein Knabe,
ringt im Leben mit dem Tod. –
Draußen gräbt man schon am Grabe,
all zu groß ist schon die Not.

Und die Mutter tief erschüttert
an des Kindes Lager weint –
und der Knabe ganz verbittert
jede Gabe stets verneint.

Noch in seinen letzten Zügen
spricht er leise vor sich hin:
Ach die Welt ist voller Lügen,
Mutter, bleibe nicht darin!

Noch ein Grab ward ausgehoben
neben jenem ersten dort –
und am Kreuze schrieb man oben:
Kind und Mutter – Tod und Mord.

Im Lager Sombor 1945

Längst dahin die schönen Zeiten

Längst dahin die schönen Zeiten
Einst daheim so wunderbar.
Nichts als lauter Bitterkeiten
Knechten uns jetzt immerdar.

Ach gar schwer ist unser Leiden,
Schauerlich der Menschen Qual,
Treue Seelen sich nun scheiden,
Öde ist es allzumal.

Kann's ein Mutterherz ertragen,
Kind und Mann von ihr getrennt?
Ewiger Gott, dir muß ich's klagen:
Lang ein Mutterherz schon brennt.

20. September 1945, Sombor

Weihnacht 1945

Es klingt ein Lied in aller Welt
in dieser Stund so hold,
der Tannenbaum ist aufgestellt,
er prangt im roten Gold.

Es klingt ein Lied in aller Welt
von Sehnsucht und voll Leid,
das Licht die finstre Nacht erhellt
in dieser Weihnachtszeit.

Es klingt ein Lied, ein Lied erklingt
von Ehre und von Glück,
die Freiheit unser Volk besingt
und sehnet sie zurück.

Es klingt ein Trauerlied so sacht
der Toten, die da ruhn,
sie mahnen uns in dieser Nacht,
was wir für sie zu tun.

Es klingt ein Lied zum Himmel auf,
es klingt ein Lied zum Licht;
die Welt, die gehet ihren Lauf –
der Herr verläßt uns nicht.

Im Internierungslager Sombor

Freiheit und Ehre

Herbstliche Winde schon wehen durchs Land,
Winter, was magst du uns bringen?
Haben die Freiheit in Ehren gekannt,
liegen wir jetzt auch in Schlingen.

Oft hat das jährliche Rad sich gedreht,
haben gebangt und gelitten,
nur weil die Ehre nach Freiheit gestrebt
und für das Recht wir gestritten.

Freiheit und Ehre wir geben nicht preis,
müßten wir fortan auch schmachten.
Menschliche Rechte und redlichen Fleiß
weiß man wohl kaum mehr zu achten.

Wer für sein Recht noch kein Opfer gewagt,
sei's auch das größte von allen,
dem bleibt die Freiheit auf ewig versagt,
dem ist die Ehre verfallen.

In der Internierung

Sehnsucht

Die Sonne scheint,
das Herze weint,
wie soll ich das verstehen?
Ich bin allein,
die Lieben mein
hab lang ich nicht gesehen.

Ein Jahr dahin
seit dem ich bin
von Frau und Kind verlassen.
Mein Herz ist schwer,
ich kann nicht mehr
vor Gram und Schmerz mich fassen.

O, weine Herz
in deinem Schmerz
und sehn' dich nach den Lieben.
Der Hoffnung Schein,
die Sehnsucht rein
von allem sind geblieben.

In der Internierung

Das Lied der Gitarre

Ich zupfe die Saiten so zart und so lind
und singe mein Lied in die Ferne,
von Sehnsucht erfüllt, getragen vom Wind,
der Liebsten – ihr sing ich so gerne.

Ich singe von Liebe, von Leid und von Schmerz,
vom Glück und von besseren Tagen.
Voll Liebe und Leide zugleich ist mein Herz –
o könnte ich alles Dir sagen!

Verstummet nun ist der Gitarre Gesang,
verhallet das Lied in den Winden.-
Nun träume und sinne im Herzen so bang,
wie ich, ach, Dich Liebste mag finden.

Mai 1946, Internierungslager Sombor

Heimatlos

Haus und Hof, die stehn verlassen,
und das Dorf, das ist nun leer.
In den einst bewegten Gassen
findest keine Freunde mehr.

Wo die Weizenfelder wogen
an der Donau, Drau und Theiß,
ist der Schwabe ausgezogen
und mit ihm sein zäher Fleiß.

So, von Hab und Gut vertrieben,
zog das Schwabenvolk nach Nord. –
Jene, die zurückgeblieben,
starben hungers – und durch Mord.

Heimatlos, mit leeren Händen
harrt dies Volk seit Jahr und Tag,
ob sein Schicksal sich wohl wenden –
oder trostlos bleiben mag.

Die Darfsproch

Alle Leit is doch bekannt,
daß mer Schwowe uf 'm Land
schwowisch rede un verzähle
un net lang an Warte wähle.
Wie's uns kummt, so saan mer's raus,
lacht die Welt uns a drum aus.

Doch, do gebt's so manche Leit,
die meene, sie sin aarich gscheit,
serwisch oder sunscht wie lalle
un mit fremde Sproche prahle.

Selbstverständlich is des scheen,
wann mr a kann die verstehn –
doch mit Weib un Kinn vrzähle,
tät ich schun mei Schwowisch wähle!

Alle Leit tun des net so,
weil sie sin gar aarich froh,
fremde Sache onzunehme,
weil sie sich mit eigne schäme.

A echter Schwob, der schämt sich net,
do steh ich gut d'vor un wett,
der werd a immer schwowisch lalle,
die Sproch a hoch in Ehre halle!

Die Fahrt in die Stadt

Unlängscht war ich in d' Stadt,
weil ich Arwet dart han g'hat.
Aus 'm Zug ich aus sin gschtie,
hu, was ich do alles sieh:
Um mich lauter große Häuser,
a so scheen als wie beim Kaiser!
Kaum mach ich d' erschte Schritt,
her ich hinne tüt, tüt, tüüüt!
Tuuut, schun wiedr her ich's blose,
o, wie zittre do mei Hose.
Kann net hinr, kann net vor,
links un rechts droht mer die G'fohr.
Un der aus dr Straßenbahn
wollt' mer e paar runrschlaan –
un so d' Fijakermann
un noch manche Leit, die han
uf mich gschrie un han mich g'rot,
daß ich Owacht gewe soll!
Niemols wiedr sie mich krie'n
in so eener Stadt zu siehn!

Erinnerung

Oft noch denk ich an die Liebe
Heimat, die mir alles war,
an das Haus, in dem die Wiege
stand der reichen Kinderschar.

Denke an die Dörfer, Felder,
höre noch der Glocken Klang –
durch die Lüfte, über Wälder
schallt der Schwaben Lobgesang.

Seh' im Geiste noch das Treiben
froher Kinder in dem Ort –
dankerfüllet alle schreiten
festlich zu der Kirche dort.

Sehe alles wohlbehalten,
höre noch den Glockenklang,
höre noch das Lied der Alten –
und der Schwaben Grabgesang.

Am Kamin

Abends in der Dämmerstunde
sitzt die kleine Kinderschar
um die Mutter in der Runde,
fragend, wie's daheim einst war.

Und es blickt die Mutter sinnend
in das Feuer im Kamin –
wie daheim sie saß oft spinnend
kam ihr lebhaft in den Sinn.

Aus dem Schein des Feuerspieles
steigen Heimatbilder auf –
sie erzählt den Kleinen vieles
von daheim, vom Schicksalslauf.

Als sie wehmutsvoll geendet,
war es totenstill im Raum. –
Was des Feuers Schein gespendet,
ist den Kindern nur ein Traum.

Betrogenes Herz

Was grämst du dich Herz?
Hast du nicht schon Schmerz
ertragen in Fülle!?
Kummer, Enttäuschung,
betrogene Hoffnung
ertrage in Stille.

Was quälst du dich Herz?
Es lindert den Schmerz
dein ewiges Bangen
nicht! – Gib dich zufrieden,
dir ist nicht beschieden
zu stillen dein Verlangen!

Betrogenes Herz,
noch sehnst du im Schmerz
herbei sel'ge Stunden.
Du mußt nun vergessen,
was nie hast besessen –
und glaubtest gefunden.

Das fünfte Rad am Wagen

In Nächten, da gequält das Herz
und denkt vergangner Tagen,
da fühl ich mich in meinem Schmerz
als fünftes Rad am Wagen.

Wie nötig dieses Rad wohl sei,
will tröstend man mir sagen. –
Man braucht es nur so nebenbei,
das fünfte Rad am Wagen.

Als Kind hat's mich mit Schmerz erfüllt,
ich wollte oft verzagen,
wenn andere mich ausgespielt
als fünftes Rad am Wagen.

Nun bin ich älter – viel allein
und muß es bitter klagen:
Ich möchte doch kein Spielzeug sein,
kein fünftes Rad am Wagen!

Jahreswende

Diese Stunde ist die Wende,
diese Stunde ist Beginn,
Anfang ist sie, sie ist Ende:
unsre Schicksalsträgerin.

Möge diese Stunde künden
ein gesegnet neues Jahr,
daß sich alle Menschen finden
einig, friedlich, lieb und wahr.

Gläubig laßt dies Jahr beginnen,
liebend unser Schaffen sei,
hoffend unser aller Sinnen,
unser Leben sorgenfrei.

Was uns dieses Jahr an Freuden
oder Leiden bringen mag, –
laßt uns nicht vom Wege gleiten,
den uns Gott weist Tag für Tag.

Legt getrost in seine Hände
alle eure Sorgen bloß!
Er ist Anfang, er ist Ende,
Gott ist lieb, gerecht und groß.

Frohen Muts mit Gottvertrauen
und in Liebe wunderbar
lasset uns die Zukunft bauen:
ein gesegnet neues Jahr!

Herbstnacht

Lüfte lispeln durch die Weiden,
sonst so lieblich, still die Nacht.
Längst schon ging die Sonne scheiden,
nur der Mond macht Wanderschaft.

Wie sein Schein sich schön zerteilet
in dem Bächlein silberklar,
das gar schnell vorübereilet
flüsternd, spielend immerdar.

In des Bächleins lichtem Glanze
spiegeln tausend Sterne sich,
Rohr und Schilf im grünen Kranze
schmücken's schön und wunderlich.

Ach die wundersame Weise,
die es uns stets munter singt,
wird zerstört nun bald vom Eise
und durchbraust von rauhem Wind.

Vorfrühling

Vereinzelt singt am Waldesrand
ein Vöglein seine Weise,
es hat am Sonnenschein erkannt:
Der Frühling nahet leise.

Und tief im Walde paart sich Wild –
nur noch ein kleines Weilchen,
erblühen schon in dem Gefild
die zarten, blauen Veilchen.

Schmückt sich der Lenz in voller Pracht
und prangt im Blütenkleide,
so führe ich in lauer Nacht
mein Mädchen durch die Heide.

Nachtidyll

In der Laube ward es stille,
nur im Grase zirpte dort
einsam klagend eine Grille
durch die Nacht schrill immerfort.

In des Mondes Silberglanze
jagten Fledermäuse sich,
flogen dort im Reigentanze –
und im Hain alleine ich.

Liebend, kosend dort im Rasen
ganz versunken, tief gerührt –
wo am Tag die Herden grasen,
hat des Nachts er sie verführt.

Am Teich

Wann am Teich die Frosche quake
un d' Mond geht uf die Reis,
streichl ich dei Englsbacke
un ums Herz is mer so heiß.

Wann die Kricklmeis'cher geie
dart im Gras am Wieserand,
mecht in deine Arm' ich leie
un dich halle an d' Hand.

Wann die Stern am Himmel glitzre,
drick ganz fescht ich dich an mich.
Wann dei scheene Aue zwitzre,
schreit's in mer: Ich liebe dich.

Otto Greffner
Hellburg – Weil am Rhein

Dr. Otto Greffner wurde am 5. November 1927 in Hellburg (auch: Şiria und Világos) (Arader Land/Rumänien) geboren. Stammt aus einer alteingesessenen Handwerker- und Beamtenfamilie. Besuchte die Volksschule in der Heimatgemeinde und dann das Adam-Müller-Guttenbrunn-Gymnasium in Arad und dann die „Prinz Eugen"-Schule in Temeswar. Wegen Kriegswirren mußte er sein Studium für zwei Jahre unterbrechen, besuchte dann das rumänische Lyzeum „Moise Nicoara" in Arad, weil es keine deutschen Schulen gab, wo er auch das Abitur bestand. Studierte Geschichte und Philosophie in Klausenburg, wo er zum Doktor promovierte. Unterrichtete im Deutschen Lyzeum (Gymnasium) in Neu-Arad, dann auf der Hochschule, war Schulinspektor in Arad, zuletzt arbeitete er im Arader Museum. War Mitarbeiter der rumänischen und ungarischen Akademie der Wissenschaft. Da er sich gegen die Geschichtsfälschung wehrte, hatte er Schwierigkeiten mit dem kommunistischen Regime in Rumänien und wurde wegen angeblicher staatsfeindlicher Aktivität verurteilt, aus dem Lehramt entfernt und durfte nur eingeschränkt arbeiten. Im Jahre 1983 erlaubte man ihm die Ausreise nach Deutschland. Er war in München und Basel tätig und hat über 40 wissenschaftliche Arbeiten und zwölf Bücher geschrieben. Sein Spektrum reicht von der Archäologie bis zur modernen Geschichte und zum Roman. Er ist ein guter Kenner der Balkanvölker. Befaßt sich auch mit Heimatgeschichte, insbesondere mit der Geschichte der Banater Schwaben. War auch Mitarbeiter einiger Ortsmonographien und Heimatbücher deutscher Ortschaften im Banat. Für seinen Roman „Der einsame Reiter" erhielt er einen Literaturpreis in der Schweiz. Er hat wichtige Forschungsarbeiten in bezug auf das Leben des Banater deutschen Dichters Nikolaus Schmidt durchgeführt und einige Arbeiten veröffentlicht. Zusammen mit Prof. Egon Dörner war er Mitbegründer der deutschen Abteilung der Volksuniversität Arad und der Gedenkstätte „Adam Müller-Guttenbrunn". Otto Greffner lebt zur Zeit in Weil am Rhein, wo er noch schreibt und sich wissenschaftlich betätigt. Er schreibt in deutscher, rumänischer und ungarischer Sprache.

Der einsame Reiter (Kapitel V)

Es war stockfinster, nur der Halbmond ließ einen blassen Schein durch die Wolken dringen, als Josef Kornacker auf dem Hof des schwäbischen Bauern Anton Wekerle ankam. In den vierziger Jahren des 19. Jahrhunderts hatten einige Bauern, unter ihnen auch Deutsche, Boden aus dem Erarialeigentum gekauft. Sie errichteten Bauernhöfe, um dort zu leben. Ein solches Gut, ungarisch Tanya, rumänisch Salasch genannt, besaß auch Anton Wekerle. Es lag acht Kilometer von St. Anna entfernt, in Richtung der Gemeinde Hellburg.

Es war ein herrlicher Tag mit glühender Sonne, als Josef Kornacker sein Haus verließ, ohne von seiner Frau und den Kindern gebührend Abschied zu nehmen. Am frühen Nachmittag verließ er die Ortschaft, und nun stand er im Finstern vor dem Bauernhaus.

Stundenlang war er auf den Ackerfeldern des Grafen und angrenzender Bauern umhergeritten. Er hatte kein Ziel und wußte nicht, wohin. Sein einziges Ziel, mit seiner Frau und den Kindern glücklich zu leben, war durch die Belästigungen Graf Josefs zerstört worden.

Er erinnerte sich noch gut an ihre gemeinsamen Studienjahre in Budapest. In der letzten Zeit war ihm dort immer mehr aufgefallen, daß Graf Josef Emilia nachstellte und daß er selbst zunehmend wachsam wurde. Er hatte seine Geliebte zur Rede gestellt, aber sie schwor, daß sie kein Verhältnis mit Graf Josef hatte. Er glaubte ihr, denn Emilia war aufrichtig und liebte ihn. Später führten sie eine glückliche Ehe, aus der drei Kinder hervorgingen. Sie waren mit ihrem Leben zufrieden.

'Warum nur mußte dieser leichtsinnige und skrupellose Mensch mein Familienleben zerstören', dachte Kornacker traurig.

Es wurde kühl, und Josef war nur leicht angezogen. Als er sich dem Flur des Hauses näherte, begann ein Hund zu bellen. Sein Pferd blieb stehen und wollte nicht weiter. Kornacker stieg ab und rief den Namen des Bauern, der sogleich auf der Türschwelle erschien.

„Ich bin Josef Kornacker, der Verwalter des gräflichen Guts von Ötvenes", sagte Josef.

„Ach Josef, was für ein Wind bringt dich so spät zu uns?" fragte Vetter Toni.

„Die Arbeit und die Nacht haben mich auf den Feldern erwischt, und ich konnte nicht mehr nach Hause."

„Komm herein und wärme dich, es ist kalt geworden."

Josef band sein Pferd an einen Baum und trat durch den Flur in die Küche des Hauses. Der Raum war groß, denn hier spielte sich das Leben der Familie ab. In einer Ecke entdeckte er einen großen, aus Ziegelsteinen gemauerten Ofen, in der Mitte stand ein langer Tisch mit sechs geflochtenen Bauernstühlen. Zwei riesige Pritschen auf beiden Seiten dienten als Liegestätte für die Familie. Ein schwerer Vorhang deckte ein Gerüst mit Kochgeschirr und anderen Küchengeräten ab.

Die beiden Söhne des Hausherrn saßen am Tisch: Hans, der neunzehn Jahre alt war, und Andreas, der Jüngere, mit fünfzehn Jahren.

„Wir nehmen gerade das Abendmahl zu uns. Es ist noch etwas übrig. Setz dich zu Tisch und greif zu. Mari", sagte Toni zu seiner Frau, „trag dem Herrn Verwalter das Essen auf." Und schon duftete der Geruch des Kartoffelgulaschs auf seinem Teller.

„Ich habe keinen Hunger", versuchte sich Josef zu entschuldigen, „ich bin eher müde als hungrig."

„Ich weiß, aber das Essen wird dir guttun."

Josef hatte tatsächlich Hunger, denn er hatte unterwegs nichts zu sich genommen und war weit geritten. Hastig begann er zu essen und überlegte inzwischen, ob er dem alten Wekerle die Wahrheit über sein plötzliches Erscheinen sagen sollte. Ihm hätte er vertraut, aber da waren noch die Kinder und seine Frau. So entschloß er sich zu schweigen.

Sie sprachen über die Ernte und über die Wirtschaft. Anton Wekerle besaß 30 Hektar Boden. Die Getreideernte brachte gut 900 Kilo pro Hektar. Mit der Maisernte hatte man noch nicht begonnen, aber auch hier waren die Aussichten gut. Schließlich redeten sie über den Viehbestand.

„Könnte ich nicht hier übernachten, Vetter Toni?" fragte Josef.

„Selbstverständlich, Josef, wir lassen dich nicht nach Hause. Der Weg ist weit und voller Gefahren, besonders bei Nacht. Immer wieder hört man von Überfällen."

Vetter Toni führte Josef in die Stube und zündete die Öllampe an. Hier war es kühl. Im Raum befanden sich zwei Betten und seitlich zwei Schränke, zwischen den Fenstern standen ein Tisch, eine Bank und zwei Stühle. An der Wand hingen zwei Heiligenbilder und ein Kruzifix. Alles war schlicht und sauber. Bäsl Resi trat in die Stube und bereitete das Bett für Josef vor.

„Gute Nacht und schlaf gut", wünschten die Hauswirte und verließen die Stube.

Josef zog seine Stiefel und den Rock aus und legte sich zu Bett. Er war so müde, daß er ganz vergessen hatte, Toni zu bitten, sein Pferd zu versorgen. Doch Toni vergaß es nicht. Er holte Josefs Pferd und führte es in den Stall. Seine eigenen vier Pferde wurden unruhig, doch das legte sich, als Toni zu ihnen sprach.

Die Sonne war schon aufgegangen, als Josef aus tiefem Schlaf erwachte. Erschrocken sprang er aus dem Bett, zog Stiefel und Rock an und eilte aus dem Zimmer. In der Küche war schon die ganze Familie versammelt. Bäsl Resi bereitete das Frühstück vor. Es gab Milch, Brot, Speck und Wurst.

„Guten Morgen", grüßte Josef die Anwesenden, „ich habe wunderbar geschlafen. Warum haben sie mich nicht geweckt, Vetter Toni?" Ein Blick auf die Uhr – es war halb sieben.

„Nimm Platz, Josef, wir wollen frühstücken. Die Kinder haben schon gegessen, denn die fahren nach St. Anna zum Schneider, um neue Anzüge für den Winter zu bestellen."

Josef nahm Platz, und die Mahlzeit begann. Josef ließ sich zweimal Milch einschenken.

Bei Tisch redete man über verschiedene Probleme. Vetter Toni fragte Josef, wie und wo er seinen Weizen verkaufen könnte. Josef schlug den Weizenhändler Klein aus Arad oder den Wochenmarkt in Arad vor.

„Noch besser, Toni, sie gehen auf den Markt in Pankota, dort hat der Weizen immer einen guten Preis."

Josef bedankte sich für das Essen, verabschiedete sich und holte sein Pferd.

„Bis zum nächsten Mal, du weißt ja, wo wir wohnen. Bei uns bist du immer willkommen!" rief Toni seinem Gast nach.

Josef ritt durch die unendlichen Maisfelder der Hotar zwischen St. Anna und Zimand und wußte nicht, wohin. Wenn er nur eine Nachricht von zu Hause hätte. Was war wohl mit dem Grafen geschehen, ob er noch lebte? Wenn nicht, wäre es schlecht um ihn bestellt. Solche und ähnliche Gedanken gingen Josef im Kopf herum.

Ich muß die Nacht abwarten, und dann reite ich nach Hause, sagte er sich. Er wollte erfahren, was geschehen war, doch er mußte aufpassen, niemandem zu begegnen. Zum Glück war der Mais hoch gewachsen, so konnte er sich unbemerkt darin verstecken. Alles war still, nur der Wind beugte die Maisstengel und bewegte die Blätter. Der Herbst stand vor der Tür.

Er ritt in Richtung Süden und erblickte in der Ferne einen Brunnen. Als er noch etwa hundert Meter entfernt war, sah er drei Männer im Gras sitzen. Er kam näher und stellte fest, daß es Unbekannte waren, die hier rasteten. Jetzt gab es kein Zurück.

Die Männer grüßten auf ungarisch, und Josef antwortete ihnen in dieser Sprache. Im Gespräch stellte sich heraus, daß es ungarische Tagelöhner aus der Gemeinde Zimand waren, die im gräflichen Kastell Arbeit zu bekommen hofften.

„Sind Sie nicht Graf Robert", fragte der eine plötzlich, „ich habe Sie schon mal gesehen?"

Josef verneinte verlegen: „Nein, ich komme aus St. Anna und reite nach Arad zum Stuhlrichter."

Die drei Männer erkundigten sich, ob es auf dem gräflichen Gut Arbeit gebe.

„Ich glaube schon, geht ruhig hin. Von hier ist es nicht mehr weit, etwa zehn Kilometer."

Die Stute trank Wasser, und Josef füllte seinen Becher, den er noch aus der Kriegszeit hatte. Er verabschiedete sich von den Männern, bestieg sein Pferd und ritt in südöstlicher Richtung davon. Kaum daß er einige hundert

Meter geritten war, sah er zwei Reiter aus der entgegengesetzten Richtung auf den Brunnen zureiten.

Ich bin gerade noch zur rechten Zeit gegangen, dachte er sich. Und schon trabte sein Pferd in leichtem Galopp in Richtung Osten, wo man die Berge von Világos sah.

Nach etwa fünfhundert Metern bieb er stehen und schaute zurück. Die beiden Reiter standen immer noch am Brunnen und sprachen mit den drei Männern. Aus der Entfernung konnte er nicht feststellen, ob es einfache Reiter waren oder ob sie von der Behörde kamen. Jedenfalls trugen sie keine Gewehre. Josef stieg von seinem Pferd und beobachtete die Szene eingehend. Nach einer Weile setzten sich die beiden Reiter in Bewegung und schlugen die Richtung des gräflichen Kastells ein. Die drei Ungarn blieben zurück. Josef mußte noch eine halbe Stunde warten, bis sie endlich nach Westen aufbrachen. Nun konnte Josef seinen Weg beruhigt nach Osten fortsetzen.

Man schrieb den 26. August 1858, ein Datum voller Erinnerungen. Josef dachte daran, daß er genau vor zehn Jahren mit seinem Bataillon die Honvédkaserne von Szegedin in Richtung Süden verließ, um gegen die rebellischen Raitzen (Serben) in der Woiwodina zu kämpfen. Das Ziel waren die „türkischen Schanzen", wo sich die Rebellen versteckt hatten. Sie hielten die ganze Gegend in Aufruhr und kämpften gegen die ungarische revolutionäre Armee. Hier sollte Josefs Truppe Ruhe und Ordnung und die Autorität des ungarischen Staates wiederherstellen.

„Es war Sonntagnachmittag, als wir die Kaserne verließen. In einer langen Marschkolonne reihte sich das Bataillon auf. Ganz vorn die erste Kompanie, und dann folgten die anderen drei. Ich war Zugführer und befehligte den zweiten Zug der ersten Kompanie. Wir marschierten durch Alt-Szegedin in Richtung Süden. Alle Häuser waren beflaggt, und die Leute jubelten uns zu: „Eljenek a vitez Honvédeink!" (Es leben unsere tapferen Soldaten!) Wir gehörten zum 18. Infanteriebataillon, das seine Garnison in Szegedin hatte. Dieses 18. Bataillon zählte sozusagen zu den Eliteeinheiten der Armee, was sich später bestätigen sollte.

Nach einer Ausbildung von sieben Wochen mußten wir die jungen Leute in den Kampf führen. Es waren Soldaten, die schon früher als Rekruten eine gute Grundausbildung genossen hatten. Als wir Szegedin verließen, ahnten wir nicht, welche schweren Kämpfe uns bevorstanden. Kommandant Major Vitez Körössyi Laszlo hatte früher als Berufsoffizier in der österreichischen Armee gedient und wechselte später zur ungarischen Armee, wie so viele, die für die Revolution kämpfen wollten. Er war ein strenger Vorgesetzter und besonders auf Disziplin bedacht. Er sprach davon, daß wir die „Rebellen zähmen und das Gesindel nach Hause jagen würden".

Wir marschierten drei Tage in glühender Hitze entlang der Theiß. Am Abend des dritten Tages kamen wir in die Ortschaft Zombovar und wurden dort einquartiert. Mein Feldwebel Harkany Gyula, ein Sohn der Pußta, und ich übernachteten bei einem gutsituierten Bauern. Wir waren todmüde nach unserem Dreitagemarsch. Die Hausfrau bereitete uns das Essen, und dann gingen wir sofort schlafen.

Es war noch finster, als uns die Soldatentrompete aus tiefem Schlaf weckte. Alle Kompaniekommandanten und Zugführer mußten sich sofort zum Bataillonskommandanten ins Gemeindehaus begeben. Als wir dort ankamen, stand Vitez Körössyi Laszlo schon da und hielt eine kurze Ansprache: „Soeben haben wir durch einen Eilboten den Befehl von General Kiss Ernö, Kommandant der südungarischen Armee, erhalten, daß wir im Eilmarsch zu den türkischen Schanzen kommen sollten. Dort wird ein allgemeiner Angriff gegen die Rebellen vorbereitet. Wir müssen noch im Morgengrauen aufbrechen."

Ich stellte meine Leute bereit, und schon kam der Befehl zum Abmarsch. Vorn lief die vierte Kompanie. Die erste, zu der auch ich gehörte, mußte als letzter Truppenteil das Dorf verlassen. Wir bildeten eine Art Nachhut und waren dazu bestimmt, den Schutz des Trains zu übernehmen. Ich freute mich, daß wir nicht die ersten waren.

In langer Kolonne zogen die vier Kompanien durch das schlafende Dorf. Wir waren bereits zehn bis zwölf Kilometer marschiert, als der Chef des Bataillons plötzlich unseren Kompaniekommandanten suchte. Gyula Rohrsetzer, ein Schwabe aus dem Banat, war Oberleutnant und unser Kompaniechef. Er hielt sich gerade hinten bei der Küche auf. Ich schickte sofort einen Honvéd, um ihn zu holen. Der Oberleutnant eilte dem Chef entgegen. Ich hörte nicht, was sie sprachen. Der Major machte kehrt, und Rohrsetzer sagte zu mir:

„Zugführer Kornacker, Sie scheiden mit Ihrem Zug aus der Kolonne aus. Sie gehen in Richtung Westen und besetzen das Dorf Lipot Pußta, um den Vormarsch des Bataillons von Westen zu sichern."

„Zu Befehl, Herr Oberleutnant!" antwortete ich und meldete mich ab.

Ich war mir der Schwierigkeit dieser Aufgabe im Moment nicht bewußt, und ich konnte nicht ahnen, in welches Schlamassel ich in kurzer Zeit verwickelt sein würde.

Ich mußte also mit meinen Leuten rechts abschwenken, den kürzesten Weg einschlagen und das Dorf erreichen. Im Eilmarsch ging es über Felder und Wiesen. Nach einer Stunde erblickten wir in der Ferne das Dorf mit dem Kirchturm. Es mußten noch etwa zehn bis zwölf Kilometer zu gehen sein, dachte ich mir. Also noch eine gute Stunde Eilmarsch. Ich spornte meine Leute an und bestimmte das Tempo. Die letzen zwei Kilometer legten wir im Laufschritt zurück.

Als wir die ersten Häuser des Dorfs erreichten, empfing uns ein starkes Gewehrfeuer. Wir gingen in Deckung. Noch waren wir etwa siebzig Meter entfernt, und schon kam der erste Zusammenstoß mit dem Feind. Ich überlegte, was zu tun sei. Zurück konnten wir nicht, denn wir befanden uns im offenen Gelände und waren den feindlichen Kugeln schutzlos ausgeliefert. Also mußten wir vorrücken und die ersten Häuser des Dorfs um jeden Preis erreichen, damit wir in Deckung gehen konnten. Möglicherweise waren es nur einige Rebellen, die auf uns schossen, denn das Feuer hörte plötzlich auf.

Ich sah meine Leute am Dorfrand auf dem Boden liegen.

„Herr Zugführer, befehlen Sie Sturmangriff, und wir dringen ins Dorf ein", sagte Obergefreiter Molnar, der im Gras neben mir lag. „Es ist niemand verwundet, die Leute wollen stürmen. Herr Zugführer, geben sie den Befehl."

Ich überlegte, hatte aber keine andere Wahl.

„Also gut. Achtung! Gewehre laden! Bajonette aufpflanzen! Zum Angriff vor!" brüllte ich.

Dreißig Mann schossen wie ein Pfeil aus ihrer Deckung, brüllten „Hurra" und stürmten wie verrückt auf die ersten Häuser des Dorfs zu. Wieder begegnete uns ein konzentriertes Gewehrfeuer, trotzdem gelang es uns, die ersten Häuser zu erreichen. Die Rebellen wichen zurück und flohen ins Innere des Dorfs. Der Dorfrand wurde gesäubert. Als ich sah, daß das Schießen nachgelassen hatte, sammelte ich meine Leute. Drei waren verwundet, aber nur leicht. Der Feind hinterließ zwei Tote und sechs Gefangene, die alle verwundet waren. Unter den Gefangenen war auch ein serbischer Pfarrer. Als ich ihn fragte, warum er kämpfte, sagte er: „Ich kämpfe für die nationalen Rechte der Serben. Das Dorf ist voll mit serbischen Freiheitskämpfern. Machen Sie sich keine Illusionen, Herr Zugführer, sie werden euch alle niedermachen. Sie können keinen Widerstand leisten. Das hier ist ein serbisches Dorf, die Leute sind alle bewaffnet. Machen Sie, daß Sie fortkommen, ehe es zu spät ist."

Kalter Schweiß überlief mein Gesicht. Wir waren in eine Mausefalle geraten. Ich hatte schon viel von der Grausamkeit serbischer Freischärler gehört.

„Was sagt er da?" fragte der Obergefreite Molnar. Als ich es ihm sagte, erwiderte er kurz: „Schießen Sie ihn nieder, Herr Zugführer."

„Nein, das tue ich nicht. Wir sind keine Banditen, wir sind Soldaten einer revolutionären Armee. Wir übergeben alle Gefangenen dem Bataillon. Alle Verwundeten verbinden, auch die Gefangenen!" befahl ich.

Unsere Leute waren nur leicht verwundet. Ein Gefangener war schwer getroffen worden, er hatte einen Bauchschuß. Als ich ihn im Hof liegen sah, wußte ich sofort, daß er ohne ärztliche Hilfe sterben würde. Ich hinterließ die Gefangenen unter Aufsicht der verwundeten Honvéds und befahl den weiteren Vormarsch ins Innere des Dorfs. Wir drangen von Haus zu Haus vor, nirgends eine Seele. Die Leute waren dem Anschein nach alle geflüchtet. Als wir eine Seitengasse überqueren wollten, hagelte es abermals Kugeln. Wir erwiderten das Feuer, konnten aber nicht weiter und mußten in Deckung gehen. Der Versuch, die Straße zu überqueren, kostete uns zwei

Schwerverwundete, die im Straßengraben liegenblieben. Nur mit großer Mühe konnten wir sie zurückholen.

Ich befahl die sofortige Einstellung des Angriffs und die Vorbereitung zur Verteidigung des eroberten Dorfteils. Ich vermutete einen Gegenangriff der Serben. Der Pope hatte also doch recht gehabt. Ich besetzte mit meinen Leuten, die auf sechsundzwanzig zusammengeschrumpft waren, die Häuser am Straßenrand und erwartete den Angriff des Feindes. Ich wußte, daß wir in eine schwere Lage geraten waren. Der Feind war uns zahlenmäßig überlegen. Nur mit Glück würden wir dieser Situation entkommen können. Der Rückzug könnte uns retten oder eine Hilfe von außen.

„Abwarten!" befahl ich. Auf der Gegenseite hörte man stürmische Hurrarufe und lautes Geschrei. Sie bereiteten den Angriff auf unsere Position vor. Ich gab Befehl, nicht zu schießen, bis der Feind den Angriff beginne. Das Warten erschien mir wie eine Ewigkeit. Ich sah auf die Uhr. Es war dreizehn Uhr, und noch immer bewegte sich nichts.

Plötzlich war der Teufel los. „Sie kommen!" schrien meine Leute. Alle strategisch wichtigen Punkte waren besetzt, und meine Leute standen bereit. Und schon versuchten einige hundert Menschen die Straße in wildem Geschrei gruppenweise zu überqueren. Einige hatten Gewehre, viele waren aber mit Sensen und Lanzen bewaffnet. Meine Leute feuerten auf die erste Welle. Die Angreifer sanken zu Boden. Die zweite Welle hatte das gleiche Schicksal. In wilder Panik versuchten die am Leben Gebliebenen ihre Häuser zu erreichen. Mit großen Verlusten für den Feind wurde der Angriff niedergeschlagen. Nachdem der Ansturm gebrochen war, versuchten die Angreifer, ihre Toten und Verwundeten von der Straße in die Häuser zu schleppen. Sie waren ausgezeichnete Zielpunkte für uns, doch ich befahl die Einstellung des Feuers und brüllte in deutscher Sprache hinüber:

„Holt eure Gefallenen und Verwundeten von der Straße, wir schießen nicht. Ich habt eine halbe Stunde Zeit."

Viele meiner Leute wurden wütend, als sie diesen Befehl hörten. Der Obergefreite Molnar verweigerte sogar den Gehorsam. Erst als ich ihm mit Erschießung drohte, legte er die Waffe nieder.

Drüben regte sich nichts. Sie hatten wahrscheinlich Angst. Nach einer Viertelstunde, die mir wieder wie eine Ewigkeit erschien, versuchten einige Freischärler, die Straße zu überqueren, um die letzten Verwundeten und Toten wegzuschaffen. Als sie sahen, daß nicht geschossen wurde, wagten sich immer mehr Leute aus den Häusern. Sie wurden immer frecher und couragierter, sie glaubten wohl, daß wir abgezogen seien. Ich ließ einen Schuß in die Luft abfeuern, um unsere Anwesenheit zu demonstrieren. Schon rasten sie alle zurück.

„Verlaßt die Ortschaft", brüllte ich hinüber, „oder streckt die Waffen. Vor euch steht ein Bataillon Honvéds!"

Es war inzwischen drei Uhr nachmittags geworden. Ich grübelte weiter. Wenn wir keine Hilfe bekämen, wären wir beim nächsten Angriff verloren.

Wir würden der Übermacht nicht standhalten können. Ich war ratlos und hoffte, daß sie die Schießerei beim Bataillon gehört hatten und uns zur Hilfe eilen würden.

„Die halbe Stunde ist vorüber, hört ihr mich?!" schrie ich hinüber. „Streckt die Waffen oder greift uns an!"

Keine Antwort.

Wahrscheinlich, dachte ich, bereiteten sie den Angriff vor. Auf einmal hörten wir Geräusche, Pferde und Wagen fuhren weg oder kamen. Plötzlich kam der Obergefreite Molnar zu mir und sagte:

„Herr Zugführer, wir alle sind wohlauf, auch die Verwundeten. Der Feind ist geschlagen. Hören Sie, er zieht sich zurück."

„Ja, aber wir wollen abwarten, um nichts zu riskieren."

Die Geräusche wurden immer leiser und entfernten sich allmählich. Es wurde still. Als ich auf die Straße blickte, sah ich einige meiner Leute die Straße überqueren, an der Spitze Obergefreiter Molnar. Ich gab sofort Befehl zum Angriff. Wir rückten in die Häuser ein, aus denen lange nicht geschossen wurde. Wir fanden sie leer. Aus einigen kamen alte Leute und Kinder hervor, die um Erbarmen flehten. Junge Leute fanden wir keine, sie waren alle mit den Freischärlern gegangen. Sie hatten sowohl ihre Verwundeten als auch die Toten mitgenommen. Kaum waren wir in das Gemeindehaus eingezogen, schrie Obergefreiter Molnar:

„Herr Zugführer, unsere Soldaten sind da!"

Ich schaute mich um, und vor mir standen die Soldaten des dritten und vierten Zugs unserer Kompanie, an der Spitze Kompaniechef Oberleutnant Rohrsetzer.

„Herr Leutnant, ich melde gehorsam: Befehl ausgeführt. Das Dorf nach schweren Kämpfen mit dem Feind erobert. Sieben Gefangene, drei Tote zurückgelassen und wahrscheinlich andere Tote und Verwundete mitgenommen. Eigene Verluste: sechs Verwundete."

Der Oberleutnant reichte mir die Hand und dankte mir im Namen des Bataillons für den siegreichen Kampf. Er gab sodann den Befehl an den dritten und vierten Zug, das Dorf vom Feind zu säubern. Mein Zug wurde in den Ruhestand versetzt.

„Kommt zu mir!" schrie Molnar, „ich koche Hühnergulasch. Bald ist das Essen fertig!"

Woher er die Hühner hatte, fragte ich nicht. Es war nicht schwer zu erraten.

Nach einer halben Stunde folgten wir der Einladung. Dreißig Leute, darunter sechs Verwundete, der Oberleutnant und ich gingen zum offenen Herd, wo das Gulasch kochte. Eine alte serbische Frau und der Obergefreite Molnar waren die Köche. Wir setzten uns auf Holzklötzen, die den Bauern als Brennholz dienten, um den Herd herum. Wir bekamen eine gute Portion, nur das Brot war knapp. Der Kessel leerte sich bald, es blieb aber noch so viel übrig, daß sich die Gefangenen satt essen konnten. Ich erkundigte mich nach dem Schwerverwundeten. Er lebte noch, sein Zustand war aber sehr kritisch. Der Oberleutnant gab sofort Befehl an den Sanitäter der Kompanie, die Verwundeten zu betreuen.

Beim Essen berichtete ich dem Oberleutnant ausführlich von den Ereignissen, die im Lauf der Kämpfe stattgefunden hatten. Nach dem Essen verhörte er die Gefangenen in meiner Anwesenheit. Zuerst war der serbische Pope an der Reihe. Er sagte, daß etwa dreihundert Aufständische das Dorf besetzt und viele Dorfbewohner sich ihnen angeschlossen hätten. Insgesamt schätze er die Zahl der Rebellen in dieser Gegend auf vierhundert, dazu kamen etwa hundert Soldaten eines serbischen Grenzregiments, das die Aufständischen unterstützte. Der größte Teil war schwach bewaffnet, nur einige hatten Schießgewehre, die meisten verfügten nur über selbstgefertigte Waffen wie Sensen, Lanzen und Äxte. Die anderen Gefangenen machten die gleichen Aussagen wie der griechisch-orthodoxe Pfarrer. Abschließend fragte der Oberleutnant den Priester, in welcher Gemeinde er tätig sei und warum er, statt Frieden zu predigen, die Leute zum Kampf anspornte.

„Ich bin Pfarrer in der Gemeinde Sokol des Erzbistums Karlovitz. Wir kämpfen für die nationale Freiheit, die uns von den Magyaren verweigert wird."

„Es ist ein aussichtsloser Kampf, den ihr gegen uns führt. Wir werden euch alle bestrafen, weil ihr die Waffen gegen uns erhoben habt. Geh und sag deinen Leuten, daß im ungarischen Staat alle Bürger gleich sind und daß von nun an neue Gesetze regieren. Die Leibeigenschaft ist aufgehoben."

Der Pope antwortete nicht.

Der Leutnant, der den Auftrag gehabt hatte, das Dorf von Rebellen zu säubern, unterbrach die Unterredung. Er meldete, daß der Befehl ausgeführt wurde und daß weitere zehn Personen festgenommen wurden. Vermutlich handle es sich um Freischärler. Augenzeugen berichteten, so der Leutnant, daß die Aufständischen nach Südwesten geflohen seien. Die zehn Personen wurden vorgeführt. Es waren Bauern aus dem Dorf. Der Oberleutnant schickte sie nach Hause.

Zusammen mit dem Oberleutnant gingen wir ins Nachbarhaus, wo der schwerverwundete serbische Aufständische auf der Tragbahre lag. Der Pfarrer folgte uns, er sollte dolmetschen. Der Verwundete fühlte sich besser, seine Wunde wurde gereinigt und verbunden. Für mich war es ein Rätsel, daß dieser Mann noch lebte, ich hatte ihn schon abgeschrieben.

„Und jetzt, Herr Zugführer, bekommen Sie noch eine Aufgabe", sagte der Oberleutnant. „Sie übernehmen das Kommando des ersten und zweiten Zuges und verfolgen die Aufständischen. Ich kehre mit dem Rest der Kompanie zum Bataillon zurück. Sie stoßen bei Titel wieder zu uns. Morgen früh um zehn Uhr erwarten wir Sie. Falls der Feind zahlenmäßig überlegen ist, versuchen Sie, einen Zusammenstoß zu vermeiden. Ihre Aufgabe ist lediglich, einen Überraschungsangriff gegen das Bataillon von Westen zu vermeiden."

Er zog die Landkarte aus seiner Tasche und zeigte mir die Ortschaft, wo die Rebellen vermutlich hingezogen waren, sowie den Weg nach Titel.

„Herr Oberleutnant, eine Frage hätte ich noch und eine Bemerkung. Wenn der Feind uns mit großer Zahl überlegen ist, was machen wir dann? Nehmen wir den Kampf auf?"

„Nur wenn es unbedingt notwendig ist und wenn es keinen anderen Ausweg gibt."

Ich wollte nicht weiter fragen, aber für mich war der Befehl unklar und zweideutig. Die Kompanietrompete gab das Zeichen zur Sammlung. Die Züge versammelten sich, und nach einer kurzen Rast setzte sich die Truppe in Bewegung. Ich übernahm das Kommando der beiden Züge, es waren insgesamt zweiundsechzig Mann. Wir marschierten los. Der Oberleutnant marschierte mit dem Rest der Kompanie und den Verwundeten in Richtung Süden.

Das war mein erstes Gefecht im Feldzug des Jahres 1848/49, dem noch viele andere folgten. Für mich war dies von großer Bedeutung, denn dieses Gefecht wurde sozusagen das Sprungbrett meiner Militärkarriere im Krieg. Die Eroberung des Dorfs wurde als Heldentat eingestuft. Ob es wirklich eine war, wage ich zu bezweifeln.

Erst bei Titel stießen wir auf den Feind, es gab ein kurzes Gefecht, und die Rebellen flohen. Wir setzten unseren Vormarsch fort, säuberten mehrere Dörfer von Aufständischen und kamen mit dreißig Gefangenen zur Hauptarmee bei den türkischen Schanzen zurück. Ich wurde ausgezeichnet und zum Oberleutnant befördert.

An diese Ereignisse erinnerte sich Josef Kornacker auf seinem Ritt durch die Maisfelder von St. Anna und Zimand. Es war inzwischen zwei Uhr nachmittags, und die Sonne brannte glühend. Josef macht Rast, stieg von seinem Pferd und ließ es weiden. Er legte sich ins Gras, um ein wenig auszuruhen. Nach einigen Minuten war er eingeschlafen. Als er erwachte, waren vier Stunden vergangen. Er sprang erschrocken auf und schaute sich nach allen Richtungen um. Es war niemand da, weit und breit keine Seele. Es war wichtig, daß er niemanden traf. Die Ungewißheit der Situation quälte ihn.

Wiederholt spielte er mit dem Gedanken, sich der Gendarmerie zu stellen und zu sagen: Hier bin ich, macht mit mir, was ihr wollt. Ich habe ihn erschossen. Es war Notwehr, er drang in mein Haus ein und wollte mich erschießen, da habe ich geschossen. Doch er entschloß sich abzuwarten und nichts zu übereilen. Er hatte Hunger und beneidete sein Pferd, das genüßlich weidete. ‚Die Natur ist gastfreundlicher zu den Tieren als zu uns Menschen', dachte er bei sich. Doch er zwang sich zur Geduld, in einigen Stunden würde er wieder bei seiner Frau und den Kindern sein und ein anständiges Mahl bekommen. ‚Und dann werden sie mich holen, nach Arad abführen und hinter Schloß und Riegel legen', schoß es ihm durch den

Kopf. ‚Ein Mörder bin ich geworden. Gewesener ehrenhafter Offizier der Revolutionsarmee.' Er beschloß, sich zu verteidigen, falls es zum Prozeß kommen sollte, und Zeugen zu beschaffen, die den wahren Tathergang erzählen sollten. Doch die Gewissensbisse plagten ihn, und er versuchte, innerlich wieder ruhiger zu werden.

Auch die Stute wurde immer nervöser, sie wollte nach Hause. Josef ging zu ihr, streichelte ihr den Hals, und sie beruhigte sich. Josef hatte sie vom alten Grafen als junges Pferd bekommen und erzogen. Nun war sie schon sieben Jahre alt. Sie hatte großen Durst, und Josef brachte sie zum Brunnen. Es war ein gewöhnlicher Ziehbrunnen wie so viele auf der Pußta. Daneben stand ein Trog für die Tränkung der Tiere. Die Stute wollte aus dem gestandenen Wasser nicht trinken. Josef mußte ihr frisches schöpfen. Vorher füllte er seinen eigenen Becher und trank. Er spähte vorsichtig in alle Richtungen, und als sich nichts regte, ritt er in Richtung Westen nach Hause. Es war bereits sieben Uhr, und die Sonne begann langsam unterzugehen. Ringsumher war alles still. Der Himmel bekam eine rötliche Farbe, das bedeutete, daß morgen mit Wind oder gar mit Regen zu rechnen war.

Die Sonne verschwand, es dunkelte, und die Sterne wurden immer mehr von den sich auftürmenden Wolken verdeckt. Als er sich der Gemeinde näherte, verlangsamte er den Schritt. Im Dorf waren die Leute erst von der Arbeit gekommen. Alte Leute und Kinder saßen zu dieser Zeit noch oft auf der Straße. Deshalb entschloß sich Josef zu warten und erst um Mitternacht nach Hause zu reiten. Er stieg ab, um sich einen günstigen Platz für die Wartezeit zu suchen.

Abermals überfielen ihn die Ereignisse des Bürgerkriegs von 1848/49.

Am 3. September 1848, einen Tag nach unserer Ankunft bei den türkischen Schanzen, wurde ich vom Bataillon abkommandiert und durch einen Armee-Erlaß des Generals Kiss Ernö vom Zugführer zum Oberleutnant befördert. Wegen „außergewöhnlicher Verdienste, die ich der Revolution erwiesen habe", bekam ich die Tapferkeitsmedaille verliehen. Alle meine dreißig Leute erhielten ebenfalls Auszeichnungen, einige wurden befördert. General Kiss Ernö kam persönlich zu uns und beglückwünschte uns. „Eine Handvoll tapferer Leute kämpften gegen eine zehnfache Übermacht, siegten und schlugen die Feinde in die Flucht. Ehre ihnen!" sagte er in seiner Ansprache. Am Abend gab es die doppelte Portion Schnaps und Wein. Das ganze Bataillon feierte.

Drei Tage später begann der Sturmangriff auf die türkischen Schanzen, die Hauptbefestigung der serbischen Aufständischen. Ich bekam als frischgebackener Oberleutnant eine Kompanie von der freiwilligen Landwehr aus dem Bekeser Komitat. Es waren schlecht bewaffnete Bauern und Handwerker ohne nennenswerte Kriegsausbildung. Ich kannte diese Leute kaum.

Ich stand mit meiner Kompanie auf dem rechten Flügel der Angriffsrichtung. Der erste Angriff scheiterte, er wurde zurückgeschlagen. Wir hatten schwere Verluste. Man hatte die Zahl der Verteidiger und ihre Kampfkraft unterschätzt. Die Aufständischen wurden von österreichischen Offizieren kommandiert, ein Teil der Rebellen gehörte der österreichischen Armee an. Zwar mußte sich der Verteidiger nach dem zweiten Angriff in die zweite Linie zurückziehen, diese war jedoch vorzüglich ausgebaut und befestigt.

Wir fochten drei Tage ohne nennenswerte Erfolge. Am vierten Tag wurde der Angriff abgebrochen. Meine Kompanie hatte schwere Verluste: dreißig Tote, zahlreiche Verwundete und neunzehn Vermißte. Wir wurden wegen „schwacher Kriegsvorbereitung aus dem Gefecht gezogen. Das war eine kalte Dusche für mich. Man beschuldigte mich zwar nicht, verlangte aber meine Versetzung. Der Antrag wurde abgelehnt, und ich mußte mich mit der Ausbildung der Kompanie beschäftigen. Wir wurden ins Hinterland verlegt, etwa dreißig Kilometer von der Front entfernt. In einem serbischen Dorf stießen neue Freiwillige und Zugführer zu uns, die schon einige Kriegserfahrung hatten. Die Ausbildung dauerte zwei Wochen, inzwischen wurden die türkischen Schanzen erobert und die Serben in die Flucht geschlagen. Ich durfte mit meinen Truppen bis Karlowitz vorstoßen und neu Stellung beziehen. Nach einer Woche Stellungskrieg in der Wojwodina und im Banat kam der Befehl: „Anschluß zur Hauptarmee des Generals Görgey in Nordungarn."

Wir brachen am 28. September 1848 auf. Nach sieben Tagen mühsamen Marsches kamen wir in Arad an, unweit von meinem Heimatort St. Anna. Wir zogen von Neu-Arad her heran, und die Stadt machte einen jämmerlichen Eindruck. Der Ort war belagert und wurde von der kaiserlichen Artillerie aus der Festung täglich beschossen. Viele Häuser am Maroschufer waren bereits zerstört.

Wir bekamen Befehl hierzubleiben und besorgten uns Quartiere. Trotz der Belagerung war ich gern hier. Ich bekam Besuch von meiner Frau und durfte zwei Tage nach Hause, um meine Eltern zu sehen. Meine Frau blieb sechs Tage bei mir, wir wohnten bei einer deutschen Handwerkerfamilie, die eine Schusterwerkstatt hatte. In den letzten Tagen meines Aufenthalts in Arad kam mein Vater und erzählte mir, daß mein kleiner Bruder infolge des Rekrutierungsgesetzes nun auch zur Armee eingezogen worden war. Er befinde sich in der Husarenkaserne in Arad.

Ich besuchte ihn am nächsten Tag und fand ihn sehr entmutigt. Er hatte sich in den Kopf gesetzt, bei nächstbester Gelegenheit zu den Österreichern überzulaufen. Im Gegensatz zu mir verstand er die Ziele der Revolution nicht. Er sagte, er werde nicht gegen seine deutschen Brüder kämpfen. Er durchschaute auch den österreichischen Absolutismus nicht, er wußte nur, daß die Deutschen gegen die Madyaren kämpften. Beim Einsatz seiner Einheit in Oberungarn im Februar 1849 lief er zu den Österreichern über. Der Krieg hatte ein Ende für ihn.

Josef unterbrach seinen gedanklichen Ausflug in die Vergangenheit, denn er fror. Er sprang auf und bewegte sich, damit ihm warm wurde. Die Nächte waren um diese Jahreszeit schon recht kühl. Außerdem verspürte er Hunger, denn er hatte nur in der Frühe gegessen. Die Uhrzeiger waren inzwischen auf elf vorgerückt, und Josef beschloß, sich auf den Weg zu machen. In einer Stunde würde er zu Hause sein.

Im Dorf angekommen, war alles still, nur einige Hunde bellten irgendwo in den Höfen. Bei seinem Nachbarn Toni Bacsi stieg er vom Pferd und führte es am Zügel bis vor sein Haus. Die Gasse war leer, die Leute schliefen. Das Gassentor war verschlossen. Gerade wollte er über das Tor klettern, da ging ihm ein Gedanke durch den Kopf: 'Und wenn jemand im Haus ist', fragte er sich? 'Der Wachtmeister oder sonst jemand, der auf mich wartet, um mich zu verhaften?" Josef stand eine Zeitlang vor dem Fenster und lauerte, doch nichts regte sich. Er sprang über das Tor, öffnete es von innen und führte sein Pferd in den Hof. Er brachte es in den Stall und ging zur Küchentür. Als er sie verschlossen fand, klopfte er leise, aber es kam niemand. Erst als er am Zimmerfenster klopfte, fragte eine wohlvertraute Stimme: „Wer ist da?" – „Ich bin's, Josef", flüsterte er. Nach eine Weile erschien Emilia an der Küchentür und schloß ihren Mann in die Arme. Zugleich brach sie in bitteres Schluchzen aus. Es gelang ihr nur schwer, sich zu beruhigen. Sie traten in die Küche, vermieden es aber, Licht zu machen. Emilia begann zu erzählen:

„Graf Josef wurde in einem schlimmen Zustand nach Hause gebracht. Dr. Sommer blieb bis zum Morgen bei ihm. Dann brachten sie ihn nach Arad ins Krankenhaus. Der alte Graf ist sehr wütend auf dich. 'Einsperren lassen!' brüllte er. Es sieht schlimm für uns aus. Wachtmeister Hubert war hier und hat nach dir gefragt. Bis achtzehn Uhr hättest du Zeit, dich zu melden, meinte er. Josef, du mußt dich morgen unbedingt stellen."

„Was meinen die Leute? Werden sie für mich als Zeugen aussagen? Bis ich nicht weiß, ob sie das tun, kann ich mich nicht bei der Behörde melden. Sonst werde ich verurteilt. Ich kann 25 Jahre bekommen, wenn der Graf stirbt. Nein, Emilia, ich kann dem Löwen nicht direkt in den Rachen laufen."

„Jetzt iß erst mal was", sagte seine Frau, „du wirst Hunger haben."

Sie holte Brot, Milch und Speck, Kartoffelsuppe hatte sie zu Mittag gekocht und wollte sie wärmen.

„Laß gut sein, ich esse sie kalt."

Dann ging er mit Emilia ins Zimmer, um die Kinder zu sehen. Sie schliefen fest.

„Sie haben dich erwartet. Immer wieder fragten sie nach dir."

Josef küßte sie der Reihe nach und ging mit Emilia in die Küche zurück.

„Komm und leg dich schlafen, du bist sicher müde. Und morgen meldest du dich bei der Gendarmerie."

„Nein. Emilia, pack mir Essen und warme Kleider ein, ich gehe wieder zurück. Morgen komme ich nicht nach Hause. Bitte komme übermorgen Nacht um elf Uhr zu den Ziegellöchern und warte dort auf mich. Und paß auf, daß dir niemand folgt."

Emilia war schockiert.

„Ich bitte dich, Josef, geh nicht wieder weg, du verschlechterst deine Lage."

Doch Josef beharrte auf seinem Standpunkt und beschloß fortzugehen.

„Emilia, sie werden mich verhaften und einsperren."

„Diese Jahre werden auch vergehen, und vielleicht wirst du auch freigesprochen. Die Leute werden bezeugen, daß du unschuldig bist. Bitte, bleib auch den Kindern zuliebe!" Sie umarmte ihren Mann.

Josef wurde unruhig und verlor seine Zuversicht. Er wußte nicht, was er tun sollte. Von einer plötzlichen Müdigkeit überfallen, legte er sich auf den Diwan in der Küche, wo er oft geschlafen hatte, wenn er müde von der Arbeit nach Hause kam. Er schlief ein. Plötzlich schreckte er auf und lief zum Fenster. Es war noch dunkel. Emilia saß neben ihm. Er blickte auf seine Uhr, es war fünf Uhr früh.

„Es ist noch früh, Josef, schlaf dich aus", sagte Emilia.

„Nein, ich muß weg."

Er holte seine Jacke und die Mütze, suchte im Zimmer nach seinem Militärrucksack und füllte ihn mit Nahrungsmitteln. Dann nahm er sich eine warme Decke, rannte in den Stall und sattelte die Stute. Er küßte seine Frau und rief noch im Gehen: „Übermorgen um elf Uhr bei den Ziegellöchern!"

Als Josef das letzte Haus des Dorfs erreicht hatte, blickte er zurück. Emilia stand noch immer auf der Straße und schaute ihm nach. Das Herz wurde ihm schwer. Das Dorf lag still, die Leute schliefen noch. Kornacker schlug denselben Weg ein, den er gekommen war. Nach einer Weile überlegte er, wohin er überhaupt gehen sollte. Er konnte nicht auf den Feldern bleiben und den ganzen Tag im Mais herumkriechen, um sich zu verstecken. (...)

Alles war naß. Er schlug den Weg nach Osten ein, durch Maisfelder und abgeerntete Weizenäcker. Bis zum Treffen mit Emilia bleiben ihm noch sechs Stunden, das war viel Zeit. Nach einer halben Stunde kam er an einer anderen Tanya vorbei. Das kleine Haus war frisch geweißt. Josef stieg vom Pferd, klopfte an, doch als niemand antwortete, ging er durch die offene Tür ins Haus. Ein Mann, eine Frau und vier Kinder standen vor ihm. Er grüßte ungarisch, sie antworteten rumänisch. Es war eine rumänische Bauernfamilie. Josef entschuldigte sich auf rumänisch und grüßte „Buna ziua" (Guten Tag).

Er erzählte, daß er vom Kladovaer Wald komme, müde sei und um Einlaß bitte, um sich auszuruhen. Der Bauer stellte sich vor, er hieß Ardelean Gheorghe und stammte aus Kovasintz. Die Leute waren sehr freundlich. Josef setzte sich neben die Kinder auf eine lange Bank. Sie waren zwischen zwölf und achtzehn Jahre alt, zwei Buben und zwei Mädchen. Sie berichteten, daß sie seit fünf Jahren hier waren und das Grundstück von einem deutschen Bauern aus Világos gekauft hätten. Das Haus hatte Gheorghe vor einem Jahr umgebaut. Es war nicht groß, aber gemütlich und geschmackvoll eingerichtet.

Der Stall war groß, drei Pferde, drei Ochsen und drei Kühe standen darin. Daneben, im Schweinestall, gab es fünf alte Schweine und elf Ferkel, außerdem eine Menge Geflügel. Josef war sichtlich überrascht, das hatte er nicht erwartet. Die gute wirtschaftliche Lage des Bauern bestätigte, daß der Aufschwung seit 1848 auch bei der rumänischen Bauernschaft nicht haltgemacht hatte.

Josef brachte sein Pferd unter und bat, sich ein wenig ausruhen zu dürfen. Der Bauer hatte nichts dagegen und ließ Josef in den Stall. Er legte sich ins frische Stroh und schlief ein. Später weckte ihn der Bauer und schlug ihm vor, bis morgen zu bleiben, da er sichtlich müde war. Doch als Josef erfuhr, daß es schon zehn Uhr abends war, verließ er überstürzt das Haus.

Das Reiten war mühsam, denn der viele Regen hatte den Boden aufgeweicht. Er bezweifelte, ob er die Ziegellöcher zur vereinbarten Zeit erreichen würde. Er ritt im Galopp, doch nach einer halben Stunde setzte der Regen wieder ein. Das erschwerte das Vorwärtskommen aufs neue. Nur noch eine knappe halbe Stunde blieb ihm bis zum Treffen mit Emilia. Jetzt wußte er, daß er nicht rechtzeitig käme. Als er die ersten Häuser des Dorfs in der pechschwarzen Nacht erblickte, war es schon elf Uhr, und er hatte noch ein gutes Stück zu reiten. Er kam an die verabredete Stelle und fand Emilia nicht. Deshalb entschloß er sich, nach Hause zu reiten.

Die Gassen waren leer, und Josef erreichte sein Haus ohne Zwischenfall. Als er vom Pferd stieg, sah er Emilia in der Küche und klopfte leise ans Fenster. Emilia trat heraus.

Josef blieb nur kurz. Er holte sich trockene Kleider, seinen Regenmantel, Nahrungsmittel und ging in die Stube, um die Kinder zu sehen. In der Küche brachte ihm Emilia ein warmes Essen und berichtete, daß der Wachtmeister dreimal dagewesen sei und mit den Gendarmen das ganze Haus durchwühlt habe. Sie beklagte auch, daß sich die Männer den Kindern gegenüber brutal benommen hätten.

„Auch Graf Robert war hier und fragte, was du im Schilde führst."

„Du kannst ihm sagen, daß ich mich nicht einsperren lasse und daß ich mich dem Henker nicht freiwillig ausliefern werde. Wer mich haben will, muß mich fangen. Aber ich werde mich wehren!"

Emilia war verblüfft. Aus seinen Worten drang ein Hauch von Fanatismus und Verwegenheit, was nur Schlechtes ahnen ließ. Emilia konnte darauf nur erwidern:

„Josef, so darfst du nie wieder sprechen!"

Nach einer halben Stunde verließ er das Haus und sagte, daß er in den nächsten Tagen noch mal kommen werde. Offensichtlich hatte er zu niemandem mehr Vertrauen, selbst zu Emilia nicht.

Sie rief ihm nach, daß Graf Josef noch immer im Krankenhaus und in einer schweren Lage sei. Doch Josef hörte sie nicht mehr.

Er ritt in Richtung Osten; dieses Gebiet war am sichersten. Tagelang trieb er sich auf den Feldern und in den Wäldern zwischen St. Anna, Zimand, Hellburg und Kovasintz herum. Die Dörfer und Gemeinden lagen hier weit voneinander entfernt. Zwischen Hellburg und St. Anna waren es beispielsweise achtzehn Kilometer. In diesem Gebiet fühlte sich Josef sicher, Kornacker freundete sich mit den Bauern der Tanyas an und hielt sich oft bei ihnen auf. Manchmal baute er sich auch kleine Hütten und Unterschlüpfe in Stroh- oder Heuschobern. Später, als man ihn auch in diesem Gebiet suchte, vermied er die Tanyas. Nur zu einem einzigen Menschen hatte er Vertrauen: Das war der rumänische Bauer Ardelean. Er versteckte Josef tagsüber in einem gut getarnten Keller. Niemand konnte ahnen, daß er dort war.

Eines Tages aber kamen die Gendarmen zur Tanya; es war der Wachtmeister mit drei Leuten. Sei erkannten das Pferd von Kornacker, das im Stall des Bauern stand. Ardelean behauptete, daß ihm das Pferd gehöre und daß er es in Arad auf dem Markt gekauft hätte. Sie durchsuchten das ganze Haus, fanden den getarnten Unterschlupf aber nicht. Als sie gingen, versuchten sie den Bauern einzuschüchtern und drohten damit, daß sie wiederkämen. Nach diesem Zwischenfall sah sich Kornacker genötigt, das Haus zu verlassen. Ardelean drängte ihn zu bleiben:

„Sie werden Sie nicht finden, selbst wenn die ganze Gendarmerie des Komitats kommt."

Doch Josef war entschlossen zu gehen. Sein Bleiben hätte ein Risiko für den Bauern bedeutet. Wohin er gehen würde, wußte er nicht. Er ließ sein Pferd zurück und erhielt stattdessen eines von Ardelean, um die Behörden zu täuschen.

Es war Spätherbst, die Maisernte war größtenteils zu Ende. Die Felder blieben leer zurück. Am 28. Oktober verließ Kornacker die Tanya von Ardelean. Beim Fortgehen gab ihm der Bauer noch eine dicke Decke und viel Essen mit. Er schrieb ihm die Adresse von seinem Schwager auf, der in Kovasintz wohnte und ihm weiterhelfen könne.

„Kommen Sie zurück, Herr Kornacker, und haben Sie Vertrauen zu meinem Schwager", sagte Ardelean zum Abschied.

„Ich werde eines Tages wiederkommen", sagte Kornacker, bedankte sich für die Gastfreundschaft und verließ den Hof.

Er hatte sich gut und in Sicherheit gefühlt bei diesem rumänischen Bauern. Dieser Bevölkerungsteil war im allgemeinen gutwillig und hilfsbereit zu Fremden.

Es war fünf Uhr früh und noch stockdunkel, als Josef das Haus verließ. Er setzte seinen Weg in Richtung Osten nach Hellburg fort. Die Berge und

Wälder waren sein Ziel. Er ritt in wildem Galopp, denn er wollte die Großgemeinde Hellburg vor Tagesanbruch verlassen haben. Es war die größte Gemeinde des Arader Weinbaugebiets, sie breitete sich am Fuß des Schloßbergs weiträumig aus. Die westlichen Abhänge waren schon damals mit Weingärten bepflanzt. Jetzt war dort Hochbetrieb. Die Weinlese war in vollem Gange, überall in den kleinen und großen Kolnas sah man Lichter brennen. Das Leben begann sich zu regen. Man sah Leute ein- und ausgehen. Sie bereiteten sich auf ihr Tagwerk vor. Sie sprachen deutsch, rumänisch oder ungarisch. Ein gemischtes Volk, dachte Josef. Wie friedlich sie beisammen sind, wenn sie niemand gegeneinander aufhetzt.

Luise Gregetz
Dobanovci – Trier

Luise Gregetz, geb. Georg, wurde am 17. Dezember 1925 in Dobanovci, Kreis Semlin (Syrmien/Jugoslawien) geboren. Vater Johann Georg, Mutter Eva, geb. Retzer, führten eine kleine Landwirtschaft in Dobanovci. Aufgewachsen in Bezanija (Beschanja), bei Semlin gelegen, dem Geburtsort ihrer Mutter. Dort besuchte sie sechs Jahre lang die deutsch-serbische Volksschule. Danach Lehre bei einer Damenschneiderin in Semlin, die durch den Zweiten Weltkrieg unterbrochen wurde; 1941 für ein Jahr nach Deutschland in den Landeinsatz verschickt. In Olmütz (Tschechoslowakei) war sie für ein halbes Jahr in einem reichsdeutschen Umschulungsbetrieb untergebracht, dort Ausbildung zur Flugzeugfeinmechanikerin, kam dann in einen Betrieb nach Wien-Aspern, wo sie zusammen mit anderen Mädchen aus ihrer Heimat auf dem dortigen Flugplatz als Motorenschlosserin an der JU 52 fast bis Kriegsende arbeitete. Kurz vor Kriegsende, im März 1945, Flucht aus Österreich vor der russischen Armee nach Erding, wo sie ihren späteren Mann kennenlernte, zwei Kinder, seit 1955 in Trier-Ehrang. Nach dem frühen Tod ihres Mannes 1971 begann Luise Gregetz zu schreiben. 1991 stellte sie den Roman „Mein Irrweg ist zu Ende" fertig, im folgenden Jahr den Roman „Eva, die verkaufte Braut". Beide Romane sind noch unveröffentlicht.

EVA, DIE VERKAUFTE BRAUT

Lebensgeschichte meiner Mutter

Einleitung

Einst, vor 300 bis 350 Jahren, brachen Schwaben, Hessen und Pfälzer unter der Führung von Kaiser Karl VI., von Kaiserin Maria Theresia und Kaiser Josef II. von Österreich auf, um gegen Osten zu ziehen.

Sie bauten Flöße, packten Hab und Gut zusammen und setzten bei Ulm auf die Donau. Im Auftrag des österreichischen Kaisers übernahmen kundige Männer die Führung und ruderten mit ihren Flößen voraus. Tagelang ruderten sie den Fluß entlang, bis sie Semlin bei Belgrad erreichten. Dort machten sie Halt, Endstation hieß es.

Sie standen unter freiem Himmel in einem fremden Land, unendlich groß, verwüstet, versumpft und leer: heute das ehemalige Jugoslawien. Sie schlugen ihre Zelte auf, um ein Dach über dem Kopf zu haben, während sie geduldig auf weitere Anweisungen aus der Heimat warteten.

Das Banat, die Batschka und Ostsyrmien sollten ihre neue Heimat werden. Die Familien, Verwandten und Bekannten blieben zusammen. Menschen mit der gleichen Religion wurde ein Dorf zugeteilt; jede Familie erhielt Land; der Kampf um das Überleben fing an. Viele wurden von Krankheiten wie Ruhr, Pest und Malaria dahingerafft.

Unter großen Opfern machten die Menschen das Land, das von nun an ihnen gehörte, urbar. Oft mußten sich Frauen wie Männer vor den Pflug spannen, da es an Pferden fehlte.

An der Donau entlang legten sie Weinberge an, die Felder wurden – so weit das Auge sehen konnte – mit Weizen, Mais, Sonnenblumen bestellt. Auf feuchtem Land wurde Reis angebaut. Es war ein sonniges und fruchtbares Land. So heiß wie die Sommer waren, so bitterkalt waren die Winter. Eiszapfen, so dick wie ein Arm, hingen an den Häusern, der Schnee glitzerte und knirschte unter den Füßen.

Es gab rein deutsche Dörfer, in denen ein Haus dem anderen glich. Ungeteerte breite Straßen, links und rechts entlang der Häuser standen große Bäume: Nußbäume, Linden, Maulbeer- und Sauerkirschbäume, die Schatten spendeten.

Stolz und sauber ragten die Häuser der deutschen Siedler unter denen der anderen hervor. Betrat man ein Dorf, so erkannte man schon von weitem, welches Haus einem Deutschen gehörte. Die Donauschwaben – so werden sie seit langem genannt – waren ein fleißiges und stolzes Volk.

Wie sah nun ein solches deutsches Dorf aus, in denen meine Vorfahren lebten? Der Raum zwischen den ebenerdig gebauten Häusern wurde von einem Eingangstürchen und einem großen zweitürigen Tor abgeschlossen.

Ein Raum schloß sich dem anderen an. Wer in die Stube eintrat, konnte bis in den hintersten Raum sehen, da die Türen teilweise mit Glas versehen waren. Betrat man einen deutschen Hof, so fiel dem Besucher gleich das schöne Blumengärtchen auf, das entlang des Hauses angelegt war, eingerahmt von einem braunen Lattenzaun mit weißen Spitzen.

An jeder Straßenkreuzung stand ein Gemeindebrunnen mit Trinkwasser. Fast jedes Haus hatte seinen eigenen Brunnen, doch nicht jedes Wasser war trinkbar; es genügte für das Vieh und zum Waschen. Wasserleitungen kannten die Bewohner zu dieser Zeit noch nicht.

Kapitel 1

Bei Belgrad, wo die Sawe in die Donau mündet, liegt Semlin. Nicht weit von hier liegt ein schönes Dorf inmitten wohlbestellter Weinberge. Die Straßen waren natürlich nicht geteert, nur die Gehwege entlang der Häuser waren mit Backsteinen gepflastert. Mitten im Dorf stand das weiß gestrichene Bethaus, erbaut von den ersten deutschen Einwanderern. Dahinter stand der Glockenturm und das Gustav-Adolf-Haus.

Nicht weit entfernt von der Schule stand das Elternhaus meiner Mutter Eva, ein altes gestampftes Bauernhaus, weiß gestrichen und mit einem schwarzen Teersockel umgeben.

Meine Großeltern lebten bereits in der zweiten Generation in Jugoslawien, sie waren hier geboren und aufgewachsen. Evas Vater war ein mittelgroßer, dunkelblonder Mann mit Schnurrbart und einem leichten Bauchansatz. Er wurde Adam gerufen. Seine Ehefrau Maria war eine hübsche, zierliche Person, die sich der Zeit entsprechend in der Schwabentracht kleidete. Beide gehörten der evangelisch-lutherischen Kirche an. Adam und Maria hatten acht Kinder, sechs Mädchen und zwei Jungen. Eva, meine Mutter, deren Lebensweg ich hier beschreibe, war die älteste der Kinder. Sie war ein schönes, mittelgroßes Mädchen mit langen dunkelblonden Haaren, die sie in zwei Zöpfen zu einer Frisur band.

Evas Eltern betrieben wie die meisten deutschen Einwanderer Landwirtschaft. Als Älteste mußte Eva schon sehr früh hart arbeiten. Im Alter von sechs Jahren lernte sie melken, die Arbeit im Weinberg und auf dem Feld zu verrichten sowie ihrer Mutter in der Küche zur Hand zu gehen. Oft mußte Eva während der Erntezeit der Schule fernbleiben, um dem Vater auf dem Feld zu helfen. Ihre Eltern waren stolz auf ihre älteste Tochter; sie war fleißig, gehorsam und zurückhaltend. Sie wurde wie alle zu Ehrfurcht und Gehorsam erzogen, was sich auch darin zeigte, daß sie ihre Eltern und Großeltern mit 'Sie' ansprach.

Evas Eltern hatten wie fast jede Bauernfamilie drei bis vier Kühe, zwei Pferde, eine Ziege, Hund, Katze. Auf dem Hinterhof zogen sie Geflügel,

Enten, Gänse und viele Hühner auf. Evas Mutter verrichtete die Arbeit zu Hause und hütete die vielen kleinen Geschwister von Eva. Sie hatte alle Hände voll zu tun: die Kinder, das Federvieh, Kochen, Waschen, Nähen, alle diese Arbeiten waren Aufgaben der Hausfrau und Mutter.

Zu jedem Bauernhaus gehörte ein Weinberg. Die Weinberge erstreckten sich vom oberen Dorfende bis zum nächsten Ort. In jedem Weinberg stand ein weiß gekalktes Häuschen mit einem großen Nußbaum, unter welchem ein Tisch und eine Bank standen. Zusammen mit ihrer Mutter legte Eva hier einen kleinen Garten mit Tomaten, Zwiebeln, Paprika und vielen Blumen an. Aber es gab auch Pfirsich- und Aprikosenbäume, die im Sommer Schatten spendeten.

Vierzehn Tage vor der Traubenlese hüteten die Väter abwechselnd mit ihren erwachsenen Söhnen im Weinberg die reifenden Trauben, um sie vor Dieben, Zigeunern und armen Leuten zu bewahren. Die meisten Weinbauern hatten eine Schrotflinte bei sich und übernachteten in dieser Zeit im Weinberghäuschen.

Das Häuschen selbst war mit einem alten Bett, einem Herd, mit Holzkiste, einer Kommode und einem Kleiderrechen eingerichtet. Hinter dem Häuschen stand eine große Tonne, um das Regenwasser aufzufangen.

Eine herrliche Aussicht bot sich vom Weinberg. Bei klarem Wetter konnte man bis nach Belgrad sehen und die Schiffe auf der Donau beobachten.

Eva freute sich immer wieder, wenn sie in den Weinberg gehen konnte. Oft nahm sie ihre Lieblingstiere, ihre Ziege und ihren Hund, mit.

Inzwischen war Eva vierzehn Jahre alt und schon zwei Jahre aus der Schule, als sie die Winter über für drei Monate zu einer Semliner Familie in Stellung ging. Ihre jüngeren Schwestern Elisabeth, Bärbel und Kathi waren nun alt genug, um den Eltern zur Hand zu gehen.

Es war eine vornehme Familie, für die Eva als Dienstmagd während der Wintermonate arbeitete. Der Herr des Hauses war bei einer Bank in Semlin beschäftigt. So wie die anderen Städter bezog er auch Wein, Eier und Geflügel von einem Bauern, Evas Vater. Von daher kannte er Eva und ihre Familie ein wenig.

Nichtsdestotrotz mußte Eva auch während dieser Zeit hart arbeiten, es wurde ihr nichts geschenkt. Jeden Morgen ging sie auf den Markt zum Einkaufen. Samstags schrubbte und bohnerte sie die Parkettböden. Anschließend mußten die Teppiche auf der Stange geklopft werden. Alle drei bis vier Wochen mußte sie die Fenster putzen, der Waschfrau beim Waschen und Bügeln helfen. Der Frau des Hauses ging sie in der Küche beim Kochen zur Hand. Die übrigen Arbeiten in der Küche waren ihre alleinige Aufgabe.

Eva arbeitete vom Herbst bis zum Frühjahr die Woche über im Haushalt der Semliner Familie, um sich das Geld für Kleider und Aussteuer zu verdienen. Den Sommer über war sie zu Hause und ging ihrem Vater bei der Feldarbeit sowie im Weinberg zur Hand. Bei schlechtem Wetter half sie ihrer Mutter im Haushalt. Sie war schon sehr früh von ihrer Mutter in den Fertigkeiten wie Kochen, Brotbacken, Geflügelschlachten, Gänserupfen, Sticken, Stricken und Nähen von Kleidern und Wäsche angeleitet worden.

Wenn sie während der Wintermonate samstagnachmittags nach Hause kam, warteten schon ihre Eltern und ihre Geschwister auf sie. Für jeden brachte sie etwas mit; war es auch nur ein Bonbon, so freuten sich ihre Geschwister doch sehr. Sie waren eine frohe, zufriedene Familie. Eva fühlte sich eng mit ihren Eltern und Geschwistern verbunden, besonders mit ihrer Schwester Lies. Die beiden sah man immer zusammen, ob im Weinberg, auf dem Feld, in der Kirche oder sonntags auf dem Tanzboden.

Kapitel 2

Es war an einem Samtsnachmittag im Frühjahr, Eva arbeitete gerade in der Küche, als ihr Vater die Tür öffnete und sie bat, zur Mutter und zu ihm in die Stube zu kommen.

Nach der Arbeit ging Eva ahnungslos in die Stube, wo der Vater auf seinem Platz am Kopfende des Tisches saß, während die Mutter auf der Ofenbank Platz genommen hatte und strickte.

Als der Vater zu reden begann, erschrak Eva innerlich sehr. „Eva, du bist nun 18 Jahre alt. Es ist Zeit zum Heiraten. Wir haben auch schon einen Mann für dich ausgesucht; er wird morgen mit seinem Vater und seinem Onkel zu uns kommen. Dann werdet ihr euch sehen und kennenlernen und sicherlich Gefallen aneinander finden. Er heißt Johann und ist aus dem Nachbardorf. Er ist der einzige Sohn einer Bauernfamilie. Eine Schwester ist verheiratet, die andere lebt noch in der Familie. Sie wird wohl ledig bleiben, so daß du in dieser Familie sicher gut unterkommen wirst."

Vor Schreck brachte Eva kein Wort heraus, als ihr Vater sie fragte, ob sie sich nicht freue. Dann fing sie bitterlich an zu weinen und erwiderte, daß sie noch keine Lust zum Heiraten habe und erst recht niemanden aus dem Nachbardorf, den sie noch nicht einmal kenne. Sie wolle in ihrem Dorf in der Nähe der Eltern und Geschwister bleiben, wo sie zu Hause sei, und nicht in einem fremden Ort. Schließlich gäbe es auch hier heiratsfähige Burschen, welche ihr vor allem nicht fremd seien.

Ihr Vater aber duldete keinen Widerspruch. Eva schaute mit verweinten Augen zu ihrer Mutter. Sie fuhr ihrer Tochter sanft über das Haar und sprach: „Beruhige dich, mein Kind. Ich bin bei dir, und der liebe Gott möge uns beistehen und helfen, damit wir auf dem richtigen Weg bleiben."

Als Eva weinend aus der Stube kam, eilte ihre Schwester Lies ihr gleich entgegen, um den Grund zu erfahren. Eva fiel ihr schluchzend um den Hals und erzählte ihrer Schwester alles.

„Weine nicht, Eva!" tröstete sie ihre Schwester, „ich werde mir etwas einfallen lassen, damit wir deinen Freier loswerden." Lies war die couragiertere der Schwestern, sie konnte sich eher zur Wehr setzen.

Der Sonntag kam und mit ihm der Freier sowie sein Vater und sein Onkel. Die Gäste wurden von Evas Eltern freundlich empfangen, Wein und Kuchen wurden sogleich aufgetragen.

Johanns Vater fragte alsbald nach Eva, welche vor Angst zitternd in ihrer Kammer saß. Ihre Schwester Lies war bei ihr, um sie zu trösten. Plötzlich drängte Vaters Stimme in die Kammer, daß sie kommen solle, da der Besuch warte. Eva blieb nichts anderes übrig, als sich zu erheben und in die Stube zu gehen.

Als sie die Stube betrat, stellte ihr Vater sie stolz den Gästen mit den Worten vor: „Das ist meine Eva!" Nachdem Eva die Gäste begrüßt hatte, wollte sie sich neben ihre Mutter an den Tisch setzen. Doch ihr Vater wies ihr den Platz neben Johann. Nun saß Eva neben ihrem Freier, redete jedoch kein Wort, sondern starrte unentwegt unter den Tisch und wünschte sich, daß sie sich irgendwohin verkriechen könnte.

Johann war ein schlanker, großer, dunkelhaariger Mann von ruhiger Art. Er musterte Eva die ganze Zeit von oben bis unten, zu einem Gespräch kam es jedoch nicht.

Johanns Vater und sein Onkel waren von Eva sehr angetan. Die Väter unterhielten sich, tranken Wein, waren lustig und verhandelten über die Heirat. Zu dieser Zeit war es üblich, daß die Eltern die Partner für ihre Kinder aussuchten. Dabei wurde vor allem darauf geachtet, daß Land zu Land und Geld zu Geld kam.

Endlich, als es Zeit wurde, die Tiere zu füttern, griff Johanns Vater in seine Jackentasche und zog einen verschlossenen Briefumschlag heraus. Er gab diesen Evas Mutter und sprach: „Maria, gehe bitte mit Eva in die Stadt und kaufe ihr ein schönes Brautkleid." Evas Mutter tat das Herz weh, sie fühlte, wie es ihrer Tochter zumute sein mußte. Handgeld nannte man dieses Geld, womit die Hochzeit besiegelt wurde. Die Eltern bestimmten über das Leben ihrer Kinder, welche zu gehorchen hatten. Widerspruch wurde nicht geduldet.

So wurde abgesprochen, daß die Hochzeit an Weihnachten sein sollte. Daraufhin verabschiedeten sich die Gäste und ritten davon.

Nachdem die Gäste gegangen waren, eilte Eva schnell in ihre Kammer. Ihr Vater rief nach ihr und fragte, warum sie denn nicht mit Johann gesprochen habe, ob er ihr nicht gefallen habe. Als seine Tochter erwiderte, daß sie lieber im Dorf bliebe, wehrte der Vater ab: „Nichts da! Der Tag der Hochzeit wird zwar noch festgelegt, aber du wirst demnächst mit deiner Mutter dein Hochzeitskleid kaufen. Du wirst Johann vor der Hochzeit häufiger sehen, und ihr werdet Gefallen aneinander finden." Als Evas Mutter einwendete, sie doch in Ruhe zu lassen, da sie noch Zeit brauche, um zu sich zu finden und die Hochzeit anzunehmen, fuhr ihr Mann sie an: „Halt dich da raus, Maria, wenn du nicht meiner Meinung bist. Die Sache ist abgemacht."

Eva öffnete die Stubentür und rannte in ihre Kammer, wo schon ihre Schwestern Lies und Bärbel auf sie warteten. „Was ist, Eva? Du siehst ja ganz verstört aus. Höre auf zu weinen, Bärbel und ich haben einen Plan, wie wir dir helfen können." Aber Eva hörte gar nicht, was ihre Schwestern sagten, sie weinte immerzu. Lies trat zu ihrer Schwester und nahm sie um den Hals. „Hör zu, Eva! Weißt du, was wir machen? Du packst das Handgeld in ein kleines Päckchen und gibst es uns. Bärbel und ich werden morgen gegen elf Uhr zum Dorfende gehen und den alten Jakob abwarten. Er fährt fast täglich die Milch aus Johanns Dorf in die Molkerei nach Semlin. Da dieses Dorf doch kleiner als unseres ist, muß Jakob doch alle Bewohner kennen. Wir werden Jakob eine Flasche Schnaps geben und bitten, das Päckchen Johanns Vater zu geben. Lege bitte einen Zettel bei, daß du Johann nicht heiraten kannst." „Aber was wird Vater dazu sagen?" fragte Eva. „Ach", sagte Lies, „es wird einen Streit geben, aber dafür wirst du Johann los sein."

Am nächsten Tag schlichen Eva, Lies und Bärbel wie besprochen gegen elf Uhr aus dem Haus. Der Vater arbeitete im Weinberg, die Mutter war in der Küche beschäftigt, so daß niemandem etwas auffiel. Eva versteckte das Päckchen unter ihrer Schürze und Lies die Schnapsflasche. „Da", rief Bärbel, die Ausschau nach Jakob hielt, „er kommt mit dem Pferdewagen." Lies bat ihn anzuhalten. Eva schlug das Herz bis zum Halse, als Jakob anhielt. „Was ist mit euch los?" brüllte er. Lies trat zu ihm und rief Eva zu sich, damit sie ihm das Päckchen geben könne. „Jakob, Sie kennen doch sicher den Johann Stiefel aus ihrem Dorf?" „Ja, ich kenne ihn. Was ist denn mit ihm?" „Geben Sie ihm bitte dieses Päckchen! Es ist sehr wichtig!" bat ihn Lies. Als Lohn gab sie ihm eine Flasche Schnaps.

„So, so!" erwiderte Jakob. „Ich fahre ja sowieso an dem Haus vorbei." „Können wir uns auf Sie verlassen? Es ist dringend!" fragte Lies. „Selbstverständlich. Aber was ist denn eigentlich in diesem Päckchen?" wollte er wissen. „Arznei für eine Kuh! Vergelt's Gott!" riefen die Mächen und liefen davon.

Wieder zu Hause schlichen sie durch den Hof in den Garten. Selbst der Mutter war ihre Abwesenheit nicht aufgefallen. Eva sorgte sich noch immer, was ihr Vater zu dieser Sache sagen würde, wenn er es erst einmal erfahren hätte. Sie war eine gehorsame Tochter, die nie etwas gegen den Willen ihrer Eltern tat. Ihre Mutter gab ihnen so viel Liebe und Güte, nichts war ihr zu viel und zu schwer. Überall ging Eva ihrem Vater zur Hand, er war ein gütiger Vater. Was mag nur in ihn gefahren sein, daß er mich mit einem fremden Mann verheiraten will, grübelte Eva. Er war doch sonst immer zufrieden, nie hörte sie ein böses Wort von ihrem Vater. Mit jedem wollte er in Frieden leben. Er ist doch ein guter Christ, sagte sich Eva. Im Winter saßen ihre Eltern oft abends am Tisch und lasen ihren Kindern aus der Bibel vor.

Sie sangen und beteten miteinander. Sie lehrten uns nur Gutes. Warum ist er jetzt so streng, fragte sich Eva.

Kapitel 3

Zwei Tage später kam das Schlimmste auf Eva zu. Johanns Vater und sein Onkel kamen zum Haus geritten. Böse blickend und voller Zorn stiegen sie von ihren Pferden. Evas Mutter, die gerade ein Huhn schlachtete, schaute die Männer erstaunt an. „Ist etwas geschehen?" fragte sie, als sie ihre grimmigen Gesichter sah. „Warum fragst du noch so scheinheilig?" herrschte sie Johanns Vater an. „Wo ist Adam?" „Er ist im Weinberg; er wird aber wohl bald nach Hause kommen. Mein Gott", sprach Evas Mutter weiter. „Ihr sprecht in einem Ton, daß einem angst werden könnte." Sie bat sie, sich zu setzen und schenkte ihnen Wein ein. In diesem Augenblick ging auch schon das Gassentörchen auf, und Evas Vater trat ein.

Erstaunt, die beiden Männer zu sehen, sagte er: „Grüß Gott, was führt euch mitten in der Woche zu mir?" „Das fragst du auch noch?" erwiderte Johanns Vater erbost und legte ihm das Handgeld mit Evas Brief vor. „Das hättest du uns gleich selbst sagen können und nicht durch Jakob, den Milchmann. Das war sehr feige."

Evas Vater wurde rot vor Zorn, als er das Handgeld sah und den Brief las. „Maria", rief er „warum weiß ich nichts davon? Rufe sofort Eva. Ich will wissen, was dies zu bedeuten hat." Zu Johanns Vater gewandt sagte er: „Beruhige dich Christian, ich bringe das schon wieder in Ordnung. Glaube mir, ich hatte davon keine Ahnung."

Evas Mutter war sehr aufgeregt, so böse hatte sie ihren Mann noch nie erlebt. Mein Gott, ängstigte sie sich, es wird doch nichts Schlimmes geschehen.

Eva und ihre Schwestern merkten von all dem nichts. Sie pellten gerade Bohnen, um sie für den Winter zu trocknen, als ihre Mutter eintrat. „Warst du das, die das Handgeld zurückschickte? Johanns Vater war hier und wollte den Grund wissen." Weinend kniete Eva vor ihrer Mutter und gestand: „Ja, Mutter! Ich war es. Bitte helft mir! Ich möchte Johann nicht heiraten, ich habe doch noch Zeit. In unserem Dorf gibt es doch auch viele junge Männer. Warum soll ich jemanden heiraten, den ich gar nicht kenne."

„Eva, mein Kind. Dies tut mir sehr weh. Aber was soll ich denn machen? Du bist die Älteste, und dein Vater wünscht, daß du jetzt den Anfang machst. Wenn Friede im Hause herrschen soll, so müssen wir uns dem Willen deines Vaters beugen."

Angst überfiel Eva, als sie mit ihrer Mutter zu ihrem Vater an den Tisch trat, auf dem das Handgeld lag. „Warst du das, Eva?" fragte er, den Zettel in der Hand haltend, in strengem Ton. „Ja, Vater, ich war es", entgegnete sie mit zitternder Stimme. „Ich will noch nicht heriaten!" „Was, du willst nicht?" rief ihr Vater, während er die Peitsche nahm und auf sie einschlug. Eva fiel auf die Knie und flehte ihre Mutter an: „Mutter, Mutter, helft mir! Vater schlägt mich tot!" Auch ihre Schwestern eilten herbei. Sie zerrten ihren Vater zur Seite, während die Mutter Eva half und sie mit Lies in ihre Kammer trug. Blut quoll aus Evas Nase und sie zitterte am ganzen Körper. Ihr Rücken war von Peitschenhieben gezeichnet. Weinend zogen ihre Mutter und ihre Schwestern sie aus, legten sie ins Bett und kühlten ihren Körper. Nachdem sich Eva beruhigt hatte, ging ihre Mutter hinaus in die Stube, wo ihr Mann auf der Ofenbank saß und vor sich hinstarrte, rot vor Zorn.

„Adam, wie konntest du das Mädchen nur so schlagen? Ihr Rücken ist voller Peitschenhiebe. Fürchtest du nicht, dich zu versündigen, wenn du unsere Tochter unglücklich machst?" Wutentbrannt sprang ihr Mann auf und schrie: „Entweder sie heiratet Johann, oder es geschieht etwas. Denke nur an diese Schande."

Evas Mutter sagte kein Wort mehr, sondern ging in die Küche, um das Essen zuzubereiten. Lies deckte den Tisch, während Bärbel bei Eva in der Kammer blieb. Alle waren sie, außer den jüngsten Geschwistern, die von all dem nichts bemerkt hatten, wie vor den Kopf geschlagen; sie hatten den Vater noch nie so böse erlebt.

Während des Essens blieb Evas Platz am Tisch leer. Nachdem die zwölfjährige Kathi das Tischgebet gesprochen hatte, herrschte Stille im Raum. Jeder spürte die Anspannung. Schließlich fragten die jüngeren Geschwister nach ihrer großen Schwester und wunderten sich, als ihre Mutter sagte, daß Eva krank sei und das Bett hüten müsse. Sie schauten ihren Vater, welcher kein Wort sagte und nur auf seinen Teller starrte, traurig an.

Acht Tage lang mußte Eva das Bett hüten. Ihre Mutter und ihre Geschwister sorgten sich sehr um sie. Mit Argusaugen bewachten sie Eva. Ihre Mutter litt sehr unter diesem Vorfall. Wenn sie am Bett ihrer Tochter stand, überkamen sie oft die Tränen.

Lies, Bärbel und Kathi gingen ihrem Vater immer häufiger aus dem Wege. Sie spitzten die Ohren, wenn es zwischen ihren Eltern laut wurde, so daß sie die Gespräche mitbekamen. Aber auch ihren Vater hatte der Vorfall nicht unberührt gelassen. Er war stiller, nachdenklicher geworden.

Fünf Tage waren seither vergangen. Eva lag noch immer im Bett; ihr Rücken und ihre Rippen schmerzten noch immer.

Es war mitten in der Woche, als alle am Tisch beim gemeinsamen Essen saßen, als ihre Mutter die frohe Neuigkeit mitteilte, daß ihre Schwester Gretel, welche in Banovci lebte, ein Mädchen zur Welt gebracht habe und sie die Patenschaft übernehmen wolle. Aus diesem Grunde werde sie am Samstagabend zusammen mit ihren Kindern Lena und Johann von Semlin aus das Schiff nehmen. Bis zu ihrer Rückkehr am Sonntagabend müßten Lies und Bärbel ihrem Vater zur Hand gehen, sich um die Kühe und das Essen kümmern. Vor allen Dingen sollten sie sich um ihre Schwester Eva kümmern, die bis zur Rückkehr der Mutter das Bett hüten müßte.

Samuel und Kathi hatten das Federvieh, die Ziege sowie Bello und Minka zu versorgen. Jedem Kind, sobald es im Alter von fünf Jahren war, wurde eine Aufgabe im Haus zugeteilt, sei es auch nur, sich um den Hund oder die Katze zu kümmern oder die Hühnereier einzusammeln. Früh wurden die Kinder zu Arbeit, Pflicht und Gehorsam erzogen.

Der Samstagnachmittag war gekommen, und es wurde Zeit für die Mutter, Lena und Johann, aufzubrechen. Die Mutter trat zu Eva ans Bett, um sich zu verabschieden; sie sorgte sich noch immer um ihre älteste Tochter, vor allem um ihr seelisches Wohl. Beim Abschied drückte sie Eva an sich und fuhr ihr zärtlich über die Haare. Eva freute sich für ihre Mutter, daß sie nun endlich ihre Schwester wiedersehen konnte und bat sie, Tante Gretel nichts von dem Vorfall zu erzählen.

Vater wartete vor dem Haus mit dem Pferdegespann. Lena und Johann konnten es kaum erwarten, aufzubrechen. Für sie war es das erste Mal, daß sie mit dem Schiff fuhren. Vater schwang die Peitsche, und schon rollte der Wagen davon. Samuel schloß das Tor hinter ihnen zu, und der Hund trottete bellend hinter ihm her. „Schau Eva, wen ich dir mitbringe", rief Samuel, als er in ihr Zimmer trat. „Bello", rief Eva erfreut, und schon sprang der Hund jaulend vor Freude auf ihr Bett. „Hast mich vermißt, du Guter", sagte sie und streichelte Bello über sein Fell. Nun stürmten Lies und Bärbel auch herein und freuten sich mit ihrer Schwester.

In der Zwischenzeit war der Vater mit seiner Familie am Bootssteg in Semlin angekommen. Er half seiner Frau und den Kindern aus dem Wagen und begleitete sie zum Schiff. Lena und Johann schauten mit großen Augen, als sie das Schiff betraten. Viele Menschen saßen bereits im Schiff und warteten auf die Abfahrt. Serben, Kroaten, Slowenen, Ungarn und Donauschwaben saßen beieinander lachten und plauderten miteinander. Da ertönte auch schon ein dumpfer Pfiff, der das Zeichen für die Abfahrt war. Schnell verabschiedete sich der Vater von seinen Lieben und winkte ihnen mit seinem Taschentuch nach, bis das Schiff außer Sicht war.

Als Evas Vater nach Hause kam, war es schon dunkel. Samuel ging Vater beim Ausspannen der Pferde zur Hand. Lies und Bärbel hatten die Arbeit, die ihre Mutter ihnen aufgetragen hatte, auch bereits verrichtet.

Am nächsten Morgen, es war Sonntag, gingen alle zur Kirche. Gesenkten Kopfes schritt Evas Vater dahin; er fühlte sich ohne seine Frau verlassen. Bärbel, Kathi und Samuel gingen neben ihm. Plötzlich tauchte Tante Kirstin, Adams Schwester, auf. „Grüßt euch Gott", sagte sie ihrem Bruder zugewandt. „Aber wo sind denn Maria und Eva?" Evas Vater wußte nicht so recht, was er antworten sollte, da doch die Kinder zuhörten. „Maria ist nach Banovci zur Kindtaufe gefahren. Ihre Schwester Gretel hat ein Mädchen bekommen, und meine Frau ist Taufpatin, und meine Eva muß wegen Krankheit im Bett liegen."

Die übrigen Geschwister schauten einander an und sagten kein Wort. „Da ich Eva die Woche über nicht gesehen habe und ihre Schwestern Lies und Bärbel allein bei der Arbeit waren, machte ich mir Sorgen um Eva, ob etwas geschehen sei", entgegnete Tante Kirstin. „Es geht ihr jetzt schon besser", beendete Adam das Gespräch, das ihm sehr unangenehm war.

Als sie nach der Kirche wieder zu Hause angekommen waren, liefen die Geschwister schnell zu Eva in die Kammer, um ihr über alles zu berichten. „Sie haben alle nach dir gefragt", sagte Lies. „Auch Franz Ries, er läßt dich grüßen und hofft, daß er dich am nächsten Sonntag beim Tanzen sehen kann." Dann erzählte sie noch von Tante Kirstin und daß Vater gesagt habe, daß sie krank sei. Die Geschwister bemühten sich sehr um Eva. „Wir werden das Mittagessen kochen und dir dein Essen an das Bett bringen. Du bleibst schön im Bett, bis unsere Mutter wieder da ist."

Während die Größeren das Essen bereiteten, setzten sich Kathi und Samuel zu Eva ans Bett. „Nächsten Sonntag bist du bestimmt wieder gesund. Dann kannst du wieder mit uns in die Kirche gehen", tröstete Kathi Eva, die ganz traurig schaute. „Wir haben für dich gebetet. Dann wirst du sicher ganz schnell wieder gesund."

Nachdem Lies und Bärbel die Küchenarbeit getan hatten, gingen sie traurig zu Eva. „Was habt ihr denn? Warum schaut ihr mich denn so traurig an?" fragte Eva. „Ich weiß nicht, ob ich alleine zum Tanzen gehen soll?" gab Lies zur Antwort. „Aber ja doch! Geh ruhig zum Tanzen, Lies, und nimm Bärbel mit, sie ist ja auch schon 15 Jahre!" Beide Schwestern, Bärbel natürlich besonders, freuten sich und zogen ihre schönen Tanzkleider an. „Und wenn jemand nach mir fragt, so sagt ihm, was Vater heute morgen zu den Leuten gesagt hat", wies Eva sie an.

Es war ganz still geworden; alle hatten das Haus verlassen. Lies und Bärbel waren zum Tanzen gegangen, Samuel und Kathi zur Kinderlehre. Nichts außer dem Ticken der Uhr war zu hören. Ganz verlassen kam Eva sich vor. Sie grübelte, was sie nur tun könne, damit wieder Frieden in der Familie einkehre.

Plötzlich ging die Tür auf, und ihr Vater trat ein. Erschrocken schaute Eva auf, ihr Herz schlug schnell, und die Tränen schossen ihr in die Augen. Acht Tage hatte sie ihn nicht gesehen. Als sie ihr Gesicht abwenden wollte, sagte ihr Vater. „Eva, mein Kind, warum wendest du dich von mir ab? Sieh mich bitte an! Es tut mir leid, daß ich mich habe so gehenlassen. Verzeih mir bitte, so etwas darf nicht mehr vorkommen." Als Eva ihrem Vater wieder ins Gesicht schaute, konnte sie seine Tränen sehen. Zunächst fand sie keine Worte. „Ihr seid mein Vater. Wo Liebe und Eintracht wohnen, ist auch Vergebung und kein Haß." Dabei reichte sie ihrem Vater die Hand und drückte ihm einen Kuß auf die Stirn. „Fahrt jetzt bitte Mutter holen, sie wird bald mit Lena und Johann in Semlin ankommen." Evas Vater strich ihr noch einmal über die Haare und ging.

Sobald Eva alleine war, konnte sie ihre Tränen nicht mehr unterdrücken. Es war ihr leichter ums Herz, da sie nun wußte, daß ihr Vater nicht mehr böse war. Sie hatte sich vor diesem Augenblick gefürchtet, wo sie ihren Vater wiedersah. Nun hatte er ihr diese Angst genommen, da er den ersten Schritt getan hatte. Immer wieder hörte sie Vaters Stimme: „Verzeih mir, so etwas soll nie wieder vorkommen; du fehlst uns!"

Schließlich erhob sich Eva aus dem Bett, um zu beten. Sie dankte Gott, daß ihr Vater sie um Verzeihung gebeten hatte und daß nun wieder Frieden in die Familie einkehren möge.

Ihre Geschwister staunten, als sie Eva auf der Bettkante sitzen sahen. Sie freuten sich, daß ihre Schwester nun wieder gesund war. Froh und lachend gingen die Kinder aus der Kammer, um ihrer Arbeit nachzukommen. „Siehst du, Samuel", sagte Kathi zu ihm „mein Gebet hat geholfen. Hast du in der Kirche auch an Eva gedacht?" „Natürlich! Eva ist doch meine liebste große Schwester. Ich habe auch für sie gebetet."

Schon bald hörte Eva den Wagen kommen. Lena und Johann sprangen sofort vom Wagen und liefen zu Eva. „Eva!" riefen sie erstaunt, als sie ihre große Schwester im Bett sitzen sahen. „Wir haben dir etwas mitgebracht. Tante Gretel läßt dich grüßen. Wenn du wieder gesund bist, sollst du sie besuchen. Du nimmst uns doch dann mit? Es war so schön auf dem Schiff. Viele Leute sind mit uns gefahren, einer spielte sogar auf der Zieharmonika." Dann erzählten sie Eva von der kleinen Susi, ihrer neuen Cousine.

In der Zwischenzeit hatten die anderen Geschwister ihre Mutter begrüßt und ihr erzählt, wie fleißig sie gewesen waren. Während der Vater die Pferde ausspannte, ging die Mutter zu ihrer ältesten Tochter. „Ja, Eva! Was sehe ich da? Du bist wieder auf?" rief sie freudig und drückte ihre Tochter an sich. „Was habe ich mir viele Gedanken um dich gemacht!" Es geht mir schon gut, Mutter. Als ich alleine war, versuchte ich aufzustehen." Da Eva die Tränen in den Augen ihrer Mutter bemerkte, fragte sie nach Tante Gretel. „Aber ja, es war schön. Die kleine Susi ist ein sehr liebes Kind. Deiner Tante geht es auch gut. Sie lädt dich zur nächsten Kirchweih ein."

Kaum hörbar war der Vater in die Kammer getreten. „Grüß Gott Eva", sagte er mit trauriger Stimme. Überrascht schaute Evas Mutter ihren Mann an und war sehr froh darüber, ihn hier zu sehen. Da erhob sich Eva vom Bett und umarmte ihre Eltern. Ihren Vater küßte sie auf die Stirn, der leise zu ihr sagte: „Danke, daß du mir verzeihst."

Der fürchterliche Druck, der auf allen gelastet hatte, wich allmählich. „Danke", sagte auch Evas Mutter zu ihrem Mann, „daß du zu dir gefunden hast."

Am nächsten Morgen stand Eva wieder auf und half ihrer Mutter wie gewohnt bei der Arbeit. Sie sagte nichts davon, daß ihr Vater sie um Verzeihung gebeten hatte.

Kapitel 4

Zwei Wochen waren nun seit jenem Vorfall vergangen. Es war Sonntag, und Lies war mit Bärbel zum Tanzen gegangen. Eva blieb zu Hause, weil sie immer noch nicht wußte, was sie tun sollte. Der Schock saß wohl noch zu tief in ihr. Auf den Dörfern kannte einer den anderen. Eva hattte ein ungutes Gefühl, sie schämte sich und dachte, daß die Dorfbewohner von dem Vorfall wegen des Handgeldes und den Peitschenhieben erfahren hätten. Deshalb zog sie sich zurück.

Immer wenn Eva zum Tanzen ging, war sie mit Franz, einem jungen Burschen aus ihrem Dorf, zusammen. Sie galten als das schönste Tanzpaar. Franz, drei Jahre älter als Eva, war ein netter Junge und der älteste von vier Geschwistern. Eva und Franz mochten sich, aber ihre Väter waren sich verhaßt.

Evas Vater war als ein aufrichtiger Mann, der niemanden betrog, bekannt. Doch der Vater von Franz galt als Gauner und Schlitzohr, der auf seinen Vorteil bedacht war. Der Streit der Väter rührte daher, daß ihre Äcker aneinandergrenzten und Franz' Vater beim Pflügen versucht hatte, unmerklich die Grenze zu seinem Vorteil zu verändern. Dies hatte aber Evas Vater sofort bemerkt und den Landmesser herbeigerufen, der die Grenze wieder auf die alten Maße absteckte. Daraufhin wurde Franz' Vater bestraft.

Auch Eva und Franz hatten unter dem Haß ihrer Väter zu leiden. Sie waren sich nicht versprochen, doch sie mochten sich sehr. Sie trafen sich immer beim Tanzen, sprachen viel miteinander und hofften doch im stillen aufeinander.

Aber jetzt hielt Franz vergeblich nach Eva Ausschau. Sie zog sich zurück, da sie glaubte, daß alle Dorfbewohner um ihren Freier und um den Vorfall wußten. Sie wußte einfach nicht, was werden sollte. Ihre Eltern hatten schließlich das Brautgeld schon erhalten.

Joahnn, ihr Bräutigam, besuchte sie fortan sonntagnachmittags, damit sie Gefallen aneinander finden konnten. Da er nicht tanzen konnte, saßen sie den Nachmittag über beisammen zu Hause.

Kapitel 5

Die Donauschwaben wurden in ihrer alten Heimat Jugoslawien von der einheimischen Bevölkerung von jeher nur Schwabe genannt. Sie waren ein fleißiges, strebsames und hellhöriges Volk. Verkaufte ein Einheimischer Land, so kaufte der Schwabe es ihm ab, um so seinen Besitz zu vergrößern. Mit der Zeit vermehrten die Donauschwaben so nicht nur ihren Besitz, sondern überflügelten auch die einheimische Bevölkerung, was den Landbesitz anging. Ein Haus und einen Garten sollte ein Donauschwabe schon haben, sonst wurde er von seiner Volksgruppe nicht so recht akzeptiert.

Die Erntezeit war zu Ende, jeden Tag konnte man die Dreschmaschine auf einem anderen Hof brummen hören. Jedes Haus gab nach getaner Arbeit ein Dankessen für die Helfer.

Nachdem das Korn eingefahren war, begann die Traubenlese. Das Essen wurde von der Bäuerin im Weinberg gekocht, und alle versammelten sich dann unterm Nußbaum zum Essen. Das Essen war reichlich, und jede Bäuerin gab sich besonders viel Mühe beim Backen. Jede wollte den besten Strudel backen, ob mit Äpfeln, Käse oder Sauerkirschen gefüllt.

Aber mühevoller als die Taubenlese war die Maisernte, die auch immer im Oktober begann. Die Frauen und Mädchen brachen die Maiskolben ab, füllten die Körbe, Männer und Burschen trugen diese zu den Wagen. Abends saßen sie alle zusammen; einer half dem anderen, das Laub von den Maiskolben zu schälen. Sodann wurde der Mais in einem luftigen Schuppen zum Trocknen gestapelt. Die geschälte Maishaut wurde zum Füllen der Strohsäcke verwendet.

Je näher die Weihnachtszeit heranrückte, umso mehr bedauerten Evas Eltern, ihre Tochter nicht einem Jungen im Dorf versprochen zu haben. Ihre Mutter grämte sich oft darüber, was aus Eva werden sollte. Aber niemand sprach darüber. Johann kam wie gewohnt jeden Sonntagnachmittag zu ihnen. Bald hatte es sich im Dorf herumgesprochen, daß Eva einen Freier hatte und in Kürze heiraten werde.

Johann verliebte sich sehr in Eva, machte ihr den Hof und bat sie, ihn doch zu Weihnachten zu heiraten. Sehr selten ließ sich ein Mächen vor der Ehe mit einem Jungen ein, die Sitte verlangte, daß es unberührt in die Ehe gehe. Die Mädchen heirateten sehr jung, und dies brachte es mit sich, daß sie sehr unerfahren in die Ehe gingen.

Oft lag Eva nachts stundenlang wach, der Gedanke, bald nicht mehr zu Hause sein zu können, quälte sie sehr. Sie dachte oft an Franz, wie schön es doch mit ihm war. Beim Tanzen sahen sie sich oft tief in die Augen und auch ohne Worte fühlte jeder, daß sie sich mochten. Franz hoffte, Eva eines Tages zum Traualtar führen zu können. Eva wäre sicher die glücklichste Braut gewesen.

Auch Franz wußte nun, daß ein junger Mann aus dem Nachbardorf um Eva warb. Dies ließ ihm keine Ruhe und er suchte die Aussprache mit ihr. Er bat ihre Schwester Lies um Hilfe.

Da es Johann ernst mit Eva war, fühlte sie sich verpflichtet, ihn zu heiraten. So entschloß sie sich, mit ihren Eltern den Hochzeitstermin festzulegen. Aber Eva wußte nicht so recht, wann sie es ihren Eltern sagen sollte. Eines Abends, als sie mit ihnen in der Stube war, überwand sie sich: „Ich habe mich entschlossen, Johann zu heiraten. Die Hochzeit soll am zweiten Weihnachtstag sein. Johanns Vater wird euch in den nächsten Tagen aufsuchen, um alles zu besprechen. Ich werde noch in dieser Woche mit Mutter nach

Semlin fahren, um ein Brautkleid zu kaufen. Zusammen mit Johann werde ich zum Pfarrer gehen, um uns im Brautunterricht eintragen zu lassen."

Es war üblich, daß jedes Brautpaar vor der Heirat am Brautunterricht teilnahm, in welchem es über den Ehestand durch den Pfarrer belehrt wurde. Nur ganz selten wurden die Mädchen von ihren Müttern aufgeklärt.

Evas Eltern schauten einander erschrocken an. Ihre Mutter begann zu weinen, da sie doch fühlte, daß ihre Tochter mit dem Herzen immer zu Hause bliebe.

„Ist das wirklich dein Entschluß, Eva?" fragte ihr Vater. „Wir können diese Hochzeit rückgängig machen. Ich fühle mich schuldig, gerade dich, die gehorsamste meiner Töchter, so gedemütigt zu haben." Ihre Mutter flehte sie an, sich noch einmal alles zu überlegen. „Mutter", erwiderte Eva, „Johann und ich haben uns nun dazu entschlossen. So wie es ist, kann es auch nicht weitergehen. Ich fühle mich irgendwie dazu verpflichtet." „Mein Gott, Adam", sagte Evas Mutter, „hoffentlich wird unsere Eva nicht unglücklich."

Es herrschte eine große Stille im Raum. Nur das Knistern des Feuers im Ofen war zu hören. Niemand wagte, etwas zu sagen, bis die Türe aufging und die jüngeren Geschwister die Stube betraten. „Alle haben sie nach dir in der Bibelstunde gefragt, sogar der Herr Pfarrer." „Ich habe euch auch etwas zu sagen." erwiderte Eva. „Weihnachten werde ich Johann heiraten." „Du wirst uns fehlen, Eva", sagte da ihr Bruder Samuel. Ihre Eltern sahen sich bei diesen Worten traurig an. „Kommt, laßt uns das Abendgebet sprechen!" sagte ihre Mutter. Danach gingen die Kinder zu Bett.

Die Eltern blieben noch in der Stube sitzen und redeten miteinander. „Nun, Adam", sagte Evas Mutter, „hast du gar nicht bemerkt, wie sich Eva seit jener Zeit verändert hat." „Doch", entgegnete ihr Mann, „ich bin schuld daran, aber was soll ich nur machen. Unsere Tochter fühlt sich nun zu dieser Heirat verpflichtet, und im Dorf wird auch schon darüber geredet." „Aber ihr Herz wird hier bleiben", erwiderte die Mutter. „Franz und Eva mögen sich. Sie wären ein schönes Paar gewesen, aber ihre Väter waren dagegen." „Ja", sagte Evas Vater, „eigentlich hätte ich gar nichts dagegen, doch Franz' Vater hätte eine Heirat nie zugelassen. Was hätte unsere Tochter in seinem Haus auch erwartet." „Sie wäre aber in ihrem Heimatort und in unserer Nähe geblieben, so wie sie es immer wollte", warf ihre Mutter ein. „Jetzt können wir nur noch das Beste hoffen."

Eva arbeitete wieder mit ihrem Vater im Weinberg. Während sie das Obst auflas, schlug ihr Vater neue Rebstöcke in die Erde. Als er bemerkte, daß er nicht genügend Pfähle hatte, fuhr er mit dem Wagen nach Hause, um neue Pfähle zu holen. Eva blieb währenddessen im Weinberg und verrichtete ihre Arbeit. Plötzlich stand Franz vor ihr. Er wollte die Abwesenheit ihres Vaters nutzen, um sich mit Eva auszusprechen. Da er heute auch im Weinberg seines Vaters, der ganz in der Nähe lag, zu tun hatte, hatte er ihren Vater fortfahren sehen. Dieser Augenblick schien ihm günstig, um sich alleine mit Eva zu unterhalten. „Endlich sehe ich dich wieder. Im Dorf wird erzählt, daß du heiraten wirst. Stimmt das?" Lange Zeit schwieg Eva. Schließlich sagte sie: „Es bleibt mir nichts anderes übrig, Franz. Mein Vater hat mich Johann versprochen." „Aber ich mag dich, Eva. Fühlst du das nicht?" „Doch! Aber dein Vater mag mich nicht, er haßt mich. Als er mich vor einiger Zeit traf, hielt er mich an und beschimpfte mich, ich sollte ja nicht glauben, daß du mich heiraten würdest", entgegnete Eva taurig. „Glaub mir, Franz, es fällt mir sehr schwer, von hier fortzugehen und einen Mann zu heiraten, den ich nicht kenne. Auch wenn er ein ehrlicher und guter Mensch zu sein scheint, so wird mir doch alles dort fremd sein." Eva schaute dabei zu Boden, um ihre Tränen zu verbergen. Ergriffen bat Franz Eva inständig, doch hier bei ihm zu bleiben. Während sie so gedankenverloren beieinanderstanden, bemerkten sie gar nicht, daß Franz' Vater gekommen war. Wütend hielt er einen Pfahl in seiner Hand und drohte seinem Sohn. „Schlage doch zu, Vater!" sagte Franz. „Ich werde mich nicht wehren. Mutter hat mich das vierte Gebot gelehrt." Aber Eva beschwor Franz, sich mit seinem Vater zu vertragen. „Wir müssen den Weg gehen, der uns vorbestimmt ist. Lebe wohl Franz!" sagte Eva zum Abschied.

Franz schaute Eva nach, doch dann drehte er sich um und ging. Sein Vater schrie noch hinter ihm her, doch sein Sohn antwortete nicht.

Eva war schockiert; ihr tat Franz sehr leid. Doch es gab nur diesen Weg, wenn Ruhe herrschen sollte. Eva handelte nicht nach ihrem Herzen, sondern nach ihrem Verstand. Darum blieb sie auch bei ihrem Entschluß. Es dauerte auch nicht lange, da kehrte ihr Vater mit Bello zurück. Eva erzählte ihm nichts über den Vorfall.

Sie half ihrem Vater, die Pfähle aus dem Wagen zu nehmen und legte sie dorthin, wo ihr Vater sie brauchte. Während er die Pfähle einschlug, räumte Eva das Häuschen auf. Plötzlich erblickte sie Bello, der ein Kaninchen im Maul hatte. Da es noch lebte, versetzte der Vater ihm einen Schlag ins Genick. „Was machen wir mit dem Kaninchen?" sprach Eva ihrem Vater zugewandt. „Es gehört uns doch nicht." „Davon wird Mutter morgen ein gutes Essen zubereiten", sprach der Vater. „Es laufen hier in den Weinbergen so viele Kaninchen herum, die zudem auch noch Schaden anrichten." Er zog ihm das Fell ab, nahm es aus, wickelte es in ein Tuch und legte es in den Korb, der hinten im Wagen stand.

Zu Hause angekommen, kamen ihnen schon Mutter und die anderen Kinder entgegen, um ihnen beim Abladen und Ausspannen des Pferdes zu helfen. „Bello hat ein Kaninchen gefangen. Ich habe es schon ausgenommen", sagte Vater. „Ein Kaninchen schmeckt nicht schlecht", meinte die Mutter. „Ich werde es über Nacht in eine Beize legen und eine gute Soße anrichten. Dazu gibt es dann selbstgemachte Nudeln."

Kapitel 6

Die Zeit der Ernte, Weinlese und Maisernte, war zu Ende. Das Jahr war gut, niemand brauchte zu hungern, auch das Vieh hatte genug zu fressen. Nun näherte sich der Winter und somit auch das Schlachtfest. Täglich hörte man in aller Frühe Schweine quieken, wenn sie abgestochen wurden. Das Blut wurde für die Blutwurst aufgefangen.

Auch die Kinder halfen. Sie durften das Holz herbeibringen, am Kessel stehen und das Feuer schüren. Froh und lustig ging es an diesem Tag zu, alle halfen einander. Da Evas Vater sich besonders gut auf das Wurstmachen verstand, half er allen Verwandten.

Die Frauen schnitten den Speck, ließen das Schmalz aus und füllten die Schmalzständer für den Winter. Aus den Knochen und Fettresten wurde schließlich Kernseife gekocht. Es wurde alles verarbeitet. Alles wurde von Hand gemacht und selbst hergestellt.

Zigeuner und arme Leute bekamen Wurstsuppe, so waren sie immer sehr froh, wenn die Zeit des Schlachtens kam. Abends zogen die Jugendlichen von Tür zu Tür und trugen Gedichte vor. Zum Dank wurden sie dann zum Essen eingeladen. Der Abend endete dann mit Singen und Tanzen.

Das Weihnachtsfest nahte und somit auch Evas Hochzeit. Ihre Eltern freuten sich nicht über den Entschluß ihrer Tochter, doch Eva blieb dabei, daß die Hochzeit am zweiten Weihnachtstag sein sollte.

In der Zwischenzeit hatte Johann Eva auch zu seinen Eltern eingeladen, damit sie ihr neues Zuhause kennenlernen konnte. Seine Eltern machten einen netten Einduck auf Eva, doch sie waren schon alt und wahrscheinlich bald pflegebedürftig. Mit ihnen lebte eine ledige Tochter.

Auch Eva gefielen Johanns Eltern sehr, sie freuten sich, Eva als Schwiegertochter zu bekommen. Schon bald erkannten sie, daß sie ein fleißiges und gut erzogenes Mädchen war.

Die Brautleute besprachen mit den Eltern die Trauung und den Hochzeitstag. Die Trauung sowie die Feier sollten in Johanns Dorf stattfinden. Auf Evas Mutter wirkte das Dorf eher grau und verlassen, es schien nicht so hell und sonnig gelegen wie ihr Heimatort.

In der Zwischenzeit hatte auch der Pfarrer Evas bevorstehende Heirat mit Johann von der Kanzel verkündet, so daß alle davon wußten. Auch für Franz stand es nun fest, daß er Eva nicht werde heiraten können.

Der Tag war gekommen, an dem Eva Abschied von ihren Lieben und ihrem Dorf nahm. Sie trug, so wie es damals üblich war, ein hochgeschlossenes dunkelblaues Kleid in schwäbischer Tracht. Ihr Haar war mit einem Myrthenkranz geschmückt.

Vor dem Haus warteten schon viele Dorfbewohner, die Eva sehen wollten und ihr Glück wünschten. Kalt war es, und viel Schnee lag auf dem Weg. Die Pferde waren bunt geschmückt. Mit acht voll besetzten Schlitten fuhr die Hochzeitsgesellschaft davon.

Eva saß zusammen mit ihren Eltern, Geschwistern und ihren Taufpaten in einem Schlitten. Als sie an den Menschen vorbeifuhren, die Eva zuwinkten, sah sie Franz in einer Ecke stehen. Sofort senkte sie den Kopf; erst als das Dorf hinter ihnen lag, schaute Eva wieder auf. Ihre Eltern hatten sogleich bemerkt, was geschehen war, und ihre Mutter flehte zu Gott, daß es ihrer Tochter gutgehen möge.

Auch ihrer Schwester Lies, die Brautjungfer war, ging so mancher Gedanke durch den Kopf. Sie würde ihre Schwester Eva sehr vermissen, die nicht nur Schwester, sondern auch eine gute Freundin gewesen war.

Das Dorf lag nun hinter ihnen, fuhren sie an den Weinbergen vorbei. Nach einer dreiviertel Stunde hatten sie Johanns Dorf erreicht, wo schon viele schaulustige Bewohner vor der Kirche auf die Braut warteten, die sie noch nicht kannten.

Johann stand mit seinen Eltern und seinen Verwandten ganz im Vordergrund, um die Braut zu empfangen. Evas Vater sprang als erster vom Schlitten, half seiner Tochter beim Absteigen. Er drückte sie noch einmal an sich und übergab sie dem Bräutigam.

Die Glocken läuteten zur Trauung. Die Kirche war bis auf den letzten Platz besetzt. Alle warteten schon auf das Brautpaar. Die Orgel spielte das Lied: „So nimm denn meine Händ und führe mich ..." Johann schritt mit Eva durch die Kirche zum Altar, wo sie der Pfarrer mit dem Presbyterium erwartete.

Eva schlug das Herz bis zum Hals, als der Pfarrer mit der Trauung begann. Sie wirkte traurig, auch der Bräutigam war ergriffen. Ganz leise vernahm man Evas Jawort. Auch ihre Eltern waren traurig, denn sie merkten, daß Eva weinte.

Die Trauung und die Segenswünsche waren vorüber. Zusammen mit den Eltern und den 60 geladenen Gästen ging das Brautpaar zu Fuß durch das verschneite Dorf zum Gemeindesaal, der für die Hochzeitsfeier geschmückt worden war. Ein Kalb wurde zubereitet, Gänse- und Entenbraten wurden aufgetragen. Viele Verwandte und Bekannte halfen freiwillig.

Gertrud Gregor
Temeswar – Bonn

Gertrud Gregor geb. Kräuter wurde am 2. August 1927 in Temeswar (Banat/Rumänien) geboren. Das 1946 in Klausenburg begonnene Chemiestudium war nach wenigen Monaten zu Ende. Eine schwere Knochentuberkulose zwang die 19jährige zu einem qualvollen, fast zwei Jahre währenden Aufenthalt im Sanatorium von Agigea am Schwarzen Meer. Sie pflegt diese in absoluter Bewegungslosigkeit in einem Gipsbett verbrachte Zeit ihren „ersten Tod" zu nennen. Nach zwei Jahren erfolgreichen Studiums der Theater- und Filmregie erfolgte im Juli 1951 der „zweite Tod". In einer an Häme und Grausamkeit kaum zu überbietenden Nacht- und Nebelaktion wurde die elterliche Wohnung von zwei Dutzend Schergen der Securitate geplündert und der Vater der Autorin, der Politiker und Begründer des deutsch-katholischen Schulwesens in Rumänien Dr. Franz Kräuter, verhaftet und wenige Monate später in einem auf falschen Anklagen und von Moskau diktierten Interpretation beruhenden Schauprozeß als „Hochverräter" auf 25 Jahre schweren Kerker verurteilt. Der „dritte Tod" war dann die in öffentlicher Sitzung verkündete Relegierung vom Theater- und Filminstitut, gefolgt von Hunger, Angst, schwerer Krankheit und schließlich dem Tod der Mutter. 1953 Eheschließung mit dem rumänischen Autor Constantin Chiriţă, dessen berufliches Fortkommen durch die unerhörte Mesalliance mit einer „Hochverräterstochter" einen starken Knick erlitt. 1959 wurde Dr. Franz Kräuter und drei weitere Mitstreiter aus dem Gefängnis in die Bundesrepublik entlassen. Den „drei Toden" folgten drei Leben: die Kinder Viktor, Diane und Adrian. Der Verjagung von der Uni folgte ab 1963 eine neuer Studienbeginn: Gertrud Gregor durfte im Alter von 36 Jahren wieder die Schulbank drücken, an der Bukarester Uni studieren, absolvieren und ab 1968 als Assistentin, dann als Lektorin unterrichten. Hauptfächer, Hauptleidenschaften: Rhetorik, Stilistik, Phonetik. Die Promotion erfolgte 1978 mit einer Studie über die „Phonisch-rhythmische Textanalyse" anhand der Prosa Oscar Walter Ciseks. Zu ihren literarischen Werken zählen zwei Romane und ein Novellenband.

Man nehme

Romanfragment

> *„wie Schatten vogelloser Flügel ..."*
> Nichita Stănescu

Theresia 1796-1848

Elisabeth 1832-1931
Magdalena 1860-1899
Maria 1890-1956
Gisela 1928-
Verena 1957-

Am greifbarsten scheint mir meine Ur-Urgroßmutter. Ein Bronzerelief mit vielen Details zeigt ihr ratloses Gesicht – schau wie schön, sagen die Leute, man sieht sogar die Runzeln –, man sieht auch Haarsträhnen und ein leicht ausweichendes linkes Auge, alles um viel Geld gehämmert oder gegossen oder getrieben, was man schon so tut in Bronze, einmal werde ich es wissen, alles wird einmal gewußt und erfahren sein, auch das eine, um das alles kreist, das soviel Denken verbraucht, Denkzeit und Denkenergie, nur solange man's nicht tut, sagt Michael, immer, immer sagt Maleen. Greifbar ist diese Ururgroßmutter, dieses Ururgroßmuttergesicht, könnte es sein, man müßte nur auf das schwarze Riesenmarmormal klettern, die Nischen und Vorsprünge provozieren geradezu. Als Kind, als kleines Kind hätte ich es gern getan, sie tat mir leid, so weit und kalt da oben über dem Allerseelengeflacker, ich hätte sie gern gstreichelt, die Strähnen und Runzeln ihrer neunundneunzig Jahre, doch damals war die glitzernde Marmorwand unersteigbar, ich hielt klein die Giselahand fest, die sich traurig anfühlte, wie immer. Später wäre das Hinaufklettern einfach gewesen, wurde aber belanglos, da bannten nur noch die Sprüche und irgendwie tun sie das auch heute noch. Jemand hat sie aneinandergereiht, Bibel- und Volksnachdenklichkeit, jemand außerhalb der Reihe, aber er hat es gut gemacht. Die Reihe sind wir: Elisabeth, die erste, die Theresientochter, dann also Elisabeth die zweite, obwohl sie uns stört, die fremde Theresia, Magdalena, die dritte, Maria, die vierte, Gisela, die fünfte, und schließlich ich. Vielleicht wirklich schließlich, abschließlich Schluß mit dem Genommensein, ich lasse mich nicht nehmen, ich lasse es mir nicht nehmen, nicht genommen zu werden.

Auf dem Riesenmal mit Namen und Nischen stehn also die Sprüche, die Elisabeth I noch greifbarer machen als die bronzenen Runzeln und Strähnen, besonders der erste, der uns alle gezeichnet hat: Kinder, arbeitet, als wenn ihr ewig leben solltet, und betet, als wenn ihr gleich sterben müßtet. Ein Spruch für alle vergangenen und kommenden Ewigkeiten aus Elisabethsicht. Kein Mac Luhan in Sicht, daran zu rütteln, den Spruch in seine historischen Grenzen zu verweisen. Das Beten hat Maria III am intensivsten betrieben, ihre Bittfüruns und Erbarmedichunser durchmurmelten zwei Kriege und Nachkriege, sie betete, als wenn sie gleich sterben müßte, und sie mußte auch gleich sterben, überließ Leid und Gebete – pejorativ gemeint, wie Gegreine oder Gestöhne – Gisela IV., die daran versteinerte und verstummte. Für mich, Verena V. blieb nur ein schwacher Nachhall.

Die greifbare Ururgroßmutter hatte vierzehn Kinder und arbeitete, als wenn sie ewig leben sollte. Es war nicht schwer, soll die gesagt haben, vierzehn Kinder zu gebären, es war schwer, sie der Reihe nach wieder zu begraben. Noch schwerer wäre es gewesen, sagte ich, die vierzehn nicht zu haben. Vierzehnmal niederkommen, und es w a r ein *Nieder*kommen in feuchtdunklen Stuben, ein Indiekniebrechen und hilfloses Aufbrechen und dann Mutterglück bis zum nächsten Friedhofgang, dazwischen, davor, danach immer wieder Arbeit fürs Ewigleben, Beten fürs Gleichsterben, dazwischen immer wieder schwitzender, angetrunkener Schusterleib, herrisch, heischend, nehmend, nehmend, nehmend, dazwischen Elisabeth duldend, duldend, duldend. War es ein einziges Mal schön, Elisabeth, hat es einen einzigen Höhepunkt gegeben in deinem Genommenwerden? Konnte der längst namenlose Ur-Urgroßvater zärtlich sein, geschickt, partnerbedacht? Ist einer deiner sinnlichen Mädchenträume in Erfüllung gegangen? Aber du hattest ja keine, wurdest mit fünfzehn genommen zum Arbeiten, Beten, Genommenwerden, genommen zum Genommenwerden. Während du arbeitetest und betetest, ging der Schuster ins Wirtshaus und wankte wieder heim, nahm dich schwerfällig im Rausch oder schlief darüber ein, und du krochst weg, aus der feuchtkalten Stube in die feuchtkalte Küche zum Arbeiten, zum Beten. Laß mich glauben, Elisabeth, daß es doch einmal, ganz ganz am Anfang, vielleicht 1848, das nie dazukam, dir ein Begriff zu werden, daß es vielleicht einmal ein Erleben für dich gegeben hat mit Mondschein und wie in Heimatromanen duftendem Heu, mit einem kläräugigen, verliebten Ururgroßvater, mit Händen, die dich dir entdeckten, eine Wiese, einen Bach – aber wo soll es die gegeben haben? Schnurgerade Grenzlinien teilen die Ebene in Äcker und Weiden, Liebe auf dem Stoppelfeld, Liebe auf der Hutweide, da paßt wieder nur der angetrunkene, phantasielose Schusterleib dazu, es gibt keine Bäche und Auen in dieser Ebene, nur Stoppelfelder und trübe Teiche, die Kaul heißen und so häßlich sind wie ihre Namen.

Arme gebärende begrabende Ururgroßmutter. Ein paar sind dann doch geblieben zum später Begraben, sonst könnte ja ich, Verena, nicht über dich nachdenken, und über Magdalena, Maria und Gisela. Geblieben sind die Späten, Jüngsten, die Dummlinge der Märchen.

Ungerechte Reihe. Wo sind sie, die anderen Ururgroßmütter, die andern Urgroßmütter mit ihren Schustern, Bäckern, Bauern, Popen? Als ob es sie nie gegeben hätte, es hat sie auch nie gegeben, keine Erinnerung und kein Bronzegesicht mit Runzeln und Strähnen erzählt von ihnen, vergessen ihre Namen, ihr Genommensein, ihr Gebären und Begraben. Nur Elisabeth ist geblieben, strähnige runzlige Bronze auf protzigem Riesenmarmor, Elisabeth verspätet von späten Kindern zur Fürstin gemacht, gehegt im Samtlehnstuhl und verschwenderisch verewigt hoch über allem Begrabenen.

Gisela ist nicht mehr, ist einfach weg, raus aus der Reihe, und ich bin nicht bereit zu Nachfolge und Nachsicht, obwohl ich sie, besonders in den letzten Jahren, fast vorbehaltlos akzeptiert habe. Jetzt empfinde ich etwas über mein Leid hinaus, oder sagen wir auf der Grundlage oder vor dem Hintergrund dieses Leids, das so vehement ist, daß ich nahe daran bin, Wörter wie herzzerreißend oder abgrundtief nicht nur zu rehabilitieren, sondern sie geradezu dürftig zu finden. Außer dem Leid also ist da etwas kompliziert Giselabezogenes, das Vorwurf und Mitleid und Nachempfinden zugleich ist, klar abgegrenzte Gefühlswirklichkeit, für die es kein Wort gibt, es gibt selten ein richtiges Wort, die meisten können nichts als vage auf vage Bedeutungsbereiche hinweisen, was kann man auch mehr erwarten von all der brutalen Räumlichkeit, der der Zugriff auf die Innerlichkeit überlassen bleibt im groben Gefüge der Sprache. Leid über, Leid vor, Leid außer, Leid über etwas hinaus statt in tausend Nuancen des innen, vor plus wurf, das steht als Vorwurf für mein empörtes Aufbäumen, Mit plus leid, daraus soll Mitleid werden für mein Weh, das physisch herzzerreißende, Nach plus Sicht, Nach plus sehen – warum fast identische und so brutal materielle Struktureinheiten für einfühlende Nachsicht und besiegtes Nachsehn? Und all die Armseligkeiten, die mit Vor- und An- und Auf-, plus liegen und halten und fallen darauf lauern, sich Unendlichkeiten an An-liegen, Vor-behalten, Aus-gefallenheiten einzuverleiben, einzuseelen. Muß nicht heillos verflachen, wer in derartigen Bauklötzen über sein Fühlen befindet? Und mit gleichen Klötzen über Verschiedenstes? Denn die Aufgabe (aus auf plus geben) ist nicht nur für den Brief da und für die Schule und für die Pflicht, für jede, die Aufgabe, Geschirr zu waschen, die Aufgabe, die Menschheit, das All zu retten, sie steht gleichzeitig für den totalen Verzicht, Giselas Verschwinden ist eine Aufgabe, Aufgabe ihrer selbst und alles Bisherigen. Oder doch Aufgabe im Sinne eines Auftrags? Dann könnte die Sprache sinnvoll werden in ihrer Sinnlosigkeit.

Gisela weg. Unerledigtes, Unerlebtes zurückgeblieben, herzzerreißend und alltagsstörend zugleich – ein Wort für dieses Gemisch, ein Königreich für das Wort. Und eins für meinen Josuakomplex, der entscheidend am Gemisch beteiligt ist, sich ab und zu sogar zu absoluter Autonomie hochrekelt. Moses, der für alle und alles aufkam, ist plötzlich nicht mehr, und die Last des Weiterführens, der dauernd randalierende und rebellierende Haufe muß ans Ziel gebracht werden, die Last wird Josua aufgebürdet, blitzartig gekennzeichnet, schwerer Schritt, pensif et pâlissant, car il était déjà l'élu du Tout-Puissant, parce que je suis déjà l'élue du – wessen um was weiterzuführen, den unordentlichen Haufen von Giselas Obsessionen und Reminiszenzen und Söhnen.

Gisela. War es Feigheit oder Tapferkeit, Überdruß, Lieblosigkeit, Liebe, Haß, Selbstbehauptung? Oder ein lange gewachsenes Gemisch ohne Worte, aber mit eindeutigem Effekt: Gisela ist nicht mehr.

Keiner hatte seither das Zimmer betreten, eigentlich auch vorher kaum je jemand, keiner erinnerte sich, wann die sehr heiße und sehr zugige Mansardenkammer ihr Zimmer geworden war, wahrscheinlich nachdem sie die andern als nicht gut genug, nicht präsentabel, nicht bequem genug abgelehnt hatten, denn Gisela war eine Überbleibselkonsumiererin übelster, das heißt bester Sorte, nahm für sich, was die andern nicht wollten, und nur, was die andern nicht wollten, und nur, nachdem die andern ihr Nichtwollen klar und meist verächtlich geäußert hatten. So war der heiße, zugige Raum mit den schiefen Wänden, indem er allmählich zur Rumpelkammer absank und zum Kuriositätenhort aufstieg, zur Verkörperung ihrer Restemanie, ihrer Aufbewahrungs- und Aufbrauchobsession geworden, auch dieser Obsession.

Verena richtete sich auf und suchte auf dem vollgeräumten, unaufgeräumten Tisch nach einem freien Platz für ihre Ellbogen und bohrte sie schließlich in einen Zettelhaufen, der prompt nachgab, so daß ein Teil der in allen Farben auf alle möglichen Papiersorten, –größen, –fetzen gekritzelten Aufzeichnungen auf den Boden flatterte.

Sie starrte auf die Uhr, die stumm und einsam auf ihrer Konsole stand, Zeuge einer weiteren Giselaobsession, edler und wuchtiger als die andere und entschieden dominant. Denn wo es um Familiengedenkstücke ging, da fragte Gisela nicht nach den Optionen der anderen, um sich demütig mit Resten zu bescheiden, die Familienstücke, die sie nach und nach von alternden oder abwandernden oder toten Verwandten beischleppte, die gehörten ihr, ohne Kommentar, ob es nun ein elender Lappen aus der Schürze einer Urgroßmutter war oder die Uhr.

Stickige Spätsommerluft brütete über den staubigen Dingen, Verena brütete über Vergangenem, fühlte sich hineingleiten, war längst hineingeglitten ins Giselahafte, wurde Gisela.

Ein sonderbares Knarren ließ sie auffahren (hochfahren, zusammenfahren, räumliche Dürftigkeit für den Schreck, aus einer Welt gerissen zu werden). Das Knarren kam wieder, rhythmisch, erst beim vierten Mal identifizierte sie die Quelle. Das Telefon stand in einem flachen Korb, unter Zeitungen und Zeitschriften halb vergraben. Gisela hatte das Ding, ein Mitbringsel aus der Fremde, vor Jahren selbst installiert, durch Anzapfen der unteren Leitung. Selbstmachen war auch eine ihrer Obsessionen, es ist leichter und würdiger, als andere zu bitten.

„Ja?"

„Ich habe zwei freie Tage", sagte Joachim, „bist du noch immer entschlossen?"

„Ja, fest."

„Die Gemeinde, wo sie den Wagen gefunden haben ..."

„Dort würden wir nicht mehr erreichen als die andern. Ich denke an ein paar Orte, die sie letzte Zeit oft erwähnt hat, Banater Dörfer, Klöster ..."

„Dafür reichen meine zwei Tage kaum."

„Wenn man einen Sonntag dazu nehmen könnte ..."

„Man kann, ich müßte einiges verschieben, wir könnten schon Donnerstag nachmittag ... Verena ..."

„Ich bin dir sehr dankbar."

„Ich sollte es nicht sagen, ich dürfte es gar nicht fühlen, aber ich freue mich einfach."

Sich einfach freuen. Sich kompliziert freuen. Zurück zum Staub. Zur Uhr. Ich, Verena, allein mit der Uhr.

Gisela hat ihr kurz vor ihrem Verschwinden – das dürfte vorläufig das Wort sein, denn es war kein natürliches Dahinschwinden, sondern ein plötzliches Nichtmehrdasein, Nichtmehrdaseinwollen, das, genau betrachtet, vielleicht genauso natürlich ist, natürlicher als das gängige Dahinscheiden, Verschiedensein (verschieden von der Alltäglichkeit und Allhierheit der andern), das immer elende Preisgegebenheit an Blindes bedeutet, während ein Verschwinden, dieses Verschwinden vernunft- oder unvernunftbestimmt sein kann, könnte –, sie hatte ihr kurz vorher einiges über die Uhr erzählt und ihr die Aufzeichnungen im Uhrkasten, im schmalen Tarnfach unter dem Gehäuse gezeigt.

Verena stelzte über Bücherberge und beschädigtes Geschirr (alles, was beim Erdbeben unter 50 % Schaden erlitten hatte, hatte oben bei Gisela liebevolle Aufnahme gefunden) zur Konsole hinüber, einem zierlichen Biedermeiergestell auf schlank geschwungenen Beinen, das keiner bekam, weil es die Großmutter der Schwiegermutter einer Cousine 1915 – wie immer, Familienstücke gab sie nicht her.

Es war eine hohe, schwere, schwarze Standuhr, hergestellt 1688 in Wien von Uhrmachermeister Stephan Berger. Sein Name und die schier unglaubliche Jahreszahl waren auf die Rückseite graviert, Steph Berger Fecit 1688 Vienna. Die Uhr war Familienbesitz, Familienfrauenbesitz, hatte Gisela oft unterstrichen. Die Uhr war ein Kunstwerk, ein visuelles, auditives, taktiles, technisches Kunstwerk. Die Uhr war tot, glaubten die andern. Verena wußte es besser und wußte auch, daß sie zu schweigen hatte, wie Gisela und vor ihr Maria und weiter zurück, bis zu Theresia.

Sie starrte das Wunder an, ihr Wunder fürs Leben. Auf barock ornamentierter Messingplatte oder Goldplatte, laß es Gold sein, diese Uhr ist ein einziger Superlativ, daran kann Gold oder nicht nichts ändern, auf goldglänzendem Blumen- und Tiergespiele wohl ein Dutzend zinnerne Zifferblätter, Zeiger, Nischen und Spalten, deren Angaben, deren unheimlich präzise Angaben, so Gisela und die Vorherigen, zusammenwirken in der Bestimmung des Augenblicks, der Definition der Sternstunde. Da werden Sekunden und Minuten gewissenhaft gemessen, Stunden und Viertelstunden geschlagen oder geschwiegen, letzteres für die Glücklichen aus Stephan Bergers und allen Zeiten.

Sieben fein gravierte Frauengestalten wachen über die Wochentage oder sind ihnen untertan, Stephan Bergers bedächtig von einer zur anderen wandernder, weisender Zeiger läßt Doppelinterpretationen zu: nimm Montag die, Dienstag die und so fort bis zum üppigen Sonntag, oder aber sei heute dieser, morgen dieser, übermorgen jener ergeben. Als ob bei diesem täglichen Wechsel überhaupt von Ergebenheit die Rede sein könnte, es sei denn im Sinne einer Haremsbesitzertreue, jeden Montag der, jeden Dienstag der ergeben, was Stephan Berger fünf Jahre nach der Belagerung seiner Heimatstadt durch die der Vielweiberei frönenden Türken kaum zuzutrauen ist. Wie immer: Falls die weiblich bebilderten Wochenntage tatsächlich Ausdruck männlicher Herrsch- und Beherrschselbstverständlichkeit sind, sein sollten, hat sich die kunstvoll in Zinn gravierte Bestimmung nicht erfüllt.

Der dicke verschnörkelte Zeiger vor dem unruhigen Zifferblatt der Monate und Sternbilder, der den Monatsteilen astronomisch genau zugeordneten Sternbilder, hat es mit einer Jahresumdrehung am bequemsten. Fürs Tagesdatum siehe die viereckige Öffnung unten Mitte: mit einem Klick erscheint vierundzwanzigstündlich ein schwarzbeziffertes Emailschild, bis zum 30. bis zum 31. bis zum 28. bis zum 29. des Monats. Ein ungeheures Bescheidwissen. Ebenso oben, wo in halbkreisförmiger Öffnung und romantischer Wolkenlandschaft der Mond heraufzieht, breites Grinsen, schmale Mendaxbogen, dünner Neumond. Und mit den Mondphasen trotten die Mondtage einher, 29,5 Tage für jeden Mondmonat. Zu all dem nach Wunsch verspieltes Glockenspiel, einstellbar, wiederholt, wiederholt nicht: dazu nach Bedarf aufgeregter Weckalarm, Aufrasseln Müder aus dreihundert Jahren, oder auch Stille, für die, denen keine Stunde schlägt.

Die Uhr war im Laufe der Jahrhunderte einige Male überholt worden, Berichte und Rechnungen im Tarnfach erzählten davon, Verena blätterte ratlos in den Papieren. Gisela hatte anscheinend nicht daran gedacht, daß sie mit manchen nichts anfangen konnte, sie mochten für Giselas Ungarisch gerade noch zugänglich gewesen sein, für Maria allerdings enthielten sie seinerzeit klarste Information, für Verena nichts. Sie würde diese Sprache erlernen müssen, der Uhr zuliebe und der Rolle zuliebe, die sie nun spielen mußte, zu früh, viel zu früh, sie war 21 und empfand noch zu wenig für das Aufbegehren, das ihr mit der Uhr zugemutet wurde.

Nach jeder Reparatur, so hatte Gisela erzählt, war es mit dem Ticken und Klingen nach wenigen Wochen wieder vorbei gewesen. Stehn geblieben, Schlüssel verloren, behaupteten trotzige Frauen und gingen am nächsten Morgen beichten. Die Männer schimpften eine Weile, schlampige Magdalena, verkalkte Maria, zerfahrene Gisela. Und Ruhe für Jahrzehnte.

Die letzte Instandsetzung war 1941. Fromme Worte kündeten davon, so fromm und lateinisch, als wäre Stephan Berger und seine Zeit wieder am Werk. „Sapientia Dei imperscrutabilis mihi impertiit gratiam, ut hoc ad pristinam perfectionem restituere ..." Frommes Latein am Ende einer detaillierten Beschreibung des wieder funktionierenden technischen Wunders, hergestellt in Wien, fünf Jahre nach der Belagerung. Die Uhr kam bald darauf, bald nach der perfekten Restaurierung mit andern als Werte bewerteten Dingen in den vielleicht bombensicheren Keller, überlebte, erstand und stand seither stumm aufrecht. Schlüssel abhanden gekommen, erklärte Maria dann Gisela. Die Uhr ist tot.

Warum schienen Gisela von ihren Tausenden wütenden Seiten gerade diese uhrwürdig, oder sind sie irrtümlich hierhergeraten, zerfahrene Gisela? Sie passen schlecht zu den Vergilbten, Brüchigen, Frommen, sind kaum ein paar Monate alt, sind prosaisch getippt und ausgelöst von jener Exorzismusaffäre 1976, Tod einer deutschen Studentin durch Teufelsaustreiberei, sie sagte damals, wir waren allein und es war spät am Abend und sie hatte lange Berichte in sehr verspäteten Spiegel- und Zeitnummern gelesen: „Brutalster Auswuchs männlichen Machtmißbrauchs, Hexenerfindung und Hexenverfolgung, Resultat beleidigter Drüsen, Rache mächtiger Abgewiesener. Und diese prächtigen Frauen, die lieber verbrannten ..."

„Lieber verbrannten als was?"

„Als die Avancen ekliger Mächtiger."

Sie hatte damals eine Grundwut, verursacht „vom Pojatzl mit viereckigem Gesicht", Verena kam erst Wochen später darauf, daß es der Chef der Personalabteilung war, der wieder mal grob und ohne jede Geschichtskenntnis in ihren Vergangenheiten umhergetrampelt hatte. „Ich will nicht mehr, verstehst du, will nicht mehr plädieren vor einem, der keine Antennen hat für Würde und Aufrechtheit und dem die elementarsten Einsichten ins Menschliche und Geschichtliche abgehn."

Das war die Atmosphäre, in der jene Uhrblätter entstanden sind, die keine sind. Zeitgenössische Wut und Familiengeschichte zugleich.

GISELA:

Teufel, Teufel, Teufel, der, den es gibt, nicht der, den teuflische Männer erfinden, um ihr Versagen bzw. das plötzliche Funktionieren ihrer Drüsen zu rechtfertigen und ihr Versagen vor den Nichtreagierenden, also Besessenen. Zum Teufel, nicht sie sind besessen von der Pracht eines Weibes, sondern das Weib vom Teufel, weil es sie nicht akzeptiert, aber nicht dieser Teufel, sondern einfach Teufel, Teufel, es reicht, reicht, habe Demütigungen geschluckt und Absurdes und weiß, wie man verrückt wird und wie alles zu nichts wird und Letztes zu Erstem, das doch immer das Letzte bleibt, und weiß nun auch, wie man stirbt.

Sie haben mir die Heime der Kindheit genommen, das Ehr-Würdige, das Gewissse, das Gewissen und die Wörter dazu, sie haben mir die Bücher weggeschrieben, Christa die Vergangenheit und die Tochter, durch die alles relativierbar wird, Grass, das Kochbuch mit den Geschlechterkampfimplikationen, bleibt nichts als die Interjektion zum Hinschleudern, mitten hinein, darum heißt sie ja so, darum ist er eine und nichts weiter, Teufel, Teufel zum Hinschleudern.

Immer nur Endergebnisse, immer Bilanzen, immer Konsequenzen. Zu selten wird das Werden verzeichnet, immer nur das Gewordene und das weiß nichts von Epik, ist starre, verlogene Statik. Wer im Gefängnis, aha, wurde enteignet, klarer Fall, hat Verwandte, Sie verstehen, oho. Warum kein Warum. Warum nur starres, stures Registrieren?

Jener Ignaz, der 1812 unehelich zur Welt kam. Sohn der Therese Wagner in Böhmisch-Hellersdorf. Steht klar und beschämend in den Matrikeln, Sohn der ledigen Theresia Wagner. Endergebnis. Was ging voraus? Natürlich das. Aber wie kommt eine wohlhabende Bauerntochter 1812, lieber Gott, 1812, jener irrende schwedische König und Napoleons Rückzug, Goethe hatte noch 20 Jahre Liebesleben vor sich und Entwicklung zur Göttlichkeit auf dem fruchtbaren Boden deutschen Anbetungsbedürfnisses, und Theresia Wagner kam unehelich nieder, genas eines Knaben, wie die Königinnen der Grimms.

Theresia Wagner ist die Ahnfrau, die Vorherigen zählen nicht. Theresia Wagner war die älteste von acht Geschwistern, die alle brav und dumpf heranwuchsen und belanglos wieder wegstarben. Theresia war nie brav und dumpf, sie schockte Hellersdorf durch ihre Geburt, sechs Monate nach der Trauung der Eltern, sie schockte durch ihre Magerkeit, ihr schwarzes Haar, durch das verfrühte Menstruieren und den schreienden Blick. Man munkelte. Dumpfes Volk munkelte immer. Vater Wagner, der mit den übrigen sieben gut zurecht kam, blieb ihr gegenüber unbeholfen und scheu und rächte sich dafür in bösen Nächten an der Frau, lag schwer und vollgetrunken auf ihr und wollte wissen, wer, wer damals noch, und sie schwieg und schwieg und gebar ihm dumpfe brave Kinder, und ihre Lippen wurden von Jahr zu Jahr dünner und härter.

Ganz selten, in den wenigen einsamen Augenblicken, die ihr das Abrackern ließ, knapp nach einer Geburt vielleicht in der dämmerigen Stube, oder in der Kirche mit gesenkten Lidern und gefalteten Händen wurde die rasch dahinalternde Wagnerin schön und versonnen, vor Frömmigkeit, dachte man, sagte man, die Wagnerin ist schön, wenn sie betet. Sie dachte dann in tiefer heidnischer Frömmigkeit an die eine ungeheure Stunde, als alles in ihr Erwartung war und Durst, dachte an die Hände, die sie aus dumpfem Nichts herausgetastet hatten in schamlose Wachheit und Nacktheit, das hatte es gegeben, einmal im Leben, einmal in der Welt. Kein Name, keine Sprache, stummes Geschehen, sie ganz sie selbst, konzentriert auf sich selbst, ihr Herausgetastetwerden aus der Dumpfheit, ihr Hineingesteigertwerden in immer wachere Schamlosigkeit, das war ihr wiederfahren, einmal, alles bereit und bewußt und erfüllt. Vorher verschobene Röcke und hastiges Nehmen, man war einander versprochen, hier strotzendes Recht, das bin ich, so großartig bin ich, da dumpfe Pflicht. Nachher immer nur das, verschobene Röcke, strotzendes Recht, dumpfe Pflicht. Und einmal alles.

Kirchweihrummel, ein Becher ihr hingehalten, sehr grüne freundliche Augen. An der Gauklerbude, bei den Geigern? Klares Wasser oder Hexentrank. Wagner und die andern beim Bier, bei viel Bier. Sie schwankten flußwärts in die Dämmerung. Der weiche Mantel auf dem warmen Ufersand. Er nahm ihr Tuch, ihren Gürtel, nahm, nahm, weil sie wollte, daß er nahm, nahm. Im Mondschein fühlte sie sich schimmern, fühlte sich sein werden, genommen werden, sie selbst werden.

Spät dann Wagners Bierkeuchen im harten Heu. Recht und Pflicht. Neun Monate später das Kind, ein schwarzhaariges Mädchen mit grünen Augen. Wer noch, wer noch, wurde der Refrain ihrer Nächte. Und ihre Lippen wurden dünn und hart vor Schweigen. Wenn sie betet, ist sie schön, sagten die Leute.

Die Ahnfrau Theresia Wagner, geboren 1796, war eine unausstehliche, häßliche Göre und, wie gesagt, aufs Schocken aus. Das strähnige schwarze Haar, der schräg von unten lauernde grüne Blick, die unglaubliche Magerkeit. Die unglaubliche Widerspenstigkeit. Beim Spülen zerschlug sie das Geschirr, beim Gemüseputzen schälte sie mehr weg, als sie übrig ließ, und wenn sie ihre kleinen Geschwister überwachen sollte, geschah meist Schreckliches: eins wurde in heftigem Bogen aus der Wiege herausgeschaukelt, vielleicht wurde es darum noch dumpfer als die andern, dem zweijährigen Johannes gab sie Küchenschaben zu knabbern, und die brüllende Magdalena sperrte sie in den Schweinekoben und ließ sie sich ohnmächtig brüllen. Man gewöhnte sich allmählich daran, nichts von ihr zu wollen. Es war ihr gerade recht. Mit elf begann sie zu bluten und ihre Augen wurden hungrig. Die Mädchen fanden sie häßlich und dürr, die Mütter unverschämt. Theresia schlenderte durch die Gassen, schlacksig, strähnig, unbekümmert, und wo sie erschien, in der Kirche, auf dem Tanzboden, am Brunnen, da bekam keine andere auch nur einen Blick. Söhne wurden tiefsinnig, Väter barsch, Greise lächerlich.

Hexe nannte man sie, halb ratlos, halb im Scherz. An Hexenverfolgung dachte allerdings niemand, vielleicht fehlte auch nur ein energischer Theologe, der, selbst besessen, Theresias Teufelsbesessenheit tückisch kompetent diagnostiziert hätte. Die dumpfen Hellersdorfer Laien aber konnten ihr wahrhaftig nichts vorwerfen, höchstens, daß man ihr hörig war, höchstens daß man seine Braut, sein Weib nicht mehr mochte, lauter Dinge zum Niederschweigen, nicht zum Vorwerfen.

1812, als Theresia, 16, niederkam mit Ignaz, als sie also des Ignaz genas, es ist nun einmal die Zeit der Grimms, war der Hexenzauber zu Ende. Aber er tritt bei jeder ihrer weiblichen Nachkommen noch einmal auf (zuckt auf, lodert hoch, je nach dem jeweiligen Genengemisch), jede Theresiennachfahrin hat ihre Hexenjahre oder –monate oder –wochen, ihre Hexenstunden, eine Art Wiederholung der Phylogenie durch die Ontogenie,

Theresias Hexenstadium wird von allen durchlaufen, von allen Gauklertöchtern der schmallippigen alten Wagnerin, von allen Hexenmädchen der Ahnfrau Theresia.

Der Vater jenes Ignaz, der den Zauber gebrochen hat ...
Durch ihn scheint die Uhr ...

O Gott, Gisela.

Diesmal hob Verena beim ersten Knarren ab. Ihre Antworten klangen fern.

„Einverstanden mit Donenrstag nachmittag Richtung Westen."

-

„Meine Stimme komisch? Das kommt von Giselas nicht fachgerecht angeschlossenem Apparat."

-

„Sonst? Nachdenken. Wann ich mein Hexenstadium hatte oder ob es nicht knapp bervorsteht."

-

„Das ist nicht zum Verstehen, Joachim. Das ist zum Hinnehmen."

Unnachweisbares kann weder wahr noch falsch sein, es kann gar nicht sein. Verena stopfte die Blätter ziemlich pietätlos ins Fach zurück.

Etwas schien ihr ungerecht und zum ersten Mal seit, seit Giselas Nichtmehrsein empfand sie böse kritische Distanz ihr gegenüber. Diese Theresienstory hatte etwas Blasphemisches, sie zerstörte jede Möglichkeit, ehrfürchtig an Vorfahren zu denken, was an sich unwichtig sein mochte, doch in diesem Fall ging es um Vergangenheitsbilder, die ihr Zug für Zug seit früher Kindheit von der gleichen Gisela vorgezeichnet worden waren.

Sie mochte Theresia nicht, trotz ihrer Hexenzeit. Sie mochte die Späteren, mit deren Erinnerungen und Seufzern sie gelebt hatte, bevor Theresia sich anmaßend an die Spitze gestellt hatte.

Hunderte heiße Kilometer nach Westen, dann saß man bei Maleen zwischen dunklen Möbeln im dunklen alten Haus in der dunkelnden Stadt in der vergangenen Heimat. Die Heimat Vergangener, dachte Verena, trank starken Kaffee und beantwortete mechanisch Maleens Fragen, Fragen. Joachim saß abseits im Elisabethlehnstuhl. Manchmal sagte er ein paar Worte.

„Also so gut wie nichts", resümierte Maleen. „Keine Spur, kein Lebenszeichen."

„Kein Lebenszeichen", sagte Verena stumpf, „wäre, mathematisch ausgedrückt, ein Todeszeichen."

„Es geht im Leben nicht mathematisch zu", sagte Joachim.

„Im Leben nicht." Der Satz blieb hängen.

„Kinder", sagte Maleen krampfhaft sachlich, „versuchen wir mal ganz ruhig und vernünftig zu überlegen."

„Wir versuchen es seit Wochen. Sogar die blöden Buben."

„Und – er?"

„Als ob man reden könnte mit ihm! Was man tun konnte, mit Autoritäten, Fahndungsdienst und so, ist geschehen. Und als sie dann den Wagen entdeckten, hat er eine Woche lang die Gegend durchstreift, wüstentrockener Bărăgan, bei der Hitze. Nichts. Er ist verschlossen und grau."

„Natürlich", sagte Maleen kühl, „die gekränkte Männlichkeit. Im Vordergrund steht das beleidigte Selbst."

„Das ist Feministenmentalität im schlechten Sinn. Manchmal wünsch ich mir, daß eine ihn sich gabelt, daß er den Kopf verliert, nur so, daß sein Gesicht nicht mehr grau ist."

„Wir werden von Generation zu Generation perverser", konstatierte Maleen zufrieden.

Sie war eine Giselacousine, Theresiennachfahrin, und die Gauklerunbekümmertheit, wenn es den Gaukler je gegeben hat, war bei ihr besonders skrupellos. Eine Tanten-Nichten-Beziehung hatte nie zwischen den Generationen bestanden, wohl auch deshalb, weil Gisela das Wort 'Tante' als primitiv duplizierenden Auswuchs von Steinzeitwiegensituationen aus dem Familienwortschatz verbannt hatte, vor allem aber, weil niemand etwas fürs Reverenziöse übrig hatte seit dem Abgang der ehrwürdigen Magdalenengeneration.

„Es war gütig gemeint", wehrte sich Verena.

„Also methodisch: Möglichkeit Nr. 1 fällt weg, bei uns wird nicht gekidnapped, die Gründe sind bekannt. Bleibt die Frage: freiwillig oder unfreiwillig. Freiwillig könnte man verschwinden ..."

„Wenn man es satt hat", warf Verena ein.

„Hatte sie es satt?" Maleens Stimme ließ jede Deutung zwischen Sachlichkeit und Ironie zu.

„Natürlich hatte sie es satt."

„Ich meine, hat sie sich irgendwie geäußert?"

„Hat sie. Aber wer tut das nicht. Und vor allem, wer nimmts schon ernst, wenn einer so was sagt."

„Hatte sie irgendwelche besonderen Gründe?"

„Weiß der Teufel. Für den, der sie hat, sind Gründe immer irgendwie besonders", sagte Verena ungeduldig und fand Maleen plötzlich sehr alt.

„Ist dir nichts speziell aufgefallen?"

„Doch. Daß sie alles speziell satt hatte, speziell ihre beruflichen Komplikationen, speziell die Männerherrschaft, speziell das Unheil, das ihre devote Jugend für die späteren Jahre bedeutet hat, speziell den Krawall der Buben, überhaupt alles phonisch Übertriebene, und da war ihre Toleranzschwelle sehr niedrig ..."

„Alles zu allgemein", unterbrach sie Maleen, „bringt uns keinen Schritt weiter. Und dieses Satthaben ist nur ein Zustand, eine Bereitschaft zu, ja zu was? Was tut einer, eine, die es heillos satt hat? Einfach in den Wald rennen."

„Vielleicht in ein Kloster", warf Joachim schüchtern ein.

„Ach was", winkte Maleen ab, „Mittelalter und schlechte Filme. Es sei denn, daß sie irgendwelche klösterliche Beziehungen ..."

„Jede Menge, aber in der Vorgeschichte", sagte Verena.

„Keine Äbtissin, von den cleveren, mit Tourismus und so?"

„Keine. Jedenfalls nicht, daß ich wüßte."

Wie lange mochten sie schon da gesessen haben, in den tiefen und bequemen Lehnstühlen mit den verschossenen Bezügen? Draußen war es still und dunkel geworden. Maleen ging zu dem unförmigen Bett in der Ecke und knipste die Lampe, eine komische Eisenhalbkugel auf Jugendstilstiel, auf dem Nachtkästchen an. Der Kaffeesatz in den plumpen Tassen mit blaugoldenem Rand, die Kuchenkrümel in den Tellern, die verfingerten Wassergläser waren wieder da und die drei müden Gesichter um den runden Tisch. So, mit schattigen Gesichtern waren sie alle dagesessen, die fünf Cousinen in verdunkelten Kriegsnächten, Maria und ihre Schwestern im andern Krieg, Elisabeth, müde, in ihren letzten Jahren, in Gedanken schon längst bei ihren Begrabenen.

„Und wie", begann Maleen vorsichtig, „wenn eine plötzliche Leidenschaft, ein Abenteuer, so was gibt's ..."

„Giselas verspätetes Hexenstadium! Was fällt dir ein, sie ist fast 50!"

So what, müßte ich ihr jetzt sagen, dachte Maleen, und sie damit zu Erklärungen und Rechtfertigungen zwingen, wie sie es mit mir zu tun pflegt. Aber gelten lassen würde sie diese Variante sowieso nicht, bevor sie 49 ist.

„Man kann nie ganz sicher sein", warf Joachim ein.

„Vielleicht eine Jugendliebe, die ihr plötzlich über den Weg gelaufen ist ...", beharrte Maleen.

„Oder ein Wegelagerer, dem sie nicht widerstehen konnte", Verena hatte Tränen der Wut in den Augen.

„Du hast ganz hübsche Anlagen zum Spießertum, was? Emanzipation hört vor der eigenen Tür auf."

Ich hasse, hasse hasse dich, dachte Verena.

„Fassen wir zusammen", überlegte Maleen. „Auf Satthabengrundlage könnte sie erstens einem religiösen Wahn, was unwahrscheinlich ist, zweitens einer erotischen Leidenschaft, was meinetwegen ebenso unwahrscheinlich ist, anheimgefallen sein." Verena übersah geflissentlich Maleens ironischen Blick, und Maleen übersah genau so geflissentlich Verenas Übersehn. „Sie könnte aber drittens auf eine Baustelle gegangen sein, das tut man dauernd in Filmen, und die negativen oder schwankenden Helden werden dann immer sehr positiv."

„Maleen bitte. Vielleicht gibt es sie gar nicht mehr ..."

„Entschuldige Verena, es war plump. Gehn wir weiter. Ein unfreiwilliges Verschwinden könnte verursacht sein von ...", sie zögerte.

„Von einer Amnesie, jede Menge Filme, besonders amerikanische." Verena schien aufzuleben. „Es wäre die romantischste Variante und alles total

reversibel und ohne jede Schuld ..., das heißt ..." sie unterbrach sich schuldbewußt, „das war falsch, alle Möglichkeiten sind schuldlos."
„Will ich meinen, bei so vielfachem Satthaben."
„Es könnte jedwelche Krankheit sein", sagte Joachim.
„Oder ein Unfall", sagte Verena und: „ich glaube, ich habe schreckliche Lust zu heulen."
„Da nun aber mehr als vier Wochen verstrichen sind", fuhr Maleen unerbittlich fort, „reduziert sich die Zahl der Varianten ..."
„Gehn wir schlafen", unterbrach Verena sie plötzlich, „es ist doch immer das gleiche. Wir haben all das unzählige Male durchgeturnt, mit und ohne Miliz, mit und ohne ihn, es führt zu nichts. Und übrigens, Joachim und ich, wir sind keiner Leidenschaft anheimgefallen, zu Deutsch, wir schlafen nicht zusammen, falls das präzisiert werden muß, ich geh in meinen gewohnten Winkel." Sie kauerte sich auf dem viel zu kurzen Ecksofa zusammen und als ihr Maleen eine Decke brachte, flüsterte sie böse:
„Gisela hatte recht, wenn sie freiwillig. Es war wirklich zum Satthaben ..."

Der Morgen macht die Menschen klar und die Dinge müde und staubig. Der Tisch war beiseite gerückt, sie knieten mitten auf dem Teppich zwischen alten Mappen und offenen Aktenbündeln.
„Das wär's, sonst ist kaum noch was da, höchstens bei Gisela." Maleen begann die zerstreuten Papiere zu ordnen.
„Warte noch!" Verena nahm ihr die Blätter aus der Hand und begann sie um sich auszubreiten, während sie konzentriert rekapitulierte: „Da ist also der Franz Bächler, Richter von Böhmisch-Hellersdorf, geboren 1796. Seine Frau Klara gebiert ihm – warum ihm, Zuwendgröße, warum nicht sich selbst, wozu Kinder überhaut jemand zuwenden – sie gebiert also 13 Kinder, und zwar zwischen 1777 und 1798, so, dann liegt sie noch 14 Jahre brach, wird wohl kaum gelegen haben, schuftet noch 14 Jahre brach und stirbt im Dezember 1812."
„Mach jetzt Schluß", mahnte Maleen, „wenn wir bis heute abend in Maxfeld zu etwas kommen wollen ..."
„Sofort, nur noch das: Richter Franz, seit zwei Monaten Witwer, heiratet im Februar 1813 eine Josephine. Etwas hastig, nicht? Geiler Bock."
„Verena!" alles lag im Ton.
„Emanzipation hört vor den eigenen Ahnen auf, wenn ich paraphrasieren darf", murmelte Verena.
„Es ist nicht das. Du ignorierst die Zustände, die Zeit. Die Wirtschaft mußte versorgt werden, die vielen Kinder ..."
„Ganz besonders die Kinder, schau mal, das jüngste zarte Büblein, hier, Emericus Joseph war 1813 ... geboren 1790 ... also war das Bübchen 23 Jahre alt, als die hastige Josephine kam."

„Was geht er dich überhaupt an, der Richter ..." sagte Maleen und dachte, ich bin im Rückzug, beanstande Dinge, die ich normalerweise vertreten würde ...

„Der Richter ist wichtig", perorierte Verena, „weil einer seiner Söhne, mit Namen Anton, welchselbiger circa unser Ur-ur-urgroßvater ist, bei Dir einmal weniger ur-, weil der Anton 1815 die fatale Theresia Wagner samt unehelichem Sohn nimmt."

„So what?" Die Welt steht Kopf, fühlte Maleen, ich habe Verenas unsichere Repliken übernommen und sie meine aggressiven.

„So that", fuhr Verena unerbittlich maleenhaft fort: „Was bringt den Richtersohn dazu, ein gefallenes Weib mit Kind, ich sage „gefallen", weil ich Zeit und Zustände eben nicht ignoriere ... Vielleicht waren diese Bächlers eine besonders lüsterne Dynastie, der Richter, der sich gleich auf die Josephine stürzt, der Anton mit seiner Gefallenen."

„Versuche doch, diese Akten anders zu interpretieren, zum Beispiel tragisch, denn das sind sie." Ich bin nicht mehr ich, fühlte Maleen. Was will ich plötzlich, ist es die Würde des Alters, die plötzlich ausbricht, pädagogische Vorbildsinstinkte? „Sieh dir mal die Liste dieser 13 Kinder an, zuerst ein paar Buben, Franz, Konrad, Wilhelm, unser Anton. Dann bricht, um 1790, die biblisch-klassische Zeit der Namen und Schicksale aus. Emanuel Benjamin, lebt sechs Monate lang. David Karl, Oktober 1792 bis März 1793, David Wendelin, Oktober 1794 bis Oktober 1796, Daniel Thomas, März bis Mai 1797, Apollonia, April bis Mai 1798."

„Irres Gesterbe", seufzte Verena.

„Arme Klara. Vierzehn Jahre Dauerfriedhofgänge, vierzehn nach der Apollonia und vorher schon acht, das macht mehr als zwei Jahrzehnte. Und dann bleibt sie selbst dort."

„Und schon ist Josephine da. Das Biest. Falls sie nicht schon Jahre vorher da war, das würde auch Klaras plötzliches Brachbleiben erklären, vielleicht hat Josephine dort sogar ein wenig nachgeholfen, um schneller Frau Richterin zu werden ..." Ich bin doch sonst nicht so schlecht, dachte es irgendwo in Verena.

„Warum dann nicht auch bei dem wahnsinnigen Kindersterben? Josephine mit dem Schierlingsbecher an den Bächlerwiegen. Könntest du nicht versuchen, zwischen totalem Spießertum und totaler Pietätlosigkeit eine etwas gemessenere Position zu beziehen?"

„Und ob. Die edle Josephine hat vielleicht ..."

„Es reicht", sagte Maleen und lachte. „Und wenn ich lache, so bedeutet das nicht, daß ich auch approbiere. Außerdem gehört das späte Liebes- oder Eheleben des Richters wirklich nicht zu einer Dokumentation über Maxfeld. Uns interessiert einzig und allein sein Sohn Anton, der nach Maxfeld gekommen ist. Punkt."

„Einverstanden." Verena griff nach einem neuen Stapel und faßte zusammen: „Anton, geboren 1786, heiratet 1815 Theresia, verläßt 1838 Böh-

misch-Hellersdorf samt Vater und Stiefmutter und Geschwistern, verläßt also alle und alles und kommt ins Banat. Warum?"
Joachim trat ein: „Fertig, wir können fahren."
„Setz dich noch ein wenig", sagte Maleen. „Oder stell noch einmal Kaffeewasser auf. Maxfeld muß gründlich vorbereitet werden ..."
„Warum?" wiederholte Verena.
„Warum der Anton hergekommen ist?"
„Nein, zuerst warum er die gefallene Theresia ..." Gegen wen bin ich eigentlich, fragte sich Verena ratlos. Gegen Maleen oder Theresia oder Gisela. Oder gegen mich selbst, weil ich Zeug daherrede, das ich nicht meine.
„Und wenn sie ihn genommen hat? Vielleicht war dieser Anton, er war immerhin schon 29, als er heiratete, vielleicht war er sehr reich, und die prächtige Theresia läßt sich zum plumpen Anton herab, seines Geldes wegen, noch ärger, da schau mal, vier Monate nach der Trauung kommt Emilianus Maximilianus (klingt glatt wie bei Kaisers) zur Welt, das kann ein Trick gewesen sein, um ihn zur Ehe zu zwingen, wer weiß, wo sie den Emilianus Maximilianus herhatte drei Jahre nach dem Ignaz, und der gutmütige dumme Anton ..."
„Maleen ... jetzt wirst du ich. Eigentlich, jetzt bist du du und vorhin war ich du – warum haben wir das Bedürfnis, so schlecht mit ihnen umzugehen?"
„Ich seh nicht ein, warum man Vorfahren ernster nehmen sollte als sich selbst, bis auf vereinzelte Würdebedürfnisanfälle, wie ich vorhin einen hatte. Wäre es nicht lächerlich, wenn in hundert Jahren deine Urenkel ehrerbietig und womöglich erschauernd an uns und unseren Problemen herumdeuten würden? Wir haben nichts Ehrwürdiges, sie hatten auch nichts. Von Trieben beherrscht, vom Zufall umhergejagt, wie wir."
„Dein Würdebedürfnisanfall war sympathischer, Bedürfnis nach Würde, ich habe es manchmal, das heißt, ich weiß jetzt, daß es so heißen könnte ... gehn wir zurück zu unserm Anton. Die Frage ist: Warum soll ein Reicher seinen Reichtum liegen lassen, warum soll ein Reicher auswandern, noch dazu in ein gottverlassenes ungarisches Nest?"
„Er kann inzwischen arm geworden sein", sagte Maleen unbekümmert, „zwischen Heirat und Auswanderung liegen immerhin 23 Jahre."
„Ob es das böhmische Wanderblut ist, denn auch nach Böhmen ist man ja irgendeinmal eingewandert, die Bohemiens der Franzosen ..."
„Oder hat er die Schande nicht mehr ertragen, alle Welt wußte, daß seine Theresia eine diskutable Vergangenheit hatte, und da wollte er in der Fremde ein neues, unbescholtenes Leben beginnen."
„Mittelalter und schlechte Filme hätte das gestern geheißen. Und dieses Unbescholtenheitsbedürfnis nach dreiundzwanzigjähriger Bescholtenheit – außerdem warst das jetzt wieder nicht du ..."

„Armer Anton", seufzte Joachim plötzlich in die Stille hinein. Er hatte jeder eine Tasse Kaffee auf den Teppich gestellt und saß wieder abseits in seinem Elisabethlehnstuhl.

„Armer Anton!" Maleen lachte auf. „Diesen Aspekt haben wir total vernachlässigt. Der arme Joseph Wagner kriegt von seiner dünnlippigen Frau die Gauklertheres beschert, wahrscheinlich kennst du Giselas Variante, sie gebiert sie ihm also, hier ist der Dativ amüsant, als ethischer Dativ doppelt interessant; der arme Anton nimmt eine Gefallene mit Kind ..."

„Nirgends etwas über den Vater dieses Ignaz?"

„Nichts." Maleen zuckte gleichgültig die Schultern. „Nur die Uhr scheint seither da zu sein, sie wird im Ehekontrakt erwähnt, Heiratsgut der Braut Theresia. Gisela hat auch dazu eine Story, etwas mit einem Grafen."

Verena war in ein neues Blatt vertieft, wieder ein Auszug aus einem „Index animorum".

„Einfach irr, wie auch hier gestorben wird, glatte Neuauflage der Richtertragödie." Verenas Finger fuhr die Rubriken entlang. „Von zehn Söhnen bleiben drei übrig, die andern sind nichts als Namengeklimper in den Matrikeln. Emilianus Maximilianus, Eduard Samuel, Emanuel Anton, Wilhelm Emericus und kein Ende. Alle weggefegt, ein paar Tage, ein paar Monate, im besten Falle, oder ist das der schlimmste, ein paar Jahre. Und Anton ..."

„Anton der Reiche oder Armgewordene, der Liebende, Beschämte, Anton der Abenteuerlustige – hast du deine Wahl getroffen?"

„Warum fühlst du meinen Würdebedürfnisanfall nicht? Anton kann alles gewesen sein, man kann einen Menschen nicht mit einer einzigen Eigenschaft, mit einem einzigen Beweggrund abtun. Oder glaubst du, daß dieser Ivan immer nur schrecklich, Stefan immer nur groß, Karl immer nur kühn war ...?"

„Hört, hört!"

Gott, dieser Ton, jetzt hasse ich sie schon wieder, Maleen ist biestiger als alle Josephinen.

„Du brauchst nicht zu hören, und es ist auch unwichtig, was Anton am intensivsten war. Ein armer Teufel war er, auch wenn er reich gewesen sein sollte. Begräbt sieben Söhne und kommt mit den letzten nach Maxfeld im Banat: mit Sohn Emeranus, 12, Sohn Samuel, 10, Sohn Marianus, 8. Und mit seiner Gattin Theresia, die all das zu Begrabende geboren hat. Ihm oder nicht ihm, was zählt's. Und mit Tochter Elisabeth. Das ist schon unsere Elisabeth, 6, geboren 1832. Und, und, denk und sag, was du willst, aber so, traurig betrachtet, sind diese Menschen wahrer. Und sie haben Würde."

„Wenn ich dir jetzt Recht geben würde", sagte Maleen gleichmütig, „hätten wir uns nichts mehr zu sagen, was verfrüht wäre, da das zweite Warum unbeantwortet geblieben ist. Warum sind sie gekommen, warum sind sie weggegangen?"

„Die Heimat verlassen, um anderswo besser zu leben, das ist Feigheit und Verrat, oder Selbst- und Arterhaltung, jedenfalls etwas Egoistisches. Eine neue Heimat gewinnen, das ist eine Pioniertat, was, auf eine einfache Formel reduziert, bedeutet, daß die ausziehenden Verräter zu ankommenden Helden werden."

„Ich fürchte, es ist viel komplizierter", sagte Maleen.

Nein, niemand in Maxfeld hatte Gisela gesehn. Sie war nicht bei Vetter Michael (nein Verena, Vetter Michael ist niemandes Cousin, oder mag meinetwegen hundertfacher Cousin sein, Vetter das ist aber nur so ein allgemeiner Titel für Alte, er ist übrigens Marias Halbbruder, also Giselas und mein Onkel), nicht im Pfarrhaus. „Mein Gott", sagte Schwester Hermana, die Wirtschafterin und einstige Biologieprofessorin, „die Gisela, so ein gescheites Kind und so widerspenstig, ja schau mal, da ist ja die Madala, unsere Mada, und dann waren da noch drei ..."

„Ob ehrwürdige Schwester die Gisela gesehen hat", wiederholte Maleen ihre Frage fast schreiend, und Verena traute ihren Ohren nicht. Gisela hatte ihr von den komplizierten Anredeformeln erzählt, mit denen die Klosterschülerinnen sich an ihre Lehrerinnen zu wenden hatten, weil ein gewöhnliches „Sie" Inbegriff der Derbheit war, sie hätte aber nie gedacht, daß sie sie einmal zu hören bekommen würde, noch dazu von Maleen, der unkonventionellsten ihrer Generation.

„Ja freilich, die Gisela mit dem Gedicht", freute sich Schwester Hermana, „mitten drin ist sie plötzlich stecken geblieben, und alles hat verzweifelt geflüstert, den Text, wo ist der Zettel, und da hat die Gisela doch tatsächlich von der Bühne heruntergelacht und gesagt, es gibt keinen Zettel, ist doch eigene Fechsung, so hat sie gesagt, Fechsung, und hat das Gedicht gemeint, das sie gemacht hatte, und nach dem Lachen wußte sie wieder weiter ..."

„Die Schwester ist schwerhörig", sagte eine Vorübergehende, „und auch sonst nicht ganz beisammen, nur manchmal wird sie ganz schlau ..."

„Gisela ist seit mindestens zehn Jahren nicht über diese Schwelle getreten", sagte Schwester Hermana plötzlich sehr ernst und schloß die Tür. Gisela war auch nicht bei Muschongs, die schreibt uns doch nicht einmal mehr, das letzte Mal zu Heides Hochzeit, daß sie nicht kommen kann, so lebt man sich auseinander, nicht bei Sauers, nirgends. Gisela war nicht nach Maxfeld gekommen.

Sie gingen durch die viel zu breite Hauptstraße, man könnte ruhig noch eine Häuserreihe mitten hineinstellen, vielleicht wird sich jemand das einfallen lassen, aber für wen, für wen? Ein Teil der vorhandenen Häuser steht leer.

Verena sagte: „Das mit dem Steckenbleiben stimmt und mit der Fechsung, auch eines eurer komischen Wörter. Aber sie hat nicht gelacht, sie hat es mir erzählt, sie hat sich bodenlos geschämt und der Boden versank vor ihren Füßen und das einzige, was sie denken konnte, war, wie gut, daß ich jetzt weiß, daß der Ausdruck stimmt."

Niemand schien die Richtigstellung zu interessieren, sie trotteten durch den immer noch drückend heißen Spätnachmittag. Die Seitenstraßen, die sich auftaten, waren ungepflastert, wie ist das möglich, dachte Verena, so war es schon, als Anton hier einzog mit Emeranus, Samuel und Marianus und mit der sechsjährigen Elisabeth, wenn es nur nicht gerade geregnet hat, wie überquert man eine solche Straße im Regen?

Jemand rief von der anderen Seite der Straße, von sehr weit, Joachims Namen und kam mit großen Schritten herüber, ein Studienkollege, der hier zu Hause war. Kleine Welt, und doch nicht klein genug, um Gisela zu finden.

Hans Peter war auch unterwegs zu den Muschongs, dort wurde heute ganz groß gefeiert. Hans Peter sagte, daß es sinnlos sei, jetzt noch auf den Friedhof zu gehen:

„Es wird doch gleich dunkel, und die Inschriften auf den alten Steinen kann man auch bei grellem Tageslicht kaum entziffern."

Um den großen Tisch, unter dem dichten Laub, unter den schweren schwarzen Trauben saßen sie. „In der dunkelnden Halle saßen sie", murmelte Verena müde vor sich hin und fuhr zusammen, als der dicke, glatzige Herr gegenüber sie buchstäblich anfuhr:

„Und weiter, wie geht es weiter?"

„Sie saßen geschart um die Flammen ...", sagte sie und schaute ihn verwirrt an.

„Richtig, richtig!" Der Mann schien ganz außer sich vor Freude, „seit Jahren suche ich es, du mußt es mir nachher ganz sagen!" Verena nickte unbestimmt und schaute weg.

Eine sonderbare Gesellschaft. Die Leute hatten sich endlos viel Unverständliches zu sagen, alles klang irgendwie verschlüsselt und geheimnisvoll und beziehungsreich und war doch banalster Alltag. Verena fühlte sich fremder und fremder werden und aß und trank beziehungslos vor sich hin.

„Leut, war das eine Muri damals!" (Eine Muri ist eine Unterhaltung, ein Gelage, belehrte Hans Peter Verana wohlwollend). „Das Kalb hatte sich gerade ein Bein gebrochen ..."

Man lachte absolut unsinnig. Auch dieses, tönte es von mehreren Seiten, hatte sich justament gestern das Bein gebrochen.

Ein Wesen oder Ding, das Banatia hieß, wurde immer wieder melancholisch erwähnt, Inbegriff der guten alten Zeit. Und weniger melancholisch Heimabende, Viehwaggons, Massengrabwitze. Ein paar alte Herren sprachen ein fremdklingendes Deutsch, Wortschatz und Satzbau waren wie bei den andern, oder fast, nur die Melodik war anders.

„Sie stammen alle aus unserem Dorf", erklärte Hans Peter, „der mit der Glatze ist der Bruder von Frau Muschong, angeblich ein berühmter Professor. Zu fünft sind sie gekommen, zu einer Absolventenfeier in der Stadt, eine ziemlich astronomische Anzahl von Jahren seit dem Bak, ihnen zu Ehren hocken wir alle da."

Kalbsbraten wurde gegessen und etwas, was alle Welt mit größter Selbstverständlichkeit Kalbspörkölt nannte. Viel roter Wein.

„Ich war gerade 17 geworden und hatte einem Mädchen ewige Treue geschworen. Die war fünfzehn."

„Meine war schon alt, ganze sechzehn. Eva hat sie geheißen, aber ich habe sie Krimhild genannt."

Verenas Gegenüber sah sie bedeutsam an und sagte: „In der dunklen Halle saßen sie, sie saßen versammelt um die Flammen."

„Geschart, nicht versammelt", stöhnte Verena.

Karl-Hans Gross
Temeswar – Mannheim

Karl-Hans Gross wurde am 25. Dezember 1926 in Temeswar (Banat/Rumänien) geboren. Seine Kindheit und Jugend verbrachte er in Lenauheim, besuchte das Deutsche Lyzeum in Temeswar, danach Studium der Biologie und Geographie an der Klausenburger Universität. Im Herbst 1944 Flucht, in Jugoslawien von Partisanen interniert; 1944-47 Verschleppung zur Zwangsarbeit in die Sowjetunion. Nach der Rückkehr war er rund vier Jahrzehnte an der Hatzfelder Schule als Gymnasiallehrer und Schulleiter tätig. 1988 siedelte er in die Bundesrepublik Deutschland über und ging 1990 in Pension. Karl-Hans Gross war maßgeblich an der Gestaltung und Errichtung der Gedenkstätte für den Maler Stefan Jäger in Hatzfeld beteiligt; Mitarbeiter auch am Hatzfelder Heimatbuch. Er hat zahlreiche Publikationen in Zeitschriften, Zeitungen, Fachblättern, Büchern und Broschüren zu verschiedenen Problemen und Themen vorzuweisen. Das literarische Schaffen umfaßt Gedichte, u. a. in Anthologien, gelegentlich auch Prosaarbeiten. Der Autor ist Mitglied des Freien Deutschen Autorenverbands. Einen Preis der Gemeinschaft aller Donauschwaben (jetzt Nikolaus-Lenau-Stiftung) erhielt er 1992 zuerkannt. Der Gedichtband „Aus meinem Blumengarten" ist soeben erschienen. Karl-Hans Gross lebt seit 1988 in Mannheim.

Weißer Jasmin

Blumiger Duft schwebt im blühenden Garten,
Schönheit umflort einen Strauch, den Jasmin,
und die Legende der Scheherazade
kommt mir beim Anblick sogleich in den Sinn.

Weißer Jasmin, dein berauschender Atem,
würzig, verführerisch, sinnlich und mild,
ist wie die innige, zarte Umarmung,
wenn sich das Sehnen der Liebe erfüllt.

Schmeichelnde Sanftheit, die Blüten verstrahlen
süßlichen Duft zur subtilen Musik,
fernweite Leidenschaft, Märchen verraten
Tausendundeine der Nächte Geschick.

Traumhafter Morgen, betörender Duft,
lustig die Amsel im Strauche schon ruft.

Weißer Jasmin im berauschenden Kleid,
Sonne und Wonne die Seele erfreut.

Sprühender Großmut im Duftbad ertrinkt,
ehe die Sonne im Abend versinkt.

Lerchenflug

Ein strahlender Sommer voll Kraft und voll Glanz,
beschwingt von der Lerche hochhimmlischem Tanz,
in luftiger Höhe weit über der Flur
frohlockende, fröhliche Koloratur,
trillierender Jubel im Ariengesang,
der Schöpfung sei ewiglich dieser zum Dank.

Ein üppiger Strauß wildwachsender Flor,
Akkorde verschmelzen, aeolischer Chor,
ein Windhauch begleitet den sonnigen Tag,
so sehr man den wärmenden Sommer auch mag,
erfrischender Regen belebt die Natur,
es reifen die Saaten in dürstender Flur.

Die Lerche hoch oben singt trillernd ihr Lied
tirülieh, tirülieh, dem Auge entflieht
ein niedliches Wesen im Fluge noch steilt,
dem irdischen Leben Sichtbares enteilt,
im seidigen Himmel die Stimme vergeht,
ganz leise 'tirülieh' im Winde verweht.

Wilder Wein

Wilder Wein quillt sprießend über,
rankt sich hoch am Giebelstein,
und am First und Dachgesimse
malt der Herbst die Farben ein.

Feuerrot die Blätter schillern,
ockerfarben, gelb und grün,
und die Äste dicht umhüllen,
wo die Triebe sich noch mühn.

Ruten sich ums Tor noch schlingen,
Fenster gucken aus dem Bild,
und aus abertausend Blättern
flechten sie den Giebelschild.

Wilder Wein im Herstgefunkel
lodert an des Giebels Wand,
flackert von des Sockels Grunde
hoch hinan bis an den Rand.

Wo sich Farben nuancieren,
kolorieren sich in Rot,
ab und zu noch leicht schattieren,
feurig, feurig wie es loht.

Wilder Wein, die Blätter strahlen,
kleiden dich ganz herbstlich ein,
willst du von der Floren Arten
wohl die schönste Zierde sein.

Offenbarung

Ein strahlendes Lächeln im sonnigen Frühling,
im Herzen den Pulsschlag der sanften Natur,
die Frische des Morgens, sie streichelt behutsam
schon über die Felder der grünenden Flur.

Im Leuchten der Blumen, dem Goldstrahl der Sonne
erscheint uns die Schönheit der irdischen Welt,
es schillern die Perlen auf zarten Petalen,
wenn prickelnder Tau dort vom Himmel noch fällt.

Mit sanfter Berührung ein Windhauch noch streichelt
schlaftrunkene Blumen und winkt ihnen zu,
die Lerche am Himmel zieht schon ihre Kreisel,
ansonsten ist immer noch nächtliche Ruh'.

Berauschender Morgen, ein Zauber des Frühlings,
geheimnisvoll öffnet sich uns die Natur,
ein Wiedererwachen, ein fröhliches Lachen,
wir folgen behutsam der traumhaften Spur.

Ein großes Erleben unendlicher Weite
erfüllet die Seele, der Geist sie erstrebt,
Vermächtnis der Allmacht, was hier Offenbarung,
ihr sei schon am Morgen zum Dank ein Gebet.

Ich grüße dich

Mein lieber Freund, ich hab gehört,
du fährst jetzt bald „nach Haus",
ich bitte dich, richt' auch für mich
nur einen Gruß dort aus.

Grüß mir die Leut' in unserm Dorf,
die Nachbarn in der Gass',
den Vetter Sepp, die Weß Marein
und auch die alte Bas'.

Du sagtest mir, die gibt es nicht,
die sind schon lange fort!
Wer weiß es denn, wo die jetzt sind?
Fern ist mein Heimatort!

Grüß mir die Leut' auf off'ner Straß',
dort war ich doch bekannt;
als Kinder haben wir gespielt
in diesem „Wunderland".

Wie sagtest du, mein lieber Freund,
daß mich dort keiner kennt,
daß ich in allen Straßen nur
noch fremde Leute fänd'!

Warst du auch in der „Hinnerscht Gass",
kamst an der „Kaul" vorbei,
warst im „Naß-Rundel", da und dort?
Jetzt ist's doch einerlei!

Gleich wo man sich jetzt hinbegibt,
fremd ist man überall;
in unsrer „Kerch" ein „Pope" ist,
fremd ist uns sein Choral.

Geh leise dann zum Dorf hinaus,
bis in die nahe Flur,
reiß hoch die Arm', wo unser Ahn
geleistet seinen Schwur.

Schrei es hinaus mit ganzer Wucht,
hinan zum Firmament:
Ich grüße dich, lieb' Heimatland,
bis an mein Lebensend'!

Streich mit dem Blick zum Horizont,
weit übers Heideland;
grüß mir der Felder Flor und auch
das blaue Himmelsband.

Es strahlt die Sonn' wie nirgendwo,
und Wonn' durchdringt die Brust,
die Lerche in des Äthers Blau,
sie trillert voller Lust.

Geh hin bis in das „Zwett Gewann",
nach meinem Acker such',
reiß mit dem Schuh die Furche an,
saug ein der Erde Ruch.

Verloren hab ich Hof und Scholl',
bloß eines aber nicht,
was mich im Innern hat beglückt,
leucht' wie ein „Ewig' Licht".

So grüß ich dich, lieb' Heimatland,
und preise jeden Tag,
weil ich das heimatliche Glück
in meinem Herzen trag.

Unterm Regenschirm

Unter meinem Regenschirm
hängen die Gedanken,
und sie baumeln leise, still,
in der Schritte Wanken.

Auf der prallen Schirmdachhaut
tausendfaches Klopfen,
Einlaß wollen in mein Haus
viele Regentropfen.

Überm Dachstuhl ein Geschwätz,
wie sie lustig springen,
tanzen, hüpfen, Reigen drehn,
miteinander ringen.

Auf der glatten Buckelbahn
frohgemut sie reiten,
und im Rinnsal eingerahmt
sie zu Boden gleiten.

Platsch! Im Wasser steht ein Bein,
klatschenasse Grütze,
und die ganze Baumelei
fällt mir in die Pfütze.

Blauer Himmel, Sonnenschein,
wolkenfernes Locken,
Regentropfen dampfen ein,
legt die Lache trocken.

Sie verbleiben mühelos
in der Wolke Fängen,
und in deren Daunenkleid
die Gedanken hängen.

Fleckermeisjer

Fleckermeisjer schpille sich
iwwerall em Gaarte,
un die Blumme summerlich
uff die Maaj schun waarte.

Kohlweißling un Admiraal
hann schun ihre Päärchje,
husche hin un her em Taal
un en onserm Gäärtchje.

Summer, helle Sunneschtrahl,
ruheloses Flackre,
schraaichrot un geelichfahl,
wie se alli jackre.

Kaum daß se mol hucke tuun
uff eem schtille Plätzchje,
fliehe, tummle un net ruhn
mit em liewe Schätzchje.

Aajer, Rauwe, Schmetterling
tun sich emmer wandle,
Schwalweschwanz un Baamweißling
wille aa net landle.

Fleckermeisje flieh net fort,
kheener därf dich fange,
bleib nor uff dem Plimchje dort,
brauchscht dich gaar net bange.

Fleckermeisjer (Lenauheimer Mundart) = Schmetterling;
jackre = ruhelos, schnell (sich unermüdlich fortbewegen);
landle = müßiggehen

Zuruckgschaut

De Vedder Jaksch, en onserm Dorf,
war um die achzich Johr,
er war es älscht en onser Gass,
em Fuffizicher gebor.

So alt wollt ich mol gheere ghenn,
hann ich zu ehm gemennt,
er hat no gsaat, des is net vill,
du kleenes, tummes Kend.

Des is, als wär mer eemol gang,
dorch onser Gass, alleen,
vum eene bis zum annre End,
täät korz am Ecke stehn.

Un hätt derbei mol zuruckgschaut,
de Heiser langscht, die Peem,
dernoo die Aue zugemacht,
des wär no alles gween.

Des hann als Kend ich net begriff,
war ich doch en der Gass
em Taach recht oft ruff-runner grennt,
als wär's halt nor zum Spaß.

War selmols emmer jung geblieb,
es war e scheeni Zeit,
ob's Summer war, ob's Wenter gween,
mer hadde onser Freid.

Noo senn ich en die weidi Welt,
die Zeit is schnell verunn,
uff eemol han ich's aa begriff,
die Johre sen wie Stunn.

De Trummelmann

Bei uns schiefniwwer, uff der Gass,
dort hat er emmer gschtann
un hat vermelt mol des mol das,
de alde Trummelmann;
noo is er nomol weidergang
un hat vun voore angefang.

Traaramm-traarumm de Trummler kummt,
er schlaat jetz tichtich truff,
de Grussvatter em Lehnschtuhl gummt:
Es trummelt – weckt ne uff!
Mer laafe schnell zum Tierche naus,
die Nochperschleit schtehn schun vorm Haus.

En onserm Dorf, de Gasseleit
ghett jetz graad laut vermelt:
Em Warschhaus is de Richter heit,
wann der ne breiche sellt.
Un aa die Zirkusleit senn doo,
heit Oowet mache se uns froh!

Die Fejerschpautzer kumme mit;
am Samschtach is e Baal,
mer kann noo tanze alleritt,
em grooße Wertshaussaal!
Trumm-trumm – es ruuft johren, johraus
de Trummelmann vor unserm Haus.

Mer Kenner waare voor ehm gschtann
un han dort rummgelimmelt,
forr uns war er e Wunnermann,
mer han ne angehimmelt.
So gheere wär' ich sellmols gween,
e Trummelmann, des wär' halt scheen.

Es letscht hat er em Dorf vermelt:
O Leit, mer misse fort!
Noch heit mer's en de Ohre schellt,
so gräßlich war des Wort.
Mer misse fort vun unserm Hemm,
wuuhinn, wuunaus un aa zu wemm?

No sen mer gflicht – vor fuffzich Johr,
so lang is des schun häär,
mer mennt, es is schun nimmi wohr,
me 'm Waan un mit de Phäär.
Die Russe kumme! – hat's norr gheeß,
noo senn mer uff die weidi Rees.

Un denk ich heit an selli Zeit,
noo heer ich's nomol trummle,
em Busem jetz die Trummel leit;
ich siehn die Leit sich tummle;
forr een Moment is es noo so,
als wäre alli nomol do!

gumme, gummt = schlummern, schlummert; Warschhaus, eine Verballhornung des ungarischen „városhász" (lies: Waroschhas) = Gemeindehaus, Stadthaus

Das hölzerne Schaukelpferd

Das alte Schulhaus in der Kirchengasse sah wie ein langes, niederes, zwerchgestelltes Eckhaus aus. Dennoch unterschied es sich durch sein eigentümliches Gepräge von den übrigen Häusern im Dorf. Die helle Fassade mit dem rostbraunen Sockel hatte an der langen Gassenfront viele Fenster und zwei hohe, schmale doppeltürige Portale, die in das Schulhaus führten. Durch das eine gingen die Schüler. Es führte in einen engen und kurzen, korridorartigen Gang, von wo man zu den Klassenzimmern und in den großen Schulhof gelangen konnte. Durch die andere Pforte kam man in den Kindergarten. Wie ich als Knirps von fünf, sechs Jahren in das Schulhaus, den Kindergarten, kam, wo doch die Türklinke recht hoch gelegen und stark gefedert war, ist mir nicht mehr in Erinnerung. Desto wahrscheinlicher ist es, daß uns „'s Owodaleni", die Gehilfin, am Toreingang empfangen und in den Spiel- und Lernsaal gebracht hat. Es war ein großer, rechteckiger Raum, in dessen Mitte und ein andermal vor dessen Stirnwand Tisch und Stuhl der „Owodaneeni", wie man hierorts und damals die Kindergärtnerin nannte, standen.

    Unsere Owodaneeni war die Hicke-Tante, eine gute Frau, die schon vielen Kindern im Dorfe das Artigsein beigebracht hat. Mit ihren großen, ruhigen Augen, mit ihrem strengen und dennoch kinderfreundlichen Gesicht, dessen Wirksamkeit durch das schon graumelierte, glatt nach hinten gestrichene Haar, das am Hinterkopf leicht verknotet war, hervorgehoben wurde, habe ich sie in lebhafter Erinnerung behalten. Mag sein, daß das lachsfarbene Stoffkleid in seiner ganzen Machart und dem einfachen Schnitt, mit den wenigen herabfallenden Falten, dem hellen Gürtel und Kragen mehr der nachhaltigen Vorstellung als der sicheren Gewißheit entspricht ..., aber ich sehe sie immer noch so vor mir.

    Ihre Nähe war uns selbstverständlich und immer lieb. Und der große, fast kahle Raum mit den paar farbigen Märchenbildern an den Wänden wurde schier zum verzauberten Ort der kindlichen Erfüllung, wenn die ruhige und dennoch lebhafte Stimme der Märchenerzählerin erklang und die noch schlummernde Phantasie vom Rotkäppchen und dem grimmigen Wolf, vom Schneewittchen und den guten Zwergen erweckt wurde.

    Drüben im Handarbeitszimmer standen die vielen niederen Tischchen, wo die Kinder Fertigkeiten und Fähigkeiten erprobten, indem sie bunte Papierstreifen ineinanderzogen und vieles mehr. Und nach Jahren konnte mich dieses buntscheckige Flechtwerk mit den kleinen Schachbrettmustern in Blau und Gelb oder Grün und Rot, das in Mutters Schrank über die Zeit hinaus fein säuberlich aufbewahrt wurde, noch und noch entzücken und erfreuen. Und in der „Owoda" selbst, im Kindergarten, da hatte es uns das hölzerne Schaukelpferd angetan. Ein vom Dorftischler nur aus ein paar Brettern, Klötzen und Kufen zusammengeleimtes Reitobjekt. Dennoch war es für uns

Knirpse das schönste und begehrenswerteste Pferd, wenngleich auch am Schädel zwei Holzstäbe zum Halten anstatt der Ohren angebracht waren.

Wir Buben und auch manche Mädchen konnten es kaum erwarten, daß endlich mal die „Reihe" auch ans Reiten kam. Und weil es schon Tage dauerte und noch immer nichts geschah, schlich sich einmal einer – ich weiß es noch ganz genau –, als alle Kinder im großen Hofe spielten, auf leisen Sohlen in den großen Saal, wo hinten in der einen Ecke das hölzerne Pferdchen stand.

Doch kaum hatte er sich in den Sattel geschwungen, da faßte ihn eine gütige Frauenhand und führte ihn ohne Schelte wieder zurück in den Hof des Kinderhorts.

Und die Tage vergingen.

Plötzlich stand das hölzerne Schaukelpferd mitten im Lernsaal vor uns, kaum ein par Kinderschritte von den langen, niederen Sitzbänken an den Wänden entfernt. Wer nun schön sitzen konnte, durfte auf dem Pferdchen reiten.

Und sie ritten einer nach dem andern. Wer aber nicht an die Reihe kam, das war der „heimliche" Reitersmann. Er straffte den Rücken, er stellte die Beine und hielt seine Hände genau wie verlangt. Aber reiten ...

Der Seppi, der Matzi, der Franzi, der Hans, ja selbst die Mädchen – die Leni, die Susi, die Kati, die Nantsch – waren schon an der Reihe gewesen, welch eine Schand, eine Schand!

Da hörte man plötzlich einen Namen rufen. Jäh sprang ich auf und konnte dennoch nicht von der Stelle. Aus Trotz, aus Schreck, aus Befangenheit? Ich weiß es nicht! Nur meine Augen füllten sich mit Tränen, denn dieser, der da einstmals reiten wollte, dieser eine, der war ich. Und ich wußte nun mit einem Mal, wann Tun und Lassen richtig war, obzwar ich immer noch auf dem gleichen Fleck im Zimmer stand.

Da nahm mich eine Hand, die gleiche wie beim ersten Mal, an meiner kleinen Hand und führte mich zum Schaukelpferdchen hin. Und ich schwang mich auf des Pferdchens Rücken und ritt und ritt ...

Drüben in der Kirchengasse hatte man noch ein Stück vom abgerissenen alten Schulhaus, den Kindergarten, übriggelassen. Er steht verlassen!

Einmal kam ich noch vorbei und sah bei einem zerbrochenen Fenster hinein; in das alte, leere, jetzt verfallene Spiel- und Lernzimmer. In Sekundenschnelle jagten mir Bilder von damals durch den Sinn:

Mitten im Zimmer das Schaukelpferdchen, die langen niederen Lehnbänke an den Wänden ringsherum, voller Kinder, bekannte Gesichter, und ich sah mich auf meinem Platze sitzen und reiten und rennen und gehen und – stehen ... vor meiner Owodaneeni im sonntäglichen Gewande mit einem Sträußchen Blumen aus dem Garten der Erinnerung ... so wie damals?! Damals? Jo, selmols, war's net gischter eerscht geween?! Nein, es war schon lange her, vor vielen Jahren schon geschehn! Doch ist es wahr und wirklicher denn je, auch wenn es nicht mehr wiederkehrt, was längstens schon geschehn.

'Ein Gedenkblatt für eine Kindergärtnerin'. Frau Elisabeth Hicke, geb. Schreyer, war von 1901 bis 1937 als Kindergärtnerin in Lenauheim tätig. Sie wurde über 100 Jahre alt und verstarb zu Beginn der 80er Jahre in Temeswar.

-chen
(Gedichtchen)

Gleich Wunderkerzchen
hängen
Haselnußkätzchen
am Strauch.

Am kahlen Ästchen
drängen
die Fliederknöspchen
den Baum.

Und Regentröpfchen
sprengen
paar Vögelchen
im Park.

Erdklümpchen
zwängen
Schneeglöckchen
im Bau.

Gedichtchen
quälen
Poetchen
im Traum.

Dank

Ich falte die Hände zum stillen Gebet
und weile mit meinen Gedanken
am Ende des Tages im trauten Gespräch,
zur Nachtruh für alles zu danken.

Es ist jetzt die Stunde besinnlicher Not,
sie waltet fürwahr nur Sekunden,
die Mühen des Tages, sie haben, gottlob,
nur Freuden im Herzen gefunden.

Ich fühle die innere Ruhe in mir,
der Tag war nicht wohlfeil an Gaben,
wenngleich auch die Sonne zuweilen nur schien,
beglückt es den Frieden zu haben.

Die Stille der Nacht im verheißenden Schlaf,
noch träumend war Kraft neu gegeben,
das mutvolle Hoffen bestärket zur Tat,
dem morgigen Tag so zu leben.

Catherine Grosskopf
Kleinbetschkerek – Chicago

Catherine Grosskopf wurde am 11. Oktober 1930 in Kleinbetschkerek (Banat/Rumänien) geboren. Ihre Eltern, Magdalena und Franz Filippi, waren bestrebt, ihrer einzigen Tochter eine schöne Kindheit und eine gute Ausbildung zu sichern. Durch die Kriegsereignisse wurden alle Vorhaben zunichte. 1944 verließen Mutter und Tochter die Heimatgemeinde und flüchteten nach Österreich. Dort herrschte Armut, und jedes Stück Brot mußte bitter erarbeitet werden. Catherine arbeitete dreieinhalb Jahre auf einem Bauernhof und verbrachte anschließend eineinhalb Jahre als Praktikantin im Exerzitienheim der Benediktinerinnen in Subiaco (Kremsmünster). Um der Familientrennung ein Ende zu setzen, überschritten 1949 Mutter und Tochter die Grenze nach Deutschland illegal. Dort hatte der Vater nach der Gefangenschaft Arbeit gefunden. 1951 wanderte Familie Filippi in die Vereinigten Staaten von Amerika aus. Dort Sprach- und Fortbildungskurse, Ausbildung zur Friseuse, welchen Beruf sie voll- und teilzeitig ausübte. 1954 Heirat mit Joseph Grosskopf aus Bayern. Der Ehe entsprossen zwei Kinder. Eine Reise in die alte Heimat im Jahr 1968 beeindruckte Catherine so, daß in ihr das Bedürfnis erwachte, die Lebenserfahrungen der Deutschen im Banat niederzuschreiben. Sie fing an, Gedichte zu verfassen. Der Grundstein für diese und weitere Arbeiten wurde durch einen Lehrer in Bielefeld gelegt. Catherine Grosskopf wohnt in ihrer Wahlheimat Chicago, Illinois, und ist seit vielen Jahren ein aktives Mitglied der Vereinigung der Donauschwaben, wo sie sich auch an der Vereinszeitung, den „Nachrichten", und der Zeitschrift „Schwengelbrunnen" betätigt. 1993 erschien in Chicago ihr Buch „Ähren des Lebens", 1997 „Im Auf und Ab der Jahre". Der Gedichtband „Aus dem Herzen gesprochen" soll im Jahr 2000 erscheinen.

Seiderauwe

Seiderauwe, freßt nor still,
Maulbiereblädder han mr vill,
wachst on krawelt om eich rom
on freßt eich an de Blädder domm!

's Papier unner eich get oft gewechslt,
derweil in eich die Seid sich hexlt.
Mr fiedert eich ball alle Stunn,
in sechs Wuche is no alles rom,
dir seid in e Kokon versponn!

Maulbiere

Maulbiere, zeidiche falle vom Baam,
Ich gsiehn se heit noch nachts em Traam.
Mr hat gschiddlt die Näscht – es Fruchttuch ghall,
wie Reen vom Himml sen die Maulbiere ningfall.
Mol jiwe, mol driwe is gschiddlt gen, fescht,
bis alli leer ware, die ganze Näscht!

Ens Faß sen geleert gen, alli offnanner,
die weiße on rote on bloe dorichnanner.
Dort han se gegährt no e Zeitlang em Faß,
wie de Racki gebrennt war, haat mr de Spaß.
Die Männer han do drmit de Mae kuriert
on die Bsoffene de Racki zu oft prowiert!

Die Gäns hat mr oft gsiehn unner em Maulbierebaam,
sie ware eifrich am Fresse – net eeni war lahm!
Die Hausfrau hat lang schon gewart off die Halt,
manchesmol ware die Fieß ihr schon kalt.
Sie sen wacklich getorklt off 'm Hemwech so staad,
weil die Maulbier de Racki schon en sich haat!

Wassermilone

Wassermilone rot on sieß,
mr soll des jo net saan,
dir seit besser wie 's Gemies;
mr kann eich gut vertraan!

Mr werft eich en de Brunne
on schaut drbei eich noo,
dir werd eich kiehle unne,
mr gsit sei G'sicht verzoo.

Mr scheppt eich en de Eemer
on zieht eich nomol ruff,
gekiehlt verpaßt eich keener –
verteelt eßt mr eich uff!

Leckwar

De Weidling steht mit Kwetsche voll,
geplickt, gemahlt on bloo;
han Gläser aus dr Speis raus gholl,
a 's Pergamentpapier leit do.

Em Sparherd is schon tichtich Glut,
nor schnell es Tippe raus;
de Zucker dran, no reehre gut,
sonscht geht noch 's Feier aus!

Mr scheert on reehrt de ganze Taach,
leet Kolwe ständich noo.
Heit get sonscht weider nix gemach
wie Leckwar, rot on bloo.

Die Kwetsche qualle roff on nuff,
sen fertich in paar Stunn.
Mr hat genuch schon von dem Duft;
ens Glas gscheppt – zugebunn!

Off hochem Schrank, scheen en dr Reih,
steh'n Gläser wie Zaldate;
's sen Kersche, Obst so paarerlei,
was mir em Garte haade.

Umortegläser, newe dran,
sen engeleet on schwer.
An Wintertääch eßt mr drvon,
no sen se nomol leer!

Kerwusstrudl

Strudltaich, loß dich zieje,
mach doch ke so Sache!
Hascht geruht e ganzi Stunn –
e Strudl will ich mache!

Bischt so dinn wie Fließpapier,
hascht Lecher – oh, Pardon!
Die Kerwusschnitzle falle dorch,
ich ahn des vorher schon!

Butter, Zimt on Zucker druff,
zammgerollt scheen rund,
leischt em Blech jetz fertich,
so schmackhaft, oh, so gsund!

De heiße Owe is bereit,
grad richtich is die Glut,
mr well dich knuschprich esse,
schmeckscht ausgezeichnt, gut!

Nach der Schrift

Ganz stattlich schreib' ich ein Gedicht,
muß reimen sich ganz nach der Schrift.
On wann dr Schwob ins Gnack mr haut,
des ärjert mich – unner dr Haut.

Hab' Hochdeutsch in der Schul' gelernt,
das gute Wort war nie entfernt.
Schwowisch han meer drhem geredt,
des war halt manchesmol e Gfrett.

Der Lehrer hat sich sehr bemüht,
die Schüler haben auch studiert.
In der Mühle wird – gemahlen,
bleche misse heißt – bezahlen.

Wände tünchen das war – moole,
Schläge kriegen hieß – versoole.
Äppltänzrich ist – nervös,
Krombeerknedle – Kartoffelklöß.

Rahfangkehrer – Schornsteinfeger,
die Galjer waren – Hosenträger,
spazieren war – so romflangeere,
verspotten hieß – man tät staleere.

Hausschuhe – ware Patsche,
krumm gehen – des is hatsche.
Unterhose hieß – Gatcherhoss,
dr Nikolaus Vetter – Vetter Kloos.

Die Eier lagen in – dr Korwl,
Knaben spielten oft mit – Morgl.
Männerhosen hießen – Schlutt,
das Mädchenkleid war auch – die Kutt.

Das Nachthemd hat ein – Unnerstock,
darüber kam – der gschtärkte Rock.
De „Hansl" macht die Tracht recht dick,
dies will gemacht sein mit Geschick!

Löwenzahn war'n Butterblume,
Märzenbecher – Oschterblume.
Pfingstrosen – die Mundrose,
schmackhaft waren – Aprikose.

So war des frieher im Banat;
ihre eigne Ausdrick han se ghaat.
Sie han geredt – sogar de Max,
wie ne de Schnawl war gewachs!

Mei Knecht

Seppi! Eß dei Teller leer,
schau, die Supp get kalt!
Fuchtl net mit 'm Leffl rom,
weil 'r sonscht noch nunner fallt!

Hascht e Keile Brot, mei Kend,
loß die Hälft nor sen!
Kannscht die Korscht net beiße,
ich brockl dr se enn!

Tummel dich – mei kleene Knecht,
bevor de Vattr kommt!
Weescht, daß er bees off dich schaut
on norre schennt on brummt.

Hockscht jetz schon e Stunn ball do,
bischt emmer noch net fertich.
's Zigeiner-Lis, des ruf ich ren,
nor schnell, ich menn des heert mich!

Schwowe en Amerika

De Hans, e Schwob, kommt als Neiengewanerter en New York an. Weil 'r Hunger hat, geht 'r ins Restaurant. Er schaut sich die Speisekart, wo ihm de Kellner gebrong hat, hinne on vore an on versteht ke Wort drvon. Englisch redde kann 'r net. Schlau wie de Hans awer war, hat 'r ghorcht, was sich die Leit newer seim Tisch bschtellt han. Er heert wie eener „Ham 'n eggs" (Speck on Aier) verlangt. De Hans merkt sich des gut on gsit, wie de Kellner dem Schunke on Aier bringt. Wie no de Kellner met 'm Blei on Schreibtablett an sei Tisch kommt un froot „Have you decided?" schnappt de Hans met 'm Kopp on saat kurascheert: „Ham 'n eggs."

's dauert net lang, on de Hans krit a sei Schunke on Aier vorgschtellt. Wie 'r schon ball fertich war mit esse, kommt der Kellner on froot ne: „Do you want some more?" (Wellscht noch meeh?) „Oh", saat de Hans, „e Wanz han ich am Ohr? Die muß ich noch vom Schiff han!"

Die kranki Schwowin – sie is sparsam und wehleidig.

Sketch

Bewi: Es is jo schaad, daß mr so schnell alt gen muß, es is jo ke Wunner. Die ville Operatione, wo ich schon haat! 's eerscht hat mr de Dokter die Milz rausghol, no die Mandle on es letscht aa noch de Blinddarm. Ich wunner mich manchesmol, daß iwerhaupt noch etwas iwrich is an mir!

Mari: *(unterbricht sie)* Von deiner Blinddarmoperation hascht mr 's letschte Mol stunnelang verzählt! Wie se dir es verkehrti Organ rausghol han ...

Bewi: On die Operation von dr Milz?

Mari: Joo, des hascht mr schon 's vorletschte Mol verzählt! Wie de Dokter noh dr Operation die Scheer en dr Wund vergeß hat on dich zugenäht hat ... weil's dich awer so arich gstoch hat em Leib, han se dr de Blinddarm rausghol anstatt die Scheer ...

Bewi: *(wischt sich die Tränen vom Gesicht)* Des is doch allerhand! Menscht net aa? ... Awer des Erlebnis mit de Hieneraue han ich dr noch net verzählt ...

Mari: Nee, des hascht mr noch net verzählt – mach's awer korz!
Bewi: Mei kleeni Zeeb hat mr so arich weh geton ... ich han grad gemennt, ich hätt Noodle dren. No hat mr mei Nochberin e gude Fußdokter rekommendiert ...
Mari: Was war 'n des for e Dokter?
Bewi: E amerikanische ... wo die Visit omesonscht sen soll! Ich han mr gedenkt, doo gehscht glei hin, bevor die Sach mit dem Hiehnerau schlimmer geht ... Arich gut Englisch han ich damals noch net kenne ... on der Dokter aa net vill Deitsch ... Em Warteraum han ich no stunnelang warte misse, bis ich an die Reih komm sen ...
Mari: Haatscht dr aa was zu esse mit ghol ghat?
Bewi: Nee ... ich han denne annere Leit ke lange Zänn mache welle! Wie mich die Krankeschwester endlich ins Unersuchungszimmer geruf hat, war ich a gut vorbereit ... ich haat doch genuch Zeit, for mr alles gut zu iwerleje ... on han mr mei Krankheit gut engetrichtert. Genau haat ich mr iwerleet, wie ich dem Dokter alles ausdeitsche werr, daß 'r mich aa versteht! Ich saan: „Herr Dokter! Ich han e großes Hiehnerau off meiner kleen Zeeb!" No saat 'r: „I don't understand!" (Ich verstehe Sie nicht!) No han ich mol streng nogedenkt on des schnell off Englisch iwersetzt on saan: „Herr Dokter, e chicken eye han ich off meiner kleen Zeeb!"
Mari: Na, hat dann der des net gsiehn?
Bewi: Wahrscheinlich net ... ich han jo noch die Stremp anghat ... noo han ich mit 'm Finger off die Zeeb gewies ... awer er hat mich emmer noch net verstann!
Mari: Na, stell dr mol des vor ... netmol die Amerikaner kenne orndlich Englisch ... was is noo passiert?
Bewi: No han ich mr gsaat: Doo gehscht net naus, bischt net dem Dokter kloor machscht, um was's geht. Ich han mich hinghockt off sei ronde Dokterstuhl, die Stremp ausgezoo, off die Zeeb hingewieß on angfang zu kreische ... daß 'r endlich mol begreife soll, wo's mr weh tut. No is die Krankeschwester komm on hat mr e Beruichungspill gebrung ... sie kloppt mr off die Schulter on saat: „Ick nikt sprecken Sie Deutsch! You must learn to speak English!" (Ich kann nicht Deutsch sprechen. Du mußt Englisch lernen!)
Mari: Na, sei nor froh, hascht wenichschtens nix zahle brauche for des Komedi!
Bewi: Joo, des denkscht du ... fufzich Daller hat's koscht ... on en zwaa Wuche soll ich nomol komme! *(Sie weint und wischt sich die Augen ab.)*

Struwlich

Was sen doch junge Leit oft so verstruwlt
un laafe in de Gasse rom so ganz verhuddlt.
Off eener Seit sen se gscheert bis of de Kopp,
on hinne nunner hängt e lange Zopp.
Off dr anner Seit sen se gschtutzt bis off die Haut,
mr wees net, wo 's Gsicht is, wann mr net gut schaut.
Neewe sen die Hoor rot-blond on kruwlich,
owe steh'n se steif nuff on sen struwlich.
Mr wunnert sich – muß driwer lache,
wann mr jung wär – tät mr's a so mache?

Die Arweit

Die Arweit is e Gottesgab, wahrhaft sie is e Gschenk,
weil ich so ständich noch ihr laaf, drom ich mr des so denk;
oder is vielleicht de Deiwl Schuld, daß der mr loßt ke Ruh,
wann ich nex mach, no sen ich krank, 's drickt mich wie e Schuh.

Die Arweit is e Gottesgab, oder bild ich mr's nor enn?
Kaum sen ich fertich mit ehm Werk, a glei e anneres fenn.
Sen ich marot on johmre, muß leje mich ens Bett,
no ruf ich glei verzweiwlt: „Wann ich nor mei Gsondheit hätt!"

Die Arweit is e Gottesgab, wahrhaft des muß so senn,
sonscht hätt 'r net zwaa gsunde Hänn, e klore Kopp mr genn.
Ich dank ihm drum, sie halt mich froh on seelich,
wann ich mol gstorb sen on em Grab, mei Hänn no ruhe ewich!

Zeit, bleib stehn ...

Wart e bissi, Zeit, bleib stehn,
tu net gar so schnell vergehn!
Em Lewe hätt' ich noch vil vor,
du glabscht's net, awer des is wohr!

Ich mecht jo meileweit noch gehn,
die großi Welt un Mensche gsiehn,
drum Zeit, loß dich e bissi halle,
es tät mr jetz so gut noch gfalle!

Ich will die Heed, 's Banat anschaue
un alles gsiehn mit offne Aue.
Was jetz is un was mol war,
's is mr alles noch net klar.

Dorch 's Dorf noch emol fahre,
wo ich groß gen sen vor Jahre.
En de alde Gasse gehn,
vleicht kann ich's no doch verstehn.

Em Kerchhof fiehre e Gespräch,
mit Gstorbne, iwer ihre Weech.
Meine Leit will ich dort saan,
daß mir sie im Herze traan.

Meiner Großi will ich engstehn:
Mir han ghofft ufs Wiedersehn,
wie mir vor fufzich Johr sen fort,
un sie war bis ins Grab noch dort.

Es is jo alles lang schon her,
die Flucht, de Baragan un mehr.
Die Zeit – die bleibt for niemand stehn,
ob se schlecht is oder scheen!

Am alten Grab

Ein Sträußchen Blumen leg' ich euch aufs Grab,
ein Zeichen meiner Ehrfurcht, die ich vor euch hab'.
So schnell verflog die Zeit von Jahr zu Jahr,
wenngleich das Leben schwer und mühsam für euch war.

Unleserlich sind eure Namen auf dem Stein,
ich reib' die alten Buchstaben erneut hinein,
für Fremde sollen sie zum Lesen stehn,
wenn sie am deutschen Grab vorübergehn.

Ich kam zurück, euch dieses noch zu sagen,
daß eure Söhne frei sind und nicht klagen,
ein neues Leben hat für sie begonnen,
es hat das Vaterland im Rückblick sich besonnen.

Nur Heimweh drückt sie manchesmal im Herzen,
daß ihr zurückgeblieben seid, zählt zu den Schmerzen.
Ich reibe Grünspan aus dem letzten Wort,
nun ruhet sanft, auch ich geh' wieder fort!

Kwetschekneedle

Kwetschekneedle ware mei Leibspeis, aus dem Grund han ich die schon in junge Johre koche gelernt. Des hat halt immer e ganze Taach gebraucht, bis mr die – von de Krumbiere in die Kneedle – uf de Tisch gebrung hat. Des hat mr sich enteele misse, daß mr sich net de ganze Taach weger dene Kneedle verdorb hat!

Morjets han ich schon die Krumbiere of de Eelkocher gstellt, awer weil die solang gebraucht han for waich gen, han ich mr gedenkt, daß die Krumbiere a lenich koche kenne, ohne daß ich drbei stehn zu warte! Driwe am Eck hat doch schon a ganzi Lakai Kumrade Balle gspilt, do hat mr net fehle derfe. Mir han Hopsascherwl gspilt, wie mir uf eemol die Krumbiere uf 'm Eelkocher engfall sen. Wie vom Blitz is's mr dorch de ganze Kerper gfahr, un so schnell han ich noh aa es Scherwl hingeworf un sen wie e Fitschefeil hemgrast. Wie ich beim Gassetierche en de Hof ninkomm sen, han ich schon de Raach aus der Kichetier rausqualme gsiehn.

Ich war wie vom Schlach geriehrt, sen glei zu der Nochberin, em Adam seiner Mutter, gelaaf un han ihr in meiner Angscht beigebrung, daß bei uns in dr Kich e großes Maleer is un es Haus vielleicht abbrennt, wann se net glei kommt! Sie hat's begriff, laaft in de Stall un verwischt e alde Jangl un werft de, Kopp iwer Hals, iwer de Kocher, daß de mitsamt de Krumbiere iwer de Sparherd nunner uf die Erd gfloo is, un de ganze Mark hat do gelee. No han ich halt de ganze Nomittach die Kich sauwer gemach un mit 'm Jangl de Raach aus der Kich bei der Tier nausgejaht – des hat doch niemand rieche derfe, awer ... von do an han ich die Sach mit der Kocherei ernschter gholl!

Fünfzig Jahre.
Zum Gedenken

Fünfzig Jahre sind vergangen,
seit wir von dem Ort gegangen,
der uns Heimat, der uns lieb;
weit, so weit man uns vertrieb.

Alles hat man uns genommen,
Armut hat uns überkommen.
Jenen, die zurückgeblieben,
war das schwerste Leid beschieden.

Unsere Wehen wurden Narben;
unsere Lieben, die verdarben,
tragen wir in unseren Herzen,
ehren sie im Schein der Kerzen.

Ja, die Donau fließt noch immer,
Tag und Nacht im selben Schimmer,
nach dem Süden, in das Meer,
doch das Tal, das ist jetzt leer.

Deutsche, die sie einst getragen
auf den Schachteln, „Donauschwaben",
sind dem Tale längst entschwunden
ihren tausendfachen Wunden.

Und das Tal hat es vernommen,
daß die Schwaben nicht mehr kommen;
ihre Heimat sie stets ehren,
doch zurück sie nicht mehr kehren!

De Nochber – en Amerika

Um sechs Uhr morjets, so halb nackich,
macht de Hans sei Nochber wackrich,
weil dem sei Auto schon seit Täch,
vor seim Haus steht, ihm em Weech.

    Er klinglt fuchtich an der Tier,
    de Nochber fallt in Ohnmacht schier.
    Mei front door ist ke parking lat,
    des han ich dir schon paarmol gsaat.

Bei gosch, du hascht schon letschte Winter,
wie ich noch war e bissi gsinder,
so allerhald getrieb – bischt gfahr
uf mei Platz mit deiner car.

    Mit Mieh han ich de Schnee ausgscheppt,
    han uff de Platz glei Holzbeck geschleppt.
    Du hascht gewart – dich net gemeldt,
    un wie ich fort war, dei car hingstellt.

Well, get your car schnell out of hier,
bevor ich dir noch eeni schmier!
Jetzt fahr ich schapping in de Stor,
un no park ich vor meiner door!

    Ei hef de fiehling, ju don't keer,
    des ärjert mich um sovil mehr!
    Get jur jalopy out oft mei wäy,
    stop the nonsense, stop de pläy!

Dein Lied

Du hast gemeint,
daß nimmer wieder du wirst fröhlich sein.
Du hast geglaubt,
die Erde unter deinen Füßen stürzet ein.
Du hast gedacht,
der Himmel fällt auf dich herab
und reißt dabei dir Herz und Seele ab.

Du hast gekämpft
den guten Kampf des Lebens still und treu.
Du hast gefragt,
warum er zugeschickt dir war aufs neu!
Du hast gewußt,
daß Gott sie züchtigt, die er liebt.
An seiner Hand – warum denn so betrübt?

Du hast gelernt,
daß Gottes Wege eben Wege Gottes sind.
Du hast gespürt
den Schutz, den starken, über dir im Wind.
Du hast gelauscht,
dem Vogellied, das dir die Lerche sang,
der Melodie, die Frieden dir errang!

Peter Grosz
Jahrmarkt – Nieder-Olm

Peter Grosz wurde am 18. September 1947 in Jahrmarkt (Banat/Rumänien) geboren. Studium der Germanistik und Romanistik in Temeswar, Rumänien. 1974-75 politische Haft in Rumänien. 1977 Umsiedlung in die Bundesrepublik Deutschland. Lebt seither als Gymnasiallehrer, Autor, Lektor, Herausgeber, Regisseur und Kulturorganisator in Nieder-Olm/Mainz. Verheiratet mit der Fotografin Andrea Grosz, zwei Kinder (13 J. und 5 J.). Juror in den Bereichen Literatur, Musik und Theater bei den Berliner Festspielen seit 1986. Seit 1993 Initiator und Organisator der „Deutsch-Polnischen Treffen Junger Autoren". 1994 Berufung in den Deutschen Werkbund. Schreibt für Kinder, Jugendliche und Erwachsene: Lyrik, Prosa, Hörspiele, Kurzdrehbücher, Theaterstücke. Zahlreiche Veröffentlichungen, zuletzt: Dorth, Theaterstück, UA: 1997; Alina, Aluna und die zwölf Monatsbrüder, Kinderbuch, Zürich 1997 (Übersetzungen/Lizenzen: Frankreich, Holland); Die Nicolais, Kinderbuch, Zürich 1998 (Übersetzungen/Lizenzen: England/USA/Kanada, Frankreich, Italien, Holland, Slowenien, Griechenland, Korea, Taiwan). Auszeichnungen: Förderpreis des SWF (Baden-Baden), 1978; UNESCO-Preis für eine didaktische Arbeit zum Thema Menschenrechte in der Literatur, 1979; Auslandsreise-Stipendium des Deutschen Schriftstellerverbandes (VS) und des Auswärtigen Amtes, 1984; Bertelsmann-Literaturpreis (Roman), 1985; Hoffmann-von-Fallersleben-Preis (Kindertheater), 1992; Christoph-von-Schmid-Preis (Jugendliteratur), 1993; Wilhelm-Holzamer-Plakette, 1998.

ENDE DER WALLFAHRT
Auszüge aus dem noch unvollendeten Roman

Fliegendreck

Ich bin Rumäne, sagt Ortner. Und sie solle jetzt nicht diese dumme Frage stellen, die ihm, wenn er seine Identität lüfte, immer gestellt werde. Fragen sie nur nicht, wieso ich so gut Deutsch spreche. Er sei Rumäne und doch kein Rumäne. Er sei Deutscher und doch kein Deutscher.

Ortner überlegt, ob er ihr die Geschichte seines Dorfes erzählen soll, diese mühselig zusammengetragene Geschichte voller Lücken, weil sie nur noch als Bruchstücke aufzustöbern war in altgewordenen Köpfen.

Mein Dorf ist eine Falle, sagt Ortner.

Mit jedem Fenster, das geöffnet werde, stürze mit dem Geruch von feuchten Federn und Holzmehl, von altem, saurem Brot und scharf geräuchertem Fleich auch noch etwas anderes ihm ins Genick, modrig rieche es, schimmlig und ausgebleicht, und voller brauner Flecken klebe es am Glas im wurmstichigen Rahmen. Von Fliegenschwärmen zugeschissene Erinnerungen seien es, denen er sich ausgeliefert fühle, hilflos anheimgegeben ihrem staubigen Schweigen. In den Geschichtsbüchern sei nichts zu lesen davon; der Rest sei Legende, nihil obstat.

Was würde sie damit anfangen können, wenn er ihr erzählte, daß sein Dorf schon 1335 erwähnt erscheint, Kolonie im Besitz der ungarischen königlichen Kammer, Vorort einer Stadt, die 1552 unter den Jataganen der Türken fällt. Und darniederliegt für lange Zeit.

Hundertfünfzig Jahre Verwahrlosung soll die Gegend versumpft haben. Nur wenige Serben und Rumänen müssen in der Trostlosigkeit zurückgeblieben sein.

Ein heißer, trockener Sommer sei es gewesen, erzählte man sich, die Gräben und Sümpfe ausgedorrt, und für Prinz von Savoyen sei es ein leichtes gewesen, die Türken aus der palisadenbewehrten Stadt zum Abzug zu zwingen.

Dem Dorfpfarrer hatte Ortner keine Ruhe gelassen, bis seine Neugier befriedigt war. Die ersten Deutschen hätten sich 1720 im Dorf niedergelassen. Zehn Jahre später seien aus der Umgebung von Mainz am Rhein erneut Familien eingetroffen, hatte der Pfarrer erzählt. Die Pest habe sie verschont.

Viel später hatte Ortner von Maria Theresia gehört. Daß jeder, der sich auf ärarischem Gute niederläßt und dort ein Wohnhaus erbaut, durch sechs Jahre Steuerfreiheit genießen und eine unentgeltliche Anweisung auf Brenn- und Bauholz erhalten solle, hatte sie 1763 verkündet und jedem Einwanderer sechs Gulden Reisegeld geboten.

Und sie waren gekommen. Aus Elsaß-Lothringen. Aus der Pfalz. Aus Württemberg und Baden. Aus Hessen und Westfalen. Aus Luxemburg auch. Mit dem Schiff, über den Rhein und die Donau herab, meist aber über den Landweg, in wochenlangen Fußmärschen, in der Faust das Zaumzeug der Zugtiere, das Ächzen der unter überflüssigem Gerümpel zusammenbrechenden Wagen im Rücken, den Abschied hinter den Schläfen. Kamen und sahen zu, wie die Serben und Rumänen aus ihren Häusern vertrieben wurden, und hatten den eigenen Abschied vergessen.

Sie kamen im Namen der Königin und brachten ihren Gott mit, mitten ins große Sterben. Die Fremde riß ihnen die Eingeweide entzwei, legte sie mit schweren Füßen und noch schwereren Händen in die kargen Holzhäuser, als hätten sie wochenlang nur die Sonne gegessen und den heißen Wind der Puszta.

Mein Dorf ist ein Friedhof, sagt Ortner.

Immer wenn sich eine Tür öffne, höre er das stumpfe Röcheln, das Wimmern nach Wasser. Und mit jedem Spatenstich, den ihm das Frühjahr abverlange, müsse er den Ekel überwinden. Es sei immer die gleiche Angst, die ihn heimsuche. Mit jedem Knirschen befürchte er, einen Schädel hervorzuholen und mit ihm jenes lange Jahr des heißen Todes.

Als Goethe seinen Werther ausrufen läßt: *Eine wunderbare Heiterkeit hat meine Seele eingenommen (...) ich bin allein und freue mich meines Lebens in dieser Gegend*, sagt Ortner, da geht der Trummlmann durch mein Dorf und schreit heraus, was die Behörden verordnet haben. Robot zum Grabmachen. Zehn bis fünfzehn Gräber täglich sind es mittlerweile.

Später hat das Dorf seine Gasse über die Gräber gehen lassen, sagt Ortner. Und die Gassen sind staubige Mauern, die die Haut des Himmels hinters Dorf ziehen. Und die Gassen sind aus Stein. Sie fallen am Rande des Dorfes erschöpft ins Unkraut. Am oberen und am unteren Ende des Dorfes gehen die Gassen in den Friedhof, und sie nehmen die Steine mit. Die Steine liegen auf den Gräbern. Manche Gräber sind ein einziger Stein, sagt Ortner. Die Nachkommen zünden in Deutschland die Kerzen an an Allerheiligen, das ewige Licht für die Steine auf dem Friedhof und für die Steine auf den Gassen und für das sterbende Dorf auch, für das Dorf und seine Gassen über den Toten, das Dorf, das nicht mitgehen konnte, als sie gingen, den umgekehrten Weg der Toten vor den Toten unter den Steinen, das Dorf, das zwischen den Maulbeerbäumen hängen bleibt, aufgespießt von den Dornen der Akazien. Auch ihren Gott, der ein Heiland ist, haben sie zurückgelassen, sagt Ortner, eingesperrt in der leeren Kirche.

Als Kind habe er immer geglaubt, sie hätten ihren Gott über dem Altar ans Kreuz genagelt, damit er nicht mehr weglaufen kann, damit er nur noch für sie da wäre, für sie und ihre Arwet, sagt Ortner.

Und vor der Kirche haben sie ihn festgenagelt, habe er als Kind gedacht, sagt Ortner, auf das Kreuz aus Stein, dem anderen Stein gegenüber, als wollten sie ihn zwingen, die Namen mit der Jahreszahl dahinter immer noch einmal zu lesen, bis ihm der Rost der Nägel den ganzen Körper überschwemmt habe, *Dein Wille geschehe.*

Und der Stein vor der Kirche steht still wie die Zeit im Kirchtum. Die Steine auf dem Friedhof liegen still, und die Stiene auf der Straße liegen still, sagt Ortner.

Und über die Steine, denkt Ortner, über die Steine sind sie marschiert, die Soldaten, in immer anderer Uniform, mal in die eine, mal in die andere Richtung, in die Haut des Himmels hinein. In den Gewehren trugen sie die Toten und auf dem Koppeleisen ihren Gott. Und die Männer aus dem Dorf sind mitgegangen, mal in die eine, mal in die andere Richtung, haben die Haut des Himmels zerrissen und den Regen zurückgelassen. Den Regen in den Gesichtern und den Regen über den Steinen auf den Gräbern, unter denen nichts liegt als Erde, fette, schwarze Erde, schwarz wie die Uniform im Rahmen, schwarz wie der Fliegendreck auf dem Glas.

Dann sind die Russen gekommen, sagt Ortner.

Er wisse, daß es falsch sei, von den Russen zu sprechen. In der Schule seien diese fremden Soldaten die Rote Armee gewesen und in den Häusern hinter den verwachsenen Akazien die Russen.

Und Ortner sieht seine Großmutter vor sich. Sie hat keine Füße, sie dreht sich auf ihrem langen, schwarzen Rock und auf ihren drei weißen, steifen Unterröcken. Die Großmutter hat nur Hände, kleine, welke Hände mit gelben Flecken, im schwarzen Schoß. Und ein Gesicht hat die Großmutter, in dem die kleinen Augen verschwinden, als hätte der Anblick des Gesehenen sie zurückschrecken lassen. Den Mund auch. Da, wo das schwarze Kopftuch, in das sie das gebügelte Butterpapier eingeschlagen hat, in einen Knoten gezwängt wird, hat sie eine Warze. Aus der Warze wachsen drei Haare.

Ich wer dr verzeehle vum Fuß bis zum Kopp, un norr die Wohrheit, sagt die Großmutter.

Wenn sie in der Nacht nicht schlafen könne, wenn sie dran denke, an ihr Leben vom Anfang bis ans Ende, muß ich uffheere zu studeere, sagt die Großmutter, je länger sie daran denke, und in der letzten Zeit geschehe das häufiger, meine sie, ihr Kopf gehe auseinander. Sein Onkel sei gefallen, wies schun ball rum war. Und dann seien sie im Hof gestanden, un mer wars noch nie so kalt wie in dem Winder, sagt die Großmutter. Dawai! dawai! Mitgenommen hätten sie ihn, seinen Otta, un dei Mottr tät vleicht a nemmi leewe, wannse verrot worre wär, sagt die Großmutter, wie es in der Nachbarschaft geschehen sei. Ofenruß habe sie sich ins Gesicht geschmiert und Röcke angezogen wie die alten Leute, einen Buckel habe sie gemacht, wie e ald Krippl, sagt die Großmutter, ich siehn se wie heint. Am Backtrog stehe sie, und de Russ schautse nedemol oon.

Sagt die Großmutter. Die kleinen Augen blinzeln unentwegt und bleiben doch trocken.

Dann seien sie zurückgekommen, aus Rußland. Ohne dei Otta, sagt die Großmutter. Aber er sei nicht in der Kohlengrube geblieben, wie so manch einer, nein, aus dem Zug sei er gefallen, hätten sie ihr erzählt, aber wer wisse das schon so genau, vielleicht habe ihn auch einer hinausgestoßen, Teiwl waaß for was, sagt die Großmutter, aus dem Zug hinaus und aus ihrem Leben. Die Welt war e Nähmaschien un die Zeide so spitzich wie e Noodl, sagt die Großmutter. Jeden habe es erwischen können. Dann sei die Enteignung gekommen, un die Kollektiv, sagt die Großmutter. Aber da hätten sie noch Glück gehabt. In anderen Dörfern sei es schlimmer gewesen, dort hätten sie die Leute auf den Baragan verschleppt. Aus de Heiser gejaat hunnsese, nunner, fast zu de Bulgare, uffm Stopplfeld sinnse ausgelaad woor, plackiches Feld rundrum, Ärdlecher hunnse sich gegrab, un de Teppich, wannse ohne haade, wars Dach im Reen, sagt die Großmutter. Fünf Jahre und noch länger seien manche dort gewesen.

Die Großmutter schüttelt den Kopf. Ihr Kopf raschelt. Kinnskinner selle des net mitmache misse, was meer mitgemach hunn, sagt die Großmutter, for nix un wedder nix.

Dann sind die Russen gekommen, sagt Ortner, nichts sei mehr so gewesen, wie es mal war, behaupte man im Dorf.

Die gleichen Gassen liegen still wie immer, ziehen die gleiche bleierne Haut hinterm Dorf ins Kraut, sagt Ortner, nur an den Tischen hinter den steinernen Wänden reden alle vom Gehen.

Augen

For immer? Die Stimme der Mutter ist ein Fragezeichen.
    For immer, sagt der Schuwillm Josep.
    Host gheert? For immer, sagt die Mutter. Ihre Stimme ist ein Vorwurf.
    Der Vater sitzt am Küchentisch, hält sich am Glas fest und stiert in den roten Wein.
    Heint morjet war de Briefträger do, sagt der Schuwillm.
    Vor dem Fenster schlägt sich ein Traktoranhänger die Räder wund in den Schlaglöchern. Die Mutter sitzt am Fenster auf einem Stuhl. Die Mutter ist vor dem Fenster ein schwarzer Schatten, der Kartoffeln schält. Christian hört das Messer unter die Schale schrappen und er weiß, daß ihre Hände schroff und wütend sind. Die Kartoffeln sind klein, wollen nicht wachsen in diesem Jahr. Eine nach der anderen fallen sie in die Schüssel, machen ein Geräusch wie dicke, schwere Regentropfen im Regenfaß. Das Wasser spritzt auf die lindgrün gestrichenen Fußbodenbretter.
    Mer hunn halt Glick ghatt, sagt der Schuwillm fast entschuldigend. Glick ghatt, sagt der Vater und lacht ein Lachen, das weiß, daß es kein Lachen ist. Eierooner fallt doch immer uff die Fieß, sagt der Vater mit schmalen Augen.
    Wie moonst'n des?

Der Schuwillm Josep preßt die Lippen zusammen, seine Hände zittern, sein rechtes Auge quillt nach vorn, wird ganz dick.

Heert uff, schreit die Mutter, fangt net schun wedder dodervun on! Sie läßt das Messer fallen und die Kartoffel, stößt den Korb auf den Ottoman; ihre Lippen saugen sich am Handballen fest; sie geht zum Waschtisch, taucht die Hand ins Wasser und spuckt danach in die Schüssel; aus der Schürze nimmt sie ein Taschentuch und wickelt es um die blutende Hand.

Er fahrt uff Teitschland, mer net, sagt die Mutter und zerrt mit den Zähnen den Knoten über der Handfläche zu.

Der Vater hat ein Knirschen im Mund.

Er is schunn mol gfahr, sagt er leise.

Der Schmidt Andres hott nor mit seine aarische Ohre gewackelt, un schunn hunnse strammgstann, tausend Mann, un de Josep mittedrin, Speckschwoowe un Specksaxe ausm Bäreland, im kranke Kopp de Sauerताich vum teitsche Brot, un des Schiff, was'se im Verzicher im Juni noh Wien bringt, haßt Uranus, un des haßt uff griechisch Himml.

Awwer net de Himml ruft'se, naa, des is de Himmler, meingott, Waffen-SS, was'e Stolz. Un de Himmler loßt'se himmle, was nor zu himmle geht, in Rußland un sunstwuu aa, Liquidierungsmannschafte geger die Judde un Kommuniste, Wachmannschafte im Konzendrationslaager, Tod un Teiwl, achzichtausendmol, verzeehl doch mol, Josep.

Do gebt's nix zu verzeehle, schreit der Schuwillm und schlägt mit der flachen Hand auf den Tisch. Kriech is Kriech un basta! Seine Stimme ist heiser.

Genau, Josep, un de Himml is schwarz, un die Erd is schwarz, un die Luft stinkt no verbrenndem Fleisch, in dr Wochenschau im Kino marscheere se vun links no rechts mit'm Gott uff dr Riemeschnall. Weller Gott dann, Josep? Der vun unsrem Pharrer? Fraitachs hott'r noch de Kinn de Katechismus uff de Kopp gschlaa, Du sollst nicht töten! Du sollst nicht töten!, weil'se des 7. Gebot Gottes mit dem 5. Gebot der Kirche verwechselt hunn, un sunntachs is'r uff dr Kanzl gstann im Leibrock vun Gold, blooem un rodem Purpur, Scharlach un gezwernter weißer Leinwand un hott Volkswut gegen Zögernde gepredicht. Noh dr Kerch hunn die Leit mich oongschaut, als hätt de Pharrer gsiehn ghatt, daß sich de Grind weidergfress hätt in meiner Haut, daß mei Hoor weiß sinn, uff oomol un ich unrein. Do warscht du, Josep, schun zwaa Johr weg un mei Bruder aa, un ich hunn an so e Bild denke misse im onunverzicher Mariahilfkullener vun meiner Mottr: e zammgfallnes Haus, vier Männer dervor, der oon mit'me große weiße Verband um de Kopp, un all hunn'se etwas in de Aue, was ich net kenn. Unnerm Bild steht was vunn englischer Fliegerangriff auf holländische Stadt, un Gott behüte uns vor Krieg steht aa noch do. Weller Gott, Josep? Der, der uff aam annre Bild im gleiche Kullener die Uniform vun sechs Männer zammhalt, die grad Maikäfre in dr Flugzeit infange? E scheenes Bild, Josep, gell? Die Engländer werfe die Bombe, und die Teitsche sammle die schädliche Maikäfre in.

Wann'se doch nor Maikäfre verbrennt häde! Weller Gott also, Josef? Doch der vunn unsrem Pharrer, der noch im Dreiunverzicher die Kutt an de Naal ghängt hott un a anres Kreiz an de Arme? Die Maikäfre ware doch schunn all weg, aa in Rußland. Was hott'r dann dort gsucht? Gott mit uns hott'r wahrscheinlich gekraascht, hott die Leit in die Kerch getrieb, es Kreiz gemach un de Flammewerfer bedient. Achzichtausend, Josep, un wivill Kugle hott jeder im Gweehr ghatt? Achzichtausend uff der falsch Seit, Josep!

Falsch Seit! Wieso die falsch Seit?

Schuwillms Josep schlägt wieder auf den Tisch. Die Weingläser hüpfen; auf der Plastiktischdecke schimmern rote Flecken.

Wolle jetz die paar Hunnert, die net mitgemach hunn, bestimme, welles die richtich Seit war, nor weil'de Kriech verloor gang is? Sinn achzichtausend net e Beweis geger dich? Mer sinn Teitsche, un Teitschland hott uns gebraucht.

Schuwillms Josep greift sich ins Gesicht, schlägt mit der geballten Faust neben die Weingläser, daß es spritzt. Als er die Hand zurückzieht, liegt in den Blutflecken ein Auge; glasig starrt es zur Decke.

Des hunn ich for mei Nazion geopfert. Un was host du gemach?

Der Vater lacht traurig.

Naa, Josep, for die erscht Kompanie der SS-Division Leibstandarte Adolf Hitler un for dei Schmidt Andres, der net genuch kriet hott vum Kriech, der mit sei'm Jagdverband Südost noch Kriech gspillt hott, als de Kriech schun lang rum war. For die, Josep, die mit Fallschirme in die Banater Berche ingfall sinn un noch bis vierunfuffzich uff die eigne Leit gschoß hun.

Un du? zischt Schuwillm Josep, host du net uff der anner Seit gstann, mit de Russe geger dei eigni Rass, geger dei eigne Bruder? Host du net gschoß?

Uff der annr Seit war ich, Josep, weil ich was geger eier großkotziche Schnauzbart ghatt hunn, un gschoß hunn ich aa, bei Odessa a Schwein un in der Tatra zwaa Scheef, weil'mer Hunger ghatt hunn, awwer ich hunn nie uff a Mensch gschoß, Josep, net ich sinn in Nirnberch vorm Gericht gstann.

Was soll'n des jetz haße? Moonst du, daß der teitsch Staat mer a Rende zahle tät, for mei Aue, jetz schun, un wann ich niwwer kumm erscht recht, moonst du, des wär so, wann des so wär, wie du des siehn willst?

Mer kann aa mit zwaa Aue blinn sein, Josep.

Der Vater lacht böse.

Kriet das dann ka Enn meh? Sieht'r net, daß der Kloon danewer sitzt mit soo Ohre? kreischt die Mutter.

Vom rosigen Gesicht des Schutzengels

Vielleicht ist es die Unwiederholbarkeit, die kleine Ereignisse unvergessen macht. Was der Vergänglichkeit Widerstand leistet, ist der Schmerz, der Verlust und Gewinn umkehrt, im nachhinein, dachte Ortner.

Er lag mit geschlossenen Augen im obersten Bett. Das grelle Licht der Deckenbirne schlug durch die Lider, fraß die Bilder auf, die er mühselig im Kopf zusammenstellte; überbelichtete Bilder, die sich schwer taten, die Schatten in Bewegung zu halten. Im Flug fiel das Echo dem Wärter in den Schritt. Der Widerhall schlüpfte durch die Türritzen, kroch die Wände hoch und sprang Ortner von der Decke an. Jeder Schritt ein Schritt über Augäpfel. Unter den Stiefelabsätzen zucken die letzten Tage des Sommers. Die Großmutter wankt durchs Gegenlicht und sagt: Wann de Summer rum is, werd mer im Wald nemmi noh Hemmbeere suche.

Schneller als sonst war er vorbei gewesen, der Sommer. Der Besuch aus Deutschland war abgereist mit zwei Schinken hinter der Türverkleidung, mit geräucherter Wurst, einer alten Wanduhr, mit Schnaps und der alten Hängelampe aus der gut Stub im Kofferraum. Zu zweit hatten sie sich mit ihrem ganzen Gewicht über die Haube geworfen, um sie einrasten zu lassen.

Noch einmal war das Gespräch auf den Bruder des Vaters gekommen. Die Mutter hatte wissen wollen, ob der Vater ihn denn nun angesprochen habe, ob er für sie bezahlen würde, damit sie auch nach Deutschland komme, wie die anre Leit.

Geld müßten sie ja haben – die Fotos vom Haus, das Auto und die vielen Geschenke für alle Verwandten. Und erst die getragene Kleidung, die noch aussehe wie neu und doch schon weggegeben werde, das zeuge doch von Wohlstand.

Der Vater hatte plötzlich losgeschrien und das Schuheisen, auf dem er gerade Christians Patschen besohlte, von sich gestoßen; die Ahle hatte er weggeschleudert, tief ins Türblatt hinein.

Christian war zusammengezuckt, wie seine Mutter zusammengezuckt war, als der Vater über sie hinauswuchs mit seiner drohend sich stauenden Wut im bleichen Gesicht. So schnell hatte Christian die Augen nicht schließen können: die Hand des Vaters war für einen Augenblick über der Mutter gestanden, um dann an der Mutter vorbei auf den Tisch zu krachen. Für wie dumm sie sich verkaufen lasse? Das Haus gehöre der Bank, das Auto gehöre der Bank, und die Banken denen, die immer schon gewußt hätten, wie Geld zu machen ist. Nirgendwo liege das Geld auf der Straße. Das Leben habe auch in Deutschland seinen Preis. Nichts gehöre seinem Bruder. Noch nicht einmal die so großzügig wie überheblich angeschleppten Kleider. Das wisse er genau. Vor paar Tagen habe er einen ehemaligen Schulkameraden getroffen, der auch zu Beusch sei aus dem 'gelobten Land'. Eine Runde nach der anderen habe er im Wirtshaus spendiert, widerlich mit den Geldscheinen nach der Tochter der Wirtin gewedelt. Erst der fünfzehnte Schnaps habe ihn Mensch gemacht.

Gekrisch hot'r, Rotz un Wasser gheilt un meer die Wohrheit gebeicht iwwer sich und die anre.

Ortner stellte im Kopf die Häuser in die Nacht. Das Licht, das er brauchte für diese Szene, nahm er sich von den spärlich gesetzten Laternen.

Aus den Häusern hüpft bläuliches Licht, flimmert, verändert sich. In den Häusern fallen Schüsse. In den Häusern fallen Leute im zuckenden Licht. Die Nacht ist voller Pferdehufe, hohl und gedämpft. Das Sterben bleibt hinter den Fenstern. Kein Käuzchen, kein Uhu, keine Frösche. Nur leises Rascheln in den kurzen, jungen Büschen. Die Rosen verbluten in den Garageneinfahrten. Die Häuser sind groß. Die Häuser sind sauber. Die Häuser sehen alle gleich aus. Die Garagen auch. Die Vorgärten gepflegt. In den Garageneinfahrten stehn weiße Plastiksäcke.

Auch in der Totalen erkennbar: das rote Kreuz. Am Straßenende tastet sich ein Wagen durch die Nacht. Wenn Ortner den Wagen halten läßt, springt die Tür auf und eine Frau steigt aus. Sie zieht das Kleid aus der Pofurche. Die Frau geht, als hätte sie keine Schuhe an. Die Frau hat Schuhe an, die man nicht hört, wenn sie geht. Die Frau geht, wie andere spazieren gehen. Die Frau geht nicht spazieren. Irgendwann bleibt sie stehen. Sie schaut durch die Fenster auf das bläuliche Lichtspiel an der Decke, und sie schaut in die dunklen Rolläden des Hauses gegenüber. Die Frau bückt sich in der Garageneinfahrt und hat einen weißen Sack in der Hand. Sie geht zum Auto zurück. In den Garageneinfahrten, an denen sie vorbeikommt, bückt sie sich auch. Ihre Hände tragen weiße Säcke. Die Kofferraumhaube des grünen Wagens am Ende der Straße klappt hoch. Die Frau legt die Säcke in den Kofferraum. Die Frau zieht das Kleid aus der Pofurche. Hinter den Fenstern und Rolläden klirren Sporen in den Showdown. Der Zwerg im Vorgarten hat einen weißen Sack auf dem Rücken, den ihm keiner nehmen kann. Der Zwerg macht ein glückliches Gesicht. Ortner konnte sein Lächeln nie lange ertragen. Abblenden, dachte er auch diesmal.

De Keller laaft iwwer von dem Zeich. Gewäsch, gebiggelt un sortiert, die Regale voll, im Eck leie die weiße Plastiksäck vum Rode Kreiz, hot'r gsaat, awwer ich soll nimand verrohde, von wem ich des waaß. Dei Wohlstand!

Das Gesicht des Vaters hatte sich verfinstert in jenen Tagen. Seine Augen tief in den Höhlen. Die dunklen Ränder machten sie so dunkel wie den Himmel, der nicht regnen konnte.

Du machtst alles besser, hatte er gesagt und Christian die Hand in den Nacken gelegt.

Christian war auf das Fahrrad gestiegen und in die Stadt gefahren.

Du bist jetz schun groß; mer kenne der nemmi helfe.

Der Stolz, der erste aus dem Dorf zu sein, der aufs Lyzeum geht und später mal studieren wird, hatte ihn leicht gemacht. Verflogen war der Ärger über den Bruder des Vaters. Was brauch der Schule! Schaffe gehe soll'er, oin Beruf is was fürs Lääwe.

Christian hatte sich durchgefragt und die Schule gefunden. Nikolaus Lenau. Die Knie hatten ihm etwas gezittert, als er davor stand. Aber es war nicht das Fahrradfahren gewesen, das die Beine weich machte. Es war das riesige, geschlossene Tor und die Gewißheit eines großen Augenblicks. Seinen ganzen Mut hatte er zusammennehmen müssen, um die Tür im rechten Flügel des Tors aufzudrücken. Wie in der Kirche war er sich vorgekommen unter dem hohen Gewölbe der Durchfahrt, die in einen kleinen, dunklen Innenhof mündete. Beidseitig zogen sich breite Treppen hoch, bewacht von der Hausmeisterloge auf der linken Seite. An den Wänden, in schweren Rahmen, die Schülerfotos der letzten Maturajahrgänge unter den Gesichtern der Lehrer Blaga, Bong, Eichert, Kraushaar, May, Prexl, Sigmeth, Wolz und Zimbreanu. Die Namen sagten ihm nichts. Die Gesichter verrieten zu wenig. Aber in vier Jahren würde auch sein Foto hier hängen unter den Lehrern mit einer Mischung aus Wissen und Verschweigen im Blick, im Umfeld der naiv gezeichneten Papyrusrolle mit der linkischen Aufschrift: *Möchte wieder in die Gegend,/ wo ich einst so glücklich war, wo ich lebte, wo ich träumte/ meiner Jugend schönstes Jahr!* Er würde hier hängen als Vorbild für einen anderen Jungen, der zum ersten Mal verloren und hilflos in der Durchfahrt steht, mitten drin in diesem Geruch aus Moder und Mülltonne, mitten drin in diesem verheißungsvollen Stadtgeruch, verschämt auf die ausgetretenen Schuhe starrt und nicht weiß, welche Treppe er nehmen soll. Jeden Morgen war er losgefahren, mit dem Bus, eingepfercht zwischen Henkelkörben mit Eiern, großen Weidenkörben mit Gemüse und Obst, zwischen Karoffelsäcken und kleinen Fäßchen und Kübeln. Im Kopf das auswendig zu lernende Gedicht, *wir alle tragen das Arbeiterkleid,/ wir dienen alle der neuen Zeit*, in den Ohren das aufgeregte Gackern der an den Füßen zusammengebundenen Hühner und den rauhen Schrei der Gänse, *wir werken und schaffen mit harter Hand/ und bauen uns neu unser Vaterland*, in der Nase den Geruch von Schnaps und Knoblauch, von geräuchertem Schinken und von Chrysanthemen, von Schweißfüßen, Naphtalin und Kernseife. In den welken Gesichtern der Schlaf. *Wir gehen in die Zukunft mit sicherem Blick.* Bis zum Domplatz.

Vor der serbischen Kirche mit ihren zwei Türmen über den Kastanien war er ausgestiegen, hatte sich, während die Frauen und Männer mit ihren Habseligkeiten über das Kopfsteinpflaster hinweg den freien Plätzen an Markttischen zustrebten, den Staub von der Uniform geklopft, die Schirmmütze mit dem Schulemblem an der Stirnseite zurechtgerückt, um die wenigen Meter durch die Seitenstraße zur Schule zu laufen, in das dunkelblaue Gewühl hinein, *und dienen dir, Heimat, dir, Republik*, an der Kleiderkontrolle des Aufsichtslehrers vorbei, guten Morgen, Genosse Professor.

Die Mitschüler heißen Andor, Friedländer und Frombach, heißen Fuchsza, Lupu und Sundhausen, heißen Winkle, Wuck und Zouplna. Die Mädchen sind schön. Die Mädchen zeigen, daß sie wissen, wie schön sie sind. Die Jungen sind klug. Die Jungen reden in der Pause mit den schönen Mädchen, um ihnen zu zeigen, wie klug sie sind. Die schönen Mädchen und klugen Jungs haben blinkende Fahrräder, mit denen sie morgens zur Schule kommen, oder sie werden von eleganten und klug aussehenden Eltern in blinkenden Autos vorgefahren. Die schönen Mädchen und klugen Jungs haben maßgeschneiderte Uniformen, die sie alle zwei Wochen wechseln. Christian hat nur eine Uniform, die ist aus dem Kaufhaus in der Mercygasse. Die schönen Mädchen und klugen Jungs reden über Kaiserschnitt, Tumoroperation, spektakuläre Gerichtsverhandlungen und über den Unterricht an der Universität. Sie reden über das, was ihre klugen Väter machen. Christian hat noch nie gehört, daß einer erzählt, wie sein Vater die Erde um die Maispflanzen häufelt. Wenn die schönen Mädchen und klugen Jungs ein Gedicht über die Partei aufsagen, dann wissen sie, wovon sie reden; die Partei ist das kleine rote Buch, das zu Hause in irgendeiner Schublade liegt. Die schönen Mädchen und klugen Jungs feiern Parties, zu denen sie Christian nie einladen.

Christian aber weiß, was er weiß. Christian hat seine Hausaufgaben immer gemacht. Bei der Kontrollarbeit schauen sie ihm über die Arme, über die Schultern. Doch wenn er an der Tafel steht und die Gesichter sieht, die aussehen, als würde keiner wissen wollen, was Christian weiß, dann schießt ihm das Blut in die Ohren. Er senkt den Blick und sieht nur seine ausgebeulten Hosenbeine und die ausgetretenen Schuhe mit dem angetrockneten Dreck. Christian schweigt, und der Lehrer schreit. Du schaffst des, mei Bu, du werscht mol alles besser mache wie mer. Wenn sie doch wenigstens kichern würden.

Nach der Schule, auf dem Domplatz, da fühlt er sich wohl. Bis der Bus kommt, hat er Zeit, durch eine Welt zu streunen, die die schönen Mädchen und klugen Jungs nicht kennen.

Auf den steinernen Tischen unter den ausgebleichten Sonnenschirmen türmen sich Äpfel, macht der Duft der Pflaumen die Wespen verrückt, daß sie in nervösen Sprüngen durch die Luft taumeln. Es riecht nach Heu und Pferdeäpfeln, nach Sauerkraut und Liebstöckel, nach Petersilie und nach Rosen. Die Rauchschwaden vom Holzkohlegrill vor der Pestsäule drücken die Menschen zwischen die Tische. Es riecht nach verbrannten Hackfleischröllchen und nach Senf. Neben dem Henkelkorb mit Eiern liegt ein Hahn mit welkem Kamm und offenem Schnabel. Der Hahn verdreht die Augen. Im Bottich auf dem Kopfsteinpflaster schwimmen große Käsestücke. Am Ende der Tischreihe steht ein weißer Wagen auf Fahrradrädern. Ein Mann im weißen Kittel tritt ein Pedal und hält einen Stab in die große Schüssel. Zuckerwatte! schreit er. Neben ihm sitzt der Scherenschleifer mit dem großen schwarzen Schnurrbart und dem Ring im Ohr auf einem Schemel, taucht ein Messer ins Wasser in der rostigen Konservendose und kratzt Funken aus dem sich drehenden Schleifstein. Durch die Reihen spaziert ein Milizmann mit staubigen Stiefeln. Eine Frau, die aussieht wie die Großmutter, steht auf den Flügeln eines Hahns und schneidet ihm mit einem Ruck den

Kopf ab. Die Frau vor ihr, mit den Geldscheinen in der Hand, dreht sich weg. Wenn der Milizmann nicht nach Wespen schlägt, klatscht er den Gummiknüppel beim Gehen in die offene Hand. Es riecht nach Blut. Hinter einem leeren Tisch sitzt eine Frau im buntbestickten Felljäckchen und glättet mit krummen Fingern zerknitterte Geldscheine. Wie die Mutter.

Im Gang auf der Bank liegen die getragenen Kleider aus Deutschland. Die Frauen, die vor der Bank stehen, reden rumänisch und tragen den Kuhstall an den Stiefeln. Die Frauen halten Kleider, Blusen und Röcke an den Körper.

Das Hemd auch noch, für meinen Mann. Und den Pullover auch. Für meinen Sohn, haben sie da auch noch was, gnädige Frau?

Abends, wenn der Vater, mit der Klarinette in der Rocktasche, das Fahrrad aus dem Hof schiebt, schließt die Mutter die Rolladenflügel und breitet zerknüllte Geldscheine auf dem Küchentisch aus. Einzeln streicht sie sie glatt. Die Großmutter sitzt auf dem Hocker hinterm Spinnrad. Das Rad surrt. Das Rad dreht sich so schnell, daß man die Speichen nicht mehr sieht. Die Spindel zieht in langen Fäden der Großmutter den Wollbausch aus den Händen.

Irgendwann holt die Mutter das Bügeleisen aus dem Schrank, legt eine Decke auf den Tisch und plättet die Scheine mit der gleichen Sorgfalt, mit der sie ihre Nylonunterröcke bügelt. In der Schlafkammer drückt sie überm Bett das kleine ovale Bild mit dem Schutzengel zur Seite. Der Schutzengel besschützt das Loch in der Wand. Die Mutter legt die Scheine ins Loch und rückt das Bild wieder zurecht. Mit dem Ärmel wischt sie den Staub vom rissigen Gesicht des Engels. Der Schutzengel lächelt, wie der Mesmer lächelt, wenn er den Klingelbeutel an der langen Stange in die Bankreihen hält. Vergeltsgott. Der Schutzengel hat ein langes blaues Kleid an. Das Kleid ist so blau wie die Geldscheine. In der Schlafkammer riecht es nach Kuhstall.

Wie de Heiliche, so de Weihrauch, sagt die Gromutter.

Das Neue im Dorfleben während des sozialistischen Aufbaus. Eine Reportage über eine Ausstellung im Bukarester Dorfmuseum, sagt der Lautsprecher.

Sternstunde

Mit dem Abend kommen die Verwandten.

Die Mutter hat das Spülwasser in den Hof gekippt und gerade noch Zeit gehabt, die Salzkipfel auf den Tisch zu stellen und ein Tablett mit Gläsern für den Wein. Die Großmutter kehrt noch schnell die Küche aus.

Der Bruder des Vaters und seine Frau haben sich in die gud Stub zurückgezogen. In der gud Stub schlafen nur die Gäste, die aus Deutschland kommen. Die gud Stub raschelt und tuschelt.

Der Vater ist in der Weinkammer verschwunden. Der Vater ist schon viel zu lange in der Weinkammer.

Christian weiß, wieviel Zeit man braucht, um drei Flaschen Wein mit dem Heber aus dem Fäßchen zu ziehen.

Noch vor den Sommerferien hat Christian eine Entdeckung gemacht, die ihn unruhig werden läßt, wenn der Vater in die Weinkammer hinabsteigt, ohne die Petroleumlampe mitzunehmen oder eine Kerze anzuzünden.

Alteisen hatte Christian gesucht, für eine Sammelaktion der Pioniere, und in der Weinkammer, in einer Ecke, unter alten Kartoffelsäcken, hatte er sie gefunden. Halbleer.

Du stinkst noo Racki, hatte die Mutter in letzter Zeit häufiger gesagt.

Meer hunn doch gar koone im Haus, hatte der Vater nur gemurrt.

Christian hatte geschwiegen. Doch wenn er in die Ecke mit den Kartoffelsäcken greift, steht da immer eine andere Flasche. Nie ist sie voll.

Der Hund bellt die Verwandten aus dem Hof in den Gang. Gunowed, gunowed.

Christian hat nicht gewußt, daß man mit so vielen Leuten verwandt sein kann. Manche hat er noch nie gesehen.

Sie sitzen auf dem Ottoman, auf Stühlen, dicht gedrängt auch auf der langen Bank, die die Großmutter aus dem Gang hereingeschleppt hat.

Die alten Frauen müssen alle verwandt sein miteinander. Sie sehen alle gleich aus. Sie tragen einen langen, weiten, schwarzen Rock, oben ein enges schwarzes Jäckchen, das gestrickte schwarze Schultertuch kreuzt vorne die Brust und ist hinten verknotet. Die alten Frauen sehen alle aus wie die Großmutter. Die jungen Frauen haben enge Kleider an oder einen Faltenrock mit hochgeschlossener Bluse. Die Kleider sehen alle gleich aus. Nur das Blumenmuster unterscheidet sie. Die Kleider sind alle von ein und derselben Frau genäht. Die Frau heißt im Dorf die Näherin. Die Näherin hat einen Quelle-Katalog. Die erste Frau, die mit ihrem Stoff aus Deutschland zu der Näherin gekommen ist, hat sich ein Modell ausgesucht. Die Frauen, die danach zur Näherin gekommen waren, hatten alle das gleiche Modell gewollt. Da der Stoff aus Deutschland aber nur ein Stoffrest ist, muß die Näherin sparen. Die Kleider werfen überall Wülste und sind zu kurz. Die Frauen ziehen beim Sitzen ständig den Saum über die Knie. Die Frauen in den blumigen Trevira-Kleidern reden mit Frauen, die auch ein blumiges Trevira-Kleid anhaben, immer über die blumigen Trevira-Kleider.

Die alten Frauen tragen ein raschelndes Kopftuch, das sie am Kinn verknoten. Mit einem einfachen Knoten, damit sie noch staunen können mit offenem Mund, wenn's angebracht ist. Die jungen Frauen tragen eine Dauerwelle. Die Frisuren der jungen Frauen sehen alle gleich aus, nur die Haarfarbe unterscheidet sie. Die Frisuren sind alle von der gleichen Frau gemacht. Die Frau heißt im Dorf die Frisärin. Die Frisörin hat einen Quelle-Katalog. Die erste Frau, die eine Frisur wollte, ist zur Frisörin gekommen und hat sich eine Frisur ausgesucht. Die Frauen, die danach gekommen sind, haben alle die gleiche Frisur gewollt.

Die Frauen mit der Dauerwelle reden mit Frauen, die auch die Dauerwelle haben, immer über die Dauerwelle.

Die Frauen mit den blumigen Trevira-Kleidern und der Dauerwelle reden mit Frauen, die auch die blumigen Trevira-Kleider und die Dauerwelle tragen, immer über die blumigen Trevira-Kleider und die Dauerwelle.

Die Frauen reden viel.

Die Frauen reden mit den Händen. Sie haben rote Flecken im Gesicht und das Fieber in den Augen, wenn sie einen neuen Stoff sehen. Oder eine neue Dauerwelle. Oder einen neuen Quelle-Katalog. Die Frauen reden, bis sie schwitzen. Wenn die Frauen schwitzen, nehmen sie ein Taschentuch aus der Handtasche, die sie mit beiden Händen in den Schoß pressen, und wischen sich das Gesicht ab und den Hals. Vor allem den Hals. Und wenn der oberste Knopf und vielleicht gar der zweite auch geöffnet sind, rutscht das Taschentuch etwas verstohlen auch kurz hinter der Knopfleiste in die Tiefe. Die Frauen haben immer kleine, gefaltete Taschentücher dabei, so klein wie das Gebetbuch in der Handtasche. Die Taschentücher riechen nach Kölnischwasser.

Die Männer reden wenig. Die Männer trinken viel. Ihre aufgeplatzten Hände mit den knotigen Fingern liegen schwer und unruhig im Schoß, als suchten sie nach einem Werkzeug. Die Männer sehen alle gleich aus. Sie haben dunkle Trevirahosen an mit schmalen Hosenträgern. Das weiße Nylonhemd, bis obenhin zugeknöpft, drückt den Adamsapfel nach oben. Die Gesichter der Männer sind rot vom Spiritus nach dem Rasieren.

Manche Männer haben ein Stückchen Zeitungspapier am Kinn kleben, um die Spuren zuzudecken, die das Rasiermesser geschürft hat. Die Männer haben trübe Augen und rauchen eine filterlose Zigarette nach der anderen. Die Männer trinken gemeinsam. Sie stoßen die Gläser aneinander und leeren sie mit einem Zug.

Wenn die Männer reden, reden sie vom Krieg. Oder von Teitschland. Dann stoßen sie die Gläser noch öfter und heftiger zusammen und haben einen feuchten Schimmer in den Augen. Die Augen reden, wenn der Mund nicht reden kann, weil er keine Worte findet für die Bilder, die den Kopf hell machen. Je stummer die Männer reden zu vorgerückter Stunde, umso mehr schwitzen sie. Wenn die Männer schwitzen, holen sie Taschentücher aus der Hosentasche und wischen sich übers Gesicht, über den Hals und das Genick, manche auch über die Glatze. Vor allem über die Glatze. Die Männer haben große karierte Tachentücher, doppelt so groß wie ihre Hände, die nichts halten können, wenn sie nicht fest zugreifen. Die Taschentücher der Männer riechen nach Tabak.

Der Vater sagt gar nichts. Er hat sich auf die kleine Holzkiste zwischen Herd und Wand gequetscht und macht ein Gesicht, als wäre er woanders. Christian hat sich einen Schemel herbeigeholt und sitzt nun zu Füßen seines Vaters.

Bedient eich, greift zu!

Die Mutter zeigt auf den Tisch. Die Männer machen sich einen Gespritzten, die Frauen nehmen sich einen Salzkipfel.

Obwohl'r mer gar net gudtot, sagt eine der Frauen mit vollem Mund.

Eine Frau klagt über schlimme Gliederschmerzen in letzter Zeit. Eine andere über plötzliche Schwindelgefühle.

Wenn die Frauen mit den blumigen Trevira-Kleidern und den Dauerwellen nicht mehr von den blumigen Trevira-Kleidern und den Dauerwellen reden, reden sie über den Doktor Halalay, der nicht begreifen will, wie krank sie sind. Mit lauten, spitzen Stimmen reden sie. Von ihren Gebrechen reden sie, und die roten Flecken im Gesicht werden noch größer und kräftiger. Alle reden. Gleichzeitig. Keine hört zu.

Die Großmutter redet nicht. Die Großmutter sitzt da und lächelt und häkelt an Christians neuen Schuhen, für die der Vater schon die Sohlen geschnitten hat aus dem Gummi alter Autoreifen. Die Mutter geht noch einmal mit dem Teller mit Salzkipfeln herum.

Ei, holt eich doch noch!

Der Frau, die über ständiges Drücken in der Herzgegend klagt, entweicht ein breitgesessener Furz.

Fiehlt eich wie derhoom, sagt die Mutter.

Des saach ich dir, noch a bißle, un mir henn denn nie verloore, sagt der Onkel, der der Bruder des Vaters ist.

Die Geheimwaff, wann die kumm wär, sagt ein Mann und rülpst laut.

Jetzet drink mer noch oin, saumäßich, sagt der Onkel, awer gespritzt, gell.

Die Männer schütten die Gläser in den offenen Rachen. Die Sodawasserflasche steht auf dem Tisch und tropft auf die blumige Wachstuchdecke.

Der Vater ist verschwunden. Durch das Küchentürfenster sieht Christian die offene Weinkammertür.

Gell, Jokopp, so e Troppe kriest in Teischtland net!

Der Onkel winkt ab, wischt sich mit dem Handrücken über den Mund; sein Gesicht sieht wichtig aus.

Kennetse sich im Lääwe net vorstelle! Bei uns? Was das Herz begehrt! sagt er.

Dann erzählt der Onkel von seiner Arbeit und sagt immer moi Firmaa und irgend was vom guten Stern auf allen Straßen.

Die Männer haben große feuchte Augen.

Den alten Frauen ist der Kopf nach hinten über die Stuhllehne gekippt. Die alten Frauen schlafen mit offenem Mund. Sie schnarchen leise.

Die jungen Frauen stecken die Dauerwellen zusammen. Die Frau des Onkels sitzt in ihrer Mitte und tuschelt. Christian hört nur mal das Wort Frauenarzt, und die Frauen kreischen plötzlich auf, lachen schrill und sehen verstohlen zu ihren Mänenrn hin. Die alten Frauen schnappen nach Luft, haben den Kopf wieder unter Kontrolle für kurze Zeit, sitzen da mit schweren Augenlidern und lächeln die Luft an.

Trauwe im Windr un Paradeis, un's ganze Johr iwwer Banane, sagt einer der Männer und schüttelt den Kopf.

Hol doch mal des Zaich bei, Leni, sagt der Onkel.

Die Frau des Onkels steht auf, zieht im Gehen das Kleid aus der Pofurche und verschwindet in der gud Stub.

Als sie wiederkommt, macht sie ein geschäftiges Gesicht. In den Händen trägt sie Plastiktüten. Und sie geht noch zweimal in die Kammer, bringt weitere Tüten in die Küche, bis der Boden zugedeckt ist.

Die alten Frauen haben nun wieder Augen, die etwas sehen. Die jungen Frauen rutschen unruhig auf den Stühlen herum und vergessen, den Saum übers Knie zu ziehen.

Christian weiß, daß es nun endlich soweit ist. Seit dem Mittag wartet er schon darauf. Bis jetzt hat der Onkel noch nichts gesagt, noch nicht einmal einen Kaugummi hat er ihm gegeben.

Gleich aber wird er das Radio in den Händen halten. Sein Radio. Radiolaxenbörglandndabbljuuwonn, jeden Abend, und die Welt ist da, wo sie nie hinkommt, an seinem Ohr, so oft er es will, in seinem Kopf ist sie, für immer. Und er ist da, wo er nie hinkommen wird, da draußen, in der Welt, wo die Musik ist, radiolaxenbörglandndabbljuuwonn.

Der Onkel schaut auf die Tüten, dann von einem zum anderen, schaut so, als erwarte er etwas, worauf er sich schon lange gefreut hat. Und er sieht, was auch Christian sieht, sieht das Staunen in den Augen und sieht das Glitzern in den Augen und sieht die kräftig roten Flecken im Gesicht der Frauen, und er schenkt sich ein und lehnt sich mit dem Glas in der Hand im Stuhl zurück.

Der Vater sitzt wieder auf seiner Holzkiste und starrt auf den Boden mit Augen, die nichts sehen.

Die Frau seines Bruders wühlt in den Tüten, sie läßt sich Zeit, dann sieht sie sich nach denjenigen um, für die die Tüte bestimmt ist.

Die Frauen drücken mit fahrigen Händen ihre Tüte in den Schoß. Dankscheen, hätt' doch net sein misse!

Aus den Augenwinkeln vergleichen sie die Größe der eigenen Tüte mit der der Nachbarin.

Meingott, des kummt wie geruuf!

Stoffreste werden ausgebreitet, befingert, Apfelsinen zur Nase geführt, wie Waihnachte!, Bonbonpapiere rascheln, Haarspray zischt, wie des guud riecht!, die Männer spielen mit ihren neuen Einwegfeuerzeugen.

Der isch fors Büble, von Omma und Oppa, sagt die Frau des Onkels und drückt Christian einen Pullover in die Hand.

Im Spiegel über dem Waschtisch sieht Christian anders aus als sonst.

Der is awwr scheen! Wie e großer Buu schautr jetz aus! Jetz noch zum Balweerer, die Hoor e bißche kerzer gschniet, schun schautr aus wie e Teitschlänner! Un was e waiches Matrjaal!

Die jungen Frauen streichen Christian über die Brust, drehen ihn hin und her, zupfen mal da, mal da. An ihm herum.

Där kummt awwr in de Kaste, der is nix zum Rumschlambe for alle Taach, sagt die Mutter, ohne Christian dabei anzusehen. Sie steht jetzt selbst vor dem Spiegel, dreht und wendet sich in ihrem neuen Schürzenkleid.

Des isch for dich, Brüderle, sagt der Onkel und legt eine Uhr mit Metallband auf den Tisch.

Die Männer und Frauen nicken mit Kennerblick.

E teires Stick, sagt einer.

Anker, sagt der Onkel.

Der Vater steht auf, geht, ohne die Uhr anzusehen, aus der Küche.

In dr Kammr isch no a Haufe Gwandzaich, Ami, kaum getraa, sagt die Frau des Onkels zur Mutter, die noch immer vor dem Spiegel steht.

Sie hotts gewäsch un gebiegelt, sagt der Onkel.

Sieht aus wie noi, sagt die Frau des Onkels.

Christian ist aufgeregt. Er sieht, wie die Tüten sich leeren. Kakao, Caro-Kaffee, Kekse, Schokolade, Puddingpulver und Brausepäckchen. Wo bleibt das Radio?

Der Vater kommt wieder herein mit zwei vollen Flaschen Wein. Der Onkel wühlt in einer der Tüten und dreht sich dann plötzlich zu Christian um. Sagt: Un jetzet ain Letzschtes fürs Büble, was Besonderes.

Christians Herz klopft ganz wild rädiolaxenbörglandndabbljuuwonn. Vor lauter Aufregung sieht er gar nichts mehr.

Do, moi Büble, hann isch ekschtra für dich, aus moiner Firmaa, sagt der Onkel.

Christian hält einen Mercedes-Stern in den Händen und weiß nicht, warum er nicht weinen kann.

Des isch was fers Lääwe, deutsche Wertarbeit, sagt der Onkel. Und Christian weiß plötzlich, daß die Welt da bleiben wird, wo sie immer schon war, für immer.

Loß mol schaue, sagt einer der Männer und nimmt Christian den Stern aus der Hand.

E feini Arwet, sagt ein anderer, und alle nicken eifrig. Ihre Augen sind aus Chrom. Ihre Augen glänzen wie die Radkappen glänzen am Auto des Mannes, den Christian nicht mehr Onkel nennen will.

Der Mann hebt mit beiden Händen den Stern zur Lampe an der Decke. Er sieht aus wie der Pfarrer, wenn er die Hostie in die Lichter des Altars hebt.

Amen, sagt der Vater und lacht trocken und böse.

Er sieht Christian mit traurigen Augen an, dann lächelt er und hält ihm seine neue Uhr hin, sagt: Ich hunn doch schun ooni.
Christian hat einen Kloß im Hals.
Jetzt fehlt'r nor nochs Auto derzu, sagt einer.
Alle lachen.
Leit, greift zu, sagt die Mutter mit vollem Mund.
Aus dem Mundwinkel hängt ihr ein Stück Salzkipfel.

heimatlied

mein land. mein fremdes
land. der himmel
unbewohnbar wie der tod
und hinter den hügeln lauert
die nacht. sperrgebiete
schießen über die hänge. mein land
ist ein haus mit ungezählten
leichen im keller. die tür
schlägt den träumern ins gesicht. mein
fremdes land: ohne erinnerung
kriecht der große fluß. mein
land. deins. mein Kind

Mein Haus

Mein Opa liegt im Garten
Meine Oma irrt umher
Mein Hund der hat ein Loch im Bauch
Und wo das Haus stand ist nichts mehr

Mein Bruder hat keine Arme
Meine Schwester weint und bricht
Mein Clown der hat ein Loch im Bauch
Und wo das Haus stand brennt kein Licht

Mein Vater hat keine Beine
Meine Mutter kriegt ein Kind
Mein Teddy hat ein Loch im Bauch
Und wo das Haus stand bläst der Wind

Das Dorf hat keine Häuser
Die Menschen kein Gesicht
Die Welt die hat ein Loch im Bauch
Und wo mein Haus stand weiß ich nicht

Das Kind

Nach einem französischen Kinderlied

In einer Nacht
einer Nacht ohne Mond
einer Nacht ohne Träume
stand es da

mit offenen Ohren
die Augen weit
wie eine Sonne
an einem Tag ohne Lärm
von berstenden Granaten
Es hörte nur
einen Bach
es sah nur
einen Stern am Himmel
Zwischen zwei hohläugigen Häusern
war es ein Fleck
nur ein Fleck
Seine Augen weinten

Es war die Nacht
und durch die Nacht
irrte nur ein heller Laut
das Echo brach
in den zerissenen Mauern
Und die Nacht war
nur die Nacht
diese Nacht

Dort in einem Dorf
in einem Dorf ohne Mond
einem Dorf ohne Träume
lag es da
ganz still
die Augen weit
wie eine untergehende Sonne
und um den Kopf
einen Mond
einen vollen Mond
ganz rot

Ferdinand Ernst Gruber †
Wien – Wien

Ferdinand Ernst Gruber wurde am 1. Dezember 1895 in Wien geboren. Er studierte an der Universität seiner Vaterstadt Germanistik und Romanistik, wobei er früh mit dem dort lebenden Adam Müller-Guttenbrunn bekannt wurde und 1921 eine erste biographische und literarkritische Würdigung des donauschwäbischen Dichters schrieb. Müller-Guttenbrunn lenkte seinen Blick auf die Problematik des südöstlichen Europa. Anläßlich einer Vortragsreise durch das rumänische Banat wurde Gruber 1923 von dem damaligen Senator Karl von Möller nach Temeswar eingeladen, wo er die politische Redaktion der „Schwäbischen Volkspresse" übernahm und bald nach Auswanderung des Chefredakteurs Peter Gaenger nach Amerika auch deren Leitung. 1927-37 war er Leiter der „Bukarester Post", 1937-41 als Auslandskorrespondent in Belgrad, 1941-42 in Agram, 1942-44 wieder in Bukarest. Dort schrieb er auch an einem Tagebuch, das noch nicht ausgewertet ist. Ebenso ist eine dokumentarische Untersuchung der Gründe für die deutsche Katastrophe 1945, die Gruber unter dem Titel „Falsche Prämissen" zusammengefaßt hat, noch nicht vollständig erschienen Während seiner 30jährigen publizistischen Tätigkeit erschienen etwa 3 000 zumeist längere Abhandlungen und Essays über Südosteuropa betreffende politische, wirtschaftliche, kulturelle und soziale Fragen. Als Auslandskorrespondent war Gruber Mitarbeiter zahlreicher deutschsprachiger und skandinavischer Zeitungen. Nach dem Krieg schrieb er für das „Neuland", seit 1957 nur noch für die Zeitung „Der Donauschwabe". Gruber widmete sich den Donauschwaben und ihren Belangen so aufrichtig und anhaltend, daß er als einer der ihrigen galt. An seinem wichtigsten Werk schrieb er in den letzten Lebensjahren, einer Biographie Adam Müller-Guttenbrunns, seines donauschwäbischen Leitsterns. Durch viele Akten aus dem Nachlaß des „Erzschwaben", die sich im Familienbesitz befanden, konnte Gruber das neue Bild eines großen Europäers zeichnen und ein Standardwerk schaffen, an dem er in der Zeit bis zu seinem Tode am 3. März 1967 arbeitete, allerdings blieb das Manuskript bis heute unveröffentlicht.

Adam Müller-Guttenbrunn, der Europäer

Eine Untersuchung

In seinen (zum Teil noch unveröffentlichten) Tagebüchern bezeichnet Adam Müller-Guttenbrunn seinen Bildungsgang als abenteuerlich und verwunderlich. Aber auch sein äußerer Lebensweg war voll der Wunder und der scheinbaren Zufälle. Dieser Lebensweg, der in seinen Anfängen immer von dem Ringen um eine abgeschlossene Bildung bestimmt war, hatte vermutlich ganz eindeutige biologische Voraussetzungen. Hätte er sich nach seiner traurigen Jugend nicht einzuleben vermocht in höhere geistige Zusammenhänge, wäre der Großvater Luckhaup weniger hartherzig gewesen und hätte er die Ehe seines Sohnes mit der Wagnerstochter gebilligt, wäre der Skandal nicht dazwischengekommen, jener verhängnisvolle Dorftratsch, der die Mutter des Giftmordes bezichtigte, Adam Müller wäre wohl daheimgeblieben und bestenfalls Dorflehrer geworden.

Aber sein durch das Erlebnis der Kinderjahre aufgescheuchter Verstand, sein Trotz und sein Lebenswille vertrieben ihn aus der Heimat und nach einem Umweg über Siebenbürgen und Linz landete er endgültig in Wien. Er mußte hier landen, denn nur in Wien vermochte er seine Talente zu entfalten. Wien gab ihm geistig den mächtigsten Auftrieb. Der verführerische Zauber der Stadt, der spielerische Hang zur Kunst, das wechselvolle geistige Klima rund um den Kahlenberg, das also, was Grillparzer mit dem „Capua der Geister" umschrieb, wird dem Donauschwaben nicht gefährlich. Er dringt vielmehr so tief in die Wesenheit des wienerischen, des österreichischen Menschenschlages ein, daß er besser als dieser weiß, was ihm kulturell nottut.

Von Wien aus erlebt Müller-Guttenbrunn Österreich, begreift er die weltgeschichtliche Mission der Habsburger, und die Wanderungen in die Umgebung Wiens, die Ausflüge in die Wachau mit ihren Kirchen und Klöstern erschließen ihm die Sendung des Christentums im Donauraum.

Im österreichischen Spektrum erlebte er die Geistigkeit des Abendlandes, wie sie das Heilige Römische Reich deutscher Nation geprägt hat. Adam Müller-Guttenbrunn hatte den Blick für Europa, weil er keine Scheuklappen trug, weil er niemals kurzsichtiger Nationalitätenkämpfer gewesen war. Er stand weder literarisch noch politisch auf der Barrikade, denn er schrieb keine einzige Zeile, die ihm den Vorwurf eines Chauvinisten eintrüge. In der „Götzendämmerung", die angeblich ein „Tendenzbuch" ist, steht der bemerkenswerte Satz: „Chauvinismus ist der Patriotismus der Kurzsichtigen." Adam Müller-Guttenbrunn, der seiner Zeit mit der Prophetengabe des Ingeniums und mit der Klarheit des politischen Denkers weit vorauss ah, war keine Stunde seines ereignisreichen Lebens von Kurzsichtigkeit geplagt. Als reifer Fünfziger geht er an seine Lebensaufgabe mit der Verantwortung eines abendländischen Kulturmenschen heran, mit den Voraussetzungen eines Europäers, der sich von einer mitteleuropäischen Zivilisation Naumannscher Prägung „unter den Gesichtspunkten des Handels, des Erwerbes und des Wohlstandes nicht übertünchen und entmannen lassen will", denn er verspürt noch in sich die Sehnsucht nach „romantischen" Völkern.

Der dichterische Vorwurf der Romandreiheit „Von Eugenius bis Josephus", der in lebensvollen Kulturbildern die deutsche Besiedlung Ungarns darstellt, ist die europäische Konzeption eines Prinzen Eugen, später der großen Kaiserin Maria Theresia und ihres Sohnes Joseph, in der die kontinentale Mitte nach der Überwindung der Türkengefahr aus dem Osten unter der Führung des Erzhauses Habsburg eine Aufgabe erfüllte, deren Lösung bis 1945 dauerte. Adam Müller-Guttenbrunn schildert die Volkwerdung seines Kolonistenstammes nicht aus der geistigen Enge einer nationalen Kirchturmpolitik, er stellt diese geschichtlichen Begebenheiten, von denen jede zum donauschwäbischen Schicksal wurde, in die großen Zusammenhänge der Weltpolitik. Er schreibt zuerst als geschichtskundiger Europäer, mit der vollen Verantwortung des Abendländers, dann erst als Donauschwabe, der seinem Volke einen Spiegel der Selbsterkenntnis vorhält. Daß dieser historische Roman Europa im Spektrum des aufstrebenden Deutschtums sieht, ist kein Einwand gegen den kategorischen Imperativ seiner europäischen Verpflichtung, denn in einem national ausbalancierten Europa (wie es Müller-Guttenbrunn zunächst für den Donauraum gefordert hat) kann es keine Hegemonie, sondern nur gleichberechtigte Völker und organisch gewachsene Kulturgemeinschaften geben. Somit sind die geschichtlichen Heimatromane Adam Müller-Guttenbrunns über alle landschaftlichen Bindungen hinweg eine europäische Aussage, die ihren vollen Wert und ihre eigentliche Gültigkeit erst heute gewinnt und deshalb aufmunternd in die Zukunft wirkt.

Aus dieser Zielsetzung einer bewußt europäischen Orientierung folgert, soweit der engere Lebensbereich der Donauschwaben im Banat zur Erörterung steht, ein einfühlendes Verständnis in die Wesensart des rumänischen Volkes. Das überzeugendste dichterische Zeugnis hierfür ist wieder die „Götzendämmerung", in der der Verfasser der rumänischen Nationalität in Ungarn (wir würden heute sagen der rumänischen Minderheit) ein literarisches Denkmal setzt. Die Sprecher der Rumänen sind an den wichtigsten Stellen der politischen Thematik des Buches die Träger der Lieblingsgedanken des Dichters von dem „Zusammenwirken der Völker" gegen die Bedrückung des madjarischen Chauvinismus. Die lebensvolle Schilderung der Rumänen in diesem „Kulturbild aus dem zeitgenössischen Ungarn" fließt ebenfalls aus der europäischen Grundhaltung Adam Müller-Guttenbrunns, die in ihrer ersten und nächstliegenden Entfaltung eine großösterreichische war: Großösterreich als vorgelebtes und in günstigen Zeitläuften zur glückhaften Tat verwirklichtes Beispiel einer europäischen Konzeption, in der Praxis einer Verwaltung, die in jahrhundertealter Erfahrung erlernt worden war.

Wir haben versucht, Adam Müller-Guttenbrunn und sein Werk unter dem Gesichtspunkt eines Europäertums zu deuten, das die Donauschwaben in engster wirtschaftlicher Berührung mit den umwohnenden Völkerschaften schon zu einer Zeit vorgelebt haben, als man noch recht wenig von dem europäischen Gedanken wußte, weil diese Epoche verstrickt war in dem unseligen Hader der Nationen. Müller-Guttenbrunn, den Heimatdichter großen Stiles, in die geistigen Zusammenhänge eines unter schwersten Kämpfen entstehenden Europas einzugliedern, ist um so bedeutsamer und wertvoller, weil dadurch erst die eigentliche Bedeutung des „Erzschwaben" erkennbar wird und sich das Geheimnis enthüllt, daß dieser Mann fast vierzig Jahre nach seinem Tode lebendiger ist als in der Zeit seines Erdenwallens und seines Schaffens.

Wer hat Amerika entdeckt?

Eine Humoreske

Das Ländchen, in dem die folgende Geschichte einmal gespielt hat, wollen wir lieber nicht verraten. Dieser geographische Hinweis wäre auch unwesentlich, denn die Begebenheit hätte sich ebensogut anderswo im Südosten zutragen können. Es war die Zeit, wo die Machthaber auf dem Balkan die demokratischen Instinkte des unaufgeklärten und ungebildeten Volkes mißbrauchten und Wahlen durch knifflige Gesetze und recht anrüchige Methoden dazu benützten, um für eine Reihe von Jahren eine Parteidiktatur parlamentarisch zu stützen.

In der fruchtbaren Gegend irgend eines Südostlandes lebte vor vielen Jahren ein Müller, der nicht nur reich war, wie dies bei Müllern die Regel ist, sondern auch auf die Bauern der Umgebung einen Einfluß auszuüben vermochte, der aus den mannigfachen Vorteilen folgerte, die er zu gewähren in der Lage war. Diesen Umstand hatte ein Politiker der nahen Kreisstadt in Erfahrung gebracht, der bei den bevorstehenden Parlamentswahlen auf der Regierungsliste kandidierte und seinen Freunden einredete, der Wahlkampf wäre in dem heftig umstrittenen Bezirk für die Regierung so gut wie gewonnen, wenn es gelänge, sich der Unterstützung des einflußreichen Müllers zu versichern. Der Vorschlag des strebsamen Parteimanns fand die zustimmende Billigung aller maßgebenden Personen, und der Kandidat setzte sich daraufhin mit dem Bezirksgewaltigen in Verbindung.

Der freundliche Müller brachte dem Anliegen des Politikers Verständnis entgegen und versprach seine volle Unterstützung, die er nur an die Voraussetzung knüpfte, daß sein Sohn Andreas die Reifeprüfung bestünde, der Arme sei schon zweimal durchgefallen, ein dritter Mißerfolg würde ihn nach dem strengen Gesetz von jeder Nachprüfung und damit vom Weiterstudium an einer Hochschule ausschließen. Vielleicht wisse der Herr Kandidat einen tauglichen Ausweg, er, der Müller, würde schon alles tun, um der Regierung bei den Wahlen zu helfen.

Die Müllerin und die Staatskunst wurden ohne viele Schwierigkeiten handelseins: wenn sich der gute Andreas auf die Prüfung tüchtig vorbereite, wolle die Politik schon dafür sorgen, daß ein böser Zufall den Ausgang nicht gefährde.

Der Müller hatte Wort gehalten, der Regierungskandidat die Wahl glänzend bestanden, die andrängende Opposition dagegen eine empfindliche Niederlage erlitten. Wenige Wochen nach dem günstigen Wahlergebnis rückte der Termin der entscheidenden Prüfung heran, und der Müller hielt es für angezeigt, den Abgeordneten an sein Versprechen zu erinnern ... Selbstverständlich, alles werde gemacht, versprach der Parlamentsherr, der Müller brauche nicht die geringste Sorge zu haben, eine Kleinigkeit geradezu, die er im Handumdrehen erledigen wolle, und er rief in Anwesenheit des besorgten Vaters den Unterrichtsminister persönlich an. Der hohe Herr gab daraufhin seine eindeutigen Weisungen an den Präsidenten der Prüfungskommission, der die Wünsche des Ressortchefs auf das genaueste notierte. So waren alle Sicherungen eingebaut, nach menschlichem Ermessen konnte nichts mehr passieren.

Mit steigender Sonne auf dem Himmelszelt nahte der gefürchtete Tag. Andreas hatte einen schwarzen Anzug angelegt, seinen sommersprossigen Hals in einen steifen Kragen gezwängt und sich alle Mühe gegeben, die struppigen Haare glatt zu bürsten. Von einem Prüfungsfieber merkte man ihm wenig an.

Im Saale war es unerträglich schwül, und die Herren Professoren hatten mit den Kandidaten ihre Mühe. Endlich kam die Reihe an Andreas. Der Geschichtslehrer nahm ihn zuerst vor. Er war über den Müllersohn im Bilde und wollte es möglichst schmerzlos machen. Mit aufmunternder Ruhe stellte er an den Prüfling die erste Frage: „Wer hat Amerika entdeckt?"

Andreas sah unschlüssig vor sich hin. Seine Augen verrieten nicht viel von den Vorgängen in seiner Seele. Im Saal war es still, daß man einen Brummer summen hörte, der, die Freiheit suchend, gegen das verschlossene Fenster anstieß.

Befürchtend, der heikle Kandidat habe sein Anliegen nicht gut verstanden, wiederholte der Prüfer die Frage noch einmal.

Aber auch die Wiederholung vermochte die in Unordnung geratenen Geister des Andreas nicht auf gleich zu bringen.

Da entfuhr es dem Professor, der wegen der drückenden Schwüle etwas die Fassung verlor: „Christoph Kolumbus!"

Bleich im Gesicht, mit einem noch hilfloseren Ausdruck in den Augen, erhob sich Andreas und wandte sich zum Gehen.

„Warum stehen Sie denn auf?" fragte ihn der Professor.

„Sie haben ja den nächsten aufgerufen", gab der ahnungslose Bursche zur Antwort.

Die Prüfung nahm trotzdem ihren Fortgang. Von dem Ergebnis haben wir allerdings nichts Näheres vernommen, müssen aber billigerweise gestehen, daß wir uns auch keine rechte Mühe gaben, den Ausgang des Examens zuverlässig in Erfahrung zu bringen. Nur so viel sei angemerkt, daß von einem politischen Skandal in dem Bezirk des einflußreichen Müllers nichts ruchbar geworden ist.

Die Anikin

Aus den Erinnerungen eines Balkan-Journalisten

Mit ihrem richtigen Namen hieß sie Anna Munteanu und sie war zehn Jahre unsere Haushälterin. Den Namen Anikin gab ihr die kleine Eva. Wir nannten sie „Madame Anna", denn sie war verheiratet, richtig verheiratet, auf dem Standesamt und in der Kirche. Ihr Mann war der „Djordje", der Georg, seinem Berufe nach Schuhmacher. Die beiden stammten aus Siebenbürgen, aus der Gegend von Turda. Sie hatten in der ungarischen Zeit die Madjarisierungspolitik der Gentry durchmachen müssen. Der Djordje sprach noch geläufig „magyarul!", und meine Frau unterhielt sich mit ihm oft in dieser Sprache, wenn ihr der rumänische Faden ausging. Die Anikin verstand aber kein Wort ungarisch. Sie konnte auch nicht lesen und schreiben, denn was ihr der madjarische Dorflehrer (auf madjarisch) eintrichterte, hatte sie längst vergessen. Ihr Mann schrieb das Ungarische schlecht, das Rumänische fast ohne Fehler. Ihm oblag es, jeden Abend die Ausgaben festzuhalten und sie der Cocoana, der gnädigen Frau, zu unterbreiten. Die Rechnungen hielten jeder Prüfung stand. Sie waren genauso ehrlich wie die einfachen Schriftzüge Georgs.

Manche unserer Bekannten hatten uns abgeraten, ein Ehepaar in Dienst zu nehmen. Wir haben es niemals bereut. Die verheirateten Dienstboten sind auf dem Balkan die besten und empfehlenswertesten. Das Bauernvolk findet sich in den Städten nur schwer zurecht, und die Dorfmädchen sind in dem Sündenbabel Bukarest in großer Gefahr. Die Lebenslust der rumänischen Frauenzimmer, auf dem Lande nicht minder als in der Stadt, ihr leichtfertiger Hang zur Bequemlichkeit, die kupplerische Neigung, durch ihr Äußeres auf den Mann zu wirken, bringen die Mädchen oft auf die schiefe Bahn, und die verführerischen Mannsbilder haben es dortzulande leichter als anderswo. Die glänzende Fassade der Capitala hatte ihre dunklen und dunkelsten Nebengäßchen, und die letzten Quentchen eines moralischen Rückhaltes verdarben die bösen Beispiele. Da ist einmal die Cocoana, in neunundneunzig von hundert Fällen eine elegante Dame, für die Seidenstrümpfe und ditto Wäsche (und anderes mehr) Selbstverständlichkeiten sind. Der „Fetitza", dem jungen Gör von sechzehn, siebzehn Jahren, kullern die Augen aus dem Kopf, wenn sie diese Kostbarkeiten sieht. Ist die Cocoana ausgegangen, der gnädige Herr im Büro oder im Geschäft, sind die Kinder in der Schule, dann probiert die „Fetitza" mit hundertprozentiger Gewißheit die seidenen Strümpfe der Gnädigen, streicht mit den gar nicht so groben Händen über die zarten Gewebe, betrachtet ihre Beine, die sie kaum wiedererkennt, von allen Seiten, starrt mit brennenden Augen in den Toilettenspiegel und ist selber vom Teufel besessen. Sie will die gleichen Strümpfe haben und das, was noch dazu gehört, genauso wie die Gnädige, dann wird es auch ihr so gut gehen wie der Cocoana und sie braucht nichts mehr zu arbeiten. Ob es sich die Herren Strumpffabrikanten schon einmal überlegt haben, welche Verheerungen sie im Südosten mit ihren Erzeugnissen anrichteten? Die Revolution, die sie heraufbeschworen, ist von nicht minder tiefer Wirkung als die politischen Umstürze in Europa und in der übrigen Welt.

Die Fetitza hatte sich eigene Seidenstrümpfe nicht kaufen können, denn sie vernaschte ihren Lohn oder gab ihn ihrem Geliebten, der aus ihrem Heimatdorf stammt und genauso ein armer Teufel war wie sie selber. Der Cocoana ein Paar der ersehnten Strümpfe zu entführen, erschien ihr zu gefährlich, denn die Gnädige zählte immer genau nach. Dieser Geizkragen ließ auch kein Geld liegen, das die Fetitza etwa für herrenlos hätte erklären können, und mit dem gnädigen Herrn wußte sie auch nichts anzufangen, obgleich sie die Augen nach ihm verdrehte, wenn es die Cocoana und die Kinder nicht merkten, und, siehe da, eines Tages war die Fetitza verschwunden, irgendwo in einer der dunklen Gassen untergetaucht, wo man leicht zu Seidenstrümpfen und ähnlichem Putz kommt. Der Petrika hatte ihr einen halben Tag nachgeflucht und sie ein Hürchen genannt. Dann war auch er wieder seiner Wege gegangen.

Unsere Anikin war aus einem anderen Holz geschnitzt. Wir haben dem rumänischen Herrgott eine Kerze gestiftet aus Dank, daß er unter seinem lachenden Himmel auch andere Weibsbilder heranwachsen ließ, die nicht auf Seidenstrümpfe versessen waren. Zur Zeit, als die Anikin in die madjarische Dorfschule lief und dort weder schreiben noch lesen lernte, weil sie den ungarischen Lehrer nicht verstand, gab es noch keine Seidenstrümpfe. Die

Anikin ist demnach eine ältere Frauensperson, ihren Papieren nach ist sie Anfang der Dreißig, und der Djordje ist um vier Jahre älter. Zwei Leute in den besten Jahren.

Die Anikin hatte eine Reihe hervorragender Eigenschaften. Sie war ehrlich wie eine Fellachin, arbeitsam wie eine sächsische Bauersfrau in der Heuernte, von einem Trieb nach Reinlichkeit befallen, der sie mit jedem holländischen Mädchen hätte konkurrieren lassen, und sie konnte – viertens – hervorragend kochen. In der Herstellung von Sarmale (gewickeltem Kraut), von Backhühnern und Apfelkuchen war sie eine unerreichte Meisterin. Ihr türkischer Kaffee war von anregender Inspiration, und ich darf sie – wenigstens indirekt – der zehnten Muse gleichsetzen.

Dann hatte die Anikin noch eine Eigenschaft: sie war stolz. Damit ist keine dumme Überheblichkeit gemeint oder sonst eine törichte Einbildung. Ihr Stolz hatte seine viel tiefere Wurzel in einer unverdorbenen Selbstachtung, die auch in ihren Beziehungen zur „Herrschaft" zum Ausdruck kam. Der gute Ruf „ihres" Hauses war eine unerläßliche Voraussetzung für ihr eigenes Wohlbefinden. Sie hatte daher Wert darauf gelegt, daß wir noch ein zweites Mädchen in Dienst nähmen, eine „fetitza". Nicht weil ihr die Arbeit zu viel war und sie eine Ausrede für eine bequeme Faulheit suchte. Sie hatte der gnädigen Frau erklärt, daß sie in einem Hause nicht diene, in dem sie keine Gehilfin habe. Sie sei Köchin und Wirtschafterin, aber keine Stubenmagd. Wir standen vor einer schwierigen Entscheidung. Eine dritte Person in unseren kleinen Haushalt aufnehmen, war nicht unsere Absicht. Sollte man auf die Anikin verzichten? Sie hatte das Zeug einer Hausperle in sich, und wir hatten gelernt, daß auch auf dem Balkan der nicht der Klügste ist, der am unrechten Orte spart. Meine Frau hatte von dem Dienstbotenjammer in Bukarest Geschichten erzählen gehört, daß uns das Frösteln über den Rücken lief. Die oben wiedergegebene Seidenstrumpfgeschichte hatte ihr eine schlaflose Nacht gekostet. Wir beugten uns Anikins Bedingung. Wir haben es nicht bereut.

Es kam eine Fetitza ins Haus, heiter und unbeschwert wie der morgendliche Tag, fröhlich wie eine Lerche. Das Mädchen war flink und willig, außerdem intelligent. Beim Servieren, das sie bald erlernt hatte, trug sie ihre schmucke Nationalkleidung. Waren Gäste aus Deutschland zu Tisch, war die Fetitza eine viel bestaunte Sensation, und da sie spürte, daß von ihr beifällig die Rede war, schoß ihr das Blut in die Wangen, und die Augen glänzten. Die Nationaltracht war ein kluger Vorschlag Anikins gewesen. Sie bannte damit den Dämon der Seidenstrümpfe, und wir hatten eine Fetitza, die sich nichts zuschulden kommen ließ. Die Anikin wachte über ihre Tugend wie ein Zerberus. Glaubte sie, das junge Ding nicht länger halten zu können, dann wurde meine Frau gebeten, die Fetitza zu entlassen, sie, die Anikin, habe sich schon um eine würdige Nachfolgerin gekümmert. Diese Nachfolgerin fand andere Nachfolgerinnen. Die eine heiratete einen Straßenbahner, zwei riefen die Eltern nach Siebenbürgen zurück, weil die Brüder zum Militär mußten, und die übrigen hatte die Anikin hinausgebissen, weil sie ihre Sittsamkeit nicht mehr zu verbürgen vermochte.

Sie selber war eine tugendhafte Person, eine tüchtige Hauswirtin und Ehefrau. Der Djordje ist mit ihr gut ausgekommen, und sie hatte mit ihm nur geschimpft, wenn er zu lange beim Friseur blieb. Das geschah regelmäßig am Heiligen Abend. Es war in unserem Hause Brauch, daß die Anikin, der Djordje und die (jeweilige) Fetitza an der Bescherung teilnahmen. Ich hätte es nicht gewagt, den Lichterbaum früher anzuzünden, ehe die rumänische Dreieinigkeit draußen frisch gewaschen und festlich gewandet war. Das war mit einigen Schwierigkeiten verbunden, denn in der Küche war gerade an diesem Tage viel zu tun und Gheorghes Friseurladen überfüllt. So mußten wir warten, eine halbe Stunde und auch darüber, bis mir Gheorghes Heimkehr gemeldet wurde. Jetzt erst durfte ich die Kerzen anzünden und das silberne Weihnachtsglöckchen läuten. Dann kamen sie herein: meine Frau mit dem Kind an der Hand und die drei aus dem rumänischen Siebenbürgen. Die Anikin und ihr Mann trugen städtische Kleidung (der Georg einen tadellosen blauen Anzug, außerdem hatte der Friseur ein Meisterwerk seiner Kunst an ihm vollbracht), und die Fetitza stand in Nationaltracht da. Die an Rock und Bluse in kunstvollen Ornamenten aufgenähten Metallplättchen glitzerten bunt im Kerzenlicht, und aus den Augen strahlte eine kindhafte Weihnachtsfreude, die mir immer ans Herz griff, sooft ich sie erlebte. Mit bewegter Stimme las ich die Botschaft des Evangeliums: „In jenen Tagen erging vom Kaiser Augustus ein Befehl, das ganze Weltreich aufzuzeichnen ..." Unsere Siebenbürger verstanden nicht gut deutsch, um der Verlesung Wort für Wort folgen zu können, aber sie kannten den Inhalt, und die Sprache Luthers drang in ihre Herzen. Die Augen der guten Anikin wurden immer feucht, der Djordje und die Fetitza waren nur „ergriffen". Aber die deutschen Weihnachten hatten auch sie gepackt.

Am Christtag oder am St. Stephanstag hatten die Anikin und der Gheorghe Gäste, ein paar Landsleute aus Siebenbürgen und das Meisterpaar, bei dem Gheorghe zeitweilig beschäftigt war. Dem Meister erging es nicht gut. Er vermochte sich in dem harten Wirtschaftskampf in der Hauptstadt gegen die Konkurrenz der Fabriken wie so viele seiner Standesgenossen nicht zu behaupten. Der Mann hielt sich gerade noch über Wasser, obgleich er ein ausgezeichneter Schuhmacher war.

Die Anikin und der Gheorghe bewohnten ein ordentliches Zimmer, das wir ihnen sauber eingerichtet hatten. Der Boden war mit rumänischen Teppichen belegt, das Bett und den Tisch schmückten rumänische Handarbeiten. Sie waren von der Anikin angefertigt. In jener Zeit, wo der patriarchalische Balkan noch nicht tot war, hat es kaum ein rumänisches Frauenzimmer gegeben, das in seiner Freizeit mit Nadel und Wolle nicht wahre Kunstwerkchen der Handarbeit hervorgebracht hätte. Der (nach Annas Meinung) wertvollste Schmuck des Zimmers war aber eine Reproduktion von Rubens' „Flora".

Die sonst recht behagliche Räumlichkeit war an jenem Festtage zu klein. Aber die Leute behalfen sich, so gut es ging. Da wir ihnen die verfügbaren Stühle borgten, hatten Gäste, Gastgeber und die Fetitza (die in einem Zimmerchen gegenüber hauste) genug Platz. Für den Festbraten und den Wein kam der Gheorghe aus eigener Tasche auf, und wir sind heute noch davon überzeugt, daß er uns um keinen Bani übervorteilte. Backwerk war genug vorhanden. Dies ausreichend zu schenken, gehörte zu den weihnachtlichen Obliegenheiten der „Herrschaft". Nach Tisch war es meine Pflicht, die Gäste zu begrüßen. Ich ging in das Zimmerchen, zu dem von der Küche ein paar Stufen hinaufführten, gab den Gästen die Hand und wünschte ihnen frohe Feiertage. Der Djordje reichte mir ein Glas Wein, das ich auf die Gesundheit der Anwesenden leerte. Nachdem ich mich kurz nach ihrem Befinden erkundigt hatte, erklärte ich, ihre Feier nicht mehr länger stören zu wollen, und entfernte mich, mit guten Gedanken im Herzen. Es war mir immer, als wäre erst nach diesem Besuche in dem Zimmer der Anikin und des Gheorghe der Weihnachtsengel durch unser Haus gezogen. „Friede allen Menschen auf Erden, die eines guten Willens sind." ... Diese Leute waren guten Willens.

Manche unserer rumänischen Freunde hatten uns oft gefragt, warum wir diese Weihnachtsunterhaltungen „draußen" überhaupt duldeten. Das sei in Bukarest nicht Brauch und auch gar nicht ratsam, denn die Leute wüchsen einem bald über den Kopf. Sie tränken auch über das Maß, und da gäbe es nur Ärger und Verdruß. Wir haben diese vielleicht gutgemeinten Ratschläge nicht angenommen. Nicht etwa aus Trotz oder einer billigen Überheblichkeit zuliebe, einfach deswegen, weil wir vielleicht mehr fühlten als überlegsam feststellten, daß gerade diese schlichten Weihnachtsfeiern in dem Zimmer neben der Küche jene Bindung zwischen den Hausangestellten und der Familie herstellten, in der nicht nur die Lösung der sogenannten „Dienstbotenfrage", sondern die Überwindung der im Südosten oft beängstigenden sozialen Gegensätze liegt. Vor dem unerfahrenen Mitteleuropäer, der sich mit balkanischen Dingen befaßt, mögen sich die Lebensprobleme in diesem Teile Europas oft dräuend auftürmen, und im Grunde ist die „Lösung" so einfach. Man muß nur den Zauberschlüssel zu den Herzen dieser Balkanmenschen besitzen: er heißt Menschlichkeit. Erspähe in den Herzen dieser Leute jene verborgene Kammer, in denen ihr Glaube an und ihre Hoffnung auf die Achtung der übrigen Menschen, der übrigen Völker, wie in einem kostbaren Schrein verborgen liegt, und du hast den archimedischen Punkt gefunden, um eine Welt aus den Angeln zu heben, die Unverstand und Hartherzigkeit in Kümmernis und in Bedrängnis versinken ließen.

Man wird vielleicht einwenden: „Sie mögen unter gewissen Voraussetzungen recht haben. Aber Ihre Methode ist kostspielig und außerordentlich riskant. Was fangen Sie an, wenn Sie an den Unrechten kommen?"

Nein, lieber Freund, diese Methode kostet nur scheinbar mehr an Auslagen, im Endergebnis ist sie sogar äußerst rentabel. Um bei der Dienstbotenfrage zu bleiben: Wir haben ein Ehepaar verpflichtet, das vielleicht teurer kam als eine alleinstehende Köchin und Wirtschafterin. Die Schlußbilanz war aber für uns von Vorteil, denn die angedeuteten Gefährdungen durch den Seidenstrumpf-Komplex sind nicht eingetreten. Daher fielen auch die Risiken weg. Und die Gefahr, an Unrecht zu gelangen? Auch dagegen gibt es ein taugliches Mittel: Man sehe den Leuten in die Augen. Die unverbrauchten Menschen des Balkans hatten es (damals zumindest) noch nicht gelernt, mit den Augen zu lügen. Schaue ihnen scharf in die Augen und beobachte ihre Lippen und Mundwinkel. Erwidern sie deinen Blick und schattet über die Mundwinkel nicht das verräterische Zucken eines hinterhältigen Auflehnens oder der selbstsicheren Behauptung des Galgenstricks vor der Leichtgläubigkeit des Ausländers, dann ist der Mann in Ordnung. Die Frauenspersonen muß man noch mit flüchtigem Blick in die Augen auf ihre Begehrlichkeit hin prüfen, sozusagen den Seidenstrumpf-Komplex abtasten. Besteht das Ding vor dir auch diese Probe, dann kannst du es ruhig in dein Haus (oder in dein Unternehmen) aufnehmen. Dann ist es auch kein Risiko, diese Gewogenen und nicht zu leicht Befundenen als gleichwertige Menschenkinder zu behandeln. Du brauchst auch nicht zu bangen, daß sie den Respekt vor dir verlören. Im Gegenteil: Ihr Respekt wächst, je mehr sie sich von deiner Menschlichkeit überzeugt haben.

Diese wichtigen Erkenntnisse von der Wesenheit des Balkanmenschen haben wir zum großen Teil der Anikin und dem Djordje zu verdanken. Sie haben mich mehr gelehrt als ein Dutzend Bücher, als Stöße von Zeitungen und die klügsten Gespräche mit den Staatsmännern, den Diplomaten und den Politikern. Die Anikin und den Gheorghe hat ein guter Wind in unser Haus geweht, und daß dieser Wind über die Karpaten aus dem Wunderland Siebenbürgen kam, war uns nicht zum Nachteil.

Ich habe den Besuchern aus dem Westen, die kamen, um den Balkan kennenzulernen, viel von der Anikin und ihrem Mann Gheorghe erzählt, denn sie waren die lebendigen Beispiele eines begabten, aufwärtsstrebenden Volkes, das viel verkannt und verleumdet worden ist in der Welt, weil man eine korrupte Oberschicht für das ganze Volk nahm und verantwortlich machte. Es ist der gleiche Irrtum wie mit Paris, das auch dem französischen Volk in der Provinz nicht gleichgesetzt werden darf und das keinesfalls so dekadent ist (oder war) wie der Pariser, den sich der Durchschnittseuropäer nur als Absinth trinkenden Bohemien vorstellen kann. Man muß schon unters „Volk" gehen und sich da und dort umsehen, wenn man nicht das Glück hat, daß das „Volk" zu einem kommt. In der Anikin in ihrem Mann und in den „Fetitzen" hat uns das rumänische Volk aufgesucht.

Deswegen sei ihnen in diesen Blättern ein bescheidenes Denkmal gesetzt. Der schmunzelnde Journalist braucht sich dieses Denkmales nicht zu schämen.

Die Wunderkammer des Ali Murat

Wenn Ali Murat in seiner schlanken Schönheit durch das Dorf schritt, wichen selbst die lärmenden Gassenjungen vor ihm scheu aus, denn ihn umschwebte der Ruhm, ein Wundermann zu sein. In einer Kammer seines Hauses hatte er einen Vogel eingeschlossen, der dreizehn Mondnächte auf dem Baum des Lebens geruht und in dem seither ein bedeutsamer Zauber wirksam war. Frauen, die der Begnadigung ihres Geschlechtes, daß ihrem Schoße eine neue Wurzel des Lebens entspringe, noch nicht teilhaftig wurden, verlassen das Haus des Ali Murat guter Hoffnung, nachdem sie dreizehn Mal in aufeinanderfolgenden Nächten, stillen Betrachtungen hingegeben, in der Kammer des geheimnisvollen Vogels geweilt.

Weit über das Amselfeld erstrahlte der Ruhm Ali Murats, des Wundermannes.

Suljo, der Lastträger in Prischtina war, und sein Weib Svetlana hatten von Ali gehört und beschlossen, zu ihm zu pilgern, da Svetlana, obgleich noch jung an Jahren und rüstigen Leibes, schwer litt unter dem Schicksal, daß sie ausgeschlossen sei von der Erfüllung des Weibes. Nach Sonnenuntergang hatten sie endlich ihr Ziel erreicht und Suljo, der Lastträger, seine Frau Svetlana dem Wundermanne zugeführt. Sie senkte die Augen vor ihm wie eine dienende Magd, und er wies sie in die Kammer des wundertätigen Vogels.

„Du aber", sprach er gebieterisch zu Suljo, „umschreite dreizehnmal das Gehege meines Hofes und melde dich dann wieder."

Suljo befolgte den Befehl und während er das weitläufige Besitztum des Ali Murat umschritt, hob sich die honiggelbe Mondscheibe über den Kamm der Gebirge, und das Tal erglänzte in hellem Lichte. Er dankte dem Herrn für dieses günstige Zeichen.

Indessen ließ Svetlana, die stille Dulderin, die Wunderkräfte der Vogelkammer einströmen in ihr Herz und es erfüllte sie eine Freude, die sie noch niemals erlebt. Als Suljo dreizehnmal das Gehege umschritten, pochte er demütig an Alis Kammer und meldete seine Rückkehr. Der Wundermann lobte ihn und übergab ihm sein Weib mit dem Geheiß, daß sie morgen wiederkäme, um sich in die Kammer einzuschließen. Für diesmal schulde ihm Suljo dreizehn Dinar, die jener ohne Murren bezahlte.

Nach dreizehn Tagen und Nächten zogen Suljo und Svetlana wieder heimwärts. Frohen Mutes und guter Zuversicht schritt die Frau aus. Es war eine dunkle Nacht, aber als wieder der Vollmond sein Licht über das Amselfeld ergoß, wußte Svetlana, daß sie nicht umsonst in der Kammer des Wundervogels dreizehn Mal geweilt.

Kamen Kranke zu Ali, dann betete er in der Wunderkammer und legte den Bresthaften die Hand auf oder er brannte heilende Kräuter an, mit denen er die Leidenden anräucherte. Auch die Gabe des Sehers wohnte in ihm und feld ergoß, wußte Svetlana, daß sie nicht umsonst in der Kammer des Wundervogels dreizehn Mal geweilt.

Kamen Kranke zu Ali, dann betete er in der Wunderkammer und legte den Bresthaften die Hand auf oder er brannte heilende Kräuter an, mit denen er die Leidenden anräucherte. Auch die Gabe des Sehers wohnte in ihm und er konnte den Burschen voraussagen, ob sie zum Militär müßten oder nicht, und die Mädchen verehrten ihn, weil er eine Anzahl herzwendender Mittel wußte, die sie dem ungetreuen Liebhaber in die Schuhe steckten oder einnähten in die Strümpfe, damit die Füße den Weg nicht mehr fänden zu der Nebenbuhlerin. Am wirksamsten aber war es, wenn das Mädchen dem Geliebten einen Apfel zu essen gab, den es vorher eine Nacht lang in der Achselhöhle geborgen.

So stiftete Ali Murat viel Segen, weil er die Zagenden wieder herzhaft machte und den Frauen die peinigenden Zweifel aus der Brust nahm.

Aber selbst an einem Wundermann kann sich das Geschick erfüllen. Ein Schuhmacher des Nachbardorfes, dessen Frau in der Vogelkammer geweilt, wollte von ihm wissen, ob sein Weib mit einem Knaben niederkäme oder mit einem Mädchen. Nach kurzem Besinnen gab Ali zur Antwort, daß sie einem Knaben das Leben schenken würde, und der Schuster zahlte ihm vor Freude über diese Prophezeiung gerne die verlangten zehn Dinare.

Der Wundermann hatte sich aber geirrt, und das erboste den Schuster der verlorenen zehn Dinare wegen in solchem Maße, daß er zu den Gendarmen lief und Ali Murat anzeigte. Der Postenführer schrieb alles genau auf und versprach, das Gesetz auf das strengste gegen den Schwindler anzuwenden. Er tat es um so lieber, weil er den Wundermann wegen seines Glückes bei den Weibern eifersüchtig haßte und schon lange auf eine Gelegenheit gewartet hatte, um den Nebenbuhler unschädlich zu machen. Noch am selben Tag wurde Ali Murat abgeführt. Darob war viel Wehklagen in den Dörfern des Amselfeldes.

Als Ali Murat nach einem Jahr wieder heimkehrte in das Gehege seines Hauses, da fand er den Wundervogel nicht mehr in der Kammer und er verspürte keine Lust mehr, einen zu suchen, der dreizehn Nächte in den Ästen des Lebensbaumes geschlafen. Die Gendarmen hatten ein zu wachsames Auge auf ihn.

Und die Frauen?

Die hatten in den dreizehn Nächten genugsam gelernt, daß sie fürderhin alles Wunderbaren entraten konnten.

Balkanisches Leben

Ich saß zwanzig Jahre im Balkantheater und hatte einen ausgezeichneten Platz. Ohne Beschwer und in übersichtlicher Totale waren von ihm aus die Vorgänge zu verfolgen. Ich möchte ihn keinen „Stammplatz" nennen, denn der Standort wechselte, oft von Jahr zu Jahr, täglich von Ereignis zu Ereignis, von Gesellschaftsschicht zu Gesellschaftsschicht; er bot den Vorzug, daß man am Vormittag in einem protzigen Ministerium auf dem spiegelnden Parkett der großen Politik spielerisch dahinglitt, nachmittags in die Kammer fuhr – die es damals noch überall gab – mitten hinein in den Wirbel der politischen und verpolitisierten Menschen, und abends, nachdem man bei einem „Empfang" die Füße in den Leib gestanden, ermattet in den weichen Fauteuil eines diplomatischen oder eines „balkanplutokratischen" Salons sank, um mit einem Mann angeregt zu plaudern, der sein Metier im kleinen Finger hatte.

Immer aber – und das war das Einzigartige – ließ der Hochsitz im Theater der Balkanpolitik ein Guckloch offen nach der wirklichen Welt: dem „Volk" in seiner herzbewegenden Vielfalt. Darin unterscheidet sich eben der Beruf eines Auslandskorrespondenten – die britische Presse bezeichnet ihn richtiger als „diplomatic correspondent" – von dem eines beamteten Diplomaten, den die Fesseln gesellschaftlicher Verpflichtungen an die Kandare des Prestiges legen und der feinnerviger Politiker und zugleich ein sitzfleischbegabter Aktenmensch sein soll. Mit dem „Volk" kommt der Mann, dessen Auto ein „CD" ziert, selten zusammen, außer bei Ausflügen oder mit Dienstboten, wenn sie dem Gastland entstammen; aber die Diener im „Diplomatendorf" einer Balkanhauptstadt wechseln die Herrschaft ebenso oft wie bei einer Quadrille der Partner entschwindet, und sie entklimatisieren sich leider behende. Die Diplomaten erfüllten ihre völkerverbindenden Aufgaben am erfolgreichsten dann, wenn ihr Wagen nach einer Panne auf scheußlicher Landstraße von einem Paar träger Ochsen abgeschleppt werden mußte, das zwei, drei pfiffige Bauern mit angeborener Intelligenz und erstaunlichem Gleichmut beharrlich antrieben und in Gang hielten. Der hohe „Conaschule" ging, die stechende Sonne im Genick, in allen Weltsprachen fluchend, daneben; nach einer halben Wegstunde entspann sich, dank des dolmetschenden Chauffeurs, zwischen Corps Diplomatique und Bauer ein Gespräch, das für den Diplomaten niemals ohne wesentliche Aufschlüsse blieb, für die klugen Ochsentreiber jedoch in einem ausgiebigen Trinkgeld völkerverbindenden Gewinn erzielte. Oder: am Wegrand winkte im Schatten stämmiger Eichen ein uraltes Gasthäuschen, wo sich die pannebesiegende Hilfe bei einem „Spritz" in erträglicher Langweile abwarten ließ. In beiden Fällen lernten der Herr Legationsrat und seine hellhörige, wachsame Gemahlin durch die mißglückte Autofahrt von „ihrem" Land mehr als aus tausend ermüdenden Konversationen innerhalb der sogenannten Gesellschaft.

Der Journalist lebte auf dem Balkan dauernd in einer beruflichen Panne. Er mußte bei der Postdirektion seines Telefons wegen vorsprechen; er lernte einen netten Beamten kennen oder einen mürrischen, je nachdem der mit dem rechten oder linken Fuß aus dem Bett gestiegen; er wußte bei einiger Menschenkenntnis nach fünf Minuten, wie der Subdirektor „eingestellt" war; saß in Kaffeehäusern herum, keineswegs in den vornehmen, die alle aus Budapest importiert schienen; saß in Schenken, die wohl gemütlich, doch nicht „standesgemäß" waren, trank Cafe à la turc, einen Sliwowitz um den anderen, rauchte wie ein Fabrikschlot, schaute vor und um sich, hielt die Ohren genau so offen wie die neugierigen Augen, erlebte die Straße als spannenden Film, blickte den Männern auf ihre redenden Hände und den Frauen in verträumte wissende Augen, beobachtete scharf den Verkehrspolizisten, der an der Straßenkreuzung 20. Jahrhundert trainierte; schlenderte dann selber im „Korso" mit, auf der Calea Victoriei in Bukarest oder über die Belgrader Terazie, den Sofioter Bulevard Tsar Osvoboditel – es war einmal!, es war einmal! – betrachtete aufmerksam die Geschäftsläden, in denen der Stil westlicher Großstädte immer mehr über die balkanische Provinz obsiegte, und hatte einen reichen Tag erlebt, zumindest drei Feuilletons und Pointen für ein Dutzend Leitartikel eingeheimst.

Der beflissene Auslandskorrespondent, der den häufigen Besuch der Parlamente, so wie sie früher bestanden, nicht versäumte, konnte die Akteure der politischen Bühne, die Koryphäen der täglichen Welthistorie ebenso wie die selbstbewußten Statisten mühelos im grellen Scheinwerferlicht ihrer Eitelkeiten studieren und aus ihren Reden das heraushören, was sie überklug zu verschweigen trachteten; er konnte sich, einfühlend, ins ernste Antlitz des mächtigen Ministers versenken, zu dem eben ein Abgeordneter einer kleinen Oppositionspartei mit einer Bittschrift schritt; und da war es außerordentlich wichtig, die Intensität des Händedruckes richtig abzuschätzen und zu beobachten, ob das Auge des Ministers, über dessen Mundwinkel ein zynisches Zucken hinweghuschte, leicht zwinkerte, als der Mann befriedigt mit der empfangenen empfehlenden Unterschrift auf dem Gesuch zu seinem Platz zurückkehrte.

Noch aufschlußreicher als der Besuch von Parlamenten war es, zu Gericht zu gehen. Dabei blieb es belanglos, worum die Prozesse abliefen, in die man aus Laune oder Zufall geriet. Ob Madame Popescu ihre Alimente einklagte, Gospodin Petrowitsch seinem alten Widersacher durch den Nachweis eines Betrugs ein für alle Male den Strick drehen wollte oder Pan Mihailow mit dem habgierigen Popow jahrelang wegen eines Wegraines raufte, war in jeder Hinsicht unwesentlich. Wichtig waren allein die Menschen: die des Hohen Gerichtes, die auf den Anklagebänken und die Legion der Zeugen. Man muß diese unverbrauchten Balkanmenschen, in denen die lebenerhaltenden Instinkte aus Jahrhunderten fortwirkten, gehört und gesehen haben, mit welch geschmeidiger Intelligenz sie sich verteidigten, mit welcher fließenden Beredsamkeit sie aussagten. Welchen Wortschatz hatte selbst der schlichte Bauersmann, der kaum lesen und schreiben gelernt, wie reihte er funkelnde Sätze, Sprichwörter und Redensarten an einen logischen Gedankenfaden, wie untermalte er das Wort mit erklärenden und ausdeutenden Gebärden, wie verstand er sich auf den Zauber des wechselnden Tonfalles, auf alle Geheimnisse einer unbewußten Rhetorik. Die Weisheit zahlloser Vorväter sprach aus den einfachen Menschen.

Man fühle sich als Auslandskorrespondent nie zu vornehm, an balkanischen Volksbelustigungen teilzunehmen. Staub und Schweißgeruch der von Tanz und Wein erhitzten Menschen dringen zwar unangenehm in Augen und Nase, die lärmende Freude, die scharf akzentuierten Synkopen der fiedelnden Zigeuner verletzen das kultivierte Ohr, und in Garkochereien, Kritschmen und Schenken ist es nicht immer peinlich sauber, trotzdem aber, trotzdem: Der Sprung ins heiße landgemäße Leben muß getan werden, am besten dort, wo die Wogen am höchsten schlagen.

Wer nach zweistündiger Vorstellung eines Balkanzirkusses – das lächerlich komische Programm hatte durchschlagenden Erfolg – die Besucher an sich vorbeiziehen ließ, sah Ladenjünglinge aus nahen Geschäften, frisch gewaschene und gekämmte Lehrbuben, Arbeiter und kleine Gewerbetreibende, schlanke Arnauten vom Amselfeld, Dienstmädchen mit neugierigen Augen und kunstvollen Frisuren, Bauernsöhne aus den Nachbardörfern, Soldaten, Ehefrauen in bauschigen Röcken, viel halbwüchsiges Volk, Mädel und vor sich hinpfeifende Burschen, alles einfache Leute, die das tägliche Brot schwer verdienten, die nicht viel zu sagen, umsomehr zu erdulden hatten und trotzdem die Geschicke ihres Landes bestimmten, weil sie da waren und leben wollten, besser leben als ihre Eltern und Großeltern. Das eherne Gesetz unserer Epoche zog aus dem Gezelt vorüber – wehe den Großen und Mächtigen, die in den Gesichtern dieser Menschen nicht zu lesen vermochten!

Wahrhaftig – der Platz im Balkantheater war unbezahlbar und kostete doch bloß ein paar Dinare, wenige Lewa, kaum eine Handvoll sich ständig entwertender Lei. Von diesem Theater, von „Zeiten, die vergangen sind", zu berichten ohne Tadel und Urteil – „Je ne blame, ni approuve, j'observe", sagte schon Stendhal – bedeutete zu schildern, wie es vor kurzem noch gewesen, ehe der Kommunismus die Macht an sich riß.

Wendelin Gruber
Filipowa – Temeswar

Wendelin Gruber wurde am 13. Februar 1914 in Filipowa (Batschka/Jugoslawien) geboren. Er besuchte dort die Volksschule, in Travnik das Gymnasium. Weil er Missionar in Indien werden wollte, wo die kroatischen Jesuiten ein Missionsgebiet betreuten, trat er 1934 in Agram/Zagreb in die Gesellschaft Jesu ein. Nach dem Abitur leistete er 1935/36 seinen Militärdienst. Studium der Philosophie zunächst in Gallarate (Mailand) und Agram, anschließend der Theologie in Sarajevo, ab 1941 an der Gregoriana in Rom, dort Priesterweihe 1942. Dann Sprachlehrer für Deutsch, Kroatisch, Latein und Französisch am Erzbischöflichen Gymnasium in Zagreb. Nach Machtübernahme der Tito-Kommunisten geht er freiwillig ins Lager Gakowa, um seinen Landsleuten zu helfen. Wird viermal verhaftet und kommt wieder frei; 1948 wird er zu 14 Jahren Zuchthaus mit Zwangsarbeit in Sremska Mitrovica verurteilt. Seine furchtlose christliche Haltung nötigte selbst seinen erklärten Gegnern Respekt ab. Dank einer Intervention des damaligen Bundeskanzlers Adenauer kommt er 1956 frei. 1956-58 Vikar in Ravensburg, 1958-63 Seelsorger im Gerhardswerk/Stuttgart, Schriftleiter des „Gerhardsboten". Begründet 1961 den „Filipowaer Heimatbrief" und in Erfüllung eines Gelöbnisses aus dem Todeslager Gakowa 1960 die Gelöbniswallfahrt nach Altötting. Vom Vatikan nach Südamerika geschickt, wirkt er zunächst in der donauschwäbischen Siedlung Entre Rios, betreut dann als Wandermissionar deutsche Katholiken in Brasilien, Paraguay und Argentinien. Nach 30jähriger Missions- und Aufbautätigkeit in Südamerika kehrte er 1993 nach Europa zurück; wohnt heute in Temeswar. Schriftstellerisch tätig seit seiner Schulzeit, zahlreiche Artikel; seine Tagebuchaufzeichnungen aus der Lagerzeit und Gefangenschaft erschienen 1986 unter dem Titel „In den Fängen des roten Drachen", wurden viermal aufgelegt und in mehrere Weltsprachen übersetzt.

In den Fängen des roten Drachen

Einleitung in ein Tagebuch

Im Namen von Millionen Erniedrigter und Beleidigter, Verfolgter und Unterdrückter, unschuldig Gequälter und Ermordeter, im Namen aller meiner Leidensgenossen, deren Schrei um Recht und Würde verstummte, erhebe ich hier meine schwache Stimme. Der einfache Mensch unserer Tage müßte einerseits erkennen, daß sein Schweigen nichts anderes bedeutet als Teilnahme an jener Gewalt und daß, wenn er heute seine Stimme nicht erhebt, diese Gewalt ihn morgen unter sich begraben wird (Solschenizyn).

Wir dem Tode geweihte, unschuldige Häftlinge aus den kommunistischen Kasematten sind vor der freien Welt zur Wahrheit verpflichtet. Als ich nämlich nach mehr als zehnjährigem Terror durch eine besondere Fügung der Vorsehung aus dem Bereich hinter dem Eisernen Vorhang in die freiheitliche Welt übersiedeln durfte, wurde ich über die Lebensbedingungen dort befragt. Meinen Schilderungen ist man oft mit Kopfschütteln begegnet, als wäre mein Bericht eine unsinnige Phantasterei. Als Sommerfrischler hätte man doch am Adriastrand Titos Land von ganz anderer Seite kennengelernt. Wenn es Tito und seiner Parteiherrschaft immer wieder gelungen ist, ein erstaunliches Jongleurspiel auf Tanzseilen der Weltpolitik vorzuführen, dabei dem Publikum rechts und links freundlich zuzulächeln, dann ist das ohne Zweifel sein persönlicher Erfolg gewesen, den er letzten Endes auch der politischen Weltkonstellation zu verdanken hat. Es ist ihm und seinen Nachfolgern immer wieder gelungen, den wackligen Thron zu retten, allerdings auf Kosten des wirtschaftlichen Ausverkaufs seiner versklavten Völker und verarmten Arbeiterklasse, denen er das „Arbeiterparadies" versprach und sie jetzt in die kapitalistische „Hölle" ziehen läßt, um den spärlichen Devisenmarkt seines Landes sanieren zu können oder vor andersartigen, innerlichen Erschütterungen zu bewahren.

Unter dem symbolischen Titel „Im Rachen des roten Drachen" soll die Kulturgeschichte einer Zeitperiode des Verfalls, der Vernichtung und Erwürgung in die Welt ziehen. Der Zeitchronist betrachtet die folgende Aussage nicht für übertrieben: „Die Vernichtungslager in der Woiwodina gehören zu den schwärzesten Seiten der modernen Geschichte" (Civilta catolica, Roma, Maggio, 1947).

Die Hintergründe und den Träger dieser geistigen Auseinandersetzung, den Diabolos, den Durcheinanderwerfer, möchte man leider auch in gewissen modernistisch-religiösen Kreisen einfach blind verwischen lassen. Ohne in die Diskussion über die Natur des Dämonischen in unserer Zeitepoche einsteigen zu wollen, ist es meine Absicht, an verschiedenen Stellen im Laufe meiner Schilderungen auf die Auffälligkeit der teuflischen Existenz in der Welt hinzuweisen, die geistige Grundlage der „Macht der Finsternis" (Kol

1, 12) aufzudecken und die Strategie wie die Taktik der Verfolgung zu deuten. Es ist meines Erachtens völlig unmöglich, das diabolische Dasein in den heutigen Zeiterscheinungen bloß mit parapsychologischen Faktoren erklären und abtun zu wollen. So ist also der Kampf, der heute in den totalitären Staaten ausgetragen wird, in Wirklichkeit kein politischer, sondern ein religiöser, auch wenn dies von den beiden Kampfgegnern durchaus nicht immer klar erkannt wird (Mihajlow).

Das ist es eben, was einer der größten slawischen Philosophen, Vladimir Solowjew, im Gespräch mit einem atheistischen Dichter, der über den Dämonenglauben lachte, zu sagen glaubte: „Wer kann überhaupt die Geschichte betrachten, ohne in ihr die Dämonen am Werk zu sehen?"

Diese Darstellungen der verfolgten Kirche sind keineswegs bloß ein glänzendes Heldenepos über heroische Haltung und Bewährung. Wie es zur Urchristenzeit die sogenannten „Libellatici" gab, die das Heft zum Abfall vom Urchristentum unterschrieben haben, so ist auch unser heutiges Christentum voll von Eigenschwäche, Verrat und Abfall, weswegen man nur zögernd, nicht ohne Scham und Schande zur Feder greift, besonders noch, wenn man sich seiner eigenen Fehler bewußt ist.

Diese Tagebuchaufzeichnungen sollten eine einfache Nachahmung jener Schriftsteller aus der ersten Christenheit sein, die ihre Erlebnisse aus der Verfolgung der Christen in der römischen Kaiserzeit sammelten und der Nachwelt überließen. Wie jene „Acta Martyrum" ohne literarische Ansprüche, mit der einzigen Absicht, der Wahrheit zu dienen, verfaßt wurden, so soll auch diese Sammlung von Ereignissen aus einer ähnlich blutigen Zeitepoche betrachtet werden und einfach als Mittel dienen, diese Zeugenschaft der Vergeßlichkeit einer schnellebigen, turbulenten Zeit zu entreißen.

Dabei ist die Kirchen- und Zeitgeschichte meiner Heimat Woiwodina, ein Teil der Bundesländer des jugoslawischen Staates, besonders berücksichtigt, wobei andere Landstriche dieses Vielvölkerstaates aus meiner eigenen Erfahrung bloß nebenbei betrachtet werden konnten.

Mein Bemühen ist ohne Gewährleistung historischer Vollständigkeit und wissenschaftlicher Gründlichkeit, da Archive und Dokumentensammlungen bei den Kommunisten diesbezüglich immer noch unzugänglich bleiben. Dennoch soll dieser Beitrag als Versuch gelten, die Behauptung Titos, die Donauschwaben seien eine „Kriminelle Minderheit", zu widerlegen. – „Sie sollen, während sie euch als Übeltäter schmähen, eure guten Werke sehen, um ihretwillen am Tag der Heimsuchung Gott die Ehre zu geben" (1 Petr 2, 12). Den in den Vernichtungslagern unschuldig umgebrachten Märtyrern soll damit ein geistiges Monument errichtet werden, wenn man schon von seiten der roten Machthaber bisher alles Mögliche versuchte, jede blutige Spur ihrer Greueltaten von der Erdoberfläche verschwinden zu lassen.

Die kommunistische Ideologie ist heutzutage jene Irrlehre, mit der man sich vielfach in einer friedlichen Koexistenz abfinden möchte. Die Gegenkräfte des Christentums sind aber auf einen totalen Sieg und die gänzliche

Vernichtung der Sache Gottes ausgerichtet. Meines Erachtens lohnt es sich, die letzten Gründe in der Auseinandersetzung mit dieser Ideenverwirrung aufzudecken und dieser schmeichelhaft getarnten Verführung die Maske zu entreißen. Die Kommunisten sind in ihrem fanatischen Idealismus einem Wunschtraum verfallen, der eigentlich in seiner vielfachen Verwirrung nur zu bedauern ist. Da ich diese verwirrten Menschen zur Zeit meiner Kerkerhaft lieben gelernt habe, ihre bedauerliche Verblendung jedoch hasse und verabscheue, nahm ich diese Arbeit auf mich. Sie sind wie von einer geistigen Pest ergriffen. Wer würde sie nicht mitsamt ihren zahlreichen Opfern bemitleiden? Christus, der Herr lehrt uns mit Wort und Beispiel, die Sünde zu hassen, aber den Sünder zu lieben. Wer würde nicht mithelfen, einem auf den Irrweg Geratenen in seiner Not beizustehen?

Obschon das Erzählen in der ersten Person eitel erscheinen könnte, möchte ich doch in dieser Schrift eine gewisse Tagebuchform beibehalten. Sie hilft dazu, die Zeugnisaussage zu bekräftigen, denn einzig das soll ja das Ziel dieser Arbeit sein. Mein ständig geführtes Tagebuch über die damaligen Ereignisse ist bei der vierten Verhaftung in die Hände der UDBA (Geheimpolizei) gefallen, und so wurden die darin enthaltenen Schilderungen des kommunistischen „Paradieses" Beweismaterial meines „Verbrechens", das mir beim Gericht in Neusatz (Novi Sad) am 5.10.1948 die Strafe von 14 Jahren Zuchthaus mit Zwangsarbeit einbrachte. Diese Tagebucheintragun-gen wurden mir natürlich von den Funktionären entzogen, aber nach der Befreiung aus der Strafanstalt am 1.1.1956 habe ich meine Erlebnisse wieder zu Papier gebracht.

Nicht zuletzt aus Dankbarkeit für die väterliche Vorsehung Gottes fühle ich mich berufen, diese Erlebnisse niederzuschreiben. Als kostbares Geschenk aus der Hand des Allmächtigen durfte ich alle diese Prüfungen entgegennehmen. Keineswegs würde ich diese Jahre missen wollen. Obwohl mich die Trübsale nicht selten bis an den Rand der äußersten körperlichen und seelischen Erschöpfung gebracht haben, durfte ich immer wieder einen innerlichen tiefen, ja unaussprechlichen Trost und Seelenfrieden genießen, den ich sonst vorher und auch nachher nicht mehr erleben durfte.

Allen zahlreichen Helfern, die mir mit Hinweisen geholfen, so manche Erinnerung aus der Gedächtnisschwäche zu entreißen, bin ich zu innigstem Dank verpflichtet. Sie wünschen hier nicht erwähnt zu werden. Viele der noch lebenden Personen haben in meinen Schilderungen vorsichtshalber einen anderen Namen erhalten.

Die Todesmühlen der Geschichte

Die Tür öffnete sich wieder. Ein Mann in lumpiger Uniform wurde in den Raum gestoßen. Die blauen Flecken im Gesicht, die eingefallenen Wangen und sein angstvoller Blick verrieten, daß er Furchtbares durchgemacht hatte.

Der neue Gefangene humpelte durch den Raum und suchte eine Stelle, um sich zu setzen. Ich legte meine Sachen zusammen und rückte zur Seite. Er verstand die wortlose Einladung. Er legte seine Habseligkeiten nieder und vergrub sein unrasiertes Gesicht in die Hände. Er atmete schwer. „Woher kommen Sie?" fragte ich flüsternd. Er schaute mich mißtrauisch an, aber plötzlich hellte sich sein Gesicht auf. Er hatte meinen Talar gesehen. „Sind Sie nicht Priester?" – „Ja", lächelte ich, „und Sie?" – „Ich bin Franziskaner aus Bosnien." Stockend begann er zu erzählen. Er war Feldkaplan gewesen und hatte seine Leute auf dem Rückzug durch Slowenien nach dem Westen begleitet. Aber die Partisanen waren schon an der österreichischen Grenze. „Unsere blutjungen Soldaten haben die Waffen niedergelegt und sind zu Tausenden grausam hingerichtet worden. Wer durchgekommen ist, den haben die Engländer ausgeliefert. Man hat uns betrogen. Stellen Sie sich vor: Berge von Leichen!" Er zitterte beim Sprechen und bedeckte sein Gesicht immer wieder mit den zerschundenen Händen. Wie war er selbst durchgekommen? „Fragen Sie mich nicht. Vielleicht wäre es besser unter den Leichen zu sein." Seit der Kapitulation würde er nun von Gefängnis zu Gefängnis gestoßen, als hätte er die Kriegsführung mitbestimmt. Schon der Hungermarsch hatte ihn an den Rand seiner Kräfte gebracht. „Was für ein Schicksal wartet noch auf mich?" Leise erzählte er mir von den Folterungen bei den Verhören; auch jetzt war er von einer Vernehmung gekommen. „Ein Judas, ein Verräter aus unseren eigenen Reihen hat sich diese satanische Aufgabe gestellt." Ich wollte mehr wissen, stand mir doch selbst die Vernehmung bevor. „Ein früherer Kollege, ein Bruder aus dem Orden, macht bei den Geistlichen den Untersuchungsrichter. So einem Judas sind wir ausgeliefert."

War es nicht immer so? Hatte es unser Herr besser? Hatte nicht sogar Stalin Theologie studiert? „Es handelt sich um Nedo Milúnović. Er organisierte die Priesterprozesse. Dieser Heuchler scheut sich nicht, mit 'Gelobt sei Jesus Christus' zu grüßen und Stellen aus der Heiligen Schrift zu zitieren."

Wie war das möglich, daß ein Mensch so weit herabsinken konnte? Ich wollte etwas über die Vergangenheit dieses Mannes wissen. „Eines Tages", berichtete der Franziskaner, „verlangte der Novizenmeister von ihm, er solle seine Schuld wegen gewisser Verstöße gegen die Hausordnung der Ordensgemeinschaft bekennen. Aber das lehnte er aufbrausend ab, riß sich das Ordenskleid vom Leibe und warf es seinem Lehrer vor die Füße. Mit einem gehässigen 'Auf Wiedersehen' ging er. Das war Anfang des Krieges. Er schloß sich dann der Revolution an. Zu Kriegsende erschien er total verwildert in der Klostergemeinschaft und drohte, den Novizenmeister zu erschießen." Inzwischen waren Hunderte Franziskaner verhaftet, viele von ihnen hingerichtet.

Mein Leidensgenosse berichtete von den Strafkolonnen, die zu Tausenden von der österreichischen Grenze weg durch ganz Jugoslawien getrieben wurden. Manche an die rumänische Grenze, andere über Belgrad in die Bor-

Bergwerke. Den erschöpften, ausgehungerten Menschen würden Eilmärsche zugemutet, das Vieh würde besser behandelt. Die Leute würden einfach brutal in den Tod gejagt. „Wer unterwegs zusammenbricht, wird durch einen Genickschuß erledigt und in den Straßengraben geworfen. Fast alle verlieren ihre Fußbekleidung und müssen den steinigen Weg barfuß gehen. Wahrscheinlich sollten wir in der Woiwodina, besonders im Banat, zur Feldarbeit getrieben werden. Ein vorprogrammierter Todesmarsch von Kroaten und Deutschen. In Werschetz waren die jungen Leute völlig abgemagert und erschöpft, lagen zerschunden in Baracken, wurden von ungenießbarer Kost vergiftet und starben massenweise. Trotzdem wurden viele von ihnen noch nach Bor und in andere Bergwerke verfrachtet."

Der Franziskaner mußte nach seiner Verhaftung die verlausten Uniformstücke seiner Folterer anziehen. Man wollte etwas aus ihm herauspressen, Informationen, die er nicht geben konnte. Die Mißhandlungen beschränkten sich nicht auf Tritte und Schläge. Sie folterten ihn sozusagen systematisch, am ganzen Leib, auch an seinen Geschlechtsteilen. „Sie können nicht ahnen, was ich aushalten mußte. Und es gibt keinerlei ärztliche Hilfe."

Während dieser Nacht ruhte der Franziskaner neben mir. Von Schlafen konnte keine Rede sein. Aber am Morgen war er doch etwas ruhiger. Ich sprach weiter mit ihm. Ich suchte zu erfahren, was wohl das Schicksal jener Flüchtlinge sei, die zu Hunderttausenden in westlicher Richtung von Zagreb weggezogen waren. Diesmal erzählte er noch genauer, ich erfuhr furchtbare Einzelheiten. In der Steiermark übergaben die Engländer die Flüchtlinge den Partisanen. Als sich die Gefangenen in Marburg der Donaubrücke in Viererreihen näherten, wurden sie aus dem Hinterhalt mit Maschinengewehren niedergemäht. Ähnlich ging es in den Wäldern in Bleiburg zu. Tausend Ustaschas und andere Wehrmachtsangehörige wurden zu Bergen von Leichen zusammengeschossen. In der Nähe von Reichenberg trieb man 4 000 Männer in einen verminten Tunnel und sprengte sie in die Luft.

Aber die Massaker auf dem Fluchtweg waren nicht alles, was der Franziskaner neben mir zu berichten wußte. Im Laufe des Tages kam unser Gespräch auf jene 28 Franziskaner, die im Kloster Siroki Brijeg in einem unterirdischen Bunker mit Benzin übergossen und lebendig verbrannt wurden. Eine andere Priestergruppe, 22 Menschen, wurde bei Krapina hingerichtet. Sieben Franziskaner warf man in Mostar von der Brücke in den Fluß Neretva. „Solche Greuel hat es zuletzt unter den Osmanen gegeben, als sie 1482 die Herzegowina erobert hatten, Kirchen und Klöster in Asche legten und das christliche Volk versklavten. Tito treibt die Todesmühlen der Geschichte wieder an", meinte mein Nachbar müde.

Bei den Totengräbern

Fast jeden Tag begab ich mich auf den Friedhof. Ein älterer Mann aus Gakowa war der Vorsteher der Arbeitsgruppe von Männern und Frauen, die das Massengrab aushuben und die Toten in Schichten einlegten. Dieser Gakowaer, der schon seine Frau und Kinder der Muttererde übergeben hatte, führte die Verstorbenenliste und verwaltete gewissenhaft das Totenbuch, in das er die Namen der Dahingeschiedenen eintrug. Seiner heiklen Aufgabe und Pflicht blieb er treu, obwohl die Partisanen schon längst kein Interesse mehr für die Zahl der Verstorbenen zeigten. Seit dem Ableben des Ortspfarrers Dobler und seit der schweren Erkrankung des Kaplans Johler unterblieb jede Eintragung in die Pfarrbücher. Desto wichtiger war der Bereitschaftsdienst als Küster des abgemagerten Mannes in dem Stübchen am Begräbnisort, das man auch „Sakristei" nennen könnte. Er entzifferte die Zettel, die am Sack angeheftet waren, worin das Todesopfer eingenäht war.

Wenn die Friedhofskapelle überfüllt war von Verhungerten, dann schichtete man ihre Leichen hügelartig vor der Kapelle auf. Stunde für Stunde erschien der breite Leiterwagen, der eigens dazu angefertigt war, um viele Leichen aufnehmen zu können und sie auf den Friedhof zu befördern. Wie Getreidegarben wurden die Todesopfer auf diesem Wagen aufgestapelt, denn der Sensenmann hielt seine reiche Ernte. Die Totengräber kamen mit dem Graben und Herausheben der Erde für die Massengrube nicht gut nach, weil der Erdboden hart gefroren war und die Zahl der Toten immer größer wurde. Die Totengräber schichteten dann etwa 150 bis 200 Leichen wie Holzscheite in die Grube und bedeckten die einzelnen Schichten mit Erde, wobei sie auf Kopf, Brust und Glieder traten, damit sich die toten Menschenleiber besser einer an den anderen reihen. Die vor grimmiger Kälte erstarrten, unempfindsam gewordenen Gesichtsausdrücke dieser Männer und Frauen schienen völlig abgestumpft.

Während ich den Totengräbern zusah, erblickte ich plötzlich den Kommandanten Schutzo, wie er gemütlich die Hauptstraße heraufspazierte. Hinter dem Kreuzweg mußte ich mich verstecken. Er näherte sich den Totengräbern. Auch diesen Schergenhäuptling getrauten sich diese groben Arbeiter frech zur Rede zu stellen. Es schien ihnen einerlei zu sein, ob sie heute oder morgen niedergeschossen werden und hier ins Gras beißen müssen, wie sie sich äußerten. Ruhig stand Schutzo vor dem Massengrab, an dessen einer Seite die Leichen eingereiht waren. An der anderen Seite wurde noch immer in die Tiefe gegraben und die Erde auf die aus- und festgetretenen Schichten geworfen. Waren diese hinreichend bedeckt, folgte die zweite Reihe. Der blutjunge, vor Gesundheit strotzende Mann schwang vergnügt seine Reitpeitsche. Er lächelte verschmitzt beim Anblick des Haufens der Verhungerten und schüttelte bedenklich seinen Kopf, als wollte er sagen, die Todesmühle arbeite noch zu langsam. Er begab sich in die Schreibstube neben der Kapelle. Der alte Buchführer war über seine zusammengehefteten Papierstücke gebückt und durchblätterte sie sorgfältig.

„Na, Alter, wieviel Faschisten-Schurken krepieren jetzt täglich?" schrie er ihn an. Der Angesprochene verstand nicht gut serbisch und blickte verdattert auf. „Denkst du nicht daran, daß auch an dich die Reihe kommt?" sagte eine starke Frau, die eben an der Tür vorbeiging. „Alle müssen wir sterben, und niemand kommt am Tod vorbei!" – „Du bissige Alte! Du willst mir drohen? Wie einen Hund schieße ich dich nieder." Oder: „Meinst du, ewig jung zu bleiben und ewig leben zu können?" sagte sie und warf eisige Erdklumpen in die Grube, als wenn sie die Worte des Kommandanten nichts angingen. Dieser Berufsmörder wandte sich dann schnell von der Arbeitsgruppe ab und begab sich in Richtung Bahnhof.

„Genosse Kommandant!" schrie ihm ein Mann nach. Schutzo wandte überrascht seinen Blick in die Richtung des Rufenden. Man sah es ihm an, daß es ihm unangenehm war, mit dieser kaltblütigen, abgehärteten und überaus trotzigen Schar von Menschen noch ein Wort zu wechseln, die sich kein Blatt vor den Mund nahmen. „Wir brauchen mehr Brot! Der Erdboden ist hart gefroren, und wir kommen aus Schwäche nicht nach. Der Berg der Toten häuft sich, und wir schaffen es nicht, sie unter die Erde zu bringen. Sie wissen doch, daß unsere Arbei eigentlich die wichtigste im ganzen Lager ist. Wir brauchen mehr Brot, sonst brechen wir zusammen!" Mit listig-schnoddriger Zurechtweisung wies er sie ab: „Im Januar hattet ihr noch mehr zu verscharren und es ging, so wird es auch jetzt gehen", lachte er achselschüttelnd, schob seine Titomütze auf ein Ohr und schritt davon.

Sobald er sich vom Friedhof entfernt hatte, kam ich aus meinem Versteck von der anderen Seite zum Vorschein und begab mich in die Schreibstube zum alten Freund. Mich interessierte die Tagesziffer der Sterbenden. „Der Januar war schlimmer als der Februar. Damals stieg die Zahl nahezu auf hundert. Jetzt ist die Totenzahl langsam am Absinken", sagte der Schreiber. „Es ist sehr schade, daß die Leute den Zettel mit Namen und Datum nicht immer an den Sack anheften. Bei diesen Unterlassungen ist es mir natürlich nicht möglich, eine flüchtige Aufzeichnung über die Verstorbenen zu machen. Ganze Familien sind am Aussterben. Es ist leicht möglich, daß man keine Daten von den Verstorbenen mehr einholen kann."

Ein zehnjähriges Mädchen schob eine kleine Leiche auf dem Schubkarren daher. „Es ist mein Brüderle!" sagte es und versuchte abzuladen. Der Größe nach konnte er fünf Jahre alt gewesen sein. „Hast du ihn ins Tuch eingenäht?" wollte ich wissen. „Ja! Aber dem Totenwagen wollte ich ihn nicht übergeben. Die Mänenr sind so grob und grausam. Mutti hat's auch gesagt. Deswegen habe ich ihn selber hierher gebracht. Meine zwei anderen Schwestern brachte Mutti." – „Wann hat Mutti sie mitgebracht?" forschte ich sie aus. „Vorgestern! Marie war immer gesund und hat gearbeitet. Auf einmal konnte sie nicht mehr aufstehen. Pater, Ihr wart doch bei uns und habt ihr die Sterbesakramente gebracht", sagte sie mir zutraulich. Wirklich,

ich erinnerte mich noch an das kräftige Mädchen von 17 Jahren mit roten Wangen, wie es auf dem Stroh lag. Niemand hätte geglaubt, daß dieses blühende Geschöpf am Sterben wäre. Ein sanftes Lächeln schwebte ihr auf den Lippen. Ihre Mutter sagte mir, die Lagerkrankheit hätte sie überfallen! Plötzlich sind junge Leute dahingestorben, wofür ich mir keine Erklärung geben konnte. Der Hunger schien mir nicht die einzige Ursache bei diesen Todesfällen zu sein. Oder hat mich ihr Äußeres getäuscht? War ihr Gesicht dick geschwollen?

Das Mädchen hat ihr totes Brüderlein neben die anderen Leichen gelegt und gejammert: „Franzl, Franzl, jetzt hast auch du mich verlassen! So habe ich keine Geschwister mehr. Mutti ist auch krank! Alle habt ihr mich verlassen! Was wird jetzt aus mir werden?" Ich segnete das tote Kind aus und legte meine Hand auf den Kopf des vor Kummer weinenden Mädchens. „Kind, bete zu Gott, er wird dein Vater sein!" Ich ging in die Schreibstube zurück. Unterdessen traten einige Totengräber in die Stube, um sich vor dem kalten Wind zu schützen. Sie schüttelten den Schnee von ihren nassen Schuhen ab und schimpften über Tod und Leben voll Gehässigkeit.

„O ja, das ist unser Pfarrer! Da muß man das Maul halten!" Sie ließen sich auf die breiten Holzklötze nieder, die als Hocker dienten. Ich sprach sie ruhig an: „Über euch hört man von allen Seiten klagen. Ihr habt die Ehrfurcht vor unseren Verstorbenen verloren. Ihr wollt mit eurer Arbeit schnell fertig werden und bedenkt nicht, daß ihr durch euer grobes und anstößiges Benehmen so vielen Trauernden einen seelischen Schmerz zufügt." Sie schwiegen und richteten ihre trotzigen Blicke auf den Fußboden. Sie fühlten sich betroffen und versprachen mir, meine Worte zu Herzen zu nehmen. Wir gingen zum Massengrab hinaus. „Diese Opfer des Kommunismus, die ihr Leben durch eine gottlose Revolution lassen mußten, verdienen, daß wir vor ihnen die Kappe ziehen." Alle taten es, und über ihr zerzaustes Haar strich der kalte Wind. „Wir stehen vor unsern dahingeschiedenen Märtyrern, die Gott für ihre christliche Haltung reichlich im Himmel belohnen wird." Wir beteten gemeinsam das Vaterunser. Über die Leichen spendete ich den Segen zu ihrer Lossprechung. „Herr, gib ihnen die ewige Ruhe!" Mit rauher Stimme antworteten alle: „Und das ewige Licht leuchte ihnen!" – „Herr, laß sie ruhen in Frieden!" – „Amen."

In eine Nebengasse einbiegend, begegnete ich dem Totenwagen, zwei Männer schleppten eine Leiche. Einer den Sack am Kopfende, der andere am Fußende haltend, schleuderten sie die Leiche auf den Wagen hinauf. Vor dem nächsten Haus lag auch eine eingenähte Person. Eine Frau kam dazu mit einem toten Kind in den Armen. Es war in ein weißes Kleid gehüllt und mit einem grünen Zweig der Hoffnung geschmückt. Unter Tränen bat sie die Leichenführer, ihr Kind rücksichtsvoll auf den Wagen und auch pietätvoll ins Grab zu legen. Da stand ich neben dem Mann mit struppigem Bart, der das Kind aus den Armen der Mutter nahm. „Fühlen Sie doch, Vetter, mit den Leuten ihren Schmerz und seien sie nicht hartherzig. Erlauben Sie mir das zu sagen!" Er warf seinen finsteren Blick auf mich und legte langsam das tote Kind auf die anderen Leichen im großen Leiterwagen. Der Kutscher trieb die Pferde mit der Peitsche an und fuhr weiter. Die Frau wischte sich die Tränen und stöhnte: „Mein Kind, bald komme ich dir nach!"

Vor gezogenen Pistolen

Die Abenddämmerung hat sich auf das Vernichtungslager Gakowo niedergelassen. Niemand von den über 16 000 zum Hungertod verurteilten Menschen durfte sich auf den Straßen dieser Stätte des Grauens in den Abendstunden zeigen. Den ganzen Tag hindurch habe ich bei den Sterbenden den Todesgeruch eingeatmet, und so zog ich mich müde und erschöpft in mein einsames Stüblein zurück. Immer noch war ich der tiefen Überzeugung, daß ich meinen priesterlichen Dienst an den Verzweifelten unbemerkt vollziehe. Tief betrübt, nicht noch mehr für diese unschuldigen Kinder, Mütter und betagten Greise tun zu können, ließ ich mich auf den einzigen Schemel in meiner Bude nieder. Ich griff nach dem Brevier. Voll Dankbarkeit war ich, wieder einen Tag bei den Verbannten verbracht zu haben, ohne in die engen Maschen der Spionagenetze der kommunistischen Henkersknechte gefallen zu sein. Es sind jetzt schon drei Wochen her, seit ich mich nicht ohne Todesgefahr in dieses Todes-KZ hereingeschlichen habe. Jetzt bin ich tief beschämt, diesen Sprung ins Ungewisse nicht schon vorher gewagt zu haben. In diesen Nachtstunden des Gebetes fand ich nach dem aufreibenden Krankendienst meine innere Ruhe und mein seelisches Gleichgewicht wieder.

Aus dieser stillen Gebetsstimmung rüttelte mich ein unerwartetes Poltern an der verriegelten Eingangstür auf. Es war nicht das übliche Klopfen, wenn ich nachts zu den Sterbenden plötzlich gerufen wurde. Es war ein gewaltiges Poltern mit den Gewehrkolben. Schloß und Riegel knarrten: „Das sind keine Lagermenschen, das sind Partisanen!" ging es mir blitzschnell durch den Kopf. Die Eingangstür meines Zimmers brach auseinander. Die Fensterscheiben klirrten. Im Augenblick war ich von etwa sechs Uniformierten umzingelt, die ihre Pistolen im Anschlag hatten. – „Da bist du, Pfaffe!" schrie mich der Kommandant Schutzo an. Wie versteinert, bleich vor Angst erhebe ich mich von meinem Schemel. Es gelingt mir im ersten Augenblick nicht, über meine Nerven Herr zu werden; ein eiskaltes Beben beginnt alle meine Glieder unheimlich zu schütteln. Keinen Laut bringe ich aus der Kehle. Mein Brevier ist mir aus der Hand gefallen. So stehe ich in der Mitte dieser sechs bewaffneten Männer, die mit ihren bösen Blicken unter der Roten-Stern-Kappe mich gleichsam durchbohren möchten. Mit einer Flut von Fluch- und Schimpfworten werde ich überschüttet.

„Wer bist du? Woher kommst du? Was suchst du hier im Lager? Wie lange bist du schon hier versteckt? Du übler Spion!" Jetzt darfst du nicht deinen Kopf verlieren, dachte ich mir. Zeige dich kaltblütig und versuche, dich freundlich zu stellen. „Guten Abend, Genossen!" erwiderte ich mit einem freundlichen Lächeln auf den Lippen. Meine Angreifer wollten mich mit ihren haßüberladenen Blicken nur festnageln. Schutzo stand vor mir mit auseinandergespreizten Beinen und fuchtelte noch immer mit seiner geladenen Pistole. Als er aber meine völlige Ruhe bemerkte und ich kein Zeichen des Widerstandes gab, zog er die Waffe von meiner Brust. Er brüllte mich an: „Du bist doch ein Pfaffe!" – „Ja, ich bin ein Priester!" erwiderte ich gelassen. „Woher kommst Du?" – Darauf überlegte ich, was ich sagen sollte. Als Antwort boten sich mir verschiedene Möglichkeiten. Meinen Personalausweis hinreichend, sagte ich: „Aus Agram komme ich!" – Der Kommandant erhob frech seine Stimme und fuhr mich kreischend an: „Du bist ein Spion des Stepinatz, unseres Hauptfeindes, der im Dienste des Vatikans steht!"

In diesen Tagen brachte die kommunistische Presse gehässige Verleumdungsartikel gegen den Erzbischof Stepinatz, den Vorsitzenden der Bischofskonferenz von Jugoslawien, nachdem er einem lebensgefährlichen Überfall der roten Funktionäre durch einen Steinhagel entkommen konnte. „Was suchst du hier unter den Internierten? Warum hast du dich hier hereingeschlichen?" – „Als Priester bin ich hier im Auftrag meines zuständigen Bischofs. Jede Pfarrei muß doch einen Pfarrer haben!" – „Hier ist kein Pfaffe notwendig, verstehst du? Die Kirchen haben wir geschlossen. Überflüssiges Zeug! Zu was beten? Dummheit! In unserem sozialistischen Staat wird gearbeitet und nicht gebetet. Wir bauen hier auf Erden das Paradies auf, weißt du! Den Himmel überlassen wir den Spatzen!"

Der junge Mann mit dem fünfzackigen roten Stern auf der Schiffermütze beruhigte sich etwas und fuhr fort: „Du hast dich ohne Erlaubnis ins Lager geschlichen und du wirst die Folgerungen ziehen müssen. Euch Pfaffen werden wir noch alle entlarven. Ihr seid nichts anderes als Schwindler, Betrüger und Ausbeuter des Volkes. Ihr lebt nur fürs Geld. Ihr laßt euren Lug und Trug vom einfachen Volk für schweres Geld bezahlen. Unsere Revolution macht für immer Schluß damit! Verstehst du? Wir haben das Volk aus den Krallen der Kapitalisten und ihrer Helfershelfer befreit. Jeder Betrug wird vom Volk gerecht bestraft! Die Volksfeinde werden von uns einfach liquidiert!" – „Genosse Kommandant, erlauben Sie mir, daß wir ruhig über diese Dinge sprechen. Wir haben doch Zeit. Vor allem der Staat hat das Eigentum der Kirche noch nicht enteignet." – „Wieso nicht? Die Ländereien sind nationalisiert!" – „Aber die Kirchenbauten und Pfarrhäuser gehören noch dem Bischof, dem Vertreter der Kirchengemeinde, und in dessen Auftrag bin ich hier. Sie behaupten, daß wir Priester unseren angeblichen Schwindel vom Volk gut bezahlen lassen. Sagen sie mir, Genosse, ehrlich und aufrichtig, kann man hier in dieser Todesstätte Geld gewinnen? Kann man hier arme Menschen ausbeuten, wie Sie sagen?"

Bei der Einlieferung dieser zehntausend Unschuldigen, zum Hungertod verurteilten Menschen war es Schutzo, der die strenge Filzung der einzelnen Personen unternommen hatte und jedem das letzte Geld, alle Wertsachen und Schmuckstücke, Uhren und Goldringe von den Fingern riß, in Säcken davontrug und sich bereicherte. Nach dem kommunistischen Gesetz sollte er es dem Staat abliefern. Dieser durch vier Revolutionsjahre im Blutrausch hartgesottene Mörder schwur mürrisch: „Bei Gott! Hier kann man nur den Tod gewinnen!" – „Sehen Sie, Genosse!" wandte ich mich sehr liebenswürdig an ihn. „Sie sagen, daß wir Priester bloß fürs Geld leben. In diesem Sammellager bekommt man kein Geld, und dennoch bin ich hierhergekommen. Wir Priester glauben an eine unsterbliche Seele im Menschen, wir glauben an ein Leben nach dem Tode, und deswegen kam ich hierher in dieses Elend. Wenn ich Geld verdienen möchte, hätte ich besser gleich Jus, Medizin oder sonst etwas studiert und hätte nicht das Theologiefach gewählt. Schließlich sollten Sie wissen, daß ich im Auftrage meiner Obrigkeit hier bin. Wie ihr vom Militär, müssen auch wir unseren Vorgesetzten Gehorsam leisten."

Schutzo hatte seinen Gesichtsausdruck sichtbar gewechselt. Er starrte mich an, wurde zurückhaltender und wegen seiner Gewissensbisse sichtlich unruhig. – Jetzt ist mein Augenblick gekommen, dachte ich und ging zum Gegenangriff über. „Heute abend habe ich hohe Gäste bekommen. Das muß gefeiert werden!" – Die Gastfreundschaft ist auf dem Balkan eine geheiligte Sitte, die auch die Kommunisten nicht so leicht verneinen können. Ich ging also zu meinem Rucksack in der Ecke und zog eine große Likörflasche heraus, die „Arznei der Kommunisten", wie mir ein guter Arzt-Freund in Agram ins Ohr geflüstert hatte, als er mir die nötigen Arzneien für die Kranken zusteckte. Die bauchige Flasche mit französischem Etikett wurde entkorkt, einen Schluck nahm ich als Zeichen, daß es kein Gift war, und reichte sie dem Kommandanten. Alle ließen ihre Waffen in die Pistolentasche gleiten, und so kreiste die Flasche in der Runde. Die finsteren Mordgesichter erhellten sich wie im Handumdrehen. Auch die gute Tabakware konnte ich meinen Gästen anbieten, während das Zaubergetränk die zweite und dritte Runde machte und in den rauhen Gurgeln gluckerte.

Zufrieden aufatmend dachte ich: „Gott sei Dank!" Beim letzten Tropfen sagte Schutzo zu seiner Mannschaft: „Genossen, wir gehen. Jeder an seinen Posten!" Und sie taumelten hin und her aus meiner Bude. Diese einfachen Menschen hatten kaum einmal im Leben so ein süß-schweres Getränk genossen. „Gute Nacht!" rief mir als letzter Schutzo trotzig zu und fügte ein unverschämtes Fluchwort gegen Priester hinzu. Meine Uhr zeigte Mitternacht an. Besorgt ließ ich mich auf mein einfaches Bettlager nieder und dachte über das Gespräch nach. Was haben diese Menschen eigentlich mit mir vor? Haben sie ihre Hinrichtungsabsichten nur auf einen anderen Tag verlegt? – Über diesen Gedanken grübelnd, konnte ich die ganze Nacht kein Auge zudrücken.

Im Morgengrauen schlich ich mich durch den dichten Nebel in die Kirche. Vor dem Allerheiligsten ließ ich mich nieder. Mein Gebet glich einem Ringen mit Gott. Vor den Stufen des Altares war ich hingestreckt wie bei meiner Priesterweihe. Ein Priesterdasein bedeutet ein totales Opferleben. Wie ein unnützer Knecht, wie ein treuer Schäferhund vor den Füßen seines Herrn fühlte ich mich. Was ist eigentlich ein sündiges Geschöpf anderes vor dem allmächtigen Schöpfer als ein Staubkörnlein. „Herr und Gott, nimm mich an! Wie ein treuer Schäferhund will ich sein im Dienste meiner Brüder und kämpfen will ich gegen den einbrechenden Wolf. Nichts anderes will ich vor Dir sein. Wenn es sein soll, nehme ich freiwillig alles Leid und jede Not auf mich, aber rette dieses Volk aus der bedrängnisvollen Prüfung. Es soll in Zukunft Dein Volk sein. Du aber sei ihm rettender Herr und Vater! Tilge mich aus Deinem Buch, lade auf mich die sühnende Strafe, verschone jedoch das von so vielen falschen Ideologien verführte Volk!" Einsam und allein feierte ich dann die heilige Messe. Nach der Wandlung brachte ich mit dem göttlichen Opferlamm allen Schmerz, alles Leid, Verzweiflung und Todesangst des hier im Vernichtungslager büßenden Volkes gemeinsam mit Maria, der Schmerzhaften Mutter, die unter dem Kreuze stand, dem himmlischen Vater als Genugtuung dar.

So geistig gerüstet, begab ich mich nach acht Uhr in das Verwaltungsgebäude der Lagerpolizei. Schüchtern klopfte ich an die Kanzleitür. Keine Antwort. Nach einer Weile versuchte ich es wieder, aber nichts rührte sich. So begann ich, an den Fensterladen zu pochen. „Wer ist draußen?" Es war die Stimme des Kommandanten. „Ich bin es, der Pope!" – „Was willst du?" – „Den Nachtbesuch wollte ich erwidern!" – „O, das ist nobel! Gut, kann man machen. Warte etwas!" murmelte er. Es dauerte nicht lange, er öffnete die Tür und lud mich ein, einzutreten. „Nimm Platz!" Und er zeigte auf einen bequemen Polstersessel, den er sich in einem deutschen Haus durch Plünderung angeeignet hatte. „Über euch Kuttenträger hatte ich bisher eine ganz andere Auffassung", sagte er, als ich ihm eine der besten Sorten von Zigaretten hinreichte. Ein seliges Lächeln überzog sein wildgeschnittenes Gesicht, als er sich im Lehnsessel bequem ausstreckte und blaue Ringe in die Luft paffte. „Es ist ein Elend mit den Zigaretten heute. Man kann nichts bekommen, bloß schimmliges Zeug, das man in Zeitungspapier einwickeln muß."

„Als Nichtraucher darf ich Ihnen diese Zigarettenschachtel schenken?" Er machte große Augen, und ein Freudenstrahl überzog sein verschmitztes Gesicht. Ich lenkte das Gespräch vorsichtig auf die Not der vor Hunger sterbenden Häftlinge im Internierungslager. Er mußte mir zugeben, daß diese über 10 000 Mütter und Kinder, etwa 80 v. H. aller Lagerinsassen, keine Ahnung von Politik und antikommunistischem Kampf hatten und demnach unschuldig in den Tod geschickt wurden. Er schwieg einige Augenblicke, dann erst sagte er: „Das ist der Befehl von oben, wir müssen die Richtlinien unserer Parteiführung einfach ausführen!"

„Genosse, warum hat man den Leuten verboten, in die Kirche zu gehen? Kam auch das von oben. Das ist doch gegen das Grundgesetz." Er fühlte sich beleidigt und fuhr mich an: „Was? Ich handle gegen das Gesetz?" –

„Genosse", erwiderte ich ihm besänftigend, „Genosse, kennen Sie nicht das neue Gesetz, die Rechtsbestimmung des jugoslawischen Staates, die unlängst im neugewählten Parlament in Belgrad verabschiedet wurde? Da steht doch in einem der ersten Artikel: Jeder jugoslawische Bürger kann sein Glaubensbekenntnis frei und ungestört ausüben. Haben Sie das nicht gelesen?" Er nistete sich überrascht in seinem weichen Polstersessel zurecht, um seine peinliche Lage zu überbrücken, und stotterte dabei verlegen: „Was? Was sagst du? Was steht dort im Gesetz?" – „Haben Sie das nicht gelesen? In allen Zeitungen ist doch das Grundgesetz veröffentlicht worden!"

„Weißt du, ich habe erst während der Revolution im Wald lesen gelernt. Das Buchstabieren fällt mir so schwer, ein langweiliges Geschäft." Mit anderen Worten, der junge Mann, der über Leben und Tod von mehr als zehntausend Menschen entscheidet, kann nicht lesen. Im Mordrausch der Kriegsjahre hat er sich hervorgetan. Dadurch hat er diese verantwortungsvolle Stelle im kommunistischen Staatsapparat erworben. Seine Stärke ist nicht seine geistige Fähigkeit, sondern nur sein besonderer Blutdurst. So war er also auf unsere Diskussion nicht vorbereitet. Er fühlte sich gar nicht wohl, da er nicht mitkam, und fragte mich verlegen: „Konstitution? Was ist das?" – „Das ist das Grundgesetz, worauf der ganze Staat mit allen seinen Gesetzen aufgebaut ist. Das ist die Grundlage der neuen Entwicklung nach der siegreichen Revolution", erklärte ich dem wissensdurstigen jungen Mann.

„Wir bauen eine großartige Zukunft unserer Völker auf. Deswegen mußte so viel Blut fließen!" machte er sich wichtig. „Mit dem Blut unserer Helden ist das Fundament unseres sozialistischen Staates zementiert worden", zitierte der rote Funktionär seinen Staatschef Tito wortgetreu. – „Und dieses Grundgesetz garantiert jedem Staatsbürger freie Ausübung seiner Menschenrechte und damit auch die freie Ausübung seiner religiösen Überzeugung", fügte ich hinzu. Mein Gesprächspartner geriet wieder in Verlegenheit und rutschte nervös auf seinem bequemen Polstersessel.

„Aber, warum wird dann uns in den Parteistunden immer wieder gesagt, daß die Kirche, ja, die Pfaffen volksfeindlich eingestellt sind? Warum werden wir dauernd angeleitet, sie als Reaktionäre zu behandeln? Warum sagt unser Lehrer Lenin: Religion ist Opium fürs Volk?" Jetzt wurde die Diskussion für mich immer peinlicher, und zwar nicht deswegen, daß ich in Verlegenheit geraten wäre, sondern weil es jetzt nicht klug gewesen wäre, mit der ganzen Wahrheit herauszurücken. Mein Partner schlug ein Bein über das andere und klopfte ungeduldig mit der Faust auf die breite Lehne des Polstersessels: „Da stimmt doch etwas nicht? Sind sich Lenin und Tito nicht etwa einig?" – Auf den Lippen ist mir das Wort: Lenin, Stalin und Tito verführen die Volksmassen und stürzen die Arbeiter in eine elende Versklavung! Aber das darf ich jetzt nicht sagen. Der junge Mann ist zu tief im Irrtum verstrickt. Für den Augenblick war die folgende Bitte für mich wichtig: „Genosse, Sie können doch ohne Schwierigkeiten den Leuten erlauben, in die

Kirche zu gehen. Sehen Sie, Tag für Tag sterben so viele, lassen Sie ihnen doch ihren letzten Wunsch in ihrem Leben!"

Schutzo machte große Augen und betrachtete mich staunend. „Ja, dann gehen sie in die Kirche und wollen nicht arbeiten!" – „Die Mehrheit von ihnen ist doch arbeitsunfähig. Sie können sich doch vor Erschöpfung kaum mehr bewegen. Lassen Sie doch die alten Leutchen in die Kirche gehen. Sie setzen den Staat dadurch keiner Gefahr aus!" redete ich ihm gut zu. – „Gut! Nach der erfüllten Tagesnorm und sonstigen Arbeitspflicht können sie meinetwegen am Sonntagabend in die Kirche gehen!" Erleichtert atmete ich auf und fügte hinzu: „Auch mit den Glocken dürfen wir läuten?" Er schwieg. – „Dir aber verbiete ich jede Propaganda! Du darfst mit den Leuten keine Verbindung aufnehmen. Wenn du mit ihnen hier krepieren willst, hab ich nichts dagegen – keine Propaganda, das heißt, keine Predigt und keinen Gottesdienst darfst du halten!" Wir verabschiedeten uns mit einem Händedruck, und ich dachte bei mir: Erlaube mir nur, hier zu bleiben, alles andere besorge ich selber.

Die Hilfe bleibt aus

Vor der Karmeliterkirche in Sombor begegnete ich Dr. Konrad Schmidt, Rechtsanwalt und führender Man im krichlichen und öffentlichen Leben der donauschwäbischen Volksgruppe. Er hatte eben die schwarze Pelzkappe abgenomen und wollte ins Gotteshaus eintreten. Es war am frühen Morgen. Im Dunkel hatten wir uns kaum erkannt. Wir begrüßten uns als alte Freunde herzlich und zogen uns in einen Nebenraum der Kirche zurück. Daß ich diesen klugen, erfahrenen, tief religiösen Politiker plötzlich hier treffen konnte, betrachtete ich als Geschenk Gottes. In dieser verworrenen Zeit sehnte ich mich nach einem weitblickenden Ratgeber, und der Schutzengel stellte ihn vor mich hin.

„Sie sind frei, Herr Doktor?" fragte ich überrascht. „Dieser Tage erst konnte ich mit schwerer Not aus dem Lager entlassen und frei werden. Meine serbischen Kollegen haben bei der Parteiführung Einspruch erhoben und auf meinen hartnäckigen Widerstand gegen den Nationalsozialismus hingewiesen." – „Werden Sie hier in der Heimatstadt Sombor bleiben können?" – „Nein. Das ist zu gefährlich für mich. Meinen Beruf als Rechtsanwalt darf ich sowieso nicht ausüben, und so habe ich hier keine Lebensexistenz. Es bleibt mir nichts anderes übrig, als mich irgendwo aufs Land zurückzuziehen und durch Landwirtschaft meine vielköpfige Familie zu ernähren." Schnell kamen wir in unserem Gespräch auf die Vernichtungslager. Wie kann man diesen schwergeprüften Menschen eine Hilfe zukommen lassen? Gibt es jemand auf dieser Erde, der erfolgreich einspringen könnte, um diese Unschuldigen vor dem Hungertod zu retten? Sind wir wirklich von der ganzen Welt im Stich gelassen?"

„Die zweite Plenarsitzung des AVNOJ unter dem Vorsitz von Tito hatte am 29. November 1943 in Jajce (Bosnien) grundlegende Beschlüsse zur Frage der Minderheiten des zukünftigen Jugoslawien erbracht, wobei vereinbart wurde, daß den zahlreichen Volksgruppen des Landes die nationalen Rechte gewährleistet seien, außer den Donauschwaben", erklärte mein Freund Konrad.

„Moises Pijade, Titos Parteiideologe, setzte jedoch in einer Parteisitzung durch, daß man ihm die Vertreibung und Vernichtung der Deutschen überließ. Er stieß auf keinen Widerstand seiner Parteifreunde, obwohl man so die besten Landwirte und größte Produktionskraft des Landes verlieren würde. Die Sachverständigen der Wirtschaft wußten genau, woher das Brot für die südslawische Bevölkerung kam. Das neue Parlament hat unlängst wieder einstimmig das Problem der Deutschen in Jugoslawien von der Tagesordnung gestrichen. Sie benehmen sich also an den Regierungsstellen, als würde dieser seit 200 Jahren existierende Volksstamm der Donauschwaben hier nicht existieren.

Von den Westmächten können wir nicht viel erwarten. Diese sind jetzt mit dem Nürnberger Kriegsverbrecherprozeß beschäftigt. Sie werden wahrscheinlich zu spät zur Einsicht kommen, was sie sich mit der Hilfeleistung an Stalin eingebrockt haben. Jugoslawien ist dem Kommunismus ausgeliefert. Die Engländer nehmen keine Vertriebenen in ihre österreichische Besatzungszone mehr auf. Volle Züge mit ausgehungerten Deutschen wurden nach Jugoslawien zurückgeschickt. Die Siegermächte haben sich in Nürnberg wegen Kriegsverbrechen und Massenmord zu Gericht gesetzt. Zu derselben Zeit laden sie sich eine kaum kleinere Schuld auf."

Nach diesem Gespräch reifte in mir der Entschluß, nach Belgrad zu fahren, um alle Möglichkeiten einer Hilfe auszukundschaften. Ich wollte nichts unversucht lassen, um auf die Lage in den Vernichtunslagern aufmerksam zu machen und angemessene Unterstützung zuzusichern. – Auf den Straßen von Belgrad blies mir ein schneidiger Wind ins Gesicht. Meinen Hut mußte ich festhalten, daß er vom Sturmwind nicht fortgefegt wurde. Den Kopf im Wintermantel eingezogen, ging ich dahin und sprach mir selbst Mut zu.

Auf dem Weg zur Nuntiatur schaute ich vorsichtig um mich, ob man mich nicht von irgendwoher beobachtete. – In tiefer Erschütterung schilderte ich dem päpstlichen Delegaten, dem Vertreter des Hl. Stuhles, die Lage der Sterbenden in den Vernichtungslagern. Er interessierte sich für alle Einzelheiten, die Ernährungslage mit kraftloser Suppe, die Unterkunft, die Behandlung wie auch für die Ursache dieser unmenschlichen Mißhandlung; da doch die Lage in Ungarn, Rumänien und der Tschechoslowakei nicht so schlimm erschien wie hierzulande. Weil die Westmächte keine Heimatvertriebenen mehr in ihre Verwaltungszone aufnehmen, könnte vielleicht die Kirche ihren Einfluß auf gewisse amerikanische Staaten geltend machen, um die Auswanderung dorthin zu ermöglichen. Brasilien hat doch einen großen Lebensraum, und nach meinen Informationen ist man dort bereit,

Arbeitskräfte aufzunehmen. – „Ob man von Jugoslawien eine Auswanderung nach Brasilien organisieren könnte, bleibt sehr problematisch", meinte Bischof Joseph Patrick Hurley, der diplomatische Vertreter des Hl. Stuhls. „Aber der Heilige Vater wird auch weiterhin alles versuchen, um eine Hilfe zu vermitteln!"

„Und die versprochenen Nahrungsmittel der Internationalen Caritas?" fragte ich leise. – „Ein großes Schiff, voll beladen mit Nahrungsmitteln und Kleidungsstücken, ist im Hafen von Fiume (Rijeka) eingelaufen. Alles war für die Notleidenden in den Lagern bestimmt. Eine Spendenaktion der amerikanischen Katholiken! Die jugoslawische Regierung hat nicht erlaubt, diese Lebensmittelpakete den Sterbenden in den Lagern zukommen zu lassen." Der Diplomat zuckte mit den Schultern und zog in Verlegenheit seine Hände auseinander. Alle seine Bemühungen waren gescheitert. Völlig niedergeschlagen ging ich davon.

Ich versuchte es beim Internationalen Roten Kreuz. Es lag im entgegengesetzten Teil der großen Donaustadt. Man führte mich in einen großen Raum. „Bitte, was ist Ihr Wunsch?" – „Sie sind der Vertreter des IRK?" Er nickte. Ich schaute mich um, ob noch jemand im Raum wäre. In einer Ecke saß ein Fräulein an der Schreibmaschine. „Kann man hier vertraulich sprechen?" fragte ich leise. Er schaute mich erstaunt an. „Sprechen Sie sich nur ruhig aus", versicherte er mir in schweizerdeutsch.

Ich begann, ihm in kurzen Zügen von der Verschleppung, von den Lagern der arbeitsunfähigen Menschen die zum Hungertod verurteilt sind, von den Vernichtungslagern zu sprechen. – Er unterbrach mich und meinte, er kenne die Lage der Kriegsgefangenen. „Es handelt sich hier nicht um Kriegsgefangene, nicht um entwaffnete Solaten, auch nicht um die zahlreichen Arbeitslager, sondern um die sieben Hungerlager von Frauen, Kindern, alten Leuten in der Woiwodina. Es sind meistens kranke, erschöpfte Menschen, die vor dem Abgrund des Todes stehen, weil sie kein tägliches Brot bekommen und auch keine Arzneimittel. Menschen, die durch eine ungenießbare Kost vielfach vergiftet werden."

Ich überreichte ihm die Medikamentenliste, die mir der Lagerarzt übergeben hatte. „Es ist uns gelungen, ein gewisses Kontingent von Arzneimitteln in die Lager der Kriegsgefangenen zu liefern, aber für die Lager der Volksdeutschen, von denen Sie sprechen, ist es uns untersagt worden, irgendwelche Hilfe zu leisten. Der Bereich dieser Lager untersteht dem jugoslawischen Roten Kreuz. Deshalb dürfen wir dorthin keinen Schritt machen!"

Ich wußte, was das bedeutete. Wir standen einander stumm gegenüber. Ich war wie niedergeschmettert von dieser Nachricht. Der Direktor fügte noch hinzu: „Wir werden bemüht sein, den serbischen Kollegen die Situation zu schildern. Diese Typhusherde im Land sind ja für die ganze Bevölkerung gefährlich. Sie müßten doch schon aus Liebe zu sich, wenn schon nicht aus Rücksicht auf die Gefangenen, eingreifen." Ganz gebrochen ging ich zum Bahnhof zurück.

Verteidigungsrede vor dem Volksgericht

Ich wurde ins Gefängnis des Kreisgerichtes von Neusatz überführt. Nach einigen Tagen wurde mir die Anklageschrift des Staatsanwaltes ausgehändigt. Eine lange Liste von Beschuldigungen mit einer Anzahl von Missetaten wurden mir auf einigen Aktenseiten aufgezählt, so daß ich mich selbst fragte, wie und wann ich imstande gewesen wäre, dies alles zu verüben.

Am nächsten Tag kam ein Mann in meine Zelle und stellte sich als mein Verteidiger bei Gericht vor. Im Auftrag der staatlichen Rechtsanwaltskammer hätte er sich bereit erklärt, meine Verteidigung zu übernehmen. „Danke für die Bereitschaft, aber ich hätte einen eigenen Rechtsanwalt in Aussicht. Nur müßte mir die Möglichkeit gegeben werden, mit ihm in Verbindung zu treten", sagte ich.

„Aussichtsloses Bemühen! Ihr Prozeß ist ein Sonderfall, der geheim geführt werden muß", war die energische Antwort. „Aber die freie Verteidigung – unter Ausschluß der Öffentlichkeit?" – „Sie werden sich über meine Verteidigung nicht zu beklagen haben", unterbrach er mich. „Übermitteln Sie mir Ihre persönliche Stellungnahme ..."

„Genosse Rechtsanwalt! Alles, was hier gegen mich erhoben wird, ist erdichtet und erlogen. Die einzige Wahrheit ist mein Einsatz für Tausende unschuldiger Menschen, meistens Frauen und Kinder, die ohne Gerichtsverfahren dem Hungertod ausgeliefert wurden. Von diesen haben mehrere Zehntausend ihr Leben in Massengräbern lassen müssen. Das ist die Wahrheit! Neben meinem Bemühen als priesterlicher Trostspender bei diesen Verzweifelten suchte ich die Rolle eines Rechtsanwaltes vor der Weltöffentlichkeit zu übernehmen. Ich wandte mich an den Papst, den Vater der Christenheit, da alle legalen Möglichkeiten im Land erschöpft waren." – „Es wird schwer möglich sein, eine solche Begründung vor dem Gericht anzuführen. Sie würden damit eine Anklage gegen die Regierung erheben! Verstehen Sie! Das darf nicht sein!" Mit ernster Miene und Ärger ging der Vorsitzende der Rechtsanwaltskammer weg.

Es verstrichen einige Tage, dann teilte man mir mit: „Morgen, am 5. Oktober 1948, ist die Gerichtsverhandlung!" Man rasierte mich, man schnitt mir das Haar. Ich konnte mich ordentlich waschen. Auch meinen Priestertalar durfte ich anziehen. Als ich in Begleitung der Wachposten in den Gerichtssaal zur Anklagebank geführt wurde, sah ich eine junge Frau mit mädchenhaftem Aussehen zwischen zwei älteren, sehr korpulenten Herren als Beisitzer des Volksgerichtes vorn am Pult, rechts der Staatsanwalt und links der Strafverteidiger. Noch eine weitere Person war neben der Protokollführerin anwesend. Es war der Pastor der kalvinistisch-reformierten Gemeinde von Neusatz, der als Chefredakteur des kommunistischen Tageblattes „Magyar Szó" ein Pamphlet gegen mich veröffentlichte.

Der Staatsanwalt Zivko Borovski begann seine Rede mit viel Emotion und Gestikulation, die im Laufe seiner stundenlangen Ausführungen immer mehr in Wutausbrüche ausartete. Schließlich verlangte er „im Namen des Volkes" die strengste Strafe für diesen Volksfeind. „Diese Person auf der Anklagebank sollte in Anbetracht der vielseitigen Schäden, die sie der freiheitlichen Revolution unseres Volkes zugefügt hat, für immer aus der Menschengemeinschaft entfernt werden!" schrie er. Das wußte ich. Das bedeutete die Todesstrafe. Die Richterin fragte mich: „Warum haben Sie sich von einer fremden Macht, vom Vatikan, als Spion anwerben lassen, um unserem Land zu schaden?" – „Ich habe mich von niemand als Spion anwerben lassen." – „Wir haben verschiedene Aussagen aus Ihrer Untersuchungshaft, worin Sie diese feindliche Tätigkeit zugegeben haben."

„Die Aussagen sind unter Torturanwendungen erpreßt. Ich erkenne die Aussagen nicht als die meinigen an!" Ich blieb fest. Die anderen machten große Augen. Noch ein paar Fragen, und dann war die Verhandlung im weiteren dem Strafverteidiger Branko Peritsch überlassen. Er sprach von meiner Kindheit und Jugendzeit. In einer religiös beschränkten, rückständigen Familie geboren, wäre der Angeklagte aus dieser bürgerlich-kapitalistischen Umgebung den Vorkämpfern des Papsttums übergeben worden – den Jesuiten, die ihn in ihrem Dunkelmännergeist, jeder Freiheit abhold, ausgebildet hätten. Als junger Mensch, einfältig, ohne eigenes Urteilsvermögen, wäre er im Vatikan geschult, blind ausgenutzt und in dessen feindselige Netze einbezogen worden. „Wegen dieser mildernden Umstände befürworte ich eine gemäßigtere ..."

Ich erhob mich schnell von meiner Bank und sagte laut: „Darf ich das Gericht bitten, es möge diese Verteidigungsrede unterbrechen, weil sie mich beleidigt." Absolute Stille entstand im Saal. „Ich möchte mich ab jetzt selbst verteidigen!" – „Gut, wenn Sie wollen. Ich übergebe Ihnen das Wort." Ich sammelte mich und fing an:

„Ehrwürdiges Gericht! Wenn ich jetzt Worte der Selbstverteidigung ergreife, so will ich dabei nicht auf alle einzelnen Punkte der Anklage eingehen. Hinweisen möchte ich nur auf meine Geisteshaltung, die mich zu Handlungen veranlaßte, welche mich hier zum 'Volksfeind' stempelten. Einzig der Wahrheit soll hier der Platz eingeräumt werden. Erstens wurde meine ganze Erziehung im Elternhaus zum Dienst am Mitmenschen hingelenkt. Schon in meinen Kinderjahren hielt ich es für eine einfache Menschenpflicht, unter eigener Lebensgefahr einem ertrinkenden Mitschüler in die Flutwellen nachzuspringen und ihn an Land zu ziehen. Für eine solche Gesinnung bin ich von meinen Eltern erzogen worden. Auch meine Lehrer der Mittel- und Hochschule sind unantastbar, denn wer setzt sich mehr für die Menschlichkeit und Gerechtigkeit bei unterentwickelten, ausgebeuteten Völkern in den Kolonialländern ein, als gerade die Jesuiten es taten und tun? Keine Missionsgesellschaft stellte mehr hochqualifizierte Kulturträger in ihren etwa 150 Hochschulen mit Universitätsrang bereit als eben dieser Orden. Die Kriegswirren waren die einzige Ursache, daß ich heute nicht bei diesen Vorkämpfern der Freiheit unter den Entrechteten in Bangladesch mitwirken kann. Meinem Leben wurde diese andere Aufgabe zuteil: Wir waren 1941 im Bombenhagel in Sarajevo. Die Mitbürger der Stadt – Muselmanen, Serben und Kroaten – wurden unter den Trümmern begraben. Die amtlichen Rettungskommandos verkrochen sich in Luftschutzkellern. Ich verließ den Keller und begann mit Menschen ohne Unterschied von Religion und Nation eine Hilfsaktion zu organisieren und die Verschütteten zu bergen. Erst am späten Nachmittag kamen die bezahlten Hilfstrupps an. Warum führe ich das an? Nicht um mich zu loben, sondern um der Wahrheit willen. Man wirft mir vor, die 'Spionageschule' der päpstlichen Universität in Rom besucht zu haben. Die Wahrheit ist, daß ich mich mit den armen Kindern, von denen es in Rom wimmelte, befaßte, soweit es die Schuldisziplin erlaubte. Auch die von den Nazis verfolgten Juden, denen der Vatikan Asyl gewährte und die durch die Caritas Internationalis betreut wurden, wuchsen mir ans Herz. Kann also die Mithilfe der sorgenvollen Hingabe des Hl. Vaters Pius XII. und mein Einsatz für Hunderttausende Kinder und Mütter in den Konzentrationslagern der Wojwodina, die an Hunger starben, 'Spionage' genannt werden? Sind meine Rettungsversuche für diese unschuldigen Menschen ein Verbrechen? Man verlangt von mir ein bußfertiges Bekenntnis zu meinen 'Missetaten'. Ich muß aber offen und selbstkritisch meine Unterlassungsschuld bekennen, nicht noch mehr für diese Verfolgten während des Krieges und in der Nachkriegszeit getan zu haben.

Der Staatsanwalt verlangt die Todesstrafe. Das bringt mich keineswegs aus der Fassung. Die geforderte Hinrichtung läßt mich völlig in Ruhe. Es hat ja Christus seinen Jüngern vorausgesagt, daß sie der Wahrheit und der Gerechtigkeit wegen wie er selbst verfolgt würden."

„Nichts mehr davon! Kürzen Sie Ihre Rede!" protestierte die Richterin, die aus Unbehagen alle Farben ihres Gesichtes gewechselt hatte. Ich fuhr mit noch lauterer Stimme fort: „Wir leben in einem freien Land. Und der Angeklagte hat das Recht, sich zu verteidigen." Sie neigte den Kopf. Aber ich setzte fort: „Selig sind, die Verfolgung leiden um der Gerechtigkeit willen, denn ihrer ist das Himmelreich." Ich wurde immer lauter: „Selig seid ihr, wenn euch die Menschen schmähen, euch um euren guten Namen bringen, alles Böse fälschlich wider euch aussagen ..." Sie rückten unruhig auf ihren Sitzen hin und her. Ich schrie: „Fürchtet euch nicht vor denen, die den Leib töten, aber die Seele nicht töten können. Liebet eure Feinde, tuet Gutes denen, die euch hassen." Der Staatsanwalt sah zur Tür, als wollte er davonlaufen, die anderen zeigten Erregung.

„Segnet die, welche euch fluchen, betet für die, die euch beschimpfen!" rief ich über ihre Köpfe hinweg. Ich stockte aus Erschöpfung. Es entstand eine peinliche Stille. Ich sagte leise: „Das ist meine Verteidigung!" Ich setzte mich. Die Richterin faßte sich zuerst: „Stehen Sie auf! Sie haben kein Recht, sich mir nichts, dir nichts zu setzen." Nach einer Pause wurde das

Urteil verkündet und lautete: „14 Jahre Zuchthaus mit Zwangsarbeit." Ob ich eine Berufung einlegen wolle, fragte die Richterin. „Nein", antwortete ich. Bei wem sollte ich mich beklagen? Die Hände wurden mir gefesselt, und so wurde ich abgeführt.

Das Gespräch, die Kameradschaft mit den anderen Verurteilten wurden mir zur großen Hilfe und retteten mich vor dem nahen Nervenzusammenbruch. Die eigene Kraftanwendung, das ignatianische „agere contra" (= dagegen arbeiten, sich dagegen stemmen) leistete mir die beste Hilfe. Nun durfte ich im Hof mit den anderen Gefängnisinsassen am Spaziergang teilnehmen. Unsere Gruppe, deren Mitglieder schwere Ketten an den Füßen und Händen nachschleppten, bildete den traurigsten Anblick von wandelnden Leichen. Paarweise, mit gesenktem Kopf, schritten wir den Rundgang im Kreis, doch die Augen spähten hin und her.

Was sehe ich da vorne in der Reihe der Leichtbestraften? Ein kleines Männlein wendet sich dauernd gegen alle Disziplinregel um, und dann lispelt er auf deutsch, daß ich es gut hören kann, zu mir hin: „Wendl, bist du von den Toten auferstanden?" – Es war der Heimatpfarrer Peter Müller. O, wenn wir uns umarmen dürften! Doch am nächsten Tag war Besuchstag. Die Haushälterin Theresia Johler ist mit dem Paket angekommen. Er schenkte mir sein Lebensmittelpaket. Nach 18 Monaten war ich das erste Mal wieder satt. Welch ein merkwürdig ungewohntes Gefühl, das auch meine Seele erfaßte. Immer wieder mußte ich mir die Tränen aus den Augen wischen.

Die Tage kamen und gingen. Es wurde die Zellentür aufgerissen. Eine Gruppe eleganter Herren stand auf der Türschwelle. Wir erhoben uns. Jeder einzelne wurde gefragt, warum er verurteilt sei. Ich antwortete: „Ich weiß es nicht. Ich bin unschuldig." – „Was, du weißt es nicht? Genosse Kommandant, warum ist er bestraft?" – „Ein gemeiner Spion des Vatikans!" Einer der Herren wendet sich an mich: „Weißt du nicht, daß die Hände des Papstes triefend sind vom Blute der Unschuldigen?" – „Nein, das weiß ich nicht. Leicht zu behaupten, schwer zu beweisen!"

„Soll das etwa nicht wahr sein? Hier wirst du deine Knochen lassen! Hier!" Sie schlugen die Tür zu und verschwanden. Ein Mitgefangener sagte: „Wie kannst du nur so antworten? Er ist doch ein Minister, der Jude Moises Pijade, die rechte Hand von Tito." – „Ist doch egal! Er müßte doch wissen, wie viele tausend Juden Papst Pius XII. vor den Gaskammern Hitlers gerettet hat." – „Das hohe Vieh in seiner Begleitung ist Dr. Reich, ein Politiker, Jude, an der Spitze der Wojwodina-Regierung. Er wurde von einem Deutschen aus Ruma vom Tod gerettet." – „Ja, und zum Dank nahm er mit Moises (auch Mosche genannt!) Pijade tausendfachen Tod an unschuldigen Frauen und Kindern auf sein Gewissen", bemerkte der andere Gefangene, der serbische Parteikämpfer, der in Ungnade gefallen war.

In den folgenden Wochen durfte mich meine leibliche Schwester, Schwester M. Franziska, besuchen. Als ich ihr über ein Gitter die Hände zum Gruß reichte, konnte sie an den Armgelenken die blutig geschwollenen Streifen sehen, die von den Handschellen geblieben waren. Wir konnten vor Freude fast nichts sprechen. „Wir haben doch geglaubt, du wärest tot", brachte sie doch schließlich heraus. „Wir haben alle eine Totenmesse für dich gefeiert. Überall auf den Amtsstellen teilte man uns deinen Tod mit."

Margarete Grün
Warjasch – Augsburg

Margarete Grün, geb. Hochscheidt, wurde am 30. Dezember 1930 in Warjasch (Banat/Rumänien) geboren. Von 1938 bis 1944 besuchte sie die Volksschule in ihrer Heimatgemeinde und die Klosterschule in Periam. Ihre Kindheit war sorglos und glücklich. Nach dem verlorenen Krieg und der schlagartigen Enteignung der deutschen Bevölkerung in Rumänien stand ihre Mutter mit drei Kindern und ihren alten Eltern vor dem Nichts. Margarete Grün als Älteste mußte durch schwerste Feldarbeit mithelfen, das tägliche Brot zu verdienen, da der Vater im Krieg und anschließend in russischer Gefangenschaft war. 1949 heiratete sie Franz Grün. 1951 wurden sie, zusammen mit ihrem damals neun Monate alten Kind, in die Bărăgansteppe verbannt. Nach fünfjähriger Qual kamen sie mit inzwischen zwei Söhnen in ihre Heimat im Banat zurück. Seit 1983 lebt Margarete Grün in Deutschland, wo sie auch begann, Gedichte zu schreiben. 1994 kam ihr erster Gedichtband heraus: „Ein Geschenk für Dich", 1996 der zweite Band: „Ein Gruß an Dich", 1998 schließlich der dritte Band: „Ein Sonnenstrahl für Dich".

Das Lied der Heimat

Sinnend blick' ich in die Ferne
Und seh' in Gedanken der Heimat Sterne.
Sie sind Zeugen menschlichen Geschickes;
Zeugen ihres Leids und ihres Glückes.
  Ich seh' in Gedanken die Heimat vor mir;
  In einstiger Schönheit, in einstiger Zier.
  Im wogenden Ährenfeld singt der Wind;
  Ein wunderoll' Lied er zu mir bringt.
Er singt vom Frühling, wenn die Heide erwacht,
Wenn sprießende Äcker neues Grün gebracht.
Von Lerchen, die jubilierten im Feld,
Von fleißigen Menschen, die die Äcker bestellt.
  Der Wind singt vom goldenen Ährenmeer,
  Das im Sommerwind träumend wiegt hin und her,
  Von Kornblumen, die im Felde blüh'n,
  Von Wicken und Mohn, die dazwischen glüh'n.
Fleißig schafften die Banater Schwaben,
Im Herbst sollten dann den Lohn sie haben:
Der goldgelbe Mais, die Rüben, der Wein,
Das sollt' ihrer Arbeit Segen dann sein.
  Und kam der Winter mit seiner Pracht,
  Deckt mit weißem Schnee alles zu über Nacht;
  Die Felder, die Gärten, des Dorfes Idylle,
  Vor dieser Schönheit beglückt man stand stille –
Und betete: „Herrgott, beschütze du
Mein Banat in seiner Schönheit und Ruh'!
Und all', die da leben, wirken und streben.
Beschütz' dieser Menschen Heimat und Leben!"
  War dieses Gebet umsonst gesprochen?
  Auf einmal war alles vernichtet, zerbrochen.
  Wir gingen fort aus dem Banater Land
  Hierher ins einstige Mutterland.
Doch manchmal, in einer stillen Stund',
Bringt der Wind ein Lied mit wehmüt'ger Kund'.
Dies Lied, das erinnert an einstiges Glück,
Das vergangen und niemehr kehrt zurück.

Der schönste Ort

Banat, das Land, wo einstens war Morast und Ried,
Dort, wo die Eule in der Nacht einst sang das Totenlied.
Dorthin sind uns're Ahnen einst gezogen
Und haben sich dies' Land als Heimat auserkoren.
      Sie kämpften dort mit Tod und mit Verderben –
      Mußten zu Tausenden am Sumpffieber sterben!
      Sie wollten diese Wildnis zur Heimat sich erobern
      Und dieser Erd' – trotz Tod – die Treue noch geloben!
Die ersten Siedler, ach – die fanden dort den Tod,
Die Zweiten mußten leiden ganz bitterschwere Not.
Doch jeder in der Kette war ein endlos' Glied
Und glaubte von neuem stets an einen Sieg.
      Und endlich, nach vielen Jahren der Pein,
      Kam über die Ödnis ein Sonnenschein!
      Nach bittrem Kampf – zwischen Tränen und Not –
      Wuchs ihnen endlich „das tägliche Brot"!
Tapfer schafften weiter die Banater Schwaben;
Wollten für die Enkel blüh'nde Äcker haben!
Soweit das Auge sah, war gold'ner Erntesegen,
Der Wohlstand wuchs empor, auf harter Arbeit Wegen.
      Zu dieser Heimat hielten die Ahnen treu und schlicht.
      Zu uns klingt heut' ein Ruf, der heißt „Vergiß-mein-nicht"!
      Du warst für uns einst „Wiege" und „Lebenssymphonie",
      Darum, geliebte Heimat, vergessen wir dich nie!
Wir war'n bei dir geboren, bis daß die Nacht dann kam –
Der Krieg und all' das Grauen uns dich, die Heimat, nahm.
Wo immer wir heut' leben, wenn's uns auch hier gefällt:
Du, Heimat, bleibst für uns doch der schönste Ort der Welt!
      Wenn, Heimat, dein ich denke, hör' ich wie Lobgesang
      Aus Ährenfeldern steigen der Lerchen Jubelklang!
      Im Wiesengrunde blühen viel tausend Blümelein
      Und Heimatglocken läuten. So schön ist's nur daheim.
Gedenke ich der Schönheit, die einstens dich umgab,
Dann eine leise Wehmut ich in dem Herzen hab'.
Du schönster Ort, o Heimat, wo einst ich glücklich war,
Dich grüße ich, dein denk' ich, in Liebe immerdar.

Sonntagsfriede

Sonntagsfriede liegt auf Flur und Au,
Und die Lerche steigt ins Himmelsblau.
Durch das Ährenfeld ein leises Säuseln geht,
Wenn kosend der Sommerwind d'rüber weht.
Hier hüllt Sonntagsfriede sanft mich ein,
Läßt mich dankbar, läßt mich glücklich sein.

An dem Feldrain zarte Blümlein steh'n,
Blicken zu mir her, wie Äuglein schön.
Buntes Blütenkleid der Schöpfer ihnen gab,
Daß der Mensch sich an der Schönheit lab'.
Ach, ich danke Gott für diese schöne Welt;
Dank' für das, „was mehr doch zählt als Geld!"

Süße Waldesruh' und Blumenduft,
Grüne Wiesen, warme Sonnenluft;
Gold'ne Ährenfelder, leiser Grillensang
Und der Sonntagsglocken feierlicher Klang.
All dies ist ein Grund zum Dankbarsein,
Sich an Gottes schöner Welt zu freu'n!

Sonntagsfriede, nimmst mich an der Hand,
Führst die Seele mein nun in ein Land,
Wo die Linden blühen, duftend schön,
Bienchen summend in die Blütenkelche geh'n,
Wo ein leises Sehnen kommet in das Herz,
Und ein Sonntagstraum es traget himmelwärts.

Verlorene Träume

Zarte Klänge von süßer Musik.
Bringt den Jugendtraum mir zurück.
Geleitet mich ins schöne Zauberland –
Dorthin, wo einstens ich die Liebe fand!

Musik ganz sacht sie steichelt uns're Seele,
Und führet in Gedanken uns zur Stelle,
Wo einstens wir, vor vielen Jahren,
So jugendfroh und glücklich waren.

Damals tanzten wir ins Glück hinein
Im Walzerschritt, im violetten Dämmerschein.
Das Glück hat sich uns leise zugesellt
Und wunderbar schien uns die Welt.

Vorbei ging dieser Traum vom Glück,
Und leise Wehmut blieb davon zurück.
Jugendtraum starb am Alltagsgescheh'n.
Vergänglich ist alles. Auch Glück mußt' vergeh'n.

Das Leben ist ein Kalenderjahr

Das Leben ist ein Kalenderjahr,
Die Jahreszeiten wechseln immerdar.
Vom holden Frühling, der so zart und schön,
Ist im November gar nichts mehr zu seh'n.

D'rum ist es Frühling, soll man ihn genießen,
Wenn Baum und Strauch mit zartem Grün uns grüßen.
Wenn tausend Blümlein blüh'n im Wiesengrund,
Ihr zarter Duft uns tut den Frühling kund.

Dann jauchzt das Herz im ersten Liebesglück.
Als wär' die ganze Welt vom Paradies ein Stück.
Ein junger Mensch kann selig hoffen,
Weil für ihn scheint der Himmel offen.

Der Sommer, er ist heiß, voll Blütenduft,
Die Sonn' durchflutet siegend Welt und Luft.
Ein sattes Grün trägt jetzt der Wald zur Schau,
Würzig strömt der Duft von Heu durch Wies' und Au.

Und auch der Mensch steht oft schwer atmend still,
Im Lebenssommer, der so heiß und schwül.
Denn für die Kinder hat er nun zu sorgen,
Die seine Hilfe brauchen, heute und auch morgen.

Dann kommt der Herbst, zuerst noch schön und bunt;
Doch sagt er uns: „Ich gebe es euch kund,
Daß alles, das so schön ist, bald vergeht!"
Ob je der Mensch die Mahnung auch versteht?

Schaut man zurück auf Leben, Glück und Leid,
Man einseh'n muß, wie flüchtig ist die Zeit.
Das Leben geht so schnell dahin, fürwahr,
Wie Jahreszeiten im Kalenderjahr.

Spätes Werk

Der Sommer hat zu kürzer'n Tagen sich verdichtet.
Er strahlt mit glühend heißen Sonnen.
Wir, die wir auf solch' schöne Tage schon verzichtet,
Erleben noch einmal des Sommers Wonnen.

So will nun auch der Mensch zu spätem Werk sich rüsten,
Und all sein Können legt er da hinein.
Er hört ein Singen wie von fernen Küsten,
Und all sein Wollen stimmt ins Lied mit ein!

Er will noch einmal sich vertrau'n den Wogen,
Die ihn getragen durch des Lebens Weiten.
Er, der zur Stille sich zurückgezogen,
Will einmal noch erleben sonn'ge Zeiten.

Wer mitten in des Lebens Brandung stand,
Der denkt nicht an das Herbstesbangen.
Im Lebensherbst man vieles dann verstand:
Auch Leid und Glück, dem man einst nachgehangen.

Mensch und Schöpfung

Ewig sein wird nur die Schöpfermacht!
Wenn der Mensch von heut' auch d'rüber lacht.
Er hat alles, Meer und Weltall, fast besiegt,
Er vermeint, daß alles seinem Können unterliegt.

Ja, der Menschengeist, er hat viel geschaffen!
Er erfand der Technik Wunder und grausame Waffen!
Sein Erfindergeist kann große Macht ihm leih'n:
Er vermeint schon „Herr des Alls" zu sein.

Und doch ist der Mensch klein und vergänglich nur,
Ist ein Staubkorn nur in der großen Weltenuhr.
Sein Leben, es ist nur ein Kommen und Vergehen,
Ewig bleibt die Schöpfung und der Schöpfer nur bestehen.

Mutterliebe

Ach, wie selig doch im Mutterarm
Schläft das Kindlein klein, geborgen, warm.
Voller Innigkeit schau' ich solch' Bild,
Schmerzlich' Sehnen mich dabei erfüllt.

Mutterglück so selig, wonnereich;
Nichts auf Erden ist ihm gleich!
Kann beschreiben Mutterliebe nicht:
Denn mir fehlt das Wort für solch' Gedicht.

Wenn die Frau ein Kind geboren
Und zur „Mutter" ist erkoren,
Ach, so liebevoll sie es umschließt:
Ihre ganze Lieb' zum Kind hinfließt.

Jede Mutter inniglich ihr Kindlein liebt;
Es millionenfach die Mutterliebe gibt!
Ich hab selbst solch' Seligkeit empfunden,
Als ich Mutter ward in einst'gen Glückesstunden.

Und noch heute kommt ein Hauch von Glück
Beim Vorbeigeh'n mir aus einem Kinderblick!
Doch hernach verspür' ich Sehnsuchtsschmerz:
Nach einst'gem Glücke sehnet sich mein Herz.

Album der Erinnerung

Viele Bilder meiner Lebensfahrt
Hab ich in einem Album aufbewahrt,
Erinnerung, so heißt das Album mein;
Es liegt verborgen in des Herzens Schrein.

Und in so mancher stillen Stund'
Gibt manch' Bild des Albums kund;
Zeigt mir, wie so sorglos einst die Kindheit war
Und die Jugendjahr', heiter und wunderbar.

Von Krieg und Not sind dann auch Bilder da,
Weil so „furchtbar Schmerzliches" geschah,
Millionen Menschen starben im grausigen Kriegsgescheh'n,
Niemand wußte, wie soll's nach dem Krieg weitergeh'n?

Verschleppt, verfolgt, dem „Nichts" preisgegeben;
So sah aus, nach dem Krieg, unser Leben.
Ein Volk lag darnieder, ganz blutig, zertreten,
Und doch war ein Wille da, weiter zu leben.

Nach vielen Jahren der Not und Pein
Kam nach Leid und Nacht wieder Sonnenschein.
Und des Lebens Trauer- und Freudenfeste,
Die Blätter des Albums hielten sie feste.

Beim Blättern im Album frag' ich heut':
Wohin sind entschwunden Jahre und Zeit?
Vergangen, vorüber, sie schwanden dahin,
Jedoch im Album der Erinnerung liegen sie d'rin!

Die Träne

Mit Tränen diese Welt begrüßt das Kind,
Wenn es gebor'n und sein Leben beginnt.
Tränen weint, so liebe und so warme,
Die Mutter, wenn sie hält ihr Kind im Arme.

Freudentränen weinen die Eltern, alle beiden,
Schenkt ihnen Gott ein Kindlein als Eigen.
Und fortan gilt ihr ganzes Sein und Streben,
Zu schützen und umsorgen dieses zarte Leben.

Die Jahre flieh'n, das Kind wird groß,
Sitzt schon lang' nicht mehr auf Mutters Schoß.
Es wird erwachsen, erlebt der Liebe Seligkeit,
Und Tränen weint es, voller Glück und Freud'.

Nun läuten hell die Hochzeitsglocken
In jubelnd seligem Frohlocken.
Zur Taufe trägt man dann ein Kind,
Und, nochmals neu, ein Glück beginnt.

Doch einmal, wenn zu End' das Leben,
Vorbei ist Glück, ist Leid und Streben.
Dann Augen wieder voller Tränen steh'n
Und fragen bang: Gibt es ein Wiederseh'n?

Des Lebens Anfang wird begrüßt mit Tränen.
Der Lebensweg ist Glück, auch Kampf und Sehnen.
Mit Tränen schließt der Mensch die Augen zu
Und geht für immer hin zur ew'gen Ruh'.

Seelenschmerz

Kennst du den Schmerz, der in der Seele liegt,
Wenn in Gedanken leis' sie heimwärts fliegt?!
Wenn sie in Träumen sucht das alte Haus,
Wo man als Kind so froh ging ein und aus.

Der Brunnen auf der Gasse vor dem Haus,
Er plätschert immerfort, jahrein, jahraus.
Er hat so manches junge Glück geseh'n
Und sah so manche Herzen auseinandergeh'n.

Die Zeit von einst, die blieb nicht steh'n.
Derzeit viel Leid ist schon gescheh'n.
Auf der Gedankenbrücke ich zur Heimat geh';
Voll Schmerz ist mein Herz, als ich sie wiederseh'.

Wolkenflug und auch der herbe Wind
Tragen mich voll Sehnsucht hin geschwind.
Und ich sehe sie schmerzlich und bange,
Habe vermißt die Heimat „so lange!"

Doch ich finde sie nicht mehr.
Fremd ist alles um mich her!
Die Heimat trägt ein fremd' Gesicht;
Ich weine bitter, doch finde ich sie nicht.

Träume

Von wo kommen der Seele Träume?
Sie sind so zart wie Blütenbäume.
Ich frag' danach mein eig'nes Herz,
Das in sich trägt ein' herben Schmerz.

Schmerz, er machet bang die Seele,
Und in mir, wenn ich auch wähle
Glück und Freude für mein Leben,
Selten ist es mir gegeben.

Darum möcht' ich träumen nur,
Von des Glückes gold'ner Spur.
Möcht' gern träumen, heut' und immer
Von des Glückes hellem Schimmer!

„Träume" lassen manchmal hoffen,
Eine Himmelstür wär' offen;
Und ein Funken von Glückseligkeit
Fällt von dort auf uns're Erdenzeit.

Ist's des nahen Frühlings laue Luft?
Ist's der ersten Blüten zarter Duft?
Meine Seele schwingt ins Traumland sich.
Komm auch Du mit mir, ich bitte Dich!

Horizont des Lebens

Betrachtest du den Horizont des Lebens,
Dann suchst die Sonne oftmals ganz vergebens!
Es türmen Wolken sich gar schwer,
Und düster ist es um Dich her.
Auch Blitze zucken auf Dich nieder –
Und schmerzlich weinst du immer wieder.

Gar oft haben Dir Menschen wehgetan
Auf dieser Deiner weiten Lebensbahn,
Obwohl du wolltest „Gutes schenken",
Sie lernen, hoffnungsfroh zu denken,
Weil sie das Leben nicht verstehen
Und seinen Wert von falscher Seite sehen.

Merk' Dir: Für Hilfsbereitschaft kommt nicht Dank,
Auch wenn Du wartest d'rauf, viel' Jahre lang.
Hast dies erfahren, bringt's der Seele Leid,
Das Dich begleitet oft auf Lebenszeit.
D'rum: Wenn betrachtest Du den Horizont des Lebens,
Suchst öfter Du die Sonne ganz vergebens.

Wo ist Seelenfrieden?

In Gedanken bin ich gern allein,
Sei es bei Tage oder Dämmerschein,
Wenn Stille um mich ist, vergißt mein Herz
Das große Leid und auch den herben Schmerz.
Wie lange brauchte ich, bis ich zur Ruhe kam,
Als damals mir das Schicksal meinen Gatten nahm!

Ich haderte mit Gott viele Jahre lang,
Und nirgends ich den Seelenfrieden fand!
Nur des Waldes Schönheit und sein Frieden
Haben mir dann wieder Seelenruh' beschieden,
Darum liebe ich die Waldesstille sehr;
Und solang ich lebe, komm' ich gern' hierher.

Ein Schicksal

Jeder Mensch ist auf dieser Welt
In einen „Schicksalskreis" hineingestellt.
Ein Bursche, schön und jung an Jahren,
Muß ziehen in Kampf und Gefahren.
Nach Krieg und Gefangenschaft kam er zurück
Und sucht voll Wehmut sein einstiges Glück.

Die Liebste, um die einst sein Herz geworben,
Sie wurde verschleppt, ist in Rußland gestorben.
Er denkt schmerzlich dran, als er ging Hand in Hand
Mit der Liebsten einst durchs schöne Heimatland.
Sie wollten gemeinsam ein Leben aufbauen,
Doch es kam dazwischen des Krieges Grauen.

Nun sucht er hier, im Park, die Bank,
Wo sie einst saßen stundenlang
In sel'gem Glück, als in jenen Stunden
In Liebe sich ihre Herzen gefunden.
In die Rinde des Baumes schnitzte er ein:
„Auf immer und ewig bin ich Dein!"

Aus seinen Augen brechen heiße Tränen,
Er denkt der Liebsten sein, mit Schmerz und Sehnen.
Schicksal, du nahmst mir mein Lebensglück?
Warum ist bestimmt mir dies' schwere Geschick?
Er klagt und er fragt immer wieder „warum"?
Doch niemand gibt Antwort. Schicksal bleibt stumm.

An des Baumes Stamm er müde sich lehnt,
Weil ein schmerzlich Erinnern durchs Herz ihm geht.
Dann, langsamen Schrittes, geht er fort,
Traurig verläßt er den Heimatort.
In der Ferne, da will er „vergessen" lernen
Und künftig dort leben unter fremden Sternen.

Waldesruh'

Im Wald, da wo die Vöglein singen
Und Gott zur Ehr' ein Loblied bringen,
Da wird mein Herz so andachtsvoll,
Ich weiß nicht, wie ich's sagen soll:
„Den Seelenfrieden find' ich hier
Und dank' dem Schöpfer leis' dafür."

Wie zart geschmückt im Frühlingskleide
Steht Baum und Strauch und Busch und Heide!
Voll süßem Duft und Schönheit ist die Welt,
Weil Blütenzauber sich dazugesellt.
Die Heide blüht in Farben wunderschön,
Komm doch hinaus, solch' Wunder anzuseh'n!

Ein lieblich' Kind spielt dort im Sonnenschein;
Es will sich auch der Maienschönheit freu'n.
Und Schwäne schwimmen stolz im klaren See,
Gern' ich zu diesem schönen Platz hier geh',
Dem Alltagslärm ist hier man ferne,
Hier sitz' ich immer wieder gerne.

So wunderschön ist jeder Baum
Hier an dem stillen Waldessaum.
Ich leg' mein Schicksal, meinen Schmerz
Und Sorgen, die quälen das Herz,
Dies alles lege ab ich, hier am See:
Damit ich Waldesruh' und Vogelsang versteh'.

Mit der Natur verbunden

Immer schon war ich mit der Natur verbunden,
Ich hab' sie zu jeder Jahreszeit „schön" gefunden.
Von Saat bis Ernte, man plagte sich viel,
Doch hatte diese Arbeit „ein heiliges Ziel".

Im Frühling, wenn die Lerche sang,
Ging ich zur Arbeit den Feldrain entlang.
Im Mai stand daheim mein Blumengarten
In Blüte mit Blumen aller Arten.

Im Gemüsegarten schöne Beete machen,
Sie warten, bepflanzen mit allerlei Sachen.
Mich freute im Garten dies' Wachsen und Gedeihen,
Wenn alles da sproß in geraden Reihen!

Und bald schon war der Sommer im Land;
Wie schön ich das goldene Ährenfeld fand!
Das Brot, es wuchs im Felde dort
Rings um unsern trauten Heimatort.

Es wuchs Obst und viel Mais, der Weinstock so reich;
Das Banat war einst dem Paradiese gleich!
Wo fleißige Hände sich unermüdlich regen,
Da gibt der Herrgott gern auch seinen Segen.

Ich möcht' so gern' ...

Ich möcht' so gern' die alte Heimat wiederseh'n,
Möcht' durch die altvertrauten Gassen geh'n,
Möcht' schauen noch einmal der Heimatfluren Grün,
Fliegen mit den Schwalben, die im Frühling dorthin zieh'n.

Möcht' gern' durch gold'ne Ährenfelder geh'n
Nochmal, wenn sanft darüber Abendlüfte weh'n.
Möcht' lauschen dann der Heimatglocken Klang,
Die uns begleiten daheim ein Leben lang.

Im Geiste geh' ich oft zur Heimat hin,
Doch wird dabei mir traurig Herz und Sinn.
Denn die einst wohlvertrauten Gassen,
Die find' ich einsam und verlassen.

Da steh' ich nun vor meinem Elternhaus!
Hier fremde Menschen schau'n zum Fenster 'raus.
Nur fremde Laute höre ich, wohin ich geh',
Voll Schmerz und Weh ich vor der Heimat steh'.

Nun gehe ich zum stillen Friedhof hin,
Auch hier voll tiefer Trauer ist mein Sinn.
Verlassenheit gähnt mir überall entgegen
Auf des Heimatfriedhofs stillen Wegen.

Mir ist's, als hört' ich immerfort,
Ein leises Weinen hier am Friedhofsort.
Mein Heimatdorf, wie liebt' ich dich so sehr:
Ich suche dich, doch find' ich dich nicht mehr!

Lebenstraum

Wie eine Welle, die der Schaum bekränzt;
Die dann vergeht, im großen Meer verglänzt,
So auch Dein Leben, Mensch, die Sehnsucht weckt,
Die sich verlangend nach Erfüllung reckt.

Wie eine Wolke, die im sanften Wind
Ganz leis' und silbern dort im All verrinnt,
So weht Dein Leben flüchtig durch die Zeit,
Und Sehnsüchte werden ein Teil der Ewigkeit.

Du aber stehest zwischen Zeit und Raum,
Und Dein Leben gleichet weißem Wellenschaum,
Dein Denken wandert in Unendlichkeiten,
Es fliegt Dein Herz empor, in Himmelsweiten.

Dort bist Du dann vom Zauber übermannt,
Legst irdisch' Leid und Sorgen aus der Hand,
Ergibst dem süßen, holden Zauber Dich
Und weinst und lachst zugleich, herzinniglich.

Klaus Günther †
Altbeba – Schorndorf

Fotoatelier Ketzler Innsbruck

Klaus Günther wurde am 19. April 1921 in Altbeba (Banat/Rumänien) dicht an der Grenze zu Ungarn und Jugoslawien geboren. Seine Eltern gehörten dem Bauernstand an. Vater: Landwirt Franz Günther; Mutter: Elisabeth, geborene Fassl. Nach dem Besuch der Volksschule im Heimatort kam er mit zehn Jahren an die Temeswarer „Banatia", die der geistige Mittelpunkt des Banats war. Im sechsten Schuljahr führte ihn eine Schulreise nach Konstantinopel und Kleinasien. Anschließend besuchte er das Gymnasium in Schäßburg, das er 1940 mit der Reifeprüfung in Kronstadt abschloß. An den Universitäten von Innsbruck und Straßburg studierte er Germanistik, Romanistik und Geschichte. 1943 wurde er Frontsoldat, es folgten Verwundung und Lazarett. Nach Kriegsende landete er durch dort hängengebliebene Landsleute in Tirol, wo er 18 Jahre blieb. In Innsbruck wurde er 1959 zum Dr. phil. promoviert. Um Studium und Lebensunterhalt zu verdienen, war er Bauhilfsarbeiter, Jugendherbergsleiter und Vesicherungsvertreter, arbeitete in einer Kellerei, beim Straßenbau, in der chemischen Industrie sowie als Assistent für deutsche Sprache am „Lycée Henri Wallon" im französischen Valenciennes. Er unternahm Reisen nach Belgien, England und Italien. Ein Stipendium ermöglichte ihm von 1959-64 ein weiteres Studium in Innsbruck, das er mit dem Staatsexamen für das Höhere Lehramt abschloß. 1964-65 am Gymnasium Uetze bei Hannover; ab 1965 als Lehrer an der Höheren Handelsschule Schorndorf/Württ. Seit 1951 veröffentlichte Klaus Günther in Zeitschriften, Anthologien und Jahrbüchern zahlreiche Gedichte und Erzählungen. 1955 erhielt er den Literaturpreis des Österreichischen College, 1961 den Lyrikpreis des Landes Hessen, 1968 den Föderpreis des Donauschwäbischen Kulturpreises, 1975 den „Felix-Milleker-Preis". Er war Mitglied des „Marburger Kreises" der „Künstlergilde Esslingen" und des „Südostdeutschen Kulturwerks". Veröffentlichte drei Gedichtbände sowie Märchen, Erzählungen, einen Roman, Aphorismen und ein Kinderbuch. Klaus Günther starb am 9. Juli 1982 in Schorndorf.

Das falsche Versteck

Die Flatterzigeuner, wie sie genannt wurden im Banat, waren auf ihrer unabänderlichen Wanderschaft wieder einmal eingekehrt in Batthyanhausen. Die Leute, sie wußten, daß diese Zigeuner blinkende Kupferkessel verkaufen, daß sie anhaltend betteln, kunterbunt wahrsagen und, wenn es geht, auch stehlen. Um letzteres zu verhindern auf seinem angestammten Besitz, war er, der Stein Niklos, besonders wachsam. Er legte sich wie ein Fuchs auf die Lauer. Und auf der Lauer sah er, wie sich eine übermäßig dicke und große Zigeunerin, in einen bunten, geflickten Rock gehüllt, durch das schmale Gassentürchen in seinen geräumigen Hof zwängte. „Die kann unbedingt nichts Gutes wollen", dachte Stein bei sich, trat, verdeckt vom Vorhang, hinter sein Küchenfenster und lauerte weiter.

Die umfangreiche Zigeunerin hatte unter anderem Steins Anwesen betreten, um für gutes Entgelt ausgiebig wahrzusagen. Da sich aber niemand zeigte, dem sie den graden Blick in eine rosige Zukunft hätte öffnen können, schaute sie sich bedächtig um, als dächte sie, auch gut, sodann schaute sie sich noch einmal ganz langsam um, bis ihre scharfen Blicke hartnäckig angezogen wurden von einer im Staub scharrenden, zwar nicht mehr ganz jungen, aber immerhin beachtlichen Henne, die im Kochtopf sehr wohl noch ein gutes Paprikasch hätte abgeben können. Genießerisch strich sich die Zigeunerin mit der Zungenspitze über die vollen Lippen und ging einen Schritt näher heran an die ahnungslos weiterscharrende Henne. Nun rief die Zigeunerin, zuerst ziemlich leise: „Ist da jemand zu Haus?" Und als sich nichts rührte, wiederholte die Zigeunerin etwas lauter: „Ist da niemand daheim?" Und als auch jetzt alles still blieb, rief sie mit kräftiger Stimme: „Ist da jemand?" Nichts bewegte sich. Da schaute sich die Zigeunerin noch einmal nach allen Seiten um, prüfte mit der Nase die Luft aus jeder nur möglichen Windrichtung, schnellte wie ein hungriger Iltis auf die Henne los und erwischte sie ...

So viel hatte der Stein Niklos vom schmalen Küchenfenster hinter dem Vorhang bis in alle Einzelheiten scharf beobachtet. Mehr brauchte er seiner Meinung nach nicht abzuwarten. Blitzschnell lief er aus dem Haus und schrie:

„He, du schimmlige Zigeunerhexe, ich werd dir zeigen, wie man Hühner stiehlt von braven Leuten!" Und er faßte die Peitsche kurz, die er für alle Fälle in der Hand hielt, und hieb damit der Diebin um die bloßen Beine. Diese schrie gellend auf, hüpfte wie ein erschrecktes Känguruh und heulte wie ein gebissener Affe so jammernd auf, als sei sie zu Tode getroffen. Der Stein Niklos hatte ein derartiges Geheul, Klagen und Jammern kaum jemals gehört und hielt erschrocken ein. Fast tat ihm das greinende und wimmernde Weib leid.

„Komm herein in die Stube!" herrschte er sie an, „sonst läuft von deinem Geschrei noch zusammen das ganze Dorf. Und hör endlich mit deinem Gejammer auf!"

Als die Zigeunerin sah, was sie mit ihrem Heulen erreicht hatte, gab sie sich folgsam und betrat nur noch leicht wimmernd das Haus. Jetzt fuhr sie der Mann heftig an:

„Du Mastweib, was hast du unter deinem stinkigen Rock?" Der Stein Niklos war nämlich der festen Überzeugung, die Diebin habe die Henne unter ihrem breiten Rock versteckt.

„Als Mann müßtet Ihr wissen, was ich unterm Rock hab", kam die lockend-freche Antwort der Zigeunerin. „Wenn Ihr's aber nicht wißt, dann kann ich's Euch ja zeigen." Und sie machte zielstrebige Anstalten, ihr umfangreiches buntes Kleid in Richtung Oberschenkel zu lüften.

„Das mein ich nicht, du geile Ziege", fluchte der Niklos. „Du sollst das von unterm Rock herausrücken, was du gestohlen hast!"

„Was unter meinem Rock ist, hab ich nicht gestohlen. Das könnt Ihr mir glauben, Herr. Das hab ich von meiner seligen Mutter mitbekommen für die Männer."

„Ich werd dir Männer geben!" zischte Stein wütend, und er näherte sich kurzentschlossen der Diebin und griff ihr an den fülligen Leib, wo er am umfangreichsten war, weil er dort seine gestohlene Henne mit Sicherheit zu finden glaubte. Allein was er anfaßte, war nicht die Henne ...

Die Zigeunerin über die plötzliche Berührung nicht unzufrieden, begann zu kichern, als wollte die Lust jeden Augenblick aus ihr hervorbrechen und den Mann vor ihr mit ihrer Begehrlichkeit überschwemmen. Durch das anstößige Gekicher entmutigt und ohne daß er sich wirklich überzeugt hätte, ob die gesuchte Henne unterm Rock saß, zog der Stein Niklos seine Hände rasch zurück. Die Zigeunerin blickte ihn enttäuscht an, der nun wieder, da er nicht wußte, was er noch tun sollte, zu schreien anfing:

„Du aufgedunsene Kuh von einem Weib, ich werd dir mit der Peitsche die Henne aus dem Leib kitzeln, du verdammtes Stück ...!" So ging es eine Zeitlang fluchend weiter, bis Stein einzusehen begann, daß er seine Henne so nicht bekam. Da schoß es ihm wie Wetterleuchten durchs Hirn: „Die Henne ist gewiß dort auf der Brust der Diebin versteckt, wo sich das Kleid am meisten wölbt." Und er griff abermals zu, diesmal felsenfest überzeugt: „Jetzt halten meine Hände die Henne." Aber was sie hielten, war zwar rund und füllig, jedoch keineswegs die Henne ...

Die Zigeunerin, in der freudigen Überraschung, nun sei es endlich so weit, begann eilfertig ihre Bluse zu öffnen. Was zum Vorschein kam, hatte nur sehr entfernt Ähnlichkeit mit einer Henne ... Der nun seinerseits überraschte Niklos war gänzlich um seine Selbstsicherheit gebracht, als sich die Tür öffnete und sein ihm angetrautes Eheweib den Raum betrat. Maßlos erstaunt, konnte es vorerst kein Wort hervorbringen. Doch dann ging es um so eifriger los:

„Was! du losgelassener Wildeber, du willst dich an einer Flatterzigeunerin vergreifen! Was Besseres fällt dir nicht ein, du ausgestopfter Hengst, du schamloser Waldbock ...!" Weitere Ausdrücke, wie geiler Hirsch, verhurtes Nashorn und was der Niklos noch alles sein sollte, folgten so unaufhaltsam und bunt durcheinander, daß sie hier aus Platzmangel und Schamgefühl nicht alle aufgezählt werden können. Stein kam gar nicht dazu, eine entlastende Erklärung abzugeben. Die Zigeunerin aber nutzte die allgemeine Verwirrung und floh aus der Stube, nicht ohne unbemerkt einen großen Rahmtopf, der auf dem Tisch stand, mitgehen zu lassen.

Als das Ehepaar Stein endlich zur Ruhe gekommen war, wußten weder er noch sie, wo die Zigeunerin die Henne versteckt hatte. Der Mann hatte die Diebin zwar gut beobachtet, wen er aber nicht gesehen hatte, war der etwa zehnjährige Junge der Zigeunerin, der treu hinter seiner Mutter stand und von deren fülligem Rücken verdeckt wurde. Nachdem die Zigeunerin die scharrende Henne erwischt hatte, gab sie das Beutestück sofort nach hinten an ihr munteres Söhnchen weiter. Das muntere Söhnchen eilte mit dem gestohlenen Vogel zum Zigeunerlager zurück, wo es die Ankunft seiner tüchtigen Mutter abwartete. Als diese endlich eintraf, gab sie ihrem flinken Sprößling den gestohlenen Rahmtopf mit den Worten: „Schleck dich satt an dem süßen Rahm, Stefan. Du hast ihn ehrlich verdient. Diesmal war es, wenn ich richtig hab gezählt, zum neunhundertneunundneunzigsten oder tausendsten Mal, daß wir, Mutter und Söhnchen, durch gedeihliche und geschickte Zusammenarbeit gekommen sind zu einem besonders guten Mittagessen."

Ein Gelehrter errichtete ein philosophisches Gebäude. Jedoch darin zu wohnen hat er nicht gewagt.

*

Gott knackt keine Nüsse. Schließlich hat Er die Schalen erfunden.

*

Man sollte sich nicht täuschen: Auch die Täuschung hat ihre Wirklichkeit.

*

Liebe macht blind. Gerade deshalb können Liebende in den Himmel sehen.

*

Wer gegen den Strom schwimmt, muß darauf verzichten, rasch vorwärtszukommen.

Wenn die Natur ihre Geduld verliert, ist das Problem Umweltverschmutzung gelöst.

*

Die Selbstzufriedenheit ist eine Münze, für die Weisen geprägt, von den Dummen erworben.

*

Wir leben hinter Gitterstäben. Wir ahnen das Gitter und suchen die Stäbe. Wenn wir sie gefunden haben, fühlen wir uns bestätigt.

*

Eine Schlange war Studienrätin und unterrichtete mit dem Fuchs an einer höheren Schule. „Wie kommt es", fragte eines Tages Kollege Fuchs die Schlange, „daß du bei den Schülern so viel Autorität hast? Ich bin, wenn auch nicht länger, doch viel größer als du und kann mich trotzdem nicht mit deinen pädagogischen Fähigkeiten messen." – „Ja", sagte die Kollegin Schlange, „meine Erfolge bei den Schülern sind eben zwingender Natur: Erstens besitze ich einen Giftzahn, zweitens habe ich eine spiegelglatte Haut, drittens kaltes Blut, und viertens kann ich kriechen."

Donauschwaben

Dort sind immer Donauschwaben,
wo die Herzen sich bewähren.
Wo sie eine Heimat haben,
glänzt das Gold der reifen Ähren.

Wo sich Fleiß und Treue finden,
dort wird ihre Heimat sein;
wo die Schwaben Garben binden,
bindet Gott den Segen drein.

Wenn sie nach dem Pfluge greifen,
fällt von ihnen Not und Leid;
dort, wo ihre Saaten reifen,
stirbt die Heimatlosigkeit.

Der Ziehbrunnen

Ein großes T, vom Himmel überdacht,
umgeben von dem Land in seiner Ferne,
und alle Glut der Reife, Nacht der Sterne,
vom Hauch der Sehnsucht uferlos gemacht.

Wo das Gezirp der Grillen ständig rinnt
wie eine dünne Flöte im Verschwenden,
wo alle Dinge im Verträumten enden,
weil sie dem Ewigen benachbart sind;

wo jeder Blick, im Endlosen verfangen,
sich selbst in seinem eignen Maß vergißt,
weil alles uferlos ins Weite fließt,
in grenzenloser Schwingung aufgegangen,

dort steht der Brunnen, stark in seinem Bild,
und ohne Abwehr, wie sie immer waren,
stehn alle Dinge, reicher im Gebaren,
um ihn, der alle überblickt und stillt.

Die Pflaume

Sie reift ihr Fleisch und läßt es saftig runden.
Sie trägt den Kern: des Samens Wiederkehr.
Sie hat des Lebens Innerstes gefunden:
Geschmack des Lichtes macht die Früchte schwer –.

Die Haut enthüllt in ihrer dunklen Tönung
den zarten Schmelz aus violettem Licht
und trägt den Schimmer sichtbarer Gewöhnung
an blaue Nacht, die ihr Geheimnis spricht.

Das Fleisch hat sich mit Sonne vollgesogen
und wurde goldgelb in der Mittagsglut,
bis Süßigkeit des Lichtes einbezogen
in allen Zellen aufgespeichert ruht

und wartet, daß ein Mund die Kraft entsiegle,
die hinter dieser Frucht Verborgnem lebt,
und daß ein Wunder sich im Körper spiegle,
der durch den Körper in die Seele schwebt.

Muttertag

Liebe Mutter! Weite Ferne
überbrückt der Gruß der Herzen,
und der Liebe helle Sterne
überstrahlen unsre Schmerzen.

Einen Blütenstrauß versende
ich an dich: o nimm ihn still
auf in deine Mutterhände
wie das Kind, das dein sein will.

Möchte leis zu dir hintreten,
so, als wäre ich noch Kind,
dem die tiefen ausgesäten
Mutterworte Saatkorn sind. –

Wenn du, still auf deinen Wegen,
mit dem Herzen ganz entblößt,
durch des Lebens Leidensregen
einsam immer weitergehst,

möchte dich dein Kind begleiten,
doch die Kraft reicht niemals hin,
um die Wege zu beschreiten,
die die Mütter einsam ziehn.

Doch ich möcht, daß auf die Wege
sich mein schönstes Kinderlachen
wie ein Blütenschnein hinlege,
um dich, Mutter, froh zu machen,

denn ich durfte dich erfreun,
wie dich nie ein Mensch erfreut;
einer Mutter Kind zu sein,
kam ich aus der Ewigkeit.

Vor dem Spiegel

Was er uns zeigt, will er nicht ändern,
er spiegelt Liebe, Leid und Haß –.
Wir biegen uns bis zu den Rändern
hinein in sein begehrtes Glas

und sind so drin, als ob wir lebten,
und dennoch ist es nur das Bild,
ein Bild, in dessen Sein wir schwebten,
das uns vor unserm Ich verhüllt,

so daß wir uns nie ganz erschauen,
auch wenn der Spiegel uns beschenkt;
der Blick bleibt hinter Augenbrauen
ins Undurchschaubare versenkt.

Sommerbeginn

Des Windes Harfen tönen in den Zweigen.
Auf Wiesen schimmert ein verträumtes Grün.
Die Frühlingsfarben dunkeln schon und neigen
sich spielerisch dem Gold des Sommers hin.

Das Blau des Himmels wird zum starken Bogen,
der diese Erde glühender umhält.
Das Maß der Zeit wird sinnender gewogen,
daß keine Stunde aus der Schale fällt,

die sich jetzt füllt mit diesen Übermaßen
an Blumengärten, Wiesen, Weg und Stein,
mit dieser Stille, die wir fast vergaßen,
mit diesem Tief-in-allen-Dingen-sein. –

Der Sommer streift den Staub der Schmetterlinge,
und alle Wunder sind ihm nicht genug:
Er greift als Herzschlag tief in alle Dinge
und haucht sie aus mit einem Atemzug.

Ewiges

Oh, jeder Liebe bittres Ende
ist Sternenfall des Seelenlichts,
gemalt auf unsre Herzenswände
in allen Farben des Verzichts.

Doch daß einmal in unserm Leben
das Leuchten einer Liebe war,
ist uns als Ewiges gegeben,
ist endlos und unwandelbar.

Antiker Krug

Du runder Krug, in deiner irdnen Schale
enthieltest du vor Zeiten goldnen Wein
und schenktest ihn bei manchem frohen Mahle
den Gästen in die goldnen Becher ein.

Und Helden leerten dich an Ruhmestagen,
und Götter tranken mit in froher Rund,
die Lippen tönten von den alten Sagen,
von Götterhelden sang der Dichtermund ...

Die Stirnen schön, um die sich Rosen rankten,
der Philosoph und Sänger war dein Gast,
sie waren dein, da ihre Lippen dankten,
die du mit süßem Trunk befeuchtet hast.

Du gabst dich aus, da man dich fröhlich leerte,
und manchen durst'gen Mund hast du gestillt.
Im Dichterwort, das dich in Freundschaft ehrte,
hat sich dein Tropfen als Gesang erfüllt. –

Nun stehst du hier und weißt nichts von den Zeiten,
von denen keine wiederholbar ist,
und fühlst, wie dich die Schatten weich umgleiten,
der du noch Krug, doch ohne Labung bist.

Nur manchmal in den Nächten will's dir dünken,
wenn sich ein bleicher Mondstrahl um dich legt,
daß durst'ge Schatten alte Freuden trinken
und sich ein schwerer Wein in dir bewegt.

Christus

Ein Gott und doch zugleich auch Mensch sein müssen
heißt Ewiges mit Sterblichem umkränzen,
heißt Gott ins Irdische herabgerissen
und dennoch höchstes Licht und ohne Grenzen;

heißt Tragisches mit Leuchtendem verbinden
und um das tiefste Weh die höchsten Höhn
des Göttlichen in ew'gen Kränzen winden
und in den Tod mit aller Größe gehn –.

Du, Christus, l e b t e s t dieses Leben; bliebst
uns nah, den in das Leid Hinabgestellten,
denn ewig lebt, wie Du den Ärmsten liebst,
und diese Liebe überdauert Welten.

Die Hände Dein sind aufgetan, um Not
und Schuld noch aufzunehmen; diese Hände,
sie brachen bei dem Abendmahl das Brot,
denn sie sind das Verschenken ohne Ende;

und ihre Geste heißt: kommt all zu mir!
heißt das Willkommensein im ewig Guten,
heißt Zuflucht in den reinen Geist zu Dir,
heißt Trost der Herzen, die am Leide bluten.

Dein Antlitz ist das unerreichte Reine,
darin sich alle Weisheit spiegelnd bricht,
das Abendland behielt aus diesem Scheine
in seiner Kunst das unversiegte Licht.

Die Flöte

Wenn ich als Lied in dunkle Schächte
hinab und in die Tiefe tauch',
bin ich dem schweren Ruf der Nächte
ein milder und ein süßer Hauch.

Das Lied des Lichts ist mein Erklingen,
das ich aus Sternen niederrief,
berührt von ungeahnten Dingen,
durchrinnt es mich geheimnistief.

Wie Morgenstrahlen, die erbleichen,
sind meiner Töne Augenblicke.
Aus unerfahrbaren Bereichen
des Lebens hol' ich die Geschicke

hervor und wandle sie in meine Stimme
und schicke sie als Licht und Nacht
in Wellen aus, darin ich schwimme
in jedes Herz, mir dargebracht.

Es flicht der Brunnenstrahl der Liebe
in jeden meiner Töne sich.
Wenn ich am Ende einsam bliebe,
im Lied der Liebe lag mein Ich.

Mein Pulsschlag ist ein stetig Geben.
Aus Seelentiefen aufgespürt,
bin ich ein atmendes Entschweben
von Lippen, die ein Traum berührt –.

Ich habe nichts als meine Stille,
in die ich sinkend meine Weisen
hinab in alle Brunnen fülle,
die eures Herzens Quellen speisen.

Und was ich immer auch vermiede,
ich habe diese Welt erwählt
und bin ein Augenblick im Liede
des Ewigen, das mich beseelt.

An Georg Trakl

Es ist jetzt mühsam, sein Gesicht zu denken,
das sich nun lösend auseinanderspannt
und sich nur hingibt bis zum letzten Rand
der Dinge, die das Jahr mit Abschied kränken.

Nun glüht der wilde Wein, den er empfunden.
Nun atmet Einsamkeit aus dem Kristall
der Wälder Herbst und Farben in das All
und füllt das blaue Abendglas der Stunden.

Nun ist der Herbst nicht mehr zu unterscheiden
von ihm, da eins das andere durchdrang,
und alles löst sich leicht und wird zum Klang,
zum dunklen Flötenton in Rohr und Weiden.

Nikolaus Lenau

Banaterland und weites Feld –
ein Träumer geht und sinnt und schweigt,
ein Dichter, dem die andre Welt
Geburtsort, Haus und Heimat zeigt.

Sein Schatten wandert bis zum Teich,
das dunkle Schilf erbebt und weint;
der Wehmut Wellen schwingen weich
aus Tiefen, die der Mond bescheint.

Gerührt bekennt der Träumer leis:
Das ist der mir vertraute See,
dieselbe Stelle. Ach, ich weiß,
hier bebt das Rohr: hier lebt mein Weh!

Das ist dasselbe Land, so weit,
aus dem mein ganzes Sehnen stammt,
aus dem mein Herz, in Gram und Leid,
zur Schönheit seines Liedes flammt.

Und dieser See birgt meine Tränen,
die über meine Wangen liefen.
Ob sich die Weisen leise sehnen?
Ob mich des Teiches Wellen riefen?

Im Wasser spiegelt sich ein Bild:
ob das wohl deine Augen sind,
die jetzt ein weicher Glanz erfüllt?
Ich weiß nichts mehr –. Es singt der Wind,

als ob er meinen Schatten sieht
und meinen Gang hierher verzeiht.
Er weiß, daß mir kein Tag mehr glüht.
Ich bin schon tot. Ich bin schon weit.

An Nikolaus Lenau

„O Menschenherz, was ist dein Glück?"
so fragtest du, so war dein Sein
ein schmerzdurchfurchter Augenblick
und dennoch ewig und – allein.

Du bist uns eine Silberschrift,
ein Tränenglanz, ein Sternenfall;
und wo der Schmerz am tiefsten trifft,
dort schlägt dein Herz, dort liegt dein All.

Das Leben kam und wurde Reim
und wurde Atem, Glanz und Glut;
nur im Gedicht warst du daheim,
sonst hat dein Herz nie ausgeruht.

Denn das Gedicht war dein Geschick,
von deinem tiefen Leid bedingt,
steigt es als großer Augenblick
ins Ewige, das uns bezwingt.

Der Sternenpflug

Im Schuppen meines Vaters stand, seit ich mich erinnern kann, ein alter vergessener Pflug, der nicht mehr in Gebrauch war und dessen ungenutzte Jahre sich als Rost auf sein Eisen niederschlugen.

Wenn meine Mutter fragte: „Warum wirfst du denn nicht mal diesen verrosteten Pflug zum alten Eisen? Er ist dir ja doch nichts nütze", lächelte mein Vater nachsichtig, ohne etwas zu erwidern. Wir andern aber fanden die Sache mit dem Pflug, der sozusagen vom Gnadenbrot seiner Untätigkeit lebte, seltsam und drangen in den Vater, uns den Grund zu nennen, warum gerade dieser Pflug, trotz seines Alters und relativer Unbrauchbarkeit, im Schuppen seinen angestammten Platz behielt, während weniger alte Pflüge, die auch ausgedient hatten, den Weg allen Eisens, nämlich den der Verschrottung gingen.

Und weil damals ein langer Winterabend war, an dem die gutdurchheizte Stube die Familie schützend umfing und für Gespräche besonders anfällig machte, da das Feuer im Ofen knisterte und die Bratäpfel schmorten, begann unser Vater, durch die Umstände zusätzlich bewogen, die Geschichte vom Sternenpflug zu erzählen, die ich hier, in möglichst getreuer Wiedergabe, meinen verehrten Lesern mitzuteilen die Ehre habe. „Wir waren damals Kinder", begann mein Vater, „euer Onkel und ich durften manchmal mit meinem Großvater aufs Feld hinausfahren und dabei sein, wenn er seinen Acker pflügte. Die Freiheit der unbegrenzten Felder nahm uns dann jedesmal in ihren Bann. Sie spann uns silbrige Schleier aus Luft und Herbstsonne, durch deren Maschen der Wind blies und die Wolken zogen. Der Himmel nahm uns unter seine riesige blaue Glocke wie Küken, die, eben dem Ei entschlüpft, noch im dottergelben Flaum ihrer beschützten Welt einhertrippeln. Uns verging der Tag sehr schnell, und wir sahen, wie euer Großvater mit seinem Pflug und den davorgespannten Pferden in den Abend hinauswuchs und den schräggewordenen Sonnenstrahlen mit seinem länger werdenden Schatten seinen Tribut zollte.

Euer Großvater pflügte unentwegt weiter, selbst dann noch, wenn die Sonne versank und sich der Himmel blutrot über der Erde wölbte. Eine gewaltige Lichtrose, mit dem Kelch nach unten, stieß durch die Wolken auf die Erde herab und zerfiel bei deren Berührung. Die Dämmerung entschied sich immer mehr für die Nacht, die dem Abend mit den Goldmünzen ihrer Sterne den ganzen Himmel abkaufte und beherrschte. Wir Kinder sahen, daß die anderen Felder leer waren, da alle Bauern ihre Äcker vor der Dunkelheit verlassen hatten und nach Hause gefahren waren. Nur euer Großvater pflügte immer noch, als gäbe es für ihn keine Anzeichen, die ihn bewegen könnten, seine Arbeit zu beenden. Wir sahen dann, hungrig geworden und im Abendhauch etwas fröstelnd, von dem abgestellten Wagen aus, auf dem wir saßen, hinüber zu euerm Großvater, der hinter seinem Pflug unbeirrt einherschritt und Furchen um Furchen zog. Die Pferde gingen gleichmäßig, der Pflug schnitt die Furchen gerade, denn euer Großvater drückte die Pflugschar fest in die Erde, daß sie schwarzglänzende Schollen aufwarf.

Manchmal geschah es, daß in der Dämmerung aufkommende Nebelschwaden über die Äcker schlichen und den Pflüger mit seinem Gespann einhüllten und unseren Blicken entzogen. Der Pflug löste sich hinter einer Nebelwand im Unsichtbaren auf. Nur ein gedämpftes Geräusch verriet seine Anwesenheit. Der Nebel hatte euern Großvater weggewischt, aufgehoben, hatte den Pflüger in eine Welt versetzt, die uns verschlossen war, und wir begannen uns zu fürchten. Erst als der Nebel den Pflüger wieder freigab, wurde uns wohler zumute. Aber euer Großvater erschien uns dann wie ein überirdisches Wesen, wie ein Pflüger aus einer anderen Welt, der von etwas Geheimnisvollem entführt und jetzt wieder an die Erde zurückgegeben worden war. Es geschah aber auch, daß die Nebelschwaden am Boden liegen blieben und nur den halben Pflug, die Beine des Pflügers und seiner Pferde verdeckten. Der Großvater mit seinem Pflug und Gespann schien dann, getragen vom Nebel, über das Feld zu schweben, aufgehoben von der Dämmerung, näher an den Himmel gerückt, der sich zu bestirnen begann. Wenn es dann völlig dunkel wurde, war es, als ziehe der Pflug seine Furchen am Himmel, als befinde sich euer Großvater auf einem fernen Stern, in dessen goldene Furchen er den Erdenschein pflüge.

Wenn der Pflüger dann doch endlich seine Arbeit beendet hatte, fragten wir ihn: „Vater, warum pflügst du so lange in die Nacht hinein? Alle anderen haben schon aufgehört und sind heimgefahren." Auf dem Heimweg erzählte er uns dann den Grund für sein langes Pflügen: „Wißt ihr, Kinder", begann er, „die meisten Bauer pflügen nur solange sie die Sonne sehen. Ist die Sonne untergegangen, dann hören sie mit dem Pflügen auf, weil sie nichts von der Wichtigkeit der Nacht und ihrer Sterne halten. Ich aber halte die Sterne für so wichtig, daß ich sie für meinen Acker nicht entbehren kann. Wie ihr aus der Schule vielleicht wißt, sind die Sterne weitentfernte Sonnen, oft viel größer als unsere Sonne. Ich frage euch nun, ist es besser, das Licht einer einzigen Sonne in die Furchen fallen zu lassen oder das von Millionen Sonnen, die uns aber nur bei Nacht leuchten?"

„Natürlich von Millionen Sonnen", antworteten wir, und der Großvater fuhr fort, indem er einen Blick zu den Sternen warf, als wollte er sich ihrer Gegenwart vergewissern: „Wenn ich nachts meine Furchen ziehe, pflüge ich das Sternenlicht mitten in sie hinein. Die Ackerschollen stürzen über meine Pflugschar und nehmen das Sternenlicht mit sich in den Schoß der Erde. Dort öffnen sich die Tore ungezählter Sonnen für die Samenkörner, die, in den Acker gesät, zu keimen beginnen. Das Sternenlicht wandert hinter meinem Pflug durch die Furchen in leuchtenden Linien, die das Gold einer unirdischen Welt der Erde anvertrauen. Jeder Stern hat die Kraft einer Sonne zu einem winzigen Leuchtpunkt am Himmel gespart. Wenn ich diese Leuchtpunkte in die aufgepflügte Erde sinken lasse, dann berührt sich das Weltall mit dem Innern unserer Welt und beide durchdringen einander. Denn das Weltall ist uns durch die Sterne auf den Weg gelegt. Wir brauchen nur zuzugreifen, und die Unendlichkeit umfließt uns mit den Schauern des Ewigen. Die Sterne machen meinen Acker fruchtbar und lassen sich in die Erde pflügen wie Goldkörner, die sich zu einem Schatz vermehren."

„Wir verstanden euern Großvater damals nicht. Weil er aber immer so fleißig bis spät in die Nacht hinein pflügte, wurde er der tüchtigste Bauer, und von da her wird auch wohl die Fruchtbarkeit seines Ackers herkommen, die ihm zu neuen Äckern verhalf. Seinen Pflug aber nannten wir den Sternenpflug, und wenn er jetzt auch, lange nach dem Tod seines Besitzers, im Schuppen unbeachtet dem Gesetz des rostenden Eisens unterliegt, so leuchtet er doch manchmal in einem seltsamen Licht, wenn der Nachthimmel, besonders klar und weit, in die strahlenden Punkte seiner Sterne haucht und ein millionenfaches Leuchten entfacht. Und wenn es vorkommt, daß ich noch spät auf den Feldern bin und die Nacht hereinbricht, die Sterne sich entzünden und auch noch Nebelschwaden übers Feld ziehen, dann wird es ganz seltsam in mir. Dann bin ich sicher, euer Großvater pflügt, ungesehen, von einer Nebelhülle verdeckt, und ich höre die Geräusche seines Sternenpfluges und seiner Pferde gedämpft durch den Nebel sickern."

Hier beendete mein Vater seinen Bericht. Im Zimmer war es ganz still. Draußen heulte der Wind. Schneeflocken trieben glitzernd an den Fenstern vorüber. Die Mutter legte duftende Bratäpfel auf den Teller. Die vorgebeugte Gestalt des Vaters wurde, da er Holz aufs Feuer nachlegte, durch die geöffnete Ofentür von einem Flammenstrahl erfaßt und für einige Augenblicke in ein warmes Rot getaucht, bis das gleichmäßige Licht der Zimmerlampe aufs neue von ihr Besitz ergriff.

Die Heimat der Eltern

Gerhard hat sich entschlossen, seine alte Heimat, das rumänische Banat, zu besuchen.

Ist es denn seine alte Heimat? Als seine Eltern mit ihm im Jahre 1944 flüchteten, war er knapp drei Jahre alt. Keine Erinnerung blieb ihm an die Gegend, in der er zur Welt kam. Was lebt im Menschen fort aus dem, was seine früheste Kindheit mitgeformt und begleitet hat? Je näher der Zug Gerhard an die rumänische Grenze bringt, desto erregter fühlt er sein Herz schlagen: Schließlich gibt es nur einen Ort in der Welt, wo man geboren wurde! Gerhard denkt an die Heimat, von der ihm seine Eltern vorgeschwärmt und mit feuchtwerdenden Augen erzählt haben. Aber was kann man davon objektiv gelten lassen? Dieses elterliche Heimatbild war vom mildgetönten Sonnenuntergang des Heimwehs überstrahlt. Eine fast schmerzliche Liebe verbanden die Eltern mit ihr. Gerhard hat dazu eine ganz andere Einstellung. Seine Heimat liegt in Deutschland, wo er aufgewachsen ist. Die Gedanken an seinen Geburtsort und das was ihn umgibt sind wie Gedanken an eine entschwundene Insel, auf der man wohl einmal gelebt, von der man aber nicht viel mehr als einen verwehenden Duft in den Kleidern mitgenommen hat.

An der rumänischen Grenze hört Gerhard eine Sprache, die er kaum versteht: Rumänisch. In dieser Sprache hat sich östliche Weite mit dem südlichen Hauch lateinischer Herkunft vermischt. Gerhard kommt ins Land, das heißt in eine seiner Provinzen, ins Banat: Im Nordosten, den er zuerst durchfährt, ist es hügelig, dann naht die Ebene mit ihrer Unbegrenztheit, mit ihrer alle bisherigen Landschaftsbilder überholenden Ferne. Noch nie hat Gerhard eine solche Ebene gesehen: Hier atmet der europäische Osten seine erste Weite, hier nimmt er den ersten steppenartigen Anlauf, um sich maßlos, als gehöre ihm die Welt, bis zum Ural hin auszubreiten. Die ersten Dörfer tauchen auf. Sie haben breite Straßen. Maulbeer- und Akazienbäume durchziehen wie grüne Wächter die Gassen. Weißgetünchte Häuser sprühen im Licht.

Gerhard wird von dieser Landschaft wie von einem fremden, aber milden Glanz berührt. Ihm ist, als gingen von hier Ströme unbewußter Gedanken in ihn ein, als sei ein Teil seines Ichs hier verblieben und käme nun zu ihm zurück wie ein vergangenes Leben ...

Bald hat Gerhard seinen Geburtsort, ein Dorf mittlerer Größe, erreicht. Zuerst besucht er Verwandte. Herzliche Aufnahme wird ihm zuteil. Man freut sich über den Gast aus Deutschland, bewirtet ihn großzügig. Für diese Menschen wirken Besuche aus dem Westen wie neue Räume, die man kaum zu betreten wagt. Gerhard bleibt natürlich, erliegt nicht der Versuchung, mit Autos und sonstigen technischen Errungenschaften anzugeben. Viele Besucher aus Deutschland sprechen eine Sprache, die die Einheimischen nicht kennen, die sie aber mit Bewunderung erfüllt. Diese Sprache besteht bloß aus Hauptwörtern, und sie heißen: Lebensstandard, Farbfernseher, Zweitauto, Kühltruhe, Stereoanlage usw. Diese Worte sind unter anderen Gründe, daß die hiesigen Deutschen glauben, die Bundesrepublik sei eine Art Wunderland ...

Gerhard erzählt von seinen Eltern, von ihrer Sehnsucht, diese Heimat wiederzusehen, und wie sie glaubten, nach der Flucht endlich in Deutschland Ruhe gefunden zu haben und daheim zu sein und doch nicht daheim waren und im Herzen unruhig blieben, weil ihnen dieser Boden fehlte, darin sie Wurzeln geschlagen hatten.

Erst am nächsten Tag besichtigt Gerhard sein Geburtshaus. Am ersten Tag hatte er seine Neugier zurückgehalten. Er wollte zwischen sich und diesem Ereignis eine vorbereitende und mildernde Frist einlegen, eine letzte kleine Wegstrecke im Abwarten, das zugleich ein Abwägen und Heranreifen sein sollte. Nun steht er vor dem langgestreckten Bauernhaus mit seinen Wirtschaftsgebäuden: So hat er es sich nicht vorgestellt. Diese Bauernhäuser in Deutschland sind anders. Dies hier soll seine Geburtsstätte sein! „Seltsam", denkt er, „wie wenig mich das berührt, wie zufällig mir das vorkommt, daß ich gerade hier geboren wurde." Allein er versucht, sich diesem Haus mit einer gewissen Wärme zu nähern, indem er sich sagt: „Hier haben deine Eltern gelebt und gearbeitet ..." Aber was ihm nicht gelingt, ist eine herzliche Empfindung. Das Haus bleibt fremd wie eine halbvergessene Sage, von der ein Hauch grauer Vorzeit ausgeht.

Gerhard öffnet die Hoftür. Der jetzige Besitzer kommt ihm entgegen. Man begrüßt sich. „Ich habe Ihren Vater gut gekannt", sagt der Besitzer, „kommen Sie, ich bringe Sie ins Haus."

Und er zeigt ihm die Zimmer, und Gerhard hat das Empfinden, als würde er durch endlose Räume geführt, die alle eine Beziehung zu ihm haben, durch die er aber wie ein Schlafwandler mit halbgeschlossenen Augen gleitet. Auch der Hof, den er besichtigt, ist unerwartet fremd und wie auf der Lauer, in die Seele des hier Geborenen etwas Unwirkliches einzusenken: eine geheimnisvolle Schwere, die man nicht heben kann.

Als Gerhard das Anwesen verläßt, ist es beinahe wie eine Flucht, und er wählt den Weg durch die Felder, um wieder zu sich selbst zu finden. Es ist bereits Abend. Gerhard trifft auf einen alten Feldhüter. Sie kommen ins Gespräch, und Gerhard erzählt, was ihn bewogen hat, hierher zu kommen und daß seine Erwartungen, was diese Heimat betrifft, sich nicht erfüllt haben.

„Weißt du", sagt der Feldhüter – er wird Mosch Joane genannt und spricht gut deutsch –, „Heimat ist etwas so Unfaßbares wie Musik oder Ewigkeit. Deshalb wird das Wort Heimat auch so oft mißverstanden. Dein Geburtsort ist hier, und so bist du der Bruder all derer, die wie du hier geboren wurden. Sie alle haben ein und dieselbe Geburtsstätte wie Geschwister ein und dieselbe Mutter haben. Ich könnte noch weiter gehen und von vielen anderen Gemeinsamkeiten sprechen, die die an einem Ort Geborenen verbinden. Aber am wichtigsten scheint mir, daß sie alle einzig diesen winzigen Punkt in der großen Welt gefunden haben, um ins Leben zu kommen, das Licht zu sehen und die Nacht zu erfahren. Doch auch die Heimat will erworben und ergründet werden. Mit der Geburt hast du, junger Freund, eine Anwartschaft, aber noch keine Beziehung zu diesem Boden. Öffne dein Herz und beginne zu lieben, wo du nicht verstehen kannst. Das Fremde und Unbekannte weicht wie Frühnebel vor der Sonne des Gemüts. Aufgeschlossen auch dem kleinsten Käfer und Grashalm gegenüber, schillert die Welt und leuchtet die Sonne. Nichts ist groß, was sich nicht brüderlich auch zum Kleinsten neigt. Heimat wird uns nur durch die Liebe in ihrer allumfassenden Kraft."

Mittlerweile ist es Nacht geworden. Mosch Joane geht langsam, neben ihm Gerhard. Beide schweigen.

Am nächsten Tag besucht Gerhard wieder sein Vaterhaus. Er hat eine neue, aufgeschlossene Bereitschaft im Herzen, das Bild seiner Geburtsstätte aufzunehmen und dieses Bild weiterzuformen, bis es ein unverlierbarer Bestandteil seines Lebens wird. Man zeigt ihm alle Zimmer und Räume, als hätte er sie nicht schon gestern gesehen. Er durchschreitet die Räume und hat plötzlich andere Augen, ja alle Sinne haben sich geändert. Er denkt und sieht es: „Hier stand das Bett meiner Mutter, hier auf dem Sofa pflegte Vater sein Mittagsschläfchen zu halten." Gerhard fühlt es, daß es so war, er weiß es nicht. Doch das Wissen erscheint ihm hier überflüssig, wo er alles mit den Fasern seines Herzens erfassen kann. Um das zu erahnen, was man liebt, bedarf es einer wachen Bereitschaft der Sinne und der Seele. Gerhards Augen sehen mehr als sonst. Die Ohren hören den schweren Schritt des Vaters im Gang. Die Nase riecht den Duft warmer Gerichte auf dem Küchenherd der Mutter. Ein deutlicher Geschmack von Speisen legt sich ihm auf die Zunge. Seine Haut fühlt eine kaum merkliche Berührung: Sind es Hände oder Ahnungen von Händen? – Das Haus beginnt zu leben, es füllt sich mit den Stimmen und Gebärden seiner Eltern und Geschwister. Gerhard geht in den Hof, und er weiß auf einmal, daß er hier mit seinem Bruder gespielt hat, daß sie hier mit den jungen Hunden getollt haben, daß dort der Stall mit den Pferden stand ... Alles steht auf, was hier einmal lebte und atmete. Schwalben zwitschern, Tauben gurren, und im Hof krähen die Hähne.

Am Abend trifft er wieder auf den Feldhüter. „Wie war's?" fragt Mosch Joane. „Heute war's anders", sagt Gerhard. „Alles kam mir nah, wurde vertraut und empfänglich. Der Garten blühte, das heißt, ich bemerkte sein Blühen erst jetzt. Das Haus meiner Eltern öffnete sich mir wie ein alter Freund. Der Brunnen sprudelte etwas mir unnennbar Bekanntes, eine verlorengegangene und doch niemals vergessene Melodie. Meine Fremdheit wurde brüchig wie Eis über einer warmen Strömung."

„So ist's recht", sagt Mosch Joane. „Nimm etwas von hier mit, junger Freund, wenn du gehst. Nimm eine Stunde vom Feldrain mit, einen Nachmittag voll Grillengezirp, einen Korb voll Feldblumen. Denn dort, wo du hingehst, ist vielleicht eine große Stadt. Und dorthin sollen dich die Morgenfrische, die Abendstille und eine Handvoll Regen von den Fluren deines Vaters begleiten."

Adam Müller-Guttenbrunn

Gerufen von Brüdern, entsteig ich den Toten
und stehe wie einst zu euch, meinen Schwaben:
den heimatlosen, den leidensbedrohten,
die nur noch die Heimat im Herzen haben.

Ihr mußtet die Dörfer, die schönen, verlassen,
so viel von euch ist dort haften geblieben – .
Ich leide den Schmerz eurer Wanderstraßen,
als wäre ich selber verjagt und vertrieben.

Ich lebe mit euch, wo ihr seiet auch immer.
Damit euch die Hoffnung im Herzen nicht dorrt,
berühren euch Brauchtum, Sitte und Schimmer
der Heimat unsterblich mit meinem Wort.

Der Städter und der Bauer

Wir binden keine Garben,
wir führen keinen Pflug!
Wir hungern und wir darben
am Brote und am Krug,

obwohl wir nichts davon entbehren.
Doch wenn wir an die Saaten rühren,
läßt uns der reife Glanz der Ähren
das Heimweh nach der Erde spüren.

Wir säen nicht, wir ernten nicht!
Kein Pflug in unserer Hand
reißt auf die Erde weit ins Licht
und formt das Ackerland.

Wir essen teilnahmslos das Brot,
denn nur ihr Bauern fühlt und wißt,
zu leben mit des Brotes Not,
bis es geworden, was es ist.

Euch labt das Brot in jedem Bissen
mit Kraft, die aus der Erde quillt,
und eure Seele mit dem Wissen
um Tod und Leben stärkt und füllt.

Euch glüht das Licht auf allen Wegen,
denn jedem neuen Schicksalsschlag
stellt eure Faust den Pflug entgegen
und erntet Frucht am Erntetag.

Das Saatkorn fällt aus eurer Hand,
das euch die Erde näher bringt:
w i r sind von diesem Quell verbannt,
aus dem i h r Kraft und Zukunft trinkt,

denn uns gehört die Stadt: ihr Stein
hat längst getötet Pflug und Frucht –
Wir gleichen einem Wind, der ein
Zuhause sich vergeblich sucht.

Elternlose Kinder

Wir kennen Vater, Mutter nicht,
die Welt hat sie von uns verstreut –
wir fühlen nur, daß ihr Gesicht
sich nach uns sehnt durch Welt und Leid.

Wir sehn das Gras vor unsern Hütten,
es wiegt sich wie ein schwankes Boot,
es neigt sich wie ein Mutterbitten:
„O Gott, gib meinen Kindern Brot!"

Wir hören's schluchzen aus dem Gras
und sehen deutlich und genau
zwei Augen schimmern, tränennaß,
aus jedem hellen Tropfen Tau;

und denken ängstlich, ach, vielleicht
bist du's, o Mutter, die hier weilt,
die übers Gras mit Händen streicht
und unsere Not und Sehnsucht teilt.

Wir hören manchmal ein Gebet,
wie Wind, der in den Bäumen klagt,
Gebet, das leis von Lippen weht,
zu denen niemand Mutter sagt.

Und durch die Tür ein Gehen tönt,
als ob ein Mensch mit müden Schritten
sich bis zu uns ins Zimmer sehnt',
um ein Verweilen zu erbitten.

Und da der Schritt nicht stehenbleibt,
ist uns, als wolle er berühren
den Seelengrund, darein er schreibt
die Spuren, daß wir's weh verspüren.

Doch plötzlich bleibt das Schreiten stehn,
als hielte es den Atem an,
als ob es müde wär vom Gehn
der Mutter, die nicht kommen kann.

Ich geh nach Hause ...

Ich geh nach Hause: und ich geh im Traume.
Die Gasse ist vom Abendrot erfüllt,
die Bäume trinken von dem Purpurschaume
der Sonne ihrer Schatten blaues Bild.

Ich bin zu Hause, und ich steh am Weiher
ein Weilchen so, wie man ergriffen steht
und stille ist, wenn über unsre Leier
der Seele Heimat ihren Frieden weht.

Ich schließ das Hoftor auf, die Türe singt.
Ich seh den Garten, den ich jetzt betrete,
mein Fuß, der langsam auf das Pflaster klingt,
erklingt, als ob er seine Schritte bete.

Ich seh den Hof mit seiner alten Scheune,
und alles ist mir so vertraut, bekannt.
Als Freundin, der ich meine Sehnsucht weine,
verharrt die Weide dort am Brunnenrand.

Der Brunnen rauscht, und seine Stimme zieht
vorbei wie Heimweh, das nach Hause reist.
Wer weiß, wieviel von meinem Lebenslied
im dunklen Rauschen dieses Brunnens kreist?

Ich trete in das Haus, mein Herz, beklommen,
fliegt mir voraus, geht in die Stube ein;
ich bin von weither bis hierher gekommen,
und nun erfahre ich: ich bin allein.

Die Stimmen, die hier tönten, sind verstummt,
doch diese Zimmer atmen Rast und Ruh,
und dieses Haus, das mir Erinn'rung summt,
drückt mir der Wehmut dunkle Augen zu.

Der Garten, der mir seine Blumen streut,
erstrahlt in seinem schönsten Blütenschimmer.
Ich ging auf Wegen, uferlos und weit,
um diese Heimat zu vergessen nimmer.

Das Dunkel

Die Nacht mit ihrem leisen Geben,
mit ihrem stillen Anderssein,
das Dunkel mit der Sterne Schweben,
das Dunkel läßt uns nie allein.

Es bindet uns im Weltumfassen,
obwohl es niemals glüht und glänzt.
Wie oft sind wir allein gelassen
vom Licht, das scheidet und begrenzt!

Das Dunkel macht das Licht erst sehend,
es trägt es, und es faßt es ein,
erst dadurch kann der Mensch bestehen,
im Lichte Gott geöffnet sein.

Seele und Körper

Rühre nicht an das Leuchten der Sterne,
wenn dich die Einsamkeit erträgt!
Alles ist Weite, alles ist Ferne,
was uns im tiefen Innern bewegt.

Die Seele lebt in des Leibes Schwere
in dieser Welt und ihrem Sein,
doch ihre Weite ist weit wie die Meere
und geht in die fernsten Fernen ein.

Die Seele ist mit dem Körper verwoben
für eine kurze Erdenzeit;
des Leibes Tod führt sie nach oben
in grenzenlose Ewigkeit.

Elisabeth Gutwein-Metschar
Beschka – Schwäbisch Gmünd

Elisabeth Gutwein-Metschar wurde am 18. Oktober 1931 in Beschka (Syrmien/ Jugoslawien) geboren. Nach dem Besuch der Volksschule in Beschka von 1938-44 wurde sie aufgrund ihrer besonderen schulischen Leistungen in die Vorbereitungsklasse zur Lehrerbildungsanstalt Essegg nach Neu-Pasua aufgenommen. Ihr Ziel, ihren Traumberuf Lehrerin zu erlernen, wurde durch die kriegsbedingte Anordnung, die Heimat zu verlassen, am 9. Oktober 1944 jäh zerstört. Aus der geliebten Heimat vertrieben, endete eine zwölftägige Odyssee in Mühlhausen/Thüringen, wo eine Zeit größter Armut und ein Kampf ums nackte Überleben begann. Weitere Stationen als Folge des Krieges: 1946 erneute Flucht nach Süddeutschland und weitere Jahre, die von Not und Entbehrung und von der bitteren Gewißheit gezeichnet waren, daß es keine Rückkehr mehr in die Heimat geben würde. 1951 Familiengründung, die nur mit den bescheidensten Mitteln möglich war, wie auch die Versorgung und Erziehung der Kinder. Harte Arbeit und Sorgen vermochten jedoch nicht ihr Interesse für Literatur und Dichtung zu schmälern. Vielmehr half und hilft ihr bis heute die Formulierung eigener Gedanken und Empfindungen in Form von Gedichten und Erzählungen, die traumatischen Fluchterlebnisse und ihr großes Heimweh zu bewältigen. Häufig spiegeln deshalb ihre Gedichte Erinnerungen an eine glückliche Kindheit in ihrer Heimat Beschka wider. Ihre Gedichte sind vor allem den Menschen gewidmet, die durch ein ähnliches Flüchtlingsschicksal viel Leid erleben mußten. Schriftstellerisch tätig seit 1965, veröffentlichte Elisabeth Gutwein-Metschar Gedichte in den Zeitungen „Der Donauschwabe", „Remszeitung" und „Gmünder Tagespost".

Winter

Still steh'n die Weiden
im Reif des Morgens
schlafende Gräser am Wegesrand
Starr ruht die Scholle –
der Winter umschließt euch
mit eisiger Hand

Ruhet und schlafet
bald weckt euch der Frühling
zu blühenden Wegen
und wogenden Feldern
zum rauschenden Wald!

Dann jubelt das Herz
und preiset den Schöpfer
für all seine Liebe
im ewigen Band

Letzter Schnee

Ach, wie bist Du letzter Schnee
vereist, zertreten, schmutzig.
Vater Winter hält im Arm Dich
lange – ja, fast trotzig.
Warst du einst die zarte Flocke,
Kristallen gleich und glänzend schön;
ziertest braune, blonde Locken
wurdest Matsch – nun mußt Du gehen!

Voll Ungeduld drängt stürmisch, bald –
der Jüngling Frühling Dich zurück;
nun geh' – und steh' nicht auf Gewalt.
Viel' Wochen lang warst du das Glück,
besungen wie so sanft und leise,
Du unsere Erde hast bedeckt;
verklungen nun ist diese Weise
Du und dies' Lied auf Eis gelegt.

Des Bächleins Leid

Des Bächleins Lied erklang
seit uralter Zeit
Von lieblichen Auen sang es
durch die es wanderte weit

Es sang von herrlichen Blumen
die blühn' an des Ufers Rand
und vielen glücklichen Menschen
die zogen vorbei Hand in Hand

Einst spiegelte sich in dem Bächlein
des Himmels strahlendes Blau
Ganz trüb wurde dann das Wasser
verbaut sind Wiesen und Au

Man hat das Bächlein begradigt
verstummt ist sein fröhliches Lied
Durch dunkle Kanäle fließt es –
wo es Lebendiges flieht

Meine „Heimkehr" nach Beschka

Fünfunddreißig Jahre lang war dieser Weg. Er begann mit der erzwungenen Flucht aus der Heimat. Flucht auch vor den allerschlimmsten Folgen, die, über die wir heute noch lesen können, uns beim Verbleiben in der Heimat betroffen hätten. Haß und Gewalt regierten in jenen Tagen in unserer Heimat.

Auch wir, die wir auf der Flucht waren, waren den heftigsten Kriegsgeschehnissen allerorts ausgeliefert, denn überall war Gefahr und Not auf unserem Weg, der am 9. Oktober 1944 in meinem Heimatort Beschka begann. Aus einer glücklichen Kindheit herausgerissen, war vielen unserer Generation ein anderer Lebensweg gegeben, als dies noch an der Quelle unseres Lebens schien.

Vieles ist zum Guten geschehen in diesen vielen Jahren, die vergehen mußten, ehe sich für mich die Möglichkeit eröffnete, diesem Weg ein Ende zu setzen, indem ich ihn zurückging! Am 7. April 1979 war dieser so bedeutsame Schritt, dahin zu gehen, wo mich dieses quälende Heimwehgefühl zur Einsicht brachte, daß Unabänderliches geschehen ist und angenommen werden muß! Erinnerungen aber bleiben bestehen, denn Erinnerungen, seien es Erinnerungen an eine glückliche Kindheit oder des Erwachsenseins, sind die Träger unseres Wohlbefindens; darum erinnere ich mich so gern! Darum erzähle ich. Darum schreibe ich es für die Nachkommen, die jetzt ihre Zeit noch für sich und ihre Lebensaufgabe, ihre Familie brauchen. Und wenn sie später fragen, wie das war, da wo die Ahnen einst durch härteste Bedingungen diese, unsere Heimat dort in Pannonien schufen und aus der die Menschen kommen, die in die Geschichte als „Donauschwaben" eingegangen sind, deren Volksstamm aber durch diese furchtbaren Kriegsfolgen nicht mehr existiert!

Als sorgloses Kind von dreizehn Jahren bin ich in der Lage, von mir persönlich „Schönes und Glückliches" aus jener Zeit, die ich in der geliebten Heimat verbringen durfte, erzählen zu können, was sich sicher von den Erinnerungen der damals Erwachsenen etwas unterscheidet, denn sie hatten in den letzten Tagen, die sie daheim durchleben mußten, gewiß alles, was Glück war, diesem so furchtbaren Geschehen opfern müssen.

Nur die Zeit heilt solch tiefen Schmerz, und die Erinnerungen an glückliche Tage erstehen wieder, wenn das Leben seine Reife zur Güte, zum Verzicht gegeben hat.

Mit dieser Erkenntnis ging ich meinen Weg zurück.

Jahrelang zeichnete ich auf Tapetenpapier, das mir viel Platz bot, das Heimathaus, den Hof mit der langen Reihe Obstbäume, den Gang, das Brunnenhäuschen mit dem kleinen Nußbaum daneben, den doppelten Tschardak mit dem hohen Lattentor dazwischen, den „Schopp" (= Schuppen) mit dem Backofen, der Leiter, die auf den Holzspeicher führte, die beiden Fenster am Stall, die Gangsäulen (Pfeiler, sagten wir), jede Tür vom Gang in die Zimmer, mit viel Mühe sogar die einzelnen Ziegelsteine, mit denen unser Hof gepflastert war – und dazwischen wuchs Gras –, das Tor und das Gassentürchen, beides in meiner Erinnerung als die Grenze der Zuflucht, gab es eine Verfolgungsjagd der „bösen Buben", der Geborgenheit schlechthin, die Straßenfront des Hauses mit dieser schönen Stukkatur – in Farbe, oder nur mit Bleistift –, und so nährte ich mein Heimweh.

Im Jahr 1967 kam noch was dazu: Die ersten „Gastarbeiter" aus Jugoslawien kamen nach Deutschland. Ob auf der Straße oder in den Geschäften, glücklich lauschte ich ihren Unterhaltungen in ihrer Heimatsprache – Serbokroatisch – was ich ja von der Schule her auch konnte. Ich teilte mich auch sehr schnell mit, manche wußten von uns, die dort gelebt hatten und geboren waren, von den „Schwaben" überhaupt nichts oder nur sehr wenig; es waren ja auch überwiegend junge Leute. Bis ich eines Tages in einem Kaufladen etwas dolmetschte, denn die Frau, die Auskunft wollte, war eine Ungarin aus Jugoslawien; sie verstand noch kein Deutsch, ich kein Ungarisch, aber beide sprachen wir serbokroatisch, also war die Kommunikation hergestellt. Freude auf beiden Seiten, Hilfe von mir in Wohnungssache und gutem Arbeitsplatz für Marischka, so hieß die Frau, und ihre Familie, die aus zwei Brüdern mit Frauen und Kindern bestand.

Eine Freundschaft voller Achtung, Vertrauen und dem Bemühen, einander Freude zu geben, wuchs zur Vollkommenheit! Ist auch heute noch, nach dreißig Jahren, konstant.

Marischka war der Schlüssel zu diesem bis dahin verschlossenen Weg! Hundertfältig gab diese Familie an Freude zurück, was sie von mir an Hilfe erhielt!

Ihrer Bitte, doch endlich mal mitzufahren, alles wiederzusehen, was mir so sehr am Herzen liegt – und sie wolle auf mich achtgeben wie auf ihren Augapfel – was wäre man ohne Augen, fragt sie ...

Zwölf Jahre kannten wir uns nun schon, und unsere Freundschaft war durch keine Mißverständnisse getrübt! Die Brüder von Marischka waren mit ihren Familien nach zehn Jahren wieder in ihre Heimat, nach Srbobran/Sentamasch in der Batschka zurückgegangen, haben sich für das verdiente Geld ein größeres Haus und mehr Feld gekauft, kamen aber öfter mal zu Besuch.

Marischka fuhr ebenfalls zweimal im Jahr nach Hause, versorgte ihre alten Eltern und schleppte immer mehrere schwere Koffer voll in Stetten günstig gekaufter Gebrauchtkleidung für Verwandte und auch für eine ihr bekannte Zigeunerfamilie mit.

Jahrelang beschenkte sie mich und meine Kinder mit all den süßen Herrlichkeiten, die in meiner Kindheit so beglückend für mich, aber doch recht rar waren; das waren die gefüllten Oblaten, Fransenzucker, wie er immer am Christbaum hing, dann die Bonbons, die das Zuckereckfräulein verkaufte, unten an der serbischen Kirche in Beschka, auch die Kiki, wie es sie am Bahnhof gab, ich aber nie Geld hatte, sie mir da zu holen (!), Wurst und echter Schinken, wie daheim (mein Vater hat ihn so gern gegessen), eine wunderschöne Tischpetroleumlampe mit weißem Glasschirm und viele sehr kunstvolle gestickte und gestrickte Deckchen – viele Male, viel Freude –, und nun muß ich endlich alle Bedenken über Bord werfen, wie man so sagt, auch die Angst vor allem, was in dieser so geliebten Heimat „fremd" geworden ist, und an die Tatsache denkend, daß zu diesem Heimatbild auch die Menschen zählen, die nun nicht mehr dort sein werden, wenn ich durch die Gassen geh', oder mit räumlichen Veränderungen in unserem Haus rechnen muß. Wie sind die Menschen, die jetzt unser Haus besitzen oder dort wohnen? Werden sie mich einlassen? Zu unserer Familiengruft gingen meine Gedanken. Was wird meine Psyche alles tragen müssen, tragen können!?

Getrieben von meinem Heimweh, sagte ich der Marischka dann endlich zu. Peter, mein sechsjähriger Sohn, kommt auch mit. Eine glückliche Marischka ließ es sich nicht nehmen, die Fahrkarten mit Schlafwagen von Stuttgart bis Belgrad zu kaufen!

In meinen jahrelangen Vorstellungen einer Rückkehr in die Heimat stieg ich am Bahnhof aus, barfuß bis zu unserem Haus rennend und als erste da sein ...

Es kam ganz anders!

Am 7. April 1979 begann meine Reise zurück in die Vergangenheit. Im Schlafwagen von Stuttgart bis Belgrad. Wir machten es uns gemütlich in unserem Abteil. Auch für Marischka war dies das erste Mal, daß sie mit dem Schlafwagen fuhr; dies hatte sie sich bis dahin nicht geleistet. Um so mehr war es nun für uns drei eine Freude, und der Peter, der sich sofort das obere Bett belegte, fand kein Ende, an der kleinen Leiter rauf und runter zu klettern, bis er dann endlich müde liegenblieb und schlief. In München hatte es leicht geschneit, was ja in unserer Wetterzone völlig normal ist im April. Marischka sagte voller Freude, daß wir in den Frühling fahren und bei ihr zuhaus schon die Tulipane blühen – sie bemerkte meine Schweigsamkeit – ließ mich dann auch mit meinen Gedanken allein und kroch in das mittlere Bett. Ihre fünf Koffer voll guter Kleider waren aufgestapelt und die Gewißheit, damit wieder Freude machen zu können, ein gutes Ruhekissen.

Nur ich fand keinen Schlaf. Wollte nichts versäumen. Alles auskosten, was mir diese Reise sein würde. Zu der Freude, nun meinen sehnlichsten Wunsch – einmal wieder nach Beschka gehen zu können, das Gefühl „daheim" zu sein, wieder empfinden – erfüllt zu bekommen, mischte sich doch diese quälende Gewißheit, daß alles anders sein würde, als es war! Wie oft träumte ich, daß ich durch den Garten, über den Hof heimkam, so wie dies am Schulweg war.

Wird noch alles erkennbar sein? Ich muß mir ganz genau merken, was ich fühle, wenn ich zum Gassentürchen reingeh', auch die blühenden Birnenbäume fotografieren – wenn die Leute dies erlauben – und den Gang! Auch den Brunnen. Ach, lieber Gott, ich danke Dir, daß ich alles wiedersehen darf – ich muß, ich möchte – ob dies möglich sein wird – so viele Gedanken, Gedanken – auch Angst, daß ich mir zuviel zumute, nicht stark genug bin.

Der letzte Tag in der Heimat, der 9. Oktober 1944, mit all seinem Geschehen, mit der Angst, der Fassungslosigkeit über die Flucht, die uns herausriß aus der heimatlichen Geborgenheit, der selbstverständlichen Sicherheit in unserer Heimat, die eine Heimat mit Zukunft zu sein schien – steht klar und ganz nah in meinen Gedanken. Ich sehe das ganze Geschehen jenes Tages vor mir – vom gedeckten Tisch (!) mußten wir weg! Die Grußrein mit dem Gulasch, dem Laib frischen Brotes, der blau-weiß gestreiften Tischdecke mit den Fransen, die Bündel zwischen den Säulen auf dem Gang – das offene Tor, durch das der Wagen gefahren kam, unsere Bündel abzuholen. Noch höre ich das bitterliche Weinen meiner Mutter und der Großmutter, sehe, wie die Tiere durch den Hof irrten – und auch das offengelassene Gassentürchen zieht an meinem geistigen Auge vorbei – der lange Zug mit den vielen, vielen verzweifelten Menschen, alte Leute, Mütter mit Kindern! Das Rufen nach den Angehörigen – mein Vater mit dem Fahrrad – der letzte Blick nach Beschka von der „Hohen Brücke", einem Eisenbahnviadukt, aus, das Abendrot.

Was will ich eigentlich da in diesem Beschka, in dem kein Mensch mehr von „früher" ist!? Großmutter ist schon seit zwölf Jahren tot. Ihr Wunsch, ihre Heimat Beschka wiederzusehen, hat sich nicht erfüllt. Wie hat sie geschimpft, als sie das Foto, das uns ein Nachbar schickte, sah und nicht fassen konnte, daß der jetzige „Besitzer" aus dem Glasgang ein Ofenrohr herausragen läßt (!), und wie lumpig (!) das Tor ist. Sie sagte, man solle ihm schreiben, wenn sie runterkommt und er hat das Ofenrohr nicht weg und das Tor nicht gemacht, dann bekommt er von ihr Schläg!

Ich sitze hier im Zug, der mich nach Beschka (!) bringt und ich muß über Großmutters Worte lächeln! Großmutter, ich werde ihm sagen, daß das Tor aber ja gemacht wird! Oh, süße liebe alte Menschen, die alle im hohen Alter so einfach aus der Heimat getrieben wurden, weg von allem, was ihnen ein sicherer Lebensabend war! Wo überall liegen sie, weit weg von ihrer Heimat, begraben?

Marischka schläft, keiner sieht meine Tränen. Unten, tief im Tal, sehe ich winzige Lichter, und hohe dunkle Schatten, die ich für Wolken hielt, sind Berge! Nie sah ich so hohe Berge so nah, denn unsere Flucht verlief ja über Ungarn, dann gleich Richtung Norden, fast bis Thorn! Die alten Leute protestierten, daß uns der Lokführer ja erst recht in den Tod fährt, zum Russen! Dann fuhr er westwärts bis nach Thüringen.

Maribor (= Marburg) die Grenzstation! Kontrolle. Marischka wacht auf und sagt verschlafen: „Elisabeta, deine süße Jugoslavija, vidiz kakosu ljubazni." (Siehst du, wie freundlich sie sind?) Sie waren laut und unfreundlich! Marischka kannte die rauhe Art dieser Partisanen, sagte sie.

Was in diesen vielen Koffern sei, wollten sie wissen! Marischka sagte ganz frech: „Otvori, ondak vidiz!" (Öffne sie, dann siehst du es!) Sie gehen weiter. Es werden uns Brötchen und Kaffee gebracht – Marischka schüttet den Kaffee zum Fenster raus nach einem vernichtenden Blick auf diese Brühe! Sie hat ihren Kaffee in einer Thermoskanne!

Es wird langsam hell. Blühende Rapsfelder – in München lag Schnee – Maislaubstengel stehen wie Weizengarben-Kreuze auf den Feldern, so als wären sie vergessen worden. Marischka meint verächtlich: „Kolchos, schlampa su!" (Kolchos, schlampig sind sie!) Eine gute Meinung hat sie vom nächsten Bild, das sich uns in dieser morgendlichen Stille der Landschaft bietet: auf einem Einspänner sitzen zwei sonntäglich gekleidete ältere Bauersleut: „Sie fahren in die Kirche", sagt Marischka sehr bestimmt, „denn sie sind Slowenen und darum katholisch; die Alten glauben noch an Gott, die Jungen sind alle Kommunisten!"

Dann fahren wir in den Bahnhof von Zagreb ein. Viele Leute verlassen hier den Zug. Wir stehen am Fenster und schauen zu. Peter ist aufgewacht und hängt auf meinem Rücken, um auch etwas sehen zu können. Enttäuscht fragt er, wo der Weinberg sei – und: „Hier sieht es ja so aus wie in Stuttgart!" Er meint wohl die vielen Gleise. Marischka will es ihm interessant machen und zeigt auf eine Frau, die ein kleines Kind auf der Hüfte trägt: „Eine Zigan-Frau, Peterle. Weißt du, große Glück, wann sehen diese Frau!" Peter staunt darüber, daß das Kind nicht runterfällt!

Die Glücksfee kommt zu unserem Fenster, wirft ihre Zigarette unter den Zug, streckt ihre Hand zu uns rauf und sagt was mit weinerlicher Stimme. Peter ist ganz fasziniert, und Marischka reicht ihr eine große, mit Wurst belegte Brotschnitte runter. Aber die Zigeunerin wird ganz wild, schreit was zu Marischka und wirft die Gabe unter den Zug! Dann schreit sie: Pare! Pare!" (Geld! Geld!)

Betroffen gehen wir vom Fenster weg, aber Marischka schickt dieser frechen Frau, die auch noch nach uns gespuckt hat, eine Salve serbischer Flüche hinterher! In unserem Abteil erzählt sie uns dann, daß sie ganz liebe Zigeunerkinder kenne, und wir würden sie sehen. Peter glaubt nicht so ganz an das Wort „liebe" – nur eine Woche später erlebte er es dann, so wie von Marischka angekündigt.

Es wird ein sonniger Tag – wie der letzte Tag 1944 in der Heimat auch war – plötzlich fällt es mir ein. Da liegt nun das weite, sonnige Land, das in meiner Erinnerung so tiefe heimatliche Gefühle hervorgerufen hat, die sich auch durch eine so lange Trennung nicht verwischen ließen! Das ist die Helle, von der ich zusammen mit der Großmutter erzählte, als wir nach Thüringen kamen und die mit dunkelgrauem Schiefer verkleideten Häuser und die engen Gassen sahen.

In der Ferne sehe ich, wenn auch noch etwas dunstig, den Fruschka-Gora, auf dessen Ausläufern unser Weinberg, viele Weingärten lagen. Marischka hat an alles gedacht; sie holt Würfelspiel und Mühle aus ihrer Tasche und spielt mit Peter, während ich mit dem Fotoapparat am Fenster stehe, um Urlaubsfotos zu „schießen". Ja, denke ich, diese Einstellung muß ich in meine Gefühle aufnehmen, dann ist diese Reise nicht übersät von den taurigen Erinnerungen und der Angst, der Realität nicht standhaft begegnen zu können. Ich bin im Urlaub – und so schläfrig, daß ich Marischka bitte, mich vor Belgrad zu wecken.

Traumlos endet dieser kurze Schlaf, und zum ersten Mal in meinem Leben sehe ich Belgrad! Welch einen Umweg mußte ich gehen – leben, um in die Hauptstadt des Landes zu kommen, in dem ich geboren wurde und von dem ich einen Teil als „meine Heimat" anspreche – empfinde!

Tagelang werde ich noch von diesem Gefühl „Es wird doch nicht alles nur ein Traum sein, oder wäre doch alles nur ein Traum!" hin- und hergerissen.

Belgrad! Ich stehe auf dem Bahnhofsplatz, der gerade von den Straßenkehrern gefegt wird – wie überall auf der Welt –, aber es ist Belgrad! Wo das Schloß, in dem König Peter II. lebte, wohl ist? Peter fragt, ob ich ihn gekannt habe und ob er ein richtiger König war – vor hundert Jahren.

„Wenn er Geburtstag hatte, dann gingen alle Schulkinder und alle Erwachsenen in die Kirche, um zu beten, daß Gott auf ihn aufpassen möge."

Peter antwortet: „Gell, daß die Straßenbahn hier ihn nicht z'ammfahrt!" – „Mein Liebling, ein König fährt nie mit der Staßenbahn." – Beglückt fühle ich, daß es gut ist, daß ich meinen Peter bei mir habe!

Marischka läßt, wie sie es immer tut, von zwei Trägern die fünf Koffer zum Busbahnhof tragen, gibt einem dieser Männer 5 DM und sagt, dies sei für beide.

Ob es nicht zu wenig sei, frage ich sie, aber sie meint forsch: „Was denkst du, im Leben hatten sie noch keine 5 DM in der Tasche!" Die beiden bedanken sich wortreich, also waren sie auch zufrieden.

Der Bus fährt vor, die Kopfstützen wurden frisch bezogen – warum? „Wegen Läuse", erklärt Marischka ganz selbstverständlich. Wir belegen unsere numerierten Plätze, und die Fahrt nach Sentamasch, das jetzt Srbobran genannt wird und etwa 120 km von Belgrad entfernt ist, beginnt.

Immer wieder überwältigt mich der Schlaf, aber vor Neu-Pasua bitte wecken, denn dieses schöne Schwabendorf muß ich sehen! Hier lebten unsere Verwandten, die Flohrs. Der Flohr-Vetter und die Res'-Bäsl, von denen ich weiß, daß sie auf irgendeine bestialische Weise ums Leben kamen – zwei alte Menschen, so lieb und so gütig, mußten sterben, nur weil sie Deutsche waren! Bei ihnen wohnte ich, als ich in der Vorbereitungsklasse zur Lehrerbildungsanstalt war. Hätte ich nicht das Ortsschild gelesen, hätte Marischka mir nicht extra gesagt, daß wir nun durch Neu-Pasua fahren – unglaublich verwahrlost!

Ich bin erschüttert, denn mein Neu-Pasua war schön! Weiße, saubere Häuser, viel Grün, Baumalleen in jeder Straße – oh Gott, nun ein solcher Anblick! Dann Kilometer später India/Indija, unsere Schulstadt – hier waren meine Geschwister im Internat, gingen hier zur Schule; auch ich war zum Aufnahmetest hier, ehe ich nach Neu-Pasua konnte – wie schmutzig jetzt hier alles ist!

Marischka bemerkt mein Entsetzen und flüstert mir ins Ohr: „So ist der Kommunismus!"

Aber mein Beschka wird nicht so sein, denke ich, wünsch ich mir. Nun dürfte ich nicht mehr einschlafen, denn bald sehen wir das Hinweisschild nach Beschka, sagt Marischka. Peter schenkt zwei kleinen Mädchen Kaugumis aus seinem kleinen Schleck-Rucksäckle. Sie rennen fröhlich hin und her, Kinder müßten die Welt regieren, dann gäbe es diese Fahrt nicht für uns; sie wäre nie so geworden! Aber wir nähern uns einem der wichtigsten Momente dieser Reise für mich – und ich sehe es schon von weitem, unter einem hohen, grünenden Baum – das Hinweisschild: Beška/Srem.

Hier steht es geschrieben! Kein Irrtum! Kein Traum! Links nach Maradik, rechts nach Beschka! Das Eisenbahnviadukt, darunter die „Hochbrick", leicht geschwungen führt der Weg dorthin. Marischka sieht mich erwartungsvoll an. Ich bring kein Wort hervor, ich muß ganz still sein, sonst bricht's hervor – aber es bricht! Ich weine, weine, weine – aus den Augen, aus der Nase.

Marischka stößt mir mit ihrem Ellenbogen in die Seite und flüstert eindringlich: „Djuvaijse" (Hab auf dich acht).

Sie hat recht, denn nicht jeder in diesem Bus kommt aus Deutschland und hätte für meinen Schmerz Verständnis! Deutschland ist zwar für viele das „gelobte Land" geworden, aber der Neid der Besitzlosen hier ist auf Schritt und Tritt spürbar!

Verschwommen durch meine Tränen sehe ich noch das Eisenbahnviadukt – dort fuhr unser Zug – dort sind die Häuser von meinem Beschka.

Neusatz, Novi Sad, Ujvidek sind die Namen (im Wechsel der jeweiligen Staatszugehörigkeit) einer mittelgroßen Stadt an der Donau. Wir fahren durch saubere Straßen mit viel Grün und gepflegten Parkanlagen, manchmal ganz nah an der Donau vorbei – im September 1944 sah ich die Donau bei Beschka zum letzten Mal!

Meine Schwester und ich waren ohne Wissen unserer Mutter in unseren Weingarten, der auf dem Berg bei der Donau lag, gegangen. Wir wollten Trauben holen. Weit weg von Beschka, vielleicht vier oder fünf Kilometer. Das ganze lange Dorf konnte man von da aus sehen, und nur einige Meter durch angrenzende Weingärten hindurch ging der Blick über die Donau, die hier sehr breit war, in die Batschka. Ein wunderbarer Blick! Bei guter Sicht sah man auf der Sremer Seite den Berg Avala bei Belgrad.

An jenem Tag aber begegnete uns, zwei dreizehn- und fünfzehnjährigen Mädchen, eine große Gefahr! Denn plötzlich stand ein uns fremder Mann mit einer Schirmmütze gegenüber und fragte wild, was wir hier wollten? Ja, wir wollen uns Trauben aus unserem Weingarten holen! – „Marz, ali brzo!" (Haut ab, aber schnell!) Wir wußten, daß er ein Partisan war! Ich kann mich gar nicht mehr erinnern, wie schnell wir nach Hause gekommen sind! An diesen Tag denke ich, als ich die Donau wiedersehe.

Die Fahrt geht durch die herrliche Ebene der Batschka. Weite Felder, ein Anblick, den ich so lang ersehnte – eigentlich bin ich froh, noch nicht in Beschka zu sein – noch ein bißchen aufschieben, was mich dort erwartet.

Durch Kiskér geht die Fahrt, hier ist meine Mutter geboren, heiratete 1927 nach Beschka – der gleiche verlotterte Anblick wie in Neu-Pasua, auch Kiskér war ein rein deutsches Dorf. Der Kirchtum teils eingestürzt, sieht aus wie ein abgebrochener Eckzahn – Kiskér wird jetzt Batschko Dobro Polje genannt, Batschka, gute Felder.

Noch durch Werbaß/Vrbaz, dann sind wir im Heimatort unserer lieben Marischka, in Sentamasch, das jetzt Srbobran genannt wird. Ein sehr langer und breiter Ort, der im Kern schon den Charakter einer Kleinstadt hat. Am Busbahnhof erwartet uns Marischkas Bruder mit einem Pferdefuhrwerk, fast eine Kalesche. Wir werden geküßt, auch vom Kutscher, und sie freuen sich so sehr mit dem kleinen hellblonden Bub. „Aus Deitschland", sagt der ganz liebe, freundliche Kutscher, und er sei auch ein Schwob, er habe in Kiskér gedient. Ich erzähle ihm, daß meine Mutter aus Kiskér sei. Wie sie heißt, will er wissen. „Was, Nicke Kath'lche? Jo, freilich kenn ich des! Ich bin jo aa ee Neinr! Ich fahr Eich umasunst!" verkündet er voller Freude, dieser liebe, gute, einfache Mensch! Marischka nimmt dieses Angebot aber nicht an; sie weiß, wie arm die Menschen sind, die von einer winzigen Rente leben müssen!

Von nun an erleben wir die Ungarn! Diese überaus freundlichen, wortreichen, jeder Kommunikation offenen Menschen! Sehr schöne Tage werden uns geschenkt: Unvergeßliche Tage! Jeden Tag werden wir von einer anderen Familie eingeladen, und jede gibt an Aufmerksamkeit und Liebe alles!

Marischka muß da ein wahrer Engel sein, denn ihr gilt all die Herzlichkeit! Und das Haus von ihr! Ein Winkelhaus (ee zwerches Haus, hot mr d'heem g'saat), eine lange weiße Mauer neben dem Kunstschmiedeeisentor, hinter der Mauer ein großer Garten voller blühender Frühlingsblumen! Die allerliebste Sommerküche mittendrin; mit kleinen gestickten weißen Gardinchen – alles ist herzig! Der Hof mit einem kleinen Stall und einem „Schopp", der als Garage dient, dann der einteilige Tschardak, und auch hier unterhalb der Schweinestall. Ein großer weiter Garten nach hinten – wie bei uns daheim – muß ich denken –, eine Glasveranda am Haus, an der die Klematis schon voller Knospen rankt.

„Ach Marischka", sage ich zu ihr, wie sie so mit glücklichem, stolzem Gesicht neben mir und ihrem Bruder herläuft, „was hast du für eine schöne Heimat! Und du gehst nach Deutschland arbeiten?"

Aber meine liebe Marischka stellt gleich richtig: „Ohne Deutschland Arbeit keine Geld, keine Hause, keine Garte mit Blume, keine Peterle mit Mama Elisabetha – du glauben", fragt sie mit Nachdruck?

Alles ist so wie Marischka selber: Sehr sauber! Sehr viel Liebe ist in allem, was sie sich hier mit dem Verdienst aus Deutschland aufgebaut hat, investiert!

Ihre Brüder mit ihren Familien und alle mir nicht bekannt gewesenen Verwandten kommen und wollen mir mit sehr viel Freundlichkeit ihren Dank erweisen für all die Hilfe, die ich ihnen in Deutschland gab. Die Brüder waren nach zehn Jahren wieder in die Heimat zurückgegangen, haben sich mehr Feld und ein größeres Haus, als sie vorher hatten, kaufen können, sie haben nun ein besseres, leichteres Leben.

An allen Vorbereitungen zum Osterfest dürfen wir teilnehmen, ganz traditionsgemäß – die Ungarn sind sehr gläubige Katholiken – so wird auch der Karfreitag im Fasten und Gebet verbracht.

Für Peter hat Marischka ein kleines Fahrrad aus der Nachbarschaft erworben: Mit diesem kurvt er nun über den Hof, Kinder kommen zum Spielen, und man erfreut sich allseits an den Süßigkeiten, ja auch ein Schwein, das da unter dem Tschardak „wohnt" (sagt Peter), bekommt was ab von den Cola-Gummibärchen, Brausestangen, den Schoko-Smarties und eben von allem, was der kleine Zauber-Rucksack birgt.

Er spielt im Tschardak, und es ist für ihn so, wie es für mich einst in Beschka war; auch er ist glücklich, so spielen zu können! Durch die Freundlichkeit dieser Menschen hier wird mir alles von Tag zu Tag vertrauter; die breiten Gassen wie daheim, die gleichen Häuser, und „fremd" ist mir nun vieles nicht mehr.

Wunderbare „Verstecke" für die Osternester findet Peter. Im Tschardak, hinter der Sommerküche, im Strohschieber, und alle mit frischem grünem Gras gefüllt! Glückliche Tage! Das Osterfest wird hier bei Marischka gefeiert. Eine Festtafel auf der Glasveranda aufgestellt, ein wunderbares Festessen, zu dem alle kommen; es wurde zusammen gekocht, gelacht und gut gegessen.

Mit vollgepackten Taschen machen wir uns am nächsten Tag auf den Weg zu den „lieben" Zigeunern. Zwei kleine Häuschen, in einem mittendrin ein Lagerfeuer – und da bemerkten sie uns! Ein Freudengeschrei – Marischka, Marischka, Marischka – sie stürmen heraus und küssen ihre gute Fee immer wieder, denn es gibt auch heute wieder viele wertvolle Geschenke, hauptsächlich Kleidung. Ein etwa fünfjähriges Mädchen steht da und wartet, bis Platz frei wird und sie von Marischka hochgenommen wird. Wie fast alle Zigeunerkinder hat sie große dunkle Augen und lange dunkelbraune Zöpfe. Ein schönes Kind, und nun bekommt sie schöne Kleidchen und sogar Lackschuhe! Ganz verschämt schmiegt sie sich an Marischka.

„Dies hier war mein Zuhause, bevor ich gehe nach Deitschland", erklärt Marischka und zeigt auf das zweite kleine Haus. Nun kann ich mir die große Verehrung und Zuneigung dieser so dankbaren Menschen erklären; sie sind sich alle von Kindheit an vertraut, und nun läßt Marischka sie teilhaben an ihrem besseren Leben. – „Ich danke Dir, lieber Gott, daß Du mir einen so lieben Menschen zur Seite gabst, mich auf meinem Weg, der mir so schwer schien und mir so sehr am Herzen liegt, zu begleiten."

Am zweiten Ostertag sagt die Irene, Marischkas Nichte, die auch zehn Jahre in Deutschland lebte, auch zur Schule ging, nun aber verheiratet ist mit Nandi, sie möchte mir eine Freude machen mit einer Rundfahrt, gleich heute nachmittag. Wo ich hin möchte? Spontan sage ich: „Heim, nach Beschka!"

Ein Schreck geht durch mein Herz über meine eigenen Worte!

Marischka steht da und schaut mich an. Sicher denkt sie an die Busfahrt und an die Tränen. Aber gesagt ist gesagt.

Gleich nach dem Mittagessen fahren wir mit Nandis Skoda los. Sie zeigen mir im Vorbeifahren ihre Felder, schöne Felder sind es. Jemand sagte mal, daß die Felder der Batschka 90 Zentimeter tiefe schwarze Erde haben – fruchtbarer kann ein Acker wohl nicht sein! Irene fragt, ob ich mich sehr auf Beschka freue? –

„Ja, ja sehr!" Meine Stimme klingt wohl nicht sehr überzeugend, denn sie beruhigt, man brauche heute keine Angst mehr zu haben hier, weil alle hätten die Deutschen gern, alle würden gerne nach Deutschland gehen, um Geld zu verdienen.

Nandi erklärt prompt, er nicht, denn in Deutschland sei man nicht ganz frei! Du liebe Zeit – in Deutschland nicht frei? „Ja", meint er, „Irene hat mir erzählt, daß man dort keine Tempos und Bananenschalen zum Auto rauswerfen darf!"

„Ja, Nandi, denke doch, wenn 25 Millionen Autofahrer ihre Tempos und Bananenschalen zum Fenster rauswerfen, wie würde das aussehen?"

Marischka sagt was auf ungarisch, dann sagt er nichts mehr davon. Aber schöne Autos würden in Deutschland gemacht, er habe an BMW in München ein Rätsel geschickt, da konnte man eine Besichtigung gewinnen (im Herbst 1979 oder im Frühling 1980) – er hatte diese Besichtigung gewonnen und war mit Irene bei uns. Ich frage scherzhaft: „Hast du viel gesehen, Nandi? Auch Tempos und Bananenschalen?" Alle lachen herzlich, und er gibt kopfschüttelnd immer wieder seine Freude und Bewunderung kund über all das, was er schon gesehen habe.

Dann ist die Donau zu sehen; rechts der Schnellstraße, für deren Benutzung wir Maut bezahlen müssen, und bald danach die große neue Brücke über die Donau – nach Kriegsende gebaut. So breit ist hier die Donau! Und die Schnellstraße führt weiter; ganz nah an Beschka vorbei bis Belgrad. Eine sehr gute Straße, auch nach Krtschedin. Nandi zeigt, als wir auf der Brücke fahren, nach rechts und sagt: „Dort waren die Weinberge." – „Von uns", falle ich ihm ins Wort. „Aber die sind nicht mehr", berichtet er weiter. Ich kontere:

„Wahrscheinlich wurden sie nicht richtig gepflegt, und die Reblaus hat alle aufgefressen!" Nandi meint, Brot wäre wichtiger als Wein!

„Es gibt sicher hier noch irgendwo Weingärten", sagt Marischka, und da ist auch schon der Ziegelofen von Henn zu sehen!

Das erste, was ich von meinem geliebten Heimatort sehe, und ich weiß ganz genau, daß es kein Traum ist. Alle Namen der deutschen Besitzer sage ich auf, während wir die „Lange Gasse" entlangfahren. Die „Hauptstraße" hatte mehrere Namen – politisch bedingt –, aber für uns Beschk'mr wor's immer die „Lang Gass"! Immer weiter rauf, viele Namen sage ich, auch den von Doktor Ločki – ob er noch lebt? Meine Begleiter sind still, wundern sich, daß es so viele Schwaben hier gab und daß ich die Namen noch weiß!

Scherers, das serbische Pfarrhaus. Unsere evangelische Kirche gibt es nicht mehr, ein großes Vereinsheim, oder ist es eine Turnhalle auf der Ecke, rechts die serbische Kirche – ich erzähle dem Peter, daß ich hier an des Königs Geburtstag gesungen habe, mit allen anderen Schulkindern, und daß es mir dann von dem vielen Weihrauch schlecht wurde, und ich wurde ohnmächtig. Mein Vater, bei der Feuerwehr, war auch da, trug mich auf die Grünanlage neben der Kirche – und da vorne, auf der Ecke, war das

„Zuckerfräulein". Das Rathaus, Gemeindehaus sagten wir – weiße Säulen, schön! „Aber man darf nicht fotografiern", sagt Nandi – ich tu's doch!

Nandi ist lieb, er fährt ganz langsam. Ganz still ist es im Auto, sie lassen mich in der Freude des Wiedererkennens – viele deutsche Namen rechts und links: Nonnenmacher, Sehne, Schwebler, Dr. Renner, Balg, das ist die Martha mit dem schönen „Schopp", Steigeles rechts, Blenichs der Fleischer, schön ist das Haus, und die ganze „Lang Gass" mit Kopfsteinpflaster belegt! Zwei Baumreihen, Fuhrmanns, rechts Dannenfelser, Sauer, Pill, Wohl, Hausers, links Wurz, Webels der Nita, Schäfers – oh Gott, wir kommen immer näher – Stehlis. „Hier", sage ich zu meinen Freunden, „hier?"

Nandi will einbiegen, über die kleine Brücke, die ja zu jedem Haus führt, weil ein Graben an der ganzen Länge der „Lang Gass" entlangführt, damit es nach einem starken Regen nicht zur Überflutung kommt – aber ich bitte ihn, ganz schnell weiterzufahren. Meine Knie sind ganz weich, ich kann jetzt nicht in unser Haus gehen. Ich fange schon wieder an, bitterlich zu weinen. Nandi fährt langsam weiter.

Es ist so erschütternd – dieselben Gassen, dieselben Häuser, aber nicht ein einziger Mensch, den ich kenne – bitter. Bitter bereue ich, mir durch diese „Heimkehr" alle so lieblichen Erinnerungen zerstört zu haben! – Fort, nur schnell fort, ist mein Gedanke!

Meine Begleiter sind über mein Leid sehr bestürzt. Ich erkläre unter Tränen den Weg zum Bahnhof, denn ihnen ist Beschka ja fremd; sie sind zum ersten Mal hier. Am Bahnhof habe ich mich dann ein bißchen gefaßt. Peter sitzt auf meinem Schoß und streichelt mein Haar – Peter ist wichtig, denke ich, nicht was hier mal war! Und wieder die Frage an mich selbst: Was will ich eigentlich hier! Marischka sagt: „Elisabetha – takosi se radovala na tvoja, süße alte Heijmat. – Jiel da idemo?" (Elisabeth, so hast du dich auf deine süße alte Heimat gefreut. – Sollen wir gehen?)

Marischka hat recht. Ich hatte wegen der erschütternden Eindrücke vergessen, mir immer wieder zu sagen, daß ich mich ja nur auf einer Urlaubsreise befinde. Ich zeige Peter, wo in dem Warteraum der Blechkasten hing, in dem die „Kiki" waren – aber im Geist sehe ich schon wieder die Vergangenheit, den langen, langen Zug mit den verzweifelten Menschen, die so überstürzt ihre Heimat verlassen mußten. Ich stand da und schaute auf die leeren Geleise – Marischka wußte, was ich dachte, denn sie wußte aus meinen Erzählungen, wie es am 9. Oktober 1944 war! – „Komm", sagte sie, „wir gehen!"

Peter, Nandi und Irene spielten auf dem Bahnhofsplatz Fangen, was sind dies doch für liebe Menschen!

„Jetzt nur noch kurz zum Friedhof", bitte ich Nandi, „dann fahren wir nach Hause." Es ist unfaßbar, die Häuser sind noch da, dieselben Straßen, und doch sieht man alles mit anderen Augen – links Hunstein, Taffe, das war ein Kaufladen, rechts Ort – der „Ort"pat hat zum Zugführer gesagt, er fährt uns ja direkt zum Russen, als wir auf der Flucht schon kurz vor Hohensalze waren. Nun waren wir auf der Kreuzung bei Losers, Johannbaci-Bubenheimer an „Bicke Eck", der Friedhofsgasse. Eigentlich glaubte ich, daß vom deutschen Friedhof nichts mehr zu sehen sein werde, hier war der Weg nach Regen immer sehr schlecht – ein Großonkel der „Hennrichs-Pat Nehlichs" hat hier gewohnt, er ist bei der Flucht „verloren gegangen", wie erzählt wurde. Jetzt sind hier in Beschka alle Seitengassen asphaltiert, und so ist die Möglichketi gegeben, in allen Gassen fahren zu können.

Schon von weitem sehe ich die noch stehenden Grabsteine. Das Tor ist nicht mehr, aber gleich links der erste noch sichtbare Hügel, das sind die Reste unserer Gruft. Hier ruhen mein Großvater David Gutwein und seine Mutter. Alles ist ganz still, mit Peter an der Hand gehe ich zu dieser letzten Ruhestätte meiner Lieben. Unwirklich ist alles, unbegreiflich. Ich mußte an die Großmutter denken, die von der Flucht an bis zu ihrem Tod niemals mehr hier stehen konnte – keiner wird seither hier im stillen Gebet gewesen sein. Peter weiß, wer da unten liegt, und als ich ihm sage, daß wir beten, fragt er, was er beten soll: „Ich bin klein, mein Herz ist rein ... oder Komm Herr Jesus ..." Ich bringe kein Wort hervor.

Marischka kommt über einen der Hirtenpfade, die keuz und quer über den Friedhof führen, und hat einen lila Fliederstrauß in der Hand, den sie dahin legt, wo mal der Eingang zur Gruft war. Am andere Ende wächst ein wilder Rosenstrauch, der schon kleine Knospen hat. Zeitlos sind solche Geschehnisse, und nur das Gefühl, das Unterbewußtsein registriert. Eine stille Zufriedenheit darüber, daß meine lebenden Angehörigen weit weg sind von hier, breitet sich in meinem Fühlen aus. Irene und Nandi stehen betroffen und wortlos vor diesem so mißhandelten Gottesacker!

Schweigend fahren wir zurück. Ich war entschlossen, mich keinen weiteren seelischen Belastungen auszusetzen: Butschers Haus, links Hemmlers, Sohl Friedrich, Kniesel, Dörners – Irene sagt, daß die Schwabenhäuser die schönsten sind – Kisters, eine Großtante, Steil Philip: hier waren früher große Nußbäume vor dem Haus, habe mir mal meine Hände und das Schürzchen ganz braun verfärbt, als ich geholfen habe, zusammenzulesen – welche Gedanken – Sahms, Jahns, Weiß, er war der „Weisse'pat", der unseren Hof mit den Ziegelsteinen gepflastert hat. Kniesel, Sehne, Wagner – rechts Sohl sen. Sohls mit den Kindern, mit denen wir sehr oft spielten, Wagners – und da stehen wir wieder vor unserem Haus! Wenn ich jetzt schon wieder den Nandi bitte, weiterzufahren, wird es ein für alle Male keine Möglichkeit mehr geben.

Marischka sieht mein Zögern, entschlossen steigt sie aus, nimmt mir den Peter vom Schoß und geht mit ihm zum Tor.

Kluge Marischka! Zu Peter muß ich!

Sie öffnet und ruft auf serbisch nach der Hausfrau. Die kommt zum Tor, und Marischka sagt was zu ihr, auf das diese freundlich nickt und uns mit der Hand zum Eintreten weist.

Jetzt werde ich sterben, denke ich, oder irgend etwas Furchtbares wird geschehen! Ich kann mich nicht mehr an meine Schritte erinnern: der Hof, der Gang, die Küchentür, der Tisch steht an der gleichen Stelle wie bei uns. Wir setzen uns.

Die Frau ist freundlich, sagt, sie habe gerade eine frische Gibanica fertig, sie möchte uns Tee machen, oder ob wir lieber Gibanica mit Kaffee möchten? Der Kellerhals, das lange schmale Fenster neben der Küchentür, die noch dieselbe ist, mit eingelegtem Holzspiegel der untere Teil, der obere Teil mit Glas, in der Ecke beim Kellerhals ist eine Tür, die zum Magazin führt. – Die war bei uns noch nicht – die Frau sieht meinen Blick und sagt, sie haben ein Bad gebaut – sie zeigt es mir aber nicht.

Wir trinken den Tee, und Marischka erzählt ihr etwas von uns. Peter sitzt auf meinem Schoß, und ich höre, wie die Frau sagt, daß ihr Mann krank sei, sie deutet mit dem Kopf zu der Tür, die in das Zimmer nebenan führt. Marischka fragt mich ganz unvermittelt, ob ich weiß, in welchem Zimmer ich geboren wurde? „Ja, in diesem", sage ich und deute auch, wie die Frau, mit dem Kopf zu der Tür – und dann wird mir wieder ganz weich. Die Tür geht auf und – der Partisan, denke ich – steht da! Ganz fest halte ich den Peter! Der Mann setzt sich auf die Bank (meine Schwester und ich saßen dort, wenn wir gegessen hatten), er trinkt auch Tee und wendet sich gleich zu mir mit der Frage, ob ich ein Foto von meinem Vater habe? Ja, sage ich und nehme es aus meiner Tasche: es zeigt meine Eltern in ihrem Garten sitzend bei ihrem Haus in Deuschland. Er nickt und schaut sich das Foto genau an und sagt freundlich. „Jedan pravo Schwabo" (Ein echter Schwabe). Ob er dieses Foto behalten dürfte?

„Aber gern", sage ich und meine Angst ist kleiner geworden. Der Mann sagt entschuldigend:

„Zbog mene bi mogao ostati taj David Gutwein, ali Sin teo da gradi (Meinetwegen hätte das „David Gutwein" bleiben können (er meinte am Giebel, dort war die Stukkatur, 19 – GD – 12, aber sein Sohn wollte bauen).

Er unterhält sich mit den anderen, und die Frau fragt freundlich, ob ich mal durch das Haus gehen möchte? Ja, ich freue mich: Über den Gang vor zum Glasgang, meines Großvaters Büro war dieser helle Raum, mit einem schönen großen Schreibtisch der gedrechselte Stollen und kleine Schubladen seitlich, in der Mitte aber drei große – jetzt steht hier eine sehr schöne rote(!) Ledergarnitur und ein Glastisch, eine Blumenbank und ein weißes Sidebord. Sie öffnet die Tür zum daneben liegenden Zimmer (es war das größte Zimmer in unserem Haus): Großmutters Zimmer. Ein Schlafzimmer aus hellem Holz ist da aufgestellt, sehr schön, sehr sauber!

Ich sage ihr dies und zeige auf die Stelle, wo der hohe braune Kachelofen mit den kunsteisengeschmiedeten Türchen stand. Sie sieht mich überrascht an.

Und da war die Tür, die doppelte Flügeltür mit dem bunten, geschliffenen Glas, jetzt ist sie zugemauert. Auch von der Stukkatur am Plafond sage ich ihr, aber die gibt es nicht mehr. Sie wundert sich, daß ich noch alles so genau in Erinnerung habe. Sie könnte mir die Augen verbinden, sage ich zu ihr, ich werde nicht stolpern, aber ich wäre ob der vielen Veränderungen, die mich draußen erwarten, sicher gestolpert, denn da traf mich fast der Schlag. Kein einziger Baum mehr!

Wo hatte ich denn meine Augen, als wir vorhin in das Haus kamen? Nur der Nußbaum, riesengroß, als wir gingen, war dies ein kleines Bäumchen! Das Brunnenhaus ist noch das alte von uns, ganz lumpig! Es steht etwa fünf Meter weiter nach vorne zu. Sie sagt, sie seien jetzt an die Wasserleitung angeschlossen, und in den Brunnen, den sie gegraben haben, würden sie allen Abfall vom Umbau werfen. Bis hierhin haben sie den Hof mit Beton überdeckt, die Ziegelsteine mit dem Gras dazwischen einbetoniert. Ich lasse mir hier nur alles zeigen, ich bin hier nicht mehr „daheim"!

Dieser Gedanke muß mein Rettungsanker sein! Es gibt kein Tschardak, keinen Stall, auch meinen „Schopp" gibt es nicht mehr! Bis zur Baba Jela weit nach hinten in den großen Garten kann man sehen, und da neben mir war mal der gemauerte Hühnerstall – wo war der Spreuschopp? Soll ich ihr sagen, daß dort die Aussteuerwäsche meiner Mutter und das gute Porzellan eingegraben ist – sie werden es beim Umgraben schon gefunden haben! Ein Haufen zerbrochener Platten liegen da – ich sehe zum Nußbaum hin und weiß, daß hier der Tschardak war. Und da liegen nun unsere zum größten Teil zerbrochenen Gangplatten. Ich bücke mich und frage, ob ich mir eine mitnehmen darf?

Bei Beginn dieser Führung fiel mir gar nicht auf, daß die Gangplatten anders waren. Ich sage ihr, daß meine Füße, als ich noch hier lebte, oft barfuß darüber gelaufen sind. Sie fragt, wie alt ich war, als ich von hier wegging – sie sagt nicht: von hier wegmußte – mein Gefühl, mein Gehör liegen frei. „Dreizehn", sage ich, „und mit dreizehn merkt man sich sehr viel!" Sie nickt, ihr Blick ist zu Boden gesenkt. Ich zeige auf einen Baumstumpf und sage, daß dies ein Weichselbaum war. – Ob mir die Gangplatte nicht zu schwer wäre? „Nein", sage ich nur kurz.

Die Fassungslosigkeit über all die Zerstörung meiner so geliebten Heimat durch diese Leute macht mich hart! Ich habe in unserem Haus, im Hof, überall, wo mich diese Frau, die ja eigentlich freundlich war, hinführte, nicht geweint. Wir gehen zurück zu den anderen. Der Mann fragt mich, ob ich auch dem Čiko-Miko Guten Tag sagen würde.

Ich hatte Zeit, draußen im Hof zu erkennen, daß dies hier nicht mehr meine Heimat ist. Ich schaue ihm ganz fest in die Augen und sage, daß ich dem Čiko-Miko gern guten Tag sagen werde, denn er war als Kind der Spielkamerad von meinem Vater und meinem Onkel Franz, und ich habe mit seiner Tochter Newenka gespielt. Was ich sonst alles von ihm wußte, sagte ich nicht, denn dies wäre mir eine Gefahr geworden!

Wir verabschieden uns und gehen rüber (in Steigeles Haus) zu Čiko-Miko – die Frau begleitet uns.

Nachdem ich dem Čiko-Miko und der Tante Zivka gesagt habe, wer ich bin und zu welchem Gutwein ich gehöre, werde ich geküßt und sehr liebevoll ins Haus geführt – in Steigeles Haus, geht es mir immer durch den Kopf. Grüße von meinem Vater und Onkel Franz. Čiko-Miko spricht sehr gut „schwäbisch", wie wir. Er erinnert sich, daß er uns kleine Mädchen, auch seine Newenka, wenn wir auf der Gass' spielten, unter die Arme faßte und sich so lange mit uns drehte, bis wir torkelten, und dann lachten wir mit ihm. Ja, so war es. „Weit sind diese Jahre", meint er nachdenklich, „er wird auch schon bald siebzig!"

Wir werden sehr gut bewirtet: Bratwurst – wie daheim! – und Schinken, so gut wie er nur „daheim" war! Einen guten Wein! Er holt eine Flasche, geht in den Keller und füllt sie „für seine Freunde Willem und Franza Gutwein", sagt er. „Ja, wenn sie trinken, sollen sie an ihn denken, es ist Wein aus Beschka! – „Vielleicht aus unserem Weingarten", denke ich.

Wir gehen raus in den Hof. Im Vorgarten blühen Tulpen. Es ist noch alles so wie bei Steigeles. Der „Zwerchbau", es ist ein Winkelhaus, das Gartenstück an Schweblers Hauswand, hinten rechts der doppelte Schweinestall, das hohe Tor, der Tschardak, am Ende vom Gang beginnt der Stall. Dahin nimmt Čiko-Miko den Peter und sagt: „Kumm, ich zeig dr ee Kälbche!"

Wir gehen mit. Irene fragt mich auf serbisch, ob noch alles so ist, wie es „früher" war. Tante Zivka steht neben mir, sie schweigt. „Ja", gebe ich zur Antwort, „es ist noch alles so 'hier', wie es früher war." Irene freut sich über meine Antwort, denn sie weiß nicht, daß dies Steigeles Haus war. Tante Zivka sagt dann, sie hätten ihr kleineres Haus und Feld verkauft und dieses gekauft! – Oh Gott, verzeih ihr diese Lüge! Später auf dem Heimweg habe ich es nicht mehr ausgehalten und habe dann Irene die Wahrheit gesagt! Aber noch sind wir hier und wir machen noch Erinnerungsfotos vor dem schönen, blühenden Vorgarten – bei Steigeles.

Unsere „Hausbesitzerin" ging schnell heim, es ist ja nur über den Weg, und kam mit einer Plastiktüte, in der sie eine Wurst und Bohnen hatte, zurück, um sie mir mit den Worten zu überreichen: „Iz vaza, jel iz naza Bazt (Aus eurem oder aus unserem Garten). Ich bin so fertig, habe so abgeschlossen mit dieser Heimat, wie sie jetzt ist, daß ich zu ihr sagen kann: „Pre je bio naz, ali sad je vaz (Vorher war es unserer, aber jetzt ist es euer)!

Ich habe genug von diesem Kuhhandel! Es war unsere Heimat, die uns gewaltsam weggenommen wurde, und sie haben sie geschenkt bekommen, was soll diese Rederei? Ich weiß, daß ich nie mehr hierher kommen werde!

Ich und Peter, wir könnten doch einige Tage hier bleiben, bittet die Tetka Zivka. Ach Du lieber Gott, bloß nicht! Marischka, mein guter Engel, kommt mir zu Hilfe und sagt, daß dies nicht geht, weil ihre Verwandtschaft auf mich wartet. Ich hätte ihnen auch viel geholfen, als sie in Deutschland waren.

Danke, Marischka, aber der Schreck bleibt nicht aus, denn sie sagt: „Wenn es geht, wenn Nandi Zeit hat, kommen wir am serbischen Osterfest noch mal her." Das werden wir noch sehen, denke ich!

Nandi hat sich sehr angeregt mit Čiko-Miko unterhalten. Wir verabschieden uns herzlich, mit Küssen und Dank.

Über die Zwerch-Gass, am Reiterplatz vorbei, durch die Maradiker-Gass' und durch die „Hoch'Brick" verlassen wir Beschka – für immer?

(...)

Am Brunnen

Wie groß war doch das kleine Haus,
das auf dem Brunnen stand.
So oft ging ich den Weg dorthin
an meiner Mutter Hand.

Gar ängstlich klopft' das kleine Herz,
wenn rasend fiel der Eimer runter.
Das Auge scheut sich hinzusehn' –
so tief, so tief ging es hinunter!

Bedächtig dreht der Mutter Hand
das Rad mit seiner Welle.
Der Eimer steht am Brunnenrand –
gar köstlich war die Quelle!

ANHANG

VERZEICHNIS DER AUTOREN
MIT IHREN TEXTEN,
DEREN ENTSTEHUNGSJAHRE
ODER QUELLEN UND LIZENZGEBER

EBNER, MARIA * 5.5.1920 Jahrmarkt
De Hanfbrecher 18
In: Banater Zeitung, 1980
Es täglich Brot 19
In: Der Donauschwabe
Weihnachtslied 20
In: Das Donautal Magazin, 1986
Heimatland 20
Unveröffentlicht, 1985
De Freind 21
Unveröffentlicht, 1994
Was fehlt em Schwob? 23
Unveröffentlicht, 1985
Die Obota 24
In: Der Donauschwabe v. 29.10.95
Heimat 25
In: Der Donauschwabe, 1994
Glocken der Heimat 26
Unveröffentlicht, 1982
Heimweh 27
Unveröffentlicht, 1985
Im Hai 28
In: Schwowetanz. Lieder in Banat-Schwäbischer Mundart (nach Gedichten von Hans Wolfram Hockl, Gretl Eipert, Maria Ebner, Franz Frombach, Erich G. Gagesch), Vertonung: Erich G. Gagesch, Eigenverlag, Singen 1992
De Prophet 29
In: Anton Peter Petri: Deutsche Mundartautoren aus dem Banat, Veröffentlichung der Landsmannschaft der Banater Schwaben aus Rumänien in Deutschland e. V., Arbeitsheft 14, München 1984, S. 33
Vum Zahnarzt ... 30
Unveröffentlicht, 1995
De Hans trefft ... 30
Unveröffentlicht, 1995

EGGER, LEOPOLD * 12.9.1906 Franztal
† 30.3.1993 Stuttgart
Die Suche nach einer neuen Heimat 32
In: Erinnerungen an die donauschwäbische Heimat, hrsg. v. der Landsmannschaft der Donauschwaben in Baden-Württemberg, Sindelfingen 1986, S. 115-119
Der böse Besenbinder 36
a. a. O., S. 119-123

Ich habe meinen Vater wiedergesehen   39
a. a. O., S. 123-126
„Es war in Rosenheim ..."   42
In: Neuland v. 11.7.1953, S. 4

EIPERT, GRETL * 17.3.1919 Orzydorf
Igle un Schwowe verliere ihre Heim   46
In: Der Donauschwabe v. 7.10.1990
Der Tag   47
a. a. O., 20.6.1999
Die Königin der Federwolken   48
a. a. O., 11.5.1986
Donauschwabenschicksal   49
In: Donauschwaben Kalender 1989, S. 42
Mutter, hole mich mit hem ...   50
a. a. O., S. 178
Das Schultertuch   52
a. a. O., 1986, S. 181 f.
Uralti Uhr im Banat   55
In: Der Donauschwabe, 13.3.1977
Unser Kirweihtracht   56
a. a. O., 1989
Schwenglbrunne   56
In: Banater Post v. 5.6.1990
Versetzter Bam   57
a. a. O., 20.5.1986
Die Donau   58
In: Der Donauschwabe v. 15.1.1995
Die Entelewer   59
In: Donauschwaben Kalender 1994, S. 180 f.

EISELE, ANDREAS * 15.10.1903 Saderlach
† 17.7.1980 Neuarad
Erlebnisse und gesammelte Dorfgeschichten aus Saderlach   62
In: Saderlach: 1737-1987. Festschrift zur 250-Jahrfeier, Lebensweg einer deutschen Gemeinde im rumänischen Banat, hrsg. von der Heimatortsgemeinschaft Saderlach, Emmendingen 1987, S. 365 f.
Bim Schmiid   63
a. a. O., S. 366 f.
Di chlaine Studente vo Saderlach   64
a. a. O., S. 367 ff.
's alt Bild   66
a. a. O., S. 369 f.

D' Saderlacher uf 'm Märkt   66
a. a. O., S. 370 ff.
Iise brecht nitt   68
a. a. O., S. 372 f.
De Iisstoß   69
a. a. O., S. 373 f.
Mii Malibäsli   70
a. a. O., S. 374 ff.
De Oschtreschunke   72
a. a. O., S. 376 ff.
Am Martinitag   74
a. a. O., S. 378 f.
's Schnupftiechli   75
a. a. O., S. 382
De Buur un de Professor   75
a. a. O., S. 383 f.
D' Schtaalfliege   76
a. a. O., S. 384
D' Hiehnerzucht   76
a. a. O., S. 385
Unse luschtig Dokter   76
a. a. O., S. 385

ENGELMANN, MANFRED * 2.7.1956 Perjamosch
500 Kilometer Gänsehaut –
erst ausgesiedelt, dann übersiedelt   78
In: Banat-JA, Heft 1/91, S. 28 ff.
Wer weiß   80
Unveröffentlicht, 1997
Ossi und ich, ich und Ossi   80
Unveröffentlicht, 1998
Traum   83
Unveröffentlicht, 1996
Christian und ich, ich und Christian   83
In: Neue Banater Zeitung, 1991
Christian II und ich, ich und Christian II   85
Unveröffentlicht, 1994
Wahrheit?!   86
Unveröffentlicht, 1997
Ausgesiedelt   86
In: Banat-JA, 1/89, S. 4
Ein Letztes   87
Unveröffentlicht, 1998

Vernissage 87
Unveröffentlicht, 1998
Verkehrte Welt 88
Unveröffentlicht, 1998
Es „moderni" schwowische Bad 88
In: Banater Post, 1988; Allg. Deutsche Zeitung für Rumänien, 1993
Flußauf – flußab 90
Unveröffentlicht, 2000
gehen 91
Unveröffentlicht, 1999
Grußwort 92
Unveröffentlicht, 1999
Pardon 92
Unveröffentlicht, zum Jahreswechsel 2000
Tratscherei 93
Unveröffentlicht, 2000
Wo is di Plett? 94
In: Heimatortsgemeinschaft Perjamosch. Heimatbrief, 30 Folge, Dez. 1999, S. 45 f.

ENGELMANN, NIKOLAUS * 10.8.1908 Warjasch

Der Gruß über die Gasse 98
In: Südostdeutsche Vieteljahresblätter, 1972, Heft 2, S. 80-83
In jenen Tagen, da der Mensch ... 102
In: „Donauschwäbische Kulturbeiträge", hrsg. v. Anton Petri, Buchdruckerei D. Geiger, Mühldorf a. Inn 1967, S. 73-80
Die Johre falle ... 109
In: Anton Peter Petri: Deutsche Mundartautoren aus dem Banat. Veröffentlichung der Landsmannschaft der Banater Schwaben aus Rumänien in Deutschland e. V., Arbeitsheft 14, München 1984, S. 25
Vergessene und doch aufbewahrte Geschichte 109
Aus dem gleichnamigen Beitrag für den Donauschwaben Kalender 1984, S. 129-130
Zur Problematik der donauschwäbischen Intelligenz 110
In: Kalender der Heimatlosen 1949, S. 120-127
Drhemm wär Kerweih heit ...! 117
In: Donauschwäbischer Kalender für Südamerika 1954, S. 91
Oweds 118
In: Kalender der Heimatlosen 1950, S. 150

ENGELMANN, UWE ERWIN * 19.7.1951 Neusiedel

am bahnhof von bukarest 120
In: Was ich Dir noch sagen wollte, Dipa Verlag, Frankfurt 1993, S. 8

Schicksalsschlag I 121
a. a. O., S. 11
Schicksalsschlag II 121
a. a. O., S. 12
Elternhaus 122
a. a. O., S. 77
Aussiedler 122
a. a. O., S. 73
Was bleibt 123
a. a. O., S. 68
Sprachhemmung 124
a. a. O., S. 53
Akzente 124
a. a. O., S. 27
Lenz 125
a. a. O., S. 25
mir selbst kurz nach vierzig 125
a. a. O., S. 49
Müde Jahre 126
a. a. O., S. 21
Robinson 127
a. a. O., S. 18
dorfleben in südosteuropa (vormals) 128
a. a. O., S. 10
100prozentige identifikation 128
a. a. O., S. 46
In memoriam Paul Celan 129
a. a. O., S. 5
Banater Idylle 1992 130
a. a. O., S. 81
Sprachheimat 131
In: Der Donauschwabe v. 20.12.1998
Sehnsucht 132
Unveröffentlicht, 1999
Nicu 133
In: Banat-JA, Extrablatt, Arbeitskreis junger Banater, Akademiker und Banatfreunde e. V., Heft 1998, S. 34 f.

ENGLERT, ADAM * 27.02.1921 Kleinnahring
Der Findling im Schnee 136
In: Ihr Herz schlägt im Süden. IV. Band: Freuden und Leiden, Eigenverlag, Wettenberg-Wissmar 1992, S. 38-47
Die Rache des Blaumichls 143
a. a. O., S. 95-100

Rosenblüten	148
a. a. O., III. Band: Zwischen Rosen und Reben, S. 85	
Herbst am Plattensee	148
a. a. O., S. 88	
Abschied	149
a. a. O., S. 92	
Warum mußten wir büßen	150
a. a. O., S. 116 und Neue Banater Zeitung, Nr. 23 v. 10.6.1989	

ERK, HEINRICH * 1.1.1895 Liebling
† 6.4.1970 Gräfelfing

Noom Dresche is nimmi lang bis Kerwei	152
In: Noom Dresche is nimmi lang bis Kerwei. A Vrzählung vun dr Lieblingr Ähn, Verlag des Südostdeutschen Kulturwerks, München 1969, S. 5-9; S. 17-33, Abdruck mit freundlicher Genehmigung von Dr. Heinrich Erk (junior)	

ERWERT, HELMUT * 11.8.1933 Weißkichen

Zeitgespür	166
Unveröffentlicht, 1984	
Auge und Gedächtnis	166
Unveröffentlicht, 1995	
Gewinn und Verlust	167
Unveröffentlicht, 1989	
Kindheit und Erinnerung	167
Unveröffentlicht, 1992	
Verzweifelte Wahrheit	168
Unveröffentlicht, 1980	
Abend in Barcelona	168
Unveröffentlicht, 1977	
Gebet	169
Unveröffentlicht, 1995	
Dazwischen – Südöstliche Biographie –	169
Unveröffentlicht, 1990	
Älter werden	170
Unveröffentlicht, 1985	
Die Zeit einer verschatteten Sonnenuhr	170
Unveröffentlicht, 1995	
Randvoll	171
Unveröffentlicht, 1995	
In Hieroglyphen verwahrt	172
Unveröffentlicht, 1980	

Wirbelsturm und Windauge   173
Teile dieses Textes waren in etwas veränderter Fassung abgedruckt in: Südostdeutsche Vierteljahresblätter, 48. Jg., München 1999, Folge 1, S. 26 ff.

FÄRBER, WALTER * 31.5.1953 Johannisfeld

De Wetter-Esl   182
In: Neue Banater Zeitung, Beilage „Pipatsch", v. 21.9.1975
So was!   182
a. a. O., 16.2.1975
Maleer   183
a. a. O., 1974
Zirkus   183
a. a. O., 15.2.1976
Gsichter   184
a. a. O., 18.4.1976
A Kunschtstick   184
a. a. O., 29.8.1976
Kannscht dich noch erinnre ...   185
a. a. O., 3.4.1977
Emol ums Dorf rum   186
a. a. O., 6.11.1982
Fruhjohrsnewl   188
a. a. O., 22.5.1977
Owed im Dorf   189
a. a. O., 15.5.1977
Gelsekriech   189
a. a. O., 22.5.1977
reentroppe   190
a. a. O., 26.6.1977
altweiwersummer   190
a. a. O., 17.11.1979
zwischen   191
a. a. O., 17.6.1979
in der summerkuchl   192
a. a. O., 7.8.1977
banater herbscht   192
a. a. O., 9.10.1977
horch   193
Unveröffentlicht, 1984
spotherbscht   193
a. a. O., Neue Banater Zeitung, 12.12.1981
Wintermorjet   194
a. a. O., 19.1.1978

Schwowewinter	194
a. a. O., 1.2.1976	
Wann die Zeit zuruckgehn meecht	195
a. a. O., 31.7.1977	
hoffnung	196
a. a. O., 26.12.1981	

FALTUM, WENDELIN * 8.4.1905 Gakowa
† 11.6.1991 Buenos Aires

Die Batschkaprinzessin	198
In: Die Batschkaprinzessin. Ein Heimatroman zwischen Theiß und Donau, Holzner-Verlag, Würzburg 1960, S. 5-16, 123, 125-127	
Der Schneider-Detektiv	208
In: Donauschwaben Kalender 1963, S. 134 ff.	
Das Ende des Schneider-Detektivs	211
a. a. O., 1964, S. 137 ff.	

FASSEL, HORST * 15.8.1942 Temeswar

Das Ding an sich	214
In: Neue Literatur. Zeitschrift des Schriftstellerverbandes der SRR, 21. Jg., Heft 6, 1970, S. 20 f.	
jassy – der vorstoss der rückschau	215
a. a. O., 28. Jg., Heft 2, 1977, S. 77-81	
die stute gazbal. mangalia	220
In: kenn-zeichen, Albatros Verlag, Bukarest 1981, S. 98	
baja und was von einer hauptstadt bleibt	221
a. a. O., S. 99-102	
systematisierung	223
a. a. O., S. 7	
mahnmal	223
a. a. O., S. 21	
verkehrter komparativ	223
a. a. O., S. 41	
unruhe	224
a. a. O. S. 34 f.	
wir fallen und liegen und fallen	224
a. a. O., S. 45	
freiluftgehege	225
a. a. O., S. 48	
aquaforte	225
a. a. O., S. 63	
beschreibung eines bildes	226
a. a. O., S. 53	

7 präliminarien für ein denkmal ...   227
a. a. O., S. 89 f.
einhörniges von cantemir   228
a. a. O., S. 93

FATH, GEORG * 6.1.1910 Bischofsmark
† 2.2.1999 Fünfkirchen
Nach der Enteignung 1946-47   230
Unveröffentlicht, 1947
Weihnachten, im Gefängnis   230
Unveröffentlicht, 1948
Die Muttersprache   231
Unveröffentlicht, 1949
Verlorene Heimat   232
Unveröffentlicht, 1950
Heimkehr   233
Unveröffentlicht, 1953
Mahnruf!   234
Unveröffentlicht, 1956
Heimat   236
Unveröffentlicht, 1969
Schlangen-Prinzessin   237
In: Stockbrünnlein. Ausgewählte Gedichte, Verein für das Deutschtum im Ausland, München 1984, S. 64 ff.
Letztes Blatt   239
Unveröffentlicht, 1975
Dichterberuf   239
In: Der Donauschwabe v. 28.3.1999
Frühling   241
Unveröffentlicht, 1982
Sarajevo   242
Unveröffentlicht, 1992
Wie lange noch?   243
In: Neue Zeitung/Budapest 27/93 v. 3.7.1993, S. 6
Bosnier   244
Unveröffentlicht, 1996

FICKINGER, GERLINDE * 6.8.1955 Groß-Scham
Manchmal   246
Unveröffentlicht, 1988
Wörter   246
Unveröffentlicht, 1979

Tagebuch	247

In: im brennpunkt stehn. Lesebuch mit Beiträgen der jungen und jüngsten Mitglieder des Temeswarer Literaturkreises „Adam Müller-Guttenbrunn", Auswahl und Einleitung Anton Palfi, Temeswar 1979, S. 77

Frühlingsmorgen	247

Unveröffentlicht, 1980

Für M.	248

Unveröffentlicht, 1979

Einen Eimer Freude schöpfen	248

a. a. O., S. 78

Berührung	249

Unveröffentlicht, 1991

Meine Tür	250

Unveröffentlicht, 1979

Sonne reift in den Trauben	251

Unveröffentlicht, 1987

Die Möwen	251

a. a. O., S. 78 f.

Für dich	252

Unveröffentlicht, 1989

Ich reiße meinen Körper	252

In: Neue Banater Zeitung

Über die Erinnerungen ...	253

In: Heimatbuch der deutschen Gemeinde Groß-Scham im Banat von Dr. Anton Peter Petri und Hans Schmidt, hrsg. v. d. Groß-Schamer Heimatortsgemeinschaft 1987, S. 493

Nicht immer ...	253

Unveröffentlicht, 1978

Große blaue Vögel	253

In: im brennpunkt stehn, S. 78

Wiese	253

a. a. O., S. 77

Abendgedanken 1	254

Unveröffentlicht, 1978

Abendgedanken 2	254

Unveröffentlicht, 1978

Jeden Tag	254

a. a. O., S. 79 f.

Wunsch	255

Unveröffentlicht, 1977

Verzweiflung	255

Unveröffentlicht, 1986

Traum 255
Unveröffentlicht, 1986
Erwachen 255
Unveröffentlicht, 1987
Nimm mich mit ... 256
Unveröffentlicht, 1986
Du schenkst mir ... 257
Unveröffentlicht, 1987
Nächtliche Fahrt ... 257
Unveröffentlicht, 1987
Du gibst mir ... 257
Unveröffentlicht, 1986
Allein ... 257
Unveröffentlicht, 1987
Oft fällt mir ... 258
Unveröffentlicht, 1988
Nach Waldkraiburg 259
Unveröffentlicht, 1985

FILIP, WILMA * 21.11.1927 Soltur

Schulzeit, ach du liebe Zeit! 262
In: Wie Blätter im Wind. Erzählungen und Gedichte aus dem Banat, Selbstverlag 1996, S. 74-85
Unser Nachbar und sein Hund 268
a. a. O., S. 87 f.
Die Pistole 268
a. a. O., S. 105 f.
Russen im Nachtquartier I (Januar 1945) 269
a. a. O., S. 107 f.
Flucht und Vertreibung 271
a. a. O., S. 25
Ferne Hügel 272
a. a. O., S. 26 f.
Gedenkfeier 1991
Sindelfingen – im Haus der Donauschwaben 273
a. a. O., S. 32
Nikolaus Lenau zum Gedenken 274
a. a. O., S. 18 f.
Abschied im Herbst 275
a. a. O., S. 95 ff.

FILIPPI, JAKOB * 1912 Torschau
  † 1972 Richwood/New York
  Grad so wie d'heem 278
  In: Grad so wie d'heem. Stammtischdiskussion als Schauspiel in einem Akt, Cleveland/Ohio 1960, Typoskript, S. 1-14

FINK, HANS * 2.5.1942 Temeswar
  Vorwort 294
  In: Die Märchenmühle. Ein Roman für Kinder, Ion Creangă Verlag, Bukarest 1985, S. 5
  I. Kapitel
  Was in der Seemannskiste war 294
  a. a. O., S. 7-11
  IX. Kapitel
  Bei der Hochzeitsköchin 298
  a. a. O., S. 62-69

FISCHER, LUDWIG * 2.7.1929 Karanac
  Preisgegeben 306
  In: Neue Zeitung/Budapest, 1994
  Ausstellung mit Führung 314
  a. a. O., 6/1998, S. 5
  Die Katze und der alte Mann 316
  a. a. O., 16.12.95, S. 4 f.
  Die Stadt 321
  In: Neue Zeitung/Budapest, 18/95
  Alles wird bleiben 323
  In: Auf weiten Wegen. Erzählungen, Publikation des Demokratischen Verbandes der Ungarndeutschen, Lehrbuchverlag, Budapest 1983, S. 38-41

FLANDER, GUSTAV * 17.3.1927 Mokrin
  Haamweh 328
  In: Dehaam war dehaam. Lewe un Brauchtum – vrzählt in donauschwowischer Modrsprooch, Teil II, Gedichte und Lieder, S. 22
  Heimatglocke 328
  a. a. O., S. 5
  Im Himmlreich 329
  a. a. O., S. 14
  V'rloregang 330
  a. a. O., S. 23
  Schwoowe dr heidich Zeit 331
  a. a. O., S. 18

Es taamisch Leiwl	332
a. a. O., S. 12	
Kherwei	333
a. a. O., S. 48	
De Leweslaaf	334
a. a. O., S. 8	
Was blieb ...?	335
a. a. O., S. 26	
Dehaam ...!	336
a. a. O., S. 17	
Mir lewe modern ...!	337
a. a. O., S. 51	
Ein gnadenloses Christkind	338
In: Der Donauschwabe v. 6.12.1992	

FLASSAK, ELISABETH * 4.10.1923 Ernsthausen
Fegefeuer Balkan — 342
In: Fegefeuer Balkan. Weg eines donauschwäbischen Kindes, Hartmann Verlag, Sersheim 1994, S. 14-76 (Auszüge)

FRACH-FISCHLER, EVA * 1.7.1933 India
Kindheit in India — 356
In: Ein weiter Weg. Lebenserinnerungen einer Donauschwäbin, Eigenverlag, Braunau/Inn 1991, S. 136-143; unter „Es brennt! Es brennt!" auch in: Donauschwaben Kalender 1995, S. 138 f.
Bäckerkipfel — 358
Unveröffentlicht, 1988
Wie's zu Hause einmal war — 358
In: Ein weiter Weg, S. 150-156
Schweineschlachten — 362
a. a. O., S. 157-159
Das zerrissene Sonntagskleid — 364
a. a. O., S. 140-142
Am Pijaz — 366
a. a. O., S. 143-146
Gakovo im Sommer 1946 — 368
a. a. O., S. 42-44
Wie Fremde in der Nacht — 369
a. a. O., S. 132-135

FRANZ, JOHANN * 30.3.1924 Palanka
Dr Mischi un dr „Rotisländr" Kokorosch — 374
In: Losse doch uns Palangr a mol zu Wort kumme! Mundartgeschichten, Selbstverlag, Heilbronn-Biberach 1986, S. 9 f.

Dr Djuribacsi un sei Milone   375
a. a. O., S. 13 f.
Palangr Fodball   377
a. a. O., S. 25 f.
Die Donafischer   379
a. a. O., S. 27 f.
Die Donamüller   381
a. a. O., S. 17 f.
Meckgeißl   383
a. a. O., S. 37 f.
Bauregschichte   385
a. a. O., S. 29 f.

FRANZEN, NIKOLAUS * 26.3.1912 Hatzfeld

Do war ich mol drhem   388
Unveröffentlicht, 1948
De Vettr Hans un die Wes Nantschi   389
Unveröffentlicht, 1948
Die Wertschaft em Baurehaus   390
Unveröffentlicht, 1952
„Carmina Burana"   390
Unveröffentlicht, 1956
An die Krähe   391
In: Das Donautal-Magazin Nr. 23, 1984, S. 34
Knoblauch und Zwiebel   391
Unveröffentlicht, 1990
Rückkehr von Cleveland nach Sindelfingen   392
Unveröffentlicht, 1970
An die Donauschwaben in Amerika   393
In: Festschriften und Kalender in den USA und Canada
Onser Hatzfeld   394
Unveröffentlicht, 1972
Gedanken an die Heimat   395
In: Donauschwaben Kalender 1996, S. 1
Unser Hatzfeld   395
Unveröffentlicht, 1985
Zu Vivaldis „Herbst"   396
Unveröffentlicht, 1975
Die Treue   397
Unveröffentlicht, 1966
Im Sindelfinger Krankenhaus   398
Unveröffentlicht, 1973
In memoriam Peter Jung   399
Unveröffentlicht, 1967

Herbst 400
Unveröffentlicht, 1983

FRAUENDORFER, HELMUTH * 5.6.1959 Wojtek
Für die Erlaubnis, die nachfolgenden Texte abzudrucken, danke ich dem Autor.

die großmottre staliere 402
In: Fechsung. Lyrische Texte in banatschwäbischer Mundart, Kriterion Verlag, Bukarest 1979, S. 51 f.
beese hund 403
a. a. O., S. 52 f.
was ich kann 404
a. a. O., S. 54
gegensätzen entgegen 404
In: im brennpunkt stehn. Lesebuch mit Beiträgen der jungen und jüngsten Mitglieder des Temeswarer Literaturkreises „Adam Müller-Guttenbrunn", Auswahl und Einleitung Anton Palfi, Temeswar 1979, S. 74 f.
Nacht 405
In: Landschaft der Maulwürfe. Gedichte, Dipa Verlag, Frankfurt a. M. 1990, S. 12
Das große Lachen 406
a. a. O., S. 18
Die Sprache verschlagen 406
a. a. O., S. 22
Bewohnbarkeit 407
a. a. O., S. 28 f.
Schönes Gedicht 408
a. a. O., S. 37
Banater Dorf 82 408
a. a. O., S. 30
How Do You Do 409
a. a. O., S. 53
Der Dichter 410
a. a. O., S. 38
„No monster waltzes alone" 410
a. a. O., S. 54
Dezember-Begegnung. München 88 411
a. a. O., S. 55
Monster 412
a. a. O., S. 57
Nach einer Sitzung 412
a. a. O., S. 59

Tagesanbruch	413
a. a. O., S. 61	
Heimwärts. Innerwärts	413
a. a. O., S. 69	
Erster Erster fünfundachtzig	414
a. a. O., S. 77	
Lage(r)bericht 86. Pitești	414
a. a. O., S. 71	
Angst. Zustände	415
a. a. O., S. 81	
Sammelsurium	415
a. a. O., S. 78	
Zur Biographie	416
a. a. O., S. 84	

FREIHOFFER, HEINRICH * 11.1.1921 Kleinschemlak
† 22.11.1998 Deggendorf

Weg ohne Umkehr 418
In: Weg ohne Umkehr. Das letzte Jahr. Zeitgeschichtlicher Tatsachenroman mit dokumentarischem Anhang, Selbstverlag, Deggendorf 1991, S. 11 f.; 24; 27; 241 f.; 244 f.; 261 f.; 262 ff.; 266 f.; 273 f.; 275

Wie dr Ewerles Hansvetter ... 427
In: Donauschwaben Kalender 1975, S. 164 f.

's Hexehaus 430
a. a. O., 1982, S. 178 f.

Warum de Andresvettr ... 432
a. a. O., 1983, S. 175 f.

FRIEDRICH, GEORG * 10.8.1927 Irándárda

Recht auf Freiheit und Arbeit 436
Unveröffentlicht, 1947

Der Fackelruf 437
Unveröffentlicht, 1951

Wege der Angst, Wege der Hoffnung 438
In: Wege der Angst, Wege der Hoffnung. Eine ungarndeutsche Nachkriegsgeschichte, Selbstverlag, Darmstadt 1995, S. 6 f.; 18-30

FROMBACH, FRANZ * 4.11.1929 Jahrmarkt
† 19.4.1999 Bexbach-Frankenholz
Einige der hier abgedruckten Texte sind erschienen in: Banater Post, Der Donauschwabe, Das Donautal Magazin, Nachrichten der Vereinigung der Donauschwaben in Chicago. Soweit bekannt, sind Erscheinungsort mit Datum oder das Entstehungsjahr angegeben.

Fremde Heimat 1986	452
Banater Drama, letzter Akt 1986	453
Schwowischer Dialekt 1990	454
Streit uf der Bohn 1990	454
Wehrdienstverweigerer 1988	455
Der alt Knotterkaste 1986	455
Was hot dehr gemoont? 1984	456
Nohlaafjes 1985	456
Er is sicher 1983	457
Es bleibt die nackich Haut 1991	457
Das letzte Wort zum Abschied 19..?	458
Es alt Gebetbuch In: Banater Post v. 20.3.1998	459
Dervun – Freinde 1987	461
E bittri Arznei, gut geger 's Homweh In: Banater Post v. 20.9.1994	461
Der liewe Bu 19..?	464
In finstrem Weinlokal 19..?	465
Mich nicht! 19..?	466

FUCHS, JOSEPH * 19.3.1913 Knes
† 30.12.1968 Temeswar

Das Ende der Landstraße Fragment aus dem unvollendet gebliebenen Romanvorhaben „Die Tochter des Scherenschleifers Alois Perkinzl", in: Neue Literatur, Jg. 15, 1964, Heft 2, S. 64-74	468
Ein Diamant – so groß wie die Erde In: Neue Banater Zeitung, 16.3. und 23.3.1969	479

GABRIEL, JOHANN JOSEF * 21.7.1900 Hatzfeld
† 3.1.1978 Freising
Tie Lerche em Heimatflur   486
In: Lerche im Heimatflur. Schwowische on heerische Gedichte, Selbstverlag, Freising 1973-77, Bd. VII, S. 2
Tie Motterschproch   486
a. a. O., Bd. II, S. 7
Tie Schwowekherwei em Banat   487
a. a. O., Bd. II, S. 14
Kherschekheere hin ...   488
a. a. O., Bd. II, S. 18 f.
Wie es torch te Winder keht   489
a. a. O., Bd. II, S. 55
Tie aldi Weingartehitt   489
a. a. O., Bd. II, S. 60 f.
T' Hans oner 'm Aplpaam   491
a. a. O., Bd. I, S. 94 f.
Tie kudi aldi Zeit   492
a. a. O., Bd. V, S. 28
Schicksalswege   492
a. a. O., Bd. II, S. 72
Die schlafende Zeit   493
a. a. O., Bd. I, S. 18
In gewählter Stunde mit Dir allein   493
a. a. O., Bd. III, S. 24
Unvergeßliche Heimat   494
a. a. O., Bd. IV, S. 9

GAENGER, PETER * 11.3.1885 Neubeschenowa
† 29.11.1976 Wien
Gedanken beim Studium donauschwäbischer Ansiedlungsakten   496
In: Österreichische Begegnung, 1966, Heft 1, S. 17-21
Schott, der Waffenlieferant   501
In: Deutsch-Amerikanische Ruhmesblätter, Kreuzer Verlag, Konstanz 1960, S. 29-41
Deutsche – Auslandsdeutsche   509
Unveröffentlicht, 1970 oder später, in: Wir Donauschwaben in Amerika, Manuskript im Archiv des Instituts für donauschwäbische Geschichte und Landeskunde in Tübingen, Faszikel Nr. 8-1, S. 83-95
Erwachende Triebe   516
In: Der Donauschwabe v. 1.3.1959

GAGESCH, ERICH GEORG * 17.3.1952 Bernhardsthal
Schwenglbrunne 518
Unveröffentlicht, 1990
Eemol noch 518
Unveröffentlicht, 1990
Spill 519
Unveröffentlicht, 1990
Heimatmuseum 519
In: ... und die Wahrheit bewegt uns doch. Gedichte und Gedanken, Kalliope Verlag, 1991, S. 73
Was geblieben 520
Unveröffentlicht, 1991
Hydra 521
In: ... und die Wahrheit bewegt uns doch, S. 55
Handlung 522
a. a. O., S. 63
Abschied 522
a. a. O., S. 66
Mensch 523
Unveröffentlicht, 1990
Ziegenmilch 523
In: Erinnerungen aus dem Banat, unveröffentlicht 1993
Die kraftlose Kuh 527
a. a. O.
Klatschmohn 530
In: ... und dich sehe tausend Wunder. Gedichte und Gedanken, Fotografien von Steff Müller, einmalige Ausgabe zum Neujahr 1996, Baden/Schweiz 1996, S. 24
Die Quelle 530
a. a. O., S. 52

GAROESCU, ALFRED * 11.12.1934 Hatzfeld
† 6.1.2000 Bonn
abend 532
Unveröffentlicht, 1973
erde 532
In: Limite, Nr. 38-39, Paris, Februar 1983, S. 16, unter: „pamint"
der fremde platz 533
a. a. O., Nr. 46-47, Mai 1985, S. 12, unter: „piata Straina", hier ab gedruckt eine Neufassung
dein blick
der fernen jahreszeit entgegen 534
Unveröffentlicht, 1974

poesis   535
In: Limite, Nr. 34-35, Januar 1982, S. 8
weißer mond   535
In: Die Welt v. 21.4.1996
nocturne   536
Unveröffentlicht, 1976
plötzlich   536
Unveröffentlicht, 1986
rückkehr   537
In: „Der Literat", Dez. 1998
nach dem orkan   537
Unveröffentlicht, 1984
gemäuer   538
Unveröffentlicht, 1973
tiefsommer   539
Unveröffentlicht, 1986
impression alpha   539
Unveröffentlicht, 1995
impression gamma   540
Unveröffentlicht, 1998
Lamento   540
Unveröffentlicht, 1972
wintervorhang   541
Unveröffentlicht, 1972
Exitus   542
Unveröffentlicht, 1975
Nyram   543
Unveröffentlicht, 1998
unterwegs   544
Unveröffentlicht, 1998

GAUBATZ, FRANZ * 24.5.1931 Mramorak

Ungelöster Widerspruch   546
In: Sippenbuch der Familie Gaubatz, Selbstverlag,
Eislingen/Fils 1993, S. 54
Straße im Banat   546
a. a. O., S.
Jammerlager Rudolfsgnad   547
In: Neuland, ca. 1968-1970
Rückfahrt in die Heimat   548
In: Mramoraker Bildband, S. 305
Donauschwaben   548
In: „Festschrift" zur Gedenksteineinweihung in Ludwigsburg-
Ossweil 1987

Wo? 549
In: „Heimatliche Erinnerungen", S. 52
Keine Antwort über Bosnien 549
Unveröffentlicht, 1995
Freuet euch der schönen Erde 550
Unveröffentlicht, 1997
In meinem Rosengarten 550
Unveröffentlicht, 1998
Rose im Herbstwind 551
In: „Sippenbuch der Familie Gaubatz, S. 131
Im Alter 551
a. a. O., S. 103
Über Raum und Zeit 552
In: Donautal Magazin, ca. 1996
Stets 553
In: Der Donauschwabe v. 17.8.1997
Der Fernsehschlaf 554
a. a. O., 31.1.1999
Keine Zeit! Keine Zeit? 555
a. a. O., 28.2.1999
Bis zum Grund 557
a. a. O., 28.2.1999
Schlummerlied 558
a. a. O., 4.7.1999

GAUSS, ADALBERT KARL * 6.10.1912 Palanka
† 14.6.1982 Salzburg

Splitter zum donauschwäbischen Menschen 560
In: Adalbert Karl Gauß. Ein donauschwäbischer Publizist. Aus dem Nachlaß ausgewählte Leitartikel. Über sein Leben, hrsg. v. Bruno Oberläuter, Hans Schmidt, Hans Schreckeis, Johannes Weidenheim, unter redaktioneller Mitarbeit von Karl-Markus Gauß, „Donauschwäbische Beiträge" Heft 80, österreichisches Flüchtlingsarchiv (ÖFA), Donauschwäbisches Kulturzentrum/Haus der Donauschwaben, Salzburg 1983, S. 48
Heimat im Herzen 560
In: Kalender der Heimatlosen 1949, S. 61 f.
Das ist Amerika 561
In: Zwischen Salzburg und Los Angeles. Streiflichter von einer Amerikafahrt, Pannonia-Verlag, Freilassing 1957, S. 29
Peter Max Wagner: der Mensch und der Politiker 562
a. a. O., S. 31 f.
Für die Witwen, Waisen und Unterdrückten 563
a. a. O., S. 32 f.

„Menschen ohne Menschenrechte"	564
a. a. O., S. 34 f.	
Fernweh oder Heimweh	565
a. a. O., S. 38	
Das Herzstück von Franztal: die Leni-Bäsl	565
a. a. O., S. 38 f.	
Das Heimatbuch entsteht	566
a. a. O., S. 39	
Jenes Amerika – das wir lieben und verehren	567
a. a. O., S. 44 f.	
Beim Kajudl-Wirt in Brooklyn	568
a. a. O., S. 48 f.	
Amerika – das ist die Idee der Freiheit!	569
a. a. O., S. 64 ff.	
Voraussetzungen einer interkontinentalen Zusammenarbeit	571
a. a. O., S. 71 ff.	
Das Judenproblem – menschlich gesehen	573
a. a. O., S. 75 ff.	
„Recht oder unrecht – es ist mein Vaterland"	575
a. a. O., S. 112	
Wir, die Unterdrückten, führen keinen Haß im Herzen	576
a. a. O., S. 112 f.	
Das US-Donauschwabentum als politischer Faktor	577
a. a. O., S. 113 ff.	
Unsere politische Parole: Eintracht in der Vielfalt	579
a. a. O., S. 119 ff.	
Donauschwäbische Heimatpolitik: entweder von Washington oder von Moskau aus	580
a. a. O., S. 122 ff.	

GAUSS, KARL-MARKUS * 14.5.1954 Salzburg

Der wohlwollende Despot — 584
In: Der wohlwollende Despot. Über die Staats-Schattengewächse, Wieser Verlag, Klagenfurt/Celovec 1989, S. 39-43; 48-52; 57-61; 65-73

Die Lehre von Oulu — 597
Dieser Text wurde als Redemanuskript vom Autor im Bayerischen Rundfunk im Oktober 1999 als Kulturkommentar gesprochen, ansonsten unveröffentlicht.

GEISER, JOSEF * 18.3.1902 Piskorevci
† 25.6.1967 Bühl (Kreis Biberach)

Der Korbmacher — 602
In: Autobiographische Kurzgeschichten, gewidmet meiner getreuen Frau Käthi und den Kindern Paul, Anna und Kathiliese, Schwenningen a. N., den 30. August 1953, unveröffentlichtes Typoskript, S. 22-24

Achtjährige Heimatlosigkeit — 604
a. a. O., S. 46-54

Gänseblümchen — 611
In: Besinnlicher Blumenreigen. Einundsechzig Gedichte über die Pflanzen unseres Vaterlandes, die uns die Schönheit bunter Blumen und die Allmacht Gottes veranschaulichen, in liebevoller Verehrung meinen ehemaligen lieben Schulkindern Frau Anna und Herrn Jakob Weiß, Bühl, 10. November 1963, unveröffentlichtes Typoskript, S. 1

Baldrian — 612
a. a. O., S. 8

Gemeiner Sauerklee — 613
a. a. O., S. 51 f.

Die Klette — 614
a. a. O., S. 53 f.

Frühlingsknotenblume — 616
a. a. O., S. 64

Scharfer Hahnenfuß — 617
a. a. O., S. 67 f.

GERESCHER, KONRAD * 14.4.1934 Béreg

Macht der Uniform — 620
In: Zeit der Störe und andere Heimatgeschichten, Donauschwäbisches Archiv, Reihe V: Apatiner Beiträge, im Auftrag des Apatiner Ausschusses herausgegeben von Josef Volkmar Senz, Straubing 1975, S. 25-27

Die Wiedergeburt im Apfelbaum — 622
Unveröffentlicht, 1993

Meine weite Ebene — 628
Unveröffentlicht, 1994

Die Schweine — 630
In: Gezeiten. Gedichte und Parabeln, Autoren-Edition im Chr. Gauke Verlag, Hannoversch Münden/Scheden 1974, S. 63

Lebenslauf für eine Mark — 631
a. a. O., S. 9

Schimpfa un Flucha — 632
In: SO HEMR KLEBT. Donauschwäbische Mundart und Fachwörter der Nord-Batschka, Teil 3, Deutsch-Ungarischer Freundeskreis Szeged, Szeged 1996, Verlag Közélet-Gemeinschaft Szeged, S. 14

Unsr Nacktheit un tie Religijoo   633
a. a. O., S. 15
Parzelle 28   634
In: Der Donauschwabe v. 8.10.1995

GERHARDT, GERD * 14.7.1951 Neustadt/Weinstraße
Herzenfressen   636
Unveröffentlicht, 1994/98

GERHARDT, HORST * 6.2.1943 Tschestereg
† 20.1.1997 München
Die hier abgedruckten unveröffentlichten Gedichte entstanden alle in den neunziger Jahren, hauptsächlich ab 1995.
Der Zauberschatz   654
Unveröffentlicht
Die Winterfee   654
Unveröffentlicht
Die Wächter   655
Unveröffentlicht
Heimat aus zweiter Hand   656
Unveröffentlicht
Der Transport   657
Unveröffentlicht
Und Christus weinte im Himmel   658
Unveröffentlicht
Im Papierkorb   659
Unveröffentlicht
Moderne Zeiten   660
Unveröffentlicht
Tag des Gerichts   660
Unveröffentlicht
Leb wohl, kleine Jenny   661
Unveröffentlicht
Die Spur der Wölfe   661
Unveröffentlicht
Irgendwo und überall   662
Unveröffentlicht
Am Teiche dort im Sommerwind   663
Unveröffentlicht
Ratschlag   664
Unveröffentlicht
Schwabenland   665
In: Der Donauschwabe v. 2.4.1995

Sommerzeit 666
In: 20. Heimatbrief der Franztaler Ortsgemeinschaft
Dichterrecht 666
In: Der Donauschwabe v. 9.3.1997
Letzter Wunsch 667
a. a. O., 9.3.1997
Sturmgefahr 668
a. a. O., 29.8.1999

GLATT, ROBERT * 26.11.1927 Temeswar

Die Kuckucksuhr 670
In: Lachendes Banat. Heitere Kurzgeschichten aus 'm Banat., Hartmann Verlag, Sersheim 1992, S. 22 f.
Ganz bestimmt 671
a. a. O., S. 23
Handballbörse 671
a. a. O., S. 51 ff.
Der Wilderer 672
a. a. O., S. 125 f.
G'schwindigkeitsskala 673
a. a. O., S. 160 ff.
Ta Malermaaster 674
a. a. O., S. 182 ff.
Armes Deitschland 676
a. a. O., S. 97 ff.
Der Angeber 677
a. a. O., S. 210 f.
In der Rasierstube 678
In: Donauschwaben Kalender 1998, S. 133 f.
Die Abmachung 679
In: Der Donauschwabe v. 11.4.1999
Die Visitation 680
a. a. O.

GÖTTEL, HEINRICH * 29.5.1930 Pivnice

Die toten Fledermäuse 682
In: Neuland v. 11.4.1959, S. 6
Wasserholen 685
Unveröffentlicht, 1968
Abend 686
Unveröffentlicht, 1973
Abschied (1944) 686
Unveröffentlicht, 1964

Späte Reue	687
Unveröffentlicht, 1961	
Donau	687
Unveröffentlicht, 1980	
Venus	688
Unveröffentlicht, 1958	
Jagd in Bisco	688
Unveröffentlicht, 1974	
Am Huronsee	689
Unveröffentlicht, 1985	
French River	690
Unveröffentlicht, 1982	
Reservat	691
Unveröffentlicht, 1982	
Sturmroter Abend	691
Unveröffentlicht, 1982	
Gedächtnisstützen	692
In: Das Echo, Montreal Juni 1997, S. 27	
Nachbar	694
a. a. O., Juli 1997	
Stadtnacht	698
Unveröffentlicht, 1999	

GÖTZ, KARL * 11.3.1903 Neubolheim
† 9.2.1989 Stuttgart

Von Schwaben aus in die ganze Welt	700
In: Der Donauschwabe v. 1.2.1976, S. 1, Fortsetzung 8.2.1976, S. 3	
Die Brücke der Herzen	705
In: Volkskalender f. Donauschwaben und Karpatendeutsche, 1953	
Als es galt, Brücken zu bauen zwischen Gebliebenen und Vertriebenen	713
In: Festschrift für Dr. Adam Krämer zum 80. Geburtstag, Donauschwäbisches Schrifttum 23, hrsg. v. d. Landsmannschaft der Donauschwaben in Baden-Württemberg e. V. in Zusammenarbeit mit dem Freundeskreis von Dr. Adam Krämer, Sindelfingen 1986, S.174-179	
Der Russendieb	718
In: Neuland Volkskalender 1955, S. 118 ff.	

GOSCHY, JOSEF * 1.4.1932 Jahrmarkt

D'r Liehans	722
Unveröffentlicht, 1993	
Am Bau uf dem Schanteer	723
Unveröffentlicht, 1995	

Uf 'm Michaelismark 725
Unveröffentlicht, 1988
Irre is menschlich 727
Unveröffentlicht, 1996
Dem alte Volkslied 728
Unveröffentlicht, 1992
Inspektion 729
Unveröffentlicht, 1990
Die V'rjing'rungsmaschin 730
Unveröffentlicht, 1995

GRAF, FRANZISKA * 18.12.1933 Schag
Sein Kind 734
Unveröffentlicht, 1967
Dornenweg 739
Unveröffentlicht, 1994
Erinnerungen an die Front 743
In: Schag an der Temesch, AGK-Verlag, Ippesheim 1992, S. 203 f.
Abschied von zu Hause 745
a. a. O., S. 322 f.

GRASS, JAKOB * 2.6.1916 Bulkes
† 30.10.1995 Wallern
Tod und Mord 748
In: Bulkes. Geschichte einer deutschen Gemeinde in der Batschka 1786-1944, hrsg. im Auftrag des Heimatausschusses Bulkes, Kirchheim/Teck 1984, S. 298
Längst dahin die schönen Zeiten 748
Unveröffentlicht, 1945
Weihnacht 1945 749
Unveröffentlicht, 1945
Freiheit und Ehre 750
Unveröffentlicht, 1945
Sehnsucht 750
a. a. O., S. 298
Das Lied der Gitarre 751
Unveröffentlicht, 1946
Heimatlos 751
a. a. O., S. 297, Ersterscheinung im „Linzer Volksblatt" v. 26.6.1948
Die Darfsproch 752
a. a. O., S. 297
Die Fahrt in die Stadt 753
Unveröffentlicht

Erinnerung	753
Unveröffentlicht	
Am Kamin	754
a. a. O., S. 297	
Betrogenes Herz	755
Unveröffentlicht, 1967	
Das fünfte Rad am Wagen	755
Unveröffentlicht	
Jahreswende	756
Unveröffentlicht	
Herbstnacht	757
Unveröffentlicht	
Vorfrühling	757
Unveröffentlicht	
Nachtidyll	758
Unveröffentlicht	
Am Teich	758
In: Donauschwaben Kalender 1990, S. 136	

GREFFNER, OTTO * 5.11.1927 Hellburg

Der einsame Reiter	760
In: Der einsame Reiter. Roman, Eichner Verlag, Offenburg 1996, S. 70-91; 95-98	

GREGETZ, LUISE * 17.12.1925 Dobanovci

Eva, die verkaufte Braut	778
Unveröffentlicht, 1992	

GREGOR, GERTRUD * 2.8.1927 Temeswar

Man nehme	796
In: Neue Literatur 12/1978, S. 37-53	

GROSS, KARL-HANS * 25.12.1926 Temeswar

Weißer Jasmin	816
In: Aus meinem Blumengarten. Gedichte, Mohland Verlag, Goldebek 1999, S. 15	
Lerchenflug	816
a. a. O., S. 124	
Wilder Wein	817
a. a. O., S. 146	
Offenbarung	818
a. a. O., S. 118	
Ich grüße dich	819
a. a. O., S. 138 f.	

Unterm Regenschirm 820
Unveröffentlicht, 1998
Fleckermeisjer 821
Unveröffentlicht, 1993
Zuruckgschaut 822
In: Hatzfelder Heimatblatt 1998
De Trummelmann 823
In: Banater Post v. 20.9.1994
Das hölzerne Schaukelpferd 825
In: Banater Post v. 5.4.1991
-chen 827
In: Aus meinem Blumengarten, S. 121
Dank 828
Unveröffentlicht, 1999

GROSSKOPF, CATHERINE * 11.10.1930 Kleinbetschkerek
Seiderauwe 830
In: Ähren des Lebens. Ernste Sachen und solche zum Lachen. Meiner donauschwäbischen Heimat und ihrem Volksgut gewidmet, Eigenverlag, Chicago 1993, S. 19
Maulbiere 830
a. a. O., S. 18
Wassermilone 831
a. a. O., S. 22
Leckwar 831
a. a. O., S. 26
Kerwusstrudl 832
a. a. O., S. 27
Nach der Schrift 833
a. a. O., S. 57
Mei Knecht 834
a. a. O., S. 58
Schwowe en Amerika 835
a. a. O., S. 111
Die kranki Schwowin ... 835
a. a. O., S. 114 ff.
Struwlich 837
a. a. O., S. 125
Die Arweit 837
a. a. O., S. 126
Zeit, bleib stehn ... 838
In: Im Auf und Ab der Jahre. Leben und Schicksal. Erinnerungen aus dem Banat, (Herausgeberin und Mitautorin), Eigenverlag, St. Louis 1997, S. 66

Am alten Grab 839
a. a. O., S. 67
Kwetschekneedle 839
In: Der Schwengelbrunnen. Schöpfungen aus Amerika, Kulturzeitschrift des Verbandes der Donauschwaben in den USA, Jg. 1998, S. 27
Fünfzig Jahre. Zum Gedenken 840
In: Im Auf und Ab der Jahre, S. 65
De Nochber – en Amerika 841
In: Der Schwengelbrunnen 1998, S. 26
Dein Lied 842
Unveröffentlicht, 1998

GROSZ, PETER * 18.9.1947 Jahrmarkt

Fliegendreck 844
In: S. Gauch/J. Kross (Hrsg.), Zeitvergleich, Brandes & Apsel, Frankfurt a. M. 1993, S. 83 ff.
Augen 847
Unveröffentlicht, 1990
Vom rosigen Gesicht des Schutzengels 850
Unveröffentlicht, 1992
Sternstunde 855
In: Gauch/Weingartner/Zierden (Hrsg.), unterwegs. Rheinland-Pfälzisches Jahrbuch für Literatur 4, Brandes & Apsel, Frankfurt a. M. 1997, S. 102 ff.
Heimatlied 861
In: Reiner Engelmann (Hrsg.), Ich will, daß es aufhört. Aufwachsen im Krieg, Arena Verlag, Würzburg 1996
Mein Haus 861
a. a. O., S. 93
Das Kind 862
Unveröffentlicht, 1997

GRUBER, FERDINAND ERNST * 1.12.1895 Wien
† 3.3.1967 Wien

Adam Müller-Guttenbrunn, der Europäer 864
In: Südostdeutsche Heimatblätter, 6. Jg., Folge 3, 1957, S. 119-122, auch in: Der Donauschwabe v. 6.4.1958
Wer hat Amerika entdeckt? 866
In: Donauschwaben Kalender 1962, S. 141 ff.
Die Anikin 868
In: Österreichische Begegnung, Heft 2, Wien 1963, S. 50-54
Die Wunderkammer des Ali Murat 874
In: Donauschwaben Kalender 1960, S. 177 f.

Balkanisches Leben 876
In: Südostdeutsche Vierteljahresblätter, Jg. 1965, Folge 2, S. 74 ff.

GRUBER, WENDELIN * 13.2.1914 Filipowa
Einleitung in ein Tagebuch 880
In: In den Fängen des roten Drachen. Zehn Jahre unter der Herrschaft Titos, Miriam-Verlag, Jestetten ²1986; 4. überarb. u. erw. Aufl., Ditzingen 1994, S. 13-16
In den Todesmühlen der Geschichte 883
a. a. O., S. 19-22
Bei den Totengräbern 885
a. a. O., S. 43-46
Vor gezogenen Pistolen 888
a. a. O., S. 51-57
Die Hilfe bleibt aus 893
a. a. O., S. 70-73
Verteidigungsrede vor dem Volksgericht 896
a. a. O., S. 179-183

GRÜN, MARGARETE * 30.12.1930 Warjasch
Das Lied der Heimat 902
In: Ein Geschenk für Dich. Gedichte, Mirton Verlag, Temeswar 1994, S. 7 f.
Der schönste Ort 903
a. a. O., S. 10 f.
Sonntagsfriede 904
In: Ein Sonnenstrahl für Dich. Gedichte, Mirton Verlag, Temeswar 1998, S. 16 f.
Verlorene Träume 904
a. a. O., S. 18
Das Leben ist ein Kalenderjahr 905
a. a. O., S. 18 f.
Spätes Werk 906
a. a. O., S. 20
Mensch und Schöpfung 907
a. a. O., S. 22 f.
Mutterliebe 907
a. a. O., S. 25 f.
Album der Erinnerung 908
a. a. O., S. 23 f.
Die Träne 909
a. a. O., S. 33 f.
Seelenschmerz 909
a. a. O., S. 34 f.

Träume 910
a. a. O., S. 35 f.
Horizont des Lebens 911
a. a. O., S. 38
Wo ist Seelenfrieden? 912
a. a. O., S. 40 f.
Ein Schicksal 912
a. a. O., S. 46 f.
Waldesruh' 913
a. a. O., S. 59 f.
Mit der Natur verbunden 914
a. a. O., S. 78 f.
Ich möcht' so gern' ... 915
a. a. O., S. 81 f.
Lebenstraum 916
a. a. O., S. 15 f.

GÜNTHER, KLAUS * 19.4.1921 Altbeba
† 9.7.1982 Schorndorf
Das falsche Versteck 918
In: Geständnisse einer Drehorgel. Geschichten aus dem Banat, Eugen Salzer Verlag, Heilbronn 1977, S. 85-89
Aphorismen und Fabel 920
In: Erstens besitze ich einen Giftzahn. Aphorismen und Fabeln, Marburger Bogendrucke, Folge 33, Landshut 1974, 16 S.
Donauschwaben 921
In: Neuland Volkskalender 1955, S. 141
Der Ziehbrunnen 922
In: Maß und Verwandlung. Gedichte, hrsg. v. d. Landsmannschaft der Donauschwaben in Baden-Württemberg e. V., Stuttgart 1962, S. 8
Die Pflaume 922
In: Empfindendes Wort. Gedichte, im Selbstverlag 1957, S. 20
Muttertag 923
a. a. O., S. 48
Vor dem Spiegel 924
In: Reifen und Erwarten. Gedichte, Europäischer Verlag, Wien 1959, S. 51
Sommerbeginn 924
a. a. O., Maß und Verwandlung, S. 52
Ewiges 925
a. a. O., Empfindendes Wort, S. 74
Antiker Krug 925
a. a. O., Reifen und Erwarten, S. 41

Christus 926
a. a. O., Empfindendes Wort, S. 39
Die Flöte 927
a. a. O., Maß und Verwandlung, S. 66 f.
An Georg Trakl 928
a. a. O., S. 60
Nikolaus Lenau 929
In: Neuland Jahrbuch 1956, S. 73
An Nikolaus Lenau 930
a. a. O., Maß und Verwandlung, S. 30
Der Sternenpflug 930
In: Donauschwaben Kalender 1969, S. 131 ff.
Die Heimat der Eltern 933
In: Donauschwaben Kalender 1975, S. 117 ff.
Adam Müller-Guttenbrunn 936
In: Der Donauschwabe v. 6.9.1959
Der Städter und der Bauer 937
In: Neuland v. 18.1.1953, S. 3
Elternlose Kinder 938
In: Neuland v. 21.2.1953, S. 3
Ich geh nach Hause ... 939
In: Neuland v. 19.9.1953, S. 6
Das Dunkel 940
In: Südostdeutsche Vierteljahresblätter 82/4, S. 275
Seele und Körper 940
a. a. O.

GUTWEIN-METSCHAR, ELISABETH * 18.10.1931 Bescka
Winter 942
In: Der Donauschwabe v. 19.1.1992
Letzter Schnee 942
In: Der Donauschwabe v. 14.3.1999
Des Bächleins Leid 943
In: Der Donauschwabe v. 22./29.8.1993
Meine „Heimkehr" nach Beschka 943
In: Der Donauschwabe, in Fortsetzungen, v. 13.4.1997 bis 29.7.1997
Am Brunnen 959
In: Der Donauschwabe v. 25.5.1997

VERÖFFENTLICHUNGEN DER AUTOREN

Ebner, Maria

Vertreten in: 1) Schwowetanz. Lieder in Banat-Schwäbischer Mundart (nach Gedichten von Hans Wolfram Hockl, Gretl Eipert, Maria Ebner, Franz Frombach, Erich G. Gagesch), Vertonung: Erich G. Gagesch, Eigenverlag, Singen 1992; 2) Anton Peter Petri: Deutsche Mundartautoren aus dem Banat, Veröffentlichung der Landsmannschaft der Banater Schwaben aus Rumänien in Deutschland e. V.; Arbeitsheft 14, München 1984, S. 32 f.

Kleinere Veröffentlichungen in: 1) Banater Zeitung; Der Donauschwabe; Das Donautal Magazin

Egger, Leopold

Nachfolgend eine nicht ganz vollständige Auflistung der von Leopold Egger zwischen 1932 und 1955 erstmals erschienenen Erzählungen (vor allem in: „Deutsches Volksblatt", „Die Landpost" und „Der Landwirt" (Neusatz), „Volksruf" (Pantschowa), „Neuland" (Salzburg), „Der Donauschwabe" (Aalen) sowie in den Monatszeitschriften „Der Volkswart" (Neusatz) und „Banater Monatshefte" (Temeswar): 1) Ein Winterabend im schwäbischen Dorf; 2) Neue Triebe; 3) Ostern im schwäbischen Dorf; 4) Die „Moddr" / Zum Muttertag; 5) D'r Schpatzemichl; 6) Pfingstsonne; 7) Schön seid ihr, o Heimatfluren; 8) Ein Mütterlein wartet; 9) „Jetz gang ich ans Brünnele"; 10) Aus alter Zeit; 11) Um eine Furche; 12) Hochzeit auf der Ulmer Schachtel; 13) Die letzten Fünf; 14) Hanni (Aus: Der deutsche Konrad); 15) Weinlese; 16) Ein Banater Landschaftsbild; 17) Die Banater Schwaben – ein lustiges Völklein; 18) Der erste Ruhetag; 19) Das Hochzeitsgeschenk; 20) Jakob Hennemann; 21) „Ich hörte ein Sichlein rauschen"; 22) Banater Winterbilder; 23) Es war nur ein Dinar; 24) Nach der Kirchweih; 25) Herbstrosen; 26) Zwischen Tristen; 27) Garbenwagen und Heuschobern; 28) Die Winterkuchl; 29) Vergessene Gräber; 30) Schwäbischer Kinderball im Banat; 31) Heimkehr; 32) Der Gutsteher; 33) Das Erlebnis am Dorfrand; 34) Spätsommer im Banat; 35) Das Heimatglöcklein; 36) Des Schnitters letzter Gang; 37) Ein Bauernsohn; 38) Arbeit; 39) Schwäbische Flammen; 40) Ein altes Haus; 41) Ein junges Mädchen; 42) D'r Sepp un's Lenele; 43) Rund um den Kukuruzhaufen; 44) Weihnachten auf dem schwäbischen Dorf; 45) Der Dorfmusikant; 46) Ich habe meinen Vater wiedergesehen; 47) Der Marsch über die Grenze; 48) Unter den Volksgenossen aus Bessarabien; 49) Die Worschtsupp

Eigenständige Veröffentlichungen: 1) „Der Ahnen Weg und Kampf". Fünf Erzählungen aus der Geschichte der Donauschwaben: „Hochzeit auf der Ulmer Schachtel", „Der erste Ruhetag", „Das Hochzeitsgeschenk", „Die letzten Fünf" und „Jakob Hennemann", Herausgeber: Druckerei- und Verlagsgenossenschaft, Pantschowa 1938, 70 S.; 2) „Das Vermögen und die Vermögensverluste der Deutschen in Jugoslawien", hrsg. von der Landsmannschaft der Donauschwaben in Baden-Württemberg, Sindelfingen 1983, 248 S.; 3) Erinnerungen an die donauschwäbische Heimat" (1986). Eine Auswahl seiner Arbeiten in der Heimat, gesammelt von Hans Rasimus, und Arbeiten nach der Vertreibung. Themengruppen: Aus der Zeit der Ahnen, Heimatbilder im Ablauf des Jahres, Die Arbeit, Land und Leute, Aus den Jahren nach der Vertreibung, Landsmannschaft der Donauschwaben in Baden-Württemberg, Sindelfingen 1986, 128 S.

Mitarbeit in: 1) „Der deutsche Konrad", in: „Volk und Bewegung", Monatshefte für völkische Erneuerung, Pantschowa 1937, 40 S.; 2) „Das große Aufgebot". Ein Bildbericht vom Einsatz der Deutschen Volksgruppe in Jugoslawien bei der Umsiedlung der Deutschen aus Bessarabien, Geleitwort und Bildbeschriftung, Bildgestaltung, Neusatz 1941; 3) Ein Banater Landschaftsbild, in: Jahrbuch der Deutschen aus Jugoslawien 1966, S. 87 f.

Erwähnungen in Anthologien: 1) „Donauschwäbisches Dichterbuch", ausgewählt und eingeleitet von Martha Petri, Adolf Luser Verlag in Wien und Leipzig, 1939, 2) Beitrag: „Hanni" aus „Der deutsche Konrad"; 3) Anton Scherer, „Die nicht sterben wollten", Donauschwäbische Literatur von Lenau bis zur Gegenwart – Ein Buch vom Leben der Deutschen und ihrer Nachbarn in Südosteuropa, Pannonia-Verlag, Graz 1985, mit dem Beitrag „Die letzten Fünf"

Eipert, Gretl

Werke: 1) Was bleibt, wenn wir gehen? Gedichte, fotokopiertes Typoskript, Ingolstadt 1990, 114 S.; 2) Schwowisch is mei Muttersproch. Gedichte, fotokopiertes Typoskript, Ingolstadt 1994, 112 S. 3) Beitrag zu Georg Weiner: Heitere Geschichten aus der Heimat der Donauschwaben, Donauschwäbische Kulturstiftung München, München 1997, S. 175-177
Vertreten in: 1) Schwowetanz. Lieder in Banat-Schwäbischer Mundart (nach Gedichten von Hans Wolfram Hockl, Gretl Eipert, Maria Ebner, Franz Frombach, Erich G. Gagesch), Vertonung: Erich G. Gagesch, Eigenverlag, Singen 1992
Veröffentlichungen: Beiträge zum Heimatblatt verschiedener Banater Dörfer; Der Donauschwabe, Donauschwaben Kalender, Banater Post
Tonträger: 1) Eine Donauschwäbin erzählt: Märchen aus dem Banat (in Orzydorfer Mundart), hrsg. von der Europäischen Märchengesellschaft, Rheine; 2) Das Banat: Nähe und Erinnerung. Beitrag: Die Wegwarte; 3) Aufnahmen für die donauschwäbische Mundartforschung unter der Leitung von Dr. Gehl, Institut für donauschwäbische Geschichte und Landeskunde, Tübingen
Wettbewerbe: Märchenerzählwettbewerb 1988 des Landkreises Kassel, 3. Preis
Fernsehen: „Über Märchen" bei Hans Meiser

Eisele, Andreas

Werke: [Mit Johannes Künzig] 1) Saderlach. 1737-1937. Eine alemannische Bauerngemeinde im rumänischen Banat und ihre südschwarzwälder Urheimat. Karlsruhe (Baden) 1937, 356 S. + 16 S. + 1 Plan; 2) Überliefertes deutsches Volksgut aus Saderlach. Saderlach 1979, 258 Bl. [Manuskr.] [soll in Bukarest erscheinen]; 3) Ein Stickli aus Saderlach, in: Schwowisches Volksbuch, Prosa und Stücke in Banater schwäbischer Mundart, ausgew. u. eingel. v. Karl Streit u. Josef Zirenner, hrsg. v. Verlag „Neuer Weg" in Zusammenarbeit mit der „Neuen Banater Zeitung", S. 207 f.; 4) Erlebnisse und gesammelte Dorfgeschichten aus Saderlach in alemannischer Mundart, in: Saderlach: 1737-1987. Festschrift zur 250-Jahr-Feier, Lebensweg einer deutschen Gemeinde im rumänischen Banat, hrsg. von der Heimatortsgemeinschaft Saderlach, Emmendingen 1987, S. 365-388

Engelmann, Manfred

Eigenständige Veröffentlichungen: 1) Studien zur Mundart von Perjamosch, Bonn 1982 [Diplomarbeit]; 2) Banater Bilder. Land und Leute, München 1988, 168 S.
Mitherausgeber: 1) Perjamoscher Heimatbriefe, seit 1977; 2) Temeswar – Symbol der Freiheit, Hrsg.: G. Mandics, H. Vastag, M. Engelmann, Amalthea-Verlag, Wien 1982; 3) Perjamoscher Kochbuch. Koch- und Backrezepte, Bonn 1985, 406 S.; 4) Perjamosch. Bilder aus einer donauschwäbischen Dorfgemeinschaft im Nordbanat, Darmstadt 1987, 96 Bildseiten; 5) [Mit Anna Luise Mecher – Oskar Peternell:] Trachten der Banater Schwaben, Bad Königshofen 1988, 96 S.; 6) [Mit Ingo Glass:] Banater Künstler in der Bundesrepublik Deutschland, Berlin & Bonn 1988, 60 S.; 7) [Mit Halrun Reinholz:] Banater Künstler in München, Berlin & Bonn 1989, 20 S. 8) Zeugnisse Banater Musik-

geschichte. Ausstellungskatalog, Hrsg.: Landsmannschaft der Banater Schwaben, München 1989; 9) M. Engelmann: Das Banat und die Banater Schwaben, in: Die Donauschwaben, Hrsg.: Haus des Deutschen Ostens, München 1989, S. 49-64; 10) M. Engelmann: Abschied von der Lenauschule, in: Deutsche Schulen im Ausland, Bd. 2, Hrsg.: P. Nasarski. Berlin/Bonn 1989; 11) Redaktion und Layout des Gedichtbandes „Phingstnägelcher aus 'm Banat". Berlin/Bonn 1989; 12) Redaktion und Layout „Banat-JA-Extrablatt. Bonn 1989, 1990, 1991, 1993/94, 1996, 1998; 13) „Wir grüßen Euch – Klänge aus dem Banat". Schirmherr: Bundesaußenminister Hans-Dietrich Genscher, LP und MC, Castrop-Rauxel 1990, (Hrsg., Bearbeitung, Fotos); 14) Das Banat, in: Heimatbuch Wojteg, Bukarest 1993

Engelmann, Nikolaus

Eigenständige Veröffentlichungen: (Auswahl) 1) Donauschwäbisches Christentum. Eine kulturhistorische Studie, München 1952, 20 S., [Donauschwäbische Beiträge. 2. J; 2] 2) Bischof Pacha von Temesvar. Ein Lebensbild, Hirte seines Volkes, aus dem Leben und Wirken des Temesvarer Bischofs Dr. theol. h. c. Augustin Pacha, ein Beitrag zur Geschichte des auslanddeutschen Katholizismus im rumänischen Banat, München 1955, 87 S., [Katholisches Auslandssekretariat. 1.]; 3) In jeder Not wächst Brot. Ein Weihespiel in vier Bildern, München-Stuttgart 1957, 38 S., [Reihe der Jungen. 3.]; 4) Schwowische Sache zum Schmunzle un Lache. Schnurren und Geschichten in donauschwäbischen Mundarten, erzählt, bearbeitet und herausgegeben von –, Freilassing 1958, 144 S., [Donauschwäbische Beiträge. 24.]; 5) Banat. Ein Buch der Erinnerungen in Wort und Bild. Freilassing 1959, 128 S. + 130 Bilder, [Donauschwäbische Beiträge. 31.]; 6) Neuland-Jahrbuch 1961. Was wor, is des vorriwer? Aus der donauschwäbischen Heimat erzählt für jung und alt, Freilassing 1960, 96 S.; 7) Der gestohlene Weihnachtsbaum. Zwölf kurze Weihnachtserzählungen, Freilassing 1963, 87 S.; 8) Die Banater Schwaben. Auf Vorposten des Abendlandes, Freilassing 1966, 120 S., Großformat; 9) In jenen Tagen, da der Mensch ..., in: „Donauschwäbische Kulturbeiträge", hrsg. v. Anton Peter Petri, Buchdruckerei D. Geiger, Mühldorf a. Inn 1967; 10) Die Verteidigung des Bescheidenen. Festrede bei der Verleihung des Kulturpreises 1970 in Sindelfingen, Stuttgart 1971, 6 S., [Sonderabdruck aus dem „Gerhardsboten"]; 11) Die Banater Schwaben. Mainburg 1978, 135 S., Großformat; 12) Warjasch – ein Heimatbuch. Mainburg 1980, 258 S. + Pl.; 13) Warjasch 1786-1986. Heimatortstreffen 1987 in Augsburg, Tauberbischofsheim 1987, 59 S.; 14) Heimatbuch der deutschen Gemeinde Schöndorf, Vöcklabruck 1989, 293 S.; 15) [Mit Lorenz Klugesherz:] Temeswar – Temeschburg. Mit Stift und Wort auf Streifzug durch die Vergangenheit, Eigeltingen 1990, 128 S., [Bildband]
Kleinere Veröffentlichungen: 1) Der Mensch Bodnarn. Eine österliche Erzählung, in: Kalender der Heimatlosen 1949, S. 65 ff.; 2) Sei letzt'r Schnitt, in: Kalender der Heimatlosen 1949, S. 88 ff.; 3) Zur Problematik der donauschwäbischen Intelligenz, in: Kalender der Heimatlosen 1949, S. 120 ff.
Über Nikolaus Engelmann: 1) Nikolaus Engelmann. Die Verteidigung des Bescheidenen. Kirche, Schule und Schrifttum der Banater Schwaben, herausgegeben im Auftrag des Bundesvorstands der Landsmannschaft der Banater Schwaben von Horst Fassel, München 1998, 352 S. *(darin auch eine umfassende „Auswahlbibliographie" der Schriften Nikolaus Engelmanns auf 29 Seiten)*; 2) „... denn du bist nur ein Teilchen deiner mütterlichen Erde". Nikolaus Engelmann als Schriftleiter der Zeitschrift „Der Ruf" (1933-1944) von Horst Fassel in Banatica – Beiträge zur deutschen Kultur 1/1998, S. 5-20; 3) Eine „Schwowische Sach nicht nur zum Schmunzle un Lache". Nikolaus Engelmann und das „Neuland", von Sabine-Else Astfalk in Banatica 1/1998, S. 21-27; 4) Sprache als Heimat – Nikolaus Engelmann, „Verteidigung des Bescheidenen", von Elfrun Rebstock in Banatica 1/1998, S. 28-30

Engelmann, Uwe Erwin

Eigenständige Veröffentlichungen: 1) Lyrikband „Und was ich Dir noch sagen wollte", Dipa Verlag, Frankfurt 1993, 85 S.; 2) „Aus meiner Schweigsamkeit breche ich aus". Gedichte, Dipa Verlag, Frankfurt 1997, 96 S.

1969 bis 1974 in deutschsprachigen Zeitungen in Rumänien: 1971 „Volk und Kultur" Nr. 5 Bukarest; „Neue Literatur" Nr. 1 Bukarest; 1972 „Wortmeldungen", Bukarest; 1972, 1973 „Novum", Bukarest; 1974 „Befragung heute", Bukarest; 1991 „Banater Zeitung", Temeswar; „Neuer Weg", Bukarest; „Südostdeutsche Vierteljahresblätter" Folge 2, München; „ADZ"-Bukarest, 1993; „Der Donauschwabe" 1993

Englert, Adam

Eigenständige Veröffentlichungen: 1) Ihr Herz schlägt im Süden. „Stifoller" Kolonisten in der Tolnau und Branau/Ungarn 1717-1804. So könnte es gewesen sein, Eigenverlag, Wettenberg-Wissmar 1986, 106 S.; 2) Ihr Herz schlägt im Süden. II. Band. Kschnarad'r Heimatbuch, Eigenverlag, Wettenberg-Wissmar 1988, 175 S.; 3) Ihr Herz schlägt im Süden. III. Band. Zwischen Rosen und Reben, Eigenverlag, Wettenberg-Wissmar 1990, 118 S.; 4) Ihr Herz schlägt im Süden. IV Band. Freuden und Leiden, Eigenverlag, Wettenberg-Wissmar 1992, 156 S.

Kleinere Veröffentlichungen: 1) Die Rache des Fremdgewordenen. Geschichte aus der Schwäbischen Türkei, in: Unsere Post v. 20.11.1960, S. 6 f.

Mitgewirkt in/an folgenden Veröffentlichungen: 1) Die Ungarndeutschen – Weg einer Volksgruppe (Bildband), Pannonia Verlag, Freilassing 1962; 2) Zwischen Weiden und Akazien. Anthologie, Ungarndeutsches Sozial- und Kulturwerk e. V., München 1980; 3) Wie's einstens war zur Osterzeit. Ein Buch der Erinnerungen, Schwabenverlag, Ostfildern 1982

Erk, Heinrich

Eigenständige Veröffentlichungen: 1) Noom Dresche is nimme lang bis Kerwei. A Vrzählung vun dr Lieblingr Ähn, herausgegeben und mit einem Nachwort von Dr. Heinrich Erk, Verlag des Südostdeutschen Kulturwerks, München 1969, 123 S.; *Teilabdruck* „Kerwei" in: Schun vun weidm hot mr die Kerich gsieh. Festschrift zur 200-Jahrfeier der Banater Gemeinde Liebling, hrsg. v. Heinrich Erk und Hans Schäfer, Willstätt-Legelshurst 1986, S. 110-119

Erwert, Helmut

Literaturhistorisch-wissenschaftlicher Bezug: 1) Paul Celan – Dichter aus west-östlicher Landschaft, in: Donauschwäbische Lehrerblätter, 10/1971, S. 69-75; 2) Anfang und Ende donauschwäbischer Siedlungen im Spiegel literarischer Zeugnisse, in: Akademie für Lehrerfortbildung, Dillingen (Hrsg.): Die Deutschen und ihre östlichen Nachbarn, Band IV, Dillingen 1991, S. 167-196; 3) Anfang und Ende der donauschwäbischen Siedlung im Spiegel literarischer Zeugnisse: Adam Müller-Guttenbrunn und Herta Müller, in: Landsmannschaft der Donauschwaben (Hrsg.): Geschichte, Gegenwart und Kultur der Donauschwaben, 4/1993, S. 154-169; 4) „Heimweh nach Pannonien" – Der Schriftsteller Johannes Weidenheim, in: ebenda, 5/1994, S. 71-79; 5) Erinnerung und Gestaltung: Der Roman „Winterlamm" von Marton Kalasz , in: ebenda, 6/1995, S. 86-91; 6) Literatur einer Zeitenwende – Das Endzeitalter donauschwäbischer Existenz in Südosteuropa im Spiegel seiner literarischen Zeugnisse, in: Ingomar Senz: Die Donauschwaben, München 1994, S. 194-215

Sprachwissenschaftlicher bzw. sprachdidaktischer Bezug: Die bilinguale Schule (Serienbeiträge): 1) Untersuchungen einer Statistik; 2) Deutscher Schulbuchtext und die Sprachkompetenz der Schüler; 3) „Den Wald vor lauter Bäumen sehen!" – Von der sprachlichen Situation unserer Bachillerato-Mixto-Klassen und von Versuchen möglicher Querverbindungen des Sprachunterrichts, in: Information Deutsch als Fremdsprache 3/1975, S. 4-21; 4) Perspektiven einer differenzierten Einführung der deutschen Fachsprache, in: Der deutsche Lehrer im Ausland, 4/1977, S. 146-151; 1/1980, S. 31-38; 3/1981, S. 20-29; 5) Auf dem Wege zur Integration im Bachillerato Mixto an der Deutschen Schule Barcelona, in: ebenda, 6/1977, S. 9-16; 6) Gestufte Integration im Deutschunterricht des BM am Beispiel einer Textarbeit, in: ebenda, 6/1977, S. 17-29

Historischer Bezug: 1) Kleine Münzgeschichte Aulendorfs und der Grafen von Königsegg-Aulendorf, Aulendorf 1977, 32 S, 32 Abb.; 2) Weißkirchen und seine „weiße Kirche", in: Heimatbuch der Stadt Weißkirchen im Banat, Salzburg 1980, S. 22-25; 3) Serbien und seine deutsche Minderheit, in: s. u.; 4) Tragödie der Deutschen in Serbien – Spielball skrupelloser NS-Politik/ Rache der Partisanen, in: Straubinger Tagblatt/Landshuter Zeitung, 18. 7. 1991, 6. 9. 1991; 5) Die deutschen Schulen auf dem Gebiet des Königreichs Jugoslawien – ein schmerzliches Kapitel Minderheitenpolitik in Südosteuropa, in: Akademie für Lehrerfortbildung (Hrsg.): Die Deutschen und ihre östlichen Nachbarn, Band IV, Dillingen 1991, S. 197-221; 6) Zeitungsbeiträge zur Zeitgeschichte: Die schreckliche Treue der Hinterbliebenen, Russische Weihnacht wie im Bayerwald, Silvester im russischen Winter, Der Tod aus der Luft (4 Folgen), „Es ist eine wahnwitzige Zeit" (3 Folgen), Als Ostern auf Karfreitag fiel, Die Demokratie begann in den Kommunen, Der Stadtrat wird ein rüstiger Fünfziger (3 Folgen), Wildwest zum Weihnachtsfest, Wie hübsch darf eine Sekretärin sein? Der erste US-Militärgouverneur im Landkreis Bogen, Neue Währung – neues Geld: Die deutschen Nationalwährungen (6 Folgen), u. a., in: Straubinger Tagblatt/Landshuter Zeitung, 27.4., 18.11., 2.12., 24.12.1995, 20.4., 27.4., 1.5., 15.6., 31.12.1996, 6.1.1997, 18.6., 20.6., 27.6., 4.7., 11.7., 18.7.1998 u. a.; 7) Feuersturm, Zigarettenwährung, Demokratie – Der Umbruch 1945-1948 in der Stadt Straubing und in der Region Straubing-Bogen, Straubing 1997, 318 S., 90 Abb.; 8) Für die Götter wie Fliegen? Das Schicksal einer altbayerischen Stadt zwischen Schonung und Vernichtung, Straubing 1998, 66 S., 35 Abb.; 9) Hungersnot und Aufruhr in Straubings irischer Partnerstadt Tuam, in: Jb. d. Hist. Vereins f. Straubing, Jg. 99 (1997), S. 477-490; 10) In Vorbereitung: Frühe Existenzgründer und ihre Erfolgsgeschichten – Streifzüge durch die regionale Industriegeschichte mit Fallbeispielen aus Straubing/Bogen, Straubing 2000, ca. 130 S.

Literarhistorisch-wissenschaftlicher Bezug: 1) Lehrbücher für Deutsch in der Kollegstufe/Sekundarstufe II

Mitautor: 1) Sprechen-Schreiben-Unterscheiden, Bad Homburg 1976, 282 S.; 2) Sprache und Literatur, Bad Homburg 1986, 456 S.

Herausgeber und Mitautor: 1) Sprache und Text, Bad Homburg 1983, 284 S.

Färber, Walter

Veröffentlichungen in: Sonderseiten der Neuen Banater Zeitung: „Hatzfelder Schulecho" und „Pipatsch", Volk und Kultur, Neue Literatur, Banater Post

Anthologien: „im brennpunkt stehn", „Pflastersteine" und „Deutsche Mundartautoren aus dem Banat"

Faltum, Wendelin

Eigenständige Veröffentlichung: 1) Die Batschkaprinzessin. Ein Heimatroman zwischen Theiß und Donau, Holzner-Verlag, Würzburg 1960, 162 S.

Kleinere Veröffentlichungen: 1) Die Donauschwaben in Argentinien, in: Donauschwäb. Rdsch., Jg. 8, Nr. 4 (26.1.1958), S. 4 u. 6; 2) Die Leginr Tra-Tra-Musikanta, in: Der Donauschwabe v. 10.8.1958, S. 16; Fortsetzungen am 7.9.1958, S. 9 und 12.10.1958, S. 7; 3) Der Schneider-Detektiv. Eine wahre Geschichte von Wendel Faltum, Donauschwaben Kalender 1963, S. 134 ff.; 4) Fortsetzung: Das Ende des Schneider-Detektivs, a. a. O., 1964, S. 137 ff.; 5) Adios Muchachos, hasta la vista! Wendel Faltum, Verfasser der „Batschkaprinzessin", war in Deutschland auf Besuch, in: Der Donauschwabe v. 21.6.1964

Fassel, Horst

Eigenständige Veröffentlichungen: 1) Geschichte der deutschen Literatur von den Anfängen bis 1770, Universitätsdruckerei, Jassy 1978, I-II, 757 S.; 2) kenn-zeichen, Albatros Verlag, Bukarest 1981; 3) Deutschunterricht in Jassy (1830-1992). Wissenschaftler und Lehrer als Vermittler im West-Ost-Dialog, Tübingen 1993, 152 S.; 4) Deutsches Staatstheater Temeswar (1953-1993). Entwicklungsmöglichkeiten einer Kultureinrichtung der deutschen Minderheit in Rumänien, Freiburg i. Br. 1993, 96 S.; 5) Ein deutsches Theater im vielsprachigen Umfeld: das Beispiel Orawitza, Sonderheft der Zeitschrift Banatica, Freiburg i. B. 1996, 50 S.

Kleinere Veröffentlichungen: 1) Das Ding an sich, in: Neue Literatur. Zeitschrift des Schriftstellerverbandes der SRR, 21. Jg., Heft 6, Juni 1970, S. 20 f.; 2) jassy – der vorstoss der rückschau, a. a. O., 28 Jg., Heft 2, 1977, S. 77-81

Herausgeber/Mitherausgeber: 1) Anthologie der deutschsprachigen Kurzprosa des XX. Jahrhunderts, Bukarest 1973; 2) Traian Bratu şi germanistica ieşeăna (Traian Bratu und die Jassyer Germanistik), Iaşi: Universität 1981, 125 S.; 3) Methodenfragen der Literaturwissenschaft und –geschichte, hrsg. von Klaus Hammer und Horst Fassel, Jena: Friedrich-Schiller-Universität 1982, 207 S.; 4) Jassyer Beiträge zur Germanistik. contribuţii ieşene la germanistică, Iaşi 1982-1983, Nr. 1-3; 5) Banatica. Beiträge zur deutschen Kultur, Freiburg i. Br. 1984-98; 6) Irene Mokka. Das Schlüsselwort: ausgewählte Werke, Kriterion Verlag, Bukarest 1985, I-II; 7) An Donau und Theiß. Banater Lesebuch, München 1986, 207 S.; 8) Hans Diplich. Werk und Wirkung, München 1994, 197 S. (Banater Bibliothek; 1); 9) Kulturraum Mittlere und Untere Donau. Traditionen und Perspektiven des Zusammenlebens. Spaţiul cultural al dunării mijlocii şi inferioare: Tradiţii şi perspective ale convieţuirii. Reşiţa 1995, 452 S.; 10) Deutsche Sprache und Literatur aus Südosteuropa. Archivierung und Dokumentation, hrsg. von Anton Schwob und Horst Fassel, München 1996, 327 S. (Veröffentlichungen des Südostdeutschen Kulturwerks: Wissenschaftliche Reihe; 66); 11) Otto Alscher: Erzählungen, München 1995, 432 S.; 12) Nikolaus Lenau: „Sunt un suflet pribeag pe acest pămînt". Poetul Nikolaus Lenau – urmele unei vieţi zbuciumate" (Ausstellungskatalog), Bucureşti 1996, 83 S.; 13) Nikolaus Lenau: Ich bin ein unstäter Mensch auf Erden. Ausstellungskatalog und Begleitheft zur Ausstellung, Stuttgart 1996, 94 S. (Die Deutschen und ihre Nachbarn im Osten: Geschichte und Gegenwart; 6); 14) Der Stellenwert eines Denkmals. Die Dreifaltigkeitssäule in Temeswar, München 1996; 15) (mit Horst Förster) Das Banat als kulturelles Interferenzgebiet. Traditionen und Perspektiven, Tübingen 1997, 127 S. (Institut für Donauschwäbische Geschichte und Landeskunde, Materialien; 6); 16) Deutsche Literatur im Donau-Karpatenraum (1918-1996). Regionale Modelle und Konzepte in Zeiten des politischen Wandels, Tübingen 1997, 139 S. (Institut für Donauschwäbische Geschichte und Landeskunde, Materialien; 8); 17) Wissenschaftsstrukturen in Rumänien vor und nach 1989. Funktionsmodelle und Entwürfe, Tübingen 1998, 153 S. (Institut für Donauschwäbische Geschichte und Landeskunde, Materialien; 10); 18) Nikolaus Engelmann. Die Verteidigung des Bescheidenen. Kirche, Schule und Schrifttum der Banater Schwaben, München 1998, 352 S. (Banater Bibliothek; 4); 19) Nikolaus Engelmann. Schwowische Sache zum Schmunzle un Lache. Erzählungen, München 1998, 197 S. (Banater Bibliothek

Übersetzungen: 1) (mit Irene Mokka) Anghel Dumbrăveanu: Das Geheimnis der Orchidee. Enigma orhideei, Timişoara 1976, 107 S.; 2) Corneliu Sturzu: An der Wegscheide das Gras. Gedichte, Cluj-Napoca 1979, 50 S. (Übersetzerpreis des rumänischen Schriftstellerverbandes); 3) (mit Anghel Dumbrăveanu) Kurt Kusenberg: Unde este unchiul Bertram? (Wo ist Onkel Bertram?), Bukarest 1980, 171 S.; 4) Mihai Ursachi: Die Palme Talipot. Gedichte, Bukarest 1982, 86 S.; 5) (mit Anghel Dumbrăveanu) Irene Mokka: Un cântec fără sfîrşit (Ein endloses Lied), Bukarest 1983, 99 S.

Fath, Georg

Eigenständige Veröffentlichung: Stockbrünnlein. Ausgewählte Gedichte, Verein für das Deutschtum im Ausland, München 1984, 88 S.

Fickinger, Gerlinde

Vertreten in: 1) im brennpunkt stehn. Lesebuch mit Beiträgen der jungen und jüngsten Mitglieder des Temeswarer Literaturkreises „Adam Müller-Guttenbrunn", Auswahl und Einleitung Anton Palfi, Temeswar 1979, 110. S.; 2) Heimatbuch der deutschen Gemeinde Groß-Scham im Banat von Dr. Anton Peter Petri und Hans Schmidt, hrsg. v. d. Groß-Schamer Heimatortsgemeinschaft 1987, 524 S.

Filip, Wilma

Eigenständige Veröffentlichungen: 1) Gedichte, Selbstverlag, Stuttgart 1988, 60 S.; 2) Wie Blätter im Wind. Erzählungen und Gedichte aus dem Banat, Selbstverlag 1996, 121 S.; 3) Tränen statt Brot. Erlebnisse einer Siebzehnjährigen 1944-1948, fotokopierter Computerausdruck (Ringbinder), 250 S., unveröffentlicht

Filippi, Jakob

Grad so wie d'heem. Stammtischdiskussion als Schauspiel in einem Akt, Cleveland/Ohio 1960, Typoskript, 14 S.

Fink, Hans

Diplomarbeit, Universitätsbibliothek Temeswar: Besonderheiten der Temeswarer deutschen Umgangssprache, Temeswar 1965
Eigenständige Veröffentlichungen: 1) Mein Kind, ein Zauberlehrling. Acht Aufsätze zu pädagogischen Fragen mit Beispielen aus der schönsten Literatur, Kriterion Verlag, Bukarest 1983, 200 S.; 2) Paula in Lexikonstadt. Ein zentral-grammatikalisches Märchen, Ion Creangă Verlag, Bukarest 1984, 66 S.; 3) Die Märchenmühle. Ein Roman für Kinder, Ion Creangă Verlag, Bukarest 1985, 101 S.; 4) Warum ist das Wasser naß? Was Kinder fragen, wie Eltern antworten, Kriterion Verlag, Bukarest 1986, 133 S.; 5) Heitere Grammatik. Wie man mit Wörtern spielen kann, Kriterion Verlag, Bukarest 1987, 192 S.; 6) Ein Honigfaden der Logik. Die Grundbegriffe von der heiteren Seite, Kriterion Verlag, Bukarest 1989, 136 S.

Fischer, Ludwig

Eigenständige Veröffentlichung: 1)Auf weiten Wegen. Erzählungen, Publikation des Demokratischen Verbandes der Ungarndeutschen, Lehrbuchverlag, Budapest 1983, 205 S.
Anthologien: Tiefe Wurzeln, Budapest 1974; Die Holzpuppe, Budapest 1977; Bekenntnisse-Erkenntnisse, Budapest 1979; Igele-Bigele, Budapest 1980; Jahresringe, Budapest 1984; Bekenntnisse eines Birkenbaumes, Dortmund 1990; Auf der Spur verborgener Schätze, Budapest 1991
Weitere Zeitungen und Zeitschriften: Budapester Rundschau, Pannonia (Österreich); Unsere Post (Deutschland)
Kalender: Deutscher Kalender, Budapest; Unser Kalender, Deutschland
Rundfunksendungen: Radio Pécs; Österreichischer Rundfunk, Wien
Schreibt seit 1972 auch ungarisch für folgende Blätter und Sender: Barátság Budapest; Vakok Világa Budapest; Stádium Budapest; Ösz Idö Budapest Keresztény Elet Miskolc; Jel, Budapest; Naput, Budapest; Tolna Megyei Népujság, Szekszárd; Dunántuli Napló, Pécs; Magyar Nemzet, Budapest; Pedagógusok Lapja, Budapest; Függelen Délvidék, Baja; Szekszárdi Vasárnap, Szekszárd; Rádió-és Tv Ujság, Budapest; Rundfunk: Magyar Rádió Kossuth-Petöfi
Kleine Auswahl der Veröffentlichungen in der Neuen Zeitung, Budapest: 1) Peppl. Erzählung, NZ v. 8.6.1962, S. 2 f.; 2) Rita. Erzählung, NZ v. 7.9.1962, S. 2 f.; 14.9., S. 2 f.; 3) Im Oktober 1946, NZ v. 15.12.1990; 4) Preisgegeben, NZ 1994; 5) Am Telefon. Der 20. Hochzeitstag, NZ 48/94; 6) Am Telefon. Schnaps-Opa, NZ 9/95; 7) Die Stadt, NZ 18/95; 8) Schwiegervater zu Besuch, NZ 34/95; 9) Dame in Lila, NZ 37)95; 10) Am Telefon. Der Düsenhalter, NZ 39/95; 11) Die Katze und der alte Mann, NZ v. 16.12.95, S. 4 f.; 12) Ausstellung mit Führung, NZ 6/98; 13) Am Telefon. Der Elefant, NZ 14/98; 14) Leute, der Fachinspektor ist da, NZ 16/98; 15) Unterwegs, NZ 26/98; 16) Kastanienpüree mit Sahne, NZ 30/98

Flander, Gustav

Eigenständige Veröffentichungen: 1) Und nie schließt sich der Kreis, in: Der Donauschwabe v. 1.12.1974, S. 3, u. Schluß in Nr. 49 (8.12.1974), S. 3; 2) Dehaam war dehaam. Lewe un Brauchtum – vrzählt in donauschwowischer Modrsprooch, Teil I, 93 S., Teil II Gedichte und Lieder, 53 S., Schwowischer Wortschatz, 12 S., kopiertes Manuskript, Donaueschingen 1990; 3) Dehaam war dehaam. Gedichte; 4) Die Schongauer. Die Geschichte einer donauschwäbischen Familie, Selbstverlag, Donaueschingen 1991, 90 S.

Flassak, Elisabeth

Eigenständige Veröffentlichungen: 1) Ernsthausen. Das Schicksal eines deutschen Dorfes im Banat. Ein Heimatbuch, zusammengestellt, herausgegeben und verlegt von Lisa Fassak, Rastatt 1983, 3 Bücher 169 + 366 + 53 S., mit Beilagen; 2) Fegefeuer Balkan. Weg eines donauschwäbischen Kindes, Oswald Hartmann Verlag, Sersheim 1994, 331 S.

Frach-Fischler, Eva

Eigenständige Veröffentlichungen: 1) Ein weiter Weg. Lebenserinnerungen einer Donauschwäbin, Eigenverlag, Braunau/Inn 1991, 163 S. (gedruckt mit Unterstützung durch das Bundesministerium für Unterricht und Kunst, das Amt der Oö. Landesregierung und das Stadtbauamt Braunau/Inn); 2) Jahrbuch 1998 „Dokumentation lebensgeschichtlicher Aufzeichnungen", Institut für Wirtschafts- u. Sozialgeschichte der Universität Wien

Kleinere Veröffentlichungen: 1) Reiseeindrücke einer Brasilienfahrt, fünfteilige Folge in „Der Donauschwabe" vom 18.10.-15.11.1992

Franz, Johann

Eigenständige Veröffentlichungen: 1) Losse doch uns Palangr a mol zu Wort kumme! Mundartgeschichten, Selbstverlag, Heilbronn-Biberach 1986, 70 S.; 2) Das letzte Kriegsjahr und die Gefangenschaft. Erinnerungen von J. Franz; Das war Andreas. Lebensgeschichte eines Batschka-Palankaers, Selbstverlag, Heilbronn-Biberach 1986, 77 S.

Franzen, Nikolaus

Kleinere Veröffentlichungen in: Donautal Magazin, Donauschwaben Kalender, Festschriften und Kalender in den USA und Canada

Frauendorfer, Helmuth

Eigenständige Veröffentlichungen: 1) Engagierte Subjektivität in der deutschen Literatur Rumäniens (Prüfungsarbeit in rumänischer Sprache), Temeswar 1984, 169 S.; 2) Am Rand der Hochzeit. Gedichte, Kriterion Verlag, Bukarest 1984; 3) Landschaft der Maulwürfe. Gedichte, Dipa Verlag, Frankfurt a. M. 1990, 102 S.

Anthologien: 1) Fechsung. Lyrische Texte in banatschwäbischer Mundart, Kriterion Verlag, Bukarest 1979, S. 51-54; 2) im brennpunkt stehn. Lesebuch mit Beiträgen der jungen und jüngsten Mitglieder des Temeswarer Literaturkreises „Adam Müller-Guttenbrunn", Auswahl und Einleitung Anton Palfi, Temeswar 1979, S. 74-76; 105-110; 3) Pflastersteine. Jahrbuch des Literaturkreises „Adam Müller-Guttenbrunn", hrsg. v. Nikolaus Berwanger, Eduard Schneider, Horst Samson, Temeswar 1982; 4) Anton Peter Petri, Deutsche Mundartautoren aus dem Banat, Veröffentlichung der Landsmannschaft der Banater Schwaben aus Rumänien in Deutschland e. V., Arbeitsheft 14, München 1984, S. 44 f.

Mitherausgeber: Der Sturz des Tyrannen. Rumänien und das Ende einer Diktatur, Verlag Reinbek bei Hamburg 1990, 176 S.

Berichte zu folgenden Fernsehsendungen des MDR: 1) Wahlkampf in Sachsen-Anhalt, Sendung vom 6.4.1998; 2) Mecklenburg-Vorpommern auf dem Weg nach rechts, Sendung vom 22.6.1998; 3) Flutopfer – ein Jahr danach, Sendung vom 13.7.1998; 4) Auf der Suche nach Jost Stollmann, Sendung vom 21.9.1998; 5) Zgorzelec / Mafia, Sendung vom 20.10.1998; 6) Rot-grüne Steuerreform, Sendung vom 26.10.1998; 7) Rückforderung: Grundstücke in Polen, Sendung vom 26.10.1998; 8) Versicherung zahlt nicht, Sendung vom 1.12.1998; 9) Waffen-SS: 'Panzermeyer', Sendung vom 18.1.1999; 10) Die Grünen nach dem Parteitag, Sendung vom 8.3.1999; 11) DDR-Erziehung und Rechtsextremismus, Sendung vom 23.3.1999; 12) Satanisten, Sendung vom 26.4.1999; 13) Außenminister Fischer zu Flüchtlingsabschiebungen, Sendung vom 18.5.1999; 14) Verstrahlte Stasi-Opfer, Sendung vom 15.6.1999; 15) Berufsarmee oder Wehrpflicht, Sendung vom 26.7.1999; 16) Video-Überwachung, Sendung vom 19.10.1999; 17) DDR-Unrecht, Sendung vom 8.11.1999

Freihoffer, Heinrich

Eigenständige Veröffentlichungen: 1) Kleinschemlak. Das Werden und Vergehen einer Donauschwäbischen Gemeinde im Südbanater Heckenland, (Mit 1 Pl., 1 Kt., zahlr. Fot.), Selbstverlag, Deggendorf 1972, 256 S., 8 Tafels.; 2) Sklaven im Baragan. Zeitgeschichtlicher Tatsachenroman mit dokumentarischem Anhang, Selbstverlag, Deggendorf 1981, 376 S. + 20 S. Fot.; 3) Weg ohne Umkehr.

Das letzte Jahr. Zeitgeschichtlicher Tatsachenroman mit dokumentarischem Anh., Selbstverlag, Deggendorf 1991, 392 S.
Mitarbeit und Beiträge in: 1) Das Banat und die Banater Schwaben, Band 1, 3 und 4; 2) Mundartreihe von Alfred Cammann-Karasek/Langer: Donauschwaben erzählen in Teil 3, N. G. Elwert Verlag, Marburg 1978; 3) Beiträge in: Ostdeutsche Gedenktage, herausgegeben von der Kulturstiftung des BdV in Bonn; 4) Einige hundert Artikel und Beiträge in Zeitungen und Zeitschriften, Mundarterzählungen im „Donauschwaben Kalender"; Mitarbeit Ortssippenbuch Liebling von Johann Möhler, 1979; 5) Das Banat und die Banater Schwaben, Band 2, Der Leidensweg der Banater Schwaben im Zwanzigsten Jahrhundert (Redaktion), München 1983; 6) Waldau. Ein Nachruf. Ortsmonographie Waldau unter Mitwirkung von Peter Erk, Deggendorf 1990

Friedrich, Georg

Eigenständige Veröffentlichung: Wege der Angst, Wege der Hoffnung. Eine ungarndeutsche Nachkriegsgeschichte, Selbstverlag, Darmstadt 1995, 181 S.

Frombach, Franz

Eigenständige Veröffentlichungen: 1) Phingstnägelcher aus 'm Banat in Jahrmarkter Mundart. Mit Illustrationen von Franz Bittenbinder, Selbstverlag, Homburg/Saar 1989, 142 S.
Vertreten in: 1) Schwowetanz. Lieder in Banat-Schwäbischer Mundart (nach Gedichten von Hans Wolfram Hockl, Gretl Eipert, Maria Ebner, Franz Frombach, Erich G. Gagesch), Vertonung: Erich G. Gagesch, Eigenverlag, Singen 1992

Fuchs, Joseph

Kleinere Veröffentlichungen: 1) Das Dorf mit den drei Türmen, in: Neuer Weg, 22.6.1956, S. 3, 29.6., S. 4; 2) Für Elisabeth, in: Neuer Weg, 5.10.1956, S. 4; 3) Nach dem Sieg ist Zeit zum Träumen, in: Neuer Weg, 2.11.1956, S. 3 f.; 4) Herbstsonntag in Charlottenburg – die Hochzeit brauchte nicht länger auf sich warten lassen, in: Neuer Weg, 20.12.1956; 5) Vom neuen Brot und neuen Menschen, in: Neue Literatur, Jg. 7, 1956, Nr. 4; 6) Zum 75. Geburtstag der Gemeinde Josefsdorf, in: Volk und Kultur, Jg. 8, 1956, Nr. 7; 7) Das Römerkastell als Hochzeitsgeschenk, in: Neue Literatur, Jahrgang I (8), Heft 2, 1956, S. 74-77; 8) 1907 im Lichte der damaligen „Temeswarer Zeitung", in: Wahrheit, 22.2.1957, S. 1; 9) *Miniaturen mit mathematischem Hintergrund*: 9.1. Geometer unter den Käfern, in: Neuer Weg, 6.4.1957; 9.2. Die Zahl mit 100000 Dezimalstellen, in: Die Wahrheit, 23.1.1965; 9.3. Die Sinusoide, in: Neuer Weg, 16.5.1965; 9.4. Das Fermatsche Problem, in: Neuer Weg, 29.9.1966; 10) Die Sache mit dem Hund, in: Neuer Weg, 12.7.1957, S. 3; 11) Die Schatzhüter. Eine Episode aus dem Bürgerkrieg 1917-1918, in: Neuer Weg, 29.10.1957, S. 2; 12) Im Namen der Freiheit. Ein Gang durch d. hist. Museum im Arader Kulturpalast, in: Wahrheit, 10.12.1957, S. 2; 13) Unser – Hof – Mann, in: Neuer Weg, 13.12.1957, S. 3 f.; 14) Die Liebe ist stark, in: Neuer Weg, 20.12.1957, S. 3 f.; 15) Ein Dorf mit kämpferischen Traditionen und gesundem Gemeinschaftssinn, in: Volk und Kultur, Jg. 9, 1957, Nr. 11, S. 20; 16) Niemandem auch nur ein Wort. Skizze, in: Elternhaus und Schule, Berlin (DDR), 1957, S. 3-4; 17) Drei Generationen. Eine Temeswarer Dreherfamilie, in: Neuer Weg, 9.1.1958, S. 2; 18) Bespr. von: Pfaff, Erich: Schiffe, Schilf und Schienen, Jugendverl., Bukarest 1957, 159 S., in: Wahrheit, 15.5.1958, S. 4; 19) Streiflichter aus Bruckenau, in: Wahrheit, 30.9.1958; 20) Erste Tage im zweiten Jahrzehnt, in: Neue Literatur, Jg. 9, 1958, Nr. 1; 21) 125 Jahre Alexanderhausen, in: Volk und Kultur, Jg. 10, 1958, Nr. 8; s. 4-6; 22) Ihm gehört die Zukunft. Streiflichter aus der Geschichte eines Banater Dorfes, in: Neuer Weg, 7.12.1959, S. 3; 23) Der Junge und der Traktor. Skizze, in: Wahrheit, 1.11.1961, S. 4; 24) Der schwere Weg, in: Neue Literatur, Jg. 12, 1961, H. 5, S. 57-64; 25) Modell einer nichteuklidischen Geometrie, (rum.), in: Gazeta matematica si fizica, Bukarest, Jg. 12, 1961, H. 11, S. 656-663; 26) Bespr. von: Kehrer, Hans [d. i. Heinz, Stefan] Versunkene Äcker. Schauspiel, Literatur-Verl., Bukarest 1962, 114 S., in: Neue Literatur, Jg. 12, 1961, H. 6, S. 133-36; 27) Das Mädchen Luise, in: Neue Literatur, Jg. 13, 1962, H. 5, S. 73-80; 28) Hans Mayer. 132. Skizze, in: Neuer Weg, 2.3.1963, S. 3; 29) Das zweite Futurum, Skizze, in: Neuer Weg, 14.6.1963; 30) Wölfe, Knuten, Revolution, Skizze, in: Neuer Weg, 1.11.1963; 31) Das Lied der Drähte, Skizze, in: Neuer Weg, 29.11.1963; 32) Die Porzellanhose, Skizze in: Neuer Weg, 3.1.1964; 33) Die Tochter des Scherenschleifers Alois Perkinzl, in: Neue Literatur, Jg. 15, 1964, H. 2, S. 64-88; 34) Am Gartentisch. Einakter, in: Neue Literatur, Jg. 15, 1964, H. 6, S. 13-32; 35) Frei wofür? Von etwas frei oder für etwas frei? Freizeit – eine autonome Domäne? Was muss man wissen, um gebildet zu sein? Ein Gespräch mit Prof. Joseph Fuchs über Freizeit und Freizeitgestaltung von Helga Reiter, in: NW v. 25.5.1967, S. 4; 36) Kinderspiele, Skizze, in: Neuer Weg, 26.8.1967; 37) Schwerpunkte der Zeit, in: Neuer Weg, 31.12.1968; 38) Ein Diamant – so groß wie die Erde, Erzählung (Novelle), in: Neue Banater Zeitung, 16.3. und 23.3.1969

Über Joseph Fuchs: 1) Franz Liebhardt: Das letzte Geschenk. Abschied von Joseph Fuchs, in: ders.: Temeswarer Abendgespräch. Historien, Bilder und andere Prosa, Facla Verlag, Temeswar 1977, S. 129-133; 2) Anton Petri: Das Jahrhundert, das unser Schicksal war, in: Hans Bergel: Gesichter einer Landschaft. Südosteuropäische Portraits aus Literatur, Kunst, Politik und Sport, Edition Wort und Welt, München 1999, S. 230 f.

Gabriel, Johann Josef

Eigenständige Veröffentlichungen: 1) Lerche im Heimatflur. Schwowische on heerische Gedichte, Selbstverlag; Freising [1973-77]. VII Bände; Bd. I: 1973, 135 S.; Bd. II: 1973, 94 S.; Bd. III: 1974, 109 S.; Bd. IV: 1975, 78 S.; Bd. V: 1975, 174 S.; Bd. VI: 1976, 106 S.; Bd. VII: 1977?, 94 S.

Gaenger, Peter

Eigenständige Veröffentlichungen: 1) Deutsch-Amerikanische Ruhmesblätter, Kreuzer Verlag, Konstanz 1960, 91 S.; 2) Carl Mathes. Einer der größten donauschwäbischen Klaviervirtuosen und Komponisten, Sonderdruck aus Nr. 1 und 2 der Vierteljahresschrift Österreichische Begegnung, Wien 1962, 19 S.

Kleinere Veröffentlichungen: 1) Gedanken beim Studium donauschwäbischer Ansiedlungsakten, in: Österreichische Begegnung, 1966, Heft 1, S. 17-21; 2) Graf Mercy als Gouverneur des Temescher Banates, in: Österreichische Begegnung, 1966, Heft 3/4, S. 46-58; 3) Don Quichotterie eines Kalfakters von Linguell Verwandtes alias Peter Gaenger, Sensen-Verlag, Wien 1969, 32 S.

Zusammen mit Alfred Kuhn: Carl Mathes. Ein Meister im Reich der Töne, Schriftenreihe „Weißkirchner Beiträge", Folge 5 im „Donauschwäbischen Archiv", Reihe VI, hrsg. v. Verein Weißkirchner Ortsgemeinschaft in Salzburg, Wernberg 1978, 32 S.

Der Nachlaß von Peter Gaenger befindet sich im Archiv des Instituts für donauschwäbische Geschichte und Landeskunde (AIDGL), Mohlstr. 18, 72074 Tübingen, Bestand Nachlässe, NL Nachlaß Peter Gaenger, Faszikel Nr. 1-1 bis Nr. 10-2:

Nr. 1-1 Faust (second part, 1) by Goethe, English version by Peter Gaenger; Nr. 1-2 Faust (second part, 2) by Goethe, English version by Peter Gaenger S. 242-590; Nr. 1-3 Faust (first part, 1) by Goethe, English version by Peter Gaenger, 241 S.; Nr. 2 Die Tragödie des Doktor Faust von Christopher Marlowe, aus dem Englischen übertragen von Peter Gaenger, 55 S.; Nr. 3 Quo vadis? Von Henrik Sienkiewitz, dramatisiert von P. G., 131 S.; Nr. 4 The Rosenkavalier, Musical Comedy in three Acts by Hugo von Hofmannsthal, Music by Richard Strauß, English version by Peter Gaenger, 46 S.; Nr. 5 Ladies oft all Times by Eugen Roth, English version by P. G., 33 S.; Nr. 6 Ein Strohwitwer in der Fremde. Amerikanisches Sittenbild von Peter Gaenger, 125 S.; Die Büsserin, Erzählung, 66 S.; Nr. 7 Der Gemeindeschlägel (A helység kalapácsa) Heldengedicht in vier Gesängen von Sandor Petöfi, übersetzt aus dem Ungarischen von P. G., 35 S.; Nr. 8-1 Wir Donauschwaben in Amerika. 50jährige Erinnerungen von Peter Gaenger, 185 S., im Jahre 1970 mit der Niederschrift begonnen, vgl. dazu „Der Donauschwabe" v. 16.3.1975, S. 5: „Treuer Freund in guten und schlechten Zeiten. Peter Gaenger vollendet das neunzigste Lebensjahr"; Nr. 8-2 Wir Donauschwaben in Amerika. Beim Film in Hollywood, S. 168-221; Brief an Monsignor Swanstrom, S. 1-18; Nr. 8-3 Wir Donauschwaben in Amerika. Nach drei Jahren wieder in Europa, S. 305-320b; Konstanz am Bodensee, S. 321-336; Übersiedlung nach Brooklyn, S. 1-21; Die letzten Jahre in Amerika, S. 401-420; Nr. 8-4 Wir Donauschwaben in Amerika. Nachtrag in eigener Sache; Nr. 8-5 Wir Donauschwaben in Amerika. Josef Gassner – Journalist par excellence, 3 S.; Anton K. Rumpf, 5 S.; Josef Marx Gründer des „Heimatbote", 6 S.; Johann Brücker, 2 S.; Nr. 9-1 Friedrich Hecker, der Nationalheld zweier Länder, 26 S.; Hans Tipre als Zeitungsschreiber, 5 S.; Nr. 9-2+3 Männerrechtler, geschrieben in den dreißiger Jahren, 9 S., Briefe; Nr. 9-4 Pfarrer Mathias Lani gestorben. Schutzengel der Heimatlosen hat uns verlassen; Nr. 10-1 Das Lied von der Glocke. Lenau und Diverses, Eugen Roth; Nr. 10-2 Eigene Gedichte und Übersetzungen, englische Gedichte, „Wie Matz zu seinem Weibe kam", 17 S.

Gagesch, Erich Georg

Eigenständige Veröffentlichungen Literatur: 1) ... und die Wahrheit bewegt uns doch. Gedichte und Gedanken, Kalliope Verlag, Singen 1991, 80 S.; 2) ... denn unsere Sehnsüchte sind schmetterlingbezogen. Gedichte und Gedanken, Kanisius Verlag, Freiburg (Schweiz) 1992, 95 S.; 3) Nelly, die Kirchenmaus. Weihnachtsgeschichten, Kalliope Verlag, Singen 1994, 94 S.; 4) Auf dem Weg zum Regenbogen, Kalliope Verlag, Singen 1995, 100 S.; 5) ... und ich sehe tausend Wunder. Gedichte und Gedanken von Erich Georg Gagesch, Fotografien von Steff Müller, einmalige Ausgabe zum Neujahr 1996, Kalliope Verlag, Singen 1996, 80 S.; 6) Jojos Abenteuer am Bodensee. Kinderbuch, Kalliope Verlag, Singen 1996, 128 S.; 7) Locki, das hinkende Lamm. Weihnachtsgeschichten, Kalliope Verlag, Singen 1997, 80 S.; 8) Die Wackersteine vom Bodensee. Eine Parabelgeschichte, Kalliope Verlag, Singen 1998, 24 S.; 9) Bischof Radolt und die heiligen Hausherren von Radolfzell. Kinderbuch, Kalliope Verlag, Singen 1999, 24 S.; 10) Audifax und Hadumoth. Nach dem Roman „Ekkehard" von Joseph Viktor von Scheffel, Kalliope Verlag, Singen 1999, 64 S.

Eigenständige Veröffentlichungen Musik: 1) Auf dem Weg zur Krippe. Lieder für die Advents- und Weihnachtszeit, Text: Barbara Cratzius, Melodie: Erich Georg Gagesch, Kalliope Verlag, Singen, ohne Erscheinungsjahr, 39 S.; 2) Schwowetanz. Lieder in Banat-Schwäbischer Mundart (nach Gedichten von Hans Wolfram Hockl, Gretl Eipert, Maria Ebner, Franz Frombach, Erich G. Gagesch), Vertonung: Erich G. Gagesch, Eigenverlag, Singen 1992, 26 S.; 3) Kinderspiel. 15 leichte Stücke für Klavier, Eigenverlag, Singen 1992, 30 S.; 4) Drunten in der grünen Au. Liederbuch mit Liedgut aus dem Banat, zusammengest. u. hrsg. v. Erich Georg Gagesch, Kalliope Verlag, Singen 1993, 76 S.; 5) Walzer. 6 Vortragsstücke für Klavier, Kalliope Verlag, Singen 1993, 20 S.; 6) Triosonate für Sopranblockflöte, Violine und Cello, Kalliope Verlag, Singen 1993, 15 S.; 7) Triosonate in G-Dur für Flöte,

Violine und Continuo (Klavier ad libitum), Themen: Volkslieder aus dem Banat, Kalliope Verlag, Singen 1993, 30 S.; 8) Trio Banatica in F-Dur für Flöte, Violine und Klavier, Kalliope Verlag, Singen 1993, 19 S.; 9) Konzert in G-Dur für Sopranblockflöte, Violine Solo und Streicher, Kalliope Verlag, Singen 1993, 30 S.; 10) Mauerblümchen. 7 romantische Melodien für meine Schüler, Kalliope Verlag, Singen 1993, 23 S.

Gaubatz, Franz

Eigenständige Veröffentlichungen: 1) Sippenbuch der Familie Gaubatz, Selbstverlag, Eislingen/Fils 1993, 200 S.; 2) Heimatliche Erinnerungen, Selbstverlag, Eislingen/Fils 1998, 134 S.
Gedichte, Betrachtungen und kleine Erzählungen vor allem in „Der Donauschwabe"

Gauß, Adalbert Karl

Eigenständige Veröffentlichungen: 1) Kinder im Schatten, Schriftenreihe „Aktuelle Gegenwart", Eigenverlag, Salzburg 1950, 40 S.; 2) Zwischen Salzburg und Los Angeles. Streiflichter von einer Amerikafahrt, Pannonia-Verlag, Freilassing 1957, 128 S.; 3) Die Donauschwaben. Bild eines Kolonistenvolkes (zusammen mit Johannes Weidenheim), Pannonia-Verlag, Freilassing 1961, mit zahlr. Abb., keine Seitenang.; 4) Das zweite Dach. Eine Zwischenbilanz über Barackennot und Siedlerwillen 1945-1965 (mit B. Oberläuter), donauschwäbische Beiträge Band 72, Haus der Donauschwaben, Salzburg 1979, 96 S.; 5) Wege und Irrwege in rot-weiss-rot. Zeitgeschichtliches und Interviews mit Bundeskanzler Kreisky u. a., Juvavia, Salzburg 1979, 180 S.; 6) Eine Volksgruppe im Umbruch, Haus der Donauschwaben, Salzburg
Kleinere Veröffentlichungen: 1) Heimat im Herzen, in: Kalender der Heimatlosen 1949, S. 61 f.; 2) Die Leistung unseres Bauerntums, in: Volkskalender für Donauschwaben und Karpatendeutsche 1951, S. 89-93; 3) Probleme und Aufgaben der donauschwäbischen Pressearbeit nach der Vertreibung, Donauschwäbische Verlagsgesellschaft, Salzburg 1955, 14 S.; 4) Das Wojwodina-Problem (Der Donau-Raum) o. O.: o. Verl. 1956, S. 143-152 (Sonderdruck aus: Zeitschrift des Forschungsinst. f. Fragen d. Donauraumes, 1. Jg., 2./3. Heft); 5) Ein moderner Flüchtlingsroman – vom Leben erdichtet. Das Schicksal der Familie Müller aus dem jugoslawischen Semlin, in: Donauschwäbischer Heimatkalender 1957, S. 35-38
Herausgeber/Redakteur: 1) Neuland, Wochenschrift der Donauschwaben, Salzburg; 2) Dokumente zur Geschichte der Donauschwaben, ausgew. u. eingel. v. A. K. Gauss, Donauschwäbische Verlagsgesellschaft, Salzburg 1954, 45 S.; 3) Erinnerungen an Palanka (mit 2 Vorsatzkt., zahlr. Abb. u. Bildtaf.), Pannonia-Verlag, Freilassing 1958, 220 S.
Redaktion: 1) Neuland; 2) Kalender der Heimatlosen. Im Eigenverlag d. kath. Flüchtlingsseelsorge, Salzburg/Linz 1949 und 1950, jeweils 160 S. (mit Abb.); 3) Volkskalender für Donauuschwaben und Karpatendeutsche, München 1951, 183 S.; 4) Flüchtlingsland Österreich, hrsg. im Auftrage des Salzburger Komitees für Flüchtlingshilfe, Donauschwäbische Verlagsgesellschaft m. b. H., Salzburg 1957, 124 S.
Über Adalbert Karl Gauß: Adalbert Karl Gauß. Ein donauschwäbischer Publizist. Aus dem Nachlaß ausgewählte Leitartikel. Über sein Leben, hrsg. v. Bruno Oberläuter, Hans Schmidt, Hans Schreckeis, Johannes Weidenheim, unter redaktioneller Mitarbeit von Karl-Markus Gauß, „Donauschwäbische Beiträge" Heft 80, österreichisches Flüchtlingsarchiv (ÖFA), Donauschwäbisches Kulturzentrum/Haus der Donauschwaben, Salzburg 1983

Gauß, Karl-Markus

Eigenständige Veröffentlichungen: 1) Wann endet die Nacht. Über Albert Ehrenstein. Edition Moderne, Zürich 1986; 2) Tinte ist bitter. Literarische Porträts aus Barbaropa, Wieser-Verlag, Klagenfurt 1988; 3) Der wohlwollende Despot. Über die Staats-Schattengewächse, Wieser-Verlag, Klagenfurt 1989; 4) Die Vernichtung Mitteleuropas. Essays, Wieser-Verlag, Klagenfurt 1991; 5) Ritter, Tod und Teufel. Ein Essay, Wieser-Verlag, Klagenfurt 1994; 6) Die Donau. Fotos: Inge Morath, Text: Karl-Markus Gauß, Otto Müller-Verlag, Salzburg 1995; 7) Das Europäische Alphabet, Zsolnay-Verlag, Wien 1997, (Taschenbuch: dtv, Januar 2000); 8) Ins unentdeckte Österreich. Zsolnay-Verlag, Wien 1998; 9) Der Mann, der ins Gefrierfach wollte. Zsolnay-Verlag, Wien 1999; 10) Vom Abkratzen. Bibliophiler Band, Edition Thanhäuser 1999

Übersetzungen: Auswahlbände von Essays auf kroatisch, bulgarisch, ungarisch, italienisch, slowenisch

Herausgeber von etlichen Büchern österreichisch-jüdischer Exilanten wie Ernst Waldinger, Hugo Sonnenschein, Theo Waldinger sowie von ca. 20 Büchern, darunter u. a.: 1) Das reiche Land der armen Leute. Literarische Wanderungen durch Galizien (zusammen mit Martin Pollack), Jugend und Volk, Wien 1993; 2) Das Buch der Ränder. Prosa, Wieser-Verlag, Klagenfurt 1993; 3) Das Buch der Ränder. Lyrik, Wieser-Verlag, Klagenfurt 1995; 4) Werkausgabe Ernst Fischer in acht Bänden (unter Mitarbeit von Ludwig Hartinger), Frankfurt 1984-1990

Bücher und Kataloge in Zusammenarbeit mit Fotografen und Malern (Auswahl): 1) Herbert Breitner: Südsteirische Miniaturen, Salzburg 1993 (Galerie Welz); 2) Inge Morath. Donau. Salzburg 1995 (Otto Müller); 3) Drioli/Gauß: Bilder und Essay: Salzburg 1996 (Galerie Seywald); 4) Herbert Breitner: Momente der Dauer. Salzburg 1997 (Galerie Welz); 5) Hermann Kremsmayer: Malerei, Wien/Islamabad 1998; 6) Joyce Rohrmoser: Rußand, Wien 1998 (Edition Selene); 7) Drioli/Gauß: Bilder und Essay. Zweite Folge, Salzburg 1999 (Galerie Seywald)

Geiser, Josef

Unveröffentlichte Werke: 1) 1938-1942 entstanden Einakter: „Der taube Bürgermeister", „Die Heiratsfrage", „Ich will den Koch, keine Köchin", „Die Plauschpartie"; 2) Autobiographische Kurzgeschichten, gewidmet meiner getreuen Frau Käthi und den Kindern Paul, Anna und Kathiliese, Schwenningen a. N., den 30. August 1953, Typoskript, 181 S.; 3) Besinnlicher Blumenreigen. Einundsechzig Gedichte über die Pflanzen unseres Vaterlandes, die uns die Schönheit bunter Blumen und die Allmacht Gottes veranschaulichen, in liebevoller Verehrung meinen ehemaligen lieben Schulkindern Frau Anna und Herrn Jakob Weiß, Bühl, 10. November 1963, Typoskript, 72 S.

Kleine Veröffentlichungen: 1) Die Neujahrswünscher/"Nar rei khumme!" Autobiographische Kurzgeschichte von Josef Geiser, in: Der Donauschwabe v. Weihnachten 1959, S. 8; 2)"Schlagt den Schwaben tot!" Autobiographische Kurzgeschichte von Josef Geiser, in: Der Donauschwabe v. 6.9.1959, S. 8

Über Josef Geiser: Porträt eines verdienten Donauschwaben, in: Der Donauschwabe v. 26.4.1959, S. 6

Gerescher, Konrad

Eigenständige Veröffentlichungen: 1) Gezeiten. Gedichte und Parabeln. Eine Auswahl aus zwei Jahrzehnten, Autoren-Edition im Chr. Gauke Verlag, Hannoversch Münden/Scheden 1974, 89 S.; 2) Maisbrot und Peitsche. Erlebnisbericht aus einem Vernichtungslager, Chr. Gauke Verlag, Hannoversch Münden/Scheden 1974, 207 S.; 3) Gäste und Gastgeber. Gastarbeiter-Novellen, Chr. Gauke Verlag, Hannoversch Münden 1976, 108 S.; 4) Zeit der Störe und andere Heimatgeschichten, Donauschwäbisches Archiv, Heft 9, Reihe V: Apatiner Beiträge, im Auftrag des Apatiner Ausschusses, hrsg. V. Josef Volkmar Senz, Straubing 1975, 34 S.; 5) Politik aufgespießt. Heitres Lexikon der politischen Mißbildung, Chr. Gauke Verlag, Hannoversch Münden 1976, 58 S.; 6) Die Apatiner Schiffswerft vor und nach dem Krieg. Donauschwäbisches Archiv, Reihe V, Apatiner Beiträge 11, im Auftrag des Apatiner Ausschusses, hrsg. V. Josef Volkmar Senz, Straubing 1976, 40 S.; 7) Unserer Hände Arbeit. 200 Berufe der Donauschwaben aus der Batschka, gesammelt und herausgegeben von Konrad Gerescher, Chr. Gauke Verlag, Hannoversch Münden 1981, 103 S.; 8) Heimat Südosteuropa in Bildern und Aufsätzen, Privatdruck K. Gerescher, Freiberg a. N. 1983, 170 S.; 9) Daheim I. Heimat Südosteuropa in Bildern und Aufsätzen, Oswald Hartmann Verlag, Sersheim 1983, 2. durchgesehene Auflage 1986, 170 S.; 10) Daheim II., Sersheim 1987, 170 S.; 11) Einmal lächeln und zurück. Verse und Sprüche, Oswald Hartmann Verlag, Sersheim 1990, 111 S; 12) SO HEMRS KSAKT. Mundart-Sprüche aus Béreg/Bački Breg, Arbeitskreis Mundart-Brauchtum, Deutsch-Ungarischer Freundeskreis Szeged, Szeged 1993, 104 S.; 13) Das Lied vom Überleben. Eine epische Erzählung von Vertreibung, Internierung und Befreiung, Deutsch-Ungarischer Freundeskreis Szeged, Szeged 1995, 138 S.; 14) TES HEMR KHAT. Donauschwäbische Mundart und Fachwörter der Nord-Batschka, Teil 1, Deutsch-Ungarischer Freundeskreis Szeged, Szeged 1995, 125 S.; 15) SO HEMRS KMACHT. Donauschwäbische Mundart und Fachwörter der Nord-Batschka, Teil 2, Deutsch-Ungarischer Freundeskreis Szeged, Szeged 1995, 129 S.; 16) SO HEMR KLEBT. Donauschwäbische Mundart und Fachwörter der Nord-Batschka, Teil 3, Deutsch-Ungarischer Freundeskreis Szeged, Szeged 1996, Verlag Közélet-Gemeinschaft Szeged, 132 S.; 17) Donauschwäbisch-Deutsch. Lexikon. Mundart- und Fachwortschatz der Nord-Batschka, Teil 4, Herausgeber: Deutsch-Ungarischer Freundeskreis Szeged, Verlag Közélet-Gemeinschaft, Szeged 1999, 236 S.

Kleinere Veröffentlichungen: 1) Zorik, die Türkin. Ein pannonisches Intermezzo, in: Südostdeutsche Vierteljahresblätter, Jg. 22 (1973), S. 257-62; 2) Meine weite Ebene, in: Südostdeutsche Vierteljahresblätter, 1994; 3) Parzelle 28, in: Der Donauschwabe v. 8.10.1995

Gerhardt, Gerd

Umfangreichere Veröffentlichungen: 1) Artikel „Kategorie (Mitautor) im Historischen Wörterbuch der Philosophie, hrsg. v. J. Ritter u. K. Gründer, Bd. 4, Schwabe Verlag, Basel 1976, Sp. 714-776; 2) Wider die unbelehrbaren Empiriker. Die Argumentation gegen empirische Versionen der Transzendentalphilosophie bei H. Cohen und A. Riehl, Würzburg (Königshausen und Neumann) 1983, 80 S.; 3) Kritik des Moralverständnisses. Entwickelt am Leitfaden einer Rekonstruktion von „Selbstverwirklichung" und „Vollkommenheit", Bonn (Bouvier) 1989, 343 S., (zugleich Diss. Universität Konstanz.); Herausgeber von: I. Kant, Eine Vorlesung über Ethik, Frankfurt /Main (Fischer-Taschenbuch) 1990, 2. Aufl. 1991, 293 S., 4) Grundkurs Philosophie 2. Ethik/Politik, München (Bayer. Schulbuch-Verlag) 1992, 224 S.; 5) Halbband: Grundkurs Philosophie 3. Denken/Sprache/Wissenschaft, München 1993, 2. Aufl. 1995, insges. 254 S.; 6) Türkische Übersetzung des Teils A (Philosophia practica universalis), Istanbul 1994; 7) Grundkurs Philosophie 2. Kommentar, München 1994, 264 S.; 8) Halbband: Grundkurs Philosophie 3. Kommentar, München 1995, insges. 244 S.; 9) Mitherausgeber von: Vorsprechen: 100 Texte für junge Schauspieler. Deutscher Theaterverlag, Frankfurt/M., ca. 350 S., 1999

Kleinere Veröffentlichungen: 1) Philosophie – was ist das?, in: „S wie Schule", hrsg. v. Kultusminister des Landes Nordrhein-Westfalen, Heft 3/81; 2) Viel Glück! ... oder was immer du wünschst (WDR-Hörfunk, 2.3.84); 3) Alle Macht den Weisen. Die Revolution der Philosophen (WDR-Hörfunk, 31.8.84); 4) Eingeschränktes Leben. Über das Gefangensein (WDR-Hörfunk, 23.1.84); 5) Der Mensch ist aus krummem Holz geschnitzt. Ein moralisierender Monolog, (WDR-Hörfunk, 17.7.86); 6) Was in uns lügt, mordet, stiehlt. Die Determinismus-Debatte, frei nach Büchners Woyzeck (WDR-Hörfunk, 9.10.86); 7) Denke, also lache ich. Eine philosophische Betrachtung über den Witz, (WDR-Hörfunk, 19.11.87); 8) Ewiger Zwiespalt: Körper contra Geist (WDR-Hörfunk, 14.4.88); 9) Hinauf und voran. Evolution (WDR-Hörfunk, 7.2.89); 10) Von öffentlicher Dunkelheit. Aufklärung als Prozeß (WDR-Hörfunk, 29.8.89). (Alle Hörfunk-Sendungen dauern ca. 15 Minuten; jede Sendung ist in einem Beiheft kurz kommentiert.) 11) „Du bist empörend rechtschaffen!" Modelle von moralischem Terrorismus bei Kleist und Büchner, in: Zeitschrift für Didaktik der Philosophie, Heft 3/89, S. 167-173; 12) Die Ethik wird realistischer. Zu neueren Ethik-Entwürfen, in: Allgemeine Zeitschrift für Philosophie, Jg. 18 (1993), Heft 1, S. 41-54; 13) Umgang mit „klassischen" Texten, in: Auf Tuchfühlung. Erfahrungen und Anregungen vom 10. Landes-Schülertheater-Treffen Nordrhein-Westfalen 1994 in Soest, hg. v. Kultusministerium des Landes Nordrhein-Westfalen, S. 18 f.; 14) „Lücken in der Seele". Produktive Auseinandersetzung mit DichterInnen der Romantik, in: Diskussion Deutsch, Heft 142 (Juni 1995), S. 109-119; 15) Zur Verbindlichkeit der Moral. Bemerkungen im Blick auf Kant, (Sept. 1995, Vortrag bei der 1. Internationalen Philosophiekonferenz in Blagoevgrad, Bulgarien: „Contemporary European Philosophy: Traditions & Transitions" (engl. Übers. und Veröff. in den Kongreß-Akten); 16) Artikel „Selbstverwirklichung" im Historischen Wörterbuch der Philosophie, Bd. 9, Schwabe Verlag, Basel 1996; 17) Die Philosophie-Olympiade in Bulgarien, in: Information Philosophie, Heft 2, (Juni) 1996, S. 70 f.; 18) Politische Utopien und gesellschaftliche Wirklichkeit, (Vortrag und Seminar auf dem Kongreß „Philosophie und Demokratie" der AIPPh an der Universität Sofia, 21.-23. Juni 1996), in: Europa Forum Philosophie. Dokumentation der Association Internationale des Professeurs de Philosophie, Oktober 1996; 19) Seit 1995 Rezensionen von Kulturveranstaltungen in den Westfälischen Nachrichten und in der Ibbenbürener Volkszeitung; 20) Kolumne in der Ibbenbürener Volkszeitung: „Von und zu Goethe" (Januar bis August 1999, zweimal wöchentlich)
Unveröffentlicht: weitere lyrische und dramatische Texte.

Glatt, Robert
Eigenständige Veröffentlichungen: Lachendes Banat. Heitere Kurzgeschichten aus 'm Banat. Illustrationen von Franz Bittenbinder, Hartmann Verlag, Sersheim 1992, 216 S.

Göttel, Heinrich
Kleinere Veröffentlichungen: 1) Unser Volk hat Kraft, in: Neuland, Jg. 6, Nr. 31, 1.8.1953, S. 7; 2) Aus dem Gerippe des Leides, in: Neuland, Jg. 7, Nr. 10, 6.3.1954, S. 6; 3) Die toten Fledermäuse, in: Neuland, Jg. 12, F. 15, 11.4.1959, S. 6; 4) Das Geldstück, in: Heimatbote, Toronto, Jg. 5 (1964), Nr. 5, S. 6 f.
Folgende Erzählungen und der Artikel „Totgeschwiegene ethnische Säuberung" wurden in der in Montreal erscheinenden Zeitschrift „Das Echo" veröffentlicht: 1) Ein Traum von Daheim, Mai 1997, S. 26; 2) Gedächtnisstützen, Juni 1997, S. 27; 3) Nachbar, Juli 1997, S. 24; 4) Leichtkulturelles mit Lokalkolorit, August 1997, S. 21; 5) Schabernack, September 1997, S. 28; 6) Taubenkönigs Ab-

schied, Oktober 1997, S. 30; 7) Die Betreuerin, November 1997, S. 30; 8) Trinkt o Augen, Dezember 1997, S. 30; 9) Der Weichling, Januar 1998, S. 30; 10) Das rosa Entlein, Februar 1998, S. 29; 11) Die Verschwörung, März 1998, S. 30; 12) Hermanns Glück, April 1998, S. 30; 13) Der kleine Bruder, Mai 1998, S. 30; 14) Wanderer, Juni 1998, S. 30; 15) Paulchen (Das Geldstück, neu bearbeitet), Juli 1998, S. 30; 16) Verspätete Antwort, August 1998, S. 30; 17) Fürstliche Hochzeit, September 1998, S. 30; 18) Durch den Apfelgarten, Oktober 1998, S. 30; 19) Gedenktag, November 1998, S. 30; 20) Ihre frohesten Weihnachten, Dezember 1998, S. 30; 21) Neujahrsadjektive, Januar 1999, S. 30; 22) Der junge Pfarrer, Febuar 1999, S. 30; 23) Die lange Einführung, März 1999, S. 30; 24) Speiseröhrenverkrampfung, April 1999, S. 30; 25) Totgeschwiegene ethnische Säuberung (Artikel), Mai 1999, S. 30; 26) Ohrfeigen, Juni 1999, S. 30; 27) Unser Volk hat Kraft (neu bearbeitet), Juli 1999, S. 30; 28) Die kleine Welt, August 1999, S. 30; 29) Lektionen, September 1999, S. 34; 30) Der Sonderling, Oktober 1999, S. 32; 31) Fern sehen, November 1999, S. 32

Götz, Karl

Eigenständige Veröffentlichungen: 1) Dinkelsbühl. Ein Skizzenbuch, 1928; 2) Der Deutsche in Palästina, 1931; 3) Das Kinderschiff. 1934, (1966, 147.-151.Tsd.); Hohenstaufen Verlag, Bodman-Bodensee 1966, 231 S.; 4) Die Heimstätter. 1940; 5) Die große Heimkehr. 1941, J. Engelhorns Nachf. Adolf Spemann, Stuttgart 1941, 247 S.; 6) Auswandern? Ein Handbuch für alle Fragen der Auswanderung, mit einem Vorwort von Bundestagspräsident Dr. Eugen Gerstenmaier, 1951; 7) Wenn die Hoffnung nicht wär. Roman, 1952, 1972, Hohenstaufen Verlag, Bodman-Bodensee 1965, 285 S.; 8) Eberhardt 1854-1954. Werksgeschichte der Fa. Gebr. Eberhardt, Pflugfabrik, Ulm; 9) Johann Brücker, der Mensch, der Erfinder, der Wohltäter. Biographie, 1955, hrsg. v. d. Johann-Brücker-Stiftung in Schönaich/Württemberg 1957, 151 S., 66 Bildtaf. (auch in engl. Sprache); 10) 50 Jahre Jugendwandern und Jugendherbergen. Geschichte des deutschen Jugendherbergswerks, 1959; 11) Hans Reyhing, die Stimme der Alb. Biographie, 1962; 12) Der goldene Morgen. Heitere Geschichten aus einer armen Kindheit, 1965; 13) Brüder über Land und Meer, 1967; 14) Schicksale und Geschichten der Ausgewanderten; 15) Schwäbisch von A bis Z, eine heitere Sprach- und Menschenkunde für Schwaben und Nichtschwaben, 1970; 16) Menschen und Werke. 100 Jahre Erhard-Armaturen 1871-1971; 17) Das Hausbuch schwäbischer Erzähler, Kohlhammer Verlag, Stuttgart 1971; 18) Heitere Heimat. Die schönsten schwäbischen Kalendergeschichten, 1974; 19) Am hellen Mittag. Eine frohe Jugend in einer ernsten Zeit, 1976

Kleinere Veröffentlichungen: 1) Das Deutschtum in Palästina, in: „Mitteilungen der Deutschen Akademie", München 1931; 2) Deutscher Pflug im Ungarland. Stuttgart: Holland u. Josenhaus [1934] 32 S. = Dt. Volkstum in aller Welt 4; 3) Von der Bedeutung unseres Auslandschwabentums, in: Schwaben im Ausland, Stuttgart 1935/36, S. 336; 4) Aus dem schwäbischen Weltwanderbuch, in: Schwaben im Ausland, Stuttgart 1935, S. 382-91, Bespr.: A. Prettl, NHBl. Jg. 1, 1935/36, S. 336; 5) Sippenkundliche Randbemerkungen zu einer Amerikareise, in: Sippenkd. d. Deutschtums im Ausland, Jg. 3, 1938, S. 115-130 [Abschnitt Banat S. 125]; 6) Die Brücke der Herzen. Eine Geschichte v. Flüchtlingen u. Einheimischen aus d. Deutschland unserer Tage, in: Kal. f. Südamerika. Buenos Aires 1951, S. 48-53; auch in: Heimatkal., Fulda 1951, S. 49-57; auch in: Volkskal. f. Donauschwaben u. Karpatendeutsche 1953, S. 98-105; 7) Die Nächsten. Wieder eine Geschichte von Vertriebenen und Einheimischen, in: Volkskal. f. Donauschwaben und Karpatendeutsche 1954, S. 121-27; 8) Der Russendieb, in: Neuland Volkskalender 1955, S. 118 ff.; 9) Heimat, in: Neuland Jahrbuch 1956, S. 134 f.; 10) Siebenbürgen-Banat-Amerika, in: Neuland, Jg. 11, Nr. 2 (11.1.1958), S. 6; 11) Es sind entsetzliche Dinge geschehen. [Aus: Wenn die Hoffnung nicht wär. Roman 1952], in: Anton Scherer: Die nicht sterben wollten. Donauschwäb. Literatur von Lenau bis zur Gegenwart, Pannonia Verlag, Freilassing 1959; 12) Volk auf dem Wege. Ein paar Begegnungen, in: Südostdt. Vjbl., Jg. 9 (1960), S. 2-5; 13) Auswandererland Baden-Württemberg, in: Unser Hauskalender 1961, S. 65-70; 14) Die Brücke der Herzen. Eine Geschichte von Flüchtlingen und Einheimischen, in: Unser Hauskalender 1962, S. 65-70; 15) Schwäbischer Brückenschlag, in: Volkskal. d. Donauschwaben 1963, S. 74-80; 16) Schwäbisches aus Amerika, in: Schwäbischer Heimatkalender 1972, S. 50-53; 17) Sollen zwei Generationen großer schwäbischer Erzähler vergessen sein, in: Schwäbischer Heimatkalender 1974, S. 52 ff.; 18) Karl Götz * 11. März 1903, Freundesgabe, Arbeitskreis für deutsche Dichtung e. V., Göttingen 1976, 28 S.; 19) Stuttgart, in: Schwäbischer Heimatkalender 1977, S. 42 ff.; 20) Großmutters Puppen, in: Schwäbischer Heimtkalender 1981, S. 64-69; dazu viele Erzählungen und Aufsätze in Zeitschriften, Jahrbüchern, Anthologien, Lesebüchern und dgl.; 21) Als es galt Brücken, zu bauen, in: Festschrift für Dr. Adam Krämer zum 80. Geburtstag, Donauschwäbisches Schrifttum 23, hrsg. v. d. Landsmannschaft der Donauschwaben in Baden-Württemberg e. V. in Zusammenarbeit mit dem Freundeskreis von Dr. Adam Krämer, Sindelfingen 1986

Herausgeber: Von 1963 bis 1983 in der Nachfolge Hans Reyhings Herausgeber des „Schwäbischen Heimatkalenders"

Über Karl Götz: 1) Karl Götz sprach in der Banatia. Volksdt. Leistung in d. Welt. Seine Fernfahrten zu d. Stätten volksdt. Schicksals. Für gewaltige Kulturtaten schlecht behandelt, in: Ban. Dt. Ztg. 21.11.1940, S. 2; 2) Menschen und Werke. Erinnerungen eines Verlegers, Winkler Verlag, München 1959, S. 8

Graf, Franziska

Herausgeberin, Redakteurin und Mitautorin: 1) Schag an der Temesch (mit Jakob Schmidt), AGK-Verlag, Ippesheim 1992, 645 S. + 34 S. Abb.; 2) Die Temesch. Schager Heimtbote, hrsg. v. d. Heimatortsgemeinschaft Schag, Nr. 1: 11.9.1994, 80 S.; Nr. 2, 9.5.1996, 112 S.; Nr. 3, Dez. 1998, 144 S.; 3). Schwester Hildegardis. Weg, Werk und Vermächtnis. Vom Wirken einer deutschen Ordensfrau im Banat. Eine Würdigung zum 100. Geburtstag der Priorin, hrsg. v. d. Landsmannschaft der Banater Schwaben, Landesverband Bayern 1996, 220 S.; 4) Fratelia. 6. Bezirk der Banater Metropole Temeschburg. Eine Erinnerung an Neu-Kischoda und Besenyö-Telep, Ingolstadt 1998, 456 S.; 5) Baumanns Gastwirtschaft und Geschäft, in: Heitere Geschichten aus der Heimat der Donauschwaben, Donauschwäbische Kulturstiftung München, München 1997, S. 199 f.; 6) Die befreite Madonna, in: Mitteilungsblatt des St. Gerhards-Werk e. V. u. des Südostdeutschen Priesterwerkes „Gerhardsbote", Nr. 6, Juni 1995, unter: Es geschehen noch Wunder, man muß sie nur wahrnehmen; 7) Berichte über die Notre-Dame-Schule, in: Banater Post in Fortsetzungen; 8) Banater Schulgeschichte mitgeprägt. Über die Klosterschule in Temeschburg, in: Banater Post v. 10.7.1995; 9) Und was sie will, ist groß gedacht. Zur Geschichte der Notre-Dame-Schulanstalt in Temesvar (I), in: Banater Post v. 5.1.1999; 10) Unter uns Männern war nur ein Mann ... und der war eine Frau! Zur Geschichte der Notre-Dame-Schulanstalt (I), in: Banater Post v. 20.1.1999; 11) Stille Heldinnen. Unveröffentlicht, 1995; 12) Dominik, unveröffentlicht, 1995; 13) Geborgen in der Familie, unveröffentlicht, 1972

Graß, Jakob
Vertreten in: Bulkes. Geschichte einer deutschen Gemeinde in der Batschka 1786-1944, hrsg. im Auftrag des Heimatausschusses Bulkes, Kirchheim/Teck 1984, 694 S., Bilddokumentation S. 627-694, 297 f.

Greffner, Otto
Eigenständige Veröffentlichungen: 1) Die Revolution 1848/49 in Siebenbürgen und Banat, Universitätsverlalg, Cluj-Klausenburg 1966, 123. S., in rumänischer Sprache mit deutscher Zusammenfassung; 2) Die Anfänge der Zivilisation an der Donau und im Karpatenraum, in rumänischer Sprache: Începuturile civilizației în Carpați și la Dunăre, Dacia Verlag, Bukarest 1968, 209 S.; 3) Die Skythen im Donauraum (Scitii in regiunea dunăreană), Universitätsverlag, Cluj 1969, 150 S.; 4) Die Entwicklung der kapitalistischen Verhältnisse in der Landwirtschaft und die Bauernbewegungen im 19. Jahrhundert im Arader Komitat, in rumänischer Sprache, Doktorarbeit, Klausenburg 1969, 190 S.; 5) Daten über die Jugendzeit des deutschen Dichters aus Arad Nikolaus Schmidt, in deutscher Sprache, Broschüre, Verlag Muzeum, Arad 1971, 180 S.; 6) Die Burg von Hellburg (Cetatea, Șiria, Világos), in rumänischer Sprache mit deutscher Zusammenfassung, Muzeum Verlag, Arad 1976, 214 S. mit deutscher Zusammenfassung; 7) Die Grabhügel der Skythen in Europa, in russischer Sprache, zusammen mit Evgheni Davidov, Pravda Verlag, Kiew 1977, 259 S.; 8) Die Burg von Schoimosch, in rumänischer Sprache mit deutscher Zusammenfassung, Eigenverlag, München 1984; 9) Die Burg und die Gemeinde Hellburg (Șiria, Világos) in deutscher Sprache, Eigenverlag, Weil am Rhein 1989, 345 S.; 10) Banater Schwaben. Svabi din Banat, in rumänischer Sprache, Nigreda Verlag, Arad 1995, 180. S.; 11) Das Banat und die Banater Schwaben, in deutscher Sprache, kurzgefaßte Geschichte einer deutschen Volksgruppe, Nigreda Verlag, Arad 1996, 210 S.; 12) Der einsame Reiter. Roman, Eichner Verlag, Offenburg 1996, 250 S.; 13) Generalfeldmarschall Erwin Rommel. Historische Dokumentation, in rumänischer Sprache, Nigreda Verlag, Arad 1998, 210 S.; 14) Die Schlacht von Monte Cassino. Wahrheit und Propaganda, historische Dokumentation in rumänischer Sprache, französische Zusammenfassung, Nigreda Verlag, Arad 1999, 165 S.
Otto Greffner hat über 40 wissenschaftliche Arbeiten geschrieben und veröffentlicht in Zeitschriften und Periodika in Rumänien, Ungarn, Deutschland, Frankreich und der Sowjetunion, z. B. in Ziridava, Apulum, Acheologijai Ertesitö, Volk und Kultur, Jahresbuch der Universität Klausenburg-Cluj Napoca, Aradul Cultura usw.

Gregor, Gertrud
Eigenständige literarische Veröffentlichungen: 1) Gemäuer. Roman, Literaturverlag, Bukarest 1966, 219 S., 1972 auch in rumänischer Sprache unter dem Titel „Ziduri"; 2) Der Fluß. Zwei Novellen, Literaturverlag, Bukarest 1966, 204 S., 1967 auch in rumänische Sprache unter dem Titel „Salcii"; 3) Krücken. Roman, Kriterion Verlag 1970, 283 S.
Kleinere Veröffentlichungen in verschiedenen Sammelbänden, z. B.: Man nehme, Neue Literatur 12/1978, S. 37-53
Veröffentlichungen im Bereich deutsche Sprache: 1) Übungen und Texte zu den deutschen Lauten, Universität Bukarest 1973, 140 S.; 2) Laut- und Klanggestalt des Deutschen, Didaktischer und Pädagogischer Verlag, Bukarest 1975, 150 S.; 3) Die phonetische Struktur der Prosa O. W. Ciseks, Bukarest 1977, 205 S.; 4) Phonetik und Phonologie des Deutschen, Universität Bukarest 1979, 180 S.; 5) Phonisch-Rhythmische Textanalyse anhand der Werke O. W. Ciseks, Universität Bukarest 1980, 272

S.; 6) Das Lautsystem des Deutschen und des Rumänischen, Julius Groos Verlag, Heidelberg 1991, 116 S.

Gross, Karl-Hans
Eigenständige Veröffentlichungen: 1) Die Integration moderner Anschauungsmittel im Biologieunterricht. Hatzfeld 1979, 210 S. (Wissenschaftliche Arbeit für den 1. Grad); 2) Stefan Jäger. Maler seiner heimatlichen Gefilde. Sersheim 1991, 450 S.; 3) Aus meinem Blumengarten. Gedichte, Mohland Verlag, Goldebek 1999, 191 S.
Kleinere Veröffentlichungen: 1) Kleines NBZ-Jäger-Album, in: Neue Banater Zeitung, 90 Folgen, 11.9.1969-1.7.1970; 2) In memoriam Stefan Jäger, in: Volk und Kultur, Jg. XXIX, Mai 1977, S. 13-14; 3) Schwierige Lehrjahre (Stefan Jägers Schul- u. Fortbildung), in: Volk und Kultur, Jg. XXXII, Mai 1980, S. 17-18; 4) Ein Maler als Ethnograph, in: Karpatenrundschau, Jg. XIII (XXIV), 3. Okt. 1980; 5) Die Kopftracht der schwäbischen Einwanderer (Triptychon), in: Volk und Kultur, Jg. XXIV, Februar 1982, S. 54-55 und März 1982, S. 53-54; 6) Über die Anfänge des Eisenbahnverkehrs, in: Volk und Kultur, Januar 1982, S. 48-49, Februar 1982, S. 49-50, März 1982, S. 49, 56; 7) Goethe als Naturforscher, in: Volk und Kultur, Jg. XXXIV, Juni 1982, S. 38 u. Aug. 82, S. 35; 8) Dreschzeit – früher und heute, in: Volk und Kultur, Jg. XXXIV, Mai 1984, S. 38-39, Sept. 1984, S. 42 u. Okt. 1984, s. 42-43; 9) Dorfsiegel und Stadtwappen, in: Volk und Kultur, Jg. XXXVI, April 1985, S. 39-40, Juni 1985, S. 45, Aug. 1985, S. 44, Okt. 1985, S. 40, Nov. 1985, S. 39; 10) Nahrungsmittelpflanzen warmer Länder, in: Neuer Weg, 27 Folgen, vom 13.2.1986 bis 23.10.1987; 11) Im Atelier des Schwabenmalers, in: Der gemeinsame Weg, Nr. 56, Düsseldorf 1989, S. 45-48; 12) Paläontologische Funde in Hatzfeld Banat, in: Südostdeutsche Vierteljahresblätter, 38. Jg., München 1989, S. 334-339 und Heimatbuch Hatzfeld, Marquartstein 1991, S. 25-34; 13) Der Ort seiner Wahl (Stefan Jäger hat das Einwanderungsbild gemalt), in: Donautal Magazin, Nr. 58, Sersheim 1990, S. 29-32; 14) Von Hatzfeld bis Jimbolia, in: Der Donauschwabe, 1. Juli 1990; 15) Das 'explodierende Radio', in: Banater Post, 20. September 1991; 16) Die 'Erdhaaseschnerr', in: Banater Post, 10. Dezember 1991; 17) Funde aus der Vorbesiedlungszeit, in: Heimatbuch Hatzfeld, 1991, S. 35-39; 18) Die Hatzfelder Gemarkung in der Vorbesiedlungszeit, in: Heimatbuch Hatzfeld, 1991, S. 49-58; 19) Kirchen und Kapellen, in: Heimatbuch Hatzfeld, 1991, S. 290-318 und S. 323-325; 20) Die Hatzfelder Wegkreuze, in: Heimatbuch Hatzfeld, 1991, S. 348-371 und Typoskript, 90 S., 1983; 21) Die Cholera in unserer Gemeinde, in: Heimatbuch Hatzfeld, 1991, S. 579-584; 22) Die Trinkwasserversorgung in Hatzfeld, in: Heimatbuch Hatzfeld, 1991, S. 589-595; 23) Die Bohnsche Ziegelfabrik, in: Heimatbuch Hatzfeld, 1991, S. 827-842; 24) Elwedritsche – die Ilpetritschen kamen aus der Pfalz, in: Der Donauschwabe, 19./26. April 1992; 25) Zum Ansiedlungsjahr Hatzfelds 1766, in: Heimatblatt Hatzfeld, 5. Ausgabe 1998, S. 36-40

Grosskopf, Catherine
Eigenständige Veröffentlichungen: 1) Ähren des Lebens. Ernste Sachen und solche zum Lachen. Meiner donauschwäbischen Heimat und ihrem Volksgut gewidmet, Eigenverlag, Chicago 1993, 160 S.; 2) Im Auf und Ab der Jahre. Leben und Schicksal. In Freud und Leid. Für meine Kinder und Enkel. Erinnerungen aus dem Banat, (Herausgeberin und Mitautorin), Eigenverlag, Chicago 1997, 123 S.
Kleinere Veröffentlichungen: Schwengelbrunnen. Schöpfungen aus Amerika, Kulturzeitschrift des Verbandes der Donauschwaben in USA

Grosz, Peter

Eigenständige Veröffentlichungen: 1) Protokolle aus dem Hinterhalt. Gedichte, Nieder-Olm 1977; 2) am anderen anfang. fragezeichen. Gedichte mit Originalgrafiken von Sascha Juritz, Dreieich 1979; 3) Seiltanz. Drehbuch, Mainz 1980; 4) Laudatio. Drehbuch, Mainz 1980; 5) Der Boxer. Erzählung mit Originalgrafiken von Sascha Juritz, Büdingen 1983; 6) Treibholz. Gedichte mit Originalholzschnitten von Michael Wolff, Mainz 1985; 7) Der Anfang vom Ende des Anfangs. Erzählung mit Originalcollagen von Michael Wolff, Mainz 1986; 8) Der Gruselbaum. Satire mit Originalgrafiken von Jazzeck, Mainz 1989; 9) Wir sind so frei..., Theaterstück, Mainz 1989, UA: mainzer kammerspiele 1990; 10) Zuweilen. Ein Riß, Theaterstück, Mainz 1990, UA: mainzer kammerspiele 1991; 11) Merhaba, Theaterstück, München 1993, UA: Stadttheater Wolfsburg 1993; 12) sommerlang, Erzählung mit Fotos von Werner Feldmann, Neuwied 1993; 13) Die Bescherung, Kindergeschichte, Münster 1995; 14) Alina, Aluna und die zwölf Monatsbrüder, Kinderbuch, (aufgelegt in dt., frz., holl.) Zürich 1996; 15) Kalk/La chaux/Wapno, Erzählung (dt., fr., pol.), Mainz 1996; 16) Dorth, Theaterstück, UA: Nieder-Olm 1997; 17) Die Nicolais, Kinderbuch, Zürich 1998 (Übersetzungen/Lizenzen in Frankreich, Italien, England/USA/Canada, Holland, Slowenien, Griechenland, Korea, Taiwan)

In Vorbereitung: Sternstunde (Arbeitstitel), Literatur & Musik. Taso-Production, Weilrod 2000 Doppel-CD mit Auszügen aus dem Romanmanuskript „Ende der Wallfahrt" und musikalischen Impressionen des polnischen Jazz-Bassisten Vitold Rek

Mitveröffentlichungen in Anthologien u. a. (Hrsg., Titel, Verlagsort, Erscheinungsjahr): 1) Claus Stephani, befragung heute, Bukarest/Rumänien 1974; 2) Al'Leu, Lyrik 78, Zürich 1978; 3) Sascha Juritz, Tandem 3, Dreieich 1978; 4) A. Leslie Wilson, Dimension, Austin/Texas/USA 1979; 5) H. Böll, G. Grass, C. Stern, L 76, Köln – Frankfurt/M. 1979; 6) Förderkreis deutscher Schriftsteller (VS) Rheinland-Pfalz; 7) In Sachen Literatur, Mainz 1979; 8) Florian Knobloch, Sassafras, Düsseldorf 1980; 9) Carlo Schmidt u. a., walten verwalten gewalt, Berlin 1980; 10) Bernd Schäfer und Theodor Schulz, Menschenrechte im Unterricht, Bonn 1982; 11) Kai Engelke, Surwolder Literaturgespräche, Göttingen 1982; 12) Südwestfunk Baden-Baden, Opa riecht wie ein Apfel, Koblenz 1983; 13) Ernst-Edmund Keil, Zweierbeziehung, Sankt Augustin 1984; 14) Stadt Arnsberg, Befunde VII-VIII. Beispiele moderner Kurzgeschichten und Kurzprosa, Arnsberg 1984; 15) Autorengruppe Mainz, Mainzer Kulturtelefon, Mainz 1984; 16) Theo Schneider, Die Tiefe der Haut, Rhodt unter Rietburg 1984; 17) Heike Wolff, Oh, bin ich glücklich, Hamburg 1985; 18) Kultusministerium Rheinland-Pfalz, Hör mal zu, wenn ich erzähl, Kevelaer 1986; 19) Bundesverband Bildender Künstler Rheinland-Pfalz, Begegnungen III, Landau 1987; 20) Ernest Wichner, Das Wohnen ist kein Ort, Bremerhaven 1987; 21) Reinhard Abeln, Das Leben einfädeln, Kevelaer 1987 (2. Aufl. 1990); 22) Jo Schulz-Vobach u. a., DalbergerHofBerichte, Mainz 1987; 23) LiteraturBüro Mainz, DalbergerHofBerichte 2, Mainz 1990; 24) Karl O. Frank u. Harald Pfaff, Werkstatt Sprache 5, München 1991 (2.-3. Auflage 1991-1993); 25) Kultusministerium Rheinland-Pfalz, Warten auf Anschluß, Kevelaer 1991; 26) Sigfrid Gauch u. Jürgen Kross, Vom Verschwinden der Gegenwart, Frankfurt 1992; 27) LiteraturBüro Mainz, DalbergerHofBerichte 3, Mainz 1992; 28) Reiner Engelmann, Morgen kann es schon zu spät sein, Würzburg 1993 (1.-3. Auflage); 29) Adrien Finck u. Karl-Friedrich Geißler, Wenn man die Füße weniger schwer macht.../Quand on allège le pas..., Landau 1993; 30) Sigfrid Gauch u. Jürgen Kross, Zeit Vergleich, Frankfurt 1993; 31) Dr. Rose Götte, Kultursommer-Kaleidoskop, Mainz 1994; 32) Reiner Engelmann, Tatort Klassenzimmer, Würzburg 1994 (1.-2. Auflage) u. 1995 (3. Auflage); 34) x x x, Sprogboger (Schulbuch) Kopenhagen/Dänemark

1994; 35) Reiner Engelmann, Heute die Zukunft beginnen, Würzburg 1995; 36) Reiner Engelmann, Alles so schön bunt hier, Würzburg 1996; 37) Reiner Engelmann, Die kleinen Riesen..., Reinbek/Hamburg 1996; 38) Reiner Engelmann, Ich will daß es aufhört, Würzburg 1996; 39) Reiner Engelmann, Stand up!, Würzburg 1996; 40) Sigfrid Gauch u. a., unterwegs 4, Frankfurt 1997; 41) Janusz Wójcik, Poezja bez granic, (polnisch) Brzeg/Polen 1997; 42) XXX Sprachbuch 5, Hirschgraben 1998; 43) XXX Deutschbuch 9, Cornelsen 1998

Herausgeber: 1) Hör mal zu, wenn ich erzähl...10 Geschichten von Autoren, von Kindern weitererzählt, anrich Kevelaer 1986; 2) Pampig, Treffen junger Autoren '86. anrich Kevelaer 1987; 3) Sonni, ein Text-und Bilderbuch geschrieben u. gestaltet von Kindern, oppenheimer buchwerkstatt 1987; 4) Anthologie ohne Titel, Treffen junger Autoren '87, anrich Kevelaer 1988; 5) Gnadenlos alles, Treffen junger Autoren '88, Kevelaer 1989; 6) Ruhig Blut, Treffen junger Autoren 89, Kevelaer 1990; 7) DalbergerHofBerichte 2. Jahrbuch zum literarischen Leben in Rheinland-Pfalz, Mainz 1990; 8) Vollkommen normal, Treffen junger Autoren 90, Kevelaer 1991; 9) Warten auf Anschluß..., 9 Geschichten von Autoren von Kindern weitererzählt, Kevelaer 1991; 10) Kopfüber, Treffen junger Autoren 91, Kevelaer 1992; 11) DalbergerHofBerichte 3. Jahrbuch zum literarischen Leben in Rheinland-Pfalz, Mainz 1992; 12) Doch keiner fragt, Junge Autoren aus Rheinland-Pfalz, Kevelaer 1993; 13) Winklings, Treffen junger Autoren 92, Kevelaer 1993; 14) Unter der Steinhaut, Treffen junger Autoren 93, Kevelaer 1994; 15) Am Rande des Himmels, Junge Autoren aus Deutschland u. Polen, deutsch-polnische Anthologie, zweisprachig, Mainz 1995; 16) Purpurflug, Treffen junger Autoren 1994, Kevelaer 1995; 17) eingekehrt. heimgekehrt, 15 Jahre Kulturtelefon Mainz, CD. HörAnthologie, Aachen 1995; 18) Zwischen den Rädern, Treffen junger Autoren 1995, Weinheim 1996; 19) Bis das Seil reißt, Treffen junger Autoren 1996, Berlin 1997; 20) Wolkenfischer, Treffen junger Autoren 1997, Frankfurt 1998; 21) Als gäbe es noch Zeit, Treffen junger Autoren 1998, Frankfurt 1999

Gruber, Ferdinand Ernst

Eigenständige Veröffentlichungen: 1) Adam Müller-Guttenbrunn, der Erzschwab. Eine Studie, Staackmann-Verlag, Leipzig 1921, 136 S.; 2) Adam Müller-Guttenbrunn in Linz, Wien 1928

Kleinere Veröffentlichungen: 1) Wie Adam Müller-Guttenbrunn, der „Erzschwab", seine Banater Heimatromane schuf, in: Ban. Mhe., Jg. 1, 1933/34, S. 322-28; S. 355-60; 2) Bruno Kremling. D. Balladendichter d. Donauraumes, in: Südostdt. Tagesztg., Ban. Ausg., 11.4.1943, S. 6; auch in: Dt. Volksbl. 30.5.1943, S. 9 [aus: Neues Wiener Tagblatt.]; 3) Die Mission des „Erzschwaben". Eine zeitgemäße Betrachtung, in: Neuland, Jg. 3, Nr. 51-52, 24.12.1950, S. 6; 4) Die Mission des „Erzschwaben", in: Silberrose, Jg. 1951, H. 4/5, S. 4-6; 5) Das Zauberschloß des „Erzschwaben". Einiges aus dem Leben Adam Müller-Guttenbrunns, in: Neuland, Jg. 4, Nr. 12/13, 25.3.1951, S. 8; Nr 6, 22.4.1951, S. 4; auch in: Donauschwaben Kalender 1959, S. 119-128; 6) Adam Müller-Guttenbrunn. Ein Beitrag zur Entstehung d. Ländernamens Burgenland, in: Neuland, Jg. 4, Nr. 39, 30.9.1951, S. 3; 7) Adam Müller-Guttenbrunn, der Europäer, in: Neuland, Jg. 4, Nr. 42, 21.10.1951, S. 1; auch in: Der Donauschwabe v. 6.4.1958; 8) Adam Müller-Guttenbrunn – der Mensch (mit zwei unveröffentlichten Briefen), in: Südostdeutsche Heimatblätter, Jg. 1, Folge 1/2, 1952, S. 37-42; 9) Das Genie Adam Müller-Guttenbrunn, in: Silberrose, Jg. 2, 1952, H. 7/8, S. 5-9; 10) Zum 60. Geburtstag Roderich Müller-Guttenbrunns. [3. Febr. 1952], in: Neuland, Jg. 5, Nr. 5, 3.2.1952, S. 3; 11) Der Kulturpolitiker Adam Müller-Guttenbrunn. Die soziale Komponente seines Schaffens, in: Neuland, Jg. 5, Nr. 12, 23.3.1952, S. 2; 12) Adam Thim aus Guttenbrunn. Ein Apostel Adam Müller-Guttenbrunns, in: Neuland, Jg. 5,

Nr. 14, 6.4.1952, S. 4; 13) "Die lächelnde Gräfin". Ein unbekanntes Theaterstück im Nachlasse Adam Müller-Guttenbrunns gefunden, in: Neuland, Jg. 5, Nr. 27, 6.7.1952, S. 4; 14) Adam Müller-Guttenbrunn und Wien, in: Neuland, Jg. 5, Nr. 50, 14.12.1952, S. 2; 15) Der „eingewienerte" Erzschwabe, in: Neue Front, Salzburg, Jg. 4, Nr. 51, 20.12.1952; 16) Adam Müller-Guttenbrunn. Nach seinen Tagebüchern u. Schriften, in: Jb. d. Stadt Linz 1953, S. 249-282 [mit Jugendbildnis d. Dichters]; 17) Einiges aus dem Leben Adam Müller-Guttenbrunns, in: Donauschwäbischer Kalender für Südamerika 1953, S. 44-47; 18) In memoriam Hermann Ullmann, in: Neuland v. 22.3.1958, S. 3; 19) Es geht um Adam Müller-Guttenbrunn, in: Der Donauschwabe v. 10.8.1958, S. 2; 20) Othello im Unterrock. Eine köstliche Belgrader Geschichte, in: Der Donauschwabe v. 27.4.1958, S. 3; 21) Die Zukunft der Schwaben im Osten. Das politische Testament Adam Müller-Guttenbrunns (im Auszug aus dem Nachlaß erstmals veröffentlicht von F. E. Gruber), in: Der Donauschwabe v. 20.7.1958, S. 4 f.; 22) Eine Forschungsstelle für Neuösterreicher, in: Südostdeutsche Vierteljahresblätter, Jg. 8 (1959), S. 230 f.; 23) Ferdinand E. Grubers Festansprache bei der Denkmal-Enthüllung. Adam Müller-Guttenbrunns Werk und sein Wirken, in: Der Donauschwabe v. 13.9.1959, S. 5 f.; 24) Die Verschleppung der Rumäniendeutschen zur Zwangsarbeit. Dargestellt nach rumänischen Dokumenten, in: Südostdeutsche Vierteljahresblätter, 8. Jg., Folge 4, 1959, S. 206-209; 25) Der Stoß in die Luft. Der Kampf um Bukarest im August 1944, in: Südostdeutsche Vierteljahresblätter, 9. Jg., Folge 4, 1960, S. 208-212; 26) Die Wunderkammer des Ali Murat, in: Donauschwaben Kalender 1960, S. 177 f.; 27) Müller-Guttenbrunn-Stube im Reutlinger Museum, in: Der Donauschwabe v. 8.10.1961, S. 5; 28) Wer hat Amerika entdeckt? in: Donauschwaben Kalender 1962, S. 141 ff.; 29) Die Anikin, in: Österreichische Begegnung, Heft 2, Wien 1963, S. 50-54; 30) Die Prinzessin mit den blauen Augen – geschiedene Erzherzogin von Habsburg-Lothringen, geborene Prinzessin von Rumänien, in: Der Donauschwabe v. 17.5.1964, S. 3; Fortsetzg. 24.5., S. 5; 31.5., S. 4; 7.6., S. 6; 14.6., S. 4; 21.6., S. 4; 31) Balkanisches Leben, in: Südostdeutsche Vierteljahresblätter, Jg. 1965, Folge 2, S. 74 ff.; 32) Die Familie Müller-Guttenbrunn. Nach authentischen Quellen geschildert von F. E. Gruber, in: Donauschwaben Kalender 1965, S. 101-104; 33) Der Dorfheilige von Guttenbrunn. Eine Hörfolge aus dem Leben Adam Müller-Guttenbrunns, des Erzschwaben aus dem Banat, in: Der Donauschwabe, Jg. 20, Nr. 42 (18.10.1970), S. 2 u. Forts. bis Nr. 46 (15.11.1970), S. 2

Gruber, Wendelin

Eigenständige Veröffentlichungen: 1) In den Fängen des roten Drachen. Zehn Jahre unter der Herrschaft Titos, Miriam-Verlag, Jestetten 1986, 240 S., 4. überarb. u. erw. Aufl., Ditzingen 1994, 256 S. *Kleinere Veröffentlichungen:* 1) Das Gelöbnis der Donauschwaben (im J. 1946 im Lager Gakowo), in: Nl., Jg. 9, F. 40, 6.10.1956, S. 1 u. 4; 2) Im Rachen des roten Drachen. In: Zollitsch, A.: Filipowa, Freilassing 1957, S. 201-211; 3) Johann Pintz, Päpstlicher Prälat. In: Gerhardsbote, Jg. 6, 1961, Nr. 2, S. 2; 4) Das geistige Erbe unserer Ahnen. In: Gerhardsbote, Jg. 8, 1963, Nr. 11, S. 1 f.; 5) Seelsorgerische Betreuung der Ansiedler [im 18. Jh.], in: Gerhardsbote, Jg. 8, 1963, Nr. 11, S. 3; 1964, Nr. 11, S. 4; 6) Unterwegs nach Brasilien. In: Gerhardsbote, Jg. 9, 1964, Nr 1, S. 5; 7) Wir haben die Wirklichkeit des Kommunismus kennengelernt, in: Der Donauschwabe, v. 4.7.1971, S. 7; 8) Drei Schwabendörfer in Brasilien entdeckt. Eine Reise an den Fluß Hungaro. In: Der Donauschwabe, Jg. 23, Nr. 19, 13.5.1973, S. 3 u. Forts. In Nr. 20, 20.5.1973, S. 3, Unsere Post, Jg. 28, 1973, Nr. 13, S. 6 und Forts. Nr. 14, S. 6 f.; 9) Aus dem Kolonistenleben (St. Stefan, Staat Caterina, wo Ungarndeutsche 1891-1895 Urwald rodeten), in: Unsere Post, Jg. 28, 1973, Nr. 20, S. 7 u. Forts. bis Nr. 22, S. 6

Grün, Margarete

Eigenständige Veröffentlichungen: 1) Ein Geschenk für Dich. Gedichte, Mirton Verlag, Temeswar 1994, 87 S.; 2) Ein Gruß an Dich. Gedichte, Mirton Verlag, Temeswar 1996, 100 S.; 3) Ein Sonnenstrahl für Dich. Gedichte, Mirton Verlag, Temeswar 1998, 103 S.

Günther, Klaus

Eigenständige Veröffentlichungen: 1) Empfindendes Wort. Gedichte, Selbstverlag, Innsbruck 1957, 78 S.; 2) Reifen und Erwarten. Gedichte, Europäischer Verlag, Wien 1959, 64 S.; 3) Maß und Verwandlung. Gedichte, herausgegeben von der Landsmannschaft der Donauschwaben in Baden-Württemberg, Suttgart 1962, 72 S.; 4) Die Sterntannen. Zwei Märchen, herausgegeben vom Marburger Kreis [Marburger Bogendrucke. 15.], Landshut 1969, 16 S.; 5) Der Regentänzer. Roman, J. G. Bläschke Verlag, Darmstadt 1973, 285 S.; 6) Erstens besitze ich einen Giftzahn. Aphorismen und Fabeln, herausgegeben vom Marburger Kreis [Marburger Bogendrucke. 33.], Landshut 1974, 16 S.; 7) Geständnisse einer Drehorgel. Geschichten aus dem Banat, Eugen Salzer Verlag [Salzers Volksbücher. 202/203.], Heilbronn 1977, 104 S.; 8) Das Beispiel. Erzählung, Marburger Kreis, [Marburger Bogendrucke 59], Marburg 1979, 16 S.; 9) Sonnenharfe. Gedichte, [Esslinger Reihe. 2.], Die Künstlergilde, Esslingen 1981, 23 S.; 10) Treffpunkt Kastanie. Kinderbuch, 1982

Kleinere Veröffentlichungen im Donauschwaben Kalender: 1) Rückkehr in den Weingarten, 1972, S. 73-76; 2) Der Prinz-Eugen-Brunnen, 1973, S. 95 f.; 3) Die Zigeunerhochzeit, 1973, S. 167 f.; 4) Der Melonenverlust einer Räuberjagd, 1976, S. 162 ff.; 5) Wie der Paprika seine Schärfe beschwor, 1977, S. 160 ff.; 6) Goldene Kindheit, 1978, S. 142 f.; 7) Die indische Schlange, 1981, S. 170-173; 8) Die Schrotflinte oder: Wie man den Teufel verscheucht, 1982, S. 169 f.; 9) Die Diebesfalle, 1983, S. 169 f.; 10) Die Spieleisenbahn/Gedankensplitter, 1983, S. 177

Kleinere Veröffentlichungen in anderen Zeitungen und Zeitschriften: 1) Der Roßhalter, in: Neuland v. 30.8.1958, S. 6; 2) Ein Sohn kehrt heim, in: Neuland, Weihnachten 1958, S. 8; 3) Kurzgeschichten, in: Südostdt. Semesterbl. H 6 (1960/61), S. 17-19; 4) Joschi und Nantschi, in: Der Ungarndeutsche v. 8.12.1963, S. 13; 5) Die Banater Heidelandschaft, in: Der Donauschwabe v. 13.12.1964, S. 5; 6) Im Regen. Kurzgeschichte, in: Südostdt. Semesterbl. H 14 (1964/65), S. 37; 7) Hans Diplich 60 Jahre alt, in: Südostdeutsche Vierteljahresblätter, 18. Jg., Folge 1, München 1969, S. 1-5; 8) Besuch von einem fremden Planeten, in: Der Ungarndeutsche. Heimatzeitung der Deutschen aus Ungarn v. 24.9.1972

Vertreten in folgenden Anthologien: 1) Die nicht sterben wollten, Pannonia Verlag, Freilassing 1959; 2) Heimatbuch der Donauschwaben, Pannonia Verlag, Freilassing 1960; 3) Der leuchtende Bogen, Bogen-Verlag, München 1961; 4) Schlagzeug und Flöte, Machangel-Verlag, Hannover 1961; 5) Brücken und Zeichen, Adam Kraft Verlag, Augsburg 1962; 6) Ziel und Bleibe, Delp'sche Verlagsbuchhandlung, München 1968; 7) Windbericht, Delp'sche Verlagsbuchhandlung, München 1971; 8) Die Kehrseite des Mondes, Delp'sche Verlagsbuchhandlung, München 1975; 9) Autoren reisen, Delp'sche Verlagsbuchhandlung, München 1976; 10) Tauche ich in deinen Schatten, Delp'sche Verlagsbuchhandlung, München 1977; 11) Schuldschein bis morgen, Delp'sche Verlagsbuchhandlung, München 1978; 12) Auf den Hügeln meine Kindheit, S. 167, in: Begegnungen und Erkundungen. Eine Anthologie der Künstlergilde, zusammengest. v. Margarete Kubelka und Franz Peter Künzel, Vorwort v. Wolfgang Schwarz, Schriftenreihe d. Künstlergilde, Band 23, hrsg. v. Ernst Schremmet und Hanns Gottschalk, Delp'sche Verlagsbuchhandlung, München 1982, 284 S.

Gutwein-Metschar, Elisabeth

Eigenständige Veröffentlichung: 1) Wege. Gedichte von Elisabeth Gutwein-Metschar, Verlag Kafi&Co, Stuttgart 1999, 83 S. (10 Exemplare)

Kleinere Veröffentlichungen: 1) Meine „Heimkehr" nach Beschka, in Fortsetzungen erschienen in: Der Donauschwabe v. 13.4.-29.7.1997; 2) Beschka, 9. Oktober 1944. Der denkwürdige Tag, an dem ich meine Heimat verlor, in: Der Donauschwabe 1998

Anthologien und Sekundärliteratur (Nachtrag):

1) Schwowisches Volksbuch. Prosa und Stücke in Banater Schwäbischer Mundart, ausgew. u. eingl. v. Karl Streit u. Josef Zirenner, hrsg. v. Verlag „Neuer Weg", Zusammenarbeit mit der Neuen Banater Zeitung" (ohne Erscheinungsjahr u. –ort), 312 S.; 2) 17 Ich – 1 Wir. Junge deutsche Lyrik in Rumänien, ausgew. u. eingel. v. Paul Schuster, Literaturverlag, Bukarest 1965, 206 S.; 3) Kurzschlüsse. Deutsche humoristische Verse aus Rumänien, Auswahl, Vorbemerkung und Anhang von Heinz Stanescu, Jugendverlag, Bukarest 1968, 288 S.; 4) Vorläufige Protokolle. Anthologie junger rumäniendeutscher Lyrik, hrsg. v. Peter Motzan, Dacia-Verlag, Cluj-Napoca 1976, 110 S.; 5) Peter Motzan: Die rumäniendeutsche Lyrik nach 1944. Problemaufriß und historischer Rückblick, Dacia Verlag, Cluj-Napoca 1980, 213 S.; 6) Ein halbes Semester Sommer. Moderne rumäniendeutsche Prosa, hrsg. v. Peter Motzan, Verlag Volk und Welt, Berlin 1981, 361 S.; 7) Dorfgeschichten. Iwr tes lacha onsri Schwowa, gesammelt u. zusammengest. v. Paul Schwalm, Publikation des Demokrat. Verbandes der Ungarndtsch., Lehrbuchverlag, Budapest 1981, 195 S.; 2. Band, zusammengest. u. aufgez. v. Paul Schwalm, hrsg. v. Allgem. Dtsch. Kulturverband u. Österr. Landsmannnschaft, Wien 1995, 96 S.; 8) Auf den Hügeln meiner Kindheit, in: Begegnungen und Erkundungen. Eine Anthologie der Künstlergilde, zusammengest. v. Margarete Kubelka und Franz Peter Künzel, Vorwort v. Wolfgang Schwarz, Schriftenreihe d. Künstlergilde, Band 23, hrsg. v. Ernst Schremmet und Hanns Gotttschalk, Delp'sche Verlagsbuchhandlung, München 1982, 284 S.; 9) Johann Mandulás, Mundartgeschichten aus der Branau, Demokratischer Verband der Ungarndeutschen, Budapest 1986, 30 S.; 10) Wilhelm Solms (Hrsg.): Nachruf auf die rumäniendeutsche Literatur. Anthologie, Hitzeroth Verlag, Marburg 1990, 336 S.; 11) Roland Vetter: Der donauschwäbische Beitrag zur deutschen Vertreibungsliteratur. Versuch einer Sichtung, Wissenschaftliche Verlagsgesellschaft WVB, Bamberg 1991, 44 S.; 12) Anton Schwob (Hrsg.): Die deutsche Literatur Ostmittel- und Südosteuropas von der Mitte des 19. Jahrhunderts bis heute. Forschungsschwerpunkte und Defizite, Verlag Südostdeutsches Kulturwerk, München 1992, 293 S.; 13) Die Stafette, zusammensgest. u. eingel. v. Annemarie Podlipny-Hehn, Demokratisches Forum der Deutschen im Banat, Deutscher Literatur-Kreis „Die Stafette", Mirton Verlag, Temeswar 1994, 1995, 1997, 1998; 14) Stefan Sienerth: Daß ich in diesen Raum hineingeboren wurde ... Gespräche mit deutschen Schriftstellern aus Südosteuropa, Südostdeutsches Kulturwerk, München 1997, 347 S.; 15) Wortreiche Landschaft. Deutsche Literatur aus Rumänien – Siebenbürgen, Banat, Bukowina. Ein Überblick vom 12. Jahrhundert bis zur Gegenwart, im Auftrag des Fördervereins BlickPunktBuch e. V., Leipzig, hrsg. v. Renate Florstedt, Leipzig 1998, 231 S., mit zahlr. Abbildungen